U0529785

铁壁之围

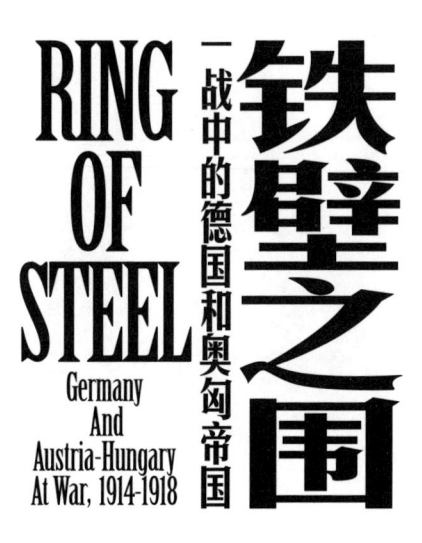

一战中的德国和奥匈帝国

RING
OF
STEEL

Germany
And
Austria-Hungary
At War, 1914-1918

Alexander Watson

［英］亚历山大·沃森——著 宋昊——译

九州出版社
JIUZHOUPRESS

献给阿尼娅

致　谢

在写作本书期间，我得到了许多人的慨然相助。我首先想要感谢将我引荐给企鹅出版社的大卫·史蒂文森，以及在如何进行历史写作方面给予我良多教诲的尼尔·弗格森。我极为感谢我的编辑西蒙·温德与劳拉·海默特。西蒙带着从同盟国的角度来写作一部战争史的极好想法与我接洽，自我提出第一份作品提案以来，他便始终在激励我，启发我。劳拉则给予了我极为珍贵的反馈意见，这大大改进了我的书稿。两位编辑都对我展现出了非凡的耐心与理解。

在过去的6年中，我有幸在剑桥大学、华沙大学与伦敦大学金史密斯学院这3所卓越的学校工作。在上述大学及其他各地的同事们对我给予了极大支持。我特别感谢伯恩哈德·富尔达，他与我进行过多次深具启发性的谈话，在柏林期间热情接待过我，我很晚才跟他提及，他还是慨然帮我阅读了大部头书稿并给了我反馈意见。其他各位学友与同仁也不吝时间为我提供了帮助。乔纳森·古姆兹、史蒂芬·雷恩施泰特与理查德·格雷森都阅读了我的书稿并提出了切中肯綮的意见。我还应当感谢帮助我在华沙融入研究生活的彼得·茨兰塔，以及为我提供影像资料并在我每次造访柏林时都热情接待我的菲利普·施蒂阿斯尼。阿纳托尔·施密德-科瓦齐克也惠赠了研究资料于我。约翰·迪克教会了我如何从奥地利国家档案馆浩如烟海的文件中寻得宝山门径，提姆·布亨则提示了我去寻找来自耶路撒冷的珍贵史料。在金史密斯学院，我极其感谢扬·普拉姆坡、理查德·格雷森与史蒂芬·皮格尼，他们不惜会对自己造成不便而重新调整了自己的课程时间，以便我可以完成书稿。我还想感谢海瑟·琼斯、霍尔格·阿夫勒巴赫、彼得·霍尔奎斯特、纳塔尼尔·伍德、艾伦·克拉默、约翰·霍尔纳、扬斯·博伊森、尤利娅·艾欣贝格、乔纳森·博夫、雅罗斯拉夫·森泰克、布莱恩·费特曼、汤姆·韦伯、雨果·瑟维斯，与他们的谈话帮助我建立了对第一次世界大战的认识，特别是对第一次世界大战在中欧东部之历程的认识。最后，我还要感谢近十年间在关键时刻支持了我的各位资深同仁，尤其要感谢休·斯特罗恩爵士、克里斯托弗·克拉克、理查德·伊文斯爵士、理查德·贝塞尔以及托马斯·基兹瓦尔特。

倘若没有资助机构给予的支持与机会，本书的研究便可能无法完成。2008至2011年，英国国家学术院博士后项目资助我在剑桥大学的研究，我认为这是我人生中最为激动人心、最能在智识上启迪我的阶段之一。该项目给予我的研究经费让我得以前往波兰、奥地利、德国的档案馆。2011至2013年，我获得了第七欧盟框架计划玛丽·居里欧洲内部奖学金（No. PIEF-GA-2010-274914）。我当时承担的是另一个研究项目，但我仍然要对欧洲委员会表示感谢。对于一位英国学者而言，在欧洲的另外一侧度过两年时间的机会是十分难得的，况且正是凭借这一项目的支持，我才得以顺利提高自己的波兰语水平，才得以熟悉波兰各个一流的图书馆、各个无论是组织还是馆藏都极为出色的档案馆。也正是依托这一项目，我才得以有机会在华沙大学历史系工作，这一经历也令我获益良多，并让我成了一个更加优秀的历史学工作者。我对此表示衷心感谢。最后，我还要感谢伦敦的历史研究学会颁发给我的斯库卢迪历史学奖。这笔奖金支持了我在2008年的前期文献研究。

我还应当感谢两群专业人员。第一群专业人员是文献专家。为了写作本书，我使用了5个国家的档案馆的资料。我对以下机构的工作人员表示衷心感谢：斯图加特当代史图书馆、德国联邦档案馆柏林里希特菲尔德分部、德国联邦档案馆弗莱堡军事档案分部、位于埃门丁根的德国日记档案馆、位于柏林的普鲁士秘密档案馆、卡尔斯鲁厄的州立总档案馆、德累斯顿的州立总档案馆、斯图加特的州立总档案馆、位于威斯巴登的黑森州总档案馆、奥地利国家档案馆、位于耶路撒冷的犹太民族史中央档案馆、位于波兹南的大主教区档案馆、位于克拉科夫的国家档案馆、位于卡托维兹的国家档案馆的拉席波尔兹分部、位于奥尔什丁的国家档案馆、位于波兹南的国家档案馆、位于托伦的国家档案馆、位于华沙的国家图书馆以及位于伦敦的帝国战争博物馆与英国国家档案馆。此外，我还要感谢以下机构始终都亲切友善、乐于助人的工作人员，他们提供了本书中的众多照片：位于伦敦的现代战争档案馆、克拉科夫市历史档案馆、位于锡比乌的布鲁肯塔尔国立博物馆以及位于维也纳的奥地利国家图书馆图像档案部。

我想要感谢的第二群专业人员是帮助我筹备和制作这本书的各位人士。鲁门·乔拉科夫为我找到并翻译了保加利亚语的材料。我的经纪人安德鲁·基德在一旁指引我了解出版世界。企鹅出版社的理查德·杜古伊德监督了整个出版过程。我要感谢企鹅基本文库的团队，特别是玛丽娜·凯普与莉亚·施戴歇尔。我同样十分感谢我的技术编辑理查德·梅森，他在审阅我的书稿时始终秉持着一丝不苟的态度。

本书揭示的主旨之一便是家庭的重要性，每当我与自己的家人相伴时总是深深感受到自己是多么幸运。我的母亲苏珊和父亲亨利、我的兄弟蒂姆一直以来都给予了我巨大的支持，对于在我写作本书期间他们对我的关爱与鼓励，我由衷地感怀于心。他们以及我们的其他亲人——朱蒂阿姨、彼得、雅娜——用耐心与幽默陪伴我度过了"完成"本书的漫长时期。我还特别应当感谢林赛和凯莉对我的体谅。我还要感谢我身在波兰的各位亲戚。阿尔弗雷德·泽乌加拉与魏西亚·泽乌加拉夫妇热心地跟进了本书的进展，并且在他们南方的家中为我提供了一个温暖的住处。我在华沙期间，伏伊泰克·布尔基维奇与玛丽西亚·布尔基维奇夫妇以及他们的儿子马特乌斯、米夏埃尔、马辛都对我关怀备至。

我将最为重要的感谢放在最后，感谢我的妻子与女儿。我的女儿玛丽亚在我写作本书的最后几个月里来到人世，她出生后的每一天都令我感受到无比的欢乐与全新的意义。至于我的妻子阿尼娅——没有你，我根本就不可能写完这本书。我要感谢你的爱、你的体谅、你的耐心，也要感谢你在我迷茫之时仍能镇定地把握好生活的船舵。

阿尼娅，我怀着所有的爱意将这本书献给你。

1. 欧洲

* 本书地图均为原书地图。

——	1916年时"铁壁之围"的大概界线
——	包围线的天然部分

芬兰
圣彼得堡
爱沙尼亚
立窝尼亚
拉脱维亚
库尔兰
立陶宛
波罗的海
东普鲁士
但泽
阿伦施泰因
华沙
白俄罗斯
布列斯特-立陶夫斯克
海乌姆
俄属波兰
克拉科夫
加利西亚
奥匈帝国
布达佩斯
萨格勒布
塞尔维亚
贝尔格莱德
黑山
阿尔巴尼亚
希腊
雅典
尼曼河
维斯瓦河
莫斯科
俄　国
顿河
哈尔科夫
第聂伯河
顿涅茨河
基辅
乌克兰
敖德萨
克里米亚
塞瓦斯托波尔
黑海
罗马尼亚
布加勒斯特
多瑙河
保加利亚
索非亚
君士坦丁堡
奥斯曼帝国
爱琴海
塞浦路斯（英国）
利比亚（意大利）
埃及（英国）

2. 西线

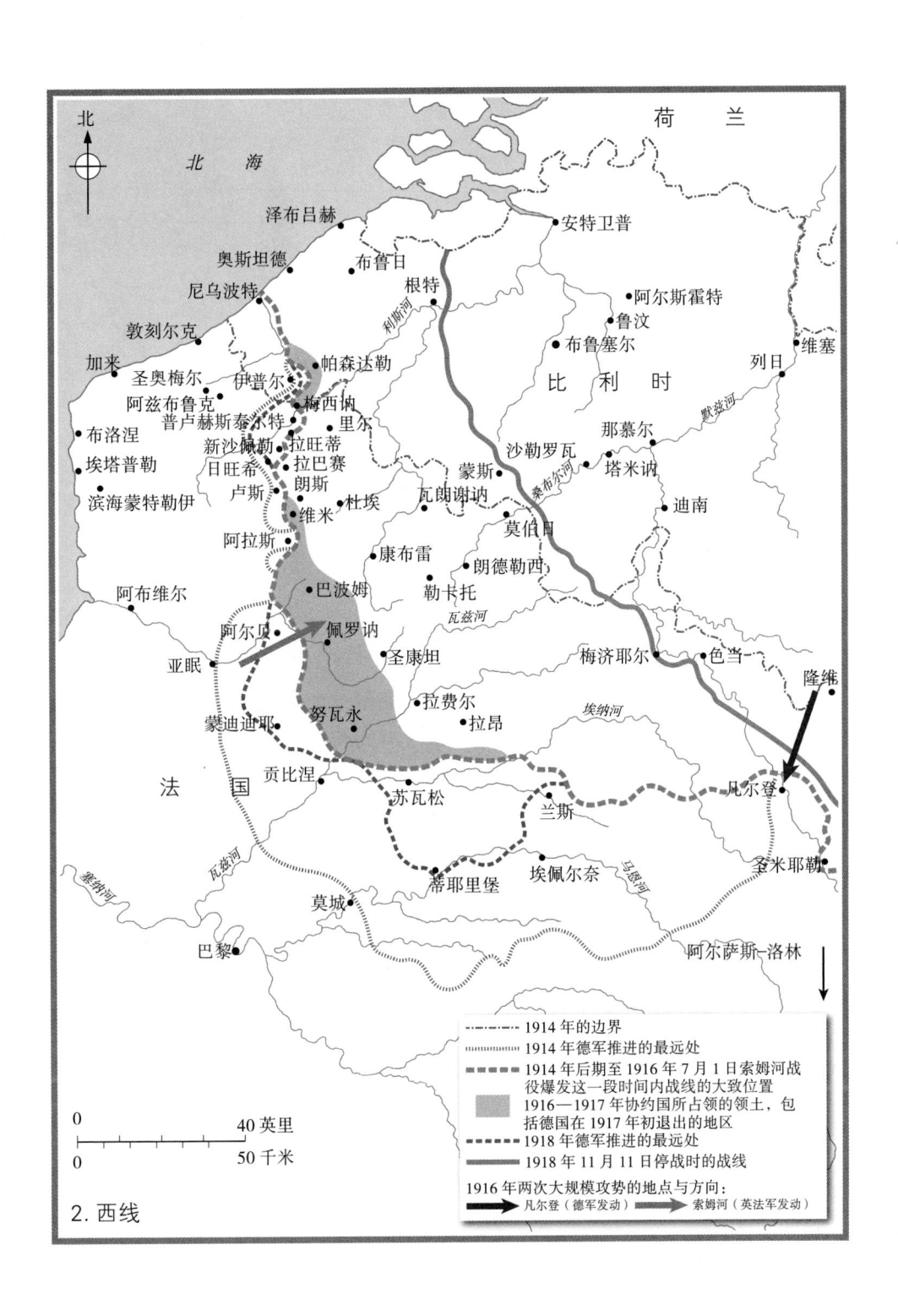

图例：
- 1914年的边界
- 1914年德军推进的最远处
- 1914年后期至1916年7月1日索姆河战役爆发这一段时间内战线的大致位置
- 1916—1917年协约国所占领的领土，包括德国在1917年初退出的地区
- 1918年德军推进的最远处
- 1918年11月11日停战时的战线

1916年两次大规模攻势的地点与方向：
- 凡尔登（德军发动）
- 索姆河（英法军发动）

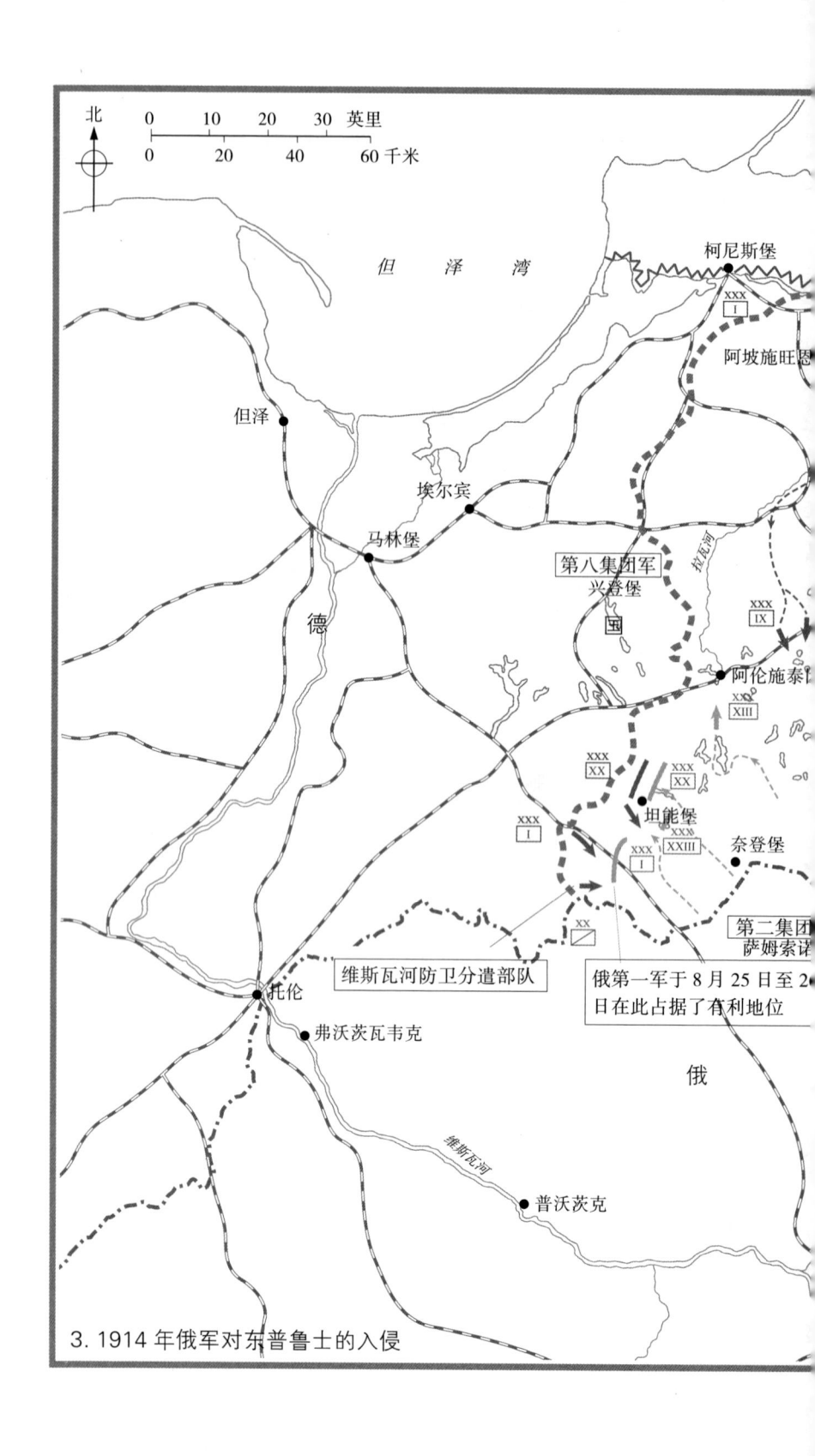

3. 1914年俄军对东普鲁士的入侵

提尔西特
拉比奥
贡宾嫩
因斯特堡
第一集团军
伦宁坎普
8月25日晚
安格堡
戈乌达普
埃乌克
奥古斯图夫
格罗德诺
约翰尼斯堡
沃姆扎
纳雷夫河
比亚韦斯托克
奥斯特罗文卡
国
普乌图斯克
布格河
华沙

—·—·—	1914年的边界
━ ━ ━	俄军突入的大致最远距离
→	俄军行动
→	德军行动

4. 东线

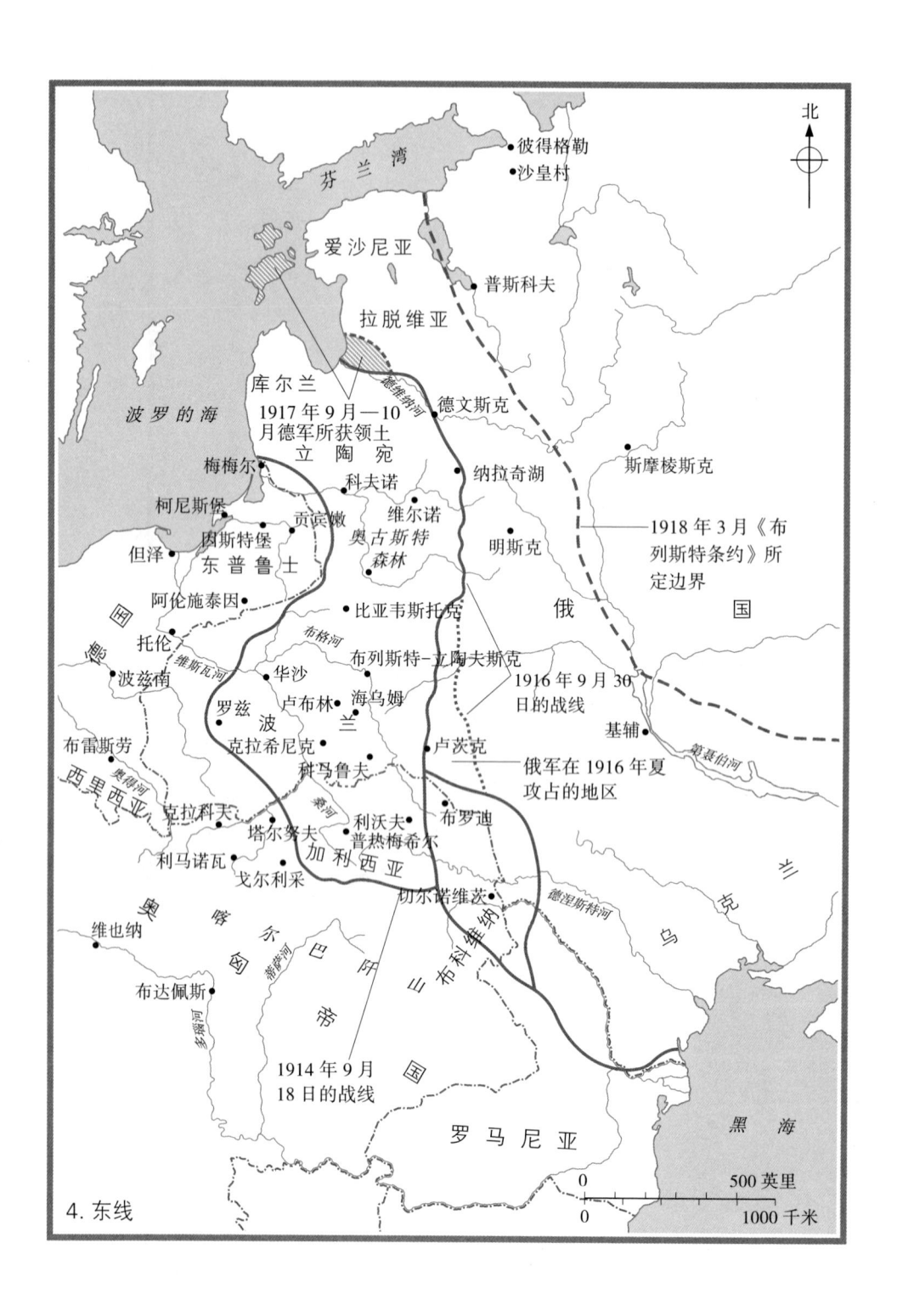

5. 巴尔干半岛

—— 1914年的塞萨洛尼基战线
—— 1018年8月—9月的塞萨洛尼基战线

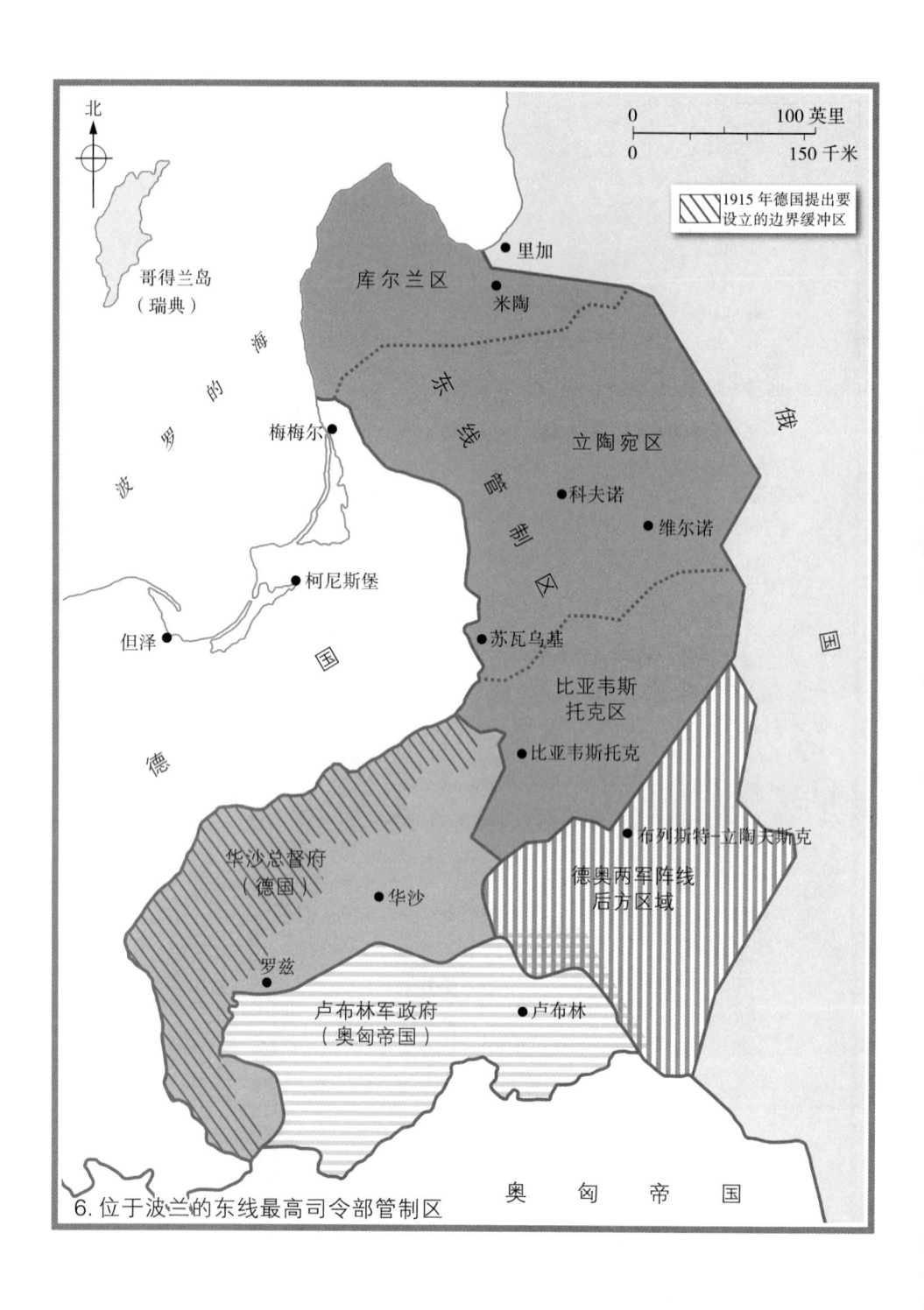

6. 位于波兰的东线最高司令部管制区

目　录

致　谢 … i

引　言 … 1
第1章　开战决定 … 9
第2章　动员民众 … 55
第3章　源于错觉的战争 … 105
第4章　防御战 … 159
第5章　四面合围 … 205
第6章　永久的安全 … 253
第7章　前线的危机 … 273
第8章　匮乏 … 325
第9章　再次动员 … 369
第10章　U型潜艇 … 409
第11章　危险的观念 … 443
第12章　面包和平 … 485
第13章　崩溃 … 507
尾　声 … 549

注　释 … 561
缩略语 … 673
参考文献 … 675
出版后记 … 717

引 言

> 1914至1918年的世界大战迥异于此前的大多数战争……它是一场存亡之战,一场彻头彻尾的人民的战争。
>
> ——埃里希·鲁登道夫[1]

长期以来,第一次世界大战都被认为是20世纪"对未来影响最重大的灾难"。[2] 在这场战争肆虐的4年又4个月里,7000万人被动员了起来。近1000万人死去。一个个社区遭到破坏,民众流离失所。交战各国因仇恨、苦难与悲伤而国力受损。中欧东部是这场灾难的震中。位于这一地区的德意志帝国与奥匈帝国是这场战争的发动者,也是这场战争的战败者。这两个国家的死难者人数占大战死难者总数的1/3。[3] 没有其他地方承受了如此惨重的伤亡。倘若1914至1918年的大战确实是后来贻害欧洲的种种灾祸——极权独裁、又一场世界大战、种族灭绝——的起因,那么首先是因为这场战争极为深刻地改变了中欧的各个社会。欧洲大陆现代历史的悲剧进程的关键便蕴藏于这一地区,也蕴藏于该地民众在1914至1918年的极端痛苦经历、无法弥补的牺牲以及身体和心灵上的流离失所。

本书是第一部从两大主要的同盟国国家——德意志帝国与奥匈帝国——的角度来阐述第一次世界大战的现代史。本书试图从两国政治家的角度来理解这场战争。但最为重要的是,这是两国民众的故事。无论是在维也纳与柏林街头排队购买食物的平民,还是被卷入索姆河血战或布鲁西洛夫攻势的士兵,又或是参与了惊心动魄的潜艇战的水兵,他们的恐惧、期望与苦难都是这本书的重心所在。人民对这场战争极为重要。第一次世界大战的动力和它带来变化的潜力,在很大程度上来自它作为一场人民的战争的本质。目标与伤亡均有限度的旧式内阁战争自此成为历史,这使得德国首相特奥巴登·冯·贝特曼·霍尔维格等保守派政治家们深感不安。在他们看来，界定这场骇人的新式战争的，即其"最为不可思议的特点"的，便是"民众的巨大力量"。[4] 大众的投入令战争变得更加暴烈，也决定了它的旷日持久性。同盟国以在欧洲无可匹敌的规模动员了本国人口。在德国，1914至1918年共有1338.7万人应征入伍，这是该国18—50岁男性人口数的86%。奥匈帝国仅仅略逊一筹，征召了800万人入伍，这约占其役龄人口的78%。[5]

同盟国的战略态势决定了它们的战争体验。德意志帝国、奥匈帝国以及它们的盟国保加利亚与奥斯曼帝国，在战争期间被围困在一圈铁壁之中。包围这些国家的是一个远强于斯的敌国联盟。俄国虎踞于东。英法意三国则分别居于其北、其西、其南，后来还有美国和几个较小的国家。到战争结束时，这些敌国控制着全球土地的61%，全球战前国内总产值的64%，全球人口的70%。[6] 同盟国无法与中立国贸易。英国的海上封锁——随战争推进而日益收紧——闭合起了这道铁壁。中欧人认为自己宛如被封堵围困于一座雄城巨堡之中。被征召的数百万人需要去击退来犯之敌。只不过这场大规模包围战让整个社会都参与其中。总体动员与封锁，令战斗人员与非战斗人员之间的区别变得模糊。参与战争的不仅是年轻、健康的单身男子，丈夫、父亲、中年人，甚至常常连体弱者都上了战场。在后方，女性承担起了被征召入伍的男性的工作，或转入急剧发展的军工厂工作。儿童被动员起来，去帮助收获，为战争努力收集有价值的物资。这些平民远不仅仅是辅助性人员，他们成了战争的目标，并且饱受匮乏、饥饿、疾病与疲劳的摧残。不仅仅是在战场上战斗的士兵，在后方奋力求生的士兵家人同样发现，这场战争很快便渗入了日常生活的各个方面。对于当时的人来说，无论身在欧洲大都市，还是相对没有那么现代化的闭塞乡村，这场大战极其令人惊骇地包罗万象、无休无止、波及广泛。在开战8个月之后，居住在东线战场上奥地利一侧的一个波兰人简洁地点出了在欧洲大陆普遍存在的恐怖景象："战争发生在地上，在地下，在水上，在水下，在空中；战争覆盖着越来越广泛的人类生活圈子。"[7]

面对严峻的困境与渺茫的胜算，德国和奥匈帝国的民众为何还会支撑如此之久？鉴于今天的历史学家几乎都认为两国领导人因为发动大战或追求侵略性战争目标而应当承担重大的罪责，两国民众的坚定态度就更加令人困惑了。一部分原因在于，民众别无选择。在战争爆发之时，中欧各国的军队被授予了对国内社会非常大的权力。国家与军方拥有有效的压制工具，凭借这些工具，他们可以施行审查，限制公共集会，在部分地区用戒严迫使民众顺从。[8] 但是，仅仅用受强迫来解释两国民众在如此持久的时间内都甘心去打仗、忍耐、牺牲是远不能令人信服的。奥匈帝国和德国都是法治国家。在战前的半个世纪中，此类法治国家保障了本国臣民的基本自由，并培育出了受过教育的公民社会。[9] 虽然在开战时公民的权利被暂停，但公民社会的心态与制度仍然存在，而且这种心态与制度对于支撑成功的动员是不可或缺的。在德国，当局早早便认识到，一场需要大规模征召兵员、需要对工业与农业进行近乎总体动员的欧洲战争是不可能在违背民众意愿的情况下开展的。奥地利领导人起初试图压制舆论，但是到1916年底，在付出了一定代价之后，他们才发现威权专制只会增加民众的不满与抗拒之情。在战争的最后两年，即便不满情绪日益增加，同盟国阵营的这两个主要国家也都没有缩小，而是增大了公共表达的空间。劝说是非常珍贵的，而宣传——引导意见的暗黑技艺——变得越发重要。能够激励大众的观念被转化成了有力的战争武器。[10]

本书的中心论点是，大众的赞同对于开展20世纪的第一场"总体战"是不可或缺的。本书叙述了德国和奥匈帝国民众是如何支持、容忍或顺从于这场战争的，也阐述了民众的这种参与是如何改变他们自身及他们的社会的。贯穿全书的有三个主题。首先，本书探讨了德国和奥地利当局是如何赢得并维持住大众对战争的赞同的。本书指出，动员从来不仅仅是一道由国家发给臣民的命令。1914至1915年，公民社会的机构、地方官员、政治积极分子、教会、工会、慈善机构都在国家与民众之间斡旋奔走，成功地实现了惊人的自我动员，将自己所在的社区带进了战争。本书还探讨了德奥两国是如何在大众对于取胜的热衷有所减退的1916至1918年，运用日益精妙的宣传活动去塑造士兵与平民对于战争的理解，从而巩固本国的韧性的。本书还首次详尽审视了德国人和奥匈帝国人的恐惧、野心、成见与委屈，并试图阐明在他们看来战争使得哪些事物陷入了危险。本书证明，这场战争带来的艰辛与恐怖不仅削弱了人们继续打仗、继续忍受的决心，也可以反过来增强这种决心。对交战敌国的恐惧与愤怒既有其正当之处，也都被夸大了，其实直到1918年乃至于其后很久，这种恐惧与愤怒都是有力的动员情绪。

其次，本书阐明了不断升级的极端暴力是如何在1914至1918年让德国和奥匈帝国的战争目标与战争行为变得激进的，还探讨了这种激进化对于两国的社会及战争努力的影响。在战争爆发时，人民和政府（尽管它们采取了进攻性行为）一致认同这场战争是一场防卫战。人们最初期望这场战争在本质上会是短暂的、纯军事性质的，然而，由于并没有任何一个交战国在开场的历次战役中赢得决定性的胜利，这一期望落空了。英国发动的海上封锁似乎并不符合国际法，它将食品界定为"禁运品"，这使得同盟国平民面临着饥饿的威胁，并暴露了他们面对经济攻击时的极端脆弱。本书揭示了在希特勒的奴隶帝国产生的二十几年前，德国和奥匈帝国是如何凭借无情榨取东部和西部占领区的食品与劳力来对封锁做出回应的。新式的经济战促使德国和奥匈帝国的统治精英（其中的一部分已经萌生了帝国主义雄心）将本国未来的安全与稳定寄托于对这些外国资源的永久控制之上。尤其是德国军界与商界的精英产生了在东方缔造一个帝国的雄心，这促使官方的战争目标大大拓展了。这种野心与广大民众致力于守住战前边界并寻求速胜以终结困境的意愿相悖。结果是一场国家合法性方面的危机，最终民众收回了他们的赞同，于是骤然出现了政治崩溃与这场战争的终结。

本书的第三个主题是第一次世界大战引发的悲剧性社会分裂。这一分裂不仅早于政治崩溃，促成了政治崩溃，甚至在中欧的国家秩序重新建立之后依然在延续。这种分裂在德国和奥匈帝国以不同的形式发生，因为前者是一个民族国家，而后者是一个多民族帝国。在奥匈帝国，决策者在1914年发动战争的部分原因在于，他们想要利用这场战争挽救和平时期普遍存在的民族纷争，因为他们担心这种纷争会分裂帝国。起初，他们的赌博看似取得了效果，因为各民族纷纷汇集到战旗之下。然而，早在最初，这场战争便让民族情绪与民族敌意变得更加严重，而且由于军方对

"可疑"族群的迫害、从东部与南部边界地区逃来的大批不受欢迎的难民、食品短缺以及与敌国相联合的流亡者所做的民族主义宣传,民族情绪与敌意更是进一步激化。随着哈布斯堡国家日益丧失其正当性且战时困境进一步加剧,民众便退回了本民族社区之内。甚至在哈布斯堡国家正式解体之前,它的多民族社会便已经土崩瓦解、跌入暴力的深渊,而犹太人尤其易于沦为暴力攻击的目标。在德国亦是如此,战时的物资短缺激化了反犹主义,在族群杂居的东部边界地区激化了族群冲突。但是,作为一个大体上同质化的民族国家,德国的社会主要是按照阶级区分而出现分裂的。自1917年之后,右翼主张吞并领土的呼吁与左翼从两场俄国革命获得的理念,令阶级矛盾变得异常严重。在战败之后,阶级间的分裂进一步加剧,它们引发了内战,并催生了新的极左与极右党派。

在1916至1918年掌控德国战争努力的埃里希·鲁登道夫将军正确地将这场战争描述为"一场彻头彻尾的人民的战争"。德国和奥匈帝国民众巨大的情感与物质投入既使得同盟国能够在这场战争中坚持良久,同时也意味着,一旦战败,战败的结果会对两国社会造成灾难性的影响。战争期间发展起来的内部分歧塑造了战争结束时的大乱:在德国,左翼革命摧垮了政府;在奥匈帝国,战败后出现了族群间的暴力,帝国分裂为几个新的民族国家。和平带来的只是脆弱的矛盾暂缓。在整个地区,战争令民众陷入贫困,撕裂了多民族社区,并且摧毁了人们对于政府的信赖。无法挽回的牺牲引发的愤恨、剧烈的意识形态分歧、种族间的仇恨以及一种新的暴力倾向,所有这些都在持续。一个暗无天日的未来在等待着中欧。

第 1 章

开战决定

密谋者

"发动这场战争的不是德国人,更不是协约国,而是我们。这一点我心知肚明。"利奥波德·冯·安德里安-瓦博格男爵以这样一句坦言开始了他关于1914年7月的回忆录。在最后的和平年月里,一个紧密的少壮外交官团体影响着奥匈帝国外交政策的制定,安德里安便是其中的一员。1914年6月28日,在萨拉热窝,奥匈帝国皇储弗朗茨·斐迪南大公及其妻子霍恩贝格女公爵索菲被波斯尼亚塞族恐怖分子杀死。在刺杀事件后剑拔弩张的数周时间里,时任哈布斯堡帝国驻华沙总领事的安德里安正在维也纳休假。7月9日,他被传召到哈布斯堡外交部接受问询:倘若帝国对塞尔维亚——政府圈子认为该国支持了这次罪行——发动进攻,俄国可能会做何反应?4年之后,已经饱经磨难但并无悔意的安德里安回首往事,描述了自己那天在外交部感受到的充满密谋气息的奇特兴奋感。36岁的内阁大臣首席顾问亚历山大·霍约什伯爵愉快地迎接了安德里安。[1] 霍约什是少壮外交官团体的核心人物,后来,当他想到自己是"大战真正的发起者"(1916年,他曾这样愧疚地向一位红颜知己吐露)时,就被逼得几乎要自杀。"我们必须和安德里安分享我们的秘密。"霍约什当时大声地说。"一个全新的时代"即将到来。塞尔维亚要"低头认罪"。受到多年孤立、挑衅和羞辱之后,看着列强环伺,神圣庄严的哈布斯堡帝国将不再坐视不理。所有年轻的外交官都同意,而且他们的政治主人们也都相信,现在的威胁是致命的,而时间是紧张的。当哈布斯堡领导者们终于决定要决然、猛烈地出击,即在巴尔干发动战争时,恐惧与绝望为一种孤注一掷的欢欣鼓舞铺平了道路。[2]

第一次世界大战是由少数统治精英发动的。他们的民众没有被征询过意见。1914年夏天,相互的猜忌、边缘政策、傲慢、敌对和(最重要的是）恐惧在欧洲各地的权力大厅中非常普遍。可是，奥匈帝国的领导者们是个例外，因为只有他们，从1914年7月初开始便在积极地策划发动战争。他们希望借由萨拉热窝事件挑起的是一场巴尔干战争，而不是一场世界性战争，而且他们格外坚定地想要挑起这样一场战事。奥匈帝国外交大臣利奥波德·冯·贝希托尔德伯爵是个敏感的人，他热爱艺术与马匹胜过政治，且从未以坚强有力而著称，但他是这些图谋的主要推动者。他手下那些咄咄逼人的少壮外交官以及哈布斯堡军方在鞭策着他。6月30日下午，皇储遇刺两天后，贝希托尔德觐见了皇帝弗朗茨·约瑟夫。这位83岁的皇帝从未跟他那被杀害的侄子有多亲近，但贝希托尔德发现皇帝深受打击、十分悲伤。君臣二人达成一致：实施"容忍政策"的时代已经过去。现在需要对塞尔维亚采取更加强硬的手段。[3]

1914年，欧洲的结盟网络和势力均衡使得奥匈帝国对塞尔维亚发动的任何攻击——无论是外交上还是军事上——都充满了危险。自从1903年的民族主义军事政变让卡拉乔尔杰维奇家族登上塞尔维亚王座以来，哈布斯堡帝国与塞尔维亚事实上一直处于敌对状态。塞尔维亚新政府和官员不仅使国家摆脱了作为奥匈帝国卫星国的地位，还时而秘密时而公然地支持"大塞尔维亚"这个煽动性理念。这一理念旨在将南部斯拉夫诸省从多民族的奥匈帝国分割出去。德拉古廷·迪米特里耶维奇上校是塞尔维亚军事情报部门强有力的领袖，也是秘密革命组织"统一或死亡！"的创始人，他支持着在哈布斯堡治下的波斯尼亚和克罗地亚的恐怖活动，而且尽管奥匈帝国的调查人员并不知情，但他正是1914年暗杀斐迪南大公的阴谋的组织者。[4] 然而，塞尔维亚这个弹丸小国的后盾是强大的俄国，后者正是哈布斯堡帝国在巴尔干半岛上的主要竞争者。俄国与法国建立了十分紧密的联盟，而且在1907年之后，俄国通过三国协约与英国建立了较为松散的联盟。奥匈帝国与塞尔维亚之间的任何龃龉都会迅速牵及上述列强。贝希托尔德明白，如果想要随心所欲地对付他认定的对奥匈帝国继承人之死负责的幕后国家（证据尚不充分），他需要将德国人拉为盟友。德国是哈布斯堡帝国唯一可靠的盟友，也是欧洲第一军事强国。7月5日，亚历山大·霍约什被派到柏林去寻求支持，他随身携带着两份文件。第一份是弗朗茨·约瑟夫致德皇威廉二世的信。这封信在哈布斯堡外交部起草，信中警告说，一定不能"姑息"塞尔维亚的"犯罪性煽动"。第二份文件是一份备忘录，该备忘录对同盟国的战略情形做出了悲观的评估。在萨拉热窝事件之前不久，这份文件由资深的外交部部门主管弗朗茨·马契科男爵根据贝希托尔德的指示起草。暗杀事件发生后，它被匆忙改写，基调变得更加具有火药味，且被重新组织得能引起德国人的关切与焦虑。这份备忘录强调哈布斯堡帝国在巴尔干影响力下滑，有必要与保加利亚，而不是同盟国不可信赖的秘密盟友罗马尼亚建立更加紧密的联系。备忘录还强调了法俄同盟日益增长的自信，而这一点会引发柏林的严重担忧。附言中提示"将会无所不为的大塞尔维亚煽动活动"可能会非常危险，并且提倡采取强硬行动，暗示使用武力。但两份文件都没有公开提及战争，因为尽管贝希托尔德已经决意如此，但皇帝还不能完全下定决心，而且位高权重的匈牙利首相蒂萨伯爵反对战争，而蒂萨伯爵的意见不能被轻视。霍约什是一位跟柏林联系十分紧密的战争提倡者，贝希托尔德选择他出使柏林，就是为了打消德方的疑虑。这位鹰派的内阁大臣首席顾问会让德国人明白，哈布斯堡政府准备开战。[5]

德国人对霍约什带来的信息做出了积极的回应。德皇威廉二世是斐迪南大公的好友，对于大公的不幸遇刺深感愤慨。在德皇驻维也纳的大使于刺杀事件两天后发来的报告上，德皇十分愤怒地写下了潦草的批复："必须好好收拾收拾塞尔维亚人，<u>而且要立刻行动</u>！"[6] 7月5日，他和哈布斯堡大使瑟杰尼共进午餐，瑟杰尼此前已经听取了霍约什的简报；德皇收到了哈布斯堡皇帝致德皇的信函和那份备忘录。读完了这两份文件之后，德皇表示会给予"全力支持"，但他也有所保留，说自己必须先和自己的首相特奥巴登·冯·霍尔维格商谈此事。[7] 次日，瑟杰尼和霍约什跟霍尔维格会面，并得知"无论我们做何决定，我们都可以确定，德国人始终都会站在我们一边"。[8] 这两位外交官员也是这样向维也纳汇报的。德国领导层开出的这张恶名昭著的"空白支票"，为哈布斯堡帝国向塞尔维亚发动进攻提供了必要的外交支持，并且打开了通向7月底的国际危机的大门。关键在于，德国领导层在这么做时完全清楚，这会"引发一场严峻的欧洲动荡"——正如威廉二世在读完弗朗茨·约瑟夫的来信后所说的。曾与霍约什在7月5日共进午餐的德国外交次长阿瑟·齐默尔曼甚至估计:"倘若贵国对塞尔维亚有所行动,有九成可能会出现一场欧洲大战。"[9] 然而,当天下午,在威廉召见首相霍尔维格、外交次长齐默尔曼以及他的军事顾问们时,这些担忧都消除了。首相和国防大臣埃里希·冯·法金汉都对奥匈帝国是否真的决意动武表示了怀疑,并且这些领导者得出了一致意见,即使他们的盟友真的果断对塞尔维亚开战,俄国也不会介入。[10] 现在,德国把所有的主动权都交给了维也纳。7月6日,在和霍约什、瑟杰尼会面时,德国首相强调,下一步如何行动完全听由奥匈帝国。他表达的唯一倾向性意见是,倘若军事行动被认为是必要的,那么行动宜早不宜迟。[11]

7月7日,奥匈帝国的大臣联席会议——最接近内阁的奥匈帝国组织——召开,在会议期间,德国人的答复无疑有利于贝希托尔德。负责主持会议的贝希托尔德从一开始便竭力主张"使用武力,一劳永逸地终结塞尔维亚的阴谋诡计"。奥地利首相施图尔克伯爵、帝国的财政大臣利昂·比林斯基、帝国的国防大臣亚历山大·冯·克罗巴廷都倾向于对塞尔维亚用兵。唯一的反对者是匈牙利首相蒂萨。尽管蒂萨能够否决对塞尔维亚马上开战的提议,但这其实是一个空洞的胜利,因为哈布斯堡军队中的许多士兵在那个夏季正休假在家帮助收获,因此这样一场进攻根本就是不可能发动的。蒂萨建议发出最后通牒,并且不情愿地同意最后通牒中的要求应当是"苛刻的"。然而,贝希托尔德在总结会议时把自己好战的想法加到了已经同意的结论中。他一方面承认"存在着不同观点",一方面又坚持说"会议还是达成了一致意见,因为匈牙利首相的提议仍然很可能会引发跟塞尔维亚之间的战争,而贝希托尔德和其他与会人士都认同这样一场战争是必要性的"。[12] 哈布斯堡外交大臣贝希托尔德能够确保战争会发生,因为起草最后通牒的任务正是由外交部负责的,即使大臣联席会议随后会审查最后通牒。贝希托尔德公然承认,他有意将最后通牒拟定得十分苛刻,以引发战争:7月10日,他十分坦率地告诉德国大使,他正在"考虑提出什么样的要求,才会让塞尔维亚人感到完全无法接受"。帝国驻塞尔维亚大使冯·吉斯尔男爵在大臣联席会议当天也在维也纳,在会议结束之后,他前去会见贝希托尔德,外交大臣给他的指示甚至更加直接:"无论塞尔维亚对最后通牒如何反应,你都要断绝两国外交关系,离开塞尔维亚。战争一定要进行。"[13]

在哈布斯堡领导层的决策过程当中,最让人不安的特点是他们在考虑战争时的随意性。在斐迪南大公遇刺仅仅一周半之后,帝国的所有军事和民事大臣(除了蒂萨)都主张对塞尔维亚发动进攻;事实上,他们中的大多数人在听说刺杀事件时便支持发动战争。[14] 直到7月13日,也就是那次关键的大臣联席会议召开之后的第六天,负责证实贝尔格莱德的政府在这起刺杀案中的关涉程度的调查员才出具报告,而且调查员最多能证明的,也只不过是塞尔维亚政府负有某种模糊的"道德过失",而并不能证明塞尔维亚政府有共谋罪行或对刺杀事件负有责任,但这两个事实被弃之不顾。[15] 也不管如下令人生疑的伦理问题,即仅仅为了一对皇室夫妇的遇刺便悍然发动战争(哪怕是一场短时间战争),而且与战争相伴随的还有苦难与无辜之人的殒命。即便是单纯地从强权政治的角度出发,进攻塞尔维亚也是一个极为危险的决定,因为这样做可能会激怒俄国,而俄国的常备军规模是奥匈帝国的三倍。[16] 贝希托尔德深知,塞尔维亚受辱对于那个东方巨人而言影响重大,因为他在7月14日兴高采烈地告诉弗朗茨·约瑟夫,这将会"让俄国在巴尔干的威望深受打击"。[17] 大臣们也很清楚开战的风险,因为他们已经邀请总参谋长康拉德·冯·赫岑多夫在大臣联席会议上讨论他的计划。康拉德告诉各位大臣,如果在奥匈帝国对塞尔维亚开战之后俄国选择介入,那么倘若他能在动员令发布的五天内得知,他便可以调整哈布斯堡的军力部署来迎击俄国。康拉德当时十分自信,认为如果得到德国的帮助,他便可以打败俄国与塞尔维亚,但我们并不清楚他是否在会议上明确表述了这一点。无论如何,他说出的很多话令大臣们很忧虑。他打破了大臣们的幻想,他们原以为在哈布斯堡自己的军队在南部与塞尔维亚人作战时,帝国的东北部边境仅依靠德国就会得到保护。他警告说,位于帝国边境的加利西亚可能会在战争的初始阶段遭到入侵。最坏的情形(尽管这不太可能)是帝国不得不同时既与俄国和塞尔维亚交战,又与罗马尼亚和黑山交战，总参谋长认为在这样的情形下胜利的可能性"不容乐观"。[18]

哈布斯堡领导者们无视这种巨大的风险，开始在高度保密的情况下做战争准备。他们感到时间十分紧迫，正如贝希托尔德在7月7日的会议上告诉各位同僚的，帝国"没有时间可浪费"。目前最大的危急之处，似乎并不是军事冲突，而是行动的迟缓。蒂萨在7月14日也转而主战，即便是他也承认："绞索已经套在了我们的颈项之间，倘若我们现在不剪开绞索，那么它终有一日会将我们绞死。"[19] 尽管奥匈帝国的大臣们、军方人士以及皇帝已经达成了开战的共识，却无法马上对塞尔维亚开战。这种拖延是两个原因导致的。首先，军队尚未做好准备。这一点颇为讽刺，因为康拉德长久以来都是哈布斯堡领导层中最为好战的。自1906年就任帝国总参谋长以来，康拉德多次主张对塞尔维亚、黑山、俄国，甚至是对帝国的盟友罗马尼亚和意大利发动先发制人的战争。贝希托尔德曾经把康拉德在萨拉热窝事件之后的意见揶揄地总结为"战争！战争！战争！"[20] 然而，正如上文已经说到的，哈布斯堡军队此前允许其士兵在夏天回乡帮忙收获，而且尽管康拉德在7月7日的会议之前不久便已经叫停了夏收返乡的许可，可他无法召回已经回乡的大量士兵，因为一旦下达召回令，欧洲列强必然会意识到奥匈帝国的开战意图。因此，在士兵们原定返回驻地的7月25日之前，任何军事行动都无法启动。造成拖延的第二个原因是，法国总统雷蒙德·普恩加莱、总理勒内·维维安尼于7月20日至23日在俄国首都圣彼得堡开展国事访问。一方面考虑到外交礼仪，一方面根据马基雅维利基本原理，即倘若这两个盟国没有机会协商它们的反应，那么哈布斯堡的形势就有利，于是，哈布斯堡领导层决定，等到法国领导人离开俄国，再向塞尔维亚发出最后通牒。[21]

7月19日，战争爆发之前的最后一次帝国大臣联席会议在贝希托尔德的宅邸谨慎地召开了。大臣们都乘坐着没有标志的汽车前来，这只是他们诸多保密措施中的一项。在此前五天，康拉德和国防大臣克罗巴廷招摇地开始休假，以便给外界造成奥匈帝国完全无意动武的假象。维也纳和布达佩斯的新闻媒体此前一直在跟幸灾乐祸于大公遇刺事件的塞尔维亚报纸针锋相对,从而增长了紧张气氛。但如今,维也纳和布达佩斯的新闻媒体被要求避免谈及塞尔维亚。大臣们希望奇袭欧洲,以避免任何随之而来的调停与威慑。[22] 在此次会议上,大臣们批准了贝希托尔德的年轻顾问们绞尽脑汁起草的最后通牒。这份通牒的基调是庄严而愤怒的,它提出的要求十分严格。通牒开篇便对塞尔维亚提出了严正控诉,指出该国纵容了"一个颠覆运动……该运动的最终目标是将奥匈帝国的部分领土分裂出去"。因此,塞尔维亚有道德罪责,因为它的袖手旁观导致了"一系列未遂的谋杀事件和……谋杀事件",其顶峰便是6月28日的刺杀事件。最后通牒要求塞尔维亚政府在官方媒体上一字不差地刊登一份羞辱性的断绝关系声明,表明塞尔维亚政府与所有分裂奥匈帝国领土的活动划清界限,并且刊登一份警告,即坚持参与此类活动的官员和其他人将受到"严厉处罚"。最后通牒还阐述了十项行动要点。前四点要求塞尔维亚必须遏制反帝国宣传活动的实施者,包括与刺杀事件有关联的"塞尔维亚民族自卫组织"。第七点和第八点要求逮捕曾帮助过他们的塞尔维亚官员,第九点要求塞尔维亚政府解释为什么它的部分官员在6月28日刺杀事件之后发表了"敌视"奥匈帝国的言论。第十点仅仅是命令塞尔维亚确认自己会立即落实上述要求。最具争议的是第五点和第六点,这两点打破了禁忌,因为它们侵犯了塞尔维亚的主权。第五点要求同意奥地利官员参与镇压塞尔维亚密谋运动。第六点尤其是为了让这份最后通牒变得不可接受,它要求让奥地利官员参与在塞尔维亚本国开展的针对所有刺杀事件同谋的司法调查。塞尔维亚人只有48小时的时间来做出回应,吉斯尔大使得到了口头指示,要求塞方无条件接受最后通牒,并威胁塞方,任何其他答复都将致使两国关系立刻断绝。[23]

这份最后通牒被炮制出来,只是为了挑起战争。当然,也许有人会说,奥匈帝国只有派出自己的官员,才可以确保塞尔维亚完全遵从要求,而且奥匈帝国完全有理由不信任这个惹是生非的巴尔干国家。[24] 但贝希托尔德在7月曾多次表明,最后通牒被炮制出来,就是为了被拒绝的。在贝尔格莱德的吉斯尔得到了有关如何断绝外交关系的严格指示。为了将即将爆发的冲突控制在小范围内,帝国为其他大国拟定了一份有关哈布斯堡立场的官方解释。[25] 然而，这份官方解释会起到多大效应在7月21日已经值得怀疑。这一天，皇帝批准了最后通牒，这是这份文件发出前的最后一步。尽管有各种预防措施，但奥匈帝国正在草拟一份严苛照会的流言仍然不胫而走，而且这一消息首先被俄方得知，并进一步传到了法国政治家的耳中。当晚，奥匈帝国驻圣彼得堡大使给贝希托尔德发来电报称，法国总统普恩加莱向大使询问奥匈帝国会对塞尔维亚提出何种要求，并且警告道，除非有确凿的证据，否则一国政府不能被要求为某个事件负责。普恩加莱进一步以威胁的语气告诫大使，如果奥匈帝国无法拿出这样的证据，就应该记得塞尔维亚"是有朋友的"，而且"一意孤行采取不当行动，将会对和平构成极大危害"。[26] 大使发来的这则讯息并未产生什么影响；贝希托尔德没有被吓住，也没有改变既定目标。1914年7月23日下午6点，塞尔维亚政府最终还是收到了这份最后通牒。至此，奥匈帝国已经有可能如愿看到战争了，只是这场战争的规模远远超出了帝国领导人的期望与预计。

求生之战

奥匈帝国统治者在1914年夏季的行动尽管高度保密且咄咄逼人，但敦促他们行动的与其说是好战性，不如说是一种深切的虚弱、恐惧，甚至绝望之感。他们的多民族帝国有近400年的历史。它送走了奥斯曼苏丹，逃出了拿破仑的掌控，还挺过了宗教冲突和革命，但是到了20世纪早期，国内外的众多政治家都认为，这个帝国已经时日无多。即便是德国外交大臣戈特利布·冯·雅戈——他是奥匈帝国在世上唯一的忠实朋友——也在1914年7月并不乐观地将奥匈帝国称为"多瑙河畔日益走向分裂的民族拼贴"。[27] 正如哈布斯堡领导人也心知肚明的，其他人的态度更加不友好。在大公遇刺六天前，帝国驻盟国罗马尼亚大使奥托卡尔·切尔宁伯爵向他们汇报了在外交圈里流传的对奥匈帝国的评价，并给出了严重警告。"和在欧洲各地一样，这里的人也越发坚信，帝国注定要走向没落和瓦解。"大使报告道。流行的看法是，"哈布斯堡帝国在近期会被欧洲列强蚕食瓜分"。[28]

为何奥匈帝国在1914年的处境如此艰难呢？为何哈布斯堡领导人执意要威吓他们惹是生非的小邻国塞尔维亚，甚至不惜以发动一场灾难性的欧洲大战为代价？帝国的内部问题可以提供部分答案。弗朗茨·约瑟夫的多民族国家有11个被认可的民族，在1848年革命和1859年、1866年的两次战败之后，皇帝终于屈服于压力，同意实行"双元"体系。于是，1867年，帝国实现了重大重组。这被后世称之为君主、奥地利德意志人、匈牙利自由派三者之间的"妥协"。从此，帝国被划分为两个基本自治的国家，即西部的奥地利和东部的匈牙利。这两个国家既以宪法为纽带，亦以弗朗茨·约瑟夫个人——他既是奥地利皇帝，又是匈牙利国王——为纽带联结到一起。君主任命了三位共同大臣，分别负责国防、外交和财政，以管理利益交叠的地方。各自独立的奥地利和匈牙利政府各由一位首相领导，首相也由君主任命，但他们二人必须和本国选举产生的立法机构合作进行统治，即奥地利议会和匈牙利议会。这两个议会会一年一度地派出执行委员会代表团去与对方代表团以及共同大臣协商各项事宜。每隔十年，双方会开展重要谈判，以决定"配额"（每个国家应为共同支出承担的份额），讨论有共同利害关系的经济问题（如关税和一些间接税），商定每个国家为共同军队征募兵员的比例。三位共同大臣和两位首相，加上皇位继承人（在他遇刺之前）都有权出席大臣联席会议。大臣联席会议定期召开，讨论关乎整个帝国的重要问题；也就是这个会议，策划了1914年7月的战争。[29]

设计出这个结构，是为了使君主得以控制外交和军事关键领域，同时也满足帝国内两大最具影响力与坚定自信的族群——奥地利德意志人和马扎尔人——的政治抱负。通过帝国的重组，这两大族群分别在各自的半个帝国中成了最大的群体（见表1）。

此外，原奥斯曼帝国的波斯尼亚-黑塞哥维那也在1878年开始由哈布斯堡帝国统治，并在1908年被哈布斯堡帝国永久吞并。为免破坏原本精心构筑的族群平衡，这个地区被排除在帝国的主要双元架构之外，并由共同财政大臣治理。它实际上是一个殖民地，哈布斯堡王朝在此地追求的是他们所谓的文化使命。通过引入专业的行政机构、教育以及土地与基础设施改良，他们计划的不仅仅是使这片地区文明化和现代化，也计划把它最终纳入帝国的核心部分。[30]

到了1914年，1867年"妥协"所建立的国家结构正在变得岌岌可危。德意志和匈牙利民族主义者觉得这个国家结构没能满足他们的政治抱负；其他被排除在协议之外的族群愤恨这种国家结构明显的不公平，这主要指的是斯拉夫人，还包括意大利人和罗马尼亚人。到战前的最后十年，帝国两大地区的代议机构都处于混乱或瘫痪状态。在匈牙利，支配着议会

表1 哈布斯堡帝国的民族（按地区），1910年

族群	占该地区总人口之百分比
内莱塔尼亚奥地利地区：	
德意志人	35.6
捷克人（包括斯洛伐克人）	23.0
波兰人	17.8
罗塞尼亚人	12.6
塞尔维亚-克罗地亚人	2.8
意大利人	2.8
罗马尼亚人	1.0
匈牙利王国地区：	
马扎尔人（即匈牙利人）	48.1
罗马尼亚人	14.1
德意志人	9.8
斯洛伐克人	9.4
克罗地亚人	8.8
塞尔维亚人	5.3
罗塞尼亚人	2.3
波斯尼亚-黑塞哥维那地区：	
塞尔维亚人	42.0
穆斯林	34.0
克罗地亚人	21.0

来源：A. Sked, *The Decline and Fall of the Habsburg Empire, 1815–1918*, 2nd edn (Harlow and London, 2001), pp.278-9, and A. Wandruszka and P. Urbanitsch (eds.), *Die Habsburgermonarchie 1848-1918. Die Völker des Reiches* (Vienna, 1980), iii.I, insert between pp. 38-9。

的自由派仅仅把 1867 年"妥协"看作谋取新的民族力量的起点，而反对派尊崇 1848—1849 年反抗哈布斯堡王朝的革命记忆，并且渴望独立。匈牙利的选举权非常严格，仅仅 6% 的人口享有，工人和大多数非马扎尔人都被排除在外，只有匈牙利人当中的上流社会人士才符合选举权的财产要求。这个群体既包括议会中的自由派，也有反对派。他们有一个尤为棘手的难题：弗朗茨·约瑟夫不许匈牙利建立自己的军队，甚至不许在帝国共同军队中使用匈牙利语。1903 年，这一问题引发了一场历时 10 年的议会危机。1905 年的选举令主张独立的"民族党派联盟"重新上台，这打破了自由派长期掌权的局面，在此之后，紧张局面变得更加尖锐。与君主——他有任命政府的特权——之间的僵持局面开始出现。议会起初被解散，直到 1906 年，君主用引进普选权来威胁主张独立的匈牙利民族主义者，并借此迫使他们秘密承诺不再试图动摇双元帝国的体制，他们才被允许实行统治。由于新政府无法实现在选举时宣称的在民族利益上有利于匈牙利国家和军队的改革，只好转而利用其选民的沙文主义，并通过压迫匈牙利的斯拉夫人和罗马尼亚人少数群体，激起边缘地区的愤恨。1910 年 5 月的选举被操纵，自由派重新上台。如今他们已经更名为劳动党，由蒂萨伯爵领导。时任议会议长的蒂萨终于让匈牙利恢复了秩序。1912 年，他动用军队震慑住了不听管束的议会，然后强行通过了禁止阻挠议事的法案，并通过了一项急需的军队法案。然而，他的违宪手段引发了强烈的不满。在一次会议上，一位议员向蒂萨开了三枪，他没能击中蒂萨，随后开枪自杀。[31]

匈牙利议会或许是仇怨难解、闹剧不断，但倘若和帝国另一半的众议院——奥地利议会——比起来，却堪称是秩序井然的典范了。1879 年，1867 年体制的真正受害者捷克人放弃了于自己无益的抵制行动，开始出席奥地利议会的会议，自此之后，德意志族自由派也因此失去了他们在议会中的支配地位。从 19 世纪 90 年代开始，关于民族混居地区的语言权利问题的争论十分激烈，这日益使议会陷入瘫痪状态。1897 年爆发了一次危机，当时，首相巴德尼伯爵下令，所有在波希米亚和摩拉维亚任职的官员都应当在 3 年之内同时掌握捷克语和德语，以便和辖境内所有民族顺畅交流。议会会议因此事沦为了闹剧：抗议的德意志议员用长篇累牍的演讲来阻碍法律制定，而支持该法令的捷克议员则用大声喊叫、敲击桌子、演奏乐器来淹没他们的声音。凭借着巧妙的花招，议会中极为吵闹的行为被禁止了，而且警察驱逐了10位议员。此事一出，在德意志人聚居的帝国城市里爆发了暴乱。抗议行动迫使该法令被撤销，首相也被免职。然而，自此以后，捷克人便屡屡用同样的方式来阻碍任何他们不赞成的法令。政府只能依据奥地利基本法的紧急条款第14条来强行通过法令。在1897年以前，这一条款平均每年仅使用一次；但在1897年以后的7年中，这一条款共用到了75次。奥地利在1907年引入了普选权，但此举并不是出于某种民主理想，而仅仅是希望社会忠诚能取代阻碍议会工作的民族障碍，可即便是这样的努力也失败了。1914年3月，首相施图尔克最终解散了奥地利议会，这一举动明确承认了奥地利议会制度的破产。[32]

不满的民族主义情绪不仅荼毒着帝国中央，也干扰着帝国各地。民族主义激进分子猜疑地注视着其他人，为了谋求权利而大肆争吵，又锱铢必较地守护着既有的特权。微小的事端会引发暴力的反应。例如，1904年，因斯布鲁克大学开设了意大利语授课的法学院，这引发了德意志学生的抗议，他们要求关闭这个学院。[33] 在的里雅斯特，固守着在当地政府中的传统支配地位的意大利人和在20世纪初人数迅速增长的斯洛文尼亚人之间的政治竞争常常演变成街头斗殴。[34] 在另一个民族冲突的中心波希米亚，政治紧张关系促使捷克人和德意志人在1898年、1908年和1910年掀起了互相抵制对方的商店和企业的风潮。极端的捷克民族社会党把捷克抵制者组织了起来，民族主义报纸挑起了仇恨情绪，而在德语地区，甚至连市镇议会都参与进来，贴出"只买德意志人的东西！"的海报。[35] 在巴德尼危机之后，捷克士兵在1898年抗议军队使用德语作为军令用语；在1908年和1912年动员期间，一些波希米亚部队发生了暴动。这些事件让人担心，民族冲突是否正在影响军队并破坏军队的可靠性。[36]

在战前的最后几年，帝国东北部的加利西亚也格外使人忧心。这个王室领地（奥地利人如此称呼他们的省份）由波兰族贵族治理，享有特殊的自治权。自1869年以来，它的行政语言一直是波兰语，而非在奥地利其他地区通行的德语；一个波兰族不管部大臣列席奥地利内阁，以捍卫波兰人在加利西亚的权益。波兰人也支配着地方议会色姆，因为只有10%的居民享有选举权。然而，在该地800万人口中，波兰人仅有380万。还有320万罗塞尼亚人（今天会被算作乌克兰人）聚居在加利西亚的东部，另有87.2万犹太人和9万德意志人。[37] 在罗塞尼亚人中，乌克兰民族主义者拥有最强大的政治力量，他们占据了1911年奥地利议会的28个席位。他们对哈布斯堡王朝十分忠诚，但强烈敌视波兰人的管理，因为波兰人在教育和政治代表性上歧视他们。1908年4月，加利西亚行政机构的负责人、波兰族总督阿尔弗雷德·波托茨基伯爵被一个乌克兰民族主义学生刺杀，紧张气氛达到了顶峰。

在加利西亚讲乌克兰语的居民中，另一个重要的群体是亲俄派，他们被称为"小俄罗斯人"。他们在大众中的支持度不高，仅仅得到了民族主义者约1/3的选票，并且在1911年的奥地利议会中也只有2个席位。然而，他们是一个突出的群体，不仅是因为他们得到了俄国的资金，还因为波兰人支配的行政机构把他们看作对其利益威胁较小的群体，于是选择支持他们，而不支持他们的民族主义竞争者。在战前的最后几年，亲俄派的领导们实施了一系列颠覆和不忠的行动。数百名罗塞尼亚人从亲哈布斯堡的东仪天主教会转投俄国东正教，这引发了维也纳的极大不安，并加剧了俄奥之间的紧张。亲俄派为俄国开展的间谍活动也造成了类似的后果：奥匈帝国总参谋部估计，1907至1913年，在加利西亚的间谍活动增长了不止10倍。在战争前夕，皇帝和奥地利政府说服波兰人同意实施有限的色姆改革，并承诺设立一所乌克兰语授课的大学，以遏制罗塞尼亚人进一步的离心趋势。[38]

南部斯拉夫人，特别是帝国的塞尔维亚人，是哈布斯堡政府的又一心头隐患。克罗地亚王国是匈牙利的一个半自治地区。1905年，克罗地亚议会萨保尔中向来彼此敌对的塞尔维亚族议员和克罗地亚族议员冰释前嫌，宣布他们是同一个民族，这让该地的马扎尔领导者甚为头疼。2年以后，他们的联盟（简称塞-克同盟）在阿格拉姆（今萨格勒布）掌权。布达佩斯的民族党派联盟的政府当时刚刚在与皇帝的交涉中受挫，便马上向他们挑起了冲突：政府在 1907 年 5 月规定，所有克罗地亚铁路官员都必须学习匈牙利语。1909 年，在奥匈帝国吞并波斯尼亚-黑塞哥维那之后政治紧张、局势日益升温的当口，匈牙利人让萨保尔联盟的塞尔维亚族领导人因叛国罪受审，称他们接受了塞尔维亚的资助以用于煽动活动，还阴谋将哈布斯堡的南部斯拉夫领土分裂出去并使之加入塞尔维亚版图。这一事件使得双方关系更为恶化。这些指控后来被证实使用了不实证据，审判中的不公十分明显，以至于最后做出的判决被撤销了。奥匈帝国因此事而威名大堕。[39] 同时，在布达佩斯的议会里，克罗地亚族议员也针对铁路语言法令采取了报复行动：他们使用本民族的语言发表极为冗长的演讲，来干扰议会事务的进行。当克罗地亚族总督惩罚性地在萨保尔中暂时中止宪法后，有人向他投掷了一枚炸弹，他因此身负重伤。[40]

哈布斯堡在波斯尼亚的"文化使命"也变得步履维艰。在 1914 年 7 月 7 日的大臣联席会议上，负责波斯尼亚事务的共同财政大臣比林斯基表示，该地的军事长官波提奥雷克将军多年来一直主张，只有"和塞尔维亚较量一番"，才能守住波斯尼亚和黑塞哥维那。[41] 帝国对该省中的泛塞尔维亚煽动活动十分忧虑。1914 年 7 月奥匈帝国给塞尔维亚的最后通牒中要求加以取缔的塞尔维亚民族主义组织"民族自卫组织"在该省份的活动网络根深叶茂。让波斯尼亚统治者绝望的是，他们自己的学校也在培育反哈布斯堡的塞尔维亚民族主义。帝国建立的教育体系难以将塞尔维亚民族主义教师排除在外，这些教师用地图向学生们说明，波斯尼亚是和塞尔维亚密切相依的。学生们是所有民众中最为激进的一部分。泛塞尔维亚的、进步的、文学的、浪漫的"青年波斯尼亚"，是滋生暴力阴谋的温床。它造就了在 1914 年 6 月 28 日刺杀哈布斯堡皇储的 19 岁恐怖分子加夫里洛·普林西普。在他之前还有波格丹·泽拉基奇，这个想要成为刺客的人在 1910 年差一点就成功刺杀了波斯尼亚总督。[42]

各个议会中出现的混乱，议会的解散，相邻的不同族群之间的街头械斗，未遂的或是得逞的对帝国大臣与官员的行刺，都证明帝国正处于危机之中，也越发让人议论起帝国大厦将倾。这种情形让极力主战的外交官和军方人士陷入了深深的忧虑。他们在 1914 年 7 月的谈话，流露出他们极为不信任他们自己的各族民众。当康拉德在 6 月 29 日（暗杀事件次日）告诉贝希托尔德奥匈帝国必须发起动员时，贝希托尔德的答复非常能说明问题：他立即表示反对，因为这必将在波希米亚引发革命。[43] 此前三周，贝希托尔德向两位首相提议设立一个部际机构，负责协调应对帝国两个部分中的民族统一主义运动。[44] 康拉德也有一些和贝希托尔德相同的忧虑。虽然他并不担心会爆发一场捷克人的革命，但他的确担心会有进一步的恐怖行动，并在 7 月 5 日恳求皇帝在奥匈帝国全境发布戒严令，但皇帝否决了这个提议。[45] 刺杀者来自奥匈帝国的这一事实意义重大。贝希托尔德和康拉德主张发动战争，部分原因在于他们认为需要残酷地粉碎民族主义理想。塞尔维亚的人口不足哈布斯堡帝国 5080 万人口的 1/10，几乎构不成什么军事威胁，但单单是它的存在和它部分官员的行动，便为南部斯拉夫民族统一主义者提供了鼓舞和支持。康拉德和贝希托尔德都担心，倘若对这样一起光天化日之下发生的皇储遇刺案件等闲视之，可能会出现连锁反应，鼓励其他民族统一主义者与那些在帝国边境的民族国家一致行动。在 7 月 7 日的会议上，贝希托尔德警告蒂萨和其他各位大臣，倘若现在迟疑无为，可能会给特兰西瓦尼亚罗马尼亚民族主义分子提供一个很坏的范例。康拉德认为，如果奥匈帝国不想"为内部斗争大开方便之门——这会不可避免地使得这个多民族国家走向瓦解"，就必须发动战争。[46]

  上述对形势的判断，对于哈布斯堡帝国最终做出发动战争的灾难性决策起到了重要作用，悲剧之处在于，这些判断几乎可以肯定地说是太过悲观了。哈布斯堡外交官和军方人士对于帝国内部的问题忧心忡忡，因为他们深知这些内部问题是如何损害帝国的国际威望的，还因为他们担心军队的资金和兵力增加会因吵闹难驯的民族主义议员而受阻。此外，霍约什和安德里安周边的外交官群体习惯将外交政策视为解决国内矛盾的一种手段。他们曾在贝希托尔德的前任阿洛伊思·莱克萨·冯·埃伦塔尔伯爵手下受训，并且十分崇敬他。埃伦塔尔曾试图通过他的外交政策来推动帝国的宪政改革，尽管是比较平和地去尝试。[47] 但是，无论是帝国的军方人士还是外交官，都未参与过帝国的日常治理，而且对于帝国民众的情绪和忠诚度，他们也没有真正的洞察力。报纸头条新闻充斥着谋杀事件与政治危机,这些新闻掩盖了一种奇特的耐久性和隐藏的稳定性。马克·吐温一向是个敏锐的观察者,他在谈起巴德尼危机时这样说道:"近来在这里发生的事情,无论发生在哪个国家——除了奥地利,都会让这个国家彻头彻尾地动荡,让政府心烦意乱;但没有人敢断言类似的情形也会在这里出现。"事实上,马克·吐温发现,唯一会让所有奥地利人都表示赞同的,是"我们这里不会爆发革命"。[48]

帝国合法性的一个柱石,是历时数个世纪之久的哈布斯堡王朝,而几乎没有谁比弗朗茨·约瑟夫能更好地代表这个王朝。弗朗茨·约瑟夫与人距离疏远,但态度慈祥,他在位超过60年,是凌驾于一切民族主义政治纷争之上的家长式君主的理想化身。战争爆发之时,他已经83岁高龄,他的年龄是一个无可估量的优势。他的年龄让他成了快速现代化的世界中一个罕见的恒久存在,并且也提醒着对现状不满的人们,统治者更迭以及对摇摇欲坠的双元国家体制的改革,都为期不远了。[49] 王朝崇拜在天主教会和军队中都有非常宝贵的宣传代理人。为皇帝祈福的祷告和庆典游行都保留了庄严的神秘色彩,宣扬了哈布斯堡王朝的世俗权威。[50] 和平时期的兵役(在和平时期,所有健康的男性都有资格服兵役,但其实只有一部分人被征召入伍)也增进了对皇室的忠诚。1909年,有20万名退伍军人是奥地利退伍军人协会的会员,该组织在各地有1400个分会。有些人加入这个协会,只是为了它提供的互助保险,但许多社会下层和中下层的人加入这个协会,为的是表达他们对乡土的忠诚和对皇室发自内心的忠诚。[51]

哈布斯堡帝国的管理体系也对诸民族起到了一些安抚作用。这一点,当时的外交官和军方人士以及近期之前的大多数历史学家都没太认识到。首先,帝国保存并吸收了一些历史实体的法统,譬如圣斯蒂芬王冠领、波希米亚王国、克罗地亚王国(对此争议较多),并将这些国家的边界保留为内部的行政边界。[52] 1914年,这些历史上的国家仍然具有重要的情感意义。例如,到20世纪初,捷克激进分子越发倾向于从族群的角度来看待问题,而他们最有号召力的主张仍然是要求皇帝尊重历史上波希米亚的"王国权利"。[53] 其次,尽管双元体制引发了广泛不满,但在帝国的奥地利半区,实行很大程度的地方自治的许可是某种补偿。它给民族主义激进分子提供了一个能量宣泄的出口，并且使他们可以在一些关键领域施展抱负，比如学校教育领域。它还创造了一种非常怪异的政治风俗，但对军方人士和外交官这些局外人来说，这种政治风俗令人感觉十分忧心。在公开场合，为了迎合民族情绪高涨的不满选民，政党和议员们都在大声抨击政府。可关起门来，这些煽动者却在友善和睦地与政府官员达成交易，做出妥协，并为自己的选民讨价还价。[54] 再次，在奥地利的政治实践中，宪法规定的各地在语言和宗教方面的平等，保护了大部分少数族群，使之免受明显而公开的歧视，尽管这一点在马扎尔人占上风的匈牙利更多地是停留在理论层面。[55] 这些具有安抚效果的措施取得了广泛成功，这就解释了为什么民族纷争一直都是围绕着相对琐碎细小的问题。这同样有力地说明了，为什么除了那些小规模的极端团体（比如"青年波斯尼亚"），几乎没有什么人谈及从帝国分离出去。大多数哈布斯堡臣民迫切要求的不是革命，而是改革，而且在1914年以前，几乎无人设想过一个完全不带有哈布斯堡王朝特征的国家。[56]

然而，1914年7月，哈布斯堡的军事、外交领导者不仅仅忧心于帝国的内部问题。他们也十分关注国际局势中不断增长的危险。关键的地区是巴尔干，由于奥斯曼帝国衰弱和民族主义浪潮日益汹涌，这一地区变得越发动荡。对哈布斯堡帝国的第一次沉重打击，是1903年6月塞尔维亚的军事政变，亲奥地利的塞尔维亚国王亚历山大及王后被残忍地杀死，彼得·卡拉乔尔杰维奇被扶上王位。毫不夸张地说，一夜之间，塞尔维亚就从一个哈布斯堡卫星国，变成了一个受泛塞尔维亚意识驱使的坚定敌国，它开始奋力谋求将波斯尼亚-黑塞哥维那纳入版图。对此，奥匈帝国采取了咄咄逼人的态度，试图通过征收惩罚性关税来制服这个邻国，即1906—1909年的"猪战"，结果却是灾难性地适得其反，这加剧了两国之间的对立，并促使塞尔维亚人转而寻找新的市场和盟友。[57]

1907年以后，俄国介入巴尔干，奥匈帝国的地位受到了进一步威胁。20世纪初，俄国一直致力于拓展在远东的利益，但1904—1905年日俄战争的失败和随后的革命浇灭了它的野心；俄国帝国主义利益的第二个目标是波斯，但1907年，俄国与其在这一地区的主要竞争者英国签订了协约，波斯也成了俄国无法染指之地。为了安抚国内好战的民族主义舆论、重振国际威望，俄国便将眼光转向了巴尔干地区。[58] 1908年，一场严重的国际危机爆发。根据1878年的《柏林条约》，奥匈帝国对波斯尼亚-黑塞哥维那的占领为期30年，因此可以预见，如果奥匈帝国希望继续保有这些省份，必须正式吞并它们。1908年夏天的青年土耳其党革命使正式吞并变得更加刻不容缓，因为已经有传言称，新的奥斯曼领导人正计划在整个帝国范围内开展选举，包括在波斯尼亚-黑塞哥维那，借此，奥斯曼领导人可重新控制这些地区。当时的哈布斯堡外交大臣埃伦塔尔伯爵渴望与俄国重修一项10年协议，以保持巴尔干现状，因此试图和俄国达成交易。根据双方的谈判，俄国将承认哈布斯堡帝国对波斯尼亚拥有正式的主权。这几乎不会对任何大国造成重大损害，因为奥匈帝国已经占有波斯尼亚-黑塞哥维那达30年。作为回报，哈布斯堡帝国将支持俄国人获得梦寐以求的土耳其海峡通行权，借此，俄国的战舰可从黑海开往地中海。然而，当奥匈帝国在10月5日宣布吞并时，吞并计划并没有在巴尔干带来大国关系缓和局面，而是引发了激烈的冲突。奥匈帝国确立了对波斯尼亚-黑塞哥维那的永久占有，但满心希望获得海峡通行权的俄国人因缺少国际支持而受挫，并陷于十分窘迫的处境。塞尔维亚和黑山政府对于吞并感到怒不可遏并且展开了动员。哈布斯堡军队则相应加强了东南边界的戒备，从这年冬天到来年春天，边界上的武装僵局一直在持续。最终，1909年3月，德国威胁俄国称，除非俄国与其他列强一同迫使塞尔维亚认可波斯尼亚-黑塞哥维那的新状态，否则自己会支持奥匈帝国在巴尔干动武的权利，至此纷争才得以平息。然而，敌意并未消失。俄国人遭受了公开羞辱，塞尔维亚民族主义者也认为此仇不共戴天。奥匈帝国的声望也受损了，因为吞并之所以最终实现，靠的是决定性的德国介入，这让奥匈帝国看起来就像是其更强大盟友的卫星国。[59]

对奥匈帝国的国际地位造成最大损害的，是1912—1913年的两次巴尔干战争。这两场战争让这一地区彻底变了天，结束了奥斯曼帝国在欧洲东南部超过500年的统治。第一场战争在1912年10月打响，塞尔维亚、保加利亚、希腊、黑山组成的联军，进攻了奥斯曼帝国的欧洲属地。意大利在 1911 年 9 月对利比亚的进攻暴露了奥斯曼帝国的衰弱，而且巴尔干同盟的获胜设想很快便被证明了是多么正确。塞尔维亚军一直打到了亚得里亚海岸边，希腊占领了萨洛尼卡（塞萨洛尼基），保加利亚人甚至推进到距离君士坦丁堡不到 30 千米的地方。1913 年 5 月 30 日的《伦敦条约》终结了战争。仅仅一个月之后，战火便重燃，上一次战争的胜利者们协同罗马尼亚与奥斯曼帝国，调转枪口，围攻第一次战争的主要受益者保加利亚，并且通过 1913 年 8 月 10 日的《布加勒斯特条约》瓜分了保加利亚的大部分战利品。[60] 对奥匈帝国的领导人而言，这两次战争不仅令巴尔干的一众国家开始与自己敌对，而且显示出自己已被包围。俄国不怀好意地参与了这一进程。首先，俄国促成了巴尔干同盟的核心——塞尔维亚和保加利亚——的联合，更糟的是，尽管这个同盟是个防御性的同盟，却从一开始就是以奥匈帝国为假想敌的。其次，受法国鼓动，在南部战事已起之时，俄国采取了极具挑衅性的军事举措。在第一次巴尔干战争爆发一周半之前，俄国宣布在自己的四个军区开展动员演习；俄国没有照常让一批于 1912 年 10 月服完和平时期兵役的士兵如期退伍，而是将他们留到了 1913 年 1 月。由于新征募的士兵仍然照常入伍，俄国的军力增加了 35 万人，许多边境部队几乎达到了战时编制。俄国的目的是胁迫奥匈帝国承认俄国的附庸国在巴尔干所取得的战果。起初，哈布斯堡帝国无动于衷，但在 1912 年 11 月和 12 月，帝国征召了后备军人，来加强在加利西亚（对俄边境）的军队以及在波斯尼亚-黑塞哥维那的军队。直到 1913 年 3 月，奥匈帝国的财力实在无法继续支撑，俄奥之间才达成了解除战斗状态的协议。[61]

即便不管俄国在北部的军事举措，巴尔干同盟所取得的战果也在威胁着哈布斯堡帝国的核心利益。为此，在这一剑拔弩张的时期，奥匈帝国四度接近战争的边缘。大多数摩擦是围绕着阿尔巴尼亚的。奥匈帝国渴望将这个伊斯兰附庸国变成自己在亚得里亚海的出海口。阿尔巴尼亚的战略地位十分重要，帝国的所有海上交通都经由此处。到 1912 年 11 月中旬，塞尔维亚和黑山的军队占领了阿尔巴尼亚北部的大片领土，次月，冲突加剧，不仅是哈布斯堡军方，甚至是一向提倡和平的弗朗茨·斐迪南都一度主张开战了。当斯库台——能够独立存在的阿尔巴尼亚不可或缺的重镇——落入黑山人手中时，帝国再次几乎就要开战了，这一次帝国还得到了德国的支持。欧洲列强在1913年5月将斯库台判给了新生的阿尔巴尼亚国家，黑山决定服从裁决。但是，迫使塞尔维亚军队撤离由列强分配给阿尔巴尼亚的其他领土，却更加困难，因为塞尔维亚同样渴望获得一个出海口。哈布斯堡帝国数次敦促、强令要求，并发出了以军事行动相胁的最后通牒，至此，塞尔维亚才最终在1913年10月选择了屈服。尽管有这次撤退，通过这一年的征伐，塞尔维亚还是将其领土扩张了一倍，其人口则从290万人一跃达到440万人。[62]

几次巴尔干战争让哈布斯堡领导人深感忧虑，因此也让他们变得更为好战。一个在俄国领导下由巴尔干小国组成的联盟逐渐蚕食另一个神圣庄严却每况愈下的多民族帝国的图景，给哈布斯堡领导人造成了强烈冲击。俄国人试图通过在加利西亚边境发起动员以阻止哈布斯堡在南部的军事行动，这番尝试也给他们造成了强烈冲击。外交官安德里安-瓦博格男爵回忆道："土耳其之后就是奥地利了。这是当时流行的说法。"[63] 东部在磨刀的声音是清晰无疑的。1914年4月，圣彼得堡最具影响力的报纸《新时代》——俄国财政大臣也在其董事之列——公开煽动毁灭并肢解哈布斯堡帝国。次月，另一位俄国大臣告知法国大使，如果弗朗茨·约瑟夫皇帝退位，"我们势必会吞并加利西亚"，他声称这片土地"基本上就是俄国的"。[64] 虽然俄国事实上并没有相关的总体规划，此类表态还是让贝希托尔德在1914年7月7日对大臣们做出的警告显得完全合乎情理，当时他指出，敌人正在准备"跟哈布斯堡君主国进行决定性的战争"。[65] 在哈布斯堡外交部内部，人们私下流传：存在着一个由俄国策动的"针对奥匈帝国领土完整与独立自主的阴谋"。[66] 沙皇夫妇于当年6月对罗马尼亚的访问加剧了哈布斯堡的这些怀疑，并让人们开始担忧奥匈帝国在巴尔干唯一的盟友要转投他国怀抱。奥匈领导人深信，塞尔维亚的种种挑衅举动便是出自圣彼得堡的授意。[67] 刺杀哈布斯堡皇储的杀手小队是由皇储自己的波斯尼亚塞族人——他们受到了大塞尔维亚理念的煽动而变成了刺客——组成的，人们由这个事件认为，道义与政治约束力已经不复存在了。贝希托尔德的顾问们设想的最可怕局面是一种同心进攻。一旦俄国重整军备的"宏大规划"于1916年完成，这种进攻便有可能实施。俄国的军事行动，甚至只是如同1912—1913年时那样的一场有敌意的动员，都有可能把奥匈帝国的军力牵制在北部，如果出现这种情况，那么奥匈帝国将无力应对新的巴尔干同盟发动的侵略或肢解行动。[68]

与其像匈牙利首相蒂萨建议的那样等着协约国在巴尔干锻造出"一道包围着我们的铁壁"，以作为一场"世界大战"的前奏，哈布斯堡领导人决定采取行动。[69] 1914年夏天，一场对塞尔维亚的果断突袭看起来反倒可能是避免灾难的最佳选择。如果俄国坐视自己的附庸国被蹂躏，那么俄国在巴尔干的威望便将一落千丈，它所谋划的包围计划也会破产。在哈布斯堡领导人看来，最坏的情况，也就是对塞尔维亚开战会引发与这个东方大敌的战争，而且是在俄国还没有做好准备的时候。俄国的重整军备计划尚未完成，罗马尼亚也还在同盟国阵营之中；哈布斯堡总参谋长康拉德告诉各位大臣，未来的军事力量平衡只会变得"对我国不利"。[70] 不仅如此，帝国政府内部也提出警告，称南部斯拉夫理想正在迅速蔓延，因而"现在是让帝国的斯拉夫部分（特别是克罗地亚人）一道攻打塞尔维亚的最后时机"。[71] 现在是发动打击、证明帝国的生命力、在帝国的敌人结成难以战胜的联盟之前击破它们的时候了。1914年7月，哈布斯堡领导人是孤注一掷之人。他们冷酷决绝，因为他们觉得自己已经没有什么可以失去的了。

被错估的风险

在1914年7月的战争准备阶段，德国领导人所扮演的角色虽然是次要的，却也是至关重要的。若是德皇及其首相没有在7月5日、6日向瑟杰尼和霍约什给出无条件支持的承诺，哈布斯堡统治者是万万不敢挑起一场巴尔干战争的。[72] 德国领导人意识到，如果奥匈帝国向塞尔维亚开战，俄国或许会介入（但他们认为可能性不大），而且开战可能会引发一场欧洲大战。为什么要冒险呢？在7月5日下午的会议上，德国领导人讨论了奥匈帝国请求支持一事。最关键的三个人，即威廉皇帝、国防大臣法金汉、首相霍尔维格，一同示范了优柔寡断、听天由命、咄咄逼人以及糟糕算计，而正是上述这些特点，塑造了德意志帝国的外交政策。德皇是一个积习难改又脾气古怪的黩武之人，他愤慨于朋友斐迪南大公遇刺一事，并想要充分履行盟友义务。他本来十分清楚，支持哈布斯堡进攻塞尔维亚的强硬行动潜藏着相当大的风险。但他被自己的顾问们说服，认为欧洲大战不可能爆发，并且在7月6日离开了宫廷，按计划开始了他一年一度的北海巡游。但是从长远来看，他认为自己在一年半以前所说的一场"斯拉夫人和条顿人之间的最终决战"是不可避免的。[73] 国防大臣埃里希·冯·法金汉的个性与之迥然不同，他是一位冷静而自信的职业军人。法金汉是一个社会达尔文主义者，信奉出于民族利益的战争，对人道主义考虑不屑一顾。他急切地希望看一看，德国精心打造的训练有素的军队能否经受得住最重要的检验。但他又怀疑奥匈帝国是否真的有胆量对塞尔维亚开战。[74] 在三人之中，首相霍尔维格的个性最为复杂，但也正是他，在7月底之前一直主导着德国的政策。霍尔维格自1909年7月起担任德国首相。他精通政治谋略，是一个温和的保守派、忠诚的君主主义者。他对于自己感受到的敌国环伺的国家处境忧心忡忡，而他的这种感受是十分正确的。通过给予奥匈帝国无条件支持，霍尔维格实施了他后来承认"一种极具风险的政策"的举措，这项举措目的在于通过外交胜利或大陆战争来颠覆既有的欧洲势力格局。[75]

　　1914年的德国是一个强国。这是一个战火中锻造出来的国家，是普鲁士军队及其盟友在1864年对丹麦、1866年对奥地利、1870—1871年对法国的三场大捷的成果。自从这个新兴的超级大国于1871年1月18日在凡尔赛宫镜厅宣布建立，这个位于欧洲心脏地带的国家变得越发让人感到畏惧。从人口方面——在征兵制时代，人口是衡量军力的一个指标——来看，1871年，法国的人口是3620万，仅稍稍落后于德国的4000万。但到了一战前夕，法国的人口只增长到了3970万，而德国则已经迅速增长到了6780万。而且，19世纪后期的德国人不仅是生育和打仗的好手，还展露出了自己挣钱的天赋。19世纪末，德国以惊人的速度实现了工业化，开始和英国竞争"欧洲工厂"的地位。1880年，德国占世界制造业的份额只是英国份额的1/3多一点，到了1913年，它超过了英国的份额。[76] 德国的生铁产量比英国多出1/3（1911年，德国是1560万吨，英国则是1000万吨）；到了战争前夕，德国的钢产量已经比英国的2倍还多（德国1370万吨，英国660万吨）。在新兴行业，如化学、光学、电子领域，德国居世界之首。这一成绩，一部分要归功于德国无与伦比的研究型大学以及首创的专门教授应用科学与工程学的技术高级中学。1914年6月，银行家马克斯·瓦尔堡向德皇进言，如今对于德国而言，等待战争要比考虑战争更加明智，因为"我们每年都在变得更加强大"。他的意见是正确的。[77]

但是，贝特曼·霍尔维格和其他德国统治精英在1914年也确实有充分的理由感到忧虑：在一个变得日益动荡的世界中，德国被敌对的国家包围着。当然，德国也有盟友，但这些盟友都是不怎么合乎心意的盟友。自1879年起，奥匈帝国就是德国的盟国，但奥匈帝国军力衰弱，且正变成一个空架子。意大利从1882年成为德国的盟国，但它基本算不上一个大国，而且难以信任。它一直觊觎哈布斯堡的意大利语属地和阿尔巴尼亚，并且在1900年、1902年与法国签订了秘密协定，这使得它对同盟国的大多数义务都失效了。当战争在1914年爆发时，意大利确实宣布中立，理由是，由于意大利的盟国并未遭到入侵，同盟条约义务并没有被触发。[78] 三国同盟的第四个隐秘成员国罗马尼亚，当时正在转向俄国。相比之下，三国协约越发坚固强盛，且在过去的10年里，与三国同盟的关系越发恶化。正如自弗里茨·费舍尔之后的历史学家们指出的，德国自己要对此负很大的责任。1888年，年轻的威廉二世登基称帝，并在1890年春迫使一手打造了德国统一的元老首相奥托·冯·俾斯麦辞职。这两个事件是重要的节点。此后不久，德国放弃了和俄国签订的防御性的"再保险条约"，于是俄国得以在1894年与法国结成同盟。[79] 然而，一个更为重要的转折在1897年出现：在霍尔维格之前担任首相的伯恩哈德·冯·比洛推行了新的"世界政策"。这个"世界政策"并不是德意志帝国努力争取比洛所谓的"阳光下的地盘"的开始，因为德国已经在19世纪80年代谋得了几块非洲殖民地。它也不是深思熟虑的帝国主义宣言。其实，这个政策标志着一种更加坚定的新立场，主要是为了让德国议会中暴躁的右翼选民支持政府，这些选民希望看到本国新的经济实力转化为全球影响力。期待一旦出现，就必须得到满足，但在面对着老牌殖民国家的坚决反对时，这些期待难以得到满足。在当时的环境中，德国的帝国主义雄心并非特例，但是德国政府需要向国内受挫的中产阶级展示自己是积极主动的，政府的这种需要让它的行动带上了咄咄逼人的腔调和颇为怪异的表演成分。威廉二世的壮举让他看上去颇有些荒唐可笑。他在1905年登陆摩洛哥海岸，以宣告他对摩洛哥苏丹的支持；更糟糕的是，1898年，他单方面宣布自己是3亿穆斯林的保护者。面对德国实实在在的经济竞争力、快速增长的人口、强大的军力、坚决的海军扩张计划，其他大国难免会有受到威胁和侵犯之感。[80]

然而，在1914年之前，德国并未如费舍尔及其门徒所宣称的那样，积极地谋求世界霸权。如果德国领导人想要通过战争实现扩张目标，那么在1905年俄国革命之后几年中协约国的军事虚弱便提供了机会，但德国并没有利用过这些机会。[81] 1914年之前10年中的重大国际危机，也不是由德国领导人造成的，但他们笨拙而贪婪的外交手腕确实激化了这些危机。在这些年里，比起德国，法国人的扩张欲望更加令欧洲震荡。1905年，法国人大力谋求占有摩洛哥，这不仅违反了一项1881年的协议（按照该协议，改变摩洛哥的现状，要经多国同意），而且一开始便极力排挤、损害德国的利益。当德国通过外交施压成功地迫使法国外长辞职之后，却没能见好就收，德国拒绝与法国展开双边谈判，而是要求举行一场多国会议。德国人希望借此来破坏前一年结成的英法协约，但当各国代表于1906年1月齐聚阿尔赫西拉斯时，除了奥匈帝国，没有一个国家支持德国提出的遏制法国扩张野心的主张。[82]

英国人在阿尔赫西拉斯支持法国，而且三国协约在随后几年中巩固了关系，这些主要是因为，英国在1899—1902年的布尔战争之后希望减少过度的帝国主义活动。英法协约结束了因英国占领埃及所导致的数十年英法紧张关系；英国在1907年与俄国达成协议，是为了减少在波斯的冲突。上述举动在很大程度上保障了英国帝国主义活动的安全。和这些好处相比，同盟国没有什么可以拿给英国；这是一个严重的问题，正如阿尔赫西拉斯会议展示的，它意味着任何一个解决国际纠纷的大国会议，几乎都会做出对同盟国不利的决定。[83] 然而，德国人自己的举动进一步将英国推向了法俄两国的怀抱。德国的海军建设计划——帝国海军办公室国务秘书阿尔弗雷德·冯·提尔皮茨上将的心血结晶——自1898年起大大加剧了两国间的对立。这一方面是因为英国政府将其视为直接威胁，一方面则因为大众的情绪被点燃了。两国中都形成了许多游说施压团体；宣传活动也展开了，其目的在于激起公众对舰队的情感，促使议会同意将更多的资金投向这些昂贵的战舰以及国家实力、威望和统一的象征。没有人比德皇威廉对这些战舰更有情感了。他曾在1908年8月告诉英国外交部常务秘书，他宁可"开战"，也不愿讨论海军军备限制问题。相反，霍尔维格的主要外交政策的目标是让德国和英国达成一项谅解，但他一直受到德皇和海军扩张派的阻挠；当他终于获准在1912年和英国展开谈判时，他提出，希望英国可以在德国与他国开战时保持"仁义的中立"，而对英国人而言，这无疑是难以接受的。[84] 提尔皮茨的战略，不是为了使德国海军比得上英国海军，而是为了建立一支规模足够大的舰队，从而使得英国人因为担心海战会令他们的军力无法保护自己的帝国，而不敢惹怒德意志帝国。按照提尔皮茨的设想，到1920年拥有60艘主力舰可能就足够了。到了1914年，德英两国的无畏舰、战列巡洋舰（英国在1905年创造出来的）的比例是18∶30，英国处于优势地位。[85] 德国海军建设的初衷是避免正面交锋，然而，实际的建设情况增加了这种交锋的可能性。为了确保国内水域有足够多的战舰对抗德国海军，英国海军在1912年与法国达成了协议，英国海军将会把力量集中于北方海域，而法国海军则将防护地中海。当1914年8月1日英国看起来不会参战时，法国驻伦敦大使援引这一协议，要求英国按照道德责任来提供支持，因为通过这一协议，法国已经放弃了北部海岸的防御。[86]

德国人最终在1912年自己放弃了海军竞赛，因为他们的注意力和资金都转向了陆军。两项新的陆军法案增加了年度征兵额。1911年，约287 770人应征参加军事训练。1912年通过的法案增加了38 890名新兵；

1913 年的法案使当年的征兵额进一步增加了 63 000 人。[87] 增加征兵额是德国对愈发动荡的国际局势做出的防御性反应。在奥匈帝国 1908—1909 年吞并波斯尼亚造成的紧张局势之后，围绕着摩洛哥的又一次危机爆发了，这次危机同样是由法国的扩张政策引发的。1909—1910 年，法德两国之间因一系列经济协议而实现了些微缓和。在终止了这些经济协议之后，法国于 1911 年夏派 15 000 名士兵进军摩洛哥的非斯。德国轻率地做出了回应，派出"豹"号炮舰前往摩洛哥，并气势汹汹地要求用整个法属刚果作为补偿。通过英国财政大臣大卫·劳合·乔治的一次讲话，英国领导人强有力地警告德国人离开，他们威胁道，倘若开战，那么英国将会介入。[88] 这一次，哪怕是奥匈帝国政府也不准备再支持德国的主张。对德国统治者而言，这次经历强化了 5 年前的阿尔赫西拉斯教训，即国际体系现在总是与德国的利益相悖。忧心于自己面临的明显孤立，德国统治者决心扩充陆军。

不幸的是，德国陆军的扩充不仅没有带来安全，反而导致了一场与法俄之间的陆军竞赛，而这比与英国之间的海军竞赛更加危险。雪上加霜的是，这是一场德国注定会失败的竞赛。德国面临着两大不能克服的劣势。首先，德国唯一可信赖的盟友奥匈帝国长久以来忽视陆军建设，因而难以快速弥补其陆军的缺陷。奥匈帝国年度征兵额的增长速度低于人口的增长速度，且按国际标准来看，数目也很低。奥匈帝国每年训练总人口的 0.29%，低于俄国的 0.35%、意大利的 0.37%，更远低于德国的 0.47% 和法国的 0.75%。1912 年，哈布斯堡陆军人数为 391 297 人，甚至不及俄国 133.2 万多人常备军的 1/3。哈布斯堡帝国的军事支出也落后于除了意大利的其他欧洲大国。1912 年，一项拖延已久的陆军法案终于得以通过，将和平时期的军力增加到 45 万人，并且为军事装备提供了额外的资金。这项法案有所助益，但同盟国集体安全的主要责任还是在德国的肩上。[89]

其次，虽然德国具有堪与法俄军事扩张相敌的人力，可能也有充足的财力，但在国内存在着对陆军规模的政治限制。即便在军官团内部也有保留意见：德国总参谋部非常想要利用全国人力，并且在 1912 年 12 月提议扩军 30 万人，但国防部担心规模如此之大、如此突然的扩军行动会对军事素质和政治可靠性造成影响，转而提出一项人数较少但仍然庞大的扩军计划，即扩军 11.7 万人。[90] 但是，对于扩军更严重的约束，来自议会对军事支出的限制。德皇是一位立宪君主，尽管他有权任命首相，并且在形式上有权决定陆军的规模和结构，但军事支出必须由议会通过。德国议会是基于男性普选权选举产生的，因此它拥有欧洲最民主的选举权之一。[91] 1912 年，社会民主党在选举后成为议会第一大党，该党和第二大党派天主教中央党的议员们支配着议会，并且批评了利用由议会支配的倒行逆施的间接税来为军事支出出资的做法。所得税和财产税等直接税，是德国联邦体系下的 25 个邦国的专有权利。普鲁士是最大的邦国，占德国国土的 2/3，并且拥有一个地方议会。该议会按照一种深受工人阶级诟病的三级选举制产生，这个限制性体制按选民的纳税数额来衡量选民。高度保守的普鲁士掌控着代表各邦的联邦参议院，而且在长达 10 年的时间里，联邦参议院阻止了中央政府获取一部分直接税的多番努力。1913 年，霍尔维格成功在议会通过了陆军法，但唯有通过提议征收一项财产税并将这部陆军法及其预算案分开表决，它才得以通过。左翼和中间政党投票通过了预算案，这是德国议会允许征收直接税的首例；同时，中间派和右翼的全国性联盟又联手通过了陆军扩军法案。[92] 然而，哪怕是在这两项重大的陆军法案通过之后，德国仍只将国民生产总值的 3.5% 用在国防上，这一比例高于奥匈帝国（2.8%），但低于法国（3.9%），更远低于俄国（4.6%）。[93]

在这一时期，德国总参谋长赫尔穆特·冯·毛奇变得越发悲观焦虑。由于俄国重整军备，再加上法国以三年兵役制取代了两年兵役制，同盟国和协约国之间的军力差距加大了。1912 年，德国军方估计，敌国的常备军已经超过了德奥两国 82.7 万人。到 1914 年，差距估计将扩大到 100 万人以上。[94] 协约国的铁路建设也在迅速推进，这是一个非常敏感的话题，因为德国人赖以对抗敌国军事优势的法宝，就是德国陆军动员的速度优势。在 1911 至 1912 年的冬天，德国情报机关认为，在过去的 5 年中，由法国贷款支持而新建的俄国铁路，使得俄国陆军集结到沙皇帝国西部边境的所需时间缩短了一半。1913 年，法国又为俄国提供了一笔铁路贷款，这引起了德国总参谋部的恐慌。德国总参谋部估算，这会加速俄国人的部署速度，这样一来，在动员后第 13 日，俄国陆军的 2/3 而不是 1/2 会抵达德国边界。[95] 在第一次巴尔干战争引发国际局势剧变的背景下，协约国之间的紧密合作加重了德国领导人的焦虑和被包围之感。1912 年 12 月是一个转折点。当时，俄国威胁性地陈兵奥匈帝国边境，英国则向德国驻伦敦大使卡尔·冯·利赫诺夫斯基亲王发出了谨慎的警告，表示英国重视大陆均势，不会对一场由奥匈帝国进攻塞尔维亚而引发的欧洲大战袖手旁观。德皇对这种被他称为"道德宣战"的举动感到十分愤怒，因而召集了三位首席海军顾问和毛奇一同在 12 月 8 日开会，即后来声名狼藉的"战争会议"。[96] 威廉二世坚持认为，奥匈帝国"必须强硬对付"塞尔维亚，而且预计这会导致俄国进攻加利西亚，亦会让德国卷入战争。为此，德皇下令——鉴于伦敦近日对德国的警告——德国舰队必须做好迎击英国海军的准备。提尔皮茨希望将战争延后一年半，但毛奇认为，即便到那时，德国海军也还是不能做好充分准备，而拖延将会对陆军不利，因为经费短缺令德国跟不上潜在敌人的军备发展步伐。他的想法是，"战争，越早开始越好"。[97] 这次会议实际上并没有做出什么决定性决定。与会者达成的唯一决定是要组织开展新闻宣传，让德国人民准备好与俄国作战，但这一决定从未付诸实施。然而，这个小插曲具有重要意义。德皇在同一天给他的外交大臣的信中表明，他实实在在地感受到了被一圈敌对势力环绕的威胁。他写道："德国是存还是亡，是现在的紧要问题。"[98] 他在会议上坚定地表示哈布斯堡帝国必须强硬对待塞尔维亚，而且他愿意支持哈布斯堡帝国，哪怕会将德国拉进与协约国的战争。这些态度其实具有重大意义。毛奇在会议上主张先发制人，但这不是他第一次这样提议了，且当时也并未照此行事。他的主张只是突出了当时德国所面临的险境。[99]

然而，在 1914 年 7 月主导德国外交政策的人物是贝特曼·霍尔维格。他当年并未受邀参加这场被他讽刺性地命名为"战争会议"的会议。霍尔维格认为德皇的行为是歇斯底里的。在他看来，英国的警告并不具有威胁性："它只是确认了我们早就知道的情况：**英国一如既往地奉行均势政策，因此，如果法国可能会被我们彻底击败，英国就会支持法国。**"他制止了进一步增加海军资金的提案，而是强调多边主义，并且尽力阻止奥匈帝国采取过激行动。德国和英国通力合作，令巴尔干战争没有进一步引发欧洲大战。[100] 因此，霍尔维格在1913年初的政策和他在1914年夏天的行动（允许哈布斯堡帝国进攻塞尔维亚，不再与英国共同斡旋）之间的巨大差异，就显得格外令人惊讶了。在这一期间，发生了什么变化呢？首先，霍尔维格重新估量了俄国对德国的威胁。1914年7月初，他将俄国形容为"一个正在逼近我们的越发恐怖的噩梦"。[101] 受官方鼓励而在两国涌现出的主战报纸文章，以及围绕着德国针对君士坦丁堡发动军事行动（沙皇政府担心这会使得德国控制土耳其海峡并拥有扼制俄国从黑海出发的海上贸易的能力）的紧张气氛，进一步荼毒着两国关系。[102] 但是，最重要的是，俄国杜马在1914年6月通过的重整军备的"宏大规划"。这个项目会为俄国陆军增加50万兵员和更多的火炮，德国决策者对此深受震动。到1917年，俄国军队将超过200万人，这一规模是德国军队的3倍。[103] 法金汉和毛奇都认为战争不可避免，德国的处境正在日益恶化。1914年初夏，在萨拉热窝事件之前，德国总参谋长甚至要求外交大臣雅戈设计发动一场先发制人的战争。尽管他的提议被拒绝了，德国军方领导人的焦虑和压力还是感染了霍尔维格。后来，霍尔维格承认，一场先发制人的战争越来越具有吸引力，因为"战争威胁持续存在，以后更有可能无法避免，而且军方声称：现在，战争或许还能免于失败，但在两年之后便不可能了"！[104]

霍尔维格不仅受到了德国陆军恐俄情绪的影响，还受到了他本人对日益恶化的德英、德奥关系的判断的影响。在巴尔干战争期间富有成效的合作之后，英德关系变得越发疏远。尽管两国在1913年4月就日后分割衰落的葡萄牙帝国达成了协议，但之后围绕着德国的柏林-巴格达铁路延伸至波斯湾的谈判困难重重。最后，彻底让霍尔维格不再相信英国愿意参与多边行动、继续约束俄国的，是一份有关英俄两国在1914年5月的秘密海军商谈的情报。这份情报由潜伏在俄国驻伦敦大使馆的德国特工提供。这次讨论的其中一项议题是，英俄两国协同登陆波美拉尼亚。这是一种对德国的入侵。德国首相在7月初告诉自己的助理，这是"链条上的最后一环"。而如果英国无条件地支持法俄同盟，对德奥关系也有影响。巴尔干战争期间，由于德国不愿支持哈布斯堡帝国对塞尔维亚的强硬行动，德奥关系已经降温了。然而现在，由于德国不再相信英国抱有和平意向以及约束俄国的意愿，德国的安全比以往任何时候都更加依赖于保有和支持自己唯一的坚定盟友。[105]

当霍约什和瑟杰尼带着弗朗茨·约瑟夫的求援信函在1914年7月5日、6日到达波茨坦时，贝特曼·霍尔维格和德皇都毫不犹豫地表示了支持。德国首相霍尔维格常常被认为是一个宿命论者，而且此时他因为妻子在两个月之前去世而心灰意冷，但这与他的坚强外在非常不搭。[106] 在萨拉热窝事件的消息传到柏林之后，他和威廉二世会了面。7月6日，他告诫哈布斯堡使节，无论采取何种行动，都要迅速果断。这表明德方已经构想出了一套战略。霍尔维格的计划，是利用这次危机来强化同盟国的联盟关系，打破将德国四面合围的敌对联盟。几天之后，他对自己的助理解释道，当前迫切需要的是"迅速地造成既定事实，然后再安抚协约国"。霍尔维格意识到而且担心，"对塞尔维亚的进攻可能导致世界大战"。1912年12月，英国人确实已经明确地向德国人做出过这样的警告。德国首相将如何处理这个巴尔干国家一事完全交给了奥匈帝国，这可能是在下意识地避免对如此重大的结果承担责任，因为他准确地预计，这个结果会是灾难性的。相比之下，霍尔维格已经准备好面对一场对抗法俄两国的欧陆战争。毛奇相信德军可以在这样一场战争中取胜；而倘若法俄两国确实为了塞尔维亚而介入，德国领导人们认为，这也只能证明，法俄两国对于进攻德国一事蓄谋已久。[107] 然而，首相更乐意看到的结果，是一场外交胜利。他估计，如果俄国没有支援塞尔维亚，那么俄国在巴尔干地区的威名会动摇，这会减轻奥匈帝国受到的压力。如果法国或英国拒绝支援俄国，则有可能引发信任危机，进而导致三国协约瓦解、德国在欧洲建立霸权。德国人乐见的是一场区域冲突，这一希望主要建立在两个假定之上：假定沙皇的军队尚不适合作战，假定哈布斯堡王朝会迅速击败塞尔维亚——在国际舆论的同情仍寄在他们身上之时，在震惊的各国政府能回应之前。这两个假定都是错误的。7月最后一周发生的事件将会证明，霍尔维格严重地错估了形势。[108]

世界大战

各个大国在1914年7月24日收到了奥匈帝国在此前一天发给塞尔维亚的最后通牒的复件,各国的反应从关切到愤怒皆有。英国外交大臣爱德华·格雷爵士做出了有名的评论:"在所有我见过的一国发给另一国的文件中,它是最令人忧惧的。"[109] 俄国外交大臣谢尔盖·萨佐诺夫则称这份文件的要求"完全不可接受"。奥匈帝国希望俄国重视君主国间同气连枝的情谊,但这一恳求并未打动萨佐诺夫。"我很清楚现在的情况,"他怒称,"你们在点燃欧洲。"[110] 以免有人因为他们对奥匈帝国持漠不关心或敌对的态度而无视他们二人的观点,我们再看看老练而可信的政治家约瑟夫·玛丽亚·贝恩赖特尔(曾任哈布斯堡贸易大臣),他同样认为这些要求"完全不切实际"。[111] 维也纳和柏林的决策者们都不会因为这份有意写得要让塞方拒绝的最后通牒激起了这样的反应而感到震惊。贝特曼·霍尔维格对协约国的反应很满意。俄国外交大臣虽然相当气愤,但并未明确承诺将在塞尔维亚受到攻击时给予该国军事支持;英国的态度则被理解为担忧但并不关切。7月25日,将奥-塞冲突限制为一场区域冲突似乎仍然是可行的。[112]

避免战争的唯一机会,就是塞尔维亚无条件接受奥匈帝国的要求。这种可能性其实比大多数欧洲外交官预计的都要高。当塞尔维亚首相尼古拉·帕希奇的副手、塞尔维亚财政大臣拉扎尔·帕库收到最后通牒时,首相本人正好不在贝尔格莱德。时值改选,他正在外地开展竞选活动。7月24日早上5点,首相才返回贝尔格莱德。起初,他希望拖延时间,但旋即转而认为,倘若没有俄国的支持,塞尔维亚不得不"全盘接受"最后通牒。但是,7月25日早上,塞尔维亚驻圣彼得堡大使发来消息,称俄国承诺会为了塞尔维亚采取"有力举措,甚至是动员"。于是这个巴尔干小国正式被纳入了俄国的保护之下。这一消息坚定了塞尔维亚政府的决心。最后通牒的回复于当天下午起草,行文中饱含温言安抚之意,但小心翼翼地拒不承认任何罪名,也几乎没有向奥匈帝国做出什么让步。具体而言,塞尔维亚有所保留地接受了第五条,即允许哈布斯堡官员在塞尔维亚领土上参与镇压颠覆奥匈帝国的运动;拒绝了第六条,即要求塞尔维亚允许哈布斯堡官员介入对颠覆者的诉讼。帕希奇抗拒第六条是有原因的。有充分证据表明，首相本人对刺杀阴谋有所了解，也试图阻止它，但他无力控制军方人士。塞尔维亚的军事情报部门与这一阴谋有着千丝万缕的联系。奥匈帝国可能还不知道刺杀大公的想法就来自该部门，也不知道阴谋的组织者就是该部门的首脑迪米特里耶维奇上校。但最后通牒的一份附件清楚地表明，奥匈帝国已经确定如下情况：暗杀行动得到了迪米特里耶维奇的得力助手陆军少校伏尔加·坦科希奇的帮助，暗杀者们在贝尔格莱德接受了武器训练，并且从一个塞尔维亚军械库获得了枪支和炸弹，塞尔维亚的海关官员还帮他们偷越了国境。[113]

早在奥匈帝国大使弗拉迪米尔·吉斯尔男爵读到塞方对最后通牒的回复并且按指示断绝外交关系并离开贝尔格莱德之前，奥匈帝国便已经开始力求将即将爆发的战争限制为一场局部战争。7月24日，贝希托尔德将俄国临时代办请到哈布斯堡外交部，称他完全无意让塞尔维亚蒙辱。他虚伪地宣称："我非常留意，要从最后通牒中除去所有可能会让人这样理解的话。"他试图用同为君主国的情谊来安抚俄国人，向他解释了民族统一主义者的煽动给哈布斯堡帝国带来的危险，并且保证称"我们无意增加领土"。[114] 最后一点从表面上看也确实是真的，因为匈牙利首相蒂萨将这一点作为他同意发动战争的条件。然而，哈布斯堡的诸位大臣已经达成了一致，认为"战略意义上有必要的边界线变动"可能会出现，在战时，帝国频繁地以此名义进行了大规模的领土吞并。此外，各位大臣也确实希望削弱塞尔维亚，将塞尔维亚的领土瓜分给自己的卫星国，以确保哈布斯堡对巴尔干地区的控制。[115]

德国人也一直在致力于使战争局部化。早在7月21日，霍尔维格便命令德国驻各协约国首都的大使向各国强调，应当放手让奥匈帝国和塞尔维亚两国自行解决问题。哈布斯堡的最后通牒送达之后，他便开始破坏一切试图平息冲突的举动。英国外交大臣爱德华·格雷在7月24日提议由德、意、英、法四国联合调停争端，这一提议被德国外交大臣雅戈有意延迟寄送，在最后通牒的最后时效过了之后，它才到达维也纳。在接下来的几天里，霍尔维格一直坚决主张，国际裁定应当只针对奥俄关系，而无关奥塞关系。霍尔维格故意选择这样一种立场,意在使这场巴尔干冲突在不触发一场大陆战争的前提下继续。7月27日,英国政府再次向柏林提议调停,这一提议到达柏林后,又被有意推迟传递给奥匈帝国,直到哈布斯堡大使被秘密告知德国政府建议无视这一提议之后,奥匈帝国才得知。[116] 德国首相坚定地要推行他的冒险政策,他甚至试图将德皇排除在决策过程之外,便请德皇继续其北海巡游。因为首相担心,随着危险迫近,德皇可能会畏缩退让。事实证明,首相的担心颇具先见之明。威廉二世并未听从首相的建议,于7月27日回到了波茨坦。次日上午,德皇的官员们很晚才将塞尔维亚对最后通牒的回复呈送给他。德皇读后,评价它是"一份最为丧权辱国的投降书",并且表示"所有开战的理由都不存在了"(他在这句话下标注了下划线,表明他的强烈感受)。他建议在哈布斯堡帝国占领贝尔格莱德——就在哈布斯堡南部国界不远处——之后进行调停,占领之举既可增添哈布斯堡的荣誉,又可确保塞尔维亚人会满足他们的要求。然而,德皇新的和平立场没有机会去影响奥匈帝国,因为在霍尔维格给德国驻维也纳大使的下一份指示中,虽然包含了威廉二世提出的或许可以通过占领贝尔格莱德来确保塞尔维亚安分守己的想法,但关键性地省略了德皇认为不再需要发动战争的意见。相反,霍尔维格警告道,绝对不能造成一种"我们想要阻挠奥地利"的印象。德国人在过去几天里的反复催促,事实上让奥匈帝国确定地认为,他们的盟国希望自己"果断出击,造成既定事实"。[117]

然而,贝特曼·霍尔维格此时已经失去了对他的这场生死攸关的外交赌博的控制了。在德国方面看来,有两个问题。第一个问题,是奥匈帝国准备开战的步伐极度迟缓。尽管弗朗茨·约瑟夫皇帝在7月25日命令军队自28日起开始动员,但直到29日,士兵们才开始到达所属部队。而且全凭贝希托尔德的坚持,奥匈帝国才在28日中午对塞尔维亚宣战;之前极力主张并宣扬迅速出击的总参谋长康拉德·冯·赫岑多夫现在反而想要把宣战延迟到8月12日,因为到那天,他的军队才能完全准备就绪。即便哈布斯堡领导人倾向于尽快开战,德皇提出的闪电战和占领贝尔格莱德的建议也是不可能的,因为奥匈帝国的部队被分成了两波:第一波陈兵于塞尔维亚的西部边境,之后,第二波军队才会按计划到达塞尔维亚首都所在的北部边境。[118] 第二个问题是,俄国人很快便开始采取军事行动了,这与奥匈帝国形成了鲜明对比。法国总统、总理在造访圣彼得堡期间(这时他们甚至都还没有看到奥匈帝国给塞尔维亚的最后通牒)明确表态,向塞尔维亚提出的任何要求都不应当容忍,他们的表态推动了俄国的军事行动。[119] 在7月24日至25日的那个周末,在塞尔维亚还没有对最后通牒做出答复前,沙皇和他的大臣们决定,命令4个西部的军区(敖德萨、基辅、卡赞和莫斯科)进入"备战阶段"。7月24日,第一批准备动员的命令下达到了4个军区。此时,即便是冲突的两大主角塞尔维亚和奥匈帝国也都还没有采取任何军事行动。[120] 沙皇的大臣和外交官们很清楚,他们正在进行一场豪赌。虽然哈布斯堡帝国承诺自己不会吞并塞尔维亚的任何领土,但对于俄国来说,奥匈帝国战胜塞尔维亚明显会极大削弱俄国在巴尔干的地位。俄国资深外交官楚贝茨科伊在1914年7月29日向意大利大使极为明确地表达了俄国政府的合理怀疑:"奥地利做出的不吞并塞尔维亚领土的保证并没有什么价值,因为奥地利的政策将会使黑山孤立无援并让黑山受其支配,将阿尔巴尼亚纳入其保护范围,将塞尔维亚占有的马其顿地区奖励给保加利亚,并使罗马尼亚沦为三国同盟的附庸。奥地利的计划是,通过排除在巴尔干的斯拉夫主义,来确保在这一地区的日耳曼至上主义。"[121]

然而,俄国领导人的关注重点并不是奥匈帝国,而是德国。俄国外交大臣萨佐诺夫深信,德意志帝国在哈布斯堡帝国的最后通牒背后撑腰,而且他认为俄国过去在外交上的隐忍退让仅仅是助长了对手的侵略气焰。萨佐诺夫用俄国领导人常用的救世主般的种族话语来警告自己的各位同僚,俄罗斯帝国引领斯拉夫人的"历史使命"不应当放弃。退让将导致俄国丧失强国地位:"她将被看作一个衰落的国家,自此以后将只能屈居二流国家之列。"[122]

萨佐诺夫认为,这场危机的背后是德国人的侵略意图,而其他大臣也接受这一观点。他的看法意味着,俄国人从一开始就没有将这次危机看作一个单纯的巴尔干问题,而是一个欧洲范围的问题。这种想法以及他们匆促的军事行动,具有决定性的意义。沙皇和各位大臣一度试图通过让华沙军区（与德奥两国接壤）保持和平时期编制，来避免激怒德国。但是，7月26日凌晨，俄国总参谋长尼古拉·亚努什科维奇已经指示属下的军官大胆行动，允许他们超出战争准备工作中的限制，将"备战阶段"扩展到整个俄国欧洲部分。从军事技术角度看，这种扩展是合理的：俄国总参谋部并没有针对奥匈帝国的局部动员计划。不允许军队使用华沙的重要铁路枢纽会引发混乱。而且，因为俄军的各个部队并不是仅仅从一个军区征集后备兵员，所以原定四个动员军区之外地区的兵员也会不可避免地被征召进来。[123] 但是，这也就清晰地意味着，不光针对奥匈帝国，也针对德国（更为关键的一点）的俄国第一阶段动员已经开始了。从凌晨开始，输送兵员所必需的军事铁路部门和人事部门完全就位，弹药库、补给库、要塞进入了警备状态，边防部队被部署到边境的战斗位置，后备军人被召集到前线部队。候补军官的训练戛然停止；他们接受任命，被派去填补空缺的指挥职位。这些措施无论如何都不能被理解为威慑，因为它们都是在高度保密的情形下实施的。7月26日晚，德国驻圣彼得堡的大使及武官会见了萨佐诺夫，指责俄国向西部边界调兵的举动"符合动员令发布的情形"，萨佐诺夫则否认道，俄国并未发布任何"动员命令"。俄国人也不幼稚；他们早就明白兵力调动的可能后果。1912年11月，第一次巴尔干战争引发的冲突达到白热化之时，当时的俄国首相弗拉迪米尔·科科夫采夫伯爵就已经指出，俄国的动员将会导致德国与俄国开战。[124]

由此可见，以往常常被描绘为一战煽动者的德国军方，并未引发1914年7月底的武装升级，而只是对这种武装升级做出反应。特别是负责德国野战军的总参谋长赫尔穆特·冯·毛奇，更是远比德国的民事官员和俄国总参谋长要惴惴不安、行事克制。从7月上旬开始，毛奇在柏林以外的地方疗养，但他时刻能收到各个同盟国首都的决策动向。国防大臣法金汉曾在7月5日向德皇提供建议，但几天之后，他因公离开柏林，随后又开始了为期两周的休假。他们二人都没有想到战争会爆发，也都没有怎么参与决策（毛奇则是一点儿都没参与）。直到7月16日，德国没有采取任何军事防范措施，而且直到那时，德国采取的所有措施也只不过是建议东部情报站在监视俄国行动时稍微提高警戒。[125] 随着奥匈帝国发出最后通牒，情况发生了变化。法金汉在 7 月 25 日早上回到办公室，毛奇在当天晚上回到柏林。然而第二天两人谈话时，毛奇仍然坚定地认为采取军事措施"为时尚早"。[126] 他的意见并非出于自满。自哈布斯堡帝国在 23 日发布最后通牒以来，德国的情报站便进入了高度戒备状态。7 月 25 日，德国军事情报部门的负责人瓦尔特·尼科莱少校受命终止休假回到柏林。他下令派出一批所谓的"危机旅客"，即让一些平民或军人伪装成出门游览或出差的旅客，出境刺探情报，寻找备战活动的迹象。27 日，驻沙皇宫廷的德国军事全权代表发来报告，迅速警告总参谋部，俄国正在"备战阶段"的命令之下开展军事准备。这一报告的内容也得到了上述伪装旅客的情报的佐证。[127]

7 月 28 日，奥匈帝国最终向塞尔维亚宣战，沙皇则因此下令 4 个已经开始战争准备的军区进行局部动员，有鉴于此，毛奇为德国首相撰写了一份"政治局势评估"。这一举动后来常常被视为军方对民事的粗暴干涉。[128] 事实上，它更应当被视作一个将在 1914—1918 年不断毒害着德奥两国战争努力的问题的早期征兆。英法等西方国家具备一套明晰的政府层级，在这套层级中，民事机构的控制权高于军方，但在欧洲中部，统治机构试图保持民事（或"政治"）系统与军方系统的平等与分离。从宪法上讲，德皇或皇帝负责协调民事与军方系统，但弗朗茨·约瑟夫和威廉二世都无力承担起这一任务。更重要的一点在于，"总体战"的本质让军方系统与政治系统的界线变得模糊了。德奥两国战时的一大特点便是军方人士与民事官员之间的不协调和冲突，这种状态在很大程度上是因为两国试图保持原本的军政分离状态，而在战争期间，这种追求变得日益不切实际。毛奇的介入只是一个信号，它表明在 1914 年 7 月，军事状况和政治状况已经紧密纠缠在一起了。在此前的 18 个月里，毛奇一直主张先发制人式的战争，但他在这份备忘录中的口气却是出奇地克制。文中对于战争爆发的可能性抱有听天由命的态度（他认为，只有"奇迹"发生，才可能避免），并不断地渲染战争会带来的恐怖结果。毛奇的目的在于警告德国的民事领导人——他将备忘录提交给贝特曼·霍尔维格的举动含蓄地表明，他承认民事领导人具有更高的决策权——俄国隐秘开展的动员可能会使同盟国面临军事与政治劣势。此时此刻,毛奇正确地看出,俄国的动员还主要是针对奥匈帝国,但他提醒首相,真正的危险在于俄国的动员可能会引发连锁反应,激活联盟条款,而这会使战火蔓延到整个欧洲。更可怕的是,俄国的隐秘军事动作也有着政治和外交用意,因为俄国借此可以在明面上将冲突升级的责任推给同盟国,而后者的安全依赖于对敌人正集结大量兵力的任何迹象做出快速反应。毛奇需要首相去确定俄国和法国——它也开始准备动员——是否真的有意与德国交战。如果协约国确实有交战的意图,那么拖延便会是致命的;总参谋长已经做出了严重警告:"军事形势正变得日益对我方不利。"[129]

毛奇断不会去做的,是极力主张发动一场(他在备忘录里预测)"会在几十年的时间里彻底摧毁几乎整个欧洲的文明"的战争。[130] 他的行为是防御性的、被动的,这种行为并非出于对奥匈帝国的同盟义务,而是出于他对德国所面临的军事威胁的判断。而在接下来的几天里,德国面临的军事威胁变得越发严重。俄国总参谋长亚努什科维奇不打算接受局部动员(他的部属也认为局部动员不仅荒唐,甚至是有害的),因为就在局部动员令发布几个小时之后,28日夜里,亚努什科维奇便用电报通知俄国12个军区的指挥官,总动员会在7月30日开始。[131] 从沙皇那里求得全面动员的许可远比他预计的要困难。毛奇在不经意间帮了亚努什科维奇;他让霍尔维格确定俄国是否真的有意交战,于是霍尔维格指示德国驻圣彼得堡大使发出照会,称倘若俄国不停止军事准备,那么德国也将动员并参与战斗。俄国外交大臣萨佐诺夫在29日下午收到了这份警告,他可能通过这份警告进一步确认,德国的侵略意图,而不是奥匈帝国的侵略意图,是造成这场危机的原因。而且,仅仅针对奥匈帝国的动员是没有意义的。[132] 当晚,他和亚努什科维奇一同从沙皇那里谋到了总动员令,但是当威廉二世发电报说他会力劝奥匈帝国与俄国谈判后,这个动员令几乎立马便被撤销了。到了7月30日下午,沙皇才签署了总动员令。而此时,德国依然未采取任何重大军事举措。一小时后,当地时间下午6点,总动员令发往俄国各部队。[133]

这几天里,柏林的立场发生了一次混乱的转变。29日一整天,毛奇仍然保持着谨慎克制。法金汉从前一天便一直竭力要求德国宣布进入"临战状态"（俄国所谓"备战阶段"的更为言简意赅的德国版本），并恳请德皇允许将机动部队召回驻地。然而，让国防大臣失望的是，总参谋长在那天早晨所要求的，仅仅是允许哨兵保护关键的交通基础设施，而在当天晚上，毛奇对于他向首相和德皇恳求宣布"临战状态"一事也只给予了不温不火的支持。[134] 第一个重大的立场转变反倒是发生在霍尔维格身上，而这是因为英国态度的变化，而非俄国。尽管关于英国将如何应对一场欧陆战争的种种信号充满矛盾，但是直到 29 日早上，德国首相仍然认定英国会保持中立。此前一天，德皇的兄弟发来消息，报告了他和英国国王乔治五世的会谈，在会谈中，英国国王称英国会"竭尽所能地置身事外"。这一消息坚定了霍尔维格的信念。[135] 然而，法金汉近乎痴狂的催促和毛奇备忘录中对于可能爆发欧陆大战的警告，让霍尔维格断定，是时候去确认和加固英国人的立场了。7 月 29 日至 30 日深夜，在他和英国大使爱德华·戈申爵士谈话期间，他笨拙地想进行一笔交易。为了让英国保持中立，霍尔维格保证，德国不会吞并法国本土的领土，且只要比利时不与德国为敌，德国便会保持比利时的领土完整（这在无意间泄露了取道比利时的德国作战计划）。[136] 会谈一结束，霍尔维格便收到了驻伦敦大使利赫诺夫斯基的电报。这封电报早先便已发出，直到这时才译解出来。电报说明，霍尔维格的交易提议乃他对于风险的全盘估计受到了严重误导。大使称，英国外交大臣爱德华·格雷仍然想要举行四方会谈，但现在在私下里警告德国大使，倘若法国被卷入冲突，英国不会坐视不理。对于霍尔维格而言，这是一场灾难。他认为，尽管德国可能打败法俄两个欧陆强国，却几乎不可能战胜世界霸主英国。在接下来的 2 个小时里，他给德国驻维也纳大使海因里希·冯·奇尔施基和哈布斯堡外交部发去电报，第一次真心实意地迫切要求奥匈帝国同意列强的调停。他原本已经准备好支持他的盟国在巴尔干发动进攻，也一直希望从中渔利，但如今他把这些都抛诸脑后，而对于自己在 7 月初把主导权交给奥匈帝国的错误做法，他悔恨不已。这份发得过晚的电报突然采用了严厉而虚伪的口气：德国会履行同盟义务，"但断然不能让维也纳不顾我国意见而将我国轻率地拖进一场世界大战"。[137]

哈布斯堡领导人对于霍尔维格突然的立场转变感到不解。他们认为列强调停只会让自己蒙羞，并决意继续推进与塞尔维亚的战争进程；是否维持和平的决定权已经不再掌握在德国首相手里了。[138] 令他的问题更严重的是，7月30日晚，毛奇第一次认真地主张采取军事举措。与紧盯着英国的霍尔维格不同，总参谋长的目光始终牢牢地盯着德国的大陆敌人。这一天并不是个好日子。尽管毛奇当时尚不知道俄国人刚刚发布了总动员令，但他了解到的情况仍然极为严峻。军事情报部门警告称，俄国的"备战阶段"举措"远不仅仅"在"德俄边境地区"开展。在西线，法国保持着相对冷静的状态，但比利时已经开始召集后备军人，并开始加固列日的城市和铁路枢纽周围的防御工事。毛奇的两线作战计划是德国军队唯一的作战计划，而比利时的行动危及了这一计划。因为倘若不能先占领列日要塞并完整地控制列日的铁路来让德国军队通行的话，德军便无法经由比利时进攻法国。[139] 因此，当毛奇、法金汉在当晚会见霍尔维格并主张开战时，他们展开了激烈的争论。尽管首相仍然在考虑英国的立场，但此时他的首要关切是要让德国百姓把俄国当作侵略者。他最终说服了这两位军方人士，将"临战状态"的宣布时间推迟到次日中午。[140]

这一推迟并不仅仅是政治策略，同时也反映了毛奇个人的倾向。鹰派的法金汉恼怒地注意到，毛奇还在从主战到谨慎之间摇摆。让"临战状态"变得不可避免的，是俄国宣布总动员的消息。"危机旅客"和边界情报站在当天夜里开始陆续地把消息传入德国。根据毛奇的副官汉斯·冯·黑夫腾少校的说法，毛奇整夜都处于"严重的心神不定"之中。一方面，毛奇比大多数决策者都更加正确地意识到，他在给霍尔维格的备忘录里所称的"欧洲文明国家之间的彼此杀戮"将会带来多么深重的灾难。[141] 然而，他自己的政府的政策（他本人也长期参与其中）、哈布斯堡帝国的孤注一掷和俄国的好战性，共同造成了一种生死攸关的局面。看到关于俄国实施总动员的证据越来越多，毛奇便给康拉德发去了一封电报，告诉他要集中兵力对付俄国，并且承诺德国会开展动员，他又通过哈布斯堡驻柏林的武官告诫该国，只有战争才可以拯救奥匈帝国。[142] 然而，让毛奇下定决心发动战争的，既不是对哈布斯堡的关心，也不是正式的同盟义务；倘若这些确实是原因的话，那么依据同盟国协议的条款，德国早在俄国开始局部动员的时候便已经应当做出反应了。正如毛奇告诉自己的副官的那样，真正促使他决定发动战争的，是他担心，在俄国军队实施秘密而广泛的军事准备期间，德方已经保持了5天的克制，现在再拖延会"让我们的敌人把战火烧到德国本土"。[143] 7月31日早上，东部边界的各个情报站发来情报称，俄国街头张贴着红色的动员海报。毛奇执意要求情报人员拿来一份动员海报，并在电话里读给他听。正是这些情报解决了问题。毛奇深呼一口气，决定道："现在已经没有办法了。我们也必须开始动员。"[144]

就像各国领导人本应预计到的那样，从这一刻开始，欧陆大战的进程遽然加快。7月31日下午1点，德国宣布进入"临战状态"；当日下午，德国威胁俄国，若俄国不在12小时内停止对奥匈帝国的敌对行动，则德国将会开始动员。德国给了法国18个小时来考虑是否保持中立。第二天，8月1日，先是法国在下午3点45分实施动员，接着，德国在下午5点实施动员，晚上7点，由于对俄最后通牒没有收到回复，德皇对俄宣战。48小时之后，德国对法宣战，假造的借口是法国空军轰炸了德国的铁路线且法国士兵入侵了德国领土。[145] 意大利国王在1914年2月还向德国承诺，倘若遇到战事，意大利会派兵保卫阿尔萨斯，如今却逃避了自己的同盟义务，理由是哈布斯堡帝国主动挑起了战争。就像是事后才想起一样，奥匈帝国和俄国终于在8月6日开战。[146]

8月初，唯一真正的问题是全球超级大国英国是否也会介入战事，从而使得这场战争升级为一场世界大战。英国自由党政府高层的意见分裂，导致从伦敦传出来的消息往往十分混乱，既有主张介入的消息，也有主张中立的消息。格雷曾在29日警告利赫诺夫斯基，倘若法国被卷入这场战争，英国不会坐视不理。格雷的警告完全是"个人的"，因为他当时还没有在内阁中争取到对此类政策的足够支持。然而，8月1日，由于大多数大臣都反对介入，格雷告诉法国大使，不要寄希望于英国的军事支持。同时，他开始尝试能否将战争限制在东部。当日下午5点多一点，即德国刚刚宣布总动员没多久，利赫诺夫斯基发来一封电报，称格雷计划谈判，这个消息使得柏林方面非常兴奋。根据利赫诺夫斯基了解到的情况，格雷打算提议，如果德国不向西发动攻势，英国会保证英法两国的中立。利赫诺夫斯基发来的第二份电报则称，即便法国参战，英国可能也会保持中立。德皇要人拿来香槟庆祝。他的民事和海军顾问既震惊又兴高采烈。[147] 只有军方对此无动于衷。法金汉一向都十分冷静，他对这些消息的真实性表示怀疑，沉默地等待着事态的最终明朗。相反，毛奇表现出了歇斯底里的抗拒。只针对俄国的陆军作战计划早在1913年就已经被废弃了。总参谋长解释道，如果德皇想要让军队向东发起攻势，那么他"没有准备就绪的战斗部队，只有没有补给、组织混乱的乌合之众"。[148] 当时，为了控制对战局至关重要的铁路，德国的先导侦察部队已经侵入了卢森堡，而特里尔的第十六师也紧随其后。经过了激烈的辩论，德国领导人们决定维持目前的军事部署不变，但军队将会在边境处停止继续进军。毛奇回到总参谋部，绝望地流下泪来。他后来回想道："我当时觉得心要碎了。"这种紧张情势可能令总参谋长出现了轻度中风。他的妻子回忆："他脸色发紫，脉搏跳得极快。站在我面前的，是一个极度绝望的男人。"[149]

毛奇的反应有时被视为德国军国主义的典型表现，但它只是单纯地反映了毛奇对于德国的战略处境的现实主义评估。将原本部署在西部的数百万人转移部署到东部，这一操作在军事技术上难度惊人。更为重要的是，英国人的提议缺乏可信度：正如总参谋长指出的，法国已经动员，无论英国费多大的劲，都无法确保法国会保持中立。事实上，格雷也确实在几个小时后撤回了自己的提议，宣称那是"误会"。到了8月2日晚，英国已经明显有介入之举。舰队被动员起来，而3天前还表示英国没有义务捍卫比利时的中立地位（所有大国共同签署的1839年条约规定了比利时的中立）的英国内阁，如今也转变了态度，把对比利时领土的"实质性侵犯"看作参战的足够理由。即便德国没有入侵这个中立的小邻邦，英国也同样很有可能会加入协约国一方作战。格雷认为英国对法国负有道义上的责任，他和首相赫伯特·阿斯奎斯都准备好为此事而辞职。他们更冷静的自由党同僚们因此意识到，如果他们不同意参战，他们的政府就会倒台，而且很有可能取而代之的是倾向于参战的保守党政府，而保守党政府会宣战的。战略上的考虑也影响参战决定：英国现在保持中立的话，以后无论哪个大陆阵营获胜，英国都将陷入危险的孤立之中。毛奇入侵比利时的做法，只是让英国更早地加入战争，而且让英国人以一种道义热忱团结起来。这究竟会造成多大的影响，取决于毛奇是否能够迅速地在西部取胜。[150]

驱使德奥两国在1914年夏天走向战争的，既不是侵略意图，也不是猖獗的军国主义，而是恐惧感。两国统治者都认为他们的国家正面临着关乎存亡的迫切威胁。防卫动机支撑着好战举动。在这场危机中心的，是欧洲最为衰弱、武器装备最差的大国——奥匈帝国。该国领导层受到了贝希托尔德和外交部中年轻的鹰派人物的明显影响，害怕内部的颠覆，并深信邻国对自己抱有敌意。他们在国际社会中受到疏远，被一种极为强烈的危机感压得喘不过气来，深信只有战争才是出路，因此他们是极度危险的。内阁大臣首席顾问亚历山大·霍约什身处决策的中心，他非常清楚地表达了这种态度，7月中旬，他无意中向一个熟人透露，"开战已经是板上钉钉的事情了"，随后又说道："如果这最后演变成了一场世界大战，对我们而言也没有什么不同。"[151] 在德国，在1914年7月主导德国政策的霍尔维格首相，也已经不再对多边政策抱有幻想，并开始认真考虑发动"先发制人的战争"，但他确实非常希望避免引发世界性的大战。他极为严重地错估了自己面对的风险。尽管法国和俄国已经发出了警告，但霍尔维格还是低估了这两个国家开战的意愿。但是，他最大的失误在于，将德国的命运毫无保留地交到了维也纳那群绝望、孤注一掷的决策者手中。7月底，正是这一点，而不是军方，在催促着动员，而这让事态变得无可挽回。

尽管奥匈两国的军方人物在后来成了千夫所指的责难对象，但他们在引发战争的过程中所发挥的作用虽然很重要，也只是间接作用而已。康拉德和毛奇都主张发动先发制人的战争，他们影响了在7月危机中主导决策的民事官员，让他们认为唯有主动进攻才能避免噩梦般的战略劣势，因此，他们二人为这场战争铺好了路。然而，当战争真的近在眼前时，他们又都表现得迟疑不决。康拉德举棋不定。而毛奇则明显是害怕了。法金汉更加果决好斗，他的下属也是如此。宣布"临战状态"后，普鲁士国防部里呈现出一派欢欣鼓舞的气氛:"大家都喜不自禁,在走廊里握手,互相祝贺。"[152] 尽管如此,霍尔维格和毛奇还是将动员的时间延后了,一直拖到俄国军方比预期早、咄咄逼人且秘密的军事准备已经令入侵看上去迫在眉睫了。对于公众而言,这一点十分关键。德奥两国的领导人没有成功把战争局限为一场局部战争,而是引发了一场大战,他们辜负了本国的人民。尽管如此,霍尔维格仍然心怀希望:"如果战争女神摘下面纱露出獠牙,全体国民都会面临巨大危险,从而不得不听从我们的号令,奋起投身于这场战争之中。"[153]

第 2 章

动员民众

刺杀事件

1914年6月29日星期一早上，维也纳的报纸悲伤地报道了前一天皇储夫妇遇刺的事件。报纸的头版加上了醒目的黑边，报道以一种深受震惊、深切哀痛的语调写就。"简直无法想象这件事有多么骇人听闻。"《帝国邮报》哀悼道。"哈布斯堡帝国的百姓将所有希望和整个未来都寄托在我们的皇储身上，而他如今已经不在人世了。"[1] 黄色小报称这次刺杀为"可怕的不幸事件"，而基督教社会党的工人的《工人报》则形容它是"极度令人震惊的灾难"。[2] 对于任何一位不了解帝国内部情形的外国人来说，假如当天早上，他正小口喝着牛奶咖啡，随手翻阅着报纸上的悼词，他一定会以为弗朗茨·斐迪南生前深受尊敬与爱戴。都市精英的报纸《新自由报》表示，他是一位"出类拔萃的人物"，他的死亡意味着"哈布斯堡君主国失去了一位伟人"。[3]

报纸上刊载的大公讣告充斥着溢美之词，这掩盖了公众对刺杀事件的复杂反应。弗朗茨·斐迪南之死在奥匈帝国引发了许多不同的情绪反应。然而，值得注意的是，好战情绪在其中并不普遍。并没有很多人像哈布斯堡外交部和军方鹰派人士一样渴望战争。理解这场战争如何发生以及战争在后来为什么打得坚韧不拔的关键，在于公众舆论在1914年7月和8月初发生的转向。在那年夏天的危机期间，德奥两国民众经历了一次十分深刻但常常被忽略的情感历程，这种心路历程的结果是民众认可，甚至深信开战的必要性。哈布斯堡皇储惨烈的死亡是起始点。此事激起大众情绪的能力长久以来一直被忽视，因为尽管维也纳各大报纸上尽是对大公的常规性颂扬之辞，但弗朗茨·斐迪南生前在首都并不怎么受人拥戴。人们认为他愚鲁而粗野，并且担心他掌权之后会做出什么事。德意志民族主义者担心他有名的亲斯拉夫立场；另一些人则认为（很有可能更为准确）他可能会试图重新集权，进而引发政局剧变。斐迪南坚决主张君权神授，这让他在首都的社会主义工人那里不受欢迎。[4] 然而跟很多人声称的不同，市民们对于大公之死绝对不是漠不关心的。刺杀事件5天后，大公夫妇的遗体从维也纳街头运过，当时确实有许多人前去观看。记者们报道了当天早上市民挤在霍夫堡教堂观看灵柩的情形，以及当天晚上数以万计的市民在灵柩前往维也纳火车西站的途中夹道围观的情形（然后遗体将从火车西站转运到他们的最终安息地阿茨特滕城堡）。[5] 大多数人前来观看是好奇心使然，而非出于某种切实的丧痛。一位来自外地的围观者惊讶地发现："在我周围挤得动弹不得的人群中，没有一个人表现出任何哀痛或悲伤之情，相反，很多人在大笑，讲笑话。"[6]

在7月的第一周，维也纳的主体气氛正是这种追逐名人之死的病态猎奇之心，而不是求战之心。上面提及的那位观察者恰如其分地将维也纳形容为一座因刺杀新闻而"兴奋激动"的城市。[7] 从萨拉热窝发来的现场照片想不看见都难。读者可以从受欢迎的配图杂志上残忍地跟进了解大公夫妇的最后时刻：从未遂的第一次炸弹袭击，到大公夫妇走下市政厅楼梯的重要时刻（杂志强调，这张照片摄制于"惨剧之前仅仅几分钟"），再到在杀手加夫里洛·普林西普（或者被当成他的某个人）刚刚开枪之后宪兵和戴着菲斯帽、有异国情调的波斯尼亚人戏剧性地将其逮捕的场景。[8] 报纸甚至通过渲染人伦悲剧，来吸引那些不同情帝国的人。皇储夫妇的年纪偏大，难以触动许多人，但他们身后留下了3个年幼且上相的孩子。第一家意识到这个可以钻营的角度的媒体是布拉格的《国民报》，该报需要吸引不可能为哈布斯堡皇室成员之死而哀痛的捷克民族主义读者。6月30日，《国民报》在头版刊出了12岁的索菲公主、11岁的马克西米里安王子、10岁的恩斯特王子的大幅素描，下配以标题《萨拉热窝的悲剧》。[9] 维也纳的媒体也随即跟进，用大量版面来报道这些皇室遗孤面临的困境。人们热切讨论着皇室如何照料他们以及他们得知双亲去世时悲痛欲绝的反应。这种病态的同情达到了令人困扰的程度，有报道称，弗朗茨·斐迪南给他命在顷刻的妻子的最后一句话是："索菲，为了我们的孩子，活下去……"[10]

人们谈论的另一个重要话题，自然是暗杀事件的幕后主使。从一开始，各家报纸便怀疑阴谋源自塞尔维亚。6月30日，尽管调查才刚刚开始，与弗朗茨·斐迪南关系密切的《帝国邮报》便刊出了一份报告，宣称官方已经证实塞尔维亚牵涉阴谋。当晚，愤怒的示威者聚集在塞尔维亚大使馆外面，歌唱并大喊"打倒塞尔维亚！"在警察把他们赶走之前，他们焚烧了一面塞尔维亚国旗。[11] 此后的几天夜里，也有类似的爱国反塞尔维亚抗议。7月1日，一批爱国人士游行来到了皇室居所霍夫堡，大声歌唱并且高呼"起来！奥地利！"接下来，他们试图接近塞尔维亚大使馆，以进行抗议，但没法到达离大使馆足够近的地方。次日晚上，大公夫妇的遗体运抵维也纳，抗议者变得更加坚定，气氛变得更加令人不安。几千名吹着哨子、喧哗吵闹的示威者在大使馆附近与警察对峙，晚上9点半，几个人甚至一度成功地突破了大使馆周围的警戒线。尽管他们最终被劝服离开，但是几个小时之后，更多示威者来到这里，并与警方发生了冲突。人们把铺路的鹅卵石撬下来，砸向巡警。一匹警用马匹被砸坏了一只眼睛。然而，警戒线已经得到了加强，人群无法冲破。最终，示威者放弃了，转而前往保加利亚大使馆，为保加利亚欢呼，并且高喊"打倒塞尔维亚！"一小批示威者冲向了俄国大使馆，警方对此早有预料，已经在俄国大使馆周围布下了警卫。直到凌晨1点，维也纳的街道才恢复宁静。然而，麻烦还没有结束。次日晚上，暴力行动才达到顶峰。示威者卷土重来，唱着爱国歌曲，带着棍棒、石块和鞭炮。负责阻挡他们的是500名巡警和200名骑警。冲突十分激烈。警方甚至发动了骑警冲锋来清空街道，但这场"爱国"暴乱又是直到凌晨1点才结束。[12]

这些气势汹汹的人并不能代表维也纳的公众舆论。示威者来自各行各业，但都是年轻人。尽管《新自由报》注意到其中有一些工人和学徒，并含糊地将暴乱归咎于那些"半大小子们"，但事实上，正如另一家维也纳报纸所发现的，示威的真正核心是"许多学生、办公室职员和受教育阶层的人"。[13] 示威者除了高唱帝国国歌，还唱起了德意志爱国歌曲《守望莱茵河》，这说明其中可能也有强硬的德意志民族主义者。积极参与示威活动的人数相对较少，通常在600至1000人之间。即便是7月3日那场在塞尔维亚大使馆外面的最后一次大型示威，情况也是如此。尽管当时有数万人在大使馆附近的街道上活动，而且一家报纸估计有 15 000 人，但真正参与暴乱的可能总共只有 800 人。[14] 虽然如此，他们的暴力活动还是在某种程度上成了一种更为广泛的公众想法转变的前奏曲。这种想法转变出现在 7 月的第二周和第三周，体现在报纸评论中。公众的怒气在不断增长，一方面是因为塞尔维亚的媒体主张，由于奥匈帝国推行了错误的巴尔干政策，因此弗朗茨·斐迪南遇刺只能怪奥匈帝国自己，另一方面是因为，官方调查揭示出的证据表明塞尔维亚当局与刺杀阴谋有牵连。然而，战争这时看上去还是不可能的；哈布斯堡外交部告诫各大报纸不要用这种尚未确定的事来令民众不安；直到 7 月 15 日，匈牙利首相蒂萨伯爵还告诉匈牙利议会，尽管与塞尔维亚开战的可能性确实存在，但这既不可取，可能性也不高。[15] 然而，在上层和中层圈子里，希望政府能够采取某种果断回应（虽然不一定是武装冲突）的呼声日益增长。到了 7 月 19 日，随着政府开始起草最后通牒，即便是原本温和的《新自由报》也来势不善地主张"必须要和塞尔维亚算算账"。[16]

弗朗茨·斐迪南之死在首都之外同样引发了民众的忧虑。各地的民族主义者和社会主义者当中肯定不乏大公的敌人。例如，波兰族社会主义者伊格纳奇·达申斯基后来刻薄地将大公形容为"我们这个圈子里最不受欢迎、最令人厌恶的人。他是一个教权主义者、狂热的反动派、波兰人民的敌人……对于我们而言，大公正是未来威胁的化身"。[17] 但是，在帝国的遥乡僻壤，人们基本没见过大公，也不怎么了解他的缺点，大公惨死的消息通常让当地百姓震惊。波兰语保守派的报纸《时代报》第一篇报道刺杀事件的文章是《悲剧性的消息震动了国家与民众》，该报很可能比维也纳的各家报纸要更加真诚。[18] 当刺杀消息传到利沃夫时，当地的公园确实都停止了音乐演奏，而维也纳的普拉特公园并未如此。布拉格的捷克国家剧院取消了一次演出，工作人员在台上向观众宣布了大公遇刺的消息，并请观众回家。[19] 在卡尼奥拉，当载着大公夫妇遗体的火车在 7 月 2 日经该城返回维也纳时，忠诚的斯洛文尼亚臣民聚集在铁轨两侧。在各个火车站，这列火车被悲伤的人群团团围住。[20] 在所有地方，都有像捷克人扬·维特一样对于大公夫妇"悲剧性的死亡"至少感到悲伤的哈布斯堡臣民。[21] 有些人则受到了实实在在的震撼。如亚历山德拉·捷科夫娜，她是一位虔诚的天主教徒、爱国的波兰人，活跃于克拉科夫的戏剧圈。几年以前，大公曾造访她的家乡，当时她见过大公一面，她钦佩他虔诚的宗教信仰和他为妻子做出的牺牲。她深深惊骇于这起"可怕的罪行"。她在日记里写道，大公一直是"最好的人，甚至可以说是最完美的人，人们会情不自禁地喜爱他"。[22] 哈布斯堡帝国边境地带的居民则自然地对谋杀的政治后果感到担忧。米西斯劳·施韦斯特克是加利西亚东北部小城泽巴拉茨的波兰族火车站站长，他回忆道："大公夫妇惨遭杀害的消息着实让我们感到害怕。"住在离俄国边境只有半小时路程的地方，他自然特别关心国际大事，并且深知奥匈帝国和塞尔维亚之间的紧张关系。"假如塞尔维亚确实是暗杀事件的幕后主使，那么我们估计奥匈帝国和塞尔维亚应该会有一战，并且担心这种复杂的纠葛可能会引发一场世界大战。"[23]

尤为重要的是，刺杀事件明显激化了哈布斯堡帝国内部的族群冲突。这毫无意外地先在萨拉热窝发生了。刺杀事件次日，反塞尔维亚的暴乱分子便开始了行动。商店、私宅、东正教教堂都遭到了攻击。在接下来的24小时里，动荡蔓延到了这个地区的其他城镇。7月1日，波斯尼亚-黑塞哥维那宣布全境戒严。[24] 骚乱也蔓延到了邻近的达尔马提亚和克罗地亚，这两个地方也有少数塞族居民。在阿格拉姆，抗议活动持续了数日，这些活动和维也纳的骚动有一些地方相似，但有着很大的不同，阿格拉姆的抗议活动不仅针对外国，更针对哈布斯堡的塞族臣民。因此，7月1日，大约500人（很多人是学生）举着一面克罗地亚旗帜和一幅弗朗茨·斐迪南的巨幅画像上街游行。当他们对于咒骂"打倒彼得国王（塞尔维亚国王）！"和"打倒杀人犯！"感到厌倦之后，便去破坏了一家咖啡馆，向塞尔维亚人的房屋投掷石块。在拉古萨（今杜布罗夫尼克），7月4日和5日的动乱也表现了类似的情绪，但它们主要是由城外的农民引起的。一些人强迫市长取下市政厅上在克罗地亚三色旗旁边且降半旗的塞尔维亚旗，还有一些人蜂拥进塞尔维亚民族主义组织的房屋，闯入一所塞尔维亚人的学校并毁坏用西里尔字母写就的标志物。直到第二天，军队才勉强恢复了秩序，结果2人受伤，15人被捕。到了7月8日，类似的暴力活动蔓延到各地，以至于皇帝驻克罗地亚王国的代表不得不授权手下官员采取一切必要手段来维持公共秩序。[25]

但是，受到影响的不仅是塞尔维亚少数民族，其他哈布斯堡的南部斯拉夫人也遭遇了歧视和迫害。整个帝国的百姓都难以相信，单凭几个只带了手榴弹和勃朗宁手枪的青年学生就杀害了皇储，这个帝国第二重要的人物。阴谋论在全国盛行。不愿意接受自己的无能的哈布斯堡当局也受到了影响。7月2日，奥地利内政部给各王室领地负责人都发去了一封加密电报，警告他们正有更多塞尔维亚刺客进入奥匈帝国。布拉格展开了房屋搜查行动，从卢布尔雅那到利沃夫，帝国各地都有塞尔维亚学生、疑似间谍者以及塞尔维亚同情者被拘捕。[26] 在帝国中部和南部的族群杂居地区，哈布斯堡的南部斯拉夫居民受到了左邻右舍的紧密监视。我们对于施蒂利亚的情形最为了解。这是一个距萨拉热窝400千米的王室领地，居住着德意志人和斯洛文尼亚人，而非塞尔维亚人。在这里，当地的德语报纸对刺杀事件的报道从一开始便是歇斯底里式的。无论各家报纸的政治倾向如何，如今它们都推测，一个深藏在哈布斯堡社会中且受贝尔格莱德控制的间谍和激进分子网络正在运作。民族主义煽动者被指称把斯洛文尼亚人引上了歧途。斯洛文尼亚神职人员格外受到怀疑。受到类似待遇的还有斯洛文尼亚"索科尔"体操社团，它们被不公正地指控曾庆祝皇储之死。一家报纸甚至完全虚假地报道，在萨拉热窝事件当日，南部斯拉夫激进分子还在施蒂利亚的马尔堡攻击了另一位大公，这是一个阴险的阴谋的一部分，他们妄图一举消灭整个哈布斯堡王朝。

读到这些报道的德意志居民自然会陷入恐慌。人们疑神疑鬼。一股检举告发风潮涌向地方当局。警察受命开展搜查。当时的紧张气氛要求警方尽快拿出结果，而7月20日内政部发出的另一份警告更加重了警方的压力。内政部称，塞尔维亚人可能在波斯尼亚-黑塞哥维那以外地区发动恐怖袭击。由于缺乏明确的线索，警方只好根据臆测开展行动，逮捕所有他们认为可疑以及举报者认为可疑的人。早在6月29日，一位女"间谍"

就在火车上被逮捕了；随着战争日益迫近、紧张气氛不断升级，越来越多施蒂利亚忠诚的斯洛文尼亚族哈布斯堡臣民被逮捕。外国人也是怀疑的对象：一位德意志帝国公民在 7 月底被逮捕，并关押了 7 周，直到他被证明完全无害才获释。恶性循环开始了，谣言与怀疑导致了逮捕，而逮捕看上去让公众的恐惧感得到了印证，进而导致了更多的告发和更多的逮捕。[27]

有些族群尽管并不同情塞尔维亚，但被怀疑包庇他们自己的民族统一主义者，这些族群也成了这种不断升级的恐惧和妄想的受害者。在帝国的西部边陲小城特里安，有谣言诬称当地的意大利族哈布斯堡臣民参与了叛国阴谋。[28] 而在帝国最东边的匈牙利，有一位罗马尼亚族居民抱怨，罗马尼亚少数族群在弗朗茨·斐迪南遇刺后的一个月内"受到宪兵和警察的密切监视，几乎寸步难行"。"各种谣言满天飞。"他回忆道。"每个人都在监视着自己的邻居，无论他们此前是多么温良和善、爱好和平。"[29] 长久以来深受族群冲突困扰的帝国北部地区也不能幸免于恐惧和 1914 年 7 月日臻严重的族群对立情绪。在维也纳，德意志人打碎了捷克移民的学校的窗户，因为大公是被一名斯拉夫人杀害的。[30] 同样的事情也发生在奥地利西里西亚德意志人占多数的首府特罗保，至少根据波兰语报纸的说法，当地的德意志教授鼓动学生破坏他人财物。在摩拉维亚地区，有关捷克人和德意志人、示威者和警方发生暴力冲突的报道也屡见不鲜。[31] 7 月上旬，在加利西亚也爆发了暴乱和示威游行，但与其他地方不同，这一次，德意志人是受害者。这些动乱并不直接跟萨拉热窝事件相关；大公遇刺前一天，比亚拉镇的德意志族青年和波兰族青年之间发生了冲突，波兰人在冲突中吃了苦头，这一次冲突激起了当地波兰人的极大愤慨。然而，席卷帝国其余地区的严峻紧张气氛也加剧了这种异常狂暴的回应。暴烈的抗议活动不仅发生在该王室领地的重要城市，也发生在较小的社区。6 月 20 日晚，利沃夫的学生砸碎了"加利西亚德意志人协会"的俱乐部窗户，接着又毁坏了利沃夫主要街道上德意志人商店的招牌和橱窗。7 月初，普热梅希尔也爆发了反德暴乱，仅仅一周之后，邻近的塔尔诺也爆发了。这些加利西亚暴行反过来又激起了在加利西亚以外的德意志人的怒火。7 月中旬，邻近加利西亚的布科维纳王室领地的首府切尔诺维茨的德意志居民聚集了起来，以进行抗议。[32]

当哈布斯堡大臣联席会议在7月19日召开，讨论何时向塞尔维亚发出最后通牒时，帝国的民众已经处于极度焦虑之中，在一些地方甚至已经发生了动乱。尽管对塞尔维亚族群的责难在一些地区不断增多，而且采取强硬行动的呼声在首都也日益高涨，但这些紧张和对立情绪大多数都是对内的，这一事实本应让策划战争的领导人们有所警醒。发生在波斯尼亚-黑塞哥维那、达尔马提亚、克罗地亚的抗议活动和反塞尔维亚迫害行动说明，政府当局担心南部斯拉夫地区受到大塞尔维亚理念诱惑纯属虚妄。刺杀事件在帝国境内激起的族群冲突和猜疑也本应让人们怀疑：战争果真能以某种方式让一个分裂的帝国重新凝聚起来吗？大臣联席会议的议程早已确定，而上述的这些考虑都被忽略了。最终，最后通牒获得了批准，并在4天后发送给了塞尔维亚政府。迈向战争的关键一步踏出了。

七月危机

奥匈帝国在7月23日晚向塞尔维亚发出最后通牒一事成了欧洲各大报纸的头条新闻。在德国，哈布斯堡皇储夫妇遇刺事件曾在6月底占据着报纸头版，但人们对这一事件的兴趣很快便消退了。那年夏天的新闻远不止这一条；阿尔巴尼亚发生战争，法国对俄国开展国事访问，德国国内举行递补选举，著名的阿尔萨斯艺术家"汉西"被判犯有煽动阶级仇恨罪。轰动一时的卡约夫人（枪杀了巴黎重要的保守派报纸《费加罗报》主编的法国内阁大臣夫人）杀人案审判也在休假季吸引了很多读者。然而，哈布斯堡的最后通牒将德国人的注意力拉回了巴尔干争端上。最后通牒的严苛程度让公众深为震惊，因为原本人们普遍预计奥匈帝国会做出较为温和的反应。尽管各大资产阶级报纸都顺应德国政府的意愿，坚称奥匈帝国提出的要求是正当的，但奥匈帝国这一举动的危险性还是很快浮现了出来。俄国在第二天做出警告，称不会对任何奥塞冲突袖手旁观，这番警告增加了爆发重大国际危机的可能性。[33]

在奥匈帝国，最后通牒让已经躁动不安的民众重新开始关注外部局势。新闻媒体已经收到了关于如何描绘最后通牒的官方指示。报道中一致表示，最后通牒的要求是"严苛的"，但也是"完全正当和必要的，没有留下讨论的余地，也没有排除维持和平的可能"。[34] 各大报纸把人民描述成这项方案背后的支持者：维也纳人民被描绘成"冷静而严肃的"，因政府对贝尔格莱德的坚定行动而感到释然。在匈牙利，7月24日周五召开了一次议会会议，据说，与会的各位议员与他们的人民意见一致，都认为塞尔维亚的挑衅举动不能继续下去："采取一切手段、不计任何代价来清算宿怨，是极为必要的。"协约国的介入在议会上未加讨论，因为与会者认为那是"不可思议的"。万一协约国确实介入了，那么世界大战也会"归咎于""欧洲"，而不是奥匈帝国。[35]

在等了48个小时，收到多份宣称塞尔维亚会接受最后通牒的错误报告之后，7月25日星期六晚上7点45分，"令人失望的"答复传到了维也纳，并在大约晚上9点30分传到了柏林。两国首都的各大广场上、报社周围、咖啡馆和啤酒馆里，都挤满了人；在收音机尚未发明的年代，要想得知新闻，最好的方式就是上街自行打探。上万人已经聚集在哈布斯堡国防部外面，等着国防部发出声明。人们先是通过号外，进而通过口口相传快速得知了塞尔维亚拒绝了最后通牒、两国断交的消息，然后大多数人便回家了。然而，留下来的那些人创造了与一战爆发有关的最为持久、最有影响力的记忆。在国防部外面，盛行着一股有感染力的爱国主义气氛。人们为哈布斯堡王朝欢呼，为奥地利欢呼，为军队欢呼，为如今不可避免的战争欢呼。激昂的爱国旋律响彻云霄。《守望莱茵河》和《头戴桂冠者万岁》，以及最应景的《高贵的骑士欧根亲王》(有关1717年贝尔格莱德之围的奥地利老歌)，正好契合了人们对于即将到来的战争的期待：

  高贵的骑士欧根大公，
  将要与塞尔维亚人奋勇厮杀
  他会建起一座桥梁
  我们会径直跨过
  贝尔格莱德将被我们攻陷！

在人群之中，有一位不知名的学生爬上了拉德茨基纪念碑的基台，发表了一场演讲，呼吁集会的人们"为皇帝和祖国奉献出自己的财富和热血！"。有人展开了一面黑金两色的帝国旗帜，约 1000 人欢呼着跟随这面旗帜在环城大道上游行。当晚，类似的情景在维也纳市中心屡屡上演，有些在纪念碑附近，有些在友好国家的大使馆外面，有些则在皇宫前面。一位居民写道，整个城市都"兴奋到沸腾了"。[36]

在柏林，各大报纸较为坦率地报道了等待人群的紧张情绪。得知最后通牒被拒后，人们最为明显的第一反应是恐惧。但是，在柏林市中心，自发的爱国示威活动也迅速形成了。这些活动从晚上 8 点就开始了，当时人们刚听说塞尔维亚拒绝最后通牒的小道消息。成群结队的人聚集到一起，有些人举着德国或奥匈帝国国旗，众人为德奥两国的皇帝欢呼，并唱起了爱国歌曲。目击者称当时约有 2000 人参与示威，甚至有人说有 1 万人。游行示威的人手挽着手走过柏林的重要街道菩提树下大街，路旁咖啡馆里的观众纷纷为他们鼓掌。和在维也纳一样，富有爱国主义意义的地标场所成了游行示威的焦点位置：在皇宫（德皇不在宫中，当时正值德皇一年一度的北海巡游）外面和勃兰登堡门另一侧的俾斯麦雕像下，人们即兴发表演讲，演唱歌曲。人群游行前往奥匈帝国大使馆，大使对他们表达了感谢。一些人聚集在首相官邸外，首相向他们致以问候。媒体后来批评，午夜时分，俄国大使馆前又出现了一次喧闹的示威活动。直到早上 3 点 45 分，街道才重归于静寂。[37]

随着奥匈帝国和德国在接下来的几天里先后开战，最早的几次爱国示威活动不断上演。在柏林，几千人在 7 月 26 日上街游行。尽管示威活动随后逐渐减弱，到了星期三已经消失，可是，7 月 31 日的戒严令和 8 月 1 日的动员令又引发了规模空前的示威活动。8 月 1 日，4 万至 5 万人聚集在皇宫附近。不仅如此，在整个德国境内，类似的爱国表现也在重演，尽管规模要小一些。7 月 25 日，汉堡、慕尼黑、斯图加特等大城市和弗莱堡、耶拿等大学城，便已经爆发了类似的游行，接下来的几天，其他城市也出现了游行。[38]哈布斯堡帝国早在 7 月 25 日便已经发布了针对塞尔维亚的局部动员令，帝国首都维也纳是在接下来一周里举行的规模巨大但组织有序的爱国示威活动的舞台。7月26日，约1.5万名城市有轨电车工人、退伍军人协会成员、学徒协会成员游行到市政厅外，加入了那里为数2.5万人的示威队伍。3天之后，奥匈帝国已经对塞尔维亚宣战，维也纳退伍军人协会组织了一次游行，估计当时观看游行的人数超过了10万人，其中很多人很可能是游行者的亲属。[39] 维也纳的各大报纸兴奋地报道，类似的示威活动正在帝国各地发生。此刻，所有的分歧似乎都奇迹般地消失了。《帝国邮报》报道："在蒂罗尔和西里西亚，在喀尔巴阡山，在匈牙利平原，在亚得里亚海滨，各地的民众都像首都维也纳的民众一样，热烈地支持开战决定。"[40]

德奥两国的资产阶级报纸都坚称，这些示威活动说明德奥两国人民团结一致，对于开战一事怀有极大热忱。事实果真如此吗？有充分证据表明并非如此。首先，真正自发开展的早期爱国行动吸引到的参加者人数并不是很多。7月25日在维也纳游行的队伍大多数都在600—1000人之间，参加的总人数很可能也就是5000—15 000人。[41] 当晚在柏林游行的人数最多有3万人。相比于这两个城市均超过200万的居民数，这些游行者所占的比例可谓微不足道。这些游行者也代表着一个特定年龄段的人口。奥地利政治家约瑟夫·玛丽亚·贝恩赖特尔在7月28日对塞宣战当晚漫步于维也纳市中心，惊讶地发现"狂热的人们都十分年轻"。评论家说德国也有同样的情形：那些唱着歌曲、喊着爱国口号的都是中上层阶级青年，且绝大多数都是男性。在示威活动中起到主导作用的一开始是学生，后来也包括青年组织。[42]

这些年轻的示威者不应当被简单地看作好斗的沙文主义者。各种各样的动机驱使他们走上街头。当然，其中有很多人是热情的爱国者，有些人也确实是好战的，但相当多的人是有理由地支持战争的。尤其是在维也纳的上层阶级当中，人们认为塞尔维亚的挑衅行为已经到了是可忍孰不可忍的程度，对塞采取果断手段实属必要。因此，很多在7月25日游行的年轻人，就像当月早些时候的激烈抗议活动一样，而且就像一位中上阶层妇女描述自己的儿子们那样，"脑中充满了对塞尔维亚复仇的念头"。[43] 然而，当晚在柏林，示威者的意图是要表达对奥匈帝国的支持，而不是要求德国暴力介入。诚然,对于那一代中产阶级青年当中的很多人来说,战争意味着冒险与英雄主义,可是某些游行的吵闹状态暴露出,年轻人实际上在利用这个此生仅有的机会来颠覆社会规则;在帝国城市中,在主要街道上放肆跺脚、喊叫、欢呼的机会,打落那些在听到爱国赞歌时没有停下致意的行人的帽子的机会,确实少之又少。[44] 对于那些感到焦虑不安的人们(私下里有很多人都是如此),示威活动给他们提供了一个宣泄压力的好出口,让他们可以做出同仇敌忾的快慰举动。学生的动机一直被误解得尤其严重。对于那些因为决斗和酗酒(尽管酗酒是全天下的兄弟会都有的现象,决斗却可以称得上是当地特色)而臭名昭著的兄弟会成员来说,真男儿就应当愿意为更伟大的国家利益牺牲自己。学生把自己看作坚定的爱国者;他们中的大多数人既不幼稚,也不愚蠢。他们的示威活动表达的,是他们已准备好面对恐怖的战争,而不是渴望经历恐怖的战争。[45]

1914年7月最后一周,人数更多的人群聚集在德奥两国各大城市中,他们肯定不是在要求开战。大多数人都在等待消息,一些人很兴奋,但很多人忧心忡忡。"奇怪而狂热的举止、激动的表情、窃窃私语"都暴露出这些人在战争威胁迫在眉睫时的紧张情绪。[46] 一场欧洲大战有可能爆发,很多人对此不寒而栗,以至于都不愿意接受这个想法。在奥匈帝国因塞方对最后通牒的回复并未满足自己的要求而拒绝接受后,一位弗莱堡(距法德边界不远)店铺主悲伤地说:"人们都不希望看到一场大战,也不希望看到握有战和唯一开关的俄国确实承担起塞尔维亚保护者的角色,从而引发一场世界大战。"[47] 在这周开头,人们尚有理由保持乐观。尽管奥匈帝国的民众认为一场巴尔干战争不可避免,但德奥两国民众都从媒体报道得知了英国的调停提议,因此还在盼望战争可以限制在"局部范围"。[48] 尽管如此,很多人还是未雨绸缪。7月27日星期一早上,当市内的银行开始营业时,人们在门前排队等着注销账户。大多数人是小储户,队伍中以女性为多。因为人们都把金币和银币牢牢地攥在手里,所以零钱流通不足;商人则被警告,法律规定他们有义务接受纸币。随着危机日益严重,人们也开始尽量收购、囤积食品,结果食品价格飞涨。奥地利的涨价风潮要早于德国:7月30日,哈布斯堡帝国的食品价格便已经成了一个严峻的问题，政府开始实行最高限价，官员受命在波希米亚打击发战争财的行为。[49]

由此可以预见，德奥两国有相当多的民众不仅对于这样一场战争毫无热情，而且会积极地抗拒开战。哈布斯堡政府特别担心捷克人的反应；正如我们所知，外交大臣贝希托尔德在 6 月 29 日认为，如果帝国针对塞尔维亚开展动员，革命便有可能在波希米亚爆发。[50] 在最后通牒期满的 7 月 25 日，布拉格采取了特别的防范措施，来防止出现支持俄国的示威活动。然而最后，该王室领地的长官成功向在维也纳的上级报告，"各地都很安定"。[51] 奥地利的社会民主党人也没有进行公开的抵抗活动，只是于 7 月 25 日在党报上发表了一份反战宣言。反战活动之所以如此稀少，原因十分简单：当天，政府在发布局部动员令的同时，也一并发布了一系列"紧急状态法"，暂停了哈布斯堡臣民的宪法权利，包括言论自由权和集会自由权。哈布斯堡帝国奥地利部分的公民开始因各种"政治罪行"受到军事法庭审判，这些罪行包括但不限于扰乱公共秩序、参与暴乱、冒犯君主、叛国、妨害铁路运行或军队事务。任何试图阻碍动员的人也会被送上军事法庭。[52] 社会民主党领袖维克托·阿德勒慑于这种新的管理制度，在 7 月 29 日告诉各位党内同僚："社会民主党无能为力。""我们无法避开危险。已经不可能开展示威活动了……我们的整个组织和我们的报纸都危在旦夕。"[53]

德国社会民主党的实力远比奥地利社会民主党强大。该党有 110 万名成员，人数是奥地利社会民主党的 10 倍，是全德国仅次于退伍军人伞状组织"基夫豪泽协会"的第二大组织。和德国社会民主党关系十分密切的"自由工人联盟"有超过 250 万名工人加入；这个组织有可能造成大规模破坏。[54] 不仅如此，在 1907 年的国际社会主义者大会上，德国社会民主党已经承诺会尽力阻止任何战争的爆发，倘若不成功，也将努力让战争尽快结束，同时利用战争所伴生的不可避免的经济和政治危机来加速资产阶级体系的灭亡。德国社会民主党的慷慨陈词受到了法俄两国社会主义者的影响，但他们的宣言在事实上掩盖了德国社会民主党的改良主义本性。到 1914 年，支配着德国社会民主党领导层的人，并不希望发生暴力革命，而是更倾向于通过合法手段来实现真正的民主。尽管他们被敌人污蔑为"没有祖国的革命同志"，但他们也是爱国者，屡次表示自己愿意保卫祖国。当然，德国政府在外交领域咄咄逼人的行动无疑会受到德国社会民主党的坚定抵制。早在1911年的第二次摩洛哥危机和1912—1913年的巴尔干战争期间，德国社会民主党就已经展示了他们发起大规模和平示威的能力。[55]

德国社会民主党并不赞成奥匈帝国发给塞尔维亚的最后通牒。地方党报《汉堡之声》表达了大多数德国社会主义者对此的看法，指出哈布斯堡的最后通牒看起来"就像是故意要挑起战争"。[56] 德国社会民主党的处境跟奥地利社会主义者不同，因为奥匈帝国迅速宣布了局部动员令和紧急状态法，使得有组织的抗议活动难以开展，而德国社会民主党倒是还有一些时间来做出反应。7月25日，德国社会民主党执行委员会要求举行大规模集会，"以表达有觉悟的无产阶级坚定不移的和平愿望"。[57] 德国政府对此加以许可，条件是这些集会必须在室内进行，而不能在街上开展。活动的反响十分热烈。仅在柏林一地便有32场集会，超过10万人参加。在整个德国境内，至少288场反战集会在163个市镇举行，其中大多在7月28日到30日。共有75万德国人参加。社会主义的报纸报道称，集会的厅堂中挤满了人，有些人挤不进去，只能站在外面。在有些地方，在室内集会结束之后，人们无视不许上街集会的禁令，自发地游行向市中心。在柏林，7月28日晚，1000—2000名反战示威者设法来到菩提树下大街，和那里的爱国示威者展开了一场"歌唱大战"。工人的《马赛曲》短暂地盖过了对方的《守望莱茵河》，直到他们被骑警驱离现场。斯图加特和杜塞尔多夫发生了示威者和警方间尤其暴力的冲突。但是，总体而言，反战集会都是安静宁和的，甚至是顺服的。德国社会民主党仍然把主要的希望寄托在德国领导人身上，希望他们可以约束住好战的哈布斯堡盟友。集会上的演讲者很少抨击政府。他们也没有告诉听众，倘若战争真的爆发，该如何继续抵制战争；德国社会民主党自身也没有制订组织抗议或罢工的计划。党内的一些右翼成员，如曼海姆的议会议员路德维希·弗兰克，告诉听众，倘若战争真的爆发，那么他们不得不战斗。[58]

约 1/3 的德国人、超过一半的奥地利人以及 3/5 的匈牙利人都从事农耕，在 7 月的最后一周，乡间见证的公共戏剧性事件比城市要少。[59] 这里没有人群，没有游行者，没有爱国歌曲，也没有反战演说。当时正是收获时节，家家户户都忙得团团转。在哈布斯堡帝国一些交通不便的偏远地区，动员令的发布让人们着实吃了一惊。在远离塞尔维亚和俄国的蒂罗尔，有些在田里耕作的农民在被教堂钟声召集起来时十分惊讶。他们急匆匆往回赶，以为发生了火灾，却惊愕地得知了动员消息。[60] 然而，这种闭塞狭隘的情况很可能只是特例。毕竟在弗朗茨·斐迪南遇刺后的几周里，帝国全境都处于高度紧张之中。在这个多样化帝国的乡村地区，人们共同的感受，是当他们得知村中的男性和马匹要被征召上战场时的绝望和恐慌。扎布洛托夫镇是一个有着 4775 名居民的东加利西亚犹太小镇，是马内斯·施佩贝尔的童年故乡。一位小号手打破了扎布洛托夫镇安息日的宁静，人们普遍认为他带来的消息是灾难性的。加利西亚一些年轻人热情高涨，但女人们哭了起来，并跑到了公墓去。施佩贝尔回忆道，她们"祈求亡灵，帮忙向全能的上帝求情"。[61] 此地以西数百千米的雅布隆科孚的反应也不怎么样，这是一个人口不到 4000 人的奥属西里西亚小市镇，居民大多数都是波兰人，但也有一些德意志人和少数捷克人及犹太人。多米尼克·西斯卡拉是该镇的一位天主教神父，他在日记里生动地记录道：

> 对于我们这些雅布隆科孚人来说，事态严重的第一个信号，是 7 月 31 日下午 3 点半在邮局窗户上张贴出来的总动员令通知消息。集市顿时挤满了人。大家三五成群地热切讨论这一事件的意义。大多数人是男人。每个人都意识到局势十分危急。所有人都被一种难以名状的恐惧感紧紧攫住，这种感受既深刻又可怕。一些镇子的报纸上报道的热烈情绪，过去和现在在我们这里都没有出现过。[62]

在德国，大多数乡村居民也同样感到沮丧和恐慌。和城镇里的情形相同，随着哈布斯堡最后通牒在 7 月 23 日发布，焦虑开始出现了，并且在接下来的一周里不断加剧。来自上西里西亚萨克劳村的鲁斯·霍夫纳回忆道，在 7 月的最后几天里，"全村被一种巨大的不安笼罩着，人们站在街上，无心劳作"。[63] 从 7 月 31 日起，战争迫近的迹象迅速增加，起初是宣布"临战状态"，几个小时以后，下午 4 点，戒严令发布。戒严令暂停了公民权利，并允许军方直接对地方民事行政机构发布命令。次日下午 5 点，总动员令发布，并于当晚传达到大多数乡村。动员令被看作一场大灾难。卡罗尔·马勒克是马苏里安地区布洛多文村的农场工人，他形容道："每个人都失声恸哭起来。"[64] 对于萨克劳和布洛多文这种毗邻俄国的边境村落，战争即将爆发所引发的强烈恐慌是毫不奇怪的。霍夫纳和马勒克都逃离了自己的家乡；7 月 31 日早上，霍夫纳带着他哭泣的母亲挤上了一列超载的火车。但是，在相对安全的地区，动员所引发的恐慌并没有少多少。埃灵位于巴伐利亚南部，远离战争伤害，但一名埃灵警察仍然记录道："大家心中满是惊慌与恐惧。""所有娱乐活动都戛然而止了。现在人们谈论的只有战争，以及如何在战时维持家庭生计。"[65]

尽管几乎所有人都将欧洲大战的爆发看作一场大灾难，但德奥两国的民众中很少有人认为这是本国政府的过错，协约国的民众也是如此。弗朗茨·约瑟夫皇帝在其《告臣民书》中，用从根本上讲是自卫的口吻来解释与塞尔维亚的战争："在多年的和平之后，这个满心仇恨的敌国的阴谋迫使我为了保全我国的荣光，为了捍卫我国的威严和政治力量，为了维护我国的权益，再次举起利剑。"老皇帝提醒他的臣民，迫使他做出开战决定的远不止大公遇刺这一件事。"在帝国东南部，跨境犯罪活动十分猖獗，严重损害了当地的公共秩序。"他这样警告道。塞尔维亚人长久以来都在试图"动摇我国人民……对王朝和祖国的忠诚，误导新生的青年一代，鼓动疯狂的叛国恶行"。弗朗茨·斐迪南遇刺案，是一桩"精心策划和实施的阴谋"的结果，它只是"那些阴谋中最新一道可见的血淋淋踪迹"。现在，是采取行动的时候了。奥匈帝国"温和而正当的要求"被塞尔维亚政府拒绝了。"因此，"弗朗茨·约瑟夫解释道，"我必须通过武力来获得国家内部安宁和外部持久和平的必要保障。"[66]

塞尔维亚对最后通牒的回复是否严重到让哈布斯堡帝国认为必须开战？但是哈布斯堡帝国通过拖延回复的公开发表时间，来避免了围绕这一问题的棘手争论。直到 7 月 28 日星期二，即帝国对塞宣战之日，塞方的回复才得以见报。[67] 另外，当局还捏造了一则新闻，称驻扎在泰美斯-库宾的哈布斯堡军队遭到了塞尔维亚军队的攻击。有人认为，这则假新闻是奥匈帝国主张的战争合理性的核心组成部分，但实际上并非如此；在此事被宣称发生的那天，匈牙利首相蒂萨称它是"一个完全无关紧要的事件"。[68] 官方对于时局的解读只有一部分是合理的，可人们几乎没有什么时间去质疑只有部分合理的官方解释，因为 7 月 28 日，后备军人便已经开始赶往他们的部队了。针对塞尔维亚的局部动员本意是要让哈布斯堡发动进攻的兵力增加 2/5，此次动员编入了驻波希米亚、达尔马提亚、克罗地亚、波斯尼亚-黑塞哥维那和匈牙利部分地区（包括布达佩斯）的部队。[69]

现在，其他奥匈帝国民众和德国公众的关注重心转向俄国。德奥两国的政府和资产阶级报纸都强调希望将冲突限制在"局部范围"。人们被告知，战事是否会扩大为一场欧洲大战，"取决于圣彼得堡的决定"。[70] 随着俄国进行军事准备的报告不断传来，德国民众的叙述证实了他们在这个星期后半段时间里感受到的巨大压力。如一位柏林学生后来回忆的，那些天是"紧张的日子，是我经历过的最糟糕的日子"。[71] 7 月 30 日星期四，德国人得知了俄国针对奥匈帝国开展局部动员的消息。在当天下午早些时候，首都报纸《柏林地方动态》由于渴求得到独家新闻，便错误地报道称德国已经开始总动员。这在当时激起了恐慌。这份报道很快便被撤回，但其他有关暗杀事件、军事准备，甚至德国对俄发布最后通牒等未经证实的谣言很快开始口口相传。人们紧张地等待着。大多数人仍然期待政府可以通过外交途径处理争端；众所周知，德皇正在与沙皇联系。当然，也有人十分愤怒。水兵威廉·瓦格纳当天坐火车最后一次去探望父母，他在日记里记录道，他所在的车厢充满了"热切的讨论，人们主张要严酷无情地对付俄国"。[72] 当天晚上，报纸上的标题是：《依然没有做出决定》。[73]

接下来的两天，即灾难前的最后 48 小时，深刻地影响了即将参战的德国的国内形势。7 月 31 日星期五下午，关于俄国总动员的消息开始流传，这一次的消息是真的，它意味着德国正面临着入侵危险。当天柏林的气氛与此前大不相同：仍然紧张、严肃，但随着"临战状态"宣布，大众开始明显地迸发出爱国情绪。威廉二世中止了北海巡游，于下午3点前后回到柏林。戒严令宣布后，1万到4万人聚集在皇宫前，主要是各个年龄段的中产阶级柏林人。下午6点半，德皇出现在二楼阳台上，告诉他的臣民为何德国必须战斗："众多心怀嫉妒的敌人逼得我们只能选择自卫。他们把利剑强塞到了我们手中。"[74] 他传达出的信息是，这场战争是强加给德国的，这引起了大众情绪的共鸣，并且这个信息因为当晚的报纸得到了强化，报纸谴责沙皇和他的总动员令正在破坏所有的调停努力。德国要求俄国在12小时内停止一切军事准备，这道最后通牒并不被看好。《科隆报》是德国在外交政策方面最重要的报纸之一，它在头版新闻标题中简洁有力地总结了当前形势——《俄国人想要战争》。[75]

这种把即将爆发的战争理解为基本是防御性的看法，是在8月1日变得非常明显的民众团结的前提条件。当天早些时候，德国各大城市都有人群聚集，他们等待着消息，看俄国是否会让步。大多数人忧心忡忡。很长一段时间，并没有消息传来。最终，下午5点刚过，一位军官告诉聚集在柏林皇宫周围的人们，德皇已经下达了动员令。当时，出现了一段短暂的静默。随后，一些人开始欢呼，有一些人唱起了《守望莱茵河》。但是，并非出于巧合的是，在这个危急关头，大多数人唱起的并非爱国歌曲，而是一首路德派赞歌：

上主是我坚固保障，庄严雄峻永坚强；
上主使我安稳前航，助我乘风破骇浪。

在其他城镇里，绝大多数德国人对于动员令的反应是冷静而严肃的，至少在公共场合是这样。在这几天的持续紧张之后，许多人甚至认为，动员令"将他们从难以忍受的重压中解脱了出来"。[76] 有人在酒馆、咖啡馆和街头喧嚣地表达着爱国情绪。在汉堡和法兰克福等大城市的市中心，又出现了欢腾昂扬的游行队伍。在柏林，一支喧闹的爱国游行队伍蜿蜒行至首相官邸。人们（特别是中产阶级）谈及了"热情"。然而，当晚真正令人印象深刻的，是他们感受到的团结一致。大学城海德堡的一位妇女发现:"穷人和富人在街上握手,交谈。""所有人的想法如今都统一了起来:并肩携手,共同面对即将到来的一切。"[77] 类似的说法中,德皇本人的发言是最为著名的。当天晚上 7 点 30 分,他再次出现在皇宫的阳台上,面对皇宫外的人群,他感谢了他们的爱戴与忠诚,说道:

> 在这场即将到来的战争面前,我在我的人民中再也看不到党派之别。我们全都只是德国人,有些党派在过去的歧见时期曾经与我为敌,我现在完全宽恕他们。眼前最为重要的,是我们像兄弟一般联合起来,如此一来,上帝便会助我德意志利剑取得胜利。[78]

然而,这种团结明显是有限的。德皇的宽恕之谈表明,他决意维持他在德国的权力地位;即便德国人要成为兄弟,他仍然把自己看作威严的父亲。社会民主党人对此持保留意见。资产阶级报纸试图宣称国家因为"战争热情"而团结了起来,但这种尝试受到了直截了当的排斥;这周早些时候声势浩大的反战示威便是证明。然而,中产阶级也不是很热情,他们更多的是焦虑和紧张,并且表现出愿意维护国家利益——在 8 月 1 日,这意味着捍卫本国领土不受俄国侵略。这是一个可以团结起德国各阶层人民的概念;正如鲁尔工人阶级报纸《民众报》当天宣称的,"德国社会民主党已经准备好抗击侵略直至最后一人"。[79] 如果战争热情是主要驱动力,它很可能不会让德国的战争努力挨过 1914 年 8 月。相反,保家卫国的愿望,才是在动员一个民族时极为稳固的基础。

动 员

军事动员急速地改变了中欧社会的面貌。数百万人被迅速征召入伍。在 3 周半的时间里,奥匈帝国的军队从和平时期的 45 万人扩充到 168.7 万人。其盟国德国的扩军速度更快,仅用了 12 天,其军队便从 808 280 人扩充到了 3 502 700 人。到了 1914 年 8 月中旬,奥匈帝国 19—42 岁的男性中有 1/4 入伍,德国 17—45 岁的男性中有 1/3 入伍。[80] 后备军人在前往军营前,通常只有几天时间来处理自己的事务、向亲友告别,在德国,有些后备军人只有不到 24 小时。年轻人匆忙去看望父母,向同事告别,还可能穿着军装跟心上人拍一张快照,留作在前线的纪念。婚姻幸福的夫妇则一起度过最后一个甜蜜的良宵。有很多具体事务需要打点安排:农夫们在临行前给妻子留下最后的指示,人们匆匆前去采购服役所需的物资。军官们为了整理行装,要做的事情格外多。离开从来都不是一件容易的事。阿图尔·豪斯纳少校自 1897 年起便在奥匈帝国军队中服役,他在 1914 年 7 月 27 日的日记中承认,即便是对于那些为了这一刻而长年训练的职业军人来说,"此生再也见不到自己挚爱之人的可能性,减少了战争热情"。[81]

德奥两国民众在战争爆发时的想法,是两种交织在一起的情感。第一种情感是恐惧,而且这种情绪十分普遍。第二种情感是团结,它在很大程度上是随着民众对开战的反应而逐渐生发出来的。两相比较,恐惧比较好理解,因为在德奥两国,人们感到恐惧的原因和表达恐惧的方式都很相似。正如豪斯纳指出的,人们最害怕的,是自己或近亲可能会丧命。尽管只有老人才记得这些国家打的最后几场战争——1870—1871 年的普法战争、1878—1882 年在波斯尼亚-黑塞哥维那地区的哈布斯堡反暴动战争,但两国民众基本都没有对即将爆发的大战心存天真的想法。男人和他们的家人都做好了最坏的打算。去教堂的人数激增,尤其是在天主教地区。在雅布隆科孚,西斯卡拉神父称,8 月 1 日,即奥匈帝国发布总动员令的次日,"相当多的人"来到他的教堂。"准备前往部队的人成群地前来忏悔。而从傍晚到夜里,镇子里一直可以听到路边十字架旁和小礼拜堂中的祈祷和歌声。战争让人们学会了祈祷。"[82] 居住于德国各大城市的信奉社会主义的工人不太可能去寻求宗教安慰,但他们也基本没有对现代战争的杀伤性心存幻想。"每一个人都感觉自己正在径直前往屠宰场。"一位社会民主党人在不来梅看到后备军人出发奔赴前线的场景之后这样写道。[83] 当时在德奥两国,无论是在城市还是在乡间,人们都认为这是一个令人垂泪的时刻。在特兰西瓦尼亚的锡比乌,当男人们出发时,"几乎只能听得到呼喊、叹息与哭泣"。在克拉科夫南部,中年后备军人和他们的家人告别时,"尽是哭喊与呜咽之声"。[84] 德国的火车站也笼罩着深深的悲伤与恐惧。"看着男人们踏上征途实在是让人难受。"一位在动员期间在卡塞尔站小吃摊帮忙的女孩这样写道。"有些人噙着热泪回望身后伫立着的妻子与儿女，看到站在那里泪流满面的人们，实在太让人伤心了！"[85]

人们在1914年8月的焦虑之情，主要是因为离别以及对于丈夫和儿子生命安全的担忧，但是，也有其他原因让人们感到悲伤难过。战争的爆发导致了威胁许多家庭的生计的经济危机。在乡间，农妇们的丈夫、工人和马匹都被军队征召走了，她们一筹莫展，不知怎样才能顺利完成收获。与之相反，在城市中突然出现了大规模的失业。1914年7月，奥地利有约5%的劳动力失业，而德国仅有2.7%；到了下个月，两国的失业率却分别暴涨到18.3%和22.7%。[86] 小型企业因为所有者被征募入伍而关张大吉，工人们便失去了工作。大一些的企业预计战争会使得需求缩小，便纷纷裁员，或是让雇员们半工半歇，或是干脆降低工资——平均而言，男性的工资降低了10%，女性的工资则降低了25%。[87] 由于军方接管了铁路，国内贸易被打乱，对外贸易也陷入低迷，因为原来的顾客如今成了敌人，贸易合同也纷纷取消了，西门子便失去了580万枚灯泡的订单。[88] 解雇和减薪的大潮让工人阶级家庭变得步履维艰。征兵本身也是。尽管德国政府为士兵家庭提供了所谓的"家庭救助金"，但是征募一个非技术工人，使得其妻儿的生活水准降到了战前的1/3，征募一个技术工人，更是使得其妻儿的生活水准降到不足战前的1/4。[89] 许多家庭都不再付得起房租，于是一个声称在战争时期收取房租违法的荒谬谣言如同野火一般传播蔓延开来。8月下旬，柏林警方的报告中已经提到了无产阶级日益严重的物质贫困和日益增长的绝望情绪。[90] 在其他地区，情形亦是如此。一份有关9月初奥地利加利西亚地区的秘密报告中描述了"社会的贫困化"，并且警告称民众急需政府救助。该报告忧心忡忡地写道："饥饿，会是一个很坏的煽动者。"[91]

在这些个别的忧虑之外，人们也普遍感受到了一种威胁，害怕自己的社区遭受攻击，而这种恐惧感常常折射到对内态度上。在奥匈帝国，正如我们已经看到的，这种感受在大公遇刺之后便立即在多个王室领地蔓延开来。战争的爆发让这种感受变得更加强烈。8月8日,新设的"战争监察处"便已经开始抱怨,"各种完全不受控制的流言蜚语"让奥匈帝国民众惶惶不安。[92] 德国在开战后也旋即陷入了类似的恐慌之中。一份政府在8月2日发布的警告称"俄国的军官和特工正在我国活动",这加剧了民众的恐惧。这份警告以委婉的口吻鼓励民众提高警惕:"维护德意志帝国的安全,需要……全体人民通力合作,务必消灭此类危险分子。"[93] 类似于敌人试图向水源投毒或是破坏铁路线路、电报线路的流言四处传播。人们害怕空袭,有报告称在柏林上空似乎出现了飞行物。整个德国都陷入了一种"间谍癔症"。议会议员汉斯·彼得·汉森曾经描述过他于8月3日在首都波茨坦广场目睹的一幕。当时他看到一群暴怒的民众"用棍棒和雨伞毫不留情地"殴打一个人。有人告诉他,这是他们在半小时之内抓到的第四个"间谍"。[94]

在靠近边界且各族杂居地区的人们最为不安。距德国东部边境55千米的要塞城市波兹南就是一个典型例子。开战的消息使得该城的居民感到格外紧张。由于这座城市被一众要塞环绕(这些要塞旨在保卫通向帝国的一条关键道路),因此该城的波兰和德意志居民早在8月1日便已经收到了警告:倘若俄军来犯,所有物资储备不足以挨过围城战的居民都要被疏散。每家每户都要向警方登记,说明自己愿意前去的疏散目的地。[95] 对外部威胁的忧惧使得该城的德意志少数居民很快便开始用类似的疑惧目光打量自己的波兰族邻居——即便在和平时期,这两个族群之间的关系也称不上和睦亲密。人们害怕恐怖活动。早在8月3日,就发生了一起炸弹恐慌事件;当时有人在银行里落下了一个旅行包,军方受命出动应对此事。[96] 一些人甚至认为当地的波兰人正在谋划叛乱。一位格外热心的军士给警方寄去一封信,在信中列举了一系列可疑事件。这位军士认为,这些事件说明波兰人的叛乱准备工作正在顺利开展。即便是放在极度紧张的当时,这封信的内容也实在令人难以置信。这位军士称,有些妇女总是推着婴儿车沿着相同的路线在城市中穿行,婴儿车里实际上是孩童大小的娃娃。在一家裁缝店等待的时候,他看到6个平民走了进来,他们之前定做了下级军官三等尉官的束腰上衣,现在在店里和裁缝讨价还价。这个军士担心,有些女孩进入了兵营,而离开时拿着包裹;他认为那些包裹里一定都装着步枪弹药筒。可能最让他感到忧虑的是信中罗列的最后一点:"常常有波兰女孩问起我是不是波兰人。我恳请尽快采取措施。"[97]

在1914年8月的第一个星期,许多骇人听闻的传言在中欧民众之间广为流传,其中,"黄金车队"的谣言引发了最为严重的混乱。这一谣言起于8月3日,当天,同时出现了两个不同的消息,都说敌方车辆正在驶过同盟国领土。第一个消息最早是布拉格的宪兵传出来的,称有40辆俄国汽车试图通过田间小路进入波希米亚。这则传言很快便被驱散了。第二个消息称有一个法国车队试图穿过德国,为俄国送去战争所需的黄金。这一消息传播得要广得多。最初是一位军官讲了这么一件事情(他随后不久就被杀了),这个消息传到了德荷边境格德司县县长的耳中。他又通知了自己的上级杜塞尔多夫行政区长官,这位长官便将这个消息传达给了普鲁士内政大臣。内政部旋即给其他政府部门下达了警告,并把警告内容也刊登在各大报纸上。德国民众在此前几天里已经接到了有间谍和特工入境的警报,此时便迅速做出了回应。平民自发地武装起来,设立了路障。到了8月6日,懊丧的官员们抱怨:"这个消息的反响太过火了,每个村庄都认为自己应当设立两三个路卡,拦下每一辆过路的汽车。每个农夫都参与了搜查行动,并且怀疑路人出示的身份证件。简而言之,目前在国内开车通行几乎是完全不可能的。"[98]传说的法国车队最初有12辆车,后来变成18辆、20辆或25辆,并且据说还载有乔装成普鲁士军官或女子的法国男人。在一天徒劳无功的搜索之后,到了8月5日,谣言又转而声称车上所载的人员都扮成了工人,并将车上的8000万金法郎全都转用自行车运输。到了这时,有些人停了下来;一家报纸计算,这笔巨款应当重达约26 666千克,并且需要至少1066辆自行车来运输。然而,守在路障边的人们无动于衷。搜查范围扩展到每一个骑自行车的人。[99]

这番妄想并未止步于德国境内。通过德国东部边境的拉蒂博尔的德国地区长官和其他德国官员,这种妄想越过了国境,传播到了波希米亚、奥属西里西亚和加利西亚,并在当地引发了警方铺天盖地的搜查行动,各种不实的目击证词层出不穷,各地都陷入普遍的混乱之中。甚至有报告称，这些子虚乌有的汽车中的一辆在克拉科夫一场交火之后被截停了，当局逮捕了车上男扮女装的军官，并缴获了3000万法郎（根据另一封电报是6000万）。奥地利的哨兵不仅拦下了汽车和自行车，也截停了农用拖车，在一些地方甚至还会拦下河上的筏子。如果这些交通工具在盘查时没有停下，便会遭到枪击；对于河上的筏子而言，这尤其是个问题，因为人们最后才意识到，这些筏子往往是被水流拖动的，所以很难说停下就停下。好动武的哨兵在德国枪杀了至少28个人，在奥地利也有许多人遭枪杀。到了8月7日，德国军方（一些人怀疑，从一开始，正是德国军方炮制了这个故事，以激起民众的爱国热情）开始努力让民众的狂热情绪降温，次日，指挥部下令拆除路障。奥地利当局也下令放松交通管制。但是，提心吊胆的社区和当地警方不愿执行命令。用了8月一整月，路障才逐渐被从中欧的各条道路上拆除。[100]

公众对"黄金车队"谣言的反应十分强烈，即便是这些故事已经显得越来越荒诞，人们仍然甘心去相信确有其事。这在今天看来可能颇为可笑，但这种情况确实反映出了当时的巨大压力。在此之前，欧洲已经和平了半个世纪之久，无论是百姓，还是警方、军方、民事政府，都没有经历过现在的形势；在欧洲大战爆发这样一个让人迷茫混乱的可怕情境下，这件令人难以置信之事似乎也是有可能发生的。从另一个角度上讲，人们对"黄金车队"的反应也颇具启发性。它向我们展示了当时的人们是如何努力应对新情况的。这次近乎狂乱的活动，不仅使得他们将注意力从强烈的个体焦虑上转移开来，而且也为他们提供了一个表面上掌控局面、消弭危险的手段。尤其是，这次活动展现出了人类倾向于通过社区团结来获取安全感的本能。政府引导和强化这种团结的能力，是德奥两国的战争努力能否持久的关键。

德国人在加入第一次世界大战时格外精诚团结。得以在大战中幸存下来的许多人都回忆道，无论是阶级、教派差异，还是地区、族群差异，全都在这个举国危急的时刻突然消失了。俄国的总动员决定性地扭转了德国的国内舆论，把战争从一个难以接受的可怕事件变成了一个自保的必要途径。战事爆发之初的恐惧感,使得人们迅速搁置了国内争端,从团结一致中寻求安全感。此外,帝国政府也灵活地采用了许多手腕来凝聚共识、增进团结。德国保守党政府和最大党派社会民主党之间的不信任不应当被低估;7月30日,《柏林地方动态》误报道称德国已经发布了总动员令,社会民主党的两位主席之一弗里德里希·艾伯特和党的财务主管奥托·鲍尔便带着社会民主党的资金转移到了安全的瑞士。直到7月31日,该党的领导人们仍然认为,倘若战争爆发,自己便会被逮捕。[101] 可是,不到一周之后,社会民主党居然就一致投票支持战争公债,该党的另一位主席胡戈·哈泽向议会表态称:"在这危急的时刻,我们绝不会弃祖国于不顾。"[102] 这样的转向十分令人惊讶,对德国的战争努力具有重大意义。

德国政府,特别是首相贝特曼·霍尔维格,为争取这种局面付出了巨大努力。从危机一开始,德国政府便表示出了对社会民主党的尊重。7月26日,普鲁士内政部请来了哈泽,告诉他社会民主党的反战抗议活动不会受到压制。3天以后,首相又发来了邀请,但当时哈泽和其他社会民主党领导均不在柏林,另一位社会主义者阿尔贝特·聚德库姆应邀前去与首相会晤。贝特曼·霍尔维格向他强调了德皇政府的和平意愿,聚德库姆则向首相保证社会民主党无意发动罢工和破坏活动。次日,首相向普鲁士国务部报告道,"不需要特别担心"社会民主党。政府也非常相信社会主义工会在战争爆发后的爱国热情,因为8月2日,政府告诉工会领导人卡尔·莱吉恩,当局无意打压工会。[103]

普鲁士军方向来以立场保守和政治理解力不足而闻名,此次却也发挥了自己的作用。这一点是至关重要的。7月31日下午戒严宣布后,根据普鲁士1815年的戒严法,领导帝国境内24个军区的将军们获得了广泛的权力。一旦他们动员了自己的部队、开赴前线,他们或他们的副手负责在这段紧急时期维持公共安全。他们可以暂停宪法赋予民众的权利,有权向军区内的民事当局发号施令。陆军在和平时期的观念基于对叛乱的研究,他们的观念是,在危机时刻,迅速、果断的行动对于维持国内秩序而言是十分关键的。军方同样深知,镇压很多后备军人和铁路工人(要想成功开展动员,他们不可或缺)都忠于的组织,不仅有风险,也可能挫伤民众的士气。早在 7 月 25 日，普鲁士国防大臣法金汉在和民事领导人讨论之后，给各军区的将军们发去了指示，既要他们提高警备力度，又要他们切勿采取过分草率、过度严厉的行动。他告诫将军们："压制政党报刊、拘捕政党领袖等举动，会从一开始就把各党派推到政府的对立面。这是我们所不乐见的。"[104]

只有德皇，可以向各军区的将军们发号施令。尽管各位将军并没有义务服从国防大臣有关社会民主党和工会的指示，但他们确实照办了。然而颇可玩味的是，他们对待德国境内另一大可疑群体——少数族群——时，却不是这样。即便是在 1914 年，在融入民族共同体方面，种族问题也是一个比阶级问题更大的障碍。在西普鲁士和上西里西亚，波兰语报纸被暂时取缔了，但不可否认，社会民主党的报纸此前也有过类似遭遇。许多波兰人被捕，包括一些少数民族团体的领袖。当局甚至去天主教堂里搜查武器和通向俄国的密道的入口，可见当时的怀疑之重。地方军事指挥官负责这些行动。他们基本没有同地方民事官员商量过，这些愤愤不平的官员后来指出，军方实施的拘捕最后并没有进行过一次起诉。[105] 1914 年 8 月，这些措施无疑正在让那些绝大多数人都忠心耿耿的社区心寒。正如一位不满的波兰族居民在日记里所写的，这些措施清楚地表明"你们是敌人"。[106] 在德国西部，阿尔萨斯-洛林的民众受到了更苛刻的对待。早在战前，这一地区的军方和民事系统就一直龃龉不断，危机一到，怀疑当地民众心向法国的军方毫不犹豫地拘捕了大约 400 人，其中包括 19 位牧师和 2 位地区议会议员。正如对待波兰少数群体的情况一样，军方并不了解阿尔萨斯-洛林的情况，最终他们依据举报，错误地拘捕了许多忠诚的民众。[107] 这些族群住在敌国边境附近，这或许多少可以解释军方的高度疑忌和严苛行动。可是德国的丹麦少数族群的居住地并不邻近敌国，他们的媒体也被取缔，领导人物也被逮捕。和丹麦民族运动有关联的 172 人遭到监禁，包括议会议员汉斯·彼得·汉森。还有 118 位丹麦族德国公民被剥夺了自由，仅仅因为他们十分了解沿海水域。当局担心，这些人可能会帮助不愿应征入伍者潜逃到丹麦，甚至是协助英国的海上进攻。[108]

社会民主党的领导人转向支持战争，并不是因为受到了迫害（这种手段不可能奏效），而是因为被说服。直到 7 月 31 日，该党的大多数议会议员仍然不愿意投票赞成发行战争公债，但随后他们的意见迅速地转了向。这一部分是受到了政府愿意开展对话的新姿态影响，尽管仍然是不平等的对话，更重要的是因为有关政治改革和美好未来的含蓄许诺——这体现在德皇 8 月 1 日的宣言中，当时他表示，自己再也看不到"党派之别……全都只是德国人"。这一转变也是对战争爆发的一种反应。尽管很多社会民主党人都认为德国政府在战争爆发一事上至少负有一定责任，但大多数人都很清楚，此时继续抗拒战争不仅毫无意义，更可能会对党和国家造成灾难性后果。即便是最好的情形下，继续抗拒战争也会导致当局对社会民主党实施打压。倘若是最坏的情况，继续抗拒战争将有助于俄国军队对德国的入侵，而那是一支为欧洲最反动、残酷的国家效力的军队。现代史学家往往低估了这种前景的可能性和骇人性，而单纯地将这种恐惧归结于德国社会民主党人根深蒂固的恐俄症。路德维希·弗兰克从 7 月 25 日起就深信战争不可避免，他成功获取了至少 25 位其他议会议员（社会民主党议会议员的约 1/4）的允诺，他们会背弃社会民主党原则，投票赞成战争公债。结果，这样煞费苦心的行动其实并无必要，因为在 8 月 3 日下午，社会民主党议员们开会讨论在翌日议会会议上的立场时，大多数人都主张支持政府。在投票表决中，有 78 人赞成发行战争公债，只有 14 人表示反对这项议案。[109]

　　结果，8 月 4 日的议会会议变成了一出极为生动的政治戏剧。这场会议得到了精心设计安排，以传达出德国团结的信息。8 月 3 日中午，首相会见了各位党派领导人，包括哈泽及其同僚菲利普·沙伊德曼。首相试图通过这次会晤来为次日的投票吹吹风，而尽管当时社会民主党议员们尚未对次日投票的立场拿定主意，参加会晤的社会民主党领导人也和首相达成了一些具有象征意义的妥协，如此一来，发行战争公债一事便获得了一致同意。投票当天，先是在柏林大教堂举行了一场弥撒，接着，在下午早些时候，在皇宫举行了议会召开仪式。虽然如往常一样，社会民主党人这两场活动均未参加，但这两场活动都强调了团结的主题。德皇自然又重申了他那著名的承诺："我……再也看不到党派之别。我们全都只是德国人。"

当天，犯有政治罪行（如冒犯君主罪）的人获得了特赦，特赦首先对社会民主党人有益。当天最引人注目的部分是议会会议，所有党派——德国民众通过民主程序选举出来的代表——都出席了。首相贝特曼·霍尔维格首先致辞，他给出了战争爆发原因的官方解释。俄国阴险狡诈又咄咄逼人；法国被指控不宣而战。首相用这样的话作为结尾："艰巨的考验降临到了我国人民的身上。我们的陆军整装待发，我们的海军准备应战。在他们的身后，是整个德意志民族，"说到这里，他指向了社会主义者，"每个人都团结进来的德意志民族。"[110]

置身于这样一种自发的爱国主义表演之中，即便是社会民主党议员也为首相的讲话喝彩。这在帝国议会是第一回，此前社会主义者从未为任何一位政府官员鼓过掌。议长约翰内斯·肯普夫博士是资产阶级进步人民党的一员，他也附和了首相的讲话，强调这是一场"保卫国家的战争"，"我国人民从未如今天一般团结"。[111] 在会议中歇过后，轮到哈泽代表社会民主党发言。他本不愿做这件事。社会民主党曾在7月25日号召民众和平示威，那份呼吁正是哈泽起草的；他始终坚持自己的反战立场，在议会会议前一天的党内讨论中，他还是和其他14个人一同反对发行战争公债的议案。然而，社会民主党原则不仅要求全体一致，还要求展示党内团结，因此，持有多种意见的党员们希望让哈泽来做出这个达成一致的声明。这份声明是党内各派妥协的结果，在这份宣言中，哈泽谴责了过去的帝国主义政策，强调社会民主党曾"与我们在法国的兄弟们精诚合作"去捍卫和平，希望战争的恐怖可以"唤醒广大人民的……痛恨……并把他们争取到社会主义理想和国际和平的理想中"。然而，这份声明也强调了俄国"对我国人民及其自由"构成的威胁，指出"每一个人都有权自卫、有权捍卫民族独立"，至关重要的是，声明同意发行战争公债。[112] 右翼党派用冷淡的沉默回应了哈泽的讲话，但中间派进步党则与社会民主党议员一同鼓起了掌，于是，各大报纸足以据此报道现场出现了普遍的喝彩。在投票时又有一个意见分裂的微小暗示出现，两位持反对意见的社会民主党议员悄悄离开了会议室，以避免参与投票。尽管如此，战争公债议案最终一致通过，因此，德国公开展现出了"城堡和平"（Burgfrieden），即所有内部矛盾在战争时期暂时搁置的状态。会议结束时，包括改良派社会主义者在内的所有与会人士，为"德皇、人民与祖国"齐声欢呼，这又是一次史无前例的团结展示。[113]

自从得知俄国开展总动员以来，德国社会内部的团结气氛便不断高涨，8月4日的议会会议更是在国家层面上进一步强化与制度化了这种团结。汉森很快被释放了出来，8月2日，即德国总动员的第一天，他便注意到，后备军人除了有"强烈焦虑"，还有"履行职责的决心"。[114] 其他人也持类似的观察结论。一位在威登（一个离奥地利边境不远的巴伐利亚小城）为应征入伍者做体检的医生深受感动。"后备军人尽数前来报到。"他在8月4日的日记中简略记录。"没有一个人缺席。没有人患病，没有人想要患病。后备军〔Landwehr，年龄在28—38岁之间的年长后备军人〕同样尽数前来报到。有些人患有严重疾病（如心肺疾病），但是没有人想逃避。"[115] 各地的男性都尽责地响应了征召命令。此外，在开战的最初几个星期，爱国主义气氛变得更加高涨，特别是在士兵出发的地方。士兵们在火车上潦草地创作出了自信而好斗的小调。流传极广的一首唱道："每枪击毙一个俄国人，每拳打倒一个法国人，一脚踢倒一个英国佬。"另一首更加富有想象力的小调对俄国沙皇喊话道："尼古拉，战栗吧！我们会把你的心肝做成香肠！"食物，明显是这些开赴前线的士兵尤为看重的东西。"菜单"是士兵列车上的另一种涂鸦："法国马铃薯炖牛肉配沙俄糖煮水果"或者"普恩加莱汤、俄国沙拉、英国酱汁"。另一位恐怖的幽默家用粉笔在车厢上仿照广告的口吻写道："1/4升俄国人鲜血——30芬尼"。[116] 到了8月中旬，送别士兵的人们也变得更加欢快、爱国。那些日子里，站台上的人常常唱起《守望莱茵河》，也频频唱起思乡歌曲《家乡啊家乡，我不得不离开你》《明天我必须离开你，亲爱的柏林》《莱茵河畔的科隆，一座美丽的小城》等。踏上征途的士兵们也会唱起这些歌曲。[117]

人们公开展示着爱国情怀和勇敢无畏，私下里又感到害怕和悲伤。这两种表现并不矛盾，反而息息相关。对于士兵和平民而言，无论他们多么焦虑，欢呼与歌唱是他们表达团结、暂时忘却焦躁、克服离别痛苦的一种方式。这确实有所帮助。一个人形容道："火车站的强烈热忱……确实席卷了我们,因此火车上一些本来有些低落的士兵很快换上了热切而自信的基调。"[118] 一些人被这些情景深深打动,相信自己正在经历一场民族复兴。银行实习生欧根·莫特勒等中产阶级,运用德皇的说法来解释他们见到的场景:"没有差异,没有党派,每个人都在出力,德国已经团结起来。"[119] 许多知识分子希望这种共同体意识(他们后来将这种共同体意识打造、尊崇成"1914年精神")会长久地持续下去,这个希望虽然是不切实际的,但在开战的最初几个星期里,这种共同体意识确实被普遍感受到了,也被广泛表达了出来;它不仅仅是一种用以克服焦虑的手段。[120] 人们有着共同的目标,认同德国的事业,特别是在社会民主党投票赞成战争公债以后,这种状态甚至也扩展到了工人阶级。柏林警察局局长在总动员一个月之后惊讶地记录道:"以往因为工人而不胜其扰的警察们难以相信,这些最近还在抗议集会上为共产国际欢呼的工人,如今居然在热情洋溢地表达着爱国之情。"[121]

爱国主义团结最壮观的体现是人们志愿参军的热潮。报纸兴奋地报道,来自"各个社会等级和各个年龄层、各个行业和各个阶层"的100多万男性志愿加入军队。[122] 尽管实际人数并没有这么多,但仍然十分可观:1914年8月,25万人志愿入伍,在整个战争期间,共有约50万人志愿入伍。光是普鲁士的部队,便在开战的最初10天接受了143 922位志愿士兵;相比之下,1914年一整年,只有4万法国人志愿入伍。德国人志愿入伍运动的非凡之处不仅是其速度之快、规模之大,还在于其自发性。这些人是自己主动这样做的,政府并未发布任何号召,军队也没有预料到军营外面会突然出现志愿入伍者的队伍。志愿者要付出相当大的努力才能被部队接受,因为大多数团通过征召已经达到满编。许多志愿者走了很长的路,一些人跑了六七个兵站,才找到愿意接收自己的部队。[123]

然而,与报纸上的说法相反,这些志愿者并不是德国社会的代表。他们都很年轻,超过半数的人在征兵年龄20岁以下,近90%的人不到25岁。2/3的人出身城市中产阶级。大学生、中学生和大学教师,也就是那类参加了7月底的"战争热情"游行的人,确实有很多人志愿入伍,但也有很多工匠、商人、办公室职员等中下层人志愿入伍。工业工人志愿入伍的比例虽然低于他们占总人口的比重，但仍然占志愿者的约 3/10。有些人志愿入伍是为了免于失业，但其他人无疑是出于爱国动机。以社会民主党为例，该党青年团体的领导者中有 783 人志愿参军，其中最著名的是 40 岁的议会议员路德维希·弗兰克，他后来在 1914 年 9 月 3 日战死于西线战场。弗兰克将这场战争看作一个证明社会民主党忠于德国并借此推进政治改革的机会。他曾写道："我们是在为了普鲁士的公民权而战。"然而，他坚持表示，自己入伍不是某种政治伎俩，而是和 8 月 4 日的议会投票一样，"出自一种内在必要性"；采取这个行动，是因为他和他的社会主义同志们"极为认真地承担起了保家卫国的责任"。[124] 在志愿者中，只有农民和农业工人的比重较低。军队实际上比较偏爱这类顺从的人当兵，因此事先已经将他们大量征入军中。乡村地区劳动力极为短缺，收获时节又近在眼前，这进一步解释了为何剩下的人很少志愿参军（见表 2）。[125]

尽管志愿参军的中产阶级德国人并没有收到任何参军号召，但他们是在遵从一种内嵌的文化剧本。在 1813 年对抗拿破仑的解放战争中，由

表 2　1914—1918 年德国志愿入伍者的社会构成（样本容量：2576 人）

背景	人数	百分比
技工和工匠	435	16.89
熟练的城市体力劳动者	429	16.65
实业家和业主	342	13.28
无需技能的城市体力劳动者	330	12.81
大学生	321	12.46
白领雇员	306	11.88
中学生（和辍学者）	189	7.34
专业人士和大学教师	126	4.89
农民	59	2.29
农业雇工	35	1.36
无业者	4	0.16

这个表格中的数据同资料中的数据略有出入。原始的表格误将 59 名大学生划到了专业人士和大学教师（48 人）、白领雇员（7 人）和农民（4 人）中。这些错误已经在本表中被更正。
来源：A. Watson, 'Voluntary Enlistment in the Great War: A European Phenomenon?', in C. Krüger and S. Levsen (eds.), *War Volunteering in Modern Times: From the French Revolution to the Second World War* (Basingstoke and New York, 2011), p. 170。

城市中产阶级志愿者组成的"自由军团"扮演了重要角色，这段故事在德意志帝国，尤其是在其核心地区普鲁士，备受尊崇。[126] 在民族危亡的关键时刻，帝国的事业看起来无比正当，用来解释这场战争的很多语言自觉地在呼应着1813年的理想主义，那么，中产阶级本能地效仿他们的先辈、志愿从军，便是很自然的事了。南部的天主教徒有着不同的历史传统，志愿从军可能是一种地区忠诚的表现，或者相反，可以理解为一种民族团结的行为，它象征着国家和天主教会在19世纪70年代的"文化战争"所造成的隔阂得到了修复。犹太人志愿从军的人数特别多，战后的调查估计超过了1万人，也就是说，这个占德国人口不足1%的族群，提供了德国约2%的战争志愿者。这些犹太人志愿入伍，是为了表明他们对德意志祖国的认同，他们又往往希望，通过这公开参与保卫德国的行动，他们在和平时期遭受的日常歧视会就此终结。[127] 普鲁士的波兰人志愿入伍人数远比犹太人要少，但人数也不容忽视。他们可能抱有和犹太人类似的想法，尽管恐俄症和俄国军队对他们自己的家园构成的直接威胁很可能是更为重要的原因。[128] 并不是所有的中产阶级志愿者都是被崇高的理想所感染的。有些年轻人是被大战爆发时的激动氛围裹挟，被士兵所具有的理想男子气概吸引，被"冒险的渴望"驱使；另有些年轻人参军，是因为他们的同龄人纷纷入伍，于是他们感觉自己不能留在家中。后来不时有居高临下的观点出现，认为受过教育的人在十几岁或是20岁出头时太幼稚、太愚蠢，他们认识不到战争往往会让他们面对辛酸、痛苦乃至死亡。但是，与这种观点相反，几乎没有人表达过"战争热情"。志愿者们坚定表示，他们"从一开始就清楚，现代战争就是一场空前的悲剧和与人性为敌的罪行"。大多数人最看重的一点，以及解释这场志愿参军运动的速度和自发性最主要的原因，是战争一爆发，他们认同的祖国、认为自己对其负有责任的祖国正面临着侵略威胁。战争初期，心理学家对志愿者入伍动机做了调查，得出了上述结论。这一调查指出："在很大程度上，爱国情感充当着一种绝对命令：我们有义务保护祖国。战争已经爆发，我们只能拿起武器。"[129]

加入保家卫国行列的急切心情，或如时人所说的"有幸得以参加"1914年8月那些重大事件的急切心情，不仅仅限于男青年。年长的男子在地方军中担任哨兵，守护铁路和桥梁。[130] 女人们也认为自己要做出贡献。一些女性认为，国家的危急关头需要重新考虑死板的性别分工。柏林女孩玛格丽特·巴克曼在1914年8月6日给德皇写信，"发自内心地"恳请德皇准许她参军："难道一位德意志女子就不能被允许付出她的鲜血吗？"她吁请道。"难道我就不能被允许去为祖国而战吗？"[131] 然而，大多数女性愿意接受她们获准承担的更传统的辅助工作；她们的任务不是武装战斗，而是——正如皇后在一份告帝国全体女性书中呼吁的——完成好"爱的神圣工作"。[132] 在战争的头几个月里，每个火车站都有中产阶级女孩为过路的士兵提供茶点。这些姑娘通常都由一名年长的女性在旁监督，既是为了提高组织效率，也是为了避免"有伤风化"的行为。还有一些女性协助进行慈善工作，设法减轻士兵家庭和失业的工人阶级妇女的经济压力。然而，对于许多资产阶级女孩来说，理想的工作是护理，因为这一职业集中体现了以爱与关怀为主的"女性力量"。最早开办的一期战时急救训练课程计划招收3000位学员，结果有4万人前来报名。[133] 那些确实在医院里找到工作的姑娘们很快便目睹了战争的恐怖。8月下旬，伤员们被源源不断地从前线送回了后方。在弗莱堡，志愿者伊丽莎白·施泰穆夫勒称，学校被改造成了野战医院，而每一所医院都几近满员。姑娘们一下子便被抛进了繁重的日常清洁和伤病员护理工作中。她们目睹了可怕的伤口和断肢。这份工作也需要极大的心理投入。伊丽莎白在日记中写道，她的一位朋友曾整夜独自安抚一位濒死的后备军人。对于这些女性而言，这种从和平时期到战时的转变十分突然、令人心惊。[134]

一系列妇女组织支持着这项活动。至1914年，"爱国妇女协会"和红十字会下属的其他妇女组织已经有50万名成员参加了急救训练。其他组织则为当局提供服务。"德意志妇女协会同盟"拥有30多万名会员，这个组织在和平时期致力于争取妇女教育和就业权利、妇女选举权、卖淫禁令，早在8月1日，该组织的主席格特鲁德·鲍默便提出为普鲁士内政部分担战争救济业务。这个新方案之后，各个妇女组织之间也实现了"城堡和平"。新教和天主教团体以及社会主义妇女组织与该同盟一道组建了"国民妇女服务"。在地方，这使得原本处于竞争关系或者是势同水火（如资产阶级妇女团体和社会主义妇女团体）的团体突然开启了合作。毋庸赘言，各团体的成员对于战争引发的结果有着截然不同的期待。许多鲍默的会员希望她们的爱国行动可以换来妇女权利的扩展，而天主教和社会主义女性积极分子则与她们的男性同仁一样，希望自己的团体可以在政治上完全融入德国。新教知识分子圈子的女性和这个圈子的男性一样，往往希望实现社会道德复兴。但对于大多数人而言，战争初期的这种团结体验是令人兴奋的。正如鲍默自己所说的，"今天我们不是孤立的个人，今天我们就只是一个民族"。[135]

赫尔穆特·冯·毛奇曾在1911年预言："一旦德国人民被迫应战，他们会团结一致、满腔热忱地拿起武器。"[136] 1914年夏天，德国民众证明了他的预言是正确的。德国民众在7月尚感到焦虑、沮丧、恐惧，到了8月却转为团结一致，这种陡然转变还是需要加以解释。第一步是俄国的总动员，总动员意在威胁，也被德国民众理解为威胁。从此时开始，德国人便将即将到来的战争看成一场自卫战争，担心俄国会入侵德国。作为回应，德国明显出现了一种出于恐慌的团结。第二步是政府对这种情绪的巧妙利用。德皇做出了"再无党派"的许诺，8月4日议会一致通过发行战争公债，这两个事件造成了巨大影响。政治上的"城堡和平"引发了强烈共鸣。"城堡和平"在各级地方政府和各个社会团体中不断复制，就像妇女组织展现的那样。[137] 社会民主党的合作态度增强了工人阶级对战争的支持。社会大众热切地崇尚团结，这在各个阶层中的表现各有不同。乡村地区的民众的表现方式是设法拦截"黄金车队"，工人的表现方式是悬挂帝国旗帜或是在火车站为士兵欢呼送行。中产阶级是最大的提倡者团体；他们生活富足、时间宽裕，且与帝国社会最为休戚相关，因此，资产阶级男性和女性大规模自愿参军或是为国出力。8月的这几天并未如一些中产者（如鲍默）所认为的那样彻底改变德国人。他们仍然是一个个有着各自忧虑和生活的个人，他们仍然是有着各自追求的阶级、宗教、地区群体的一分子。但是，至关重要的是，德意志帝国社会的各个部分实现了充分整合，到了1914年8月，人们认为已经有必要放弃各自的私心，放下其他认同。面对威胁，德国统治者有力引导和培养出了民众对侵略的恐惧和共同的团结，这些感受促使德国人同心协力保卫自己的国家。这场战争会成为一场人民的战争。

动员一个像奥匈帝国这样的多民族国家，远比把一个民族国家带向战争困难得多，甚至是一个像德国这样的问题重重的民族国家。团结同样至关重要，但是哈布斯堡民族的多样性使得团结难以实现。难点不仅在于动员海报要用15种语言书写。更为重要的是，哈布斯堡臣民没有一个共同的身份认同。每个民族都有自己的历史和传统，和平时期的哈布斯堡教育总是在试图保持和强化这种状态，而不是去挑战这一状态。[138] 尽管很多人在1914年可以感受到那种"对国家事务的淡漠"，但文化独特性有重大影响，各个民族对待本国与敌国的不同态度也有重大影响。[139] 在这样一个民族观念分裂而不是团结各个民族的政治组织里，用来维系社会的横向联系十分脆弱；在东南前线服役的波希米亚人很难对在波斯尼亚的哈布斯堡同胞产生什么亲切感，无论是穆斯林、克罗地亚人还是塞尔维亚人——波希米亚人还举行过针对塞尔维亚人的游行。被派到东线的蒂罗尔人无法分辨俄国斯拉夫人与本国斯拉夫人。[140] 当然，奥匈帝国也并非全无意识形态上的吸引力。民众与国家的纵向联系非常强大，特别是以忠君为表现形式的纵向联系。哈布斯堡王朝数百年的统治以及乐于回应民众愿望的态度（在奥地利尤为明显）赋予了哈布斯堡王朝巨大的合法性。此外，尽管哈布斯堡臣民的种族和语言有所不同，但宗教在很大程度上统一起了他们。天主教会长久以来都是哈布斯堡帝国的坚定拥护者和重要支持者，近4/5的哈布斯堡臣民是天主教徒。该国在1914年的主要敌人塞尔维亚和俄国都是东正教国家。帝国忠诚的神职人员因此毫无困难地将这场战争形容为一场"正义而神圣的战争"、一场"为了保存基督教文化和天主教信仰"的战争。[141]

哈布斯堡当局也从一开始就表明，他们不会容忍反对意见。在奥地利和匈牙利，紧急法案都暂停了公民的基本权利，增加了国家对社会与经济的控制。在匈牙利，民事当局依据1912年的第63号法令获得了新的强制权力。[142] 与之不同，在奥地利，民事当局让自己和民众都服从于军方。

军方的法庭获得了审判平民的政治罪行的新责任,该举措意在实施快速的惩罚并制止反叛行为。这项新责任是军方对国家运作的影响力日渐扩大的早期表现之一。7月底,一个由军方领导的战争监察处在哈布斯堡国防部设立,其职责在于监督并协调紧急法令的运用,来打压异议。这一机构非常机密,报纸只准提及它的名字,而不能阐明它的职责。此外,在7月31日动员令下达当天,奥地利的许多地区被划为"军管区"。北边的加利西亚、布科维纳、西里西亚东部、摩拉维亚东北部,以及南边的达尔马提亚,都被划入军管区。后来,意大利在1915年5月对奥匈帝国宣战,此后,不仅是邻近西南前线的蒂罗尔、卡林西亚、戈里齐亚、格拉迪斯卡、的里雅斯特和伊斯特里亚,在这些城市后方的萨尔茨堡、卡尼奥拉、施蒂利亚和福拉尔贝格,也都被划入了军管区。跟在腹地的情况不同,在军管区,军事长官有权对当地的民事行政机构发布命令,有权实行非常严格的戒严。战前规划设想,一旦军队成功动员、开赴前线,那么这些非常规措施可能就会停止,至少是部分停止,但这些措施并没有停止。紧急法令一直在使用,甚至用到了1917年奥地利议会召开。直到那时,一些特别过分的压制措施才被取消,军方指挥部才失去了在后方广阔地域的权力。[143]

出人意料的是,事实证明,哈布斯堡社会从1914年7月起受到的严格管控并没有什么必要。总参谋长康拉德·冯·赫岑多夫不信任各个民族,从7月初便开始主张在帝国全境实施戒严,但他在8月承认,"人们对战争的热情……令他甚为惊讶"。[144] 当时的报道证明了民众对帝国事业的广泛支持。在维也纳,总动员令下达之后,市民们表现得"沉稳、果敢"。官员指出:"可以感觉到,各个阶层都非常关心帝国的荣誉,都深信眼下发生的一切都是必要的。"[145] 在匈牙利,至少在马扎尔人之中,情况亦是如此。首相蒂萨在8月初证实,当时有一种"相当好"的气氛。在匈牙利王国境内行军的士兵们走到哪里,都会受到"伴以音乐和歌曲的热烈欢迎"。[146] 更值得注意的是在奥地利各王室领地中原本冲突不断的各个民族。在斯洛文尼亚人占多数的卡尼奥拉,地区长官报告称,人们"满怀热情,深信帝国被迫参与的这场战争十分必要和正当",踊跃响应入伍号召。[147] 在波希米亚,驻布拉格的军事指挥部记录,在针对塞尔维亚的局部动员令下达之后,"出乎意料的是,后备军人大批大批地如期前来报到,甚至还带着某种热情"。[148] 铁路官员在火车站看到了被征召入伍者及其家人,这些官员更为乐观:波希米亚很平静,摩拉维亚和下奥地利则斗志昂扬。[149] 在帝国的边陲地带,人们同样满怀热忱,服从号令。在特伦蒂诺,意大利民族统一主义者也承认,当地的乡村百姓是忠于哈布斯堡王朝的。[150] 向东远到布科维纳,罗塞尼亚人"绝大多数都愿意为国效命,心怀爱国之情"。[151] 与其他地区的情形一样,加利西亚的部队难以应对远超预期数量的报名入伍者。部分报名者并没有服役义务。超额的入伍者被调度到了匈牙利北部,去充实那里新设的几支部队。[152]

哈布斯堡帝国在当年夏天的经历表明,尽管在和平时期政治纷争不断,但帝国仍然在人民当中享有相当大的合法性。各民族的政治家和教会领导人都在不遗余力地表达他们对弗朗茨·约瑟夫的忠诚,各地的应征士兵都积极入伍,官员们尽管感到惊讶,但也强调指出,驱动着这种令人印象深刻的民众响应的,并不是恐惧,而是忠诚。当时甚至还有战争志愿者。维也纳的《帝国邮报》报道:"为了请求入伍,男人们以及电报和信件,纷纷涌入战争管理部门。"据说,8月第一个星期尚未结束,就已经有"数以千计"的人申请入伍。[153] 尽管新闻报道用自豪的口吻报道了这类应征入伍行动,但这些志愿者揭示了王朝爱国热情在动员潜力方面的局限。从报纸的描述可以看出,这些志愿者并非来自像德国那样的广泛的城市中产阶级志愿者运动,而大多来自见多识广的精英这个狭窄圈子。贵族、议员和退伍士兵均主动报名入伍。许多政府官员也在志愿者之列;有太多官员请求离开公职、应征入伍,奥地利大臣联席会议不得不专门讨论是否应当允许这类行为。[154] 学生也在报名入伍,但其人数和报名入伍的数千名德国学生相比,便是小巫见大巫了:到1914年9月底,有来自维也纳的184名学生、格拉茨的38名学生和布拉格的14名学生加入了哈布斯堡军队。[155] 志愿者中也有一些社会地位较低的人,但是他们并不一定都愿意为皇帝流血牺牲。比如,39岁的药剂师西格蒙德·施佩贝尔担心,征召入伍令可能会让他离开体弱的母亲,让他的药店破产。志愿入伍似乎是一个可能的解决之道。8月上旬,他给国防部写信,表示自己愿意立即入伍，但条件是要将他派驻在维也纳。他诚挚地向国防部表示，如此一来，他"不仅可以为自己爱戴的皇帝和深爱的祖国尽自己的职责，也可以在自由时间里尽到为人子女的责任"。[156]

尽管哈布斯堡的动员展现了百姓和皇帝之间牢固的纵向联系，但没能在奥匈帝国发展出像德国那样的横向社会团结和深切的责任感。这部分是因为奥匈帝国和德国内部的民众距离——一个多民族帝国内说不同语言的多个民族和多种文化之间的距离，一个单一民族国家内社会成员之间的距离——不同，前者的距离大于后者。当然，德国内部的矛盾，特别是阶级矛盾，在战前也相当突出。因此，同样有重要影响的是政府的行动。1914年夏天，奥匈帝国领导人关心的，是服从，而不是团结。德国政府付出了极大的努力来化解，或至少搁置和平时期的内部冲突，但约瑟夫·弗朗茨的领地上并未出现这种做法。匈牙利确实是自7月底开始便受益于一项政治休战协定，或可以称之为"神命休战"。11月，在战争爆发以来的第一次议会会议上，蒂萨称赞这场战争具有团结的力量：它"暂停了党派冲突，暂停了阶级斗争，让民族纷争后退，并使得我们的人民在后方和前线都展现出了非凡的团结和互爱精神"。[157]但是，这种团结的展示，并未像德国8月4日战争公债投票时那般对舆论造成足够有力的影响。匈牙利议会没有那样的合法性和代表性；范围狭小的选举权、选举舞弊和对非马扎尔人的歧视，意味着这个议会只代表精英。

然而，匈牙利人确实至少在尝试创造着一种政治团结的表象。与之相比，在奥地利，自从在1914年3月解散后，议会并未被重新召开。议会大楼被非常招摇地改造成了一所军事医院。奥地利首相施图尔克担心，召集那些不听话的议员可能会造成一种有破坏性的政治关系崩溃。他或许是正确的。然而，奥匈帝国百姓们在危机面前愿意服从政府号召的事实说明，政府低估了民众的忠诚，而且不重新召开议会的后果将是非常严重的。[158]首先，政府由此失去了一个增加战争合法性的机会，它本可以让各民族民选代表投票赞成开战。关键是，这种做法也使得民众没法获得一个公开搁置宿怨、宣示奥地利的团结的平台。通过法令，而非议会表决来运作战争努力，这个决定使得政府极易受到指责；很明显，一旦战事受挫，政府便是唯一的过错方。更为危险的是，施图尔克政府不仅没能认识到强化对战争的政治认同的重要性，更在事实上摒弃了跟民族主义利益集团进行斡旋和调和的战略，而这一战略曾在和平时期帮助维持奥地利的运转。相反，施图尔克政府的做法是倚仗军事威胁来要求民众无条件服从。首相在7月底发给各王室领地领导人的通知中展示了自己的新态度："对行政程序的慎重考虑、对各党派情绪的关切、对当下及未来国内政治环境的深思熟虑，所有这些都中止了。现在只有一件事：倾尽我国力量，争取有把握、迅速、彻底地实现战争目标。"[159] 虽然没有出现任何奥地利范围的"城堡和平"，但哈布斯堡帝国也成功地将民众拉进了战争，这主要依靠的是一种可以被称为"双重动员"的机制。首先是官方的爱国动员，包括征召军队，呼吁百姓对帝国尽忠。然而，与之协力的还有一种半官方的全国动员，这种动员在各地的力度有所不同，而且它在战争的最初阶段支持着官方的动员。市长等选举出来的地方政治人物以及神职人员，都是第二种动员中的重要角色。尽管许多人是民族主义者，但他们把对族群的忠诚和对帝国的忠诚结合在了一起，并且在各自所在的社区竭力为哈布斯堡的事业争取支持。[160] 人们并不仅仅是作为帝国臣民而受到号召，同时也经常在感情上作为某个民族的成员而受到号召。比如，在西加利西亚，后备军人被提醒，他们来自波兰民族，而这个民族的历史职责就是一个保护"西部欧洲免遭野蛮的亚洲洪流入侵"的堡垒。[161] 类似地，在卢布尔雅那，市长伊凡·塔夫查尔博士站在市政厅的阳台上告诉受到动员的人，他们要"为斯洛文尼亚民族而战，因为这座房子的每一块石头都在大声宣讲，倘若哈布斯堡王朝没有将我们纳入保护之下，斯洛文尼亚人早就被征服了"。[162] 在开战最开始几天，军乐队在帝国各个城市的大街小巷巡回演奏，他们不仅演奏帝国进行曲，也演奏各民族的歌曲，由此吸引了很多人。维也纳的资产阶级报纸据此将其看作大众普遍怀有战争热情的证据。[163] 应征入伍的人有时会佩戴皇室标志物，来表达哈布斯堡爱国主义精神，比如刻有皇帝头像的挂坠。然而，他们也会在开赴战场时挥舞着波希米亚、斯洛文尼亚或是克罗地亚的旗帜，或者如波兰人一样，唱着民族歌曲《上帝拯救波兰》。[164]

帝国的超过 200 万犹太人是一个特殊情况，因为他们是被三重身份动员起来的。他们属于哈布斯堡最为忠诚的臣民。许多人敬重 Froyim Yossel——说意第绪语的社区对弗朗茨·约瑟夫的亲切叫法，是他让犹太人获得了解放。在奥地利，无论是更传统的犹太人小村镇，还是大城市中正变得现代化的犹太人，都产生出了深厚的公民自豪感。推动犹太人参与战争的第二重身份，是他们作为一个宗教派系与民族的认同意识。与残酷打压犹太人的俄国之间的战争，被犹太人看作一场解放战争，甚至是一场"圣战"。[165] 最后，正在现代化的犹太人，因为他们与某个奥匈帝国的民族——通常是德意志人，但也有时是匈牙利人、捷克人或波兰人——的认同，往往会经历三重动员。例如，在战争爆发后，克拉科夫街道上便贴出了给城中犹太人的海报。匿名的作者将这场战争形容为"文明与野蛮、自由与专制之间的深仇宿怨"，呼吁犹太同胞履行自己的责任，不仅是作为犹太人，也是作为奥地利人或波兰人："在这个历史性的时刻，我们，生活在波兰地区的犹太人——满怀对奥地利国家的忠诚——正在对波兰的相关法律和理想表示敬意。我们衷心希望，这些理想可以尽快实现，并热切祝愿正义的事业走向胜利。"[166]

诉诸民族情感虽然是动员民众时的一个关键因素，但也并非没有缺点。正如和平时期常见的，任何煽动民族情绪的行为都可能迅速引发敌对民族之间的冲突，进而撕裂更广层面的帝国团结。在阜姆（今天的里耶卡）就发生了这样的事件。从 1914 年 8 月起，士兵们被从阜姆周边的克罗地亚聚居区征募来，并且自豪地展示着克罗地亚的旗帜。在前往主火车站的途中，他们受到了说意大利语的居民和警察的多次袭击。在一个典型的案件中，制服上别着克罗地亚帽徽和三色徽并且高喊着"奥地利万岁！""克罗地亚万岁！""打倒塞尔维亚！"的新兵，在进城的桥上被阜姆城的警察拦了下来，警察要求他们把自己的徽标都摘下来。新兵拒绝照做，一名拿着剑的警察刺向其中一名士兵，从他的胸口上扯下了三色徽，将其扔在地上踩了几脚。其他的事件跟几群讲意大利语的年轻人有关，他们有时会在警察的帮助下殴打克罗地亚士兵，强迫他们摘下本民族的徽章。尽管军队提出了抗议，但袭击活动还是持续到了秋季。毋庸赘言，这些袭击也不利于哈布斯堡的团结，无论是在当地杂居的各民族当中，还是在动身前往前线的克罗地亚士兵当中。[167]

奥地利全境未能实现"城堡和平"，也就意味着团结的纽带在族群内部得到了加强，而不是在各族群之间。在一些民族团体中，敌对派系之间达成了政治休战。在加利西亚，波兰族各党派达成了协定，并于8月16日在克拉科夫联合成立了最高民族委员会。这是一个绝对忠诚的组织，但它也主张在帝国内为波兰人谋取利益，特别是希望将奥地利–匈牙利的双元结构改革为一个三元结构，其中加利西亚和被吞并的俄属波兰要合成第三个哈布斯堡国家。[168] 各民族利益团体还想要增加自己在战后的帝国秩序重组中的谈判筹码，为此，它们纷纷组建了本民族的军队，和共同军队一同作战。约西普·弗兰克的仇视塞尔维亚的"纯粹权利党"，想要组建一支专门的克罗地亚志愿军，但这个做法被蒂萨打压下去了，因为匈牙利首相将其视为把克罗地亚从匈牙利分离出去、建立一个三元结构（不同于波兰人的设想，包括在哈布斯堡帝国内部创建一个新的南部斯拉夫国家）的第一步。然而，在布科维纳确实出现了几支说乌克兰语和罗马尼亚语的小规模部队，罗塞尼亚民族主义部队"西奇步枪团"自1914年秋开始在加利西亚活动。这支步枪团有2000多人，成员以知识分子居多，也有一些农民和工人。[169]

波兰军团是各民族志愿军队中最令人印象深刻的，也最充分地展示了战时动员打开的潘多拉盒子。波兰军团的组建可以追溯到来自俄国的波兰族流亡者在战前的密谋活动，其中最重要的人物，当属民族主义者、社会主义者、自由斗士、革命家、后来独立的波兰的元帅约瑟夫·毕苏斯基。1906年，毕苏斯基主动提出，让自己的密谋组织"波兰社会党–革命派"为哈布斯堡军事情报部门服务，为该部门提供有关俄军在俄属波兰的动向的情报，来换取一个在加利西亚的活动基地，以便他的组织继续开展针对俄国的波兰独立大业。起初，这个提议被拒绝了，但是2年后，波斯尼亚吞并危机严重损害了奥匈帝国与其东部邻国之间的关系，毕苏斯基因此得以和哈布斯堡当局达成协议。波兰社会党–革命派如今已经和其他波兰独立团体组成了名字引人瞩目的"积极斗争同盟"，哈布斯堡军方和克拉科夫警方允许他们准备在俄属波兰发动暴乱，而并未知会加利西亚地方长官和在维也纳的政府。这一组织的资金来源是毕苏斯基于1908年9月在俄国抢劫邮政火车的收入。它先是设立了几所恐怖主义者培训营，教授恐怖分子如何制作炸弹等。1910年，步枪俱乐部在奥地利合法化，一些草草伪装的准军事组织也在加利西亚迅速组建了起来。这些组织的人数不多：到1914年，由积极斗争同盟资助、哈布斯堡军方秘密武装的两个组织（在克拉科夫与在利沃夫的步枪俱乐部）总计有约8290名成员，而一些敌对团体，如民族民主党人的波兰步枪团队，共有5000人。[170]

战争爆发后，毕苏斯基命令他手下的人们动员起来，并且在克拉科夫附近散发传单，不太令人信服地宣称，一个民族政府已经在华沙成立了，并且任命他为波兰武装力量的指挥官。积极斗争同盟的步枪团和民族民主党竞争者都统一归到他的领导之下，8月6日，第一支混编部队跨过边境。和其他1914年的志愿者一样，这支混编部队的成员大部分都很年轻，年龄在19—24岁之间。士绅和学生居多数。绝大多数人并非哈布斯堡臣民，而是——用他们自己非常厌恶的说法——俄籍波兰人。[171] 他们的行动彻底失败了。哈布斯堡军方原希望他们最差能在敌人的后方造成干扰，最好能在俄属波兰引发叛乱。然而，当地百姓对这支部队和后来跟上的其他部队避之不及。毕苏斯基的一个手下后来抱怨："没有人给我们一杯水，也没有人给我们一片面包。"[172] 志愿者一度短暂地占据了凯尔采地区的首府，但没过几天便被迫撤退了。奥匈帝国军方对步枪团的战绩感到失望，此时有意解散这些部队。但是，在克拉科夫市长和议会波兰"圈子"的领袖朱利奥兹·雷欧博士的斡旋下，一项协议达成了，这些部队被整编进了新组建的波兰军团（名字起于曾与拿破仑奋战过且在波兰民族神话中受到崇敬的东布罗夫斯基军团），这些部队受跨党派的最高民族委员会监管。征兵很快便开始了，正如在德国的情形，广大中产阶级年轻人最为热烈地响应了征召，他们受到了东布罗夫斯基等民族英雄的事迹的激励。在2个半月的时间里，超过1万人报名入伍，他们中的很多人都是在加利西亚流行的民族主义步枪协会的成员（见表3）。

表3　至1914年11月7日，11480名波兰军团志愿者的社会构成

背景	人数	百分比
工匠	2642	23.0
工人	2128	18.5
大学生／大学教师	1884	16.4
中学生	1645	14.3
专业人士	1040	9.0
农民	825	7.2
白领雇员	420	3.7
商人	386	3.4
政府官员	282	2.5
小学教师	169	1.5
记者／作家	47	0.4
神职人员	12	0.1

来源：J. Mleczak, *Akcja werbunkowa Naczelnego Komitetu Narodowego w Galicji iKrólestwie Polskim w latach 1914–1916* (Przemyś'l, 1988), p. 150。

对于哈布斯堡领导人来说，这一成果定然是可喜的。波兰军团仍然是一个奥匈帝国对波兰民族抱负宽仁以待的象征，但他们的极端主义领袖因被指派为相对较低的团级指挥官而作用减小，而且这个可能会很危险的民族主义项目转到了一个由奥地利-波兰保守主义效忠派掌控的委员会手中。军团向皇帝宣誓效忠，并且归于哈布斯堡的军事指挥体系之中。但是，从另一个角度来说，这一协定也让这个项目更加深入地扎根加利西亚的社会。波兰军团成了一个轰动一时的重大事件，到了1917年，它的规模超过了21 000人，并且提高了毕苏斯基的公众形象。这为未来埋下了隐患。[173]

王室忠诚和民族主义情绪的激增，有助于哈布斯堡的动员，但也有另一种相左的独特表现：国家对任何背叛现象——无论是确有其事还是纯属想象——都采取了粗暴的打压措施。开战之初民事和军方系统的高度紧张，一部分缘于在战前一整个月里一直困扰着帝国的多民族群体和官僚机构的阴谋论、间谍恐慌、告发。但也有更深层次的原因，即领导人对其臣民固有的不信任。在匈牙利，从1912年起便有秘密指示，要求宪兵"在动员之日对有严重间谍嫌疑者实施拘留"。[174] 在奥地利，首相施图尔

克要求人民高度服从。各王室领地领导人在1914年7月底被告知,除了"敌对"分子,对军队和国家表现出"漠视"态度的人,也要以"锲而不舍的精力、毫不动摇的严肃性"加以迫害。[175]

　　结果,在动员令颁布之后,帝国境内立刻掀起了大肆逮捕的狂潮。1913年,维也纳只有18起以所谓的"政治罪"(如叛国罪、不敬君主罪、扰乱治安罪)发起的逮捕,可到了1914年,因为涉嫌犯有政治罪而遭拘留的人数是这个数字的12倍。[176] 在奥地利的斯拉夫人聚居地区和匈牙利的非马扎尔人聚居地区,网撒得更广。例如,在施蒂利亚,到1914年9月中旬,宪兵逮捕了800人,其中大多数都是斯洛文尼亚人。[177] 这无疑镇住了一些不同政见者,但在这场疑神疑鬼的镇压大潮中受到波及的绝大多数都是社会最底层的民众,他们的罪行是微不足道的。醉酒后高喊"塞尔维亚万岁!"或是一句中伤皇帝的话,完全应当被理解为一种无权之人在发泄自己的失望和不幸,而不是损害国家的危险尝试,可这些做法往往会让他们被关进监狱。有些人表示不愿意上战场,偶尔也还伴有对其他民族的冒犯之语,这些人被以扰乱公共秩序的罪名起诉。比如,一个摩拉维亚磨坊工人曾若有所思地说:"我会毫不犹豫地上阵去杀德意志人,可至于塞尔维亚人嘛,就得容我好好想想了。"[178] 之后他便被关进了监狱。荒诞不经的言行也会让人受到惩罚。一个流动劳工听说了附有皇帝像的挂坠时,指着自己的阴部宣称:"我这儿也挂着这么个玩意儿呢!"结果他被判6个月苦役。军事法庭负责审理这些案件,但是它们的效率极低,因而不堪重负。一夜之间,它们的司法管辖范围从几十万士兵扩展到了几百万平民,因而它们人手不足。尽管军事法庭采用它们自己的审判程序,但是要运用自己不熟悉的民事法典来判刑。此外,平民应当在哪里受审也是一个令人十分困扰的问题;刑事罪和政治罪在特定情况下可以在军事法庭审理,7月26日当天以及之后,所有违法行为全都要在军事法庭审理。案件材料在军事法庭和民事法庭之间被推来推去,这浪费了相当多的时间。法律许可的拘留期限是8天,可很多嫌疑人会在案件调查期间被拘留数周乃至数月。最终,大多数人都因为证据不足而无罪获释;匿名的告发、宪兵的怀疑、醉酒证人的证言都足以发起逮捕,却不足以起诉。[179]

当这种迫害并非只针对社会的边缘群体，而也涵盖各个民族群体的领袖时，便变得确实有破坏性了。仅在奥匈帝国斯洛文尼亚人聚居的地区，就有 117 位神父被逮捕。有些教师也被拘留，甚至还有一些斯洛文尼亚议会议员，这些人此前都不曾被当局视为不可信任的对象。奥匈帝国本来正是需要这些人来动员民族情绪、支持帝国，对他们的骚扰也就损害了帝国在这些地区的战争努力。对于向来持效忠立场的斯洛文尼亚人而言，这种不公地逮捕杰出人物、关闭基本忠诚的民族主义组织的做法留下来的是，正如施蒂利亚总督自己在 9 月中旬承认的，"怨恨与反感"。[180] 在施蒂利亚、卡尔尼奥拉和卡林西亚，是民事当局，而非我们通常以为的军事当局，采取了过度的安全措施。在这些本来被视作腹地的地区，宪兵是主要的镇压工具，他们起初是受到民事上级驱使，后来有时是出于自己的意图。军方的主要职责是审判送到他们那里的嫌疑人。在匈牙利，因为蒂萨在 7 月 25 日下令向各个少数民族展示一下力量，民事当局在此事上甚至更加积极。总动员令宣布之后，宪兵逮捕了非常多的非马扎尔人，以至于到了 8 月 2 日，内政部便不得不宣布，应当只逮捕那些真正危险的人。然而，一个月之后，首相仍在要求，应当"坚决严厉打击"匈牙利的塞尔维亚少数民族的罪行。[181] 斯洛伐克人也在扫荡中受到波及，无论是因为他们住得靠近边界处，还是因为和某个敌对民族沾亲带故。到 1914 年 10 月初，有 600 人入狱。[182]

但是，军方让事态变得更糟。军方的负面作用主要体现在两个方面。首先，奥地利腹地的民事当局很快便意识到镇压做得过火了，且起到了适得其反的效果，可是许多军界人士，特别是最高统帅部（AOK），仍然相信这样的镇压是必要的。总参谋长康拉德的看法是，"关 100 个人比关得太少好"。[183] 战争监察处极其不信任斯拉夫民众，主张实行严酷而武断的措施。直到秋天，皇帝才下令，不得再根据匿名告发来逮捕百姓。[184] 各位指挥官哪怕对当地的环境尚不熟悉，也都毫不怯于扩大自己的权力范围；早在 7 月 27 日，即战争爆发前一天，蒂萨便向皇帝抗议道，匈牙利第七军区（此地的南方是塞尔维亚人的故乡）的指挥官们非法发起了大肆逮捕。军方还在克罗地亚和克罗地亚东面的斯洛文尼亚开展了其他滥用职权的行动，如逮捕议员、官员和神职人员，劫持人质。[185] 在更高的层面，最高统帅部对民众忠诚度的执着、对政治事务的屡屡干涉，在随后的几年中令它和奥地利政府之间始终关系紧张。

其次，最高统帅部和巴尔干军事力量指挥官在那些被划定为其行动范围的广大地区享有不受限制的权力。达尔马提亚在战前数年里一直是南部斯拉夫煽动活动的一个焦点，在这里，上百人被拘留，包括一些杰出的政治人物。军方在作战地区的行动更加深入，我们将会看到，在波斯尼亚-黑塞哥维那和加利西亚的行动特别残酷，其严酷度远远超过了在欧洲西部的任何针对平民的暴力行动。到了初秋，哈布斯堡的最高圈子中已经在警告，帝国境内的镇压行动对公共情绪造成了负面影响。8月24日，皇帝的军事书记处负责人给康拉德写信，抱怨很多针对百姓的措施"着实荒唐"，并且警告"这正在激起令人惋惜的敌意"。他写道："在泼洗澡水时，孩子也被泼了出去。""我们不能没有必要地去骚扰人民，他们已经表现得格外忠诚、乐于奉献牺牲了。"[186] 9月中旬，最高统帅部领导下的军方当局发动了第二波逮捕之后，国防大臣亚历山大·冯·克罗巴廷也插手进来，他成功地说服皇帝发布了一道命令，要求指挥官们只能在有确切证据的情况下逮捕民众，因为不公正的逮捕"甚至会将原本忠诚的臣民赶到敌人那一边去"。[187] 然而到了这时，已经很迟了。部队也开始在匈牙利北部行事武断，他们骚扰官员，逮捕并虐待东仪天主教会的神父。军方在原本保持着微妙平衡的多民族社区实施干涉的后果是灾难性的，蒂萨在7月27日控诉第七军的大肆逮捕时便预见到了这一点。他警告道："这种做法倘若不是由有资格、负责任的当局在周密思虑之后再付诸实践的话，便会激怒民众，让爱好和平、忠诚的臣民与帝国日益疏远，广泛散布焦虑与狂热情绪，因此还可能产生最具破坏性的后果，并且从长远来看，会对各民族的和平共处以及忠诚、心安的态度造成灾难性影响。"[188]

哈布斯堡帝国的动员的成功，远远超出了帝国领导人的期待。帝国各地都表示服从，在许多社区，尽管大公之死引发了强烈的忧虑且这种忧虑因战争爆发而日益严重，但人们仍然决心履行自己的爱国职责。阿图尔·豪斯纳少校对于他所谓的匈牙利人的"热情"感到欢欣，他带着满意之情在自己的日记里写道："我们要开展的，是一场不折不扣的人民的战争。"[189] 虽然这场动员表面是哈布斯堡的爱国主义与团结的展示，但倘若我们更仔细地观察，便可以看到一幅更为复杂的图景。1914年国家的努力在某种程度上是成功的，因为民族动员在支持着国家的努力，这些动员在各地力度不同，但几乎都是忠诚的。但问题也还是存在的。首先，这种忠诚不是无条件的，战争以及战争包含的牺牲只会提高民族主义希望和期待。其次，尽管各民族社区在危机面前日益亲近，但政府并没有努力去增进国内的团结。匈牙利仍然是寡头统治国家，并且没有改革前景。在奥地利，议会仍然处于关闭状态，统治仍然依靠命令，而且很明显，政府寻求的是服从而非赞同。宪兵与军方在战争之初的高压手段使得在忠诚地区的政权面临着名声败坏的风险，而且他们恰恰逮捕了那些可以居中斡旋的人物、民族主义神父和政治家，这些人是有能力劝服他们的人民全身心地支持皇帝的事业的。民众在1914年的反应令人印象深刻，这反映出了政府享有高度的合法性，却也掩盖了哈布斯堡战争努力之下的脆弱基础（原本不必存在这种脆弱性）。在即将到来的战争的压力面前，这种脆弱的基础会暴露出来。

第 3 章

源于错觉的战争

战争计划

德奥两国的总参谋部在 1914 年夏天面对着一场战略上的噩梦。两国都要两线作战。在德国的西边，是现代化的法国、比利时、英国军队；在奥匈帝国的东南边境，是战火淬炼过的塞尔维亚与黑山士兵；在两国的东部，是强大的俄军。这些敌人共投入了 572.6 万兵力，将他们编入 218 个步兵师和 49 个骑兵师。相比之下，同盟国只有 348.5 万兵力，编成 137 个步兵师和 22 个骑兵师。[1] 德国和奥匈帝国将领们都清楚，倘若要在人数处于劣势的情况下取得胜利，就一定要速战速决，因为在持久战中，他们获胜的机会只会更加渺茫。法俄两国的国内总产值加起来超出了同盟国 1/5，俄国一个国家的人口就超出了同盟国 1/3。此外，德国的军事策划者从 1908 年起便认为，英国哪怕不会立即参战，最终也必然会参战，并用其庞大的财政资源和海军资源来支援协约国。[2] 同盟国对于持久战的畏惧，也是因为合情合理的内部原因。哈布斯堡的领导人在和平时期就已经在担忧其臣民的忠诚度了，他们非常不想看到旷日持久的战争必将引发的局势动荡和不满情绪。曾在 1891 至 1905 年间担任普鲁士总参谋长的阿尔弗雷德·冯·施里芬预计，任何持久战都会造成经济崩溃，并且很可能引发革命。[3] 因此，基于迅速果决地击败敌人的必要性，同盟国军方制订出了风险极高的战争计划。两国的军队要在战场上对敌方军队和民众暴乱的任何苗头采取残酷而坚决的行动。

令人惊讶的是，虽然德国和哈布斯堡军方的命运紧密联系在一起，而且任务艰巨，但他们在制订战争计划时只是松散地合作。施里芬向来对自己的计划高度保密且蔑视奥匈帝国的军事实力，在他主掌德国总参谋部时期，到 1905 年，两国总参谋长之间的联系仅限于每年寄一次圣诞卡片。后来，赫尔穆特·冯·毛奇和康拉德·冯·赫岑多夫先后在 1906 年的 1

月和 11 月升任军方最高职务，再加上 1908 年波斯尼亚危机引发的国际紧张，两国军方的关系变得更为友好，也对彼此的期待有了更坦诚的沟通。特别是康拉德，他在战前的几年推动双方开展更加深入细致的讨论，但是弗朗茨·约瑟夫皇帝及其政府以及德国人对此都不上心。相反，最终达成的协议是两位总参谋长之间的个人承诺。[4] 1909 年，奥匈帝国被告知，在两线作战的情况下，德国计划将自己的绝大多数兵力首先部署在西线。毛奇需要哈布斯堡在战争初期发动攻势，来将俄国人的注意力从德国防守薄弱的东部边境转移走，而德军趁此时快速去打败法国；为了讨好和安抚康拉德，毛奇向他保证，留在东线的少量德军也会发起进攻，来尽可能地转移来自南部的敌军的注意力。对于哈布斯堡总参谋长而言，独力面对几乎整个俄国陆军的前景在 1909 年就已经让人胆寒了。毛奇的承诺在之后的几年里变得愈发不切实际，因为东部的敌国重整了军备并改进了它的部署计划。然而，康拉德并没有尽力催促毛奇给出更加详尽的承诺。在德国在西线取胜、哈布斯堡帝国成功地守住了战线之后，德国军队会被转移到东部，使得同盟国能够击败它们的俄国敌人。如果有了这个保证，康拉德可以对塞尔维亚开战——这是一个他渴望已久的军事行动。[5]

德国的西线作战计划是同盟国在 1914 年的战略的核心。毛奇在 1913 年 2 月告诉康拉德："奥地利的命运不会在布格河畔决定，而会在塞纳河畔决定。"[6] 他大体上是正确的。毛奇的目标是将包围形势转化为优势，集中他的兵力大举进攻法国，一旦法国被击败，就利用德国高效的铁路系统来将他的军队转移到东部。时间是至关重要的：倘若西线作战时间长于 6 周，那么行动迟缓但强大的俄国军队便能够实现全面动员，俄军便有机会击败加利西亚的奥匈帝国军队和留在东普鲁士的弱小德国部队。因此，德国总参谋部的关键挑战，就是迅速击败法国。战后，德国军官们称，毛奇的杰出前任在 1905—1906 年写的一份备忘录，将这个问题的答案遗赠给了毛奇，即恶名昭著的"施里芬计划"。这个计划设想了一支由 96 个步兵师组成的部队，其中 82 个师（之后加入了南部的 5 个师）会组成强大的右翼，部署在梅斯和亚琛之间，这些师会扫过荷比卢三国，以绕过法国边境的堡垒群，由法国的东北部突入法国。施里芬计划的要点并不像此前老生常谈的那样在于攻占巴黎。计划中提出的包围巴黎，只是一个非常不可取的最后手段，只有在敌人撤退得太过深入，迫使他的左翼要依靠这座设防的城市的情况下，才需要围攻巴黎。相反，这个计划的主要目标在于将法军合围于某地，进而将其歼灭。[7]

毛奇受施里芬备忘录的影响很深。[8] 和前任一样，毛奇也设想，运用一个强大的右翼借道比利时来发动决定性的攻势，迂回包抄法国的堡垒带并合围敌军。然而，以俄国因革命受到重创为前提，施里芬计划才是完整的。毛奇在使用这个计划时，局势远没有那般有利：他不仅要应对两线作战（这使得他不得不将 9 个师留在东线），而且和 10 年前相比，西线的敌人在作战时变得更加咄咄逼人。对于施里芬计划中的诸多假设，他比较悲观，或者更确切地说，比较务实。因此，他对这个计划做了重要修改。其中最为重要的一点修改，与其前任传奇性的临终遗言背道而驰，施里芬强调保持右翼强大，毛奇却削弱了右翼；施里芬在右翼安排了 87 个师，毛奇则只安排了 54 个师。左右翼的人数比例也从原来 1905—1906 年计划中的 1∶7 变成了 1914 年的 1∶3。在战后诋毁毛奇的那些人看来，这是一个让德国痛失速胜良机的灾难性决定。事实上，毛奇做出这样的改动是很合理的。毛奇在右翼并不需要那么多的师，因为和施里芬不同，他无意让部队从荷兰和比利时领土通过，也无意让部队在巴黎附近行军。他认为，占领荷兰会消耗相当大的力量，这些力量本可以更好地用于对付德国真正的敌人。此外，毛奇明白他的计划本就已经风险很高了；他想要有预防措施，如果最初的攻势失败、战争进入僵持阶段，他希望中立的荷兰可以成为一道"风管"，遭到封锁的德国可以通过荷兰输送物资与原料。[9]

毛奇决定将比施里芬原计划更多的军队部署到位于梅斯东南边的左翼，一定程度上也出于同样的考虑。这有助于保护萨尔；倘若最初的赌博失败，战争发展成持久战，这片工业区会是至关重要的。然而，更为重要的是，毛奇想要让这左翼的 16 个师在即将到来的战争中发挥哪怕是次要却是关键性的作用。他正确地预见到，法国会对洛林发动有限的攻势，为此，他希望左翼守住阵线，或者更好的是，吸引敌军的力量，接着，敌军便会从侧翼遭到反击，进而被合围歼灭。与此同时，强大的右翼不会向巴黎附近进军；右翼既没有足够的军力来这么做，也没有必要这么做。相反，右翼的任务是无情地将余下的法国部队（因为法国自己的攻势，部队人数减少了）向东南方向驱赶，形成规模更大的第二次包围。德军左翼在法军前面，而德军右翼逆时针绕过比利时，渡过瓦兹河向法军发起攻击，如此一来，法军差不多一定要投降了。[10]

如果说毛奇在1914年的计划已经比之前的计划更加务实，那么它仍然是鲁莽的。在不到一个半月的时间里击溃欧洲最为现代化、装备最为精良、规模也最大的陆军之一——法国军队——实在是一个极为大胆、事实证明也极为莽撞的目标。毛奇怎么会认为这行得通呢？他没有人数优势。即便是倾尽他部署在西线的全部兵力，德国的73.5个师仍要面对法国的80个、比利时的6个师和英国的6个师。他在军备方面也只轻微占有优势。唯一实实在在的优势是重炮。法国只有308门重炮可以上阵，德国则有848门，法国也没有可以和德国的中型、重型榴弹炮相匹敌的武器，这些榴弹炮的高射角使得它们在堑壕战中有着无可估量的价值。最精英的德国部队在火力上要胜过最精英的法国部队。德国在西线的23个现役军都下辖2个师，均由最年轻、最强健、新近受训的士兵编组而成，每个军都有160门火炮（每个师有54门77毫米野战炮、18门105毫米榴弹炮，每个军有16门150毫米重型榴弹炮），这要比法国的现役军多出24到28门。然而，法国人凭借更好的野战炮挽回了部分劣势：他们出众的法国75毫米野战炮（共有4780门）在射程上要远于5068门德国的77毫米野战炮，这种法国野战炮射速更快，弹片也更重。[11] 法军在航空技术上稍微领先。德国的铁道兵、工程兵和其他技术兵更加训练有素一些。在其他军备领域，德法两军分不出什么高下。[12]

然而，在毛奇和当时其他的军事专家看来，一场战争的成败不能简单地归结于军队的规模或是火炮的口径。正如毛奇在1911年所说的那样，有其他更具决定性的因素主宰着战争的胜负："部队的数量自身并不能在一场战争中起到决定性作用。双方兵戈相见，看的并不是数学，而是士气。整个国家的作战能力、国家应战的就绪程度、勇气、牺牲的意愿、纪律、领袖的才能，这些要比单纯的数字更加重要。"[13] 德军真正的优势，以及毛奇愿意相信这样一个大胆的计划的原因,并不在于德军的物质或技术方面,而在于德国军人的素质,即德军的高层领导者、军官团和普通兵员的素质。军方的作战策划中心的德国总参谋部,是普鲁士的独特创造,是被时人赞颂为欧洲五大"完美"机制(其余的是天主教教廷、俄国芭蕾、法国歌剧和英国议会)中的一个。总参谋部是普鲁士在19世纪60年代的一系列惊人胜利的建筑师,因而声名大振,这一系列胜利以1870—1871年普法战争的胜利而达到顶点。总参谋部对提高德军的战斗效能做出了两点关键贡献。首先,它负责制订年度动员和部署计划;这些任务包括编制复杂的部队运输铁路时刻表,设定集结区域,完善作战战略。总参谋部还要确定武器和兵员需求,观察他国军队,特别是潜在敌人的军队情况。总参谋部之所以拥有传奇般的效率,靠的是它千锤百炼、竞争激烈的选拔程序,重视智力、技术与令人敬畏的职业伦理的机构文化。然而,它的重大缺陷是视野狭窄:它不问外交,只注重最佳作战效果,沉迷于细节。这些问题都在毛奇孤注一掷的战争计划中体现了出来。[14]

其次,总参谋部逐渐灌输给军官们一种对于战争的共同认识,并通过这些军官将这种共同认识灌输给全军,这种共同认识使德军可以拥有一种令人羡慕、其他部队难以效仿的行动一致性。总参谋长亲自训练他的军官们,通过参谋骑行作业和战术-战略演练,让他们掌握一套应对不同作战情形的基本原则。113名参谋在柏林的策划和分析部门工作,而在各师各军担任参谋的是这个数字的2倍以上。这个小规模精英军官群体利用他们的关键岗位向全军传播总参谋部的理论。德军恶名昭著又极为高效的"任务式战术"正是建立在这个体系上:高级指挥官相信他们的军官会在任何给定的战术环境下做出相似的行动,因此他们只需要设定作战目标即可。他们的部下身临实地,对于前线的状况更加了解,自然会通过他们共同的训练经历自然地合作,选择适当的战术来完成任务。[15]

德国军官团认为,自己是德军"精神"的保护者和储藏者,这种"精神"指的是20世纪初的军人尊崇的道德和心理素质。战争爆发时,德国军官团的职业军官有33 036人,后备军官有40 000人。崇尚技术的总参谋部精英对军官团价值观念的影响,不如更加悠久的贵族尚武文化对他们的影响深。在职业军官中，贵族占近 1/3，高级军官的职位多由贵族担任，从上校到将军的军阶中，来自传统军人阶层者占了一半多一点。其余的现役军官和几乎全部后备军官，都出身资产阶级。高耸的教育壁垒以及成为后备军官所要负担的一年训练开销，都将无产阶级挡在了军官团之外。[16] 令现代人感到奇怪的是，军方领导人完全相信，这种社会排他性是军方实现作战功能不可或缺的。军官团想要的，是那些经过培养和教育而将军官团信奉的荣誉原则内化于心的人，这些人会遵照军官团较高的道德期待，并且坚定不移地忠于军官团应效忠的君主。法国军官团从普通士兵中招募了超过半数的军官，而威廉皇帝的军官们把法国的军官团当作危险的警示，认为法国军官团向社会进步的风尚做出了让步。他们认为（有一定道理）法国军官团是政治化的、四分五裂且士气低落，并且怀疑法国军官团的道德权威是否足以在巨大的战争压力下让士兵们恪守纪律。[17]

德国军官团的贵族领导观念虽然多少有些自命不凡，但也确实在两个方面起到了积极作用。首先，这种观念带起了一种认真尽责的家长制作风。军官们主张："孜孜不倦地关心部下的福祉是军官向往和满意的特权。"[18] 来自上等阶层的军官们被认为最适合履行这个职责，因为他们从小就被教导"位高则任重"。这条贵族准则是说，与特权相伴的是对社会地位较低者的责任。虽然这种设想并不是总会实现，正如社会民主党在和平时期就军官虐待他人一事所做的控诉证实的，但在 1914 和 1915 年，这种指挥模式有利于调和不同军阶的军人之间的关系，让士兵免于受苦，增加士兵的顺应能力。[19] 其次，人们认为，拥有较强个人荣誉感且愿意在和平时期努力捍卫个人荣誉的人，更加愿意为了捍卫自己的军官团、部队、德皇和祖国的荣誉而牺牲性命。相比于一个管理角色，军官更被视作一个与道德和教诲有关的职业："军官是其部下的楷模；他以身作则，让部下甘心跟随他向前冲锋。"如果军官要赢得部下的尊敬并且树立关于勇气与自我牺牲的振奋例子，以便让他们甘心跟随自己在战火中出生入死，"人格力量"和"道德端正"（德国军官学校与文理中学对这些品质的强调并不弱于英国的公立学校）是必不可少的。[20] 德国军官团的死亡率说明，军官团在战争中维护住了这种期待。德国士兵在作战中阵亡的比例为

13.3%，后备军官为 15.7%，职业军官则是骇人的 24.7%。[21]

德军中其他军阶的成员也被认为足以和对手的同级官兵相匹敌。德军的支柱是其 107 794 名职业军士。[22] 这些人的能力极强，其中最资深的人担负的任务，在其他军队中都是由中尉来完成的。由于德军较为宽裕的服役状况，德军可以在每个和平时期的连队中保留 18—20 名军士，这一数字是法军的 2 倍多，更 10 倍于俄军。后来证明，他们丰富的经验是无价的，使得指挥责任可以下放。[23] 德军的应征士兵（在和平时期服役 2 年）也被认为要好于法国的应征士兵。德国有 6700 万年轻化人口，在战前的几年里，在每年达到征兵年龄的男性中，德国征募 51%—53% 即可维持一支有 80 万人的陆军。德国的征兵官可以仔细挑选新兵。法国总人口 3900 万，为了跟上德国，不得不征募 83% 的适龄男性，并且除了跛足或是患重病的人，其余一概接收。法国在人口方面的劣势以及法国较低的出生率（这使得法国的人口规模进一步落后），常常被社会达尔文主义者当作第三共和国的发展巅峰已过的证据。在军事方面，这种人口状况也被认为至关重要，不仅因为它影响了法国应征士兵的整体身体素质，也因为这意味着法军可用的后备力量相当有限。德军军事指挥官们明白他们的作战计划极端危险，便安慰自己，即便这个作战计划失败了，法国也无法承受一场旷日持久的战争。[24]

德国士兵的士气、纪律与训练也被认为要好过法军。保守的普鲁士军官往往误以为法国的共和理想会破坏法国应征士兵的忠诚与服从精神的基础，但战时的事实证明，共和理念恰恰构成了其基础。[25] 种族刻板印象也影响着他们的判断。毛奇希望高卢人的"紧张"特质可以让法军在颓势中士气迅速崩溃。[26] 德国军官对他们自己的士兵十分自信，他们的这个判断要准确一些。军队在德国享有崇高的社会威望。特别是在乡村地区，在和平时期，来自乡村的应征入伍者比例偏高，人们普遍认为，2 年的兵役是男性成年的必经阶段。在城市中，虽然德军军官反对社会民主制度，但军队是民族融合的一支力量。许多工人乐意在和平时期应征入伍，因为他们可以暂时跳出千篇一律的工厂生活。这些工人入伍后成了纪律性强的士兵，且在战争期间比农民士兵更善于运用机关枪等技术武器。[27] 德军为这些入伍者提供了一整套严密的训练。德军的设施是无与伦比的：德国拥有26个演习场，每个至少有5625公顷，法国在这方面无法与之相比。[28] 训练中所传授的行动准则虽然并非完美无瑕，但也大都十分合理。关键的是，1906年的普鲁士训练准则认为有必要在发起进攻前获得火力优势，而法军在1913年发布的准则没有提到这一点。步兵与炮兵合作的重要性也得到了承认，但合作的困难性没有得到充分认识。然而，军方仍然对开放式战术阵形持保守态度，这种阵形在减小伤亡方面是必要的，但难于控制。德军在发起进攻时偏爱松散的散兵线，但军官们被鼓励要晚些部署，结果，1914年，德军士兵被困在密集的战术阵形中，遭受了巨大伤亡。尽管如此，德军的训练已经足够好，因而德军可以投入31个后备师，均由10年内在和平时期受过训练的人组成。虽然德军尚未摸索出如何应对当时最大的困境，即如何在致命的现代火力下向前推进，但德军的训练已经尽可能地适应了新的现实情况，从而使得德军在1914年的战场上表现优异。[29]

乍看之下，奥匈帝国军队在一场欧洲大战中的任务非常简单明确：在盟友设法击败法国的6周时间里，奥匈帝国军队要挑起拖住在东部的俄军的重担。然而，康拉德和毛奇不同，他不能只筹划一场主要战役。奥匈帝国周边环伺的捕食者可能以各种组合形式联手攻击帝国，因此，与只沉迷于一个计划的德国盟友不同，奥匈帝国有一叠战争计划。奥匈帝国军方有对俄作战计划（战争方案"R"）、在巴尔干的作战计划（战争方案"B"）以及对意作战计划（战争方案"I"，尽管意大利在形式上是盟国）。军方也准备好应对这些敌人的联手；最坏的情况是所有这三国联合进攻帝国，即便是哈布斯堡总参谋部中的乐观派，也认为这种情况令人绝望。[30] 为了应对各种可能，康拉德将他的作战军队分成了三个集群。A集群最强，拥有9个军，包括帝国48个步兵师中的27个，该集群的任务是抵抗俄国。巴尔干集群拥有3个军（9个师），其任务是抵抗塞尔维亚与黑山的攻势。最后是作为机动力量的B集群，下辖12个师，该集群可以被派遣到任何需要的地方。1914年7月的局势给了这个集群2种可能。哈布斯堡领导人必须要决定，他们要面对的是"战争方案B"，即仅跟塞尔维亚作战，还是俄国会介入，从而用到"战争方案 B+R"。在前一种情况下，B 集群会被派到南部边境发动攻势。在后一种情况下，该集群则要火速抵达加利西亚，并在那里和 A 集群一起发动进攻，以便阻碍俄国的动员。

令人心安的是，康拉德的一系列计划看起来考虑了所有可能性。但这些计划有致命的缺陷，这些缺陷和总参谋长自己的优柔寡断、一厢情愿结合起来，便妨害了对奥匈帝国的动员，并且严重损害了帝国迅速取胜的希望。首先，当在真正需要的是速度时，铁路计划要具有灵活性。被分配到机动 B 集群的 4 个军都离加利西亚很远，但都可以利用高标准的铁路。布达佩斯第四军可以借助一条双轨铁路抵达东部的要塞城市普热梅希尔。布拉格第八军和利托梅日采第九军都挨着帝国最先进的铁路干线——北方铁路。如果速度是优先考虑的事项，那么理想情况是先运输这些离前线很远的部队，再去运输大多数部队本就距前线很近的 A 集群。然而，康拉德对灵活性的要求意味着，陆军铁路专家要做与上述设想相反的事。B 集群会继续留在当地，而 A 集群则会先坐上火车。更为糟糕的是，军方铁路技术人员谨慎到荒谬的时刻表加剧了延误。哈布斯堡军事运输火车在单轨铁路上的限制车速仅为每小时 11 千米。在双轨铁路上，运输火车则可以达到每小时 18 千米。每列火车的长度不能多于 49 节车厢，这跟其他国家的军方运输火车差不多，但只是在北方铁路上行驶的民用火车长度的一半。列车每 24 小时要停 6 次，以补充燃料和给养，这也被算入了部署计划中。德法两国军队设定的动员运输火车的基本速度为每小时 30 千米，这样一比较，我们就可以看出奥匈帝国的速度有多慢了。结果，即便在最好的情形下，哈布斯堡针对俄国的总动员也是迟缓的。俄国估计哈布斯堡会在 15 日内完成对俄兵力部署。然而，按照奥匈帝国军方的铁路计划，B 集群的最后几支部队在动员后的第 24 天才能部署到位。[31] 因此，康拉德的计划中关于灵活性优先于速度的要求，让哈布斯堡军队拥有的唯一真正优势失效了。俄国计划到俄军动员后的第 24 天，在加利西亚前线布置 37.5 个步兵师，这仅比敌军少 2 个师。到了第 30 天，俄军就可以拥有人数上的巨大优势，届时他们会在前线部署 45 个步兵师和至少 18 个骑兵师。[32]

奥匈帝国军队负担不起牺牲这个唯一的优势的后果，因为它的多民族特性使得指挥困难重重，而且匈牙利议会的喧闹失控让军队的人力不足、军费不足。军队体现出了哈布斯堡机制中典型的结构复杂性。共同军队是主力，包括奥匈帝国步兵力量的 2/3 以及几乎所有炮兵与骑兵。此外，还有匈牙利防卫军（Honvéd）及奥地利防卫军（Landwehr），这些编队原本是作为二线的国民警卫队，但由于马扎尔议会的持续施压，这些部队发展成了一线部队。一支小规模的克罗地亚-斯洛文尼亚部队（Domobran）在匈牙利防卫军中服役，这反映了克罗地亚在匈牙利内部的自治地位。共同军队从帝国全境征兵，而其他几个编队则分别只从匈牙利、奥地利和克罗地亚征兵。军队是一支王朝力量；它的所有部分都只对作为奥地利皇帝或是匈牙利国王或是克罗地亚国王的弗朗茨·约瑟夫效忠。[33]

法国和德国的征召军队——用当时的话来说，是"本民族的军队"（people's armies）——由各自主体民族的人力组成，而奥匈帝国的征召军队，像其历史骄傲地表现的那样，是"各民族的军队"（an army of peoples）。[34] 军队普通士兵的族群构成，和帝国（军队为帝国效力，军队的兵力也来自帝国）的族群构成是一致的（见表 4）。

表 4　奥匈帝国军队 1910 年时的族群构成（按语言划分）

民族	百分比			
	在人口中	在普通士兵中	在职业军官中	在后备军官中
德意志人	24	25.2	78.7	60.2
马扎尔人	20	23.1	9.3	23.7
捷克人	13	12.9	4.8	9.7
斯洛伐克人	4	3.6	—	0.1
罗塞尼亚人	8	7.6	0.2	0.3
波兰人	10	7.9	2.5	2.8
斯洛文尼亚人	2	2.4	0.4	0.5
塞尔维亚-克罗地亚人	11	9.0	2.4	1.6
罗马尼亚人	6	7.0	0.9	0.6
意大利人	2	1.3	0.7	0.5

来源：N. Stone, 'Army and Society in the Habsburg Monarchy, 1900–1914', *Past and Present 33* (April 1966), p. 99。

哈布斯堡军队效仿其他欧洲国家的军队,在1882年转为地域征兵制,从16个军区征召士兵。这一举措加快了动员速度并减少了部队中的族群混杂度。[35] 即便如此,帝国军队仍要克服相当大的沟通障碍。通过指定一种语言作为"命令语言"和"军务语言",这些问题得到了初步解决。在共同军队和奥地利防卫军中,这种语言是德语;在匈牙利防卫军中是匈牙利语,在克罗地亚防卫军中是克罗地亚语。每个士兵都要学习相应语言的80个单词,这样就可以听懂基本的命令了,比如"立正!""稍息!""开火!"。士兵们还要记住大概1000个技术术语,包括武器各部分的名字;对话可能不行,但来自帝国各地的士兵们应当可以拆卸自己的步枪或是共同操作一门野战炮。此外,为了便于军事组织中较低层级的士兵实现日常交流,在一个团(大约3000人)中,使用比例高于20%的语言会被定为"团级语言"。1914年,虽然军队是通过地域征召的,却只有142个团(不到总数的一半)在族群上同质化到被认为仅使用一种语言。162个团有2种语言,24个团有3种,甚至有几个团,由于征召士兵的来源地人口杂居太过严重,以至于要用4种语言。任何一位刚到某个团的军官,都要用3年时间学习这个团的语言。这项任务被看待得很严肃,因为士兵有权对连级及以下的长官使用自己的母语。学不会就意味着升迁延迟甚至被免职。因此,大多数哈布斯堡职业军官都精通至少2种语言。有抱负的军官通常掌握更多种语言,比如,康拉德会说7种语言。[36]

哈布斯堡军官团包括18 506位职业军官和13 293位后备军官,他们是帝国军队最为重要的资产。哈布斯堡军官团也有着普鲁士盟友的贵族气质和荣誉信条,但它的社会构成并不如普鲁士那般尊贵。在战前的20年里,职业军官中贵族的比例是28.6%,但到了1914年,这一比例降低了。[37] 大多数职业军官都有着奥地利德意志血统,但官方数据中显示的4/5的比例(见表4)很可能是夸大的。[38] 约1/6来自斯拉夫民族。无论他们的出身是什么,绝大多数人都没有明确的民族认同,只在奥地利国家观念和他们的封建领主——皇帝——方面有共同点。职业军官和后备军官的征召都不看族群或是教派。如此一来的一个结果,是犹太人在哈布斯堡后备军官团中所占比例是犹太人在帝国人口中所占比例的4倍,占到了不少于17%,

而犹太人在战前的普鲁士军中非正式却在实际上被禁止担任军官。[39] 虽然共同军队是一支征召军队，它的职业军官却跟平民社会很疏远。军官团厌恶自己在平民社会中缺乏威严的状况，且敌视日益高涨的民族主义。这种态度，以及哈布斯堡军官相对德国军官而言较低的社会地位、教育水平和薪资水平，都影响了哈布斯堡军官团的指挥风格和表现。哈布斯堡军队各军阶之间的关系是比较冷漠的；这些关系诚然要好过俄军中的关系，但不如德国军中那般坚实可靠，尽管哈布斯堡军官要比德国军官花费更多时间来指导部下，因为哈布斯堡连队中往往只有1到3位职业军士。这不仅仅是一个沟通困难的问题。普鲁士早在19世纪初便对军纪进行了自由主义改革，但是直到1873年，与社会更加分离的哈布斯堡军队才指示各级指挥官要对属下"展示同情"和"增进了解"。[40] 另一方面，军官团的自我封闭和排斥平民社会的习惯很可能强化了他们对皇帝的强烈献身精神。战争期间，军官团的牺牲高得惊人：31.3%的职业军官和16.5%的后备军官战死沙场。[41]

共同军队在人员方面的最大问题就是人数不够。共同军队168.7万多人的野战军在俄国动员起来的340万人面前相形见绌。此外，奥匈帝国在和平时期征召的人数占男性总人口的比例偏低，因此，当帝国想要在战时填补伤亡士兵留下的空缺时，可供使用的受过训练的后备军人储备较少。[42] 军队征兵的人力库鱼龙混杂。在帝国西部，教育水平和对国家权力的认同基本上与西部国家的差别不大。[43] 在和平时期，只有3%讲德语的奥地利人试图逃避为期3年（自1912年起改为为期2年）的兵役。在民众心怀不满但受到良好教育的捷克，无视征召的比例为6%—7.3%。匈牙利人仍然对哈布斯堡军队血腥镇压匈牙利1848年革命一事怀恨在心，因此憎恶共同军队，战前，他们拒不服从征召的比例略高于25%。最糟糕的地区是加利西亚和南部斯拉夫地区。在这些地区，文盲率较高，民族统一主义运动高涨，且向外迁走者比例较高，在战前10年，抗拒征兵的比例一度超过了1/3。[44] 当然，战时的情况大有不同。对于不服从征兵令的惩罚更加严酷，而且随着战争爆发，一股爱国主义浪潮席卷了帝国。然而，不可避免的是，从帝国不同地方征召士兵的部队，在战争中有大不相同的能力和表现。对于某些族群的忠诚度的怀疑也很盛行。哈布斯堡国防大臣的副官曾在战争前夕这样评价南部斯拉夫后备军人:"他们会信心百倍地到达兵站,但到了部队开拔时,他们就没么积极了。至于他们能不能在最后的1000米奋勇出击,谁都没有把握。"[45]

然而,跟人们经常主张的说法相反,1914年奥匈帝国军队的主要缺陷不在于斯拉夫士兵的忠诚度或积极性,而在于匮乏的支援、不足的训练以及极度无能的高层领导人(几场战役会揭示出他们的无能)。奥匈帝国军队最紧缺的物资是现代火炮,这种紧缺一是由于军费不足,二是由于军队资深指挥官对于新武器的规格迟疑不决,不断争吵。哈布斯堡共同军队的每个师有42门野战炮,比一线的塞尔维亚师要多8—10门,但远少于俄国师的60门。[46] 更为糟糕的是,这些炮中只有2/3是现代化的05/08型80毫米加农炮。其他的都是过时的100毫米野战榴弹炮,这些炮没有可以帮助快速瞄准、开火的驻退机,也没有用于保护炮组人员的装甲护盾。重炮,即每个军的8门99/04型150毫米榴弹炮,也都过时了。所有的哈布斯堡炮管都是铜制的,而不是更结实的钢制炮管,这种铜炮管使得炮不仅笨重,射程也短。甚至是在塞尔维亚,射程5000米的150毫米榴弹炮只比哈布斯堡的重炮射程少不到3000米。共同军队有些非常优秀的专业炮兵部队。军方研发了一种优异的山炮,但是到了1914年,52个山炮队中只有4个收到了这种新式山炮。奥匈帝国军队还配备了一些最为先进的可用于摧毁堡垒的305毫米斯柯达超重型迫击炮。然而,武器既没能弥补其他方面的劣势,也没能弥补军方弹药储备不足的问题。每门榴弹炮只有330发炮弹储备,每门野战炮有550发,这些数字是其他强国的大概一半。[47]

哈布斯堡步兵的战术素质也无法弥补这种物质短缺的劣势。军方不仅缺乏职业军士,而且更依赖后备军人。这些后备军人的军事技能非常生疏。德军保持着和平时期的部队编制是战时编制的2/3,这样一来,在动员时,只需要征召最年轻、最近刚刚接受过训练的2批后备军人,就可以让部队达到满编。[48] 可是,在动员之后的哈布斯堡步兵连中,只有20%—25%的补员是和平时期正在服役的士兵。为了填补空缺,退役已达10年的老兵不得不被征召入伍。军队的人员需求极大,以至于只不过每年接受

8周军事训练的备用后备人员都被征召了。在战前10年，由于匈牙利不配合，军队得不到足够的军费，因此也缺乏用于有序扩大动员规模的装备与设施。大多数的大陆征召部队都效仿了普鲁士3条主线的征兵方式。一线"现役"部队由常备军组成，拥有最好的装备，由正在服和平时期兵役的男性组成，并且加入了最年轻的后备军人。兵站也备有足量的装备、军士、军官，来组建二线部队：由23—32岁受过训练的人组成的后备团。第三线部队是装备较差的防卫军或者地区部队（这些部队原本主要执行后方任务），由28—38岁的后备军人组成。此外，更年长的（最高45岁）男性可能会被指派到战时后备军（Landsturm）或劳工部队中去。[49] 相比之下，到1914年，哈布斯堡共同军队将它的奥地利防卫军、匈牙利防卫军当作一线部队，而且没有足够的盈余装备和军官去在动员时组建额外的二线后备部队。为了补充其虚弱的前线力量，共同军队转而去依赖后备步兵旅（Landsturminfanteriebrigaden），这是一种仓促组建的民兵组织，由32—42岁的男子组成，分发到了过时的步枪、显眼的和平时期制服，有时甚至只发到了象征帝国的黑黄双色臂章。他们的火炮支援最多是一个营一门大炮。1914—1915年，同样装备极差的还有"行军营"，它们的组建目的是将征召士兵送到前线部队去，但后来它们也常常被安排参战。行军营和后备步兵旅都缺乏训练、装备、凝聚力和领导，这些部队可能不会取得什么战果，而是会遭受惊人的伤亡。[50]

一种错误的战术信条又把这些缺陷放大了许多倍。1914年，各国军队都信奉"进攻崇拜"，即高估进攻所能带来的优势，且坚信强大的意志可以战胜火力。但是，那些自认在技术和物质竞赛中落后的国家最看好这种崇拜。法国军队信奉"全面攻势"，向来被当作"进攻崇拜"最为热烈的提倡者，但是奥匈帝国军方领导人的狂热劲头也不比法国人差。[51] 这在很大程度上是因为康拉德，这个在军中被视为战术奇才的人。他的主要作品《战术研究》出版于1890年，25年之后，他仍然坚持相同的原则。干劲、果敢与行动是他应对火力的答案。他坚称："进攻是最适合战争精神的行动。"[52] 为了让手下的士兵准备好应对他预想的运动战，他让他们接受严酷的行军训练。灾难性的是，和德国盟友不同，他认为联合武装战术没有必要。他在 1911 年 10 月制定的步兵准则（战前发布的最后一份）中坚持，步兵"如果充满信心和斗志，如果拥有不屈不挠的坚定意志和极为强健的体魄，便可以在没有其他武器支援的情况下打败人数占优势的敌人"。[53] 对火力的毁灭性影响做出的唯一让步，就是建议把士兵部署在散兵线上，而在实践中，甚至连这个让步也常常被忽视。在战前的演习中，外国观察者屡屡批评哈布斯堡军队在密集队形中动作缓慢。军官们站在火线后面或者甚至端坐马上，这为敌人提供了理想的靶子。在德国武官看来，对地形的忽视、侦察的不力、与炮兵合作的不足，使得这些士兵完全就是"炮灰"。[54]

同盟国在 1914 年夏天的军事行动是不切实际的，因为它给两国军队都提出了过高的要求。尽管德国军队实力很强，但它被要求完成不可能完成的任务：在仅仅 6 周内击败法国。即便是毛奇都对成功的可能性缺乏自信。他违背常理地希望能取得速胜，却也预计可能会迎来一场长达 2 年的可怕战争。他甚至——尽管不太认真——敦促民事当局在财政方面做好准备并确保德国的食品供应。[55] 由康拉德领导的奥匈帝国军队是先发制人式战争更积极的提倡者，但令人痛心的是，它没有准备好应对塞尔维亚与俄国的联合。军费因匈牙利议会被冻结了 10 年，此事肯定有很大的责任。然而，康拉德和他的将领鲁莽地接受了拖住俄军的任务，没有及时让军队用现代化火炮升级武备，并且奉行一套已经与 20 世纪的战场现实相脱节的战术信条。最为致命的是，德国和奥匈帝国军事领导人都不愿意在他们的作战计划中承认本国军队的缺陷。他们的士兵将为这种种的错觉付出代价。

西　线

德军的动员完全合乎总参谋部的预期。当 7 月 31 日宣布"临战状态"时，兵营中的现役士兵已经换上了战时的灰色制服，边界各部队已经分发了弹药并派出了分遣队去守卫国境线。从动员首日 8 月 2 日开始，后备军人便开始涌向兵站。一位军中的历史学家记录道："当时没有因对敌人的仇恨和欢欣的热情而出现过度表现，没有歇斯底里的喊叫，没有咆哮。"相反，这些人冷静而坚决，清楚自己应当做什么。[56] 大多数现役部队在四五天内便达到了满编，进而疯狂地进行徒步行军，以磨炼新兵。除去留给东线的 9 个师，整个野战军向西部集结地的运输从 8 月 4 日开始。一场历时 20 天、由总参谋部精确规划到每一分钟的盛大技术芭蕾在德国全境上演了。20 800 列运输火车把 207 万名士兵、11.8 万匹马、40 万吨物资顺利地运到集结点。士兵们要被从全国各地——远到布雷斯劳和波兹南——运到前线。在毛奇的强大右翼后面的军队部署区域，从 8 月 2 日到 18 日，每隔 10 分钟，就会有一列火车呼啸着通过莱茵河上的科隆霍亨索伦大桥。集结完毕之后，西部边境上共布置了 7 个集团军。分别有 164、159、104 个营的第一、第二、第三集团军组成了右翼，剑指比利时。在它们以南，在卢森堡另一侧和洛林北部，是第四、第五集团军的 123、147 个营。第六、第七集团军分别有 131、108 个营，他们是最靠南的部队，守卫着阿尔萨斯和洛林。[57]

集结还在进行中，战争就开始了。8 月 1 日至 2 日晚，第十六师兵不血刃地夺取了卢森堡的铁路。接着，第一次交火发生在 8 月 4 日早上。在德军发布要求军队自由通行的最后通牒之后，一支 39 000 人的部队便开进比利时（这破坏了比利时的中立地位），并进而向要塞城市列日前进。[58] 迅速占领列日具有十分重要的意义，因为作为一座要塞，它阻挡了任何德军深入比利时的举动，作为一个关键的铁路枢纽，它对于运兵穿过该国是必不可少的。入侵者原来希望这里仅有 6000 名士兵，另有 3000 名比利时地方志愿军支援。结果，德军面对的是 32 000 人，且他们配备了 30 挺机枪和 150 门大炮，这些人守卫着拱卫城市的 12 座要塞，为城外仓促挖就的防御工事补充人手。这第一场战斗为接下来的多场战斗定了调子。首先，战斗的代价是惨痛的。最初德军试图猛击这些要塞，但每个要塞都装备了现代化的武器，可以承受最大口径 210 毫米的火炮的轰击。德军的进攻被击退了，且伤亡惨重。有些部队伤亡过半。8 月 8 日，德国最高统帅部（OHL）放弃了这些进攻计划，转而下令增调 6 万士兵和攻城炮兵部队。这次德奥罕见地实现了和谐、果断的联合行动，哈布斯堡军队借了 4 个超重型斯柯达 305 毫米榴弹炮营给德军，这些大炮和德军自己的 5 门 420 毫米克庐伯迫击炮一同轰击这些要塞，迫使它们最终投降。

其次，这次军事行动相当令人沮丧。指挥官们很清楚他们要和时间赛跑，因而对延误感到十分恼火。"我们现在还坐在这座该死的要塞城市面前，"第二批被派去攻打列日的、规模较大的部队的指挥官冯·艾内姆将军在 8 月 11 日大发雷霆，"倘若我们可以向前推进该多好！"[59] 哈布斯堡大炮直到次日才能就位，因此直到 16 日，列日的最后一个要塞才投降，这已经比施里芬 1905—1906 年计划中的日程晚了 2 天。战斗的残酷和对延误的恼火催生出了这场行动和以后的战争的第三个特点：德军对平民的残暴行径。早在 8 月 4 日，入侵的第一天，就有平民被射杀了。当激烈的战斗在第二天开始后，处决和屠杀逐渐增加。德国士兵对于自己第一次体验到的现代战争感到震惊和不知所措，相信自己正受到当地居民的伏击。"人们是无法理解那些兽性大发的暴徒在列日造成的大混乱的。"一位士兵回忆道。他可能是在各个要塞之间行动的部队中的一员，并在 8 月 6 日早上进入这座城市，他继续回忆道：

> 在城外短暂交火后，我们强行破城入内，起初当地女性欢呼着欢迎我们。同时，狡猾的百姓在窗外挂起了白旗、白裙子、桌布等物……然而，这只是一个恶毒的诡计……我们几乎没法在房屋附近前进，步枪的枪管会从窗户里探出来，我们的人总是背后中枪。还有人从煤窖里开枪打我们的腿。[60]

后来的调查发现，这座城市的居民最初确实欢迎了入城的士兵，但这是因为他们将这些士兵误当成了英军士兵。然而，德国士兵后来遭到的凶猛袭击并非来自平民，而是来自比利时士兵，他们利用掩护和无烟弹药来攻击，因而难以被发现。起初是看上去很友好的欢迎，接下来招呼过来的居然是致命的子弹，这一突然的转变让德军认定自己遭遇了平民的背叛，这种看法也可以理解。其他入城的部队也发出了有关平民发起袭击的类似报告，有些是因为错误地将身穿简陋且平民化制服的比利时地方志愿军当作了平民，但几乎所有报告都不属实。到了 8 月 8 日，冯·艾内姆悲伤地表述了他眼中的这场战争的"可怕特点":"平民正在积极地参与战争。"[61] 在仅仅5天之内,他手下的士兵们便为了报复而屠杀了850个比利时平民,烧毁了大约1300栋房屋。毛奇认为他担心的最坏状况——1871年的"狙击手"战争——会重演,便于8月12日发布了一则"严正警告"。他谴责比利时平民非法加入战斗、对他手下的士兵施以"暴行"的行为,威胁要施加严厉惩罚。他保证,任何再做出此类行为者,将"根据戒严法被当场击毙"。[62]

在这场激烈的战斗在列日附近开展时,法国人也在南部发动了攻势。8月7日,一支法军部队突袭了德国边境,进入上阿尔萨斯,并在次日占领了这个地区的重要城市米尔豪森,但24小时后又被逐出了该城。法军的主要攻势开始于8月14日,这次攻势的第一阶段是2个集团军入侵阿尔萨斯-洛林。这场攻势的目的在于牵制尽可能多的敌军,以便其他军队可以继续向北,直捣德军战线的中心。8月19日,法兰西第三共和国的三色旗再度飘扬在了米尔豪森上空。[63] 这场德国领土保卫战,而非毛奇的更为著名的经过比利时与法国西北部的战役,成了8月里最为艰苦惨烈的一仗。为了击退法军对阿尔萨斯的入侵并转入反攻,德军的第七集团军仅伤员就有18 000人,这是其全部兵力的12%。守卫洛林的第六集团军在8月有7.6%的兵员受伤,位于中部的2个集团军伤亡率为7%,第一、第二、第三集团军在比利时中部突击时损失了4%的兵员。[64]

阿尔萨斯平民被夹在两支高度紧张、全副武装的军队之间,当时的日子宛如噩梦一般。边界村庄被争来夺去,遭受轰击,当地男性或者被这一方或被另一方逼迫着去挖掘战壕、掩埋尸体,有时甚至要在炮火之下进行。田间劳作也中止了,因为进入田地太过危险。[65] 德国人不信任当地居民,特别是在一些米尔豪森居民对第一波入侵者表达过欢迎之后。指挥官们抱怨自己的士兵遇到了"极度敌视的态度"。通敌的流言四处传播,战斗军官们怒气冲冲地表示:"当地居民……用小口径武器朝我们的士兵放冷枪。"正如在列日一样,德国士兵用当场处决作为回应。[66] 法国入侵者的表现有时也好不到哪里去,但他们会把自己装成受压迫的"法兰西"人民的解放者。早在8月7日至10日的第一波袭击中,法国士兵就射杀了被他们当作乔装的德军士兵的劳工,还烧毁了一些他们认为在帮助德军的农场。[67]

然而,让进攻变得令人厌恶的,不仅仅是杀戮,还有法国军队实施的大肆逮捕、驱逐行动。在规模更大的第二次攻势即将结束之时,法国国防部在 8 月 22 日命令法军将阿尔萨斯-洛林地区的官员和教师逮捕为人质。不仅是米尔豪森市长等重要人物被逮捕,数百名完全无害的低级政府、地区、教会官员也遭到逮捕,并被关押在法国。8000 名阿尔萨斯役龄男性也被关押了起来;对于这场耗时很短、地域范围很小的战斗而言,逮捕人数相当惊人。大多数官员是德意志人,因此,不仅是出于安全方面的担忧,而且法国人也想排除当地居民受到的有害影响,所以他们下令逮捕这些人。法国人借口要防止役龄男性免遭德军报复,所以才将他们驱离了当地,但很有可能也是因为(或许更为重要的是)他们希望,如果敌军重新占领该省,他们便无从补充兵员。法国当局对被驱逐者抱有强烈怀疑,对他们详细盘问,以评估他们的民族忠诚,这种怀疑态度明显证明了法国人的动机并不是对他们的关怀。[68] 更难以解释的是,法军强迫超过 3000 名妇孺老幼迁徙。有些人后来是出于安全原因而从一个 8000 平方千米的狭小边界地带(法军在一战期间守住了这个地带)被疏散走的。然而,鉴于德意志官员在 1914 年遭到的逮捕以及法国在战斗末期占领该省后实行的排他政策和驱逐行动,德国人控诉了这种相当于战时种族清洗的做法;一场要从当地居民中扫除亲德元素的运动自然被认为是亲法的。[69]

在整个 8 月中旬,法国人一直在奋力争取主导战争局面。法军攻势的第二阶段本打算是决定性的,在 8 月 21 日开始;当时第三、第四集团军向东北方向朝着在阿登的德军中心进发。法军总参谋长约瑟夫·霞飞将军没能认识到德国人正在组织后备力量参战,因而低估了敌军的总数,认为德军在该条战线上的力量比较虚弱。他估计,在此地取得突破可以让他包抄敌军右翼,从而遏制敌军在比利时的行动。事实上,法军实施进攻的 9 个军面对的是德军第四、第五集团军下辖的 10 个军,因此,法军的计划迅速破产了。霞飞的攻势不是去直捣虚弱的德军中心并截断北进的德军,而是去击败来自扫过比利时的毛奇大回旋的中心的顽强抵抗。法军被击败了。他们的侦察工作做得十分粗心，导致其步兵甚至炮兵部队受到突袭并最终覆灭。各部队之间的协调很差，团级指挥官常常没法让上级指挥部跟进了解本团的状况，这加重了问题。在多山地带，德军高射角的榴弹炮对法军的75毫米加农炮形成了明显优势。更糟糕的是，法军步兵在推进时常常压根就没有任何火力支援。霞飞的第三集团军指挥官吕费把这看作他的部队战败的重要原因。他在8月23日警告称，己方进攻"之所以失败，完全是因为没有得到足够的炮兵支援，甚至没有足够的步兵火力支援"。[70] 德国人也犯了错误。德军部队试图按照战前训练的那样来行动，总是在从密集队形转换为散兵线时等待得过久，因此很多人因炮弹碎片受伤。即便如此，到了为期3天的战斗结束时，德军还是杀伤了4万法国士兵，并迫使敌军仓皇撤退。[71]

在更北部，德军经由比利时中部、南部的进军——8月的几场战斗中最具决定性的行动——在8月18日拉开了帷幕。对于右翼的士兵而言，他们在这个月里一直都在近乎疯狂地艰苦行军，为的是绕到法军的左侧去。部署在最北边的第一集团军要行军的路程最远，通常多达每天30—40千米。[72] 这确实是个了不起的成就，尤其是考虑到，其中许多人是2周前才刚刚脱离平民生活的后备军人，而且现在他们身穿军装、全副武装、负重行军。每个人都要背一个11千克的背包，里面放有内衣、1双备用军靴、缝纫和洗涤用品、军帽、2份军用干粮、帐篷桩、绳子、30发弹药。大衣和斗篷、野营餐具、步枪和各种装备（包括一把刺刀）、铁铲、90发弹药、水壶，挂在士兵自己的皮带上。每个士兵的总负重大约是30千克。[73] 最后，还有一顶普鲁士步兵恶名昭著的带有尖刺的尖顶盔。它或许曾经象征着普鲁士的尚武精神，但很少有哪种如此不实用的头盔这般流行。它由皮革制成，十分沉重，让人流汗，它基本不能防晒，完全抵御不了敌人的子弹。毫不意外的是，并不是每个人都可以忍受带着这玩意儿在灼热的高温和满天尘土中行军。筋疲力尽的士兵瘫倒在路边，就像在标志着快速前进的部队的路程。在4年零3个月的战争期间，2/5的中暑现象都发生在这第一个月。[74] 军纪也开始松弛。恩斯特·拜尔是第二掷弹兵团的一位军士长，他描述了士兵们在中途休整时是如何在长官眼前洗劫咖啡馆和餐厅的。他强调炮兵和骑兵的行径更为恶劣，但是步兵也参与了"各种洗劫酒窖、纵火烧屋的英雄业绩"。[75]

虽然右翼的士兵并不缺乏做出真正英雄业绩的机会，但他们面临的危险比在南边的战友要小。在8月的最后10天，德军最北边的3个集团军的伤亡（战死、负伤、失踪）只占总伤亡数的5%；战斗诚然十分血腥激烈，但其伤亡率依然只有最南边的第六、第七集团军的一半，只有阿登山区的第四集团军的1/3。[76] 在最北边的这3个集团军中，第二集团军经历的战斗最为激烈，它在战争之初扫清了前往默兹河的道路，又在8月21日至23日在桑布尔河打退了法国的第五集团军。第一集团军和第三集团军在8月底前都没有遭遇有力对抗。比利时军队的主力已经撤回了北边的安特卫普要塞，威名在外的英国远征军在8月23日抵达蒙斯，直面德军第一集团军，即便是这样，英军也没有造成什么麻烦；德军依靠人数优势轻松地击退了他们。然而，在进军途中，这些德国士兵却感到自己处于深深的危险之中。比起敌人的军队，他们更害怕比利时的百姓。正如在列日和阿尔萨斯一般，德军士兵们采用了雷霆手段。他们的进军伴随着处刑、劫持人质（有些人质被用作人肉盾牌）、屠杀和破坏。德军右翼是暴力行动的震中，在南边的部队也有类似行径。这些暴力行动在当年夏秋共造成5521名比利时平民和906名法国平民死亡，造成1.5万—2万栋房屋被蓄意毁坏。[77]

这些发生在这次入侵期间的"暴行"给德意志帝国的声誉造成了无法恢复的巨大损害，而德国首相本人曾公开承认，这次入侵行动是不合法的。协约国政府很快便对暴力行动表达了抗议，协约国的报纸动情地将德国在比利时和法国东北部的进军描述为"野蛮人的进军"。[78] 德军对闻名世界的文化瑰宝的破坏，看来正好印证了这种描述。德军在9月17日至19日炮击了兰斯大教堂，理由是据称法国人正在教堂塔楼上指挥火炮射击。这一事件让原本尚持中立意见者大为震惊。8月的最后一周，德国士兵在鲁汶城中大肆施暴，摧毁了城市的1/6，包括收藏有无价的中世纪手稿的鲁汶大学图书馆，并造成了248名平民死亡。这一事件激起了国际性的恐慌。[79] 在其他地方，入侵者同样心狠手辣：第一个遭受全面破坏的比利时城镇维塞,有 23 名平民死亡;阿尔斯霍特有 156 名居民罹难;塔米讷则有 383 人被杀;迪南有 674 人被杀,几近该城人口的 1/10;这些地方很快成了恶名远扬的德军残暴性的见证地。[80] 英国和法国的宣传活动不仅将这种暴力行动解读为军队的过分举动或是战争罪行,更将其解读为邪恶而野蛮的德国"文化"的根本表现,这种"文化"与英法自己的"文明"恰为两极。英法媒体义愤填膺的修辞是高度性别化的。德军对比利时的入侵以及在当地犯下的暴行,被描绘成了一种对这个国家及其人民的实际侵犯。暴虐成性的普鲁士军官和残忍的士兵被控诉强奸了法国和比利时的无辜百姓。有关侵略者残害、剁下儿童(通常是女童)的手掌的虚幻故事也让协约国人民更加相信德国人的残暴,然而讽刺的是,这种虚幻故事实际上来源于 20 世纪早些时候比利时人自己在刚果犯下的殖民暴行。[81]

德国士兵并不是怪物。德国文化也没有过错——这和协约国宣传的、有些历史学家不加鉴别地附和的刻板印象不同。[82] 虽然德国的部分百姓确实是反天主教的、信奉种族主义的,但这不能当作德军暴行的主要解释,因为大量信奉天主教的德国人在军中服役,且受害者并非属于某一特定族群:在西部的法国人、比利时人、阿尔萨斯-洛林人以及居住在东部的卡利什城的波兰人和犹太人都在 1914 年 8 月遭受过德军的暴行。[83] 正如 20 世纪晚些时候的研究表明的,并不是只有精神病患者和狂热宣扬某种理念者才可能犯下战争罪行。让"普通人"和战友一起待在服从纪律的军队环境中,"普通人"也会杀人。[84] 此外,德国士兵在 1914 年也有着充分的理由——哪怕是误以为充分的理由——去害怕平民的袭击。德国人打的上一次重要战争是 1870—1871 年的普法战争,当时,普军先是速战速决击败了法军,接着却陷入了跟大约 5.7 万名游击队员的漫长战斗。法国游击队员(Francs tireurs,当时称呼这些非正规参战人员的名字)杀死了约 1000 名德军士兵,迫使德军总参谋部另行部署了 12 万人——约占德国陆军的 1/4——来保卫通信线。[85]

德国士兵自己的动员经历,也有力地提醒德国士兵"人民的战争"是很有可能的。毕竟,在这些士兵刚刚离开的国家,百姓正在热火朝天地组建地方志愿军、封锁道路,以便抓获传说中的"黄金车队"。穿过德国向西而去的士兵，一路上也会震惊地看到平民志愿者背着猎枪或霰弹枪站在铁路护堤旁或是守卫着桥梁。恩斯特·拜尔和他的团从斯德丁出发，他不是唯一一个认为"平民志愿者看上去就像游击队员一般"的军人。[86] 这些景象让士兵们可以全然相信列日平民对德军发起袭击的故事。8月早些时候，这些故事在等待发起主攻的士兵们之间口口相传，通过报纸传布蔓延，并在讲述中变得越发活灵活现。根据这些故事，比利时百姓不仅非法地拿起了武器，更违背了文明战争的一切规则。无论男女，都参与了战斗，他们拿着左轮手枪、菜刀甚至是沸水，对德军士兵发起狂热的攻击。德国伤兵的手脚被剁了下来，儿童们则挖出了伤兵的眼睛。[87] 因此，当主攻在8月18日展开时，德军士兵已经对敌方的平民怀有畏惧、愤怒和深深的怀疑。比如，拜尔早在8月13日就已经在权衡比利时妇女的"暴行"，而那时他的团还在德国境内。他冷酷地告诉父母，他在战斗中"绝不宽恕"。[88]

正派得体的人是怎么在战争状态下成了杀人凶手呢？威廉·施魏格尔对此给出了非常好的描述。他是一位在第七后备狙击营服役的30岁的步枪兵，该营在德国西北部的比克堡组建。从施魏格尔的文字来看，他应当是一个温和的人，迫切地想要和身边的战友搞好关系，他对战争所造成的破坏感到震惊，但仍决意要为祖国尽到自己的一份力。施魏格尔深爱着自己的未婚妻埃尔娜，在他短暂的服役生涯中，他一直坚持为她记日记。1914年9月20日，他在法国阵亡。施魏格尔的部队在8月15日进入比利时，并于8月17日早上抵达列日，那是列日的最后一座要塞投降一天之后。在施魏格尔的日记中，他最初对比利时百姓的理解多于敌意。然而，当他们进入列日城之后，他和战友便得知，他们的姊妹部队——曾参与对列日的第一波进攻的现役的第七狙击营——遭遇了当地居民的背后袭击。士兵们受命搜查房屋，寻找食物和宿处，而且根据施魏格尔日记中的内容，他们"直接把居民赶到了大街上。任何人，无论男女老幼，只要敢于反抗，便会被立即射杀"。[89]

和一群据说杀死了半个营德国士兵的百姓比邻而居，无疑是十分紧张的，而且他们住在列日的第一个晚上，一位值班的步兵便被射杀了，这更加重了他们的紧张。两个晚上之后，施魏格尔自己便遭遇了他所以为的

"游击队员"的袭击。他的部队在城市周围设置了哨位，当时，他正和其他10名士兵一起陪同他们的少尉返回住处。他们正走过一条落满树叶的安静街道，突然身后传来了3声枪响。这些德国士兵匆忙躲到树后，开始还击。施魏格尔确信，自己看到50米外的房屋的二楼有枪的火光，他和战友疯狂地对着那边的窗户开枪，然后冲了过去。他们打烂了一扇前门，一位步兵上校和几位总参谋部的军官听到密集的枪声便循迹赶来，上校命令施魏格尔等人"立即点燃这座房子，射杀逃窜出来的任何人"。施魏格尔在日记中写道，这个命令：

> 不得不被执行，也确实被执行了。我们这几名步枪兵遭受了这样卑劣的冷枪，愤怒之情难以抑制。然而，令我感到庆幸的是，那些从邻近房屋中逃出来的人，以及妇女和儿童，并未被射杀。感谢上帝，一个比克堡的步枪兵是没办法对妇女和儿童下手的！但是，这仍然十分糟糕，实在是糟糕之至。这是一场无比恐怖的战争。

施魏格尔没有说他和战友当晚究竟处决了多少人。关键的是，他也并没有提及在那座房屋中是否搜到了武器；他在日记只详述了士兵们在房子里找到的精美家具，他们往这些家具上倒上了汽油，然后把它们点燃了。我们无从得知施魏格尔后来是否怀疑过敌方的射击地点，但他的良心明显受到了折磨。当晚，尽管他筋疲力尽，却无法入睡。"这种强烈的刺激，这种糟糕的感受，压得我们喘不过气来。"他写道。"我只是尽了职责，服从了命令，但这太可怕了。要是这场恐怖的战争马上就要结束了该多好！"[90]

施魏格尔从长官那里接受的命令之严酷，可能是他的日记中最令人震撼的地方。指挥官的决策对行动的暴力程度有着很大作用。这些指挥官深受德国军方自己的文化的影响，这种文化无情地强调"军事需要"优先性，并且非常怀疑国际法。[91] 德国军官团一直因为在普法战争中的经历而精神受创，当时法国游击队员将一场极为快速的军事胜利扭转成了一个令人精疲力竭的血腥炼狱。德国军官团保守的领导人特别在意，平民不应当在1914年介入战争，因为倘若卷入一场敌方在物质上优于自己的两线战争,德国既没有时间,也没有军力,来开展一场旷日持久的平定行动。德军对非正规军的痛恨,既出于务实的利己主义,也出于一种过时的人道主义。德国军官认为,最人道的做法莫过于尽快结束战争。要实现这个结果,战争应当只限于职业军人。非正规战斗人员受人厌恶,因为他们偷偷摸摸地作战,也因此毫无荣誉可言,而且他们不会带来实际胜利的可能,只是徒增流血牺牲。在各国代表一同讨论有关战争的国际法的会议上,德国主张限制平民进行抵抗的权利,这一主张得到了俄国的支持,受到了比利时和西方协约国的强烈反对,但最终还是在很大程度上占了上风。1907年的海牙公约几乎禁止了游击战。平民可以自发地进行抵抗,但前提是他们所在的地区还没有被占领,而且"他们要公开地携带武器",后面这一个条款和20世纪的现实严重脱节。[92]

德国指挥官在策划和指挥1914年的战役时,关注的是战胜敌方军队,而不是战胜敌方人民。[93]镇压行动的第一股动力来自下层,来自施魏格尔这样的战斗人员,他们确实认为却也是错误地认为自己正受到比利时平民的袭击。[94]指挥官们从1870—1871年普法战争期间镇压游击队员的经验以及"军事需要"出发,很快便认可并扩大化了部下暴力且有时非常恐慌的反应。根据国际法,德军确然有权审判和处决非法携带武器的平民。[95]然而,德军实施的镇压行动完全超出了合法限度。首先,疑为游击队员者通常直接被枪毙,而不会接受审讯。其次,上级指挥部,包括军和集团军指挥官,下令发动大规模报复,而这是海牙公约特别禁止的。[96]比如,冯·艾内姆将军早在8月8日便给手下士兵下令,出现过埋伏的村庄都要被烧毁,其居民都要被枪毙。德军还实施了大规模的逮捕行动。约1万名法国平民和1.3万名比利时平民,包括妇女和儿童,被赶到了德国。此外,德军还对那些被指控发起了抵抗行动的社区征收罚金。这些措施是为了向比利时百姓灌输第十师师长科施少将所说的"健康的恐怖"。[97]除了这些措施,还有一系列先发制人的行动,包括扣留人质、搜查武器、张贴警示居民参与抵抗行动将受严惩的海报。毛奇自己在8月27日——尽管已经很晚——也提倡"积极有力的"威慑。[98]

对于德军指挥官因为虚假的民众抵抗活动采取的雷霆手段,交战区的人民不仅十分震惊，更罹受了极大苦难。将近150万比利时人逃离了家乡。[99] 然而，我们也应当思索，为什么镇压行动没有更加暴烈。德军各级官兵都担心且相信游击队员会发动袭击，然而，随后的恐慌、报复以及暴行权威研究者所称的"谨慎的恐怖威慑战略"，让这200万德军士兵只杀害了6427名平民，这不到1914年8月和9月初占领区780万居民的1‰。[100] 从历史水平来看，这个数字也是微不足道的；仅仅一个世纪以前，拿破仑的士兵在西班牙跟游击队作战时，他们例行公事般地焚烧村庄、洗劫城镇、杀光整个社区。历史学家近来想要将这些暴行当作30年后纳粹在欧洲东部施行的大屠杀和种族灭绝的前奏或指示器，这种理解没有可信性，因为1914年德军既没有屠杀上百万人，也不是主要受到了种族观念驱使。此外，正如我们接下来会看到的，德军对于平民抵抗活动的妄想在当时并非不同寻常的，他们的行动也没有超过同时期他国军队的暴力程度；如果非要说有什么区别的话，德军的行动更加温和一些。[101] 最令人惊讶的是，这些暴行是如何戛然而止的。第一波暴力行动出现在列日围城战期间以及在8月12日的南部，之后风波渐息，在8月18日德军对比利时的主攻开始之后，出现了大规模杀戮。再之后，暴力行动急剧减少，到了9月第一周结束，除了个别情况，暴力行动消失了（见图1）。军队的

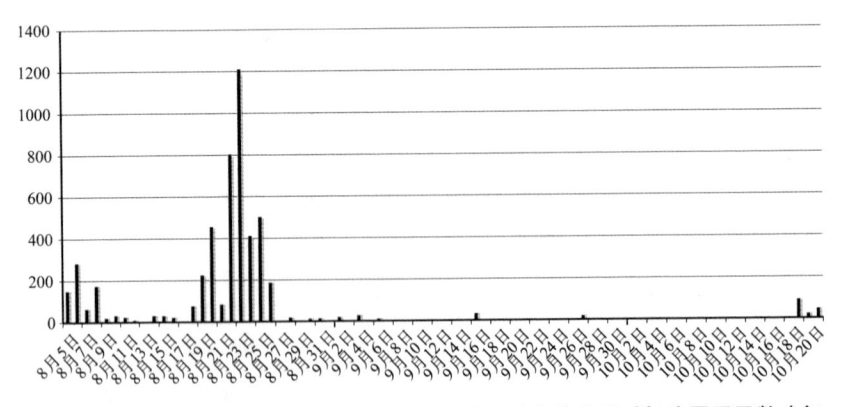

图1 德军"暴行"的模式：1914年8至10月德军杀害的比利时与法国平民数（仅统计平民死亡数达十人及以上之事件）

来源：J. Horne and A. Kramer, *German Atrocities 1914: A History of Denial* (New Haven, CT, and London, 2001), Appendix I.

纪律一定是总体上保持严明，因为暴行的发生率跟军队日益严重的补给问题并无关联，而且跟其他国家的军队不同，德军在9月中旬撤军时没有再掀起一波新的杀戮狂潮。[102]

德国的指挥官不仅扩大化了又惊又怒的士兵发起的暴力行动，更为重要的是，他们还控制并迅速地叫停了上述行为。德国军官们虽然坚定地指责敌方百姓的"狂热"，但也常常流露出他们非常畏惧反抗战争的残酷性。[103] 军官团的贵族荣誉文化哪怕不能百分百地约束，也能有力控制住血腥的报复行为：屠杀平民（特别是妇女、儿童）、毁坏城镇的行为，都和职业军官富有骑士精神的自我想象格格不入。此外，在军事上也有限制暴力的充分理由：不加节制的烧杀淫掠会破坏军队的纪律。最后，人们很快开始怀疑民众的反抗究竟有多激烈，也开始担心无度的暴行可能会引发更加强烈的反抗。科施少将的师在8月21日至24日杀害了200多名比利时平民和几百名法国伤兵。他本人的情况便说明了上述种种考虑是如何迅速聚合到一起，促使指挥官（哪怕是部分地）重新评估态势并遏制暴行的。他在8月26日给妻子的信中用的显然是一种自我辩解式的口吻："我们不是匈人，也不想玷污德国人的声誉。"他坚称："在比利时发生了多起血腥事件，每栋房屋里都会打来冷枪，甚至神职人员和妇女也参与其中，我们有必要去无情地焚毁村庄、枪决有罪的当地居民。"然而，当他手下的士兵开始对这个地区大肆劫掠时，他担心起秩序问题。接着，他的部队离开比利时，进入了法国，这给了他一个终止暴力行动的体面借口。他表示："法国人表现得更加平和、通融。"在那里采取镇压手段是"愚行，因为那将使我们白白丧失当地提供的援助，破坏军队的纪律，逼迫当地居民开展可怕的人民的战争"。[104]

在迅速击败法国的希望在9月初的马恩河战役中被彻底挫败之前，德军的游击队妄想症已经开始降温。马恩河战役的根源埋在其打响的2周前，当时霞飞终于意识到德军的真正推进路径。8月25日，他构思了一个新的战略，打算在亚眠集中兵力，对德军右翼形成包围。法军通过铁路迅速向西北方调动，从而在德军的包围网之外组建了一支新的第六集团军，它包括9个步兵师和2个骑兵师。德军的第六、第七集团军在南边发动了进攻，但它们都没能拖住法军，更不用说突破设防的前线而形成双包围。虽然霞飞的亚眠攻势最终并未得以发动（因为英军指挥官约翰·弗伦奇爵士认为英国士兵太过疲惫，不能参与这场攻势），但协约国在北部军力的增加创造出了其他机会。到9月6日，德军的第一、第二、第三集团军面对着41个师，而在8月23日，德军有25.5个师，敌军只有17.5个师。法国人迅速从最初的惊人溃败中恢复了过来。法军罢免了54名不称职的指挥官；为整顿军队秩序，在士气低落的士兵当中实行严酷的军纪（包括就地处决）。兵站征召了10万多人，来充实各支部队。到9月初，协约国军队非但没有像德国领导人预计的那般被击溃，反而变得比以往更有能力了。[105]

与之相比，德军越是深入，其处境越是艰难。首先是指挥问题，毛奇的指挥部最初设在科布伦茨，后来设在卢森堡，但都距战场数百千米，而且和右翼的3个集团军只有断断续续的无线电联系。这妨碍了毛奇对部队的调遣。其次，正在协约国不断在北部增兵时，德军右翼的力量在快速缩减。2个军被抽调出来，以防比利时军队从安特卫普发动突击；另一个军则被安排去钳制法国要塞莫伯日。8月25日，毛奇还从第二集团军中抽调出了2个军，让它们去增援被俄军压得喘不过气来的德国东普鲁士守军。只有11个军继续向西南挺进法国腹地。再次，这些部队越是深入，就越是难以获得补给。在20世纪早期，军队可以保持有效运转的最远范围是距铁路线80千米，然而德军当时的进军已经远远超出了这个限度：9月4日，德军的第一集团军距铁路末端近140千米，第二集团军则为170千米。负责将给养从火车站运给各个部队的马车追不上前进的部队，而全军只有4000辆卡车，到马恩河战役时，其中3/5的车坏了。[106] 德军花了相当大的力气维持部队的弹药补给，但其他的各项物资均陷入短缺。军士长拜尔所在的第二掷弹兵团位于第一集团军的前部，他在8月30日抱怨，自己的部队没有面包可吃。最早抵达一个村庄的士兵会将各类物资洗劫一空，后续抵达的部队就只能饥肠辘辘。士兵们徒步行军600千米，而且很少有机会洗澡或换衣服，他写道，他们"看起来糟糕透了"。他的部队和他们旁边的部队也开始遭受严重伤亡。自8月14日跨入比利时国境以来，拜尔也曾经跟掉队的敌军以及想象中的游击队员展开过激烈但虚假的战争，然而，8月28日，他在与法军的战斗中经历了真正的炮火洗礼。德军取得了胜利，拿下了2座炮台和弹药车，但这场战斗也让他的连队损失了1/4的士兵。[107]

但是，尽管有上述困难，一切看上去进展顺利。8月29日，毛奇命令右翼和中央的部队的行军方向由向西南转而向南，如此一来，德军全军都可以经过巴黎东部。9月2日，他按照计划指挥着部队将法军向东南方驱赶。然而此时，正当德军的包围网开始收网时，出现了一个协调失误。位于右翼边缘的第一集团军现在必须要保护军队的侧翼不受巴黎守军的进攻，但第一集团军领先邻近的第二集团军一日的路程。第一集团军指挥官亚历山大·冯·克鲁克将军认为，如果他向前推进，就可以咬住法军第五集团军的后方部队并将其歼灭。因此，他不仅没有命令自己的部队后退并向西布阵，而是继续向南推进，渡过了马恩河。霞飞把握住了这个机会。9月5日，法军第六集团军从马恩河的北岸向东发起进攻，击溃了克鲁克留下来保护自己侧翼的一个孤零零的后备军。在接下来的几天里，克鲁克不得不匆忙调出前沿的2个军以击退北部100千米处的这次进攻，但这样一来，他的集团军和第二集团军之间就出现了一个40千米宽的缺口。9月6日，在东南部和南部的协约国军队已经发动攻势，英国远征军则突入了这个缺口地带，威胁着德国第二集团军的右翼和后方部队。第二集团军指挥官卡尔·冯·比洛将军命令暴露出来的右翼后撤，这更加大了缺口地带。两位将军都没有告知对方自己的行动，而毛奇通过截获的情报才得知，英军已经嵌入了他的两个集团军之间。毛奇派出了一位参谋去搞清楚到底发生了什么；9月9日，即动员后的第40天，而且在德国的原计划中，法国到此时已经战败，这位参谋通知第一、第二集团军撤退。毛奇在两天之后确认了这个命令。[108]

一旦法军向北推进，德军便不太可能完成自己的计划。德军士兵筋疲力尽，他们的补给够不到，敌方的兵力又太多。拜尔所在的军便是被派到北边去击退法国第六集团军攻势的一个军，他用惊恐的口吻描述了当时的战斗。"昨天，我目睹了上百次死亡。"他在9月8日的信中这样告诉自己的父母。"我们对面的敌人有着更厉害的大炮,我们根本不可能接近它,因为它直接就把我们的步兵轰成了碎片。"[109] 马恩河战役本来是按照运动战的思路来设计和决策的,但实际打起来,战斗本身展现出了静态的、火炮占据支配地位的特征。倘若第一集团军第五十二步兵团第三营的医护官统计的数据具有代表性,那么可以说,到了9月中旬,德军步兵的伤亡中有3/4都是火炮造成的。[110] 拜尔在这场战役期间被困在"最为可怕的炮火之中,而我们面对它却是完全无力",他的这段经历可以标志着西线战事的特征。从9月9日起,德军有序地后撤了60千米,并在5天后抵达了埃纳河对岸的新部署地点。军队挖掘堑壕,加强防线。人们也在想办法加固自己内心的防线,以应对接下来的战斗:"神经变得麻木是一件很糟糕的事情。我们置身于战场,就如同在梦中,其后的事情都好像不是在现实中,而是在小说里。伤兵的呻吟和常见的惨象也难以触动我们。我们宛如活在现实之外。"[111]

哈布斯堡的战事

1914年夏天,哈布斯堡军队打了一场凶残、极为不成功的战争。哈布斯堡军方领导人长期以来都在主张发动战争,在萨拉热窝暗杀之后呼吁得更加起劲,却在战争真的到来时表现得举棋不定、优柔寡断。总参谋长康拉德·冯·赫岑多夫组织了军事部署,并在其名义上的上级弗里德里希大公之下指挥军队在加利西亚对抗俄军;巴尔干军队的指挥官奥斯卡·波提奥雷克将军表现出了不切实际、能力低下、麻木不仁和自私的野心等种种特点。多年以后,哈布斯堡参谋们还坚称,帝国早期战事的失利不是他们的过错,而是其他方面的过错:奥匈两国的议会、民众、外交官、铁路专家和德国盟友。然而讽刺的是,正是这些人,这些帝国最忠实的捍卫者,为帝国招来了灾难。[112]

康拉德应当负最主要的责任。不仅因为他极力主战,制订了不周密的动员计划,用与目标不符的战术原则来要求士兵,更因为他在1914年7月搞砸了军队的部署。他最大的错误,就是过久地重点考虑巴尔干部署，即"战争方案B"。只针对塞尔维亚的部署在7月25日开始，动员首日定在7月28日，这是有原因的，因为立即开展总动员显然会激怒俄国。自7月26日起，康拉德便收到了许多有关俄国备战的警告，他后来也承认，当俄国局部动员的消息在7月30日午后传来时，他"完全清楚"俄国的意图。[113] 即便如此，他的反应并不是去实施"战争方案B+R"，而是不顾铁路参谋（他们从未设想过这种情况）的建议，命令优先把士兵运往巴尔干，而命令A集群立即向加利西亚集结。然而第二天，同盟国的诸位政治领导人物纷纷对此提出了异议。弗朗茨·约瑟夫皇帝警告，哈布斯堡的兵力应当用来对抗俄国，匈牙利首相蒂萨和帝国惊恐的德国盟友支持皇帝的意见。因此，7月31日晚上，康拉德设法将已经计划好的部署改为"战争方案B+R"。

在东部存在致命威胁的情况下，哈布斯堡总参谋长却决定先对塞尔维亚发动攻击，他的这个怪异决定和德国人打算先击败法国的赌博类似，都源于一种速战速胜的妄想。然而，毛奇只是被动地接受了这个用6周时间在西线取胜的妄想，却从未全然相信它，并且殚精竭虑地在让这个计划变得可行。但是康拉德对塞尔维亚的关注完全是情绪化的。希望与自己憎恨的敌人作战的意愿是压倒一切的。胜利的成果也很诱人：塞尔维亚土崩瓦解，巴尔干的外交局势焕然一新，保加利亚和罗马尼亚参战，（理论上）帝国重新焕发出内在的活力。在个人方面，康拉德希望，如果成为一个凯旋的战争英雄，自己就可以迎娶情妇吉娜·冯·赖宁豪斯了。她是一个维也纳工业家的妻子，康拉德热烈地追求了她7年。[114] 当然，这些都是梦想，而且是危险的梦想，因为人们的生命和整个帝国都濒于险境。在皇帝和蒂萨看来，在奥匈军队从塞尔维亚脱身之前，俄军就会涌入门户大开的加利西亚前线。即便如此，康拉德很可能认为，他仍然是有时间来做决策的。铁路局的前局长曾在1913年11月告诉他，直到总动员开始后的第5天，动员计划仍可以更改，1914年7月7日，康拉德把这个意见转述给了大臣联席会议。1914年夏天，这个时间点就是8月1日。[115]

因此，当康拉德在7月31日晚试图将部署转变为"战争方案B+R"，但国防部新任交通主管总参谋部约翰·施特劳布上校坚定地告诉他这样会导致"铁路系统出现大混乱"时，他的震惊也就可以想象了。[116] 上校告诉康拉德，最多能做到的，也就是让要赶往巴尔干的运输火车返回出发地，再从头开始整个部署。即便是这位出名的对舆论反应迟钝的总参谋长也意识到，刚刚大张旗鼓地开赴战场的士兵又返回了驻地，看起来将会有多么愚蠢。为了后方的士气和军队的荣誉，他决定让士兵调转方向，继续前行1000千米，从巴尔干直接开赴加利西亚。康拉德本应该向他的交通主管施压的。7月31日，只有先头运输队伍出发了；大多数运输火车仍然停在铁轨侧线上。如果运用一些想象力，这些士兵本来是有可能被直接送到东部的。[117] 然而康拉德并未质疑他的铁路专家的判断。他之所以这么轻易地接受了铁路专家的意见，可能是因为专家们向他保证，B集群前往巴尔干的兜风不会有什么影响。这项保证自身就证明了和平时期的计划是多么疯狂。倘若按照战前的计划来，在A集群向加利西亚集结时，B集群反正也应当在兵营中待命。因此，总动员不会延迟。[118]

事实上，这个错误影响很大。奥匈帝国并没有足够的火车同时将B集群运到巴尔干、A集群运到加利西亚，因此总动员虽然在7月31日就已经宣布了，却只能推迟到8月4日开始。如此一来，时间便被浪费了，哈布斯堡军队在东线哪怕和俄军达成均势的希望也破灭了。到了动员后的第18天，1914年8月17日，俄军在加利西亚前线集结了35个步兵师和12.5个骑兵师，而奥匈帝国只有不到30个师。2周之后，俄国已经有53.5个步兵师和18个骑兵师，而奥匈帝国只有37个步兵师和10个骑兵师。[119] 更糟糕的是，被调到巴尔干之后，B集群后来也没有全部被派到加利西亚前线。早在7月31日，康拉德便决定派出布拉格第八军，并且让它留在巴尔干。他还允许波提奥雷克在B集群（如今已经更名为第二集团军）短暂停留在塞尔维亚北部边境的10天里调用它来"作势"；这是一项有限的活动，旨在吸引塞尔维亚军队的注意，以便奥匈帝国军队在8月12日从西部发起进攻。然而，波提奥雷克决定留下尽可能多的部队，还让布达佩斯第四军卷入了战斗。结果，第二集团军的4个军中，只有2个军如期在8月18日开赴加利西亚，第四军在8月24日才动身，而第八军则留在了巴尔干。康拉德的犹豫不决和波提奥雷克的自私造成了最糟糕的结果,因为留在巴尔干的军队不足以打破奥匈帝国和塞尔维亚的军力平衡,但是这些部队缺席康拉德下令要求的战斗以及第二集团军的迟到,都让在加利西亚的哈布斯堡军队的东翼变得极为虚弱。[120]

因此,康拉德,以及在维也纳的军事铁路专家们、在波斯尼亚的波提奥雷克,一同断送了任何跟上俄国动员步伐的希望,并且在没能在其他地方获得优势的情况下,进一步削弱了业已算不得充足的加利西亚军力,而加利西亚是奥匈帝国最为关键的战场。1914年3月,有消息爆出,哈布斯堡总参谋部的同性恋军官阿尔弗雷德·雷德尔上校因为受到勒索而泄露了帝国的进攻性动员计划。康拉德因此改变了计划,选择沿着桑河和德涅斯特河这两条斜穿过加利西亚的河流展开防御性部署。该王室领地东北边的1/3,包括首府利沃夫,会放任俄国人占领。7月中旬,随着战争临近,康拉德告诉铁路官员,士兵们要按照这个防御方案集结,而铁路运行时刻表也为此匆匆忙忙地修改了。然而,当康拉德在7月31日决定将B集群的部队运到加利西亚时,他又回到了进攻性设想。然而当时已经来不及将部队的下车地点改到边境了,所以本来要乘坐火车前往集结点的士兵最终在加利西亚的中部下车,然后行军上百千米抵达边界。这不仅浪费了更多宝贵的时间,也使得哈布斯堡军队在参加战斗前就已经精疲力竭了。[121]

哈布斯堡军队最初的两场战役虽然相距上千千米,由不同的将军指挥,在不同的地形展开,面对不同的敌人,但有两个至关重要的共同点。首先是极度无能的高层领导者。在塞尔维亚和加利西亚的哈布斯堡高级指挥官都没有能力运用手头的有限资源来实现他们雄心勃勃的目标。作战计划也极差。两场攻势的目标都很有问题,后勤方面的限制被忽视了,对于部队战果的期待也过分乐观了。结果便是军事灾难。哈布斯堡军队对于击败塞尔维亚感到十分自信,但遭遇了耻辱的惨败。在加利西亚,办砸了的动员、糟糕的计划和人数上的劣势使得哈布斯堡军队早早便陷入了溃败之势。其次,哈布斯堡军队在两场战役中都表现得极为残忍。中欧东部和巴尔干作为欧洲大陆"血腥之地"的历史并非起于后来的极权国家。早在

1914年，在实行种族屠杀的极权国家出现几十年前，战争、种族主义观念、族群冲突便已经将这些地区变成了可怕的杀戮场，打破了禁忌，并为后来的灭绝式战争埋下了种子。[122]

在巴尔干的哈布斯堡指挥官波提奥雷克将军哪怕不是共同军队中最受爱戴的人，也是最受尊敬的人之一。他的一生完全奉献给了军队。他在军官学校长大，在哈布斯堡军事学院参加参谋训练课程时名列前茅，1906年，仅以微弱劣势输给了康拉德，未能成为总参谋长。[123] 作为波斯尼亚-黑塞哥维那总督，他对于大公遇刺时松懈的安全措施负有责任。因此，他迫切想在1914年7月证明自己。他的最低目标，即哈布斯堡指挥部交代下来的目标，是保卫帝国领土不受塞尔维亚军队入侵。然而，这既不合乎他的雄心，也不符合一名哈布斯堡总参谋部军官的进攻性内驱力。受康拉德鼓励，波提奥雷克更倾向于一个野心勃勃和的计划，即进攻塞尔维亚。"我完全明白，这项军事行动看上去很有风险，"他在8月12日的信中这样告诉康拉德，"但鉴于目前的总体局势，只有这一条路可走。"[124]

波提奥雷克的进攻计划设想的是用3个集团军入侵塞尔维亚。哈布斯堡第五集团军会从波斯尼亚挺进塞尔维亚西北部，由B集群的3个军组成的第二集团军会从克罗地亚突入塞尔维亚北部。当这些部队吸引了塞尔维亚的兵力之后，第六集团军会从黑塞哥维那杀入塞尔维亚西南部，直捣敌军侧翼。[125] 在纸面上，这个计划十分高明。然而仔细审视的话，就会发现这一计划"很有风险"，更可说是鲁莽。波提奥雷克的兵力不足以完成这个计划。1914年8月，他手头共有28.2万名步兵、1万名骑兵、744门火炮。因此，相对于塞尔维亚方的25万名士兵、528门火炮（有民兵支援），他占有微弱但有意义的优势。然而问题在于，这种优势只存在于战争的第一周。第二集团军在8月18日开拔后，波提奥雷克会失去6万名步兵、近半数骑兵和约1/3的火炮。因为加利西亚迫切需要这些部队，所以波提奥雷克失去了从北部发动进攻的兵力条件，他只好转而希望在北部"作势"，借此或许可以将塞尔维亚军队的注意力从对西边的主要威胁上分走。然而，西边的考虑也不周全。第五和第六集团军不仅要越过极度艰辛的山地和沼泽地带，还要在相隔很远的地方布阵，无法互相支援。作战地区没有道路,前进的部队难以获得食物和弹药补给。波提奥雷克计划极不负责任的一点,就是所有这些问题事先都已经在军事演习中凸显了出来。其中最近的一场演习是在1914年4月。历次演习都是扮演塞尔维亚的一方取胜,然而令人吃惊的是,波提奥雷克并未对作战计划做出任何调整。[126]

8月12日,进攻开始,第五集团军渡过波斯尼亚和塞尔维亚的界河德里纳河。在士兵们看来,指挥官们明显从一开始就脱离实际:阿尔弗雷德·菲德勒是一位服役于第四十二匈牙利防卫步兵师的榴弹炮军官,该师部署在第五集团军南翼,他记录了自己和战友是如何"怀着绝望的心情"吃惊地看着河对岸"陡峭、大部分地带被树木覆盖的山脉"的。[127] 最初的攻击看起来有点离奇,一群群穿着内裤的士兵泅渡过河。由于第五集团军缺乏架桥设备,只好如此。即便是士兵们过了河,穿上了裤子,扣好了皮带,排长也指明了方向,由于道路稀少、热浪灼人和塞尔维亚非正规军(Komitadjis)的抵抗,进军仍然会是困难重重。刚过几天,补给线便中断了,士兵只好依靠自己能征用到、能偷盗来的东西维持生活。两天后,第六集团军在南部发起攻势。与第五集团军的克罗地亚人、捷克人、德意志人不同,第六集团军的波斯尼亚人和达尔马提亚人已经接受过山地训练,但他们也因同样的问题被拖慢了速度。只有在北边的第二集团军略有小胜。第二集团军在8月11日下午以炮击开始了它的"作势",次日派步兵推进了一小段距离,进入了塞尔维亚境内。这次作战占领了沙巴茨、米特罗维察和查拉克,但未能达到分散塞军注意力这个首要目标。[128]

哈布斯堡军队的进军从一开始就伴随着对塞尔维亚平民的暴力行径。8月14日,在德里纳河的塞尔维亚一侧,菲德勒看到"到处"都冒起了浓烟,那是因为进军的哈布斯堡士兵点燃了干草垛和农舍。他写道:"一个愚蠢的开始。"[129] 接下来还有更糟糕的。在为期13天的入侵过程中,哈布斯堡军队屠杀了3500—4000名塞尔维亚平民。考虑到这场军事行动的时间非常短暂,军队挺进塞尔维亚领土也不过二三十千米,这种程度的平民伤亡是极为惊人的。我们可以从瑞士洛桑大学的教授阿奇博尔德·赖斯在入侵发生后几个月内所做的调查中窥见当时的情况。[130] 他的报告是受塞尔维亚政府委托制作的。这份报告是一种宣传,意在引导国际舆论支持这个很大程度上自己主宰本国命运的巴尔干国家。然而，赖斯十分认真负责地收集了证据。他采访了塞尔维亚目击者和受害者，并亲身考察、拍摄了屠杀发生地，甚至还发掘了群葬坑。他还和哈布斯堡战俘谈过话，以便了解他们实施这种暴行的动机。他揭露的暴行包括各种杀人手段。男性通常被枪毙、被刺刀捅死或是被殴打致死。在赖斯调查的地区，女性死亡人数占总死亡人数的约 1/4，她们大多是被关在被哈布斯堡士兵点燃的屋子里活活烧死的。赖斯教授认为有了"大量的"强奸罪行。"在很多被入侵的村庄，"他宣称，"几乎所有女性，无论年幼年老，都遭受了侵犯。"他还进一步搜集了其他施虐和残暴行径的证据，包括尸体的四肢被折断、面部残缺或是生殖器被切除。其中很多说法颇值得怀疑。东线和西线都有儿童双手或是女人的乳房被切下的类似故事，但这些故事是子虚乌有的。被损毁得格外严重的尸体，往往是枪击或炮击导致的。[131] 然而，赖斯描述的一些更加令人震惊的故事听上去确实像是真的。比如，在朝科西纳村，一位 75 岁的老人被枪击致死，他的阴茎被塞进了自己的口中。这个故事跟常见的暴行故事对得上，在那些故事里，一般受到摧残的都是妇女和儿童。[132]

　　赖斯记录的最可怕的屠杀也在奥匈帝国的文件中得到了证实。[133] 沙巴茨是一个坐落于多瑙河南岸的贸易中心，有 1.4 万居民，这里发生了一系列暴行。在打败了塞尔维亚第三级征召兵（年纪较大、没有制服的后备军人）发起的轻微抵抗后，哈布斯堡军队在 8 月 12 日占领了该城。第一天，入侵者将沙巴茨的妇女用作人肉盾牌，来帮助他们肃清周边的抵抗。整个下午，哈布斯堡士兵在城中各处行走，并且让妇女走在他们前面，在遇到塞尔维亚抵抗者时，士兵便命令妇女们卧倒，然后开枪还击。许多妇女在一座旅馆中被关押了 5 天，其间哈布斯堡士兵只给她们水喝，并且不断讯问她们参军的丈夫和塞尔维亚军队的位置。当时也有殴打和强奸发生。留在沙巴茨的男性被关进了一座教堂。在接下来的几天里，塞尔维亚的反击增多，哈布斯堡军队的纪律开始松弛。房屋和商店遭到洗劫。在 8 月 16 日至 17 日的晚上，哈布斯堡部队无意间交起火来，造成了恐慌和大量伤亡。[134] 次日早上，鉴于高度紧张的形势和城外塞尔维亚人的眈眈虎视，一位将军下令，关在教堂中的所有男性俘虏要接受审查，保加利亚人被赶走，其他的人全部被杀掉。死亡人数至少有60人，但当时大多数人都认为死亡人数要更多，即认为100—200人被杀。1500名居民被扣押了起来。[135]

在巴尔干地区的血腥杀戮虽然和德军的暴行有一些类似的原因，但是起源于不同的军事文化和不同的战场情况。哈布斯堡军官团的主要创伤出现在1848年，当时维也纳和布拉格的革命以及意大利北部和匈牙利的分离主义战争差一点让帝国分崩离析。这段经历让高度保守的哈布斯堡军官团对平民社会产生了长久的不信任，憎恶任何平民的武装行动。哈布斯堡军官轻视塞尔维亚，不仅因为它是一个自命不凡的暴发户，更因为它是一个用民主化和民族化的暴力行径来悍然破坏国际法的强盗国家。塞尔维亚国王彼得·卡拉乔尔杰维奇在1903年通过弑君登上王位，塞尔维亚军官将平民武装成暗杀者，在奥匈帝国领土上向其同胞宣扬叛乱信条。哈布斯堡军官对于塞尔维亚在巴尔干战争期间部署平民准军事部队的做法也嗤之以鼻。在一份1914年7月发布的报告中，哈布斯堡军事情报部门的负责人奥斯卡·冯·赫兰尼洛维奇-捷维塔辛上校概述了塞尔维亚非正规军的作战方式，主张推行严酷的反制措施。他提出："对这些'群体'最有效的防范措施，就是把他们排除在国际法的保护范围之外。"这些群体应当被通通消灭，他还建议，应当采取"惩罚性远征"，"用最有力、最严酷的方式对待那些支持这些群体的地区。应当努力保证我们的这种雷霆手段得到广泛传播"。[136]

哈布斯堡军队不是在1914年才第一次遇到游击队问题。镇压叛乱行动于1882年便在波斯尼亚-黑塞哥维那实施过，当时军队无情地猎杀了叛乱者，但并未对平民采取惩罚措施。[137]因此，赫兰尼洛维奇提出的对广大平民采用恐怖手段的主张是前所未有的。在某种程度上，这种转变可能是军官团日益增长的攻击性的产物，因为军官团试图用坚决无情的意志力和"最有干劲的"实干精神来弥补哈布斯堡军队在物质上的不足。[138]然而，这种转变还反映出哈布斯堡军方日益将敌人看作一个个种族群体，在这一点上，哈布斯堡军方和德国军方是不同的。1914年，哈布斯堡军队认为自己正在打的是历史学家奥斯卡·亚西所说的"双重战争"，一重是对外部敌国，一重则是对帝国内部的各个族群。[139] 在巴尔干地区，哈布斯堡军队不仅进攻塞尔维亚王国的军队和平民，还攻击了本国境内的塞尔维亚族居民，因为军方认为他们正在参与战争。"在部队部署地区的全体居民都是不可信的，因为他们是塞尔维亚人。"这是第二集团军第六十一步兵旅旅长奥雷尔·勒博准将的直白表述。[140] 如前所述，在匈牙利南部的塞尔维亚社区，甚至在战前便已经开始了逮捕行动。随着开战，打压行动扩大。为了防范叛乱，哈布斯堡治下的塞尔维亚社区的领袖被抓了起来，在火车站、宪兵大楼和军事指挥部当人肉盾牌。有些人甚至被绑在政府办事处或是仓库外面的木桩上。[141] 在不需要这些人做人质之后，他们也没有被释放。相反，到了1914年9月中旬，这些地区的2584名"政治上可疑"的哈布斯堡臣民被关押在了匈牙利东部。[142]

哈布斯堡军官认为类似做法是完全合法的。在战前很久便已经制定的奥匈帝国军队服役规章规定，平民的叛乱应当"以最严肃的态度"加以处置。约束"敌人或是不可信的平民"的手段包括当场处决和扣押人质。[143] 根据《战争紧急状态防卫法》，在自己的部队受到威胁的情况下，军官可以不经审讯便下令实施处决。战争监察处和最高统帅部鼓励使用这种手段。[144] 各个部队的指挥官也认为在这种形势下应当广泛应用这个手段。在沙巴茨附近行动的第九军指挥官警告他的属下，塞尔维亚人"受狂热的仇恨驱使"，并告诫属下"对每个人都秉持极度严肃、极度严酷、极度怀疑的态度"。不穿军装的战斗人员要被"无条件处决"，倘若人质所属地区发生了枪击，那么扣押的人质也要被处决。一种有罪预设占据了上风："在公开场合遇到的任何一个平民，特别是在树林中遇到的，都应当被怀疑为藏有武器的群体的成员。"这位将军命令道。"倘若这些人显露出一丁点儿可疑之处，他们便应当被处决。"[145]

这些命令和哈布斯堡士兵的血腥行径，应当被放在军队的预期和在塞尔维亚的作战现实的情境下来考量。正如赫兰尼洛维奇的报告阐明的那样，即便在战争开始之前，高级军官已经预计会遭遇一场猛烈的人民的反抗。在开赴战场前，后备军人的训练包括如何分辨干净的水井和有毒的水井，包括有关非正规军的警告。后备军人听到的描述非常含糊：身着农民服饰、背着子弹带的男性。[146] 开战之后，塞尔维亚人在某些方面确实如哈布斯堡军官所料。最为明显的是，塞尔维亚部署了很多不穿军装的士兵。这个做法违反了海牙公约，然而塞尔维亚并未签署该公约。塞尔维亚第一级征召兵（最年轻的士兵，年龄在21—31岁）就算不是全部都有军装，也是大多数都有，但是第二级征召兵（年龄在31—38岁）中的很多人和更年长的第三级征召兵中的所有人都是穿着农民服饰上场打仗的。[147] 因此，哈布斯堡士兵对于究竟谁是敌人的疑惑是完全可以理解的。在塞尔维亚，平民和士兵真正混杂在一起，这就使得当地的战争比西部的战争更具"总体"战的特点。这场战斗是极度紧张的。一位哈布斯堡士兵说道：

> 在这里，每个农民都背着一杆步枪，士兵们（可能是很狡猾地）穿着农民的衣服，甚至有人说女人和小孩也在残忍地对付我们躺在战场上的伤兵。在每一次战斗中，我们都屡屡受到突袭和背叛，我们必须时刻准备应对交火、伏击和袭击。没有一个夜晚是安宁的。这种精神紧张比生理上的忍饥挨饿更加难熬。[148]

这些严酷的镇压命令以整个整个的社区为目标，省掉了审判。这些命令也违反了国际法，在某些情况下还违反了哈布斯堡军法，一位军官主要因为这些命令而称这个战场"过分"残酷、悲苦。[149] 来自高层的警告包括一些不太可能发生的情况，譬如关于禁止在德里纳河中饮水或是洗澡的禁令，因为他们认为塞尔维亚人可能会给整条河投毒。高层的警告、战场上的混乱、物资的短缺，也在士兵当中造成了一种集体歇斯底里症状。在哈布斯堡士兵——他们因本国作战计划的失败而更加恼怒——看来，塞尔维亚人似乎无比狡猾和野蛮。他们深信，塞尔维亚平民正在用光和烟给他们的人通风报信。一则特别富有想象力的故事称，一名河边的牧鹅人在泄露哈布斯堡兵力。放到河边多少只鹅，就代表哈布斯堡军队有多少个营。[150] 军官们的严酷命令和士兵们准备杀戮的状态，可能也刺激了塞尔维亚方的报复，并使得暴力的严重程度不断上升。哈布斯堡官兵中流传着很多故事，有些可能是真的，有些则明显是夸大其词，这些故事说，塞尔维亚士兵会阉割战俘和尸体，取出内脏，挖去眼睛，剥去人皮。[151]

这次入侵持续了不到2周，因为和哈布斯堡军队不同，塞尔维亚军队有睿智的领导层。他们也展现出了相当的战术技巧、耐心以及冷酷决绝，这些大大弥补了他们装备上的劣势。塞军指挥官沃伊沃达·拉多米尔·普特尼克起初采取守势，只在边界留有少量士兵。他的3个集团军全都集中在塞尔维亚中北部。一俟得知敌军的进攻方向，他便下令军队开往边界，集中力量对付哈布斯堡第五集团军，这是这次进攻的关键点。最终他成功地实现了对第五集团军3∶2的人数优势。[152] 决定性的战斗发生在8月16日晚，当时塞尔维亚第二集团军的各个师在塞尔普拉托伏击了奥地利第二十一防卫师。塞尔维亚老兵们采用了卑鄙手段，他们声称自己是克罗地亚防卫军，从而让捷克哨兵放松了警惕，接着便在近距离平射射程直接开火。在接下来的混战中，哈布斯堡部队损失了将近1/3的步兵和半数野战炮。继而是一场混乱的撤退。不仅是第二十一防卫师，其姊妹部队，第八军中的第九步兵师也离开了原本的阵位。第五集团军的第十三军也后撤了。第二集团军的第四军试图施以援手，但结果只是延误了自己开赴加利西亚的行程。第六集团军在南部的进军原本已经停滞不前，便也撤退了。到8月24日晚，塞尔维亚境内已经没有一支哈布斯堡部队了。在13天时间里，波提奥雷克损失了2.8万人、30挺机枪、46门火炮。塞尔维亚军则损失了1.6万人。[153]

对于奥匈军队而言，这次战败是一个奇耻大辱。罗马尼亚和保加利亚尽早加入同盟国一方作战的可能性全都化为了泡影。11月，奥军再次侵入塞尔维亚，短暂地占领了贝尔格莱德，但在12月中旬又以撤退收场，这次入侵只是更加突显了哈布斯堡的耻辱。[154] 对于士兵们而言，战事失利深深动摇了士气。菲德勒的部队退回了德里纳河的另一侧，在这支部队中，早在8月底便已有传言，称他们冬季要在此驻扎。其他军官们则祈祷："愿上帝赐予我们更英明的高层领导，或是赐予我们更多的运气！"指挥部不公地将这场灾难的责任推到了捷克士兵的头上。这个做法开了恶习先河，并且在此后的战争中屡屡上演，引发了严重的国内纷争。[155] 对于这次军事行动能说出的最好的话，是它历时很短。随着塞尔维亚的战事落下帷幕，一场更加可怕的灾难正在向部署在加利西亚的哈布斯堡主力展开。

哈布斯堡在塞尔维亚战场的失利只是使其颜面扫地，它在加利西亚的溃败却是一场彻底的灾难。帝国军队的 120 万名士兵，包括大部分骑兵和大约 2000 门火炮，都被部署在了这个战场。[156] 它要对抗的，是比自己多出 1/3 兵力的俄国军队。康拉德在动员期间的迟疑不决与错误做法令他的军队受到了不必要的削弱，作战计划的不切实际与拙劣不周更使得局势雪上加霜。他的军队在一个月之内便战败了。对于加利西亚的百姓而言，这场战役同样是一场悲剧。哈布斯堡军官的恐惧与偏见，痛苦的撤退引发的紧张和混乱，以及在这个多民族交战地区激烈的民族冲突，使得这里出现了 1914 年欧洲大陆上最为血腥的平民屠戮事件。

作战区域加利西亚，是沸腾的民族雄心与冲突的一个中心。波兰人支配的行政机构与罗塞尼亚民族主义知识分子之间一直在争夺权力，虽然双方近来也达成了一些妥协，但这种争夺在 1914 年依然层出不穷、十分激烈。一旦战争爆发，政治竞争中的赌注事实上变得更高了，两个族群的代表都在设法讨皇帝的欢心，通过组建武装力量（波兰军团、西奇步枪团）来获得政治影响力。两个民族都基本上忠于哈布斯堡国家，这在很大程度上是因为他们在这场族群冲突中需要哈布斯堡国家的支持。在波兰人这一方，伊格纳齐·达申斯基和他的社会党同志们甚至曾在 8 月初去接近过在维也纳的政府，乐观地预示在俄属波兰地区将会发生起义，且宣称已经有数万波兰革命者做好了准备，就等着痛击俄国压迫者了。[157] 只有根基在加利西亚东部的民族民主党人权宜性地亲近俄国，但他们在 1914 年夏天也保持了沉寂。罗塞尼亚人作为势力较弱的民族，比波兰人更加依赖维也纳的支持。亲乌派的主体——民族主义者——在 1914 年热情地表示支持帝国的战争努力。然而，罗塞尼亚人的公共形象被战前的间谍丑闻和指控玷污了，其实除了对少部分亲俄派，这番谴责对整个罗塞尼亚人是不公正的。[158] 随着对俄作战日益临近，波兰人支配的行政机构施行了一系列压制措施。8 月初，加利西亚行政长官——总督（Statthalter）——对警方和各地区长官提出了警告,称亲俄派运动可能"会在危急时刻对我军行动造成灾难性的影响",他们必须"运用一切可用的手段有力地粉碎亲俄派运动"。这番话措辞严厉:这些官员受命"无情地对付有罪之人"。[159] 到了该月中旬,有 147 位"政治上可疑"的人遭到逮捕,且当局有意将该王室领地的 800 名亲俄派政治犯转移走。[160]

哈布斯堡军队在 8 月 19 日至 23 日完成了在加利西亚地区的集结。康拉德计划从加利西亚的东北部用 2 个集团军发动进攻。第一集团军驻扎在西边,位于维斯瓦河与桑河的交汇处,一个小"军团"在其左侧掩护;第四集团军则在加利西亚中部的要塞城市普热梅希尔集结。这两个集团军分别有 3 个军、4 个军,比预计的要弱小,但面对的敌人与之规模相当。掩护它们的东翼的是第三集团军,而在它们下方的则是考伊维斯军团,在 B 集群抵达之后,这个军团的核心部分会成为第二集团军。这道东部的守卫力量共有 4 个军。康拉德的计划拙劣不周,战败事实上是不可避免的。这个计划中存在 2 个致命缺陷。首先,康拉德根本就没有足够的兵力来守住这道 280 千米长的边界。在没有 B 集群的情况下,他的东部守军要面对的是将近 2 倍于己的俄军。其次,第一和第四集团军向东北部发起突击的目的极不明确。在战前几年,曾出现过关于发起联合突击进攻的含糊磋商,按照这次磋商,德军将从东普鲁士向东南发动突击,而哈布斯堡军队则从加利西亚出击,由此将截断俄属波兰。然而,德军在东部的虚弱使得这个计划难以实现,毛奇在 8 月 3 日坚决不接受这个计划。康拉德却仍然决定执行这个计划,这意味着哈布斯堡的攻势注定徒劳无功。[161]

甚至在主攻行动开始之前,这个计划成功的可能性就再次降低了。康拉德从一开始便动用了他的骑兵,他派全部 10 个师到 100 千米外的俄国去执行侦察任务。有些部队来回跑了 400 千米,这是因为士兵们早早地在加利西亚中部下了火车,因此他们要先骑行很长一段距离,才能抵达边境。这次任务彻底失败了。骑兵们无法突破俄军的布防。雪上加霜的是,为了让士兵可以安稳地骑在马背上而配备的新马鞍并不合用,它们会把马背上的皮磨掉。到了 8 月第三周,有半数马都无法继续服役了。[162] 因此,当 8 月 22 日主攻展开时,哈布斯堡军队只能盲目地出击。第一集团军和第四集团军表现得很出色，到了 8 月底，第四集团军差点就将俄军第五集团军包围在科马鲁夫，并且俘虏了 2 万人，缴获了近百门火炮。然而，向东北部发起的进军拉长了康拉德的东翼，使得他那虚弱的第三集团军（因为第三集团军当时还临时调拨了 3 个师去支援第四集团军）的任务变得更加艰巨。一旦兵力远占优势的俄军开始向西发动进攻，第三集团军没有足够的兵力阻击。到了 8 月 30 日，第三集团军被击溃了。[163]

这些初期的战斗不仅暴露出康拉德的计划设定得雄心过高，也暴露了他用来训练军队的战术信条存在的缺陷。最薄弱的是各兵种协同作战的战术：第三十二利沃夫野战炮兵团指挥官承认，"我方炮兵和步兵之间的配合很糟糕"。类似意见绝非少数。各级军官没能协调配合，各兵种之间没有沟通，炮兵自行选择打击目标。[164] 尽管步兵高强度的行军训练收到了成效，但他们依然大多逊色于俄国步兵，后者从 9 年前的日俄战争中收获了许多教训。到了 9 月底，哈布斯堡最高统帅部要求士兵效仿敌军挖掘战壕，并且强调在进攻前开展侦察的必要性，强调预先排成"极为松散的散兵队形"以减少炮火造成的伤亡。[165] 约瑟夫·甘姆斯特是第四集团军摩拉维亚防卫军第九团的一名排长，他在日记中清楚地描述了这些早期战斗的混乱与可怕。甘姆斯特所在的团于 8 月 29 日在科马鲁夫以南约 50 千米处的一片马铃薯田中投入了战斗。俄军部署在距他们 800 步远的树林边缘，该团士兵难以看清他们，更不用说杀死他们了。炮弹从该团士兵的头顶上掠过，而且一旦有在右侧的敌方炮台开火，那么中间的炮台也会开火。轻武器的声音渐次加强："特别可怕的是机关枪"。子弹从后方呼啸而来，因为在队伍尾部的奥匈后备军人（没有注意到躲在马铃薯田里的防卫军）开始射击。甘姆斯特所在的部队出现了伤亡："士兵中弹时的叫声、伤兵的呻吟与呜咽声令人心慌。"甘姆斯特自己也不幸负伤。一枚子弹擦伤了他，掀飞了他的帽子。血沿着他的脸流下来，他失去了意识。几个小时之后，他苏醒了过来，而他的部队已经离开了，一个死人倒在他身上，一名俄国巡逻兵正用步枪指着他。[166]

在这片东部战场上，对于平民抵抗的臆想和在其他战场上一样盛行。哈布斯堡军队深信自己面对着背叛和敌意，这多少是有些根据的。俄国人已经在加利西亚建立起了一个小型间谍网络。[167] 即便是那些为俄国辩护的人也承认，在亲俄的加利西亚东北部，一些罗塞尼亚农民可能对奥匈士兵开过枪。[168] 然而，奥匈军队的恐惧情绪有些过激了，因为俄国人从未组织过像塞尔维亚非正规军一样的武装力量，且居住在国境线两侧的少数民族百姓大都不愿为了压迫性的沙皇政权去铤而走险。罗塞尼亚人尤其受到怀疑，但调查发现，在俄国占领该地之后，罗塞尼亚人非常忠于哈布斯堡王朝和国家。[169] 然而，对于疑似有敌意的人群的奥匈帝国作战规章极为严苛。8月19日，在加利西亚东南部作战的考伊维斯军团对属下士兵发布了一条典型的警告：

> 在迄今为止的军事行动中，我方士兵屡屡受到平民或是乔装成男女平民的俄军士兵的袭击……此外亦已确定，在我国境内的多个地方，亲俄民众正与敌军串通合作，通过为敌军传递情报（多通过各种信号）背叛自己国家的军队。

考伊维斯强调，类似的不法行为需要军官和士兵"<u>全力</u>"回应。如果抓到某人携带武器，甚至是在家中藏有武器，倘若是在敌方领土，此人就要被当场处决，倘若是在哈布斯堡领土，就要对此人按军法审判、定罪。如果有人在哪个村庄和农场开枪，那这个地方就要被包围起来，付之一炬，而且有罪者要被处决。如果哈布斯堡部队要在一个有疑似"亲俄分子"生活的村庄驻扎，先头部队便要将当地最有影响力的人物扣为人质，并且宣告"最轻微的敌对举动"都会导致人质被"立即公开处决"。村庄也要对周边电报线路的安全负责。倘若这些电报线路被切断，人质也会被处决。在考伊维斯看来，这道命令只是被宣读给士兵听还不够，而是要"严正地让这些士兵摆脱和平时期的习惯，意识到我们正在对付着一群残忍狡诈的敌人，对他们采取谨慎、<u>无情</u>的措施是极为必要的"。[170]

住在俄奥两国边界地带的各族百姓都成了哈布斯堡暴力措施的受害者。在主要定居者是波兰人的加利西亚西部，当地至少是遵守一种专横的合法性。触犯法律者倘若幸运，可能得以在一个常设的由专业人士组成的防卫军师属法庭受审。判决极为严苛，因为加利西亚属于"交战区域"，因此受戒严法辖制。这类法庭有多严酷，可以从米哈乌的案件中窥见一斑。他是一个拉科维奇山村的装潢设计师，在1914年9月被判处死刑，因为他说了些对皇帝不敬的话。不到2个小时，他便被处决了，宣告他命运的海报贴在了附近的克拉科夫，以警示大众。[171] 然而，前线部队最多也就开展一场很短暂的审判，可能会直接跳过棘手而漫长的案件调查阶段。他们也在加利西亚西部边境扣留了人质。在第一集团军集结区域内，有一个小镇叫作齐考夫，当时一位士兵的香烟点燃了邻近的马厩，烧死了2匹军马。军官们立刻认定有人蓄意破坏，而拒绝承认是手下士兵的过失，他们逮捕了已经供职多年的72岁镇长扬·斯洛姆卡和其他4个人，扣留了他们8天，并威胁当地居民，倘若再有此类事件发生，便枪决人质、焚烧村镇。还有一些波兰族镇长被任意拘禁或是被判处绞刑。[172]

在俄国领土上，正如考伊维斯的命令表明的，执法细节并不十分被看重。不用说种族主义，哈布斯堡军队对于平民的固有怀疑，它在回应非军事人员抵抗活动时采取的严酷措施，以及战争造成的震撼，就足以造成很多暴力行动了。第十二步兵师很好地展示了这一点。这个师在和平时期驻扎在克拉科夫，士兵中占比最大的是波兰族士兵，然而开战之后，这个师居然在俄属波兰一路烧杀。[173] 该师所属的第一集团军指挥部深信，平民用信号甚至秘密电话泄露哈布斯堡军队的动向——考虑到俄属波兰落后的经济状况，这是不大可能的。上级下令，与敌军合作的平民，或者只是在自己的家中容纳了敌军观察哨、电话线的平民，都要被"无情地当场处决"。[174] 尽管第十二师中波兰人占比很高，但在如此行动时依然毫无顾忌。克洛德尼卡是一个在卢布林以西约60千米处的小镇，哈布斯堡军队怀疑当地百姓通过火焰来引导敌方火炮，于是第十二师指挥官保罗·凯斯特拉尼克下令逮捕该镇镇长和当地另一位地方要员，倘若他们不能指认出放火者，便会被枪毙。[175] 一份报告称，霍代尔附近的百姓伏击了哈布斯堡士兵，这个报告又激起了同样残酷的回应："揪出镇长、神父、神父助手（均是天主教徒），再抓捕几个人，主要是犹太人，然后将他们立即枪决。焚毁房屋，设法去拆毁教堂尖塔。"在第十二师士兵执行这项命令之前，镇长和神父便已经闻风而遁了，但士兵们确实抓到并绞死了神父助手，处决了 5 个犹太人。该镇只有 3 栋房屋未被烧毁，因为它们是用来收容哈布斯堡伤兵的。[176] 有些部队甚至将军中士兵与敌对平民民族相同这一点用作一个优势。一支部队让一位士兵——可能是波兰人——穿上农民的服装，拿上卢布，派他到当地百姓中去担任密探。[177]

然而，种族主义有时也对暴力行动起到了推波助澜的作用。首先，哈布斯堡军队中最为残忍的组成部分匈牙利防卫军也是极端民族主义的。刚抵达加利西亚几天，这支部队便恶名昭彰了。农民们抱怨："俄国人坏，德意志人坏，匈牙利防卫军士兵是最恶的野兽。"[178] 这些马扎尔人来自一个长期蔑视斯拉夫人、推行强制性同化政策的社会。反犹主义正在兴起，而且战前 10 年的政治纷争助长了匈牙利民族主义。[179] 因此，匈牙利防卫军可能会轻视波兰人、罗塞尼亚人和犹太人。这支部队糟糕的军纪也加重了暴力行径。在加利西亚的哈布斯堡正规军军官谴责这些马扎尔人"怯懦而且无军纪"，咒骂匈牙利防卫军，特别是它的骑兵是"最邪恶的"。[180] 此外，还有第三个因素使得马扎尔士兵尤其倾向于攻击平民。现代神经系统科学的研究强调在犯下暴行时"他者化"的重要性。刻板印象、群体内外差异、在新环境中的威胁感与迷惑感，都让施暴者与受害者拉开了至关重要的距离。[181] 马扎尔士兵尤其依赖偏见与成见，容易误判他们所处的环境，因为他们缺乏与当地百姓沟通的能力。斯拉夫士兵至少可能听懂当地波兰人或罗塞尼亚人说的一些话。德语也可以用作一种通用语；它是共同军队的军令语言，而且在有铁路通往外部世界的镇子上，德语的使用也足够广泛，因此很容易就可以找到一个人进行翻译。在没有铁路线的地方，讲意第绪语的犹太人或许可以充当沟通中介。但是，在加利西亚，没有人说马扎尔语。倘若匈牙利士兵认定或被告知当地居民怀有敌意，他们在语言上的孤立状态让他们难以去理解周边环境、改正看法。[182]

种族在另一个问题上也十分重要，那就是对一个特定族群——加利西亚的罗塞尼亚人——的恶意攻击。哈布斯堡军队的各个层级都坚信，不仅仅是罗塞尼亚人中的个别人，而是整个民族都是不忠的。康拉德对这种看法引发的杀戮非常坦诚，他曾经告诉政治家、法学家约瑟夫·雷德利希："我们在自己的国土上战斗，就像在敌国国土战斗一般。""各地都有罗塞尼亚人按照戒严法被处决。"[183] 小知识分子们，包括许多东仪天主教会的神父，受到了尤为严酷的对待。一位义愤填膺的议员抗议："这个最为忠诚的民族，这些可敬、可贵的人士，被套上了镣铐，在大街上和火车站受到虐待，被人用枪托、警棍、棍子打到流血，在雨中被示众数天且粒米不进，忍受寒冷污秽，受人诅咒唾骂，被人用左轮枪和绞索威胁，待遇如同最卑鄙的间谍。"[184] 按照哈布斯堡军官的命令，农民和神父被吊死在路旁。像往常一样，这些军官想要借此震慑住对帝国不忠的百姓。死亡和折磨的全面情况永远都没办法弄清。到了1914年11月，超过7000名罗塞尼亚人被关押在哈布斯堡帝国境内条件凄苦的塔勒霍夫和特蕾西亚城拘禁营。另有许多被军官们认定为不可靠的村民被强行驱离了家园。[185] 大量罗塞尼亚人直接就被当场处决了。看似最为可靠的估计认为，加利西亚地区共有2.5万至3万名罗塞尼亚人被杀害。[186]

加利西亚的罗塞尼亚人成为军方暴行的主要受害者，主要有3个原因，其中的两个原因和种族或种族主义有关。首先，间谍审讯和叛变丑闻已经让整个罗塞尼亚民族都背上了叛国和亲俄的嫌疑，虽然说涉事者的数目其实很少，而且罗塞尼亚人在选举时压倒性地站在了亲奥地利的乌克兰民族主义政党一边。[187] 因此，这个族群便被预先做出了判断：一位军官回忆，士兵们刚一到达，便收到了警告，要"极度小心谨慎，减少交流，因为加利西亚的百姓并不友好，潜伏的间谍无所不在"。[188] 其次，波兰人把持的行政当局和乌克兰民族主义知识分子在战前的民族冲突也使得罗塞尼亚人的死亡人数增加。波兰族民事官员负责拟定要受到关押的不可靠者名单，而后来由军方和外交部开展的调查显示，许多波兰族民事官员在利用这个机会剪除异己。哈布斯堡外交部在波兰-乌克兰领土问题方面的专家利奥波德·冯·安德里安-韦尔布格男爵强调，在驱逐忠诚的东仪天主教会神父的事件中，"个人动机，特别是当地有影响力的波兰族官员的仇恨"起到了一定作用。[189] 罗塞尼亚议员也控诉，"极有偏向性的加利西亚民事当局"骗军官们相信所有罗塞尼亚人都是叛国者。这些罗塞尼亚议员更再三宣称，当忠于帝国、反对波兰人控制加利西亚的乌克兰民族主义者遭受指责与驱逐时，真正危险的亲俄分子却被忽视了。[190]

让罗塞尼亚族百姓在入侵时遭受了尤为血腥的迫害的第三个原因，是哈布斯堡军队的撤退。在这个战场的撤退是从加利西亚东部开始的。8月26日，保护康拉德的右翼的第三集团军对规模2倍于己的俄军发动了一次拙劣的攻势，但被击退了。虽然第三集团军在下一条河——格尼拉-利帕河——边布置好了新的防线，但俄军还是在8月30日击溃了他们，并于9月3日占领了未设防的加利西亚首府利沃夫。从巴尔干赶来的第二集团军正好来得及参战，但也没能阻止这场溃败。面对东部的威胁，康拉德试图包围俄军进攻者，这番失败的回应证明了他完全脱离现实。他的将士在数周行军之后已经精疲力竭，而且他在开战之初就浪费了自己的骑兵，最终只获得了零星的俄军动向。[191]前线则是一片混乱。卡尔·劳尔上尉是在第二集团军第十七步兵师任职的一名参谋，根据他的描述，早从8月26日起，一种"难以名状、不可思议的"对俄军的恐惧便深深攫住了士兵们。他听说有军官为了躲避臆想中的俄军进攻者而从二楼窗户跳了出去，他在格尼拉-利帕河边看到，哈布斯堡骑兵在试图阻止己方惊慌失措的运输部队向后溃逃时不得不攻击了他们。[192]另一位第二集团军的军官阿图尔·豪斯纳少校则在9月初担忧道："军纪极度松弛。""回到斯特瑞（一座在利沃夫以南的城市）的军官和士兵，应该是和他们的部队分开了，他们都已经精疲力竭、形容凄惨，向人们讲述着战斗中的可怕情形。城镇中劫掠盛行……每辆运载逃难百姓的马车上都混有没带武器装备的士兵。"[193]在这样的混乱中，出现了愈来愈多的趁乱抢劫事件。无纪律状态和军队的溃败让军队对罗塞尼亚人的怒火更盛，因为官兵认定是百姓的背叛行为导致了这场灾难。在当年秋天的撤退期间，针对平民的暴行达到了顶峰，但是暴行直到1915年初夏才平息。[194]

9月11日，康拉德下令全军撤退，起初是撤到了将东加利西亚南北两侧分隔开来的德涅斯特河，随后，撤到将加利西亚东西部分隔开来的桑河。最终，俄国人迫使康拉德的军队撤退得更远，向西一直退到了克拉科夫的城门下，向南则退到了喀尔巴阡山。康拉德的揭幕战差点摧毁了哈布斯堡军队。职业军官的损失极其惨重，以至于到了10月，那些退役的或是不胜任的军官们不得不再次接受审查，被批准上前线。[195] 在这场揭幕战中，约10万名官兵阵亡，22万人负伤，10万人被俘，216门火炮被弃；这是总兵力的约1/3。[196] 除了俄军，霍乱也加剧了恐慌和撤退时的伤亡。从9月下旬开始，士兵尸体密密麻麻地堆在路旁沟道里的景象便已经是司空见惯的了。[197] 这场灾难造成的士气低落问题也很严重。随着前线在9月土崩瓦解，有些健康的士兵也躲在医院和邮政列车里开小差。[198] 大量士兵自己弄出伤口，这么做的罗马尼亚士兵尤其多。[199] 专为歌颂奥匈帝国军队功绩的官方奥匈帝国战争史中也承认有"相当多的部队"直接逃离了战场。[200] 军队最终得以免于崩溃，靠的是严酷的军纪。各级军官们被提醒，他们有义务立即射杀试图逃离战场或是开小差的士兵。[201] 然而，整个军队的情绪是悲凄惨痛的。皇帝的士兵们——带着劳尔上校所形容的"在淌血的心"——开始了漫长的向西跋涉。[202]

1914年，同盟国的进攻计划失败了。速战速决是不可能的了。对于这两位总参谋长而言，这场战役是一场个人悲剧。毛奇的精神陷于崩溃，还被免职。康拉德的军官儿子赫伯特则于9月在东线战场上阵亡。对于他们效力的国家而言，这场失败有着深远的影响。毛奇的继任者埃里希·冯·法金汉将军实际上从9月14日起便已经取代了毛奇（但是为了掩盖马恩河的失利、避免引发公众的不安，他从11月1日起才正式取代毛奇），现在他在努力挽回局势。接下来在西线爆发了一系列战斗，这些战斗的战场更加靠北，因为双方都想要在战场被推到海边之前包抄对方，但他们的努力只是徒劳。最后的一次战斗是德军于10月、11月在伊普尔发动的攻势。在这场战斗中，许多在8月参军的志愿军也被投入了战场。德军又蒙受了8万人的伤亡，却未取得什么实质性战果，最终在精疲力竭、弹药耗尽时被迫结束战斗。随着整条战线上堑壕防线不断加固，现在无法忽视的事实是，同盟国将要陷入旷日持久的战争泥潭之中，而对于自己的敌手，同盟国此前低估了它们的意志与士气，而且敌人在物质上更有优势。法金汉不确定是否能够击败所有3个协约国国家，因此，他希望通过承诺不吞并领土，来和俄国或法国单独议和。正如他机智地告诉首相的,"如果俄、法、英三国同心协力,我们便不可能把它们打到愿意达成可以接受的和平条款的地步。我们更可能会被慢慢拖垮"。[203]

1914年的战斗不仅将战争变成了一场令人筋疲力尽的持久战,同时也决定了接下来这场艰难的战争会在什么样的条件下进行。奥匈帝国的失败减损了它的国际威望,使得它在来年无法获得潜在的巴尔干盟友,对于奥匈帝国军队的影响更是毁灭性的。奥匈帝国开始逐渐受德国支配,这种趋势在战争期间变得越发明显。在国内,战争的失利也预示族群冲突即将激化,民众对将要逐步支配战时后方前线的国家也不再抱有幻梦。因为军方对罗塞尼亚人的残忍迫害,军方跟罗塞尼亚人日渐疏远。康拉德还触怒了波兰族精英,因为他在1915年7月坚持要让一个"不偏不倚的"将军担任传统上由波兰人任职的加利西亚总督。在加利西亚,这两个族群和犹太人之间的关系进一步恶化。[204] 但是,虽说康拉德的犹疑不决和不切实际的野心古怪地混合在一起,使得奥匈军队在战争中遭受了基本上没有必要的重大打击,但这场战争还是显露出了可敬的后备军人的力量,就如同民众对战争爆发做出的反应那样。尽管领导层无能、伤亡巨大,但军队并没有垮掉。相反,军队继续完成了一场坚决的撤退,熬过了在加利西亚西部和喀尔巴阡山的可怕冬季战斗,到了1914年底,奥匈帝国军队有18.9万人阵亡,49万人负伤,27.8万人被俘。[205]

德国人在西部的揭幕战占有优势。毛奇没能速胜,但他至少也确保了在接下来的4年里,受到战火荼毒的将是法国和比利时的土地,而非德国的土地。在南部,德军击退了法军的入侵,这是一项常常被人遗忘的成绩。倘若法军在南部的进攻取得了更大成功,结果将如何实在难以预料。可以确定的是,一旦法国夺回了阿尔萨斯-洛林,便不会再放手。1914年秋天,一些法国军方人物将他们的战争目标调高了,要求将德国的国界推回到"天然的边界线"莱茵河以东,莱茵河以西则将被置于法国的军事控制下。[206] 更为重要的是,德军自己在北部的进攻已经对法国开展总体战的能力造成了沉重打击。一些非常肥沃的农业地带和法国的重工业核心地带如今都落入了德国手中。陡然之间,法国的铸钢产量跌到了战前的42%,铸铁产量则跌到了战前的36%。整个制造业产能的1/6

丢失了。[207] 农业的损失同样不容忽视。约 8 239 000 英亩（约 33 342 平方千米）土地被德军控制，其中 3/4 是耕地，更包括了一些法国最为肥沃的田地。1913 年，这些土地为法国提供了超过 1/10 的马铃薯、1/5 的小麦、1/4 的各类燕麦、一半的甜菜。[208]

德国的征服和奥匈帝国的恢复能力是否足以支持它们在接下来的消耗战中取胜？这实在难说。德国的揭幕战、"向着海洋赛跑"的行动和在伊普尔的战斗，使德军的 50 万名官兵阵亡或终身伤残。[209] 对比利时的入侵和蹂躏严重损害了德国在各中立国当中的声誉。这一事件还决定性地促使英国早早加入了战争。从长期来看，这将对德国和奥匈帝国都造成最为重大的威胁。然而，1914 年，摆在它们面前的还有一个更迫在眉睫的威胁。德国人未能在西部取得决定性胜利，哈布斯堡军队又在加利西亚受到重创，结果这两个国家都变得非常虚弱。1914 年和 1915 年很多时间，奥匈帝国和德国面对着俄国在东部的进攻。

第 4 章

防御战

入 侵

"德国人民或许此时在真诚地重申,他们不想要这场战争……但他们不允许祖国的土地被俄国士兵占领、蹂躏。"[1] 在战争爆发时,德国最重要的自由主义报纸《柏林日报》用这些挑衅性的话说明了,为何众多德国百姓都认为他们别无选择、只能开战。在战前的最后几年,在德国和奥匈帝国,人们日渐相信,与那个东部的专制帝国终有一战。俄国疯狂的重整军备、它在巴尔干半岛的咄咄逼人、俄国泛斯拉夫报纸上刊登的半官方的对加利西亚东部的强硬所有权主张、在加利西亚劝人改信东正教的现象,以及大量的敌国间谍,所有这些活动都让人们担心俄国的敌对意图。1914年8月,入侵的梦魇成了现实。沙皇的士兵如潮水般越过同盟国的边界,给被占领的地区——德国的东普鲁士和奥匈帝国的加利西亚——造成了破坏和恐慌。在德国和奥匈帝国在东线的战争当中,第一年的大部分时间都围绕着入侵、暴行和奋力收复失地、击退致命威胁。[2]

俄国军队在一战爆发时是按照"19号计划"部署的。这个计划在1910年被构思出来时是防御性的,但到了大战爆发时已经发展成了一个雄心勃勃的进攻性计划。俄国在欧洲的兵力被分成了2条"战线"。西北战线由第一、第二集团军组成,包括16个步兵师、8.5个骑兵师和1230门火炮,其任务是突入东普鲁士。这一条战线的攻势要在动员之后的第15天便早早发起,以迫使德军将部队从西部战役中抽调过来,由此减轻俄国的法国盟友的压力。西南战线则由第三、第四、第五、第八集团军组成,上述部队到8月底总共有45个步兵师、18.5个骑兵师,其任务是消灭在加利西亚的奥匈军队。东普鲁士和加利西亚都伸入了俄国领土,将俄属波兰夹在中间。控制东普鲁士和加利西亚,便可以确保俄军左右两翼的安全,为随后向德国腹地发起进攻做好准备。战争一开始,俄国最高统帅部便发现，敌方派到其他战场的部队比预计的多，这必然令两国的东部边界防守薄弱。因此，俄国进一步调整了部署。由于对自己在南部和北部的兵力优势感到自信，加上法国盟友的苦苦求援，俄军在中部组建了一个新的第九集团军。如此一来，一俟西北、西南两条战线的部队完成了既定任务，他们便可以迅速从侧翼包抄德军固若金汤的维斯瓦河防线，进而攻打波兹南，如沙皇本人所说，"尽快扫清通向柏林的道路"。[3]

今天几乎没有多少历史学家认识到俄军在1914年给同盟国造成的威胁。沙皇的军队在8月和9月对东普鲁士发动的首次攻势虽然打得糟糕且很快被击退，但也短暂地控制了该省的2/3，并且被看作下一步深入德国作战的预备阶段。在加利西亚，俄军早早地取得了几场大捷，控制了其首府利沃夫，迫使哈布斯堡军队全面撤退，并包围了奥匈帝国防卫的重点——普热梅希尔要塞。11月初，俄军进逼克拉科夫城郊，俄军新成立的由西弗斯将军指挥的第十集团军对东普鲁士发动了第二次攻势，德军指挥官们因这些情况短暂地陷入了恐慌。有一段时间，在俄军在北部攻势被遏制且在加利西亚被推回之前，似乎波兹南——进攻德国的主要路径上的门户——马上就要被围城了。[4]赌注很高，因为俄国的统治者和军队很快便产生了开疆扩土的勃勃雄心。圣彼得堡有影响力的人物主张，俄国到1914年秋天至少也要永久吞并东普鲁士的北部。至于加利西亚，俄国的计划可远不止占领那么简单。俄军把这场加利西亚战役看作一场种族团结之战，并且构想了非常激进的计划，想要把加利西亚东部打造成不仅在政治上俄化、在种族上也俄化的土地。这个幻梦可以让我们联想到血腥的纳粹种族方案"东方总计划"，仅仅25年之后，纳粹分子将要在同一片土地上开展这个计划。虽然俄国的这些计划并没有如同纳粹分子一般的种族屠杀意图，但这些计划在规划这个地区的未来时确实是以种族为中心进行考虑的，违背了国际法，并且在1914—1915年给数十万人造成了深重的苦难。[5]

同盟国民众在一战之初面对东部入侵时所遭受的痛苦经历如今已经为我们遗忘，这段经历被20世纪中叶发生在同一片土地上的远为骇人的记忆掩盖了。然而在当时，俄军的入侵被认为是一件至关重要的事，没有哪个事件比它更能让中欧百姓意识到什么东西在这场战争中危在旦夕，更能让他们看清自己的国家争取这些东西的能力了。入侵的震撼影响到的远远不止战场。听说俄军的进攻和他们在东普鲁士的暴行后,整个德国的人民都非常惊恐并且被动员了起来。随着难民向西奔逃,德国和奥匈帝国都面临着人道主义危机,尤其是奥匈帝国。然而,留在入侵地区的百姓所受的苦难是最为深重的。俄军惊人的现代雄心,不仅是要征服加利西亚的百姓,更要改造他们,从强制文化同化到集体驱逐,俄军用了各种方法。因为俄军对间谍的恐惧和对安全的执念,他们以极为残酷的方式对待当地平民。德军在西部的暴行迅速地平息了下去,但是俄军的暴行在整个战争期间不断激化,从而导致了更加严重的暴力行径和苦难。而且,即便是在最好的情况下(战斗历时短、入侵者行为检点),入侵也总是令人痛苦的。在占领军离开之后很久,强烈的恐惧、愤怒与耻辱依然会萦绕在人们心灵深处。仔细考察东普鲁士的阿伦施泰因在俄军8月入侵时的情况,我们便可以看出这些伤痕究竟有多深。

阿伦施泰因

对于以农业为主的东普鲁士而言,拥有3.3万居民的阿伦施泰因是一个大型都市。这座城市由条顿骑士团在14世纪中叶建立,拥有一段由围城、劫掠和占领组成的漫长历史。该城最有名气的居民当属天文学家尼古拉·哥白尼,在1519—1521年波兰-条顿战争期间,他曾放下自己的研究工作,转而去负责组织城市防御。18世纪初,四处劫掠的瑞典人攻下了阿伦施泰因,烧毁了半个城市;在1756—1763年的七年战争期间,俄军占领了该城。法国人也曾经在1807年夺取过这座城市,并无情地洗劫了它。拿破仑在该城的市场上惊险地躲过了一次暗杀。[6]但在19世纪余下的时间里,阿伦施泰因享受了一段异常持久的和平时期,而且在19世纪最后几十年里,它实现了迅速发展。这座城市成了一个繁忙的铁路枢纽,它的人口急剧增长,从1864到1890年,人口从4800人增长到了19 136人,在随后的20年中,这个数字又翻了差不多一番。到20世纪早期,阿伦施泰因的发展明显呈上升趋势。1905年,它成了一个地区首府,并在1910年被设为自治市,普鲁士军方在1912年将该城选为新组建的第二十军团的驻地。当战争在2年后爆发时,阿伦施泰因正忙着建造一座气派的市政厅,以象征它日益重要的地位,这座建筑恰如其分地采用了德意志文艺复兴的建筑风格。[7]

阿伦施泰因距离东普鲁士东南边界仅仅50千米,无疑将会在俄军入侵德国时早早受到荼毒。该城的居民对这一点心知肚明,一直在非常忧虑地跟进了解7月的国际危机,而奥匈帝国与塞尔维亚开战的消息更是让一些极为小心谨慎的居民选择离开此地。[8] 8月1日德国对俄宣战后,其他居民也立刻开始想办法避难。富人们最早离开,他们有出行的财力,而且在东普鲁士之外的地方有些人脉。当地驻军中一位少尉的妻子炮制并散播了一则谣言,称第二十军团的军官们受命将自己的家属送到内地去,因为军队即将撤到维斯瓦河另一侧——完全在阿伦施泰因的西面。这个谣言更让富人们加快了逃离的脚步。该城的大多数居民是工人阶级和中产阶级,他们留在了城中,但是到当月中旬,痛苦的难民从边界地带逃了过来,他们向该城居民们讲述了俄军的骇人暴行。农场和村庄被狂暴的哥萨克焚毁,城镇被急速挺进的俄国军队毁坏。人们谈论着俄军屠杀、强奸、虐待的暴行,例如,女人被钉在谷仓门上,或是被迫看着自己的孩子被钉死在十字架上。[9] 居民们的疑惧与恐慌更加严重。现下有更多的居民开始打包行李,纷纷向西逃亡,他们或是乘火车,或是坐马车,或是骑自行车,甚至是步行。市长非常担心逐渐壮大的逃亡潮,于是在8月22日发布了一则辟谣布告,试图澄清这些"愚蠢的流言",呼吁人们保持冷静。"我已跟有关部门确认过,我们的形势非常有利。"他向市民们保证。"没有必要惊慌失措。"[10]

因此,当该城民事官员们在8月23日周日夜里突然逃离阿伦施泰因后,市民们更加震惊。在市民们看来,官员的背叛举动既标志着俄军正在迫近,又让描述俄军残暴性的故事更加可信。人们争先恐后地逃离阿伦施泰因,恐慌随即爆发。"数千个家庭带着行李挤向火车站。"当地的教师里特尔先生在日记中写道。"许多人昼夜不分地站在人满为患的站台上等车,却无法成功离开。"[11] 他的邻居也匆忙逃走,以至于将94岁的祖母锁在了家中。8月25日周二清晨,军方也宣布自己打算撤离该城。军方告诫市民们,不要对敌人开枪,并且安慰性地告诉他们,军队撤走会避免交火,这样市民们就可以留在家中,而留在家中是"最好的"。[12] 几乎没有什么人愿意相信军方的话。几个小时之后,上午10点45分,最后一列帮助百姓疏散的列车驶离了阿伦施泰因,这是一幅触目惊心的景象:"一列长长的列车上挂着客运车厢、牲畜运输车厢、运货车厢,车上挤满了人,有些人甚至站在餐柜上、运货车厢的顶上或是制动室里。"车上的乘客还在沾沾自喜,可是当德军获胜的假消息传来后,火车在开出去90千米后被突然叫停,又被命令开回了阿伦施泰因。精疲力竭的逃难百姓在周三早上下了火车,正好看到第一批俄军进城。[13]

到得此时,阿伦施泰因几乎已是一座空城。留在城中的居民不足3000人,这甚至不到该城原本居民的1/10。[14] 其中有些人是当地最穷的百姓,在车站于星期二疏散之后,他们立刻抓住机会洗劫了车站的小吃店和货架,然后又去扫荡了附近的商店和公寓。[15] 其他留下来的人则在家中紧张地等待着;当晚,市中心笼罩着一种"古怪的寂静"。[16] 然而这座城市的命运还不明朗。乐观主义者在周三早上听说俄军大败、看到难民回到火车站后颇受鼓舞。城市的有轨电车仍在继续运转,更营造出了一种一切如常的气氛。[17] 但是,许多居民做好了最坏的打算。保罗·希施贝格是一位富有的旅馆老板和市议员,他把自己的账册和保险单都藏在了酒窖里。[18] 里特尔的妻子不愿让自己的孩子们经受颠沛流离之苦,决定和丈夫一起留下来,她买了2瓶便宜的烈酒、一些香肠和火腿,并且把这些食物、酒水放在前厅,希望以此来安抚狂暴的俄军士兵。[19] 决定留下来的高级市政官员们也为敌人的到来做了准备。按照普鲁士传统的公共精神和家长式作风,市长聚尔希、副市长施瓦茨、天主教高级神父魏克塞尔、新教教长哈森施泰因以及警察局局长都决意留下来,和他们被围困的市民同胞在一起。这些人在接下来危险的48小时里发挥了关键作用,使得阿伦施泰因城及其居民大致免于受到伤害。

最早进入阿伦施泰因城的俄国人,是个由1名军官和3名士兵组成的骑兵侦察队,他们在8月26日星期三下午约5点骑马进城。他们心中充满忐忑。其中一人用波兰语喊道,请大家不要攻击他们,他们也不会伤害任何人。在城中心四下查看有无德军的驻防迹象之后,他们打算掉头出城,但被一群市民围住,其中有些市民喝醉了酒。有人朝这支队伍扔了石头,一名士兵举起了枪,但他的军官不让他开枪。警察局局长化解了这场冲突,此前他正好看到这些骑兵从他的窗外经过,便带了一些警察去追赶他们。警方迅速驱散了人群,这些俄国士兵离开了,但在出城的路上遭到一股游荡的德国枪骑兵跟踪,这些枪骑兵将俄国军官击落下马,并俘虏了他。[20] 这次初次接触对于阿伦施泰因而言本可能已经意味着大难临头。倘若俄军据此认定当地有非正规武装存在,或者仅仅是认定该城拥有警戒防卫,那么俄军就有可能发动报复或者炮击。所幸双方都表现得很聪明和克制。俄军不确定该城有多少驻防力量,便等到了次日早晨才派出另一支侦察队。同时,阿伦施泰因的市政当局也在竭力避免与俄军的进一步冲突。有些掉队的德军士兵决意单枪匹马或是三五成群地防守这座城市,他们当晚便被该城的警察局局长逮捕并被要求向西离去。当局提醒市民们交出所有的军服与枪支,且无论如何都不能对俄军开枪或有所袭扰。星期四早上,当俄军的侦察队来到时,身着便服的警察在城外南面的桥上等待着他们,告诉他们城中没有一个德军士兵。[21]

当天上午 10 点半,萨姆索诺夫将军的第二集团军下属的俄军第八军开始进入阿伦施泰因城。[22] 对于俄军而言,这不是一场胜利入城式,而是在谨慎地踏入一个他们认为有明显敌意的地方。骑兵们分散开来,向市中心前进,确保自己的队友都在视线之内。30 名骑兵组成的先头部队在大约正午时到达了集市,他们的队长要求面见市长。随后双方开展了谈判,俄军向城市代表们保证会遵守国际法。随后,一位参谋公开重复了这个承诺以及关于平民不得对俄军开枪的警告。当天下午 3 点,总人数约 4 万人的俄军主力部队穿过了阿伦施泰因城。首先是步兵,这是一群"身强力壮的汉子,他们身上的黄灰色军服几乎被汗水和泥水浸透了"。之后是骑着骏马的骑兵,最后是炮兵和辎重车队。[23] 德国围观者对俄军的军纪印象深刻。在差不多每家商店门口,俄军都安排了哨兵站岗,以防止出现抢劫行为,而且俄军不能接触酒类。如果士兵们想要什么东西,就要表现得很守礼，并且付钱。市民们对士兵的态度也比较友好。他们急于安抚俄国征服者，因此主动送出了食品、茶和香烟，搬出了凳子给俄军哨兵坐。令警方尤其不以为然的是，有些女性甚至去和士兵们调情。然而，紧张与怀疑的气氛仍然挥之不去。保罗·希施贝格在他的旅店为俄军参谋们提供午餐，他们一再要求希施贝格先饮用他为他们准备的饮品，以确保其中没有下毒。[24]

当天下午，俄军把聚尔希市长、副市长以及其他6位城中的重要人物叫到中央旅店（俄军指挥官克鲁耶夫少将和他的属下将那里设为了指挥部）。在见面介绍之后，一位俄军上校用蹩脚的德语说明，俄军目前迫切需要补给。俄军要求阿伦施泰因城在次日早上8点之前，交出12万千克面包、6000千克糖、5000千克盐、3000千克茶叶、1.5万千克的粗燕麦粉或是大米，以及160千克胡椒。[25] 倘若不能满足上述要求，俄军将采取惩罚。[26] 在市长和他的同行者看来，收集到如此多的食品是一项极为艰巨的任务。城市自己的仓库中只储备了面粉和盐，其他的食物只能到那些逃亡之人的商店和库房中去搜罗。希施贝格受命负责这项任务，市长呼吁市民志愿帮助希施贝格，警告他们小心俄军的报复行动。"我亲爱的市民们，"他恳求道，"这是我一生中最为艰难的时刻，请你们帮帮我。"[27] 这项任务很快便被证明是十分危险的。俄军哨兵们受命阻止劫掠行径，当他们看到德国平民从歇业的商店中搬运东西，便出手加以制止。俄军士兵们拿着刺刀抵住了一位警察的胸膛，因为他们怀疑他抢劫。俄军让其他帮手来给自己充当马车夫；2位在当晚协助过希施贝格的市政工作人员被俄军强征，从此再也没有人见过他们。但是，由于害怕俄军的征用与报复，这些志愿者基本上别无选择，只能继续搜寻食品，直到凌晨2点半他们突然听说俄国人认为他们收集的食品已经足够了。[28]

让阿伦施泰因最感到棘手的，是俄军提出的面包需求量。俄军提出的数量，相当于约6万条面包，如此多的面包是难以在24小时之内筹集到的。此外，和其他食品不同，俄军要求面包必须筹集到足量的。一部分面包是从商店里拿来的。志愿者挨家挨户地敲门，恳求居民们拿出自家的面包。他们甚至为搜寻面包而强行闯入了一些私人住宅。然而，短缺的数目依然巨大。为了安抚俄国人，市民们只好自己动手烤面包。关了门的面包坊被勒令开工，当局还找来了志愿者在面包坊中工作。里特尔参与了这场市民行动，在其他几个当地人（包括他的妻子与女儿）和俄军派来的4名士兵的帮助下，负责运营他家附近的2间面包坊。由于大多数的面包师傅都已经逃离了本市，他花了一番时间去寻找知道怎么打开蒸汽烤炉的人。最后，在午夜时分，2个面包坊终于都开始了运作，但他们刚烤出的几条面包由于缺少酵母而——用里特尔的话说——"实在难以下咽"。在一位俄军武装士兵的陪同下，人们在一个车站货架上找到了一些酵母，现在有了所有必需的原料，面包坊便开始了全速生产。阿伦施泰因的女孩和妇女整夜都在揉面，每小时轮班休息一次。其他人则在家中用自家的烤炉做面包。新烤出的面包跟其他食品一起高高地堆在消防站的仓库里，市长就在那里等待着俄国人。[29]

8月28日星期五一大早，还没到约定的截止时限，一位俄军上尉带着车队来到了消防站仓库。俄军的主力已经开拔，只留下了几个营；俄军的食物非常短缺。虽然市民们在晚上已经极尽努力了，但阿伦施泰因还是远远没有收集到俄军要求的数量。盐和糖筹集到了一半多一点，粗燕麦粉和大米则筹集了不到1/3，茶只弄到了少量，胡椒则一丁点儿都没有。这位军官想要收到的是12万千克面包，阿伦施泰因最后只弄到了25 096千克。[30] 因此，接下来的几个小时对市长聚尔希而言是十分艰难的。上尉不满意阿伦施泰因交出的面包量，在双方激烈争执之后，上尉才让步，并签了一张收据。随后不久，一位将军赶到了，他抱怨了面包的质量，并威胁要因为面包量短缺而实施惩罚。聚尔希再一次据理力争，向将军解释道，阿伦施泰因已经用尽了一切办法来配合俄军，并成功地让将军相信，对该城的惩罚是不公道的。[31] 在将军终于离开之后，疲惫已极的市长回到家休息，但回家后，他想到应当要求俄军为这些补给付款。这又引发了长达数小时围绕着补给数量和价值的争执。到了当天中午，正当双方达成一致时，枪声响了起来，突然闯入的俄军驻城指挥官打断了这场会议，他朝市长挥舞着缠着绷带的手，喊道："你们的人朝我开了枪。"[32]

事实上，打中这名军官的那一枪并不是平民游击队员开的，而是快速逼近该城的德国第八集团军的士兵开的。里特尔和他的帮手们站在他们的面包坊房顶上,看到身穿灰色军服的士兵们排成散兵线从东边逼近。在城市边缘,受惊的俄军开始撤回城内。其他俄军士兵则在花园和路口组织起了防线,但很快就因为步步推进的德军而四下溃逃。战斗虽然短暂,但间杂了一些颇为血腥的时刻;保罗·冯·兴登堡将军的士兵中的许多人来自普鲁士东边的边界省份,他们要求对入侵自己家园的敌人施加严厉惩罚。[33] 在面包坊里,里特尔的女儿遇到了 2 个德国步枪兵,他们砸开了上锁的房门,端着武器要求她说出帮助烤面包的俄国士兵的下落。这位害怕的姑娘没法告诉他们,他们便大肆搜查了一通,最后发现敌人正畏畏缩缩地躲在煤窖里。德国士兵用枪托打了他们一顿,然后在外面把他们捆了起来。在其他地方,这些解放者更加心狠手辣:3 个俄国战俘被德国士兵摁在希施贝格的旅馆的外墙上,当着希施贝格家人的面,把他们全部枪决了。到了当天下午 3 点半,俄军在阿伦施泰因的防守已经被击溃了。几个小时之后,前驻城指挥官在城南 10 千米的战场上身亡,曾跟聚尔希市长谈好付款问题的军官还没有交付一分一厘,便和其他许多士兵一道沦为了战俘。解放了阿伦施泰因的士兵受到了市民的热烈欢迎,市民纷纷向他们送上鲜花、香烟和余留下来的食品。尽管与俄军落伍士兵的战斗一直持续到了周日,并且引发了些许惊慌,但德军第八集团军取得大胜的消息还是飞快地传播开来,人们相信俄军不会卷土重来。阿伦施泰因的磨难到此为止了。[34]

无疑,阿伦施泰因轻松地从敌军占领中挣脱了出来。该城民众没有遭遇暴行,俄国人被出乎意料地迅速赶走了,以至于他们都来不及破坏城中的主要基础设施,而解放行动本身只损失了 3 名德军士兵、1 名德军军官和 1 名女性市民(她不幸在交火时中弹)。[35] 然而,若要说阿伦施泰因当时没有处于险境,却是错误的。俄国人一直提防着平民的抵抗,而且占领又是发生在一个格外紧张的时刻,即在坦能堡战役发生时。尽管俄军指挥官保持了克制,他们手下的士兵在阿伦施泰因也恪守军纪,但在该城被解放当天,在附近的小城镇贾乌多沃和奥特斯堡还是发生了杀戮事件。[36] 在很多官员纷纷弃城而逃的情况下,那些勇敢地留在城中的市政官员对于避免流血事件居功至伟。警察局局长化解了市民和第一支俄国侦察队之间的冲突，聪明地赶走了城中余留的德军士兵，并且安排几个人在城市入口处等待入侵者，告知他们本城已经没有德军驻防；希施贝格和里特尔等公职人员按照占领军的要求去收集了补给；最为重要的是市长聚尔希，他和俄军的高级军官进行了谈判，让市民们服从俄军的命令，最终因为在此次事件中的功绩而获得了一枚当之无愧的铁十字勋章。[37]

虽然俄军入侵来去匆匆、没有造成伤亡，但还是对该城的居民造成了深刻的影响。当地的报纸评论："没有经历过阿伦施泰因这些'俄军枪口下的日子'的人不可能明白，在这座俄军统治下的德国城市中，我们这些留下来的人感受到了多么深重的屈辱。"[38] 俄军的占领是极度骇人的。例如，里特尔的女儿便因自己的经历而大受惊吓。1914年11月，当德军再次从东线后撤，并开始疏散阿伦施泰因的物资和伤员时，这位姑娘极力要求全家逃离该城。许多经历过第一次入侵的居民明显也有类似想法，因为这次逃离该城的逃难潮比8月的那次规模更大。[39] 入侵引发的各种强烈感受，如恐惧感、羞辱感以及在占领时期因全城团结而产生的自豪感，不仅塑造了这座城市的集体心理，也被实实在在地融入了这座城市的外观。危机过去之后，人们修改了阿伦施泰因新市政厅的建造图纸。入侵时的场景，包括"与敌将就城市命运展开谈判"以及"在暴政下赶制面包"，都被雕刻在了新市政厅主体建筑的凸窗上。这座城市对敌人的仇恨也由此长久地被刻在了石头上。在战争结束之后很久，在市政厅低处的窗框的7块拱顶石上各有一个滴水装饰，分别代表一名英国人、一名法国人、一名俄国人、一名意大利人、一名塞尔维亚人、一名日本人、一名印度人。[40]

俄军的暴行

俄军在东普鲁士的入侵，并非都像在阿伦施泰因一般来去匆匆、没有造成伤亡。在8月初逃到阿伦施泰因的惊恐难民讲述的故事是有事实根据的。从战争最初的几天起，突然袭来的俄军士兵便开始在边界地带射杀平民，焚烧小村庄与农庄。8月15日，保罗·伦宁坎普将军统率的俄军第一集团军侵入东普鲁士的东部，5天之后，亚历山大·萨姆索诺夫将军的第二集团军侵入该省南部，暴力由此愈演愈烈。[41] 甚至是德国军方也极为震惊。马克斯·霍夫曼中校是防守的德军第八集团军参谋长，他在8月23日甚为惊骇地感叹："这场如野兽般狂暴的战争是空前绝后的。俄国人正在烧毁一切。"[42] 战争造成的破坏确实极为严重。东普鲁士没有几座城市幸免于难，3/5的小城镇和超过1/4的村庄与农场也伤痕累累或是完全被毁。10万座建筑被损坏，或被摧毁。最惨痛的是平民生命的损失。约有1491名东普鲁士平民死于俄军之手，其中大多数都是在1914年8月和9月的第一次入侵期间。有些人被处决，有些人则是劫掠连带杀人暴行的受害者，还有一些人则死于集体屠戮，这种集体屠戮或是因俄军的恐慌引发，或是官方批准的报复行动。考虑到东普鲁士较少的人口，俄军在此地的暴力行动跟同一时期德军在法国、比利时造成的更加臭名昭著的暴力行动是不相上下的。[43]

俄军在入侵东普鲁士时做好了面对平民抵抗的准备。俄军有丰富的平叛战争经验，但是和曾经深受游击队之苦的德军不同，俄军并不是出于对游击队的恐惧而怀疑敌国百姓的。俄军的怀疑源于族群成见。为了应对可能的战争，俄军指挥官委托他人对即将作战的地区的百姓进行了族群研究，明确地把种族和政治可靠性联系在一起。德意志人被认定为各个边界民族中最危险的民族。在东普鲁士，2 064 175名居民中有4/5是德意志人（其余的人是忠于普鲁士的讲波兰语的马祖里人和立陶宛人），因此东普鲁士被俄军视为非常有敌意的地区。[44] 俄军第一集团军一进入东普鲁士，伦宁坎普将军便设法通过一番生硬的警告来阻止可能出现的反抗。他承诺不会伤害恪守和平的平民，但对那些袭击俄军士兵的平民设置了严厉的惩罚。"任何平民，无论男女老幼，一旦对俄国士兵发起了抵抗行动，就会受到无情的惩罚。"他告诫道。他还无视国际法，威胁要实行集体惩罚，扬言"如果某个地方发生了对俄军的袭击，哪怕是最轻微的袭击……这个地方就会立刻被烧毁"。[45]

俄军在入侵时的暴力表现在很大程度上是因为他们认为当地居民蔑视了伦宁坎普将军的上述警告。军需总长、俄国军方的第三把手尤里·N.

丹尼洛夫将军后来回忆道，在东普鲁士打过仗的军官们"一致地"证实了"德国民众给德国士兵的支持是多么有组织"。一种对间谍的恐惧萦绕在俄军之中。有些部队报告称，当俄军行军时，风车被德国人转去了他们行军的方向。据说当地百姓会用灯光信号或者教堂的钟声来泄露俄军的行动。俄军甚至认为当地居民已经狂热到点燃自家的房子来给德军提供烟雾信号；这是一个奇特的例子，俄军反倒把俄军暴力行径的受害者当成了令他们恐慌的对象。还有各种关于武装抵抗的偏执指控。俄军中传说游击队员骑着自行车或摩托车在乡间游窜；身着便服的德军士兵混在百姓中间，看上去像是无害的平民，却在密谋毒害不加提防的俄军士兵。[46]

正如同一时间让在法国与比利时的德国士兵提心吊胆的那些故事一样，所有这些故事也都是妄想。后来德国人开展的调查揭露出，在东普鲁士只有几起鲁莽之人枪击俄军的个例；大多数民众都遵从了地方当局的告诫，没有去和入侵者对着干。[47] 俄国人最害怕的间谍活动也十分稀少。在俄军入侵之初，确实有一些勇敢的电报员和邮递员冒着巨大危险向德军传达了敌军到来的消息。有一个事件颇为有名，边境小村庄艾特库嫩的邮局负责人一直在邮局一楼跟俄国人交谈，而此时他的员工正在楼上急急忙忙地向普鲁士军方和民事当局发电报，告知他们俄军来了，随后弄坏了这台发报机器。在其他地方，勇敢的女话务员一直在设法将消息传达给德军。在梅梅尔邮局工作的莫里茨小姐便是一例，俄军抵达时，她跳上了自己的自行车，冒着枪林弹雨赶到了最近的德军哨所，向他们通报了险情。然而，间谍行动很少超出上述这种自发的英雄主义行为。既不存在间谍网络，也没有什么处心积虑的阴谋。科勒契什肯村的邮局局长很可能是个独特的情况，他守着一台电报机，英勇地向战线对面的德军传递俄军的动向，直到他的这条发报线路在9月初被发现。[48]

正如在西部的情形一样，一开始这场令人晕头转向的运动战加重了入侵者的恐惧，让他们更加笃信存在着平民抵抗活动。俄军有时会跟伪装得很好的德军侦察队交火，这更容易让神经过敏的俄军认定他们正受到平民的袭击，并因此要求采取报复行动。在大约50起互不相关的事件中，在某个村子里或村子周围受到德军士兵袭击后，俄军士兵没有进行任何调查,而是直接焚毁了附近的一部分房子或是所有房子。[49] 俄军暴力行动的严重程度在危急关头达到了顶峰,虽然其暴力行动并不仅限于危急时刻。在东普鲁士的南部,最为血腥的时期是萨姆索诺夫的推进最后、最困惑的那几天,那时他的第二集团军正在被德军防守部队合围。在东部,杀戮在9月达到顶峰,当时伦宁坎普的部队正在匆匆忙忙地撤退。这支部队的后勤和军纪都有些瓦解,恐惧、受挫且饥肠辘辘的士兵们更加相信关于间谍和游击队员的妄想,将自己的怒火发泄到了平民身上。[50] 俄军本来就不甚严明的军纪也让杀伐更烈。涣散的军纪使得有些部队更易于恐慌和施暴。这也意味着,在此次战役期间,劫掠——往往伴随着武力袭击和杀戮——是此次战役中的一个普遍特征。虽然有些俄军作战部队因为军官的管束严明而受到了赞扬,可是补给队伍却被指责为盗贼。有报告称,一些移动迅速、没有军官约束的小股骑兵侦察队行事尤其暴虐。在询问过神职人员之后,东普鲁士的福音教派精炼地总结出,他们"随心所欲地开展了偷盗、抢劫、谋杀"。哥萨克是俄军的精英部队,也是非常桀骜不驯的轻骑兵,他们尤其让德国民众心惊胆战。[51]

俄军种族化的成见、参差不齐的军纪、运动战中的困惑感,这些综合因素让东普鲁士的乡间在1914年8月和9月变成了极度凶险之地。男人们面临的危险最大。许多受害者都是稍不小心便引起了入侵者的注意。穿着,甚至只是拥有一些军事服饰,都是重大错误,因为俄国人深信身着便服的士兵混杂在当地平民之中。不幸的是,德国的后备军人往往都会在和平时期服役结束后带走耐磨的军靴、帽子或是外套回家,要么是作为纪念品,要么拿来在干农活时穿。错判的情况很多。1914年,拥有一双军靴或是一张军方通行证都可能让人丢掉性命。[52] 俄国人对间谍的过度敏感使得其他物品也变得危险起来。身着马裤和胶靴的农夫被当成了普鲁士军官,望远镜、口哨甚至是笔记本都可能被视作叛逆行动的证据。有一个人,只是因为有一本学校的地图集就被找了麻烦。骑自行车的人是最大的受害者群体。俄国人杀死的每20个人里,就有一个是骑自行车的。在贫困的俄国,私人拥有的自行车是稀罕物,因而俄军官兵往往会将自行车看作军事用具,并且认定这些骑车的人都是乔装的军人。审判通常被认为是多余的。正如一个东普鲁士宪兵报告的那样,"俄军在街道上遇到骑自行车的人,会直接将他们的自行车破坏,而且多数骑车人都会被枪决"。[53]

俄军不仅处决单个的平民,也会对那些被认定为有抵抗行为的社区采取无情的集体惩罚。9月2日,俄军总司令尼古拉·尼古拉耶维奇大公下令,如果哪个地方有人对俄军士兵开枪,这个地方就要被"彻底毁灭"。[54] 然而,这不过是在给俄军此前几周已经做出的行径提供合法性而已。内登堡小镇在8月22日遭受了俄军惩罚性的炮轰,因为俄军得到了一个误报,以为该镇居民向前来侦察的哥萨克开了枪。有些村庄因为类似的情况成了屠杀现场。很多不知名的村庄经历过杀戮,其中有些理当提及。8月28日,在桑托潘村,21个人被杀,包括2名妇女和1名天主教神父。这次杀戮可能是对一次枪击事件的报复,因为当天早些时候有2名哥萨克在该村附近受到了枪击,这很可能是某位德军侦察兵所为。或者,就是俄国人以为有人在给德军通风报信,因为该村教堂的钟声在当天下午敲响过,可是讽刺的是,那是为前一天死于俄军枪下的一位村民敲响的丧钟。[55] 8月29日,在毕绍夫施泰因,俄军与一支6人德军侦察队交火,后者很快便撤退了,然后,俄军在该镇及周边地区杀害了36个人。[56] 入侵期间最血腥的屠杀也发生在29日,在阿博施旺恩。在一位俄军高级军官乘车路过该村时,德国骑兵对他开了枪。之后,俄军士兵闯入村子,杀害了一些男性村民,又将整个村子付之一炬。余下的男性村民被集合在一起,分成两拨人,分别待在村子的两端。一群人被处决了,另一群人幸免于难,因为当地议员格拉普站了出来,向俄军出示了一张一名曾借宿在村中的俄军军官留下的纸条,纸条证明了他行为良好。俄军在该村的残杀、纵火与集体处决,共夺去了61人的性命。[57]

对于东普鲁士人而言,这是一个极为骇人的时期。安娜·S.是一位住在南部的罗伊瑟富有农夫的妻子,她的经历说明了一个家庭的命运是如何在入侵的情形下发生可怕转变的。我们如今知道她的故事,是因为她在当年9月中旬跑到了阿伦施泰因的县办事处去祈求帮助,并在那里讲述了她的故事。"8月31日,一个哥萨克侦察队路过了我们的农场。"她讲道。哥萨克与德国士兵交了火,由于寡不敌众,德国士兵便撤退了。随后,俄国步兵赶到了，他们似乎并没有看到侦察队的战斗，但听到了枪声，便认定枪声是从农场里传出来的。俄国步兵用刺刀威胁在场的所有人，让他们说出"德国兵藏在哪里"。随后，惨剧便发生了。安娜是这么说的：

> 我的丈夫躲在干草垛里。俄国兵点着了那些干草垛。我的丈夫只好跑了出来，俄国兵便要他交出自己所有的钱。我丈夫给了他们200马克，求他们看在他的8个孩子的份上，饶了他的性命。俄国人拿到钱以后告诉他不要担心，他可以走了，他们什么都不会对他做。可我的丈夫还没走几步路，那些俄国兵便开枪打倒了他。

在重伤这位农夫后，俄国人焚毁了整座农场，只留下了一个小农舍。安娜6岁的儿子约瑟夫死在了火中，与他一同遇难的还有1名保姆、1名女工以及所有的牛。安娜14岁大的儿子被枪打伤了，家中的一位男工也被杀了。她光着脚带着余下的7个孩子逃走了。[58]

处决与杀戮是被纵容的，也是在俄军指挥官的命令下执行的。但是，劫掠引发的暴行和强奸则不在此列。倘若有报告称发生了性侵犯事件，军方会开展彻底调查，倘若调查认定了犯罪者，那么犯罪者就要受严峻的惩罚。[59] 即便如此，交战地区的女性仍非常容易受到伤害。征用物品和搜查房屋给了士兵们进入民宅的大量机会，而且，即便受害者报案称遭到强奸，要想在混乱的战场上找到犯罪者也是很困难的。在俄军入侵期间发生的性侵案件始终无法统计出准确的数量。东普鲁士的官员记录在案的有338起，但是由于并不是所有的地区都上报了类似案件，再加上众所周知，性侵案受害者往往不愿站出来，因此这一统计数字肯定远小于实际的数字。[60] 通过强奸导致的怀孕人数，或许可以更可靠地推断出强奸案件的数量。在入侵之后两年半，37个"俄国人的孩子"接受了国家的援助，省当局还知道有11个孩子是死胎或者夭折。现代产科研究发现，5%的强奸案件会导致怀孕，如果这个研究结果也适用于20世纪早期的话，那么这就意味着，入侵者在该省总共犯下了近千件性侵案件。[61]

在这些统计背后，是当地百姓遭受的可怕折磨。安娜·N. 时年20

岁,当她在1914年10月受到俄军侵犯时,已经怀孕7个月了。她的经历或许可以代表妇女们经受的苦难。她的陈述不仅不煽情,甚至没有感情,但这种实事求是的口气反而更加震撼。事实上,各个民族的性侵受害者在当局面前大多会采取这种口气:

> 三个俄军士兵步行来到了我们位于维索科姆的莱克区的村庄,随后搜查了我们的房子。他们搜遍了每一间屋子,都没能找到男人。我的母亲和我在此期间一直都待在门厅里。一个俄军士兵粗暴地将我从门厅推到了房间里,要求我把自己的身子给他。我努力反抗,然后他将我狠狠地摔在地板上。在他强暴我之后,第二个俄军士兵进来了,他之前一直等在门外,拦着我的母亲。这个士兵把我扔到了床上,也要我把自己交给他。他也强暴了我之后,这两个士兵便离开了我家,扬长而去。第三个士兵在此之前就已经离开了。他明显不同意进入我家的房子,因为他对他的战友说,他们应当放过我。

这个令人痛苦的插曲只有10分钟,却造成了长久的影响。安娜的孩子死在了腹中,1915年1月,她仍然忍受着那次性侵造成的病痛。[62]

俄国军队最为与众不同而又广泛运用的镇压手段是驱逐。1914年7月底通过的新军规赋予了俄国军队对战区民众的无限权力,包括迁徙民众的权力。这是否合乎国际法是个颇为模糊暧昧的问题,因为此前没人预料到驱逐会被这样使用。在第一次侵入东普鲁士时,俄军抓捕并驱逐了数千人。他们中的大多数都正值兵役年龄,俄军驱逐走了他们,以防他们加入德军。普鲁士当局认可这个举措是合法的。[63]还有一些人被强征为劳力,带着他们的农场马车在俄国的辎重车队中效力,这明显违反了1907年的海牙公约。无论合法与否,俄军展开的逮捕与驱逐行动给当地男性及其家人造成了痛苦。一位父亲在一封写给普鲁士当局的信中表达了自己的锥心之痛,他在信中恳请当局帮他找回自己17岁的儿子,无论是生是死。他告诉政府官员,8月29日,40个哥萨克兵突然来到他的农场,鸣响了卡宾枪。全家人都吓坏了:

我的妻子、我的独子——17岁的壮小伙约瑟夫——还有我,从一间屋子逃到另一间,最后逃到最里面的一间,我们跪下来,一同祈祷。那些野蛮人来到我们面前,就好像猫或者野兽找到鸟巢里,盯着鸟儿全家。他们无情地殴打、推搡我们。我的妻子尖叫起来,被打得半死,又被搜了身。他们用步枪把我推来搡去,并且无情地带走了我唯一的儿子。小伙子喊道:"爸爸,救救我!爸爸,救救我!"我恳求了,我哀求了,我哭喊了,只有一个父亲才可以为他唯一的儿子那么做。然而无济于事。

这位父亲不顾俄军士兵的威胁和殴打,一直跟着士兵们和他的儿子走到了邻近城镇的边缘。最后,他在信中写道:"我必须回去了。我的儿子被人抢走了。这就发生在光天化日之下。我的天哪,我的天哪!"[64]

在俄军于1914年11月再度突入东普鲁士、占领该省东部地区之后,驱逐行动陡然增加了。俄军的间谍妄想并没有像德军的游击队妄想一样快速消退,反而螺旋式地在当年秋天达到了新高潮。俄军总参谋长尼古拉·亚努什科维奇在10月决定运用全部力量来开展驱逐行动,他下令,清走前线区域的所有敌国臣民,以便确保俄军行动保持隐秘性,保护士兵免受刺探或突袭。[65] 首先清走敌国臣民,接着在1914至1915年的冬天,数十万的德意志族俄国公民又被从俄国的西部领土驱逐了出去。东普鲁士人被卷入了这些大驱逐行动。该省处于僵持状态的前线有助于这个新的俄国计划实施,它使得俄国人可以巩固补给线,这反过来又方便了大规模人口迁徙活动,也有助于开展有组织的劫掠行动。此次驱逐与此前不同,不仅仅是男人被驱逐,妇女和儿童也被强行运送到俄国内地。共有约1.3万名东普鲁士人牵涉其中。[66]

在俄军步步进逼时,如果不是东普鲁士民事行政机构负责人阿道夫·冯·巴托齐和省级政府官员以及军方联手组织了一场疏散行动,遭俄军驱逐的人数将会远高于上述数目。11月初,约20万人已经从危险区域被疏散到了安全地区,并且大多数被安置在德国北部与中部。大约5万人自行逃到了内地,还有10万名难民逃到了东普鲁士的西部。[67] 对于那些拒绝疏散、坚持冒险留下的居民，俄军的混乱状态和糟糕的协调有时会让一些人幸免于难。俄军在东普鲁士的指挥官西弗斯将军不顾总参谋长的命令，一开始便通知属下部队将德国男性都赶往敌方战线。下级军官们也有自己的安全顾虑，其结果就是驱逐行动是颇为随意的。在有些地方，所有人都被驱逐了，在有些地方，只有役龄男性被驱逐，有些地方则完全幸免于难。[68] 尽管如此，根据贡宾嫩县负责人的说法，在该县东部受到入侵的地区，超过30%未疏散的居民被驱逐了。[69] 绝望的东普鲁士人逃到了该省的密林地带中避难。俄军在12月中旬来到了一个村子，该村有一个人逃走了，他在一条偏远的沟壑旁挖了一个洞藏身，并在那里躲了整个冬天，靠冷水拌面粉和未脱粒的黑麦过活。他并不知道1915年2月的解放，直到4月初他实在饿得不行，终于决定放弃避难，返回家中，人们才找到他。[70]

那些既没有疏散又没有逃走的人开始了一段悲惨而危险的背井离乡之旅。[71] 大多数人都在非常低效的组织工作中、在非常糟糕的条件下被运送了数千千米。被驱逐者中有很多婴幼儿和老人，他们在旅途中接连死去。绝大多数人最后被扔在了伏尔加河畔，或是伏尔加河与乌拉尔山之间的地带。美国驻俄大使馆是负责检查这些被驱逐者待遇的中立代表，1915年秋，大使馆针对他们的状况提出了警告。俄国各地的民事当局都不太知道这些被驱逐者是谁，也不认为自己应当对这批人的状况负责。这些被驱逐者没有任何官方的财政支持，更糟糕的是，有些地方政府甚至不允许这些囚犯从事有薪酬的工作。在有些地区，这实际上是迫使他们处于失业和贫困之中。在其他一些地方，他们被派去做苦工。到访伏尔加河的美国官员看到了"真正的惨状"，且"人们缺少足够的食物"。这些被驱逐者在糟糕的条件下被转运，又在拘留期间一无所有，所以毫不意外地，许多人都死去了。近1/3被驱逐者，即大约4000人，没能活着回到自己的家园。[72]

俄军的入侵以及与之相伴随的暴行让东普鲁士的人民深受荼毒，然而与我们的直觉相反的是，这反而加强了更广泛的德国战争努力。德国在经济上几乎没有损失，因为按照全国标准来看，东普鲁士是一个贫穷、人口稀少的农业省份。只有该省的首府港口城市柯尼斯堡十分重要，而幸运的是该城从未失陷。相反，俄军的入侵给德国的动员提供了两次心理推动助力。第一次也是最重要的心理推动，是德军于1914年8月底在坦能堡对俄军第二集团军取得的胜利，这让原本忧心忡忡的德国民众士气大振。在柏林，当月早些时候，从东边逃来的难民引发了公众的极大不安。这场俘虏敌军9.2万人、缴获400门大炮的辉煌胜利，收获了"令人难以置信的热情"（《柏林日报》编辑语）。[73] 参战的德军第八集团军指挥官保罗·冯·兴登堡一夜之间变得家喻户晓。德皇意识到了东普鲁士解放者这样一个身份带来的巨大政治资本，计划在1915年2月中旬该省份第二次被解放时赶到当地，但那时已经太晚了。兴登堡作为德国"救星"的声望已经不可撼动了。因为这场出色的防御战，兴登堡和他的参谋长埃里希·鲁登道夫的名望与受欢迎程度迅速蹿升，两年后，兴登堡被任命为德军的总指挥，最终，他们二人搭档成了德国实际上的战时最高领导人。[74]

其次，虽然较少被认识到却是更加重要的是，俄军的入侵让德国民众在战争之初就见识到了战败可能会带来的可怕后果。这几次入侵不仅让东普鲁士人经受了苦痛，还让全体德国人民也间接感受到了这种痛苦。离前线数百千米远的德国人在报纸上读到了生动、骇人且颇为准确的俄军暴行报道。在东普鲁士作战的德军士兵（很多来自德国其他地方）讲述的通常有所夸张的敌军暴行故事，更是为新闻报道增加了可信度。将东普鲁士遭受的苦难传达到德国其他地方的最重要媒介，就是难民潮。在俄军的夏季攻势期间，有80万难民——超过东普鲁士人口的1/3——离开家乡，向西而去。俄军在秋季发动了第二次攻势，这次的难民没有上次多，但因为组织得更为周密的官方疏散行动，这批难民走得更远。租来的列车将3.4万人送到了波美拉尼亚，将2.1万人送到了石勒苏益格，将2万人送到了吕讷堡，将1.2万人送到了波茨坦，还有许多人被送到了德国其他地方。另有8万名东普鲁士人去投奔亲戚，主要是去往了柏林或威斯特伐利亚。这些人让生活在德国中部和西部的人得以面对面地了解俄军入侵的后果。他们的人数后来因为军方撤离者而进一步增加，因为军方担心敌军进一步入侵德国，便在11月将其他东部边界省份的数千名年轻男子转移到了德国腹地。这次转移行动的目的是让这些年轻人免受俄军驱逐，但根据造谣者的说法，军方这么做是很有必要的，因为俄军总是会斩下健康德国男性的手。德国军方的这个举措以及与之相伴的谣言让全体德国人更加深切地感受到了德国面临的巨大危险。[75]

俄军的入侵不仅激起了广泛的恐惧感,也因此确实让德国人变得更加同仇敌忾,增强了德国自开战以来建立起的民族团结。面对着破坏与暴行(既有真实的,也有夸大其词的),在德国人看来,这场战争无疑是一场为了争取正义的正当战争。即便是所有德国政治派别中最具怀疑态度的社会民主党,也认为俄国在东普鲁士的进攻"鲜明地体现了一种极度野蛮的战争方式"。[76] 虽然很多东普鲁士难民是讲波兰语的马祖里人或是立陶宛人,但所有难民都被视为德国兄弟,他们"为我们的神圣事业做出的牺牲"被广为宣扬。[77] 德国各地都可以感受到极其强烈的团结感,其他德国人想要与这些被围困的人共患难。最能说明这一点的,是为减轻他们的苦难、修复损失而举行的全国性筹款活动的巨大成功。捐款从德国各地涌来,到了1916年5月,捐款额已经达到了惊人的1200万马克。[78] 这场让人感同身受的入侵造成的伤痛,以及与之相伴的强烈恐惧感、焦虑感、愤怒感,都没有被轻易忘记。在接下来的战争期间,东普鲁士一直都在警示着人们敌军踏入德国土地的灾难性后果。在俄军造成的威胁消失之后很久,与这几次入侵相关的记忆与故事仍然在有力地动员着、团结着德国民众。

种族之战

跟在北部的进攻相比,俄军1914—1915年在加利西亚的战役有着非常不同的过程和结果。加利西亚的面积是77 300平方千米,是东普鲁士的2倍多。该王室领地有8 025 675名居民,占奥匈帝国总人口的15%,且有一片广阔但有些贫穷的农业区域,因此它在经济上比东普鲁士要重要得多。虽然加利西亚和东普鲁士都是多民族聚居地区,但是这里的民族竞争与冲突更为严重。波兰人希望获得更大的自主权或独立,亲乌派则希望建立一个单独的王室领地,这两派互不相容。维也纳官僚集团徒劳地希望各民族都能更加认同奥匈帝国。俄国人对这个地区也有自己的算盘。吞并加利西亚是他们的首要战争目标之一，而且俄国人在这里的战争，用上了一套在东普鲁士未曾使用过的理想主义豪言。哈布斯堡军队在1914年8月的混乱部署，以及兵力与装备方面的劣势，给了俄国人很大的胜利可能性。

从入侵之初，俄国人的野心和在加利西亚的意识形态目标便表露了出来。俄国军队——欧洲最专制的国家的工具——认为自己是在打一场解放战争。俄军将讲乌克兰语的加利西亚人视作"俄罗斯民族"，渴望将他们的家园东加利西亚并入俄罗斯祖国。俄军总司令尼古拉·尼古拉耶维奇大公在1914年9月16日向加利西亚居民发布了一则用理想主义口吻写就的呼吁：

> 以伟大的俄国沙皇之名，我向你们宣布，俄国，这个不止一次为了让各民族从外国束缚下得到解放而甘愿流血的国家，寻求的只是恢复公理与正义。对于你们，奥匈帝国治下的各个民族，俄国会给你们带来自由，让你们实现自己的民族抱负。[79]

跟伦宁坎普劝诫东普鲁士人不要阻挠俄军进入东普鲁士的紧张警告相比，这番话简直是天差地别。俄军的人种志学者和军官自信地认为加利西亚的320万罗塞尼亚人（在他们看来这些人是"小俄罗斯人"）应当会友好地欢迎俄军。对于该王室领地的380万波兰人，他们就没有这般自信了。不仅是因为加利西亚的波兰族精英大致满足于他们在哈布斯堡王朝治下的自主权，也因为俄国政权在镇压1863年俄属波兰起义和1905—1906革命时的残忍。教派差异也有影响。俄国军方的人种志学者认为波兰人对俄国的敌意是因为他们的"天主教狂热"。[80] 为了拉拢这个民族，尼古拉大公在1914年8月14日向他们公开发布了一则宣言：承诺建立统一的波兰国家，"让各部统一在俄国沙皇统治下"。[81] 俄军最高统帅部的这种怀柔立场也决定了俄军士兵的行为。例如，加利西亚茨伊科夫镇的镇长扬·斯洛姆卡发现，在俄军士兵于1914年9月到达当地时，只要他们没有喝醉酒，便都是友好而礼貌的。[82]

因此，俄军对加利西亚的入侵，起初并没有像他们在东普鲁士时一样，总是围绕着对平民反抗的妄想，也并不总是围绕着军方的惩罚与报复。虽说如此，暴力行动依然是有的。这些暴行主要针对的是加利西亚两个最小的族群，即该地的87.2万名犹太人和9万名德意志人。俄军军官团把这两个族群都看作斯拉夫土地上的有害异质力量。俄军对德意志人的迫害是出于畏惧，对犹太人的迫害则是因为一个善于观察的同时代人所说的"渗入全军的野蛮反犹主义"。这个同时代人是个叫作施罗伊默·拉帕波特-安斯基的犹太救援人员，在占领期间，他走过了加利西亚的许多地方。[83] 战前，俄军的人种志研究认为，犹太人与其说有威胁，倒不如说是不可信赖：军官们认为，拜金的"犹太佬"过于自私、过于懦弱、忙于赚钱，因而不会去组织反抗。他们顶多也只会为了钱去做双料间谍。[84] 战争打响后，俄军有时确实会认定犹太人对他们发动了袭击，并因此施加了残暴的报复。比如，8月29日，在靠近东北边境的利乌泽村，俄军士兵把17个男子和1个女子（其中有一些是犹太人）关在一所房子里，随后杀害了他们，因为据报该村有人向俄军开枪。[85] 但总体上，俄军对加利西亚的犹太居民的袭击，采取的形式基本上是难于管束的大屠杀。这些大屠杀是偏见和军纪涣散引发的。这些袭击一般没有俄军在东普鲁士施加的军事惩罚那么致命，因为袭击的主要目的并非杀戮，而是羞辱、抢劫、强奸。致人死亡的大多是过分激烈的性侵或是残酷的折磨，而非正式批准的处决。[86]

1914年8月中旬，俄军在布罗迪犯下了他们在加利西亚的第一起大屠杀。布罗迪是一个东北边境小城，在该城的1.8万名居民中，超过2/3的人是犹太人。哥萨克来到了该城，他们是俄军中反犹情绪最烈的，犯下过许多骇人听闻的暴行。他们洗劫了民宅和店铺，焚毁了162所犹太人的住宅、工厂、制造厂。这番破坏的荒谬借口，是有一个犹太女孩向俄军士兵开枪。结果，3个犹太男子、2个犹太女子、1个基督徒女子被杀害。[87] 随着沙皇军队日益深入加利西亚，他们犯下了愈多相似暴行。暴行还包括抢劫和强奸。利沃夫东面的雅里茨沃夫小镇的犹太人证实，俄军"肆意烧杀淫掠了3个月"。9月29日，在布罗迪以南200千米处的扎布罗托夫，俄军洗劫了当地百姓，奸污了 3 个犹太女子。在扎布罗托夫以西 60 千米处的纳德沃纳，又有 6 个犹太女子死于性侵，还有一位后来自杀了。俄军指挥部的国际法专家证实，类似的事件有很多，有些事件的受害者是年轻女孩。[88] 杀人事件也时有发生。比如，在加利西亚西部的格罗哥夫镇，一位犹太人父亲试图保护女儿免受侵犯，然后他们一家四口便都被杀害了。还有人死于殴打或纵火。[89] 俄军最血腥、最声名狼藉的暴行发生在加利西亚的首府利沃夫，在 9 月 27 日，那是俄军入城 3 周后。起初有枪声传来，有人说是犹太人干的，于是哥萨克骑马赶到犹太人聚居区，开始向当地人开枪。后来，没有人知道究竟有多少人被杀害，最为可靠的估计认为，死亡人数约为 47 人。另有约 300 名犹太人被捕。[90]

虽然一些俄军高级指挥官曾不甚热心地下令停止大屠杀，但做出暴行的俄军士兵却很放心地知道，他们不会受到惩罚。甚至有些军官鼓励暴力行动，因为这除了可以给受人轻视的犹太人带来痛苦，还有拉拢波兰或罗塞尼亚族农民的实用功能，后两个群体常常被鼓动参与洗劫犹太人。许多犹太人遭到了邻居的殴打和劫掠。[91] 然而，并不是所有地方都这样。约阿希姆·舍恩菲尔德回忆道，在他居住的犹太人村落斯尼亚金，当哥萨克在 1914 年 8 月前来加害犹太人时，许多犹太人都在基督徒家庭里寻得了庇护。[92] 社区领袖的榜样作用是相当重要的。叶希尔纳是兹博若夫地区一座有 7000 名居民的城镇，当地的神父们（一位是波兰人，其他几位是罗塞尼亚人）协助犹太人镇长保护了他的犹太人同胞。波兰族神父和罗塞尼亚族神父都告诫他们的信众，不要去伤害当地的犹太居民。在危难时刻，天主教神父在自己的住所中庇护了犹太人，并且给了他们物质帮助。当俄国士兵闯入犹太人的店铺、将商品扔到街上时，东仪天主教会神职人员赶走了想要分一杯羹的人群，捡起了商品，将它们送到了镇议会办事处保管。[93]

加利西亚的犹太居民收到过一些可能会有危险的警告，因为在 8 月下旬的激烈战斗开始之前，俄国的犹太臣民开始大规模逃过边境，以躲开俄军在集结时实施的暴行。与东普鲁士的情形相同，有钱人是最早离开的，但随着俄军侵入，不那么富裕的加利西亚人也开始逃离，向西逃难的人将道路堵塞得水泄不通。俄军造成的恐怖是如此骇人，以至于加利西亚半数的犹太人——大约40万人——都逃走了。[94] 德意志人是另一个身处危险之中的族群，他们也纷纷开始了逃亡。通常，是一整个社区的居民一同上路。格奥尔格·福斯特是利沃夫以南6千米处的一个德意志村庄的牧师，他描述了本教区信众对于俄军进军速度的惊讶和紧张。他们原本以为自己所在的地区一定会得到严密防守，因为北边不远处就是该王室领地首府，南边一点就是守卫德涅斯特河的桥头堡米考拉约夫。但是当哈布斯堡军队撤到他们的村子并喊着让村民离开时，村民才突然意识到供他们逃离的时间是多么紧迫：

> 现在该怎么办？……最后那难熬的彷徨时刻，让每一个经历过的人都终生难忘。要抛弃自己的住宅和农场，要将刚刚收获的作物拱手让给敌人，要将自己家园的土地就此放弃，这究竟意味着什么？个中滋味，是旁人是难以体会的……9月1日早上8点，离家的队伍排成了长龙。年老体衰的人、身患疾病的人、抱着嗷嗷待哺的婴儿的妇女坐在农车上，农车上还装满了食物、草料、被褥。在农车之间，哞哞叫的牛群被赶着前进。

离家的队伍中，共有1000名居民、500头牛、200匹马、80辆运货车。丹菲特人长途跋涉了好几个星期，但在恶劣的天气下，"过了几天，便有几个婴儿夭折了，之后，老人们也开始死去"。[95]

哈布斯堡军队在撤退时不愿警告民事当局，这种做法并不是特例；在东普鲁士第一次遭到入侵时，德军指挥官也秉持着类似的错误保密观念，这使得军方系统和民事系统不可能协调工作，还在百姓中激起了许多不必要的恐慌。然而，加利西亚平民的处境更加艰难，因为他们没有民事领导人。在德国，县长是当地政府中的关键人物，依据1891年发布的指示，在外敌入侵时，县长及属下的民事工作人员都要坚守岗位。虽然这项规定在1914年的入侵期间并未十分严格地执行，而且因一些官员早早逃离而引发了丑闻，但德国依然注重让民事工作人员留守岗位、引导不幸的民众。[96] 在奥匈帝国，可能是由于帝国当局与各个民族距离遥远，这里使用了一套非常不同的规定。上级发给加利西亚各地区行政领导和其他民事公务人员的指示，是让他们在敌军到达之前撤离。该指示强调，与入侵者合作，有悖于官员对皇帝与国家的誓言，维持民事系统的运作必须"服从于这些方面的考虑"。[97]

奥匈帝国给民事当局发布这些指示的后果是可以预见的：官员们逃离辖区，扔下了无人领导的百姓。一些社区在官员离开后陷入恐慌，于是就像丹菲特人一样，当地百姓在没有做好充分准备的情况下便仓促上路了。留下的人彻底不再尊重哈布斯堡行政机构。切尔诺维茨市法院的书记官阿尔方斯·雷吉乌斯，说出了被入侵的加利西亚、布科维纳的众多百姓在 9 月初的厌恶与怨恨之情。"邮政领导、行政领导、警察局局长、议会议员、大多数市议员、（切尔诺维茨大学的）校长以及几乎所有教授，自然还有所有富有的犹太人，都逃离了。"他在日记中谴责道。雷吉乌斯怀着厌恶写道，所有这些有权有势的人物看上去"甚至连想都没有想过他们对当地百姓的责任"，便逃走了。[98]

逃离加利西亚东部和布科维纳的难民本就如潮水一般，被迫撤离大型要塞城市普热梅希尔和克拉科夫的居民进一步增加了难民的数目。哈布斯堡军方驱离居民，是为了居民自身的安全考虑，驱逐罗塞尼亚人，则是为了军方自己的安全考虑，但最为重要的，是为了保障要塞的粮食储备。军方还让很多住在这两座要塞城市周围乡村的百姓无家可归，因为军方为了保障在要塞上射击不受阻挡而夷平了这些村庄。普热梅希尔的疏散行动从 1914 年 9 月 4 日开始，5.7 万名居民中的 1.8 万人被转移走了。军方不顾当地居民的反对，清空了这座城市周边的 21 个村庄。[99] 克拉科夫的疏散行动更加困难，因为虽说克拉科夫长 50 千米的环状要塞仅仅比普热梅希尔长一点，但该城及郊区的人口多达 18.3 万人。[100] 第一次疏散行动在 9 月中旬开始，就在哈布斯堡军队刚刚宣布全面撤退之后。起初，只有敌国的平民必须离开，而没有负责重要任务的奥匈帝国平民则只是被鼓励离开。当局指示那些决定留下来的居民囤积够 3 个月使用的物资，并且警告他们，倘若该城被围，他们又没有足够给养，便要被"强制驱离"。[101] 城中的情绪愈发沮丧，因为关于哈布斯堡军队遭遇大败的谣言在 9 月上旬传布，当居民意识到俄国军队正在逼近时，这种沮丧情绪更是急剧加重了。住在该城的历史学家扬·东布罗夫斯基注意到自己的邻居们正变得"越发悲观"。"人们已经开始认为，当地有可能会建立一个俄国政府。"[102] 到了9月18日，5万人离开了城市，这是克拉科夫人口的约1/3。让市政当局恐慌的是，该城大型犹太社区的许多领袖也随着这批居民离开了。犹太医院和临终病人收容所的管理者们，以及当地犹太议会的主席、副主席及众多成员，都走了，没有留下经费去救济贫弱的犹太同胞。当广受爱戴的自由派拉比、犹太会堂负责人奥夏斯·托恩博士也弃城而去时，犹太人聚居区卡齐米日群情激愤。[103]

奥匈帝国军队的推进和被围的普热梅希尔在10月9日的获救结束了这场危机，但危机的解除也只是暂时的。11月初，俄国人再次发动攻势，这一次他们推进到距离克拉科夫仅仅12千米处。[104] 恐慌席卷全城。"人们担心会出现围城。"东布罗夫斯基在当月中旬记述道。"即便是那些最受敬重的人也害怕了。"守城准备工作更加剧了民众的不安。似乎没有尽头的士兵队伍严肃地穿过克拉科夫城，就像在普热梅希尔一样，奥匈军队在要塞和周边被烧毁的村庄前面挖掘了新的炮位。[105] 克拉科夫的要塞指挥官卡尔·库克将军催促市民赶快离开。穷人们当中流传着难民营条件恶劣的谣言，因而他们坚决拒绝离开。人们对当局的呼吁置若罔闻，大多数的疏散专列都空着开走了。[106] 因此，当局只好下令强行疏散居民。军方计划将八九万人迁出克拉科夫。[107]

11月6日，克拉科夫的街头贴出了海报，警告那些没有储备够3个月补给的居民要在5天内离开。20个检查组挨家挨户地检查居民的食物储备。每列能运载1500人的疏散专列也安排好了。[108] 3天之后，士兵们开始驱赶着穷人们前往火车站。即便如此，确保他们离开是不可能的。军方押送人员刚把他们留在站台上，这些要被强制疏散的人便马上转身，飞奔回家。有些人躲了起来，或者把自己锁在家中。还有些人则糊弄了前来查看食物储备的检查组。人们在木桶、箱子和袋子里填上硬纸板，上面放上薄薄的一层糖、面粉或是马铃薯，以此来应付调查组。[109] 邻居们将各自的储备合并到一起；粮食被借来借去，用来证明"所有者"有足够3个月的口粮，一旦获准留在城中，这家人便把这些粮食借给下一户人家，让他们拿给检查组看。[110] 库克急迫地想将城中的人口减少到4万，为此不惜诉诸暴力。11月12日，镇上的官员、警察以及6个连的士兵集结起来，"用武力"赶走穷困居民。军队收到指令，要"无情地采取行动"，确保一切没有获准留下的人都被驱赶出城。[111] 然而，即便是这项举措也失败了。要塞指挥官绝望地承认，为了清空这座城市，"整个整个的团都要出动"。大多数被驱离的百姓都只能步行；他听天由命地承认，这场疏散行动"无疑会是一场最可怕的灾难"。[112]

幸好，俄军的攻势在克拉科夫城外停住了。11月下半个月，城中居民一直在紧张地听着炮火的轰鸣声，但在12月初，哈布斯堡军队在克拉科夫以南的攻势迫使俄军撤退了。到了1914年年底，前线分布在克拉科夫以东70千米处的杜纳耶茨河和匈牙利的界山喀尔巴阡山一线。[113] 克拉科夫百姓可以松一口气了。除了1915年3月因普热梅希尔要塞陷落而出现一次恐慌，克拉科夫在一战余下的时间都没有再受到威胁。然而，对于那些在更东边的已落入俄军控制之下的哈布斯堡臣民来说，苦难还远远没有结束。事实上，对于加利西亚犹太人来说，生活要变得更加困难。

大俄罗斯帝国中的生活

1915年4月，沙皇尼古拉二世视察了俄军占领的利沃夫，当时，他宣告道："没有什么加利西亚，只有一个直达喀尔巴阡山的大俄罗斯帝国。"[114] 尽管这在他看来是无可置疑的，但事实上是一种激进的新秩序设想。该地的总督格奥尔基·鲍勃林斯基和他领导的占领军政府在1914年9月的任务是让这片多民族哈布斯堡土地与沙皇设想中的俄罗斯未来结合起来。总督是一个温和派人士，至少按照泛斯拉夫主义俄国官场中的极端标准来说是如此。在他就任之后第八天第一次发表讲话时，他承诺会让加利西亚百姓享受宗教宽容，表示自己愿意与当地精英合作，只要确保顺利施政就行。然而，鲍勃林斯基的政权并不温和。对于当地居民相当不妙的是，占领区是按照俄罗斯帝国内部的行政模式来重新组织的。俄国在利沃夫、塔诺波尔及切尔诺维茨设立了3个省，1915年3月占领普热梅希尔后，又在当地建立了第四个省。总督从一开始就声明，加利西亚东部以及兰科地区都是"天然的俄国领土，应按俄国体制来治理"。[115]

鲍勃林斯基希望在加利西亚用一种较为稳健的方式来实现政府建构。俄国计划实现对这里的控制，但在战时不宜用过激的举措来引起居民的反抗。政府大臣们同意这种意见，因为他们害怕招致崇尚自由主义的欧洲西部盟友的负面压力，而俄国还要依靠这些盟友的财政支援。然而，军方指挥官，尤其是反犹的总参谋长尼古拉·亚努什科维奇将军，要激进得多。在俄军最高统帅部看来，战争提供了一个独特机会：在和平局面让民事机关恢复监督作用、让俄国接受重重国际审视之前，俄国可以在戒严法之下实施大刀阔斧的变革。将军们的意见很重要，因为他们在加利西亚保有相当大的力量。西南前线的军需长A.扎博林中将是鲍勃林斯基的上级。此外，总督在占领区的权力不是绝对的，因为第三和第八集团军的指挥官都控制着自己的后方地区，拥有只听命于自己的独立统治集团，还常常发布会影响平民的命令。加利西亚-俄罗斯亲善协会中那些极度爱国的积极分子与俄国宫廷、俄国最高统帅部都有些关联，他们不知疲倦地鼓动着激进的同化措施。被调去管理占领区的低等级官员常常也有军官那样的大俄罗斯沙文主义、反犹主义。结果，即便是在鲍勃林斯基试图避免或控制俄方对平民的侵害时，他的命令也不一定会被服从。[116]

俄国人开始美滋滋地着手重新塑造加利西亚东部，或者用俄国官员更喜欢的说法，恢复回它"原本的"俄国领土的面貌。利沃夫在9月3日失陷，占领者旋即开始抹除所有有关该城的哈布斯堡过往和带来麻烦的多元主义的讨厌证据。市政厅的钟被重设为圣彼得堡时间，儒略历开始实行，以昭示奥地利-波兰统治时代的终结。俄国人命人拆除了公共建筑上的哈布斯堡双头鹰标志，让商店店主换上西里尔字母书写的招牌。利沃夫的波兰语路牌最终被俄语路牌取代，但波兰族市政当局将此事拖延了好几个月。俄国人还引入了俄国的节日。1914年12月19日是沙皇的命名日，当天，军事警察挨家挨户地检查市民家中有没有布置好适当的彩色装饰。[117]鲍勃林斯基确实做出了一些让步。由波兰人支配的利沃夫市议会获准继续在其副主席塔德乌什·鲁托夫斯基的领导下运作。按照国际法，奥地利-波兰民事机关，包括法院和警察部门，一直在运作；奥地利法律继续施行，只不过如今是"以俄国皇帝之名"。[118] 政府机关获准继续使用波兰语，如同在哈布斯堡王朝统治时一样，但"只是暂时如此"；天主教神职人员获准为"皇帝"举行公开祈祷，但没有指明究竟是哈布斯堡皇帝，还是罗曼诺夫沙皇。有些波兰族权贵设法去讨好占领者。在俄国人开始没收逃亡贵族资产时，一些害怕失去财产的贵族便立刻变得对俄国人非常友好。波兰民族民主党领导人也帮助了俄国人，但他们这么做是有思想上的原因的：他们相信俄国的承诺，以为如果俄国获胜，他们便会拥有一个统一且自治的波兰。然而他们的追随者中没有几个人相信这一点，而且该党的报纸在俄军占领期间的发行量从 1.3 万份骤然降到了 3000 份。大多数受过教育的波兰人都心知肚明，俄国人对于他们在加利西亚东部的政治支配权构成了致命威胁。[119]

相比之下，罗塞尼亚人的境遇更险，在俄国人的统治之下，他们面临的是文化灭绝的危险。沙皇政权拒不承认存在乌克兰民族这样的实体，而且长期以来都在设法镇压本国乌克兰少数民族中的民族主义萌芽。在加利西亚东部，从占领之初，俄国人便开始逮捕亲乌派的领袖，而早在战争爆发时，因为波兰族加利西亚当局的拘捕和极度畏惧叛国罪行的哈布斯堡军方的迫害，他们的人数已经大量减少。约 173 人作为人质被送到了俄国本土，其中有罗塞尼亚学校的校长和经济机构的负责人以及 45 位东仪天主教会神父。最有名气的因犯，是德高望重、极具影响力的安德烈·舍波提斯基，他是希腊礼天主教会利沃夫教区的大主教，战前，他在加利西亚跟亲俄派的东正教传教活动进行斗争并且在俄属乌克兰秘密劝人改宗，因此他成了俄军的眼中钉。总参谋长亚努什科维奇保证要抓到他，"活要见人，死要见尸"。1914 年 9 月，他被第八集团军指挥官布鲁西洛夫将军亲自逮捕，随后被送往基辅。[120]

在驱逐了民族主义知识分子和怀有敌意的神职人员后，鲍勃林斯基的政权可以开始着手将罗塞尼亚人改造为俄罗斯人了。这个计划得到了加利西亚亲俄派知识分子和东正教神职人员的一些支持，这些人属于少数群体,在这片民族认同尚未确定的土地上,他们将自己看作俄国人。[121] 两大关键的认同来源受到冲击。第一个是乌克兰语,就像在俄国一样,它被禁止公开使用。乌克兰语书店也关门了,乌克兰语书籍和报纸被禁止出版发行。审查员甚至禁止波兰语报纸上出现"罗塞尼亚"一词,相应的地方要换成"俄罗斯"。[122] 最重要的是,教育改革开始了。在俄军入侵之后,加利西亚的所有学校都停课了,尽管有些波兰人的学校在1914年底获准重新开学,但罗塞尼亚人的学校仍然被长期关闭。占领当局眼光长远地打算通过教罗塞尼亚儿童学习俄语,从而将加利西亚变成大俄罗斯的一个有机组成部分。在1914至1915年的冬天,加利西亚和圣彼得堡都开设了专门的课程,以培训加利西亚教师们学习征服者的语言。然而,参与度很让人失望,只有大约250名罗塞尼亚人教师,即总数的1/10,同意参加培训班。在战争还在继续、该地的命运悬而未决时,军事占领政权实施加利西亚俄化计划的能力是有限的。[123]

罗塞尼亚人身份认同的第二根支柱,即他们的东仪天主教会和信仰,也遭到了占领者的打压。与针对乌克兰语的打压不同,这番活动不仅没有收到成效,甚至适得其反。起初,俄军成功讨好了罗塞尼亚农民。对于这些农民来说,在占领时期的生活要好过和平时期在波兰族贵族地主治下的生活。俄国人鼓励罗塞尼亚人抢夺庄园,跟犹太邻居算账。占领者常常低价出售种子、食物和其他物品,而这些东西通常是从犹太人手里抢来的。后来有传言称沙皇希望没收波兰族贵族与犹太人的土地并将其分给农民,这使得占领军更加受拥护。[124] 然而,当俄军试图干涉农民的宗教生活时,这些好感便一下子烟消云散了。沙皇本人要为这一招错棋负责,因为是他任命大主教伊夫洛奇来增加东正教会在加利西亚的影响力的。伊夫洛奇是个好斗的神职人员,他是通过拼命控制俄国西部边界地带的天主教势力而成名的。从他在1914年12月一到达,他的行为便是咄咄逼人的。他的第一项行动是庆祝沙皇的命名,当时,他在利沃夫的两座东仪天主教教堂里举办了弥撒,完全无视教堂神职人员的反对。他做了一场颇具挑衅性的布道,号召"加利西亚的俄罗斯"神职人员领导自己的人民融入"与大俄罗斯的有机统一",实现"与俄国东正教教会的历史性联合"。[125]

虽然鲍勃林斯基和亚努什科维奇常常起争执,但伊夫洛奇的传教热情让他们意见一致,他们都担心他的传教热情会在军队后方激起平民的抵抗。1915年春天,这些担忧让伊夫洛奇被召回。然而,坚定的传教活动还在继续。鲍勃林斯基指出,如果一个教区3/4以上的居民没有投票支持,那么俄方不应派东正教神职人员来取代目前在职的东仪天主教神职人员。但他的这个意见常常被无视。东仪天主教神职人员被迫将自己的教堂分享给,甚至拱手让给俄国东正教神职人员。有些神职人员眼看着他们世世代代赖以为生的土地的部分地区就这样被转交给了他们的对手。有些神职人员被谋杀了。他们的教区的居民也受到了胁迫。俄国人威胁农民,倘若不改信东正教,俄国人便要没收他们的土地,或是带走他们的儿女。[126] 俄国人还用了一些更狡猾的方法:通过在东仪天主教教堂举办东正教弥撒,伊夫洛奇手下的一些神职人员想要偷偷地劝人改宗。然而,他们没能取得多少进展。时间太过短暂,农民十分忠于自己的教会,在职神职人员一直在奋力反抗,而且有人建议,在没有东仪天主教神职人员的时候,大家可以去罗马天主教教堂做弥撒。到占领结束时,虽然俄国官员大力施压,但仅有50到100个东仪天主教教堂的约1500名加利西亚教众转投东正教。[127]

俄军占领期间最大的受害者是加利西亚的犹太人。一份在入侵之后写就的哈布斯堡官方报告指出,他们受到的对待"远比其他群体的人残酷得多,有时真是惨绝人寰"。[128] 俄国军官很快便开始认为,正如人种志研究预计的那样,犹太人在刺探情报、设法破坏俄军的占领,因此,俄国人尤其严厉地对待犹太人。俄军抓捕的犹太人人质的比例高于犹太人人口比例,而且从1914年10月起,人质数目大增:虽然犹太人仅占加利西亚东部人口的1/8,但他们占人质的一半以上——到1915年年中,在2130名被送往俄国的人质中,有1160人是犹太人。[129] 经济上的惩罚也主要是针对犹太人的。当加利西亚东南部的斯坦尼斯拉沃夫城因所谓的蓄意破坏行为而被罚款5万克朗时,俄方规定,犹太居民要交出3.6万克朗。更加不公正的是,当这笔钱全部交齐后,城中波兰人和罗塞尼亚人获得了赦免,不必上交余下那1.4万克朗。与此相似,当科洛梅亚附近的电话线路被破坏时,俄国人又归咎于犹太人,并且警告他们,要么付一笔高昂的罚金,要么离开该城。[130]

被派来监督这些地方的俄国民事官员甚至比军官们还要恶劣。这些俄国官僚体系中的渣滓没受过多少教育，反犹，贪赃枉法，他们来到后无情地蹂躏着犹太人。利沃夫市督叶夫斯塔菲·尼古拉耶维奇·阿斯卡隆便是一个典型例子。根据消息灵通的拉帕波特-安斯基的记述，他在担任基辅警察局局长时便已经声名狼藉。在加利西亚，他"公开受贿，无论是活人还是死尸，他都要榨出点儿油水。受害的不仅仅是个人，有时还会是整个社区"。他实施了住宅搜索和逮捕，威胁要"每十个犹太人就吊死一个"，借此，他从城中的犹太人那里敲诈到了1000卢布保护费。[131] 令奥匈帝国领导人感到不安的是，许多哈布斯堡警察和司法系统官员纷纷与俄国人合作，有些人利用占领政权的反犹情绪来发泄自己对犹太人的憎恶之情。据称，这些波兰族民事官员"把打压犹太人、洗劫犹太人、在当局与公众面前羞辱犹太人当成了他们的营生"。[132] 普热梅希尔的警察局局长欧根·威尔茨伯斯基后来因通敌而被判处1年10个月的劳役，他的劣迹尤其严重。犹太人相信，威尔茨伯斯基不顾加利西亚官员们的反对，带领俄国军官在富有的犹太人住宅中入住，让最受敬重的犹太人去从事繁重、没有尊严的扫大街、建造要塞工作，出卖役龄犹太人（这些人随后便被驱逐了）。[133]

犹太人受到迫害，不受法律保护，只能任由怀有偏见的俄国城市指挥官和贪婪的民事官员、怀恨在心的通敌者和残暴的士兵鱼肉，由于占领，他们掉进了某种炼狱之中。让犹太人的苦难雪上加霜的是，来到加利西亚的俄军士兵带来了传染病。伤寒、天花和霍乱（最严重）在居民中肆虐。由于房屋和基础设施遭到破坏（188 981栋房屋在入侵期间被毁），所有人都容易感染疫病，但是因为俄军士兵经常会特意纵火焚烧犹太人生活区，所以犹太人很可能更容易感染疾病。[134] 扎勒齐斯基镇有200名犹太人死亡，纳德沃纳和戈罗坚卡各有300名犹太人死亡。在雅里茨佐夫诺伊，有140名犹太居民死于疫病，这是当地犹太总人口的1/6。[135] 马涅斯·施佩贝尔当时是一个生活在犹太村镇扎布罗托夫的小孩，在他看来，长夜将尽时是死亡的高峰时段，因为那时丧亲之人的恸哭声常常将他吵醒。"在寂静的夜里",人们可以听到"家人试图挽留临终者的哭喊声"。死人的尸体大多惨不忍睹,他们的面容扭曲。"有些人躺在那里,看上去好像直到他们死去时,痛苦的挣扎才终于结束。"[136]

在俄国最高统帅部,特别是极端反犹的总参谋长尼古拉·亚努什科维奇看来,犹太人在加利西亚的俄国未来中没有位置。统帅部的就餐时间总是十分热闹,因为军官们都在激动地讨论着怎么样才能最有效地"灭绝"犹太人。[137]然而实际上,最高统帅部并不打算实施种族灭绝,而是想要通过摧毁犹太人在加利西亚的生计迫使他们离开。行动的第一步,是要求没收犹太人所占有的加利西亚8%的土地。鲍勃林斯基和政府表示反对,亚努什科维奇则嘲弄般地回应道,倘若这些受害者是俄国公民的话,这个计划便不会触犯国际法了。1914至1915年冬天,犹太人的土地所有权接受了调查,1915年2月,沙皇签署了一份"清算法案",允许没收距前线160千米之内的由奥匈帝国和德国犹太人占有的土地。还有一些针对犹太人的手段更有破坏性:军方在1915年2月宣布限制犹太人的行动自由;在亚努什科维奇提出抱怨后,差不多所有犹太加利西亚法院工作人员都于1915年3月被解职了。限制行动自由的规定是尤其严重的打击,因为虽说这些限制的出台主要是出于安全上的考虑,但它们的主要影响是经济上的。犹太人被禁止进入加利西亚或是在该王室领地各地之间通行。正如鲍勃林斯基正确预计的那样,这切断了犹太商人与其市场之间的联系,妨碍了军队采购所需物资。然而,俄国军官反过来说犹太人在蓄意破坏战争努力,因为他们不把他们现在确实没有的物品卖给俄军。[138]

俄国军队的受害妄想症在1914年秋与日俱增,最终促使它在加利西亚也开始采取大规模的驱逐政策。犹太人是这个举措的新受害者。当年夏天,首先受到影响的是生活在俄国西部边界的敌国臣民和被征服地区的役龄男性。在1914至1915年冬天,当军方开始把德意志人当作一个民族群体时,这项行动变得更加激进。与数十万被从俄国西部地区清除出去的德意志族俄国公民相比,数千名被驱遣到伏尔加河畔的东普鲁士人简直不值一提。从1915年1月起,一直被认为没有德意志人危险的犹太人才开始面临集中组织的大型驱逐行动。有趣的是,这项举措最初是打算用来回应哈布斯堡暴行的。这个地区的各个专制政权的种族刻板印象相互作用，结果，这个民族杂居地区的居民所遭受的流血与牺牲愈演愈烈，这是这种现象的一个早期例证。[139] 在哈布斯堡军队于1914年10月夺回布科维纳的首府切尔诺维茨之后，俄军指挥官听闻奥军在当地采取了血腥的惩罚措施，包括绞死亲俄的农民。俄军认定是当地犹太人向奥军指出了亲俄派。此后切尔诺维茨再度被俄军占领，但到了1915年1月下旬，该城又要落入哈布斯堡军队手中，于是亚努什科维奇下令逮捕并遣送人质，"以防止那些投向我军的百姓遭遇暴行"。[140]

亚努什科维奇对间谍的极度忧虑引发了蔓延全军的集体歇斯底里，并且很快便令驱逐出加利西亚的行动规模扩大了。[141] 俄军总司令尼古拉大公利用了一个原本打算用于对付德意志人的主意，他在1915年3月12日下令，犹太人要被推到奥匈军队的防区去。这个命令在不到一周的时间里执行了，但和在东普鲁士的情形相似，执行得颇为随意。提斯米恩尼卡镇不幸受到波及。3月17日，俄军将大概2000名犹太人驱赶到了作战最前线。作为驱逐手段，这个举动完全没有成效；最终，这些不幸的人获准返回。然而，他们离家的这段时间给当地官员和士兵提供了洗劫其家园的机会。在其他地方，犹太人并不是被赶往西边，而是被赶向东边。墨西斯卡的犹太居民，无论老少，无论是否健康，统统被赶到了该城以东35千米处的戈罗戴克，有些人被赶到了以东65千米处的利沃夫。俄国人声称，这些人的间谍活动阻碍了他们的军队攻占附近被围困的要塞城市普热梅希尔。[142] 约1万人被卷入了类似的驱逐行动。2周以后，俄军如愿攻占了普热梅希尔，更多的驱逐行动随即开启。从3月下旬开始，1.7万名犹太人被赶出了普热梅希尔，其中许多人涌向了利沃夫。鲍勃林斯基不同意俄军的这些举措，他面对的是一场人道主义危机。无论老幼病弱，一概被赶出家园，军方从未考虑过这些人吃什么、在何处栖身。许多人因饥饿、劳累和寒冷而死。当鲍勃林斯基的军事上级命令他将这些被驱逐的犹太人转送到更东边的俄国领土时，惊骇的帝国政府这才知道最高统帅部的行动，开始强烈反对。尽管如此，驱逐行动在4月继续进行。[143]

下个月月初，同盟国在格尔利茨-塔诺夫发动了一次成功的攻势，这扭转了东线的战局。此后,俄军从加利西亚仓皇撤退,犹太人遭受的袭击急剧增加。施罗伊默·拉帕波特-安斯基描述,沿着俄军撤离的路径,"燃烧的圆环"——村庄与城镇被焚烧的标志——在夜里清晰可见。犹太人生活区遭到洗劫,犹太人被殴打、杀害、处决。这次也出现了多起强奸。俄军把社区领导人作为人质送到了俄国。[144] 犹太人是主要的受害者,但加利西亚非犹太百姓如今也岌岌可危。契科夫镇波兰族镇长扬·斯洛姆卡形容道,在俄军撤退期间,他的辖区"被洗劫一空"。继犹太人之后,德意志人和波兰人也成了俄军抓捕人质的对象。俄军逮捕他们,是为了确保亲俄派居民不受向前推进的哈布斯堡军队惩罚。[145] 随着俄军最高统帅部的绝望感增加,它发布的命令也越发残酷无情。起初,它命令各个部队逮捕所有18至50岁的男子。接着,6月12日,利沃夫陷落10天前,它又发布了一则新命令,要求转移走前线地带的所有百姓。军方向俄国政府做出了一项让步,没有将犹太人列入此次疏散之中;犹太人要被强行驱往敌军的方向。有些加利西亚人在俄军到来时成功逃走了。另有一些人贿赂了腐败的指挥官,请他们网开一面。即便如此,被迫迁徙的人数也是相当惊人的。大约5万名犹太人被漫无目的、饱受折磨地在加利西亚周边运来运去;大约2万至5万人被送到了俄国,许多人最后到了西伯利亚或中亚。1915年夏天,约5万名非犹太人也在极其恶劣的条件下被驱逐或疏散了。[146]

俄军试图将加利西亚重新塑造为一片俄国领土的努力是一场灾难。有人确曾支持沙皇的泛斯拉夫目标,但沙皇军队的残暴与宗教不宽容让他们不再支持这些目标。然而,令人惊讶的是,哈布斯堡统治者没能因此而获益。因为在重新占领该王室领地后,哈布斯堡军队自己也立刻做了许多让各派民众感到心寒的事情。弗朗茨·约瑟夫皇帝犯了一个严重错误。他采纳了总参谋长康拉德·冯·赫岑多夫的建议,将原本加利西亚行政机构的波兰人总督换成了一位军人,即赫尔曼·冯·考拉尔德将军。康拉德认定,波兰人支配的行政机构造成了他认为的在1914年秋无处不在的罗塞尼亚叛国行径。他认为,波兰人在和平时期将罗塞尼亚人推向了俄国阵营,因为波兰人镇压了亲乌克兰民族主义者,并且提拔了看上去对波兰人的地方支配权威胁较小的亲俄派。虽然他的看法有些道理,但剥夺波兰族保守派对加利西亚的控制权，无疑震动、得罪了这些一向忠于帝国的精英。[147] 换一位将军来取代波兰人总督也不可能换取罗塞尼亚人的多少好感。他们仍旧因为哈布斯堡军队在秋季的暴虐行动而伤痛难消。由于担心再次遭遇暴力，数千名罗塞尼亚人随着撤退的俄军一同离开了。一个难民告诉拉帕波特-安斯基，他们仍然害怕马扎尔人："他们到哪里，就会带走健康的年轻男子，然后杀光其余的人！"[148]

其余的很多居民起先因解放而感到喜悦，但这份喜悦没能持续多久。强加给利沃夫的哈布斯堡军事管理机构不仅无能，还实行高压政策，而且这座城市在解放后的几个月里粮食一直告急。到1915年底，人们抱怨道，只有从匈牙利走私——当局对此睁一只眼闭一只眼——利沃夫人才没有饿死。[149] 更糟糕的是，军方对通敌者展开了政治迫害，这更说明军方自秋天以来没怎么吸取经验教训。仅利沃夫一地就有上百人被捕。在加利西亚西部的村庄里，军方吊死了被指控通敌的波兰族农民。[150] 为了填补在最早的几场战役和战果寥寥的喀尔巴阡山冬季攻势中死去的士兵，军方贪婪地征召新兵，这进一步激起了百姓的敌视。军方用黎明房屋搜查和流动检查哨来捕获新的炮灰。总体上说，哈布斯堡士兵对加利西亚百姓——他们明显是将这些百姓视作了亲俄派——的残酷和轻侮态度在日渐疏远着百姓。利沃夫的情况可以说明加利西亚平民对哈布斯堡军方的敌意。在那里，军民关系跌到了市民暴力对抗卫戍部队的程度。受到厌憎的匈牙利士兵被撤走了，但替换他们的捷克士兵也没有好到哪里去。亲奥人士苦涩地开玩笑说，俄国人应该给哈布斯堡军队颁发奖章："哈布斯堡军队最懂得如何让利沃夫百姓心寒。"[151]

"不受欢迎的共餐客"

俄国对加利西亚的入侵对于奥匈帝国产生了深远的影响。一方面，哈布斯堡军队和沙皇军队的暴行瓦解了加利西亚各个民族对这两个帝国政权的信任，另一方面，正如东普鲁士的情形，入侵的影响范围要远得多。然而，与在德国的情况不同，这些影响都是负面的。这次入侵埋下了哈布斯堡帝国衰落的种子。与那个被入侵的德国省份不同，加利西亚在经济上是个重要地区。它对奥地利的食品供应是不可或缺的，包括帝国西半部1/3的可耕地。入侵破坏了加利西亚的农业，摧毁了基础设施，耗尽了牲畜资源。在加利西亚东部，马匹和奶牛的数量减少了超过40%，猪的数量更是减少了70%。[152] 农业方面的破坏很快会反映在奥地利各个家庭的厨房里，而且是食品短缺和饥荒的关键起因，而在随后的战争岁月中，食品短缺和饥荒将引发社会和政治动乱。此外，加利西亚是同盟国的主要石油产地。然而，此地的石油业遭受了重大破坏：2/3的油井塔被烧毁，有些油井则被点燃了，储油设备的损坏和停产造成了约100万吨石油的损失。然而，撤退中的沙皇军队错过了一个潜在的良机。俄军太过专注于迫害犹太人，以至于他们没能注意到油田的战略意义，不仅没有对油田进行系统性破坏，甚至还在储油罐里留下了48万吨石油。加利西亚继续为同盟国供应了战时3/5的汽油和柴油。倘若没有加利西亚，德国后来就没法开展臭名昭著的U型潜艇战。[153]

对加利西亚的入侵不仅在经济上重创了奥匈帝国，还撕裂了它脆弱的社会。和在东普鲁士的情形相同，来自加利西亚的难民浪潮将惊骇和痛苦传播到了帝国的各个地区。这场人道主义灾难甚至比德国的那场更加严重，因为俄军推进得更加深入，而且几个重要城市的居民都不得不被疏散。1914—1915年，超过100万民众向西逃离了他们的故乡，想要在奥地利腹地寻求庇护。[154] 他们给哈布斯堡的财政带来了巨大的负担。哈布斯堡帝国共花费了22亿4310万克朗来救济难民，这是奥匈帝国直接战争支出的2.36%。[155] 然而，更具破坏性的是社会成本。在战争爆发前，帝国本来正打算让邻近的各个民族就当地权力与资源问题开展谈判协商，以解决内部纷争。当数十万加利西亚人突然进入帝国的西部，并且给基础设施造成沉重的压力时，他们揭露出了这个广阔的多民族帝国在战时的弱点。德国各地都可以感受到人们对东普鲁士难民的团结之情，但是奥地利并没有出现这种情形。在奥地利，德意志人、捷克人、斯洛文尼亚人、匈牙利人并不欢迎贫穷的犹太人、波兰人和罗塞尼亚人。这场大规模的人口流动很快激起了种族纷争，而且由于难民中有很多人是犹太人，它还激起了邪恶的反犹太主义。

难民的苦难在加利西亚便已经开始了，当地官员的敌意增加了他们逃难的艰辛。哈布斯堡军队没有料到会有如此多的百姓向西部逃窜，几乎没有对这些难民表示出任何怜悯。即便是在最好的情况下，难民也被视为一群不爱国的麻烦分子，军方认为他们自私地阻塞了军事运输急需的道路。在最糟糕的情况下，像俄军一样有间谍妄想症的哈布斯堡军队把难民当作需要高度提防、怀疑的对象。奥军指挥官们歇斯底里地警告说，乔装的俄国军官混在难民当中。据说有些人在奥军阵线后面侦察，有些人正在赶往帝国的几个重要城市，以便与俄军战俘取得联系。[156] 有一种担心还算是有点道理，军方担心难民携带了传染病毒，他们或许会将霍乱和斑疹伤寒带到奥匈帝国腹地去。民事系统的官员虽然起初也惊讶于这股浩大的难民潮，但仍旧表现得非常冷酷无情。奥地利内政大臣卡尔·海诺尔德·冯·乌定斯基在10月初试图故意减缓难民逃离加利西亚的速度。疏散专列的数量被减少了，加利西亚当局被命令停止向难民发放免费乘车许可证。[157]

除了试图减缓难民潮，哈布斯堡当局还采取了各种措施引导和控制难民潮。起初，当局想要区别对待那些按军方命令而离开的被疏散者和那些自己决定离开的难民，但事实证明这是不切实际的，因为两类人在离开加利西亚的火车上混成了一团。[158] 相反，难民的处境是受其他因素影响的。财富和社会地位极其重要。那些有能力负担开销的人想去哪里就可以去哪里。然而，占人口绝大多数的穷人只能被庞大的官僚集团的种种工作拖住。只要有可能，他们就会被制止乘坐普通火车，转而被集中分配到难民运输专列上。为了监管这些难民，警察会在3个所谓的"登乘站"——瓦多维采、乌季索纳和奥斯魏岑——登上火车；1914年和1915年，这些可怜的犹太难民中的许多人被关在牲畜运输车厢里通过了上述登乘站中的最后一个，30年后，他们又搭乘类似的火车回到了这个地方，那时它的名字换成了德语念法"奥斯维辛"——纳粹种族大屠杀最为臭名昭著的杀戮中心。接着，这些火车开往"检查站"，其中最大的2个检查站在普雷拉乌与乌赫尔堡（两地均在今捷克境内）。难民在检查站下车，登记，按民族与宗教被分组。然后，他们要在此处度过至少2周的隔离期。住宿条件恶劣、拥挤不堪,食物也很糟糕,由于必须用冷水洗澡,许多人生了病。结果,这些地方没能隔离传染病,却滋生出了传染病。倘若难民熬过了这个时期,他们便会被分配到指定营地或社区去。罗塞尼亚人被安排到了卡林西亚,波兰人则被粗略地按照三比一的比例分别安置在了波希米亚和卡尼奥拉之间的地方(在今斯洛文尼亚)。犹太难民则被运到了摩拉维亚。[159]

有些加利西亚难民没有向西逃,而是向南逃到了匈牙利。马扎尔政府认为,这些难民完全是奥地利的问题,因而拒绝提供援助。这是一个说明哈布斯堡帝国缺乏团结的早期例证,这个问题在1918年之前一直在困扰着哈布斯堡的战争努力。许多人在边境哨卡处被拦了下来,但他们也常常可以轻易通过其他地方的哨卡。上万人被驱离了马扎尔人的领地。其他人虽然留了下来,但并不受欢迎。这些穷困之人中的部分人在1914年11月给奥地利内政部写了一封求援书,陈述了他们的悲惨处境:

> 我们这些加利西亚难民被迫抛弃一切财物离乡已经4个月了。[我们]如今在这个国家(匈牙利),没有人理解我们,我们也不理解他们[。]没有人对我们表示怜悯[,]我们被当作动物……我们穷困潦倒,衣不蔽体。我们成年的儿子们正在前线浴血奋战,年幼的孩子们迫切地想吃上面包。我们已经被冻麻了,而没有人在乎我们。

这些难民向内政大臣祈求援助,希望他"要么施舍给我们一些面包来让我们活下去,要么就干脆把我们都枪毙,死去比忍饥挨饿好受"。[160]

但是,难民在奥地利的处境也没有好到哪里去。到1915年年中,当局将约20万人安置在了营地里,他们的处境最为悲惨。这些营地在开战后的几个月里被匆忙盖了起来,一方面是为了安置难民,同样重要的是,为了将他们和奥地利腹地的百姓隔离开来。这些营房实际上就是监狱。即便是按照奥地利极为严酷的紧急状态法,无限期拘禁未被控诉任何罪行的臣民也是违法的。内政大臣对这一点心知肚明,却故意让他所谓的"重要国家利益"优先于法律,且信心不足地希望这些措施在以后的某个时候或许是有正当理由的。可能人们对于这样一个在违宪统治的政府——因为议会早在1914年3月便告解散——本就不应该抱有期待。简易营房里的居住条件相当恶劣。容纳2.2万名波兰人的波希米亚周岑地区营地，便是一个典型例子。该营地有37座营房，每座营房占地878平方米，计划每个营房容纳530人。每个家庭分配到了一个小房间，三面是木板墙，另一面是帆布帘。贴着外墙的房间有光线射入，但离营房中央的2座炉子很远，没办法取暖。里侧的房间比较暖和，却没有光线。一位到访这片营地的记者斥责这里的条件是"极为骇人的"。他写道："空气是腐臭潮湿的。"这里几乎没有什么隐私。"生病孩童的哭闹声、男孩们吹口琴的声音、妇女的争吵声……以及营房长官恶狠狠的大声喝令充盈于耳，汇成了一首嘈杂的交响曲，这首曲子是这么不和谐，以至于任何人都会想要赶快逃出这片难民的苦难之地。"由于居住环境污秽、缺少医疗，这里疫病横行。被安置在周岑的波兰族难民有1/3都死去了。[161]

尽管当局起初打算把所有加利西亚难民都安置在难民营里，但来自加利西亚和与意大利交界处的难民人数实在太多，只有不到1/5的人被安置到了营地里。[162] 大多数人要么就地在某个小村镇落脚，要么就是长途跋涉到帝国西部的某个大城市去。奥地利各地几乎都有难民进入。1914年11月，波希米亚有9万名难民，卡林西亚有6000名，上奥地利有4000名，摩拉维亚和施蒂利亚各有2.5万名，萨尔茨堡和卡尼奥拉各有5000名。尽管维也纳在迟些时候试图阻止难民进入，但它是一个特别热门的目的地，14万难民进入了维也纳。[163] 这些庞大的数字并不意味着各王室领地热心地接纳了加利西亚难民。虽说奥地利内政部规定难民人数不得超过某个社区居民数的2%——以减少帮助难民的负担，但是只有那些劳力短缺的地方才表现出愿意接纳难民。[164] 官员与公众对加利西亚人的敌意，也和东普鲁士难民在德国引发的广泛同情形成了鲜明对比。这在很大程度上反映出，相比于一个现代民族国家中坚实紧密的"想象的共同体"，这个多民族帝国中的各个族群之间的联系要弱得多。东普鲁士，以及它有关条顿骑士团、城堡、边界冲突的历史，在德意志民族神话中占据着核心地位，因此该地被认为是德意志帝国不可分割的组成部分。与之相比，奥地利人对加利西亚没有这种密切感情。这片土地是一块帝国的边缘领地。它没有什么波澜壮阔的历史，可以将此地的人民和弗朗茨·约瑟夫皇帝其他的人民联系起来。对于生活在更发达的帝国西部地区的臣民而言，加利西亚的守旧与贫困与奥地利或欧洲没有什么共通之处，倒是和原始的亚洲更为相通。[165]

除了这些迥然不同的哈布斯堡地区之间缺乏紧密联系，另外三个背景因素也催生出了帝国民众对难民的敌意。首先，政府和报纸对这些不幸难民的困境的描述，增长了民众的恐惧与怀疑。在德国，公众对东普鲁士人的褒扬达到了过分的程度，可奥匈帝国的情形截然相反，加利西亚人成了哈布斯堡军队早期溃败的替罪羊。有关罗塞尼亚人背叛行为的故事之前已经强烈地影响了前线，如今又被报纸传播到帝国各地。如此多的难民被隔离在营地的情景——德国从未出现过此类情形——更给人传递出了一种这些新来者是罪犯的强烈印象。民众产生了强烈的怀疑与恐惧。密西斯劳·施韦斯泰克是被疏散到蒂罗尔的3000名加利西亚与布科维纳铁路职工之一，他发现蒂罗尔百姓直到1914年底依然对他们怀有敌意。当地人不加区别地看待波兰人和乌克兰人，他抱怨道，他们"怀疑我们都是叛徒"。[166]

其次，1914年秋，就在难民大批抵达帝国西部时，奥地利各地的居民第一次感受到了食品短缺和物价上涨。这些新来者自然成了被怪罪和怨恨的对象，正如某王室领地负责人所说，被当作了"不受欢迎的共餐客"。到1915年4月，维也纳警方颇有先见之明地警告道，除非食品短缺的问题得到缓解，否则当地居民袭击难民的情况就有可能发生。[167] 这些经济方面的抱怨和第三个因素——反犹主义——紧密结合在一起，尤其是在首都，但在波希米亚等地也有这个问题。犹太人占奥地利难民的2/5，但在栖身于维也纳的20万难民中，犹太人占绝大多数。许多犹太人之所以来首都，是希望和家人或朋友待在一起。其他犹太人是被当局引导到维也纳来的，因为当局希望维也纳庞大的犹太社区可以帮助救济这些来自加利西亚的犹太同胞。当地居民的敌意马上便显示了出来：9月中旬，已经有人在抱怨维也纳的难民"超载"了，而当时到达这座有100万人口的大都市的难民尚且不足5万。1个月以后，城中到处都贴出了标语，要求难民回到自己的家乡去。[168]

犹太难民在维也纳尤其受到怨恨，这一方面是因为他们的人数太多，另一方面是因为这座城市的反犹传统由来已久，从早先的犹太教正统派移民浪潮时便开始形成了。自1873年股市崩盘，维也纳中产阶级开始倾向于将犹太人看作一种极为自私和冷酷的资本主义的践行者，而且这种偏见和新的战时经济怨气恰好互相配合。[169] 很快便有人激烈地指责犹太难民是寄生虫和游手好闲之人，随着食品与家居用品供给减少，这种指责日益甚嚣尘上。很多人都在听信不着边际的谣言。有一个典型的故事，说有一个犹太人单枪匹马地垄断了布达佩斯的火柴供应，然后漫天要价。这类故事总是在暗示犹太难民拥有可以支配的巨额财富，然而现实与之相反，大多数犹太人的生活都穷困潦倒。害怕难民留下来的市政当局竭力让这些不受欢迎的客人生活得不舒服，不仅不发给他们工作许可，还屡屡催促他们赶快返乡。国家给难民的补助是70赫勒，这只够最低开销的1/3。为了使收支相等，难民家庭只好都挤在一起，这更助长了1915年上半年传染病的爆发。内政大臣和财政大臣都承认，国家给难民的补助是明显不够的，但是国家财政已然捉襟见肘，实在没办法把补助提高到合理水平。难民们倘若有怨言，连这一丁点儿补助也要被取消。[170]

平心而论，奥地利人对难民的态度并不全然是冷漠与敌视。有些个人和私人机构在不知疲倦地设法减轻难民的苦难，代表难民与政府交涉。其中最为重要的，是总部设在维也纳的"加利西亚和布科维纳难民福利总局"。这一组织的资金由内政部提供，负责发放救济金，分发保暖衣物，帮助难民寻找住宿、工作、医疗救助，管理托儿所、学校甚至一座图书馆。慈善团体也提供了帮助。犹太复国派与同化派组织争相提供援助，两派都在难民中吸引到了拥护者。[171] 即便如此，援助依然不够。难民的数量实在太多，国家援助难民的意愿与能力非常有限。当时急需平民社会参与援助，但公众基本不太了解难民遭受的苦难，而且由于极度严苛的奥地利审查制度打压一切暗示国家疲弱的说法，这个问题无法改善。当局将难民按民族与宗教分开，这相当于变相承认了帝国各民族之间联系脆弱。在加利西亚的军事溃败没有将他们拧成一股绳。相反，边缘地带的人民大量进入帝国腹地，极大地加剧了社会紧张与族群对立，对国家和国家的战争努力造成了极为不利的影响。难民福利总局局长敏锐地总结了这个令人失望的结果。"大奥地利共识和奥地利整体观念未能像期待的那样深入人心，相反，冲突变得更加激烈了，"他说道，"怨恨与日俱增。"[172]

俄国对德奥两国的入侵并未在今天的历史书中占到多少篇幅。受害者被遗忘了，他们遭受的苦难与不公也被忽视了。然而俄军入侵的重要性无论怎样强调都不为过。让1914年的战事与20世纪中叶的种族屠杀之间有密切关联的，是俄军在东部的入侵，而不是同一时期德军在西部的攻势与"暴行"。种族观念、反犹主义以及重塑和驱逐百姓的宏大计划，是俄军军事行动的标志，它们也是后来纳粹在这同一片土地上开展的行动的特点。俄军以族群作为判断政治忠诚的依据，而且想要强行迁移整个整个的社区，这些在后来的约瑟夫·斯大林时期有更大规模的体现。哈布斯堡与霍亨索伦臣民在1914年的伤亡相对较少。但俄国的暴行及其背后的动机，都昭示着中欧东部即将沦为20世纪的"血腥之地"。

俄军的入侵对奥匈帝国与德国产生了截然不同的影响。对于奥匈帝国而言，丢掉加利西亚不啻为一场灾难。俄军摧毁了当地的基础设施，驱散了当地的百姓。人们很快便会发现，没有了这个被低估的王室领地的农业产出，奥地利人会遭受严重的饥馑。同样可怕的是，争相逃离战区的难民潮展示出了这个多民族帝国各个族群之间的团结是多么脆弱。数十万绝望的波兰人、乌克兰人和犹太人来到帝国腹地，这激起了族群冲突与反犹情绪。与之相比，俄军对东普鲁士的进攻事实上增强了德国的作战能力。俄军侵犯德意志民族领土引发的愤怒以及俄军的暴行，加强了德国人的团结，让他们更加坚信本国在这场战争中是站在正义的一方，而且长久地警示着德国人战败的可怕代价。德军对俄军的胜利则造就了新的救世英雄兴登堡与鲁登道夫，鼓舞了公众的士气。这增长了大众的信心，巩固了团结，而这些是非常需要的。揭幕攻势和孤注一掷的防御战接近尾声，结果仍旧僵持不下。由此一来，同盟国现在要面对的，是一种完全不同的新战争，一种两国都力不从心的持久战。

第 5 章

四面合围

旷日持久的战争

到 1914 和 1915 年之交,领导人和百姓都已经明白,战争进入了一个新阶段。1914 年 12 月中旬依然在东线服役的阿图尔·豪斯纳少校惊讶地想着这场战争竟然这么持久。他回忆道,当他在 7 月底和家中的妻子分别时,没有人"想到会分开如此之久。毕竟这场战争只不过是针对塞尔维亚的,我们希望迅速教训那些杀害大公夫妇的乌合之众。然而在此期间,这场在巴尔干的小规模战争已经变成了一场不知会持续多久的世界大战"。在西部,德军速胜的豪赌已经失败了,埃里希·冯·法金汉在佛兰德的秋季攻势未能将战线向前推进。从瑞士边境到比利时海岸,在长达 750 千米的前线上,士兵们已经掘壕固守,僵持状态已普遍出现。在其他战线上,最初几个月的战斗也没有取得什么决定性的战果。塞尔维亚依然没有被击败,这让哈布斯堡指挥官们颜面扫地。然而在东部,俄军深入加利西亚的行动没能将哈布斯堡帝国彻底踢出战争,而且俄军在夏季和秋初败在了保罗·冯·兴登堡手中,这粉碎了俄军突入德国的最佳机会。土耳其在 1914 年 11 月加入同盟国阵营,也使得同盟国的力量得到了增强。在参战国越来越多、参战兵力庞大、战局胶着的情况下,豪斯纳明智地对战争的前景感到担忧。他意识到:"我们还要很久才可以重新享受和平,这样说并非毫无可能。"[1]

战争的性质也改变了,且变得对同盟国不利。是英国参战,造成了这种不同。英帝国占有地球表面 1/5 的领土,它为协约国带来了巨大的财政与工业资源。英国帮助法国承受了其工业核心地带被德国占领造成的损失,令一场长久战争变得可能,还为协约国提供了巨大的优势;如今协约国的可支配产量是奥匈帝国和德国的 3 倍,人口是它们的 5 倍,这使得协约国可以消化严重的军事挫折,大大增加了协约国在一场持久战中的胜算。[2] 此外，英国还让战争变得更加激进化，因为英国的作战方式与那些大陆参战国不同。作为控制着海上航道、煤站、水下电缆的世界海军霸主，英国主动用经济战作为拖垮敌国的手段。在英国卷入之后，这场战争不再是一项单纯的军事事务。现在，它变成了一种令人难以忍受的磨损竞争，这场竞争困扰着整个整个的社区，把平民变成了攻击目标。甚至在毛奇被任命为普鲁士总参谋长之前，他就已经预见到并开始担心这种新型战争了。他在1905年写道，下一场战争，会是"一场旷日持久的艰苦战斗"。各国"只有到了所有国力都耗尽"之时才会投降，而获胜国也"会精疲力竭"。毛奇预言道，这种噩梦般的新型战争会是"一场人民的战争"。[3]

  同盟国应对这种新式威胁的方式，是采取临时性紧缩经济政策。国家跟大企业合作，设法控制、引导经济资源来用于战争努力。早在1914年8月13日，在电气企业通用电力公司的两位工业家的呼吁下，普鲁士国防部成立了军需原料处，这个部门负责登记关键军需原料。1914年9月，在德国成立了多家"军需原料公司"，在奥地利成立了多家"军需原料中心"，每个公司都负责某种物资的采办与合理分配。这些公司由商人运营，它们起初只在德国经营金属、羊毛与化学原料，只在奥地利经营棉花、羊毛与金属，但在战争期间其他类似机构也成立了起来，到战争结束时，共有91个军需原料中心和近200个军需原料公司。[4] 从1914年秋天开始，两国的国防部都深受弹药短缺之苦，为此它们积极寻找新的制造商来承接军需订单，两国的工业也逐渐转向战时生产。两国将工人们也动员起来。战争爆发引发的失业危机本可能导致国内动荡，因此着实让军方指挥官们担忧了一阵，但从1914年晚秋开始，失业危机已经开始缓解；到了1915年春，两国面临着严重的劳动力短缺。[5] 人力优先顺序变化最重要的标志，是应召入伍的技术工人如今又被派回了工厂做工。1914年，奥匈帝国1/4的矿工被征召入伍，一些对战争努力至关重要的德国公司，如博世电气和拜耳化学，有半数劳动力被征召入伍。因此，为了同时照顾军事和工业人力的需要，国家实行了一套新的免服兵役方案。[6]

  这场战争已经演变为一场与财力、人口均占优势的对手的经济战。这增加了平民在同盟国战争努力中的重要性，也给了平民更加艰巨的新困难。战争爆发已经给后方造成了很大负担。家中的男性走上战场而造成家人分离，买卖关张，失业大潮突然而至。除了这些，由于军需采购和部队调遣破坏了供给，人们无法再从现在是敌国的国家进口商品，再加上平民争相囤积物资，食品和其他生活必需品的价格一路升高。通过进食来安抚心情的办法——这是人们应对变故的一种方式——也助长了物价的上涨。[7] 即便是农业地区也受到了影响。在德国东部的农业地区托伦，从1914年8月底到12月，1磅大麦粒的价格上涨了超过1/4，培根的价格上涨了1/5，主粮马铃薯则上涨了1/8。[8] 在都市区与工业区，物价上涨得更加厉害，一些基本食品的库存开始告急。到了1914年秋，柏林和维也纳都面临着面包短缺的状态，到了1915年初，马铃薯也开始短缺。[9] 英国参战3个星期之后，英国海军对德国实行食品禁运，俄国又入侵了奥匈帝国的农业核心产区加利西亚，这些变化使得同盟国的供给困境不仅得不到好转，反而大大恶化了。现在，平民的生计正遭受冲击；非战斗人员承受着日益严重的物质匮乏、饥饿和劳累。除了这些苦难，平民时刻都在为身在前线的亲人提心吊胆，生怕他们遭遇不幸，因为阵亡的士兵越来越多。到1914年底，哀悼亲人者已经很多，因为截至当时，已经有18.9万名奥匈士兵和25万名德军士兵阵亡。[10]

德国和奥匈帝国的战争努力依靠的是两国社会对新状况的适应能力与应对能力。这种新型战争有两个特点，一是大规模军队对武器和补给的需求更多，二是参战国在设法切断对手的食品与工业产品供应。它将后方变成了被封锁的"后方前线"。对于从物质与情感上支持战场上的士兵们，这个"后方前线"至关重要。这不是传统意义上的"人民的战争"，而是以一种新方式的"人民的战争"。在前一种模式中，平民踊跃参军，而按照后一种模式，整个社会并不是以那么激烈的方式参与，但整个社会必不可少地在左右着战争的结果。公众的支持与赞同是至关重要的。战前的军事计划关注的是怎样调动士兵的身体，怎样把士兵集中到前线去；然而如今，军事计划关注的是必须要调动后方的心意与想法。国家做了一些引导，但社会其实具有极为强大的自我动员能力。知识分子、记者、神职人员、政治家在受到政府的些微激励后，向公众解释了这场旷日持久的战争。社区组织和教会都安排了志愿行动来帮助战争努力。战争期间的新情况和新困难，需要民众用一段时间去适应新的思考与行动方式。在中层与下层民众当中形成的"战争文化"和对牺牲与团结的优先考虑，支撑着这些被封锁的社会的抗压能力。

爱的战争

在后方前线，算计和情感一同激励着平民心甘情愿为本国的战争努力付出。俄国的好战性激起了怒火和愤慨，而且人们也有很多出于担忧的私利；毕竟，俄国人在东普鲁士和加利西亚的肆虐已经展示了入侵的可怕后果。也有人憎恨敌人，但这种憎恨并不广泛，而且这种憎恨其实是一柄双刃剑，特别是在德国。憎恨通常被认定为"战争文化"的核心。[11] 然而奇怪的是，在奥匈帝国和德国，最有力地动员和支撑着民众的因素，是爱。[12] 爱支配着战争辞藻。在可怖的战场上，有最纯粹的爱的表达。士兵甘愿参战、甘愿赴死的做法，被高度理想化地理解为一种大爱的行为。正如一位神职人员在 1914 年 10 月告诉他的教区信众的，"爱是所有事物中的主要要素；没有爱，我们什么都做不了。如果在东线和西线战场上为我们而战的勇敢弟兄们不是怀着对祖国的大爱而开枪，那么战争的结果就是烧杀掳掠"。[13] 士兵们被认为是在主动做出"牺牲"，对于这些基督教社会来说，这是极其熟悉且非常感人的理想。那些阵亡的士兵被尊崇为烈士，他们"为了祖国而英勇地倒在了光荣的战场上"。在战争刚开始的两年，一些人，特别是出身中产阶级的人，会用类似的高尚词汇来表达他们遭受的磨难与苦痛。[14]

后方社区用行动来报答，这也被视为一种爱的表达，但这是一种更温和、抚慰式的爱，当时的人将它和慈爱的女性天性联系在一起。德国皇后在战争刚开始几天定下了这样的基调，她呼吁女性臣民承担起"神圣的事工"，去支持参军的丈夫、父亲与儿子，支援祖国的"决定性战斗"。[15] 皇后的号召很快在民间得到了呼应。例如，德国南部城市海尔布隆市的市长巧妙地描绘了一幅整个社区在战时高度性别化的图景，当时他宣称："在手持武器的军队后面,爱的军队现在必须列队集合了。"[16] 在德奥两国,为处于战争状态的社区所做的志愿工作被称为"爱的事业",而民众寄给前线士兵的包裹则被命名为"爱的馈赠"。[17]

人们很容易理解这种话语的强烈号召力,因为爱的信息跟任何有亲人在前线的人都是有共鸣的。家庭是战时社区的基本单元,而且家庭在不遗余力地支持着家中的士兵。在4个女儿的帮助下,汉堡妇女安娜·考恩施泰恩照顾着在当地组建的第七十六步兵团中服役的儿子阿尔贝特,她的努力说明了"爱的馈赠"这个名字是多么恰如其分。和其他数十万个家庭一样,安娜一家精打细算、省吃俭用、排几个小时的队、恳求别人、以物换物,只为了能弄到一些好吃的东西,或是能弄到些烤蛋糕的材料,然后寄给身在西线的阿尔贝特。后来鸡蛋和黄油变得实在太贵,安娜便转而试验了一种不需要这两类材料的蜂蜜蛋糕。有时,这家人会把剪报夹进给阿尔贝特的包裹里,以便让他知道家乡的消息。她们的信件以及随之寄去的礼物,都是深厚爱意、时时牵挂和希望阿尔贝特平安归来的强烈愿望的物质表现。但凡她们收到回复稍有延迟,或是由于阿尔贝特太累、太忙而没法回信,或是由于战地的邮政配送有所耽搁,都会让母女几个心惊肉跳。阿尔贝特的一位姐妹在一封信中叮嘱他要及时回信,"免得让我们满心焦急地盼着一个又一个邮递员"。当这家人得知阿尔贝特的团投入战斗时,她们更加担心。在这支部队参与了1915年4月在默兹河谷地的攻势后,安娜接到了儿子的来信,这让她大大地松了一口气:

我亲爱的阿尔贝特!

我已经收到了你4月26日和4月30日寄来的卡片。在你的第一张卡片寄到时,我们简直高兴坏了。因为我知道你参加了战斗,且汉堡参议院收到的急件称汉堡团在作战中表现突出,我一直提心吊胆,好在我们终于收到了你的卡片。我多次向上帝祈祷,希望上帝能保佑你。

在提醒了儿子自己给他寄去了巧克力和一个蛋糕后,安娜在家书最后写下了祝愿的话:"愿上帝继续保护你,让你能平平安安地回到我们身边。一直陪伴着你的妈妈。"[18]

战争文化让这种爱传播得超出了家庭血缘的限制,在更大的范围内增进了团结。阿尔贝特不单单从家人那里收到过"爱的馈赠"。1914年圣诞节,阿尔贝特还收到了汉堡商业贴现银行(战前,阿尔贝特曾是这家银行的职员)管理人员寄来的包裹,"以代表我们的心意"。[19] 类似的表示在战争的最初几年里是很常见的。各种协会,无论是社会性质的、宗教性质的,或是兴趣爱好性质的,也纷纷给自己在军中的会员寄去了礼物或是时事通讯。教区,特别是在乡村地区的教区,是为士兵及其家庭提供关怀与帮助的核心网络。神职人员为士兵们举办社区祈祷活动,组织见面会,让人们在会上朗读身在前线的当地人写的信。他们还会告知信众最新的战争动态,提议为士兵或伤兵寄送钱财、礼物。有些神职人员还会出面和政府交涉,争取让一些士兵回家探亲。如果有人被报失踪,神职人员会帮助其家人打探失踪者的下落。在帮助社会应对大规模丧亲问题时,神职人员自然是关键人物。[20] 市镇和地区当局也给予了关怀,虽然没有那么个体化,但很有影响力。在德国和奥匈帝国,地方认同都很强烈,城镇也在努力地关怀本地士兵。1914年10月,34辆装满礼物的汽车,从汉堡市中心市场出发,开往前线去慰劳战士们。时刻记挂着儿子的安娜还特地写信问儿子是否收到了慰问品。汉堡市议员迫切地想要表达本社区的感激之情,常常跟着慰问车队一起前往前线,亲自将礼物分发给汉堡步兵团的士兵们。[21]

德国和奥匈帝国政府都试图引导并参与这种爱的网络。两国都设立了中央福利组织。哈布斯堡国防部下设了一个"战时福利处",在德国,一个类似的"战时福利办"给士兵家庭提供帮助。半官方的慈善机构也发挥了重要作用。红十字会和奥匈帝国的寡孤救助基金是最为重要的。还有一些专门的组织得到了皇室赞助。比如,在德国,出于皇后的愿望,一个"保暖内衣战时委员会"成立了,办公地点在议会大厦。[22] 然而,尽管有这些高层联系和官方监管,所有这些组织还是要依靠地方积极分子的活动网络和地区、市镇精英的支持。德奥两国的官员很快便意识到,相较于国家或皇室主办的慈善事业,人们更愿意向地方或地区的慈善组织捐款。

在更古老、族群更单一的国家，人们对更大的政治组织拥有更紧密的认同感，而在德奥两国，百姓对更大的政治组织没有那么紧密的认同感。因此，在奥地利，国家想要尽可能地扩展、利用在战争爆发时收效奇佳的"双重动员"，将国家战时福利组织的运作交到民族主义者手里。在波希米亚，德意志与捷克福利活动家早在1915年6月便已经获得了控制权，第二年，这项政策扩展到了帝国西半部的其他民族主义者组织。这对哈布斯堡的战争努力有深远影响。就筹款来说，这无疑是一招妙棋。有良好组织架构的民族主义活动家被用来为国家服务。承担了很多工作的中产阶级女性志愿者更乐意把自己的时间和精力用在本民族的事业，而非帝国的事业上，在波希米亚尤其如此。然而，从长远角度来看，这种授权是欠妥的。按民族来分割战时福利，相当于变相承认帝国团结的脆弱性。国家没有鼓励人民去互相扶助，而是鼓励他们退回本民族群体的保护中去。[23]

上述举措都极为有效地动员了女性群众，让她们不仅支持自己的亲属，也支持当地的部队，甚至也支持民族和帝国的事业。柏林警察局局长在1914年10月惊奇地说："几乎所有女性都在忙着为我们的士兵生产袜子、腕套、背心、护腰和其他毛织品。"[24] 几个月以后，在柏林西南几百千米的萨尔茨堡，又有人说了类似的话。当地支前局满怀骄傲地注意到："在所有的学校、修女院、房屋、农场与小屋，我们的女性同胞都在为了满足战士的需求而勤勉劳作。"[25] 维也纳的统计数据或许可以让我们多少了解到志愿者有多么努力。到1917年3月，维也纳的战时福利处共发出了257 922双手套、636 388顶羊毛帽子、2 708 180双袜子，以作为"爱的馈赠"。在奥地利各地30多个战时福利处分支机构也承担起了类似的工作，红十字会和众多妇女组织也投身其中。[26]

然而，平民感觉自己欠了士兵很多，即便是这样庞大的物质支援还是不足以肯定士兵们的牺牲。德国的资产阶级早在战争爆发之初便决定，他们必须在精神上团结。严肃紧张是他们的格言；当有人在前线牺牲时，轻浮言行在道德上是应受斥责的。因此，剧院取消了轻喜剧演出，开始上演军事题材的经典戏剧，比如席勒的《华伦斯坦的营地》，或者是匆匆创作出来的战争题材作品。一些城市禁止在酒吧和咖啡馆举行现场音乐演奏、跳舞。[27] 人们发明出了新型的战时娱乐。在最初的几个月里，受欢迎的是"爱国之夜"活动。在这样的活动中，人们朗诵当地人创作的战争诗歌，表演适合"神圣战争"的歌曲。组织这些活动的文化、教会、妇女团体把收入捐给了红十字会等战争慈善机构。[28] 这一时期，学者们发起的"战争演讲"也吸引了很多听众。1914年9月至1915年2月，在明斯特的一次系列演讲吸引了大约1万人。[29] 柏林的一次备受瞩目的系列演讲甚至集结演讲稿出版，将大学教授们关于协约国罪责和德国人的美德的观点传播到首都以外的地区。读者们被告知，在这生死存亡之际，他们面对的"是一个关乎我们的民族的生存问题，是一个关乎我们所有的自由与发展的问题"。[30]

即便是最热切、最爱国的德国中产阶级，也只能在有限的时间内容忍这种阴沉的知识性活动；到1914年底，他们中有许多人认定，大笑也是一种应对战时艰难困苦的美德，于是题材更轻松的戏剧又开始上演了。[31] 工人阶级向来都对这个中产阶级的严肃紧张运动不以为然，而且工人阶级的娱乐活动一直是中产阶级攻击的目标；对于工人阶级来说，严肃紧张运动有所松动只是带来了有限的宽慰。"糟粕"书籍、"淫秽电影"、狂欢节（德国西南部百姓尤其喜爱的狂欢节）等节日，依然受到神职人员与中产阶级道德家的批判。[32] 在奥地利，有些人找出了对抗、破坏资产阶级的正经爱国主张的办法。醉酒的顾客乐不可支地反复要求店家奏国歌。没有人敢于反对，因为这轻则会招致辱骂，重则会招致不敬罪的指控。有次法庭收到了一个案子，在这个案子里，国歌几乎不间断地演奏了四次，一位客人也跟着起立了四次，到了第五次，他实在忍无可忍，拒绝起立。他遭到了在场者的咒骂，然后被送交警方。1916年，类似的案子仍然充斥着哈布斯堡军事法庭。[33]

"战争文化"还有一个没有被拔得那么高，但也相当富有启发意义的方面，那就是商业方面的表示。适应时代精神的公司与制造商意识到爱国主义非常有销路，便用爱国主义来为自己谋利，但这也有利于营造团结氛围。竞争者谴责外国人所有的跨国公司"用英国钱建立、用英国资本运营、主要由英国人管理"，它们的"利润也流向了英国"。[34] 在德国，这些公司在官方的鼓励下去掉了商品上的外国文字，以强调其产品的德国性。在

1914—1915 年间强烈的爱国氛围中,"Keks"肯定比"cakes"卖得好,国际化的"Cigarette"肯定比不上德国味更浓的"Zigarette"。[35] 这些商品被改动得更适应战时的爱国与军事兴趣。如果可以买到一个"战争闹钟",谁还会去买一个普通闹钟呢?这样的战争闹钟顶上有一个迫击炮电池,钟面上画有德皇威廉和弗朗茨·约瑟夫的头像,并且保证会发出"巨响"。制造商把口琴做成了德国海军著名舰艇(如 U9 艇或是"埃姆登"号)的样子,人们会把它放进给士兵的礼物包裹里。[36] 另一个有效的营销策略,是将商品以当时的英雄兴登堡的名字命名。不下 150 家公司在市场上出售"兴登堡雪茄"。[37] 相同的策略也在哈布斯堡帝国各地使用过,但英雄自然各有不同;比如,在加利西亚,出现在巧克力包装纸上的是约瑟夫·毕苏斯基。[38] 玩具公司在创造性地适应、推进"战争文化"方面出类拔萃。生产泰迪熊的史戴芙公司制造了柔软可爱的踢正步普鲁士士兵,这迎合了那些想要给孩子买点新奇玩具的中产阶级家长,毕竟水兵制服和铅制玩具士兵之类的玩具太过千篇一律。少数拥有又有钱、又宠孩子的爸爸的幸运孩子会收到史戴芙战俘押送套装,其中包括法国战俘、德国警卫和一座医院。在物资出现短缺之前,玩具公司也一直在紧跟战时的环境。在实行食品配给制之后,玩具娃娃还会附送一张配给票。[39]

战时的爱国娱乐活动和迎合性作品,主要是一种有着更加深厚、更加普遍的价值观念的资产阶级战争文化。它的核心信条,是城堡和平式的团结,连工人也拥护这种团结:1915 年,尽管德国恢复了充分就业,可只有 1.4 万名德国工人罢工,只损失了 4.2 万个工作日的工时。[40] 除了普遍的顺从,欧洲中部的"战争文化"还包含另外两种行为。第一种是俭省节约。这是政府宣传活动中大力倡导的。政府警告公众,英国的海上封锁意在引起饥荒,但倘若德国人民能够认真节省食物,便可以挫败英国人的计划:"我们田里的粮食足以让我们坚持到下一次收获。**一丁点儿食物都不可以浪费**。"为了鼓励百姓俭省,政府告诫百姓"时刻想着我们在战场上的士兵,倘若他们能吃到你浪费的面包,他们该有多开心啊!"[41] 作为一种劝说手段,这是极其成功的。它不仅可以利用后方百姓的良心,还给了这些百姓一个证明自己也可以有所牺牲的机会,即便这种牺牲跟士兵们遭受的苦难与折磨比起来不值一提。安娜·考恩施泰恩便很好地展现了这一心态。安娜写信给儿子阿尔贝特，告诉他1915年初汉堡物价上涨、食品短缺的问题时，便是以这样坚定而甘愿付出的口吻说的。"不要担心，因为我们还没有饿死。"她这样宽慰自己的儿子。"我们这些在家里的人一定会挺过去，因为我们必须可敬地站在你的旁边。你和所有在战场上的人要承受的远比我们多。"[42]

英国的"饥饿战争"让德国政府高度担忧，因而它发动了第一次有组织的宣传行动。1915年1月24日，普鲁士内政部宣布，将会训练几百名公共发言人，来"告知"民众"英国的饥饿战略"。这些发言人不仅包括教师、神职人员、政府依赖的传统社区精英，而且为了展现城堡和平，也包括妇女和工人阶级工会活动家。在直接跟民众沟通时，尤其是跟社会主义工人沟通时，他们具有政府缺乏的重要可信度。[43] 这些发言人不仅向民众发出了警告，也提供了关于节约食物、用战时食材烹饪的实用建议。德国和奥匈帝国的各个市镇开始开办烹饪课程，设立了营养咨询机构。[44] 这些活动得到了德国妇女联合会的支持，这个机构的工作人员在德国各地巡回为妇女提供家政指导。人们为了躲开油脂短缺的问题而开发出了很多新食谱，这其中涌现出了许多奇妙的点子，但有些新菜肴实在是相当奇怪。1915年3月，托伦镇的烹饪课程教授市民制作"奶渣布丁""人造蜂蜜"和"假巧克力汤"。让人感觉不妙的是，"大头菜糊"也在这些新创菜色之列。为了帮助人们记忆以及照顾那些没能参加课程的人，当时还有战时烹饪菜谱发行；1915年，德国便出版了至少69种菜谱。[45] 其中有一些吸收了最新的营养学研究成果；虽然当时的营养专家尚且不了解维生素和矿物质的重要性，但他们确实已经了解了人体的能量需求。食谱上列出来的膳食计划体现了一种适度、重复但高卡路里的配餐，中产阶级的活动家和官员认为这种配餐在战争的第一年还是比较切合实际的：

第一天

早上：配脱脂牛奶和糖的稀粥

上午：每人一片配有黄油或果酱的面包

中午：配有牛肉和马铃薯的大麦糊

下午：每人一片配有黄油或果酱的面包

晚上：配有奶和糖的咖啡，每人两片配有香肠的面包

（9665千卡［4人一共，所以每人2416.25千卡］）

第二天

早上：配有奶和糖的咖啡，每人两片配有果酱的面包

上午：每人一片配有黄油或果酱的面包

中午：配有果干的通心粉

下午：每人一片配有黄油或果酱的面包

晚上：马铃薯沙拉及烟熏鲱鱼

（10227千卡［4人一共，所以每人2556.75千卡］）

第三天——"面包节约日"

早上：配有奶和糖的粥

上午：每人一片配有黄油或果酱的面包

中午：配有胡萝卜和肉的马铃薯

下午：每人一片配有果酱的面包

晚上：带皮煮的马铃薯，配有鲱鱼、黄油和洋葱

（四人共9920千卡［4人一共，所以每人2480千卡］）[46]

这份膳食计划看起来或许不是特别让人有食欲，关于细嚼慢咽和将热食装在保温盒中的建议虽然合理但很寻常，然而保存食物已经被设计成了一种神圣的义务。德国主妇要遵照"战时十诫"，包括"不多吃一口""珍惜神圣的面包""多吃蔬菜和水果""将不适合人吃的厨余拿去喂牛"等警句。凭借这些手段，德国妇女们便具备了"拯救我们的祖国"的力量。[47]

战争文化的第二种行为，是捐助。平民捐献食物和保暖衣物给前线士兵们，只是范围更广的活动的一部分，但它确实是相当重要的。"团结"与"牺牲"的核心价值意味着也要帮助身在后方前线的战争受害者，比如难民或是家庭生计被战争破坏的人。为了尽可能增强吸引力，捐助往往和

战争文化的其他主题相结合。在种种帮助后方前线战争受害者的行动中，最引人注目的是1914年在德奥两国分别发起的"我拿金换铁"行动。这个想法的灵感来源于1813年德意志解放战争期间的类似募捐行动，活动的主要内容是让百姓为了战时社区的福祉捐出自己的金首饰，作为回报，他们会得到一个铁质的别针或指环。这项行动准确地把握住了公众的兴趣。到1914年9月，已经有9万奥地利人捐出了自己的贵金属，通常是他们的结婚戒指。[48] 在德国，这项行动也很受欢迎。1914年，仅仅美因河畔法兰克福一地的市民便捐出了总价值303 403马克的白银、黄金、铂金。这项呼吁的成功，无疑在很大程度上是因为人们想要从物质上向那些牺牲者证明自己的爱国之情。对于许多人来说，真正有意义的，是给予（以及被人看到自己给予）的行为；原因本身倒是没那么重要。报纸注意到了公众"通常不清楚"他们在"金换铁"行动中捐出的那些东西是支持什么的。在法兰克福，不到1/10的钱被拿来打造铁质饰品，1万马克被捐给了"资助贫困艺术家委员会"，近1/3的钱则用来补贴那些已经收到了政府"家庭津贴"（给军人家属的一种津贴）的家庭，其余的钱则捐给了那些没有资格获得政府救济的穷人。[49]

儿童是人数最多、最具热情、成绩最大的募捐征集者。当时，数十万妇女参与了战争相关的志愿活动，而六七十万德国中小学生被发动起来，帮助举行各种募捐活动。奥地利青少年争相承担战争相关工作的状态也让人印象深刻。一位卡林西亚的官员说，志愿者"远远超出了工作所需人数"。[50] 孩子们最早参与的"收集"工作是农业方面的。早在1914年，德国的中小学生便放了假，回家帮助收获。很快，他们又组成了拾荒队，在乡间收集柴火、蘑菇、浆果、做果茶的叶子。后来，随着封锁越来越紧，为了给战争提供可回收利用的物品，他们开始在城市中收集厨余、废纸、金属、瓶子，甚至是头发。孩子们缠着大人要零花钱的本事众所周知，如今这种能力也用到了战争上面。从1914年深秋开始，德国的中小学生们便被发动起来，劝说家长把手头的10马克、20马克金币拿去兑换成纸币，以充实德意志帝国银行的金银储备。[51] 奥地利的学校效仿了这个做法。这个策略赢得了相当多的赞誉，仅仅在1915年，德国各地的学校便收集了价值超过 1500 万马克的硬币。1918 年，一位德国东部的官员说道："在让家长出卖黄金这件事上，孩子们是最好的煽动者。"他们"会一刻不停地缠着父母，而且在任何广告和宣传工作都无能为力的时候，孩子们会达成看上去不可能完成的任务"。[52]

孩子们做出的最大贡献，是鼓动家长认购战争公债，而德国和奥匈帝国的战争努力都高度依赖战争公债。这项工作很快便高效地组织了起来，即便是那些没有孩子的人也不堪其扰。每所学校都被分配了一片劝购区域。孩子们被组织起来，带上认购簿，按照计划好的路线走访某个街区的所有人家。孩子们对于这项工作的热情，不仅是出于对祖国或德皇的爱。安娜·考恩施泰恩的女儿尤利娅（家人叫她露露）告诉当兵的哥哥阿尔贝特，每次她成功劝人捐出一件金饰，学校就会奖励她 50 芬尼。她的姐姐们每募集到 50 马克，便可以放一天假。教师鼓励各个班级之间展开竞争，同样许以奖励。最卖力气、业绩最好的募捐征收者，以及那些家里最有钱的学生，可以得到奖牌、徽章，他们的名字甚至会登在当地的报纸上。1915 年秋天，德国发行第三次战争公债，由于孩子们在鼓动公众购买公债上发挥了极为关键的作用，德皇亲自宣布学校放假一天，以表感谢。[53]

虽说孩子们的这些努力并非全无私心，但他们还是对国家的战争努力极度用心。政府劝告人们要成为"后方前线的士兵"，要帮助战争尽早结束，这些劝告跟那些家中的父兄上了战场的孩子们尤其能产生共鸣。女孩们着迷于织袜子、手套、围巾，以便将它们放进"爱的馈赠"包裹里，她们不仅在编织课上织，也在午休时、放学后织。赫米内·格斯特尔是一个在 1915 年时住在下奥地利的 12 岁小姑娘，她回忆道："我们这些姑娘热衷于给可怜的士兵们织东西，在学校放假的时候，我们都不做游戏，每个人都想尽可能多织些东西。"[54] 募捐、编织东西、打包"爱的馈赠"，可以帮助孩子们克服亲人参军产生的焦虑感。这些活动也可以让孩子们感觉到，他们是一个以友爱、团结、牺牲为特征的战时社区的组成部分。[55] 他们自己为了巩固这个社区做了很多贡献。仍然在上学的孩子们扮演着管道的作用，通过他们，官方的宣传可以传达到不知情的父母耳中。他们也被用来有效强化后方与前线之间的联系。孩子们给士兵的"爱的馈赠"并不是匿名配送的,包裹里还有织衣物或打包礼物的孩子写的明信片或信。有一点得到了特别强调,就是要确保那些没有亲人的士兵也能收到这样的包裹。[56] 通过这种方式,德意志民族或帝国自身便成了这些士兵替代性的家庭。一封来自孩子的信可以在前线士兵的心中造成强烈的情感激荡,它有力地让士兵们想起了他们正在保护的人民,增强了他们忍受服役期艰难凶险的意念。许多孩子都自豪、雀跃地收到了感谢信,由此,孩子们和士兵们有时能发展出固定的书信往来关系。这鼓励孩子们继续在战争相关事情上投入感情。他们牵挂"他们的"士兵们。例如,当13岁的琵特·库尔得知"收到我的礼物包裹的士兵埃米尔"(她是这样称呼他的)在战场上被刺伤了胸部时,她"着实吓坏了"。[57]

战争文化最引人注目、最具象征意味的表达,是1915—1916年在欧洲中部各地建立起来的"钉像",它充分展现了战争文化的所有含义与优点。这些钉像是雕像或盾牌,往往用质地较软的椴木雕成,安置在公共场合。人们付钱来往上面钉钉子。明信片和相册等周边商品,以及钉子销售所得,都用于援助阵亡士兵的家属;这些木像逐步被钉子"铁甲"覆盖了起来,这使得它们成了社区的团结、牺牲和坚韧精神的象征和神龛。这一风潮最早在维也纳兴起,它受到了当地传统的启发。哈布斯堡帝国首都是中世纪"铁桩"(Stock im Eisen)的故乡,那是一种钉满了有百年历史的铁钉的树干,传说那些钉子是由流动工匠们钉上去用以驱邪的。1915年,维也纳寡孤救助基金的中央委员会决定利用起这个风俗,来跟新的恶魔斗争。3月6日,哈布斯堡皇室成员、奥地利首相施图尔克伯爵及其全体内阁成员、维也纳市长、德意志帝国大使、奥斯曼帝国大使出席了大战中的第一尊钉像"钢铁战士"的揭幕典礼。那是一尊身披铠甲的骑士塑像,它有一人半高,手中利剑出鞘,双眼坚定地注视着前方。揭幕式上,市长做了揭幕演讲,他强调,只有从人民的团结中才会产生胜利的意志。然后第一枚钉子钉了上去,这枚金色钉子是以弗朗茨·约瑟夫皇帝的名义钉上的;其后的第二枚和第三枚则是由德意志帝国与奥斯曼帝国大使代表各自的君主钉上去的。这些大人物们钉完之后,钉像便向首都市民们开放。到战争结束时，这尊钉像上总共覆盖了超过 50 万枚钉子。[58]

"铁战士"广受赞誉，引得哈布斯堡帝国境内各个德意志人社区纷纷效仿，最东甚至影响到了特兰西瓦尼亚的锡比乌。德国民众也热情地采用了这个主意。他们在首都把这项活动做到了登峰造极的地步，在柏林，在纪念 1870—1871 年胜利的凯旋柱下，人们树立起了一尊 12 米高的"兴登堡铁像"，于 1915 年 9 月 4 日揭幕开放。艺术评论家们称它"令人反感"且"原始粗野"，但它确实打动了民众。仅仅在第一天，便有 2 万人爬上钉像的围架，把钉子敲到雕像上。然而这尊钉像实在是太大了，即便是对于柏林这样一座人口众多的城市，要想让这尊雕像全部覆盖也是不可能的（像其他德国的宏伟大业一样，野心总是大过了可用的资源，或是像这一事件一般，大过了决心），但这一活动收到的反响依然是令人印象深刻的。最终，共计有大约 30 吨钉子敲到了雕像上，这是钉像自重的 2 倍还多。[59] 况且，这尊钉像只是德国各地 700 余尊钉像中最大的一尊，而这 700 多尊钉像总共为阵亡士兵的遗孀与遗孤筹集了超过 1000 万马克。这有力地证明了地方社区在全国战争努力中的重要性和它们对全国战争努力的投入。虽然"全国阵亡士兵遗属基金会"的一个中央委员会负责宣传钉像建造并且提供有关建议，但是否要建造以及采取何种外观，都由各地方当局自行决定。铁十字一类的爱国符号很受欢迎，骑士、士兵、德国神话英雄也很受欢迎。德累斯顿、茨维考等城市效仿柏林，将它们的钉像献给了新救世主义登堡。然而，常见的情况是，一个地方选择的偶像体现着明显的地方自豪感和地方认同。贝尔格大公国的首府杜塞尔多夫，便受大公家族纹章的启发，造了一尊木狮子作为钉像。阿尔托纳的"钢铁海因纳克"则纪念了曾在 14 世纪统治荷尔施泰因附近区域的武士伯爵海因纳克。在鲁尔工业区，钉像往往会反映出这些市镇与煤矿或金属行业的关系。雷克林豪森造了一根"矿工之柱"，埃森、哈根和波鸿均建造了"铁匠像"，这个地区的其他城镇则选择了"利剑"的形象。[60] 当地的工匠通常被指派负责设计钉像，而且，与那个中央委员会的意愿相悖的是，钉钉子的收益并没有在全国范围内汇总，而是被地方社区直接用来救助当地阵亡士兵的遗属了。[61]

围绕着钉像而精心设计的各种仪式弘扬和强化了一种团结但等级分化的社会的保守观念。城市的市长和高级省级官员常常会主持钉像的揭幕式，而地方的头面人物和大城市里的地区特权阶层总是首先举起锤子的人。钉子并不都是一样的。在大众看来，花50芬尼或1马克去敲上1枚铁钉已经够了。更富裕的市民想要炫耀自己的地位与爱国心，因而会花上2或5马克买一枚银色钉子。精英们买的钉子则是金色的，要花费50或100马克。敲钉仪式强化了各个社区与国家、与前线之间的关联。例如，在1915年9月26日威斯巴登市4.2米高的钉像"钢铁西格弗里德"的揭幕式上，市长称听众们为"德意志女士和先生们！"。"西格弗里德身上的每一枚钉子，"他告诉各位市民，"都是在致敬那些在敌境中的孤单阵亡将士坟墓，都是在抚慰阵亡者的妻子、父母。"[62] 然而这些敲钉仪式的中心依然是地方社区本身。工匠与职业协会、宗教团体、妇女组织、兴趣协会纷纷参与，甚至举办他们自己的仪式，以此表达他们对于地方、对于国家的团结感与认同感。[63]

青少年也被发动了起来，去向这些社区团结的祭坛致敬。1915年10月，在人口为10.9万人的威斯巴登，1.2万名孩子被组织起来，列队去看"钢铁西格弗里德"。他们在那里听着当地督学滔滔不绝地大谈德意志人诚实而忠诚的美德以及人民与德皇之间的联系。当时不仅以所有孩子的名义买了一枚金色钉子，收到的捐款还让每一个孩子，不管这个孩子有多穷，都敲了一枚铁钉到钉像上。[64] 当然，这些未成年人没有选择，只能参加。然而，在钉像揭幕之后数周、数月间赶来的人们以及因它们收集到的巨额款项证明了，这些钉像确实满足了人们的某种心理需求。敲钉行为让平民可以向阵亡士兵的家属表达关爱，这部分地补偿了许多人对前线战士的亏欠感。这让他们觉得自己能（至少是象征性地）帮助"强化"他们的社会，以面对共同的逆境。钉像木质表面上逐渐盖满的金属"盔甲"，也让人安心地证明了更广泛的团结和愿意牺牲的精神，可以被理解为一种社区坚韧性的象征。我们有充分的理由认为，钉像在增强民众忍耐力、增强社区团结、进一步将地方社会和国家的战争努力联系到一起方面取得了很大成功。[65]

1. "我本不想如此！"德皇威廉二世否认自己对这场战争负有责任。威廉在和平时期喜用好战辞藻，而且他对他的政府在1914年7月做出的灾难性决策负有最终责任，但这场世界大战令他感到恐惧，他指责称是俄国的入侵迫使他采取了行动。

2. 人民的战争。年迈的铁路看守员与年轻的战争志愿者在德国的哥廷根城，1914年9月5日。参与保护铁路以使之免受间谍与破坏者影响的老人们配备了臂章和老旧步枪。战争志愿者们看起来只有刺刀作为武器。

3. 暴行（一）。"1914年的战役。对玛丽安娜的惩罚"。这幅德国宣传画本意是以一种诙谐的方式来说明德皇的军队可以有力打击法兰西共和国（被拟人化成了一个放荡的玛丽安娜），但结果却令人尴尬地像是在描绘占领军士兵的性掠夺。

4. 暴行（二）。"1914年8月初。对游击队员（Francs tireurs，原说明如此）的驱逐"。比利时或法国妇女手无寸铁，押送她们的德国士兵体格强壮，配有刺刀，这两种形象形成了鲜明的对比。

5. 暴行（三）。奥匈帝国的士兵在加利西亚吊起一位平民，1914年。弗朗茨·约瑟夫的军队犯下的杀戮行为远远超过了其盟国德国以及敌国，因基本上属假想的叛国行径，他们在1914—1915年屠杀了2.5万至3万名本国罗塞尼亚人（乌克兰人）。

6. 暴行（四）。其他被怀疑叛国的罗塞尼亚人被强行向西驱逐。注意围在这群罗塞尼亚人周围的士兵，时间很可能是在1914年秋或1915年初。

7. 入侵德国（一）。俄国军队在德国城市因斯特堡列队行进，东普鲁士，1914年9月3日。第一集团军指挥官伦宁坎普将军和俄军总司令尼古拉大公分别为标志1、2所指。

8. 入侵德国（二）。难民匆忙赶往阿伦施泰因火车站，1914年夏。约80万人在一战期间逃离了自己的家乡，约35万人在俄军第二次入侵东普鲁士时逃离了自己的家乡。

9. 入侵德国（三）。俄军在血腥劫掠东普鲁士城镇梅梅尔时杀害的德国平民以及一些军人，1915年3月。

10. 钉像（一）："柏林的兴登堡铁像"。钉像是奥地利与德国德意志战争文化最令人印象深刻的物质表现方式，它们代表并强化了共同的自豪感、团结感与爱国主义。柏林的"兴登堡铁像"是最壮观的一座。这座钉像用俄国桤木与铁建造，高12米，重33 000千克。在1915年9月4日揭幕当天，约2万人在其上敲进了钉子。

11. 钉像（二）：位于赫曼施塔特（锡比乌）的"铁骑士"。向东远及特兰西瓦尼亚的德意志人社区亦建造了钉像。

12. 钉像（三）：克拉科夫的"军团之柱"。加利西亚的波兰人热切地模仿了德国人的钉像，但用它们来伸张自己的民族主义目标。在哈布斯堡帝国的德意志部分，钉钉子所筹得的款项投入了帝国的事业，而通过克拉科夫军团之柱筹得的款项则被送给了怀有民族主张的毕苏斯基波兰军团的成员家属。

13. "愿主惩罚英国"。仇恨是一种战斗动机。儿童是最热心的"仇恨者"。他们也是战争社区中最投入的群体之一,他们帮助收获,收集对战争事业有价值的物资,并且扮演了将国家的宣传鼓动传达给其父母的传声筒。

14. "爱的馈赠"。真正让大众持续支持战争的是爱,而不是恨:对祖国的爱,对个人所属社区的爱,以及——最重要的——对在军中的丈夫、父亲、儿子的爱。在此图中,开赴前线的德军士兵正从红十字会的助工手中接过物品,1914年。

钉像并不仅仅在说德语的人群当中受欢迎。奥地利波兰人也积极地用起了这一新风俗。在加利西亚，大约77个市镇立起了钉像，但因为这些社区普遍要比德国的社区小一些、穷一些，它们比较偏爱的形式是朴实无华的盾牌，而非宏伟堂皇的雕像。然而也有一些例外。波兰人"钉像"中最早、最重要的一座，是克拉科夫高5.5米的"军团之柱"，它在1915年8月16日揭幕。它和维也纳以及德国的钉像有颇多相似之处。它表达了一种地方自豪感与包容性：柱基上刻画着克拉科夫的纹章，以及该城重要地区波卓泽区、克莱帕兹区的纹章和犹太人聚居区卡齐米日的纹章。和德国的那些钉柱相似，这根钉柱也立在了社区的中心，在克拉科夫的主集市上，正对着著名的圣玛丽教堂。市政当局公开支持这一举措。他们没有领导揭幕式，但副市长和市议会的许多成员以及官员一同出席了揭幕式。在11月29日的第二次大型庆典时，市长尤利乌什·莱奥本人往柱子上敲进了2枚钉子，一枚价值50克朗，是他本人的捐献，另一枚则价值1000克朗，代表克拉科夫城。归市政当局管辖的教育、职业、社会组织也参与了进来：克拉科夫大学、各种协会、金融组织、女性组织、同业公会、1863年起义的老兵的代表均带来了自己的旗帜，参加了开启这些活动的弥撒，并慷慨解囊。数千名市民也来到了现场。想要参加敲钉之前的弥撒的人实在太多，以至于圣玛丽教堂人满为患，很多人只能站在教堂外面的市场上。[66]

然而，克拉科夫1915年的敲钉仪式的用意与德国人的仪式极为不同。德国的仪式强调的是，地方社区的团结在背后支撑着他们的民族国家的战争。但是，加利西亚的钉像表达的是地方与帝国战争努力的分离。波兰最高民族委员会是波兰军团背后的政治联盟，正是该组织主导建造了克拉科夫的钉柱和加利西亚其他市镇更偏好的小型钉盾。军团之柱的顶端，耸立着一只90厘米高的银色波兰鹰，这是一个极具民族特色的符号；它宣告克拉科夫属于一个波兰国家，而非哈布斯堡帝国。尽管警方禁止演讲，但军团之柱揭幕式成功强化了它要传达的民族意味。光是嘉宾名单便可以说明问题。在加利西亚、奥属西里西亚，以及（新近从俄国统治中挣脱出来的）前俄属波兰地区的波兰人市镇都受邀派出代表。揭幕式的日期定在最高民族委员会成立一周年的纪念日，而军团之柱（以及后来的各个钉盾）献给了波兰军团。在这些设立钉柱、钉盾的地区，在哈布斯堡共同军队中服役的人数远远多于在波兰军团中服役的人数。克拉科夫本身就是一座要塞城市，是奥匈帝国第一军的驻地，该城不少市民都在该军中服役。[67] 即便如此，跟维也纳国防军收集到的钱不同，这些钉子的收入不是用来给阵亡哈布斯堡士兵家属的，而是用于帮助波兰军团阵亡者家属的。这次募捐行动并非反王朝的——最高民族委员会中的绝大多数人都乐于看到一个在三元帝国中的统一波兰——但是这场募捐行动对奥匈国家的冷漠是令人震惊的，也是令人感到不妙的。热情支持这项行动的加利西亚民选市政官员，将民族认同摆在了优先于帝国忠诚的位置。这种诉诸波兰人的团结的活动，显然也会引起许多加利西亚西部百姓的情感共鸣。报纸以自豪的口吻报道了农民携家带口地前来敲钉的场景。更小一点的社区虽说仍未从入侵中恢复过来，通常也能通过钉盾募集到几千克朗。克拉科夫的钉柱总共收集到了 115 047 克朗 53 赫勒。[68]

在战争第一年，欧洲中部发展起来的"战争文化"，是当地民众的重要力量来源。所有人都认同一种基于爱的信条。战争文化建立起了一种牺牲的层级，站在层级顶点的是士兵；但这些文化又内容甚广，鼓励妇女和儿童去奔走募捐、厉行节约、为战争竭尽所能。这种战争文化看重团结与爱国。在 1914 年夏天开展动员时，各地的社区领袖发挥了关键作用。在那些地方或区域认同远远强于对中央的忠诚的地方，这些精英调动起了当地人的忠诚，使其为更广泛的国家战争努力服务。这在年轻的德意志民族国家中十分有效。但在奥匈帝国便没有那么有效了，因为在奥匈帝国，依赖这些通常是民族主义者的地方精英的危险早在 1915 年就已经相当明显了。然而，奥匈帝国别无选择。家庭中的爱扩展到地方社区，为更广泛的团结提供了必要基础，并且能够让国家与人民准备好去面对一场持久战。

英德对抗

欧洲中部的战争文化有两种面貌。对内它宣扬爱，然而在面向外部世界时，它的面貌被恐惧与仇恨扭曲了。对于宣传和战时动员感兴趣的社会学家从一战时期便开始强调培养敌意的重要性。"必须要让公众百分百地清楚该去恨谁。"[69]然而在德国和奥匈帝国，事实证明，仇恨是一种非常成问题的情感。起初，在面对威胁的情况下，它或许有助于促进战时的团结。然而在这两个国家，仇恨最终都转而在内部消耗了它应该动员起来的民族或帝国社区。这个过程在两国是以不同的方式展开的。德国人将他们的仇恨集中在一个敌人身上。在开战之初，德国人便把仇恨对准了俄国。大多数人谴责沙皇将这场巴尔干纠纷转变成了一场欧洲大战，他还早早地开始动员；俄军对普鲁士的入侵与蹂躏也震惊了整个德国，有力地激发了团结感，让民众同仇敌忾，巩固了城堡和平。然而，随着兴登堡第一次将入侵的俄军全部赶出东普鲁士领土，德国公众的注意力开始转向一个更加危险的敌人。到9月中旬，德国各大报纸上的主流意见便已经开始将"英国"视为"我们最为凶险的敌人"。[70]

德国政府虽然也参与推动了这一转变，却不是转变过程的唯一推手。1914年，德国政府引导、操纵公共话语的能力与雄心确实非常有限。领导层肯定在战争爆发时便已经认识到了舆论的重要性，但当时的首要任务是维持内部的安定，而非挑动仇恨。毛奇早在1914年8月13日便承认"各党派的团结态度和迄今为止媒体一致主战的立场"对于创造"完成德国的伟大使命所需的团结奉献精神"具有关键作用。他的这番话定下了基调。他警告称，"无论如何，在接下来的战争期间，这一点都要保持下去"。[71]一个新闻办在毛奇的情报处长瓦尔特·尼古拉少校手下建立了起来，与柏林各大报刊代表的日常简报联络立即开始了，最终发展成了每周两到三次的新闻发布会，根据需要，有民事部门的官员参加这些会议。然而，这个实施一套协调性好的媒体策略的构想受到了两个因素的阻碍。首先，在战争的早期阶段，主要的关切点不在于引导舆论，而在于防止散布任何有害于军事行动或是城堡和平的信息。1914年7月31日，戒严状态宣布的当天，首相便拟出了一张单子，上面有26个主题，都是与陆军动员、海军动员和技术细节相关的问题，这些都不得见诸报端。而且，首相还提出，由没怎么跟记者打过交道的军方负责新闻审查。其次，威廉政府各自为政的现状也是推进统一媒体策略的重大阻碍。外交部、海军部、邮政部均在通过各自的新闻部门推行不同的政策，而首相，作为最重要的民事官员，直到1917年8月都没有自己的新闻代表。审查事务被分割交由24个地方副指挥部负责。一个负责协调的最高审查委员会于1915年2月开始工作。然而，直到当年10月，一个战时新闻办公室才在尼古拉的部门内成立，负责协调审查事务，为媒体提供经过筛查的信息，促进民事和军方领导层之间的合作。此外，直到1918年2月，外交部新闻处长、首相新闻主管这样一些权力颇大的职位才最终并入一个"德国政府联合新闻处"。[72]

因此，德国公众迅速而猛烈地转而将英国视为头号敌人，并非是国家宣传机器精心操作所致，因为在1914年，这样的宣传机器尚不存在。此外，还有一个原因让这种转变显得更加惊人：在和平时期，虽然德英两国之间存在商业竞争，战前的海军竞赛也助长了两国之间的对抗情绪，但一般说来，受过教育的德国人是尊重英国人的，并且很多人喜爱英国人。两国人民之间有许多共同之处。在社会等级的顶端，两国君主虽然可能彼此厌恶，但他们仍然是亲戚，许多德国政府的高级官员（包括首相霍尔维格）都有孩子在牛津大学读书。英国还在相当广泛且多样的方面激励着德国社会。在威廉政治光谱的一端，帝国主义者羡慕英国的海军与殖民地，而在另一端，左翼自由主义者欣赏英国的议会制度，社会民主党人则称颂英国对工会的认可。在文化上，德国人觉得自己在音乐上的成就远超英国人，也对自己拥有的文学遗产非常自信。除了英国，最为喜爱莎士比亚的就要数德国人了。两国也共享着一些近来的光荣历史。毕竟仅仅在一个世纪以前，是布吕歇尔元帅指挥的普鲁士军队在滑铁卢拯救了英国人，两国又合力将欧洲从拿破仑的法国暴政之下解救了出来。[73]

因此，德国人对英国的尖锐敌意起初主要不是出于某种根深蒂固的仇恨，而是出于一种深深的受伤害与背叛之感。特别是在学者当中，而他们在1914年是重要的公众舆论塑造者。一方面，正如国际知名的思想家恩斯特·海克尔、鲁道夫·奥伊肯指出的，他们失望于"英国""选择站到一个半亚洲的斯拉夫国家一边，与德国文化为敌"，另一方面，他们也深感震惊，因为英国"不单站在了野蛮原始的一边，更站在了不道德的一边"。[74] 各国对于德国在比利时的咄咄逼人和极端残忍提出的控诉，尤其是那些英国学者提出的控诉，让德国学者更加感到愤愤不平。因此，德国所有政治派别的知识分子都行动了起来，以捍卫德国的声誉。学者们组织起了驳斥这些指控的申诉，其中有一份是以"德意志帝国各大学"的名义发布的，另一份"德意志帝国高校教师宣言"则有超过300位讲师联署。[75] 最为著名的一份，当属10月4日发布的"告文明世界书"。它是在帝国海军部（德国政府各部门中比较懂宣传的一个部门）的建议下起草的，但是由2位著名作家写就，并且得到了93位顶尖学者、艺术家、作家的支持。尽管它有些笨拙、在政治上比较幼稚，但表达出了知识分子的强烈情感。这些联署者愤怒地谴责各国强加给德国的野蛮罪名，坚称真正的暴行发生在东普鲁士，在那里，"俄国人屠戮妇女与儿童，鲜血浸透了土地"。"相信我们吧！"联署者们劝诫道。"相信我们会作为一个文明的民族与这种现象斗争到最后。"[76]

德国知识分子一致把英国人的敌意归于他们肆无忌惮的经济利己主义。有人认为，德国在世界市场中的崛起，被这个重商主义王国视作对其全球贸易主宰权的一种威胁。英国在此前10年的外交政策被认为是在回归传统的"均势"政策；正如西班牙和法国在过去几百年中努力寻求大陆霸权时遭受英国人组织起来的联合围剿一般，如今是德国，这个欧洲最强大、最有活力的陆上强国，会被英国人激发出的"包围"战略扼杀。[77] 德国人本来就怀疑英国领导人乐于见到巴尔干的棘手事态，因为后者将其看作消灭这个危险对手的良机，在英德两国政府在1914年8月的通信往来公开之后，这种怀疑更甚，因为这些信显示出，在战争一触即发之时，德国政府已经决定，只要英国置身事外并且保证法国的中立，德方便愿意避免在西线开战。后来，德国人更在战前英俄两国的海军谈判中找到了更多英国人对德国表现虚伪、恶毒的证据；10月，德国公开了被截获且被稍加篡改的文件，这些文件说明，早在1906年，英国与比利时便开始讨论，倘若德法开战，英、比两国该如何对德采取行动。[78] 一些知识分子认为，英国人的犬儒主义与表里不一不仅仅是一项最近的政策，还深深植根在该民族功利主义、唯物主义的个性之中。这种观点中最恶名昭著且最具争议性（即便在德国也是）的是经济学家维尔纳·桑巴特的观点。他将德英这两个民族之间的对抗归纳成了两个完全不同的意识形态之间的对抗：一边是唯利是图的重商主义者盎格鲁-撒克逊"商人"，一边则是理想主义、无私的日耳曼"英雄"民族，两者的斗争是一场"信念之战"。[79]

德国公众的注意力从俄国转到英国，也是一种恐惧的体现；这很简单，这个超级霸主是当时德国最可怕的敌人。与德国在欧洲大陆上的邻国造成的军事威胁相比，人们认为英国对德国的威胁是性质完全不同的且更加难以战胜。知识分子和焦虑的报纸专栏作家不是将英国看作战士，而是看作能够操纵欧洲各国从中牟取暴利的傀儡师。正如保守的《科隆报》在10月30日指出的，"英国""从绝对自私的角度出发，煽动欧洲大陆各国卷入这场战争"，而德国人、法国人与俄国人被骗得"彼此争斗，这样英国人便可以从容地趁火打劫"。[80] 此外，德国人很快便开始认为英国人正在运用自己的庞大帝国和国际地位来鼓动世界上的其他国家与德国为敌。当日本在8月23日向德国宣战时，英国人受到了普遍谴责；11月初，日本军队占领了德国设在中国青岛的海军基地，这更激起了德国人，特别是政治右翼的强烈愤慨。一位盛怒的官员公开表示，为了表示抗议，报纸应当在2周的时间里都用"杀人犯""杀人越货的强盗"来代替"英国人"或是"日本人"的字样。[81] 虽说德国大众并未附和这种歇斯底里，但东半球的事态确实也牵动着德国人的心。德国人怀着极大的热情关注着原本驻扎在青岛的德国商船袭击舰"埃姆登"号的掠袭行为。这艘大胆的巡洋舰击沉了1艘俄国战舰、1艘法国战舰、16艘英国轮船，才在远处于劣势的情况下被协约国舰艇穷追至被抓获。这在德国公众中引起了强烈共鸣，他们将自己看作与这个世界霸主的斗争中的受压迫者。[82]

德国公众对英国极其强烈的敌意，随着英国海军范围广泛、日益严酷且有悖当时的国际法的贸易禁运而越发增强。刚参战时，英国限制船只进入北海，对经过英吉利海峡的船只实行检查，并且派第十分遣舰队在设得兰群岛与挪威之间巡逻。德国的海上贸易被局限在了波罗的海。1914年8月20日，英国人进一步警告称，他们不仅会拦下前往德国港口的船只,还会拦下那些装载有所谓"有条件禁运品"(包括食品)的中立国船只,因为英国人怀疑,这些有条件禁运品最终要运到德国。这对德国而言是一个重大威胁,因为在和平时期,德国人消耗的卡路里的19%依赖进口。德国对蛋白质和脂肪有更高的需求,分别有27%和42%来自进口。[83] 两个半月之后,11月5日,英国人实行了一项更为严酷的举措。英国海军部试图通过宣布整个北海为交战海域,从而强制要求所有商船都经由多佛海峡通行,因为多佛海峡很容易控制。德国人在1915年2月对此做出应对,他们愚不可及地宣布德军U型潜艇会击沉不列颠群岛附近的船只。这项声明直接激怒了中立国,给了敌人进一步收紧贸易禁运的正当理由。3月11日,英国宣布,英方会没收所有德国的出口货物,无论是否被列为禁运品,包括原本被豁免的出口货物。[84]

英国的封锁禁运在法律上有两点可疑之处。首先,1856年的巴黎宣言在1914年依然有效,它虽然允许禁运,但是有限制条件:"若要具有约束力,[禁运]必须是有效率的。"这通常被理解为,实施禁运的形式,应该是用舰船在敌方的港口或海岸构筑一条警戒线;像英国人在这次战争中实施的大范围封锁——试图封闭整片海域——是不被许可的。其次,英国的做法违反了关于哪类货物可以被没收以及在哪种情况下可以被没收的新近规定。1909年伦敦宣言是英国人召集的几场谈判的结果,它将货物划分为三类:明显具有军事用途的是"绝对禁运品";具有混合用途的是"有条件禁运品",包括食品;最后是免于禁运的商品。英国一直以来都坚持持续航行的原则,这个原则主张,交战国可以拦下船上货物要运往中立港口的商船,只要这些货物会被转运到敌国去。但是根据伦敦宣言,这个做法不能适用于"有条件禁运品"。英国皇家海军从未遵守1909年的规章,因为英国议会拒绝批准这项宣言。然而,参战不到3周,英国便决定恢复持续航行原则,这看起来很虚伪,而且也让英国脱离了有关海战应该怎么打的战前道德共识。英国人一直在自夸地说自己有多么尊重国际法,从英国的上述行为来说,德国人对英国人的怀疑也是情有可原的。[85]

英国人的禁运封锁比其他任何行动都更加有力地激化了这场战争。虽说限制船只进入整片北海、从而限制它们前往欧洲北部所有敌对和中立港口的做法非常极端，但最有害的是这种封锁模糊了交战国与非交战国的区别。起初，英国人还试图限制这种不加区分的做法。英方大致遵守了伦敦宣言中关于依据货物的军事或民事用途而区别对待的规定。然而，到了1914年8月26日，英国海军还是受命截停所有开往欧洲大陆重要港口鹿特丹港的食品运载船只，因为英国人认为，倘若没有荷兰政府保证，这些货物会被运到德国去。当英国人在1915年3月开始实行无限制禁运之后，他们不再坚持对"绝对禁运品"和"有条件禁运品"的区别对待了。此外，还出现了其他一些同样用于扼紧德国军民脖子的类似新措施。欧洲大陆上的中立国被迫接受进口额度，这个额度足够本国自用但不够转手出口给同盟国。随后，英国又胁迫这些国家将本国的多余物资以低价出售给协约国，其价格低于正在挨饿的德国开出的价格。利用自己对全球煤站的控制，英国人拒绝为那些与德国贸易的商船供应煤炭。1916年，一套新的"准运证"体系提高了货物检查的效率，而且英国人拟出了一份黑名单，上面列着他们认为是同盟国代理商的公司。在黑名单上的公司无法和英国公司做生意，他们的船只也会被当即扣留。[86]

  德国人对这些举措怒不可遏。他们谴责英国人正在发动"饥饿战争"。由营养学专家保罗·埃尔茨巴赫教授领导的一群科学家开展了一项极具影响力的调查研究，并在1915年初出版了一份报告，报告被冠上了一个非常吸引眼球的名字——《德国人民的食品供应与英国人的饥饿计划》。这份报告用极端的词汇描绘了德国人民正面临的威胁。报告告诉读者，敌人的意图是"[将德国]完全跟世界其他地方隔绝开来，并……用饥饿征服我们的人民"。这位著名教授的措辞毫不留情："英国人在布尔战争中建造的集中营足以证明，英国绅士对于将妇女和儿童牵扯进战争一事并不感到羞耻与可鄙。现在他们想要尽可能地利用这个经过检验的战争方式，将整个德国转变为一个集中营。"[87] 即便是在"集中营"一词尚未与纳粹大屠杀关联起来的时代，它也是一个爆炸性的事物。14年前，在英国的南非集中营中，2.8万名布尔妇女和儿童由于忍饥挨饿、疏于照管以及疫病死去。英军镇压游击队的策略是焚烧他们的农场，将他们的家人集中到关押中心，而在这些地区，是麻木不仁和管理无能，而不是种族屠杀意图，导致了人们的大量死亡。英国人的做法让欧洲大陆深受震动。在德国，媒体谴责英国人的暴行，数千人参加了抗议集会，讲述南非"地狱"的传单到处流传。因此，埃尔茨巴赫假设德国现在也会遭受类似悲惨命运的说法非常令人恐惧。[88]

这种说法变得日益真切，因为食品的价格急剧上涨，大城市商店中的基本生活用品开始短缺。实际上，英国人的封锁在一开始并未有效阻止进口商品进入德国。英国外交部担心，过于严酷的举措会得罪中立国，而英国海军则发现，要确定船上货物的最终目的地是十分困难的，而且，虽然中立国政府确实保证货物仅供本国消费，但再次出口到德国的行为实际上是防不胜防的。丹麦的进口数据可以说明这种情况究竟达到了什么程度：丹麦的进口额在战前的最后一年只有1.78亿丹麦克朗，但到了1915年底，进口额蹿升到了4.87亿克朗。[89] 事实上，德国最初的食品供应困难更多地是因为战争爆发、军事动员、和平时期的物资储备不足和官方的管理不善。内政部早就得到了警告，称德国的农业基础不牢固，且有遭受海上封锁的风险，但他们将这些警告视为危言耸听，并没有认真对待。由于没有认识到德国对进口肥料的依赖，内政部自满地坚称，谷物产量在战时可以轻轻松松地增加。他们还忽略了饲料需求量，内政部没怎么明白，倘若国内物资存量减少且进口量减少，人与牲畜便会为了口粮而相争了。[90]

在战争爆发之后，德国当局对市场的干预是勉强的、犹疑的，这反映出他们完全不懂得国内经济的复杂程度。起初，指挥德国24个军区的副将，或者受他们管辖的民事官员，在当地施行了限价政策。由此出现的地区价格差异促使农民将自己的产品卖到可以卖价最高的地方去，这就导致了其余地区的饥荒。因此，1914年10月，德国推行了统一限价，试图解决这一问题。先是对面包谷物实行了统一限价，但当年晚些时候，对马铃薯、糖、饲料也开始实行，1915年，对黄油、鱼、牛奶、猪肉、水果、蔬菜也是如此。然而，这种渐进的限价政策在无意间助长了农业生产中的投机，加剧了物资短缺。农民们将制作面包急需的谷物拿去喂牲口，因为将这些谷物按照限价卖给磨坊或是批发商，还不如他们用谷物养猪的利润高——在1915年的大部分时间里，德国没有对猪肉实施限价。1915年春，在埃尔茨巴赫的专家的建议下，德国政府下令宰杀了900万头猪（这是德国生猪存栏量的1/3），这次著名的"屠猪行动"旨在将谷物消费从猪的口里转移到人的口中。其结果是，市场上短暂地出现了猪肉供应过多，随后猪肉便变得日益短缺、昂贵。到了1915年11月，猪肉终于也成了统一限价的对象，养猪人便将他们的猪从官方市场上撤回，转而通过非法渠道销售。在整场战争期间，德国的食品管理部门一直都因种种失策与各自为政而深受困扰，尽管他们试图建立起团结和秩序，比如，他们先是在1915年9月建立了物价监事会，随后又在1916年5月22日设立了战时食品事务处，但困境依然存在。[91]

"饥饿战争"的修辞有助于掩盖当局的无能，让公众做好心理准备，以去接受一些为了缓解德国日益紧缺的食品储备而实施的有必要的但令人厌恶的措施。埃尔茨巴赫手下的专家们认为，英国人对德国食品供应造成的威胁虽然十分严峻，但倘若德国人民厉行节约，便可以克服这种威胁。1915年1月，在柏林首先开始实行面包和面粉配给制，成人每天定量为250克。这一措施随后拓展到德国各地。到了春天，德国禁止烤蛋糕，将周二与周五定为"素食日"。[92] 除了各种禁令与控制，也有一些创新举措。1914年10月，战争期间的一种标志性食物"K面包"（K-Brot）问世。官方从来也没有公开声明这个K究竟是指"战争"（Krieg）还是"马铃薯"（Kartoffel），但这种面包在1914年10月底第一次上市的时候是一种含有5%马铃薯粉的黑麦面包或"灰麦"（由黑麦和小麦混合而成）面包。随后，由于谷物的短缺加剧，马铃薯粉的比例提高到了10%，1915年1月，当局又推出了所谓的"KK面包"，其马铃薯粉的含量提高到了20%。[93] 像面包这样一种日常生活的基本必需品也遭受了威胁，这种状况每天都在提醒着德国人，正如16岁的希尔德·格廷在1915年2月的日记中写的，"英国人最大、最迫切的愿望就是让我们统统饿死！"。[94]

大陆上的战争也助长了对英国人格外强烈的敌意。这很令人惊讶，因为虽说英国军队在9月的马恩河战役以及10月、11月的伊普尔防卫战中发挥了重要作用，但和兵力庞大的法俄军队相比，英国军队的规模实在是微不足道。即便是在1915年，也只有20 090名德国士兵在西线死于英军之手，这还不到德军当年阵亡总人数的1/10。[95] 然而从战争初期开始，德国当局便在宣传中将英国人塑造成了无耻的敌人，这一定程度上是为了报复英国人一直在控诉德军在比利时的暴行。首先，德方发布了有关英军使用爆炸性子弹或达姆弹的报告。这种子弹的前端被切破，在遇到冲击后便会炸裂，造成非常骇人的创伤。这个故事可能是人们目睹了普通的现代高速子弹对人体的可怕杀伤力之后，由于受到强烈震撼而出现的产物。然而，普鲁士总参谋部推广了这个故事，它在9月上旬告知媒体，德军士兵"经常"在英法战俘身上发现这种子弹，据说它们的"出厂包装"都还完好。这个说法毫无事实根据，但它在1914年被广大群众信以为真。[96] 到了秋天，英国将印度军队部署到了西线，这进一步激起了德国人民的愤慨。讽刺的是，考虑到那里已经盛行的情况，德国人控诉这些褐色皮肤的殖民地士兵将残暴带到了欧洲战场。德国政府发布了一份正式抗议，称印度军队的参战是一起针对文明的罪行。[97]

对于英国军队真正违反国际法的举动，德国政府自然拿来大做文章。英军犯下的最为臭名昭著的罪行，便是英国海军"巴雷隆"号击沉德国U27潜艇并屠杀其艇员的事件，这在当时是一桩国际性丑闻。1915年8月19日，U27在爱尔兰以南70海里处截停了一艘英军轮船"尼科西亚"号，上面装载的是供给英军使用的美国骡子。德军潜艇把"尼科西亚"号船员疏散到了救生艇上，然后开始对被弃的货船开火。正在此时，伪装成商船的军舰"巴雷隆"号赶到了。这是一艘伪装成美国货船的火力强大的猎潜舰，船上挂着星条旗。它发出信号，请求允许营救落水的"尼科西亚"号船员。这艘英国战舰获准靠近，当它开到了正对U27的位置时，便揭下了蒙在武器上的遮盖物，向德军潜艇开火，并升起了皇家海军的舰旗。U27被击沉，只有11名艇员得以逃脱，其余艇员与舰同沉。其中6名幸存者立即在海上被射杀身亡。其他的人则奋力游到了"尼科西亚"号上。"巴雷隆"号的海军陆战队士兵无情地在"尼科西亚"号上追上并杀死了他们，因为长官给他们的命令是"不留俘虏"。5个幸存者中的一个——U27的贝恩德·韦格纳少校——又跳进了海里，根据后来回到美国的"尼科西亚"号美国船员的说法,这位少校举起手投降,但还是被射杀了。[98] 基于这些美国船员的宣誓证词,德国政府发布了一份正式抗议,德国报纸愤慨地谴责了敌军的"凶残恶毒"。英国人"完全罔顾文明道义……由此自甘堕落,与印度人、野蛮人、匈人为伍"。这是当时报纸上的典型说法。其观点十分明确:"他们的行为证明了谁才是真正的匈人。"[99]

关于"英国"谋划了对德国的包围封锁的指控、有关英国军队采用卑鄙而残忍的作战手段的报道,以及英国对德国平民开展的"饥饿战争",都促使德国广大民众仇视英国。早在1914年8月之前,便已经有狂热的爱国者开出了赏金,用于奖励那些成功地向英国人发起的袭击。尤其受人欢迎的袭击是俘获或击沉一艘大型英军战舰。个人或企业为此种胜利袭击开出了高达数千马克的赏金。一位匿名的德裔美国人开出了高达6000马克的赏金。[100] 这样的举动明显局限于极为富裕的阶层。广大中产阶级的表达方式是一句口号:"愿主惩罚英国!"这后来一度成了一种打招呼的方式。希尔德·格廷在1915年2月的日记中写道:"有一个格外残忍而又受人喜爱的问候语是'愿主惩罚英国人!'而对方则会回应道:'就快了!'。"[101] 这句口号尤其受希尔德这样的孩子欢迎,这并不奇怪,因为德国的学校已经给孩子们狂热地灌输了仇恨。在战争爆发时,普鲁士的教育大臣便指示教师们"尽可能地利用当下的重大事件进行教育和引导"。德国教师采用了新的战时教育方法,让学生们写作诸如《为什么我们恨英国》或是《英国的善妒》之类的作文。[102] 不仅如此,大人们也怀有同样的仇恨感。过分狂热的爱国者会在信封上粘贴写有"愿主惩罚英国"字样的标签,瑞士邮政部门只好警告称,带有类似标志的信件将不予投递。士兵们,甚至是被派往东线的士兵,会在火车车厢上用粉笔涂写这句口号。[103] 人们还创作了反英的戏剧和诗歌,其中最为有名的一首是恩斯特·利绍尔的《仇恨之歌》:

> 法国人和俄国人全都不重要
> 送他们每人一枚枪子就好……

我们有且只有一个仇视的目标
我们万众一心地爱,我们万众一心地恨
我们有且只有一个敌人:
英国![104]

即便是在当时,类似的许多举动都让人感觉非常愚蠢。英国讽刺杂志《笨拙》用一幅漫画来嘲弄这些举动。画中是坐在早餐桌旁闷闷不乐的一家人,旁边有一条暴戾的腊肠犬,其标题为《一个普鲁士家庭正在享用早上的仇恨》。但是,德国人的这种公开指责在有些时候会变得非常不堪。当协约国战俘,特别是英国战俘于1914年秋天在德国境内的火车站下车时,愤怒的德国百姓常常会嘲笑他们,向他们吐口水,甚至将水或尿泼到他身上。有一些战俘还遭受了殴打。当然,这些事件能在多大程度上反映全社会对敌人的仇恨尚可商榷。在开战头几个月聚集在火车站的人群可能特别激动;他们通常是刚刚送走了自己奔赴前线的亲人,或者是在那里迎接负伤回家的儿子、丈夫或父亲。身负重伤的德国士兵和敌军战俘一同出现在火车上的场景,或许也激起了平民的强烈敌意。[105] 然而,真正催生出敌意的,是一种寻求报复敌人——这个无情地封锁了德国、自己却置身危险之外的敌人——的途径的强烈欲望。1914—1915年,德国社会上普遍存在着这种欲望。正如柏林的警察局局长在1914年10月初报告的,"人们普遍要求德国对英国本土发动进攻"。[106]

德国的武装力量确实在一定程度上满足了这种大众愿望。在1914年的最后几个月里,德国海军炮击了大雅茅斯、哈特尔浦和斯卡布罗,造成了几百名平民的伤亡。这些攻击的战略目标是诱出英国海军,使其进入德军新布好的水雷区,但在一些后方德国民众看来,重要的是这些攻击造成的报复效果。当德军袭击大雅茅斯的消息传开时,助理护士伊丽莎白·施泰夫勒幸灾乐祸地说:"我真想看看那些英国人害怕和暴怒的样子!"[107] 新年时,齐柏林硬式飞艇最早几次对英国东部海岸的袭击也受到了德国民众的赞扬,但并非所有人都对此表示赞同。左翼自由主义报纸《柏林日报》头脑清晰的主编特奥多尔·沃尔夫正确地认识到,杀死儿童与其他平民的行为只会让德国坐实野蛮的国际声名。他认为，这些袭击行动是"没有意义的"。[108] 然而，对于那些希望将战火烧到英国海岸的人而言，是U型潜艇给他们带来了最为激动人心的前景。U型潜艇在1914年是一种新武器——第一艘潜艇在世纪之交才刚刚下水——但在开战不到2个月时，U9潜艇便在1个小时多一点的时间里击沉了3艘英国巡洋舰，公众一下子便迷上了这种新式武器。军方没有实现速战速胜的目标，但这没有关系；德国人获得了一种非凡的武器。[109]

不仅德国公众对U型潜艇能取得的成就抱有过高期待，德国海军也对此抱有狂妄的自信。有关如何部署潜艇的问题，很快便成了一个重要的争执点，它严重荼毒了政府与城堡和平。这一争辩最早起自帝国海军办公室国务秘书阿尔弗雷德·冯·提尔皮茨元帅。虽然面对着错综复杂的竞争，但他很可能是德意志帝国时期最富争议的人物了。1914年底，提尔皮茨在接受一位美国记者采访时沉思着说起了运用U型潜艇来打击敌国海上航运贸易的可能性。"英国想要饿死我们。"他对这位合众国际社的记者说。"我们可以如法炮制，封锁英国，击沉所有试图对我国开展封锁的舰艇。"[110] 他没有获得提起这个话题的权限。首相十分担心，海军的作战指挥官们非常气愤，因为他们的战略就这样泄露给了协约国，然而公众，尤其是在政治上偏右翼的公众，兴高采烈地赞成这个主意。保守派、民族自由党、天主教中央党的政治家们很快便开始大声呼吁运用无限制潜艇战来打击英国的航运贸易。这一主张的不妥之处有两点。首先，德国根本就没有扼杀英国海上生命线的力量。德国海军在1914年春开展的一份研究指出，要有效打击英国的航运，至少需要222艘U型潜艇。德国在1915年2月发起第一次潜艇攻势时，总共才只有37艘U型潜艇，而且其中的许多艘潜艇要么在维修，要么正在完成试验，要么需要接受培训。海军指挥官们转而主张开展潜艇战，这在很大程度上是因为1914年的情形已经证明了，德国公海舰队没有能力去夺取英国的制海权。海军指挥官提出的建议，并非出于任何对于海军取胜概率、政治风险、国家利益的透彻分析，而只是为了彰显海军的存在感，而且在战争的整个过程中，他们不断地且灾难性地在彰显着这一点。[111]

在1915年2月对海上航运开展潜艇攻势之所以不妥的第二个原因，在于这势必会让德国与中立国的关系恶化。德国在西线未能向前推进，东普鲁士的部分地区、加利西亚的许多地区仍然被敌军占据，经济形势变得日益严峻，与前盟国意大利开战的可能性增加，此时的德国不适宜另行树敌。贝特曼·霍尔维格立马就认识到了外交与战略方面的危险，而且在接下来的几年里，正是因为这些危险，而不是人道或法理方面的考虑，让他反对无限制潜艇战。1915年2月初，新任公海舰队指挥官胡戈·冯·波尔元帅说服了德皇，让他宣布大不列颠周围海域为交战区，行经该海域的中立国船只有可能遭受攻击。此后的情形马上证明，首相的认识是正确的。面对这份宣言，美国警告德国政府，德国政府要对其潜艇的行为负"绝对的责任"。潜艇战刚一开始，德国潜艇便在春天与中立国船只发生了几起冲突，然而讽刺的是，最大的外交危机是由德国潜艇在1915年5月7日击沉一艘英国船只而引发的。这艘船是客轮"卢西塔尼亚"号，它是一艘敌国船只，船上也确实装载了轻武器弹药，也可能载有烈性炸药，但1198位平民，包括128位美国公民，随着这艘船一同沉入大海，这引发了大西洋两岸的公愤。美国政府表示了抗议，美德两国之间似乎可能断交。德国人起先在想办法不叫停潜艇战，但又一艘英国客轮"阿拉伯人"号在8月27日被德国潜艇用鱼雷击沉，遇难的44位乘客中，又有一些美国人，于是在陆军的支持下，霍尔维格坚持主张，禁止在不发出警告的情况下直接攻击客轮。9月18日，新任海军参谋长亨宁·冯·霍尔岑多夫果断叫停了在英吉利海峡和不列颠群岛以西的对商船的袭击，并且下令不再在北海对所有船只实行无差别的突然袭击，而是使用截停与搜查的"捕获法"程序。[112]

然而，一旦公众被激发起兴趣，他们便很难舍弃对这种被普遍认为可以制裁英国人并且让战争迅速胜利的作战方法的执念。首相在议会中得到了社会民主党人的支持，他很明智地担忧潜艇战会促使美国参战，而"在这样一场孤注一掷的大战中，赌注是我们的大国地位和我们整个民族的未来"。[113]然而他无法公开承认潜艇部队实际上力量不足。德国公众也不太接受有必要尊重中立国权利的说法。德国人心知肚明，美国的工厂正在为协约国制造大量弹药。德国的报纸报道,火炮、轻武器与炸药正在这个中立国被源源不断地生产出来,它们将被运到欧洲,在欧洲,会被用来杀伤德国读者的父亲、儿子与兄弟。[114] 官方宣传机器各自为政的状况以及德国统治精英难以达成一致、勠力同心的特点,也使得民众没有办法明确了解到潜艇战的危险之处。提尔皮茨在1916年3月前始终掌管着帝国海军办公室的宣传部门,在海军军官、右翼政治人物以及压力集团的支持下,他鼓动着再次发起一次猛烈的潜艇攻势。不可思议的主张四处流传。甚至有传言称,只要6周的无限制潜艇战,便可以迫使英国投降。

这场仇视英国人的运动起初是一种有效的动员工具,特别是对中产阶级来说,但最终灾难性地转向了内耗。公众对于如何使用潜艇日益激烈的争论,逐渐将焦点从原本的敌人英国身上移开,转而开始去诽谤那些被提尔皮茨及其盟友视为这场最坚决无情的战争的绊脚石的人,这些人中最为重要的便是首相本人。公众对政府的信任严重动摇。到1916年3月,警方形容柏林的公众情绪"相当令人生厌"。主要是受教育阶层,甚至还包括一些工人,都"认为英国仍然是我们最危险的敌人,只有坚决地用一切可以运用的手段我们才可能击败它,尤其是要利用潜艇和飞艇"。据称,那些有这种想法的人,"从不掩饰他们对德国领导层的尖锐批评"。[115]

奥匈帝国的局部战争

哈布斯堡帝国从未实现像德国那样的万众一心、同仇敌忾。哈布斯堡帝国的各个民族之间差异极大,他们的历史各异,他们的家乡更是彼此相隔甚远,以至于无法对战争产生统一的看法。民族主义政治人物与神职人员在1914年8月的"双重动员"期间让各族人民接受哈布斯堡的事业方面、在随后塑造舆论方面,都发挥了关键作用。在此过程中,他们宣扬着彼此冲突的战争目标。在奥地利-德意志知识阶层中,人们强烈希望战火的试炼能够打造出一个强大、中央集权、由德意志人统治的国家。与之相比,他们的马扎尔人同胞认为这场战争可以让自己保持在这个双元帝国中的特权地位,保持自己的领土完整,保有出海口。克罗地亚和波兰民族主义政治人物、神职人员则怀有与之完全不相容的愿景。对于他们而言，这场战争的意义主要在于探求如何建立起一个新的三元国家，在这个三元国家中，统一的南部斯拉夫地区或者加利西亚并入俄属波兰后会成为一个新的实体，这个实体是可以与奥地利和匈牙利平起平坐的第三元。[116] 哈布斯堡官方并没有向民众阐释清楚，这场在巴尔干打响的小规模战争是如何雪崩式地演变成一场欧洲大战的——在这场大战中，奥匈帝国不仅要与塞尔维亚作战，还要与黑山、俄国、法国、英国作战。结果，弗朗茨·约瑟夫的臣民打了许多场局部战争，而不是一场大规模的帝国战争。

对于未向公众明确阐释过帝国战争这件事，哈布斯堡政府自身的不团结应当负主要责任。帝国的两大部分——奥地利和匈牙利——拥有极大的自主权，因此帝国难以奉行统一的新闻政策。让协调问题变得更加棘手的，是政府的许多分支——包括国防部、外交部、奥匈两国首相的办公厅以及各个地方政府——都有自己的新闻部门。况且在1914年，奥匈帝国的民事领袖与军政领袖都无意争取公众的支持。与德国总参谋长毛奇截然不同的是，奥匈帝国总参谋长康拉德·冯·赫岑多夫不明白保持团结的必要性。一位机敏的同时代人批评道："他对舆论、民众意见以及所有非物质的问题都一窍不通。"[117] 在开战之初，相较于德国，奥地利的公共关系战略更加重视对信息和讨论的压制，而非管理。战争监察处监控着被指定为"后方"的奥地利部分地区，包括维也纳。类似的机构"军事检查委员会"在匈牙利发挥着相似的职能。德国军方会定期召开新闻发布会，但是哈布斯堡帝国的军事审查员不同，他们起先不怎么愿意在报纸上谈论各项事件。有人曾抗议奥匈帝国1914年的审查过于严苛和专横，但当局傲慢地回应道："平民在战时应该闭上嘴，服从命令。"[118] 在前线，战时新闻办公室管理着战地新闻。虽然这个机构后来大力参与了提升军民士气的活动，但在早期阶段，它的主要职责是控制，而非协助记者获取战时新闻。因此，这个机构通常设置在距离高级指挥部有一定距离的地方，而且因为在战争的第一年确实没有多少好消息可报道，军方更倾向于控制消息，而不愿意冒险放出战争失利的消息，因为谁也说不准这些消息会增强还是会瓦解哈布斯堡民众的决心。[119]

帝国的多民族臣民也并非全然不同。哈布斯堡王朝已经统治了它的大部分领土数百年之久，国祚绵长给它累积了相当大的正统性。特别是在乡村地区，人们因对可敬的弗朗茨·约瑟夫皇帝的爱戴而团结到了一起。天主教会也在很大程度上增进了帝国的团结，因为近 4/5 的帝国人口信奉天主教。[120] 主教们是君主国的坚定拥护者，在战争爆发后，他们的影响力达到了顶峰，他们向赶来教堂的会众宣扬了帝国战争的正义性。正如维也纳枢机主教斐弗尔在 1914 年 10 月对会众自豪地宣称的："我们为了真理和正义而战，我们为了上帝和我们神圣的信仰而战，我们为了我们的皇帝和家园而战。在这场我们最具正当理由的战争中，上帝是站在我们这一边的！"[121] 虽然奥匈帝国各地的神职人员都在宣扬这样的观点，但在不同的地区，其内容有一些细微而关键的差别。除了自己的帝国和宗教忠诚，神父和主教们还有着地区认同，而且常常有着民族认同。他们按照会众的忠诚裁剪自己宣扬的内容。和选举出来的政治家一样，神职人员也推动了君主国的民族和帝国双重动员。例如，普热梅希尔的波兰族主教在 1915 年 2 月提醒自己的神职人员，在战时，危在旦夕的"不仅是奥匈君主国的领土完整与荣誉，还有波兰与天主教团体的未来，它们都受到了东正教会和共济会的威胁"。[122]

在缺乏政府有效引导的情况下，哈布斯堡各民族把自己的敌意对准了不同的敌人。他们的选择是由战争经历、民族事务优先权以及历史积怨决定的，最后一点尤其常见。在帝国中心，维也纳的知识分子和资产阶级报纸最初关心的是对塞尔维亚开展的"惩罚性远征"和对俄国的战斗。但是在 1914 年 10 月，维也纳的报纸便开始跟着德国的德语媒体，把敌意转向了西方的协约国。[123] 这里面有一些狭隘的逻辑。维也纳远离所有前线，而且由于所有战场都战事不太顺利，所以新闻审查十分严格。食品短缺越发严重，因此相关报道可能会吸引首都的读者。此外，鉴于食品短缺的文章是按照官方认可的角度写作的，审查机关便愿意批准关于食品短缺的文章，这样就可以减少报纸上那些因通不过审查而被当即删除的尴尬空白空间。正如德国的情况一样，因动员而造成的贸易和交通运输中断导致了最早的食品短缺，军方不考虑民用需要而不负责任地大规模采购军需物资也导致了食品短缺的问题。哈布斯堡军队在加利西亚的失利,令奥地利的面包篮子加利西亚地区被俄国人占领,这加剧了食品短缺。匈牙利的顽固也让维也纳极度严峻的形势雪上加霜。帝国在开战之初的几个月里没有取消食品关税,结果错失了从国外大规模进口食品的机会,因为匈牙利政府担心支持政府的乡绅阶层的利益受损,便没有执行这项举措。更让奥地利首都步履维艰的,是马扎尔人从1915年1月开始控制他们自己向奥地利的出口额。[124] 这些相关消息自然是无法见诸报端的。更易受人诟病之处,在于奥地利官僚机构在应对物资短缺问题时懒散而守旧的态度。直到1915年4月,维也纳才开始发放定量供应卡,而且只是面粉和面包限量供应。1916年起,糖、牛奶、咖啡、猪油开始限量,1917年,马铃薯与果酱开始限量,到1918年,肉类才开始限量供应。然而,1915年的奥地利政府和大多数报纸在解释食品短缺时,总是会说这是因为英国的封锁禁运。这个非常好用的替罪羊能让人们去关注一个关于残暴敌人的可怕故事,避免媒体报道东部的失利、内部的不团结以及政府的无能。报纸的头条都在嚷着"饥饿战争"![125]

对于那些在更东边的民族而言,头号敌人是俄国。匈牙利人和波兰人知识分子对待战争的态度是一种浪漫与怨恨的奇异混合。这两个民族都怀有一种作为欧洲文明的捍卫者去反抗暴政的使命感。小说家日格蒙德·莫里茨在1915年12月动情地表示,马扎尔人"千年来的使命"就是充当"面对来自东方的可怕风暴的第一块礁石"。[126] 许多马扎尔乡绅也热切期盼着去对抗俄国人。一位军官说出了许多人的心声,他说,他"很高兴可以让俄国人为1848年的罪行血债血偿"。那一年,沙皇军队粉碎了匈牙利人争取独立的起义。然而,由于1848年起义是反对哈布斯堡王朝的,所以这并不是一个没有问题的动员基础。这位军官还坚称:"他会用更大的热情投入的下一场战争,会是一场与奥地利人的战争。"[127] 波兰人的忠诚问题没有这么复杂。1913年是"一月起义"50周年,50年前,俄属波兰的波兰族贵族发动了起义,但遭到俄国人血腥镇压。1913年,加利西亚各地的人们热切、激动地纪念了起义50周年。[128] 俄国在1905—1906年对波兰族革命者的镇压是一桩引人怨恨的新事件。就像是需要更多的证据一样，俄国在1914—1915年占领加利西亚并试图将其俄罗斯化的做法，说明了俄国人的野心在威胁着那些被波兰族精英认为是自己的土地的地方。然而，仅仅是担忧并不足以驱动波兰人。许多受过教育的波兰人也受解放理想的鼓舞。扬·爱德华·罗默准将是一个驻扎在利沃夫的奥地利炮兵团的指挥官，他便是一个典型的例子。他渴望这场战争能够"粉碎莫斯科套在［波兰］民族身上的沉重镣铐"。[129] 同盟国军队在1915年夏天发动了攻势，并在8月5日占领了华沙，加利西亚各地为此激动不已。最高民族委员会立即发布了一则宣言，呼吁让俄属波兰和加利西亚重新统一起来、重建波兰国家。奇怪的是，审查机关居然允许这份宣言发表。普通波兰人也十分兴奋。克拉科夫的亚历山德拉·捷克诺娃写道："我实在太高兴了。感谢上帝赐予这样大的恩典。"[130]

哈布斯堡犹太人也有着和波兰人一样的解放理想。他们的犹太同胞在沙皇统治下受到了尤其残酷的对待。在俄国犹太人定居区，犹太人因为法律方面的歧视而陷入贫困，且时常会遭受极端残暴的虐待。1881年，定居区南部发生过几起屠杀事件，而在1903—1906年，整个俄国西部地区都有屠杀事件发生。其中最为著名的事件发生在基希讷乌，当时有47名犹太人被杀，424人受伤，这一事件引发了国际社会的谴责。[131] 俄军于1914—1915年在加利西亚的反犹暴行进一步加剧了犹太人对俄国的仇恨，但是我们无法确定这种情绪是否令犹太人更愿意参与战斗。奥地利反犹主义者坚持认为，和在和平时期一样，犹太人正在逃避服兵役。[132] 高级军官也怀疑犹太人采用伪造的医师证明、有意挨饿，甚至是篡改地方档案中的出生日期来免于被征召入伍。第一军参谋长德慕斯-穆兰准将便主张，应当拎出加利西亚犹太人，不管他们是不是有医师证明，强制他们再接受一遍体检，让那些身子太弱、不适合上战场的犹太人加入"加利西亚犹太人后方劳动营"。所幸他的主张并未付诸实施。[133] 另一方面，许多犹太人明显在各条战线上表现出色。这些犹太士兵要么是忠于弗朗茨·约瑟夫皇帝，要么是一厢情愿地把参战当作了他们的解放事业，要么是徒劳地想要用忠诚和勇敢的实际行动来让那些反犹主义者闭嘴。在东部的战争也被看作了一场正义与邪恶之间的战争。拉比们甚至称之为"圣战"。[134]

哈布斯堡帝国与意大利的战争，是奥匈帝国离一场真正的帝国战争最近的时刻，它得到了帝国各民族的支持。这个前盟国在1915年5月23日对奥匈帝国宣战，这一举动被弗朗茨·约瑟夫谴责为"史上绝无仅有的背信弃义"。这个说法广为流传。人们很难不去同情奥匈帝国，因为意大利政府的犬儒主义和咄咄逼人令人震惊。意大利首相安东尼奥·萨兰德拉非常坦白地表示，意大利奉行的政策是"神圣的利己主义"。他以意大利加入协约国一方为条件，跟协约国达成了交易。根据1915年4月26日签署的《伦敦条约》，意大利同意在一个月内参战，作为回报，协约国秘密承诺，意大利将会得到南蒂罗尔、的里雅斯特及其腹地、戈里齐亚、达尔马提亚北半部、亚得里亚海诸岛、阿尔巴尼亚北部以及发罗拉。这些领土中，有些已经归哈布斯堡统治超过500年之久。通过吞并这些领土，意大利人不仅可以完成意大利的统一，即把所有讲意大利语的人都统一到一个民族国家中，还会吸纳主要由南部斯拉夫人聚居的地区，从而实现意大利人在亚得里亚海的霸权。[135]

1915年，除了协约国领导人，没有人知道这项协定，但哈布斯堡评论员合理地质疑了意大利的贪婪。不仅皇帝对这个结盟长达33年的国家公然抢夺领土之举感到愤怒，帝国各地都有此感。维也纳的《新自由报》谴责意大利入侵者"比盗贼还要卑劣"。[136] 远至克拉科夫，人们的反应都是愤愤不平。克拉科夫有名的自由派报纸《新变革》质问道："意大利和法国居然一同与波兰和西欧文明的宿敌同流合污，要知道，俄国还没有洗去剑上本国年轻人的鲜血。"对于波兰人而言，意大利是一个神圣的地方，因为东布罗夫斯基的波兰军团在100年以前就在那里战斗过。意大利统一的斗争也激励过希望能够让祖国获得独立的波兰自由派。因此，发现这样一个很受崇敬的国家与敌人为伍，是相当让人失望的。"我们波兰人因为邻国的贪婪而丧失了自己的政治独立，即便不论我们对西欧文化和自由理念的所有付出，我们也势必要比其他人更加深切地感受到这种临阵倒戈的阴险。"[137]

然而，可以预料的是，反应最强烈的是那些直接暴露在意大利兵锋之下的地区。斯洛文尼亚人和讲德语、意大利语的蒂罗尔人已经在塞尔维亚和加利西亚前线作战了。他们主要是信奉天主教的保守农民,忠顺地上战场去为皇帝的荣誉而战,但这两个群体都没真心觉得这是他们的战争。[138] 与意大利的战争就不一样了。斯洛文尼亚语的天主教周刊《爱国者》把握住了大众的情绪,将头版标题定为《我们的战争》,呼吁人们保卫"斯洛文尼亚的土地和信仰",使之免受反天主教的自由主义的意大利的"贪婪之手"的袭扰。采邑主教耶格里奇是斯洛文尼亚人最重要的精神领袖,他也用起了圣战的语言来动员自己的教友。他宣称,奥地利是"教皇和神圣的天主教会最后的坚固堡垒",所以它是自由派、不信神的意大利的敌人。[139] 在蒂罗尔,与意大利开战一事激起了更加强烈的反响,在那里,对地方的忠诚与对帝国的忠诚结合在了一起,促使人们热切地参与防卫工作。1915年5月,帝国南部的边境基本上是无防卫能力的。由于大量哈布斯堡军队在加利西亚作战,可以用来防卫蒂罗尔350千米长的边界线的只有区区21个营。绝望之下的约瑟夫皇帝号召射击协会保卫家园。该协会是由在蒂罗尔和邻近的福拉尔贝格享有盛誉的射击组织组成的,有些组织甚至可以追溯到中世纪的民兵组织。

大多数年轻的射击协会成员都已经应征召进了正规军。帝国军队在加利西亚遭受了严重伤亡,于是军方不得不将征召年龄提高到50岁,这就意味着有许多年长一些的人也要奔赴东线战场。1915年5月,留在家乡能够响应皇帝痛苦号召的,只有1.8万名步兵,其中肯定有许多老人,也肯定有许多人基本没有接受过作战训练。军服和枪支直到4月才运来。由这些射击协会成员组成的部队算得上是相当另类。大家彼此都认识,他们的军官是由选举产生的,其中有2/3的军官超过40岁。它并没有看上去那么进步,因为这个地区的极端保守主义决定了当选领导职务的一般都是当地要人。这意味着这些部队真正体现着战时社区,而且和平时期的等级制度确保了这些部队的指挥官马上便可以获得权威。这些士兵斗志昂扬,对边界地带非常熟悉,也练习过射击。他们的部队占当地最开始的防卫力量的一半多。正规军承担着更为危险的区域的防卫任务,而射击协会成员在防守山峰地带方面做出了非常宝贵的贡献。许多人在海拔3000米甚至更高的地区巡逻,忍受着极端的寒冷和雨雪,在缺乏火炮的情况下,他们还用推下大石的方法攻击山下的意大利士兵。[140]

1915年，奥匈帝国有太多的敌人，帝国的大多数民族和地区都可以轻松地从中挑出一个与自己相关的敌人，不管是出于对皇帝的忠诚或是宗教信仰，还是民族理想、乡土忠诚或历史积怨。然而，缺乏一种占据主导地位、被普遍接受的帝国战争叙述的状况依然造成了很大影响。首先，正如加利西亚难民以及后来的意大利和斯洛文尼亚难民发现的那样，这个状况加剧了帝国各民族之间情感缺失的问题。这些难民之所以在远离家乡的帝国其他地区受到当地百姓（虽然种族不同，但都是哈布斯堡臣民）的敌视，很大程度上也是因为这个状况。其次，相对于整体的帝国战争，各个民族更关注的是地方战争，这影响了军事行动。奥匈帝国的最高统帅部和其他国家的不同，在部署部队时，它不仅要考虑军事需要，还要考虑族群构成。波兰人和犹太人在东线表现最好；克罗地亚人和波斯尼亚穆斯林出于积怨，在与塞尔维亚人作战时最为不遗余力。想要保卫家乡的斯洛文尼亚人和达尔马提亚人在意大利前线最有斗志。相反，讲意大利语的哈布斯堡士兵在自己的家乡服役时总是会受到猜疑，而这些猜疑常常是不公正的，但当他们被大批调动到东线后，他们获得了"勇敢而可靠"的赞扬。[141]有些少数族群在哪里都不受信赖。塞尔维亚族哈布斯堡臣民常常被分配到劳工营。然而，不仅仅是族群身份，地区身份也很重要。上多瑙河地区的塞尔维亚人便被认为十分忠诚，他们被安排到了波斯尼亚作战部队。[142]

第三，也是最为重要的是，哈布斯堡当局未能让民众产生对帝国战争努力的认同，未能让他们产生对帝国敌人的共同仇恨，这使得当局在处理那些没有"地方战争"可打的民族时受到了严重掣肘。匈牙利的特兰西瓦尼亚罗马尼亚少数民族对于哈布斯堡事业便没有什么兴趣。相反，一份报告发现："在这些民众，特别是知识分子当中，对于一个大罗马尼亚的渴望十分强烈。"从1915年初开始，逃避兵役和临阵脱逃的行为便已经急剧增多。[143]在奥地利，最没有理由认同帝国的民族是捷克人。这个民族远没有特兰西瓦尼亚罗马尼亚人的那种疏离感，但很多人恰如其分地认为帝国的双元结构对他们不公，而且在这个民族较有影响力的人群当中，泛斯拉夫情感催生出了对俄国人的某种同情。在战时，捷克本土远离战场，这让他们很难体会到那种民族危亡迫在眉睫的感觉。1914年7月，捷克男性顺从地响应了对塞尔维亚开战的号召，这着实让哈布斯堡军方吃惊，但这些捷克男性从未被充分调动起来，好去为帝国打一场持久战。到1914年9月下半月，波希米亚的斗志渐渐消退，因为受伤的士兵带着在塞尔维亚和加利西亚惨败的故事回到了家乡。伤兵们是审查机关无法控制的信息源。很快，人们便开始争相逃避兵役。医师们抱怨道，在有些城镇，3/4受到征召的捷克人都突然患上了某种身体虚弱的病症。[144]

更让军方担忧的，是开赴前线的波希米亚部队中产生的反抗情绪。第一起事件发生在1915年9月22日至23日，当时第八、第二十八步兵团的各个营在开拔时戴着有本民族代表色的军帽，并且带了三面泛斯拉夫红白蓝三色旗和一面红旗，红旗上面写道："我们正在向俄国人进军，却不知道为什么。"[145] 到了下个月，其他团的士兵也用起了这个口号。10月20日，皮塞克的第六十防卫师列队开赴城镇火车站时，喝醉的捷克士兵们唱出了这句口号。[146] 在差不多同一时间，第二十一、第三十六、第九十八步兵团的士兵正在开赴加利西亚，他们在火车车厢上涂写上"出口鲜肉"和"我们正在向俄国人进军，却不知道为什么"。[147] 在这些表达不满的标语出现之后不久，前线便出现了惨败。1914年秋，在加利西亚，柯尼斯格拉茨的第三十六步兵团以及永本茨劳的第三十防卫团中的捷克士兵被指控投敌。1915年4月，最可怕的军事灾难发生了，当时，曾于9月在布拉格引发第一次麻烦的第二十八步兵团在喀尔巴阡山向俄国人投诚。[148]

由于捷克士兵在1898年、1908年、1912年接连挑起军中用语抗议活动和哗变，奥匈帝国最高统帅部早已对他们丧失了信任，在后方各军区指挥官的鼓动下，最高统帅部认定这种不守军纪行为的根源在于政治煽动。[149] 确实有一小群众所周知的捷克政治人物想要推翻哈布斯堡帝国。瓦茨拉夫·克洛法奇是激进的反哈布斯堡的捷克民族社会主义党的领导人，他在战前便已经开始为俄国总参谋部效力。1914年9月，他被捕入狱，但其他反哈布斯堡政治人物仍然未遭逮捕。其中最重要的当属托马什·加里格·马萨里克和卡雷尔·克拉马日，前者是务实党的领导人，也是该党在议会中的唯一一位议员，后者是影响力更大的青年捷克人党的领导人。

马萨里克是 20 世纪早期中欧最引人注目的人物之一。他是布拉格查理大学的哲学教授，后来成为独立的捷克斯洛伐克的首任总统。从 1891 年当选议会议员之后，他便一直活跃于波希米亚政治舞台上。马萨里克是一位信念坚定的人：他重视宽容、信仰自由和公民教育，认为在一个社会中将上述特性制度化的最佳方式就是民主。他对哈布斯堡帝国的不思进取和拒绝承认捷克主权的做法感到绝望，因此主张建立一个独立的捷克斯洛伐克君主国，他认为这种政府形式会赢得最广泛的支持。然而，他没有大批追随者，而且在 1914 年 12 月，他带着劝说西方协约国支持其计划的目的开始在外流亡。[150] 克拉马日是一位坚定的亲俄派，他留在了捷克，确信俄国军队随时都可能胜利打到布拉格。他对捷克的未来有着全然不同的规划：他天真地希望建立一个在沙皇领导下的斯拉夫联邦。1915 年初，他和其他一些青年捷克人党成员加入了一个秘密团体。这个团体由马萨里克之后的务实党主席普热米斯尔·沙马尔及其副手爱德华·贝内什建立，早期成员称之为"Maffie"。这个小团体的核心仅有 5 位活跃分子，它既没有资源，也没有人支持它在军中发起反抗行动或是在后方发起革命。即便是对于它的主要目标，即支持那些设法让国外舆论认可捷克民族事业的海外流亡者，它是否起到了作用也很难说。[151]

除了这些例外，捷克政治人物和各党派实际上都倾向于把独立计划看作可能会招致镇压的愚蠢阴谋。这个组织的方法在各处都遭到了断然拒绝。政治煽动并未将士兵转变为叛徒。事实上，哈布斯堡军方的无能才应当为捷克部队的崩溃负很大的责任。以 1915 年 4 月第二十八步兵团声名狼藉的投降事件为例，这支部队训练不足、精疲力竭、缺乏给养，又在一个难以防守的位置遭远比他们强大的俄军攻击，所有这些可以充分地解释为什么这支部队会选择投降。[152] 此外，即便政治上的不满算不上一个问题，开赴前线的士兵们的抗议与骚乱也反映出，捷克士兵们并不清楚为什么必须要作战。士兵们非常明确地表达了自己的想法：在抗议中，他们反复提起，"我们正在向俄国人进军，却不知道为什么"。他们会有这样的疑惑并不奇怪，因为在战事失利、伤亡惨重的消息传开之后，其他捷克民众也开始产生同样的疑问。一首在 1915 年初期传唱于波希米亚的童谣是这样的：

> 小小的红苹果
>
> 圆滚滚，圆滚滚
>
> 皇帝要打仗
>
> 为什么？他不知道
>
> 玛丽娅·特蕾西亚赌上了西里西亚，然后输掉了它
>
> 皇帝赌上了一切，看来他的代价就是一切！[153]

在这样的氛围下，抗议活动并非主要出于确确实实的不满，而是因为缺乏投入战争的思想动力，倘若能够开展一场宣传活动，原本是可以增进百姓对帝国事业的支持的。然而无论是哈布斯堡最高统帅部还是奥地利首相施图尔克，都没有考虑过去劝说民众。国家和军队的自动反应仍然是镇压，这和开战之初他们在南部斯拉夫地区的做法如出一辙。到1914年底，在波希米亚，950人被逮捕，18个对俄国表示过同情的人被判处死刑。在邻近的摩拉维亚，到1915年夏天，500人因所谓的政治罪被审判，7人被判死刑。[154] 和捷克总共650万的人口相比，这些数字好像是微不足道的，但这些数字产生了不成比例的影响。一定程度上，这是因为任何人都可能会因为一些微不足道的小事而受到惩处，即便是孩子也不例外。到1917年中为止，在所有以叛国、欺君、不爱国行为而被逮捕的人中，有75个是年龄在6到16岁之间的讲捷克语的孩子，有些孩子只不过是唱了《小小的红苹果》这样的童谣。[155] 最重要的是，这是因为政治精英们被当成了攻击目标。在捷克小镇拉德尼采，当地议会的16位成员被军方拘留审讯，仅仅是因为他们没有参加1914年8月和10月举行的庆祝皇帝生日和命名日的弥撒。[156] 由于军方愿意越俎代庖并且无视在政治上更容易被理解的民事当局，民族主义人物也被抓了起来。军方在1915年3月以叛国嫌疑逮捕了克拉马日。1916年6月，他被认定为有罪，并被判处死刑，但后来获得了赦免。对克拉马日的指控其实是有理由的，因为他确实在和俄国人密谋，但漫长的司法过程和严苛的判决反倒将他塑造成了一位殉道者。在1914年帝国当局迫害了斯洛文尼亚和克罗地亚议员并在随后迫害了讲意大利语的议员之后，按照一位敏锐的政治观察者的说法，克拉马日

的逮捕产生了一种"怎么夸张都不为过的"负面影响。[157]

帝国当局对捷克人的怠慢、羞辱以及明显的怀疑，让捷克人的态度从困惑转为愤慨。军方对待捷克士兵的歹毒明显没有公平性。其他民族的士兵可以举着本民族的旗帜上战场，而一个举着波希米亚旗的捷克人会被视为叛徒。[158] 即便是非常不可信的告发，也足以让指挥官下令搜查捷克士兵们的物品，以找出叛国的证据。[159] 第六十防卫师的情况便充分地说明了上级的不信任是如何让士兵们离心离德的。当看到居然有宪兵来押送自己前往皮塞克火车站时，士兵们便忍不住提出了抗议。在此之前，他们一直都服从命令，但他们把宪兵的到来看作毫无根据、羞辱性和挑衅性的。当成功化解了紧张氛围的宪兵军官倡议士兵们一起为皇帝欢呼时，士兵和陪伴着他们的家人都非常热切地响应了他的号召。[160] 捷克的平民社会也受到了羞辱。早在1914年底，波希米亚便有46家报纸被迫停刊，由于军方担心"雄鹰"体操协会的分支会被用作民族主义活动中心，便强行解散了许多分支。当局还实施了一些有象征意义但相当伤人的措施。例如，布拉格的路牌被重新漆了一遍，因为它们原本的红白蓝三色隐隐与泛斯拉夫主义有关联。讲捷克语的官员们遇到了一些更切实的歧视：在波希米亚人总督的支持下，当地官员们要求在工作场所只能使用德语。军方和政府不仅没有设法向捷克人说明这场战争的意义，而是将他们变成贱民，攻击他们的文化符号，结果又将他们的不满视作对国家的愤恨。[161]

帝国最高统帅部要对这种有害的镇压活动负很大的责任，虽说位于"腹地"的波希米亚并不在其管辖范围内。最高统帅部错误地认定，政治煽动正在荼毒捷克部队的军纪，因此要求实行更加严酷的措施：它要求实施更多的住宅搜查，取缔除了明显的爱国组织的一切组织，下令要求平民在寄信时不要密封以便接受审查。最高统帅部对于波希米亚的民事行政机构也没有多少信任，认为它已经被民族利益集团渗透、腐化。因此，最高统帅部请求皇帝将波希米亚也交给它来管辖。起初，最高统帅部的动力康拉德·冯·赫岑多夫要求获得对波希米亚军事法庭和行政机关的直接管辖权。但到了1914年12月初，他要求的是净化该王室领地的官僚机构，并且用一位将军取代该王室领地的总督图恩——被普遍认为是一位亲捷克派。这项夺权行动失败了。最高统帅部没能如愿获得它想要的权威，尽管图恩在 1915 年 3 月被免职，但取代他的是一位民事官员。奥地利首相施图尔克明智地抵制了军方的侵犯行动，因为他认为军方的变革会在波希米亚引发动荡。[162]

最高统帅部对波希米亚的干预，只是极有危害的所有奥匈帝国"地方战争"——哈布斯堡军方对国内的各民族和民事机关发起的战争——的一个方面。在战争的头两年，军方一直在锲而不舍地（虽说行动欠缺协调）设法消除非德意志人和非马扎尔人当中的民族仇恨情绪和不忠之心。打压始于 1914 年 7、8 月间个别军事指挥官和宪兵在南部斯拉夫各地发起的大规模逮捕行动。此后，军方在当年秋天对那些他们认为怀有叛心的罗塞尼亚人发起了极为血腥的报复。最高统帅部极力主张对波希米亚的捷克人采取严酷手段，后来又不公地对待帝国南部讲意大利语的人，这些同样是出于对民族主义煽动的病态担忧。康拉德认为，军方权力的扩展是对抗看上去无所不在的叛国行为的最佳方法。他不仅请求皇帝让军方人士担任波希米亚地方长官，也让军方人士担任加利西亚、布科维纳、克罗地亚、斯洛文尼亚和达尔马提亚的地方长官。他还要求在帝国的奥地利部分实施戒严。1915 年秋，最高统帅部甚至准备支持一场阴谋，将奥地利首相施图尔克赶下台。施图尔克虽然被认为在运作战争努力方面比较无能（这么说是有些道理的），但他成功地抵制了几乎所有军方试图获取额外权力的要求，这可能也让他招来了军方的憎恨。

军方将手伸到政府的地盘里，这在一定程度上反映了总体战时期军方和民事事务之间的界限在消失。国内的动荡不安倘若影响了公民军队的作战表现，自然会成为最高统帅部的关切对象。但是，1914 年，最高统帅部的计划可远不止确保战争努力有效开展，它的目标是一场深刻的哈布斯堡国家变革。康拉德心目中的变革并不是一份总体规划，而是一份不断变化的愿望清单。1914 年 11 月，他主要是想利用战争状态来让民族利益集团服从于军事需要。他的具体要求包括扩大军官团的规模，提高军官团的待遇，在和平时期扩大征兵规模，将奥地利防卫军和匈牙利防卫军整合成一支统一的军队，最后这一点势必会招致匈牙利的强烈反应。康拉德曾隐晦地表示自己希望对那些反政府、反军队的煽动行为进行"坚决斗争"，并"重建因民族问题而四分五裂的国家民事系统"。[163] 10个月以后，由于最高统帅部认定"人民中有相当一部分人在心态上既不可靠又不爱国"，它的变革计划更加雄心勃勃了。一份由康拉德的上级弗里德里希大公签署的送呈皇帝的文件指出，君主国"内部的巩固"实属必要。必须利用学校来灌输对奥地利的忠诚，必须重组官僚体系以清除民族主义影响，必须扑灭所有与国家作对的运动。帝国需要一个充满活力的政府，来突破各民族的反抗，并且建立一个新体制。[164]

军方正确地认识到，民族利益被放到了帝国利益之前，且帝国的分裂局面阻碍了总体战的开展。然而，在其他方面，军方全都错了。皇帝很明智地基本没有授予军方它所要求的额外权力，也没有设法去实施军方的大部分改革方案，因为这些改革措施会让帝国严重地失去民心。奥地利政府也认识到了这一点，并且进行了抵制；施图尔克批评最高统帅部"脱离实际"。[165] 即便如此，最高统帅部的所作所为也严重损害了帝国的战争努力。康拉德持续对民事行政机构发起进攻，这不可避免地造成了相互的怀疑和攻讦。况且，军方反正已经在交战地带发挥了充分的权力，也确实越俎代庖地将自己的管辖范围伸到了帝国腹地，后一种行为实实在在地伤害了民众对奥地利国家和战争的热情。最高统帅部完全没有认识到，正是"双重动员"支撑着帝国各民族投身战争的意愿。当然，它攻击的民族忠诚和民族利益集团有时确实以叛逆的形式呈现出来，而且更为经常的是，它们破坏了族群之间的团结，并且让人们更加关心地方战争，而不再关注帝国战争。然而，在得到正确的疏导之后，对本民族的忠诚补充了，而不是抵消了对帝国的忠诚，就像1914年成功的征兵号召体现的那样。军方认为民族利益与帝国利益必然相互抵触的狭隘观念本来并不符合事实，只有当军方的不当打压分离开两种利益时，这两种利益才相互抵触。军方的偏执和对民族利益的仇恨无视了与一个多民族社会一同作战的现实，损害了国家的合法性，并且破坏了支撑哈布斯堡战争努力的两根柱石之一。

在1914—1915年间的欧洲中部发展起来的战争文化，是一种对这场战争突变为一场漫长的消耗战的高度适应性反应。它并不是政府强加的，而是在各个社会中自发产生的。爱在战争文化中占据核心地位，它通过家庭的支持、社区的团结以及牺牲层级体系体现出来（在牺牲层级中，处于顶层的是在前线的士兵）。战争文化是包罗广泛的：女性和儿童可以通过节衣缩食、为士兵与社区战争受害者募捐等方式来参与战争文化。地区忠诚，尤其是地方忠诚是非常关键的，因为它们可以让当地精英缩短个人与国家之间的距离。在德国，城镇或教区中的镇长、教师、神职人员和记者们在协调动员、为民族事业利用地方忠诚方面是关键人物。在奥匈帝国，这类人物通常拥有民族情感，但他们在1915年一直在支持着民族和帝国双重动员。无论这在长期来看对这个多民族国家有多么危险，都是难以避免的：在这场极度折磨人、范围极广泛的战争中，民族和帝国要想恢复力量，全凭家庭的爱和数以千计的地方动员活动。

仇恨是一种常与战争文化联系在一起的情感，它是具有破坏性的。明确知道谁是敌人无疑有助于参战国家动员自己的人民。哈布斯堡帝国没有为民众提供一套帝国战争叙述，这不利于哈布斯堡百姓对战争的投入与团结，也影响了哈布斯堡战争努力的力量和目标。即便如此，在最好的情况下，仇恨也只能算作一把双刃剑。它转向了内部，破坏了德奥两国国内的社会团结。在德国，包围封锁激起了德国人对英国的仇恨，由于奉行兼并主义的保守派精英的无节制和海军的不切实际，仇恨演变成了一场围绕着U型潜艇的内部争论，而这番争论破坏了人们对政府的信任和城堡和平。在奥地利，军方对民族主义者的病态仇恨和对政治颠覆的担忧令它对不受其信赖的国内族群发起了战争，包括南部斯拉夫人、罗塞尼亚人、意大利人、捷克人，这使得敌对情绪愈演愈烈，且破坏了帝国的稳定与声望。分歧一旦出现，便只会越来越大。关于为什么要打这场战争、怎么打才能赢的问题变得日益迫切，因为1916年出现了新的紧张战况，而平民将经历难以想象的艰辛生活。

第 6 章

永久的安全

中欧计划

当第一次世界大战开始时，理想主义口号在霍亨索伦与哈布斯堡的土地上广为传播。领导人物、政治家、神职人员、学者、报纸动员本国民众与弑君罪行、背信弃义的国际阴谋做斗争。一些重大原则处在紧急关头。奥匈帝国拔出了利剑，以保卫自己的"荣誉"与"权利"。德国人则是"为了自己和平时期的勤劳所收获的成果、为了伟大的过去所留下的遗产、为了我们的未来"而战。[1] 在东普鲁士和加利西亚，哥萨克的野蛮与残忍已经暴露了沙皇的"亚洲"帝国给欧洲文明造成的血腥威胁。在西边，自私的英国物质主义和堕落的法国个人主义挑战了德国知识分子宣称的德意志文化蕴含的更纯粹、更英勇的集体主义。最为重要的是，德国和奥匈帝国领导人都谨慎地强调，这场战争"纯粹是防御性的"。"我们并非受征服欲驱使。"德皇这样宣称。"为自己和后代保全上帝赐予我们的土地，是这样的坚定决心在激励着我们。"[2]

1914—1916年，同盟国的官方目标究竟在多大程度上与这种可敬、防御性的战争说辞相一致呢？它们的人民究竟是为什么而战、为什么而死呢？德国领导人在参战时没有明确的目标，但德军长驱直入比利时、突入法国北部的情况很快便让他们开始思考战胜之后该赢得什么。早在1914年9月9日，首相贝特曼·霍尔维格便批准了一份高度机密的暂定战争目标规划。这份文件由他的首席助手库尔特·里茨勒起草。它大胆地提出，"战争的总目标"在于"确保德意志帝国在所有能想到的时间在西部和东部都安全"。这个让人感觉不到威胁的简单目标将成为德国战时政策的基础。虽说这个规划在概念上是防御性的，但要实现永久安全的想法是相当野心勃勃的。一种零和博弈世界观认为，安全要通过支配而不是合作来获得。当这个规划和这种世界观结合起来，这个规划便迅速滑向了侵略扩张。即便是霍尔维格也认为，他身边更加鹰派的人物更是如此认为，确保德国"在所有能想到的时间"都安全，不是意味着仅仅回到战前最后几年的不稳定状态。相反，这要求永久控制进攻路线、征服危险的邻国："法国必须要被削弱到再也不能重新崛起为一个强国。必须把俄国推到离德国东部边境尽可能远的地方，并且要终结它对那些非俄罗斯臣属民族的统治。"[3]

9月备忘录提出了一些要实施的最高目标——如果德军在西部决定性地击败法国。两个大问题贯穿这份备忘录的始终。首先是安全。倘若孚日山脉地区的边界出现变化，这个地区的贝尔福要塞被占领，其他边境防御工事被拆毁，法国便会一直面临入侵威胁。法国的军事潜力会因为"高昂得让它在未来的15—20年里都无法安排大量军事支出"的战争赔偿而被消除。比利时要"降格为附属国"，并且和法国一样，因要塞城市列日——德军在一个月以前发现这座要塞极难攻克——被征收而变得易受攻击。除了打算确保帝国西部边界的长久安全，备忘录还有意建立一个可以持久对抗头号劲敌英国的作战基地。德国将占据比利时的海军港口，以消除这个海上大国对欧洲大陆的阴险影响。控制从敦刻尔克到布伦的法国海岸——可能让这片地区与新从属德国的比利时连成一片——使得德皇可以将自己的海军部署在多佛海峡对面，从而长久威胁着英国的南部海岸。

9月备忘录关注的第二个大问题是经济。它强调并且深化了德国在和平时期的帝国目标，即寻求建立一个"连亘的中非殖民帝国"。但是，这份文件在很大程度上与以往不同，它较少关注海外领地，更主要关注德国在欧洲正式和非正式的经济扩张。德国人计划从敌人手中抢来一些极具价值的经济资产。隆维-布里埃矿区出产法国81%的铁矿石，如今它已经在德国人手中，并且会被长久兼并。首相的备忘录还贪婪地设想夺取重要的转口港安特卫普。从安特卫普向东南直到列日（德国人称之为卢提西），将会成为一条德国人占有的走廊。然而，9月规划设想的新经济秩序的关键，是一个更微妙的"中部欧洲经济联盟，它通过共同的关税协约联系在一起，囊括了法国、比利时、荷兰、丹麦、奥匈、波兰，可能还包括意大利、瑞典、挪威"。这就是霍尔维格声名狼藉的中欧计划的开端。它并不是一个全新的想法。提倡实现更紧密的欧洲经济整合的呼声已经有几十年了。瓦尔特·拉特瑙是通用电力公司的老板，近至1913年，他还建议，一个经济联盟或许可以平息西欧的敌意并抗衡来自美国的竞争。[4] 然而，这项战时计划要彻底得多，弥漫在这个计划当中的不是泛欧理念，而是民族主义：这个经济联盟将"在德国的领导之下，而且肯定会稳固德国对中欧的经济支配"。不管战后残留有多少敌对力量，这个经济联盟会确保在恢复和平之后德国商品在欧洲拥有市场。这个计划还被设想成一种对抗英国的武器。正如里茨勒解释的，该经济联盟会建立一种"欧洲的封闭"，从而为德国赢得在英属印度和阿富汗挑起革命（这种想法实在是太过乐观了）的时间。[5]

尽管9月规划展示了德国想要谋求安全和经济霸权的总体要求，尽管将比利时纳为附庸国对于安全和经济霸权都具有关键意义，但官方的战争目标在战争期间一直在变化。霍尔维格优先关注的事物随着战局的变化而不断变换，但在政府内部，他并非战争目标的唯一裁决者。例如，德皇曾在1914年9月初提出吞并比利，而外交大臣戈特利布·冯·雅戈则希望将比利时肢解。[6] 公众也有自己的想法。虽然当局从1914年10月中旬开始禁止民众讨论战争目标，因为这可能有损城堡和平，但保守派人士还是一直要求政府大量吞并领土。霍尔维格曾经毫不夸张地抱怨过"一种想要吞并半个世界的贪婪民族主义"。[7] 德国最为激进的民族主义者是规模很小但影响力很大的泛日耳曼协会以及它的工业家和知识分子精英。他们要求吞并大量的领土。由中产阶级农业和工业协会在1915年5月20日提交的《六大经济协会请愿书》只是众多恶名昭著的吞并请愿中的一例。它提倡，在西边，把比利时完全变成从属国，吞并直至索姆河的法国海岸地带，进行广泛的边界调整，获得布里埃的铁矿以及诺尔省和加来海峡省的煤矿。一些经济资产将转移到德国。除了建立一个庞大的殖民帝国，请愿书对东边也提出了同样雄心勃勃的目标。为了遮掩请愿书中赤裸裸的贪婪，它提出，只有德国的敌人受到削弱，永久和平才可能实现，而条约是无法达到这个目的的。它还通过建立联系来证明自己的要求的正当性。在一场越来越具有总体性的战争中，这种联系在推动扩张主义目标方面变得越来越重要。它提出:"我们在这场战争中的实际经历证明,我们的军事胜利——特别是在一场持久战中——和进一步的战果,在很大程度上依靠经济力量和我们的人民的能力。"请愿的6个协会坚持认为,经济方面的要求"必然是极为必要的,这既是为了最大限度地增强我们的国家实力,也是为了军事方面的考虑"。[8]

德国的知识分子、商人、土地所有者都大力支持大规模吞并。在六大经济协会递交了请愿书7周后,1347位学者(其中许多人是德国最有名望的教授)签署了一份类似的请愿书,这份文件被呈送给了首相。历史学家汉斯·德尔布吕克则组织了一次相反的请愿,这份请愿明智地反对吞并独立的民族,但只有141位自由派人士支持。[9] 渴望扩张的"战争目标多数派"也支配着议会,但它内部的各资产阶级政党对于该如何扩张的看法各不相同:进步派人士主张扩张领土,以巩固德国的安全,但大多数议员偏向右翼,希望让德国获得丰厚的经济利益。[10] 只有社会民主党不赞同这种主张。该党仍然在官方层面把这场战争解读为争取防御性目标的战争。

霍尔维格承认,德国工人阶级不会愿意为了一场征服战争去牺牲或劳动,他的看法有力打消了对扩张目标的公开支持。尽管有官方的政党路线,社会民主党的议员却没有那么大的遏制作用。社会民主党中占据支配地位的中间派和右派把维持城堡和平放在首位,因此在战争的第一年,他们避免与那些鼓吹扩张的派系发生冲突。直到1915年8月,社会民主党才提出了他们自己的战争目标。他们反对吞并,要求恢复比利时的地位,但他们也在维护国家领土方面表现出了非社会主义的一面,明确反对法国对阿尔萨斯-洛林的领土主张。社会民主党在议会中的派系主席菲利普·谢德曼于1916年10月总结了该党爱国而节制的态度:"让法国的东西仍然归法国,比利时的东西仍然归比利时,德国的东西仍然归德国。"虽然大多数社会民主党议员都坚定地主张维持西部的领土现状,他们却迫切地想要在东部看到剧烈的变化,并且把在东部的战争看作将臣属民族和俄国工人阶级从沙皇的压迫下解放出来的战争。社会民主党的左翼少数派对于该党领导人拒绝以支持政府为条件要求政府做出明确的不扩张承诺一事感到愈发失望。1914 年 12 月，卡尔·李卜克内西是第一位投票反对继续发行战争公债的议会议员。在整个 1915 年期间，社会民主党超过 1/3 的议员，包括一位党主席胡戈·哈泽，都追随了李卜克内西的脚步。在当年年底一次有关是否继续发行战争公债的投票中，该党在议会中的 110 位代表中，有 22 人弃权，20 人反对。社会民主党在战争目标和跟政府的关系方面的分歧变得越发明显，最终该党在 1917 年走向了分裂。[11]

除了社会主义者在议会中施加的些许压力，战略上的考虑也略微约束了官方的德国战争目标。考虑到战前军方与社会民主党之间的敌对关系，社会民主党左派应当会感到惊讶，和他们一起反对吞并的最大盟友居然是总参谋长埃里希·冯·法金汉将军。1914 年 11 月，在毛奇在马恩河战败、在佛兰德挽回局势的努力也告失败之后，焦虑的法金汉警告霍尔维格，德军是没办法战胜所有协约国的。他建议与法国，或者最好与俄国，单独议和，这样便可以留出力量打败英国。为了诱使俄国人坐到谈判桌前，法金汉愿意放弃吞并设想，只要求赔款。对于法国，他只要求它做出赔偿、拆毁其贝尔福要塞。这算得上是德国军方在整场战争期间提出的最为克制的战争目标了。然而，它未能收到成效，原因有二。首先，英、法、俄三国在 1914 年 9 月初便已经约定不会单独与敌方议和，而且就像中立国在下一年试图从中调停时发现的，协约国继续战斗的意愿不比德国弱。其次，霍尔维格认为法金汉的战略估计太过悲观，且在政治上无法实现。大众的激情已经燃起。霍尔维格明白，与东部或西部单独议和一事是没办法对公众做出合理解释的，因为公众没有被告知马恩河战役的惨痛失败，而且为免引发全民士气崩溃，公众也不会被告知这场惨败。霍尔维格也不愿意就这样放弃在欧洲大陆获得丰厚战利品的机会。[12]

按当时的标准来衡量，霍尔维格算是一个有节制的兼并主义者。为了让社会主义者支持自己，他不断强调战争的防御性，同时坚称"自卫不是软弱的目标，它绝不意味着耗尽力气来维持现状"。他决心要创造"一个强大而难以撼动的德国"。[13] 保留极具价值的布里埃铁矿，然后用一些没什么价值的阿尔萨斯小村庄去弥补法国人的面子，这一直是霍尔维格的战争目标之一。然而，霍尔维格想法的核心以及他认为 9 月规划里唯一不容商量的一点，便是在欧洲中部建立经济联盟的中欧计划。[14] 通过关税协议（在某些情况下也可以通过军事协议），德国可以实现对欧洲中部的非正式支配。从长期来看，一个由德国控制的"欧洲合众国"或许可以抗衡世界上其他巨型经济体：美国、英国、俄国。此外，它允许比利时作为进攻通道而保持中立，这样就可以不必吞并比利时，不必影响德意志民族国家的民族纯粹性。这是一个重点关注事项，虽然德国军队（而非法国军队）在1914年已经将比利时用作进攻通道了。霍尔维格青睐多种介于德国左翼和右翼的极端目标之间的"对角线"目标，中欧战略即是其中之一。它让德国获得了大量经济和政治战利品，从而安抚了右翼，又在表面上避开征服战争的模样（左翼无法接受征服战争）。最后，中欧战略之所以如此吸引人，是因为它不仅可以收买德国的大陆敌人，还可以收买德国的盟友。9月时提出的与奥匈帝国的关税联盟最终成了中欧计划的核心。[15]

虽然中欧计划是在德国首相办公室里设想出来的，但它得到了广泛关注。在德国，进步自由主义者弗里德里希·瑙曼因其畅销书《中欧》受到了瞩目，该书于1915年10月出版后卖出了超过10万册。[16] 然而，中欧理念在奥地利的德意志民族主义者中得到了最热烈的支持。对于这些人来说，与德国建立更加紧密的联系可以改善他们相对于奥地利其他民族的地位，并且巩固哈布斯堡帝国。历史学家海因里希·弗里德永拟出了一份最具影响力的奥地利版本中欧计划，设想德国会"像一块大石一样压制住我们的帝国的各种离心势力"。与这个北部盟友的关税同盟可以让奥地利不必再与匈牙利进行十年一度的可厌谈判。军事协议可以制止马扎尔人对共同军队造成破坏。帝国的重组会跟这个计划相辅相成；帝国领土将因为吞并塞尔维亚和之前的俄属波兰而扩大。哈布斯堡新获得的波兰领土会获得自己的议会来处理内部事务，而德意志人会去统治奥地利其余领土上的捷克人和南部斯拉夫人。[17] 霍尔维格对弗里德永的想法印象深刻。它们似乎为如何处置在当年夏天占领的波兰领土这个进退两难的问题给出了解决方法，而且在奥地利颇受支持，因为首相办公室已经收到了无数来自奥地利的德意志人组织和个人的信件，这些信件强烈提议建立更加紧密的经济联盟。霍尔维格在1914年9月构思出这个中欧计划，是为了支配欧洲西部、与英国对抗，结果它发展成了一个更加雄心勃勃的计划，它的中心点东移，集中于德奥关税同盟。1915年11月10日、11日，霍尔维格向在贝希托尔德之后担任奥匈帝国外交大臣的伊什特万·布里安男爵提议缔结一个以优惠税率为基础的为期30年的关税联盟，作为允许哈布斯堡帝国占有俄属波兰的条件。[18]

中欧计划有助于霍尔维格在渴望征服的精英阶层与一心想着防御战的工人阶级之间左右逢源，但为了该计划付出的一切努力都付诸流水了。在德国政府内部也有人质疑，这个首先是个政治项目的计划涉及了许多经济内容。德国内政大臣克莱门斯·德尔布吕克认为议会不可能会同意建立一个关税联盟。有人担心，如果没有关税，德国农业无法与便宜的哈布斯堡农产品相抗衡，还有人忧虑，即便是签署了一份内容没有这么激进的协议，比如只是签订一份最惠国贸易协议，也可能会引发其他国家的报复性举动。[19]奥匈帝国领导人不愿意答应。特别是匈牙利首相蒂萨，他对中欧计划提出了颇为合理的怀疑，并且谴责瑙曼的书"很巧妙地隐藏了有关附庸国的提议"。皇帝也拒绝接受任何会限制其权力的做法。布里安对霍尔维格1915年11月的提议的回应表面看上去很积极，但他小心翼翼地强调，更加紧密的经济联系不应当侵害到主权，指出了可能会出现的问题，且故意没有提及什么时候开始谈判。奥地利和匈牙利之间的十年经济协议正好也临近续约之时，匈牙利人坚持要降低他们在帝国共同预算中应承担的份额，这引发了漫长的争吵，并贻误了奥匈帝国与德国开展谈判的时机。直到1918年10月，关税和贸易协议的大纲才完成，但这份协议还没来得及提交给德、奥、匈三方议会审议，战争已经结束了。[20]

德国对于欧洲西部和中部的战争目标很多，但并非全无限度。德国政府对法国的隆维-布里埃煤矿垂涎已久。只要德国取胜，比利时就会丧失许多独立权。然而，在战争早期对德国战争目标最有影响力的霍尔维格，更倾向于一种间接的支配。中欧计划处在霍尔维格版德国欧洲霸权计划的核心。它是一种妥协性的政策。一种看法认为奥匈帝国一定会同意达成联盟，而且将大量充满愤恨的外来人口吸纳进德国是不利的，中欧计划调和了这种看法与德国精英对绝对安全和经济获益的渴求。在国内，它使得德国政府得以在右翼的狂热征服主张和左翼及广泛民众仅打防御战的主张之间建立一种脆弱的平衡。然而，在东部，盛行的是完全不同的盘算。在那里，德国的战略家与其他交战国一样，设想的是远为激进的计划。在他们对东部多民族边界地区的设想之中，吞并、殖民、人口迁移全都有一席之地。

东部乌托邦

1914年，德国以东的土地并不在德国的扩张计划之列。战前的帝国主义热情已经倾洒向了非洲和中国。在德国自己的东部边界地带（如今是波兰领土），德国官员们感觉自己处于守势。在波兹南和西普鲁士这两个省份，波兰人占据多数。从19世纪80年代中期开始，德国已经花费了4亿马克，用于将德意志人迁到此地，也推行了强硬的同化政策，所有这些都是为了让该地更加日耳曼化。德国政府投入了这么多金钱和精力，却收效甚微，反而加剧了种族敌对情绪。继续向东边的俄属波兰扩张，让更多的波兰人和另一个受人厌恶的族群正统派犹太人加入德国，这种前景让德国政府中的所有人都深感不安。[21] 在战争爆发时，德皇曾经希望这些波兰人通过起义反对沙皇来解放自己，也似乎曾经考虑过要建立一个波兰卫星国。[22] 然而，波兰并没有爆发革命，而德国决策者们仍然举棋不定。是战争本身将政策推向了激进的新方向。

起初，德国领导人对东部的态度有节制，这不仅是因为德国在自己的东部边界地带有负面经历，也是因为国际因素。1914年的哈布斯堡外交大臣贝希托尔德对波兰的前途特别关心，早早地为他的君主盯上了这片领土。8月12日，仅仅在他和其他哈布斯堡领导人向蒂萨保证哈布斯堡帝国不会做出实质性的吞并举动3周半之后，贝希托尔德便开始游说各方，让他们支持将俄属波兰并入加利西亚。无论是贝希托尔德的奥地利-波兰方案，还是一个波兰卫星国的方案，都不是德国决策者满意的选项，但这两种方案确实最有可能实现9月备忘录中"必须把俄国推到离德国东部边境尽可能远的地方"这个目标。然而，一切都在变化之中，1914年秋天，在法金汉个人表示德国无法战胜团结起来的协约国之后，一个新方案得到了不少支持，即把从俄国手中夺来的土地再还给俄国，以作为与俄国单独议和的条件。这样一来，德国最终可能在对俄国的战斗中一无所获。[23]

结果，德国在东部的战争规划确实开始转向吞并和移民等激进想法。这并不是因为如弗里茨·费舍尔的著名论断所声称的那样，在德国国家与社会结构中存在着一种根深蒂固的侵略性，也并不是如近来的学者们所认为的那样，是征服与占领的结果。早在1915年夏天德国占领俄属波兰和波罗的海边界地区之前，激进化便已经开始了。最初的推动力反而是防御性的：东部规划变得激进，是对击退俄国入侵的惨痛经历做出的反应。[24] 俄国在1914年夏天对东普鲁士发动的攻击促使右翼学者开始呼吁在东部吞并领土。然而，直到12月初，德国政府才开始认真考虑这个问题。12月6日，霍尔维格请求兴登堡筹划如何调整边界，以便更好地保卫德国的东部省份。在霍尔维格提出这个请求之前，德国刚刚渡过军事危机。此前俄军对东普鲁士发动了第二次攻势，一直向南打到克拉科夫郊区。当时看来，俄军有可能进攻德国的关键工业区西里西亚，打到柏林的门户波兹南，这种可能性非常大而且极为令人惊恐。这次最终化险为夷的致命危机，让德国领导人开始关注如何在未来保证德国东部边界的安全。[25]

在这样的情况下，很自然地，一度被围攻的东普鲁士的省长阿道夫·冯·巴托茨基拟出了第一份详细且正式的关于设立边界缓冲地带的方案。他的备忘录《论1915年的世界和平——来自一位东普鲁士人》在1914年12月20日完成，并且被上呈至德国首相办公室。这份文件说明了防御性的恐惧，而不是侵略野心，能够驱动当局采取激进举措。巴托茨基深信，最近的入侵证明德国需要一道更加坚固的边界。他的解决方法是将边界向东推到易于防守的河流沿线。他所设想的防守缓冲区并不大：约3.6万平方千米，事实上只是德国在一战后被迫交给波兰、立陶宛及国际联盟的东部领土的2/3。[26] 巴托茨基的计划之所以激进，是因为它主张的对被吞并地区的240万居民采取的措施。其中绝大多数人是波兰人，有130万，其余的包括30万立陶宛人、23万犹太人、13万德意志人、4万俄罗斯人。对于巴托茨基而言，除了少数德意志人，所有这些人都不是德国乐意接纳的。相反，他提出了一个人口置换方案，以作为确保地区稳定性的最佳方式。他冷酷地主张将这些不受欢迎的族群驱逐出去，让俄国德意志臣民移居到他们的土地上（当时这些俄国德意志人正在被沙皇军队从敏感的俄国西部省份驱赶到俄罗斯帝国的内陆去）。[27] 这个激进举措具有一种诱人的平衡性，掩盖了它会给无数人造成的巨大苦难。巴托茨基预见到了可能会出现的道德谴责，因而先发制人地宣称，人口迁徙安置会以人道的方式来实施。他假惺惺地表示："即便是那些最热爱家乡的人，也是更多地和自己的同胞联系在一起，而不是和他们的土地联系在一起。"如果村庄和地区不会被拆散，他确信人口迁徙不会引发什么苦难。事实上，如果这些人迁到了土壤更加肥沃的地方，他们或许会从中受益。

这项提案最早由东普鲁士的省长提出并非巧合。巴托茨基不仅仅因为俄国进攻而感受到了东普鲁士的脆弱，入侵经历直接催生了有关人口迁徙的想法——30年以后，在这同一片土地上，希特勒和斯大林最终实践了这个想法。巴托茨基认为，东普鲁士人在俄军兵锋之下大批逃离，说明整个整个的社区可以在基本不受损害的情况下快速迁徙："1914年8月，东普鲁士有远超过10万名居民在没有政府组织协调的情况下，乘坐马车和牛车沿着一个方向迁徙了30到40英里（约48到64千米），并且在6周之内陆续返回家乡，人口和牲畜在整个过程中没有受到什么严重伤害。这就说明，在准备得当的情况下，乡村居民可能不受伤害地实现大规模迁徙。"巴托茨基自信地写道，城市居民更加易于迁徙。他的这种确信无疑是以其实际治理经验为依据的。11月，他组织过一次成功的疏散行动，将20万东普鲁士平民从边界地带内迁到了几百千米之外的德国腹地。当时这些人身处绝境，因而甘心撤离，但是倘若边界地带的居民被强行驱逐到未知之地，他们便可能会抗拒迁徙。巴托茨基的计划忽略了这一点。[28]

如果说1914年夏秋东普鲁士对俄军入侵的抵抗是种族化、极端化的新行动的第一个推动力，那么德军在1915年初夏在东部的推进与征服则是第二个推动力，并使得德国和奥匈帝国的野心开始膨胀。5月初两国在戈尔利采-塔尔努夫发动的联合攻势在南部大败俄军，收复了加利西亚的大部分领土，迫使俄军从俄属波兰全面后撤了250—400千米。8月5日，德军占领华沙。在更北边,立陶宛和库尔兰也在秋天落入德军之手。在当地的许多居民看来,特别是在犹太居民看来,入侵者的到来很可能反而让他们得到了解脱。俄国人在撤离时实施了恶毒的焦土政策,西方的协约国媒体冷酷无情地称赞这是"绝妙的战略"。俄军带走了牲畜,掠走了城市里一切有价值的东西,然后纵火焚烧了城市。在波兰,在整个战争期间的全部损失中,将近20%是俄军在这段短暂时间里造成的。[29] 俄军最恶劣的行径,是将当地百姓——特别是役龄男子和那些被指为不可信赖的族群——圈禁集中,并强迫这些人随着撤退的军队一同向东行进。在这场灾难性的大撤退中,共有330万平民被带回俄国,而俄军并没有做好为他们提供食宿的准备。当德军士兵踏上这片遭蓄意破坏的土地,看到流离失所、家财被劫掠的绝望百姓,他们自然会深信,自己正在对抗一个邪恶的帝国。[30]

这次在东部获得的大片领土,激发了德国和哈布斯堡领导人的想象力。对于奥匈帝国来说,俄属波兰的征服为它提供了实施结构改革的机会,这种改革已经被拖延得太久,且极为必要。1915年8月,在华沙被占领时,德国人似乎倾向于将这片土地让给他们的盟友,但是要以获得经济优惠和设立边界缓冲地带为条件。[31] 哈布斯堡领导人对此很热心。虽说他们曾经就塞尔维亚被征服之后该如何处置的问题而争得不可开交,但他们都同意,俄国一参战,他们就要吞并俄属波兰。问题是怎样吞并它?比起哈布斯堡外交政策的其他方面,战争目标更是由在帝国内部维持脆弱平衡这个需要决定的。有人提出了用三元结构来取代哈布斯堡双元结构的方案。财政大臣利昂·比林斯基和波兰最高民族委员会希望加利西亚和俄属波兰融合成一个新的哈布斯堡国家。康拉德·冯·赫岑多夫对于吞并北边的领土并不十分上心。他设想的第三个国家是不同的,这个国家是在哈布斯堡南部斯拉夫领土上建立起来的,且这个国家融入了新吞并的塞尔维亚。

这两个计划都被匈牙利首相蒂萨否决了,他首先看重的是保持匈牙利在一个双元体系中的影响力。1914年8月,帝国领导人以一种典型的哈布斯堡方式进行了调整。塔弗伯爵是一位前奥地利首相,他曾表示自己的工作就是将弗朗茨·约瑟夫皇帝治下易怒的民族控制在"适度不满"的状态。本着塔弗伯爵的精神,一个只能让所有人都部分满意的解决方案达成了。[32] 奥地利治下的波兰人会跟他们在北边的同胞统一,但是代价是罗塞尼亚人占多数的加利西亚东部。这个地区将不再归波兰人控制,并且会与布科维纳和一些从俄国手中兼并过来的乌克兰领土组合到一起,这满足了罗塞尼亚人获得一个属于他们自己的王室领地的雄心。奥地利德意志人,包括奥地利首相施图尔克,都认可这个想法,因为它在表面上给予了波兰人在他们的种族更加同质化的新王室领地中处理内部事务的完全自主权,这样奥地利议会中就不会再有波兰族议员了,德意志人便可以压制住惹人烦的捷克人。匈牙利人可以接受这个新结构。一个面积扩大但分裂的加利西亚不会要求成为帝国的第三元,而是会在奥地利内部居于一个次双元的地位。为了维持帝国两大部分的平衡,匈牙利也将扩大,它会吸收波斯尼亚-黑塞哥维那(由此来解决如何处理这个孤置领土的长期难题)和奥地利达尔马提亚。[33]

1914 年,哈布斯堡指挥官们在加利西亚和塞尔维亚的灾难性表现使得这些宏伟计划都化为了泡影。在 1915 年的最初几个月里,德国人一直在要求奥匈帝国放弃奥地利的特伦蒂诺或是匈牙利的特兰西瓦尼亚的部分地区,以此来换取意大利或罗马尼亚的中立,而弗朗茨·约瑟夫皇帝的大臣和外交官们则一直忙于拒绝德国人的要求。[34] 然而,1915 年夏天同盟国在东部的胜利扭转了战略态势,扩张领土与改革重新回到了议事日程上来。不仅在奥地利是如此,在匈牙利亦然,因为不安分的克罗地亚议会一直在呼吁让达尔马提亚、波斯尼亚-黑塞哥维那并入克罗地亚,这让情况更加紧迫。虽然蒂萨有着马扎尔帝国主义本能,但他明白,要让南部斯拉夫人保持中立,就必须在一定程度上满足他们的雄心,由此,他逐渐发展出了一套双轨战略。这个战略的一面,是继续反对吞并塞尔维亚,因为他担心这会造就一个威胁匈牙利在帝国中的特权地位的南部斯拉夫阵营。1915 年秋,在德国与保加利亚的协助下,塞尔维亚终于被征服。在这之后,蒂萨开始主张建立奥匈帝国自己的边界缓冲地带,在边界缓冲地带,塞尔维亚西北部(包括贝尔格莱德)的人口将被换成忠诚的马扎尔人和德意志人。德国人在北部的边界缓冲地带意在防御,但它的次要目的是让普鲁士的波兰人和他们的东部同胞分隔开来,像德国的边界缓冲地带一样,蒂萨的边界缓冲地带也打算把哈布斯堡的南部斯拉夫人与塞尔维亚的剩余人口分开,从而压制住民族统一主义的势头。

蒂萨还认为,德奥两国在东部的推进提供了一个讨好克罗地亚议会的机会。他的战略的第二部分就建立在这一洞见之上,意在部分满足南部斯拉夫人的雄心。1915年10月,他在维也纳提议将波斯尼亚-黑塞哥维那和达尔马提亚移交给匈牙利。他的提议虽然让南部斯拉夫的不满有所缓和,却未能取得进展,原因有二。首先,施图尔克不愿意交出达尔马提亚。其次,这一交易能否成功,全看奥地利-波兰解决方案能否得到落实,而且在蒂萨有所行动前,德国人已经在重新考虑是否应该按照在8月讨论过的慷慨条款放弃新征服的波兰领土。11月,为了巩固奥地利德意志人在奥匈帝国的政治控制力量、巩固德国德意志人对奥匈帝国的经济支配,霍尔维格向奥匈外交大臣伊斯特万·布里安透露了这个让人不快的消息:倘若奥匈帝国想要继续讨论波兰问题,就必须先答应加入他的中欧计划。[35]

在东线的更北部,自从在1915年夏天被占领之时起,立陶宛与库尔兰便已经被明确划入了德国的领土扩张范围。德国对这些地方的规划同样包括人口迁徙与土地吞并,这与他们对邻近的波兰边界缓冲地带的设想类似,但规模更大。东线最高司令部管制区(Ober Ost,以下简称东线管制区)是战时在这个地区设立的军事化地带,面积为108 808平方千米。[36] 由于俄国在1914至1915年冬天残忍地驱逐了数十万名德意志族俄国臣民,德国的规划也可能会表现得比较人道。虽然德国政府在战前从未对这些所谓的德意志人抱有很大兴趣,如今它却以种族上的共性为依据,宣称自己有权保护这些"受到折磨与迫害的同胞",而且这些人很快会成为波罗的海殖民计划的核心。[37] 柏林大学农业经济学教授、德国首屈一指的移民研究专家马克斯·泽林于1915年提出了一份颇有影响力的报告,主张将上述地区加以吞并、日耳曼化。库尔兰(位于今天的拉脱维亚西部)被认为可以轻松地同化,因为拥有土地的贵族与城市小资产阶级在种族上是德意志人。另外90%的人口几乎都是不识字的拉脱维亚农民。只要进行适当教育，再加上移民者的迁入（可以从俄国的180万德意志居民中吸引一部分），当局认为，在几代人的时间内实现当地的日耳曼化是有可能的。在泽林看来，人口更稠密的立陶宛是一个更大的挑战。虽说如此，他依然乐观地认为，只要驱逐当地的波兰族贵族，再施以良好的治理，立陶宛人最终也是有可能服从德国统治的。[38]

东线总参谋长埃里希·鲁登道夫少将将东线管制区当作自己的私人领地进行统治。他和泽林一样坚定地认为，波罗的海地区必须保住，1916年4月底，他准备着手启动当地的殖民地化进程，命人汇报当地人口的种族与宗教情况、土地所有权和土壤质量。[39] 他的社会达尔文主义和德意志至上主义——德国的激进政治右翼也有这种观念——在一定程度上说明了他的行动的原因。然而，在1915年春天，鲁登道夫否决了后方流传的被他指责为"夸张要求"的主张。除了占领布里埃煤矿、列日和边界缓冲地带，吞并刚果，索取赔款（这些合起来是一套远比霍尔维格的9月备忘录提出的要求要节制得多的目标），他想要的是在东线"仅进行少许边界调整"。直到10月，他才开始主张吞并库尔兰和立陶宛，并将其殖民地化。他之所以改变主意，很大程度上是因为投机主义：鉴于波罗的海地区如今已经落入德军之手、俄国人在整条东线上都节节败退，征服的计划，不仅仅是征服的梦想，是可能实现的。此外，虽然这种转变没有被普遍意识到，但鲁登道夫对战争性质改变的赞赏也刺激了这种转变。早在1915年4月，鲁登道夫便在给毛奇（如今他是德国副总参谋长，负责后方军队）的信中表达了他对德国食品供应的关切。在1915年间，随着物资短缺情况急剧恶化，人们开始意识到，这场战争不再是传统的战场厮杀，而是一种比拼资源的新型战争。鲁登道夫不仅关注如何在这场新型战争中获得全面胜利，而且也在思虑下一场战争。他得出了两个结论。首先，他认为，德国若要与占据物质优势的协约国竞争，就要实现对资源的控制与彻底获取。东线管制区成了一个最大程度利用资源的残酷试验场。其次，为了让德国能够长时间屹立不倒，鲁登道夫把征服领土看作必不可少的。德国要么扩张，要么灭亡。正如他在1915年底警告的："我们只能依靠我们自己和我们的力量。其他的都无足轻重！"[40]

在随后的几年里，德国的征服和移民计划进一步发展。边界缓冲地带很快便获得了超过最初的防御考量的意义。弗里德里希·冯·什未林是一名泛日耳曼主义官员，也是内部殖民促进会的创始人。政府让他参与了这个项目，而他将这个项目看作解决帝国内部问题的万能灵药。将来自俄国的德意志人安置在东部边界地区，可以一劳永逸地终止波兰人和德意志人对这片土地的争夺。这还有助于农业跟日益发展的德国工业保持产业平衡，恭顺的农民的投票还将拖延社会民主党人的崛起速度——这些社会民主党人让什未林等普鲁士保守派甚为头疼。什未林认为，新的领土甚至可以为德国争夺世界霸权的雄心提供一个稳固的基础。1915年7月13日，帝国总理府举行了一次会议，德国政府决意实施吞并，位于波兰的占领管理机构收到了口头指示，要开始谨慎地将俄国德意志人安置到指定地区，并在可能的地区将犹太人与波兰人迁出。然而，关于大规模强制驱逐并未达成一致意见，在战争中间的那几年，民事当局放弃了这个想法，但以鲁登道夫为首的军方人物仍然在策划波罗的海地区的驱逐与殖民。[41]

这些计划预示了未来的纳粹道路。德国在战时将最野心勃勃的扩张目标从海外转向了欧洲东部，专注于种族的可靠性，使用人口统计数据，愿意采用强制驱逐和重新安置等极端措施，这些都是希特勒的"东方总计划"的不祥先驱。纳粹于1941年出台的这个计划意图清空波兰、波罗的海地区、苏联西部的4500万斯拉夫人，并以德意志军垦农民取而代之。[42] 然而，应当强调两个前提条件。首先，不同于东方总计划，威廉德国在东部的扩张方案并不是集体屠杀性质的。事实上，随着战争进行，民事决策者对于驱逐的怀疑与日俱增，甚至是更加激进的军方都宣称，大规模的驱逐行动并无必要。[43] 其次，倘若将德国的方案与其他国家对存在争议的边界地区提出的同样激进，甚至更激进的方案放到一起来审视，便可以发现，德国的方案并非特例。匈牙利领导人蒂萨也想要在塞尔维亚北部建立一片重新安置居民的缓冲地带。影响更大的是，法国已经开始将可疑人口迁离它占领的阿尔萨斯-洛林狭窄地区。更糟糕的是，战争一爆发，法国便驱逐了20万人，因为这些人的祖辈4人中没有1人是法国人。[44] 然而，最好的参照国很可能还是德国的敌人俄国和德国的盟友奥斯曼土耳其。俄军对加利西亚的族群重组计划可能并不像德国对波罗的海与波兰边界缓冲地带那样筹划周密，但在极端程度上毫不逊色。此外，正如历史学家指出的，德国决策者"始终未能下定决心公开违反国际法——通过在战争期间吞并领土"，但沙皇却在战争的第一年毫不犹豫地宣布他有意保留加利西亚东部，并且他的军队已经开始驱逐犹太人、同化罗塞尼亚人。[45]

虽然俄军在加利西亚、俄国西部地区、高加索地区的行动相当残酷，但奥斯曼帝国对其亚美尼亚少数族群的做法却是种族屠杀性质的。在此前的20年，这个伊斯兰国家已经准许了对这个信奉基督教的少数民族的血腥屠戮。1914年，这个族群的人口大约是130万，其土地多在安纳托利亚东部。在民族主义的、现代化的青年土耳其党在1908年夺取政权之后，这个少数民族更加危如累卵。第二年，1.5万至2万人被杀害。新的奥斯曼领导人对亚美尼亚人的怀疑从1912—1913年的巴尔干战争时便开始增长，并在第一次世界大战期间达到了疯狂的地步。与居住在哈布斯堡边界地带的罗塞尼亚人一样，亚美尼亚整个族群都被怀疑与俄国人勾结，然而，不仅仅是军方，整个国家都将这个少数民族当作叛国者来对待，这种情况使得地方的迫害与屠戮激进化为种族灭绝。1915年2月，奥斯曼军队中的亚美尼亚部队被解除了武装，3月，当局决定驱逐这个少数族群。土耳其官方后来解释，这是一种为安全而采取的措施，而且自5月23日起的驱逐行动，确实是在高加索前线的凡城发生暴乱之后开始的。然而，因为远在君士坦丁堡的亚美尼亚领袖是最早被逮捕的，而且远离前线的亚美尼亚社区也遭到了驱逐，因此土耳其官方的说法显然不能自圆其说。驱逐行动的设计就是为了杀戮。一些亚美尼亚人被迫放弃了自己大多数财产，被塞进人满为患、密不通风的牲畜运送车厢里，沿着奥斯曼帝国内德国人建造的铁路被运走。然而，大多数人沿着迂回的路线走向不知何处。通常，押运他们的卫兵会在几天之后将他们枪杀或砍死，抢走这些可怜之人带在身边的一点财物。还有一些人被迫开始向幼发拉底河的方向前进、穿越叙利亚沙漠的长达数百千米的死亡征程。外国传教士们被禁止向他们施以援手，德国的士兵与外交官本可能制止这些暴力行径，但拒绝介入。押运卫兵心狠手辣，沿途地方没有做好接纳这些被驱逐者的准备，且常常在有条件的情况下拒绝为这些人提供饮食与住宿,这些都说明,这项行动的目的不是驱逐,而是杀戮。有些女性确实通过改信伊斯兰教而逃过了一死,有些女性因为被迫嫁给男性穆斯林而逃过一死。奥斯曼政府将部分亚美尼亚孤儿安置到一些家庭里,并且给了他们新的土耳其身份。但这只是一小批人。100万人由于饥渴、疾病、劳累、杀戮而死去。[46]

因此,德国重新安置人口的计划(与其他大陆国家的方案不同,德国的计划始终停留在纸面上)并不特殊,而是符合欧洲大陆一贯的野蛮性。德国较为保守的吞并计划也并非像其他人宣称的那般荒谬与顽固。霍尔维格与德国其他领导人都认为,长久安全意味着称霸欧洲大陆,而且德国政府面对着保守派要求获得大量收益的巨大压力,而政府一直将保守派视为自己的天然支持者。霍尔维格预备追求最大的战争目标,这引发了20世纪60年代德国历史学家的强烈道德义愤,但将其放在1915年的战略情境中,他的做法是唯一现实的政策,因为所有主要交战国都不愿意回到战前的状态。1915年的头8个月里,同盟国曾经三度试图与俄国单独议和。虽然霍尔维格可以满足俄国的主要战争目标——获得土耳其海峡军事与经济使用权,但沙皇拒绝了每一次议和提议。[47]西边的协约国同样无意妥协。法国只想赢得战争的胜利。[48]英国领导人倒是确实在1916年初考虑过由美国人居中调停议和。他们期待的是一场短期战争,且只想要有限度地参与其中,因此迫切希望让这种期待得以落实。然而即便是在这样的情况下,英国人仍旧设想自己是以总体胜利者的身份坐到谈判桌前。美国总统伍德罗·威尔逊的政策顾问爱德华·豪斯上校与英国外交大臣爱德华·格雷爵士起草了一份备忘录,他们设想的和平协议不仅包括恢复比利时国家,还包括将阿尔萨斯-洛林割让给法国、割让给俄国一个出海口。作为补偿,德国会获得少量法国的海外殖民地,而且倘若该协议遭拒,美国可能出手干预。[49]倘若这个协议真的付诸实施,同盟国几乎完全不可能接受它,因为它既没有考虑敌人的感情,也忽视了战略现实。对于德国领导人而言,任何出让国家领土的行为都无异于承认战败。当时,德军打到了法国与比利时领土上,且刚刚征服了俄国的大片领土,在这样的情况下做出如此巨大的退让,不仅是无法让人接受的,更没法向仍在热情支持战争的德国民众交代。这份协议势必会动摇德国政权。

德国和哈布斯堡领导人在1915年追求的最大战争目标，或许不能让他们赢得道德高地，但是在单独议和或是可接受的全面和平协议均不可能达成的情况下，我们不能武断地认定他们的追求是荒谬的。两国政府都认为，开疆扩土对于巩固他们在国内的统治是非常重要的。此外，尤其在德国，集体安全遭到了排斥；霍尔维格与军方领导人都认为，早在战争之前，其他国家便已经故意对德国形成了包围，有鉴于此，只有德国自身拥有极为强大的实力，才可以保障本国的安全。在他们谋求欧洲大陆霸权时，防御与进攻的界限变得很模糊。但是，这个过程不可避免地导致了很多问题。军队的大举推进、含糊的官方说法、吞并派的煽动（支持他们的军方官员对他们的审查没有像对左派那么严格），都让社会主义者越发担忧民众已经被欺骗了。激进的煽动者卡尔·李卜克内西早在1914年9月便控诉政府发动了一场"资产阶级扩张战争"，1915年12月，他和其他19位社会民主党议员投票反对进一步发行战争公债，并声称他们的举动是在抵制征服计划。[50] 主张吞并的右派与更加谨慎的左派之间的对立越发严重，此时已经开始危及政治城堡和平。民众也开始怀疑德国政府正在打的是一场征服战争。在奥地利，捷克族民众变得尤为不满。到1916年早期，甚至连一些德国士兵都开始将这场战争称作一场"骗局"。[51] 这是不祥的，因为平民与士兵很快就要面临前所未有的艰辛与牺牲。到了战争中期，前线开始陷入紧张而骇人的新型战争——技术装备战，而在后方，人们则开始面对着极为严重的饥馑，这种饥馑在穷困匮乏的"大头菜之冬"达到了顶峰。

第 7 章

前线的危机

流　血

　　1916年，同盟国陷入了新的危机。德国和哈布斯堡领导人早就知道，在持久战中，他们的军队有可能被占有兵力优势的敌军压垮。在战争打了一年半之后，尽管同盟国在东部占领了大片领土，但许多迹象表明，这个时刻正在临近。英国和俄国在迅速征募新兵，临阵倒戈的前盟友意大利如今倾其百万大军来对抗同盟国，由此，协约国比同盟国的兵力要多出289—356个师。[1]协约国还极为成功地缓解了自1914年下半年开始妨碍其手脚的物资短缺问题。到1915年秋，法国的工厂每天可以为该国令人生畏的75毫米炮组装10万发炮弹。与此同时，俄国人也动员起了他们规模相对较小的工业，将野战炮弹的产量提高为原来的4倍，达到每天5万发。德国公众愤怒地从报纸上得知，中立的美国正在为英国的新编军团提供价值数百万英镑的武器和装备，这些军团是战时征募的，其目的就是为了发动最后的一击。

　　协约国的将军们不仅积累了极大的物质优势，更在学习如何有效利用这种优势。1915年，东西两线的协约国军队并未有效地合作开展攻势，德国从敌人的这一失败中受益良多。法军总司令霞飞将军决意不再重蹈覆辙。1915年12月6日至8日，在他位于尚蒂伊镇的司令部，他成功说服了英国、俄国、意大利、比利时及塞尔维亚的军方代表，在来年发动"同步、联合的攻势"。德国和奥匈帝国军队会被各条战线上的进攻压垮，强行在1916年底恢复和平状态。[2]

　　德国领导人一样希望结束战争，但是，与充满信心的协约国领导人不同，他们的态度是悲观的。法金汉在毛奇因马恩河失利后被任命为总参谋长，他悲观地估计，德国的盟友无法挺过这个秋天，他还在1916年1月告诉霍尔维格，德国自身的"经济与政治状况"也使得尽快结束战争变得"极为可取"。³ 声称战争应当尽快结束固然简单，但要弄清楚如何做到这一点却困难得多。西线是这场战争的关键战场，双方设防严密。从1914年秋天开始，各个军队开始在从瑞士边境到佛兰德海岸这750千米长的战线上挖掘堑壕。德军在1914年10月、11月以及来年春季的伊普尔地带的战斗中认识到，即便是要突破简单的土木防御工事也是相当困难的。法军在阿图瓦和香槟发动的多次攻势耗费了上百万发炮弹，牺牲了数十万士兵，但这些攻势均以失败收场，这也血淋淋地证实了德军的看法。有些将军认定，努力去突围是没有用处的。"现在我们没办法像以往那样一战定胜负了。"未来的法军总司令菲利普·贝当将军在1915年6月说道，当时他正在阿图瓦指挥第二集团军。"拼剩下的最后一个人是哪国人，胜利便属于哪一国。我们应当追求的唯一目标，便是在尽量少损失兵员的前提下，尽可能多地杀伤德军。"⁴

堑壕战造成的新困难，促使双方指挥官都开始将注意力从占领土地转向杀伤兵员。但像贝当这么悲观地认为不可能突破防线的观点还是少数。1915年的战事也证明，在足够强大的炮火之下，即便是防卫严密的坚固堑壕也可以被突破。聚集在尚蒂伊的协约国领导人关注的问题，是如何将这种战术成功转变为一场决定性的作战胜利。到1915年底，德军已经在他们的前沿防线后面布下了第二重、第三重防线。在防线被突破之后，引入增援的不公平竞赛便开始了。守方具有天然优势，因为他们被推向了离铁路终端更近的地方。他们通常可以更快地补充兵员，来填补防卫漏洞或者夺回失去的阵地。相反，攻方的援军来得较慢，因为他们必须带着给养与弹药穿越满目疮痍的交战地带，而他们在这样的地带很容易受到敌军炮火的袭击。在尚蒂伊，协约国决定不去争取赢得这场竞赛，转而通过消灭敌方的后备军力来让种竞赛失去意义。要实现实质性的突破，首先需要一个"消耗"阶段——这是对一段预备性杀戮时期的委婉说法。英国人开始认真地分析德军在1915年夏天的兵力与伤亡情况。1915年12月，协约国军方领导人确定好了定额，德军每月平均要有20万人战死、伤残或以其他方式丧失战斗力。只有先出现了这种程度的杀戮，大规模联合攻势才会发动。⁵

法金汉也主张采取消耗战略，只不过比起协约国的计划，他的版本更加巧妙、复杂。跟哈布斯堡总参谋长康拉德·冯·赫岑多夫不同，法金汉不再相信决定性突破或是全面胜利。他不是把消耗看作一场可以将战争重新变为运动战的攻势的前奏，而是看作一种战略手段，它可以把至少一个敌国带到谈判桌前。他认为英国太强大，难以战胜。俄国看起来也没有什么希望：虽然俄国在1915年损失了200多万人，失去了俄属波兰，但沙皇依然拒不接受单独议和。因此，法金汉将注意力放在了法国身上，因为它是协约国中最脆弱的国家，也是欧洲大陆上"英国最好的利剑"。法金汉在1915年底制定的将法国踢出战局的方案与敌国"耗尽"德国后备兵力的方案一样自私，但要更加高明。德军将会利用西线赋予他们的防守优势。德军会选取一个法国人绝不可能拱手相让的地方——贝尔福要塞和凡尔登要塞都被考虑过——并且利用巨大的火力优势和少量步兵，在几乎不付出什么代价的情况下推进到有利的战术位置。然后，德军会停在此处，放任敌军在极为不利的条件下发动反攻。法金汉表示，法国人将"在此流光他们的鲜血"。德方期望，这场不可避免的溃败将迫使英国人用他们未经历过战火的新编军团发动准备不成熟的攻势，以拯救自己的盟友，而筑防良好的德国防线会将英军无情地磨成齑粉。倘若法军的惨痛损失与英军的巨大失败都不能迫使法国退出战争，法金汉的军队便会出手，对已经精疲力竭的法军发动致命一击，并将英国人赶出欧洲大陆。[6]

这些意图决定了1916年欧洲东西两线的战局。当年有3场重大战役：德国人发起的凡尔登战役，以及协约国在东部和西部发起的布鲁西洛夫战役与索姆河战役。德国人首先发起进攻。法金汉蔑视自己的哈布斯堡盟友，并未将自己的进攻计划通知奥匈帝国军方，更不必说要求他们提供支援了。结果，就在协约国开始统一步调时，同盟国的力量分散了。在凡尔登战役打响3个月之后，康拉德发动了对意大利特伦蒂诺的"惩罚性远征"。这次远征在几周之内便被协约国的联合攻势扑灭了。1916年6月，俄国的布鲁西洛夫攻势揭开了联合攻势的序幕，7月，英法在索姆河的攻势随后跟上。法国人在凡尔登发动的辅助攻势，意大利和同盟国的另一个前盟友罗马尼亚在8月发动的辅助攻势，迫使同盟国的兵力与物质资源分散在了相隔遥远的各条战线上。1916年夏秋，德国和奥匈帝国安危未定。

老 兵

1916年初，同盟国军队已经与开战时大不相同。他们的规模远比之前大得多。1916年，哈布斯堡军队不仅补上了战争最初几年的惨痛损失，还让其军力几乎变成了原本的3倍，总体维持在488万人左右。到当年初，其德国盟军的编制扩充为原本的2倍，达到了6 791 733人。[7] 德国和奥匈帝国军队的职业化程度也都大不如前了。由于扩军，职业军人的比例下降，他们的人数也由于惨重的伤亡而减少。大多数兵员是穿上了军装的平民，其中有些人在和平时期有过军事经验，但更多的人是在战时仓促接受了军事训练。试图为英法军队在索姆河战役中的糟糕表现找借口的历史学家往往宣称德军"在士气和体能方面都处于绝佳状态"，但德国和哈布斯堡军队当时均非如此。事实上，部队的惨重伤亡、吸纳数百万新兵的需要、两年高强度作战的压力，使得德国和哈布斯堡军队无法轻松适应不熟悉的作战环境，严重降低了他们的专业化水平，并引发了出乎预料的新问题。[8]

职业军官团在早期战役中的损失，给德国和哈布斯堡军队的战斗力造成了最为沉重的打击。英国的历史学家们倾向于掩盖这些损失，但损失数据是惊人的。到1915年底，奥匈帝国将近1/8、德国将近1/6的现役军官阵亡。[9] 更多军官——德军的医疗统计显示将近2倍于阵亡数字的人——负伤。奥匈帝国军队在塞尔维亚与加利西亚的失利，也令许多下级军官被俘。奥匈帝国军队的军官损失中有30%是失踪或被俘；德军的相应数据为5.2%。[10] 敌方兵力的急剧增加，迫使德奥两国必须增设新的部队，这更增加了对人数不断减少的职业军官的需求。德军在开战时有92个步兵师，但到了1915年底，德军新设了70个师。所有这些部队都需要职业军官来填补高级指挥的岗位。[11] 许多军官被从前线撤回，以在后方承担起参谋工作。和平时期受训的后备军官也遭受了惨重伤亡，其人数远不足以补充缺口。即便是在 1914 年 8 月的动员时，两军都没有足够的已在和平时期受过训的后备军官，退伍军官、军校生和军士被提拔为"代理军官"，用以补充指挥体系中的缺口。[12] 由于新设的部队需要领导层，和平时期受过训军官阵亡、负伤和被俘后，部队也需替补军官，德国与奥匈帝国军队只好分别任命了 22 万与约 20 万名所谓的"战时军官"。战时军官通常很年轻，比起出身精英阶层的前辈，他们多出身中产阶级较低阶层。这些仓促受训的战时领导人物肩负着 1916 年的前线指挥重任。[13]

职业军士也经历了类似的损失-补充循环，但没有军官团那么严重。在 1914 年 8 月的动员之后，德国野战军中的现役军士及和平时期受过训的后备军士总共有 148 229 名，他们在战场上比敌军军士的表现要好，因为他们受过更好的训练且他们的人数比其他军队中的军士多。德国军队固有的保守主义有助于维持军士的水准。由于德国军官团的教育水平要求较高，所以大多数德国军士都无法被擢升进军官团。这一点和法国有明显区别，法军通常会将能干的军士提拔为军官，让那些能力欠佳者继续担任军士。有些长期服役的德军士兵对这一传统颇有怨言，尤其是当他们被交由年轻且能力不足的战时军官来指挥时更是如此，但这个做法确实维持了德国军士团体的声望与能力。[14] 1916 年 1 月，德国的野战军中部署有 362 304 名军士，且在早期的战斗中德军蒙受了惨重伤亡，所以职业军人的影响力降低了，但仍然比其他大多数国家减少得小。奥匈帝国军队的情况要更加严峻。和平时期，该国的军士只有 1.8 万人，而且虽然奥匈帝国军队的规模比德军要小，但军队的伤亡却比德军严重得多。在战争的第一年，由于战斗的惨痛失利，加上疫病与冻伤所造成的减员，奥匈帝国军队永久损失了 2 738 500 名士兵、军士、军官。[15]

同盟国普通士兵的水准也下降了。在和平时期受过训练的人已经被迅速耗尽了。到 1914 年底，德军需要用来替换伤亡人员、建设新部队的兵员是 130 万人，而这个数字基本等于 1 398 000 名没有在 1914 年 8 月立刻被动员起来的受过训练的后备军人。哈布斯堡军队再次处于不利境地，因为该国军队在和平时期很低的征兵比例意味着，几乎所有受过训练的后备兵力在开战动员时便已经加入各支部队了，而且由于康拉德把夏季的加利西亚与塞尔维亚战役搞得一败涂地,这些后备兵力被浪费殆尽,因此战前的职业化力量损失惨重。[16] 战时征召的士兵通常比此前征召的士兵战斗力差,原因有三。首先,他们的身体通常相对不够强健。为了补足急需的兵力,德军在1914年底大幅降低了体检合格标准,甚至征召了身体部分残疾者、精神病患者、耳聋者入伍。可以预见的是,他们是很差的士兵;1915年春,德国又提高了体检合格标准,并开始实行一套新的分级体制,将男性按其身体健康程度分派到前线作战、执行卫戍任务或从事体力劳动。其次,战时的补充兵员常常是过于年轻或过于年老,不适合当兵。1915年,哈布斯堡和德国军队都将最低征兵年龄调低到了18岁。奥匈帝国军队还将最高服役年龄从42岁调高到了50岁。[17] 两国作战部队士兵年龄构成的变化也在阵亡统计中得到了体现。在1914年的揭幕战中,伤亡人数最多的是20—30岁的士兵,但到了1916年,伤亡人数最多的是更年老和非常年轻的士兵,尤其是在哈布斯堡军队中(见图2)。这些年龄群体的人在战场上难以承受身体上的痛苦与睡眠不足。精神病学家报告,这两个年龄段的人群都容易陷入歇斯底里式的精神崩溃,当时这种诊断结果涵盖了各种极端紧张的烦躁情绪和精神痛苦的身体表现,如不受控制的颤抖、痉挛、怪异的步态、麻痹、耳聋和失语。[18]

最后,这些新征召的士兵只接受了非常仓促的军事训练。在和平时期,应征入伍的士兵要服役2年。在战时,德军中的新兵只在后方的营地中接受了8周的基础指导,又在前线兵站接受了另外4周的指导——老兵会在那里将最新的经验教训传授给他们。[19] 在哈布斯堡军队中,步兵团里都是所谓的替代后备士兵和新征士兵,这些士兵只接受了6周或8周的基础作战速成训练。[20]

军队构成上的变化,再加上物资短缺的凸显、静态战争的独特情形,引发了新的军纪与士气问题。在这场战争的头两年,德军军官与士兵之间的关系大致是比较和谐的,但从1916年初开始,官兵关系开始恶化:一位批评者甚至用夸张的笔调描述了德军步兵对军官"难以消除的怨恨"。[21] 左派自由主义者和社会主义者将这种不满解释为一种阶级抗议:由于德军军官团有较高的正规教育水平要求,因此工人阶级男性无法进入军官团,德

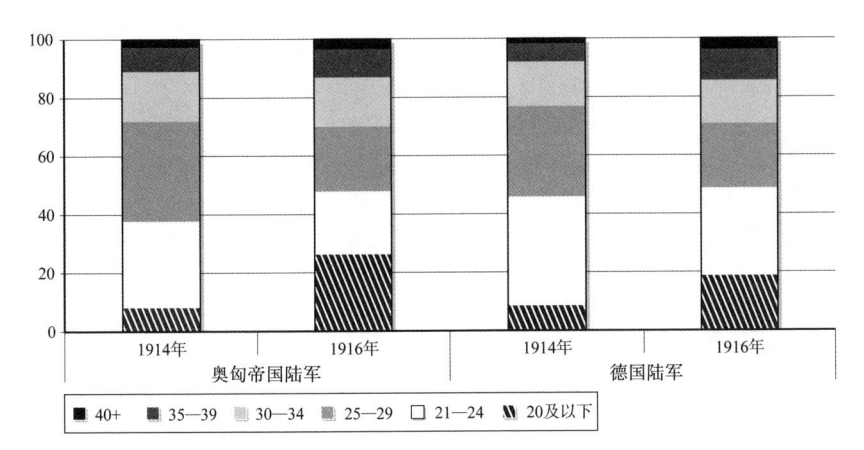

图2 德奥两国军队1914年和1916年阵亡率（百分比）

来源：Germany: R. Bessel, *Germany After the First World War* (Oxford, 1993), p. 9. Austria-Hungary: Percentages have been calculated from statistics in W. Winkler, *Die Totenverluste der öst.-ung. Monarchie nach Nationalitäten. Die Altersgliederung der Toten. Ausblicke in die Zukunft* (Vienna, 1919), pp. 47–54。

军也就是按一种"陈腐的军事模式"在运作。然而，这个论据并没有什么道理，因为就在德军领导层正变得不如以前那么精英化（越来越多来自中产阶级下层的军官开始取代社会地位更高且广受好评的职业军官）时，官兵之间的敌意开始出现。[22] 当时的人所说的"对军官的仇恨"事实上是两种不同的怨恨情绪的混合。第一种是前线士兵对参谋日益增长的敌意。这种现象并非仅仅出现在德军中，卷入静态战争的军队都有此现象。德国评论家们强调，士兵的主要仇视对象是中层的参谋军官到营长，而不是下级军官。[23] 参谋们策划了作战行动并将士兵们派到极端危险的地带作战，可他们自己却在远离大多数火炮与所有轻武器的地方安然地生活。作战士兵指责他们对于战场实际情况一无所知，嫉妒他们拥有更高的薪水、更好的营房、更加宽松的休假条件。参谋们的配给更优厚，上级颁发勋章时也会更偏向他们，这些尤其让士兵们感到不公。[24]

但是，在德军中，下级战时军官也成了第二个批评对象。这一部分是因为军方对这些新上任的指挥员的要求太高。许多人突然成了有150人的连队的长官，一时难以圆满地履行自己的职责。讽刺的是，虽然社会主义者阐述过德军的社会缺陷，但事实上，这些战时军官比战前的职业军官普通的出身也加剧了士兵的不满，因为他们缺乏他们的前任那种家长式本能与教养。然而重要的是，他们工作的环境远为困难。德军从1916年春开始遭遇的食品短缺影响尤其严重，士兵们原本无条件地认可军官的配给特权，但如今这种特权引发了士兵们愤愤不平的妒意。军方迟缓的回应基本未能平息这种怒气。直到1916年底，德军才组成了囊括各个军衔人员的委员会，以确保给养的公平分配。唯一有效的解决途径是让军官和士兵一同进餐，但军方否决了这个方案，因为只有让各个军衔的人分开，才可以维持军纪。[25]

对于战时军官的批评也是军中代际转换的结果。年纪较大的人尤其不愿意接受年轻的、新创造出来的战时军官的领导。他们抱怨，这些"19岁的孩子对于世界一无所知，但已经开始大言不惭，领取高薪"。[26]这些"孩子"有时会粗鲁地宣示自己的权威，从而激起了部下的敌意。最高统帅部收到了无数控诉，士兵们控告军官向他们大吼大叫，后方的士兵甚至遭到了军官殴打。[27]然而对于军队而言幸运的是，这种官兵之间的紧张，在作战部队中不如后方那么严重。较年长的军人主要集中在后方的防卫、运输、劳工部队，配发给他们的给养要少于配发给前线士兵的给养，这不可避免地激起了他们对军官配给特权的嫉妒情绪。在关键的战斗部队中，士兵们通常都比较年轻，更高的给养配给额和共同面临的危险拉近了不同军衔军人之间的距离。此外，这些部队中军官的伤亡率远高于士兵，这让军官的配给特权看上去更合理。从前线寄回后方的书信表明，即便在战争的最后关头，在后方的官兵关系已经完全破裂时，前线的官兵关系依然较为融洽。[28]

哈布斯堡军队出现了一些类似的问题。年轻的战时军官和较年长的士兵之间也爆发了冲突。[29]然而，奥匈军方主要担忧的问题是族群忠诚。军官们只出自受教育阶层，而这个阶层最有可能产生奥匈帝国军队深恶痛绝的民族主义忠诚。阿尔弗雷德·克劳斯少将在1917年之前一直担任西南前线的参谋长，他解释了不忠的军官构成的极端危险："如果得到得当的统领，如果军官在战场上，无论哪里来的士兵都可以出色地作战——即便是声名狼藉的捷克士兵。然而，如果不忠于国家的人成为后备军官，如果现役军官受到民族情绪感染或不能正常工作，那么军队就会在战场上表现得一塌糊涂。"[30] 因此，哈布斯堡军队非常注意军官选拔问题。大批汇入的战时军官确实稀释了德意志人支配的指挥体系，但这起初并不明显。德意志人仍旧在后备军官团中占绝大多数，他们的比例仅仅从战前的60.2%略微降到了1915年的56.8%。匈牙利人和波兰人是两个被认为忠于帝国的族群，他们是受益者，前者的比例从23.7%涨到了24.5%，后者的比例则从2.8%涨到了3.3%。捷克人在后备军官中的人数也增加了，因为虽然捷克人受到怀疑，但按照哈布斯堡帝国的标准，捷克人有一个大规模受过教育的中产阶层。后备军官团中，讲捷克语的人的比例从9.7%涨到了10.6%（见表5）。

奥匈帝国军队在征召后备军官时所秉持的保守态度意味着，在战争的前两年，互不了解，远比民族主义颠覆更加严重地影响了军队的作战表现。跟通晓多种语言的战前职业军官不同，这些后备军官往往只能讲一种语言。后备军官团的族群出身与普通士兵的族群出身存在巨大差异，许多军官领导着一群自己几乎没办法与之沟通的士兵，更别提让他们变节了。军官团自己也变得不如以前那么同一、统一了。倘若一个团中的军官来自

表5　奥匈帝国军队1915年时的族群构成（按语言划分）

民族	百分比		
	在现役军官中	在后备军官中	在其他军阶中
德意志人	76.1	56.8	24.8
匈牙利人	10.7	24.5	23.3
捷克人	5.2	10.6	12.6
斯洛伐克人	0.1	0.1	3.6
罗塞尼亚人	0.2	0.5	7.8
波兰人	2.7	3.3	7.9
斯洛文尼亚人	0.5	0.8	2.5
塞尔维亚-克罗地亚人	2.7	1.9	9.2
罗马尼亚人	1.0	0.7	7.0
意大利人	0.8	0.8	1.3

来源：R. G. Plaschka, H. Haselsteiner and A. Suppan, *Innere Front: Milit.rassistenz, Widerstand und Umsturz in der Donaumonarchie 1918. Erster Band. Zwischen Streik und Meuterei* (Munich, 1974), i, p. 35。

不同族群，这个团便有可能出现紧张关系。一位在和平时期受过训的上尉在 1916 年 4 月与第二十猎兵团族群出身各异的军官们一同吃午饭时，发现了这个问题。他对于该团食堂中的政治辩论感到失望，悲观地总结道："在恢复和平之后，这里不会比奥地利议会好到哪里去。"[31]

职业军官从前线消失了，新人（包括许多有妻儿的较年长之人）大量汇入，激烈战斗造成了极度紧张，供应短缺也日益加重，所有这些都让同盟国军队有一种比战争爆发时更临时拼凑、不那么尚武的感觉。填补进德军的身穿军服的平民抱怨餐食难以下咽，清楚敌众我寡，但还是要继续战斗。他们在歌中称自己为"亲爱的、亲爱的果酱军队"。在他们的精神武器库里，嘲讽远远比职业军人精神重要。原本傲气十足的军歌"士兵，士兵，是全国最出色的人"被战时士兵们粗劣地改编成了"橘子酱，橘子酱，是全国仅有的食物"。[32] 平民的价值观念与认同支撑着他们的精神复原能力。一位战时心理学家曾经抽样调查过一些来自德国西南部的士兵，问他们什么想法能有效帮助他们在前线支撑下去，没有什么人提及纪律和爱国主义。幽默与听天由命在名单上排名较为靠前，社会感情，即知道可以信赖的战友正与自己并肩作战的安慰感，排名第三。但是，最受欢迎的两个答复是"对家乡的回忆"，以及最重要的，"宗教感情"。[33]

同样的情绪在士兵们的日记与书信中得到了体现。面对无处不在的死亡，他们开始向自小浸染其中的宗教信仰寻求慰藉。对上帝让自己存活至今的感恩，认为上帝会在未来继续保护自己的希望或信念，一种认定仁爱的上帝"会把一切都导向至善"的宿命论或者确信，在士兵们的书信中比比皆是。[34] 在大多数人信仰天主教的奥匈军队中，宗教是最重要的。这支多民族的军队没办法利用民族主义理念来激励自己的士兵，因此转而花费大力气去鼓励、支持他们的信仰。哈布斯堡的师配置的军队牧师数最多可达 24 位，这个数字是德军师的 4 倍。奥匈帝国军队的大部分士兵都来自乡村，他们保守而虔诚。比如，许多斯洛文尼亚士兵便随身携带了念珠与祈祷书，狂热地信奉一种圣母崇拜，如一位随军牧师宣称的，他们"只要一有可能……便会跪下来祈祷"。[35] 虔诚有可能导致一些对作战不利的行为。比如，一位在前线的捷克士兵告诉家人："我已经掌握了如何开枪，但迄今为止我还没有开过一枪，因为我不想违背第五诫，不想让自己的良心被谋杀罪行玷污。"[36] 但是，信仰也是一个支撑着士兵们度过前线艰苦生活的强大因素。在德军的部队中，信仰的深入程度差异很大。来自笃信宗教的南部地区的士兵往往可以从基督教信仰中获取许多力量，而持无神论主张的柏林无产阶级工人则对宗教持漠视态度。但是，人们发现，即便是没有宗教信仰的人，在一场血战之后，往往也会与信徒们一起颂唱"现在我们感谢上帝"。[37]

想要保护家园与家人的意愿，也在支撑着德国和奥匈帝国平民士兵的决心与积极性。"'Patria'不再是有 7000 万人口的广泛德意志家园了。"另一份心理学研究认为："Patria 是每个人的家；它是普鲁士、巴伐利亚、萨克森、巴登，等等；事实上，它甚至已经不再是这个层次了，而是要更小……'Patria'是家，是每个人的家庭，是妻儿、父母、兄弟姐妹。"[38] 在德军士兵的作战动机中，亲人与家园居于中心地位，这一点体现在很多方面。一种表现是他们唱的歌曲。《阿尔贡森林》是在战争中间几年传唱最广的歌曲，它激起了很多士兵的共鸣，因为它将士兵们对后方所爱之人的情感与不惜一切代价击退敌人的决心结合在了一起。这首歌讲述了一位士兵的故事，他在 1915 年战斗最激烈的地带参与了一次夜袭：

> 这是午夜的阿尔贡森林，
> 一位先锋兵正在执勤。
> 天穹上高挂着一点寒星，
> 为他捎来远方家乡的致意。
>
> 他手中紧握着铲子，
> 挖掘堑壕全靠它。
> 他渴慕地思念着自己的爱人，
> 不知能否与她再度相见？
>
> 大炮在后方阵地上发出轰鸣，

我们身在步兵前面；
炮弹在我们四周炸裂，
法国人想要夺取我们的战壕。

让敌人的进攻再猛烈些吧，
我们德意志儿郎再无所惧。
任他有千军万马、钢枪铁炮，
也不可能突入我们的堑壕！ [39]

　　有时，士兵会坦率地向家人表示，他们作战就是为了家人。一位士兵激动地写信告诉自己的妻子："我活着是为了你，战斗也是为了你。"[40] 然而，哪怕士兵们并未有所吐露，他们对于邮差到来的期盼也说明了家乡对于他们而言有多么重要。一战期间，德国战地邮政系统总共在前线与后方之间投递了 287 亿份明信片、书信与包裹。另一位军人告诉自己的家人，分发信件的时刻是"战场上最美妙的时候……你真应该看看每一个人侧耳倾听会不会叫到自己名字的样子"。[41] 士兵们十分想要保护自己的家人，这一点把他们拴到了更广层面的民族或帝国战争努力上。前线树木被摧残、地面弹痕累累的样子，更坚定了他们的决心。一位士兵在目睹了凡尔登的满目疮痍之后总结道："我们应当十分庆幸，敌军没有在我国的领土上肆虐！"[42]

　　然而，随着战争变得无休无止，士兵们的忍耐力开始下降。无论是在佛兰德的泥地中摸爬滚打，还是在阿尔卑斯山顶冻得瑟瑟发抖，或是在东部的广阔原野上受尽折磨，士兵们都希望这些苦难能有一个尽头。1916年，后方传来的消息也变遭了，后方的平民面临着远比军中严重的物资短缺，此后，家庭不仅给士兵们带来了力量，也给他们带来了忧虑。当局告诫百姓要用欢欣鼓舞的语气来给前线的士兵写信，让每封信都成为发散"力量与决心"的"护身符"，但这番告诫是徒劳的。[43] 由于大多数士兵每年只能获准休假 2 周，因此士兵和家人的关系变得紧张了，有时甚至会彻底破裂。当一位在意大利战线的群山中作战的奥地利士兵收到了如下信件时，人们可以想象他的心情该有多么悲苦：

> 我亲爱的约瑟夫：
>
> 　　我给你写信，是为了告诉你，我犯了一个错误。我现在已经没办法挽回了。请原谅我不得不告诉你这件事。我被另一个人缠上了……他说你不会从战场上回来，他把我给说动了。他利用了我的脆弱。你知道女性的脆弱，最好你能原谅我。事情已经发生了，我觉得你一定出了什么事，因为你3周都没有来信。当我又收到你的信，知道你还活着的时候，我如坠深渊。但愿我不会怀上他的孩子，这样一切就又能变好了。我不再喜欢那个家伙了，因为你还活着。在这里，所有东西都很贵，你可以在前线也算是一件好事。至少军队中的食物不花钱。你寄给我的钱正救了我的燃眉之急。现在我就此搁笔，因为没有地方可写了。衷心的问候。你的弗丽达。[44]

当然，犯下不忠行为的绝不仅限于女人。事实上，士兵们有更多的机会偷腥，而且他们这么做所面临的社会指责也更轻。有些军人和后方的敌国平民成了情人。奥托·施泰因希尔伯是在西线作战的巴伐利亚第十二步兵团中的一位军士，他担心自己的妻子莉娜与当地的铁匠走得太近，便警告她道，要是她敢乱来，他就在这边找一个"健壮的法国妞"，以此来报复她。他的威胁很没有底气，但并不出奇。"这里的一些女人会跟士兵一起生活，让他们充当自己的丈夫。"他这样告诉莉娜。"有些女人已经怀上了士兵们的孩子。"或者是稳定关系的结晶，或者是更为常见的一夜风流的产物，在被占领的法国领土上，共有大约1万个新生儿的父亲是德军士兵。[45]

在交战地带，性是一种商品。在占领区，女人们通过出卖自己的身体来养活自己。这一点在俄属波兰和波罗的海地区尤其明显，因为这些地区跟比利时、法国东北部不同，它们没有收到来自中立国的食品援助。军方担心性病蔓延，因此设法强行把性交易限定在军方批准开设的妓院里。在这些妓院里，妓女会定期接受妇科检查。这些妓院是古怪、扰乱军心的场所。出于维持军纪的考虑（没有军官希望在床上快活时被部下撞见），军方指示，应当将专门服务军官的妓院与面向普通士兵的妓院严格分开。在士兵们看来，那些军官妓院中的姑娘是军官享有的又一种特权，这又加剧了士兵们"对军官的仇恨"。有传言称，军官妓院中的姑娘是最美艳的，她们挣的工资也肯定更高；最多可以挣到普通军方妓院妓女的20倍。普通军方妓院中的妓女往往不怎么干净水灵。这些姑娘挣的钱很少，常常接一个客只能收几个马克，而有些人又要每天交给老鸨20马克来换得食宿。她们还不得离开妓院。士兵们在妓院外排队，有哨兵维持秩序。有时会有一位医师驻在一层，检查士兵们是否染了性病，并且分发预防性病的药膏或者用肠衣和橡胶制成的避孕套。一位士兵描述了自己的嫖妓经历，他的经历十分具有典型性：

> 我们本来希望这里的妓院像大城市里的那样，嫖客们在妓院的客厅里挑好了姑娘，然后姑娘同意。但这里全然不是这样。先是有人指示我们，不许占用一位姑娘超过10分钟时间，然后我们要在一个房间里等候，时不时地有人喊道："下一个！"
>
> 在等了45分钟之后，轮到我了。
>
> 我身后的下士喊道："六号房！"我跌跌撞撞地上了楼。心中忐忑不已，我迟疑着推开了门。
>
> 一股难闻的氯化汞混合广藿香的味道扑面而来。我看到一个身着黑色晨衣的躯体的轮廓，认出那是一个女子站在半明半暗的房间里，看着窗外。她镇定地转过身来，径直躺倒在了床边，晨衣被卷了起来……[46]

虽然军方发放了避孕用品，指示士兵要在交欢之后对自己的生殖器进行消毒，给士兵们上课普及性病的盛行并试图控制卖淫活动，却依然无法扑灭性病。德国的军医接诊了713 491例患者，这大概是德军总人数的5%多一点。然而根据军医记录，最高的比率并非出现在前线，而是出现在后方部队中。奥匈帝国军队的问题更为棘手，在战争的头3年，军医接诊了 1 275 885 例性病患者。匈牙利士兵感染性病的比率是奥地利士兵的 2 倍。松懈的预防措施，在一定程度上导致了奥匈帝国军队中性病患者的高比例。该国军队作战的地区也对此有所影响，因为性病在巴尔干和东部前线很流行。[47]

在战时的种种困难不断地打击着同盟国军队的同时，他们也从自己的经历中吸取了宝贵的作战教训。自1914年起，军方已经认识到火力的关键作用，也对武备进行了升级。鉴于重炮被证明是战场上的制胜法宝，德国人大幅扩充了自己的重炮武备，其重炮连从战争爆发时的148个增加到1916年8月的1380个。哈布斯堡的火炮也从2790门增长到了8300门，几乎是原来的3倍。两国军队还大力投入了机关枪。1916年，每个德军步兵营都有了自己的机枪连，而奥军的机枪产量在1915年一年里也增长了1/3，达到了每月400挺。[48] 在同盟国的武备库中，毒气等新式武器以及迫击炮、手榴弹等被重新使用的旧有武器均开始占据重要地位。两军在战术上也取得了进步。德军与奥军（后者从1916年初开始）已经熟稔围困战战术，即用完备的工事来让军队的战斗力得到倍增。设立三道防线的主张、深挖堑壕的主张和应当不惜一切代价守住第一道防线的信念，是两军战术理念的标志。德军进行了一些更为大胆的试验。1915年，德军开始组建突击队。这是一种新型部队，其士兵们不再在长官的监督下沿防线作战，而是以高度自主的小队为单位行动，他们装备了各种武器，并且接受了以个人主动性、灵活性和紧密的团队合作为中心的战术训练。1916年，这些新战法尚仅限于一小批专业士兵和一些自行发展出相似战术的部队。同盟国军队应对过协约国大规模联合攻势的威力，这种经验可能也加速了这些新战法的传播，并使之被认可为官方原则。战术革命促成了德军以及至少部分奥匈帝国军队的转型。[49]

同盟国军队在1916年初依然勇悍有力。虽然德军的职业军官团损失惨重，职业军士几乎消耗殆尽，可德军依然是一个强大的对手。哈布斯堡军队在其初期的失利之后也得到了卓有成效的重建。两支军队都比1914年时规模更大，装备更精良。但是，一年半激战的沉重压力，如今也在两国军队身上体现出来了。两军的兵员都发生了变化，这引发了新的问题，并使得士兵的斗志比以前更加紧密地与正在受苦的后方前线关联起来。经历了巨大人员流动的两军作战部队接受了比战争爆发时更加仓促的军事训练。两国军队都没能完全适应现代战场具有挑战性的新现实。两国军队能否熬过第二年紧张激烈的"物资之战"尚且是个未知数，更不要说赢得这场物资之战了。1916年，德国和哈布斯堡帝国的生存问题悬而未决，这要看两国军队中余下的职业军人的能力以及人数明显少于敌国的平民兵的韧性与决心了。

凡尔登战役

1916年初，同盟国获得了一个掌握主动权的良机，法金汉将法国的要塞城市凡尔登确定为他的开局之地，希望能迅速给这场大战画上令其满意的句号。选择这样一个地点，是经过了深思熟虑的。250年以来，坐落于法国东北部默兹省的凡尔登一直都是法国抵御外敌入侵的堡垒。它曾在三十年战争期间被围，在100年后的法国革命战争期间再度被围，1870年，它是法国各大要塞中最后一个投降的。1914年，凡尔登是欧洲最为现代化、最为牢固的工事群之一。20个主要塞和40个较小要塞呈同心圆状分布，构筑于连绵起伏地带的高处，它是一个非常可怕的障碍物。可是，虽说凡尔登在战争初期作为协约国马恩河反攻的支点是极为关键的，但法国最高司令部后来认为这些混凝土工事已经过时，便调走了凡尔登几乎一切可以搬动的武器装备。1915年，相当于43个重炮连和11个野战炮兵连编制数量的火炮以及12.8万发炮弹被移交给了法国野战部队。但武备调动并未公开，凡尔登要塞群依然是法国国土安全的一个有力象征。在法国东北部已经被德军占领的情况下，再丢掉凡尔登会对法国的国家威望与公众士气造成毁灭性打击。[50]

法金汉选择凡尔登，并不仅是因为法国政府无法放弃它。从作战角度考虑，这个地方非常适合他提出的"让敌人流尽鲜血的战争"。这项计划不在于夺取凡尔登，而仅仅是威胁凡尔登。倘若德军步兵可以占领这座城市以东的高地，便占据了极佳的地利。配合上后侧的大量火炮，德军便可以在此有力地击溃法国人必然将要展开的反击战。凡尔登位于一个突出部，这有利于德军最初的推进和随后的杀戮，因为这种地理条件意味着凡尔登地区可以被三面的火力夹击。该地区密集的铁路网也使得它在法金汉眼中更具吸引力，因为他在设想一场炮击战，因此需要这样的基础设施来保证他的火炮可以获得大量的弹药供应。[51] 德军在该地集结的火炮包括3门38厘米海军炮、26门42厘米超重型榴弹炮、416门重型榴弹炮、209门重型加农炮以及550门野战炮。另外还有202门战壕迫击炮，用于为冲向高地的步兵清出道路。为了能在首轮攻势时实现炮火大量倾泻，德军用213列火车运来了炮弹。在此后的战役期间，平均每天也有33.75列弹药运送火车抵达。德国人为了这次攻势做的其他准备也很周全；总参谋部——军中唯一伤亡较少的部分——维持了自己的高超水准。德军出动了飞机，细致地侦察了法军的防御情况。为了不打草惊蛇，参与这次攻势的9个最精锐的师趁着夜色行军到达了凡尔登。这次进攻用工事模型进行了演习。一些部队组建了装备有手榴弹的突击分遣队，并用新式战术进行训练。德军还在前线地带挖掘了总计可以容纳1万名士兵的藏兵洞（Stollen），以集结进攻的士兵。[52]

然而，这些艰苦的准备工作也不能弥补进攻计划中的一些重大缺陷。法金汉特别注重控制伤亡，而且决意要留出一支战略后备力量来与英军作战，因而他决定将这次攻势限定在默兹河（流经凡尔登）东岸仅14千米宽的狭长战线上。第五集团军的参谋长冯·克诺贝尔斯多夫将军受命起草一份详尽的作战计划，而且他的部下要执行这个计划，他对法金汉的计划感到非常不安。克诺贝尔斯多夫准确地认识到，仅仅在东部发起进攻会让他的部下易受来自西岸的敌军炮火的纵向射击，但他的异议被驳回了。法金汉倒是确实多拿出了两个军，但是为了在最后扩大攻势，他拒绝将这两个军立即投入战斗。[53] 此外，还有两个因素也降低了德军攻势取得胜利的可能性。一方面，第五集团军指挥部和法金汉的理念相左，它将夺取凡尔登要塞，而不是杀伤法军有生力量作为第一要务。理念上的冲突令指挥部的下属各级困惑这场攻势究竟要达成什么目标，应当采取哪种战术。另一个大问题是天气。德军的攻势预定在2月12日，但那一天下起了鹅毛大雪。由于炮手们无法看清目标，这场攻势便被推迟了。起初，德军希望仅仅推迟24小时，但雨雪足足下了9天。法国人此前已经知道德军正在筹备一场攻势，只是没办法弄清楚这场攻势会在哪里发起，这时，阿尔萨斯逃兵向法军提出了警告。当天气转好之后，法军前线已经得到了增援，奇袭的效果也失去了很多。[54]

最后，2月21日上午8点12分，德国的大炮终于开火了，足足轰击了法军阵地9个小时。一位身在对面阵地的德军军官觉得，那听起来"好像天启四骑士正驰骋而过"。炮轰并不是持续不断的呼啸，而是一种刺耳的声音，因为一门炮的声音会逐渐增强，直到被其他火炮的声音淹没。有时它听起来"好像是一列特快列车，然后又像是一道瀑布，接着又转为战栗的高音，最后又化为低沉的轰响"。迫击炮在上午10点加入了这场轰炸，"它们的巨大轰隆声令掩体的衔接处震颤"，它们摧毁了法国人的工事。[55] 德军还动用了毒气弹来压制敌军的炮兵；戴着防毒面具的炮手没有办法快速装弹。下午5点，装备有火焰喷射器的德国步兵侦察兵与先头部队匍匐进入无人区，控制了法军第一道防线的许多地方。在树木遮蔽住法国防军的地方，进攻者不得不战胜激烈的抵抗。然而，在其他地方，法军据点被有效地捣毁了，战栗的法国守军纷纷投降。[56]

德军第一周的攻势取得了惊人的胜利。主攻在2月22日开始，右翼的第七后备军沿着默兹河推进得尤其迅速。到第三天结束时，法军第一道防线尽失，德军开始将炮兵部队向前移动，以便开展下一轮进攻。德军最为辉煌的胜利是占领了杜奥蒙要塞，这是一座300多千米宽的大型要塞，也是凡尔登要塞群中最大、最现代化的一座。在大多数情形下，它都应当是坚不可破的。这座要塞的顶部是2.5米厚的强化混凝土，中间巧妙地加上了一层1米厚的沙土，总共高出地面5米。沙土可以起到缓冲作用，从而使得这座要塞连德军最重型火炮的轰击也可以抵挡得住。要塞的炮塔配备有可伸缩的火炮与机枪，侧面过道配备有轻型火炮与探照灯，外围的两片平地上设置了带刺铁丝网围栏，还有一道深达8米的壕沟，所有这一切组合在一起，足以挫败任何步兵进攻。但是，与其他要塞一样，杜奥蒙要塞的大多数火炮在1915年被移走了。这一点已经足够糟糕，但更糟的是，

1916年2月，法国指挥官们忽视了这座要塞的防卫。给这座要塞配置守卫力量的命令一直没有下达。结果，勃兰登堡第二十四团的一位先锋中士和由军官领导的两小股士兵成功地实施了整场大战期间最引人注目的突袭行动。他们在没有遭遇抵抗的情况下突入了要塞，并在不损一兵一卒的情况下俘虏了要塞中仅有的57位守军。在这场战役余下的时间里，这个要塞成了一处关键的庇护所、后勤补给点、医疗点。法军试图夺回这座要塞，直到10月才成功，但法军为此付出了约10万人伤亡的代价。[57]

这些胜利让法金汉误以为一切都在按计划进行。但是事实上，即便是在这个早期阶段，已经出现了一些问题。正如第五集团军指挥部预见的，从这次攻势的第二天起，来自未受攻击的默兹河西岸的纵向射击已经给德军造成了惨重伤亡。此外，法军在东岸的抵抗也正在增强。2月25日，贝当接过了凡尔登要塞地区的指挥权。他的第一道命令是要法军"立即夺回所有失地"，这正中德军下怀，但他确实有力地加强了法军的防御。在贝当下令收复失地的第二天，法军的9个军要么已经赶到了凡尔登，要么就在赶往凡尔登的路上。2月27日，德军的攻势逐渐停止。德军推进了8千米，俘虏了216名法军军官与14 534名士兵，但他们自己也付出了25 000人的伤亡。占领默兹河高地是法金汉的消耗战计划的关键，为了推进到这个安全地带，法金汉承认必须也要对默兹河西岸发起进攻。3月6日，德军对西岸严阵以待的法军发起了进攻。这一次，德军可没办法再像此前一样速战速胜了。这场战斗沦为了一场相互毁灭的战斗。德国人一直也没能站上高地，因此德军士兵只能暴露在敌军从侧翼，有时甚至是从后方打来的重炮火力之下。到3月底，德军的伤亡达到了81 607人。[58]

德军在凡尔登的表现震撼了法国人。雷纳尔少校是法乌克斯要塞的守军指挥官，1916年6月初，在这座要塞昏暗的地下长廊里，上演了整场凡尔登战役期间最为激烈的战斗。雷纳尔对德军士兵的勇气、纪律与顽强感到百思不得其解。"无论长官给他们什么任务，德国人都会执行，即便明知会牺牲也在所不辞。"他在日记中这样记道。[59] 但是，德皇的士兵也只是肉体凡躯，猛烈的炮火、食品与饮水难以运到前线的问题、连续数周都在泥泞地里与死尸为伴，这一切都考验着德军士兵的精神复原能力。

从战役一开始，精神病伤员便急剧增加，到了5月，此处的精神病伤员比在西线的野战军的精神病伤员多出1/3。军医焦急地报告，德军中流行一种因精神紧张而造成的消化不良（见图3）。[60] 德国的平民士兵也并不像雷纳尔描述的那般无私无畏、盲目从众。马克斯·维特曼是第二〇七后备步兵团中的一位士兵，他的日记生动纠正了雷纳尔的说法，这份日记如实描述了实际上在战斗中常出现的混乱、困惑和妥协。

1916年5月24日，维特曼所在的营受命投入对默兹河西岸死人丘的进攻。从当天中午起，德军炮兵便开始轰击法军的防线，维特曼一连几个小时都紧张地蜷缩在战壕底部，几乎不敢探头看看护墙之外的情形。下午6点，进攻开始了。维特曼所属的第八连受命在该营其他部队进攻时作为后备部队。这支部队收到命令，要向右移动，但当它在试图向右移动时，立即遭遇了敌军的强大火力，因此，维特曼和一些战友便擅自离开了指定位置。"这没什么关系，"他在日记中简单记道，"10分钟以后，所有人都冲了回来，因为有炮火直接轰击到了堑壕上，一些人葬身于此。"进攻的连队也没有表现得更好。进攻被推迟了，因为这个营的营长受了重伤，副

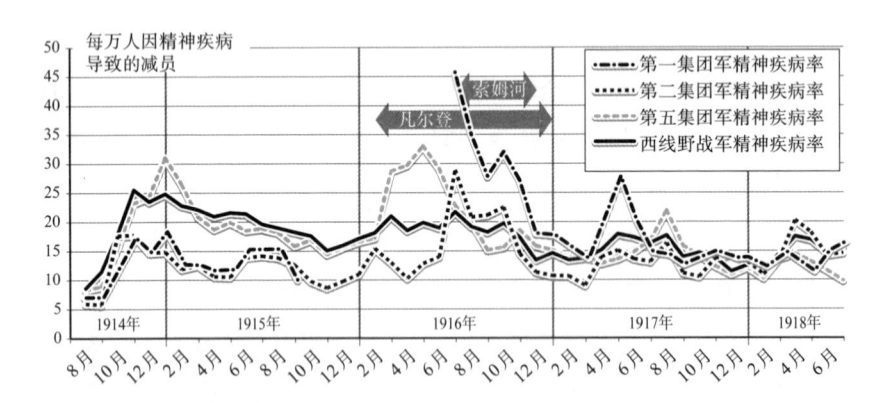

图3 德军第一和第二集团军（在1916年下半年参与索姆河战役）、第五集团军（在1916年参与凡尔登战役）及整个西线野战军因精神疾病导致的减员，1914至1918年

来源：Heeres-Sanitätsinspektion des Reichskriegsministeriums (ed.), *Sanitätsbericht über das Deutsche Heer (Deutsches Feld- und Besatzungsheer) im Weltkriege 1914/1918 (Deutscher Kriegssanitätsbericht 1914/18). Die Krankenbewegung bei dem deutschen Feld- und Besatzungsheer im Weltkriege 1914/1918* (3 vols., Berlin, 1934), iii, pp. 6* and 42*.

营长又战死了。当时他们正在赶往用于推进的坑道,进攻行动本应当从那里开始。或是感到害怕或是如释重负的士兵"仓皇逃散,因为他们没有了领导人物"。在最早被派出的几个班被机关枪扫倒之后,再也没有人愿意冲锋了。

这次最初的溃败和士兵们拒绝白白送死的表现,对维特曼余下的服役期具有决定性影响。在前线度过了"艰难的两天"之后,他写道:"我们连队中的许多人都躲了起来,偷偷溜走了,所以我们这个原本有 170 人的连队如今只剩下了 45—50 人。"在无人区的弹坑中畏缩着度过了一个炮火连天的夜晚之后,他也决定,审时度势是一种更为重要的勇气,因此开始掉头撤回德军防线,试图找一个更深的掩蔽所。当他的连队在第二天后撤时,他又加入了他们,没有人受到指责,大家只是对士兵们"一个接一个地"归来感到高兴。离开了战场让他如释重负,哪怕这只是暂时的喘息,也让他感到无比幸福。当维特曼返回休息营地,终于可以吃饭、睡觉、洗脸、刮脸时,他写道:"感谢上帝,至少我现在是到了一个可以活得像个人样的地方。"他觉得自己能够活下来实在是幸运。"我的整个班没了,"他在日记中写道,"2 个人死了,6 个人受了伤,只有我安然无恙。"[61]

虽然德军并未能迅速占领高地(这是原始计划成功的前提),但德军在凡尔登的攻势依然十分猛烈。法金汉虽然对于攻势的进展感到焦虑,却坚持继续战斗,这一定程度上是因为他高估了德军造成的杀伤率,"我们仔细地统计了敌军的伤亡,并且和我军的伤亡做了比较……我军每损失 2 个士兵,法军就要损失 5 个"。[62] 事实上,他的情报是不准确的。贝当的水车式战损替代体系(得名于用于灌溉的水车,水车的水斗掠过水中后,水斗会捞起水,然后再倾泻出斗中的水,这样不间断地循环)让法军的 330 个步兵营中的 259 个轮番上阵。德国人误以为法军的频繁轮替说明法军部队正在被快速歼灭。事实上,法国人是在将损失比例达到 50% 的部队从前线撤下来休养、整编。[63] 这是一种非常好的作战方法,它保存了作为骨干力量的老兵,可以以他们为基础重建部队,而且这种方法给了士兵们从战场上活着离开的希望。作为对比,德军士兵则不得不始终待在阵地上,直到他们所属部队的损失惨重到无法继续作战。德军之所以会采取这样的做法，是因为法金汉坚持要保留一支精力充沛的后备队，来防范协约国精疲力竭之下可能发动的坚定反击。对于凡尔登战场上的48个德国师来说，这极为艰难。德军的官方历史也懊悔地承认，这一做法毁了德国的部队："一些德国师在默兹河战场上受到的损伤极为惨重，以至于他们直到好多个月之后才可以再度投入战斗。"[64]

德军之所以继续进攻还有另一个颇为讽刺的原因。由于在战场上的伤亡严重，德军也开始和法国人一样把凡尔登看作一个珍贵的目标。想要在不动摇公众士气的前提下从凡尔登抽身，就必须要取得一些实实在在的成果。对于法金汉个人而言，凡尔登战役的结果关系着他的声望与权威。此外，拥护法金汉提出的让法军流干最后一滴血的目标的第五集团军也主张继续进攻。到1916年夏天，德军部队所处的位置极易受到敌军火力打击，因此停止进攻无异于自杀。唯一的办法就是退回攻势开始前的位置，但在德军已经损失如此惨重之后，这种做法是不可想象的。只有到了7月中旬，索姆河战役开始之后，德军最高统帅部才停止了凡尔登攻势。即便如此，由于法军在尽力收复失地，双方的战斗依然以较低的烈度继续进行着。最后，10月与11月，德国人此前夺取的杜奥蒙要塞与法乌克斯要塞被法军夺回。[65]从法金汉在攻势之初时最看重的杀伤率来看，德军的这次攻势完全失败了。德军在2月21日至9月9日之间共损失了310 231人，这可远不是轻微伤亡。其中有241 860人负伤，41 632人阵亡，26 739人失踪。法军在凡尔登的伤亡通常被认为更多一些，达到了377 231人，但这个数字统计的是直到1916年12月的伤亡。在战场上与德国第五集团军对抗的法国第二集团军，到8月底总共损失了309 998人，从这个数字来看，德法两军的伤亡不相上下。[66]

布鲁西洛夫攻势

1916年初，哈布斯堡最高统帅部的士气颇为高涨。这是因为在前一年夏天，同盟国军队收复了加利西亚，占领了俄属波兰，最终击败了塞尔维亚。诚然，这些成功只有通过与盟友联合作战才能实现，但是，奥匈军队不仅已经从此前的严重损失中恢复了过来,更已经摸索出了对抗俄国人的战法。新年刚过不久,奥匈军队粉碎了俄军在布科维纳的一次大规模进攻。虽然哈布斯堡第七集团军损失了2万人,但也给火炮装备充足、兵力两倍于己的俄军造成了7万人的伤亡,而且这次哈布斯堡军队没有得到德军援助。[67] 由于有这样出色的表现,大受鼓舞的康拉德·冯·赫岑多夫可以满怀信心地畅想意大利攻势的前景了。的确,在法金汉于1915年12月第一次听说意大利攻势时,他的回应并不积极。当时他正在筹备着自己的凡尔登攻势,并不觉得在南部发动进攻有什么好处;在他看来,决定战争胜负的敌人在西线。但是,德国人的支援并未被看作发动攻势的先决条件。鉴于俄军已经被暂时遏制,自己的部队又补足了编制,哈布斯堡总参谋长深信自己的部队可以取得一场重大胜利。

奥匈帝国于1916年夏季在东线遭遇的灾难,都始于康拉德的意大利攻势,因为这场战役极为严重地恶化了帝国的战略处境。法金汉和康拉德没能协调一致,这是极度不负责任的,因为这两个国家的命运如今已经是休戚相关,而它们的敌人正在集结起压倒性的力量来对付它们。由于他们将注意力放在了西线、西南线,东部战场被灾难性地忽视了。法金汉应当承担很大的责任,因为他无礼地拒不透露自己的作战计划,并且蔑视自己的盟友。但他的凡尔登战役至少是一个结束战争的合理策略的产物。相比之下,康拉德的意大利战役纯属任性妄为。他不是用头脑,而是用情绪在思考。他所谋划的从特伦蒂诺发起的攻势和凡尔登攻势基本毫无相似之处。法金汉的攻势采用了一种赢取静态战争的新战法,而康拉德表现得就好像这会儿还是1914年一样,依然还在策划一场过时的合围战。凡尔登战役立足于冷静计算、统计分析、伤亡记录。特伦蒂诺"惩罚性远征"则是受情感驱使的。康拉德长期以来都对意大利有一种病态的仇视,这个前盟国在1915年的"背叛"更是让他怒不可遏。他不切实际地设想奥匈军队经特伦蒂诺大举出动,跨越一直延伸到海岸的山脉,切断意大利军队的补给线,赢得一场令人满意的胜利。[68]

特伦蒂诺战役的策划也相当不切实际。康拉德本人从未亲临前线,他是从他在泰申的最高统帅部发出命令的,那里距离前线1200千米,位于帝国北部边境。他对战役的设想虽然十分生动，但并没有考虑地形与天气等可预见的问题。这次攻势被迫推迟了3次，因为士兵们要翻越的山脉覆盖着厚达4米的积雪。他也没有为东线多着想，没有考虑撤走部队可能造成的后果。法金汉已经把德军的8个师从东线调到了凡尔登。康拉德又调走了4个师，还同时调走了15个炮兵连，这几乎是奥匈帝国所有的重炮了。在克服了各种后勤补给障碍之后，奥匈帝国在特伦蒂诺集结了一支由15.7万人组成、配备有足够火炮的部队。5月15日，在2个小时的炮轰之后，士兵开始向前推进。这场成功的突袭震惊了盟友和敌人；哈布斯堡士兵夺取了意大利第一集团军长20千米的前线。接下来的数周里，他们依然在努力推进，但到5月底，对防守方有利的静态战争的影响力已经开始浮现出来。哈布斯堡的补给线被非常危险地拉长了。意军则调来了数目庞大的后备兵员；当他们在6月6日发起反攻时，奥匈帝国军队不得不放弃自己辛苦夺来的大部分领土。[69]

意大利人不仅在积极地捍卫国土，也不遗余力地同法国人一道奋力要求东线缓解他们的压力。俄国人已经在1916年3月尝试在纳罗奇湖发动对德军的进攻。当时俄军调集了比敌军4倍多的兵力、3倍多的火炮，但该军事行动依然以血腥而耻辱的失败告终，俄军损失了10万人，而德军只损失了2万人。[70] 因此，当俄军最高统帅部在4月中旬召集陆军参谋讨论再发动一场攻势时，基本没有人积极响应。只有西南前线指挥官阿列克谢·A.布鲁西洛夫将军主动提出在夏季发动攻势，为协约国的联合攻势打响第一枪。俄军总参谋长米哈伊尔·阿列克谢耶夫同意了他，并且警告，他必须用自己现有的兵力和武器来打这一仗。在布鲁西洛夫的大多数同僚看来，他简直是在自己找败仗打。他们在集结了大量火炮和大批步兵的情况下都没能在狭窄的前线突破同盟国的防线，而布鲁西洛夫居然提出要在几乎不具备任何物质优势的情况下，在东线南端对超过300千米长且设防严密的防线发起进攻。布鲁西洛夫手中的兵力仅仅比他要面对的50万名主要属哈布斯堡的士兵多出13.2万人。他有1770门轻型火炮、168门重型火炮，而敌人则有1301门轻型火炮、545门中型和重型火炮，因此他在火力上毫无优势。[71] 布鲁西洛夫甚至都不能指望通过突然袭击来突破敌方防线。被盯上的 5 个奥匈帝国集团军在几个月以前便已经知道俄军正在筹划一场攻势。空中侦察已经发现俄军在挖掘新的战壕和用于容纳后备兵力的大型藏兵洞。前线部队观察到俄军火炮正在校准、俄军步兵则正在距离他们的前线不到 75 步的地方挖掘坑道,这都是进攻的清晰前奏。到了 5 月中旬,他们的指挥部已经可以准确地预计到敌军会把哪里作为进攻的重点。到了 6 月初,俄军逃兵提及,上级已经发给了他们剪线钳和新的内衣,由此可见,进攻即将打响。[72]

1916 年 6 月 4 日清晨 4 点,俄军开始了炮击。第一轮主攻在最北边发起,对方是兵力有 117 800 多人的哈布斯堡第四集团军。这里的防守与这处前线的其他地方一样,都是为了挫败总是似曾相识的俄军呆板战术。俄军总是会先发起一轮铺天盖地的炮轰,然后是拙劣的大规模步兵进攻。哈布斯堡军队摸索出来的"最佳应对方法"是在第一道防线的 10 米之后挖掘第二道防线,两者之间用可以防守的通信战壕很好地联结起来。有时他们会在距离后方部队 100 米的地方再挖掘第三道预备防线。奥匈帝国军队花费了大量力气来把第一道防线设置得难以攻克。他们在第一道防线前面架起了铁丝网,在防线上建造了混凝土机枪掩体、迫击炮和火焰喷射器工事。在一些地段,奥匈帝国军队还挖出了安放野战炮的位置,以便提供直接的炮火支援。一个关键设施是在哈布斯堡军中被称为"狐狸洞"的掩蔽所,它们通常在地下 3 到 4 米处,可以承受 15 厘米炮弹的直接打击。[73] 普鲁士的亚历山大·冯·林辛根将军统率哈布斯堡第四集团军和北边的德军布格河集团军,在俄军进攻前,他花了 2 周时间亲自视察了第二步兵师的阵地,这个主要由波兰人和罗塞尼亚人组成的师会处于俄军的炮轰与首轮突击的中心点。在视察过后,即便是这位向来难以取悦的普鲁士人也表示他"相信[他们]可以击退一切来犯之敌",这让该师的指挥官着实松了一口气(所有的哈布斯堡军官都害怕林辛根)。[74]

在布鲁西洛夫攻势的第一天,林辛根的这种信心看起来完全正确,但也仅仅在第一天是如此。俄军的炮轰确实造成了伤亡,但第二步兵师和它的友邻部队击退了敌军的侦察部队和试探性攻击。第二步兵师的各个团在当天下午晚些时候骄傲地报告称,他们不仅击退了所有的进攻,就连俄国人试图在进攻部队中混入讲德语的士兵来迷惑防守部队的行为也被挫败了。哈布斯堡士兵依然士气高昂，尽管大部分后备兵员已经在第一道防线后就位，但其实并不需要他们参战。[75] 俄军在夜间发动的进攻也被轻松击退了。到了第二天早上，奥匈守军才丧失了对局面的掌控。6月5日拂晓，俄军火炮再次开火，9点左右，炮火更是变得连续而猛烈。按照此前接受的训练，第二步兵师的士兵们躲入了狐狸洞。他们在那里面待得太久了。俄军突然将炮火打向了第一道防线后面不远处，并且派出了突击队。多亏了在无人区挖出的坑道，突击队不需要跑很远。守军没能先一步抵达矮护墙处。两位第二步兵师的军官讲述道：

> 在第一道堑壕的掩蔽所里，第八十二步兵团的士兵们耳中仍满是炮火的声音，就算是火炮不再对准第一道堑壕五秒钟之后，他们耳中依然回响着轰鸣。第六秒，一个比较机灵的士兵或许喊道："快上堑壕！"第七秒，他便在楼梯处撞到了一个人，在损坏、开裂的低矮梁柱之间，可以看到那个人手中挥着一枚手榴弹。第八秒，从上面传来一个声音，告诉掩蔽所中的士兵们可以投降了。一切抵抗都没用了。[76]

根据哈布斯堡军队的防守原则，后备兵员被部署在第一道防线之后不远处，这造成了一个计划之外的结果：这些士兵被过快地卷入了战斗，来不及组织反击。第四集团军在更后方的后备部队——奥地利第十三防卫师——本应当投入战斗，但这项命令始终没有下达，因为该师指挥官和他的参谋因为俄军的炮轰而离开了指挥位置，不知所踪。第二步兵师3500人剩下的不到100人受命与奥地利第十三防卫师一同后撤到工事粗陋的第三道防线。在战线更南边，匈牙利第七十防卫师也丢失了第一道防线的核心部分，鉴于减员已经达到了四五成，夺回第一道防线几乎没有可能，该师也后撤了。[77]

这些部队的撤退开启了整个第四集团军在第二天遭遇的大崩溃。前线的步兵们持续面对着俄军的压力，而己方的火炮部队在忙着向后方撤退，因而没能给他们足够的火力支援。炮兵们声称，自己缺乏弹药。事实上弹药很充足,但是常常惊慌失措的炮兵们抛下了自己的装备,受命前来补给弹药的队伍看到的情形是炮兵们已经弃阵地而去了。更糟糕的是,在第四集团军8个后备师的2个师被委派作战任务之后,奥军没有足够的士兵来阻止进攻以及各级指挥部之间的彻底协调失败。6月6日正午前,第二步兵师所属的第十军自作主张,将自己的部队后撤。第四集团军的指挥部没能立即撤销这个命令,以至于到了下午早些时候,第四集团军别无选择,只好命令在81千米的防线上的守军全线后撤。到下午3点左右,匈牙利第七十防卫师的余部已经溃散,向斯特里河奔逃而去。各个部队混到了一起,恐慌在蔓延,筋疲力尽的士兵们不再遵从命令去组建防线,而是蜂拥向后方逃去。第四集团军的主要补给基地卢茨克镇在6月7日被放弃。军队的土崩瓦解极为严重,甚至连重新沿着可防守的斯特里河建立防线也是不可能的。到当晚,俄国人已经开始渡河到达西岸,在很多地方都没有遭遇抵抗,并且他们继续进军,一直推进了75千米。哈布斯堡第四集团军溃不成军。在短短的4天里,它的兵力从117 800人锐减到35 000人,损失比率几近70%。[78]

在第四集团军溃败的同时,在防线南端的第七集团军也濒临崩溃。这支部队由可靠的匈牙利、克罗地亚士兵组成,其指挥官是久经沙场的老将卡尔·冯·普夫兰策尔-巴尔廷。第七集团军在德涅斯特河以南被俄军的200门火炮倾泻了10万发炮弹。"我们勇敢的防卫军真的被埋起来了。"第七集团军参谋长特奥多尔·冯·泽伊涅克上校回忆道。由于俄军士兵勤奋地挖掘坑道,他们只需要跑不到40步,在有些地方甚至不到20步,便可以抵达哈布斯堡战壕。结果,就像对抗第四集团军时的情形一样,俄军能够以极快的速度进入敌军阵地,并且"随着连续的猛烈炮火停止,[瞄准防线后面,以阻止哈布斯堡后备兵员冲上来的]掩护炮火开始,一列列士兵被俄军俘虏了"。[79]为了在欧克纳村附近阻止俄军取得重大胜利,普夫兰策尔-巴尔廷错误地派上了所有的后备兵员,结果,当俄军第九集团军在6月7日对德涅斯特河以北发动突然袭击并突破了哈布斯堡防线时,普夫兰策尔-巴尔廷无兵可派了。2天之后,他命令部队向西南方向撤入布科维纳城,但德军不同意这样做,认为这会暴露位于第七集团军左侧的德军南方集团军的侧翼，于是，普夫兰策尔-巴尔廷只能下令军队转为向西撤退。方向的变化，再加上俄军的持续施压，让第七集团军陷入崩溃。到6月8日，它已经损失了194 200名士兵中的76 200人。4天之后，在行动开始刚过一周，布鲁西洛夫的部队已经俘虏了奥匈帝国部署在东线的官兵的1/3，包括2992名军官和19万名士兵，缴获了216门火炮。再加上哈布斯堡军队的伤亡，哈布斯堡共损失了近一半补充兵员。[80]

为什么这场战役才刚刚开始，奥匈军队便错得如此严重呢？这很大程度上是因为策划并领导了这场战役的布鲁西洛夫，他创造了一种独特且有效的俄军进攻计划。[81] 布鲁西洛夫研究了俄军最近的几次攻势，想要弄清楚这些攻势为何会失败。他命令手下的4个集团军都要在一道至少30千米的战线上展开进攻，因为他意识到，倘若不够30千米，向前推进的士兵便容易面临来自侧翼的炮火。他的进攻准备工作的充分程度，在东线战场上是空前的。按照他的命令，俄军飞机拍摄了哈布斯堡军队的阵地，俄军煞费苦心地设计了炮兵的轰击计划，囤积了大量的弹药，建造了用于容纳突击部队的防空洞和让突击部队安全穿过无人区的坑道。最为重要的是，布鲁西洛夫并没有依赖武备或人员上的优势来发动进攻，这一定程度上是因为他没有这种优势。相反，他充分利用了下属士兵的智慧，向他们反复灌输加快行动速度的明确理念。布鲁西洛夫将军给他的炮兵部队分派了非常清晰且适合其特性的任务：重炮受命轰击后方防线，并且在俄军初次突破后为他们发射阻击弹幕；轻型火炮则受命承担反炮兵任务。步兵的任务也得到了清晰的阐明。俄军给士兵们分发了哈布斯堡战壕分布图，士兵们便依此训练如何发动进攻。布鲁西洛夫坚信，在战斗的混乱情形中，他的士兵们会清楚地了解自己的目标并知道如何去实现这些目标。[82]

与此相反，哈布斯堡军队为即将到来的进攻所做的准备工作却误入了歧途。在很大程度上，这是这支部队长久存在的问题——高级指挥官的无能——的产物。第四集团军要单独对抗布鲁西洛夫手中近一半弹药充足的轻型炮兵部队，但不幸的是，它的指挥官特别无能。约瑟夫·斐迪南大公是这支军队的指挥官，他的参谋作战系统完全功能紊乱。他轻视自己的参谋长奥托·贝恩特将军，后者是在某场败仗后被强加给斐迪南的。

斐迪南也不怎么容得下别人的批评意见；对于一位普鲁士军官凌驾其上并统领集团军群的现状，他也感到愤愤不平。第七集团军则幸运地拥有普夫兰策尔-巴尔廷和他的参谋长泽伊涅克，后者在 1916 年初因击退了一次俄军进攻而声名鹊起。然而，他们的胜利让他们对自己的战术观念和作战方针更加深信不疑，于是他们在 1916 年 6 月做出了灾难性的部署，将 2/3 的士兵部署在理应是无法攻取的前线上或前线之后不远处。结果，当俄军发起进攻时，这些部队立即被消灭了。此外，在俄军发起攻势时，普夫兰策尔-巴尔廷因流感而卧病在床，这也让局面变得更加糟糕。[83]

但是，哈布斯堡军队的领导层存在着更深层次的问题。一位曾和哈布斯堡参谋们长期共事的德国将军指出，他们的关键问题，是他们与士兵之间在心理和物质上的距离。康拉德和他的参谋们是一个范例，他们都跟自己的妻子安然地躲在位于泰申的最高统帅部里，这里离东线有近 500 千米。但同样的心态在其他的总参谋部军官身上也有体现。以泽伊涅克为例，他曾直白地抱怨称前线指挥官们修筑的阵地不合格，但他显然从没想过在这些工事完工前从第七集团军指挥部派人前去视察工事。[84]这种分离，再加上 2 年战斗提供的指挥官无能的大量证据，都使得指挥官们不受部下尊重。士兵对长官的嫌恶之情可以从他们在前线使用的俚语中体现出来，比如他们将总参谋部军官戴的与众不同的军帽称为"假脑子"。这种权威崩毁的后果极为严重，以至于第四、第七集团军的指挥部都不能让自己的士兵去阻止俄军挖掘坑道的行为。这两个指挥部都意识到了敌军触手伸向己方防线有多危险，但他们要求制止敌军行为的命令并未得到积极响应。有些部队不甚热心地在无人区上发起了几次突击行动，但大多数没有取得什么成果。一些部队主张，与其因为俄国人的坑道而与其交火，还不如将自己的防线后移。第二步兵师受命出击时，它先是遇到了拖延问题，继而又遇到了下级军官们的抵制。第二步兵师的上级部队第十军，在得知对一个危险的坑道的袭击因为天快亮了这样蹩脚的借口而取消时，表现得无动于衷；它下令再做一次尝试，并且附加了一条警告，称任何试图通过装病来逃避作战的连级指挥官和任何试图通过自杀未遂来躲过战斗的排级指挥官都将面临军法审判。[85]

下级军官们争相逃避第二步兵师的突袭任务的现象表明，到1916年中期，哈布斯堡军队的下层普遍缺乏斗志。到了6月大溃退之时，有关斯拉夫人叛国行为的谣言开始流传。早在6月中旬，维也纳好议论的人们已经在散布传言，说罗塞尼亚和波兰族士兵在没有必要的情况下便向俄国人投了诚。这一谣言很可能是受了第二步兵师崩溃一事的刺激。[86] 其他人则持有不同看法，宣称是摩拉维亚第八步兵团的大批捷克兵做了逃兵，这才引发了第四集团军的崩溃。[87] 到了7月，随着危机加剧，犹太人又沦为了疑忌的对象。总参谋部的情报局警告称，德意志、波兰、匈牙利犹太人有可能"大批临阵脱逃"。它不仅将其归咎于它所谓的犹太人"根深蒂固的对战争的恐惧"，也归咎于英国神秘的犹太复国派展开的有组织煽动。[88] 事实上，民族身份不太能用来预测哈布斯堡部队在1916年夏天出现的抵抗情绪。例如，6月下旬，第七集团军有5个斯拉夫师、1个波兰罗塞尼亚师、1个罗塞尼亚师、1个克罗地亚师、2个捷克师。最严重的相对损失（包括被俘）出现在克罗地亚师和部分由波兰人组成的师，但克罗地亚人与波兰人往往被普遍认为是忠诚的，而常常在战败时被当作替罪羊的捷克部队反倒损失最少。德意志部队也有大量士兵被俘。6月第一周，当俄国人占领奥地利第十三防卫师的阵地时，这个师13 000名维也纳官兵中的大多数人向敌军投降了。只有1714名士兵逃离后继续战斗。[89]

哈布斯堡军方对于帝国从属民族的忠诚问题极为敏感。在1914和1915年，这个特点令加利西亚和塞尔维亚的许多平民丧生，给帝国的名声造成了很大损害。这个问题深切影响了帝国军队在1916年的作战表现。首先，对于忠诚的过度敏感转移了人们的注意力，使人们不能认识到作战表现糟糕的真正原因。通过将士兵当作替罪羊，上至康拉德的哈布斯堡指挥官都成功避免了自我批评，而这种自我批评本来可以促成奥匈军队吸取教训、改善作战表现。其次，它鼓励了糟糕战术的应用。在1916年夏天的溃败之后开展的一项调查正确地总结道，奥匈军队"太过重视挖堑壕，太过忽视演习"，但这项调查还是忽略了至关重要的一点：一支对自己的半数士兵都不信任的部队自然不会有多大兴趣去培训士兵们的自主性与独立性。在奥匈军方看来，最好是让士兵们躲在极其坚固的工事里，在工事里面，士兵们或许可以很容易地被监视。[90] 事实上，这些做法只会让奥匈军队变得更加脆弱。由于仓促的训练和指挥官的猜疑，军官与士兵们的自信心基本都不高，他们从自己"牢不可破的"防御工事当中寻得了一个同样让人放心但高度危险的安全幻觉。因此，他们不愿意离开看似安全的工事，去跟敌人争夺无人区、破坏俄军的坑道。更加糟糕的是，当那道坚固防线在1916年6月被攻破之后，这些士兵缺乏可以有效应对的军事技能、凝聚力、独立性。因此，混乱与崩溃不可避免地吞噬了奥匈军队。[91]

在哈布斯堡第四和第七集团军在6月上半月的崩溃之后，激战、恐慌与撤退随之而至。整条阵线都后退了。俄军乘胜追击，但过度拉长的供给线和没有骑兵的现状阻碍了他们的追击。布鲁西洛夫转而盯上了在其右翼的德军布格河集团军，但他的进攻没有取得成功；伊福斯将军于7月初指挥的一次规模远大于此的攻势也没有成功——这次攻势在此处以北260千米处的巴拉诺维奇。但防守方的压力没有减轻。哈布斯堡士兵发现，俄军士兵并非像外界印象中那样的迟钝农民，在更南部的机动作战中，他们证明了自己是具有创造力的对手。以一次俄军对哈布斯堡骑兵队的突袭为例，当时300名俄军士兵趁着夜色，通过摇动牛铃而靠近了敌人——这种掩盖行踪的方法确实只有在东线战场上才奏效。当太阳升起时，"牛儿们"发出了"狂野的咆哮"，从3个方向发动了攻击。一半的奥军士兵逃走了，另一半则战死或被俘。[92] 康拉德起初认为这场攻势无足轻重，眼下却方寸大乱，可笑地想要把自己的妻子吉娜从遥远的泰申最高统帅部转移走。他的另一个反应要理性一些：他抛下自己的尊严，于6月8日赶往柏林，请求无动于衷的法金汉给他提供支援。法金汉起初派出了4个师，第一个师在6月6日出发。但他要求康拉德停止在意大利的攻势，以便为东线腾出部队。6月20日，已经有10.5个师被派往东线去阻击俄军的深入。然而，这些部队只拦得住全面崩溃，却无力扭转战局。他们陆陆续续地到达，一点点地被填入了战场绞肉机中。此外，士气低落的哈布斯堡部队中的伤亡持续在增加。到6月底，哈布斯堡军队损失了6740名军官和319 500名士兵，其中186 850人"失踪"。一个月之后，总减员达到了475 138人，其中265 931人失踪或被俘。[93]

绝望的不单单是奥匈士兵。交战地区的哈布斯堡平民也因俄军的推进而深感恐惧。在加利西亚，俄军取得的进展不大，战线仅仅向前推进了二三十千米。在相邻的布科维纳（6月中旬，第七集团军的残余部队拥入该城），局势则较为严重。阿尔方斯·雷吉乌斯博士是该王室领地首府切尔诺维茨的法庭书记官，他经历了俄军1914—1915年的占领。雷吉乌斯说出了许多人的心声：早在6月6日，他便感到自己"极为焦虑"。此前，他学会了从官方急件的字里行间体会言外之意，他发现报告战况的电报"措辞含糊不清，人们会认为我们已经夺回了直到斯特里河的五六千米的整条防线"。在接下来的几天里，切尔诺维茨大街小巷焦虑的寂静被打破了。先是急于逃离的百姓的嘈杂声，继而是炮火的轰鸣声，因为哈布斯堡炮兵部队在城中占据了阵地。6月17日，雷吉乌斯用小型双筒望远镜看到，俄军步兵正在冲向城郊。此时此刻，切尔诺维茨的再度沦陷明显已经是不可避免的了："我感到一只冰冷的手攫住了我的心脏，"他写道，"我明白，我们可怜的士兵们（已经有一部分因敌军猛烈的炮火而丧失了战斗力）无法在没有机枪的情况下击退漫山遍野、人数众多的敌人。"这个过程并不长。当晚1点45分，4个持有步枪和刺刀的醉酒俄军士兵踢开了他的家门，劫掠了他的房子。尽管有这样的开始，但俄军这次要比上一次表现得人道多了。俄军在1914—1915年犯下的且主要是针对犹太人的暴行并未重演。然而，俄军的占领时间很久，直到1917年8月3日切尔诺维茨才被解放。这座城市的沦陷让哈布斯堡帝国摇摇欲坠的威望又大大受损。[94]

索姆河战役

同盟国在1916年夏季的严重危机始于东部，但随着西部的协约国开始实施同步进攻计划，危机也蔓延到了其他战线上。1915年12月，法国第一次提出在法国西北部的索姆河地区发动进攻的计划，在1916年的头几个月，黑格与霞飞同意在这个地区发动英法联合攻势。起初，英法打算于4月中旬在这个地方发起一场前期攻势，以消耗德国后备兵力。到了2月中旬，两国军方放弃了这个想法，转而支持在索姆河南北开展一场规模更大的战役，这场战役将有 25 个英军师、至少 40 个法军师参加。进攻的日期定在了 7 月 1 日。但是，在这个决定做出后不久，法金汉便在凡尔登发起了消耗战，霞飞的部队损失惨重，不得不要求减少法军在这场协约国攻势中的兵力投入。[95] 因此，索姆河战役成了一场由英国人主导的战役。在当时，俄军在东部战胜哈布斯堡军队，法军成功但代价惨重地守住了凡尔登，一场意大利攻势于 8 月发动，罗马尼亚也站在了协约国一方参战，在这样的情况下，一场英法胜利将有可能给已经严重寡不敌众、精疲力竭的同盟国以致命一击。

索姆河攻势之所以没能实现预想的战果，在很大程度上应当归咎于英国远征军司令道格拉斯·黑格将军。最早的进攻计划是由亨利·罗林森将军制订的，他是黑格派去指挥实施这次攻势的第四集团军的军官。罗林森非常现实地制订了有限度的作战目标。通过在 1915 年筹备几次小规模进攻，罗林森获得了如何在西线作战的真知灼见。在 3 月的新沙佩勒战役之后，他已经认识到，"只要有周密的筹备和足够的重型榴弹炮火力支援，撕开敌军防线是有可能的"，如果野战炮可以清除敌军的铁丝网就更好了。在新沙佩勒，他部署兵力为敌军的堑壕每隔 6 码（约 5 米）设 1 门炮，并取得了初步的胜利。在随后几场炮火支援不足的战役中，他的试验大多以失利告终。[96] 他的索姆河战役计划吸取了这个教训，因为这场战役的规模和目标是根据可用的火炮和兵力仔细设计出来的。他估计，第四集团军的 10 个师和 200 门榴弹炮足够布置在 2 万码（约 18 千米）的战线上。他更倾向于分两个阶段推进。首先，在五六十个小时的炮轰后，士兵先只占领德军的前沿阵地和关键战术位置。按照跟法金汉相似的想法，罗林森认为这种"咬住不松口"的战法可以"在我方伤亡尽可能少的情况下，尽可能多地杀伤德军"。[97]

罗林森在 4 月初向黑格展示了他的作战计划，黑格立马便拓展了这次进攻的目标。黑格这么做不仅无视了罗林森的建议，也无视了所有他手下的军级指挥官的看法。总司令在回应这份作战计划草案时，坚持要让第四集团军在战场北部一口气拿下波济耶尔以北的德军整条第二道防线，在南部也要推进得更远。他将罗林森设想的平均推进距离 2500 码（约 2 千米）翻了一倍。随后，黑格的想象力进一步膨胀。他开始讨论起一些遥不可及的目标，比如，他提到了距离第四集团军110千米的杜埃。到了6月，进攻的目标已经变成了"击溃敌军的防卫体系"。[98] 虽然这位英国指挥官在后来试图为自己开脱，称当时只是想打一场"消耗战"，但他其实是想要实现决定性的突破。然而为了大举进入空旷地带，协约国首先需要突入德军防线，而且因为把作战目标向后面推，黑格忽视了1915年战事的关键教训，即必须要在防守方的阵地覆盖足够的炮火。可用的重炮和弹药数量压根就不足以彻底轰炸黑格想要进占的区域。有一项计算表明，按照黑格修订过的计划，前期的炮轰只能给德军防线每10平方码（约8平方米）的面积上投下1磅弹药。[99]

然而，英军1916年的资源其实是相当充足的，只是在其指挥官过度膨胀的野心面前显得不够了。把英国人及其盟友描述为索姆河战役弱势一方的固定说法——今日的历史著作中仍会出现这种以受害者身份自居的叙述——其实基本没有事实依据。倘若我们看一看战役开始时双方的力量对比，便可以发现，德军在40千米的英法战线上要承受的压力有多大（见表6）。

协约国可用的物质优势本来可以很大。之所以未能如此，除了有问题的计划，还有两个原因。首先是德军的防御。弗里茨·冯·贝罗夫将军的第二集团军花了21个月的时间在索姆河两岸设防。到1916年6月底，它有两大防御阵地，第三个防御阵地已经规划了出来，但没有付诸建设。德军的第一道防线坚不可破。在防线前有两道铁丝网，每道都有4.5

表6　索姆河前线军力对比，1916年7月1日

	协约国军	德军
步兵师	19（另有10个后备师）	7
飞行器	386	129
重型火炮	393	18
中型火炮	933	372
轻型火炮	1655	454

来源：H. H. Herwig, *The First World War: Germany and Austria-Hungary, 1914–1918* (London, 1997), p. 199.

至9米宽。博蒙特-阿梅尔、蒂耶普瓦尔、奥维莱尔-拉-波伊赛拉、弗里库尔等设防的村落都有坚固的石造房屋，这些村子都被纳入了防御体系并且架设了铁丝网。在堑壕里，这个地区的白垩质土壤可以让德军挖出深达12米的掩蔽所。这些掩蔽所通常彼此相连，有多个出口，以免士兵被困。掩蔽所中有床铺、火炉及厨房。一些较大的掩蔽所中为驻军存放着大量靴子、袜子、衬衣、口粮。有些掩蔽所楼梯还配有滑轨，在紧急情况时可以通过它们拖动重机枪。[100] 第二道防线设于第一道防线之后2—3.5千米处，这道防线的防守要弱一些，工事也少一些，但依然有能够实现全方位防守的强悍战略要点。[101]

这些阵地虽然建设得很坚固，但并非牢不可破。德军犯了一些错误。最严重的错误是，当德军在1914年选定这处阵线时，他们还没有意识到反向斜坡的重要性。德国人的防线设置在可以完全看见敌军的前倾斜坡上，这使得德军对无人区拥有极好的射界，但这也使得这些战壕容易被敌军炮火精准打击。罗林森在1916年2月第一次观察这个地方时感到喜出望外。他认为，这里"非常适合发动进攻……因为视野极好，而且我们拥有大量火炮和弹药，应该能够避免先前经常遭受的惨重伤亡"。[102] 然而，德军的第二道防线隐藏在山丘之后，这支撑了一种逐步推进的进攻主张。在进攻阵线的南端，法国将军马里-埃米尔·法约勒将军统率法国第六集团军支援英国人，他便采用了这样的系统进攻方式。法约勒的主要目标是第一道防线，但他也做了一些筹备，让炮兵部队可以迅速前推，以便在敌军尚且不知所措时迅速炮轰第二道防线。与南边的法军相比，英军的重炮支援较少，但英军被黑格激励着，后又被霞飞要求着去尝试更加深入的入侵，而这些是英军所力不能及的。倘若英军的计划能够更加现实且推进能够像南边那样有限度、有步骤，德军的防守本是可以被突破的。[103]

另一个经常被用来解释协约国初期的进攻不尽如人意的原因，是英国远征军经验不足。在很大程度上，英军在这一点上要比法军和德军差，这是一支临时征集起来的军队，因为英国在和平时期并不征兵。在仅仅2年的时间里，英国军队便从一支由245 779名国民自卫队队员支援、有247 432名军人的职业军队扩展到了一支拥有125万名士兵的大军。[104] 虽然这支军队的高级将领们今天普遍不被同情,但他们当时面对的是相当可畏的前景。1916年,英军在西线的5个集团军各自都有数十万士兵,但各个集团军的指挥官在1914年指挥的是有2万人的师。如今有4万名部下的军长,在1914年则是指挥着有4000人的旅。对于这些指挥官而言,学习如何管理人数如此之多的士兵,同时把握现代静态战争中各种出乎意料的困难处境,其挑战是极为艰巨的。各军军长都赞同罗林森最早提出的争取有限作战目标的计划,这也说明了这些军长很现实地知道自身的局限性。但这并不意味着他们缺乏想象力和雄心壮志。英军各级指挥体系中出现了诸多创举。英军营级指挥官在选择1916年7月1日索姆河进攻战术时的小心谨慎以及最终采用的战法的多样性,便很好地说明了这一点。负重前行的士兵缓慢地接近敌方阵地、后被机关枪扫倒的故事,在很大程度上只是传说故事而已。第一轮进攻时的80个营中的53个缓缓进入了两军之间的无人区,以突袭敌军的阵地,另有10个营则从自己的矮护墙后冲了出来。在12个进军缓慢的营里,有一些之所以行动缓慢,是因为它们跟在英军用于压制德军的徐进弹幕射击后面,事实上这些营作战极为成功。[105]

有关索姆河战役大多数叙述的重点始终都是英国步兵。他们几乎都是战时志愿军,很多部队名称多情地和英格兰各郡或苏格兰高地联系在一起,而像邮政步枪营、东北铁路先锋营、格里姆斯比同乡营等"伙伴营"的部队名称可爱而淳朴,这些使得相关叙述更加充满悲哀之情。具有代表性的作品往往把他们描绘成"身穿制服的无辜之人",他们要跟据守战壕、久经沙场的敌人进行战斗。[106] 然而,这是一种被伪装成事实的夸张说法。那年夏天参与索姆河战役的英军士兵,正如其中一位后来回忆的那样,"与一年前初次踏上法国大地的新兵已经有了天壤之别"。[107] 这些人已经接受了9个多月的后方训练,然后又在西线接受了至少6个月、往往有9或12个月的作战技术强化训练。他们的部队已经发动过进攻,也承受过伤亡。到1916年5月,德军惊讶地发现,英国步兵、迫击炮、机枪、火炮、空中侦察已经可以娴熟地联合作战。[108] 事实上,如果索姆河战场上真有人应该被悲哀地看待的话,那也不是拥有3倍于敌手的火炮优势、掌握了绝对制空权且有大量后备兵力的进攻方,而是德国防守者。在

7月1日面对英军进攻的士兵大部分来自德国南部，他们可能会用唱歌般的口音，像咒骂"那些该死的普鲁士佬"一样咒骂"Tommy"（英国兵）、"Franzmann"（法国兵）。一点儿也不夸张地说，这些德军士兵也算不上专业。许多人像他们的敌人一样，是在战时接受训练的士兵，他们的部队大部分都是后备队，这些部队是通过战争爆发时的动员组织起来的，只有少数的职业军官。这些士兵代表着在战争中间几年的德军，他们抱怨配给，祈求上帝让他们活得久一点，思念着玛丽亚、乌泽尔或格蕾塔。他们不幸地挡在一支庞大军队面前，正如他们认为的，这支大军决意要将他们周边的灾难带向他们的家乡。[109]

数月以来，协约国军队在索姆河地区酝酿一场攻势的迹象不断增加。从4月起，在这个地区北部的符腾堡第二十六后备师的士兵便在夜间听到了英军防线后面有卡车隆隆开过、卸下补给的声音。敌军的空中活动也可疑地增多了。6月中旬，敌军的飞机变得更加忙碌，时常在德军士兵的头上飞过；符腾堡师的巡逻兵偶然发现了所谓的俄国坑道，就像布鲁西洛夫的士兵挖过的那种，这些坑道从英军的防线一直深入无人区达90米。在索姆河战役的第一天，即1916年6月24日，炮弹从早上5点开始落满德军防线。在接下来的几个小时里，3000门重炮和野战炮以及超过1400门迫击炮开始炮轰40千米的进攻前线。起初，还有一些德军官兵心存侥幸。阿道夫·施佩曼中尉是驻守在奥维利尔村以北的符腾堡第二十七后备野战炮兵团第二分队的副官，他起初便希望这只是一场宣示武力的炮轰。炮火发射得连续不断，但似乎不太协调。然而，敌军炮火在下午变得密集了，在1个小时之内便有900发炮弹落在他所在的地区，他开始意识到，"敌人肯定要有大动作"。[110]

德军中没有谁能准确地预计到敌人的动作会有多"大"。协约国计划炮轰6天，但6月26日、27日的天气很糟糕，炮击延长到了一整周，协约国向防守方的阵地倾泻了250万发炮弹。进攻方还不分昼夜、不定时地使用毒气。在法国第六集团军负责的索姆河以南的进攻区域，炮击最为猛烈也最为有效。在英国第四集团军的进攻区域，特别是在北部，炮击的效果则没有那么让人满意。这种差异是由多种原因造成的。首先，法国的3个军装备更好。他们比在自己左翼的5个英国军多出近100门重炮。其次，他们的炮弹更奏效。德国的专家称赞过法军炮弹有灵敏的起爆装置，它可以在炮弹深深扎入土地、在土中闷爆之前便引发爆炸。与之相比，英军炮兵部队3/4的炮弹来自工艺拙劣的北美工厂。根据此役爆发前德军刚做的观察，英军中等口径火炮3/5的炮弹、几乎所有榴霰弹都是哑弹。在黑格扩大了进攻区域之后，英军的火炮和弹药数量不足以覆盖整个进攻区域，而高比例的哑弹让这个问题变得更加严重。英国人只有180门炮可以承担至关重要的反炮兵任务。他们的188 500发重型炮弹，是唯一可以穿透深深的德军掩蔽所的炮弹，但它们的数量太少了。此外，可用炮弹的2/3根本没有打到德军的堑壕上，而是被用来清理堑壕前面密布铁丝网的地带。[111]

虽然有上述种种不足，但协约国军队倾泻到的德军防线上的大量炮弹造成了相当大的破坏。即便是在炮轰效果相对较差的北部，在炮轰3天之后，符腾堡部队还是报告称，己方堑壕受损严重，弹药库被击中，铁丝网也被大面积清除。但是，最为重要的是，德军几乎所有的掩蔽所都还在，这就意味着德军的阵地依然可守。[112] 掩蔽所还保护德军第二集团军没有出现严重伤亡。在6月的最后10天，德军仅仅登记有2478人阵亡或失踪，4482人受伤。其中，阵亡与失踪士兵的2/5都属于一二一师，他们的敌手是装备更精良的法军。[113] 但是，即便士兵们是相对安全的，但在连续7天的炮轰下躲在掩蔽所里，他们实在是精疲力竭，而且正如其中一位士兵坦率说出的那样，"极为可怕"。[114] 阿道夫·施佩曼中尉在这一时期的日记描述了这种折磨。早在6月25日，他的炮兵团的侦测气球便被击落了，此后该团无法知晓外界情形，次日，该团首次有军官负伤，紧张情绪因之开始出现。到6月27日，他担忧地写道（虽然可能并不完全准确）："步兵阵地已经被完全填满了，障碍物已经被尽数扫除，掩蔽所已经崩垮……第九十九［步兵团］从蒂耶普瓦尔发来求救信号，却始终没能得到回应。"[115]

施佩曼不是一个容易慌神的人。他从1914年8月起一直在前线作战，到战争结束时，他拿到了一枚一等铁十字、一枚二等铁十字、一枚骑士十字勋章。[116] 但是，到了英军炮轰的第五天，他的日记显现出了慌乱之感。

他写道:"[敌人的]优势太大了。"到了第二天,他有理由感到更加紧张,因为有一发炮弹打进了他所在掩体的通风管道。"发出了可怕的震动与巨响",蜡烛熄灭了,掩体中全是烟尘和爆炸物产生的氰化氢气味,掩体中的人不得不戴上防毒面具。有一部分房顶塌了,出口也被堵住了,但是有一束微光从上方照了下来。掩蔽所建于一个茅厕下方,炮弹把茅厕与掩蔽所之间打通了。施佩曼既害怕窒息,又害怕屋顶继续垮塌,只好从粪尿之中爬到了地面上,当时他没戴头盔,只穿了一只靴子。到了地面上,由于头顶上的敌军飞机可以一览无遗,施佩曼和他的战友们只好四散开来寻找掩护。[117]

旷日持久的炮轰考验着人类的忍耐力。指挥官们想尽了各种办法来维持士兵们的作战状态。食物是关键。在压力之下,士兵们吃得更多。上级通知各个部队,要抓紧每一个炮击的间歇时间,向前线守军输送热食,这不仅是为了保持他们的体力,也是因为"士兵们得到的食物越多,他们的勇气便能坚持得越久"。[118] 士兵们要时刻警惕着毒气袭击,在前线,还要警惕着预示进攻开始的炮火突然转变,这些让人筋疲力尽。这场折磨持续得太久了,以至于一些人开始认为,敌军是想用炮轰来作战。施佩曼愤怒地写道:"这些家伙想只用他们的技术手段来消耗我们,把我们熏出来。"有一个故事广为流传,虽然可以确定是子虚乌有的,却揭示了守军的心态:"一个在博蒙特[哈梅尔,一个德国前线穿过的村庄]的英军军官跳出了堑壕,向对面喊道:'你们这些猪真以为我们会进攻吗?我们会用大炮把你们炸死!'"在被围困5天之后,这样的故事是完全可信的。施佩曼懊恼于自己置身于这样一种新型的"疯狂"战争,"这种战争是金钱和美国创造出来的,它只是为了摧毁一切,为了不派一个人上战场"。[119] 这种看法比任何一场进攻都让守军害怕。6月底,德军各个步兵部队都报告称,他们的士兵们"都只剩下了一个希望:让轰炸快点结束,让敌人发起进攻"。[120]

德军士兵的希望成真了。7月1日早上8点半,55 000名协约国士兵越过了他们的矮护墙,冲向了德军防线。[121] 德军已经做好了准备。4个小时前,驻扎在拉-波伊塞拉村前面的德军第一一〇后备步兵团截获了一份英军的无线电报，电报要求英军士兵顽强地守住所有占领的地区。虽然这份电报没有提及进攻时间，但情报机关做出了正确的解读，认为进攻马上就要开始。这个消息迅速传达给了在前线的其他所有德军部队。协约国的炮轰持续了整晚，到了早上6点半，炮轰变得更为猛烈，20分钟之后，德军哨兵报告称，敌军堑壕中挤满了士兵。[122] 然而，德军没有发觉的是，在过去的几个月里，英军已经在无人区挖掘了地道，并且在德军设防尤其严密的一处阵地（由德军一一九后备步兵团守卫）下方埋了4万磅高爆火药。早上6点20分，进攻开始前10分钟，这些炸药被引爆了。地面突然隆起，第二十六后备师的整个防区似乎都在震动，地面上出现了一个直径50米、深15米的弹坑。一个半排的士兵被埋。虽然深受震动，但符腾堡师的士兵还是很快做出了应对。两个连火速从第二、第三道防线冲向了受损的阵地。他们比从对面奔过来的英军士兵早一步到达了大弹坑处，而且扫倒了大多数进攻者。负责这个地区的英军火炮部队已经抬高了炮筒，以帮助英军的进攻推进，这使得德军第一一九后备步兵团的其余士兵可以不受阻碍地离开掩蔽所、占据作战位置。当英军第二十九师在10分钟后发起主攻时，它遭遇了猛烈的火力压制。第二十九师在7月1日的第一轮攻击和当日后续的失败攻击中损失了5000人。德军一一九后备步兵团在当天的战斗和此前一周的炮轰中，有144位士兵、7位军官阵亡，有274人负伤。[123]

类似的情况在整个战场北部的大部分地区频频上演。德国守军避免了奥军一个月前在卢茨克犯下的错误，他们及时从掩蔽所爬了上来，告诫己方炮兵，只要没有收到电话通知，以及随后的红色照明弹示意，或是预先定好的用机枪打出的信号，炮兵都不得停止弹幕阻击。多数情况下，德军阵地前面的铁丝网没有被清除干净，而且无论英军在进攻开始时排成了怎样富有新观念的阵形，他们都会慢慢挤成一团，成为德军炮兵的理想靶标。有些时候，英军确实成功突入了德军的前沿阵地，但他们的人数已经锐减，要增援他们又极为困难，因此他们或早或晚都被发起反击的德军彻底击败了。[124] 然而，在更南部，德军的防御体系就没能表现得这么出色了。与第二十六后备师相邻的巴登第二十八后备师遭遇了局部失败。对该师进行炮击的炮兵部队要厉害得多，因为英军火炮得到了相邻区域的法军火炮的支援。这里的掩蔽所也没有北侧守军的那么坚固，而且通常只有第一道防线才配有掩蔽所。步兵部队和它的炮兵支援之间消息不通，不过该炮兵部队已经被敌军的反炮兵火力摧毁了。英国人借助3条小型坑道，成功地从第一一一后备团手中夺取了驻防村落弗里库尔村。进攻发起不到20分钟，第一一一后备团放弃了部分前沿阵地。在东边，它的姊妹部队第一零九后备步兵团也被挤出了自己的第一道防线，到了晚上，还丢掉了马梅斯村。第一一一后备团已经损失了该团2592人中的1200人，在短兵相接的战斗中耗尽了大多数弹药与手榴弹，在求援未果之后，该团也只好趁着夜色撤退了。[125]

在南部，巴登第二十八后备师将面临一场更大的危机。得到了巴伐利亚部队（驻守于巴登第二十八后备师和索姆河之间）支援的西里西亚第十二师，把第一道防线丢给了英法进攻军队。在索姆河以南，法国第六集团军的攻势在北边的攻势开始2个小时后发起，它也取得了巨大成功。到了晚上12点半，法国的殖民士兵已经拿下了德军整条第一道防线，以极其微小的代价俘虏了2000名德军。他们的胜利主要应当归功于法军拥有远超过北部英军的火炮支援。霞飞当时声称，而且近年来反复有人提出，这证明法国步兵拥有高得多的战术水平，但这种说法有待商榷。[126] 在索姆河南岸的法约勒部下其实是比较幸运的，因为他们面对的是比北部的敌人弱得多的敌人。法金汉认为法国人将会被牵制在凡尔登、不可能再有兵力发动进攻，因此只在这里留下了3个师，而在索姆河北岸部署了2倍于此的兵力。[127] 此外，法军重点进攻的第一二一师比与英军作战的师都要弱小许多。与在索姆河北岸的部队不同，这个师刚刚从凡尔登前线退下来。3、4月间在"默兹河绞肉机"中摸爬滚打了6周，让这支部队损失了将近1/3的兵员：5690名士兵和96名军官。其中一些步兵团甚至减员几近半数。这个师还处在恢复元气的阶段，而且它在5月下半月才刚刚抵达防守阵地，因此它对地形的熟悉程度远不如河北岸的符腾堡师和巴登师。[128] 当被远强大于己的敌军进攻时，该师很快便损失了超过5000人，随即后撤。德军匆忙将后备兵员投入战场，这才将法国人挡在了第2道防线之外。[129]

在协约国联合攻势的第一天，明显是德国人占了上风。虽然投入了大量兵力和资源，但协约国没能把握机会给防守方造成真正的威胁。只有在索姆河南岸，协约国的炮轰特别有效且那里的德军特别脆弱，德军指挥官才担心防线被突破。法国人沿着他们15千米的战线四处推进，到晚上前进了大概3千米。英国人则在索姆河北岸取得了一些进展，沿着6千米的战线推进了1.5千米，占领了德军的第一道防线。然而，除此之外，黑格雄心过大和火炮资源分散化的不良影响都显现了出来。英国人在北边的进攻遭受了有力反扑，且蒙受了惨重伤亡。英军第四集团军在那天总共损失了57 470人，这是一个令人震惊的数字。其中有19 240名士兵阵亡或重伤不治，35 493人负伤，2152人失踪，585人被俘。法军的损失没有准确数字，但有一份估计称法军的损失可能只有1590人。德军则失去了大约13 000人。伤亡人员中的约8000人损失在索姆河以北，其中2200人被英军俘虏。[130] 但是德军的牺牲并未白费。虽然德军的部分阵地丢失，但士兵的勇气和坚韧使得他们在人数远占优势的敌军面前也没有遭遇大溃败，挫败了协约国大举突破的最佳机会，打乱了这场大规模的西线联合攻势。

在7月1日取得有限战果之后，协约国并没有乘胜进击。在主要的北部进攻阵线上，英国人需要时间来重整他们损失惨重的部队。法国人在南岸更成功的攻势原本只是辅助性质的，因此有必要跟上来的后备兵员没有立即到位。同时，德国人巩固了他们日益危急的防线。到7月5日，德军已经调来了11个师、27个重炮营、15个轻炮营、30架飞机。[131] 在首次威胁被遏制后，德军开始筹备一场艰苦的防御战。7月3日，第二集团军指挥官冯·贝罗夫警告他疲惫的士兵们当前的利害关系："第二集团军能否在索姆河取胜，关系着战争的结果。我们必须是这场战役的赢家，虽然目前敌人在火炮和兵力上占有暂时的优势……眼下，我们最重要的任务是不惜一切代价守住现有的防线，通过小规模的反击来实现有所推进。我禁止擅自离开阵地的行为……除非敌人踩着我们的尸体，否则他们别想前进。"[132]

索姆河战役就这样开始了。在7月上半月，英军不断发动徒劳无功的小规模进攻，7月14日，他们沿着5500米的战线发起了一场规模更大、计划更周密的攻势。英军炮兵部队有大量补给，他们得以向敌军倾泻相当于7月1日进攻前5倍密度的炮火，而且英军的步兵也展现出了战斗力，他们趁着夜幕爬过无人区，然后在拂晓时分突袭了敌军。到了中午，在奥维莱尔和哈德考特之间的整个德军第二道防线（大致上就是巴登部队在7月初防守过的地带）已经被占领，一个难对付的突出部被抹平了。[133] 然而在此之后，战争又陷入了消耗战。恩斯特·克拉森少尉是德军精英部队第十二掷弹兵团的一位连长，他曾非常形象地描述过防守方所受的折磨。7月下旬，他驻守在德尔维尔森林（Delville Wood），这是7月14日的进攻打到的最远的地方，而且是德军防线由西向转为南向的关键位置。在此地作战的英国人将其称为"魔鬼森林"（Devil's Wood），但这个文字游戏在德语中就没有什么意思了；对克拉森来说，它就是"地狱"。他亲身经历了1914年8月的忙碌进军，参与过1915年的激烈阵地战，从凡尔登战役的初始阶段中幸存了下来，而且他在凡尔登目睹了"相当多的恐怖场景"，这些场景暂时让他的"神经有些崩溃"，但他告诉家人，在索姆河战场上的5个日夜是"整个战争期间最可怕的日子"。[134]

为了抵达他们没有遮掩的前线，克拉森和他的手下不得不从一个弹坑跃到另一个弹坑。他写道，空气中"满是钢铁的味道"。他们刚刚抵达，敌人便开始炮轰和攻击他们。这个初体验为他此后的几天定了调。克拉森的部队持续遭受着敌方重炮"极为猛烈的炮火轰击"，在炮轰之后则是步兵的进攻。补给车只成功地运来过一次食品和饮用水。人们有什么便分享什么。克拉森写道："在这样的情形之下，人们见证了真正的战友情谊。"最后一天是最可怕的。敌军的炮兵以格外猛烈的力度轰击了他们的战壕3个小时，连队中的几乎每个人都被土掩埋过或是受了轻伤。克拉森自己被炮弹弹片击中过2次，但幸运的是，它们只划开了他的军服，留下了擦伤。突然炮火停了，英军士兵蜂拥而上。德军士兵用机枪和步枪射击，但直到他们向英军疯狂地投掷了一批手榴弹，才将其击退。他们守住了自己的阵地，但损失极为惨重。只有克拉森和他所在营的另外2位军官安然无恙，克拉森获得了1枚一等铁十字勋章。当他抵达休整地带之后，作为连长，他的责任还包括给130位阵亡、负伤、失踪的士兵的家属写慰问信。[135]

协约国在索姆河战役中部署了无可比拟的资源。协约国的兵力要远超过敌人：到8月中旬，英法的106个师跟德国的57.5个师战斗过。在7月中旬之后的2个月里，仅英军就打出了780万枚炮弹。协约国热切地使用了新技术。比如，在9月的弗莱尔-库尔色莱特之战中，协约国第一次投入使用坦克。这个动作迟缓的28吨巨兽，从安装在车体两侧的火炮和机枪开火。英国人还创造性地运用了飞机，将其大量用于侦察任务，用其指引炮兵火力，甚至是从飞机上用炸弹和机枪攻击敌方阵地。[136] 德国的师长们绝望地请求给他们的士兵提供更多的火炮、弹药、飞机、信号装备、建设要塞的劳工以及更多的训练时间。新的第二集团军（旧的第二集团军被分成了这个集团军和新的第一集团军，它们分别驻扎在河的南部和北部）的负责人马克斯·冯·加尔维茨将军问道："要到哪里弄到所有这些？"[137] 因为英法军队差劲的计划和协调，也因为克拉森这样的人的牺牲，一直到11月战斗终于停止，众多的协约国资源取得的战果始终不大。黑格期盼的突破从来没有实现。英军和法军夺来的领土非常有限，到8月底，仅有一片不到8千米深、25千米宽的地域。考虑到西线战场上的各种限制条件，这并不出奇，但是这个指挥部把它的兵力集中了起来，而不是让它们在杂乱的营级进攻中逐步消耗，因此它本来能够以更低的伤亡获得这些领土。[138] 更为严重的是，与黑格随后做出的辩解相反，协约国甚至没能将德军牵制在索姆河前线。15个德国师在这场战役期间被从西线调走，去应对其他战线上更加紧迫的威胁。虽然压力很大，但同盟国军队还是为应对紧急情况而保留了足够的后备兵员，并且挺了过来。[139]

肯定协约国在索姆河战役的成果的最常见论据，是认为索姆河攻势给德军造成了致命损害。黑格在回顾战事时指出，这场战役实现了作为长期"消耗战"的最初阶段的功能，在战争结束之后，一场有关哪边伤亡更严重的激烈争论出现了，奇怪的是，这场争论几乎没怎么引用德方的数据。英法两国公开承认的索姆河战役伤亡人数分别是419 654人和204 253人，协约国共计伤亡人数为623 907人。德国军方在其官方历史中声明，德军在索姆河战役中损失了近50万人。[140] 英国官方军事史的作者质疑德军公布的这个数字不全面,他们的故意质疑被广泛传播,这让黑格和他的部队在面子上更加好看。但事实上,德军公布的数字不仅是全面的,而是审慎的,甚至是保守的。德国的部队每隔10天便要提交一次报告书,报告长久伤亡(死亡、失踪、负伤)以及能够重返战场的生病者和负轻伤者的人数。根据这些报告,德军的第一、第二集团军在索姆河共有416 802人阵亡、负伤(包括轻伤)和失踪。倘若加上毒气造成的伤亡(2个集团军合计3053人)和心理问题减员(官方报告称有9354人,但是和当时其他国家的军队一样,德军存在误诊和低估这些疾病的现象),德军有记录的伤亡有429 209人。[141]

因此,协约国军队肯定重创了参战的103个德军师,但它并没有给德国军队以致命一击。德军的兵力持续在增加:1917年6月,德军兵力达到了顶峰,比一年之前英法攻势开始时要多出75万人。[142] 伤亡数据证明,协约国在1916年并没有实现消耗敌军的目标。尽管德军的敌人享有巨大的兵力优势和物质优势,而且敌人至少在理论上有意采取了一种消耗战略,但德军在1916年阵亡、负伤、失踪、被俘的1 393 000人(其中336 000人阵亡),还是比德军1915年的伤亡人数少311 000人。[143] 即便在回顾过去时将其重新描述为一场消耗战,索姆河战役也明显打得很糟糕。1916年7月的最初10天,实在是英军的一场灾难,这几天也是德军蒙受惨重损失的时期(见图4)。此后,在整个索姆河战役期间,英法军队都没能再给德军造成这样惨痛的伤亡。倘若我们从在总兵员中的比例来看,只有一次,在9月初时,德军的伤亡比率更高。英法军队在9月3日和4日发动的猛烈进攻消灭了德军第一、第二集团军13%的力量,相比之下,英法在7月的最初10天里消灭的是这两个集团军约10%的力量,而在寻常的一周,消灭的是6%—8%的力量,在纷乱的小规模进攻中,消灭的是3%—4%的力量。[144]

事实上,索姆河战役对德军造成的最大伤害并不在物质上,而在心理上。一个昭示着这场战役不同于此前的战役,昭示着这场战役更加激烈、更加残酷的早期迹象,是与英军对垒的德军士兵在1916年7月突然出现了3倍于以往的精神问题减员(见图3)。这场战役可能没有更机动

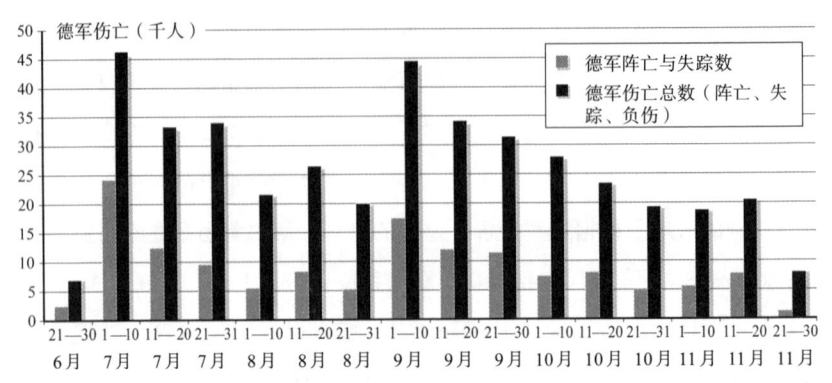

图 4　索姆河战役中德军第一、第二集团军所承受的伤亡，1916 年 6 月至 11 月（每十天计）

来源：Heeres-Sanitätsinspektion des Reichskriegsministeriums (ed.), *Sanitätsbericht über das Deutsche Heer (Deutsches Feld- und Besatzungsheer) im Weltkriege 1914/1918 (Deutscher Kriegssanitätsbericht 1914/18). Die Krankenbewegung bei dem deutschen Feld- und Besatzungsheer im Weltkriege 1914/1918* (3 vols., Berlin, 1934), iii, pp. 52–3。

灵活的战役那么血腥，但它给士兵们的压力远胜于前。巴伐利亚的鲁普雷希特亲王是一位很有头脑的军人，他从 8 月 28 日起指挥着这个集团军群，并监督着索姆河战役，正如他发现的，"从弹坑中可见的敌军火炮优势、不足的补给、尸体的恶臭，以及一场长期战争的所有其他困难，都在快速损耗将士们的精神承受力"。[145] 炮火随时可以置人于死地，士兵们在这场战役极其猛烈的炮轰中感到非常无助，这些都极为令人不安。一些人失去了自己的宗教信仰：在这样的苦难和恐惧环境中，要想让人相信有一双慈爱的大手在指引自己，实在是太难了。战地礼拜堂报告，前来参加礼拜的人数量减少了。[146] 到了秋天，压力开始影响一些部队的战斗表现。加尔维茨将军在 9 月中旬记录，越来越多的人称病，潜逃与自残的现象在增加。[147] 有传言说，莱茵兰地区的士兵（因为这些士兵的新教背景和他们中的很多人同情社会主义的倾向，军方非常担心他们）蓄意杀伤自己的军官。[148] 更实质性的是，随着索姆河战役不断持续，被俘、失踪人员的比例相较于阵亡人员的比例不断上升，这说明士兵正越发倾向于投降。到 10 月，在索姆河和凡尔登（法军夺回了杜奥蒙要塞和法乌克斯要塞），恐慌的德军部队大规模逃走或投降。[149]

协约国于1916年在索姆河错失了良机。英法军队想要沿着40千米的战线实现突破的最初计划不仅是可能的,而且,哪怕突破很浅,对一支刚在凡尔登战役中筋疲力尽且不得不让在欧洲另一头的盟友安心的军队来说,也是难以堵上的。其后,英军未能集中兵力、策划大规模的系统进攻(仅有少数例外),这浪费了前所未有的物质优势,并且让德国人得以将兵力腾出来送到其他战线。称这次攻势是一场成功的消耗战的说法未免太过夸大了。虽然它以一场资源之战的定位而出名,但它的主要影响是在心理方面。令人惊骇的战斗环境和己方严重的物质劣势深深震撼着德军士兵。加尔维茨认为,绝大多数德军士兵一直明白"坚持的必要性"。[150] 保卫家园的责任感依然强烈。参加过索姆河战役的士兵们高唱着:"在家乡,在家乡,我们会重逢。"[151] 然而,士兵们和将军们现在都清楚敌人有多强大,自己又多么可能被敌军压垮。他们第一次开始对德国能否赢得这场战争产生了怀疑。

结　果

到1916年12月,各条战线都归于平静。协约国所有的策划与努力都没有什么可以拿来夸耀的。在索姆河战场,英国人终于在11月拿下了博蒙特-哈默尔,这是一个在这场攻势第一天定下的目标。法国人则收复了当年上半年在凡尔登丢掉的大部分土地。意大利人倒是更有所成,在8月攻势中,他们占领了颇具价值的戈里齐亚与圣米凯莱山。但是,他们把自己的士兵浪费在了3场筹备和执行均很糟糕的伊松佐河战役中(第七、第八、第九次伊松佐河战役)。在一段消耗战之后,布鲁西洛夫的攻势在11月逐渐停止。相比于这些"血腥的胜利",更具意义的是同盟国成功占领罗马尼亚大部的快速战役——这场战役以12月初同盟国军队占领布加勒斯特而告终。[152]

然而,跟欧洲地图上的这些较小变动不符的是,1916年的战斗给德奥两国均造成了深远的影响。对于奥匈帝国来说,这一年尤其多灾多难。布鲁西洛夫的攻势不仅给哈布斯堡帝国军队造成了近50万人的伤亡,还对帝国本身造成了广泛得多的影响。俄军占领的领土是非常有价值的。切尔诺维茨的沦陷让帝国声望严重受损，布科维纳境内的雅克伯尼矿山的丢失大大损害了帝国的战争努力，因为这座矿山是帝国锰矿的主要来源。虽然波斯尼亚的矿山可以在一定程度上弥补，但雅克伯尼矿山的损失还是迫使奥匈帝国降低了钢材中的锰含量。[153] 更加重要的是，为了寻找力量帮忙击退俄军的进攻，哈布斯堡领导人让自己的帝国屈从于德国，放弃了军事独立性和很多外交方面的独立性。9月6日，一个由威廉二世领导的"联合最高统帅部"在东部成立了，在7月底之后，东线的大部分地区已经由德国统帅。由于哈布斯堡军事领导层级的进一步下降，德国的权力更稳固。哈布斯堡帝国的关键指挥位置由德国将军担任，德国军官甚至开始担任哈布斯堡军队中营级和连级指挥官，而与他们职位相当者被调去了德国部队，以学习兵法。通过这些措施，同盟国的联盟得到了强化，但哈布斯堡帝国如今明显是这个团队里的资浅合伙人。[154]

在德国，1916年的危机导致了军队指挥系统的变动。坦能堡之战的英雄、陆军元帅保罗·冯·兴登堡在1916年8月29日被任命为总参谋长，埃里希·鲁登道夫则被任命为他的第一军需总监。法金汉的光芒已经由于凡尔登战略的失败而黯淡，他和首相的关系不和睦，在罗马尼亚对同盟国宣战之后，德皇也对他失去了信任。新一届最高统帅部，即第三最高统帅部开始从基础抓工作，正如鲁登道夫后来所说的，"兵员、战争资源、斗志决定着陆军的生死"。[155] 德军立即采取了措施来保全兵力。在索姆河战役中，德军使用了一种2周轮换的有系统的制度，以保全士兵。原本不放弃土地的命令被指责为不必要地浪费兵力，因而被废止。德军转而命令使用一种"灵活的"防御。[156] 后来，德军又采取了一些更为激进的措施。在索姆河战役结束时，兴登堡和鲁登道夫达成了一致，决定采取战略撤退。在战场的后部，德军让65 000名劳工（其中许多人是不情愿在此工作的法国和比利时平民或战俘）建设极为坚固的齐格菲防线。德军的前线得到了加强，并且缩短了50千米，这腾出了10个师的兵力。两名新任德军指挥官从俄国1915年大撤退时出现的大破坏汲取了灵感，又结合了德国式的系统工作和筹划能力，下令对被放弃的土地实施系统性的破坏，并将这次行动命名为阿尔贝里希行动。德军的 4 个集团军于 1917 年 3 月中旬在高度保密的情况下后撤 20—40 千米，留下的是 1500 平方千米没有人烟的废土。[157]

第三最高统帅部让德国的战争方式变得更加激进、更加无情。社会再次为了军队被动员起来。在后方，兴登堡和鲁登道夫意识到德军迫切需要新式武器和战争机器；索姆河战役证明了德国落后多少。但是，德军新一届最高统帅部从这场战斗中学到的最重要教训是，虽然物质非常重要，但更为重要的是人的因素，是士兵的能力和动力。一份对索姆河战役的军事分析认为："在这场战争中，看似技术和数字起到了决定性作用，但事实上起决定性作用的是个人的意志。"[158] 在这场战役的后期，小股士兵们只靠弹坑和自己的智慧保护自己，却成功地挡住了英法军队。索姆河战役提供了一种新型战斗的广泛经验，起初先是在一些精英突击队得到了采用，进而在军方的鼓励之下得到了系统化并推广到全军。在兴登堡和鲁登道夫的指挥下，德国军方信奉"灵活防御"，改革了军队指挥结构，将权力下放，并将部队的基本战术部队由 200 多人的连队改为 8 人小队。在训练中，团队合作、主动性、独立性是德军的口号。军人手册上宣称"拥有钢铁般勇气的士兵，是战斗的主力"。由此，我们看到了索姆河战役对德军造成了相互矛盾的影响。一方面，德军伤亡惨重，深受打击。这支军队变得更加脆弱，这一点可以从第二年德军涣散的军纪、不断增加的逃兵现象反映出来。但是通过这场严峻的考验，德军也进行了战术革新。协约国在 1917 年会遇到一个更加灵活、更加训练有素、更加危险的敌人。[159]

第 8 章

匮 乏

苦难与短缺

在欧洲中部的平民看来，他们的1916年不比士兵们来得轻松。后方和前线紧密地联结在了一起，东部和西部的血腥战斗造成的影响不可避免地超出了战场范围。由于700万德国人和近500万奥匈帝国人在守卫国土或者在前线战斗，几乎每个家庭都有需要牵肠挂肚的人。随着伤亡激增（从战争爆发到1916年底，德国和奥匈帝国的阵亡人数都已经超过了100万），在故乡为死者哀悼的人也随之增多。[1] 此外，这两个社会不仅极为悲伤、焦虑、紧张，也变得更加疲惫和贫穷。各种资源都流向了军队，协约国的封锁日益严密，土壤的肥力日益枯竭，再加上当局的官僚主义笨拙工作，这一切都造成了极为严重的困难局面。其中，1916年后方最大的问题是食品短缺。

住在德国和奥匈帝国城镇中的居民，特别是在大都市中的居民，在战争中期的那两年不得不为了填饱肚子而奋力挣扎。安娜·考恩施泰恩给当兵的儿子阿尔贝特的信向我们揭示了她和其他汉堡——德国第二大城市——居民面临的困境。1916年3月，她告诉儿子，只要商店里黄油到货，商店外面就会排起600至800人的队伍。她在4月的几封信表明，后方正在成为消费品战场：她回忆道，在一次为了买肉而发生的争执中，2个女人被杀，还有16人被送进了医院。早在前一年的很多时候，黄油和肉已经变得稀缺而昂贵。让1916年的食品供应变得更加严峻的，是新近收获的谷物早在1916年到来之前便已经耗尽了，到了春天，马铃薯也开始告罄。安娜一家人的体重开始下降，安娜尤其严重，因为她一直都在从自己本来就不足的定量口粮里尽量节省，以便给儿子寄去额外的食物。这年夏天，汉堡爆发了第一次严重的饥饿骚乱，在这些骚乱中，数千名妇女和年轻人高喊着要面包，洗劫了面包坊，并且和警方爆发了冲突。当年秋天甚为湿冷，于是霉菌横生，这年的马铃薯产量减少了一半，结果，一个在营养角度上甚至是德国在大战期间经历的最糟糕的艰苦冬天，便不可避免地降临了。安娜在11月绝望地告诉阿尔贝特："想要采购食品变得越发困难了。人们在街上待一整天，往往什么也买不到。"她和5个女儿关上了家中大部分房间，一起蜷缩在一个房间里，以此来节约日益稀少、日益昂贵的燃料。和欧洲中部的其他家庭一样，考恩施泰恩家也靠大头菜挨过了那个冬天。大头菜原本是牛饲料，政府强令要求农民交出了它们。安娜信中的绝望情绪开始变得非常明显。"想要挨过这个冬天是不可能的。"她在12月1日的信中写道，而此时最严酷的考验还没有到来。"现在战争该结束了。"[2]

德国和奥匈帝国城镇中的数百万人都和考恩施泰恩家面临着相似的困境。平民的生活日益围绕着寻求稀缺生活必需品，如肥皂、燃料、布料，尤其是食品。《柏林日报》早在1916年5月便报道，在购物这件原本非常简单的活动变成了一项要与邻居进行你死我活的争夺活动的过程中，城市面貌因此而发生了变化：

> 倘若有谁愿意在这凉爽的春夜里上街漫步的话，便会发现，早在午夜之前，便已经有人拿着各种各样的家居用品悄悄出现在各个市场的门前，有时也会在各种大商店和食品店门前。起初人还比较少，但随着午夜钟声敲响，人便开始增多。其中妇女占绝大多数。她们先是挤坐在周边商店的台阶上、靠在公园的铁栏杆上，然而不久后，会有一个妇女在入口旁边放下一个草编口袋，舒舒服服地坐在上面。这是一个大范围行动的信号。在这位幸运的草编口袋拥有者后面，第二名妇女打开了一把帆布折叠椅。再后边，一位要求不太高的妇女，坐在自己从公寓搬来的简单藤条椅上面——天知道她搬了多远……在这些幸运之人之间和后面，排着越来越长的几个队伍，连着5到8个妇女排在一块，也有少数男性，甚至也有儿童。人们在队伍之间热切地交谈着。

> 过了一会儿，谈话停止了。那个带了草编口袋的妇女躺下准备

睡一小觉。带了折叠椅的女人也随之效仿。其他人则无精打采地站在那里,有些人站着睡着了,月光令她们苍白的脸看上去气色更差。警察愁眉苦脸地来回巡视。

曙光降临了。新的人群又来了……终于,开始卖货了。结果是每个人都只能买到可怜的半磅肉,有些特别幸运的人可以买到一磅,有一半的人可以买到猪油或黄油,而另一半人只能空手而归。[3]

柏林居民绝不是唯一一批要跳"波兰慢舞步"的人——这是个战时俚语,用来形容颤抖着排队的人。在欧洲中部的各个城镇,人们都在跳着这种象征着匮乏的舞蹈。维也纳的困境尤其严重。1917年春,每天平均有25万人(该城人口的约12%)站在城市中800条队伍中的某一条里。超过1/5的购物者都要空手而归,白费了许多力气。在一些工人阶级聚居区,晚上10点刚过,面包坊外边已经排起了队伍。在凌晨3点之后才来的人不可能在面粉卖完前排到前头。[4]

成功的购物者,不仅需要知道下一次没有规律的食物配送会送到哪里,而且要在这些有限的商品售罄前排到队伍的前面。她(因为排队的人大部分是女性,很多男性要么在战场上,要么在军工厂里,因此他们都有自己的食物供应)还得能买得起才成。虽然官方的限价控制了一些必需品的价格,但是因为通货膨胀,这番控制有困难。1915年底,德国城市中的食品价格已经是和平时期的1.5倍。新的短缺催生了进一步的通货膨胀,1916年春季的物价水平变成了战前的2倍,此后整年都维持在这个水平。奥地利本身就没有足够的财政实力来负担一场大战,它的通货膨胀呈螺旋式上升。到1915年底,奥地利的生活支出已经是战前的2.5倍,到了1916年12月更是达到了战前的6倍之多。[5] 工资倒是也上涨了,但跟不上物价的涨幅。在德国,到3月,大多数男女体力劳动者的实际工资相当于他们和平时期工资价值的75%,到了9月,则只相当于和平时期的60%。即便是在弹药、金属加工、化学、电器行业等工资远高于平均水平的军工行业里,女工的实际工资也下跌了8%,而男工的实际工资则下跌了超过20%。[6] 奥地利工人的境况更糟,不仅因为更严重的通货膨胀,还因为他们要比战时德国的无产阶级承受更大的压迫。为军方服务的奥地利工厂按照1912年的《战时行为法》运转，这项法律暂时剥夺了工人辞职或集体抗议的权利。在金属加工行业也是如此，德国工厂给工人开出了差不多最高、最耐用的工资，但到1916年3月，奥地利熟练工的实际收入就已经变成了战前的一半。在奥匈帝国的核心工业区波希米亚，到1918年，工人们的实际工资只相当于战前的35%。[7]

白领雇员则遇到了更大的麻烦。在战争的头18个月，德国人的薪水已经被削减。随后，办公室工作人员工资增加，津贴也增多了，但是在1917年底，他们的名义收入只比开战时提高了18%，而民用工厂体力劳动者的名义收入却增长了40%，在军事工业的很多体力劳动者则是增长了100%。公务员也不比私人企业里的管理人员更稳定；到1917年，公务员的实际收入降低了近一半。许多白领雇员现在的收入比弹药工厂的工人少，这在他们看来是一种极具羞辱性的变化。[8]在奥地利，官员们也注意到自己的薪水大打折扣。他们的不满情绪尤其具有威胁性，因为行政机构是能够将哈布斯堡帝国黏合到一起的忠诚的、不分民族的"胶水"。[9]依靠养老金等固定收入的资产阶级或者靠储蓄生活的人，无论是在维也纳，还是在帝国的边缘地带，都遭受了极为严重的经济困难。亚历山德拉·捷克诺娃绝对算不上是克拉科夫最穷的人，1916年9月，她为她所谓的"昂贵的钱"感到悲伤，为自己不得不"在缺少许多早已用惯的物品的情况下勉强生活"感到遗憾，甚至"时不时快要饿死"。[10]

仿佛是觉得食品数量日益稀缺、价格日益高涨还不够糟糕似的，食品的质量也下降了。从1914年以来，用于生产面粉的黑麦和马铃薯开始告急，人们只好用不太好吃的其他东西来代替。玉米、扁豆、豌豆、栗子、大豆、苜蓿和糠都被拿来制造面包。甚至还有人用到了沙子和木屑，但这是非法的。合法的谷物也磨得不如战前那么精细了，以至于谷壳往往会混进面包里，面包变得难以消化。战时面包的味道在1914年总体来说还不是太糟，因为当时尚在使用黑麦和马铃薯；对这种面包最严厉的批评，不过就是它没有白面包那么酥脆。然而，到了后来，战时面包变得难以下咽。"你根本就没法把它切成片，"一位克拉科夫居民在几十年以后带着厌恶的情绪回忆起来，"你得用手把它掰断。它又黄又黏，非常糟糕。"[11] 有些面包是用发霉的面粉和低劣的配料制成的，对食用者有不良影响。"我一直都在呕吐。"一位妇女在 1918 年 4 月这样告诉自己的亲戚，当时她靠着保加利亚配发的劣质面包过活。"我感觉从喉咙到胸口都在烧，仿佛有一团火，我还感觉很沉闷，好像身体里有一块石头。"[12]

由于原本熟悉的食品从商店货架上日渐消失，人们开始猎取替代品。历史学家们在书中搜索先人在饥馑时期都吃过什么东西。化学家们试图从芥菜籽、葡萄籽、罂粟籽中榨出油来。[13] 私人企业也积极地参与进来。到战争结束时，已经有超过 1.1 万种替代食品在德国上市，其中包括 33 种鸡蛋替代品、837 种香肠替代品。在 1916 年年中之前，对这些替代品并没有官方规定，因此有些制造商便无耻地借机欺骗饥肠辘辘的顾客。一些"鸡蛋替代品"其实只是上了色的玉米粉或马铃薯粉。一种"胡椒替代品"的成分中有 85% 都是灰末。在奥地利，有一种被标为"加糖咖啡"的产品的一种主要成分居然是沙子。一些替代品则是有害的。由石膏做成的"面粉"便是一种特别危险的替代品。[14] 即便是厂家真心想要制造出一种原产品的仿制品，其结果也往往不尽人意。比如，香肠的替代品便是些黏糊糊的条状物。它们当中的水的比例可以合法地达到 70%，因为短缺的不仅仅是肉，用来糅合肉的面粉也开始短缺了。中欧百姓常喝的咖啡，也变得远不如前了。即便是在 1914 年以前，也只有富人才能够喝得起纯咖啡豆磨制的咖啡；不那么富裕的人喝的是掺入了菊苣、谷物或橡子的咖啡。然而，战时的短缺激发厂家用各种其他成分做试验。到 1918 年，胡桃壳、李子核，甚至是大头菜缨和树皮，都被用来生产咖啡替代品。[15]

人们奋力应对着物资匮乏。多挣钱是一个显而易见的办法，因为只要能付得起钱，人们总是可以从非官方渠道买到食物。与长期以来的看法相反，在德国，妇女们并没有在战争期间突然大规模开始做她们的第一份工作，也并没有就此走上妇女解放的第一步。总体的女性受聘比例和战前维持在相同水平。然而，真正发生改变的是妇女的工作地点。数十万妇女离开了薪水微薄的纺织业、家政服务业以及政府试图将她们拴在其中的农业，转而投身于报酬更为丰厚的军事工业。在奥匈帝国也是如此，但该国工业基础较小，这种转变的程度较轻。在帝国的西部，到1916年，军事工业中的雇员大约有40%是女性。在匈牙利，从1914年12月至1916年5月，制造业中的女性雇员人数增长了65%，从137 075人增加到了209 833人。还有一些妇女接了自己应征入伍的丈夫的班。例如，到1915年秋，为德国电车公司工作的14 000名女性雇员中，有1/5的人是应征入伍的电车公司男职员的配偶。对于要照看年幼孩子的士兵妻子，缝制沙袋、组装防毒面具等在家完成的工作，可以为国家的战争努力提供微小但有用的帮助。[16]

家庭成员为了生存而同心协力。在战争的前期，食品从后方涌向前线，但这一局面在1916年部分扭转了，因为担心家人的士兵们买空了占领区的食品并将其寄回家里。安娜·考恩施泰恩便颇为幸运，她有一位在比利时集结待命区服役的兄弟，他在休假回家时看到了安娜的困境，便开始给她寄去豆子、黄油与肉类。在前线作战的士兵，比如她的儿子阿尔贝特，买到食品的机会便没有那么多了，但很多人会给家里寄钱。[17] 未成年的子女们也为家庭的生计出力。女孩们基本没有赚高工资的工作机会，便承担起做饭、打扫、照顾年幼弟妹、在兄弟与母亲外出工作时去排队采购食品等家务。与她们相比，对于十几岁的男孩子来说，军事相关工作很有吸引力，而且对于超过17岁的男孩来说，在1916年12月的《爱国辅助役法》通过之后，军事相关工作是强制性的。工业领域中，青少年的比例从战前的16%增长到了1916年的25%。未成年人利用战时经济的劳力短缺状况，平均每年换3到4次工作，以赚取尽可能高的工资。在军需工厂里，他们的工资不仅比自己母亲的工资涨得快，更在1918年超过了母亲的工资。[18] 在工厂工作的成年男性、成年女性与孩子的劳动时间极长。和平时期，在金属加工工厂中，男性一般每周工作57小时，一周工作6天，每天上班11.5小时（其中包括2小时强制性无薪休息）。在战争时期，漫长的工作日变得更长了；一些男性工人每天要在自己的工作台前工作15乃至18小时，而军需工厂中的女性工人则每周要工作54至60小时。非熟练工尤其要工作很长时间，因为他们想要用长时间的劳动来弥补自己较低的工资标准。夜班、周日加班或假日加班可以让人拿到40%—50%的奖金。[19]

工人们一拿到自己的周薪,便急忙在下班后去搜购食品。在城市——这场饥饿战争的前沿阵地——中,商店往往都空空如也、大排长龙,因而人们奔向了乡间,绕开官方的供应体系,直接从农民手中购买食品。这些非法的搜购食品之旅被称为"囤积"(Hamstern),它们在战争的后半期规模空前。到1917年,在休息日周日乘坐火车前往乡下的人数量极多,以至于在一些地方警察都没办法加以干涉。虽然当局在火车站安排了安保人员、发布了不准携带背包前往乡下的禁令,但这些"囤积客"还是果决地绕开了所有障碍。人们会走乡间小路,以绕开大路上的警方检查站,还会在夜色的掩护下出行。女性会在自己的衬衣里缝上口袋,以此来应对警方的搜身,因为警方没有足够的女性警员执行搜身。还有一些妇女则直接把食品邮寄回家,当局后来才发现这一情况,然后开始检查邮政包裹。一些妇女则采取了非常机巧的乔装改扮。有些人假装怀孕,将奶酪和黄油绑在自己的腹部。战争刚爆发时,人们害怕敌方的间谍会假扮成修女,如今这一担忧以一种怪异扭曲的方式成了真。一些"囤积客"穿戴上了修女的袍子与头巾,以期在不被搜身的情况下通过食品检查。[20]

人们的"囤积"活动标志着德奥两国战时团结的某些局限性。随着饥饿加剧,人们转求个人(或家庭)的自保是完全可以理解的,但这损害了官方的供给体系,进而损害了城堡和平。斯图加特的牛奶配送便提供了一个鲜明的例证,这个例子说明了偷运走私行为对于官方的食品供给多么有害。因为周末的"囤积"活动,斯图加特市在周日与周一收到的牛奶量仅仅是其他日子的1/6。如果铁路时刻表有所变动,人们没办法在下班后赶到某个附近的农业地区搜购粮食,斯图加特市的官方补给体系便能从这个区域多收500升牛奶。[21]平心而论,应当受到责难的不仅仅是饥肠辘辘的囤积者。走私是一个很大的产业,一系列专业的罪犯经营着这个产业。在相对富裕的德国南部,黑市上的食品价格往往是官方价格的至少2倍,更是和平时期价格的4至5倍。在食品短缺极其严峻的奥地利,价差则更为巨大。例如,白面在1917年在加利西亚西部地区的黑市价格几近官方价格的6倍,更相当于和平时期价格的15倍不止。[22]当局虽然不遗余力地对饥肠辘辘的"囤积客"与专业走私者提起公诉,却同样罔顾官方定价。哈布斯堡国防部和其他中央部门在1916年已经为食品额外付费了,仅仅是因为,若想大量获得某种食品,除了加价之外别无他法。一些市政机构以非法的价格采购食品。[23] 蒂森克虏伯等大军火公司在军方官员的默许纵容下,大规模购入非法食品。这些食品被分配到工厂食堂,或是由雇主掌控的"黄色工会",以保证工人的健康与顺从,因此它们肯定有益于军需生产。但是这种食品转移意味着其他人会遭受困境。[24] 1916年以后,黑市变得尤为兴旺;到了1918年,德国的农产品已经有1/5到1/3都通过非法渠道出售,包括1/8至1/7的马铃薯和面包、1/4至1/3的黄油、牛奶、奶酪,以及1/3至1/2的肉类与蛋。[25]

德奥两国的人民并非将获取更多食品的希望全部押在了农民身上,他们也开始自己生产食品。食品短缺激起了两国城市居民干园艺活儿的热情。维也纳普拉特区的约20万平方米土地被分配使用了,到1918年秋,这个城市的居民中有157 300人都在耕耘自己的"战时菜园"。[26] 绝望的人们也开始对饲养小家禽、家畜产生了兴趣。人们不再喜欢养猫和狗,转而开始饲养兔子、鸡、鸭、鹅等可食用的动物。山羊更是变得受欢迎。虽然战时其他牲畜的数量急剧下跌,但在战争的4年期间,山羊的数量增加了近100万头。山羊可以提供珍贵的奶,又易养,而且只需要一点点牧草,以至于有不可信的传言称,有人在公寓阳台上养羊。[27] 有些居民自己干园艺活儿,有些居民则试图通过加入食品采购互助组来提高自己的购买能力。这些互助组常常按照职业组织起来,许多互助组早在和平时期便已经出现。加利西亚的铁路工人在这方面尤为活跃,他们给自己的食品采购互助组起了"团结"或"节俭"等相称的名字。教师等生活窘迫的中产阶级群体也组建起了类似的组织。此外还有一些小规模的非正式创制。例如,布拉格大学法学系的员工在1917年每周分一头小牛(通过官方关系获得)。[28] 还有一些互助组更会利用资源。比如,安娜·考恩施泰恩买不起按配给制自己可享有的肉,便用自己的肉票和另一个妇女换来了糖。这位妇女可以用这些肉票去买肉以充实自己的餐桌,也可以在买到肉后,再转手卖出,以此来赚一笔钱。在安娜看来,这些没用的券可以用来跟人换点"能填填肚子的东西"。[29]

无论人们怎么做，是种菜，是"囤积"，还是通过长时间加班来在黑市上购买食物，欧洲中部的平民都因食品短缺而苦不堪言。他们体重减轻，身体虚弱，疲惫不堪，容易患病。在德国，问题的严重程度可以通过这样一个事实来说明。即使是士兵，所有人群中供给最好的（或者差中最好的）一群，也受到了影响。1916年底，德军第四十六步兵团在波兹南乡间的营地开展了一次医学检查。检查发现，经过1个月的训练后，15%的人体重减轻了，其中有些人减了7千克。分析发现，原因在于营养不良。士兵们只得到了他们碳水化合物配给量的4/5，蛋白质的一半和脂肪的约1/4。进行这项调查的军医警告说，如果给养不增加，那么这些年轻士兵的身体和作战表现都将受到不良影响。[30] 平民便经历了这名军医担忧的长期营养不良，他们证明了这番警告的正确性。食品短缺对人们造成了可怕的伤害，尤其是对儿童和青少年这样尤其脆弱的群体。慕尼黑的医生在1916—1917年发现，与战前的身高和体重相比，儿童平均身高矮2—3厘米，体重轻2—3.5千克。[31] 在奥地利也是，匮乏问题盯上了年轻人。在战争的最后一年，6到13岁的孩子停止了发育，维也纳12到14岁的孩子看起来就像8到10岁的患病儿童。在贫瘠的阿尔卑斯地区，有些孩子严重营养不良，连走路都费劲。[32]

至于是否真的有平民因挨饿而死，这个问题过去和现在一直相当富有争议。在战争结束后，德国当局宣称有76.3万多名平民饿死。历史学家阿夫纳·奥弗最近的研究认为这个数字是有问题的。他认为，除了1916—1917年的"大头菜之冬"和1918年夏季，食品供应是足够的。有个情况是，随着人们体重减轻，他们对卡路里的需求下降了。有个事实可以支撑他的论点，即德国的婴儿夭折率没有很大变化，而且在战争的很多时间里都略低于和平时期的水平（见表7）。

然而，在奥弗的研究非常依赖的战时研究中，最为穷困、挨饿最重的人并没有怎么体现。所有的调查都认为，即便人们没有饿死，他们也处于严重的营养不良状态，这使得他们很容易患病。结果，平民的死亡率提高了1/3，倘若将1918年流感造成的人口死亡算上的话，这个比例会更

表 7　1914—1918 年的婴儿夭折率（占出生婴儿的百分比）

	德国	奥地利*
1913 年	15.1	18.0
1914 年	16.4	16.9
1915 年	14.8	21.1
1916 年	14.0	19.8
1917 年	14.9	18.8
1918 年	15.8	19.5

*限于后来成为奥地利共和国的地区。

来源：R. Meerwarth, 'Die Entwicklung der Bevölkerung in Deutschland während der Kriegs- und Nachkriegszeit', in R. Meerwarth, A. Günther and W. Zimmermann, *Die Ein- wirkung des Krieges auf Bevölkerungsbewegung, Einkommen und Lebenshaltung in Deutschland* (Stuttgart, Berlin, Leipzig and New Haven, CT, 1932), p. 65, and K. Helly, 'Statistik der Gesundheitsverhältnisse der Bevölkerung der Republic Österreich in und nach dem Kriege', in C. Pirquet (ed.), *Volksgesundheit im Kriege* (2 vols., Vienna and New Haven, CT, 1926), i, p. 20.

高。非常重要的是，从 1916 年起，德国妇女的死亡率开始攀升，而食品危机也是在这时开始恶化的。老年人和年轻人非常脆弱。肺结核、肺炎以及其他肺部疾病是主要的致命疾病。因此，修订过的死亡人数是 42.4 万人，另有 20.9 万人因 1918 年的流感去世，这些数字看起来是合理的。[33]

奥匈帝国在战时的公共健康危机要更加严重。战后，德国平民伤亡激起了激烈辩论并且象征着协约国的不义行为，然而，奥匈帝国非战斗人员的伤亡没有引发多少讨论——这也说明欧洲西部比欧洲东部在整个 20 世纪期间更加受到重视。根据波希米亚的平民伤亡来推断，哈布斯堡帝国的平民死亡人数为 46.7 万人。[34] 哈布斯堡帝国的人口是德国的 3/4，因此这个数字说明两个国家的平民死亡率大致相当。但是，我们有充分的理由认为，这个估计低估了全部平民的死亡情况。首先，波希米亚是奥地利最肥沃的地带，它和加利西亚一样，是奥地利最重要的农业中心之一。倘若算上邻近的西里西亚和摩拉维亚，这个区域在战前出产了帝国 3/5 的大麦、超过 1/3 的马铃薯与小麦。因此，当地的食品供应状况可能比其他地方要好。其次，而且有利于支撑这个观点的事实是，帝国的各个王室领地存在着明显的差异。这个估计可以不考虑加利西亚因入侵而出现的伤亡，因为在 1915 年，营养不良、流离失所的加利西亚平民深受霍乱、伤寒与痢疾之苦。[35] 后来也有报告称在南施蒂利亚有饥荒，在克罗地亚有人饿死，但这些报告的准确性值得怀疑。[36]

配给限额也说明，即便是在哈布斯堡帝国供给相对充足的东半部，生活也变得艰难了。1917 年 4 月，德国的每日肉类、脂肪、面粉、马铃薯配给量为每人共 615 克。匈牙利的马铃薯产区为每人 595 克，匈牙利其他地区则为每人 331 克，那些生活在帝国奥地利部分的百姓得到的就更少了。[37] 关于奥地利的不完整统计数据说明，奥地利面临着极为严峻的不均衡危机。跟年幼的孩子不同，德国新生儿在头一年往往可以免于面对严重的匮乏问题，因为他们接受母乳喂养，而且出生率骤降。但是，在哈布斯堡帝国的奥地利部分，新生儿的夭折率在战争期间提高了（见表 7）。对于其他年龄段的人群，平民死亡率的提高也比德国要早，从 1915 年便显露了端倪。[38] 维也纳的情形最为严重。在那里，已经真的有人开始饿死，而不仅仅是营养不良了。医生们估计食品缺乏直接导致了战时死亡人口总数的约 10%，对 20%—30% 的总死亡人口也有影响。在战争的后半段，德国在饿死的边缘摇摇欲坠。在哈布斯堡帝国，奥地利的部分地区已经越过了饿死的边缘。[39]

短缺的原因

没有什么因素比食品短缺更加有力地动摇了中欧各国社会，即便是高伤亡、新敌人的参战和兼并主义战争目标也都相形逊色。1916 至 1917 年的"大头菜之冬"是转折点；正是从那时起，各族百姓的耐心开始丧失。那个冬天之前的不满和抗议，仅仅是贯穿于 1917 年都市生活的街头与工厂动荡的前奏，而 1917 年的这种动荡无所不在、更加暴力、更加政治化。这些情况的重要性，使得我们更加有必要去深入探讨短缺的原因和当局的应对方式。生活条件是怎么变得如此恶劣的？同盟国的统治者有没有意识到，食品短缺不仅仅威胁着其臣民的性命，也威胁着他们的国家的存亡呢？他们的应对措施有什么效果呢？

德国人的基本问题是，他们的国家未能实现农产品自给自足，即使在和平时期也是。1914 年以前，德国人和禽畜消耗的谷物的 1/4 和脂肪的 2/5 都依赖进口。[40] 战争破坏了这个不够牢靠的农业基础。1914 年和 1915 年的粮食产量跟 1913 年相比已经下降了 11% 和 15%，1916 年更是骤然下降了 35%，1918 年下降了 40%。[41] 两个原因造成了这种下跌。首先是劳动力短缺。军队征召了农民和工人，把最有经验的管理人员和最健康的男性从德国的农场中抽走了。到 1916 年，超过 1/4 的德国男性农村劳动力不到 16 岁，近 1/6 的在 60 岁以上。军队还征用了全国 1/3 的农场马匹。这些动物习惯于艰苦的劳动，是拖拉大炮和军需的理想工具，但是因为没了这些马匹，农场难以播种、收割和平时期耕种的土地。其次，而且是更重要的一点，是肥料的短缺。农民可使用的人造肥料，特别是和平时期大部分从国外进口的硝酸盐，减少了 2/3 左右。农民可用的自然粪肥也只有战前的一半，因为他们的牲畜在数量和体重方面都严重下降了。德国的牛减少了 1/10，从 1913 年的 1132 万头减少到了 1918 年的 952.8 万头，猪减少了一半以上，从 2565.9 万头减少到了 1027 万头。[42] 没东西可以用来喂这些牲畜，因此它们的体重只有和平时期正常体重的一半。这反过来又意味着更少的庄稼和供应不断减少的恶性循环。1916 年 5 月成立的战时食品事务处负责人阿道夫·冯·巴托茨基颇有几分道理地抱怨："正是物资短缺，而不是制度，造成了我们当下的严峻处境。"[43]

奥匈帝国是一个工业化程度较低的社会，与德国相比，在 1914 年以前，该国的主要食品是自给自足的。但是，奥匈帝国的战时匮乏状况比德国要严重，而且帝国的奥地利部分有时会依赖德国的粮食援助，这种情况需要一些解释。3 个因素令哈布斯堡帝国起初的优势荡然无存。首先，随着俄国在 1914 年入侵加利西亚和布科维纳，灾难的基础已经打下。这些地区对奥地利的食品供应非常重要，饲养了几乎占奥地利和平时期 1/3 的牛，种植了超过 1/3 的小麦和大约一半的马铃薯。但是敌军的入侵让这一切都毁于一旦。人口流离失所，役用动物被抢走，农业基础设施遭到破坏。1915 年，黑麦播种面积降低到了战前最后几年的 35.3%，小麦降低到了 18.4%，大麦和燕麦降到了仅占战前最后一年耕种量的 5%。在战争期间，这片土地从未恢复生产能力。1917 年，这些作物的产量仅为和平时期的 25%，黑麦为 35%。[44]

其次，奥匈帝国其他地区的农业也遇到了德国农民遇到的类似问题，这些地区不仅无法取代加利西亚的农业生产，实际上还导致了更大的粮食缺口。动物和人力同样短缺：哈布斯堡军队带走了 84.1 万匹马，占全国马匹总数的约 1/5。数百万男性被征召入伍。用于让土壤重获肥力的粪便与肥料也不足。[45] 对于这个在战争结束时成为奥地利共和国的地区的粮食产量统计表明，战争对哪怕未受炮火洗礼的地方造成了多大的影响（见表 8）。

匈牙利的农业倒是受损较轻，讽刺的是，这是因为该国农业极为落后。在和平时期，这里的人造肥料使用不多，因此当人造肥料在战争时期从市场上消失时，匈牙利农业产量受到的影响并没有那么大，而对于使用更现代化、更集约化耕作方式的奥地利和德国的许多地区，影响更大。然而，到 1916 年，匈牙利许多作物的收成已经下降到 1913 年的 3/4 或更少，到战争最后一年，大多数作物的产量只是和平时期一整年的产量的一半多一点（见表 9）。

关于奥地利的匮乏问题特别严重的第三个原因，在于帝国两个部分之间缺乏团结。即使在和平时期，奥地利也只能供给本国民众 2/3 的面粉、1/3 的牛肉以及不到一半的猪肉。尽管匈牙利的农场落后，但该国的农业产量极大，为奥地利提供了超过 90% 的必要农产品。维也纳特别依

表 8　1913—1917 年奥地利农作物产量（仅限 1918 年之后成为奥地利共和国的区域）

作物	1913 年（千克）	1914 年	1915 年	1916 年	1917 年
		（以 1913 年数值为 100 计）
小麦	1089600000	95	71	54	47
黑麦	2087300000	91	62	46	43
大麦	1351100000	94	48	52	29
燕麦	1907200000	101	44	54	25
土豆	7687100000	101	82	51	—
甜菜	6780800000	100	68	66	43

来源：L. Grebler and W. Winkler, *The Cost of the World War to Germany and to Austria-Hungary* (New Haven, CT, 1940), p. 151。

表9　1913—1918年匈牙利农作物产量

作物	1913年（千克）	1914年	1915年	1916年	1917年	1918年
		（以1913年数值为100计）				
小麦	4119100000	70	98	74	81	63
黑麦	1274400000	85	91	75	80	65
大麦	1738000000	82	73	65	46	51
燕麦	1448700000	87	81	85	53	46
土豆	4875300000	109	119	89	61	64
甜菜	4775800000	84	53	42	33	45
玉米	4624800000	95	88	51	57	52
芜菁甘蓝	5984700000	101	92	68	49	64

来源：L. Grebler and W. Winkler, *The Cost of the World War to Germany and to Austria-Hungary* (New Haven, CT, 1940), p. 153。

赖马扎尔人的贸易，在1914年以前，该市消费的大部分肉类都来自附近的边界地区。[46] 到1916年，在匈牙利进口食品中，牛奶和肉类已经下降到了和平时期的近一半，脂肪降到不到1/3，谷物降到3%（见表10）。

匈牙利自1916年中期起开始独自负责保障军事供应，这部分解释了它对奥地利出口的锐减。匈牙利在接下来的一年送到军队的5亿千克面粉与谷物基本等于它在1915年送到帝国西半部的数量。然而，因为出口到奥

表10　1914—1917年从匈牙利输入奥地利的食品

食品	1909—1913年平均量（千克）	1914年	1915年	1916年	1917年
		（以1913年数值为100计）			
谷类	1392810000	73	37	3	2
面粉	731610000	77	29	8	3
豆类	14710000	197	162	48	4
蔬菜	151970000	68	106	81	37
牛（头）	327000	108	43	13	29
牛奶	70450000	93	66	45	17
黄油	3280000	66	32	23	14
培根与油脂	19270000	104	80	31	32
肉	15290000	112	79	57	52

来源：H. Loewenfeld-Russ, *Die Regelung der Volksernährung im Kriege* (Vienna and New Haven, CT, 1926), p. 61。

地利的谷物在 1915 年已经只有 1913 年的 37%，军事供应不足以解释问题。而且，奥地利人确实没有从新安排中获益，因为虽然匈牙利人有过承诺，但士兵们的需求没有得到满足，因此军队征收了 2.9 亿千克罗马尼亚谷物，而这些谷物原本是要供给奥地利平民使用的。奥地利虽然经济贫困，但也提供了大部分军用糖和 410 万头牛，这超过了牛征用总量的一半。[47]

如奥地利政治人物和公众知道的那样，匈牙利没有为哈布斯堡帝国的战争努力做出相应的付出。然而，二元制度使奥地利无力执意要求匈牙利。匈牙利首相蒂萨不仅拒绝平衡整个帝国的粮食配给，而且利用匈牙利在十年一度的谈判中极其有利的地位，在 1917 年更新了帝国的妥协方案。他追求狭隘的马扎尔利益的举动是愚蠢的，因为这个举动无视了这样一个现实——匈牙利与其忍饥挨饿的邻居是唇亡齿寒的关系。然而，这也是一个更深层次问题的产物：匈牙利国家的腐败。蒂萨的政府缺乏足够的合法性，因为议会选举权非常受限，而且蒂萨政府之所以在 1910 年赢得议会多数派，仅仅是因为他们实施了腐败与恐吓。让人民做出更大牺牲的战时呼吁，不可避免地会引起民众的怀疑，引发不受当局欢迎的互惠民主要求。在 1915 年的议会春季大会上，蒂萨便不得不断然驳回一项让所有 20 岁以上的前线退伍军人参加选举的提案，因为他担心这可能会打开普选的大门。把匈牙利的食品供应维持在至少高于奥地利的水平，对于避免民众动荡和政治改革呼声至关重要。[48]

更为重要的是，任何干预农业或食品供应的行为都有可能得罪支配着匈牙利政治的土地贵族和士绅。蒂萨自己就是一个大地主，因此在战争的头几年，他竭力去避免损害他们的物质利益，甚至不惜以牺牲更加重要的帝国战争努力为代价。哈布斯堡国防部已经在 1914 年 8 月初建议暂停对粮食征收进口关税，但蒂萨担心这可能会降低食品价格，便在 10 月前一直阻挠这项议案，因此，哈布斯堡帝国失去了在罗马尼亚和意大利实施出口限制前从这两个国家进口物资的机会。在随后的几年里，匈牙利政府拒绝像奥地利一样设定农产品最高价格，因此拒绝损害匈牙利政府最重要的选民的利益。而且，匈牙利政府甚至坚持，交付出去的货物是易于腐坏的面粉，而非更耐存放的谷物，这样匈牙利的磨坊，而不是奥地利的磨坊，就可以一直运营。奥地利首相施图尔克在 1915 年 12 月呼吁匈牙利提出更严格的食品控制议案时，他猜想这再困难，也不会比最近成功通过的将服役年龄提高到 42 岁的议案更难以通过了，但他没有抓住要领。提高服役年龄的议案影响的不过是没有选举权且绝大多数人是农村人的群体，而食品控制议案则会有损至关重要的士绅的支持，他们中的许多人对于哈布斯堡的奥地利部分毫无同情，甚至实际上是抱有敌意的。对于施图尔克来说，这简直是一个匈牙利的"饲料"和奥地利的"人类食物"之间的竞争。匈牙利农业大臣哈迪克博士在跟奥地利谈判者谈话时，非常明确地表明了匈牙利政府就这个问题的立场："匈牙利的养牛业和养猪业必须毫发无损地度过战争。"[49]

同盟国在宣传活动中将这种匮乏归咎于英国发动的无情的"饥饿战争"，但原因其实是更为复杂的。英国的海军封锁并没有引起那么严重的短缺，不至于让德国人和奥匈帝国人只能单单依赖本国日渐减少的资源。英军的封锁起初并不是密不透风的，但是在逐渐加强，特别是英国人在 1916 年 2 月成立了一个新的封锁部之后。控扼德国和哈布斯堡帝国的供应品，不仅仅是单纯地派遣海军在英吉利海峡和北海巡逻，或是在达尔马提亚海岸派驻船只。无情的胁迫和灵活的外交手腕在阻止货物从中立国流入同盟国方面同样重要。为与敌方交易的企业制作的"黑名单"已于 2 月发行。英国公司不得与这些企业做生意，这些企业的船只不能得到燃料——由于英国垄断了煤站，因此这个措施能够实现——而且如果它们以某种方式进入欧洲水域，便会被皇家海军巡逻队扣留。这项措施对那些有意与同盟国开展贸易的商人构成了强大威慑。更有干扰性的是，英国从 1916 年 6 月开始使用为中立国家设计的强制配给新计划，以取代原本失败的自愿配给计划。超过中立国和平时期需求的海运货物现在被叫停，以阻止来自世界各地的货物大批量被转运到同盟国——在战争第一年，就发生过这样的事情。英国人也关注如何限制中立国生产的商品流入敌国。他们想到的一个办法是对中立国强制实行购买协议，确保协约国有权购买中立国的部分产品。通常情况下，这些协议对于中立国来说不是那么有利，因为把货物卖给求购心切的德国人会获利更丰。然而，英国威胁要利用其对航道的控制来减少配给量或扣留永久中立国的船舶，这些威胁通常足以让中立国顺从。从人道主义的角度来看，它造成了非常恶劣的结果。当中欧平民营养不良时，英国人为了阻止敌人获得而购买的挪威鲱鱼全都烂在了仓库里。[50]

随着敌人增加,同盟国进口食品的选择变窄了。意大利于1915年5月对奥匈帝国宣战,又一个市场关闭。肥沃的罗马尼亚在1916年8月站在协约国一方参战,这是一个更大的打击。塞尔维亚在1915年秋天的战败使多瑙河水道重新开放了半年,德国和奥匈帝国得以从罗马尼亚进口250万吨谷物。至少与协约国相比,同盟国确实建立起了一个有效的购买体系。战争的第一年带来了混乱,不仅德国和哈布斯堡帝国的国家代表,而且两国大城市、公司、团体和其他私人买家的代表,在公开市场上哄抬食品价格。然而,1915年9月,在敌人采取类似措施的两年之前,这两个国家一起将其国外采购集中了起来,授权德国中央采购公司独家代理。[51] 尽管并不全面——在战争的最后几年,其他国家机构承担起了食品进口的更多责任——但这个机构的进口统计数据说明了,英国加紧封锁、罗马尼亚加入战争、美国于1917年4月参战等事件是如何影响同盟国获取国外资源的能力的(见表11)。

同盟国的国内产量下降,又因海上的围堵封锁而断绝了外部供应,在此情形下,如何有效管理资源变得尤为重。德国和哈布斯堡帝国各族百

表11 德国通过中央采购公司完成的进口(千吨)

食品	1916年	1917年	1918年
谷类与饲料	1040.93	9.03	45.04
豆类	75.23	0.08	0.64
水果、蔬菜、果酱	82.35	82.20	88.89
糖	18.98	29.59	41.09
蛋	40.40	37.19	16.39
奶	10.12	23.17	16.82
奶酪	48.78	36.29	11.81
黄油	73.85	36.32	7.40
油脂	6.61	1.78	0.06
肉	102.89	115.41	50.77
鱼	12.35	54.81	22.16

来源:A. Skalweit, *Die deutsche Kriegsernährungswirtschaft* (Stuttgart, Berlin and Leipzig, 1927), p. 24。

姓在战争早期就已经得到保证，如果厉行节俭，食品是足够的，由此，两国人民产生了一种虽然合理但错误的期望，即他们的领导人将确保提供足够的食物。按照"战争文化"的中心价值观念，不仅每个人都应该有足够的资源，而且稀缺资源的分配也应该是公平的。到1916年，政府达到这些期望的能力已经成为其合法性的一个关键测试点。

（错误地）应对短缺

德国和奥匈帝国官员在战争的最初18个月里开展的食品管理不啻为一场灾难。地方控制不协调，将重点放在确保消费者负担得起食品而不是去鼓励生产，全然未能了解复杂的农业体系，这些都降低了国内产量，造成了新的短缺。随着食品变得越来越稀缺、公愤越来越大，同盟国领导人被迫改革。德国首先于1916年5月22日在国防部下设了一个战时食品事务处。这个新部门展现出了务实灵活、不偏不倚的形象，它不仅为人民服务，而且也由人民运作。它的委员会按照城堡和平的优良传统组成，有社会民主党、工会、城市、资产阶级妇女团体的代表。被选中担任领导的是东普鲁士前省长阿道夫·冯·巴托茨基。他在1914—1915年对抗过俄国的入侵，如今人们希望他可以克服德国眼下这个最新的生存危机。

巴托茨基被媒体激动地欢迎为"食品独裁者"，这大大抬高了公众的期望。他的战时食品事务处事实上并没能集中控制食品供应。军队的供应一直不在战时食品事务处的管辖范围之内，而且它的权限仅限于普鲁士，而非整个德国。更糟糕的是，普鲁士农业部和内政部继续在食品问题上发挥作用，这造成了管辖权方面的纷争。战时食品事务处确实取得了一些成就。它让官僚机构的基层部门更好地协调，对更多的食品采取了非常有必要的更严格的监管措施。这些地区的副指挥官被禁止在未与国防部磋商的情况下发布影响食品供应和价格的命令，这个决定虽然来得迟，但是很有益。然而，战时食品事务处并没有在德国协调供应的力量。即使被赋予了这种权力，减产、英国的封锁以及早期严重错误的粮食政策也已经给德国的人口喂养造成了不可逾越的障碍。[52]

战时食品事务处可能大大辜负了德国人对它寄予的希望，但在对本国领导人管理食品供应的笨拙举措感到绝望的哈布斯堡臣民看来，战时食品事务处似乎是一个模范的高效部门。鉴于加利西亚被入侵之后奥地利严峻的食品形势以及匈牙利政府不愿提供帮助的局面，施图尔克政府的懈怠无为是令人震惊的。直到1915年4月，奥地利才实行面包配给制，这是在德国采取这个措施2个月之后。随着食品变得越来越稀缺，对政府不作为的批评声越来越大。与德国令人印象深刻的"食品独裁者"相比，一周后，即1916年5月30日，奥地利设立了一个部际委员会，以更好地协调供应政策，然而这个机构看上去很无力。10月初，"食品事务部"在内政部中成立，但这仅仅是内部职责调整的产物，而不是对食品供应的彻底改革。3个星期后，10月26日，匈牙利人抢了施图尔克政府的风头，他们在帝国的匈牙利部分成立了一个负责集中管理公共供应的"人民食品事务处"。最后，因为人民迫切想要的不仅仅是一个食品独裁者，正如一份报告指出的，人民迫切想要的是一个"救世主"，因此，奥地利政府不得不采取了更果断的行动。经过短短3个星期的匆忙准备，1916年12月1日，一个新的"人民食品供应处"成立了，它的领导者直接向首相报告。就像德国的战时食品事务处一样，它也包含一个委员会。委员会的7位成员包括农业、工业和军方的代表以及政治人物，其中一位政治人物是社会民主党人卡尔·伦纳。这个委员会还特别考虑了被任命者的多族群构成，它期望着，通过让所有利益集团参与，帝国受损的合法性或许可以重塑。

是否能重建合法性，取决于这个新组织是否能够成功填饱奥地利人的肚子，而其中最关键的是它是否能劝匈牙利给出更多的粮食。到1916年底，在帝国的两个部分，它们各有一个相当集中但独立的粮食管理局。它们之间的合作依然薄弱。哈布斯堡最高统帅部虚伪地关心保持军方食品供应的独立性，并且焦虑地挑剔平民供应中越来越明显的灾难，它一直认为自己可以做得更好，并提出建立一个由一名将军领导的统一的食品管理机构。蒂萨断然拒绝。1917年2月27日，共同食品委员会最终在奥托卡尔·兰德韦尔·冯·普拉根瑙将军的领导下成立，这是一个促进两国政府沟通的媒介机构，而不是康拉德·冯·赫岑多夫设想的有权在帝国各地调动食品的执行机构。当年年底，人们再度试图在帝国两个部分更有效地协调军民需求，也遭遇了同样的困境。整个战争期间，匈牙利的食品供给一直好过奥地利的。[53]

为了实现公平地分配足够的食物这一大众期望，这两个国家开始将配给制作为主要的工具。在德国，这始于1915年1月柏林的面粉配给制，第二个月，配给制推广到了全国各地。然而到了3月，最初每人每天225克的配额减少到了200克。1915年4月，奥地利人发放了面包、面粉配给票。匈牙利人得益于他们更丰厚的农业财富，直到1916年1月才开始实施这一措施。由于物资短缺，需要实施配给的物品种类越来越多。在德国，马铃薯是从1916年春季开始实施配给的，地方的肉品配给也是在大约同一时间开始的，但直到秋天才有在全国范围内发放的肉票。油脂从7月开始配给，牛奶从8月下旬开始。到1916年冬天，所有主要的食品都要凭票才能合法获得。奥地利人花了更长的时间安排这一切。1916年3月，面包票、面粉票发行差不多一年之后，糖开始实施配给。进一步的控制随后迅速展开。牛奶票在5月推出，咖啡票在6月推出，油脂票在9月推出。直到1917年10月，马铃薯票才开始发放。[54]

配给制似乎是为城堡和平理想量身定做的一种食品节省措施。从理论上讲，它公平地让大家做出牺牲，保证了即便是地位最低的人也能生活安宁。但在实际操作中，完善地实施配给制是非常困难的。当应用于黄油、糖、面粉、汤等稀缺商品（店员只是充任这些物品的发放者）时，配给票是最有效的。那些在交付给公众之前需要在商店层面进行处理的食品，为滥用职权、嫉妒和仇恨提供了大量机会。肉是一个很好的例子。屠夫收到畜体，然后对其进行处理、切割，再出售给有配给票的消费者。如果中央分来的肉很多，屠夫就会有剩下的肉，以超过法定最高限价的价格悄悄卖给有特权的顾客。如果供应量太少，那么在所有有资格买肉的顾客都买到肉之前，肉就会卖完。还有一个问题是，肉的质量不一。最好的部分可能会被留给有特权的顾客，或者留待私下里非法销售。[55]

两个不可分割的问题打击了公众对配给制度的信心。第一个是配给票保证的物品经常缺货。这就是到处都在排队的原因。如果商店里的食物没有了，正如这张1917年的讽刺明信片用浓浓的讽刺意味所表达的，除了配给票，人们就没有什么可吃了：

<u>1917年的周日烘烤菜谱</u>

取出肉票，包上一层蛋票，将其与黄油票一起煎至怡人的褐色。蒸好马铃薯票和蔬菜票，直到它们达到适宜的软度，用面粉票将它们变黏稠。——甜品是冲好咖啡票，加入牛奶票和糖票，在其中浸入一张面包票。——饭后，用香皂票洗手，并用配给票擦干双手。

但我们德国人看得很开！
我们是非常开心地这样做的！[56]

最令人沮丧的是，即使人们有钱并成功弄到了他们有权获得的所有食物，但由于配给量定得非常低，想要维生也是不现实的。当时的营养学家估计，一名成年男子每天需要3000千卡（现代的估计认为是2500千卡）。从理论上说，德国基本的日均配给量起初能提供1985千卡的热量，但这很快便降到了1336千卡，1917年夏天更降到了1100千卡。匈牙利人可获得1273千卡，一位当时的专家指出，这甚至比一个睡着的人生存所需的卡路里还要少。[57] 奥地利人，特别是维也纳人，更是吃不饱。哈布斯堡首都的基本配给量始于1300千卡，停战时降至830.9千卡。[58] 一个营养学家试图完全靠德国的配给口粮生活，结果在7个月内体重减轻了1/4。公众并不需要这样的实验来告诉他们这样明显的情况：上西里西亚的一名妇女挖苦着总结了德国人的困境，她抱怨说，官方配给量"少到难以靠它生活，多到不至于饿死"。[59]

配给制也没能让饥饿公平地扩散。哪怕是就什么是公平和平等达成一致，也很困难。从一开始就很明显，给每个人都分到等量的食物并不是解决办法；当德国的帝国谷物官员把1—8岁儿童的配给量定为成年人的一半时，一些公众震惊于这样的官方浪费。公众嫉妒地盯着母亲们，指责她们不公平地从子女过多的配给量中受益。[60] 人们被按照自己被认定的需要和对国家的贡献分了类。至少一开始，大家普遍认为一些人是有特殊需要的。当牛奶在 1916 年夏天开始按照配给制供应时，德奥两国都将哺乳期的母亲、残疾人、婴幼儿列为最高优先级。特别是在大城市，牛奶的供应量急剧下降；在维也纳，牛奶供应量在 1916 年下降到了和平时期的一半。在柏林，早在当年早些时候，牛奶供应量已经下降到了只有和平时期的 20%。只有有特权的人才有机会喝到被称为"白金"的牛奶。[61]

更富争议的一点，是根据职业划分人口。基本的分歧是在生产者和消费者之间。农民被指定为"自给自足者"，为了鼓励他们拿出食品，他们的配给量比普通城市居民高得多：在德国，他们获准享有更多的面包，双倍的肉类配给。相当一部分人属于这一类：在奥地利，他们占人口的 1/3 以上。然而，不同地区之间存在很大的差异：乡村风格浓郁的布科维纳和加利西亚一半以上的人口是"自给自足者"，主要居民是德意志人的下奥地利则只有 12% 的人口被归到这个类别，达尔马提亚和伊斯特里亚居民的 10% 属于这个类别。[62]

战时行政人员还区分了消费者，造就出了一个人员构成复杂的新利益集团，它们的忠诚和成员资格随着分配制度的变化而变化。最重要的区分是在领取标准配给量的人和为战争努力做了艰苦而危险工作的"重要劳动者"之间，后者可以领到补充配给。1915 年，德奥两国的一些城市开始推行这种区分。1916 年 6 月，这种做法在整个德国普及，并新设了一个"最重要劳动者"的类别。这些人得到了大量的补充配给。"重要劳动者"每天在常规的 200 克面包配额之外还可以再领 100 克面包，而"最重要劳动者"可以领到 600 克并且可以领到双倍的马铃薯。起初，只有由男性任职的工作岗位被分入这些令人垂涎的类别，但是在 1916 年 10 月下旬，随着第三最高统帅部新的军备计划开启，这个名单也把军需女工包含了进来。同时，当局削减了所有其他人的配给量。越来越多的人控诉这套体系不公平，于是德国和奥地利当局在 1917 年初减少了这些工人的特权，并引入了新的补充配给方案，以帮助那些境况最差的人摆脱困难。[63] 但是，被指定为"重要劳动者"或"军火工人"的人依然比其他大部分人口享有更多的营养优势。在杜塞尔多夫这个德国最重要的工业中心之一,到1918年,约 1/3 的人口获得了这个资格。在奥地利,虽然它的工业化程度低于其盟友,但 500 万人(所有非自给自足者总数的约 1/3)最终得到了"重要劳动者"的配给特权。另外还有其他享受特权的群体。从 1916 年 11 月起,德国警方被指定为"最重要劳动者";到了此时,保持安全部队的忠诚变得越发必要,因为充斥着饥饿抢购者的市场和市中心变得越来越乱。在维也纳,与柏林不同的是,公务员系统利用了特权,在 1916 年开设了专门面向公务员的食品发放点。随着饥饿的公众指责政府对食品短缺问题应对不力,这个举动既没有增加政府的权力,也没有增进政权的合法性。[64]

通过配给制来保证长久或公平的食品供应的做法失败了,于是官员们转而寻求其他解决方案。他们的努力造就了欧洲中部最具特色的战时机构之一:战时公共厨房,在德国也被称为"人民厨房"。这些厨房借鉴并扩大了和平时期市政当局救济贫困百姓的施粥铺,却是受完全不同的理念启发的。它们的设立目的,是要为整个民族(或在奥匈帝国的情况下,多个民族)提供食物。他们为城堡和平时代提供了一种新的大锅饭模式。人们预计它会非常高效。供应会简化:将食品定期送到数量有限的大型食堂比送到成千上万个互相竞争的商店、发放点更容易。珍贵的燃料可以节省下来,因为大规模做饭的食堂消耗的煤或燃气要比几百万个小家庭单独做饭节省燃料。这些新的大食堂也将免去排队的必要性,因为用餐者会提前一个星期报名并交出配给券,所以供应饮食者事先知道要做多少份饭。不会再有不满的采购者因空手而回而闹事。百姓不必再整夜排队,可以不必再那么精疲力竭,也能吃得更好,这对军工生产会产生积极的影响。一个巧妙的政策,似乎为所有供应、健康、公共秩序问题提供了解决方案,同时重申了政府对城堡和平的义务。普鲁士当局热切地投身于此。1916 年 4 月中旬,内政大臣命令所有大城市整合和扩大它们的厨房网络。到 10 月,全德国共有 1457 个公共厨房投入使用,每天能够烹饪近 200 万份食物。[65]

后来的事实证明,人们对于战时集体供餐没有什么兴趣,这让其倡导者深感失望。问题不在于"人民厨房"供应的食物不好。特别是在奥地利,对餐食的有些早期描述是令人垂涎欲滴的。布拉格的第一个大食堂出售烘肉卷、五花肉和马铃薯,甜点则是苹果派。1916年11月开放的萨尔茨堡大食堂,很可能更典型一些,它的餐食更朴素些,但很便宜、很营养。只要花60赫勒,就餐者便可以享受750毫升汤、500毫升蔬菜与马铃薯。在周日、假日或任何有货时,餐食中还会包括血肠或烘肉卷。[66] 虽然有些德国人抱怨公共食堂会反复供应炖汤(在战时俚语中被称为"大锅牛肉"),但公共食堂至少是一个可以吃到牛肉的地方,而当时的德国缺少肉类、奶制品和各种其他食品。任何有其他就餐选择的人都不愿到"人民厨房"吃饭,仅仅是因为它们太容易让人联想到济贫事业了。在和平时期,中产阶级下层的工资已经是比熟练工多不了多少,而在战争期间,他们的薪水往往少于军需工人。因此,阶级身份在很大程度上依赖于保持资产阶级生活方式的表象。在公共食堂里吃饭,或者在街上排队,从一个流动的军事风格的"牛肉炖菜大炮"(用以指快速地给人盛上一份又一份炖菜的食堂摊位)中买一份炖菜,肯定会在街坊邻里当中丢面子;他们不愿意为城堡和平做出这种牺牲。为了克服这种阻力,单独的"中产阶级"食堂设立了起来,其餐食价格是普通公共食堂的2倍。这个应对方法不但不成功,反而破坏了支撑着这个计划的平等主义理想,也伤害了面向工人的食堂——工人也有自己的自豪感,不接受一切暗示他们在靠救济生活的暗示(哪怕这些暗示是不准确的)。在柏林,人们对"人民厨房"的抵制最强烈,到1917年8月,许多食堂关闭了。[67]

但是,"人民厨房"为贫困之人提供了一个不可或缺的安全保障,在漫长的战争期间,贫困人口的数量大幅增加。在德国,"人民厨房"的使用在1917年初达到了顶峰,但甚至在2年后,随着战争接近尾声,德国大都市居民的近9%仍有规律地在"人民厨房"吃饭。在柏林之外,从1916年到战争结束期间,公共食堂的数量实际上翻了一番。在食品短缺更为严重的维也纳,集体供餐在维持百姓生存方面发挥了更为重要的作用。1916年,维也纳拥有28个战时厨房,它们与已经广泛设立的济贫食堂相配合。到了战争的最后一年,68个战时厨房平均每天为15万人供应食物。就餐食堂会每天给134 000人供应食物,私人慈善机构向12万人分发面包、热汤或热饮,这样一来,总计可以为 404 000 名居民提供膳食,这是全市人口的约 1/5。[68] 从免费分发的膳食数量,便可以看出战争期间市民日益贫穷(见表 12)。在受过战争蹂躏的加利西亚城市里,这种物资匮乏达到了非常严重的地步。利沃夫一直没有从入侵造成的交通联系破坏和供应破坏中恢复,到 1918 年 1 月,超过 70% 的市民需要某种食品援助。[69]

倘若说中央政府没能为民众实现公平而充足的饮食愿景,这也不单单是中央政府的错。行政机构基层人员之间的竞争让这个任务变得更加艰难。有些省市官员认识到他们处于一种零和博弈之中,总有人会面临物资短缺,因此他们结成了联盟,疯狂地开展游说。城市代表会议成功捍卫了它获取食品的机会(许多市民承认这个事实确实难以置信),因此,1916年 5 月,德国农村地区也为了保护自己的利益而像这样联合了起来。地区与市政官员纷纷涌向柏林或维也纳,穿梭于多个食品供应机构,缠着工作人员要求他们增加自己的城镇或城市的配给量。[70] 在奥地利,他们甚至用欺骗的方法来改善供应状况。地方当局虚报库存,阻挠有关人员从他们的地区调走食品,这阻碍了所有试图在奥地利集中管理分配体系的计划。1916 年 11 月的一份报告展现了一幅堪忧的图景,说明了食品短缺的紧张状况和公共压力多么严重地分裂了帝国行政机构。这份报告控诉,"相互的不信任和互使手腕""自始至终"都存在着。"一个国家不信任另一个[指的是奥地利和匈牙利],在两个国家内部,王室领地和委员会也互不信任,在这些组织内部,地区和市也互不信任,推而向下,莫不如此。每个地方都设法保证自己的食品供应,隐瞒库存,让自己与外界隔绝,以便不

表 12　1914—1918 年维也纳汤羹厨房发放的免费餐食

时期	免费餐食数
1914 年 10 月—1915 年 12 月	15500000
1916 年	20000000
1917 年	33000000
1918 年	41000000

来源:H. Loewenfeld-Russ, *Die Regelung der Volksernährung im Kriege* (Vienna and New Haven, CT, 1926), p. 3542。

失去任何东西。"[71]

然而，如果没有地方官员的工作（其中许多官员在孜孜不倦、富有想象力地寻求补救办法），食品短缺情况会更糟。为了解决供应问题，市政府转向自我救助，将富余的土地投入耕作。其中的典范是德国南部的乌尔姆，早在1914年，具有远见的市政府高级官员便下令在公共土地上种植马铃薯。这个措施让乌尔姆百姓延迟了2年才经历最严重的食品短缺。其他城市大批量采购，以为当地略贫穷的百姓补充食物。例如，柏林花费了1400多万马克积累了一批熏肉和咸肉。[72] 市议会干预了分配，这是战前难以想象的行为。例如，在利沃夫，1916年所售糖的一半是通过市政销售点出售的。德国的弗赖堡市采取了更加有创新性和干涉主义的地方政策。如果弗赖堡议会怀疑牛奶经销商利用食品短缺问题而提高价格，它就会在当地最大的牛奶公司买下控股权，从而确保当地居民可以按照合理的价格获得牛奶供应。为了提高产量，它还将一片污水排放场地开辟成了牧场。这座城市几乎4%的牛奶来自这片草地喂养的177头奶牛。[73] 超越和平时期地方治理常规范围的商业头脑、想象力和自信，是战时行政人员需要的重要品质。有些商人掌握着稀缺商品，他们深知这些商品给了自己无与伦比的讨价还价优势，跟这类商人打交道的手段和些许灵活性也是战时行政人员需要的品质。索恩是一座离海170千米的城市，位于德国东部边境，它提供了一个很好的例子。该市议会与一个汉堡鱼商达成了交易，鱼商设立商店，向当地市民出售削价的腌鲱鱼（这是稀缺猪肉的有营养替代品）。在成功销售6周之后，这位女老板宣布她因为劳动力成本而必须涨价，民众陷入了绝望。不久之后的一场讨论让人们明白了这位女老板真正想要的是什么。幸运的是，她的丈夫是一位在索恩要塞卫戍部队服役的士兵。市议会想办法安排他离开军队休假。聪明的老板弗里施女士很快便宣布她的劳动力问题已经解决了，于是索恩的市民们可以继续买到廉价的腌鱼。[74]

对食品短缺做出的最具创造力的应对措施是——尽管出于绝望——倡导城市青少年前往乡间休假。正如一代人之后为了避免盟军轰炸而将儿童从主要的集合城市疏散一样，在第一次世界大战的后半期，为了让德国和奥地利孩子免于挨饿，当局安排他们乘坐火车前往农村。在德奥两国，都是私人慈善机构首先发起了这一倡议。在奥地利，施蒂利亚的慈善组织在1917年将千余名儿童送到农村。这一举动引起了国家的兴趣，1918年3月底，皇帝的慈善机构推出了"儿童在农村"和"客居儿童"项目。1918年，这些项目将64 805名营养不良的儿童从奥地利送到了匈牙利。奥地利的农村地区也出了一份力：来自波希米亚的26 542名城市儿童被送到了波希米亚、摩拉维亚和上奥地利的农场，以便让他们吃上饭。[75] 德国的相应活动由"城市儿童乡村居留"慈善机构开展，其开始的时间更早、规模更大；这项活动由一个私人组织操办，这个事实再次证明了德国公民社会的力量。该方案始于1916年，当时6万名营养不良的儿童被送往乡村康复。1917年，学校和教会也被动员起来，结果，1917年至少有57.5万名儿童，1918年有30万名儿童前往乡下度1到5个月的假。接收这些儿童的地区得到了有名无实的货币补偿，而儿童们则要在田间做一些"轻松"的农活。这个计划大获成功。它不仅有助于减轻食品短缺和封锁禁运对社会最脆弱的群体——儿童——的影响，还有助于修复城乡之间日益恶化的一些矛盾。[76]

无论是战时还是战后，极少有人称赞德国和哈布斯堡帝国的食品管理。奥地利人因为双元帝国体制和匈牙利人的顽固而在劫难逃，特别是在失去加利西亚之后。但是，他们的政府在面对这个在明显逼近的危机时反应迟缓，所以它也负有责任。极少有哪个创制是出自奥地利行政人员的；相反，在感受到愤怒的舆论压力后，他们看向北方，试图直接借鉴德国人的做法。德国的食品行政人员更值得称许些。德国的食品集中管理不完备且实施得迟了，工作中存在极为严重的低效，因为无知和思虑不周的举措，工作中还出现了一些灾难性的错误。是公众的压力，而非计划，推动了当局的改革。在整个战争期间，尽管德国最初的食品基础更薄弱，但德国的官方配给量高于奥地利的，更高于匈牙利的，这也说明了德国食品行政人员的工作成绩。如果大规模饥荒得以避免，这在很大程度上也要归功于地方官员的创制。然而，这还不够。在这两个国家，食品的分配不公平，量也不足。营养不良、精疲力竭、疾病，依然在摧残着两国人民的身体，由此引发的公众愤怒和幻灭感侵蚀着政府的合法性，损毁着社会。

被损毁的社会

没有什么比食品短缺更加有力地破坏了德奥两国在1914—1915年精心培育起来的团结。饥饿使人烦躁、嫉妒、紧张，且容易陷入典型的战争心态——妄想。食品已经成了最重要的商品，这个事实颠覆了和平时期的社会秩序。这是极度痛苦的，特别是对中产阶级来说。在战时，人们的教育水平、教养、专业能力基本不能给他们带来什么好处。在与那些在军工厂中工作的社会下层人士竞争食品时，一份体面的办公室工作倒成了负担。现在，精致的城市人要向他们在战前忽略、嘲笑的乡下人低头。食品短缺明显地破坏了城堡和平。与早期宣传活动描绘的具有凝聚力的社区形成鲜明对比的是，德国人和奥匈帝国人分成了相互竞争的利益集团，他们都试图填饱自己的肚子。

最早、最深刻的区分，是在农村的食品生产者与城市的食品消费者之间。到1916年底，德国的后方军事指挥部警告说"城乡矛盾正在加剧"，称这是"最引人注目、最令人痛心的战争表现之一"。[77] 农民虽然吃得更饱一些，但仍然有理由感到愤愤不平。在和平时期，德国和匈牙利的经济政策都有利于农业生产者。战时的供给问题则让国家完全改变了优先顺序。国家面对着养活庞大军队和失意城市人口的需要，便将工作的重点转向了保护消费者。在战争的头两年，为了实现这一目标，当局实行了最高限价。最高限价还有一个重大好处，它们可以压制通货膨胀，但最高限价措施无法激励农民增加产量，也极少考虑农民生产成本的上涨。政府在实施控制举措时表现得不可靠、不协调，于是农民开始与官员斗智，而这场斗智活动的输家则是城市消费者。农业生产者在1915年面对着昂贵的饲料（饲料在战前是进口的）、官方对谷物和马铃薯的低廉定价、肉价控制缺失，有鉴于此，他们将谷物和马铃薯从市场上收回，用它们来饲养家畜。下令屠宰猪，对肉类施加价格控制，胡乱地修补其他最高限价：官员们试图以这些手段来让生产恢复平衡。当局还逐步推行了牲畜产崽限额，并在1917—1918年对农场进行了搜查，以查明农场中是否有未经申报的牲畜和农产品。到了战争的后两年，当局才开始实施激励生产的措施，但是到了这个时候，经济已经转向了全面的战争生产，几乎没有几个农民可以用多余的现金来买东西，因此其效果是有限的。相反，官方的措施倒是在无意中促进了黑市的兴旺，特别是在肉类和奶制品方面。尽管农民们普遍领先一步，但他们怨恨这个被他们视为专横、来和农民作对的体系。[78] 农民的受迫害感与日俱增，结果，他们一方面渴望和平，一方面对当局丧失了信任。1916 年秋天，德国开始为第五次战争公债做宣传，农民们纷纷把钱从储蓄账户中取了出来，因为有传言说政府可能会挪用他们的存款来资助战争努力。[79]

德国政府认识到，被疏远的乡村地区蕴藏着巨大的危险。农业部于 1917 年 2 月 22 日发出警告："对农村人口的有力支配……非常有必要，因为德国的最终胜利有赖于陆军和舰队战胜我们的敌人，还有赖于……我们的人民吃饱饭。"[80] 为鼓励农民以市场价格将粮食投放到市场上，当局开始了宣传攻势。战时宣传处别出心裁地为农民安排了进城游览，好让农民亲眼看到城市的匮乏。[81] 1916 年冬，保罗·冯·兴登堡元帅亲自呼吁农民为军需工厂的"重要劳动者"供应出更多的食品，特别是要给油脂。然而即使是这位人民的英雄也没有动摇农民的铁石心肠，在巴伐利亚，他的呼吁仅仅为每个工人争取到了额外的 1/4 磅肉。[82]

农民拒绝合作，不仅是他们对当局的愤慨的体现，也是他们和城市居民疏远的体现。城市人口在受苦的故事并未引起农民多大的同情，因为农民自己的生活也很困难。到 1916 年，近一半的德国农场由妇女经营，她们不仅要继续做自己的工作，还要接过被征召的丈夫和劳工的体力工作。在这年最忙碌的时节，即收获季节，妇女们常常在田里从凌晨 3 点一直劳碌到晚上 9 点。每个周末便赶到乡下的城市"囤积客"在田间奔跑，破坏或偷盗农作物，他们是无法引起农民的同情的。黑市交易也恶化了双方的关系。对城市居民来说，黑市交易证明了他们的农村同胞正在欺骗官方的食品供给体系。另一方面，农民们从自己得到的高价得出结论，城市居民并不像他们声称的那样艰难。有时双方会爆发冲突。不愿意出售食品的农民可能受到威胁或殴打。有时，农民会为了摆脱饥饿的城市害虫而使用暴力。农民会向在农村寻找食物的维也纳市民投掷石块，咒骂着"维也纳渣泽！快滚吧！你们吃光了我们的所有食物！"将市民们赶走。[83]

城市消费者一致认为，农民的贪婪和投机倒把正在毁掉这个国家。在德国，人们认定，1916年底市面上的马铃薯短缺是因为生产者要把马铃薯存放到春天，因为到了春天再出售的话，生产者会拿到更高的价格。在奥地利，维也纳市民也产生了类似的怀疑。有传言称，农民正在用优质大麦喂猪，而剩给市民们的便只有谷壳和饲料了。[84]然而，城市居民也就对此一项可以团结起来。食品短缺激化了城市的阶级对立。中产阶级有理由地抱怨称，他们在战时尤其不好过。德国和奥匈帝国白领阶层感受到的愤怒和沮丧，在1916年8月"德国中部中产阶级协会"（一个在全国拥有70万会员的组织）威斯巴登分会一致通过的一份决议中得到了很好的表达。协会会员们哀叹："我们离真正平等的人民食品供应仍有很长的距离，而人们听说了很多对这种食品供应的赞美和溢美之词。"这些人错误地断言，国家设置的定价，只是为了农民和土地所有者的利益。白领雇员们愤愤不平地说，"非常贫穷的妇女以及工人阶级和中产阶级的成员"无论在什么样的天气里都要排几个小时的队来购买食品，但是"地位较高的10万人"似乎没有排队的必要。真正的敌人显然在国内："不是英国人要饿死我们，而是投机倒把者、农业生产者和祖国的叛徒想要饿死我们的人民。"[85]

工人阶级也有类似的敌对心态，但他们远不如资产阶级团结。根据性别和技能差异而产生的旧有划分依然存在，但工人们又因为战时的新差异而进一步分化，特别是在工业部门和食品配给分类之间。军备工人的高收入可能会引起中产阶级和其他行业工人的不满。然而，真正令人怨恨的是军备工人们极高的配给量。起初，德国的"最重要劳动者"获得的补给远远超过了实际需要用来补充其消耗的量：他们被认为要比其他工人多消耗近800千卡，但是他们每天可以获得最多达2000千卡的额外补给。这激起了人们广泛的愤怒，而不仅仅是那些与男性"最重要劳动者"一起工作但没有资格享受其补充配给的女性军需工人感到愤怒，于是当局于1917年在全国范围内消除差异，给予整个工厂，而不仅仅是某些工人，一种新的、数量没那么大的补充配给。[86]德国军备工人可以获得更高的配给量、在存有很多非法食品的工厂食堂就餐，跟德国的其他百姓以及受到严格控制的贫穷奥地利军备工人相比，他们是享有特权的。但是，这并没有阻止他们同样去诅咒那些富有的战时投机倒把群体。在很大程度上，这个群体是想象出来的。由于兴登堡的重整军备措施，金属、机械、化工行业的公司在战争的后两年业绩大幅提高。但总的来说，军事行业的利润下降到了和平时期的82%。矿业下降得尤其严重，1917年的利润下降到了战前水平的39%。尽管有德国工人的怀疑，但这场战争并不是仅仅以牺牲穷人为代价的。财富没有被重新分配给富人。相反，全国人民都在为战争付出代价。[87]

德国和奥匈帝国社会并不是简单地沿着阶级界线而分裂的；相反，它们是以更加混乱和根本的方式而碎片化的。在日常互动层面，基本的社交性被抛弃了。饥饿让人们显露出了最为可憎的一面，它让人们变得易怒、急躁、偏执而善妒。在市场上，购买者和销售者之间日益激化的矛盾就是一个体现。消费者怀疑商人通过囤积居奇来人为制造短缺，就像他们对农民的怀疑一样。消费者认为他们被骗了（很多时候的确如此）：牛奶被水稀释，最好的肉被留给了有特权的顾客。在维也纳，每周约320名商人因为超过官方定价而被起诉。新闻媒体激化了怒火，他们在报道中披露了商人宰客的最新招数：

> 连锁式销售骗局的一个典型案例……发生在法兰克福。一个位于市外的工厂以每磅38芬尼的价格卖给了那里的批发商大量人工蜂蜜。这个代理商以每磅58芬尼的价格转手卖给了另一个代理商，这个代理商再以每磅75芬尼的价格卖给一名旅行推销员。这个旅行推销员又以每磅80芬尼的价格卖给了一个小经销商，而消费者最终在买蜂蜜时要付出每磅1马克的价格。控诉的卷宗确保这些人的买卖已经被叫停了，他们已经使祖国成了一个盗贼巢穴。[88]

人们还会抱怨店主的粗鲁。既然有这么多人等着买东西，优质的客户服务便成了多余的。店主们每天都要与疲倦、饥饿、不守规矩的购物者打交道，听他们不断抱怨商品价格昂贵、质量低劣，店主也需要具备极大的耐心，而这种耐心不是每个人都有的。一些店主会大发脾气。一名柏林肉商向那些抱怨他的猪油价格高昂的人群大喊道："你们应该在面包上抹屎。"由于所有人的神经都受到摧残，脾气变得极差，这样的辱骂可能会引发暴力冲突。早在1915年10月，警方便认为，柏林第一次黄油暴动的部分原因就在于销售人员对待客户粗暴无礼。[89]

犯罪率是社会凝聚力的一个指标。在战争头两年，犯罪率下降了（见图5）。德国警方的统计数据（奥地利的统计数据不完整、不可靠）记录，1915年的犯罪率相比于战前下降了一半。虽然数百万男性应征入伍是犯罪率下降的一个主要原因，但这些年来席卷全国的共同团结浪潮很可能也是原因之一，因为虽然战争爆发时德国出现了严重困难，但1914年女性犯罪率下降了12%，并且在1915年达到了有记录以来的最低水平。然而，在战争的后两年，随着物资匮乏和绝望感加剧，人们对于这样一个既不能维持自己在城堡和平协约中的立场也不能遵照自己的法律的国家日益感到幻灭，犯罪率便上升了。欺诈开始风行：1916年12月的检查发现，德国登记的领配给的人数实际上超过了德国的总人口数。伪造配给票的买卖很兴旺。尽管有这么多男性入伍，但是绝大多数罪行还是由男性犯下的。然而，女性犯罪率从1916年开始迅速上升，在1918年达到了最高，高出和平时期犯罪率1/3。在增多的犯罪活动中，侵犯财产罪占了大部分；到1917年，侵犯财产罪占所有女性违法行为的近1/4，有72 974名女性犯过这类罪行。另外值得注意的是，对官员的恐吓与袭击也增加了。1916年，1224名女性犯有这类罪行，其中大多数人已婚，年龄在30至60岁之间。虽然男性犯罪学家根据当时流行的理论焦虑地认为，妇女由于性别特性而在战时感受到的忧虑或许助长了盗窃和骚乱，但即使是他们也愿意承认，女性的挫败感或许也是因为极度的生活困难和当局对战时生活更大但没什么成效的干预。[90]

青少年犯罪的增加更令人触目惊心。1914到1918年，德国18岁以下青少年的犯罪人数翻了一番。维也纳也是如此。青少年犯罪的增多并不仅仅是物资短缺的结果，因为在1914年出现下降后，德国在1915年的

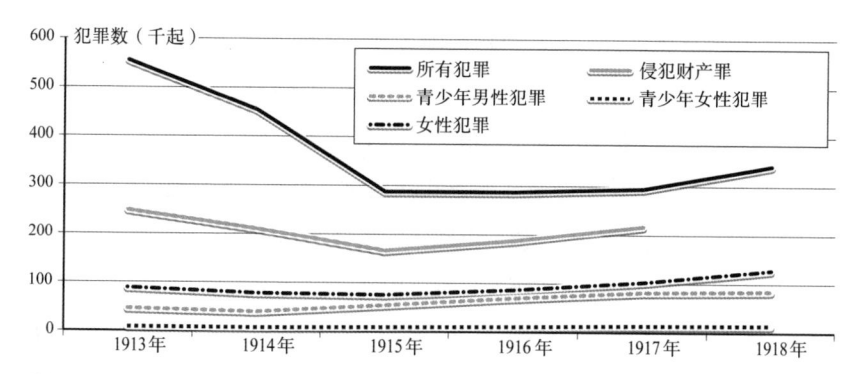

图5　1913至1918年德国的犯罪行为

来源：M. Liepmann, *Krieg und Kriminalität in Deutschland* (Stuttgart, Berlin, Leipzig and New Haven, CT, 1930), pp. 15, 56, 98 and 134。

青少年犯罪比和平时期最后一年增加了大约7000人，达到了63 126人。1916年，青少年犯罪事件又增加了17 000起，1917年则又多了15 000起，1917年的青少年犯罪总数达到了95 651起。[91] 男孩子的犯罪率一直是女孩子的六七倍，部分是因为年龄大一些的男孩子会外出工作，而同龄的女孩子则要留在家里。成年人监督不到位让孩子们更易于犯罪。超过1/3的德国父亲都被征召入伍，奥匈帝国很可能也有类似的比例，这使得两国的家庭不再受到严格的父权制影响。很多母亲在工厂或农田里长时间地工作，或者费尽力气去寻找食品，很少有时间和精力去监督子女。即使有一些军需工厂在1918年推出了有限的日托服务，但在德国南部的军工行业中，仍然有1/7的母亲只能将孩子独自留在家中。学校可提供的帮助也越来越少。从1915年春天开始，学校只上课半天或1/3天，因为学校找不到人来替代应征入伍的老师，且教室又被军队征用了。在冬天，由于缺乏燃料，学校经常完全停课。因此，孩子们有了偷窃或闹事的机会，特别是从1916年严重的食品短缺出现之后，孩子们更有了偷窃或闹事的强烈动机。从大头菜之冬开始，旷课的情况急剧增加，这在一定程度上得到了压力重重的父母的鼓励，因为他们现在需要这些孩子在他们出门排队或者工作时在家里做饭或者照顾弟妹。还有一些被成年世界抛弃的孩子组成了"黑手"或"阿帕奇人"之类有奇幻名字的团伙，他们从面包运送车或者煤场里偷东西以谋生。[92]

成年人感到烦恼不安，不仅是因为青少年的无法无天或是青少年问题越发引人关注，还因为他们感受到权力正在发生转移。年龄大一点的未成年男性在军工产业中可以挣到很可观的工资，这使他们成了家中主要的养家糊口者，他们使用新收入的方式让成年人更加焦虑。他们在酒吧里喝酒，去电影院看没什么价值的电影，购买低廉恐怖小说，吵吵闹闹地在公共场所和女孩子们痛饮胡闹。在官员们和许多成年人眼中，这种"伤风败俗"与犯罪浪潮相结合，造成了一种青少年违法乱纪甚为风行的普遍印象。德国从1915年秋天开始，奥地利从1916年夏天开始（在奥地利，有关青少年违法现象的讨论开始得较晚，而且这种讨论在一定程度上是从北边传过来的）颁布了法令，禁止青少年在晚上出入酒吧或咖啡馆，禁止他们在公共场所吸烟，禁止他们赌博或观看不准许青少年观看的电影。在柏林、卡塞尔，一度也在汉诺威，地区军事指挥官颁布了强制性储蓄令，限制18岁以下的青少年花钱。他们的工资会被存入特别账户，如果他们想在一周内花费超过18马克，他们或他们的家人必须向社区管理部门提出申请。在柏林，这项措施将多达875万马克强行存进104 000个储蓄账户。战争期间，约350万马克被提取了出来。其余的钱在停战之后才被发给其闷闷不乐的所有者。[93]

犯罪浪潮反映出，在欧洲中部的各个社会，崩溃的不仅是食品供应，还有信任。这一点在很多其他方面也有表现。其中最突出的是一点是偏执的"食品妄想"，这源自人们的饥饿、疲劳以及不得不为了生存而欺骗供给体系的事实。人们猜想自己的邻居积存了大量食品，种种告发让警察局应接不暇。由于大众呼声高涨，维也纳警方开始实施住宅搜查。警方还进行了抽查，以确保居民遵守法定的"无肉日"。哈布斯堡的其他城市也采取了类似的做法，在一些居民眼中，是中央，而非地方，采取了这种专横措施。例如，克拉科夫的亚历山德拉·捷克诺娃在1917年3月的日记中忧心忡忡地写道："一个委员会从维也纳来到这里，他们到各家各户搜查，拿走私人的物资，只留下了很少量的物资。"[94] 倘若邻居不诚实，那么市民们就确信，其他地方的人肯定更加过分。报纸煽动起了人们的愤恨不满。在捷克诺娃写这篇日记的5个月之前，维也纳的黄色小报《世界报》

便已经报道了那种让她忧心的搜查，但在这篇报道里，搜查不是由一个维也纳委员会，而是由克拉科夫警方执行的。这份报纸在一篇被煽动性地命名为《克拉科夫的民众如何度过无肉日》的文章中报道，"搜查"造成了"一个非常有趣的结果"：

> 事实证明，看起来好像并没有那么富裕的中产阶层始终在消费肉类，即便是在"禁止食用肉类的日子"（周一、周三、周五）也是如此；而且，他们的消费量还特别大……警方搜查（仍将继续进行）也证明，更富裕的阶层更是……享用着大量物资，不仅什么都不缺，甚至在食品价格飞涨的当下，其生活水平比和平时期要好得多。[95]

社区身份对于支持1915年的民族和帝国的战争努力具有至关重要的作用，如今，这种身份反过来激化了地区间的猜忌。在德国，汉堡人深信，柏林人可以优先挑选食品。威斯巴登人则认为"威斯巴登得到的面包质量最差、分量最轻"。[96] 所有德国北部的民众都艳羡地望着南部。众所周知，养牛众多的巴伐利亚已经禁止私人将食品卖到德国其他地区，并且它给当地百姓发放的肉类是其他地区常规肉类配给的2倍甚至3倍。巴伐利亚的特殊化也好景不长。人们纷纷前来，希望分享巴伐利亚的福利，再加上囤积客与走私者将巴伐利亚的食品运到了德国其他地区，这激起了巴伐利亚居民的不满。从1916年起，人们对参加"普鲁士的战争"怨言日增。随着战争延长，配给制确实变得越来越有差异，这进一步激化了紧张状况。当局明确认识到，"囤积"行为无法被阻止，于是便根据社区的规模设计了个人配给。大城市的居民可以获得相对较多的肉类配给量，因为他们几乎无法接触到农民。有5万至10万人的城市的居民配给量要少一些，规模更小的城镇的居民配给量是最低的。但是，战时食品事务处的这种工作是徒劳的，它让人们错以为大城市拥有特权，而事实上，大城市仍然得不到足够的供应。受困最严重的是莱茵兰、威斯特伐利亚、萨克森那些有许多倔强易怒的社会民主党人的工业社区。[97]

奥匈帝国也开始因为更加尖锐的地区紧张状况而分崩离析。最早的分裂是在奥地利人与匈牙利人之间，这种分裂和种族无关。由于匈牙利人拒绝给奥地利人供应食品，再加上一些称马扎尔人享有更多配给量的或真实或夸张的报道，奥地利人甚为愤怒。地方政治人物鼓动了这种怒气，让百姓把少得可怜的配给量怪罪到匈牙利人头上，而不是地方政治人物头上。维也纳市长魏斯基什纳便煽风点火地将"胖乎乎的"匈牙利食品供应大臣约翰·哈迪克和"像棵干枯的扁桃树"的奥地利食品供应大臣放到一起对比。他告诉自己的市民，匈牙利人"出于怨恨……比英国人更加乐于看到我们饿死"。[98] 人们的怨恨与日俱增。很快便开始有焦虑的谣言广泛传播，称匈牙利人更愿意把马铃薯卖到普鲁士的西里西亚，而不愿卖给同属哈布斯堡臣民的奥地利人。一些人希望匈牙利人恶有恶报："俄国人就应该杀到匈牙利"，一位奥地利德意志人在1916年这样期盼着。"他们要是能来，把那些该死的匈牙利人的猪肉全吃光该有多解气［！］"[99]

但是，反马扎尔情绪并未催生出整个奥地利的团结。相反，食品短缺重启并加剧了奥地利在和平时期的民族仇恨。在波希米亚，德意志人认为捷克农民应当为食品短缺负责。另一方面，捷克人深信食品短缺是因为波希米亚的谷物被出口到了德国。在布拉格的德国领事馆收到了攻击性信件，到了1916年春，有谣言称，同盟国会输掉这场战争，一个独立的波希米亚王国会在俄国或英国的保护下建立起来。[100] 类似的怨恨情绪在其他地区也有表现。比如，在蒂罗尔，讲意大利语的哈布斯堡臣民抱怨，他们的德意志邻居享有更好的食品供应。民族主义活动家处心积虑地利用这些不满情绪，向人们说明，这些社会问题只有民族解决方案。这场哈布斯堡国家的战争被责难为物资匮乏的根本原因。由民族主义者支配的慈善组织与志愿福利组织主动提供了物质救济，这为他们的理念赢得了诸多追随者。[101]

德国和奥匈帝国社会分崩离析的另一个标志，是反犹主义高涨。在德国，这个问题具有明显的政治特征；在奥地利，它更多地是一个社会现象。然而，两国的指控是一致的。犹太人被描述成了以牺牲和社区为基础的战争文化的主要破坏者。他们被指控犯下了针对这种战争文化的两大罪状，即投机倒把和逃避兵役。这两者通常是相伴随的：例如，早在1915

年 8 月，一位天主教中央党议会议员公开指责犹太人，称他们把持了德国谷物委员会，还在利用自己的职位逃避兵役。在德国，反犹主义起先与物资匮乏无关。相反，反犹主义一直是极右翼的一个工具，他们担心霍尔维格安抚性的城堡和平政策会给普鲁士带来民主，减损保守派的权力。早在 1915 年，极右翼污蔑了将要开展的改革，称它是为犹太人的利益服务的。然而，随着牺牲行为不断增加、对同胞的审查变得越发偏执，又有一些人也开始和种族主义者一道，要求检查犹太人是否履行了自己的国家义务。1916 年 10 月，颇有影响力的天主教中央党议员马蒂亚斯·埃茨贝格尔召集了食品供应问题议会预算委员会，以对军工企业员工进行调查，确定其性别、收入、宗教信仰以及有多少人处于役龄。这项措施旨在探明有关犹太人在这些关键战时经济组织中占比过高的传言是否属实，但是它遭到了社会民主党议员和帝国官员的抵制。[102]

埃茨贝格尔的倡议很可能是受到普鲁士国防部在当月早些时候下达的臭名昭著的人口普查启发，这一人口普查旨在统计共有多少犹太人在前线、后方部队和后方服役，有多少人自愿服役，多少人被杀，多少人获得了荣誉。究竟这次人口普查是一项纯反犹措施，还是跟效率有关的问题的产物，这一点仍然存在争议。[103] 军事领导层内的反犹主义态度是无可否认的：1914 年以前，普鲁士军官团拒绝委任犹太人；1916 年 8 月，第三最高统帅部的崛起让一些激进的反犹主义者接近了权力中心，特别是埃里希·鲁登道夫的得力助手马克斯·鲍尔上校。[104] 另一方面，1916 年秋天是一个人力极度短缺的时期。不仅陆军在索姆河战役中损失惨重，第三最高统帅部重振经济的计划也需要大量新工人，这些工人从哪里来还全然没有头绪。对犹太人逃避兵役的谴责、军官们传统的反犹太主义偏见以及对于效率的追求，共同促成了这次人口普查。战后，多个犹太人组织进行的严谨数据调查，证明了犹太人逃避兵役的说法是没有根据的。这些犹太人组织也证明，在第三最高统帅部统帅下的军队中，实用主义超越了意识形态上的种族主义。虽然德军在战前并没有犹太军官，但由于德军迫切需要由受过教育的人来担任指挥职务，因此到战争结束时，德军委任了 2022 名犹太军官，这使得犹太人在战时军官团中的比例稍稍高过了犹太人占总人口的比例。[105] 然而，人口普查的消息不胫而走，而国防部随后又拒绝公布人口普查的结果，这就给反犹分子提供了论据，并使得公众怀疑犹太人在逃避兵役；这是灾难性的，因为随着物资匮乏日益加剧，关于犹太食品批发商和经销商哄抬食品价格的负面传言已经流传开来。由于中央都有怀疑犹太人的迹象，因此一些后方军事指挥部报告称到1916年底德国民众的反犹主义情绪日益增加也就不足为奇了。[106]

与德国不同，在奥地利，政府和军方都没有屈服于歧视犹太人的压力。然而在奥地利社会中，反犹主义一直都比德国的更为强大而广泛。德国的反犹分子从未获得过选举胜利，但在维也纳，反犹领袖卡尔·卢埃格尔领导的基督教社会党已经把持维也纳市政治长达20年。[107] 奥地利的犹太人数量更多（占总人口的4.6%，而德国的犹太人仅占总人口的不到1%），且存在感更明显，因为奥地利的许多犹太人仍然没有被同化，尤其是加利西亚和布科维纳的正统派犹太人。[108] 此外，战争期间的反犹主义因为蓬头垢面、疾病缠身、极为绝望的犹太人在1914年如潮水般汇入帝国西部的主要城市而变得激进化了。1915年初，维也纳不情愿地接收了18.5万名难民。其他城市面对的难民潮规模较小：2万名加利西亚犹太人在布达佩斯避难，约1.5万名在布拉格。[109] 人们很快便把这些难民与投机倒把、走私行径紧密地关联了起来。不仅是新闻界，维也纳市长魏斯基什纳也于1915年2月公开指责他们哄抬物价。[110] 这些指控有一定的现实基础，但并不是像反犹主义者声称的那般，是因为犹太难民天生就看重金钱且没有原则，而是因为当局让难民基本别无选择。1914年，国家的资助仅仅足以覆盖1/3的生活费用，到1917年夏季，严重的通货膨胀已经把这个比例减到了1/8。更糟糕的是，维也纳市政当局担心来自欧洲东部的犹太人可能会就此安顿下来，因此非法地阻挠他们参加工作。合法就业的一个前提条件是获得一份工作手册，但犹太人获得这份手册的机会被故意施加了限制，只有提供齐全的文件才可以获得，而市政机构和警方清楚，大多数难民不可能办到这一点。只有到了1916年11月，这项政策才因人力短缺而结束。然而到了那个时候，不爱工作的无耻犹太难民已经成了一种难以动摇的刻板印象，他们让大众非常怨愤。维也纳警方在两年前就预测，如果食品供应没有改善，难民就会遭受暴力攻击。这在1917年成了真，维也纳和波希米亚的犹太商人遭到了殴打，其商店遭到劫掠。[111]

物资匮乏不仅撕裂了社会，还破坏了另外两组关键的关系，同盟国能否取胜正仰赖于这两组关系。首先，在战争最初几年被普遍接受的牺牲等级体系逐渐受到质疑，因为平民开始觉得他们受的苦可能不比吃得更好的士兵少。到1917年10月，波希米亚王国的母婴保护协会便严肃警告奥地利内政部："这场战争给民众造成的负担如此之重，以至于后方做出的牺牲可能要超过前线将士浴血奋战的牺牲了。"[112]像这样直白质疑后方和前线的牺牲的相对价值的现象是很少见的，但是体会言外之意的话，有迹象表明，平民开始认为，前线至少应当对后方流露出一些感恩之情。在考恩施泰恩家，安娜反复告诉阿尔贝特，无论德国的生活有多糟糕，他的苦难才是最深重的。阿尔贝特的姐妹们就没有这么坚定了。1917年1月，他的姐妹格尔达给他写了一封信，在信的开头，她先是告诉自己的兄弟，当天早晨家里给他寄去了一个包裹，里面有一个家庭自制蛋糕和"几块加特曼牌巧克力"。1917年初，即便是要搜罗到这样少量的巧克力和制作蛋糕的原料也是一项极为艰巨的任务，无疑，完成这项任务需要数小时的排队、克己忘我精神，可能还需要跟黑市商人讨价还价。格尔达并没有细说。她用了一种更加巧妙而有效的方式暗示自己的兄弟应当怀有感恩之心——她只是一笔带过了这家人自己的饮食情况："每天我们吃的除了大头菜还是大头菜。"[113]

第二组被破坏的关系是公民社会与国家的关系，且破坏得更危险、更严重。到了1916和1917年之间的冬天，大众对物资短缺的责怪矛头已经从英国的封锁坚决转向了同盟国自己的政府。人们严厉批评同盟国政府没有能力来组织起合理、充足、公平的食品分配。同盟国的民众对排队和纷繁复杂的规章制度感到不满，因为有关官员浪费、无能与腐败的传言而感到愤怒。同盟国法律的神圣性以及国家的合法性都受到了损害，因为遵守这些法律便意味着饿死。虽然两国政权都采取了反对投机倒把的措施，但它们似乎并不能打击"真正的"犯罪分子，即被假定为国内"叛徒"的大地主、贪婪的农民、狡诈的食品经销商和犹太难民（在奥地利如此）。

这也让民众感到愤怒。对和平的呼声在增长。怨恨情绪也在增长。正如一位捷克人戏剧化地描述的，"国家正在谋杀我们的孩子"。[114]

绝望与离心的后果是日益严重的动荡。罢工增多了。在德国，1915年仅有1.4万人参与罢工，4.2万个工作日损失，但是第二年，这些数字增长到了12.9万人和24.5万个工作日。[115] 在大城市，骚乱也在增加，为购买食物而排队的活动变成了抗议活动，饥饿的示威者们游行到市政厅前，要求地方官员提供给他们更高的配给。1916年8月在汉堡郊区的几场饥饿骚乱例示了这种紧张状况。骚乱先是在8月18日晚从工人阶级生活区巴姆贝克开始，当时，成群的妇女、少年与儿童包围了面包坊，想要在没有面包票的情况下弄到面包。难怪人们觉得理应得到补充配给，因为前几个月一直是异常艰难。整个6月和7月，马铃薯消失无踪。突然，在7月底，非常多的马铃薯同时涌现出来，以至于不是所有马铃薯都能及时送到商店里，许多马铃薯烂掉了。接着，这些神出鬼没的块茎作物再次从汉堡的商店里消失了。当晚，积聚已久的不满以暴力形式爆发了出来：面包坊的窗户被砸碎，里面的东西被抢劫一空。第二天，骚乱在巴姆贝克表现得更加严重，还蔓延到了另一处郊区哈默布鲁克。佩刀的警察与劫掠者发生了冲突，部队应召前来恢复秩序。60家店铺遭洗劫，13人受重伤，37人遭逮捕。鉴于未成年人在这些骚乱中所起的作用，当地的副指挥官禁止14岁以下的孩子在没有成年人陪伴的情况下在晚上8点以后上街。[116]

类似的情景不仅在德国，而且在整个哈布斯堡帝国，都在越发频繁地上演。例如，在波希米亚，食品骚乱从1915年的35起增加到了1916年的70起。在随后的几年里，骚乱事件的数量增加得更多，在1917年和1918年分别达到252起和235起。骚乱事件的规模也变得更大了：40起事件有超过1000人参与，还有一些事件则有上万人参加，比如在柯尼希格拉茨的骚乱。[117] 然而，物资匮乏的情况日益加剧，战时政权更具压制性，议会的持续关闭状态和严格的新闻审查让社会上失去了安全阀，这些情况也给了奥地利人的愤怒一种更明确的政治表达。在反战者中不断累积的愤怒在1916年10月21日戏剧性地展现了出来。当时，激进的和平主义者、社会民主党成员弗里德里希·阿德勒（可敬的社会民主党领袖维克托·阿德勒之子）在维也纳市中心的一家酒店餐厅里公然向首相施图尔克开了枪。这位刺客是一匹独狼。在他的党派内部，他激烈而孤独地反对社会民主党与这个好战的政权合作。弗里德里希·阿德勒很受挫，他的反战作品被当局查禁，而且与他具有相似志向的同志被军队征召入伍。他的暴力抗议行为是一种出于沮丧和绝望的行动。然而，他在审判期间的陈词明确地指出，帝国的领导者和他们做出的开战决定并未得到人民的赞同，而是通过镇压实现的。弗里德里希认为，他犯下了与政府一样的罪行：在没有获得人民同意的情况下杀人。因为施图尔克违宪的统治方式和缺乏其他抗议渠道的现实，所以他的行为是合法的：

> 政府已经将宪法撕碎了；政府已经放弃了它的合法性；政府已经放弃了它关注奥地利法律的职责……在法律被摧毁之时，在所有宪法条款都失效的地方，在没有议会的地方，在没有正义的保障的地方，在所有这些都被夺走的地方……每个人都可以使用武力。[118]

对哈布斯堡政权不利的是，公众竟然不同情受害者。弗里德里希·阿德勒被判处死刑，但是通过皇帝的干涉，后来他被暂缓处刑，刑罚改为18年苦役。不让他变成一个殉道者的决定是明智的，因为他很快就被维也纳工人阶级和其他群体当成了英雄。在谋杀案发生一年后，即便是原本保守的维也纳大学学生也开始上街游行，呼吁实现和平、宽恕这名暗杀者。[119]

正如后方军事指挥官证实的，到1916年底，食品短缺是影响民众情绪的决定性因素。[120] 虚弱和饥饿削弱了人们的勇气和对战争的支持。随着围绕着食品的竞争分裂社会，战争努力所依赖的团结受到了侵蚀。新组建的短暂性利益群体相互竞争。国家失去了合法性，因为它混乱的法律变得无法遵从，因为它提供充足、公平的配给制的诸多努力难以达成。德国总理在1916年12月向协约国主动提出德国最诚挚的和平协议并非巧合。因为德国和奥匈帝国军队在一年激烈的战斗中蒙受了巨大损失，两国的平民又累又饿，所以同盟国的战争努力究竟还能坚持多久似乎是非常值得怀疑的。然而，兴登堡和鲁登道夫——他们先是指挥德国的军队，后来实际上指挥同盟国的军队——决心要获得一场完全而彻底的胜利。即便大头菜之冬在迫近，一场新的再动员还是开始了。

第 9 章

再次动员

第三最高统帅部

1916年8月29日,陆军元帅保罗·冯·兴登堡受命指挥德国军队,他的参谋长埃里希·鲁登道夫被任命为第一军需总监,这开启了同盟国作战的新阶段。这两位军人凭借自己的军事才能、一些运气和大量阴谋达到了自己职业生涯的巅峰。由于他们在东线取得的胜利以及精心营造的公众形象,他们得到了民众的信任。在德皇威廉二世从公众视野中消失、多数德国机构正在丧失信誉的时刻,这给了他们极大的影响力。这对搭档的计划是胜利,不惜一切代价。在他们领导下的德国战争努力呈现出了一种全新的决绝。在他们二人看来,军事必要性压倒了一切人道主义考量。鲁登道夫在回忆第三最高统帅部时便坦白地承认:"在我们采取的一切行动中,只有紧迫的战争问题才是唯一的决定因素。"[1]

陆军元帅保罗·冯·兴登堡就任总参谋长时68岁,到1916年,他是整个德语区中最受尊崇的人。对于德国的大多数民众而言,他是一位在1914年8月单枪匹马地将德国从沙皇铁骑下拯救出来的人物。由于在坦能堡取得的胜利,他一夜之间成了一个国宝。1915年在柏林建起的巨大钉像让兴登堡的形象不朽,这有力地标志着兴登堡已经代替德皇成了德国战争努力的象征。人们对兴登堡寄予了极大信任。德国公众在危机时刻反复告诉自己:"我们的兴登堡会解决这个问题的。"他的名字令人联想到一座中世纪城堡的形象,其坚固的城墙面对所有进犯皆岿然不动,这种联想也和他本人的体格相合。兴登堡身高6英尺5英寸(约196厘米),魁梧高大,有一个方正的头颅,就像在宽阔的肩膀上有一方石块。他看上去似乎是不可撼动的,这个印象更因为他那传奇般的镇定自若而得到了放大。这种印象也被宣传活动夸大了;兴登堡煞费苦心地经营着他的公众形象。他请来了著名的艺术家和雕刻家到自己的指挥部,让他们为自己的威名造势，他还和媒体维持着密切关系。兴登堡无疑是极为自负的，但他也清醒地明白自己的大众追随者给予自己的权力。他不仅仅是一个象征、一个无足轻重的人，而是一位熟谙政治的将军，他十分明确自己希望达到的目标，但愿意让能干的下属去处理细节问题。个人崇拜赋予他的政治资本让他拥有了一个独特的机会，他可以大力变革的不仅是德国军队作战的方式，还有整个德国社会作战的方式。[2]

兴登堡的第一军需总监和得力助手埃里希·鲁登道夫是一个完全不同的人。他非常关注细节，也是一个不由自主的工作狂。兴登堡可以充任一个很好的陪伴者，会用轻松随意的礼仪和不露声色的机智接待野战军指挥部的访客，但鲁登道夫冷漠、高度紧张且毫无幽默感。1877年，年仅13岁的鲁登道夫进入一所军校就读，他将军队当成自己的生活中心，并且竭力突破自己的资产阶级出身带来的劣势，后来成了德军中最受尊敬的——就算不是最受人喜欢的——总参谋部军官。他关注如何利用德国的人力来满足军事需要，这一点在1912—1913年便已经有迹可循，当时他和毛奇（时任德军总参谋长）一道迫切要求大规模扩军。当时，在鲁登道夫的影响下，毛奇坚持认为"我们的政治和地理处境，使得我们有必要让所有可用的力量都准备好来应对一场将决定德国存亡的大战"。1916年夏天，在各条战线上都战得如火如荼之时，鲁登道夫的头脑又被同样的念头占据了。协约国在索姆河战役中的巨大兵力和资源投入，"极为清晰地"让他意识到了开展一次大规模再次动员的必要性。新任第一军需总监对于德国政府中惯常的"政治"与"军事"领域划分不屑一顾，而这种划分也极其不适合持久战无所不包的境况。因为德皇无力协调，民事机关受到了右翼攻击且因为食品短缺而日益失去信誉，所以最有希望让四分五裂的战争努力重获些许团结的，便是威望尚未受损的军方了。[3] 然而，鲁登道夫只懂军事，且本性极端保守，这使得他无法理解德国社会的纷繁复杂，也无法协调德国社会中相互冲突的各种利益团体。在他的回忆录中，除了傲慢自大、明显的辩解和对他对德国战败应负的巨大责任的顽固漠视，我们看不到一种力量感，而是看到了一种百思不得其解的挫败感——为什么第三最高统帅部的计划总是被政治现实挫败。[4]

新一任统帅部的德国再动员计划很典型地以军队为起点。为了抗衡敌军的物质优势，德军也需要进步更新。鲁登道夫在1916年9月便已经见识过了精英的突击队。一个月后，深受震动的鲁登道夫下令在每个集团军中都组建类似的营；12月，面向防御战的新版战术指南发布，这一指南以突击队的作战技术和对近期战役的分析为基础。对于索姆河战役和凡尔登战役的老兵而言，新的战术指南并没有什么新东西；士兵们吸取到的经验已经在战斗中通过军队传播开来了，许多部队已经在不得已的情况下体验过小团体作战技术，因为到了一场场战斗的最后，原本特意设计的牢固防线已经丢失或者被摧毁，士兵们只能分散在各个弹坑里防守。[5] 然而为了适应新挑战，德军不仅要求把对团队和个人能动性的强调制度化，还要求大规模重整军备。第三最高统帅部希望将火炮和机枪的产量提高到原来的3倍。迫击炮能够为作战部队提供他们自己的近距支援，因此迫击炮的数量要变为原来的2倍。索姆河前线的德军士兵痛苦地希望得到更多炮弹的悲惨处境依然历历在目，因此军方也决定让弹药产量增长为原来的2倍。这些都应当在1917年5月完成，因为军方估计届时协约国将发起新一轮攻势。为了实现上述增产目标和他们的军事构想，他们二人不得不深深地介入本国的工业与社会。随后开展的工业与宣传活动被命名为"兴登堡计划"。[6]

兴登堡计划

第三最高统帅部立马便开始推动全面动员德国的力量来参与战争努力。1916年8月31日，马克斯·鲍尔上校这位与鲁登道夫密切合作的武器采购专家便完成了一份提交给国防部的备忘录，指出德国军队的物资劣势和人力劣势，并且强调"必须越来越多地用机器代替人"。[7] 2周之后，第三最高统帅部便向首相贝特曼·霍尔维格提交了具体的提议。鲁登道夫和兴登堡把行政管理改革看作加快生产的关键：战时经济的管理应当集中化。更加根本的是，正如工业家们向这些新任领导人指出的，要提高军备产量必须在军械工厂中增加工人。军队准备让熟练工放假，去协助军备生产。然而，新的劳动力资源也必须被发掘、动员起来。[8]

第三最高统帅部为了重新动员经济而推行的主要行政管理革新举动，是设立最高战时办公室，它的负责人是风度翩翩的南部德国铁路专家威廉·格勒纳将军。这个新机构在1916年11月1日成立。在一定程度上，它是官僚政治斗争的产物。鲁登道夫和兴登堡对国防部——它的下属机构此前一直负责着武器和弹药采购——心怀蔑视。虽然最高战时办公室设在国防部内，但格勒纳实际上对鲁登道夫负责。然而，这一重组也是真正地在试图向指令经济靠拢。这个新机构负责关键决策的上层是按军事原则组织的，而一个有着6个主要分支部门的更传统的官僚架构在其领导下运作。国防部承担的劳工雇用、军械和衣物采购以及军需原料部门、食品部门和进出口的职责都被移交给了这个新机构。杰出的科学家、经济专家和工业家担任这个机构的技术工作人员，负责为机构领导设定计划、提出建议。最高战时办公室后来又获得了向各个后方军区的普鲁士副指挥官发布命令的权利，这大大提高了该机构协调德国经济的能力。这一权利先是被授予了国防部，随后，被新任国防大臣——按照第三最高统帅部的命令任命——移交给了最高战时办公室。军事和工业领域的人力与物质资源如今终于实现合理化、集中化配置，而不必听凭没有接受过经济学训练的地区军方指挥官随意干预，也不必受制于来自地方的压力。[9]

但是，最高战时办公室并不是鲁登道夫和兴登堡二人期望的那种协调机构。新任国防大臣赫尔曼·冯·施泰因虽然是鲁登道夫的人，但当他发现在他的国防部中格勒纳的部门权力过大时，他的官僚主义地盘本能便被激发了起来，他抵制了所有想要约束后方军区副指挥官权力的措施。最高战时办公室与民事机关也龃龉不断，其中最重要的是与普鲁士内政部的矛盾，后者捍卫了自己的行政管辖权。巴伐利亚、萨克森、符腾堡不想让自己的机构从属于任何普鲁士行政机构，因此，它们也在各自的国防部里建立了自己的战时办公室。此外，最高战时办公室自己也不是办事有效率的典范。它那古怪的半军事、半官僚的架构，让工作变得加倍困难、加倍混乱。格勒纳的参谋们和各部门领导发布的指令经常相互冲突，以至于格勒纳一度认为有必要让自己的机构暂停工作2个星期。但是，即便战时办公室组织合理，不处在官僚内讧的中心，它也无力推动完成一场满足第三最高统帅部空想目标的工业复兴。[10]

兴登堡计划注定要失败，因为它的目标是全然随意的。鲁登道夫和其他人后来强调，这个计划有一定的宣传成分；让武器产量增加为原来的2倍，甚至3倍，无疑会增加第三最高统帅部走马上任的传奇色彩。但是，正如格勒纳反映的，维持战时经济是不可能的。[11] 国防部明智地把火药的产量当作它的军备计划的一个基础，但国防部采购军火的工作遭到了第三最高统帅部的鄙视。在1914年秋季最初的短缺之后，国防部已经制订了一份增产计划，来扩大火药生产，首先增产到3500吨。1915年2月，生产目标被提高到每个月6000吨，这个目标到1916年7月才终于实现。索姆河战役促使国防部进一步提高目标，到1917年5月，要达到每月1万吨。为了再增加2000吨，也为了获得醒目的新闻标题，第三最高统帅部舍弃了这些仔细核算过的计划。可以预想到的是，结果是一场灾难。与国防部的计划不同，兴登堡计划需要创造新的生产力来实现它的目标，结果，当局调用稀缺的物资和人力去兴建工厂，其中有些工厂根本无法完工。兴登堡计划对德国的铁路和燃煤供应也造成了过大的压力。由于严寒封冻了运河，兴登堡计划极大地加重了德国人民在"大头菜之冬"的短缺与痛苦。它还加剧了通货膨胀，由此进一步增加了民众的苦难：第三最高统帅部削减了可以赚取外汇的钢材出口，而且为了激励生产，放弃了国防部审慎的开支政策，给军工企业提供了丰厚的利润。流通中的纸币激增。[12] 值得注意的是，火药和火炮在兴登堡计划中并没有被关联考虑，因此，即便增产目标都顺利完成了，军火的比例也不匹配。但是，这种混乱意味着产量从来都没有接近实现过。1917年2月的钢产量实际上比6个月之前还要低。火药的生产也不佳。直到1917年10月，德国才实现了每月1万吨的火药产量。第三最高统帅部倘若坚持国防部的匀速计划，本可以取得更好的进展。[13]

兴登堡计划最显著的特点无疑是它试图转变德国战争努力的道德基础。劳工极度短缺。即便按照国防部的军备计划，德国也缺少30万至40万名工人。第三最高统帅部的活动把工人需求量增加到了200万至300万名。¹⁴ 军方从前线放回了 12.5 万名熟练工。那些不直接为战争努力服务的行业被无情地削减了，它们的工人被投入了军工生产领域。1917 年，规模小、效率较低的工厂被大批关停，以重新配置这些工厂的人力和稀缺资源。在普鲁士，1913 年有 75 012 家注册工厂，但到了 1918 年，这个数字跌到了 53 583 家。¹⁵ 但是，在鲁登道夫和鲍尔的计划的核心，是要对德国的劳动力实现全面掌控。到当时为止，城堡和平一直影响着后方当局的劳工政策。政府和副指挥官通过做出少许让步，换来了社会主义者和工会的自愿合作。现在，当局要开始推行更具强制性的举措。在 9 月 13 日给首相的一封信中，第三最高统帅部提议，将服役年龄的上限从 45 岁提高到 50 岁（奥匈帝国在 1915 年早些时候已经将服役年龄上限提高到了 50 岁），还提议制定一份新的战争表现法案，允许工人被调到军械工厂并将军事工作定为强制性的，即便对妇女也是如此。它还主张，除了医学院，大学的各个院系都要关闭。这些新任军方领导人的激进程度在兴登堡对人力安排那令人不寒而栗的警告——"不劳动者不得食"——中得到了最好的体现。¹⁶

并没有多少证据可以表明，倘若第三最高统帅部可以独行其是的话，德国的经济会得到改善。奥地利也被纳入了兴登堡计划之中；该国 1912 年战争法的第四条允许征召所有未在军中服役的身体健全者，第六条规定工人严守工作岗位。虽然有这部强制性的法律且该国投入了 4.54 亿克朗用于兴建或扩大工厂，但奥地利的军火产量在 1917 年下半年实际上下降了。¹⁷ 在德国，民事领导人极力反对最高统帅部强制动员平民的方案。内政大臣卡尔·黑尔费里希反对称，强迫妇女劳动实际上是没有必要的，因为在寻找工作的妇女人数已经超过了给妇女提供的岗位数。他担心，任何强制举措会对工人们在城堡和平氛围下广泛展现出来的"自愿而积极的配合"造成破坏。他的担忧是正确的。国防部也持反对态度，认为把服役年龄提高到 50 岁并不能造成很大改变，并且强调，发自内心的拥护，而不是强制措施，一定可以激励工人。鲁登道夫用变本加厉的要求做出了回应，他主张所有 15—60 岁的男性都有服役义务。最值得注意，也是最有问题的一点在于，第三最高统帅部坚持主张，这些措施都要成为法律，因此它们经由议会合法化了。普鲁士政府深知议会议员们因为官方食品管理工作的不力和副指挥官滥用戒严法而深感不满，也知道这部法律的条款会多么有争议，因此认为第三最高统帅部的立法要求是一个致命的错误。但是，兴登堡和鲁登道夫盲目地无视了所有的保留意见。他们宣称："只要我们让议会明白，没有这样一部法律的帮助，战争便无法获胜，议会便不会阻挠这部法律通过。"[18]

这部法案后来被命名为《爱国辅助役法》，由格勒纳起草，而他的最高战时办公室将控制和分配这个国家没有选择权的人力。格勒纳是个理智的人。与兴登堡和鲁登道夫不同，他在后方前线工作过，知道那里的严峻形势。他准备好与无产阶级的代表达成妥协，承认"我们倘若与工人为敌，是不可能赢得这场战争的"。[19]他起草的草案考虑到了民事机关的批评意见。将服役年限延长为15—60岁的主张被转变成了一种新的义务——爱国辅助役，它包括各种与战争相关的工作，无论是在政府办公室工作，还是务农，还是在军工企业工作。只有男性需要履行这项新义务；草案舍弃了兴登堡提出的让女性也负担这项义务的主张。与第三最高统帅部的希望一致，这部草案简洁而笼统，但它提到"按照国防大臣的命令"，年龄在15—60岁的男性可能"被要求服爱国辅助役"，这项表述暗示的是转移人力、限制人力自由流动的激进新力量。虽然鲁登道夫力促该法案尽快落实，但经由议会通过这样一部法律是需要很多讨论的。民事当局并不打算放弃所有控制权，因此增加了一些条款，赋予联邦参议院（代表德国各邦）监督最高战时办公室在实施该法律时发布的各项命令，授予它撤销这些命令的权力。大臣们也驳回了草案中要求年满15岁的未成年人必须参加军事训练的条款，并将辅助役的最低年龄提高到17岁。在与工业家、工会开会之后，法案中又增加了一些有关该法案应如何实施的具体指导方针。为了打消左派的疑虑，这些指导方针包括设立有工人代表参加的仲裁委员会的条款，在工人想要离岗，而雇主不给他发放"离职证明"时，这个委员会会居中斡旋。上述各种调整的意图，是为了让这部法案在联邦参议院通过，然后再把它递交给议会指导委员会——各党派的代表会在议会指导委员会中与格勒纳、黑尔费里希就法案的具体内容秘密讨价还价。一旦他们达成一致，这部法案有望很快在议会得到广泛赞成，传达出一个众志成城、战斗到底的有力信号，并把德国的战争努力置于一个更加有效、受控制的新基础之上。[20]

兴登堡和鲁登道夫会大受打击。第三最高统帅部想要用笼络收买的方式来建立指令性经济，但议会和议会指导委员会中的社会民主党、天主教中央党、进步党议员并不买账，他们不愿全盘信任军方或政府。12月2日，议会通过了这部被大幅修订过的法案，3天后，经德皇签字生效，但它已经远远背离那些将军们的初衷了。与格勒纳简洁、笼统的草案相比，这份长长的文件中有种种对工人和工人组织的让步；鲁登道夫后来谴责称，"这部法案最终通过时所呈现出来的形式"已经"等同于失败"。不满的黑尔费里希也提出了类似的抱怨，称"几乎可以说，是社会民主党人、波兰人、阿尔萨斯人、工会书记们炮制了这部法律"[21]。让保守的军方人士和政治家们深感忧虑的是，议会强行通过了一项要求，设立一个由15位议会成员组成的特别委员会，来监督《爱国辅助役法》的实施，甚至是一般规定也需要他们的同意。许多工业家本来期盼拥有由自己支配的受限劳动力，可以更容易地制订计划，破坏雇员争取更高工资的能力，但结果却让他们失望：所有超过50人的工厂都要建立工人委员会和调解机构。工会的一个长期目标是迫使雇主承认工会、与工会谈判，如今它们接近了这个目标。但是，或许最糟的是，降低工人流动性（这是集中管理人力资源的前提条件）这个首要目标在很大程度上被挫败了。左派指出工业家可能从中获取高额利润，并且坚称，工人也应当有权改善自己的命运。结果，虽然在理论上战争工人们是被固定在了他们的工作岗位上，但有一点得到了明确承认，"恰当改善工作条件"的愿景被明确认可为换工作的正当理由。[22]

因此，第三最高统帅部在强制力和管控的新基础上重新动员德国的尝试是彻底失败了。鲁登道夫非常天真地设想，一项限制劳动者自由的法律会在无人提出补偿要求的情况下得到通过。他不认可最终通过的《爱国辅助役法》，认为它"不仅起不到效果，反而贻害无穷"；他自顾自地主张，这部法律展现了民事当局的软弱和政治左派的贪婪，这两者最终让德国走向了战败。[23] 不过对于鲁登道夫而言，真正的问题在于他被挫败了，而民主势力与社会主义势力则大获增长。议会特别委员会监督着《爱国辅助役法》的施行，社会民主党与各个资产阶级中间党派实现了合作，仲裁委员会（在这些仲裁委员会中，工人可以与雇主坐在一起来裁决事务）纷纷设立了起来，这些都让保守派颇有芒刺在背之感。保守派宣称《爱国辅助役法》阻碍了德国的战争努力，他们的说法有一些历史学家做支撑，却通常都缺乏坚实的事实根据。罢工事件在1917年有所增多，这更多地是人们对日益恶化的社会环境做出的回应，而不是对新法律下变化了的雇佣环境做出的回应。有些人抱怨这部法律增加了劳工的流动性，这一说法也颇可怀疑。相反，这部法律非常成功地空出了很多可供军用的人力，它用可以服辅助役的男性替下了身体健全的工人。重要的是，这些让步也让工会一直支持德国政权，维持了工会的合作态度。这是一个极为可贵的成就，尤其是在一片混乱的1917年。不顾所有其他利益派别地将劳动力军事化，会不可避免地会导致灾难。在一场只有获得民众赞同才能继续下去的战争中，《爱国辅助役法》做出的妥协与让步是德国在这场战争中坚持下去的最大希望。[24]

强制劳役

虽然第三最高统帅部把德国战争努力的基础从"赞同"转向"控制"的转变在1916年失败了，但是强制措施仍然是经济动员中的一种重要手段。德国工人们或许会因为警察、雇主或是负责后方地区的将军的威吓而表现顺从。可是，在德国领土上实施的最为严酷无情、最为肆无忌惮的强制措施却是针对敌国百姓的。今天人们很少会知道，德国在一战期间有多么依赖外籍劳工。到1918年，约1/7的德国劳动力来自国外，总数达250万人。大多数人都在某种程度上算是被强迫的劳工。绝大多数人是战俘，人数约150万，德方可以合法地安排他们从事与战争无关的工作。但是，其中也有很多平民：数十万俄籍波兰季节性工人被扣留在大农庄上；数万比利时平民被强行押送到德国，在德国工厂里做工；即便是很多外国人确实签署了劳动合同，他们做出的签约决定往往也不乏强迫成分。考虑到纳粹分子在二战中大量使用强迫劳动，令人震惊或许是令人万万没想到的是，1914—1918 年战争的重要教训是强制劳役并没有收到非常好的效果。强制措施越是粗暴，工人们就越痛苦，其反抗意愿就越发强烈，而且当局从中收获的成果也就越少。[25]

在战前，蓬勃发展的德国经济已经吸引了大量外籍劳工。当时已经有 50 万外籍劳力从事农业生产，70 万从事工业生产。战争爆发时，35 万俄籍波兰季节性工人困在了错误的边境内。起初，德国政府的首要关切点在于阻止那些役龄男性加入俄国军队。其他人之所以被留下，仅仅是为了收获块根农作物，待收获结束后，再被驱逐出境。但是，到了 1914 年 10 月，普鲁士内政大臣和农业大臣已经逐渐认识到，在一场旷日持久的战争中，这些劳工对于德国的农业生产和食品供应具有非常关键的作用，因此当局禁止他们返回故乡或是离开工作岗位。在德国工厂里工作的俄籍波兰人很快也受到了类似限制。后方地区将军承担起了让这些波兰人遵守纪律的责任。波兰人不得开展罢工或是做出其他反抗行为，如果没有事先得到地方将军的许可，也不得离开自己被指定的活动区域。为了给扣留不适合服兵役的人的做法套上合法的外衣，当局用高压迫使他们"自愿地"签署了劳动合同。[26] 值得注意的有两点。首先，扣留这些人的事情说明，从战争一开始，德国政府便准备采取坚决的行动，无视国际法的精神，来促进本国的战争努力。其次，德国政府对待他们认为尚未开化的东部人的方式是不同于对待那些"开化的"西方国家的公民的方式的。比如，战争刚爆发时，德国政府允许英国妇女返乡，但禁止 4000 名役龄英国男性离境，并在 11 月把他们拘禁在柏林郊外胡雷本地区较为舒适的营地里。与俄籍波兰人的命运不同，这些英国人从未被强迫去为德国的战争努力劳动。法国和比利时男性公民大多是从 1916 年起才开始被强迫参与劳动的。[27]

因此，在德国开了强制劳役之先河的并非第三最高统帅部。不过，兴登堡计划对于劳工的紧迫需求促使第三最高统帅部将强制劳役沿着更加严酷的新方向扩展了。由于德国劳动力已经极度紧张，最高统帅部便将贪婪的目光投向了占领下的比利时。比利时是一个工业化国家，拥有一批有技能的劳动力，且其中大部分人正处于失业状态。早就有人打起了征募比利时劳工的主意。在兴登堡和鲁登道夫上台之前，德国大企业家便已经开始游说普鲁士国防部，于是，国防部在1916年3月和当年夏天两度催促比利时总督府负责人莫里茨·冯·比辛将军动员比利时人力来为德国的战争努力服务。自愿性征募没能取得什么成效：只有不到3万名比利时劳工报名，但因为国防部需要10倍于此的人力来完成它的军备生产计划，有人便提议实施强制劳役制。比辛将军否决了这一提议。即使面对着重重压力，他做出的最大让步就是一项在1916年5月中旬发布的命令，允许失业或者不愿在比利时为德国企业工作的劳工被遣往德国。比辛之所以抗拒强制劳役制，一定程度上是出于实用主义。他明智地并不看好强制劳役的经济效率，而且担心强制劳役会在比利时引发动乱，激起负面的国际反响。他也有战略层面的考虑：他指望着比利时最终被纳入德国版图，因此他希望"得当地"对待比利时人民。最后，传统普鲁士军官团内在的某种家长制精神也影响着他的行动。他认为自己是"这片土地的管理者"，因此感到自己有责任反对更具掠夺性的人力资源利用方式。早在1915年6月，他便表示："我认为，一枚被榨干的柠檬是没有价值的，一头死掉的奶牛是不会再产奶的。因此，保持这片在经济上和其他方面对德国而言非常重要的地区的生命力，尽可能修复它的战争创伤，是极为重要的，也是十分必需的。"[28]

最后，鲁登道夫和兴登堡打破了比辛对强制劳役的抵制。他们认为推行强制劳役更为重要。在他们被任命为德国陆军总指挥仅仅一个半星期之后，他们便会见了这位比利时总督，与他一同讨论比利时的资源利用问题。5天之后，9月13日，他们命令比辛为德国的现实需要提供劳动力，不要再有社会或法律方面的顾虑。比辛表示反对。他和首相商议了此事，然后前往离他在布鲁塞尔的驻地超过1000千米远的普莱斯，与最高统帅部理论此事。9月19日，他当面拒绝了鲁登道夫的要求，不允许在德国广泛使用比利时强制劳工。后来，在一场会议中，比利时总督府的代表们坚决反对强制劳役，而军方和民事系统的代表联手与他们作对。比辛向首相求援也没能成功。在这样的情况下，10月6日，比辛无奈地同意组织比利时工人送往德国。[29]

没有什么决定比这个决定更糟糕了，因为从各个层面来说，这场遣送行动都是惨败。比辛一松口，第一批失业工人和所谓的"不愿工作的人"就被聚拢了起来，在1916年10月26日被送走了。这一批人总共有729人。在1917年2月遣送行动被叫停之前，共有115次这种活动举行。起初，最高统帅部希望可以每周遣送2万名劳工，但由于问题重重，特别是铁路系统不堪重负、德国境内住所紧缺，这个数字便调低了，先是降到了每周12 000—13 000人，后来又降到了每周8000人。到12月10日，军方打算每周遣送2000名比利时工人，但是实际上，尽管在11月的某几周，每周确有1万甚至1.2万人被遣送，可是到年底，即使每周遣送2000人的目标都是不可能完成的任务。总共有60 847名比利时工人被遣送到德国。军方的残忍策略是将这些工人带到德国境内的营地里，在那里，故意给他们安排严苛的待遇、不足的饮食、糟糕的卫生环境，逼迫他们为了改善生存境况而签署在德国军工企业工作的合同，从而成为"自愿的"工人。这些羁押营地中的死亡率可以让我们了解其条件有多么恶劣：在短短数月之中，便有1316人死去。即便如此，只有13 376名比利时人屈服，签署了劳动合同，人数不到总人数的1/4。冷酷无情的待遇激起的是怨恨与憎恶，而不是顺从。[30]

遣送几千名可怜的工人，对兴登堡的军备增产计划没什么影响，但它确实造成了国际公共关系方面的重大危机，能与之相比的，只有1914年8月因游击队妄想而出现的屠杀和破坏事件。比利时天主教神职人员与流亡政府都提出了抗议。协约国也提出了抗议。德国人更加坐实了行事野蛮的名声。在中立国，德国的做法也激起了公愤。教皇谴责了这场大规模遣送行动。最要命的是美国人的反应。美国的知识分子、新闻媒体和主要城市里的群众集会，掀起了一股谴责风潮。美国总统威尔逊当时在设法让参战国通过协商达成和平，这是一个由美国缔造的和平局面。但是美国主战派煽动起的大众义愤破坏了他的这番努力。1916至1917年的冬天，作为遣送行动的结果，德国最终彻底输掉了这场德国驻华盛顿大使所说的"争取美国人的斗争"。[31]

德国人和哈布斯堡帝国人都在让战俘参加劳动方面更为成功。正如鲁登道夫后来认为的那样，战俘对德国的战争经济具有"极为重要的作用"。[32] 他们的人数远远超过被迫劳动的平民人数。到 1914 年年底，德军共俘虏了 219 364 名法国士兵、19 316 名英国士兵、约 30 万名俄国士兵。1915 年，德军的战俘人数猛增到 150 万人，到战争结束时，增至 2 415 043 人。奥匈帝国军队俘虏了大概 200 万名敌方士兵。[33] 起初，两国并没有动用这些人参与劳动。两国将他们关在极为拥挤的战俘营里，1915 年上半年，战俘营里斑疹伤寒症肆虐，因此他们必须跟平民严格隔离开来。[34] 但是，计划很快变成了让这些战俘充作劳动力，从这一年年中开始，奥地利和德国派大批战俘去劳动。这种安排在法律上是没有问题的。国际法禁止的仅仅是让战俘从事"与战争相关"的行动。[35] 起初，奥地利人打算用战俘开展雄心勃勃的国有土地开垦与铁路建设工程。在德国，战俘起初也被分派了类似的任务，但不久后，他们被调到了钢铁厂或矿山，并很快就在钢铁厂和矿山工人中占到了很大比例。到了 1916 年 8 月，即兴登堡和鲁登道夫上任时，鲁尔煤矿产业中 14% 的劳工是战俘。[36]

在农业领域，战俘人数最多，作用也很突出。德国安排约 2/3 的战俘从事农业劳动。奥地利也规定，让战俘在农场劳动是"头等重要的国家需求"。[37] 起初，战俘只在大农场工作，因为两国军方极为关注安全问题，他们坚持认为，想要使用战俘的私人产业，至少要用到 30 个战俘。如果少于 30 个人的话，派人看守他们便不划算了。但是，随着经济形势变得越发紧迫，军方采取了更灵活的态度，从 1915 年 10 月起，军方允许单个战俘长期住在农场中。在这之后，将单个或成对的战俘分配到各地工作的情况便变得非常普遍了。到战争结束时，150 万名战俘在德国各地的 75 万个农场与企业中工作。[38] 分配到农场里工作的战俘算是幸运的。在工业领域工作的战俘收入微薄，伙食很差，且有罹患传染病的风险。那些被留在前线紧后方工作的战俘更加悲惨，16% 的德国战俘和超过 20% 的奥匈帝国战俘即属此类。极少的配给、殴打和过劳，是前线战俘劳动队的日常生活。德国和奥匈帝国的战俘死亡人数分别约为 14 万人和 23 万人，这些战俘在其中占到了很多。[39] 与之相比，被分配给乡村小农场主的战俘通常都受到了良好对待。女主人非常珍视这些稀有的劳动力，吃的东西不成问题，而且由于战俘一般都住在农舍里，语言和民族仇恨造成的隔阂雪融冰消，许多战俘逐渐被当成了家庭的一员。这种形式的强制劳役——这种模式与通常跟这个词语联系在一起的残忍奴役状态相去甚远——是德国和奥匈帝国在这场战争期间使用外籍劳工的巨大成功。这些战俘大部分是有务农背景的俄国人，他们知道自己是幸运的；与那些在工业领域或是前线战俘劳动队中工作的战俘不同，他们的生产率更高。[40]

只雇一两个战俘的农场所取得的成功，自然引起了步履维艰的小企业的注意。国内最出色、最有前途的男子已经被征入军中，对于在此情境下苦苦挣扎求生的企业来说，战俘似乎是救命稻草。海伦妮·格鲁斯是波兹南一家理发店的老板，她在1918年4月给当地的军事长官写信，恳请他为自己分派一名会理发的战俘。她的丈夫在1916年9月应征入伍，想要找到人代替他的工作简直是难如登天。她抱怨道，自己唯一的德国助手"脑子实在是少根筋，也太缺乏职业训练，他不仅不能好好地为顾客服务，他的举止和捣乱行为还会让店里的顾客减少"。[41] 我们不知道她的请求是否获得了批准，但这件事确实说明了，战俘已经在多大程度上成了战时社会结构中的一个正常组成部分。

不过，即便在这种最亲善温和的伪装下，强制劳役也不是没有问题的。俄国士兵在战时出现在德国社会中，造成了两大负面影响。首先，它引起了相当大的社会焦虑。一些妇女和战俘们成了伴侣，几百名妇女怀了孕。新闻媒体把这些事情夸大成了一场民族风化危机。对于女性性行为的担忧和战时仇外情绪混合到了一起。后方地区将军禁止妇女与敌人保持性关系。胆敢违抗禁令的妇女会被登到报纸上，被称为叛国者，还会受到惩罚，有时要坐好几个月的牢。在右翼人士看来，妇女与战俘的伴侣关系进一步证明，自私的后方前线辜负了那些被认为是无私的前线英雄。[42]

更为严重的是，数十万几乎不受什么监管的敌方士兵出现在德国社会与经济中，这引发了官方的疑惧。在城市里，当局将他们看作对公共秩序的威胁。过分的恐惧情绪在1917年夏天达到了顶峰，当时，普鲁士国防部警告称，英国和法国特工正在协作筹备一场大规模的战俘暴动，暴动的暗号应该会包含在从瑞士发来的天气预报中。为了挫败这场猜想出的威胁，审查变严了，警方要进入高度戒备状态，卫兵们则得到命令，一旦发现兵变，就立即动用武器。[43] 虽然令人害怕的大规模战俘起义从未发生，但当局还有另外一种经常性且更合理的疑惧，即担心战俘会破坏战时生产。军工厂中发生的火灾、爆炸和明显的事故，都加剧了后方地区指挥官的怀疑。指挥官们会先默认在工厂中工作的战俘是嫌疑人。正如第十七集团军区的指挥官在1917年年中警告称，"只有在确实认定事故是由其他人，或是因为其他原因引起时，战俘破坏生产的嫌疑才可以被排除"。[44]

然而，最让官员们害怕的是一个颇为讽刺的事实：德国的生存现在完全依赖数十万不受监督地在其农场上劳作的敌军士兵。德国脆弱的食品供给系统仰仗这些战俘的劳动。因此，难怪德国当局在得知法国情报部门正在煽动法军战俘破坏生产时会立时陷入恐慌。战俘们收到了损害马铃薯和牲畜的指示和工具。寄给战俘的红十字会包裹中的蛋糕、牙膏管、有假底的罐头里，藏了巧妙伪装的延时引火装置和所谓的"摘除器"（用于戳掉马铃薯芽眼的工具）。据德国情报部门的说法，法国人甚至打算搞生物战，给战俘们提供可以让牛感染炭疽的药片。[45] 这种被过分夸大的危险让后方地区将军发布了异常激进的公告。他们告诉农村百姓，战俘们正按照一项敌方阴险计划行动："根据一个蓄意筹划的大规模计划，我们的下一个收获季会遭战俘破坏。"当局指示民众要"对每一个战俘保持怀疑与警惕……即便在你们看来，他们对德国人十分友好"。当局还要求神职人员、教师、市长们向公众提醒法国人的破坏行动，要求农民密切注意在自己的农场工作的战俘，并且不得为战俘们收发信件或包裹，否则农民自己便可能会被判为叛国罪。[46] 高层也持有阴谋论，认为战俘已经造成了德国的苦难。负责德国后方前线部队的副总参谋长四处跟官员们宣扬一个捕风捉影但又极为吓人的故事，称战俘们破坏了用于播种的德国马铃薯，因此造成了1916至1917年的"大头菜之冬"。[47]

德国人在后方运用强制劳工的做法证明了强制性举措的困难性和花费。第三最高统帅部最为严酷的强制手段便是强行将不情愿的比利时工人遣送到德国，这个做法完全失败了，并且招致了严重的国际谴责。在开战之初被非法扣留的波兰族平民被迫在德国东部的大农场里劳动,他们起的作用虽然稍大一些,但依然有限。他们的工作积极性不高,但逃跑率很高。[48] 明显更成功的是在农业生产领域合法使用战俘的做法。这些人总体上受到了较好的待遇,而且成了德国战争努力中不可或缺的力量。但即便是这样,强制劳役也要付出沉重的社会代价与道德代价,因为使用这些战俘让德国人的妄想、怀疑与种族主义日益急剧增加。这些情况并不能说明强制手段绝对不具备经济意义,但它们确实证明,这个手段不适用于一个拥有新闻媒体和议会且处于国际监督之下的相对自由的社会。在同盟国占领的地区,上述这些条件并不存在,使用残忍、无情手段的空间会更大一些。但事实证明,即便是在这些占领区,强制利用当地的人力和物质资源也是要付出巨大代价的。

占领区

同盟国在战争的头两年占领了大片敌方领土。到1916年底,它们已经侵占了525 500平方千米的土地,如果这些土地上的资源能够被调动起来,便能够减轻两国受围困的窘况,有力地支持两国的战时经济。[49] 在德国占领的地区,共有2100万外国百姓,这大概相当于德国人口的1/3。被占领的比利时有大约600万人,卢森堡则有30万人,法国东北部有250万人,俄属波兰(在德国人统治时被德国人称为"华沙总督府")的北部有600万人,在所谓东线管制区(包括库尔兰、立陶宛、比亚韦斯托克-格罗德诺)则有近300万人。在这年年底被征服的约340万罗马尼亚人,被一个由德国人运作的政权统治,但是其他同盟国国家也在这个政权中保有影响力。奥匈帝国也占领了一些领土,虽然比德国少,但面积也很大。哈布斯堡军队控制了俄属波兰南部约45 000平方千米的土地,这片土地包括彼得库夫、凯尔采、拉多姆和卢布林地区,有大约450万居民。哈布斯堡军队还控制了塞尔维亚,这里有140万饱经战火蹂躏的百姓。黑山与阿尔巴尼亚也归入了奥匈帝国的统治范围。[50]

同盟国在这些地区建立了不同类型的占领政权。比利时和波兰的占领政权体现了德国典型的混乱指挥系统,这两个政权各有一位来自军方的总督,他只对德皇负责,但支撑他的民事官僚系统则受德国首相辖制。其他大部分地区由军方单独把持。1915 年,波罗的海沿岸地区被占领,当时在东线指挥德军部队的鲁登道夫和兴登堡断然抵制民事机构介入,建立了他们自己的军事王国——东线管制区。被占领的法国东北部地区(21 000 平方千米)与比利时的西边一角一起被指定为后方阵线地带,被划分为 6 个区域,由在西线作战的集团军管辖。[51] 到罗马尼亚的半数领土被征服时,足够的适任人员的缺乏意味着,建立民事政府是不可行的,因此,军方联合盟友以及愿意合作的当地精英,也管理起这个地区。奥匈帝国征服的领土全部以最高统帅部为最高统治机构。波兰南部、塞尔维亚、黑山等较大的地区均由一位军事总督统治。小一些的地区,如阿尔巴尼亚和后来被占领的意大利地区,则交由各军指挥部管辖。所有这些治理机构的任务都是相似的。每个占领政权的第一任务便是安抚民心。这是第二位的中心任务——经济剥削——得以完成的前提。但是,经济剥削在当地居民中引发的敌意,破坏了这些政权在许多地区追求的第三重也是更长期的目标,即通过笼络当地百姓、争取地方精英来巩固德国或奥匈帝国在当地的长久统治。[52]

同盟国占领政权最重要的特性就是它们的剥削本质。各地管理人员对他们的目标都是直言不讳的。冯·凯斯勒少校是在罗马尼亚的德国经济部门负责人,他便表示,占领当局最迫切的任务就是"从当地榨取出尽可能多的资源"。[53] 20 世纪 40 年代的专家们在回顾 1914—1918 年时提出了质疑,认为同盟国并没能取得很大成功。他们估计德国从被征服地区获得的总利润是 57 亿金马克,这大概只占德国直接战争支出的 5% 多一点。倘若再减去占领行动的花费,这些地区的经济价值似乎就更低了。[54]

但是,当时的统计数字指向了一个不同的结论。同盟国从占领区攫取了大量各种资源(见表 13)。不仅如此,同盟国的领导人,特别是军方领导人,很重视这些地区,这说明这些较小的数字是错误的。首先,虽然占领区生产的食品以货币形式来说的话并不起眼,但它们对于维持受围困封锁的德国和奥匈帝国的生活起到了无可估量的作用。鲁登道夫在回忆录

表 13　1914—1918 年德国从占领区获取的物资

	比利时	东线管制区	波兰	罗马尼亚
谷物（吨）	—	—	1228200	711157
马（头）	150000	90000	—	—
牛（头）	900000	140000	1816000	9877
猪（头）	—	767000	1363000	2337
绵羊/山羊（头）	—	—	1520000	1208
煤（吨）	59900000*	—	14500000*†	—
石油（吨）	—	—	—	803218
回收金属（吨）	376000	—	153000	4550
木材（立方米）	—	3850000*	7300000*	约 44030

＊总开采量（不仅限于德国使用）†德国与奥匈帝国。

来源：Belgium: P. Lieberman, *Does Conquest Pay? The Exploitation of Occupied Industrial Societies* (Princeton, NJ, 1996), pp. 75 and 77, A. Henry, *Études sur l'occupation allemande en Belgique* (Brussels, 1920), p. 194, and A. Solanský, 'German Administration in Belgium', unpublished PhD thesis, Columbia University (1928), p. 115. Poland and Ober Ost: V. G. Liulevičius, *War Land on the Eastern Front: Culture, National Identity, and German Occupation in World War I* (Cambridge, New York and Melbourne, 2000), p. 73, I. Ihnatowicz, 'Gospodarka na ziemiach polskich w okresie I Wojny Światowej', in B. Zientara, A. Mączak, I. Ihnatowicz and Z. Landau, *Dzieje Gospodarcze Polski do 1939 r.* (Warsaw, 1965), p. 457, J. Molenda, 'Social Changes in Poland during World War I', in B. K. Király and N. F. Dreisziger (eds.), *East European Society in World War I* (Boulder, CO, and Highland Lakes, NJ, 1985), pp. 189–90, S. Czerep, 'Straty polskie podczas I wojny światowej', in D. Grinberg, J. Snopko and G. Zackiewicz (eds.), *Lata wielkiej wojny. Dojrzewanie do niepodległości, 1914–1918* (Białystok, 2007), p. 188 and M. Bemann, '"... kann von einer schonenden Behandlung keine Rede sein". Zur forst- und landwirtschaftlichen Ausnutzung des Generalgouvernements Warschau durch die deutsche Besatzungsmacht, 1915–1918', *Jahrbücher für Osteuropas, Neue Folge* 55(1) (2007), pp. 10 and 24. Romania: Abteilung V. des Wirtschaftsstabes des O.K.M., 'Ausfuhr aus Rumänien und Bessarabien bis zum 20. September 1918'. AVA Vienna: MdI, Präsidium 22/Bukowina 1900–1918 (Karton 2096): Akte 37818。

中强调了"占领区是如何支撑我们的食品供应系统的",甚至还宣称,在 1916 年之后,"倘若没有罗马尼亚的谷物与石油,我们无法生存,更不要说继续打仗了"[55]。普鲁士国防部次长弗朗茨·冯·汪戴尔少将也指出,这些地区被迫做出的贡献非常巨大:他在 1916 年 3 月向议会表明,要感谢这些负责在占领区获取资源的经济委员会,"我们在前线的士兵才能有充足的食品","大批的供给［才得以］从占领区被输送到我国的后方"[56]。哈布斯堡指挥官也非常认可他们占有的面积小得多的外国土地的价值。对于副总参谋长冯·赫费尔少将来说，在 1916 年底那些绝望的日子里，它们是"希望所在"。他认为，没有这些地区，"想要坚持到下一轮收获是不可能的"。[57] 奥匈帝国最高统帅部后勤部负责人冯·泽尼克中校认为，它们"给了我们养活军队的重要手段"。[58]

细致的考察说明，占领区的农业资源确实有利于缓解被围困的同盟国的食品短缺问题。在和平时期，德国人每年消耗 1330 万吨谷物。若是加上牲畜的消耗，德国每年的谷物需求量 2500 多万吨，其中 1/5 一直依赖进口。因此，德国在战时平均每年从占领区获取的 50 万吨谷物弥补了损失进口量的 1/10 到 1/6。占领区的牲畜饲养业对于同盟国而言更加重要。由于德国本身的生猪存栏量从 2500 多万头跌至大约 1000 万头，因此，从东部获取的 200 多万头猪对于缓解德国的饥饿问题起到了重要作用。[59] 占领罗马尼亚尤其意义重大。鲁登道夫曾夸张地宣称："1917 年，只靠罗马尼亚，就能够让德国、奥匈帝国和君士坦丁堡不至于过不下去。"[60] 1915 年秋至 1916 年 8 月的和平贸易使得同盟国可以进口 250 万吨谷物，这种方法比军事统治更有利于获取食品。[61] 但是，1916 年 12 月，在"大头菜之冬"的严重短缺局面下，对罗马尼亚所有谷仓的占领是非常及时的，而且通过大肆榨取，德国、奥匈帝国、保加利亚、奥斯曼帝国也能够在接下来的几年里用他们在占领国发行的既无价值又没有保障的货币交换到大量资源（见表 14）。

此外，官方的出口数据也没有完全说明情况。军队在一定程度上是靠这片土地维持生活的。比如，1916—1918 年，在罗马尼亚的德国驻军便消耗了 267 879 吨来自占领区的食品与饲料。[62] 哈布斯堡军队的消耗更是巨大，因为该国军队明显不愿意与本国百姓分享占领区的资源。德国和奥匈帝国军队对于他们进行的战争以及他们与祖国的关系有非常不同的看法。尤其是在 1916 年鲁登道夫上台之后，德国军方认识到，新的工业战需要国家、社会与军队的融合。与之相比，哈布斯堡军官们顽固地坚守过时的观念，认为军官和军队独立于且高于平民，他们在行动时也表现得好像后方前线无关紧要一般。德国军官们急切地想要帮助受苦的后方解决食品问题，但奥匈帝国军官们完全没有表现出这样的关切。相反，他们大力

表 14　1916—1918 年同盟国从罗马尼亚输出的物资

产品	质量
谷物*（吨）	1871546
燕麦（吨）	21093
稻草（吨）	72276
鲜蔬（吨）	4580
鲜果（吨）	15712
蛋/蛋粉（吨）	2074
牛（吨）	91387
猪（头）	105347
绵羊/山羊（头）	488168
金属（吨）	53129
石油（吨）	1036595

*小麦、黑麦、玉米、大麦、面粉、玉米粉。

来源：Abteilung V. des Wirtschaftsstabes des O.K.M., 'Ausfuhr aus Rumänien und Bessarabien bis zum 20. September 1918'. AVA Vienna: MdI, Präsidium 22/Bukowina 1900–1918 (Karton 2096): Akte 37818。

捍卫着自己对占领区农业的独占权。军方禁止民事系统采购人员进入占领区，一经发现，便会将其逮捕，并遣送回国。哈布斯堡最高统帅部对占领区食品的垄断让军官们在1917年、1918年依然可以维持奢华的生活方式，而对本国民众的极端饥饿无动于衷。普通士兵也享受到了一些好处：哈布斯堡军方将训练部队调到了塞尔维亚和波兰，仅仅是为了让他们吃好饭。军方估计，军方谷物需求的15%来自占领区的资源。[63]

除了官方出口、军队消耗，大量食品被秘密输送到了占领国本土，因此，军方的统计数字始终无法全面呈现出究竟有多少资源被从占领区送走了。在德国占领军中，士兵们获准将5千克重的食品包裹寄送给朋友和家人；这项特权被大加利用。在1916—1917年的短短8个月里，在罗马尼亚的士兵给家里寄去的食品足够装满1002节车皮。此外，休假回家的士兵带回家的食品还有18 000吨。哈布斯堡军队也有类似的规定，休假的士兵可以带25千克食品回家。[64] 对于深陷困境的士兵家人而言，他们很高兴能够在不足的官方配给之外不时地获得额外补给。汉堡的安娜·考恩施泰恩便是如此，每当家里的弗里德里希叔叔从比利时后方阵地"超负荷地"背回黄油、熏肉、油脂、豆子甚至是活兔时,她总是喜出望外。[65] 不过,同盟国士兵们大量采购食品的行为,并没有让占领地区的平民喜欢上他们或他们的政权。德国士兵简直像蝗灾一般席卷而来。德国马克的购买力使得这些士兵们成了农民们偏爱的顾客,但对于其他人而言,物价上涨得极为可怕。早在1915年,敌国和盟国的城市居民就已经把快速通货膨胀和饥饿问题都怪到了德国士兵头上。即便是在乡村地区,农民们最后也开始厌恶外国士兵的到访,后者或者是为自己或者是因官方征用任务而来此采购物品。农民们开始藏起自己的谷物。随着需求变大,农民用来阻止占领军获取食品的策略也变得更加高明了。在罗马尼亚,一些农民甚至将粮食藏到了棺材里,并举办了假葬礼。[66]

同盟国的占领政权或许都把经济剥削看作最迫切的目标,但各地实施经济剥削的手段、进行统治的方式各有不同。完全由军方治理的地区受到的对待,是与那些由军民混合式政权管理的地区不同的。不同管理人员的文化、偏见和作风,决定了他们如何统治、对待当地百姓。在他们到达占领区时见到的情景也有影响。当时的国际法设想着地方当局在占领时期继续发挥作用,但在东部,入侵部队发现俄国官员已经撤离,留下了一片片没有法律约束的疮痍之地。占领者有时会和地方精英谈判协商,有时会无视他们;占领军还必须决定如何平衡互相竞争的多民族利益集团。同盟国对占领区的长远规划也影响了这些决定。德国计划将波罗的海地区日耳曼化,将波兰地带并入德国,这些计划似乎指向了25年之后纳粹分子在东部推行的更大规模的、集体屠杀式的种族重组。但是,空想式的大计划通常并不是一战期间德奥两国占领行动的特点。虽然当时有限的国家建构,但更多的是困惑与混乱。这种困惑与混乱,再加上为了战争努力掠夺资源的紧迫目标,阻碍了各种大型新计划的构想与实施。[67]

一战期间最为臭名昭著的占领政权当属波罗的海地区的东线最高司令部管制区,它也是后来纳粹分子在欧洲东部的统治方式最清晰可循的先祖。鲁登道夫于1915年建立了这个军事政权,他那专横跋扈的个性和该政权军方管理人员的尚武文化是这个政权的特点。东线管制区是一种更全面的新动员形式的试验场；正是在这里，这位未来的第一军需总监发展并实践了通过命令来集中运作战争努力的想法。这一地区也是这位将军的长远殖民雄心的主要目标。对这个地区的统治带有某种理想主义色彩；鲁登道夫称这次占领是"一份文明教化工作"，它"有益于这个国家和它的居民，有益于军队和德国"。[68]

东线管制区的统治者们自视为文化的传播者。他们认为，只要给强制劳役戴上名为"日耳曼工程"的道德高帽，便可以驯服这片不羁的土地，并使其人民从此脱离懒惰与愚昧。军方的新闻部门大肆宣扬了他们取得的成就。他们不仅修复了俄国人在其"焦土式"撤退中破坏的基础设施，还飞速建设了新的公路、铁路与电报线路；到1915年年底，仅在未来东线管制区最南边的比亚韦斯托克省，德国人已经建造了434座桥梁，其中一座横跨了宽阔的布格河。军官们介入了农业生产，接管了废弃农庄，并且在当地引入了新的行业：果酱工厂、乳品工厂、马铃薯与蘑菇的烘干设备纷纷建立起来。德国人还在当地投资了1200万马克用于建设锯木厂、木材加工厂、木工车间，以利用覆盖这个地区南部的茂密森林。军方不仅在当地居民中大力宣扬他们认为极为必要的敬业精神，还大力推动卫生与教育事业；在军方的关注下，学校的数目翻了一番，增加到超过1350所。鲁登道夫和他的下属梦想将这一片久受忽视的落后地区转变为一个可以为德国的国家安全做出贡献的高产地区。东线管制区可以成为一个大粮仓，让德国人民在今后的战争中免于再罹受今日之匮乏。此外，德方希望正在进行的工程可以为德意志人移居此处铺平道路，这些人会成为对抗野蛮东方的屏障。[69]

事实上，在这种乌托邦式设想背后，是一个极为高压的军政府。鲁登道夫往这个政府里塞满了穿制服的军官与专家，将一切民事势力都排除在外。占领行动的原则是，"军方和德意志帝国的利益始终优先于占领区的利益"，这个原则在1916年6月7日发布的"统治令"中得到了清晰阐释，而"统治令"是这个军政府最接近宪法的文件。[70] 军方统治者在当地建立了一整套高压强制的控制体系。他们要求10岁以上的居民都登记、拍照、领取身份证，而且每个居民都必须为此支付1马克。1915—1917

年，总共有 180 万人，即散居各地的总人口的 2/3，被迫完成了这个流程。占领当局还开展了财产调查，从土地所有权与牲畜到家用器皿都包括在调查范围内。由于担心疾病蔓延与间谍活动，占领当局还限制了居民的行动自由：他们不仅用一连串边界哨所将东线管制区与外部世界隔绝开来，甚至还在这个新国家内部武断地划分了行政区，在没有得到当地指挥官许可的情况下，居民们不得前往其他行政区。即便是在自己所属的区域，要骑马、乘马车、乘船、乘雪橇出行也都需要有通行证。编制当地百姓的档案，审查当地百姓的财产，限制当地百姓的行动，以及修建公路、铁路的"日耳曼工程"，为高效率的剥削奠定了基础。20世纪40年代的专家曾计算过占领行动的收益，结果与他们原本的预期相反，德国最初在基础设施建设和行政管理方面的巨额支出大获补偿：输入东线管制区的物资总额为7730.8万马克，而输送走的物资总额几近是这个数字的5倍，高达33 860.6万马克。当地百姓的税负沉重，这些税不仅包括梯级的人头税与土地税，还包括因为政府垄断经营香烟、烈酒、啤酒、盐、糖、糖精、火柴而被间接征收的税赋。养鱼许可证给占领当局增加了额外收入，养狗的人也要办理许可证，这激起了养狗百姓的强烈不满。种种税赋给穷困人口造成了格外沉重的负担。[71]

占领政府的首要关注点是利用东线管制区的农业资源与人力资源。起初，俄军先前的掠夺使得当地几乎没有留下多少粮食。尽管鲁登道夫对他所称的"荒唐的人道主义理由"不屑一顾，但他在自己的回忆录中承认，1915 至 1916 年冬，为了避免饥荒，他的军队将给养分给了东线管制区的城市居民；很明显，虽然近来的历史学研究突出了一战时期德国的占领行动与 25 年后纳粹打算在同一地区实施的种族灭绝性"饥饿计划"之间有些类似之处，但二者还是有着相当大的区别的。[72] 不过，1916 年新的收获季刚一到来，征收活动就立马变得更加系统化，变得变本加厉了。农民要上交的配额极高。虽然只有干草、苜蓿、油菜籽、亚麻的产量充足，但军方还是征收了谷物、块茎类作物、蔬菜，不仅仅是供给自身所需，而且还要供应德国本土的百姓（见表 15）。军方在向这个地区征用肉类时尤其决绝无情。一两百万东线德军士兵所吃的肉有 1/3 都来自东线管制区。[73]

表 15　德军在 1916 年立陶宛 * 收获期间获得的食品（吨）

	小麦	黑麦	大麦	土豆
为德军	2965	5630	3231	32801
为德国	22	61	3160	149

* 立陶宛原本是东线管制区中 6 个省份之一。1916 年 7 月维尔纳省被并入其中，使得立陶宛占了东线管制区总陆上面积的约 1/3。

来源：A. Strazhas, *Deutsche Ostpolitik im Ersten Weltkrieg. Der Fall Ober Ost, 1915–1917* (Wiesbaden, 1993), p. 47, n. 203.

另一种对于军政府而言尤为珍贵的资源便是人力。修建铁路与公路、农垦、伐木被宣传活动赞誉为"日耳曼工程"，事实上，这些活动在很大程度上都是立陶宛人、拉脱维亚人、白俄罗斯人、波兰人、犹太人参加强制劳动的产物。统治东线管制区的军方管理人员将他们发号施令的习惯、对绝对服从的期待用在了他们统治下的无助平民身上。他们居高临下地给强制劳动找了个合理的借口，称这是给不愿工作的东部人开设的一堂品德课，好让他们懂得踏实苦干的价值。1915 年秋，各地纷纷开始采取相应措施，比如安排无业人员修复道路，让农民到废弃农庄去工作。1916 年 1 月，东线管制区的中央当局没办法用微薄薪酬招募到足够的劳动力，便开始构思一种更加系统的强制劳动组织方式。不久之后，劳工队便诞生了，居民被临时征募到这种队伍中来，在家附近做某项工作。当年夏天颁布的"统治令"规定了政府可以强行要求男性与女性都从事的工作种类，并且规定，如果有人拒绝参加工作，就会面临 1 万马克的巨额罚款或是为期 5 年的监禁。[74]

1916 年 10 月，鲁登道夫在最高统帅部要求将强制劳役推广到各地，以协助新的工业活动，于是东线管制区政府走了最后一步：它宣布，被要求参加强制劳动的工人可以被安排到居住地之外的地方劳动。由此产生了平民劳动营，这种劳动营是德国在一战期间使用的最严酷的强制劳动形式。被关在这些地方工作的人生活得极为凄惨。他们的薪酬是自由的非熟练工的 1/10；配给量是每天 250 克面包，这对于重体力劳动而言是不够的；他们住在透风的营房中，营房周围环绕着铁丝网。鞭打是家常便饭，疾病极为普遍，这些囚犯——他们事实上就是囚犯——很少或是根本就不能与家人通过写信等方式联系。平民劳动营于1917年9月正式解散了；但事实上，它们以各种不同的名称继续运作，它们的劳工被威吓着签署了劳动合同，被重新归类为"志愿者"。究竟有多少人曾深陷这种劳动营尚不可知。在东线管制区有5个平民劳动营，每个劳动营在理论上都有2000人，但逃亡、死亡与疾病使其常常处于不满编的状态。被临时征募到劳动队的人要多得多，不仅有男人，也有女人。犹太人特别容易失业（失业正是当局将其征入劳动队的合理借口），又特别容易受军官歧视，因此他们受到波及的比例格外高。仅在东线管制区的立陶宛省，据可靠估计，便有13万人参与过强制劳动。[75]

从短期来看，东线管制区政权的高压手段确实有助于深入发掘当地的物质资源与人力资源。但是，这种高压手段也有严重的后果：它造成了浪费，而且从中长期来看，它对当局目标的实现造成了适得其反的作用。政府在1916年近乎疯狂地攫取尽可能多的粮食的行为耗尽了立陶宛与拉脱维亚农场的牲畜，还令1917年的播种没有足够多的种子。[76] 最为重要的是，这个政权依靠威吓与赤裸裸的暴力来支撑其权威的做法不仅不道德、不合法，也不能促进生产。当地民众与当局日渐疏远，而并未受到激发鼓舞：宪兵频繁地殴打或羞辱他们；如果他们误读了各种翻译得很差或者只用德语发布的法令，便要被罚款；要委派工作时，当局往往会临时且任意地抓人，而且当局会用不值钱的"东部马克"给他们付工资。这样的情况下，百姓没有理由为占领军政府努力工作。强制劳役实施起来十分缓慢而勉强。公开反抗当局是很危险的。例如，格尔卡尔尼斯区的村民们曾拒绝上交指定的物资，于是他们的房子被焚毁，他们遭受了残酷殴打，戴着镣铐在周边游街示众，以震慑其他人。仅在立陶宛省，便有超过1000人被处决。[77]

但是，当局的打压不仅没能镇住当地百姓，反而激起了动摇这个政权的强烈反抗。越来越多的德国官员与警察被谋杀，装满征收物品的军用仓库被人纵火焚烧。那些逃到森林里以逃避强制劳动的人，有些沦为土匪，有些则加入了游击队，这都给民众造成了恐慌，破坏了占领军对当地的控制。1917年，军方统治者在俄国革命后曾半心半意地试图跟当地精英合作，但没有人会傻到认为他们会认真考虑当地居民的愿望。在东线管制区北部的库尔兰，其他的民族都遭到忽视，只有波罗的海德意志老爷们被组织进一个新的地方议会。在南边，一个立陶宛议会获准在当年秋天召开；这是一个愚蠢之举，因为德国领导人不愿意向立陶宛人的民族主义雄心做出任何实质让步，又自大地高估了自己打压他们的能力。结果，这个立陶宛议会拒绝授予占领行动更大的合法性，奋力挫败了德国试图对当地建立永久控制的强硬计划，并在1918年2月16日宣告了立陶宛的独立。虽然面对的压力十分巨大，但这个立陶宛议会还是在1918年夏天坚持了下来，而且当德国的战争努力在当年秋天溃败时，它在组建立陶宛民族政府方面发挥了重要作用。[78]

在东线管制区的德国政权的怪异乌托邦性质，是受鲁登道夫的民族主义与军国主义雄心驱使的，但是这个政权的极端残忍性与控制狂特征并不能单单归罪于鲁登道夫一个人，而是可以在德国的军事文化中找到更深的根源。在法国东北部，西线军队的占领政权呈现出了一些与东线管制区极为相似的地方。最为明显的是，这些西线占领政权和东线管制区政权一样对控制极为痴迷，并且利用了许多相同的措施来实现这种控制。德国军方给治下所有法国公民都拍了照，发放了需要随身携带的身份证。若是没有获得通行证，没有合理的理由，这些法国人便不能离开自己的居住地。隐私荡然无存：每所房子都要贴出来一张居住者列表，德国人会不时地到居民家中访查，以确保每个人都还在。占领政权命令所有居民都不得锁上大门。德国人怀疑男性最有可能发起抵抗，因此对他们的控制格外严密。1915年1月，住在占领区重要城市里尔的所有役龄男子都被要求登记，否则便要遭到逮捕拘禁。有一些人被扣押到德国。留在占领区的役龄男子会收到一张红色（可能代表危险）的身份证件，而其他平民收到的证件则是白色的；占领政权要求他们每个月集合一次，以清点人数。[79] 平心而论，这些正好位于防线后侧的法国领土确实令德军感到高度敏感。虽说抵抗活动不太可能发生，但一旦发生，便有可能给德军的供给线造成严重破坏，而且法国特工与平民开展了间谍活动和帮助协约国战俘逃跑等敌对活动。这里的德军对于安全的担忧是合理的，但其反应非常粗暴。[80]

相比之下，占领者对法国百姓的控制更难说得上合理，但也揭示出了与东线占领者相似的心态。军方会依据自己的需要将平民转移来转移去。最为令人震惊的例子发生在1916年4月，当时，为了解决农业劳动力短缺、缓解城市食品供应困难的问题，第六集团军的军需总监直接将里尔、鲁贝、图尔昆三地的24 000—30 000人迁到了乡下，其中大部分是妇女。与东线管制区一样，强制劳役是占领行动的一大特征。早在1914年，临时性的本地劳动队便为了从事田间劳动或是工事建设而组建了起来。这些做法的进一步激进化并不是某项地方的创制，而是鲁登道夫与兴登堡受命领导德国军队的结果。第三最高统帅部吸取了在东线收获的经验，下令在西线也设立平民劳动营。1916年10月至1918年春，德军在西线后方建了25个平民劳动营。在任一时间，这些劳动营中都有大概3万人，但考虑到沉重的劳动造成的疲劳、疾病与死亡、食物不足和警卫殴打，其实有更多的人曾在这些劳动营待过。[81]

在东线管制区的德国占领政权与在法国占领区的占领政权之间的主要区别，在于后者缺乏前者那种残忍的理想主义。在法国占领区，并没有出现让德国人移民到此的计划，那里也没有宣扬"日耳曼工程"的打算。德军所谓的"经济委员会"只是掠夺组织，而非生产组织。德军的后方区域拥有法国1/3的冶金工厂，这里的煤矿曾能够出产法国战前产量的一半，但是这些厂矿的设备遭到了破坏，工人被遣走，加上临近前线，这些厂矿都不能为德国所用。德国军方洗劫了这些场所，拆毁了机器设备或是将机器设备运到了德国，让这个地区失去了工业生产能力。德国人造成的破坏是极为严重的。当地全部24座大型冶金工厂，10座生产汽车、摩托车与武器的工厂，209座炼钢厂、轧钢厂、铸造厂中的205座，110所工程机械厂中的106座，500座小冶金厂中的492座，均被破坏或摧毁。[82] 农业也遭受了掠夺，而没有得到改善。法国占领区谷物收获量的4/5被输送到了德国，生猪存栏量从1914年的356 000头降到了1919年的25 000头。[83]

并不是所有德国占领政权都具有东线管制区政权和法国东北部德军那种固有的残酷性。比利时总督比辛将军以及波兰总督汉斯·哈特维希·冯·贝泽勒将军二人管理着另外两个重要的占领区，他们对自己负责的区域很友善，愿意温和行事，他们的态度让人们开始怀疑德国的军事文化是不是像有时被指称的那般暴虐。他们的态度被他们的民事行政机构强化了，但不是被这些机构决定的，这些机构通常比军人更加注意藐视国际法的后果。将波兰和比利时两地与德国绑在一起（最有可能的形式是让它们成为拥有有限主权的卫星国）的长远目标也在一定程度上让这两个占领政权采取温和立场。但是，在战争的压力之下，温和路线很难维持。榨取资源的紧迫性、来自占领区之外的领导者的要求，以及动员冷漠甚至是怀有敌意的民众为德国战争努力工作的巨大困难，都使得这些占领政权开始广泛采取强制措施。同盟国为了满足紧迫的战时需要而开展的大规模劫掠活动不可避免地会对其长远目标造成影响。

比辛掌管的比利时便充分地体现出了一些问题。这位总督希望比利时最终可以由德国永久控制，因此，他丝毫不希望彻底惹怒比利时百姓，甚至打算利用当地的佛兰德分离派来减弱法国的影响，并拉近比利时与德国的距离。他不希望摧毁比利时的工业，而希望让它为德国的战争努力所用。[84] 但是，有两个方面的原因挫败了他的计划。首先，德国的军事、政治、经济精英反对这个计划。普鲁士国防部不愿意将订单合同交给比利时公司；德国工业家们与军方的关系、与比利时总督府民事行政管理人员的关系都很密切，他们也在四处奔走，反对这个旨在复兴其竞争对手的计划。工业家与德国政府都希望借这个战争提供的机会来消除竞争对手，将德国资本渗透到比利时工业当中。其次，比利时平民不愿意合作，这让比辛的计划全然落空了。虽然50万比利时工人（总劳动力人数的一半）因为战争而失业，但比利时人普遍持一种消极抵抗态度，不愿意为了德国的战争努力出力。采石场拒绝向军政府供应碎石，工厂拒绝接受已知来自德国的订单。比利时铁路系统的员工，从挖掘工到经理，都拒绝为占领者工作。[85] 一开始，比利时人就基本不愿前往德国工作。1917年，征募工人的情况才有起色，这一部分是因为人们对1916至1917年冬天的强行遣送心有余悸，但更重要的是因为更好的激励条件，包括奖金、家庭福利、对德比两国工人的平等对待。大约 16 万比利时人签了到德国工作的劳动合同。[86]

比利时人持续消极抵抗德军占领行动的做法，是一个例外情况。他们之所以能这么做，是因为他们可以从比利时救济委员会得到食物。这个组织是由家财百万的采矿工程师、后来的美国总统赫伯特·胡佛牵头成立的，它在一战期间给比利时与法国东北部供应了超过 500 万吨粮食。[87] 英国人允许这些粮食通过封锁线的条件是德国人不会征收走这些粮食或者是同等数量的当地产粮。1915 年 7 月的一份公约进一步保证，比利时所有制作面包的谷物全部都要留作本国消费；1916 年 4 月，德国在这个地区购买和征收粮食的所有行为都被叫停了。但是，这些协定达成得太晚，没能让这个国家的农业免于毁坏；1919 年，比利时只剩下了 327 332 头猪，而战前则有 150 万头。[88] 不过，比利时救济委员会的粮食赈济让比利时人活了下来，并且让他们不再需要为了生计而参加工作，从而使得他们可以坚持罢工长达 4 年，这有效破坏了比辛动员当地工业力量的计划。战前，比利时每年生产 150 万吨生铁、90 万吨钢，但 1915 和 1916 年，占领者劝诱着当地工厂才能生产出每年 10 万吨。1917 年 2 月，第三最高统帅部下令关停所有"非必要的"工厂。约 151 家比利时工厂关门，24 000 台机器被运到了德国，还有 12 000 台机器被封存入库。[89] 只有煤矿依然在维持着可观的产量。比利时救济委员会并不提供这项重要的燃料，由于没有其他供应来源，比利时人不得不去挖煤，或者只能挨冻。虽然煤矿从来也没能达到和平时期 2280 万吨的年产量，但 1916 年还是出产了 1690 万吨，1918 年出产了 1390 万吨。这些煤最多有一半在比利时境内销售，一小部分出口，剩下的则供应了德国军队与铁路。对于德国这样一个和平时期年产 2.772 亿吨煤的国家而言，这些补充的供应虽然有用，但并没有起到关键作用。[90]

在俄属波兰北部由冯·贝泽勒将军管理的占领政权是另一个应当比较温和的政权。1915 年，贝特曼·霍尔维格与法金汉将华沙总督府从鲁登道夫的掌控之下夺了过来,并且按照比利时的占领模式将其组织起来。贝泽勒曾经攻克过安特卫普要塞与新格鲁吉夫斯克要塞,他虽然没有多少政治经验,也不甚了解围绕着欧洲波兰问题的复杂政治形势,但还是被任命为这一占领区的总督。但是,为了自己的新职务,贝泽勒阅读了波兰历史,咨询了德国顾问和波兰顾问,并且广泛检视了自己的辖区。这位将军的做法证明,普鲁士军官团并非全然没有同情心与开明的视角。鲁登道夫对于东线管制区人民的关注只在于如何让他们为德国的战争努力做出贡献,与之相比,贝泽勒将军所做的功课让他对波兰人产生了一些同情。他认为,波兰人民"明显很有天赋,而且拥有良好的品质"。他的态度反映了当时的殖民者中比较仁慈的那些人的态度,他们认为,统治其他民族的行为是教育当地民众学会自治的手段,因此是合理的。华沙总督府的统治便采取了一种均衡策略,按照这种策略,德国当局试图确保永久控制波兰,同时给予当地波兰族精英越来越多的自治权力。[91]

除了贝泽勒最初的善意,还有两个因素限制了华沙总督府中出现严苛的占领行动。首先,与比利时一样,一个对首相负责的民事行政机构在总督之下工作。早在1915年1月,在当时尚属狭窄的占领地带,这个行政机构在霍尔维格的指示下建立了起来,而这是与兴登堡和鲁登道夫的意愿背道而驰的;到了1915年8月,华沙总督府建立后,这个行政结构的权力便立即扩大了。[92] 其次,波兰人对于德国和奥匈帝国国内政局与国际关系都具有重要意义,这可能也是华沙总督府辖区百姓没有遭到肆无忌惮的对待的原因。同盟国的波兰族人口为数众多,他们始终都强烈关切着国境之外的本族同胞;例如,普鲁士官员注意到,德国东部边境地带的波兰人给一个名为"德占俄属波兰地区救难委员会"的组织捐献了巨额资金。波兰族议员们在德国议会上披露了占领军对当地民众的蹂躏恶行,并且要求赔偿,至少有一些德意志社会主义者支持他们的主张。[93] 此外,德国人在波兰总督府开展的波兰国家建构需要当地精英的合作,这也使得当局有所顾忌,没有采取过分严酷的举动。这些努力的高潮,是德奥两国君主在1916年11月5日承诺,在战后创建一个独立的波兰国家。[94]

但是,封锁围困的危机状态、与强大敌国的战争,意味着华沙总督府的头等要务和其他占领政权是相同的。它的民事行政机构的负责人沃尔夫冈·冯·克里斯便表示，他的任务是"维持辖区的和平与秩序，确保后方与前线之间的联系，并用辖区提供的经济援助来支持［德国的］战时经济，尤其是食品供应"。[95] 最后一个目标——经济开发利用——是最为重要的。虽然华沙总督府辖区有两座大城市（华沙和罗兹），且其谷物产量也已经骤跌到和平时期的35%，但还是有大量食品被征走了。北边的波兰农场不仅上交了120万吨谷物，还上交了22万吨马铃薯、2.6万吨燕麦以及4万吨甜菜，以供给德国或德国军队。数百万头家畜被采购或征收。[96] 在恣意开发利用当地森林资源方面，华沙总督府辖区的民事占领者比东线管制区的军方占领者还要夸张，总共砍伐了将近8000公顷森林。1917年，相关官员便承认，这样大肆伐木，结果会让"未来的波兰国家难以满足自己的木材需求"。[97] 当局征收的税赋也很沉重。正如东线管制区的情形一般，当局坚持对各种货物实行专卖制度，以从中谋取利益，从谷物、盐、糖、肉到火柴、香烟、石油，莫不如此。这些收益只有1/3用于本地，其余的收益则全部用于资助德国的战争努力。[98]

占领者强加给当地的重负缓解了德国自己的供给问题，却是以华沙总督府辖区的波兰人与犹太人的生命为代价的，尤其是在城市中。在华沙，1916年中期的官方配给量被设定为同时期德国配给量的2/3，而德国的配给量本来就已经严重偏低。到了1918年春天，华沙的官方配给量被设定为891千卡，只是德国配给量的一半。更为糟糕的是，贫困且常常失业的华沙居民比德国居民更加拮据，没办法像他们那样到黑市上购买额外的食品，而这种额外的补充对于华沙居民而言极为重要。波兰的社会党做出了似乎比较可信的估计，认为华沙居民消费的食物只是德国居民的39%。究竟有多少人饿死尚不可知，但人们因营养不足、挨冻（因为缺少燃料和衣物）而身体虚弱，缺少用于保持卫生的肥皂，结果对于疾病的抵抗能力便确确实实地下降了。总体而言，华沙人口的死亡率从1914到1917年翻了一倍。在罹难者中，尤以老人和儿童为数最众。[99]

由此可见，华沙总督府政权几乎和东线管制区同样残酷无情、敲骨吸髓。它也采用了高压统治手段：数千人被逮捕；就像在西部一样，城市被迫缴纳沉重的"贡赋",波兰地区总共缴纳了 600 万卢布。[100] 华沙总督府政权号称的人道主义,主要在于当地应用的强制措施相对较少。强制劳动只在 1916 年 10 月短暂推行过,这是总督在鲁登道夫的百般催促之下才推行的。10 月 4 日发布的"反懒惰令"为强制劳动提供了法律依据,此后,占领当局要求各个市镇的长官提交辖区内无业者的名单。大约有 5000 名工人(其中一半来自罗兹)被强行编入了平民劳动营,并被发配到了东线管制区,另外还有更多的人被迫在居住地区承担临时性的劳动任务。受到波及的绝大多数是犹太人,贝泽勒试图以这样一个糟糕的策略来安抚波兰人,结果没能奏效。在同盟国于 11 月 5 日发布公告,承诺建立一个独立自主的波兰国家之后,这个政策立即被叫停了。[101]

将波兰的人力资源用于德国的战争努力是华沙总督府政权的中心任务,但是这个政权采用的主要手段并不是暴力,而是劝诱,有时是欺骗,而且这些方法取得了非常可观的成效。对于德国而言,波兰是一个不可或缺的外籍劳工来源地。早在 1915 年 3 月,大举东进尚未举行之时,德国当局便已经开始从波兰招募工人,填补应征入伍的男性留下的工作空缺。[102] 从 1915 年初开始,商业性劳工代理机构表现活跃,但到了夏天,占领当局授予德国劳工局以近乎垄断性的姿态代理劳工派遣。德国劳工局是一个在和平时期建立的组织,其工作是为德国企业征募季节性工人。对于德国提供的工作机会,波兰人的反应不算反感。由于战时的经济困难、持续的战斗、俄军撤退时造成的工厂和基础设施破坏,华沙总督府共有 20 万人失业。然而,签署了劳动合同的人发现,条款里承诺的薪酬与待遇常常得不到落实,或是很快便变差。最糟糕的是,德国劳工局竭力掩盖了这样一个事实,即同意在德国工作是一张单程票;这些工人没有权利返回波兰。当这个事实在波兰人当中传开之后,他们与德国雇主签约的意愿便减弱了。[103]

华沙总督府行政机构在让当地劳工源源不断地输入德国方面起到了非常不义的作用。他们把强制劳动用作一种对当地百姓的威胁手段。1916 年 10 月,在华沙的警察局局长恩斯特·赖因哈德·冯·格拉泽纳普告诉市民,只有有足够多的人愿意主动报名到德国参加工作,这项措施才会被叫停。[104] 更加重要的是严酷无情的经济压力。华沙总督府的经济遭到了德国内政部下辖的军需原料机构洗劫，这降低了当地居民的生活水平，更让无业者别无选择，要么迁走，要么饿死。俄属波兰的工业被破坏。纺织业崩溃了：织机的数量从1914年的39 000台降到了1916年的33 000台，此后，随着占领政权加紧为德国征用机器或者将机器用作废金属，到了1918年更是降到了仅有12 000台。[105] 波兰的磨坊业也受到了波及，因为德国人不允许谷物在当地磨好，而是要将谷物直接运送到德国。其他产业的遭遇也没有好到哪里去：当时的一位波兰人惊恐地描述了"工厂是如何被拆毁的，铜锅炉、传送带与机器是如何被搬走的"。这些举措让德国工业家们得以从中获利，他们不仅幸灾乐祸地看到自己的潜在竞争对手们被消灭，而且还能以极其低廉的价格获得竞争对手的机器，有时甚至可以分文不出。虽然华沙总督府当局起初反对这种劫掠，但他们也设法让波兰工人去为德国工业家工作。当局勒令重要工业中心华沙与罗兹停止所有紧急工程，不得为失业者提供免费餐食，这一举措的意图十分明显，就是要逼这些绝望的人移居德国。站在德国人的立场上来看，这些做法非常成功。到1916年春天，华沙总督府辖区内几乎已经没有多少熟练工了。战争期间，20万至24万名波兰人被征募到德国工作，此外，1914年8月还有30万名波兰人被迫滞留在德国，波兰人明显成了德国的外籍平民劳工中人数最多的。[106]

在动员波兰劳动力、无情地榨取当地资源方面，德国人可能是成功的，但这种公然的经济剥削和几乎不加掩饰的政治支配欲，阻碍了德国人重新塑造欧洲东部的雄心。德奥两国的领导人彼此竞争，都想要获得对波兰未来的决定权。贝特曼·霍尔维格曾在1915年11月承诺将这一权利让给奥匈帝国，以换取后者对他的"中欧"计划的支持，但他很快便后悔了。1916年4月，在与奥匈帝国外交大臣伊什特万·布里安举行第二次会议时，他撤回了那份初步协议，转而要求建立一个附属于德国的缓冲国。贝特曼·霍尔维格受到了贝泽勒总督的鼓舞，后者已经开始在辖区内开展有限的国家建构，介入了市政管理机构与学校教育。德国占领政府最具有象征意义的行动便是在1915年秋天允许复建华沙大学。沙皇政权曾经将这所大学俄国化,如今它重新成为一个波兰学术重镇,此举受到了当地精英的热烈欢迎。德国人对此事的支持态度可以理解成,他们在文化上比俄国先进,且愿意训练出一个波兰领导阶层,让他们能够有限度地管理本民族的事务。[107]

布里安仍然希望为奥匈帝国争取到整个俄属波兰,霍尔维格态度的转变让他失望了。倘若不是1916年夏天协约国展开了联合攻势的话,德奥两国之间的僵局原本可能无限期地持续下去。首先,布鲁西洛夫攻势在军事上与政治上对奥匈帝国造成了极为沉重的打击,这就使得德国人可以推行德方版本的波兰缓冲国。8月,布里安不情愿地点头同意建立一个拥有世袭君主与宪法的独立波兰王国。不过这个国家只有到了战争结束时才会建立,而且其领土范围也没有确定。但是,德国人确实会得到一个缓冲地带,而且德奥两国达成了一致,这个新国家的外交政策与军队将依然由同盟国掌控,只不过德国将在这个军队中占据主要地位。[108]

其次,1916夏季的鏖战引发了新一轮对兵力资源的搜罗。同盟国此前一直将波兰人看作可能的兵力来源;法金汉早在1915年9月便指出了在俄属波兰征兵的可能性,但当时霍尔维格对这一做法的合法性与可行性提出了质疑。1916年7月中旬,法金汉和鲁登道夫对奥匈帝国军队在布鲁西洛夫攻势面前的溃败感到忧虑,但是对波兰军团的表现印象深刻,因为在这场大溃败中,波兰部队是少数脱颖而出的部队。他们二人力促在波兰征募兵员补充军队。这就将波兰未来何去何从这一两难问题推到了风口浪尖。正如贝泽勒总督指出的,在同盟国仍然没有做出有关波兰独立的决定情况下,在当地征兵是几乎不可能的。他乐观地估计,倘若给予波兰人一点儿自由,起初可以征募到3个师,总数3万人,后续则可以征募到一支总人数10万人的部队。霍尔维格倾向于继续拖延,因为他明白建立一个新的波兰国家的缺点,且不愿意完全放弃与俄国单独议和的可能性。虽然布鲁西洛夫攻势逐渐变弱了,但激进的第三最高统帅部走马上任,这意味着霍尔维格在波兰征兵问题上承受的压力丝毫没有减少。鲁登道夫的想法非常明确:"一切都可归结为权力,而且我们需要人力。"[109]

德奥两国对俄属波兰的政治设想的分歧,以及德国领导人想要吞并一片广阔边界缓冲地带的隐秘意图,都对同盟国1916年11月5日的宣言造成了负面影响。这份宣言的特征是以军事为优先,当初也是这种军事优先考虑让这份宣言诞生的。宣言并未提出要立即改变现状,而且由于德奥两国并未达成一致,宣言中只有一些对未来的含糊允诺。宣言提出要建立一个"拥有世袭君主和立宪政体的自治国家",但并未言明君主会是谁,也并未确定这个新国家的边界范围。宣言中讲明的是,波兰军队会是这个新王国优先考虑的事。为了强调这个核心信息,德奥两国的总督在开始征兵仅仅4天后便发布了第二则公告。总督们表示:"与俄国的战争依然在继续,战争尚未结束,所以作为志愿者加入我们这一边吧,帮助我们战胜迫害你们的人。"在波兰人看来,这种倡议背后的自私动机简直再明显不过了,占领者的经济掠夺本来就已经让波兰人的不信任感与日俱增,这个倡议的政治伎俩进一步加重了不信任感。不到24小时,华沙街头大多数公告旁边便贴上了写着"没有波兰人的政府,就没有波兰人的军队"的海报。征兵行动彻底失败了:甚至还没到年底,贝泽勒便遗憾地把这整个行动形容为"令人极为失望"。与原本所期待的至少3个师相比,到1917年2月,仅仅有3200人报名入伍。[110]

德国人在波兰弄巧成拙了。十一月宣言的发布是一个颇具历史意义的时刻,因为这是在波兰分裂120年之后,由国家领导人第一次给出的重建这个国家的具体承诺。霍尔维格能够空谈自由。1916年4月,他在议会郑重宣告,德奥两国会"解决"波兰问题。他保证,德国永远不会"把自己及其盟友解放的波罗的海与沃里尼亚湿地之间的土地上的人民拱手推向俄国的反动统治"[111]。但是,德国人想要在政治上加以控制的欲望太过赤裸,他们在当地进行的经济剥削让波兰人感到心寒意冷,因此这份公告没能为他们争取到多少朋友。[112] 相反,第三最高统帅部、霍尔维格以及贝泽勒很快便发现他们其实是在作茧自缚。11月5日宣言开启了一场争夺中欧东部百姓内心和理智的国际竞价战。在美国总统威尔逊于1917年1月参战,特别是这年春天俄国革命爆发之后,同盟国便再也没有赢得这场思想之战的希望了。这份宣言还破坏了华沙总督府占领政权的稳定性。德国人在意识到11月5日宣言存在明显不妥之处后,便仓促地表示允许建立一个临时国家议会。虽然这很苍白无力,也没能满足波兰人的民族雄心,但这个临时议会以及后来在1917年秋天建立的摄政议会毕竟还是成了华沙总督之外的另一个权力机构——虽然权力弱小。波兰军团的缔造者约瑟夫·毕苏斯基担任了这个议会的军事委员会主席,并利用他的职位来谋求建立波兰民族的政府与军队。第三最高统帅部从这场惨痛的失败中什么都没学到。波兰军团的管辖权被移交给了华沙总督府,来作为波兰军队的基础,但是鲁登道夫坚持要让波兰军团宣誓效忠德国皇帝,这彻底毁掉了同盟国在当地仅存的一丝信誉,也彻底断送了将波兰占领区变成一个军事盟国的计划。[113]

第三最高统帅部给同盟国的战争努力增添了新一层的残酷无情,而并没能让战争努力变得更有效率。鲁登道夫和兴登堡试图实现的是集权、控制与合理化,但他们追求的目标完全是空想:他们提出的重整军备计划只是面对协约国的物质优势所做出的情感上与宣传上的回应,而不是对德国的实力进行合理评估之后的产物。最为深刻的是,他们二人试图改变德国战争努力所依赖的基础。"强制"将要取代"赞同",而在战争的头两年,百姓的赞同对德国非常有利。他们二人想让社会与经济都服从于战争努力,这种愿望最好地体现兴登堡提出的要求上,即"不劳动者不得食"。用这种模式进行战争的想法,来源于他们在东部的创造物——东线管制区。在那个军事王国里,民众遭受奴役,这片土地的财富遭到劫掠,一切都是为了德国的战争机器服务。

德国人无情地剥削了敌国民众并强迫他们从事劳役,但并不只有他们这么做。哈布斯堡军事当局喜欢把自己表现为仁慈的占领者,让人以为自己与残忍的条顿人和野蛮的保加利亚人截然不同,但实际上,他们都是一心只想着从占领区榨取资源。俄属波兰地区的村民们发现,前来征收物资的匈牙利防卫军士兵"压根没办法通融。即便面对最轻微的抗议或恳求,他们也会亮出刺刀或左轮手枪"。在波兰,奥匈军队比他们的德国盟友还要早地开始强制平民参与劳役。他们将大约3万人编入了大约122个平民劳动队,去修复道路和桥梁。但奥匈军队的这种举措激起了乡村暴动,结果这种举措在1916年7月被叫停了。[114] 与他们不同,德国人进一步扩大了自己对强制劳役的依赖，其高潮是骇人的平民劳动营，这种劳动营分布于东线管制区与西线后方的区域。对于资源的迫切需求甚至让相对温和的德国占领政权都趋向采取强制措施，不管这些强制措施让百姓遭受了多少苦难，但对于短期劫掠来说，它们是行之有效的。但是，即便这些措施是在国外实行的，它们也是一种可悲的运作战争努力的方式。无情而强制的剥削并不能促进生产，正如同盟国在1916年的波兰领教到的，这种做法还会让它们付出惨重的政治代价与战略代价。

相比于对待占领区，第三最高统帅部对待德国本土的暴虐程度和强制程度自然要低一些。但它构想的强制措施已经足以对脆弱的城堡和平造成破坏。社会民主党人和工会劫持《爱国辅助役法》的做法虽然让鲁登道夫很不满，但这很可能是对德国战争努力来说最好的结果。即使第三最高统帅部控制劳动力的努力被挫败了，但其军备增产活动还是给德国和奥匈帝国（因为奥匈帝国也有所参与）的社会造成了沉重的压力。民众不得不付出更多：至少有一段时间，当局把短缺的食物设法留给了军工工人，而非弱势群体，加班是强制性的。余下的金属被征用了：教堂的铜钟都被献给了战神，由此贡献了1917年哈布斯堡战争努力中的铜合金的3/4。[115] 虽然有这些额外艰苦的努力，但兴登堡计划未能提高武器的产量。后方前线深陷匮乏之中，军队的损耗急剧上升，军备生产也没有跃升的迹象，于是第三最高统帅部开始采取其他方法来强化武力。为了结束战争，它将所有赌注都压在了德国名声最响、最具争议、风险最大的武器——U型潜艇——身上。

第 10 章

U 型潜艇

这场战争中最糟的决定

在1916至1917年之交，同盟国深陷物质与士气危机。两国百姓艰难地挨过了一个物资匮乏的悲惨冬天，两国士兵也因夏季的鏖战而精疲力竭。通过谈判结束战争并签署一份对同盟国有利的和平协议的希望，看上去十分渺茫；协约国断然拒绝了德国首相霍尔维格在12月提出的和平提议，认为提议的内容"空洞而虚伪"。[1] 第三最高统帅部虽然因夏季战役而受到撼动，但决意继续战斗，可它大规模的军备增产活动不仅没能实现预期成果，还让情况变得更加恶化，因为这些项活动给铁路造成了沉重负担，还因此打乱了生产的节奏与城市食品供应的节奏。鉴于同盟国军队在西部处于守势，通过陆上胜利来获得解脱的做法是没有指望的，只会带来更加胶着的静态战争。在绝望感与决心的驱使下，德国统治者开始求助于海军。从1914年年底以来，德国统治者已经广泛讨论过，是否可以无视国际法，是否可以发动"无限制"潜艇战来把不列颠群岛饿到投降。只有对美国的畏惧阻挡了德国领导人，这个国家坚持捍卫本国船只和公民不受伤害地前往任意目的地的权利。1917年1月9日，德国打出了首相所说的"最后一张牌"：法律与外交顾虑被弃之不顾，领导层决心发动无限制潜艇战。[2]

这是这场战争中最糟的决定。德国人不知道的是，上一年的苦战已经几乎让英国人破产。英国财政部每天要为半成品或成品武器以及食品和原材料（如钢材）支出200万英镑。按此速度，英国的黄金储备和有价证券到1917年3月便将耗尽。[3] 与此同时，人数比德国军队更多的法国军队在凡尔登和索姆河血战后士气被削弱。法军对己方指挥官不再抱有什么期待，这种情况会在1917年春夏的大规模罢兵中爆发。最为不妙的是，俄国已经处于革命的边缘。在无限制潜艇战于2月1日启动一个月多一点之后，沙皇被民众起义推翻了。这个事件本可以彻底扭转战略局面，赐予同盟国一个可能取胜的真正良机。但是，随着一个劲敌逐渐崩溃，另一个劲敌又由于潜艇战而加入了战局。一如预期，因为潜艇战，美国与德国断绝了外交关系。4月6日，在美国第一批船只被德军潜艇击沉几周之后，这个大西洋彼岸的大国将它那无比充足的财富与资源都交予协约国驱遣，并且向德国宣战。

德国领导人怎么会这般愚不可及？他们的决定是军国主义思想脱缰的结果吗？这是否反映了一种对于这个大洋彼岸的新强国的狭隘民族主义傲慢？或者说这是一种对于看起来近乎无望的战略局面做出的合理反应？海军总参谋长亨宁·冯·霍尔岑多夫认为U型潜艇能取得的成果非常巨大。他在1916年12月22日写了一份备忘录，这份备忘录后于1917年1月9日在御前会议的决策者们当中传阅。他在备忘录中写道："我敢说，在目前的条件下，我们可以通过无限制潜艇战在5个月内迫使英国与我方议和。"[4] 这不是任性的自夸。为了研究如何才能击败英国，海军参谋部的B-1分部招募了一批杰出的财政专家、工业专家、贸易专家与农业专家。在一场人民的战争中，天罚是以特异的形式出现的。在B-1分部里，策划毁灭英国的方案的两个核心人物分别是曾担任银行经理的理查德·福斯博士和来自海德堡大学的经济学教授赫尔曼·莱维博士。福斯从1915年3月起负责收集关于英国贸易的数据。早在1915年8月，莱维便认定英国的小麦供应是它的一个软肋。他注意到，与大陆国家不同，英国既不种植也不储存大量小麦，而是通过持续的进口来供本国百姓食用。因此，倘若可以坚决地打击这种通过海路实现的食品供应，便很有可能迫使这个德国最危险的敌人低头求和。在此后的16个月里，B-1分部编写了一系列海军参谋部备忘录，不断地发展和补充这个想法。这些有大量统计数据与图表支撑的备忘录"证明"，无限制潜艇战必然可以让德国取胜。[5]

霍尔岑多夫在1916年12月22日的备忘录是海军参谋部这一系列备忘录的最高峰。为了证明这个世界上最大的海上强国是可以在1917年8月1日之前被击败的，这份采用了此前研究的备忘录分析了英国的海运与经济。这份文件估计，除去供军用、维修中、交付其他协约国使用和只用于沿海贸易的总吨位约 1000 万吨，英国可使用的货船吨位大概是 1075 万吨。这些船舶吨位中的 675 万吨是英国的，接近 100 万吨属于其他协约国，余下的 300 万吨则归中立国所有。这份备忘录根据经验推断，无限制潜艇战可以每月击沉敌方 60 万吨的商船，并吓走中立国 120 万吨的船只，是总吨位数的约 40%。如此一来，5 个月之后，英国供给依赖的货船总吨位将会只剩下 650 万吨多一点，亦即减少 39%。"英国人将无法承受。"霍尔岑多夫坚称。英国不会愿意损失它在和平时期的繁荣所依靠的商船队伍，因而它无法继续战争。

在这份备忘录的设想中，令英国战败的主要原因是小麦供应中断 5 个月。在德国的海军专家看来，英国没有足够的力量来克服关键商品的突然供应中断。与德国不同，英国没有其他可以用于掺进面粉里的作物，也不会有时间来聚拢它们。英国没有推行食品节约措施所需要的政府管理体制，而且人们认为，它也没有推行这些政策所需的民众赞同。时机对德国来说非常有利，因为北美洲在 1916 年出现粮食歉收，于是英国运粮船不得不航行到更远的印度、阿根廷、澳大利亚，这给宝贵的运力增加了负担。让英国的处境雪上加霜的是，其他关键的进口物资也会被减少。切断荷兰和丹麦的供应，会令英国的油脂陷入短缺。切断英国与斯堪的纳维亚半岛的联系，会减少英国的木材（对于矿坑支柱而言非常关键）和矿石库存（会减少英国的煤、钢、军火产量）。为了在 8 月的收获季之前取得成效，潜艇战最晚要在 2 月 1 日发起。只有这样，英国人到那时才会因断粮而屈服，其民众将会因物资短缺、物价飞涨而陷入恐慌，其国库库存将会告罄，其军工产业会因罢工和关键原料不足而寸步难行。[6]

德国海军坚持认为，实现这种末日场景的前提条件，是无视国际法的约束而毅然发动潜艇战。在战争期间，潜艇的交战规则已经屡屡改变，因为海军想要发起更大规模进攻的意图受到了外交顾虑的制衡。德国领导层争论过能否袭击客运船只以及何时可以击沉发现的商船。在 1916 年 3 月和 4 月战争"激化"时期，敌国的武装商船在任何海域都会在事先没有得到警告的情况下直接被击沉，而敌国的非武装货船倘若驶入了某片划定的战区也会遭受同样的命运。但是，在战争的许多时间里，潜艇作战遵循的是一种近似于传统的"捕获法则"的规则。潜艇作战的标准流程，首先是叫停一艘商船，然后准许商船船员下船。倘若这艘船只属于某个敌国，那么它接下来会被击沉。倘若它属于中立国，那么潜艇官兵会查验文件，确认船上是否装载有要运到敌国港口的"战时禁运品"，如果有，那么它也会被击沉。这种做法比水面舰艇的做法更加粗暴、具有破坏性，因为水面舰艇会将敌国船只或者可疑的商船带回驻地，由捕获法庭来决定如何处置这些船只。[7] 然而，人们普遍理解，虽然是不情愿地理解，潜艇里没有什么空间可以用来容纳被捕获船只的船员，而且潜艇没法轻易地带一艘船穿过公海，因为公海的海面还是英国的天下。按照这套作战规则执行的最近一场潜艇战是极为成功的，在1916年10月到1917年1月底之间，这次潜艇战平均每月击沉326 000吨的船只，而且同样关键的是，这次潜艇战并没有过分激怒美国人。[8]

但是，霍尔岑多夫和他的专家们认为，这些战果还不够。他们估计，在国际社会可以容忍的范围内开展的潜艇战，在5个月的时间里最多可以消灭18%的英国商船。这诚然是一个沉重的打击，但还不足以把德国的主要敌人逼到谈判桌前。与之相比，一场不合法的"发现即击沉"的战役，可以让潜艇避免在海面上遭受袭击（在海面上，它们可能遭受武装商船的火炮攻击或是遭Q型猎潜船［一种伪装成商船的英国战舰］突袭），还可以让潜艇艇长不顾一切地行动，因而提高了杀伤率。一艘船只未收到警告便有可能直接被鱼雷击中——德国海军也有意用这种可怕的前景来让英国船员产生畏惧，更为重要的是，让中立国的船员产生畏惧。霍尔岑多夫的无限制潜艇战是总体战的又一项发明；它被设计为一场恐吓战，设计者明确认为，它激起"恐慌与恐惧"的能力是"成功的必要前提"。当然，霍尔岑多夫认识到，这般无情的作战方式一定会刺激美国参战。但是，虽然他在口头上称美国参战为"相当重要的问题"，但并没有将美国看作一个心腹大患。他认为，美国不能给协约国提供多少货船运力，而且在没有船只的情况下，美国士兵无法在欧洲参与战事。他预计，最有可能的情况是，一旦英国求和，美国很快也会做出和谈决定。[9]

对于德国领导人来说不幸的是，这份备忘录雄心勃勃的主张、强硬的措辞、令人惊恐的统计数据，掩盖了它其实是一份痴心妄想的文件。霍尔岑多夫和B-1分部的工作人员低估了现代经济体的稳健性。他们的12月备忘录坚持认为："一个国家的经济像是一件结构精巧的杰作。一旦它陷入紊乱，那么冲突、摩擦与损坏就会不断涌现。"这种观点是可以理解的，因为它反映了德国经济自己的战时表现。官方干预并没有有效地解决食品短缺问题，而对市场的干涉造成了无法预见的生产失衡，令商品从合法的销售渠道中消失了。德国领导人和官员承受着民众的愤怒批评，在他们看来，英国发动的"饥饿封锁"看上去确实把德国的经济推进了一个"紊乱、干涉、摩擦、损坏"的循环当中。但是，方案设计者们坚决否认英国有能力来应对潜艇战，在这一点上，他们过于自大了。他们径直假定英国没有能力"精打细算地"分配食品或是采取食品节约措施，这是低估了一个强大的敌人。[10]

霍尔岑多夫和B-1分部的专家们还做了其他一些没有根据的假设。霍尔岑多夫对于护航队表示不屑一顾，认为它们"对于我们的U型潜艇而言是巨大的福音"，因为护航船只的庞大船身与缓慢速度会让它们成为易击中的目标。后来的事实表明，他的这种观点是极端错误的。[11]虽然无限制潜艇战的策划者们语气颇为自信，但他们实际上并不知道有多少英国船只的运力是用来运输谷物的。他们也在猜测无限制潜艇战还会造成多大的破坏。1916年2月的初步估计认为，无限制潜艇战的作用会是遵守捕获法的潜艇战的3倍；但10个月之后，他们的估计又令人难以理解地降到了大概2倍。[12]公正地说，英国海军部也与德国人一样对护航队怀有疑虑，而且结果证明，关于U型潜艇每月可击沉的吨位的估算是极为精准的。但是，存在着太多的未知因素，而且为了证明德国海军的自信与雄心是合情合理的，存在着太多不准确或有偏差的判断。这份备忘录是一份极为危险的文件，因为它虽然用可靠的科学方法营造出了一种令人欣慰的假象，但它推行的是一种风险很高的战略，一旦这个战略失败，便将万劫不复。霍尔维格准确地将无限制潜艇战形容为"孤注一掷的豪赌，其赌注是我们能否作为一个强国而继续存在以及我们整个民族的前途"。[13]

德国海军的专家们主张将一切都押在无限制潜艇战上，这个诱人的提议一直遭德国首相反对。霍尔维格对于用鱼雷袭击商船的做法并没有什么人道主义顾虑；他只是怀疑这么做能否打败英国，且十分担心激怒美国。在霍尔维格看来，要达成令人满意的和平协议，双方互相消耗是最有可能的办法，但是在协约国于 1916 年 12 月强烈拒绝了德国发起的和平提议后，霍尔维格的看法看上去就没有那么有说服力了。美国参战将带来灾难性的后果，因为这会让协约国坚定获得全面胜利的决心。1915 年，在中立国的压力之下，霍尔维格成功地迫使海军改变了咄咄逼人的作战规则，从而保证了中立国和所有客运船只都不会受到攻击。整个 1916 年，霍尔维格都成功抵制住了海军方面不断提出的开展无限制潜艇战的要求。在这方面，他得到了其他民事大臣的帮助，他们也对海军的方案怀有巨大的疑虑。8 月，无限制潜艇战被提出供讨论，副首相卡尔·黑尔费里希对霍尔岑多夫的统计数字提出了质疑，并且警告，这样的一场战役会引发"灾难"。外交大臣戈特利布·冯·雅戈同意黑尔费里希的意见，强调指出，无限制潜艇战会让德国在国际社会成为众矢之的。[14] 甚至在 1917 年 1 月 9 日，当霍尔维格在御前会议上跟鲁登道夫和兴登堡二人碰面时，他用了一个多小时的时间据理反对无限制潜艇战。但是这一次，他没能阻止得了这场战役。第三最高统帅部与海军部已经在暗地里达成了一致，而且据海军内阁主任格奥尔格·冯·米勒上将所说，手握最终决定权的德皇早在御前会议召开前的那个晚上便已经决定自己"完全支持它"。[15]

霍尔维格最终没能在 1917 年 1 月阻止无限制潜艇战付诸实践，是上一年夏秋时节发生的权力变化的结果。右翼向来主张发动无限制潜艇战，但是到了这时候，连中间派也都想要发动无限制潜艇战了，因此霍尔维格承受着巨大的压力。1916 年 8 月，他觉得自己应该在帝国参议院（由各邦代表组成）上公开估计这样的战役何时可以发动，当时他说了 1917 年 2 月。对首相的立场构成更大威胁的，是在 10 月议会选举后，议会中支持无限制潜艇战的议员占了绝大多数。天主教中央党最有名的成员马蒂亚斯·埃茨贝格尔此前一直反对无限制潜艇战，如今也同右翼各党一道要求发动无限制潜艇战。埃茨贝格尔向霍尔维格保证道："倘若最终的决定倾向于发动无限制潜艇战的话，首相或许可以确信议会会达成一致。"霍尔维格被迫向权力日益膨胀的第三最高统帅部低头。[16]

兴登堡和鲁登道夫在 1916 年 8 月底拒绝支持海军部。当时凡尔登和索姆河的战事正酣，东部是一个脆弱的盟国，还需要防御罗马尼亚这个新对手，因此德军的兵力已经全部投入了战场。陆军元帅和他的第一军需总监担心，倘若潜艇战激怒了丹麦或者荷兰，使得它们向德国宣战，德军届时是没有剩余的兵力来守卫边境的。但是，德国领导人并没有全盘排除无限制潜艇战的可能性，而是决定延后再议，待消除罗马尼亚这个威胁之后，再最终决定要不要实行无限制潜艇战。由于霍尔维格的权威已经大受削弱，他也没有参加上述相关讨论。他曾明确表态，是否发动无限制潜艇战，还是要请第三最高统帅部来做关键决定。从策略上讲，他这么做是绝顶聪明的。因为拒绝发动无限制潜艇战的是广受爱戴的兴登堡，霍尔维格相当于是躲到了兴登堡背后，由此，他得以消解一些来自支持潜艇战的议会和重工业界的压力。但是，倘若霍尔维格再多考虑一下的话，就会发觉，这种民众的压力也把他推向了军方的怀抱。当兴登堡和鲁登道夫转而支持无限制潜艇战时，霍尔维格便不能再抵制了。[17]

第三最高统帅部对于无限制潜艇战的反对总归是暂时性的。兴登堡在 1916 年 8 月底曾经表示，未来"比以前更加黯淡"，但到了 9 月，他和鲁登道夫有条件地支持霍尔岑道夫提出的从 10 月中旬开始发动无限制潜艇战的呼吁。随着罗马尼亚在 12 月被击溃，最高统帅部彻底转向了支持无限制潜艇战。战略局势依然堪忧，但这场胜利让德国腾出了与愤怒的中立国作战的兵力，而且潜艇战似乎值得一试。鲁登道夫在 1917 年 1 月 9 日给霍尔维格列举了支持霍尔岑多夫提案的理由，其中体现出的更多的是深切的忧虑，而不是进攻的欲望。他最优先关注的是减轻陆军的压力："我们必须腾出军队来应对下一次索姆河战役。"鲁登道夫指望着 U 型潜艇来破坏协约国的军火生产。兴登堡更加狂热，认为虽然德国的盟友不能再坚持更长时间，但德国可以坚持，不过他也同意，"这场战争必须快些结束"。[18]

另外，还有一个相对而言更加感性而非理性的因素也影响了德国领导人的决策，促使他们决定发动无限制潜艇战。无论德国领导人对美国是畏惧还是轻视，他们都对美国怀有一种强烈且颇为合乎情理的愤恨之情。

美国总统伍德罗·威尔逊是一位长老会牧师的儿子，也是一个将自己的政治生涯奉献给进步事业的人。在对交战的欧洲国家发表讲话时，他通常使用的是一种居高临下的说教式口吻。他这种"以人类的名义"进行的道貌岸然的说教让德国领导人极为恼火，因为他们清楚，从美国开往英国的货船上装载着美国制造的、用来杀伤德国士兵的武器和弹药。[19] 至少这一次，鲁登道夫的抱怨是合理的，他说："美国在涉及军火供给问题上的态度充分证明，他们的中立其实是有偏向性的。"[20] 兴登堡也在1月9日的御前会议上提出了美国的军火问题，希望潜艇战可以减少军火运输次数。[21] 通过帮助欧洲把自己撕得四分五裂，美国从中大发横财；在美国保持中立期间，其对外贸易的净收入总共达45亿—50亿美元。[22] 这种对悲惨的旧世界的剥削激起了德国官僚统治阶级对一切商业化事物根深蒂固的憎恨。最为重要的是，德皇本人就怀有这样的憎恨之情，而发动潜艇战的最终决定权正掌握在他的手中。对于他来说，正如他在1917年1月解释的，"这场战争是两种世界观之间的斗争：一边是条顿-日耳曼世界观追求美德、正义、忠诚和信仰、真正的人道主义、真理和实实在在的自由，另一边则是盎格鲁-撒克逊世界观，追求财富之神崇拜、金钱的力量、享乐、领土扩张欲、谎言、背叛、欺诈以及最后一点也是同样重要的一点——阴险的暗杀"！[23]

无限制潜艇战

　　德国海军一直是德皇威廉的掌上明珠，也是一战以前他强烈的民族自豪感的一大来源。德国按照联邦制的国家结构统一了仅仅几十年，它的陆军依然由4支虽然可能关系紧密但还是非常不同的部队（普鲁士、巴伐利亚、萨克森和符腾堡陆军部队）构成，在这个国家里，海军是一个真正德国的建制。德国海军的发展，特别是其无畏舰数目的增长，无论在国内还是在国外，都被视为德国竞逐世界霸权的雄心的一个标志。但是，在战争中，德国公海舰队自矜强大的水面舰艇并未取得令人振奋的战果。1914年，公海舰队发动了几次突袭作战；1916年夏天，在日德兰半岛，它终于与规模远大于己的英国大舰队交战,而当初德国打造公海舰队就是为了击败大舰队。在这场战役中,公海舰队表现优异,击沉了14艘英舰,己方只损失了11艘。但日德兰海战没有改变总体的战略平衡。德国公海舰队依然被堵在本国的港口和波罗的海,实力更强的敌军舰队迫使它无法出去截断英国的补给线或是粉碎敌军对德国的封锁。[24]

早在1914年,德国潜艇引人注目的大胆出击便已经与水面舰艇明显的无作为形成了鲜明对比。在随后的几年里,U型潜艇不仅成了公众的宠儿,而且在海军的战斗序列与作战策划中占据了重要得多的地位。德国在1915年2月首次尝试发动无限制潜艇战(但以失败告终)时仅有微不足道的37艘潜艇,可到了2年以后,潜艇数量增加到了105艘。其中46艘潜艇部署在公海舰队,23艘较小的潜艇配置在佛兰德小型舰队。所有这些潜艇都在英国周边和法国沿岸活动。另有23艘潜艇驻扎在奥匈帝国位于地中海的波拉和卡塔罗海军基地,3艘在黑海海域的君士坦丁堡附近活动,余下的10艘在波罗的海巡弋。[25] 这些潜艇会让德国海军走出陆军的阴影,最终证明自己对于德国战争努力的价值。正如公海舰队司令赖因哈德·舍尔在1917年1月31日(新的交战规则实施前一天)骄傲地告知部下的,"国家的信任"以及"向我们的主要敌人施加决定性压力的责任已经落到了海军的肩上"。[26]

U型潜艇无疑是一种可怕的武器。这些现代舰艇是德国海军的主力,它们在水面上用柴油发动机驱动可以达到16节以上的航速,在水下用电瓶驱动可以达到9至10节,续航力至少有7500海里,有些潜艇甚至达到了11 500海里。大多数潜艇配备6具鱼雷发射管,4具在艇首,2具在艇尾;还配备有2门88毫米和105毫米的甲板炮。部署在佛兰德小型舰队和地中海地区的较小型潜艇的武备要弱一些,但依然颇具威力。其中有一些是布雷潜艇,即UC艇,其水面航速较低,为12节,但这对它们来说算不上很大的劣势。UB艇则以鱼雷为主要武器,其航速更快,达到了水下8节,水面14节。从1917年5月起,海军还部署了大型的巡洋潜艇,其排水量为1510吨,几乎是常规潜艇排水量的2倍,是最大、最现代的UB艇和UC艇的排水量的3倍。巡洋潜艇最初被设计成可下潜、能够避开英国封锁的货船。其中一艘巡洋潜艇"德意志"号便在1916年以这种功能完成了2次前往美国的航行，当它抵达巴尔的摩时，公众大表惊讶。后来，它们按照作战用途被改装了，每艘潜艇加装了2门150毫米炮并且配备了鱼雷发射管。它们虽然极为笨拙，但续航力可达13 500海里且可以在海上续航3个半月，这使得德国海军可将兵力伸向此前从未涉足过的水域。[27]

从无限制潜艇战一开始，德国海军指挥官们便强调速度和冷酷决绝的必要性。公海舰队潜艇部队负责人赫尔曼·鲍尔决定让他的各艘潜艇以迅捷的节奏博取最终胜利。潜艇艇长们得到命令，海上航行要短促而狠辣：理想的作战应当只持续14天，在这期间所有的鱼雷都应当发射出去。鲍尔警告称："倘若潜艇已经获得击沉某艘船只的授权，那么这艘船就一定要葬身海底。"为了尽可能地利用好在大西洋主要猎场的捕猎时间，上级命令U型潜艇停止绕行苏格兰沿岸。艇长们要采用更加直接、更加危险的航路——穿过英吉利海峡。潜艇的补给也被减少到最低限度，这样就可以不在码头上浪费时间。官兵的休假也受到了限制，向水兵们发布的有关性病危险性的警告也翻倍了(这是一项颇具海军特色的举措)。潜艇艇长们受命向船员们强调这场潜艇战"将决定整场战争"。[28] 上述种种命令以及新的交战规则明显起到了作用，因为1917年2月被击沉的吨位比上一个月增长了50%，达到了将近50万吨。这比霍尔岑多夫承诺的战绩要少，但也情有可原，因为潜艇部队在2月的头半个月里行动比较有节制，它们允许那些在德国海军宣布封锁区时仍然在海上航行的中立船只返回母港。佛兰德小型舰队在3月初感到非常乐观。中立国的船只停留在港口中，而且佛兰德小型舰队报告，敌军的反制措施没有成效。德军的潜艇部队感觉自己是无敌的。[29]

接下来的几个月里的作战行动证明这种乐观是合理的。U型潜艇击沉的吨位在3月增长到了将近55万吨，到了4月更是达到了极为惊人的841 118吨。情报部门的报告强调了潜艇战给敌军战争努力造成的沉重打击，这也让德国海军部大受鼓舞。据说法国和意大利军队的供给受到了严重干扰，而英国水手们由于本国舰队没能保护好他们而气急败坏，已经到了起义的边缘。[30] 德国海军对无限制潜艇战的坚持如今看来是十分正确的。事实上，如果仔细审视统计数字，我们就会发现，情况是恰恰相反的。[31] 倘若最近实施的辣手无情的"发现即击沉"战法是成功的，那么每艘潜艇都应当有一个高得多的日均击沉吨位。但是，在潜艇战的头5个月里，也是潜艇战最成功的时期，日均击沉吨位每天仅上涨了少得可怜的54吨。在地中海，单艇日均击沉吨位实际上还下降了。德国海军的成功并非由于新战术，而应当归功于同一时间巡航潜艇数的大幅增加。海军如今不仅因为1915年开工建造的潜艇纷纷入役而拥有了比以往更多、更先进的潜艇，而且还大幅提高了潜艇的使用频率。径直通行英吉利海峡的命令收到了成效，因为英国的防御基本上是无用的，而且较短的航路使得每次作战任务都可以节省6天时间。如今的作战节奏几乎没有留出多少时间用于部队的休整和潜艇的维修，这虽然是难以持续的做法，但也确实提高了杀伤率。4月的击沉吨位取得了很好的成绩，是因为军方将潜艇部队的官兵们驱使到了耐力极限。无论是在一战期间，还是在潜艇更多、装备更加先进的二战期间，这年4月的战绩始终都没有被超越。[32]

造型优美的鲨鱼状U型潜艇是20世纪早期科技的结晶，它也吸引了很多作家的想象力。但是，负责操控U型潜艇的官兵们常常被遗忘；在各种描述中，这些潜艇差不多是凭自身的意志在水中造就死亡与毁灭的。事实上，一艘潜艇的艇员和艇长有多好，它就能有多好。这些水兵们忍受的是极为严酷的条件。一位曾在西线战场的海军陆战队中服役3年、后来加入潜艇部队的士兵在被俘后告诉英国审讯人员，与待在潜艇里相比，他宁可待在战壕里。[33] 在潜艇上服役，意味着不能拥有多少个人隐私或个人空间。公海舰队里的典型潜艇大约有70米长，但其最宽处最多6.5米。在这样很容易让人感到幽闭的铁盒子里，要塞入大约40名艇员以及供这些人在长达一个月的航行里所需的一切物资。艇长拥有一个小舱室，而其他军官则要与他人共用房间，就像准尉和军士一样。普通艇员睡在鱼雷仓的铺位上，U型潜艇的额定鱼雷数是10枚、12枚，最多16枚，但增补的鱼雷通常会挤占这些艇员的居住空间。潜艇的标准武备包括一挺机关枪、一顶探照灯以及几百发甲板炮炮弹。艇上还要囤放 7—12 吨饮用水。[34] 一趟航行所需的食物塞满了一切空着的角落。一位 U 型潜艇艇长写道:"每个空的角落或空间都塞上了给养。厨师……必须到每个可以想象得到的地方去搜罗他要用的蔬菜和肉。肉放在最凉快的地方,靠近弹药存放地。香肠则放在红色的榴弹旁边,黄油在某位水兵的铺位下面,据说盐和香料塞到了艇长室里。"[35]

这样的生活条件是难以忍受的,特别是这种不适又常常会因服役期的其他困难而加剧。波涛汹涌的海洋会让潜艇剧烈翻滚,影响艇员们的消化系统。马丁·尼缪勒回忆过他在 U73 艇作为第二瞭望员的首航经历,当时有一半的艇员一直在晕船,而另一半艇员就跟在他们后面清理呕吐物。下潜或许可以让潜艇免遭巨浪反复袭击,但这又会带来其他问题。理想的做法是,一艘潜艇在下潜前要先通风,但是实际情况中常常是没有时间来通风的,所以艇员们便只好在机油、做饭油烟、汗水混杂的憋闷空气里工作。虽然艇员们配备有可以吸收二氧化碳的钾化合物,但在水下待了几个小时以后,空气变得"浑浊不堪"。艇内的温度上升到闷热的 30 摄氏度,轮机舱更会达到令人难以忍受的 40 摄氏度。[36] 一次航行持续的时间越长,艇内的味道也就越发难闻。为了省水,艇员们一周只能洗一次澡,由于整个德国都缺少香皂,艇员们只能用不好用的浮石和沙子来替代。很多艇员患上了被称为"石油病"的皮肤病,得了这种病的人全身长小疮,人们普遍认为这种病是驱动潜艇所用的劣质加利西亚柴油导致的。[37]

尤其重要的是,在 U 型潜艇上的生活十分危险。大海是变幻莫测的。尼缪勒加入 U73 艇,是在这艘潜艇的全体舰桥工作人员在北海被巨浪卷入大海之后。在他首次出航时,又有一名艇员沉入海中。敌人也很危险。在一艘 U 型潜艇上作战不单单意味着猎杀,也意味着被猎杀。对于潜艇兵们而言,整片大海都好似"一个炸药桶"。一位潜艇艇长在 1916 年写道:"水雷、拦阻网、爆炸装置、炮弹和船只锋利的龙骨都是我们的敌人,我们随时都有可能被炸上 100 米高的天空或炸到 100 米深的海下。"[38] 伤亡也着实十分惊人:战争期间,有 5132 名官兵阵亡,这是在潜艇上服役的官兵总人数的一半。1916 年的伤亡相对较小,当年德军每月平均有 67

艘潜艇在役，这一年共有23艘潜艇被击沉。在伤亡最为惨重的1918年，每月平均有124艘潜艇在役，这一年损失了102艘潜艇。潜艇的伤亡模式也和陆地部队不同。步兵部队是慢慢遭受伤亡，只有在不时发生的会战中会出现急剧的伤亡，而潜艇中的伤亡要么是轻微的，要么就是全艇覆没。一艘潜艇倘若被击沉，那么全体官兵几乎无一可以幸免。[39]

但是，潜艇官兵的存活概率并不是均等的。那些待在指挥塔的人要比困在艇身里的人稍占优势。UC65艇的艇长克劳斯·拉弗伦茨少校在他的潜艇被一艘英国潜艇用鱼雷击中时便幸免于难，因为爆炸的气流将他高高抛出了潜艇的指挥塔。类似的还有3名UB72艇的幸存者，这艘近海潜艇在1918年5月也因鱼雷袭击而沉没。这3位幸存者中，有2人是瞭望员，另1个人则是撞了大运，他当时正好上到指挥塔来把马铃薯皮倒进海里，顺便留下来抽支烟。这个人，而不是瞭望员，注意到了鱼雷的尾流，然后在鱼雷击中潜艇前纵身跳进了大海。那两名瞭望员和潜艇一起沉了下去，但被一个气泡推回了海面。1918年4月，一个气泡还拯救了轮机舱军士卡尔·埃申贝格，他是U104艇的唯一幸存者。当潜艇因为被深水炸弹击中而逐渐沉入海底时，他拧开了一个鱼雷舱口盖，然后被逸出的空气推出了鱼雷发射管。就像他的悲惨经历表明的，即便是艇员能够成功逃到海面上，存活下来也肯定不是十拿九稳的。埃申贝格蹬掉了自己的衣服，在水中扑腾了3个小时，才最终被一艘英国战舰救了起来。幸运的是当时是春天，因为在秋天或者冬天，落入大西洋的艇员很快便会冻僵，然后淹死。[40]

这次大战中最非凡的逃生故事很可能就是UB81艇的故事了。这艘潜艇于1917年12月2日在英吉利海峡被一枚水雷击中。幸存者们回忆道，当时发生了爆炸，整艘潜艇都在震动，2个艇员冲到前面，喊着艇尾正在进水。分隔各个舱室的水密门很快关上了，但进入艇体的水的重量将整艘潜艇拽向了海底。艇员们试图让潜艇上浮，但艇尾的压载水舱受损，因而只有艇首上浮。因为船尾还沉在海底，潜艇就是斜着悬在海中，无法自行复正。挤在里面的艇员本来就已经十分痛苦了，但他们的痛苦又加剧了。随着第二个舱室开始渗进冰冷的海水，艇内的气压升高，艇员们的呼吸变得困难。

当时尚有一丝逃生的希望。UB81艇一直是在浅水区域执行任务，该艇的艇长——受欢迎且战绩优异的赖因霍尔德·萨尔茨魏德尔上尉——估计艇首或许伸出了水面。该艇当时以53度的角度斜在水中，艇员们花了几个小时时间将一枚实战鱼雷搬出了发射管。这一步完成以后，他们立刻将3个艇员推进了发射管，3个人一个踩在另一个人肩上，小心翼翼地打开了发射管的顶盖。他们惊喜地发现，艇首奇迹般地高出水面1英尺（约0.3米）。这样，在发射管里的几位艇员可以爬到外面，然后将艇内的战友拉出来。可是，即便如此，他们的困境还没有消除。外面的严寒逼得一些艇员又钻回艇内，据一位幸存者说，他们嚷道，"宁可死在下面，也不愿在上面待着"。那些留在艇外的艇员点起了照明弹以期引起注意，但当一艘英国巡逻舰终于赶到时，波浪又推着它撞上了这艘倒霉的潜艇，让这艘遇难潜艇沉到了海底，这次是永远沉入海底。在全艇35名官兵中，只有那7名爬出了发射管且勇敢面对严寒的人获救了，但其中一个人在救援船到港前冻死了。当初是萨尔茨魏德尔想出了这个通过发射管逃生的主意，他还坚持要让所有部下都逃出去后再最后一个离开，最终他也和其他战友们一起遇难了。[41]

为了应对非常可能发生的可怕死亡，潜艇兵们发展出了五花八门的迷信。在潜艇上服役的头等忌讳，是艇长不能更换潜艇。这一条有些道理，因为任意两艘潜艇的操作都是不同的，如果有一艘自己了解其脾性的潜艇和一艘自己不熟悉的潜艇，一位艇长可以更好地利用前者。第二条规矩就没有那么容易做出解释了，但它被潜艇部队广泛信奉，即在星期五开始执行任务是极为不祥的。U93艇的艇长曾受命在1917年4月13日星期五带领该艇首航，他不得不安慰自己惊恐不安的艇员，星期五和13日这两者是可以互相抵消的。[42]还有一些是某个部队专属的迷信。佛兰德小型舰队的潜艇兵们对UB40艇的艇长艾姆斯曼上尉有一种令人不解的看法，虽然他被大家公认为"绅士"，但他还被认为会带来厄运。大家认为，任何与UB40同天离港的潜艇都会遇到祸事。为了提高自己的生存概率，佛兰德小型舰队的潜艇兵们在自己的潜艇上画上了眼睛，因为他们认为这是一种可以带来好运的东方符咒。[43]

我们难以得知，潜艇兵们是否因击沉商船这一道德难题而感到困扰。1917年11月被俘的一名U48艇艇员宣称"绝大多数人……都不想向商船发射鱼雷"，但鉴于他当时正在接受审讯，他这么说可能是希望讨好审问官，所以他的观点应该要谨慎看待。少数不满的艇员更可能对于击沉商船一事持真正的批判态度。一位曾经被俘在U55艇上的英国商船船长听到艇上的一位波兰族机枪手咒骂这场潜艇战"只是单纯的谋杀"，并且在一枚鱼雷错过了目标时，这名机枪手轻声说"感谢上帝"。[44] 在潜艇战后期，潜艇兵们更有可能是因为实际原因，而非道德方面的顾虑去谴责它。UB124艇的艇员们在1918年7月批评这场潜艇战"注定要失败"，因为德国根本就没有足够多的潜艇。[45] 艇长们很可能更多地关注道德问题，毕竟下令向民船发射鱼雷的是他们。许多人为自己找的理由是，这样一种无情的战争手段是对英国封锁的回应，就像一个人说的那样，"只是［为了］报复他们想要饿死我国全体人民、妇女、儿童的恶毒目标"。[46]

但是，要说所有艇长都是一样的，在道德上都是态度冷漠的，也是不对的。岸上的高级军官要求潜艇下手狠辣无情。潜艇部队的负责人担心潜艇战在一定程度上依赖的恐怖效应会受到削弱，便强烈责备并且禁止一切手下留情的行为，他警告称，手下留情的行为"会让轮船船员误读潜艇战的认真程度"。[47] 一些艇长注意到了这种警告。例如，格拉赫少校拒绝在艇上收容俘虏，因为他们是"毫无用处的饭桶"，只会减少他用来作战的时间。但是，许多艇长选择无视上级的警告。即便是在无限制潜艇战"发现即击沉"的命令开始执行之后，他们仍然坚持以往的做法：截停中立国的船只，允许船员疏散。有些时候，艇长们会停下潜艇，告诉在救生艇上的中立国船员他们距离陆地有多远，甚至会把救生艇上坐不下的船员接到潜艇上来。在格拉赫之前的U93艇艇长是埃德加·冯·施皮格尔男爵，在20世纪残酷无情的战争史上，他留下了一个高风亮节的背影。1917年4月28日，U93艇击沉了丹麦纵帆船"狄安娜"号，之后，他下令将船员们的救生艇拖到了离陆地较近的地方。他甚至对敌国的船员们也展现出了一种极为难得的关心。在该次巡航稍晚的时候，U93艇击沉了英国轮船"霍萨"号，他很同情该船的14名幸存者，他们有些衣不蔽体，有些受了重伤。他把他们带进了潜艇狭窄的舱室里，让他们接受了治疗，并在当天晚些时候将他们移交给了一艘芬兰小帆船。[48]

潜艇兵们所打的这场战争艰难、危险且很难说具有正当性，在这样的情况下，他们为何不仅是忍受这场战争，还如此全力以赴呢？没有多少人是志愿前来，海军认为更高效的做法是把那些在实践中证明有专业技能的官兵安排到潜艇部队。从被俘的德国潜艇兵受审讯时的表现来看，他们的爱国之情也并没有达到过分狂热的地步。在和审讯者谈话时，许多人都谈得无所顾忌。军士弗里茨·马萨尔是在1917年10月沉没的UC63艇的唯一幸存者，他与其他人极其不同，审讯者注意到他"表达了自己不能继续为国效力的懊恼之情"。[49]实际上，潜艇兵的坚忍不拔主要是出于军事因素。首先，至少到1918年，潜艇兵都接受了非常彻底的训练。相比于步兵接受的只有可怜的12周的训练，潜艇兵会接受至少16周的训练，而且通常多达26周，内容包括航海技术、信号、鱼雷、电气工程、潜艇知识等方面。军士们的训练还要更加深入，持续八九个月。一旦训练课程完成，这些新的潜艇兵便会被指派到一艘作战经验丰富的潜艇上见习3个月，参与一次战斗巡航并参与巡航前和巡航后的整修工作。当新潜艇入役时，海军方面会给新潜艇分配几名老兵担任核心人物，以维持士气和技术水平，还会给新潜艇的艇员们一定的时间来共同训练。如此可观的时间投入与资源投入保证了这些挑选出来的且年龄都在32岁以下的潜艇兵充分了解自己的工作，并且可以相信自己在服役期间让潜艇发挥最大战斗力的能力。[50]

其次，潜艇兵的待遇让他们树立起了自己是精英的意识。他们不仅接受了彻底的训练，而且还得到了非常好的照顾。他们的配给额度远比陆军士兵的额度要高，甚至也比水面舰艇的水兵要高——潜艇兵们轻蔑地称他们为"擦甲板的苦力"。[51]到1917年年底，潜艇兵还可以享受到真正的咖啡，这是一种几乎独一无二的特权。他们的休假也相对宽松。即便是在无限制潜艇战开始之后，在面对着种种随之而来的压力的情况下，潜艇兵通常还是可以每隔6到8个月休假一次。他们对自己优渥的工资也颇为满意，名目繁多的津贴让潜艇兵的收入进一步增加。除了各种专业奖金，他们还能得到因物价上涨和生活空间狭窄而发放的补偿金。当潜艇在港时，潜艇兵在艇上执行任务可以获得额外的补贴，当潜艇出海时，他们则可以在潜艇下潜的日子得到每天 1.5 马克的"下潜津贴"。[52] 与金钱收益同样宝贵的，是他们身为潜艇兵所获得的声誉。军方给潜艇兵授予勋章是极为大方的。比如，U58 艇上的每一位潜艇兵都获得了一等或二等铁十字勋章。[53] 潜艇兵在公众中也广受欢迎。"潜艇慈善活动"在 1917 年 2 月发起，旨在为潜艇官兵及其家属筹款，到战争结束时，它总共筹集了超过 2000 万马克。[54] 最为杰出的艇长们和王牌飞行员一样，都是战争名人，他们和空军中最优秀的飞行员一样，都获得了德国的最高荣誉——功勋勋章。洛塔·冯·阿尔诺·德·拉·朗佩里埃是战争期间击沉吨位最多（453 716 吨）的艇长，他在当时像奥斯瓦尔德·伯尔克、曼弗里德·冯·里希特霍芬等更为后人熟知的战斗机飞行员同样出名。他和他的潜艇 U35 甚至成了一部电影《魔法地带》的主角，这部电影展现了他和他的潜艇在地中海的战绩。[55]

  潜艇部队之所以不屈不挠，最后一个关键因素在于艇员们的紧密凝聚力。潜艇人员定额是相当稳定的：潜艇战的性质意味着潜艇部队不太会像陆军部队那样逐渐减员或者在遭遇重大伤亡之后需要重组。艇员们总是长时间在一起训练、养护潜艇、作战，这个过程培养出了相互的信赖和艇员间的信任，这反过来又提高了个体的积极性和协调的团队合作。此外，到 1917 年，德国海军大型水面舰艇上的官兵关系很紧张，与之形成鲜明对比的是，潜艇部队的士兵与军官之间的关系大体上是比较融洽的。许多艇长都有善意的绰号，这体现着潜艇部队的团体精神：U34 艇的艇长绰号叫作"小孩儿"，UB103 艇的艇长则是"水手靴"，而 UC77 艇的艇长外号则叫作"臭人"，这个绰号暗示了这位艇长令人不敢恭维的个人卫生习惯。潜艇兵们经常赞叹自己的军官既亲切和善又关怀部下。比如，U104 艇的艇长便被形容为"一个重情的人"，而据说 UB72 艇的艇长特雷格上尉也"在部下当中非常受爱戴，因为他用关怀而友善的态度来对待部下，不会摆架子"。[56] 作为一支名副其实的精英部队，艇员们在评价自己的指挥官时，并不只是看他们是否会体恤部下，还会看他们在战斗中的军事技能与进攻心态。正如 U103 艇的艇员们所说的，一位有拼劲、精神振奋的"骁勇悍将"比一位谨小慎微或是平庸无奇的艇长要受欢迎得多。虽然 UB72 艇和特雷格的最终覆灭在一定程度上要归结于他的过分自信，但这种过分自信此前并没有降低他在艇上的受爱戴程度。与之相比，U48 艇和 UB85 艇的艇员们对他们的艇长无法瞄准鱼雷的目标这个问题感到很失望。海军方面也同样看重潜艇艇长的作战能力与进攻心态，倘若哪个艇长不能达到足够多的击沉吨位，他便有可能被撤换。各艘潜艇之间比拼的是击沉的吨位；在潜艇部队的竞争氛围里，艇员们接受的彻底训练、他们获得的荣誉与特权以及良好的官兵关系（这在一定程度上有赖于他们的工作环境所要求的紧密联系与团队合作），都是潜艇部队战果斐然、不屈不挠的原因。[57]

即便潜艇部队在 1917 年 4 月达到了最高的击沉率，德国海军高层部分人士还是开始对无限制潜艇战产生了疑虑。佛兰德小型舰队的上级单位海军陆战队在 4 月底警告称，虽然潜艇战取得了一些成功，但没有迹象表明英国会在 8 月前被击败。艇员和潜艇都已经被驱使到了极限，只有投入新的潜艇，才能进一步增加击沉的吨位。[58] 很明显，不止海军陆战队有这样的疑虑，因为在 5 月，公海舰队潜艇部队的负责人赫尔曼·鲍尔发布了一则命令，谴责了对潜艇战提出质疑的人。他宣称，统计数据已经证明了潜艇战的可行性。情报部门的报告均显示，英国正在被一步步推向深渊。他强调，当下所需要的是"信念"，这便从实际层面转向了神秘主义层面。一切怯懦的想法都要被彻底消除。"只有我们……自己相信并且广泛宣扬对这一天然必要性的坚定信念和（在更高的力量支持下）我们的武器的持续性重大作用，我们才可以实现原本设定的目标，这也是我们对一支部队提出过的最大目标，即拯救我们的祖国。"[59]

英国人确实处在困难中，3 个月的无限制潜艇战让他们损失了 190 万吨货船吨位。但他们显示出了自己的应对能力、复原能力。英国对 U 型潜艇的威胁做出了三方面回应。首先，在 1916 至 1917 年之交建立起来的食品部和农业部下属的食品生产处，设法通过推广农耕和更好地管理国内资源来减少对于进口的依赖。1916 到 1918 年，英国政府付出了艰难的努力，将 750 万公顷的牧场转变为耕地，以此提高谷物产量。这减少了肉类产量，且因此对总体卡路里摄入量产生了一定影响，但它极为成功地提高了关键粮食作物的产量：马铃薯和小麦的年产量比 1904—1913 年的年产量提高了 40%。更加重要的是，英国人采取了德国人在 2 年前的举措，开始将谷壳和其他谷类（主要是大麦）掺入面粉里。不过，英国面包的水准始终也没有跌到德国"战时面包"那般恶劣的地步。虽然德国的 U 型潜艇使出了浑身解数，但英国从未对面包实行限量配给供应。肉类也是直到 1918 年 2 月才开始限量供应的。[60] 被俘的德国潜艇兵们沮丧地发现，敌人拥有的食品是相对充足的。U93 艇艇长埃德加·冯·施皮格尔在 1917 年 4 月底被俘，他在给妻子的信中写道："在这里，人们几乎感受不到战争，压根就没有发行过任何配给票，甚至连面包配给票也没有。"他表示："这很让人难过，但这是事实。"[61]

其次，英国人不遗余力地在确保商船仍然可以为他们所用。支撑着无限制潜艇战的考量，在很大程度上是以潜艇战把中立国的商船从公海上吓走的能力为基础的。英国人用他们自己的带有一定恐怖意味的举措来回击：它警告欧洲大陆上的中立国，倘若它们真的禁止本国货船出海，那么它们自己的供应也会被切断。这是一个完全可信的威胁，因为英国控制着煤站以及英吉利海峡、北海航路。随后，英国又宣布了一项"以船换船"的政策：荷兰和斯堪的纳维亚各国的货船作为抵押物被扣在英国港口里，只有规模相近、挂着同一国国旗的贸易船来替换它们，它们才能回国。其他中立国的船只有在其船长保证会开往一个协约国港口或是载着经过检验的货物回国时，才能被放行。[62] 英国还提高了造船业的优先级别。英国在 1916 年每月建造的吨位是 53 000 吨，到了 1917 年这一数字翻了倍，达到了每月 102 000 吨。不过，英国的造船成就与美国的造船成就相比便相形见绌了。美国在 1917 年 4 月可用的商船吨位有 275 万吨，但到 1918 年 9 月，这一数字翻了不止 3 倍，达到了惊人的 950 万吨。即便如此，协约国确实在战争的最后一年陷入了运力危机。然而讽刺的是，运力危机的起因主要在于美国后来需要运送士兵到欧洲，还要向他们持续运输补给，而与这种对运力的新需求相比，潜艇战对运力的影响则要少得多。这肯定不是霍尔岑多夫想要或者期待的危机。[63]

英国人对无限制潜艇战（尤其是潜艇战早期的成功）的第三种回应，也是对于德国潜艇而言最要命的回应，是引入护航机制。横渡英吉利海峡的兵员和补给运载船只一直以来都是有军舰护航的，而且在早些时候，这一战术也被成功地用来保护前往荷兰、斯堪的纳维亚的商船，以及英国与法国之间的运煤航线，但是英国海军指挥官们对于是否要全面实施护航一事举棋不定。他们认为，大规模护航队不仅会因为自身产生的浓烟而让自己易于被发现，还会为U型潜艇提供更多的靶子。在这样的情况下，要让货船保持阵形是很难的。此外，需要保护的商船数量很多，以至于为它们尽数提供护航似乎并不现实：对英国各港口进出港次数的统计表明，每天有超过300艘商船需要护航。[64] 实际上，这些港口统计数据把船只数量多算了一倍，因为它们把入港和出港都计算在内；而且这些统计数据也没有区分跑沿岸航线的货船和跑远洋航线的大型货船。U型潜艇的成功迫使英国进行了一次更加准确的统计，结果表明，每天很少有超过20艘货船横跨大西洋到达英国港口。这个数字就好办得多了，虽然需要的驱逐舰数量还是不够。要护送这些船只需要72艘驱逐舰，但皇家海军估计可以调拨用于护航的驱逐舰只有40艘。盟国美国随后逐渐为英国提供了护航所需的舰只，第一批6艘军舰于5月上旬抵达英国。到这时，英国商人在上个月的惨重损失已经促使英国战时内阁介入此事并要求英国海军部反思自己的战略。首相大卫·劳合·乔治在4月底便曾力主开展试验性的护航，5月10日，第一批16艘船只在武装护航之下离开了直布罗陀。这次护航行动最终取得了圆满成功。[65]

英国的护航行动并没有立即挫败潜艇战。实际上，正如德军击沉的商船吨位统计图（图6）所示，1917年6月，潜艇官兵达到了他们在战争期间第二高的击沉数字，击沉敌国与中立国商船的吨位达到了将近67万吨。协约国（如今美国也已经加入，这一阵营的名称也从原本三国协约的Entente变为了Allies）需要时间来实施新的护航系统，而且美国的海军部起初并不愿意拿出大批舰艇用于保护商船。虽然从6月中旬起定期的护航队便会自弗吉尼亚的汉普顿锚地出发横跨大西洋，而且在随后几周里这

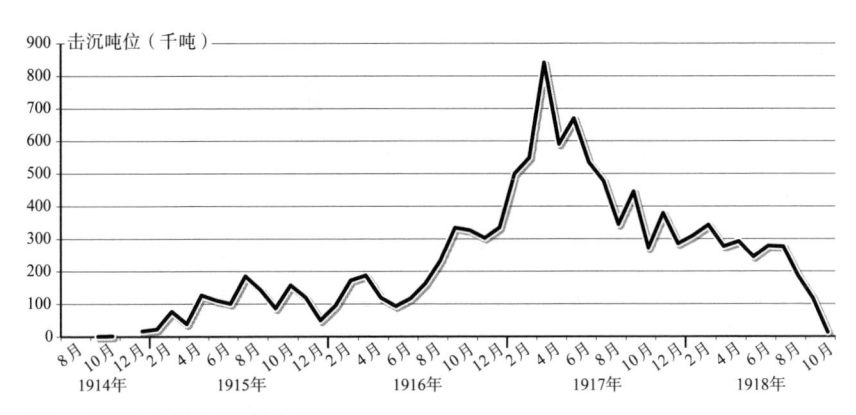

图6　德国潜艇击沉的商船吨位

来源：J. Schröder, *Die U-Boote des Kaisers. Die Geschichte des deutschen U-Boot-Krieges gegen Großbritannien im Ersten Weltkrieg* (Lauf a. d. Pegnitz, 2000), p. 430。

一护航行动也推广到了其他北美洲港口，但是从直布罗陀出发的定期护航队还是直到 7 月底才开始；而且虽然一些地方性的护航行为在地中海出现了，但地中海上有组织的护航制度直到 10 月中旬才建立起来。[66] 德国潜艇也十分擅长寻找协约国新护卫体系的漏洞。在 1917 年 8 月之前，从英国返回美国的船只是没有护航的，那年夏天，在回程的途中被击沉的吨位的比例提高了。德军的巡洋潜艇袭击了在马德拉群岛、亚速尔群岛、佛得角群岛附近防护薄弱的商船，佛得角群岛在当年 11 月也被规定为禁区。由于地中海海域狭窄，且协约国的合作不力，在地中海地区的德国潜艇一直比在北部海域的潜艇更加具有威胁性。[67] 最为重要的是，在北部海域活动的德国潜艇从远洋行动转向了在英国海岸巡猎，在英国海岸地带，依然有许多商船在没有保护的情况下赶赴护航舰队集结点或者在护航舰队散去后单独前往某个港口卸货。从 1917 年 2 月至 7 月，德国潜艇在距岸 10 海里范围内击沉的吨位仅占击沉总吨位的 20%，但到了下半年，这一比例便增长到了原来的将近 3 倍，达到了 58%。在 1917 年春季的猎杀高峰之后，德军潜艇的月击沉吨位陡然下跌，当年秋冬，月击沉吨位在 27 万吨到 45 万吨之间波动；自 1918 年初至战争的最后几个月，月击沉吨位则稳定在 30 万吨左右。虽然这时 U 型潜艇已不再足以对英国造成致命威胁，但此时的威胁还是比 1916 年 10 月以前的任何时候都要大，而且在严重地消耗着协约国的运力。[68]

然而，如果护航队没能彻底消除 U 型潜艇的威胁，它们也大力遏制了 U 型潜艇。护航队把船舶集中起来、保护起来，从而让海面上不再有易受攻击的目标，而且护航队本身也出人意料地难以被潜艇锁定。1917 年 10 月至 12 月，219 支大西洋护航队中只有 39 支被德军潜艇发现。这些护航队之所以很少被发现，不仅是因为海面广阔，而且还要归功于英国海军部变更船队航线、使之绕开危险的能力。与大部分商船不同，战舰有信号更强的无线电设备，可以从伦敦接收有关潜艇位置的信息，这些位置信息有些来自观测，有些则来自对德军潜艇通讯的破译。德国人对此束手无策。德军在二战时采用的战术是在岸上破译盟国护航队的无线电信息，然后指引潜艇前去袭击这些目标，但这个战术在 1917、1918 年是不可行的，因为一战期间 U 型潜艇的无线电设备还太过原始。有人提议，在一艘大型巡洋潜艇上装备无线电设备并配备破译人员，然后让它驻扎在不列颠岛以西的近海地带，由此来确定护航队的位置，协调 U 型潜艇的攻击，但这个计划被否决了。此外，即便是潜艇发现了护航队，要攻击它们也是很困难的。一艘单枪匹马的 U 型潜艇在第一次开火后便已经丧失了突袭优势，面对着全副武装的护航舰队，它已没有什么优越之处。包括德皇在内的一些人提议让潜艇结对或成群出击，但 1918 年 5 月的一次试验证明，德国的潜艇数量太少，不足以一边协作，一边掌控全部海路。虽然协约国不得不忍受集结船只所造成的延误和更长的港口卸货时间（因为常常一次便有二三十艘船到港，甚至有一次多达 47 艘），但护航队提供的安全保障让一切缺点都变得微不足道了。1917 年 8 月至 10 月，依旧独立航行的船只的被击沉率为 7.37%，而护航队中船只的被击沉率则为 0.58%。护航队还能有效地保护客轮和运载美军士兵横跨大西洋的改装货轮。总共有 2 078 880 名美军士兵安全抵达了欧洲，大部分是在 1918 年到达的。只有 314 名美军士兵因德军潜艇的攻击而丧命。[69]

护航不仅阻碍了德军潜艇击沉船只的活动，还迫使德军潜艇不得不在极为不利的条件下作战。动用战舰开展进攻性扫荡，是皇家海军在此前奉行的首要反潜艇战法，在战争的后几年，英国海军仍在继续使用这种战法。但这种战法非常不起作用,因为潜艇没有理由卷入战斗,而且探测设备仍十分原始。[70] 但是,护航制度一旦引入,U 型潜艇便别无选择,只能与护航舰和全副武装的驱逐舰对峙。正如 UB52 艇艇长悲哀地认识到的,要躲开敌军的巡逻舰艇十分容易,但在有护航队的情况下,"如今每一个目标旁边都有一个保镖"。[71] 协约国武器装备的进步进一步增加了潜艇面临的危险。护航舰装备的深水炸弹在 1916 年被潜艇兵们不屑地嘲笑为"烟花爆竹",但仅仅一年以后,它们便发展成了一种威力强大的武器,倘若在距离潜艇不到 30 米的地方爆炸,它们可以击沉潜艇或是迫使它浮出水面。对于潜艇兵来说,被深水炸弹袭击就好像陆军士兵躲避炮轰时的感受一般;被俘的潜艇兵曾经形容过在遭受深水炸弹袭击时,自己无助地坐在潜艇里,这时他们感受到了一种"十分难以忍受的……压迫感"。[72] 后来为了找到没有得到护卫的袭击目标,潜艇更多地在近海交通线活动,在这种时候,潜艇更容易受到拦截,因为一旦靠近陆地,潜艇便进入了空中侦察的可见范围。早在 1917 年 6 月,飞艇行动便已经对那些在英国东部海域活动的德国潜艇造成了极大掣肘。到 1918 年 1 月 1 日,英国部署了 100 艘飞艇、23 架飞机、291 架水上飞机用于反潜艇任务。空军力量最多击沉了 4 艘潜艇,但它们带来的威慑力远远超过了这个战果,到 1918 年夏天,为了避开空军力量,许多潜艇返回了远海作战。[73] 护航战术和武备改进所构成的新威胁体现在了潜艇的损失比率上:1917 年上半年,20 艘德国潜艇被敌方击沉,但下半年有 43 艘被击沉,是上半年的一倍多。到了 1918 年,潜艇损失更加惨重,因各种原因而损失的潜艇多达 102 艘。[74]

在反潜作战中,布雷也发挥了重大作用,但起作用的时间较晚。在一战的大部分时间里,英国的水雷都是极不可靠的。一艘 UC 艇的艇长坚信英国的水雷压根不会爆炸,他甚至在 1917 年 10 月的一次行动期间打捞了 2 枚水雷,并且在返程期间将它们做成了大酒杯。后来英国人终于放弃了自行设计触发式水雷的念头,转而去仿制一种已被证实可靠的德国水雷,这样英国人才取得水雷战术的成功。到 1917 至 1918 年之交,英国布下了相当数量的这种新式 H2 水雷,而且这种水雷威力极大,因而潜艇兵们收起了轻视之心,开始变得提心吊胆。[75] 在一战期间被击沉的 178 艘潜艇中，有34艘是被水雷或是水雷与水下拦阻网的组合击沉的。不过，英国海军策划者的目标远不只是摧毁敌方潜艇这么简单，他们希望利用水雷来缩小敌方潜艇的活动范围或至少是妨碍敌方潜艇的行动。协约国想要在意大利与阿尔巴尼亚之间的奥特朗托海峡布置水雷、水下拦阻网、漂浮水雷，来将德国和哈布斯堡帝国的潜艇困在它们位于亚得里亚海的基地里，但这些行动失败了。美国人策划了一个封锁北海出入口的狂妄计划，结果，在大战的最后几个月里，在一片长400千米的海域里一共布下了70 263枚水雷。这片耗资4000万美元的"北海阻截区"最多炸沉了7艘敌方潜艇。但是，封锁多佛海峡这个较为可行的目标确实实现了。英国在1916年12月第一次尝试封锁，他们在古德温暗沙到敦刻尔克之间的海域用水雷和拦阻网构建起了一片复杂的封锁区。但是它很快被英吉利海峡强劲的海流破坏了，且完全没有收到成效：每月都有多达30艘德国潜艇从这里通过，往来于它们在更西边的巡猎场所。1917年年底，英国人第二次尝试封锁多佛海峡，这一次，他们的水雷布得更深，并且在封锁区里安排了装备有照明弹和探照灯的拖网船，以便在夜晚照亮水面。英国人设想着，那些试图溜过封锁区的潜艇会因为明亮的海面而被迫潜入深水，从而陷入雷区。他们的这个设计是正确的。在新的封锁体系试验的第一晚，UB56艇便被探照灯发现了，于是被迫下潜，随后被一枚水雷炸毁。在接下来的5个月里，平均每3周就会有一艘潜艇在这片新的封锁区里被击沉。结果，德军潜艇又开始绕行苏格兰前往巡猎海域，这让它们损失了宝贵的时间，从而降低了商船吨位的损失率。[76]

潜艇战持续时间长且日益处于下风，这种局面最为严重的结果是，潜艇官兵的"坚定信念"（潜艇部队负责人赫尔曼·鲍尔在1917年5月对他们提出的要求）开始瓦解。水兵们变得精疲力竭：在无限制潜艇战的最初7个月里：大多数人有1/3的时间都在海上度过，佛兰德小型舰队的官兵们更是有超过40%的时间都待在海上。[77] 据说，被英军俘虏的U48艇官兵表示，到11月，"潜艇损失数量在近期增加……主要是因为这套高层人士始终在'驱使'潜艇的系统"。[78] 军队的战斗技能也下降了。这很大程度上要归咎于德国海军自负地没有建造足够多的潜艇：1915年9月至 1916 年 5 月，德国海军没有下令建造一艘潜艇，而那些随后才开始建造的潜艇直到战争结束都没有完工。不过，虽然德国潜艇遭受了严重损失，但是到 1918 年，新完工的潜艇数目已经让潜艇总数足以维持局面，总数为 128 艘左右，与 1917 年 3 月的潜艇数目相当。[79] 真正的问题在于如何为这些新完工的潜艇找到、训练艇员和出色的指挥官。据说，后备艇员的素质"跟没受过训练的新兵一个样"，而有经验的军士日益稀缺。[80] 士兵们精疲力竭，伤亡增加，没有经验的新兵汇入，这一切都拉低了潜艇部队的士气。1918 年 4 月，英国的情报部门注意到："近期惨重的潜艇损失让艇员们极为紧张。"[81] 明显可以注意到，佛兰德小型舰队的军官们开始在岸上喝更多的酒，这支舰队被人讽刺地称为"挤满了前商船船长的指挥部"——这指的是如今指挥德军小型潜艇的后备军官们有许多人都曾在商船上工作。[82]

潜艇官兵极度疲劳、士气低落且素质下降，这一切不可避免地对潜艇的作战表现造成了负面影响。技能不足或者神经紧张和判断失误都开始导致潜艇的损失。例如，1918 年 3 月 U110 艇的沉没便有一部分原因在于其官兵们"惊人的……年轻和经验不足"，他们中只有 4 位经验丰富的军士。[83] 次月，艇员同样大多是新兵的 UB85 艇在执行了一次所有鱼雷都错失目标的失败巡航之后，选择了投降。当 UB85 艇下潜时，指挥塔的舱口盖不知是因为忘关了还是出故障了，15 吨海水涌进了潜艇。海水让一部发动机出现短路，并且和潜艇电瓶里的酸性物质发生了反应，释放出了有毒的烟雾。虽然情况很吓人，但该艇当时其实还是可以用它的柴油引擎在开阔的海面上逃生的；英国审讯人员认为，该艇艇长让艇员们在甲板上齐声向附近的一艘英国巡逻舰大喊"我们投降"的做法"多少有点太早了"。[84] 也有另一种极端情况，有经验的指挥官会在极度疲劳时神经紧绷，从而无意中犯下错误。罗伯特·默哈特少校是一位自 1915 年起便在潜艇上服役的职业军官，还曾获得过功勋勋章，他便坦率地承认，因为他糟糕的心理状态导致的决策失误，他的 U64 艇在 1918 年 6 月折戟大洋。他自己清楚，在服役 2 年以后，"他的精神承受力开始出现问题"，但他拒绝调任到岸上。他已经失去了准确评估风险的能力，这次他下令袭击一支防卫周密的护航队,结果潜艇被护航舰击沉。U64艇全体41名官兵中,只有他和另外4人生还。[85]

虽然人们常常将潜艇战描述成一个仅仅有关数量、技术、战术的问题,但它绝不只是如此。与陆战一样,官兵的技能、韧性、斗志都对战果具有关键影响。1917年2月之后,击沉吨位的增加不仅是因为潜艇数目更多,部署得更加合理,也是因为海军方面将潜艇官兵驱使到了他们的忍耐极限。对于无限制潜艇战而言,人类的心理始终是核心要素。潜艇战的成功与否在很大程度上取决于它散播恐怖情绪的能力,不过霍尔岑多夫和他的专家们都高估了德国潜艇艇长的狠辣程度,也低估了敌人的勇气与复原力。潜艇既没有将英国的也没有将中立国的船只从海上吓跑。相反,随着其对手的战术与武备进步,随着潜艇损失增加,随着快节奏的作战让他们精疲力竭,真正开始变弱的是德国潜艇官兵的斗志。U型潜艇的目标是引发英国社会的恐慌与崩溃,但这个目标始终未能实现。相反,因为潜艇战的失败表现,潜艇战的最大后果反倒是降临到了德国头上。

奇迹武器的哀歌

大多数德国民众都曾满怀信心地以为,U型潜艇可以快速地让这场战争获胜。诚然,1917年2月,已经有人提出过谨慎行事。稳健派的知识分子,包括军事史学家汉斯·德尔布吕克和奥地利的法学家、政治家约瑟夫·雷德利希,洞悉了海军部过度乐观的预计,并且正确地担忧,潜艇战可能会激怒美国。[86]但这些人只是少数。大多数人都支持发动无限制潜艇战,认为即便与美国立即断绝外交关系也应当在所不惜。自由派报纸《柏林日报》的主编特奥多尔·沃尔夫向来不与坚决主张无情部署潜艇的吞并主义者们为伍。他在2月一语双关地说起了正席卷全国的"无限制潜艇战乐观"。[87]负责后方军区的将军们在他们的月度士气报告中也表达了和沃尔夫类似的意见。第四区(德国中部归属普鲁士王国的萨克森领土)指挥官在报告中极为贴切地捕捉到了民众的情绪,他写道:"德意志帝国领导层做出的所有决定中,几乎没有哪个决定像发动无限制潜艇战一样得到过这样的赞同和这样惊人的一致态度,即便是最左翼的那部分人亦是此种态度。"[88]

民众的热情是不难理解的。在度过了一个又冷又饿的冬天之后,许多德国人一想到英国人会因潜艇战而饿死,便会有一种幸灾乐祸之感。他们对美国的敌意也不应该被低估。多年来,他们不断从报纸上得知,中立的美国为协约国制造了大批军火。宣传人员大肆宣扬大洋彼岸是如何因为大量军火订单而造就出来百万富翁的。德裔美国人也曾设法促成军火出口禁令,但商业利益集团和政府对协约国日益增长的同情还是占了上风。威尔逊政府虚伪地坚称,它不能干涉自由贸易。[89] 美国的军火出口激起了德国公众的极大愤慨。德国军方做出了一个更有想象力的回应。1915年,德国士兵在索姆河防线后举办了一场讽刺性艺术展,以表达他们的愤怒之情。展览的第一件作品被冠上了极为讽刺的名字《中立的威尔逊》,是一尊这位美国总统的白垩胸像,他脸上挂着目空一切的微笑,胸像设在一堆没有起爆的炮弹上,这些炮弹全部都是美国制造的。[90] 1917年2月3日美国与德国断交,德国百姓对此颇为"冷静镇定",德国的军事后方指挥部认为,这种反应是因为百姓对美国的军火业务怀有刻骨怨恨。但是,德国疲惫不堪的百姓支持无限制潜艇战的最大原因在于,无限制潜艇战可能会让战争迅速画上句号。与无限制潜艇战的主要鼓吹者保守派不同,几乎没有人支持兼并领土。但是,无论是希望速战速决,还是希望取得全面胜利,人们在1917年2月普遍确信潜艇战会成功。后方将军们注意到,大多数德国人坚定地相信,"1917年会让祖国如愿取胜、恢复和平"。[91]

正如帝国海军办公室满意地指出的,德国民众在整个1917年春季都"沉浸在无限制潜艇战的魅力之中"。[92] 极高的击沉率助长了大众的乐观情绪,他们认为和平或许在半年之内便可恢复。真实的击沉数据已经很高了,但海军当局发布给媒体和盟国的数字往往还是高出了1/3,无论是失误所致,还是故意为之。民众在报纸上看到,U型潜艇在2月击沉了781 500吨(实际数字是499 430吨),在3月击沉了惊人的861 000吨(实际数字是548 817吨)。[93] 报纸受到了严格审查。所有提及潜艇战的报道在发表之前都要接受审查,与潜艇战有关的辞藻都要被高超地设计得可以迎合信奉社会主义的工人阶级。当局禁止将潜艇战描述为复仇行为或是一种饥饿战争的写法。相反，报道中要强调，潜艇战是一种快速结束战争的手段。[94] 私人出版者意识到，即便是已经到了战争的第三年，爱国主义依然是可以赚钱的。他们用潜艇兵根据自身经历匆忙写就的廉价、煽情作品来利用并且助燃了这种激动情绪。1917年，有不下9本潜艇题材的"廉价惊悚小说"面市，柏林的出版商乌尔施泰因在这个市场上算是领军者。这些小说从人的视角切入潜艇战，塑造出了一种刚毅之气与英雄气概，这些气质巧妙地令海军的惊人数据丰满了起来。[95]

虽然商业继续在大众动员方面发挥着作用，但是，由于厌战情绪和物质短缺，它和其他私人刺激因素都不再像1914—1915年那段狂热时期一样具有重要作用了。相反，官方宣传如今正变得更有组织、更有影响力，而且官方宣传也富有创意地利用了U型潜艇。民事与军方努力的核心是推销一年发行两次的战争公债。第六批战争公债于1917年春季推广，就在无限制潜艇战开始之后，它们吸引到了7 063 347名认购者，这个数字几乎是半年前的上批认购者人数的2倍。[96] 这次的公债空前成功地吸引了大量小额认购者，因而这次公债发行行为变成了一场真正的大众运动，这种现象的部分原因便在于它借用了广告这一商业手段。由职业艺术家设计的近150万份海报张贴在了在德国各地的广告牌上、车站里、办公室里、公共交通车辆上。当局发放了1200万份传单，解释人们为什么应当认购公债；数百万张配图的漂亮明信片发放了出去，以期让公众的注意力集中在战争公债上面。[97] U型潜艇是这场宣传活动中的主角，因为德国人迫切希望"为了用于对抗英国的U型潜艇而认购公债"。一张面向陆军的海报的主角是一位潜艇艇长，他的胳膊搭在一位陆军士兵的肩膀上，他指向远处一艘正在沉没的船只。配文写道："你掏的钱就是这样帮助你战斗的！""把你的钱变成U型潜艇，就可以让敌人的炮弹远离你的躯体！因此，认购战争公债吧！"[98] 最重要的是，在这样一个让人灰心丧气的冬天之后，民众之所以还会如此积极地认购战争公债，唯一的原因便在于U型潜艇的高涨人气和无限制潜艇战给人们带来的巨大期望。鉴于胜利看上去已经迫近，购买国家发行的第六批公债不仅是一种爱国行为，而且看起来也是一笔稳妥的投资。

虽然有这番成功，但大众的信心在3月初便遭受了第一次重挫，这是由1916年11月新上任的德国外交大臣阿瑟·齐默尔曼极为愚蠢的举动导致的。3月1日，美国的报纸公开了一则高度敏感的电报。这份电报是齐默尔曼发给德国驻墨西哥大使的，但英国人截获并破译了这封电报，随后将其转发给了美国政府。在这份电报中，齐默尔曼提议，若美国对德宣战，邀墨西哥与德国结盟，他承诺会给予墨西哥财政支援以及得克萨斯州、新墨西哥州、亚利桑那州。这份电报的内容是爆炸性的，它的公开点燃了整个美国的怒火。在德国，公众简直无法理解政府居然会如此无能。《柏林日报》的特奥多尔·沃尔夫非常厌恶齐默尔曼的鲁莽，他准确地把这份电报描述为"极其幼稚"。他的一位工作伙伴在这次事件之后打趣说，建一座痰盂工厂一定可以发财："3000万个痰盂才可以满足当下的急需，因为全国的民众人人都想要唾骂"！[99] 对于那些善思考的德国人来说，这一新闻让他们开始怀疑有关海上巨大成功的报告。一位前线军官在日记里写下了他的思考："倘若真的可以在几个月内打败英国的话，那么我们肯定不需要拉拢墨西哥这样一个盟友！！"[100]

一个多月之后，4月6日，美国对德国宣战，几乎没有什么人对此感到惊讶。有些人对这则消息感到非常沮丧。西里西亚的露丝·赫伊夫纳在日记里表达了她的绝望："我们究竟犯了什么罪，以至于要承受这般残酷的对待？！"[101] 正如一位民族主义评论家在战后不情愿地承认的，新增一个敌人"不是很令人振奋"。[102] 4月中旬，德国还出现了第一次大规模政治罢工，柏林有217 000名工人放下了手中的工作。在其他一些城市中心也爆发了罢工，尤以莱比锡为甚。这些抗议表明，左翼的一些人并不怎么相信潜艇战可以快速终结战争，而且更多的人怀疑潜艇战的狂热支持者对获胜后的德国未来所做的规划：工人们的要求包括在不扩张领土的情况下恢复和平，废除战争时期对于政治权利的约束，给予平等的普选权。[103] 不过，即便与美国开战一事确实是罢工的背景因素，但它并不是引发罢工的主要因素。柏林的警察局局长报告，首都居民对于与美国开战以及随后与南美洲国家开战都态度冷静。后方军区的将军们也持有相似观点：不在大都市的民众表现得"极为镇定"。中产阶级的态度也十分坚定。伊丽莎白·施泰夫勒在日记里坚决地写道："我们会挺过去的！"，她的这种想法很可能便可以代表资产阶级的态度。[104]

到了夏天，德国民众的士气才真正瓦解了。德国后方前线遭遇了新的供给危机，因为食品和煤炭都即将耗尽，而且虽然U型潜艇已经尽了最大努力，但英国还是没有显露出要投降的任何迹象，于是德国民众的信心消失了。"我们现在又该把希望寄托在哪里呢？"6月底，汉堡的安娜·考恩施泰恩在给在军中的儿子阿尔贝特的信中写道。"所有事情看起来都让人难受。起初这儿的人说战争会在8月结束，接着又听说战争还会再持续一年。"[105] 民众陷入绝望，而民主派政治家注意到了这一点。社会民主党的领导人物警告德国政府，倘若U型潜艇不能如人们期望的那样迅速让战争取胜，工人最终会失去耐心。[106] 天主教中央党议员马蒂亚斯·埃茨贝格尔也意识到无限制潜艇战已经失败了，他从中得出的结论引发了一次重大的政治危机。7月6日，埃茨贝格尔在议会指导委员会上质疑官方公布的英国可支配的货船吨位，并且正确地指出，敌人对抗U型潜艇的能力被低估了。他认为政府做出的在6个月内实现胜利的承诺是错误的。此外，他还指出："我国潜艇的杰出工作没法让一艘货船到达我国港口，而90%的货船成功到达了英国。"[107]

天主教中央党对于潜艇战的怀疑态度具有格外重大的意义，因为该党在1916年秋天转向支持无限制潜艇战的举动，对于敦促首相去满足海军和陆军发动无限制潜艇战的要求方面起到了关键作用。埃茨贝格尔认识到这场豪赌已经失败，于是他开始转而要求议会插手，为德国另觅新路。接下来的政治危机迫使霍尔维格下台，且使得议会中由天主教中央党、社会民主党、进步党议员组成的多数派在1917年7月19日（埃茨贝格尔在其演说中提出和平决议刚好2周后）投票通过了一份"和平决议"。这份决议否定了"用武力获取领土"——极力鼓吹无限制潜艇战的保守派主张的政策——转而主张"以谅解求和平"。[108]

大战和潜艇战都在继续，但政治人物和公众盼着U型潜艇可以快速终结战争的希望已经荡然无存，取而代之的是冷漠，甚至是愤怒。U型潜艇短暂地让民众因为某种胜利曙光（对于大多数人来说，最重要的是，快速的胜利，对于少数人来说，是全面的胜利）而团结在一起，但如今它又成了纷争的一个源头。海军部曾宣称潜艇战可以在5个月内带来胜利，人们无法原谅这个不当承诺。此外，随着美国动员起来，此前对这个新敌人的低估也开始遭受越来越多的指责。海军大臣爱德华·冯·卡佩勒上将曾在议会信誓旦旦地表示敌军的运兵船不堪一击，但到了10月，有人大力批评了他的这番言论，指出敌军的运兵船并不是那么容易被击沉的。[109] 德国当局宣称，到达法国的美军人数被夸大了，这种说辞未能成功安抚德国民众。[110] 实际上，德军中开始有传言称，美国正被特意宽大对待。这些流言有些许的事实根据：德皇起初禁止攻击在英国周边禁区活动的美国战舰和商船，而且因为他担心日后的议和可能会变得困难，不许德国海军在美国海岸发动大规模潜艇作战。在潜艇战的头11个月，美国船只在地中海也得到了豁免，因为美国和奥匈帝国直到1917年12月才进入战争状态。[111] 但是，这些都不足以解释为什么德国海军击沉的运兵船最多只有3艘。相反，面对流言，正如一份官方回应不具说服力地回应的，"海洋是极为广阔的……因此，U型潜艇能否遇到美国的运兵船……是要看运气的"。[112] 曾被大肆宣传的潜艇，到了1918年成了让德国政府感到尴尬的存在。英国情报部门对德国宣传活动所做的分析发现，关于潜艇战的报道数量下降了。到了春天，关于潜艇战的报道已经"完全销声匿迹了"。[113]

在整场大战期间，德国的U型潜艇对协约国的海运造成了沉重打击。在总计3274次作战中，U型潜艇共击沉了6394艘船只，总吨位达11 948 702吨。在潜艇战果最为卓著的1917年，它们让英国的进口量跌到了3700万吨，这是战前水平的2/3。[114] 然而，虽然在无限制潜艇战战果最辉煌的1917年春夏，它似乎短暂地对敌人构成了致命威胁，但它造成的损害还是不足以迫使英国投降，无论是在5个月窗口期之内还是在之后，都是如此。德国的潜艇战也证明，冷酷无情和践踏国际法的做法会带来恶果。正如第三最高统帅部试图强行征用比利时劳力一般，无限制潜艇战的收益是微不足道的；击沉吨位数增加的大部分都要归因于潜艇数量的增加和作战效率的提高，而德国完全可以在遵守原巡航交战法则的前提下贯彻这两点。德国声誉的损失也同样沉重，而且这次损失具有重大影响。发动无限制潜艇战的灾难性决策，以及随后不可避免的美国参战，让德国失去了在第一次世界大战中获胜的可能。

美国对于一战的决定性影响，在很大程度上是因为它为协约国的战争努力增加了大量资源。从1917年中期开始，美国人每天支出4280万美元，这让英国人、法国人、德国人略高于3200万美元的日均支出相形见绌。美国提供了海军力量，来协助护航、加强对德封锁。美国人在补充被击沉的商船吨位方面更是居功至伟，仅在1918年，美国便建造了260万吨，将近协约国建造的总吨位540万吨的一半。虽然美国并非一个军事强国（这也是德国最高统帅部轻视美国的关键原因），但它快速扩充了自己原本仅有128 000人的职业军队，最终它可以将超过200万士兵送上大西洋彼岸的战场。[115] 与美国的物质贡献同样重要且更快发挥效用的，是美国带给协约国事业的理想主义色彩和道德力量。在西方的威尔逊总统和在东方的俄国革命者，将在1917年给同盟国造成一种极端危险的、意识形态方面的新挑战。

第 11 章

危险的观念

反动的政权

　　1917年春天，战争的性质发生了根本转变。俄国革命和美国参战赋予了这场战争一种意识形态方面的新意义。用美国总统威尔逊4月2日在国会的讲话来说，"民主"与"小国的权利与自由"是现在打这场仗的原因。[1] 他回应了俄国新成立的革命政权，后者在3月底骄傲地宣称自己是一个"俄国民主政府"，其战争目标在于"在民族自决的基础上建立稳固的和平局面"。[2] 这些说法并不只是为了取悦国内民众而拟出的有力口号。它们有一种普遍的吸引力，而且深入打击了德国和奥匈帝国内部的分裂。君主制在1914年在欧洲还很常规，但此时突然开始显得过时了。这个时间点很危险，因为这些民众统治的观念会跟百姓产生共鸣。看到未经选举产生的领导人在战时犯下的错误以及（最重要的是）他们在供应和公平分配食品方面的无能，百姓越来越气愤和失望。俄国革命尤其让同盟国政府感到畏惧，它激励了同盟国的反对派，因为它揭示出，在这些特殊的时刻，民众政权更替不是妄想，而是相当有可能发生的。

　　欧洲中部在1917年的一大特点便是人民与政府之间的分歧加深。政治改革是一个关键的争论点。1914年，大规模的边缘化群体被动员起来，是因为他们希望改革可以作为服役与牺牲的回报，这些群体包括德国的社会民主党人和波兰人，以及奥匈帝国内觉得自己被1867年妥协欺骗的民族，其中声音最响亮的是捷克人和南部斯拉夫人。这些呼声之所以越发高涨，既是因为后方的极端困难，也是因为来自国外的理念；威尔逊的"基于被统治者的同意而建立的政府"的号召吸引了民主主义者和民族主义者。[3] 专制政府在1917年试图顺应时代精神，实施变革，但这些举措半心半意，组织不力，且常常受到那些不愿放弃自身特权地位的群体的顽固反对。

扩大民众与统治者之间的分歧的另一个原因，是围绕着战争目标的争论。在鲁登道夫的坚持下，德国于1916年11月不再禁止公众讨论战争目标；面对着俄国革命和美国参战，德国与匈牙利两地的民众议论也变得越发尖刻。由于普遍处于困顿贫苦之中，很多奥匈帝国人和德国人都认为彼得格勒苏维埃在1917年4月初提出的实现国际和平的号召很有吸引力，这种和平要通过"不割地，不赔款"民主协议来实现。[4] 不过，战争远没有结束，敌人却进一步增多，食品短缺加剧，认为统治者有意拖延战争以实现大规模开疆扩土的怀疑也与日俱增。虽然持兼并主义立场的保守主义者与民族主义者支持统治者的这种追求，但更多的民众开始感到忧虑，正如社会民主党的报纸《前进报》在1917年11月评论的，"实现和平之所以如此艰难，其真正和最深刻的原因在于德国已经取得的军事胜利"。[5] 有害的是，导致民众愤怒、失望的种种原因是错综交杂的。由于同盟国政府拒绝在国家事务和战争努力上提高民众的重要性，所以它们没能加固自己日渐减弱的合法性。同盟国的政府以及支持政府的保守精英人物把生存希望赌在一个谬见上，通过改革赢得的民众赞同，一样可以用全面的战争胜利赢得。

奥匈帝国的1917年是以变革的承诺开场的。德高望重的皇帝弗朗茨·约瑟夫在上一年11月去世了，他的继任者是一位与之迥异的人物。卡尔皇帝即位时年仅29岁，但是，对于这个处于危难之际的帝国而言，卡尔及其年轻的家庭象征着希望，新闻媒体乐观地将他称颂为一个具有卓越品质的人：一位在（或者更加准确地说是靠近）前线待过且了解士兵疾苦的亲切慈爱的战争英雄。正如所有有关皇室的颂词一样，这些颂扬之语是夸大的。在维也纳，新皇帝的批评者讥讽道："你希望看到一位30岁的君主，可是你看到的是一个外貌看上去20岁的人，而其言谈举止像一个10岁的男孩。"[6] 卡尔无疑有缺点。他集顽固执拗与优柔寡断于一身，他坚持一种强硬、有时勇敢的路线，但缺乏将其贯彻到底的意志或魄力。他看重荣誉，忠于誓言和盟友，这些品质本应当都是优点，却使得他无法为了臣民更加重要的需求而行事果断。他接受了良好的教育，但没有做好应对他所继承的巨大责任的准备。卡尔拥有的是好的意图。他承认内部改革的必要性,也准备在政府中留下自己的改革印记。此外,他希望结束战争。这位新皇帝即位时的宣言极大地激起了厌战百姓的希望,因为除了概莫能免的陈词滥调,卡尔自己在讲话中坚持加上了这样一个承诺:"我想要尽一切努力来尽快消除与战争相伴的恐怖事物与个人牺牲,并且为我的臣民赢回他们深深怀念的和平。"[7]

但是,新皇帝的第一项任务是先掌控住自己的国家。在即位之后的6个月里,他用一个更年轻的团队整个换下了弗朗茨·约瑟夫皇帝的顾问们。1916年12月20日和23日,他分别任命了海因里希·克拉姆-马丁尼茨伯爵和奥托卡尔·切尔宁伯爵担任奥地利的新任首相和奥匈帝国的共同外交大臣。这些人选预示出,皇帝有意开展影响深远的改革,因为这两个人战前都是斐迪南大公"美景宫小圈子"里的人物,也参与筹划了斐迪南大公的帝国重构计划。改革一事如今比以往更加迫切,因为双元体系的笨拙已经妨碍了帝国的战争努力,尤其是妨碍了高效而平等的食品供应工作;变革无论如何都是无法避免的,因为领土的任何增加或者变动都会影响帝国两大部分之间极为精巧的平衡。最为重要的是,卡尔遏制住了军方的独立性和军方对奥地利政治的有害影响。12月初,他解除了弗朗茨·约瑟夫任命的弗里德里希大公的职务,亲自接管了最高统帅部。一个月以后,他废除了那些准许在大后方实施军事统治或扩大军方影响的权力。总参谋长康拉德·冯·赫岑多夫在战场上的失利和他对君主国内政的介入已经严重破坏了君主国的合法性,因此在1917年2月底被免职。4月,皇帝将国防大臣亚历山大·冯·克罗巴廷派去了意大利前线,至此,人事的全面改革完成。新任总参谋长阿图尔·阿尔茨·冯·施特劳森布格将军和新任国防大臣鲁道夫·施特格尔-施泰因纳将军都是没有政治野心的军人。[8]

但是,由于缺乏计划和决策不力,卡尔改革双元体制的努力从一开始便注定要失败。在即位为皇帝的第一天,他犯下了最重大的错误:他同意提前加冕为匈牙利国王,而不去等待法律规定的6个月。匈牙利首相蒂萨行动迅速,他在弗朗茨·约瑟夫去世后的次日早晨便拜见了卡尔,并且力劝卡尔,实现和平的最佳途径便是他加冕为匈牙利国王。事实上,这位马基雅维利式首相的真正关切在于确保匈牙利的领土完整和特权地位。到1917年，奥匈帝国内部已经出现了高涨的呼声，要求对帝国进行根本改革，把它从一个以历史疆域为基础的国家，转变成一个有着新的合法性的国家——这种合法性来自，这种国家是按照民族疆域和可能是联邦制的疆域组织起来的。特别是，南部斯拉夫（尤其是克罗地亚）民族主义者们希望让克罗地亚王国（构成哈布斯堡匈牙利的一片圣斯蒂芬王冠领土）跟奥地利的达尔马提亚和波斯尼亚-黑塞哥维那合并。在大战早些时候，这或许有可能在双元体系下的匈牙利实现。这个改动在政治上可以实现的唯一情形，是将俄属波兰作为补偿加到奥地利的领土中，但是，到1917年，由于德国的野心和同盟国做出的让波兰独立的宣言，这一情形已几乎是不可能的了。1917年，另一件事也对马扎尔精英造成了类似的威胁：捷克的民族主义者中兴起了一股要求与匈牙利治下的斯洛伐克人统一的风潮，如果这种统一得以实现，也势必会迫使双元体系和历史边界出现重大调整。说服卡尔皇帝快速宣誓加冕为匈牙利国王，便是蒂萨用以挫败上述种种图谋的办法。因为加冕誓言要求新国王保证维护圣斯蒂芬王冠领的完整。加冕礼定于1916年12月30日举行，余下的时间不足以在加冕宣誓前重组双元体系。此后，改革变得几乎是不可能的，因为只要新国王不违背这个誓言，保守的匈牙利政府对于改革的抗拒便无法被推翻。[9]

鉴于重组帝国的道路已经被封死，卡尔只能转而努力改革奥地利。但是，卡尔政府的最初方案是考虑不周的。他的重要大臣都是奥地利德意志人（只有一位捷克人被任命为了无足轻重的公共工程大臣），他们的规划与他们的民族主义同胞对奥地利未来的设想是一致的。德语会成为政府的唯一工作语言，捷克历史疆域会为了这里的德意志少数群体的利益，而沿着族群界线分成几个自治地区。通过将波兰族议员从议会中移除（通过增加加利西亚的自主权来让这个举措合法）、颁布禁止妨碍议程的新规章，德意志人可以确保自己在议会中的支配地位。捷克人会成为一个没有实权的少数民族。这些措施本该成为大多数奥地利斯拉夫议员的眼中钉，它们要通过敕令来付诸实施。忍受了长达3年不具代表性的高压政府之后，这里的人民早已心怀愤恨，所以可以想见，如此偏袒不公的措施将激起强烈的不满,并会进一步破坏哈布斯堡帝国在其斯拉夫臣民中的形象。[10]

俄国革命让卡尔停下了在这条可怕道路上继续前进的步伐。这位新皇帝对于东方的动荡感到十分恐惧。正如他在 4 月 14 日给盟友德皇威廉的信中所写的,"我们正在对抗一个比协约国更加危险的新敌人:席卷各国的革命"。[11] 他担心本国饥肠辘辘、日益躁动的民众可能会揭竿而起,因而试图在战争努力中给民众提供更大的利益,他的举措在帝国的两个部分中都造成了巨变。在匈牙利这边,他在 4 月底向蒂萨施压,要求他运用本党的多数派优势在议会中通过社会性举措并扩大选举权。反对派政治家们已经注意到了沸腾的国内情绪,并且早在 2 月便将两年前被废止的"英雄的投票权"法案再次引入议会。一波罢工浪潮突出了扩大公民权一事的紧迫性。这波罢工在当月由矿工、冶金工人、铁路职工发起并且持续了整个春天。在 1917 年的五一劳动节当天,大范围的工人示威和工会领导人提出的普选权要求都表明,倘若不对人民的意愿做出一些让步的话,匈牙利的战争努力坚持不了多久。鉴于蒂萨不同意通过真正的民主让马扎尔贵族的权力遭受任何重大削弱,皇帝兼国王卡尔决定,这位把持了马扎尔政治近 15 年的极不受欢迎的首相该下台了。5 月 23 日,在卡尔的要求下,蒂萨递交了辞呈。[12] 一周后,奥地利的政治体系发生了更加根本的变化。4 月,卡尔因俄国革命和波希米亚食品暴乱而深受震动,便放弃了通过敕令来强行重组奥地利的计划。相反,他与过去的专制统治毅然决裂,转而开始致力于召集奥地利议会议员,以此重建哈布斯堡帝国日益减弱的合法性。1917 年 5 月 30 日,时隔 3 年多之后,奥地利议会重新召开。[13]

在德国,对政治改革的呼声也在日益高涨。在战争爆发之初,贝特曼·霍尔维格首相决定把社会民主党团结进民族大业当中,用团结协作而不是通过简单的胁迫来共同战斗。他的这个决定收到了远比奥地利的压迫性官僚-军事独裁制度要好得多的成效,但也有一定的代价。德皇在城堡和平开始时的宣言中表示,他"看不到党派之别……只是德国人",首相则承诺"国内政策将会有一个新导向",这些表态都激起了人们对于废除普鲁士饱受怨恨的三级选举权制度(在该制度下,在议会选举中,富人的选票具有高得不成比例的影响力)的希望。[14] 虽然社会民主党和工会都与德国当局紧密合作，但到1917年春天，德国当局始终没有做出真正的让步。正如在德国的其他所有东西一样，人们的耐心也开始耗尽。在艰苦的冬季过后，大众的情绪本就已经颇为脆弱，随着俄国革命的消息传来，大众的情绪进一步恶化。正如自由派报纸《柏林日报》有洞察力的主编特奥多尔·沃尔夫在3月下旬注意到的，眼下燃起了一股"针对政府、针对囤积食品且不愿将其放出的有产者、针对这场战争、针对整个政权"的沸腾民怨。[15]

即便是极其擅长只看到自己希望看到的东西的德皇威廉，如今也意识到大众的情绪是"危险的"。[16] 当局起初坚持，一切改革都要留待战争结束之后，并且发动了一场新闻战来打击从东部传来的危险观念。但是事实很快证明，这些做法是不够的。社会民主党温和且爱国的领导人被卷入了一场与左翼少数派的激烈冲突，后者猛烈地抨击了社会民主党与政府的合作，认为这场战争是一场侵略战争，并且愤怒于自己的观点和影响力遭到了无视。社会民主党走到了分裂的边缘。社会民主党的领导人急需当局做出一些让步，来向越发焦虑的党内成员证明，城堡和平政策是有益于大众的。为了给政府施加压力，社会民主党的议会联合主席菲利普·谢德曼于3月19日在《前进报》上发文，以威胁的口吻指出，倘若政府拖延改革，德国就有可能走上俄国的道路。[17] 官员们感到担忧，温和的中产阶级党派、进步党和几名民族自由党人对于德国爆发革命的前景感到十分恐惧，因而开始与社会民主党一道在议会中施压，要求更多的民主。[18]

在整个3月间，霍尔维格首相都在努力走一条中间道路，一方面谴责那些否认政治变革必要性的保守派，一方面则迟迟不做出任何具体的承诺，想将其拖延到战争结束。但是，到了4月初，美国即将对德宣战一事突然令他改变了观点。由于美国总统威尔逊宣布美国的敌人不是德国的人民，而是德国的专制统治者，德国当局非常有必要向国内外证明这种区别完全是异想天开的，证明德国的统治体系是有广泛合法性的，证明德国打这场仗是得到本国人民支持的。霍尔维格现在摆出了一个引人注目的姿态：要求普鲁士议会立即开始在平等选举权的条件下实行匿名直选。普鲁士邦内阁中更加保守的同僚们对此表示反对，便削弱了他的提案。随后，德皇于1917年4月7日向其臣民发布"复活节公告",宣布会开展改革,但这次改革的内容虽令保守派担忧,却太过软弱,不足以争取到持怀疑态度的社会民主党人。德皇宣布的改革包括扩大普鲁士上议院的成员资格,对于下议院的成员资格,废除三级选举权制度,引入匿名直选。然而重要的是,他并没有承诺给予民众普选权,而且各项改革措施只有到了"战争胜利结束之时才会立即付诸实施"。[19]议会在3月30日设立了一个考虑宪政改革问题的委员会,德皇还在霍尔维格的敦促下于1917年7月做出了承诺,但这些都没能让平等选举权在普鲁士议会中得以施行。[20]

无论如何,德国的政治体系正在迅速发生变化。在和平时期,德皇和他任命的首相是权力的中心。但是,德国亟须确保民众在这场"人民的战争"中的合作,这就意味着获得民众授权的领导人物变得非常重要。德国的政治被推向了两个相反的方向。其中一边,是支持专制统治和全面胜利的兴登堡和鲁登道夫。他们已经显示出了插手德国社会与经济的意愿,而且十分清楚自己的受欢迎度为自己带来的权力。兴登堡曾数次以辞职为要挟来得遂己愿,因为他知道,一旦他的辞职被接受,便会爆发民众的强烈抗议。兴登堡与鲁登道夫都毫不客气地干扰了德皇决定军事和政治人事任免的特权。在东线管制区时,他们便曾密谋对付法金汉,在第三最高统帅部时,当他们认定贝特曼·霍尔维格因"不够坚定"而不适合领导德国时,他们毫不犹豫地设法让他下台。在实施无限制潜艇战的决定——霍尔维格反对这场战役——做出之后的第二天,这两位军人便第一次提出了让德皇将霍尔维格解职的要求。虽然这个要求起初没能达成,但在整个春季,他们一直和那些围绕在被孤立的帝国海军办公室前国务秘书提尔皮茨上将身边的保守派盟友一起坚持不懈地要求罢免霍尔维格,最终促成了霍尔维格在夏季的下台。对国内的改革潮流感到恐慌的保守派希望建立军事独裁统治。他们发现兴登堡和鲁登道夫正是他们希望的"强人",认为他们不仅能带来全面的胜利,还能阻止政治左派的崛起。[21]

另一股与之相反的趋势,也是保守派非常担忧的一点,是德国最为重要的代议制机构——议会——不断增长的影响力与自信心,特别是议会的左翼党派与中间党派史无前例的合作。议会议员拥有投票决定战争公债是否发行的权力,这增加了议会的重要性。在和平时期,议会会仔细审查预算,对预算进行投票,但战争公债不同,因为发行战争公债的提议被提起得太过频繁(至1919年2月,不少于16次),也因为对战争公债的投票被赋予了很强的象征意义。[22] 城堡和平在1914年8月4日首次真正实现,当时议会议员一致投票同意发行战争公债;社会民主党——在和平时期的预算投票中,该党一直全党投弃权票——对发行战争公债的支持被看作了德国持续团结的标志。在1915年3月的第三次战争公债投票中,社会民主党110位议员中有将近1/3投了弃权票。在当年12月的第五次投票中,20位议员反对发行战争公债,包括一位党主席胡戈·哈泽,还有22人投了弃权票。[23] 不过,该党的绝大多数成员依然支持战争公债,这个事实有助于维持城堡和平,让德国的工人阶级保持顺从。结果,尽管社会民主党议员(占据议会397个席位中的约1/3)没有多到足以阻止战争公债发行,但首相决心维持住社会民主党的合作,并且不管采纳与否,都非常愿意倾听社会民主党的意见。[24]

议会中的资产阶级大多数衷心希望德国可以获得全面胜利,希望德国可以在取得全面胜利后有所收益。他们在1916年秋天发挥过自己的影响力,当时他们顺应了选民的热忱,并且严重束缚了霍尔维格的行动自由,迫使霍尔维格注意到第三最高统帅部发动无限制潜艇战的主张。但是,在1917年春季过后,议会中的主流意见开始向左倾斜。在一定程度上,俄国革命激发温和的中产阶级政党越发支持尽快开展民主改革。但是,随着有影响力的天主教中央党议员马蒂亚斯·埃茨贝格尔在当年夏天认识到无限制潜艇战不会击败英国,真正重大的转折出现了。他于1917年7月6日在议会指导委员会上做了发言,有力地驳斥了海军方面提出的无情的潜艇战可以奏效的说辞,并且激进地提议议会带头着手准备与俄国通过和解达成和平:"倘若议会中的绝大多数议员乃至全部议员都赞同1914年8月1日的立场——我们打的是自卫战争——的话,……那么我们争取的是一种调解式的和平,这种和平承认在战争期间产生的权力格局,是一种不会给民众或者边界地区造成压迫的和平——倘若议会可以将这样的主张告知德意志帝国政府,这会是实现和平的最好方式。"[25]

埃茨贝格尔的讲话巩固了议会中的左转趋势（这一趋势从改革问题浮现之初便开始出现），并且引发了德国从大战开始以来最为严峻的政治危机。在同一天，天主教中央党、进步党、民族自由党、社会民主党的议员们建立了一个跨党派委员会，该委员会一致认为，有必要在普鲁士推行普选并组建一个由各党派的议员们组成的议会政府，并决定在议会中发布一则"不割地，不赔款"的宣言。[26] 这是一个历史性的时刻；天主教中央党、进步党、社会民主党在跨党派委员会中的合作一直持续到战争结束，并且在1918年末，在总体战的倡导者已经失败并摧毁了旧政权的合法性之后，这番合作有助于为德国提供另一种权力基础。社会民主党的领袖沙伊德曼正确地将这种跨党派合作看作"议会走向独立的第一步"。[27]

但是从短期来看，对议会温和派而言，这种创制造成了事与愿违的不良后果。他们的动作的主要受害者是霍尔维格，虽然他并不是鸽派人物，却反对德国军方与保守派精英的无穷扩张野心。他始终保持在左派的国内变革要求与右派的扩张欲望之间的"对角线政治"，到此时，他的扭曲态度已经让他成了所有政治派别的敌对对象。民族自由党（不久便退出了跨党派委员会）支持全面胜利，而且不喜欢首相的含糊暧昧，而天主教中央党及其左翼的盟友则把首相看作实现改革与和平的一个阻碍。面对议员们的动作，霍尔维格的应对方式是敦促德皇开展改革。他再次要求立即推行普选制，并且一反此前的做派，表示愿意邀请议会的各党派议员加入他的政府。但是，他没能阻止得了和平决议。已经有明显的证据表明，他已经不再能引领全国和议会的温和派与左派的意见了，这使得他的保守派与军方敌人们能够向他发出最后一击。兴登堡和鲁登道夫威胁，如果不解除霍尔维格的职务，他们就要辞职，这位首相最终在7月13日下台。随后上台的首相们都是最高统帅部的傀儡；按一位左翼议员的话来说，这些首相仅仅是"权势滔天的军方圈子的广告宣传"，他们既无意推行改革，也无意通过谈判实现和平。[28]

7月19日，议会通过了和平决议，212票赞成，126票反对，17票弃权。但这份和平决议并不完全名副其实，也并不完全符合社会民主党的期望。埃茨贝格尔呼吁"一种调解式的和平，这种和平承认在战争期间产生的权力格局"，他的呼吁一方面不切实际，一方面也能透露意图；他希望德国的敌人能被说服着接受德国的战时收获，而且他打算着，这次投票可以加固，而不是减少民众坚持下去的意志。在投票后不到24小时，他便建议德国的新首相格奥尔格·米夏埃利斯（前普鲁士食品总监），隆维-布里埃矿区或许可以通过交易获得，立陶宛应当成为一个由威廉二世担任元首的公国。社会民主党在4月已经接受了彼得格勒方面提出的"不割地，不赔款"的和平方案，并且致力于"向政府施压，要求它明确拒绝一切征服扩张政策"，他们努力将这份和平决议呈现为与俄国工人士兵委员会的和平方案等同的德国版本。但是正如哈泽很快在一次批评性发言中指出的，德国这份和平决议不包含任何民族自决的权利，而且歪曲或者削弱了俄国革命者的进步主张。这份决议只是排除了"以武力获得的领土，以及对政治、经济、财政完整性的侵犯"，但没有排除被征服的卫星国和埃茨贝格尔设想的非正式帝国。和平决议的口吻是愤怒、极端民族主义的：它指责敌国"用领土征服和侵犯对德国及其盟友"造成了威胁，并且在结尾挑衅性地宣称"德国人是不可征服的"。[29]这是一份没有意义的决议，新首相让这一点变得更确凿无疑，他在接受这份决议时含糊地说了句"我对此表示理解"。但是，这足以让为这份决议的草案出过力的所有党派投票支持发行新一批共计150亿马克的战争公债。[30]

孤注一掷

从第一次世界大战爆发伊始，德国政府便在争取获得优势。正如1914年9月的方案确定的，霍尔维格的首要目标在于"确保德意志帝国在所有能想到的时间在西部和东部都安全"，这一点始终都是德国对外政策的指导方针，即便是在形势最为凶险的时期也是如此。获得经济霸权地位或是政治支配地位的计划，是一种实现这个目标的手段，也是一种隐藏昭然若揭的野心或者证明昭然若揭的野心有其合理性的手段。第三最高统帅部的崛起给德国的战争目标带来了一种新的变通性和更严重的狂妄自大。兴登堡和鲁登道夫感兴趣的是权力，而非权利。敌国的封锁禁运和工业战手段让他们认识到了获得雄厚资源基础的重要性。在东线管制区的统治让他们获得了如何无情地驱使百姓和资源的经验。这对搭档关注的不仅是赢得当前的战争。与霍尔维格一样，他们的眼光延伸到了未来，尽管他们沉浸其中的世界比霍尔维格的世界阴暗得多，国家之间无休无止的社会达尔文主义暴力斗争是这个世界的重要特点。正如鲁登道夫在1917年9月阐释过的，第三最高统帅部的首要目的在于让德国达到"一种可以让我们从容面对下一场自卫战争的经济与军事状态"。[31]

甚至在1916年12月这样的紧张时期——当时兴登堡和鲁登道夫利用危急的战略局面证明应当推行无限制潜艇战这场豪赌——他们的扩张愿望清单也一直很可怕。[32] 由于最高统帅部主张军事目标高于政治，而且俄国革命展现出了新的战略可能性，最高统帅部的雄心便变得有问题了。霍尔维格极其希望与俄国单独讲和，但他也是机会主义的，而且不愿意被任何不可改变的战争目标方案束缚住手脚。他在1917年3月告诉切尔宁，如果取得全面胜利的话，他本来设想从俄国割占大片领土，但他会为了结束东部的战争而大大减少割占领土的面积——很可能减少到对德国有利的边界调整。[33] 对于兴登堡和鲁登道夫而言，这样的含糊暧昧和温和节制是不可接受的。1917年4月，他们不仅强迫首相公开官方的目标，迫使他将军事考虑置于优先于政治与经济考虑的地位，还说服了德皇命令霍尔维格制订最大与最小的战争目标计划，以便让德国准备好跟俄国议和，准备好跟奥匈帝国就如何瓜分战利品开展谈判。[34]

1917年4月23日，兴登堡、鲁登道夫、外交大臣阿瑟·齐默尔曼和比利时总督府政治部门的负责人在莱茵兰的克罗伊茨纳赫召开了一次会议，以讨论战争目标。最高统帅部当时坚信潜艇战会让英国人在"最近的两三个月"内屈服，于是强行通过了它的大规模扩张议和方针。[35] 在西部，正如1914年的计划要求的，德国要获得珍贵的法国隆维-布里埃矿区。但是在其他地方，1914年的主张进一步扩大了。比利时将继续"处于德国的军事控制下，直到它在政治上和经济上能够成为德国的攻守同盟时"。列日和佛兰德海岸要么由德国永久占领，要么被德国租借99年，这是一个不能妥协的重点要求。比利时要将自己的东南角割给德国。卢森堡将成为德国的一个邦,此外,它还提出讨论,是否可以用比利时的一小部分或是德国阿尔萨斯的一小块没什么价值的地方来补偿法国。在东部,德国要获得库尔兰和立陶宛,这是兴登堡和鲁登道夫自己的军事殖民地。德国将从新建立的波兰国家设立一个缓冲区,以保护德国的关键领土,特别是工业化程度极高的西里西亚。德国在罗马尼亚的石油利益也将得到保障。奥匈帝国将获得塞尔维亚、黑山和阿尔巴尼亚的部分地区,以及罗马尼亚西部的瓦拉几亚地区。虽然霍尔维格增加了一个不能在任何谈判中受这些目标约束的秘密条款,但这些目标妨碍了他给俄国开出容易接受的单独议和协议的希望。[36]

兴登堡和鲁登道夫正在进行的是豪赌。他们想要规定与战败的俄国的和平协议,而不是谈判出和平协议,而且他们采取了一项战略来破坏俄国新政权的稳定并造成彻底的混乱。德国的民事官员做出了一个至关重要的决定,允许当时流亡瑞士的布尔什维克革命领导者弗拉基米尔·伊里奇·列宁在1917年4月借道德国前往彼得格勒。[37] 德国军方专注于在东线用开创性的心理战瓦解俄军。双方都在大战早期已经开始向敌方阵地投放传单,但无人尝试过像德国人这般精心策划和协调的宣传攻势。外交部选定了宣传的主题:德国希望和平,但不需要和平。它鼓吹,俄国的新政府是英国的傀儡,它为了西方帝国主义者的利益而延长了俄国人民的苦难。德国军队和它的哈布斯堡盟友发明了新手段来传播这些信息。会讲俄语的特工被布置在前线,他们要接触驻守在对面阵地的部队。复活节那天,指挥官们允许前线停火,与敌人亲善交往,以造成一种德国人富有善意的印象。后来,德军还采用了更加巧妙的技巧。其中最有效的手段是投放用以瓦解敌军士气的报纸。报纸上的消息看似可信,可都是经过特意挑选的。[38]

俄国士兵已经因后方的剧变而迷失方向,他们极度渴求获得信息且不信任自己的军官。对于他们来说,同盟国的宣传活动只是增加了不确定性与和平的希望。东线的普鲁士部队对心理战造成的影响甚为热衷。例如,第十二步兵师在4月中旬报告:"革命期间俄军的瓦解越发普遍。"敌军士兵在野外自由行动,欣然接受对方投放过来的宣传传单,并且乐于参加和平共存的休战，甚至是两军士兵之间的亲善活动。[39] 同盟国的宣传与后方发生布尔什维克革命的消息相一致，因此这些宣传活动不仅有利于削弱俄国军队在夏季的战斗积极性，也为政权更迭铺平了道路。11月7日，列宁在彼得格勒掌握了权力，两周后，列宁越过军方负责人，通过无线电向全体部队下达了命令，要士兵们为停战谈判选举代表。德国人截获了这一信息，而且为了让这则消息传达到尽可能多的前线部队，德国人还传送了这则消息。从短期来看，同盟国的战略取得了极大成功：1917年12月3日，停战协议谈判开始，同盟国面对的是一个如今已经虚弱的对手。[40]

第三最高统帅部对最大战争目标的追求被描绘成失控妄为的军国主义，这种说法确实是很有道理的。然而，这一追求其实比鲁登道夫的批评者当时或现在愿意承认的要更加合理。1917年，没有人认为战争已经尘埃落定。由于俄国面临困局，而且尽管美国的参战使得同盟国的长远前景堪忧，但这个新的参战国家没有庞大的陆军，且在一段时间内无法对具有决定性意义的陆上战争造成影响，因此同盟国获得全面胜利的机会大大提高了。[41] 鲁登道夫在战后坚称，交战双方在1917年不可能实现谅解式议和，他的这种说法很可能是正确的，至少对于西部而言是这样，即便德国最高统帅部毫不妥协的立场导致了僵持局面。[42] 参战前的美国人、奥地利人、社会主义者、教皇都没能在1917年促成和平，因为交战双方的战争目标相差太远，双方又十分坚持各自的战争目标。即便我们暂且不论德国的战争目标——而且即便是霍尔维格，这位与德国政府中的其他精英相比已经算是温和派的人物，也不愿意完全放弃比利时，还想要吞并隆维-布里埃——鉴于法国坚持要求重获阿尔萨斯-洛林，和平便已经几无可能。阿尔萨斯40年来一直是德国的领土，而且当地居民的认同绝对不像协约国宣称的那样明确偏向法国。[43]

此外，看似节制的法国要求掩藏着咄咄逼人的意图，因为法国领导人想要得到的阿尔萨斯-洛林边界并不是1870年时的边界，而是1814年乃至于1790年时的边界，这其中包括民族上明确属于德意志的、非常宝贵的萨尔工业和煤矿区，而且他们还计划在莱茵河左岸长期驻军。这些极为隐秘的愿望跟霍尔维格夺取隆维-布里埃的意图不相上下。德国人当然知道法国的目标，因为这些目标以及法国对于俄国吞并德国东部边境地带的许可都在1917年被曝光给了公众。[44] 同样让人感到不妙的是，法国人提出了与盟国建立一个自给自足的经济集团的倡议，而且协约国在1917年1月给美国的调停做出的答复中要求"将意大利人、斯拉夫人、罗马尼亚人和斯洛伐克人从外族统治中解放出来"。[45] 显然，德国的敌人打算让德国回到被德国政治家看作战前"包围"的处境，那时的德国受到削弱，经济上孤立，要么压根没有盟友，要么至多只有一个衰弱没落的奥匈帝国与之结盟。没有一位德国大臣，甚至也没有任何一位曾投票赞成和平决议的议员，认为这种局面可以接受。甚至是有关归还阿尔萨斯-洛林的谈判都会在国内外被一致认为是在承认失败，而且会破坏德国政府的稳定。[46]

第三最高统帅部的领土目标与法国政府的要求具有完全不同的规模，但正如1919年巴黎和会的考量与《凡尔赛条约》揭示的，双方对于国际关系都怀有某种相同的零和博弈理念：双方都希望通过让对手付出代价，来保证自己的安全。[47] 由于德国有如此多的死敌，而且战争暴露出德国具有巨大的经济脆弱性，鲁登道夫认为，德国在战争中的收获必须大到可以保证德国的安全。为了更好地理解他的动机，人们在思考时必须超越对普鲁士军国主义的刻板印象或是他的个性；毕竟鲁登道夫在1915年早期还是反对大规模吞并的，而且东部地区不是德国试验自己扩张野心的天然场所。鲁登道夫做出的重大观念转变显然是在战争过程中产生的，因为他面对着1914年追求速胜的攻势的失败和英国推行的新型经济战。深受震动的德国军方领导人被迫重新将原材料的获取视作一种军事必要性。鲁登道夫在他的回忆录中证实了这一点："煤、铁、粮在战争中的重要性在战前已经为人所知，但是只有在战争过程中，全世界才会真正意识到它们是多么具有决定意义。"[48]

战时其他方面的发展也影响了德国军事目标的扩大。为了保护西里西亚、洛林、威斯特伐利亚和莱茵兰，使这些德国宝贵的工业化边界地区免受战争期间发展迅速的远程火炮和飞机伤害，德国需要在敌方领土上建立防护屏障。在春天的克罗伊茨纳赫会议上以及1917年秋天的御前会议上，鲁登道夫要求让比利时在经济和政治上从属于德国，并要求获得列日，因为获得列日，将堵住敌军进入莱茵-威斯特伐利亚工业地区的入侵路线。[49] 对于德国海军来说，鉴于战争经验，占有佛兰德海岸更为关键，这是为了更好地对抗未来英国发动的封锁，便于德国海军进入大西洋，反过来又使得德国能够与它期望获得的广阔殖民地保持联系。[50]

最重要的是，鲁登道夫在3年的总体战后明白："玉米和土豆是力量，就像煤炭和铁一样。"[51] 1916至1917年的"大头菜之冬"说明，德国自己的耕地不足以养活本国人口。鲁登道夫解决这个问题的方案是建立一个东部帝国。希特勒在20多年之后也采取了这一方法，以让德国主宰的欧洲成为他所称的"世界上最能抵抗封锁的地区"。[52] 鲁登道夫大肆剥削东线管制区的经验使他相信，这一地区必须永久留作德国的粮仓。[53] 和为了保护德国的东部边界而设立的波兰边界缓冲区一样，为了把它留作粮仓，德国将迁走当地居民，安排德国军垦士兵。德国的民事当局提议，2万名因战争而逃离俄罗斯控制的乌克兰沃林尼亚地区并居住在德国的德意志难民将成为理想的定居者。同样，这些计划背后的种族思想也是纳粹种族计划的一种前兆。德意志定居者将充当保护德国的"人墙"，而占领区——鲁登道夫希望——将用作在荒蛮危险的东部的"人口繁殖地，这些人口在未来的战斗中是必需的"。[54]

奥匈帝国非常不情愿地追随着德国的脚步。卡尔皇帝在他的宣言中是诚恳的：他和他的新外交大臣奥托卡尔·冯·切尔宁非常担心，倘若战争不能迅速结束，帝国将面临怎样的命运。早在1916年12月，卡尔便已经瞒着德国向西部的协约国试探性地发出了和平提议。皇后的兄弟、比利时军官西克斯图斯·德·波旁-帕尔马充当了中间人。到了1917年2月，卡尔与主要的法国政治家取得了间接接触，他们让他明白了，除非德国交出阿尔萨斯-洛林并恢复比利时的独立，否则西部不会出现和平。他在高度保密的情况下（甚至没有告知自己的外交大臣）于3月24日写信给西克斯图斯，但实际上是写给法国总统雷蒙德·庞加莱的，他承诺"想方设法"支持法国对德国领土的"正当主张"，同意比利时"必须重建为一个主权国家"，甚至同意给塞尔维亚出海口，前提是塞尔维亚承诺放弃它的大塞尔维亚宣传活动。在5月的第二封信中，他又做出让步，表示或许可以通过领土交换来满足意大利对特伦蒂诺的领土主张。[55]

因为和其他方案遭遇了相同的问题,卡尔的和平试探是注定要失败的:一是双方的利益之间的分歧,二是盟友的力量。尽管卡尔向来被认为是一个爱好和平的人士,但他和一战期间的其他政治家差不多一样懂得见风使舵。1917年1月,他声明自己的首要战争目标仅仅是"维护哈布斯堡君主国的完整",但也乐于接受最大的战争目标,包括吞并俄属波兰、黑山、塞尔维亚的马切万地区、特兰西瓦尼亚边境地带的部分领土,以及让塞尔维亚的卡拉乔尔杰王朝下台。[56] 西克斯图斯倡议绝对不会损害卡尔的最低目标:它的目的是通过一份让德国人而非卡尔付出代价的全面和平,来让奥匈帝国脱离这场累人的战争。奥匈帝国迫切需要快速达成妥协性和平协议,这不仅因为它内部严峻的状态,还因为它已经虚弱到一定地步:倘若德国取得全面胜利,它便会沦为这个远强于己的盟国的卫星国。切尔宁在4月26日公开宣布放弃所有吞并俄国领土的想法,试图以此来加快在东部的和平进程。他和皇帝都敦促德国人缩小战争目标,希望能够与俄国单独达成和平协议,或者最好是结束这场世界大战。然而与此同时,他们还在继续与他们的盟友争夺任何可能得到的战利品。在1917年5月17日至18日的一次会议上,切尔宁不仅获得了保持哈布斯堡帝国领土完整的保证,还以在战后交出波兰为交换条件,让帝国获得了对罗马尼亚的权利和在巴尔干的势力范围。[57]

卡尔没有足够的影响力来让他的盟国放弃阿尔萨斯-洛林,也无意与西部的敌国单独议和。西克斯图斯方案证明了他的无能为力。值得注意的是,此事也表明,协约国的顽固态度使得双方在1917年不可能达成任何妥协性和平协议。卡尔的方案是极为诱人的:他承认英法两国的主要战争目标,虽然他表示自己并不寻求单独议和,但他的对话者仍然期望,在稍做妥协后,奥匈帝国或许会与德国分道扬镳。法国方面相当兴奋;庞加莱总统甚至愿意从战败的德国割出西里西亚和巴伐利亚给卡尔,以此来促成这笔交易。英国首相劳合·乔治也很感兴趣。然而,当他们与盟友意大利沟通时,意大利外交大臣西德尼·松尼诺断然拒绝就协约国在1915年为了换取意大利参战而承诺给予该国的大量利益进行谈判。因意大利不同意,谈判便陷入了僵局，因为卡尔不愿意把南蒂罗尔或是伊斯特拉和达尔马提亚两地的任何部分让给意大利，他和他的将军们都看不起这个敌国的战争努力和军队。英国和法国担心，放弃这个贪婪的盟国会破坏它们为维护国际条约而战的说法，并将影响到与它们结盟的塞尔维亚、罗马尼亚的信心，可能还有俄国的信心。这也是西克斯图斯方案无法实现的一个原因。[58]

同盟国在1917年选择孤注一掷。第三最高统帅部的崛起巩固、扩大了德国的官方战争目标。兴登堡和鲁登道夫尽管对谈判毫无兴趣，但他们对于协约国究竟愿不愿意主动提出妥协性和平协议的看法比许多人更加现实。由于俄国局势动荡，且美国没有大规模陆军，他们认为德国有机会赢得全面胜利。奥匈帝国不情愿地追随了盟国，主要原因是没有其他可行的战略选择。然而，鲁登道夫失算了。他不仅低估了他的敌人，尤其是美国，而且也忽视了德国人民。他们在1914年被动员起来，是为了打一场自卫战争，为了保护霍尔维格在议会中描述过的"1870年的胜利留给我们的遗产"。[59] 鲁登道夫或许是把他的要求当作了永久的德国安全所需要的最低要求，但他的要求远远超过了这份遗产。虽然德国政府有意识地没有对外公开这些要求，但官员们委婉地提及了"安全保障""边界调整"和"祖国的光荣和平"。这些说法激起了人们的普遍担忧，人们害怕统治者正在让人民为了一场毫无必要的征服战争流血牺牲。[60] 在这个公众精疲力竭的时刻，德国政权日渐减弱的合法性和来自国外的意识形态挑战，都使得大众越发强烈地渴望以某种方式摆脱痛苦，这种情况是非常危险的。切尔宁认识到了可能的后果。他在1917年4月12日为卡尔起草的备忘录中做出了警告，并将其抄送给了威廉二世："如果同盟国的君主们无法在接下来的几个月内达成和平协议，人民将会造反，然后革命的浪潮会将我们的兄弟与子孙眼下仍在为之战斗和牺牲的一切尽数断送。"[61]

反　对

"我们正在挨过一段苦日子。"1917年3月初，克拉科夫的亚历山德拉·捷克诺娃在日记中沮丧地写道。"我们完全听不到战争结束的消息，相反，他们更多地提到威胁着我们的饥馑。"[62] 在整个欧洲中部，公众的情绪都十分低落。食品短缺并未得到缓解。民众的疲惫、绝望与愤怒日益增加。4月，面包和面粉配给量的减少在奥地利和德国引发了一系列骚乱。罢工也增多了，因为人人都要与物价飞涨做斗争。在德国，在过去的12个月里，罢工的工人数量增加了50多万，到1917年底达到了65万人。[63] 维也纳的情况也很糟糕，阿马莉·赛德尔是维也纳的社会主义妇女运动的领导者，她觉得"我们正坐在火山上"。[64] 最重要的是，人们越来越希望和平。德国人起初希望潜艇战或许会迅速终结这场战争，但在德国，甚至更早的时候在奥地利，来自国外的观念俘获了民心，如威尔逊总统提出的"没有胜利的和平"和彼得格勒提出的"不割地，不赔款"的和平协议。激进的社会主义者和民族主义者提出了摆脱恐怖情境的方法和对未来的新设想，他们利用了民众对政府的不信任，开始获得追随者。[65]

在奥地利，卡尔皇帝重新召开议会的做法是一次勇敢的尝试，他希望以此来巩固国家、重建王朝合法性。1917年5月30日，议会重新召开。按照设想，这应当成为哈布斯堡百姓和皇帝之间新关系开始的标志。君主希望获得和解和公众支持。然而讽刺的是，这种回归到一个更具代表性的合法统治体制的做法也使得针对奥匈帝国的持续困境的指责传播更为广泛。向议员们发出的传召书泄露了重新召开议会的主要目的以及有限的政治让步，因为这份传召书一开始便宣称，议会将"处理食品问题，以及因战争出现的经济、社会、财政问题"。[66] 这个想法是好的，但它的执行过程表明卡尔的政府有多么不了解实际情况。三年的高压官僚-军事专政造成了深深的心理创伤、怀疑、痛苦，议会的首次会议便体现出了这些特征——516名议员中有40名因流亡或监禁而缺席。[67] 此外，克拉姆-马丁尼茨首相已经因他最初提出的通过敕令实施有利于德意志族人口的改革提案而被大多数斯拉夫议员疏远了。在议会重开之前一周，他才试图通过与议员们会晤来实现和解，但这完全不足以赢得他们的善意。令人震惊的是，卡尔及其政府召回各民族的代表，是允许长期被压制的不满被表达出来，但他们并没有筹划好如何应对或解决这些不满。[68]

议会开幕会议上的主要内容是各个民族群体的声明，这说明了对哈布斯堡王朝的忠诚已经变得多么脆弱。捷克联盟是一个包含了几乎所有捷克党派的联盟（仅有两个党派除外），它由强大的捷克农业党的主席安东宁·什韦赫拉于1916年11月组建，旨在捍卫捷克民族利益，让捷克各党派的影响力得以最大化。大多数政治家原本以为捷克人会宣读自1879年以来他们在每次议会开幕会议上都会发布的声明，该声明坚定地陈述在双元体制下一直被忽视的波希米亚历史权利。但是这一次，捷克联盟主席弗朗齐歇克·施塔内克在会上宣读的是令人震惊的新内容，因为这些内容明显受到了俄国革命与美国参战所释放的危险观念的启发：

> 捷克民族的代表深信，目前的二元体系已经导致了统治民族与从属民族的出现，这种对立对所有民族的利益都是有害的，为了消除每种跟民族有关的不公正，为了保证每个民族都能为了作为整体的一个帝国和王朝的利益共同发展，有必要将哈布斯堡-洛林君主国转变为一个由自由、平等的多个民族国家组成的联邦。
>
> 在这个历史性的时刻，基于民族自决和自由发展的天然权利，且因为不可剥夺的历史权利而更有底气地提出，我们应要求把所有捷克斯洛伐克民族的支系都团结到一个民主国家中，包括与捷克故土毗邻的斯洛伐克支系。[69]

在哈布斯堡官员看来，这份声明中能说得上是最好的一点，就是它至少提倡在君主国的范围内提倡改革。这一点在此之前都没有明确过。在这个声明起草时，捷克联盟内部就是否应该提及君主国展开了激烈的争论。[70] 然而，在其他所有方面，这份声明显然是具有威胁性的。"民族自决的天然权利"的呼吁呼应了威尔逊的理想主义和俄国的革命修辞，而且显示出了捷克人的政治抱负已经变得多么激进。青年捷克党的领导人卡雷尔·克拉马日在1914—1915年希望重建一个处在俄国沙皇的泛斯拉夫保护下的捷克王国——这个希望只得到了一小撮共谋者的支持——现在，这种希望已经严重过时。与之相比，自由、民主、自决，这些捷克联盟的声明支持的1917年的理念，挑战了支撑哈布斯堡王朝的君主制思想和历史合法性，因而吸引了更加广泛的追随者。捷克人虽然没有完全放弃历史上的"国家权利"，但他们正在把基于民众意志和民族自决的更现代的民族观念放在优先地位。他们不仅对在奥地利的传统捷克领土提出主张，还根据基于匈牙利圣斯蒂芬王冠统治下的国家权利，对斯洛伐克人居住的地区也提出了主张，因而，他们要求的是重构整个帝国。帝国的合法性将不再依赖历史、庄严的法律和国王的神授王权。如果捷克政治家的诉求成真，帝国将反映一种所谓的"民族的自然权利"，帝国的结构应该根据民族来确立。

奥匈帝国也没有从其他民族的政治团体那里得到什么好消息。南部斯拉夫人在两个月前与捷克联盟建立了同盟，附和了捷克联盟的要求。在南部斯拉夫人对未来的展望中，斯洛文尼亚人、克罗地亚人和塞尔维亚人将统一进"一个自治的国家……以民主的方式，在哈布斯堡王朝的权杖下施行治理"。其他民族团体提出了相互冲突的要求。波兰人曾经是奥匈帝国的坚定支持者，但现在由于政府未能实现 1916 年 11 月对他们许下的承诺而感到不满，如今他们希望建立一个拥有出海口的独立波兰国家。他们的愿望与罗塞尼亚议员的期望相冲突，后者希望加利西亚能被分成波兰王室领地和罗塞尼亚王室领地。联合起来的德意志党派则对波希米亚同胞提出的要求感到震惊，坚定反对捷克联盟与南部斯拉夫人的联邦化追求。议员们分成了团结的民族团体，这些团体之间彼此对立，且在议会开会首日提出的方案彼此冲突。奥匈当局原本希望通过重新召开议会来为陷入困境的帝国带来和解和稳定，但是上述问题说明，这种期望是幼稚的。次日，卡尔对于如何改革国家治理方式的讲话太过含糊了。他拒绝对奥地利宪法宣誓，因为他不想再重复在匈牙利犯下的失误，但这种做法只是令议员们更加不安。他的首相也无力相助。虽然各民族之间的冲突是完全可以预见的，但克拉姆-马丁尼茨在两周的时间里始终没有准备好如何回应议员们的发言。迟至 6 月 12 日，他才终于在议会做出了回复。他驳斥各民族的计划是不可调和的，因此是不可实现的，另一方面，他只是空洞地宣称"我的政府方案就是奥地利"。[71]

议会的重新召开只是一系列改变奥地利战时统治方式的措施中最重

要的一项。政府终于承认哈布斯堡的战争努力依靠人民的意志，试图团结人民及其代表。在最高层次上，这一策略失败了。当恩斯特·冯·赛德勒——不幸的克拉姆-马丁尼茨首相的继任者——试图在 8 月将奥地利内阁从一个官僚机构转变为一个代表各族人民的机构时，没有一个捷克族议员接受邀请。其他斯拉夫政治家和社会民主党人也拒绝在没有政治改革的情况下与政权建立如此密切的联系。[72] 然而，在相对较低的层次，一些有利亦有弊的结果出现了。两个新的部门成立了，即社会福利部和粮食部。社会福利部有极其重要的意义，因为它让民族主义活动家的专长以及这些活动家为本民族创办的大量福利组织都为自己服务。国家希望通过与民众组织合作来增强自己的合法性，更有效地减轻其人民的苦难。但是，这不是 1914 年和 1915 年的"双重动员"的重演，因为当时民族感情被引导向了一场帝国战争，而如今民族主义者划出了自己的活动范围。在 1917 年被吸纳进社会福利部的由民族主义者运作的孤儿院与福利院都是严格按照民族加以分隔的。民族主义者对帝国福利事业的参与，将社会问题转化成了民族问题，加速瓦解了各民族之间本已脆弱的联系，甚至是在他们与匮乏艰难的处境进行斗争时。[73]

统治的新理念还体现为高压统治手段减少，皇帝尝试施行怀柔政策。军队在后方的行径业已造成了严重不和，1917 年夏天，军队在后方的权力被削减了。政府撤销了允许军方向各地民事官员发布命令的紧急法令，议会则取消了军事法庭对后方平民的司法权。9 月，在议会的敦促下，负责监督审查和维持秩序的秘密机构战争监察处被解散了。国防部接管了该部门的职责，但来自议员们的压力使得信息传播得以比战争前期更为自由。[74] 最具争议的举措是卡尔皇帝于 7 月 2 日宣布大赦所有政治犯。卡雷尔·克拉马日、瓦茨拉夫·克洛法奇以及约 1000 名其他捷克囚犯获释。与议会召开一样，这些措施的影响并非全部都是卡尔或其政府希望的。在公众不满的情况下去限制国家的镇压能力是危险的，特别是当大赦未能如预期般引起捷克民族主义者的善意时。被赦免释放的既有无辜者，也有哈布斯堡王朝的坚定反对者。奥地利的德意志人口对此深感恐惧。此外，国家的权威也受到了损害。大赦等于含蓄地承认过去的许多镇压举措是不公正的，与司法改革相伴随的议会辩论则公开揭示了 1914—1915 年军方在加利西亚和塞尔维亚前线的行径有多么残酷。[75]

在 1917 年之前，奥匈帝国各个民族的政治家都谨慎地对待与哈布斯堡政权建立联系一事，但是各族民众之间究竟有多疏远呢？捷克人的例子是最耐人寻味的。捷克人受过良好教育，工业化程度高，拥有在国内或在流亡的积极民族主义政治家，他们经常被指控叛国，或被当作军事溃败的替罪羊，但他们对于哈布斯堡国家的存续是至关重要的。不幸的是，他们的知识分子正走在与哈布斯堡国家分道扬镳的道路上。多亏了布拉格国家剧院的剧作家兼导演雅罗斯拉夫·克瓦皮尔，捷克知识分子有力地鼓舞了捷克政治家于议会开幕会议上发表振聋发聩的声明。克瓦皮尔与在西部的流亡分子共谋，致力于让捷克民族大业得到更多的支持、瓦解哈布斯堡君主国，而且凭借演员对于时机的敏锐把握，他感觉到俄国革命和美国参战创造了一个可以采取戏剧姿态的成熟时机。因此，他组织发起了一个"捷克作家宣言"，最终获得了 222 位作家的签名，其中第一位签名者是非常受欢迎的历史小说家阿洛伊斯·伊拉塞克。军方当局完全没有意识到这一举措的重要意义，批准这份宣言于 5 月 17 日发表，相关各方对此都讶异不已。这份宣言立即引起了轰动。它警告称"一个由自主、自由的国家组成的民主的欧洲，才是未来的欧洲"，因而它敦促议员们去要求结束政府的压制政策，并告诫议员们在"捷克未来几个世纪的命运正被决定"之时继续伸张"捷克的权利与捷克的诉求"。[76]

在该民族的波希米亚心脏地区，广大讲捷克语的民众的忠诚度更加难以确定。帝国的审查机构收集到的私人信件证明，1917 年初，这个社区已经具有了高度的民族意识。捷克自治的想法很受欢迎，只有少数人（主要来自中产阶级或知识分子）积极追求完全独立。[77] 但是，民众的愤怒与怨恨相当普遍且日益严重。1917 年春，波希米亚陷于动荡之中。食品短缺，这又在某种程度上造成了煤炭的短缺。到 3 月，该王室领地西北部的矿工饥肠辘辘、精疲力竭，因此煤炭的产量下降到了正常水平的 75%，有一些矿井不得不关闭。百姓则回应以暴乱和罢工。在布拉格，暴乱和罢工的风潮早在 2 月便已经出现，但很快，其他城市也受到了示威活动的冲击,尤其是在土豆从市场上消失、面包配给量在 4 月中旬被削减之后。[78] 反对派尽了最大努力去将民众的愤怒从对于生存的世俗关切引导到政治要求上。警方报告称,出现了呼吁建立独立的波希米亚国家的涂鸦。[79] 各市镇上出现了怀有叛意的海报。位于布拉格郊区的工人阶级聚居区乌林涅夫出现的一张告示给读者们提供了下列具体指示:

> 致捷克人民!协约国的主要任务之一,是将捷克人和斯洛伐克人从外国统治下解放出来。9/10 的捷克人希望这成为现实。协约国胜利后,波希米亚的土地将从奥地利脱离,并组成一个捷克国家……因此,请记住:1.不要响应任何战争公债或筹款;2.不要支持战争;3.不要相信报纸,上面尽是谎言……4.喊出"协约国加油"和"打倒奥地利"。[80]

这种由怀有叛意的个别人发起的宣传几乎没有造成什么影响。尽管如此,在俄国爆发革命、美国加入战争、奥地利议会重新召开的背景下,示威活动确实很快获得了明显带有政治性的目标。在议会重新召开的 5 月 30 日,布拉格的 6000 名工人举行了罢工。当局称其为"要求和平的示威活动",但是更年轻的工人们有其他目标。他们的第一个要求是释放被冠以叛国罪名的捷克民族社会主义党主席瓦茨拉夫·克洛法奇。在和平时期,捷克民族社会主义党仅仅吸引了 7% 的捷克人选票,但工人们的做法明确表明,他们认同该党激烈的反哈布斯堡立场。许多人大声谴责了君主制,为最著名的战时捷克流亡者、务实党的托马什·马萨里克以及捷克的独立事业摇旗呐喊。还有工人改编了泛斯拉夫歌曲《嘿,斯拉夫人》:"俄国人与我们并肩,法国为我们奔走。"[81]

饥饿而愤怒的捷克工人不是唯一蔑视哈布斯堡政府的群体。事实上,物质的极端匮乏以及对领导层的全然不信任,在波希米亚乃至整个帝国都是非常普遍的。在帝国的中心维也纳,一则拿维也纳著名大教堂顶上的风向标开玩笑的笑话便充分体现了这种幻想破灭的情绪:

> 一位在圣斯蒂芬大教堂周围散步的德国士兵问警察:"这是一座

天主教堂吗？"在对方告诉他肯定的答案之后，他表达了自己的惊奇，因为教堂尖塔上居然不是十字架，而是一只小公鸡。警察回答："这就是我们这里的情况。我们的最顶层总是有一个愚蠢的动物，而那就是我们的十字架！"[82]

然而，独立的要求并不一定源自对统治者的反感。即使在捷克的土地上，一些颇具依恋情绪的谣言反映出了民众对哈布斯堡王朝存有某种潜在的好感，如有的谣言宣称皇帝很快会来到布拉格并加冕为波希米亚国王（这是捷克长期以来的一个要求），或是宣称皇帝将居住于布拉格城堡，直到皇后诞下一子。[83] 一些捷克人可能乐于相信奥地利德意志人普遍信奉的一种观点，即认为卡尔本人对于帝国中存在的种种弊病并不知情。更重要的是，对德国德意志人的愤恨使得哈布斯堡王朝所受的批评有所减少。德国人的侵略欲望似乎是没有止境的。德国人被指责为在阻碍和平进程，一些捷克人相信他们计划入侵波希米亚。人们认为德皇威廉是一个疯子。1917年夏天在布拉格附近流传的一个更加离奇的故事称，工人的骚乱迫使德皇逃离了德国，他现在藏在一个波希米亚疯人院里，他的信件通过飞艇传送。[84]

物质困难在夏季和秋季仍在持续。8月初，波希米亚的食品供应彻底崩溃了。不仅面包和肉类供应不足，市面上也没有土豆、水果和蔬菜在售。当年的收获暂时缓解了局面，但到了10月，食品供应再度陷入危机。具有讽刺意味的是，令供应再度陷入危机的原因居然是哈布斯堡军队在整场战争期间取得的最大胜利，即俘获了超过25万意军的卡波雷托攻势。这次德奥联合作战的后勤工作需要征用帝国一半以上的铁路车辆，余下的车皮数量不足以满足城市的食品运输需求。[85] 正如士气报告证实的，没有人关心胜利；生存困难更加不容忽视。大规模的罢工爆发了。当局试图以军法辖制军工厂的工人，以此控制军工厂的纪律，但起初这个做法加剧了动荡局面，因为比尔森重要的斯柯达军工厂中的3万名工人在6月底罢工。虽然秩序最终恢复了，但捷克人已经不可逆转地离心了。捷克社会民主党领导人波胡米尔·什梅拉尔是少数仍然相信帝国内部改革的人之一，到了 8 月,他也知道自己已经辩论失败。他观察到,人民"对于独立拥有一种宗教-神秘般的热情"。约 95% 的人赞同马萨里克说服协约国公开支持成立捷克斯洛伐克国家的努力。[86] 哈布斯堡帝国的安全部门也赞成。到了 12 月,布拉格的军事指挥部焦急地报告称:"民族敌对情绪……已经令人惊恐地加剧了,更大的奥地利忠诚已经降至最低点,民众的情绪也相应地变得危险起来。"[87]

帝国内的其他民族也在与哈布斯堡国家分离。1917 年底对士兵与平民信件的调查表明,信件中存在着一种革命情绪和强烈的疏离感。在那些讨论民族问题的作家中,只有 40% 依然表示忠于哈布斯堡君主国,倘若排除匈牙利人和奥地利德意志人的话,就只有 28% 了。[88] 但是,最明确而迅速地被转化成政治行动的,是捷克的公众意见。在捷克联盟中的人民的代表感受到了街上的叛逆情绪,跟年初时的表现——在切尔宁的坚持下,他们谴责了协约国扮成"捷克斯洛伐克"解放者的伪装——完全不同,他们现在跟哈布斯堡政权疏远了。奥地利议会开幕会议上的宣言只是第一步。在夏季,捷克联盟内部的权力开始转到激进的捷克民族主义者手中,在马萨里克的阴谋团体"Maffie"的协助下,他们能够阻止捷克联盟的成员加入为宪政改革提供建议的议会小组委员会。最后,捷克联盟在 1918 年 1 月 6 日主显节的宣言让该团体的反抗达到了一个新的高度,这份宣言还是争取让协约国承认捷克民族雄心的重要举措。与 1917 年 5 月的议会声明不同,这份宣言没有提及一种在哈布斯堡王朝治下的未来。相反,捷克议员更明确地呼应了威尔逊总统的话。他们把自己也算作了"世界上的民主国家",坚决主张其人民应享有"自由的国民生活的权利以及民族自决的权利"。他们强调,这些理想"必须成为未来的国际法的基础"。当奥地利首相听说这一宣言时,他愤怒地斥之为"战时精神错乱"。事实上,这些危险的观念已经在塑造着欧洲中部的未来。[89]

在德国,1917 年上半年的公众情绪比奥地利稍微轻松一点。德国的物资短缺确实是灾难性的,但一直都没有像奥匈帝国那么严峻。西线依然稳固。当年春天,在浴血奋战之后,英军在阿拉斯发动的进攻被中止了,新任法军指挥官罗贝尔·尼韦勒将军在贵妇小径发动的一次本应具有决定意义的攻势很快便被挫败了。U型潜艇似乎仍有希望带来快速的胜利。但是，德国人民付出了沉重的代价。德军已经有160万人死亡或失踪，另有280万人负伤。[90] 在后方，食品供应在夏季陷入最低谷，官方配给量仅为1100千卡。任何具有些许价值的材料，从碎布到润滑油，都被征用到兴登堡的重整军备运动中。从当年年中开始，连教堂的钟都成了征用目标，这个做法使得哀声四起，甚至在虔诚的德国东部边界地区引发了暴力抵制活动。[91] 绝大多数德国人可能还是不愿意以任何代价来结束战争，但人们的斗志薄弱，气氛很焦躁。后方地区指挥官警告称："对和平的渴望普遍存在于各个阶级的人群中。"[92] 第三最高统帅部无视了公众的意见，便要自食其果。另一份军事报告明智地解释道，人民"不愿意为了实现过大的战争目标而继续这场战争。上至资产阶级的较低阶层，尤其抗拒这样的战争目标。"[93]

　　对于物质困境的不满、围绕着政治改革的争议以及关于战争目标的争论，都被俄国革命激发了起来，加剧了左派的对立性和激进性。社会民主党领导层支持战争且与政府合作的政策，早在1916年便已经开始承受日益强烈的内部攻讦。准备反对这一政策的少数派因为试图压制其声音的做法而更加恼火。党的领导层或是与之接近的社会民主党成员，与军队合谋让反战的党员被征召入伍，并且控制了社会民主党的各家报纸，包括重要的柏林报纸《前进报》。1917年初，在激烈的相互指责后，少数派被驱逐出党，他们在4月建立了自己的政党，并颇具针对性地命名为独立社会民主党。胡戈·哈泽和格奥尔格·拉德波尔成了该党的主席。这个新组织带走了17名持社会主义立场的议会议员以及社会民主党多数派所拥有的357个地方选区组织中的57个。独立社会民主党的成员高度分化，他们只是通过反对战争、反对政府才得以团结在一起。中央的管理主要由哈泽这样的人支配着，他们反对战争，致力于国际社会主义，并认为社会民主党已经是穷途末路。一些元老社会主义者也加入了该党，比如爱德华·伯恩斯坦和卡尔·考茨基，他们本来更愿意在社会民主党内部继续作为反对派而发声。独立社会民主党的最左翼是斯巴达克派，他们是真正的革命者。这个派别根据领导反抗罗马人的著名起义的奴隶命名。斯巴达克派最著名的领导人卡尔·李卜克内西（第一位投票反对发行战争公债的社会民主党议员）和罗莎·卢森堡依然身陷囹圄。这是一个非常小的团体，但他们几乎是唯一愿意公开反对战争和政府的派别，也因此招致了与他们的弱小力量并不相称的巨大恶名。[94]

德国无产阶级中的许多人因俄国革命而感到兴奋。国民经济在战时的变化加快了分化疏离的速度。兴登堡计划以效率的名义关闭了许多规模较小的企业，保留了没有人情味的大企业，这种企业中的劳资关系是疏远或者对立的。技术熟练的年轻男性工人的加入，增强了工人群体向激进方向的转变。这些新劳动力的工作地点通常离家很远，因此他们很难受到让他们稳定下来的家庭影响，而且与进入军工厂劳动的大批非技术工人一样，他们缺乏前辈工友那种根深蒂固的纪律性，对于社会民主党及其工会缺乏敬意。在柏林的冶金行业中，一股新的势力——里夏德·米勒的"革命车间干事"——崛起了。这些非正式组织起来的激进分子属于独立社会民主党的极左翼，他们对数千名技术精湛且对于战时经济不可或缺的机床操作工人以及其他冶金工人具有影响力。虽然这个新党派仅仅吸引到了母党的少数议会议员，但多亏了这些结构性变化，该党的党员人数几乎和母党持平了：到1917年秋天，独立社会民主党有12万名党员，而社会民主党则有15万名。"大头菜之冬"之后持续的匮乏、俄国革命的影响以及这批新劳动力中更激进的成员和领导者，都使得罢工在战争的后两年增多了。其中规模最大、最具政治性的罢工是1917年4月和1918年1月在柏林和莱比锡发生的和平罢工，它们撼动了德奥两国。[95]

1917年4月罢工有30万名工人参与，其导火索是面包配给量减少。4月16日，在工会的监督下，工人们在柏林发起了有秩序的示威活动，示威活动关注的只是食品问题，不过工人们也成功地提出了释放几天前被捕的里夏德·米勒这一要求。但是，同一时间在莱比锡爆发的罢工则公开提出了政治要求，在之后的几天里，不满的柏林工人也采取了这种做法。他们想要的不仅是更高的配给量，还希望引入平等的普选权，希望政府做出愿意缔结一份不吞并土地的和平协议的允诺，希望废除戒严法、《爱国辅助役法》以及对集会与出版自由的限制。政治犯也要释放。从流传的革命传单来看，他们明显从东部的起义中获得了启示：

> <u>工人们！</u>我们的兄弟，俄国无产阶级在4个星期之前还和我们处于同样的境况。我们知道俄国发生了什么：那里的劳动人民站起来了，他们并不只是促使政府着手管控食品供应问题。<u>更为重要的是，他们同时赢得了自身的自由，而这是德国工人们至今连想都不敢想的。</u>
>
> 难道我们该耐心地继续忍受长久以来的悲惨、剥削、饥饿、集体谋杀——我们一切痛苦与磨难的根源吗？不！一千个一万个不！走出车间与工厂吧！……认识到你们自己的力量吧！……<u>打倒战争！打倒政府！和平！自由！面包！</u>[96]

莱比锡出现了一个管理罢工的工人委员会，这也是受到了俄国榜样的启发。这些罢工的规模颇具威胁，正如独立社会民主党议员在劝说柏林人采纳他们的萨克森同志的政治化要求时所扮演的角色一样。不过，罢工的革命潜能不应当被夸大。罢工持续的时间很短，在莱比锡仅仅持续了3天，在柏林也不过坚持了一周。对于大多数参与者而言，主要的怨愤是在经济方面。在罢工起先表现得最为激进的莱比锡，当每周的工时减少到52小时、工资提高之后，工人们便很容易被安抚了下来。[97]

即便如此，最高战时办公室的格勒纳将军还是大为光火。他决意不容许军方权威受到挑战，打算征召4000名罢工者入伍以作为惩罚，但他的这个打算受到了工厂主们的反对，他们担心失去有技术的劳动力。格勒纳将军认识到了与社会民主党以及工会保持良好关系的必要性，这两个团体对于控制工人的骚乱具有关键作用。[98]他依靠着自己此前在社会民主党与工会中赢得的公正不阿的名声，批评那些罔顾他们不喜欢的《爱国辅助役法》的工业家以及罢工工人。明智的是，他建议负责后方军区的将军们将社会民主党和独立社会民主党明确区别开来，因为他认为罢工的政治化要归罪于独立社会民主党。在柏林，一些工人反抗尤为顽强的工厂被转为了军用，而工人们受到了警告，如果他们不回去工作，便会被征召入伍，纳入军事纪律的管束之下，并且只能拿更为低廉的士兵的薪水。在一次与哈泽的私下讨论中，格勒纳威胁要在即将到来的五一劳动节动用军队镇压示威活动，结果，这位独立社会民主党人同意约束党内更加激进的成员。除了胁迫，当局还设法去触动工人的爱国情绪和社会良知。兴登堡在一次呼吁中警告工人们，因为罢工而造成的任何战争物资生产减少，都是"在不负责任地削弱我们的防御力量……在对军队，特别是那些正在堑壕中的士兵犯下不可饶恕的罪行，而士兵们将要因为这种罪行流血牺牲"。[99]

虽然当局做了这些平息工人的尝试，1917年夏天仍然是非常动荡的。鲁尔工业区和上西里西亚也爆发了罢工。7月初，科隆的3万名冶金工人罢工，要求每周51小时的工作时间和更高的工资。最高统帅部变得越发不安。8月中旬，格勒纳被免职。鲁登道夫一直不赞成他安抚工会的做法，而且格勒纳因为想要限制大企业利润而在大企业中树敌众多，而最高统帅部对这些大企业是颇为重视的。[100] 鲁登道夫，以及普鲁士政府和许多后方军事指挥官，都没有把工人的骚乱当作德国社会内部日渐增多的不满的标志。相反，他们自欺地把这种局面看作叛徒和敌特煽动的结果。普鲁士内政部在1917年7月发布的一则通告便表达了这种观点：

> 由食品短缺导致的近日诸般动荡情况遵循大致相同的模式。在相距遥远的各个工业厂区内的工人同时罢工，有时遵循某一特定信号，大批示威者集结到一个显然是预先选好的地点，差不多各个地方都提出了一样的要求，倘若受到警方干预的威胁，则差不多各个地方的妇女、儿童与青少年便会走到示威队伍前部，显然是希望如此一来警察或军人便不会动用最强硬的手段……大多数地方的人群冲上街头的迅疾以及杂货店和其他商店遭到洗劫的事实也表明了相同的意图。
>
> 所有这些情况几乎毋庸置疑地说明，我们面对的是通过口口相传的筹备而仔细发动起来的示威与暴乱。这些示威与暴乱不单是因食品危机加剧而出现的自发骚乱，也在一定程度上要归因于寡廉鲜耻

的蛊惑者的秘密煽动，这些煽动者可能是激进的社会民主党人的支持者，或是受雇于我们的敌国或其走狗的特务。[101]

高度紧张的官员们陷入了和开战时相似的幻想之中。焦躁不安的德国后方指挥官们设想了一连串敌人。鲁登道夫可能是想到了德国对列宁的赞助，担心敌国特务得到了德国激进社会主义者与和平主义者的帮助。他声称："特别是在美国参战之后，我们可以觉察到一场野心勃勃的协同行动。"[102] 摩门教徒和基督复临安息日会信徒尤其受怀疑。但是，从事颠覆活动的特务在官员的设想中可以以任何面目出现。正如一位后方指挥官警告的，"从事叛国行径的人可能披着资产阶级市民的外衣、政治煽动家的外衣，是的，甚至可能穿着军人的军装"。[103] 这种心态是危险的，因为它拉大了领导者与人民之间的鸿沟。偏执的军方、民事高层官员开始将本国公民看作潜在的煽动者。此外，他们将罢工和抗议看作颠覆活动的结果，这误导了他们，使得他们忽视了真正的不满情绪，并将那些表达这些不满情绪的人斥为有意或无心的叛国者。

最高统帅部不仅害怕后方前线因政治因素产生的混乱，更加担忧类似的煽动会削弱军队的纪律与战斗力。1917年7月25日发布的一则命令歇斯底里地警告，政治宣传正在"从四面八方"渗入军队。他们单独点出独立社会民主党人，指责他们"实施了……对士兵士气构成极大损害的颠覆行径"。指挥官们也害怕来自西部的危险观念。最高统帅部很清楚自己的宣传给东线的俄军造成了什么样的打击，为了防止协约国在西部也发动与此相当的宣传战，最高统帅部在4月宣布，散发传单的敌军飞行员一旦被击落，便要接受军事法庭的审判，因为他们违反了战争法。[104] 自从索姆河战役之后，德军的士气变得更加脆弱，在得知这个情况后，最高统帅部更加忧虑。1917年的士兵逃亡率是1916年的3倍，到1917年底，逃兵的数目达到了2万左右。从夏季开始，一系列的小规模兵变、违纪和恐慌现象都妨碍了在西线作战的部队。[105] 一些证据表明，士兵的不满有左派政治立场。信件审查机构报告，有人抱怨"整个国家只不过是资本主义和奸商的工具"。[106] 另外还有一首充满了怨恨情绪的小调在前线广为流传：

> 我们不是为祖国而战
> 我们不是为上帝而战
> 我们正在为富人而战
> 穷人们则正在吃枪弹。[107]

甚至还有传言称，休假中的士兵和入院就医的伤员正在讨论"革命"，不过要等到打败敌人之后再行动。[108] 这种态度能说明一定问题：保卫家园不受外敌侵害的意愿依然是高于阶级对立意识的，并且限制了革命性的社会主义宣传活动对西部野战部队的吸引力。士气低落、军纪涣散的原因，并不在于政治上的不满，而在于日益增长的疲惫以及与物质上占据优势的敌人作战的压力。[109]

海军中有更多政治颠覆迹象。1917年8月2日的一次兵变极为严重地影响了"摄政王利奥波德"号和"腓特烈大帝"号两艘战列舰，这次兵变被德国海军部领导人看作一场革命性叛乱。在这之后，军事法庭宣判10人死刑，其中2人被执行了死刑，而所有罪犯的刑期加起来超过了360年。2名被处决的共谋者分别是司炉阿尔宾·考伊比斯与水兵马克斯·赖希皮奇，他们希望在整个作战舰艇部队发起一场要求和平的罢兵。独立社会民主党党员赖希皮奇是一个空想者，他认为自己被独立社会民主党赋予了在海军中组织一场颠覆运动的任务。他在"腓特烈大帝"号的水兵当中发放独立社会民主党的报纸与小册子，鼓励他们围绕这些内容展开讨论。他还组织了一场联署活动，以支持独立社会民主党在斯德哥摩尔国际社会主义者大会上推广在"不割地，不赔款"的条件下达成和平协议的努力。大约5000名水兵签了字。

但是，1917年夏天，在舰队中爆发革命的可能性不应该被夸大。正如一位水兵在这一时间的日记中所写的，虽然他的同志们的反叛精神确实与"俄国的事件"有所关联，但"……还远远没有达到与俄国的事件相提并论的程度"。[110] 舰队中的不服从更多地是因为水兵们对服役条件不满，而非政治上的离心。战列舰上的官兵疏远程度不仅大于潜艇官兵，也大于前线陆军官兵。水兵们的服役似乎是没有意义的，因为在日德兰海域与英国舰队的战斗并没有造成任何改变，而且德国公海舰队从1916年10月起再也没有出海执行过一次任务。最为重要的是，食品是官兵冲突的一个引火点，而且它比军中的任何问题都要糟糕。战列舰普通士兵的配给量少得可怜，但他们的上级依然吃得很好。海军一直搪塞了6个月，才开始仿效陆军的先例，建立食品监察委员会，但即便如此，许多海军军官依然无视制度。1917年夏天，在多艘战列舰上屡屡发生罢兵抗议，因为水兵们探知了权威的限度，并且尽力去伸张他们的权利，这种努力是相当成功的。最终引爆了海军方面的愤怒的8月2日"兵变"，只是一个与之前的这几次罢兵没什么区别的规模有限的事件。"摄政王利奥波德"号上的600名水兵离开了战列舰，打算在岸上的酒馆里待上3个小时。前一天，在一次袭击被取消后，他们的一些战友因为翘岗而被关进了监狱。这600名水兵此次的行动，是想要轻微地抗议战友被监禁一事。然而，尽管这些罢兵的目标并不大，但还是造成了政治影响。首相米夏埃利斯试图在议会中将这些事件归罪于独立社会民主党，但他的这个举动遭到了议会中占多数的左派与中间派的强烈反对，因为他们将这一做法视为对议员豁免权的侵犯。议会力量的另一个显示，是它的敌对态度迫使米夏埃利斯于1917年10月31日辞职。74岁的巴伐利亚天主教中央党政治家格奥尔格·冯·赫特林被任命为新首相。他在议会和巴伐利亚政府中工作了很长时间，而且他决定在上任之前先向各党派领导人咨询意见，这些似乎表明，德国距离真正的民主又将前进一步。但是，赫特林的保守主义立场和他的年龄意味着，他在实际上无法与第三最高统帅部的权力相抗衡。[111]

在德国，有一些强大的势力对于议会展现出来的新自信和左派提出的"不割地，不赔款"和平协议感到恐慌。右派在9月对7月和平决议做出了回应，他们组建了一个新的政党——德意志祖国党。帝国海军办公室前国务秘书阿尔弗雷德·冯·提尔皮茨成了该党的名誉领袖，重工业界拿出了巨额资金来资助该党的活动。凭借上述条件，这个新政党将自己的使命确定为团结"一切爱国的力量"来抵制民主化，鼓吹在东线和西线乃至欧洲以外的地方获得大量战利品的"强大德国和平"。提尔皮茨的领导地位对右翼具有极大的吸引力。到1918年2月，该党已经吸引了接近30万名成员，到秋季，在当年上半年德军在西线的推进之后，该党的成员增加到了80万人。其中近半数是隶属于该党的其他民族主义组织的成员，但其余人的人数依然比德国各个社会主义政党的总成员数要多。但是，祖国党只对社会中的一部分人群具有吸引力。该党在普鲁士东部尤其有力量，那里是这个古老王国的保守中心地带，也是一个族群杂居的区域，一旦战败，当地的德国居民要失去的东西是最多的。与之相比，在德国南部，祖国党极为弱小。该党成员中，高级官员、专业人士、学者与庄园主的数目相当多。在该党分散式的组织结构中，神职人员与教师发挥着关键作用。因此，德意志祖国党是体面富裕的中产阶级的堡垒。店主与工人等群体则与该党距离甚远。[112] 该党在士兵当中也没什么人气。许多人都很奇怪，为什么政府没有采取行动来约束这个政党。虽然祖国党宣称军队不可能接受温和的和平协议，但前线的士兵们与后方的同胞们同样秉持着防御战的观念。[113]

议会的和平决议、对于左派鼓动行为的担忧、军队士气的下降也刺激着第三最高统帅部采取行动。鲁登道夫体验过对俄军发动宣传战的成功，如今开始关注如何影响本国士兵的想法与心意。1917年7月17日，在和平决议通过的两天前，他开始实行一项名为"爱国教导"的计划。按照他的解释，这一计划旨在一方面恢复士兵的"战斗能力以及对胜利的信心"，一方面"抗击在后方与前线的煽动者、逃避工作者、懦弱者"。[114] 前线的部队指挥部与后方军区指挥部受命运作这个计划。每个作战师最终都任命了一位专任的"教导官"，负责引导前线军官们去开展宣传工作。这个计划还包括娱乐与福利，例如新建战地图书馆、士兵疗养院等基础设施。对提升士气、教导士兵来说，它都是一种开创性的尝试；它也是最高统帅部的新见解的产物，此前最高统帅部向自己轻视的平民采取强制手段，如今它醒悟到，它手下的平民-士兵不能只用命令去让他们战斗，而必须要激励着他们去战斗。这个计划的实施方法也是开创性的。实施者很注重了解士兵的担忧和不满,也注重评估士兵们对于宣传活动的反应。邮政审查报告,与连级军官、团属医生、团属神职人员的讨论,负责报告战友情绪的线人所提供的情报,这些使得教导官可以根据受众的关切点,有针对性地使用材料。反馈情况还有助于改善沟通。在看到讲座既不受欢迎也没有效用后,教导官便采取了更加富有创造力的技巧。一些教导官在供应免费啤酒的连队之夜上或是在电影放映前趁机发表非正式讲话,从而获得了一些听众。军方的宣传工作者很快便意识到,娱乐本身便可以用来加强士兵的作战积极性:被挑选出来在前线上映的剧目都是既具娱乐性,又有教育性的。展现德国城市与风光的电影格外受欢迎,它们提醒着士兵们为何要坚持作战。[115]

社会主义者反对"爱国教导"计划,认为它是在宣扬一种追求全面胜利的政治信息。最高统帅部试图让士兵相信扩张的必要性。在"更多的土地"的口号下,士兵们了解了为什么在不吞并的情况下实现和平是行不通的。德国遭受的封锁表明,倘若没有更多的领土来收获粮食,德国在面对英国海军力量时将依然是脆弱的。[116] 但是,与德国的其他宣传一样,军方在这种宣传里同样强调了协约国的侵略野心。宣传者提醒士兵们,敌人的战争目标是"莱茵河地区归法国,奥得河地区归俄国,北海归英国"。倘若战败,德国人就要被奴役,被压迫。[117] "爱国教导"计划成功地激起了士兵们坚持作战的意愿——尽管"爱国教导"资源有限,军官中多少有些不愿承担新的宣传任务的情绪,且士兵们报以漠视的态度,但是依然有充分的证据表明,这个计划是取得了一定成效的。这一成功是因为军方意识到了普通士兵基本属防御性质的作战动机。宣传的指导原则强调:"每个人都要经常听到,倘若敌方取得胜利,不仅各处的家园会陷于困境,他们自己和他们的亲属都将陷于困境。"[118]

1917 年,宣传活动还非常有助于维持平民坚持下去的意愿。1914 和 1915 年——当时地方精英引领着公共动员——的积极性与活力,已经在艰难处境、厌战情绪、食品短缺的打击之下变得虚弱。有鉴于此,国家进入了这个缺口,以激发平民的积极性。像 1914 年时的情况一样,德国的宣传机关依然是分裂的。鲁登道夫在 1916 年提议建立一个集中的机构来

15. "城堡和平"。这是一幅无产者坚决表示要捍卫日耳曼尼亚的理想图景。盾牌上的口号是德皇的名言"我再也看不到党派之别"。

16. 饥饿。克拉科夫市民排队购买食品，1916年。两位警察将一个插队者架走，其余的警察则在维持人群的秩序。

17. 陆战（一）。奥匈帝国的士兵正在值守东线战场上精心营建的众多战壕中的一条，1916年6月。这条战壕的深度有助于防御炮轰，木柴和树枝为战壕的高墙阻挡风雨。但是，士兵们需要费一定的时间从"狐狸洞"掩蔽所爬到上层的射击平台；在布鲁西洛夫攻势期间，这一点被证明是一个致命的缺陷。

18. 陆战（二）。一张标准的奥匈帝国战地明信片。士兵们可以从9种语言中选择一种，但只能发出一句积极的信息："我身体无碍，一切都好。"

19. 陆战（三）。德国士兵在东线后侧执行一次实地攻击演练，1916年春季。德国军队信任其成员的智慧，并愿意用训练来培养士兵的主观能动性，这一点使德军与其盟军迥然不同，也在很大程度可以解释其优异的作战表现。

20. 陆战（四）。"'iron rations'在战场上有多么重要"。这是一则德军中的双关语：图片右边的士兵在没有得到允许的情况下吃掉了自己应急的"iron rations（军用干粮）"，因而被绑在了树上；这是一种名为"捆缚"的刑罚，至1917年，这种刑罚才被取消。图片左边的士兵正在逃离敌人发射过来的另一种"iron rations（炮弹）"。

21. 海战（一）。在公海上的一艘德国U型潜艇的艇员。一枚炮弹提前在他们的甲板炮中爆炸了，毁掉了炮管。这只是潜艇兵们面对的众多危险中的一种。

22. 海战（二）。协约国商船海员在救生艇上举手投降。他们的命运如今在一定程度上由击沉了其船只的U型潜艇艇长决定。一些艇长会放任敌国海员随波漂流，但还有一些艇长则违抗了要求他们无情地行动的命令，去帮助受伤的海员，甚至会把受害者的救生艇拖曳到海岸附近。

23. 海战（三）。直接命中。一艘U型潜艇用鱼雷击中了一艘协约国商船。潜艇作战的距离通常就是这么近。

24. 征服者（一）。"谁是胜利者？"一则宣传海报显示了同盟国攻占的大量领土，并将其与协约国攻占的极少量领土放到一起来对比，1917年底。

25. 征服者（二）。"小小的敌国人儿要吃饭要说话/咱们德国人毕竟不是蛮族人啊！"德国人将自己想象为在占领地区的善意文化传播者。然而与这种宣传形成强烈对比的是，他们正在将自己能攫取到的食品都尽可能多地搜刮出来并运回国内。

26. 结局（一）。在圣昆廷运河战役中被俘的德国战俘，1918年10月2日。在一战的最后4个月，385 500名德军士兵投降，这种毁灭性的兵力损失让鲁登道夫心力交瘁，也让德军的战斗力大减。

27. 结局（二）。意大利前线的尸体。

28. 结局（三）。革命！忠于革命工人和士兵委员会的暴动者控制了柏林的街道。1918年11月9日或10日。

29. "最后的问候"。一位妇女哀悼自己阵亡的丈夫，一旁是两位其夫负伤的战友。到1918年停战之时，德国共有533 000名战争造成的寡妇与1 192 000名孤儿。

构想新闻战略，让分裂的各个部门宣传机构统一步调，但他的提议被置若罔闻。[119] 不过，最高统帅部下属的战时新闻办公室确实通过它与最高战时办公室、战时食品事务处、国防部、公共工程部、文化部的每月例会多少实现了一些协调。战时新闻办公室引导了新闻的走向，为军方的"爱国教导"计划提供了大多数材料。它还与关键的地方社区精英与意见领袖建立了密切关系：该机构的《德国战事周报》是一种每周发行的单张报纸，上面刊载有各种有利于塑造公众对近期战事的看法的事实与数字，这份报纸被寄送给了神职人员、教师、年轻工人、铁路官员、邮政官员，以及农民组织和中产阶级组织。这份报纸最初的发行量是 8 万份，随后发行量很快增长，在宣传活动最密集的时期，发行量达到了 17.5 万份。影像这种新媒介也被欣然采用。第三最高统帅部在 1917 年 1 月建立了摄影摄像办公室，以生产宣传影像。它拥有一个有超过 20 万张照片的资料库，因此为战时新闻办公室和其他官方机构提供了影片和宣传活动所需的图像。[120]

在地方层次上（这对联邦化的德国始终都很重要），另一种宣传组织建立起来了。食品危机迫使民事当局也介入了舆论，而不再只是单纯依赖军方审查来压制负面意见。巴伐利亚民事当局果断地在 1916 年 2 月第一个开始积极地去塑造舆论，但其他地方很快跟了上来，他们利用神职人员和学校来追踪并影响人们的情绪。在 1917 年发生的主要变化是，由于第三最高统帅部认为士气是战争的决定性因素，后方军区指挥部也开始积极地投入宣传事务中来，与当地的民事当局紧密合作。宣传主题包括食品供应问题、战事相关问题、公民权问题、经济问题等。宣传工作者采取的手段并不仅限于直截了当的呼吁，而是像战时新闻办公室一样，寻求与宫廷组织和关键意见领袖合作，因为这些机构和个人的支持会让宣传工作者的信息更有分量。中产阶级组织、工会、工人委员会以及教会（对妇女而言）都被团结了进来。宣传活动也针对其预定的受众而特意包装了一番。因此，被德国当局视为民众的中坚力量，但比其他社会阶层受物价上涨的冲击更大的中产阶级，受到了有关战败的后果、战时经济以及布尔什维克主义危险之处——对于有产者或有生意者而言尤其可怕的——的宣传材料的轰炸。与之相比，在对工人阶级进行宣传时，宣传工作者采用了工人运动的语言，来让他们相信如果德国胜利，他们可以获得怎样的好处。这场与重商主义的英国对抗的战争被扭曲成了一场针对盎格鲁-撒克逊世界的资本主义的十字军战争。[121]

1917年秋天为第七次战争公债发动的宣传活动，说明了德国的宣传活动及其采用的主题是多么有效。战争公债每年发行两次，其推广活动在每年的春季与秋季展开，这些活动在宣传工作者的日程中是重点工作。德意志帝国银行的情报局领导着战争公债推广活动，但它得到了战时新闻办公室、民事当局、前线指挥部、后方军区指挥部的支持。这场宣传活动不仅仅是筹款行动；虽然战争公债确实对德国政府的巨额战争开支有所帮助，但它是一场反映大众是否愿意继续打仗的公民投票，这层象征意义是更加关键的。此外，战争公债宣传活动对于国民坚持下去的意愿的影响，并不只是通过劝说这一种方式实现的。战争公债给了每一位认购者都跟战争胜利有关的物质利益，因为除非德国政府能让敌国支付巨额的赔偿，否则德国政府完全无力偿还它的债务。第六次战争公债宣传活动是首次运用现代广告技巧的宣传活动。广受尊重的艺术家弗里茨·埃勒尔创作了一幅认购图画，这幅画描绘了一位坚定的前线士兵，他头戴着钢盔，颈间挂着防毒面罩，画上配以文字"助我们取胜！认购战争公债！"。这幅画印在了将近150万张海报和1100万张明信片上。两种印数均达1200万份的传单、三部宣传短片以及一首专门创作的主题歌《助我们取胜》，都起到了帮助作用，以确保德国境内无人可以忽视认购号召。[122] 第六次战争公债的宣传活动展开时，认为依靠潜艇战可迅速取胜的乐观情绪仍然旺盛，因此这次宣传活动取得了极大成功。公债动员起了小储户，吸引了超过700万名认购者，这几乎是第五次战争公债认购者人数的2倍，共筹得了131.22亿马克。[123]

第六次战争公债是一个难以效仿的成功案例，但是对那些考虑为德国胜利投资的人来说，第七次公债推广活动展开时所处的情形尤其让人感到气馁。依靠潜艇战取胜的期望已经落空，俄国仍在作战，食品供应陷入危机。士气跌至新低。[124] 在这种情况下更加让人印象深刻的是，这次宣传活动吸引了5 530 285名认购者，筹集到了126.26亿马克；虽然略逊于第六次的成绩,但第七次的公债认购人数依然多于前五次,而且按照票面值来看,金额也高于前五次。这次在极端不利的情况下取得的公债发行成功,应当在很大程度上归功于伴随公债而发布的信息。人民的英雄与"救星"兴登堡在宣传中频频出现。由德意志帝国银行发放的一份小册子向潜在的投资者展示了德国在各个方面(国土、工业、资源、人民)是如何优越于劲敌"英格兰"的。[125] 但是,公债推销印刷品中,一种基于恐惧的宣传起到了支配作用。鉴于战败的阴云日益逼近,宣传工作者们描绘了一幅和平可能会是什么样子的噩梦景象。他们再次告知德国人官方的观点:是妒火熊熊的英国人挑起了这场战争,以铲除他们的商业和工业竞争对手。德国人还被告知,英国想要"彻底击败我们,让我们再也无法恢复"![126] "世界历史"已经"一再证明,英国会从战败者手中夺走一切,并且像对待奴隶一样来对待被劫掠的贫穷百姓"。[127] 宣传工作者还展示了衣衫褴褛的德国人被派去耕地或是被迫在黑人守卫的看守下在协约国的殖民地劳动的场景。爱尔兰在英国统治时期的苦难,被当作战败的德国可能会遭遇的未来的可怕警告。19世纪40年代的爱尔兰饥荒应该是可以引发忍饥挨饿、深受封锁之苦的德国人的共鸣的,而当时的人对爱尔兰饥荒的熟悉程度,是高于今日的我们对于第一次世界大战的熟悉程度的。英国人曾将爱尔兰从一个"一度如此生机勃勃的国家"变成了一个"饥肠辘辘的国家",还"通过谋杀、饥饿、强行驱逐,害死了该地大约一半的百姓"。[128]

极为动情的是,宣传活动试图重新激起民众对1914年入侵的创伤感受。民众被告知,倘若战争努力懈怠,"德国的土地就会如同曾经的东普鲁士一般被蹂躏,被毁坏"。宣传者还提起了这个东北部省份曾遭受过的"烧杀淫掠",以说明倘若敌人取胜,德国将面临怎样的下场。[129] 为了推销第七次战争公债,宣传工作者还围绕着这段近期的历史拍摄了一部短片。短片展示了一个殷实富足的东普鲁士农民家庭的生活被"俄国人要来了"的呼喊骤然打断。正如舞台指导解释的:

> 哥萨克与俄国人像禽兽般闯入这个村庄,焚烧并毁坏路上的一切

东西——害怕的居民想要逃离火海——但哥萨克残忍地将他们又赶入了熊熊烈火之中,把妇女与儿童拽到路上,无情地打倒一切上前求情的人……他们对呜咽的女人毫不在意——跟在后面的儿童号哭着求救的声音不绝于耳。

倘若德国人不想看到这些情景在1917年再度上演,那么就只有一个办法:"对,我们必须用钱来支持祖国!"[130]

到1917年秋天,德国和哈布斯堡政权都深陷合法性危机之中。由于两国领导人的不情愿、普鲁士议会与匈牙利议会中根深蒂固的利益集团、奥地利各民族彼此冲突的野望宏图造成的破坏,在1917年上半年开展的半心半意的宪制改革失败了。和平——各民族的另一要求——也没有更接近于实现。德国领导人决定孤注一掷。第三最高统帅部的崛起、霍尔维格的下台使得德国领导层的战争目标变得更加膨胀、更加顽固。奥匈帝国被迫跟随着自己的盟国。卡尔皇帝没有勇气去单独议和,而正如协约国对卡尔的倡议的回应所揭示的,协约国对于议和的兴趣并不比它们的敌国大。不过,即便妥协性和平协议在1917年只是妄想,同盟国政府也没能适当地回应大众的改革与救济愿望,这与俄国革命热忱以及威尔逊式理想主义所代表的时代精神是不协调的。来自东部和西部的"民族自决""没有胜利的和平"的观念是极为诱人的。面对这样的观念,同盟国一方"坚持下去!"的空洞号召只会激起人们的诘问——"为了什么?"。

对于德国的军事领导人而言,只有继续这场战争这一条路可走。按照将军们对国际政治的零和观点,获取大量的战果是极为关键的:战争本身已经教导了他们,为了长久地保卫德国,不仅有利的边界是必要的,食品保障也是特别必要的。从内部来说,议会的力量日益增长,要求更多民主的呼吁越发增多,这两点也助长了扩张性的目标。德国的保守精英认为避免改革并保持其合法性的方式,就是取得战争胜利。在物质条件更加恶劣、社会更加愤怒、合法性危机更加严峻的奥匈帝国,帝国政权没能找到一条从战争中脱身的出路,它的命运依然与德国的命运绑在一起。同盟国不顾越来越多的民众疑虑、失望乃至叛意而决定继续作战,这就意味着它们走上了一条几乎无可避免的灾难之路。不过,1917年底,当列宁和他的布尔什维克追随者在俄国掌握了政权并且很快便让俄国退出这场战争时,同盟国采取的这个高危战略似乎突然就要成功了。

第 12 章

面包和平

布列斯特-立陶夫斯克

　　布尔什维克于1917年11月在俄国发动革命并在几周后发出了停战请求，于是同盟国的战争努力又有了起色。对德国领导人而言，这是一场大捷。德国在1914年之所以会走向战争，很大程度上就是因为担心俄国的军备整顿与敌对态度。德国最早的战争目标计划宣称，必须把东部的这头庞然巨兽"推到［离德国东部边境］尽可能远的地方……终结它对那些非俄罗斯臣属民族的统治"。[1] 如今，由于俄国内部的混乱以及俄军自1917年夏季在加利西亚最后一次失败攻势以来的崩溃，这一几近空想的目标看起来也有了实现的可能。对奥匈帝国而言，布尔什维克的和平请求无异于一根救生索。卡尔皇帝及其外交大臣奥托卡尔·冯·切尔宁希望，东部战事的终止可以引向全面的和平。至少，他们认为贸易恢复或许可以缓解帝国灾难性的食品短缺状况，让他们的政权得以存活。然而，他们在实际谈判中达成的和平协议反倒加速了奥匈帝国的灭亡。与俄国和乌克兰签署的《布列斯特-立陶夫斯克条约》（简称《布列斯特条约》）给加利西亚带来了政治反叛与社会灾难，而且，由于该条约为革命宣传和新的不满开辟了一条道路，这个条约也逐渐削弱了哈布斯堡军队。

　　东线于1917年12月15日开始休战，一周之后，德国、奥匈帝国、保加利亚、奥斯曼帝国这四个同盟国国家与布尔什维克的和平会议在布列斯特-立陶夫斯克（位于今日的白俄罗斯境内）的德国东线野战军司令部召开。考虑到国内外的意见，德国外交大臣里夏德·冯·屈尔曼和切尔宁起初赞成布尔什维克提出的不吞并、不赔款的和平协议，但他们的赞成是有保留的，其中最重要的保留意见是，西部协约国国家必须参与谈判。屈尔曼的盘算尤为精明。他计划歪曲民族自决权利，如他后来解释的，他认为这将"让我们得到……我们绝对需要的一切领土让予"。德国人已经在波兰、库尔兰、立陶宛以及爱沙尼亚的部分地区建立起了各民族的议会。德国人强迫这些议会发布脱离俄国的声明，发布邀请德军进驻或宣布希望与德国建立紧密关系的声明，这样德方便可以在合法性的伪装下将这些领土从俄国撬走，将其纳入德国的势力范围。[2]

这一战略对德国最高统帅部而言太过隐晦了。鲁登道夫和兴登堡非常愤怒，担心如果有条件地接受布尔什维克的提议，屈尔曼就放弃了对和平协议的支配权。布尔什维克也没看懂它，认为自己赢得了一场外交胜利，直到德国最高统帅部的会谈代表霍夫曼将军向他们说明俄国将要失去大量领土，他们才明白过来。屈尔曼所认为的"绝对需要"的领土能够列成一份很长的清单。他自己写到了"将现今俄国的大量领土分离出来，然后将这些领土建设成拱卫我国边界的有力壁垒"，而只要会谈结果比最高统帅部自己的目标小一点儿，最高统帅部都肯定不会允许他离开谈判桌。1917年12月，鲁登道夫希望德国得到立陶宛、库尔兰、里加及邻近岛屿，"这样我们才能养活我们的人民"。波兰将依附于同盟国。俄国要撤离芬兰、爱沙尼亚、立窝尼亚、比萨拉比亚、亚美尼亚以及依然在其控制之下的加利西亚东端。俄国的经济要对德国势力开放，俄国要为关押在德国的俄国战俘缴纳补偿金，且要以优惠的价格出售谷物、石油以及其他物资。[3]

德国人强行迫使对方接受了他们的要求。在休会11天之后，和平会议于1918年1月9日继续。正如屈尔曼所料，西部协约国并未做出回应，所以他可以表示，他在12月对于不吞并、不赔款的和平协议做出的有条件赞同已经不再有效了。领导布尔什维克代表团的列夫·托洛茨基没有足以抵抗德国人的军队。唯一能让他避免受辱的希望，就是德国或许会爆发革命。1月28日，柏林爆发了一场规模巨大的争取和平罢工，其组织者是工人运动中的新力量——由里夏德·米勒领导的革命车间干事。这场罢工在首都吸引了40万名工人，在汉堡、基尔以及其他工业中心吸引了数以万计工人。这次罢工激起了布尔什维克代表团的乐观主义。但是，罢工很快便被扑灭了。[4] 德国的政治家也没法约束军方。当一份与布尔什维克俄国签订的扩张性条约最终在3月被拿到德国议会审议时，在8个月前曾支持过和平决议的各个资产阶级党派都毫不犹豫地投了赞成票，即便是社会民主党也只是投了弃权票而已。[5]

托洛茨基宣称"不战亦不和"并怒气冲冲地离开了谈判桌,这一做法给了鲁登道夫与兴登堡可乘之机。第三最高统帅部希望的结果是东线战争彻底结束,并且一直渴望再次发动军队。屈尔曼对此表示反对,他由衷希望,一份和约——不管多么苛刻——或许可以避免跟俄国彻底疏离、为未来的合作留下转圜的余地,但是,他的主张被德皇否决了。德军从2月18日开始推进,在5天内前进了240千米。3月3日,列宁和他在布尔什维克中央委员会的同志们让步,签订了一份比他们之前拒绝过的和约更苛刻的和约。自那时直至今日,人们在说起这份和约的条款时,都认为它异常令人惊骇。俄帝国失去了约250万平方千米领土以及这片土地上的5000万人口、90%的煤矿、54%的工业,以及1/3的农业和铁路。[6] 但是,这些损失应当被放到当时的情境下加以审视。倘若《布列斯特条约》一直有效的话,俄国的疆域会比今日的疆域广阔一些。布尔什维克不太值得同情,因为他们出于瓦解同盟国的目的而坚持民族自决,结果却成了该理念的第一个受害者:《布列斯特条约》只是将各少数民族分离了出去,而并未将俄罗斯族人口分离出去。[7]

俄国损失的财富的大部分在波兰和乌克兰,无论从哪种意识形态立场上来看,俄国的统治者对这两个地区的要求都是不占理的,而且这两地的百姓,尤其是波兰人,遭受沙皇俄国的政治与宗教迫害已逾百年。[8] 德国人也并非大公无私或满腔理想;纯粹的自私自利和谋求欧洲霸权的欲望,决定了他们在布列斯特-立陶夫斯克的政策。但是,对于上述各地区的百姓而言,权力易手是对他们原本困境的一种改善。在这些地区被创造出来的并非1941年希特勒帝国的一个先驱,而更像是1945年苏联在中欧东部重新组织的卫星国。与沙皇俄国不同,德国至少准备允许这些民族建立一些它们自己的机构,并且早在战争期间便已经发现这是一种控制当地的方式,在波兰和立陶宛尤其是如此。此外,无论德国在这场大战中取胜的话会成为怎样一个剥削性、侵略性的国家,但对于乌克兰而言,纳入德国的势力范围也不会比乌克兰实际的未来命运更差。在两次世界大战期间,布尔什维克统治下的乌克兰人罹受了战争和无情的集体化,有330万人死于人为原因导致的饥荒。[9]

在德国人的和谈进程一帆风顺的同时，奥匈帝国人却远没有如此成功。在会谈期间，卡尔皇帝向他的外交大臣强调："帝国与王朝的整个命运都取决于和平条约能否尽快缔结。"[10] 切尔宁需要为忍饥挨饿的帝国弄来东部的粮食。他希望限制德国的扩张欲，担心这种扩张欲将会延长战争。他还希望为哈布斯堡帝国博得波兰，虽然这个目标并不如停止战争重要。切尔宁和他的主人对于和平协议的急切让奥匈帝国在谈判中大受掣肘。"与俄国的和平协议**必须**达成。"切尔宁在会议开始时这样告诫他的代表们。"**除了同盟国终止谈判这种情况，其他一切可能性都是可以接受的**。"随后的事件进一步强化了这一立场。共同食品委员会的负责人奥托卡尔·兰德韦尔·冯·普拉根瑙将军在1918年1月初警告称食品供应即将崩溃。匈牙利尚可使用的余粮没法运输到奥地利去，因为来自德国西里西亚的煤炭供应量已经急剧下跌。1月14日，当局宣布面粉配给量减半，罢工随之爆发。罢工先是在维也纳附近爆发，但很快便在帝国全境蔓延，总共有70万各族工人参加，并且持续了整整10天。2月初，卡塔罗（即今日黑山的科托尔）海军基地爆发了一次兵变。在3天的时间里，水兵们挥舞着红旗，要求在不扩张领土的情况下实现和平，且在发动兵变时杀死了一名军官。在哈布斯堡领导人看来，帝国似乎已经走到了革命的边缘。[11]

德国人正确地判断出了布尔什维克的软弱，不打算对自己的扩张要求做出让步。即便切尔宁用单独议和来威胁德国人，也没能迫使他们匆促同意更温和的方案。霍夫曼镇定自若地回复称，如果奥方单独议和，德国就可以高兴地从哈布斯堡帝国境内的东线战场撤走自己的25个师。但是，切尔宁还有一个选择。1917年12月16日，一个来自乌克兰人民委员会——在二月革命摧毁沙皇帝制之后建立起来的一个民族主义政府——的代表团抵达了布列斯特-立陶夫斯克，要求参加会议。对于德国人而言，这是一个好消息，因为这个团体正好提供了一个有关乌克兰脱离俄国的绝佳宣传机会。对于奥匈帝国而言，允许这个代表团参加和谈更像是一把双刃剑。华沙摄政委员会——同盟国于1917年10月建立了华沙摄政委员会，以协助治理假定会建立的波兰国家并为这个国家的占领者提供合法性——中的波兰人担心，他们对这个地区有着与其他民族相冲突的主张，这些主张会被忽视，因此也要求出席会谈。奥匈帝国的捷克议员和南部斯拉夫议员打算检验一下同盟国许下的民族自决承诺，也要求参加和谈，但被拒绝了。然而，虽然在意识形态上有问题，但切尔宁还是在德国与俄国对立时抓住了与乌克兰人谈判的机会。东部粮仓乌克兰，看起来掌握着解决奥匈帝国命运攸关的食品供应问题的钥匙。[12]

再没有什么事情比切尔宁愿意对乌克兰人让步一事更加有力地说明哈布斯堡帝国已经沦落到怎样的地步了。乌克兰人民委员会成员是年轻新贵，是"小伙子，年龄几乎都不超过20岁，他们没有经验，没有财产，没有声望，驱使着他们的是冒险精神，也许是狂妄自大"。[13] 他们是这个国家人数不多的知识分子阶层的成员，而这个阶层对乡村中几乎对民族事务漠不关心的农民阶层没有影响力。这个委员会是否能够履行承诺尚不清楚，甚至它能否存在足够长的时间来尝试履行承诺都是个问题：布尔什维克也有他们自己的"乌克兰共和国工农政府"，且在2月，他们的军队还在基辅工人的协助下短暂占领了该城，随后又被德军赶走了。[14] 因此，乌克兰人民委员会的代表们极为自大地向哈布斯堡帝国索要加利西亚东部和布科维纳，还有海乌姆地区（直到1912年都还是俄属波兰的一部分）。值得注意的是，切尔宁听从了他们的要求。他避开了对哈布斯堡领土的主张，但做出了耻辱性的让步。他将海乌姆地区转让给了乌克兰人民委员会，他甚至允许对帝国内部事务的干预，秘密承诺，罗塞尼亚人在战前提出的将加利西亚分割为一个西部由波兰人、东部由乌克兰人占据的王室领地的要求会得到满足。一旦这两项让步公之于众，哈布斯堡帝国定然会失去加利西亚波兰人的民心，而他们向来是帝国的各斯拉夫民族中最为忠诚的，而且会摧毁将俄属波兰与哈布斯堡帝国政府维系在一起的所有可能性。付出了如此高昂的代价，切尔宁赢来了乌克兰人的秘密保证：在8月1日之前向奥匈帝国供应至少100万吨谷物。这项条约于2月9日签署。[15]

切尔宁的愚蠢很快便大白于众。德国人迅速入侵，安顿在基辅的权力中心，并且将哈布斯堡的军队限制在该地区9个省份的仅仅3个。乌克兰人民委员会果然如预期的那样无力履行承诺。即便是在德国人废黜了这个机构并将一位得到大多数乌克兰地主支持的领袖"酋长"帕夫洛·斯考洛帕德斯基扶上台之后，也没能榨取出多少粮食。最后，向西运去的只有42 000车皮的粮食，其中18 000车皮是给奥匈帝国的。输送到所有同盟国的粮食只有1 134 000吨，只有一半多一点儿给了奥匈帝国，其他的大部分都运到了保加利亚和奥斯曼帝国。[16] 德国第二二四师是其中一个负责征收粮食的德国部队，该师简要陈述了自己面临的困难。首先，该师恼火地表示粮食"压根就没有"。同盟国成了乌克兰人的诡计以及自己在布列斯特的一厢情愿的受害者。此外，该师报告称，在有粮食的地方，粮食也难以获得。乌克兰政府办事无能，德国人没有足够的兵力来组织一场彻底的征粮行动，还劝不动农民出售粮食。该师对于务必保持友好的要求格外有怨言。该师主张："倘若采取严厉手段，当然是凭借武器，或许可以征收到大量补给。"但是，在签署了和平条约之后，这种行为已经不再可行了。[17] 事实上，德军在与乌克兰人打交道的时候是相当文明的，他们与地方当局合作，而且跟战争爆发之初的行动不同，他们不准士兵对平民使用暴力。与之相比，它的哈布斯堡盟友什么教训都没有学到。卡尔命令他的军队"毫不留情地征收粮食，甚至使用武力"。与德国人不同，奥匈帝国军队认为没有必要走司法程序，在初夏，被称为"抢劫犯罪嫌疑犯"或是"布尔什维克谋杀犯"的人被迅速处决的现象倍增。此外，哈布斯堡军队在这个地区建立了自己的采办机构，这也给负责采购粮食的民事当局造成了妨碍。[18]

哈布斯堡帝国始终也没有批准与乌克兰人签署的《布列斯特条约》，因为将这个条约送到议会审议，也就意味着曝光承诺在加利西亚东部建立一个乌克兰王室领地的秘密条款。乌克兰人民委员会没能按约交付粮食且它随后也被帕夫洛·斯考洛帕德斯基取而代之，奥匈帝国便可以悄悄撤销这个条款。但是，到了此时，人们已经感受到了在布列斯特缔结的和平条约的负面影响。与俄国在3月签订的和约结束了东线的激战，但也不可避免地开始了战俘的归国进程，他们将软性毒药布尔什维主义带入了军中。与乌克兰在2月签订的和约立即激起了轩然大波。在德国公布了条约之后，华沙摄政委员会立即全体辞职以示抗议，同样辞职的还有哈布斯堡在卢布林的军事总督塞皮提斯基伯爵。2月15日，波兰辅助军，即1914年追随毕苏斯基参战的波兰军团的余部,发生了兵变。该军与奥匈军队激战过后伤亡惨重,但包括其指挥官约瑟夫·哈勒将军在内的1600人设法叛逃到了俄军阵线。他们后来会成为一支在法国与西部协约国并肩作战的新波兰军队的骨干。[19] 但是,最为糟糕的还是哈布斯堡加利西亚的反应。外交大臣切尔宁在布列斯特忽视了波兰民族利益,这最终导致当地的波兰人与哈布斯堡大业决裂。

别了,加利西亚

1914和1915年是一段令人兴奋目眩的时期,当时波兰族各政党建立了他们的最高民族委员会,且波兰人社会也围绕着波兰军团而团结起来,在此之后,加利西亚的波兰人对于哈布斯堡大业的忠诚便逐渐消退了。1916年11月,哈布斯堡帝国皇帝宣布将建立一个独立的波兰王国,这一举动大受欢迎。[20] 然而,自此以后,波兰人的情绪便开始陷于失望。1917年夏季时曾爆发过一场政治危机,当时,波兰军团——在被占领的俄属波兰地区,波兰军团已经交由德国人管辖——2/3的士兵都拒绝按照同盟国拟定的内容向一个未知的未来的波兰国王宣誓,也拒绝承诺"与德国和奥匈帝国军队携手并肩、共建忠诚的同志情谊"。德国人正确地认识到毕苏斯基是士兵们拒绝宣誓与承诺的幕后主使,他们将毕苏斯基关进了监狱,将抗命不从的军团士兵们也拘押了起来。[21] 在加利西亚,虽然几乎没有人站出来抗议毕苏斯基被监禁一事,但是,这样不公正地对待一支大多数波兰人公开倾注了如此之多的部队必然会挫伤民众的士气。[22] 根据哈布斯堡审查机构的说法,对绝大多数人来说,社会方面的问题是最要紧的。到1917年秋,人们的书信中满是对于"无法忍受的生活条件"的抱怨,而且人们"越发无法忍耐"地要"迅速从战争的苦难中解脱"。1918年1月,罢工的浪潮席卷加利西亚。到了春天,当局将粮食从加利西亚转运至饥肠辘辘的维也纳,他们的这番拙劣举动注定了加利西亚不仅将在政治上因与乌克兰的条约而陷入动荡,而且其经济艰苦处境也将在同一时期达到顶峰。[23]

海乌姆将要划归乌克兰的消息在加利西亚社会引发了愤慨。帝国议会波兰族圈子的政治家们激烈地谴责了这个条约。民族民主党人和社会民主党人尤其尖锐。社会民主党领军人物伊格纳齐·达茨因斯基宣称"哈布斯堡的星辰将从波兰的天穹上消隐"。保守派起初对于与奥匈帝国完全决裂一事踌躇不定，但是随后，将加利西亚在行政上在罗塞尼亚人和波兰人之间一分为二的秘密协议被披露了出来，于是他们也走上了与帝国离心的道路。波兰族政治家们已经效忠了帝国50年，切尔宁的灾难性外交政策如今将他们逼成了反对派。[24] 与他们感到的哈布斯堡帝国的背叛相比，协约国进一步通过意识形态方面的努力争取波兰人的支持。一个月前，美国总统伍德罗·威尔逊在他那影响广泛的对于战后世界的宣言"十四点"计划中主张："应当建立一个囊括所有不存在争议的波兰人口聚居地区的独立的波兰国家，这个波兰国家应当拥有一个自由而安全的出海口，其政治经济独立以及领土完整应当由国际公约保障。"[25]

加利西亚的波兰族民众也感到愤怒，且觉得自己遭受了背叛。"我们的士兵付出了血汗，我们的姐妹与母亲承受了绝望与泪水，我们遭受了痛苦、折磨、饥饿、贫穷，波兰军团中那些最好的年轻人战死沙场，他们居然用'第四次瓜分波兰'来报答我们。"一份抗议倡议中这样愤慨地控诉道。它很有力地把握住了大众的厌憎情绪。[26] 在所有波兰族党派联合而成的统一战线号召下，一次总罢工发起了。波兰族农民领袖文岑蒂·维托斯在20年后回忆起这次罢工，依然对公众当时的积极响应印象深刻。"那天，加利西亚的一切都停摆了。"他在回忆录中写道。"办公室、工厂、作坊的工作都停止了……而在每一座城市、小镇、村庄，都爆发了大规模的抗议集会。"[27] 在利沃夫，这一天以一场弥撒开始。该城的进步派犹太社区展现出了团结，在他们的会堂里举办了宗教活动。在城中央的标志性地点，即市政厅和波兰民族诗人亚当·密茨凯维奇的雕像处，人们搭建起了高台，爱国者在此向2万多民众慷慨陈词。释放毕苏斯基和被拘禁的军团士兵、终结普鲁士军国主义、从奥地利脱离等要求均被提出。加利西亚童子军、学校、"索科尔"体操社团以及在1863年反俄起义中的年长老兵们，这些在波兰族加利西亚市民社会中非常重要的团体全部出动。高级官员与大学教授们也参加了进来。周边地区的农民也赶来参与,这被激动地看作整个波兰民族团结的证据。[28]

对于卡尔皇帝及其政权而言,极为不妙的便是官员也广泛参与到了示威抗议中来。在要塞城市普热梅希尔,地区长官及其下属都参与了,该城的主教做了一次布道以支持抗议活动。在克拉科夫也是一样,官员们纷纷参与,他们在许多较小的市镇帮助组织抗议活动。自加利西亚在1869年获得实际上的自治权以来,由波兰族支配的当地行政机构便一直重视本民族,但在战前,这一点并不与对王朝的忠诚相悖。然而,如今官员们参与了明确反哈布斯堡、支持独立的抗议活动,这标志着这两种忠诚开始冲突,而且该王室领地的行政机构正与国家分道扬镳。人们移除了哈布斯堡的象征物,将它们替换为波兰鹰,这也标志着一种在大众层面的政治转变。铁路官员们把自己帽徽上的王朝皇冠标志锉掉。人们从官方建筑上拆下了哈布斯堡的鹰标,并且象征性地将这些鹰绞死或烧死。在学校中,一个新时代也开启了。在教室里,原本强制悬挂的皇帝像被扔了出去,并替换为毕苏斯基的画像,后者代表着独立、统一的波兰国家的理想。[29]

针对《布列斯特条约》的抗议活动在克拉科夫最为引人注目、最为激烈,也最具象征意味。这里是忠诚的保守主义的传统心脏地带,也是最高民族委员会——这个委员会从1914年开始设法实现哈布斯堡渴求的奥地利-波兰方案——的所在地,因此,这座城市尤其有理由感觉自己遭到了背叛。1918年2月9日,即条约签署那一天,这一消息便传到了克拉科夫。该城的大学生本来已经计划于2月10日在主市场发动一场示威活动,以对2月初在利沃夫的骚乱中一名小学生被射杀一事表示抗议。来自布列斯特的消息将这场活动变成了一个有1万人参加的重大事件。[30] 在接下来的2天里,上千人聚集起来,攻击了该城的德国领事馆。2月11日,约500人,其中约1/3的人是大学生和中小学生,试图在火车站营救被普鲁士军队押送的波兰军团士兵。[31] 2月12日,人们与被派来恢复城市治安的罗塞尼亚部队中的一些士兵对峙,在主广场上有人开了枪,好在无人伤亡。[32] 随着热情越发高涨,克拉科夫的抗议活动在2月13和14日达到了顶峰,人群已经变得极为庞大和激动,以至于警方被迫撤走。标有哈布斯堡双头鹰的标志物被破坏、拆掉或是换上波兰鹰。奥地利的勋章被钉在树上以供人们唾弃，或是被挂在狗脖子上；低俗的讽刺画被张贴在公开场合，上面描绘了德皇威廉二世被绞死或是不着寸缕只戴一顶尖顶头盔的画面。[33] 抗议的中心点在主市场。直至1917年10月，军团纪念柱一直在此矗立，它既象征着波兰民族主义，也象征着当地人对哈布斯堡的忠诚。1918年2月，主市场变成了一种截然不同的象征意义的所在地。这里展出了三幅画。中间的一幅画上是被钉在十字架上的基督，而左右的两幅则分别是威廉皇帝和卡尔皇帝的画像。下面写道："耶稣基督，何曾有这样的恶棍与在十字架上的你为伴。"[34]

《布列斯特条约》不仅绷断了加利西亚波兰人对其君主的最后一丝忠诚。和约没能带来允诺过的乌克兰粮食，也就意味着食品供应危机仍将继续，而这会击垮多民族的中欧社会。战争结束之后，民族冲突会在此地肆虐，尤其是恶毒的反犹主义。虽然民族冲突早在战前便已经萌生于多地，但战争使得它变得剧烈化、残酷化。在政治层面上，这种冲突在很大程度上源自1917年以来"民族自决"理念所授予的新的合法性以及这一理念激起的期望与失望。但是，在社会层面上，对中欧东部民族混杂的社区造成持久且重要的影响的，还是全面动员和英国封锁造成的大范围战时匮乏。人们退而向自己的族群寻求庇护，而随着社区变得民族化，犹太人不再只是被看作不受欢迎的邻居，而是被看作无权归属当地的边缘外来人口。即便是在和平时期族群关系相对和睦的地区，不同民族之间的理解也崩溃了。

克拉科夫的情况充分表明了20世纪的战争是如何摧毁一度生机勃勃的多民族社区的。在战争前夕，犹太人在克拉科夫的183 000名居民中占了1/5。自13世纪起，犹太人便开始生活在这座城市。这段悠久的历史穿插着歧视与迫害的插曲。1495年，犹太人被逐出该城，迁到了该城城堡以南的卡奇米日，这个地方逐渐成了克拉科夫的犹太聚居区。17世纪，克拉科夫出现了越来越严重的宗教不宽容，一个犹太人于1663年因亵渎神明而被烧死在火刑柱上。但是，克拉科夫依然不乏团结和睦的时刻，比如在1846年，克拉科夫爆发了革命，犹太社区派出了500名"以色列弟兄"加入起义军。到20世纪初，克拉科夫的犹太人比其他地方的犹太人更多地使用波兰语，而他们的政治领导层坚定地主张取消民族隔离且支持波兰。他们仍然是与众不同的，但不是不相关的市民；虽然犹太人与非犹太人之间的通婚几近于无，但他们还是生活在一起，交流、共享该城当时的热门消息。1898年，反犹骚乱席卷加利西亚西部，克拉科夫却安然于事外，这便可以印证上述和睦关系。在犹太人的心目中，这座城市具有特殊的地位。他们与这座城市关系紧密，而且虽然他们拥有自己的社区议事会，但他们依然积极参与这座城市的治理。1914年，该市的87名议员中有不少于20人是犹太人。[35]

在战争的前期，克拉科夫的犹太人参与了克拉科夫的波兰民族与哈布斯堡忠诚"双重动员"。几百人加入了波兰军团。1915年，在克拉科夫的军团纪念柱的底座上，历史上著名的犹太人聚居地卡奇米日的纹章也被刻了上去，这象征着克拉科夫市民的团结——无论信仰是什么——和该城犹太人的贡献。[36] 但是，随着克拉科夫陷入食品短缺与困难处境，气氛开始变得不那么包容了。食品价格飞涨；到1917年2月"大头菜之冬"结束时，土豆的售价是战前的5倍，面粉的售价更是战前的15倍多。犹太人在小商人中的比重远远超过他们在总人口中的比重，而且支配着加利西亚关键的食品产业，特别是磨坊业，许多人怀疑犹太人在囤积居奇、牟取暴利。[37] 1917年3月，克拉科夫爆发了第一次大规模的饥饿示威活动。虽然这次以及随后几次抗议活动的矛头都指向的是市政当局，但到了5月，迅速增长的反犹情绪已经大到促使犹太社区提议设立一支自卫队。[38] 到了年底，市中心的饥饿示威者决定向南行进到卡奇米日，一则警告指出了这一行动可能造成的后果。这些示威者被警方制止了。[39]

1918年4月，怨愤情绪终于爆发为公开的种族暴力活动。克拉科夫已经处于一种暴力动乱状态。1月的罢工与暴乱造成了价值14万克朗的损失，26名警察负伤，63人被逮捕。[40] 2月针对《布列斯特条约》的抗议活动进一步引起了人们的激愤情绪。积极的、暴力的行动取代了合法行动，人们对当局的信任荡然无存。阶级怨恨与族群怨恨盛行。两位妇女在电车上的一次谈话是时人态度的反映。她们决定，倘若面包短缺状况持续下去，"我们不去市议会或是长官那里，而是直接去砸烂那些出售面包的店铺"。她们怨恨犹太邻居，认为是他们垄断了黑市食品供应。人们买不到来自俄属波兰的面粉，因为"犹太人……不惜以任何价格将其尽数买下"。[41] 克拉科夫市民社会的最终崩溃以及市民与政治当局关系的最终决裂，正好发生在城市北部的一个食品市场。基督徒购物者对于高昂的价格感到愤怒，指责市场上的犹太人试图用更高的价格来抢购这些稀缺的商品，这激起了为期5天的混乱，在混乱中，这两个群体彼此冲突，与治安人员也发生了冲突。维也纳的报纸将基督徒发起的攻击形容为"一场严格意义上的集体迫害"，这种形容大致准确。[42] 4月16日，即冲突的第一天，几百名抗议的年轻人不辞辛苦地花了25分钟从克拉科夫城北走到了卡奇米日，洗劫了沿途的犹太人店铺，而警察只是袖手旁观。第二天，对犹太人产业的攻击还在继续，士兵们受命上街维持秩序。这让城市在4月18日恢复了平静，但到了4月20日，又出现了针对犹太人的暴力行动。[43]

克拉科夫的暴力事件引发了远远超出加利西亚一地的巨大反响，因为维也纳的报纸很快便跟进报道了这一事件，它震动并激怒了维也纳规模庞大且颇具影响力的犹太社区。一系列集体迫害在当年夏天在整个加利西亚蔓延，并将在秋天同盟国崩溃期间达到高潮，克拉科夫的事件是这一系列集体迫害中最早的一批。[44] 但是，它还因为其他原因而值得注意。首先，被转化为种族暴力的并不仅仅是基督徒的愤恨情绪。当城市的北部在4月19日归于平静时，卡奇米日的犹太人因前几天遭受的洗劫以及一名犹太人被基督徒暴乱者杀害的传言而愤怒，于是他们爆发了骚乱。一个旧货市场上的基督徒商贩遭到上百名拿着木棍和铁棒的犹太年轻人袭击。[45] 其次，尽管克拉科夫的两个社区在战争的这一时期彼此敌视，但他们对城市与国家的治安力量怀有共同的怨恨。基督徒和犹太人都与士兵发生了冲突。4月16日，走向卡奇米日的年轻人在主市场追击一位后备军官。试图帮助这位军官的士兵们被暴动的人群阻拦。[46] 次日，哈布斯堡士兵向冲着他们投掷石块的人群开枪，一个14岁的男孩身亡，另有3人受伤。[47] 4月19日，在犹太聚居区，警察和士兵也遭到了大批群众袭击；一份报告甚至指出，那里的平民开了枪。[48]

克拉科夫一度生机勃勃的多民族社区在战争的压力下走向衰亡，这只是极端困境促成的崩溃的最为悲哀的例子。到了夏天，加利西亚变得难以统治。克拉科夫军事指挥部在1918年5月的一份警告中准确地指出："民众因长期的物质匮乏而不满，且将存在问题的社会结构与民族结构看作导致他们陷入目前处境的原因，不可忽视的是，他们因这些原因而对国家抱有排斥态度，渴望一场社会与民族改革或革命。"[49]报告指出，在城市中，民众情绪"一触即怒……反对王朝且反对奥地利"。对于奥匈帝国的敬意已经严重跌堕，以至于开始有流言说，卡尔皇帝是一个酒鬼，而他的顾问们利用他的酒瘾来推行不利于波兰人的措施。[50]加利西亚的乡间出现了上万名逃兵。他们组成了危险的武装匪帮，对被安排来对抗他们的虚弱治安力量不屑一顾。他们让宪兵队畏惧。位于雅罗斯瓦夫镇附近的一个哨所的总部大门上留下了一张波兰语字条，上面警告道："让我们安宁，我们也让你们安宁。否则你们就要丢掉性命。"警察当局焦急地请求援助，以对抗这股"背弃者瘟疫"。[51]

加利西亚撕裂的多民族社会构造以及对于政权的愤怒是特别急剧且暴烈的，但这两种情况在其他地方也有发生。克罗地亚与斯拉沃尼亚也是多民族混杂地区，它们的情形与加利西亚相似：武装匪帮在乡间蛰伏流窜，而且在当地有影响力的人群中，分离的想法与对和平的普遍渴望在1918年春夏时已经变得极其强烈。甚至是在波希米亚和奥地利的中心地带，即便可能尚未达到完全混乱的状态，也已经出现了许多政治与社会分崩离析的迹象。[52]帝国的各个主要城市再一次遭遇针对食品短缺、物价飞涨的抗议活动。反犹主义广为蔓延，这一方面是因为食品短缺，一方面也是因为很多人将传统上拥护哈布斯堡的犹太人与这个如今被人嫌恶的政权联系在一起。在波希米亚，唯一仍然能将捷克人与德意志人团结在一起的，便是一份报告中所称的"所有阶层所抱有的反犹态度"。布拉格在1918年5月发生了一起小规模的反犹示威活动。[53]在帝国首都维也纳，自1917年中期审查放宽开始，德意志民族主义者和基督教社会党人在议会、公众集会与报纸上的反犹煽动日益增加，并在1918年夏天达到了顶峰。不只是加利西亚难民，所有犹太人都成了他们的目标。集体迫害的威胁如此恐怖且频繁，以至于该城的犹太人代表机构与帝国西半部的439个犹太社区议事会终于一同在1918年7月底打破了长久的沉默，开始了公开抗议。然而这并未能造成什么改变。在维也纳以及整个中欧东部，从饥饿与苦难中生出的碎裂的民族关系和恶毒的反犹主义，并未因兵灾的终结而寿终正寝，而是因战败而变得更加强烈、激进。[54]

哈布斯堡军队

从表面上看，《布列斯特条约》应当对哈布斯堡军队有益。这支军队在1918年初有63个师。32个步兵和12个骑兵师部署在对俄前线。虽然大多数部队正在向东进占乌克兰，而不是被解除任务并转移走，但它们已经不再需要参与高强度战斗。战事的停止是否有利于提升其士气尚不可知；至少捷克人担心，捷克民族的士兵会被直接派到意大利战线。[55] 但是，战事的停止确实带来了一下子解决哈布斯堡军队人力短缺问题的有利机会，到1917年底，这个问题已经变得极为严重。约210万名奥匈战俘现在会被俄国释放回国。康拉德·冯·赫岑多夫自从卸任总参谋长之后便担任南蒂罗尔集团军群司令，他现在开始频频向设在巴登的哈布斯堡军事总部倡议击垮意大利军的宏大新计划。[56]

阿图尔·阿尔茨·冯·施特劳森布格将军在1917年2月取代康拉德担任哈布斯堡总参谋长，自从哈布斯堡军队在1916年夏天的灾难之后，他在尽力振兴这支军队。哈布斯堡军队的组织已经实现标准化，所以，每个步兵师有3个团，每个团有3个营。各个团也被重组，以使其民族混杂程度进一步提高，此举是为了防止大规模的逃亡现象。新的装备已经可供使用了。每个师现在有24门重炮和72门轻炮。部队中还增加了迫击炮营和防空营。步兵联队如今也列装了轻机枪和手榴弹。[57] 士气和训练也得到了重视。军队派遣军官前往西线战场，去学习联合作战和主动式作战的新战法。1918年3月，哈布斯堡军队还效仿鲁登道夫的做法，建立了一个宣传机构——敌方宣传防卫处。设立这个新机构是为了对抗厌战情绪以及布尔什维克和西部敌人腐蚀士兵忠诚度与战斗力的努力。与德军的做法一样，每个师都按照命令任命了一名教导官。要传达的信息是积极的。他们鼓励士兵要对哈布斯堡王朝治下的"自由与平等"心怀感激。在维也纳的政府无力解决的民族纷争则没有被提及。相反，他们教给士兵的是纪律、义务以及一种含糊的爱国主义和王朝忠诚。[58]

虽然敌方宣传防卫处成立得过晚，而且缺乏人手、资金以及成功引导思想所必需的真正理念吸引力，但军队的改革还是收到了一些成效。有些哈布斯堡部队在训练和士兵管理方面取得的"极佳表现"，可以与他们的德国盟友一样好。第九山地旅便是突出的一例。该部队的指挥官波兰人扬·罗默在1918年3月就任时发现这支部队中存在着一种普遍的不安。在第一〇四步兵团，许多士兵都来自饥肠辘辘的维也纳，因而体质不佳。第一一七步兵团则由斯洛文尼亚人组成，他们虽然身体更健壮些，却有很多不满的军官和士兵。所有人都急需休养，许多人在意大利阿尔卑斯山服役期间还染上了冻伤或支气管炎。罗默就任后，通过综合运用传统的家长制作风与完全现代化的训练体制来提升这支部队的战斗力。他视察士兵军营设施，了解士兵的希望和困难，为士兵筹措额外的食品，改进士兵的休息区域，从而为他的军官们树立了一个家长式关怀的榜样。唱歌、游戏、鼓舞士气的讲话、上级对士兵需求的密切关注，这些都得到了鼓励，以"唤起士兵的满足感和自信感"。罗默为部下制定的战地指令，全然不同于战争最初几个月的那种笨拙而没有掩护的冲锋，也不同于在1916年对静态防御工事的错误依赖。第九山地旅的士兵接受了与迫击炮、火炮甚至飞机配合的联合作战训练。与鲁登道夫一样，罗默关注提高士兵的单兵作战技能和自信。战术训练"尽可能地建立在具体作战经验的基础上"，并且运用了实弹。士兵们参与了射击、手榴弹投掷、刺刀搏斗以及越障训练。[59]

即便哈布斯堡军队，或者至少是它的部分部队，比以往所认为的要更加善于学习，但它依然面临着十分严重的问题。与在后方前线一样，军中同样存在物资短缺问题。弹药与武器的生产大幅下跌。奥匈帝国在1917年初参与兴登堡计划的尝试是一个巨大的错误，因为要达到预定目标，就必须调走维持交通运输系统的钢和铁。这加剧了原本已经非常严重的铁路车辆短缺问题，并且导致火车速度下降、载货量下降、交通线路堵塞。煤炭无法被运送到军火工厂。雪上加霜的是，高炉工人精疲力竭、饥肠辘辘，其生产效率降低了 1/3。因此，增加军火库存是不可能的。[60] 为士兵提供服装也变得越发困难。为士兵配发一双额外的靴子的做法不得不停止了。上衣、长裤、厚大衣的供应全都陷入短缺。至于士兵的配给额，最多也就是不像平民的配给额那样少得可怜。1918 年 4 月，军队每人每日的面粉配给额是 283 克，而一年之前是 500 克。虽然供给系统要到 1918 年下半年才会完全崩溃，但士兵们此时已经衣衫褴褛、食不果腹。[61]

上述种种艰难境况在一定程度上导致了一个后果：军队自 1917 年秋季开始要与盛行的逃兵现象做斗争。康拉德在当年 9 月报告称投敌的数目是原来的将近 3 倍，他将此归咎于后方前线的煽动以及卡尔皇帝 1917 年 7 月大赦政治犯给纪律造成的负面影响。康拉德还认为对军队纪律与组织方面的改革也是问题之一。严酷的军纪向来是支撑哈布斯堡士兵斗志的一个关键因素。哈布斯堡军队在战争期间处决了 754 名己方士兵，这比法国军队（处决 600 人）、英国军队（处决 346 人）都要多，更远比德国军队多，德军仅仅对 48 名本国士兵判处了死刑。[62] 此外，哈布斯堡军队不仅会将犯了小罪的士兵绑在树上或柱子上数小时（这与英国军队的做法相似，也与至 1917 年德国军队的做法相似），还会将轻罪罪犯戴上手铐脚镣。不过，1917 年 7 月，哈布斯堡的军事法庭和军队指挥官失去了批准死刑的权利。[63] 根据卡尔皇帝的专门谕旨，捆绑和戴镣铐也废止了，按照康拉德有些夸大的措辞，这就收回了"所有切实有效的惩罚手段"。这位前总参谋长抱怨称，将不可信赖的各民族士兵混入忠心的部队中会收到负面效果，他的这种抱怨是有理由的。虽然这一策略可以让忠诚的士兵密切监督不受信任的捷克、塞尔维亚、罗塞尼亚、罗马尼亚民族士兵，但也有可能让这些族群的士兵进一步离心："在讲外语的士兵——很多时候，他们的指挥官也不能讲他们的语言——当中，这样的士兵自然很快便感到孤立和愤怒，一有机会便会投向敌人。"[64] 康拉德的深切忧虑是完全合理的。在 1918 年的头三个月，仅匈牙利军便有 20 万名逃兵。[65]

从俄国释放回国的奥匈战俘进一步损害了军纪。在被俘期间，他们接受了俄方的大量宣传。沙皇政权在 1914 年 8 月决定按照族群单独关押战俘,将其认为可能会抱有友好态度的斯拉夫人留在俄国欧洲部分,而将死敌德意志人和匈牙利人驱赶到西伯利亚。后来的几年,俄国试图不合法地从战俘中募集成立各民族部队,这种尝试大多流于失败,在对待塞尔维亚人和意大利人时,则试图将他们转到"他们"本民族的部队中去服役。俄国的做法只在捷克人身上取得了些许成效;俄军让一小批捷克战俘做情报工作,在第一次革命后,俄国临时政府扩大了招募规模,于1917年7月在加利西亚东部部署了一支有3个团的捷克军团。这支军团最终达到了4万人的规模,并加深了哈布斯堡当局对他们的捷克百姓与士兵的不信任。[66]

但是,1918年初,最让哈布斯堡军方感到担忧的问题是,归来的战俘带回来的或许不是民族理念(很多理念早已在帝国内流传),而是布尔什维主义。列宁也有类似的期待。他后来高兴地说:"数十万战俘返回匈牙利、德国与奥地利,这就使得布尔什维主义的细菌得以渗入这些国家。"[67] 自1916年下半年起,布尔什维克便开始煽动外国战俘。让哈布斯堡军队担心的是,匈牙利族和德意志族——他们是它通常认为可以信赖的两个族群——战俘其实尤其容易受到煽动,这一定程度上是因为俄军让他们所处的悲惨境况激起了他们的怨恨之情。在布尔什维克夺取政权之后,对战俘的宣传工作变得格外认真。用战俘自己的语言印刷的传单和期刊向战俘们介绍了列宁的理念。左派战俘与俄方合作开展煽动,并在1918年1月组建了全俄战俘委员会。匈牙利人贝拉·库恩——在1919年会领导一个持续时间不长的共产主义政权——是一个重要的战俘煽动者,他要求每一位同志返回家乡去"成为你所在的部队中的革命导师。告诉你的兄弟们……只有革命才能让我们所有人免于灭亡"。[68]

哈布斯堡的军事指挥官们决意阻止上述信息传达给他们士气低落的士兵以及厌战而愤怒的后方百姓。战俘归来的大潮始自1917年12月,在十月革命后不久;到一份有关战俘交换的最终协议在6月底签署时,归国的战俘数已经达到了50万人。为了接收战俘,奥匈军队建立了一套隔离体系。这些前战俘在乌克兰(1/3的战俘被关押于此)被释放或是在边界与奥匈军队会合后,便要接受卫生检疫,被除虱。随后,他们要在一个营地里被扣留10天至3周不等,在此重新开始接受军事训练。按照理想的预设，他们会得到充足的膳食，并配发新的制服，但是食品短缺意味着配给额很少，而给每一位归来的士兵配发一件上衣的雄心很快也降低到了配发一顶新军帽，随后进一步降低，军事当局只发放一枚臂章或帽徽来让他们别在平民服装上。一旦归来的士兵被确认身体健康、思想合格，便会被转移到训练部队中去，在此，他们被俘的相关情况会被核查，逃兵会被筛查出来。只有当战俘通过了这套考验之后，才能获得人们在常年漂泊在外之后共同期待的东西：为期 4 周的返乡假期。[69]

军方对布尔什维主义的忧惧是可以理解的，但它对此做出的反应造成了相反的效果。就像军方于 1914 年在整个帝国做出的不经审判的逮捕和拘禁相似，对全体战俘的不公正怀疑让军方采取了令原本忠诚之人离心的强制措施。信件审查报告实际上并未揭示出多少激进的社会主义思想。捷克和波兰族战俘对帝国是最为不满的，但他们试图从民族的角度来表达他们的愤懑之情。大多数其他战俘只是感到痛苦与被遗弃之感。[70] 军队对待他们的态度加重了这些感受。没有人欢迎他们回家；相反，战俘们感到自己被扔进了一套没有人情味的僵化处理流程中。军队无视了他们的苦痛，军队再度将他们监禁在营地中的做法并没有帮助他们适应环境。一些人在多年的囚禁生涯中患上了时人所说的"铁丝网症"，这是一种精神疾病，其症状包括易怒、难以集中注意力。[71] 还有人有极度痛苦的经历。在 1914 年被俘的归来战俘幸运地从战争第一个冬天肆虐俄国营地的斑疹伤寒症中存活了下来。还有一些人，大多数是匈牙利人和奥地利德意志人，则曾被派去修筑沙皇的死亡铁路，这条铁路是为了将协约国的物资从摩尔曼斯克运到俄国内地而修建的。大约 25 000 名战俘，即在这项工程中劳动的人的 40%，因在低至零下 35 摄氏度的环境中受冻或受累而死。[72] 最后，归国战俘对奥匈帝国的物资匮乏感到措手不及。许多人都梦想着战前世界里的家园，结果却因自己的家庭的贫穷与困乏而感到震惊与泄气。严重的怀疑和很快就要回到战斗中去的前景，也疏远了归国战俘。一位前战俘愤怒地认为，被这般"怀疑、欺凌、嘲弄，既令人失望，也使人非常警醒"。[73]

在 1918 年上半年席卷哈布斯堡各个训练部队的问题，实际上并不主要在于布尔什维克的教化，而更应归因于军方的迟钝以及精疲力竭的前战俘对于重新被派上战场的抗拒。从4月底到6月中旬，归国战俘发动了30次兵变。[74] 这些事件大多数都是因食品不足、假期过少或是不愿意加入要开赴前线的行军营而引发的小规模自发行动。不过，也有一些大规模事件，这些事件起于对军队的怨言，但很快便表现出民族或社会层面的不满以及族群敌对情绪。斯洛文尼亚士兵长期以来都被看作帝国的南部斯拉夫士兵中最为忠诚的，他们如今发动了3次主要的暴力事件。最为暴烈的事件发生在施蒂利亚的尤登堡，归国战俘在该地领导第十七步兵团一个新募营的1200人，实施了一个劫掠与破坏之夜。他们肆意破坏了军官的食堂与当地的军营，洗劫了商店，袭击该城的火车站，威胁该城的神职人员。2个兵变者、4个其他士兵、1个女性平民被杀害。饥饿、对军官的怨恨、醉酒都造成了这种混乱。起事者有着虽然不怎么深思熟虑却确实是政治性的诉求。其中一个头目在兵变开始时便明确表达了他们的动机。"兄弟们来吧，武装起来。"他向军营中的战友这样鼓动道。"我们要回家。我们这么做不仅为了我们自己，也是在帮助那些身在前线的同志们。这场战争现在必须终止……是个斯洛文尼亚人就该跟我们一起行动。"[75]

哈布斯堡帝国本来在1918年初夏应该是胜利的。它成功地看到了沙俄专制政权的灭亡，后者在和平时期公开地希望哈布斯堡帝国分崩离析。此外，曾让奥匈领导人在战前极为忧惧的民族统一主义者外在威胁也已经消除了。塞尔维亚和波兰南部已经被占领；帝国在1918年5月与罗马尼亚签订了一份于己有利的条约；在上一年秋天在卡波雷托大败后，意大利人便停止了行动。没有继续打仗的理由了。然而无论是卡尔皇帝还是切尔宁，都没有考虑过单独与敌人议和。切尔宁后来争辩称，任何此类举动都可能会使在蒂罗尔的德国军队攻击奥匈帝国，在后方引发内战。[76] 德国在1918年是否真的有能力占领奥匈帝国是值得怀疑的。然而，哈布斯堡帝国的领导人此时依然选择紧紧追随自己的盟友，这就注定了只要同盟国获胜，他们的帝国只能成为德国的卫星国。5月，他们向这一进程又迈出了一步，在法国公开披露了卡尔皇帝于一年前经西克斯图斯从中斡旋的秘密和平试探之后，卡尔不得不安抚暴怒的盟国和愤慨的奥地利德意志精英。

他屈辱地前往位于斯帕的德军总部求和，并且与德国人签订了一份有关达成长期军事、经济、政治联盟的临时协议，这无异于向世界昭告哈布斯堡帝国的从属地位。[77]

因此，有悖于哈布斯堡帝国的利益和帝国多数人民的意愿，战争继续进行。由于哈布斯堡帝国为换取虚幻的"面包和平"而想要将海乌姆地区送给波兰人的竞争者乌克兰人，波兰人无可挽回地与帝国离心了。捷克人已经不再幻想哈布斯堡帝国有能力自我革新。1918年1月的罢工展现了哈布斯堡各地人民对于和平的强烈愿望。多民族社会已然崩解，种族仇恨分裂了帝国的各个民族。军队也在崩溃。布尔什维克的理念和前战俘的深切不满，正在破坏着军队的纪律，而士兵的大批出逃未能得到制止。军方变换了军事基地，这样士兵们就会驻扎在陌生的地方，这种做法自私地利用了帝国各民族之间的尖锐敌意，以暂时确保平民与士兵不会像在俄国那样团结起来发动革命。[78] 但是，结局即将到来，只不过结局的形式和严酷程度已经不再是哈布斯堡帝国能掌控的了。这些将由在更西部发生的事件决定，也将由德国人来决定。

第 13 章

崩　溃

最后的机会

1918年初，当时许多人仍然认为同盟国有可能取胜。阿尔布雷希特·冯·特尔上校是一位与鲁登道夫很亲近的总参谋部军官，在展望新年时，他总结了对局势感到乐观的原因。"自开战至今，"他沉思道，"我方的形势真是从来没有这么好过。军事巨人俄国已经彻底完蛋并且向我们求和；罗马尼亚也是如此。塞尔维亚和黑山已经直接亡国。意大利仍然由英国和法国苦苦支撑着，而我们占据着它最好的省份。英国和法国仍能打仗，但也已经相当疲惫（尤其是法国），英国人在承受着U型潜艇带来的巨大压力。"西部协约国手中的唯一王牌就是美国，而特尔严重怀疑这个主要以海上实力称雄的国家能否撼动至关重要的西线的均势。[1] 不过，他忽视了德国军队自身非常严峻的问题。德军实力的巅峰时期已经过去了，这支军队在上一年已经出现了厌战和军纪涣散的迹象。最为重要的是，正如最高统帅部痛苦地意识到的，时机对德军是不利的。在大西洋彼岸，一支强大的美国陆军正在受训，而U型潜艇的战绩并未好到让人们认为或许它可以阻止美国陆军横跨大西洋。这场战争必须在美国人踏上欧洲大陆之前打赢。鲁登道夫回忆："最为重要的，便是聚集足够的兵力在西线发动一场攻势。"[2]

赌注已经高到不能再高了。在德国和奥匈帝国领导人于1917年推行的半心半意的政治改革或讲和举措失败之后，这两个政权的合法性现在只能依赖它们快速取得全面胜利的能力。俄国的战败为它们赢得了些许喘息之机。对于许多德国人而言，继续作战看似提供了一个快速实现喜人结局的真正机会。[3] 在奥匈帝国，人们观望着并等待着西部的举动会带来怎样的变动。虽然德国军队如今可以从不复存在的东线战场上调出军队并在西线形成兵力优势，但在那里强行赢得一锤定音的军事胜利是很困难的。不仅是因为英国人和法国人是实力强劲的对手，还因为难以找到击败这两国的方法。社会民主党人菲利普·沙伊德曼于1918年1月在议会指导委员会上的讲话中极具洞见地指出了这个问题。"假如，"他指出，"我们能够夺取加来和巴黎……假如这样一场突破取得了完全成功，这就意味着和平吗？"根据过往的经验，他对此深表怀疑。"我们曾迅速占领过整个国家，我们曾赶走敌对的政府，但我们依旧没能实现和平。"[4] 最高统帅部的首要任务，便是为这个难题找到解决办法。倘若不能找到，支撑着同盟国的最后一根柱子就会垮掉，这会不可避免地导致战败和革命。

1917年10月，鲁登道夫便已经开始考虑在西线发动攻势。U型潜艇没能实现海军的许诺，而且尽管西线最重要的两位集团军群指挥官——德意志帝国皇太子威廉和巴伐利亚王国王太子鲁普雷希特——都怀疑德军能否赢得一场决定性的作战胜利，但是一支庞大的美国陆军正在海外受训，这就意味着无所行动是断不可取的做法。正如最高统帅部的作战部负责人魏采尔少校在10月23日强调的，倘若德国人不想被大批敌人碾压，就必须发动一场攻势。[5] 由于俄军的崩溃、布尔什维克革命以及年底由列宁主张的休战，德国在东线的士兵可以向西转移，而在西线赢得一场决定性胜利的可能性变得更加有说服力了。德国的指挥官们讨论了进攻英军或法军的优点，为在战线的不同部位发动攻势分别拟定了详细的作战计划。在威廉皇太子西线集团军群的参谋长、陆军上校舒伦堡伯爵看来，对法军发动进攻是取胜的最佳方案。德国人知道在上个夏季重创法军的士气低落和兵变。法国后方也处于危险的状态：法国的通货膨胀高于德国，法国工人的斗争性不断高涨。[6] 舒伦堡怀疑法国是否能够再承受一次严重的军事溃败。但是，鲁登道夫和其他军方指挥官认为，英军似乎更加脆弱。英军被认为在战术上比其盟友更加笨拙。一份于1918年初起草的情报评估将英军的训练层次评为不足以应对机动作战，并认为在其1917年的失利之后，英军的信心已经消退："厌战情绪甚为严重"。[7]

鲁登道夫选对了要进攻的敌人，但不是完全因为正确的原因。英军确实将在1918年春季犯下灾难性的战术失误，根据静态战争的需要固化的英军指挥体系也确实将在机动战所产生的快速变化的战场形势中崩溃。但是，德国人低估了英军普通士兵的坚韧程度，而这一点有力地弥补了英军领导层和战术技能的不足。[8] 英国远征军真正的软肋在于后勤。西线的各个部队都需要广阔的铁路网来确保部队供给，但支撑着英军防线的铁路网只是勉强够用。英军所用的铁路网有两个咽喉点，即位于法国城镇阿兹布鲁克与亚眠的调车场。这两个调车场各承担一半来自英国的补给：阿兹布鲁克位于北部前线后方约 30 千米处，集中运输来自布伦、敦刻尔克和加来港口的物资；亚眠则位于英军阵线南部阵线后 60 千米处，负责调配来自鲁昂、勒阿弗尔和迪耶普的物资，还承担了 80% 的南北向战线沿线运输。德军的进攻本来势必应当深入，但控制这两个铁路枢纽的回报会是极其巨大的。亚眠失守会切断跨越索姆河的 3 条双轨铁路中的 2 条，这会让英军仅余每天 90 列火车的运力，这连维持最高强度的战斗所需的总物资量的一半都不到。倘若阿兹布鲁克也落入德军之手，英军在欧洲大陆上将无法站住脚。英军的指挥官们痛苦地知晓这一危险。亨利·罗林森将军是 1916 年索姆河攻势的共同策划者之一，他自 1918 年 7 月起担任第四集团军指挥官。这位将军便警告称，亚眠是"敌军唯一有望获得足以迫使协约国坐下来讨论和平条款的重大胜利的［地方］"。[9]

最高统帅部从未认识到这一可能致命的弱点。鲁登道夫的战略更侧重打击心理而不是占据领土。他拒绝设定最终的地面目标。面对那些敦促他设定这样的目标并想以此确定这场攻势的预期战果的下属们，他反驳道："在俄国，我们从来都是只确定一个中间目标，然后再探索下一步向哪里进军。"[10] 这一说法也不无道理：俄国并未在它丢掉了大片领土和华沙、罗兹等重镇的 1915 年崩溃，而是在 1917 年，因为一场士气危机而崩溃的。鲁登道夫打算的是摧毁英军的凝聚力和意志。这个笨拙的敌人将无法适应机动作战的快速节奏，会被进攻的持续压力撕裂。因此，对于鲁登道夫来说重要的是恢复运动作战的最初突破，而不是军队要开赴何处。出于这一原因，这次作战完全是围绕着战术需要而设计出来的。在考虑了诸多方案之后，第一军需总监选择进攻英军阵线的南部，战线长度为 80 千米，从索姆河两岸齐攻。在早春时节，这里的土质坚实，不似更北部积涝的佛兰德；英国人也是在最近才接过索姆河左岸的阵线，而此前卫戍此地的法军留下来的工事颇为薄弱。兵力的短缺已经迫使英国远征军最高统帅部做出了艰难的妥协。虽然保护英吉利海峡的部队实力强劲，但在鲁登道夫计划进攻的区域南部的英军第五集团军只有12个步兵师和3个骑兵师，他们要负责68千米长的防线。每个师的防线比英军其他部队的常规防线长1/3。这个区域适合取得突破，但其实内有玄机：英军在此地力量薄弱，正是因为这里没有什么关键目标需要防守。鲁登道夫或许希望将这些英军与法军分割开来，但他的部队将要深入1916年索姆河战役遗留下和1917年德军撤离时造就的荒芜之地。[11]

　　为这次大规模攻势所做的准备工作是空前彻底的。在1917至1918年之交的冬天，德国人将48个师从其他战场（主要是俄国）调到了西线，使其在西线的军力达到了191个师，敌军则有178个师。[12] 负责执行该攻势——米夏埃尔行动——的第十七、第二、第十八集团军共有67个师。这次进攻的火炮支援也十分强大：6473门大炮和3532门迫击炮将发动第一次轰炸。为此，德军建造了一些巨大的弹药堆积场。仅第十八集团军便囤积了接近300万发炮弹。由于战术在这场攻势的设计中居于中心地位，德国军方自然极为重视兵员训练与兵力组织。资源不会均等地分摊给所有的师，因此军队做出了区分。大多数师被归类为适合阵地战的"堑壕师"。然而，56个精锐的"突击师"负责充当进攻的先锋部队，并且配发了最好的武器装备、专业部队、战马以及最年轻健壮的士兵。这些师中的每一个都被从战线上调了出来，参加了为期4周的教导。德军下发了新的手册《阵地战中的进攻》，以向一支已经习惯于防御作战的部队阐明，多兵种合作、主动出击、指挥权下放这些在1916年索姆河战役后为了灵活防御而大力发展起来的战法也是可以应用于进攻行动的。[13]

　　德军付出了大量努力以瞒天过海、攻其不备。最高统帅部只允许部队在夜间向进攻区行军。德军开展了一场煞费苦心的误导行动，成功地让法军误以为德军会在凡尔登北部地区或香槟地区对其发动进攻。[14] 德国人还着手开始瓦解英军的士气。一份在英军防线上散发的传单直截了当地向英军士兵发问："你在为什么而战？"这份传单指出，英国士兵没有兴趣去为了重新夺取"对英国全无用处的外国土地"而流血牺牲。俄国人、罗马尼亚人、黑山人都已经退出了战争,"不懂感恩的比利时人"希望他国帮他们解放他们自己的国家,而"法国佬"——德国宣传者这样鼓动道——继续作战只是为了攫取阿尔萨斯-洛林。宣传者虚伪地坚称:"全世界都知道德国人从来都不想占据法国的任何部分。"不能指望着善变的美国人伸出援手,这些美国人现下宣称"他们许诺过的大军要过一到两年……才能到达法国"。根据目前的速度,美军需要"至少 6 个月才能抵达康布雷……8 年才能到达蒙斯,16 年才能到达布鲁塞尔,32 年才能到达安特卫普,64 年才能到达科隆,132 年才能到达柏林"。德国的宣传者嘲弄道:"到柏林的路途显然比到蒂珀雷里要远得多。"[15]

在进攻的前夜,德军士兵的士气高昂又脆弱。在 1917 年秋季的鏖战之后,布尔什维克革命与休战让德军精神振奋。到 1918 年 1 月,普通士兵一致认为俄国已经"完了",而许多士兵开始希望战争画上句号。大多数前线士兵都强烈谴责当月发生在后方的罢工,因为他们认为这些罢工可能会让战争延长,让敌人得利。相反,他们看到了自己的返乡之路——跨越英国人的铁丝网之后。正如第五集团军的信件审查部门发现的,士兵们已经准备好"与敌人最后搏杀一次",但他们的意愿是有条件的:"如果由此可以实现渴盼已久的和平",他们才甘心这么卖命。[16]他们基本没有考虑过,倘若这些进攻不能带来和平的话,会有怎样的结果,不过在 1918 年 3 月,在进攻前夕,没有什么人认为这种情况会发生。士兵们对自己看到的景象印象深刻,一位记日记者这样描述道:"[补给]一列又一列地运来,弹药运送不分昼夜,大炮,特别是迫击炮纷纷在部署,卡车……运来各种物资。"[17]在攻势开始前的几周里,为突击部队配发的更优渥的配给也提升了他们的士气。一位军官回忆道,当时的气氛是一种"坚信此战必会成功"的氛围。[18]

3 月 21 日清晨 4 点 20 分,这次攻势的预先轰炸开始了。在 5 个小时的时间里,德军的大炮向英军第五、第三集团军的阵地倾泻了 116 万发炮弹,猛烈地打击了敌军的前沿防线,并用毒气压制了敌方的炮兵。早上 9 点 40 分,32 个德军步兵师在浓雾中向前推进,徐进弹幕在他们前面压制着仍然能够发起抵抗的英军士兵。虽然在北部的英方守军抵抗顽强，但南部的英军防线很快便崩溃了。第五集团军按照自认为是德式灵活防御体系的布局组织了自己的防守阵地。按照设想，在守备薄弱的前沿区域设置的若干据点应当对敌军造成伤亡并阻挡住进攻者，为在后方严密设防的作战区域——在任何预先轰炸的射程之外——赢得配备兵员的时间。但是，3月21日，浓雾使得德军的进攻部队得以潜入并包围各个前沿据点。英军没有集合起足够的后备兵力，还把已有的后备兵力留在过远的后方，因此在没有获救可能的情况下，原本预计会坚持2天的阵地很快便投降了。仅在进攻的这第一天，德军便俘虏了21 000人，杀敌7512人，伤敌10 000人。3支进攻的集团军占据了255平方千米土地，迫使英国人撤出了他们的前沿区域，在英军防守薄弱的南部，德军还将第五集团军赶出了该集团军的大部分作战区域。[19]

不过，这次攻势并未按计划进行下去。最北部的第十七集团军本应当充当这次进攻的主力，向阿拉斯与阿尔贝猛攻，然后与相邻的第二集团军偕力让英军与法军分离开来，逼迫英军退向英吉利海峡。第十七集团军投入了它下辖18个师中的16个，却向守备严密的地带仅仅推进了四五千米，被阻在了英国第三集团军的作战区域前面。第十八集团军的任务是守卫进攻部队临索姆河的左翼，它进攻了最为薄弱的部位并推进得最为深入。鲁登道夫决定利用第十八集团军的胜利，派出了援军。这是一个意义重大的决定。起初，德军在后续几天内的大举推进似乎证明这个决定是完全正确的。到3月23日，此前因北部攻势受阻而情绪低落的德皇威廉变得精神抖擞。"这场仗我们赢了，"他洋洋得意地说道，"英国人已经被彻底击败了。"[20] 普通士兵也极为兴奋，自豪地向亲人与朋友夸耀自己帮忙"痛揍了英国兵"。[21] 当这次攻势在4月5日结束时，第十八集团军的士兵们已经从他们的起始地点向前推进了60千米，自1914年以来，西线战场上从未达到过更好的战绩。英军第五集团军已经被击溃了。约9万名协约国士兵投降，其中有7.5万名英国士兵，1300门火炮被缴获。[22]

虽然这些数字非常惊人，但它们对战略局势只造成了微小的影响。英军补上了他们的大部分损减：到米夏埃尔行动结束时，英国已经将超过

10万名被征入伍者送到了英吉利海峡对岸，来补充英国远征军的减员。[23] 至关重要的是，鲁登道夫此前拒绝设定战略目标的做法使德军付出了沉重代价，因为这造成了贻害深重的决策犹疑和因误解而生的投机主义。3月23日，正当德皇在为了胜利而举杯庆祝时，鲁登道夫挥霍了他的兵力：他下令他的3个集团军分别向西北、正西和西南进军，雄心过大地想让英军和法军脱离，摧毁英军并消灭法军的后备力量。3月26日，鲁登道夫又重复了一次这样的错误，他下令在更北方发动2次进攻。倘若德国人早早意识到亚眠的关键地位并集中兵力攻打这座城镇的话，它可能已经陷落了。当亚眠终于在26日被设定为进攻目标时，德军的先头部队已经距其仅有11千米，但是法军的支援与英军的顽强抵抗挫败了德军夺取该城的尝试。因此，德军从米夏埃尔行动中没有获得任何有价值的成果。英军抵抗力量得到了迅速派出的法国援兵的支持，因而未被击溃。德军占据的3100平方千米土地乃是无用之物：第十七、第二、第十八集团军如今待在一片荒芜之地上，而且他们的补给线又大大拉长了。[24] 他们的伤亡情况甚为惨重，因阵亡、失踪或受伤而无从得以替换的兵员总计将近24万名。有经验的军官和精锐突击师的伤亡尤其严重。一些进攻部队甚至损失了2/3的步兵。[25]

鲁登道夫仍握有主动权，且试图让协约国失去平衡。在佛兰德发动的攻势——格奥尔格行动——曾被视为米夏埃尔行动的备选方案。虽然因佛兰德土壤积涝而被认为不适宜发动前期攻势，但格奥尔格行动的准备工作在1月期间一直在继续进行。第一军需总监现在下令启动这个计划。3月的激战使得格奥尔格行动的规模不得不缩减，这反映到它的名字上，格奥尔格行动改为了小格奥尔格行动，但即便如此，这次行动仍然是有威胁性的。受命进攻的德军第四、第六集团军共有28个师，且拥有1199门野战炮、971门重炮、40门超重炮的火力支援。与他们交战的仅有8个英国师和1个疲惫且士气涣散的葡萄牙师。与米夏埃尔行动不同，这次行动盯准了一个有价值的目标，即铁路枢纽阿兹布鲁克。这次攻势在4月9日清晨4点15分发起，起初获得了可观的胜利。在密集的炮轰之后，德军突击部队在浓雾中推进，并立即击溃了葡萄牙师。到晚上，他们已经前进了 10 千米。在接下来的几天里，推进仍在继续，到 4 月 12 日，德军已经抵达距阿兹布鲁克不到 6 千米处，却没能夺取该镇。鲁登道夫要负很大的责任，因为就像在 3 月一样，他挥霍了他的兵力，没有将力量集中于一个目标。4 月 12 日，当所有力量都应当聚集于阿兹布鲁克时，他却下令部队去夺取巴约勒镇。[26]

小格奥尔格行动的失败不仅是最高统帅部的错误导致的。军队也已经精疲力竭了。在为这次进攻腾出来的 36 个师中，27 个师之前参加过米夏埃尔行动，而其余的师都是堑壕部队。[27] 步兵的力量也不足：每个师只有大约 6000 人。每个师还短缺至少 500 匹马，这妨碍了部队的机动能力。[28] 最糟糕的是，普通士兵中的绝望情绪明显在迅速增长。到 4 月底，士兵们在这次攻势开始时抱有的乐观情绪已经荡然无踪，心怀愤怒的他们希望这场"要命的战争赶紧结束"。[29] 高级指挥官们意识到了这种情绪转变。赫尔曼·冯·库尔将军是鲁普雷希特王太子集团军群的参谋长，他在 4 月 18 日担忧"士兵们看起来就要撑不住了"。[30] 特尔上校所在的第九后备军参与了小格奥尔格行动，他也深感不安。他认为，士兵们对于这次春季攻势能带来的战果预期过高，正是这一点导致了他们此时的情绪沮丧。"他们抱了过多的期望，以为 3 月的这次大规模攻势可以结束战争。"他悲哀地说道。"于是，他们再次鼓起了全部勇气，集中了全部精力。如今他们感到失望，而且是深深的失望。这就是我们的进攻虽然有炮火做好了充分铺垫，但在士兵们越过炮击严重的地带之时便即归于失败的主要原因。"[31]

由于小格奥尔格行动未能打垮英军，德国的攻势进入了最后一个阶段。鲁登道夫希望在佛兰德再发动大举进攻，但他首先需要让协约国的后备军力调离。为了达到这一目的，他对在贵妇小径的法军发动了一场调虎离山式的进攻。这次新攻势最为充分地同时展现了德军战术的精湛与战略的破产。德军将火炮、工兵、专业部队从佛兰德秘密向南调动，在夜间行军以避开空中侦查。炮兵部队的 1158 个炮位是敌军炮位的近 4 倍，它们在没有惊动敌人的情况下悄悄就位。当这支炮兵部队在 5 月 27 日凌晨 2 时发动齐射时，敌军极为震惊。第七集团军的步兵在拂晓时开始进军，迅速压垮了所有的防御力量，并在一天之内最远推进了 22 千米，这一数字是西线历次战役中的最高纪录。[32] 德军不可能在这一地区取得决定性胜利,但鲁登道夫再次决定扩大攻势。他的部队打到了马恩河,这唤起了协约国对于1914年的梦魇般记忆,并在仅仅70千米外的巴黎引发了恐慌。1918年6月发起的另一次攻势则将德军在此之前开辟出的突出部稍稍扩大。然而,到此时,德军的大势已去。这不仅是因为进一步的推进在战略上已无可能,还因为协约国也已经在战术上掌握了对付敌人的手段。德军于7月15日在香槟地区发动的最后一次攻势被战俘泄露了,因此在这次攻势发动仅仅数天之后,便被法军组织的灵活防御遏制住了。7月18日,协约国发动了首次反击,反击持续了整个秋天,几乎将德国人赶回了德国本国的边界。2个法国集团军的24个师在2000门大炮与750辆坦克的支援下发动了突然进攻。约17 000名惊惶且疲乏的德军士兵在3天后投降,到当月底,德军撤出了已无法守住的突出部。局势已然逆转。

战　败

到夏天时,德军的战败已经注定了。那些更富有远见的指挥官认识到,正如赫尔曼·冯·库尔将军所说,法军在马恩河发动的反击将成为"这场战争的转折点"。[33] 英军于8月8日在亚眠城外发动的另一场大规模进攻,更加证明协约国现在掌握着主动权。这场进攻是大战期间策划最为严密的战役之一,在此次进攻中,10个步兵师和552辆坦克在2060门大炮的支援下突袭了位于亚眠城外的德军第二集团军,并突破了第二集团军的防线。英军推进了将近13千米,俘虏了15 000名德军,缴获了450门火炮。在8月余下的时间和9月上半月,在西线协约国军队总司令费迪南·福煦的协调策划下,协约国军对德军阵线的各个部位频频发动重击。9月26日,协约国军在整个西线战线对敌人发动了一场全面进攻。到11月11日停战之时,协约国军最远已经推进了160千米。[34] 在战争的末期,德军仅仅是从前的自己的一个影子而已。自从协约国军队于7月中旬发动反击以来,德军的伤亡已经总计高达80万人。依然在前线的步兵只余下75万人,一位总参谋部军官将前线称为"士兵组成的蛛网"。[35] 虽然精锐的机关枪枪手仍旧给协约国的进攻部队造成了惨重伤亡，但根据报告，德国的步枪兵部队普遍减员严重、训练不足、极度疲劳、情绪沮丧。这些士兵被敌人以不可阻挡之势驱赶回德国的国界线，又没有希望得到拯救或支援，因此没法阻止敌人入侵自己的祖国。[36]

战略局势的惊人逆转在很大程度上是因为协约国在兵力上占据优势。在几次攻势期间，德军的军力在飞速下跌。自3月至7月底，德军的伤亡数目为977 555人。一些士兵养好了伤又回到了前线，但缺乏新征募的士兵意味着，阵亡与重伤的士兵无法被替代补充，西线的野战军因此减少了30万人。[37] 同一时期，超过100万名美军士兵抵达欧洲。当年6月中旬，协约国的步枪兵力首次超过了德国。8月初，协约国投入战场的有1 672 000名步枪兵，这比德军要多出277 000人。[38] 对于德国人而言更糟糕的是，他们的敌人在武备方面也具有相当大的优势。甚至在德军的一系列攻势开始时，协约国也拥有18 500门火炮和4500架飞行器，而德军只有14 000门火炮和3760架飞行器。在装甲车辆方面，协约国享有近乎垄断的地位。1918年夏季，法英两国发动开局进攻时投入了数百辆坦克，而德国则只投入了20辆自行设计的动作笨拙又动力不足的A7V型坦克，还翻修了75辆缴获的敌军坦克。[39] 鲁登道夫将德军的战败归因于敌方的装甲兵力。不过，坦克部队自己并不是取胜的法宝。法军与英军之所以变得如此强大，是因为它们将这些武器整合进了一个作战体系之中。飞机、火炮、步兵的熟练协同作战让德国人束手无策。对协约国装甲部队的畏惧使得德军指挥官们将他们的野战炮兵部队部署在格外靠前的位置，但此举降低了德军的反炮击能力，并使得这些大炮更容易被敌军夺取。德军的各个师本应当拥有6750名步兵，但到了深秋时，却常常只有不到1000名，结果这些师不可能组织起现代化的纵深防御。[40]

即便如此，认为协约国的胜利只是依赖其工业实力、物质、后勤技能或军队勇悍的看法还是有些凯旋论的意味。至少同样重要的，是其对手德军的士气：鲁登道夫自己也承认，"士兵的精神"对于德军的战败起到了决定性作用。[41] 这支军队在1918年的溃亡应该被看作是心理崩溃后的结果，这种心理崩溃开始于普通士兵，但很快便传染到了下级军官，最终也影响到了最高统帅部自身。这一沉疴痼疾在春天便已经显露出了迹象。德军士兵在攻势开始时的热忱全然建立在速战速决的期望之上。如上所述，早在4月，由于没有获得决定性的战果，士兵们当中出现了严重的失望情绪，这种情绪与身体的极度疲乏相结合，对士兵的斗志造成了非常负面的影响。军队的纪律也开始变得松弛。德军士兵在米夏埃尔行动时因为停下来劫掠而耽误了部队的推进。法国酒窖和英军补给仓库——存满了白面包和培根等德军士兵在过去的4年里几乎没怎么见到过的食物——的诱惑力大到他们难以抗拒。[42] 对德国军队而言不妙的是，一旦攻势放缓、劫掠敌方的机会减少，士兵们便转向了本国军队的仓库。自4月起，有关饥肠辘辘的德军士兵袭击军用补给列车的报告便开始增多。到5月，一些师已经给补给列车配备了轻机枪。当一些已经极度疲劳的部队被反复投入新的进攻中去时，疲劳造成了更加严重的军事犯罪。在初夏，精疲力竭的士兵发动的小规模兵变的数目迅速增多了。5月，第七十四步兵团发生了兵变，在他们遭受了惨重伤亡之后，他们又接到了返回前线的命令，于是他们说要逃跑。次月，第四一九步兵团的一个营也拒绝开赴前线。这些事件并不是孤立的事件，因为在6月12日，第二集团军指挥官警告称："士兵公开拒绝遵守命令的情况正发展到令人警惕的程度。"[43]

最为广泛而严重的违反军纪事件不是由前线疲惫的士兵们犯下的，而是由沿着交通线行进的新兵犯下的。从德国出发的增援部队大量逃亡。1918年5月，登上火车的新兵在抵达作战地区时，通常1/5的新兵已经不在火车上了。虽然没有全面的统计数字留存下来，但倘若一直到战争结束，新兵在行军过程中继续以上述比例逃跑的话，那么德军会损失18万名士兵。[44] 此外，还有一些引人注目、造成混乱的抗议活动。士兵们会袭击负责在运兵车上维持秩序的军官与军士，向火车站指挥官投掷石块。7月，当局不得不下令没收从后方基地开赴前线的新征兵员所携带的实弹，以阻止他们从车厢向外射击。一些士兵甚至还扔过手榴弹。[45] 即便是没有暴力行动发生之处，士兵们的情绪也是愠怒而叛逆的。第七军区（威斯特法伦）的参谋长曾经描述过运兵火车停在某一站后会出现的典型情境：

火车很快就空了，大约500人吵吵闹闹地拥进候车室。士兵们在天黑以后的恼怒与喊叫很快就成了惯常情况。充满挑衅意味的号叫［也是对军官的威胁］"灯灭了！刀亮了！让他挨一刀！"很快也成了他们的习惯。倘若发出让他们重新上车的信号，几乎不会有人在意。后来慢慢找到的方法是，让火车以非常慢的速度起步。只有那时，候车室里的士兵们才会多少快一点出来，等到所有人都爬上了车，火车再加速开走。[46]

鲁登道夫为了给自己脱罪，指责后方前线腐化了军队。他隐晦地暗示，自1917年中期被征召入伍的1919届兵员已经因为激进的左派的"秘密煽动"转变了思想。[47] 因参与1月罢工而被惩罚性征召入伍的军需工人也被高级军官们指责为"士兵中的毒药"。[48] 从俄国返回的战俘是另一个受到怀疑的群体。正如返回哈布斯堡帝国的战俘一样，他们被认为受到了布尔什维克的影响，并且极其不愿重返战场。但是德国战俘造成的负面影响相对较小，这仅仅是因为他们的人数较少；到5月中旬，只有2.6万人，与之相比，到4月底，哈布斯堡的前战俘已经有38万人之多。[49] 军方设法搜寻有害的外部影响，用以解释野战部队的士气低落，这是在用推脱责任的方式保全野战军和野战军指挥官的名声。事实上，存留下来的大量证据表明，很多负面情绪是以相反的方向传播的，即从前线向后方。训练部队对伤愈之后要返回前线的老兵的关注，往往要大于对新征兵员的关注。据说，这些老兵身上越来越多地表现出"消沉与麻木"。在夏季的几个月中，从前线不断传来的坏消息也损害了训练部队中的氛围。除了不祥的预感，准备投入作战的新兵员基本上没法展现出其他情绪，因为到了1918年9月，各个训练部队已经普遍得知，"前线自身已经不再相信可以取胜了"。[50]

自协约国发动攻势起，德军普通士兵便明显变得麻木冷漠与精疲力竭。他们失去了抵抗的意志。在鲁登道夫称之为"德国军队的厄运之日"的8月8日，这位第一军需总监不仅因为英军的推进而震动，更因为己方士兵的行径感到忧虑：

我既听说了光荣英勇的事迹,也听说了——坦白讲,我从未想过这会在德国军队中发生——我方整个编队的士兵向敌方的一个士兵或一个孤立的小队投降的行为。向后方撤退的士兵遇到正英勇开赴前线的新部队,竟向他们喊着"工贼""你们正在拖长战争"这类话,这些说法我们此后会再次听到。许多地方的军官已经失去了他们的影响力,听凭自己和其他人一起被敌军扫荡。[51]

大量证据支持鲁登道夫的上述回忆。在亚眠攻势之后负责审问战俘的英军情报部门军官发现敌军士气"显著下滑",指出"德军官兵普遍深信德国现在已不可能赢得战争"。[52] 在这场溃败中,居于中部的德军第四十一师被敌军一举击败,1700人被英军俘虏。该师的指挥部也指责自己的士兵作战不力。浓雾、极为有效的空中掩护和大量坦克事实上都使得这场进攻难以抵挡,但是,第四十一师的指挥官抱怨:"我师的许多士兵并未履行他们的战斗职责。"该师被敌军的突袭分割开来,一些士兵停止了抵抗并向后方撤退以求安全。最恶劣的当属那些"丢弃了武器,以便跑得更快且无法被安排再次返回战场"的士兵。[53]

德军士兵低下的作战积极性是协约国在1918年夏秋得以实现前所未有的推进的关键原因。但是,这两者之间的关系是相互的,因为敌军每一次的成功都使得德军的士气进一步大跌。协约国的凶猛进攻与己方军队的步步后撤都严重威胁着德军部队的凝聚力。一些步兵团在战场上瓦解了。早在7月中旬法军引领的首次反击之后,心怀不满的德军炮兵便恨恨地抱怨,负责保护他们的步兵部队已经崩溃了,剩下的只有"掉队的士兵、逃跑的士兵等",这些士兵"一下子缩到了我们的前沿阵地后面"。有鉴于此,军方在阵地后方建立了一套由巡逻兵和掉队士兵集结点组成的广阔网络。[54] 由于前景暗淡,越来越多的士兵干脆尽力逃避在第一线服役。8月初,鲁登道夫批评了自从激烈战斗开始以来越来越多的士兵擅离职守的现象。[55] 还有一些士兵,甚至有一些军官,用更加狡猾的方法来逃避上前线。一些人选择装病:一位医师声称,在他于9月底视察的一所后备医院中,有4/5的军官病人的身体状态是能够在前线服役的。[56] 夏季的流感——令军队暂时减员 50 万人——给了一些人返回后方的借口。另一些人则找到了机巧的办法来骗过疑心的营属军医。早在 1918 年 5 月，用以制造腿部疖子的工具便在士兵们中间颇为畅销了。对那些不太舍得花钱而又孤注一掷的士兵来说，吸入少量毒气可以让他们得偿所愿地离开前线。[57]

但是，直到德国政府于 10 月 3 日发布"停战照会"为止，德国野战军的军纪大体上还是保持住了。在协约国攻势发起时，精疲力竭的德军士兵在夏初发动的兵变便立即停止了。逃兵现象在增加，但维持在可控的限度之内；保守派军官在战争结束后散播的一种说法是高达百万的逃兵影响了德军，这种说法在今天也不时为人提起，但这种说法是一个谎言，意在将战败的罪责推到普通士兵头上。[58] 对德军全体的逃兵统计并未留存下来，但对各师的具体研究可以驳斥所谓大规模出逃的说法。巴伐利亚第十一师在 1918 年 5 月初有 10 852 名士兵，相比于 1918 年上半年，1918 年下半年疑似擅离职守或出现逃兵的案例是前 6 个月的 3 倍，但总计仍只有 71 人。其兄弟部队巴伐利亚第二师记录的数字与此类似；巴伐利亚第四师在 1918 年 7 月至 12 月间有超过 200 起疑似出现逃兵或擅离职守案例，虽然损失更大一些，但仍然并不足以构成严重问题。[59] 掉队士兵集结点的记录反映的情况也大体相同。这些集结点在撤退期间始终都很忙碌，但只有在战争的最后 3 周，这些集结点才因为数以万计的掉队士兵或逃亡士兵而不堪重负。到 9 月下旬，在休假列车上被逮捕的潜逃士兵的数目实际上减少了。[60] 士兵们在前线大多不会出逃，但在交通线上这么做的更多，其原因很简单。相比于从一支作战部队中出逃、避开阵地后的巡逻人员与文件核查、奋力穿越外国领土向后方行进，从位于德国境内警备薄弱的运兵车上出逃要容易得多。从前线出逃或许意味着抛弃信赖自己的战友与长官。此外，从前线出逃会遭受的惩罚也更加严酷，不过直到战争结束为止军事法庭也很少下达死刑判决。实际执行的最重的判决通常是在平民监狱中关押数年，或是分配到一个军事囚犯连队，在阵地上从事危险的劳动。[61]

除了战斗伤亡与疾病，事实上使得德军在 1918 年夏季兵力迅速流失的主要原因更在于大规模投降，而非逃亡。在战争的最后阶段，被俘损失之大是令人震惊的。在 4 个月里，协约国军队俘虏了 385 500 名德军士兵，这稍稍超过了4年半的时间里德军在西线共被俘的712 000人的半数。[62] 英军在8月8日于亚眠发动首次反攻之后的数月中俘虏了186 053人，英军的具体统计数字揭示出了德军士兵投降倾向的惊人剧增（见图7）。突然失去如此众多的兵力使德军指挥官深感恐惧。例如，第三集团军指挥官冯·艾内姆将军因他的部队到9月中旬的严重被俘损失而感到绝望。"倘若这种情况继续下去，德国军队将因兵力枯竭而衰亡……在士兵自己放弃的情况下，要赢得战争是不可能的。"[63] 他怀疑士兵们投降得过早，英军方面的战俘审讯证实了他的这一怀疑。9月上旬，困惑的英军情报军官报告，战俘们"表示希望德军全体都可以被俘，如此一来战争便可以迅速结束"。第一卫戍师的士兵们"不单是全面流露出了对于自己被俘一事的愉快，事实上还敦促我方继续进攻，去俘获尽可能多的德国人，由此战争或可迅速结束。每当有一批新的战俘被送进战俘营，都会受到那些对于我方的胜利公开表示出喜悦之情的老战俘们的欢迎"。[64]

战俘的剧增在很大程度上应当归因于协约国战术的进步，这种进步使得协约国军队可以突破敌军的防线，从侧翼包抄，甚至合围敌军，这会引发大规模投降。协约国的宣传可能也起到了作用。1918年5月至7月，

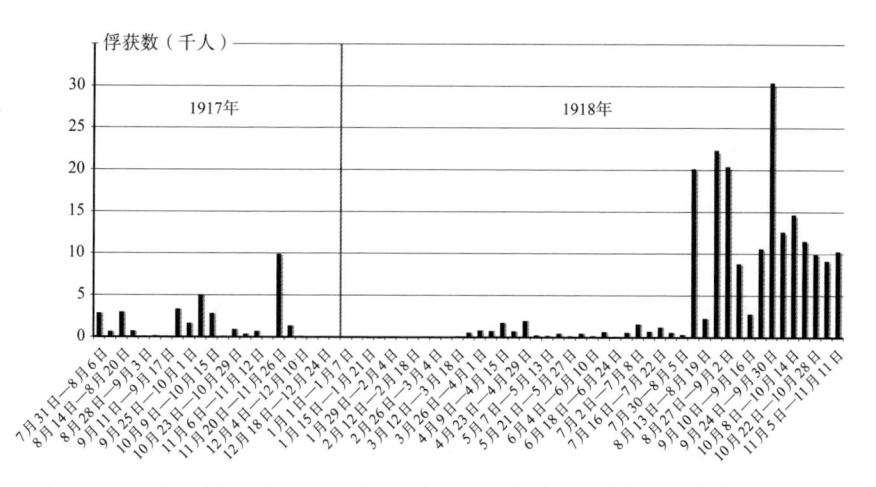

图7　1917年7月31日至1918年11月11日西线英军阵地每周俘获德军数
来源：[British] War Office (ed.), *Statistics of the Military Effort of the British Empire during the Great War, 1914–1920* (London, 1922), p. 632。

单是英国人就在德军战线上投下了400万份传单,而自反攻开始后,协约国每月都会向敌军散发400万至500万份传单。[65] 其中一些材料试图加深很多德国民众与德国领导人之间业已产生的分歧,质疑"为德皇,为容克,为军国主义者而苦战"的意义何在。另有一些宣传活动则利用了德国南方人与北方人之间的敌对情绪。这些宣传材料同情巴伐利亚人是普鲁士的奴仆,并且告诉巴伐利亚人,他们正在为普鲁士的狂妄野心而付出远大于其人口比例的流血牺牲。但是,简单地引诱德国士兵的辘辘饥肠,很可能比上述政治训诫要更加有效。美军散发了超过100万份"战俘传单",这类传单罗列了战俘营中的优渥配给。[66] 这种宣传切中了要害。到1918年夏末,休假的德军士兵对彼此承诺:"一旦〔攻击〕再度发起,〔他们〕便会投敌;接着一切都将结束,他们至少会有东西吃。"[67]

然而,使得德军出现大规模投降的最重要因素在于前线德军军官的作为。1918年夏季,德军的心理危机已经波及了下级指挥官。上半年的几次攻势令他们精疲力竭、减员严重:从比例上看,军官的伤亡率是士兵的2倍。[68] 军官们的资质大大下降了。协约国的攻势打垮了他们,正如一人所回忆的,在认识到一切牺牲都是徒劳之后,"绝望便深深侵入了军官团"。[69] 到了9月,第十七集团军的大多数军官都认为战争最迟到当年晚秋或是冬天便会结束。[70] 士兵们注意到了这种变化。正如第六集团军的一位士兵在家书中所写的,"我们的军官们也已经受够了。他们不能公开这么说,但他们时不时地会表现出来"。[71] 因此,或许不太令人吃惊的是,协约国的战俘营中有很多德军军官。仅英军便在反攻期间俘获了4727名德军军官。一些军官被俘是因为他们失去了号令手下士兵继续抵抗的意愿或权威。在协约国军队的压力之下,德军部队以惊人的速度陡然崩溃了。第一四五步兵团的军官、后备少尉梅肖很好地描述了此种现象。1918年10月8日,他的部队遭受了进攻。在其右翼的营遭到英军突袭,而他自己的连队则受到了法军发自后方的突袭。梅肖阐述了当时的情况:"我的人有一些仍躺在散兵坑里,有一些已经举起了手,有一些则逃跑了!'开火,开火!'我喊道,并且自己手里抓起了一挺机关枪。这都是徒劳的。一种混乱的场面出现了,朋友和敌人混作一团。我应当向哪里射击?越来越多的敌人冲了过来；抵抗已经没有意义，敌军的洪流冲垮了我们。士兵们放弃了，没有人继续战斗。"[72]

但是，更多的时候，德军军官确实维持住了对士兵的权威，而投降是按照他们的命令执行的。鲁普雷希特王太子是与英军作战的集团军群的指挥官，他的话印证了这种情况，他在10月中旬抱怨，军官和大编制的部队向敌人投降的情况屡屡发生。[73] 协约国军队的快速推进与包围无疑让许多德军部队处于无望的境地，这些部队的指挥官便有了正当的理由去投降。不过也有一些紧张而沮丧的军官过早地投降。一个最早且最有名的例子发生于7月中旬的第二次马恩河战役，一位德军少校及其手下100多名士兵向伏击了他们的12名美军士兵投降了。[74] 这位少校绝非个例。还有一些军官确信战争已经失败，他们畏惧协约国军队的火力，不愿让手下的战士无谓地流血，因而"建议"士兵们——正如一个人所说的——"在遭受猛烈进攻时……投降"。在有些时候，军官对士兵福祉的家长式关怀驱使他们冒着极大的风险去与敌人谈判投降事宜。1918年秋，一位德军军官便展现了这种非凡的勇气。当时，他匍匐爬过无人区，潜入了英军的战壕，向被吓到的卫兵投降，接着要求英军允许他返回阵地，把自己的士兵们带过来，因为他们同样愿意投降。正如士兵们的家书所证实的，与后方部队不同，在前线，军官与士兵之间的隔阂并没有那么大。英方的统计数据表明，在战俘营中德军的官兵比例等同于整个德军野战军中的官兵比例，这证明了士兵们通常并不是违背其长官的命令而撇开长官投降，而是作为有凝聚力的部队投降的。军官们的参与是使得投降有吸引力的关键因素。由军官组织的集体投降更加可能为敌方接受，也可以在一定程度上保护投降者，使其免于被俘虏者处决。这也可以让他们免除被自己这一方指控为投敌者。这一点是很重要的，因为对这种罪行的刑罚是极端严酷的：丧失公民权、没收财产、在返回德国时即处死刑。[75]

当时的一位军事精神病专家认为，在战争的最后几个月里，整个德国野战军都在忍受着"因神经衰弱导致的极度疲乏"。[76] 这场心理危机在1918年暮春产生于普通士兵之中，到夏季便已经蔓延到作战军官之中，最终进一步扩散，直到最高统帅部。鲁登道夫将军承受的压力并不比他所指挥的士兵少。在 2 年的时间里，他努力运营着德国的战争努力。1918 年上半年德军攻势的失败被算在了他的头上，因为他坚持开展、亲自策划并指挥了这些行动。它们也给他带来了个人生活的悲剧。在米夏埃尔行动的第三天，他最年轻的继子、战斗机飞行员埃里克在西线战场被击落。他决定不将其遗体送回柏林，而是埋葬在他的指挥部附近，从这个做法可以看出，这个小伙子的死亡给这位高度紧绷、傲慢的男人造成了很深重的情感打击。"我想要让他留在这儿，"鲁登道夫向妻子解释道，"我会常去看他。"[77] 因此，在面对他为之奋斗和奉献的一切都急转直下时，这位将军处于一种脆弱的心理状态。法军于 7 月中旬在马恩河发动的反攻令他极度紧张，但他不愿承认战略平衡的逆转。直到英军于 8 月 8 日在亚眠城外发动攻势，他才承认大祸已然降临。在英军攻势发动一周之后，特尔上校发现将军既严肃又沮丧。鲁登道夫承认德国军队更加普遍地丧失了信心。"确实，他现在认为我们的军队差不多已经被打垮了。"[78]

此后协约国对德军防线不同部位的进攻、德军后备力量的枯竭以及八九月间德军的持续后撤，进一步给鲁登道夫增加了巨大压力。面对德皇和德国民事政府时，他是乐观的。在威廉二世认识到"战争必须结束"，并于 8 月 14 日召开御前会议时，鲁登道夫向德皇、皇储、首相、外交大臣保证，"辅以间歇性进攻的战略防御"提供了"最终使敌人丧失作战意愿的良好前景"。直到 8 月底，他还坚持要求，无论在哪份和平协议中，德国都应当留住比利时。[79] 但是，他的下属们十分清楚他们的长官的心理混乱。他正在与"我们不再有赢得战争的任何希望"（他在 9 月初曾私下里这样向兴登堡与魏采尔承认道）这一现实搏斗。[80] 他的下属们寻求了各种方法来帮助这位落败的将军。一位军官被指派来减轻他的工作负担，一位柏林心理学家则被派到最高统帅部来为将军提供专业治疗。这位被带来治疗鲁登道夫的霍赫海默尔医生发现自己的病人操劳过度、极度疲乏。他已经基本成了一幅普鲁士军国主义者讽刺画中的形象，身穿制服，戴着单片眼镜，声音始终固定在用来发号施令的尖厉语调上。"鲁登道夫，"这位医生在 9 月 5 日写道，"由于几年艰难的工作、巨大的责任造成的情绪动荡、特别是过去 8 周以来的感受，而处于严重的精神抑郁之中。"[81]

鲁登道夫的心理治疗在接下来危机四伏的4个星期里一直在进行。霍赫海默尔要求他执行一个严格的减压疗法，这包括散步、规律的呼吸、歌唱、按摩，还要将原本将军习惯的1—5小时睡眠加以延长。这位医生创造出了一个鲁登道夫可以躲藏的安全而宁静的空间。在这位心理学家的记录中，最惊人的一点在于这位将军的配合。鲁登道夫显然乐意从责任中获得解脱。他仿佛像是在执行军事命令一般服从医嘱，并且夸耀称自己是他"听话的患者"。霍赫海默尔写道，有一次，将军"真的就在我的手掌下"睡着了。治疗取得了一定进展。到10月上旬，医生认为鲁登道夫已经"极好地恢复了"，参谋军官们也注意到了他的状态改善。[82] 但是，在霍赫海默尔提供的人造安全环境之外，这位将军的世界继续崩溃。9月的后半个月是危机极度严峻的一段时期。在东部，协约国在9月14日发动进攻，大败保加利亚军队，迫使该国在不到2周的时间里求和。当这一消息传到德国最高统帅部时，德军领导人也正面临着西线的灾难。9月26日，福熙发动了旨在结束战争的总攻。德军占有的最坚固的阵地——兴登堡防线——遭受了猛烈的炮击。最高统帅部的参谋们绕过了鲁登道夫，向外交大臣保罗·冯·辛慈海军上将发出了警告，告知了后者目前的严峻局势，并敦促他前往军事指挥部。9月28日晚上，鲁登道夫也向自己的恐惧低下了头，告知兴登堡必须马上请求停战。[83]

这场始自德军士兵的心理危机在1918年夏季向上蔓延到了军官之中，并且便利了协约国军队在1918年下半年的进军。这场心理危机最终以第一军需总监的神经衰弱而达到了顶点。与兴登堡的敌人的看法不同，鲁登道夫或许在9月28日晚尚未达到彻底的崩溃，但他要求立即停战的重大决定确实有些盲目恐慌的意味。[84] 此外，这和其军队的心理危机也是密切相关的。保加利亚退出战争，提供了一个可以结束战争又不必招致个人罪责的便利借口。但是，正如他在10月1日向最高统帅部的心腹们所做的坦率讲话中所说的那样，这位将军如此匆忙地结束战争，是因为看到了协约国将在西线发起的猛攻以及德军士兵低落的士气与糟糕的战斗表现。"最高统帅部和德国陆军已经完了。"他向聚集过来的参谋军官们抱怨道。"再也<u>不能依赖士兵们</u>了。从8月8日起，局势便急转直下了。各个部队逐渐表现出它们多么不可靠，以至于它们只能被匆匆撤出前线。"他"无法指挥不再被信赖的师"。[85]

鲁登道夫终于承认"最终的战败正无可避免地到来"，这让德国精英阶层面对着一个关乎存亡的问题。因为到了此时此刻，帝国政权的合法性仅仅建立在它能否迅速赢得全面胜利上。当外交大臣辛慈于9月29日得知这一消息时，他忧心忡忡地告诉兴登堡和鲁登道夫，突然承认战败"势必会给国家造成极大的震动，以至于帝国与王朝几乎都不可能存活下来"。[86] 他们三人试图找出一个办法。他们都认为在毫无胜利可能的情况下，设置一位独裁者来动员大众是行不通的。与之相比，他们都认为，必须发动一场"自上而下的革命"。威尔逊总统是最有可能提供宽大和平条款的敌方领导人，一份基于他的十四点原则的和平协议可能会诱惑到他。为了支撑这个彻底丧失了合法性的帝国政权、寻求一个有利的议和方案，"尽可能广泛的各个派系"都将被召集到政府之中。[87]

革 命

同盟国的战败发生于西线，但后方的民众和政治家决定着战败的种种结果。平民所承受的苦难和他们对战场上发生的事情的认知，是国家崩溃的一个关键背景。不仅是德国，奥匈帝国也很容易受到千里之外的西线无可挽回的溃败的影响，因为到1918年，哈布斯堡的国内政治是与国际局势紧密相关的。德国和奥匈帝国的政权都承认，战败使得改革无法阻挡，都试图通过从顶层实施革命来控制改革。这些为避免全面崩溃而做出的最后的绝望努力加速了战争的结束，意大利战线于11月4日停战，西线则于11月11日停战。然而，甚至在这些停战协定签署之前，战后世界的格局已经开始形成了。有几百年历史的古老王朝灭亡了。革命在中欧的部分地区坚定发展，由帝国组成的古老欧洲大陆正让位给一个由不完美的民族国家组成的欧洲大陆。

如果不先直面中欧民众感受到的绝望，1918年的种种剧烈变化是无法解释的。来自上西里西亚的18岁的露特·赫夫纳便动情地描述了这种绝望。"这场战争，哦，这场战争！倘若它能结束该有多好！"她在1918年4月初的日记中哭诉道：

> 整整4年，我们都深陷战火之中。有些人会说我们已经习惯了战争。我有时或许也这么说过；但不，这不是真的！我们这些曾经了解和平的人永远不会习惯战争。我们在战争期间从孩子成长为大人，我们会习惯缺衣少食，但绝不会习惯战争的悲伤，这种悲伤会像霜冻在春天的夜晚摧毁初生的娇嫩花朵一样摧毁所有萌发中的幸福。这种挥之不去的悲伤无所不在。求你快消失吧……我的主啊，这何时才会结束！[88]

虽然露特采用了非常优美的笔调来表达她感受到的绝望，不过这种绝望对于中欧各地的民众而言都很熟悉。1918年春天，绝大多数民众生活在更加悲惨的境况之中，而且情况还会恶化，因为到1918年夏天，不仅食品供应将下降到"大头菜之冬"的水平，而且那场在全球将夺走至少2000万人生命的大流感也将开始。中欧社会人员损失严重，疲惫不堪，渴望和平。[89]

同盟国的百姓明白，和平以怎样的方式实现——还有到这个时候对很多人而言更加重要的，和平将多快实现——将由西线的重大战役决定。他们密切关注己方军队的进展。常有人认为，平民没有意识到德国在这年夏季和秋季的困境是多么严峻，但这种看法是错误的。经过4年的战争，百姓已经很擅长从官方通告的字里行间读出线索。当报告不再提及进军时，他们可以听出弦外之音，也可以从所谓英勇的撤离中意识到军队在败退。帝国政府并没有费心思去让军事失利难以被人察觉。6月下旬，辛慈之前的外交大臣里夏德·冯·屈尔曼在议会承认："要想在没有任何外交谈判的情况下，仅通过纯粹的军事决策来完全结束［战争］几乎是不可能的。"[90] 从8月开始，新闻报道终于开始让德国公众对德军在西线的撤退做好心理准备。[91] 最重要的是，士兵们没有对前线在夏季和秋季的灾难三缄其口。鲁登道夫尖刻地指责后方前线正在瓦解军队的士气，可事实恰恰相反。回后方休假的士兵向人们讲述了前线发生的"可怕事情",这让民事官员们深感苦恼。有关德军大规模向敌军投降的谣言在四处散播。[92] 士兵们也直白地在信件中告诉家人前线令人绝望的情况。在巴伐利亚第二十一先锋连服役的一等兵弗里茨·施兰普的信件便是很好的一例。他在9月中旬告诉自己的父亲,他和战友们都确定战争将会在当年结束。"我们赢得了几场战役,而英国人赢得了这场战争。我觉得,我们很乐意在不需要付出什么代价的前提下全身而退。"一位被俘的战友"起码保全了性命"。随着终局临近,施兰普试图冲破书信审查,向家人做出明确警告。在一封感谢父母寄来香烟的无关痛痒的短笺底部,他写下了一串古怪的数字,这串数字是一个简单的密码,它们传达的秘密信息是:"局势恶劣。人人要逃。若不停战,多取现金。"[93]

在1918年的德军攻势期间,哈布斯堡王朝始终处于即将崩溃的状态。对哈布斯堡民众而言,至少他们可选择的路已经更加明晰了。德国取胜意味着一个双元帝国——其西半部是中央集权的且由奥地利德意志人支配——和北方强邻的卫星国地位。在一年前的西克斯图斯议和试探期间,奥匈帝国皇帝曾在信件中承认法国对于阿尔萨斯-洛林的"正当主张"。在法国人令人难堪地将这封信件公之于众之后,卡尔将自己的政权与上述前景紧密地捆绑到了一起。5月,他很耻辱地前往位于斯帕的德国最高统帅部,去表示对中欧计划的同意,并放弃了奥匈帝国的独立性。到夏天结束时,战败的后果对奥匈帝国也同样清晰了。协约国的立场变得更加强硬。1918年1月,美国总统在他的十四点计划演说中主张建立一个联邦制的奥匈国家,其人民则"应该获得自治发展的自由机会"。然而到6月,在卡尔赞同了德国对于战后欧洲的设想之后,威尔逊转而倡导"斯拉夫种族[原文如此]的所有分支都应该完全摆脱德国和奥地利的统治"。威尔逊的盟国现在确定已不可能与哈布斯堡王朝单独议和了,便开始致力于摧毁它。6月初,英法意三国附和了威尔逊在1月时支持成立一个"拥有出海口的统一且独立的波兰"的表态。更为致命的是,法国在该月底正式承认托马什·马萨里克领导的反对党派——在巴黎活动的捷克斯洛伐克民族委员会——为捷克斯洛伐克国家的合法代表。英美两国分别于8月9日与9月3日也做出了同样的承认。到了秋天，随着德国军队被迫在西线后撤，哈布斯堡帝国的末日看上去即将来临。[94]

哈布斯堡军队无力改变大局。6月，哈布斯堡军队试图在意大利阵线上也发动一次攻势来支持德军的攻势。即使这场进攻取得成功，它也不会对战争的结果产生任何影响，更何况其实哈布斯堡军队打了一场惨痛的败仗。其原因部分在于哈布斯堡长期存在的痼疾——领导无能。在当地指挥作战的指挥官是驻于蒂罗尔的前任总参谋长康拉德·冯·赫岑多夫和伊松佐前线的指挥官斯韦托扎尔·博罗埃维奇，他们给即位后不久便接管了最高统帅部的卡尔皇帝呈上了两份都很糟糕的作战方案。卡尔以其典型的优柔寡断，为这两位将军平均分配了军力，结果他们两人谁都没有足够的兵力去取得成功。[95] 军队的物质条件和心理状态原本都应该让人质疑是否应该发动进攻，尤其是在长达80千米的战线上发动计划不周的进攻。由于用于运输的马匹饥饿、瘦弱且数量压根就太少，以至于为这次进攻准备的600多万发炮弹无法及时运到山上。军中的士兵也处于类似的境况。自1917年以来，哈布斯堡的野战军力已经减少了55万人，这在很大程度上是因为普遍的逃兵现象和7个师被抽调用于帝国内部的治安职责。[96] 仍在现役的士兵的配给只有一年前的一半多一点，被服不足，且因意方的宣传而士气低落。6月15日，在一次无甚力度的炮击之后，士兵向前推进，一些部队当即被敌军遏制。另一些部队则按照所接受的德国式训练来推进，但很快便陷入了弹性防御体系之中。在这种体系中，敌军会在他们精疲力竭的时候选择最为脆弱的部位发动反击以遏制他们。到第二天结束时，进攻方的补给就要耗尽了，康拉德部在后退。6月20日，这次攻势被取消了，在皮亚韦河右岸取得的成果也被放弃了。这次无用的行动让奥匈军队损失了142 550人。[97]

作为军队的指挥官，皇帝的声誉因6月的败绩而受到了沉重打击。马扎尔议会和奥地利议会的议员们都认为这次攻势是"愚蠢且不负责任的"。有些人甚至要求把那些授权开展这次攻势的人送上法庭。[98] 在维也纳，爱插科打诨的人开始将他们的君主称为"亡国者卡尔"。[99] 针对皇后齐塔的政治诽谤运动是民众不信任其领导层的明确标志，这反映了一年前俄国皇后亚历山德拉的遭遇。齐塔有法国和意大利贵族血统，讲话有外国口音，这些足以让战时怀有仇外心理的人将她谴责为叛国者。有传言说她将6月攻势泄露给了协约国。有些人则声称她被关在一座匈牙利城堡中，以防止她再兴风作浪。[100] 饥饿所致的偏执无疑加剧了这些阴谋理论的受欢迎程度。维也纳的食品供应形势特别严峻。4月，奥匈帝国在多瑙河上没收了自罗马尼亚运往德国的粮食，这样极度绝望的权宜之计才让帝国勉强避免了大规模饥荒。[101] 当年夏天，在帝国的许多地区都出现了严重的面包短缺，尽管收获季的收成令这种情况稍稍得到了缓解，可这种缓解很短暂：到10月初，奥地利食品事务处的负责人汉斯·勒文费尔德-鲁斯将本国所面临的困境总结为"极度令人绝望"。[102]

虽然皇帝仍然岌岌可危地坐在奥匈帝国的宝座上，但他已经失去了很大一部分统治帝国的权力。各王室领地官员们中的许多人在1914年双重动员的成功中发挥了作用，此时他们更加重视对本民族的忠诚，保护地方利益而不是国家利益。特别不幸的是，到1918年，与帝国疏远得最厉害的两个民族——捷克人和波兰人——也恰好生活在奥地利两个最重要的粮食过剩地区，即波希米亚和加利西亚。在这两地，当地官员和铁路员工在当地报纸和公众舆论的敦促之下阻挠了粮食向外地的运输。[103] 在这些王室领地以及更为往南的地区，逃兵组成盗匪团以及"绿林中坚"（Green Cadres），从国家手中夺得了大片乡村土地的控制权。在城镇中也充斥着戾气与暴力。在斯拉夫边缘地带，城镇充斥着对德意志人和犹太人的仇恨。维也纳是反犹主义的中心。那里到处都有食品骚乱、抗议活动以及令国家衰弱的罢工。[104] 倡导一个多民族且王朝化的"奥地利国家观念"的尝试早已被放弃。哈布斯堡政权完全破产的一个标志在于，只有利用其支离破碎的社会中的民族敌意，它才能保留一点点控制权。卫戍部队故意被安排驻守在非本民族的地区，在那些地方，他们无法沟通，且实际上往往对当地民众怀有敌意。马扎尔士兵监督着捷克人，捷克军人则在匈牙利维持秩序。奥地利德意志人监管着斯洛文尼亚族百姓与波兰族百姓，波斯尼亚人监管着德意志人，波兰人监管着罗塞尼亚人。哈布斯堡帝国的敌人长期以来不公正地批评它是"民众的监狱",而帝国最终也真的变成了这个样子。[105]

哈布斯堡政府正在崩溃的第一个明显迹象是卡尔在9月14日发出的和平呼吁。他的外交大臣伊什特万·布里安伯爵自8月以来一直希望如此,但是德国人搁置了这一方案,接着转而主张由一个中立国来进行调停。因此,卡尔的这份照会是未经德国人批准而发出的,这表明,尽管奥匈帝国在战争时期走向了衰落,但皇帝仍有独立行动的余地。然而,到了这么迟的阶段,除了让德奥两国的关系进一步恶化,这份照会并未取得任何成果。英法两国领导人将这一呼吁视为旨在分裂协约国联盟的伎俩,而美国在3天后做出的答复指出,由于美国已经提出了自己的和平条款,谈判也就成了多余之事。[106] 尽管有这种负面的回应,哈布斯堡领导人还是在仅仅几周后又一次做出了尝试。催化剂是保加利亚的军事惨败。这个事件对奥匈帝国的影响远远超过它对德国的影响,因为它开辟了通往被哈布斯堡占领的塞尔维亚的道路。正如布里安于9月27日在御前会议上做出的警告,更为重要的是,在保加利亚要求达成停战协议的消息抵达帝国后"我国人民的精神受到的打击"。他预测这会成为"最后一根稻草"。他敦促集中起来的奥地利和匈牙利领导人:"如果我们想要避免人民不经过政府领导人物的干涉,而将命运掌握在自己手中并自行做出关于他们未来的决定,那么我们必须做出决策。"[107]

德国和哈布斯堡精英在1918年10月初采取了类似的策略来结束战争。他们都在10月3日晚对威尔逊总统发出了呼吁。他们提议在十四点原则的基础上开展和平谈判,并要求立即停战。这两个政权也都认识到,战败使得长期被拖延的政治改革变得无可避免。两国发起的"自上而下的变革"旨在平息怨愤的民众并预先消弭暴力动乱。两国发起的变革也是为了给美国总统留下深刻印象,这位总统曾明确表示,他认为民主是一切持久和平的基石。这两个目标都没能实现。轻松的和平无法实现了,这两个欧洲中部的君主国将无法在战败之后存续下去。

在奥匈帝国,为了避免出现革命,卡尔皇帝在等待美国答复期间,于 10 月 16 日发布了仓促的改革纲要。"人民宣言"——发起者充满希望地这样称呼它——承诺"按照人民的意愿"在联邦制基础上重组帝国。卡尔所设想的是德意志人、捷克人、南部斯拉夫人和乌克兰人领地,各个领地都有自己的政府机构。哈布斯堡波兰领土可以脱离,成为威尔逊的十四点原则中要求"应当建立"的独立波兰国家。在这份宣言发布 4 天前举行的磋商中,捷克和南部斯拉夫政治家们明确表示他们会抵制这份宣言,因此这份宣言只不过是一个注定要胎死腹中的宣传活动。此外,它没能重建人们对帝国的信心,反而痛苦地暴露出哈布斯堡领导人无力提供任何令人满意的改革。引人注目的是,宣言中唯一提到匈牙利王室领土的地方,是说这些领土不在其范围之内。马扎尔首相尚多尔·韦克勒不仅不允许在他的国家有任何联邦制改革的前景,甚至威胁,除非宣言明确去掉在匈牙利实施联邦制改革的内容,否则他就要停止交付粮食。因此,南部斯拉夫民族主义者希望克罗地亚和波斯尼亚-黑塞哥维那、达尔马提亚以及斯洛文尼亚统一起来的要求便将得不到满足。这份宣言在一场失败的战争结束时出现并由一位精疲力竭、声名不再的君主发布,因此它不太可能与帝国的敌人提出的各民族完全独立竞争。尽管如此,它还是重要的,只不过是作为公开展示加速哈布斯堡崩溃的软弱的信号而重要罢了。[108]

当威尔逊在 10 月 20 日对两周半之前的照会做出答复时,哈布斯堡政权的灭亡便已经注定了。卡尔政府提议作为谈判基础的十四点原则——通过要求"自治发展"的可能性——为奥匈帝国留下了在战后得以存续的可能。然而,威尔逊的答复令一切继续存续的希望都破灭了。威尔逊的答复声明,鉴于美国已经承认捷克斯洛伐克民族委员会为一个事实上的政府、承认南部斯拉夫民族愿望的正当性,这些民族的自治如今已不能成为和平的基础。这份声明蕴含了解体的信号。各个民族的政治家们已经在等待着接掌权力了。早在 7 月,捷克的各个政治派别便团结在了一个捷克斯洛伐克民族委员会当中。[109] 10 月初,其他民族采取了类似措施。在同盟国发出和平照会两天后,一个塞尔维亚人、克罗地亚人与斯洛文尼亚人组成的民族议会在萨格勒布匆匆成立。第二天,即 10 月 7 日,德国人在华沙设立的咨询机构波兰摄政委员会宣布成立一个"自由和独立的波兰",

加利西亚也将被纳入其中。[110]

具有讽刺意味的是，最初的革命行动是由奥匈帝国最为青睐的民族——德意志人与匈牙利人——采取的。在威尔逊做出答复后的第二天，奥地利德意志人的各个政党聚集在一起，成立了一个由20人组成的民族委员会来接管政府。[111] 在匈牙利，对反对派的压制和对改革的抵制使得建构所面临的压力更大，权力的转移更加动荡混乱。韦克勒的保守派政府在10月16日宣布它不再受1867年妥协约束，这是他让匈牙利不受卡尔的联邦制改革影响的首次尝试。然而，这无法阻止要求民族自决的声音跨越匈牙利边界，传到匈牙利的斯洛伐克人与罗马尼亚人耳中。由"红色伯爵"米哈伊·卡罗伊领导的马扎尔反对派政治家们也变得更加坚定。10月26日，在转移权力的要求被置之不理且卡尔拒绝任命卡罗伊担任首相之后，卡罗伊便与匈牙利社会民主党和激进派成立了一个民族委员会，该委员会声称只有它有权"以匈牙利民族的名义发表态度并采取行动"。该委员会的十二点计划主张废除现有统治制度，主张赋予男性与女性普选权，要求独立，要求和平，要求停止与德国的同盟关系。通过提供威尔逊倡导的民族自由，它天真地希望匈牙利可以保留它所有的领土与多个民族共存的状态。[112]

人民，或者至少是人民中非常活跃闻名、政治立场坚定的群体，对于让民族委员会掌握权力一事起到了决定性作用。10月24日，革命开始，成千上万的学生走上布达佩斯的街道，要求和平、独立以及由卡罗伊领导的政府。到了第二天，出现了"共和国万岁！"的呼声以及示威者与治安部队的首次冲突。随着民族委员会成立，示威活动愈演愈烈。10月27日，3万多人聚集在议会前声援民族委员会，次日出现了首批革命牺牲者，当时抗议者试图冲破警方设置于多瑙河塞切尼链桥的警戒线，警方向抗议者开了枪。3人死亡，50人受伤。[113]

到了此时，旧秩序的时日已经屈指可数了。忠于民族委员会的马扎尔军官组成了一个士兵委员会，在布达佩斯的驻军中开展煽动，并准备推翻布达佩斯的军事指挥部。10月30日，革命官兵在委员会的总部公开宣誓效忠。人们也走上街头，从建筑物上拆下哈布斯堡的双头鹰徽。这场民族革命的象征不是红旗，而是匈牙利的红白绿三色旗。当地军事指挥部负责人卢考契奇将军试图抵抗，但中央电话局转向了革命一方，因此他无法在布达佩斯周围部署部队，而且士兵也拒绝执行他下达的向抗议者开枪的命令。甚至驻军中原本可靠的波斯尼亚人也发动了兵变且喝得酩酊大醉；他们的军官最终被发现因害怕被处以私刑而躲在一个上锁的房间里大哭。当卢考契奇请求皇帝哪怕只派来一个可靠的团也好时，卡尔平静地告诉他："已经有够多的人流血了。"10月31日上午，卡罗伊被任命为首相，民族委员会执行委员会组成了政府。卢考契奇被捕。一些士兵认定，为彻底摧毁旧秩序，有一项行动必须执行：当天下午，他们闯入了蒂萨位于城郊的别墅。因为这位前首相在开启长达4年的痛苦、饥饿和死亡中所起的作用，他被报复性地杀死了。除此之外，这一天是一个庆祝日。象征匈牙利民族的三色旗在布达佩斯大街小巷悬起，数十万人在城市的广场上欢欣鼓舞。匈牙利共和国诞生了。[114]

到此时，在哈布斯堡当局承认战败的刺激下，革命已蔓延到整个帝国。10月24日，为了在即将到来的和平谈判中谋得更好的地位，意大利人在西南战线发动了最后时刻的攻势。3天后，各民族防御部队拒绝参战，10月28日，帝国当局无条件要求停战。[115] 在布拉格，这一消息引发了一场真正的民众革命。人们走上街头，聚集在瓦茨拉夫广场进行庆祝。"马萨里克万岁！"和"威尔逊万岁！"的呼喊声响彻整个城市。与布达佩斯和帝国其他大多数重要城市一样，这里的风潮是民族主义，而不是社会主义或布尔什维主义。把持民族委员会的资产阶级政治家们确保了他们的意识形态占据主导地位。捷克社会主义者于10月14日召集总罢工，希望创造一个建立共和国的机会，这次罢工因为军事打压且缺少捷克斯洛伐克民族委员会的支持而失败了。在卢布尔雅那，前一年的俄国革命被拿来当作一个值得警惕的负面例子，而非正面范例。在布拉格革命的同一天，那里的斯洛文尼亚革命者也被告诫要尊重财产，要为南部斯拉夫自由示威。在萨格勒布亦然，从10月21日开始，革命者举起了克罗地亚、斯洛文尼亚和塞尔维亚的旗帜，而不是左翼斗争的红旗。人们也在称颂民主。正如克罗地亚的一位领导人斯捷潘·拉迪奇在次日喜悦地宣布的，"各个民族为了实现自由而浴血站立起来了,威尔逊的原则在全世界取得了胜利"。[116]

与拉迪奇的宣言不同,哈布斯堡革命的第二个特征是,它们没有流那么多的血。在这一点上,卡尔皇帝是应当得到赞许的,因为他主张保持克制,不过,这在一定程度上也是民族委员会模棱两可的地位所导致的。卡尔的宣言承诺,奥地利将以民族为基础实行联邦化,这似乎是赋予了这些可能会成为地区政府的各民族委员会合法地位。10月25日,奥地利任命和平主义者海因里希·拉马什教授担任首相,这位新任首相真诚而徒劳地希望自己领导的不再是内阁,而是一个"各民族政府联合执行委员会",他的任命更加强了各民族委员会被赋予合法性的印象。这确实使得捷克斯洛伐克民族委员会更加轻易地掌握了权力,因为其成员可以向当地的哈布斯堡军事指挥部声称,民族委员会接管极为关键的食品供应,仅仅是根据皇帝的计划。[117] 政权平稳过渡的另一个原因在于,革命只是使在战争期间业已发生的帝国民族分裂变得正式化而已。在波希米亚和摩拉维亚,捷克地区官员长期以来都优先保证本民族的食品供应,对他们而言这比全奥地利的团结更加重要。在独立的捷克斯洛伐克国家于10月28日宣布成立之后,这些官员自然也认为他们应当归民族委员会管辖。[118]

哈布斯堡官员在革命之后不仅仅叛变了,在一些地方还对于政权更迭起到了助推作用。克拉科夫的例子便最为充分地说明了,曾对1914—1915年"双重动员"的成功发挥过核心作用的官员是如何在1918年转向的。在战争开始时,他们的波兰民族主义与他们对帝国的忠诚是完全相容的,经过战争期间的经历,他们的波兰民族主义转向了一种抵触的立场。市议会于10月28日首次表现出公开的不忠,当时它没收了将供给哈布斯堡军队的运粮车。10月30日,市政官员在该市的大学集会,共同决定他们要效忠于在北边成立的新的波兰国家。第二天,革命开始了。承担卫戍任务的波兰族士兵已被秘密告知了革命事宜,当天一早,他们便出其不意地缴了他们的德意志摩拉维亚战友的武器。兵营军械库中的武器被取出来分给了学生。克拉科夫警察局局长也参与了这个阴谋,他手下的警察们已经走上了街头,他们的帽檐上佩戴着波兰鹰徽和红白帽徽。在市政厅,由革命者任命为军事长官的波兰军团准将博莱斯瓦夫·霍雅与城市要塞不知所措的哈布斯堡指挥官谈判，让要塞向革命者投降。在市政厅外面，革命者们从墙上拧下哈布斯堡的鹰徽。政权的转换快速而有序，正如当地居民亚历山德拉·捷克诺娃惊讶地记录的，"没有出现任何革命与暴乱"。[119] 城市各处都张贴了通知，告知百姓所发生的变化。在俯瞰克拉科夫主市场的老市政厅塔楼上，一位波兰族守卫换下了原本的奥地利守卫。[120]

哈布斯堡政府战败了且耗尽了合法性，几乎没有做什么抵抗便走向了完结。但这并不意味着这个多民族帝国转变为多个民族国家的过程是无缝的、容易的。在这样一个族群杂居之地，战争已经激起了各族间的敌意，而威尔逊提出的民族自决原则在各民族间挑起了一场赢家通吃的生存竞争，在这样的情况下，政权的转变无可避免地将造成流血冲突。任何人口混杂或是所有权存在争议的地区都出现了冲突或是对较弱群体的压制。德意志人聚居的波希米亚北部与西部曾短暂地宣布自己是德意志奥地利的一部分，但在11月上旬，这个地区便被捷克军队占领了。10月底，在阜姆港，1.5万多名意大利族暴民聚集起来，高呼"打倒克罗地亚！"。一些地区则成了反犹暴行的发生地，如切尔诺维茨周边的罗马尼亚乡村地区或是西加利西亚的部分地区。族群间冲突最血腥的一个例子，是11月上旬在前加利西亚首府利沃夫发生的冲突与屠杀。这起事件既是一个可以充分说明第一次世界大战给欧洲中部遗留下来的族群敌意与新型暴力的例子，也是这种敌意与暴力造成的结果。[121]

利沃夫在战争期间苦难深重。俄军的占领、食品的短缺、愚钝的哈布斯堡外交，都使得当地三大主要族群——波兰人、罗塞尼亚人、犹太人——之间的关系变得越发剑拔弩张。到战争结束时，主导市议会且占该城人口一半以上的波兰人期待着加入新的独立的波兰国家。然而，对乌克兰民族主义者来说，这个城市是新的乌克兰国家——将延伸到桑河——的理想首府。他们只占人口的1/5，但有两大优势。首先，在利沃夫周围乡村居住的绝大多数是罗塞尼亚人。其次，由于哈布斯堡的治安政策，当年秋天驻守在该城的大多数士兵也是罗塞尼亚人。1918年11月1日晚，这些士兵发动政变，占领了市中心，并在市政厅上升起了一面黄蓝双色旗。这场政变是激烈冲突的开场。波兰族居民起来抵抗这场政变，他们很快便得到了来自西加利西亚的增援。波兰人死亡人数达439人，乌克兰族士兵的伤亡则不可知，但最终，乌克兰族军队于11月22日被赶出了这座城市。仿佛这样的流血还不够，狂喜的波兰族士兵接着把矛头转向了利沃夫的犹太人，后者为了自保而建立了自己的民兵武装，但一直在严守中立。在为期3天的大屠杀中，商店和房屋被掠夺，妇女被强奸，73名犹太人被杀，还有数百人受伤。利沃夫各族群之间的这种暴力以及恶毒的反犹太主义对中欧东部的新民族秩序造成了极大的有害影响。当地居民中比较睿智的人认识到了这一点。"你看到那些小洞了吗？" 1919年，当地一位居民在引领一位美国访客参观这座城市时这样发问。"我们称他们为'威尔逊弹孔'。它们是机枪打出来的，那些大裂缝是手榴弹炸出来的。我们现在正在进行民族自决，上帝知道何时以及怎样才是个头。"[122]

德国在战争的最后一个月里开展的"自上而下的革命"并没有奥匈帝国的革命这么失败，但也没有比奥匈帝国的革命更为成功。在战败之时，德国的统治者决定，最好将战败的责任推给更多的人。9月30日，在最高统帅部的要求下，德皇突然下诏，表示希望"德国人民在决定祖国命运一事上比以往更加积极地配合"。在当下这个厄运已然注定的时刻，"对人民有信心的人应该在政府中担负起重大的权利和义务"。[123] 被任命领导新政府的是51岁的巴登亲王马克斯。虽然他是德国南部王室的后裔，但已经作为一个自由派人士而收获了名声，人们认为，他可以得到议会绝大多数议员的信任。他组建的政府与德意志帝国此前的历届政府都不同。出任各部大臣的，是来自进步党、天主教中央党、社会民主党的议会议员。由于这些人的党派在1917年7月支持议会和平决议，他们可能会让即将到来的停战变得可信。[124]

鲁登道夫立即向新政府施加了巨大压力，要求它与协约国开展公开谈判，以结束战斗。第一军需总监十分害怕他的军队在没有停战的情况下完全崩溃，他天真地希望新政府可以迅速就位并在10月1日之前向威尔逊发出照会。马克斯亲王质疑，是否真的有必要如此突然地呼吁停战，因为突然提出停战主张会让他在与敌国谈判时处于非常不利的地位。对此问题，鲁登道夫坚持要求"以尽可能快的速度发出"照会，而兴登堡则警告"大祸"可能即将临头。军方的一篇讲话也令党派领导人们恐惧，这篇讲话得到了鲁登道夫批准，在 10 月 2 日发表。这篇讲话给出的停战必要性说明与第一军需总监前一天在最高统帅部告诉他手下军官们的是迥然不同的。在这次军方讲话中，责任被推给了保加利亚的军事溃败——这是一个可以让德国最高统帅部的所有成员都轻松免于受到责怪的外部灾难。这篇讲话在承认西线确实存在问题时，把这些问题说成了纯物质性质的：敌人拥有坦克这一难以战胜的武器和远多于己方的兵力储备。鲁登道夫显然希望保全德军的威望，因为他在最高统帅部的发言中强调的士兵有多么不可依赖并未在这篇讲话中出现。的确，政治家们得到保证，称"原有的英雄主义精神并未消亡"。这篇讲话还宣称，军官与士兵"竞相展现英勇"。最能反映出军方领导人试图推卸所有责任的，是讲话中显然存在的矛盾。各党派的领导人得到保证称，"德国陆军依然有足够的力量可以阻挡敌人数月"，而同时他们又得到告诫，"再也不能浪费时间了。每过 24 小时局势就会更加恶化"。[125]

马克斯亲王和大多数议会政治家们都愿意继续战斗。通过号召德国人团结起来保卫国家，他们希望可以加强抵抗，以赢得更有利的和平条件。[126] 军方出现恐慌，而且德皇警告马克斯，他"不是被任命来……给最高统帅部制造困难的"，所以马斯克缓和了下来，在 10 月 3 日晚上通过瑞士发出了一份照会，请求威尔逊总统"采取措施恢复和平"并立即组织停战谈判。[127] 这样直接向美国总统而不是向有血海深仇的英国人和法国人发出呼吁的政治算计起初看似是正确的。威尔逊于 10 月 8 日发来的答复是谨慎的，但没有敌意，他希望让德国政府澄清，他们现在是否是人民意愿的代表以及是否接受十四点原则。但是，在 6 天后发来的对德国政府第二份照会的答复中，威尔逊的态度变得强硬起来。这在一定程度上是因为心怀不满的盟友以及美国内部的强硬派向他施压。这也是一次 U 型潜艇袭击的缘故。在这样一个非常不好的时机，UB123 艇于 10 月 11 日击沉了英国客船"伦斯特"号，造成 450 人丧生，其中包括 135 名妇女和儿童以及一些美国人。威尔逊的第二份照会打碎了德国和谈接洽所仰赖的种种幻想。这份照会强调,德国必须给出"令人满意的安全保障与保证",以维持协约国目前的军事优势,它强烈谴责了德国军队仍在继续做出"不合法和不人道的行径",并且最让人感到不妙的是,它试图利用并扩大德国民众与其统治者之间业已明显的分歧。这份回复将"专制政权"——被威尔逊认为依然控制着德国——谴责为通往和平的阻碍。解决方案在于人民:"德意志民族可以选择更换它。"[128]

看上去很明显,威尔逊不会允许德国轻松停战,并且试图干涉其内政,这激起了抗拒情绪。具有讽刺意味的是,鲁登道夫也是反对派的一员。9月底,他已经从恐慌中恢复过来,虽然他仍希望停战,但到10月中旬,他只想暂时休战,以便让他的军队不受干扰地后撤,并在德国边境占据有利的阵地。[129] 在10月17日与政府成员开会时,他告诉马克斯亲王,威尔逊的条件"太苛刻了"。如果德国的敌人想要将这种东西强加于德国,他挑衅性地宣称,"我们就应该告诉〔他们〕,他们必须战斗"。与本月早些时候最高统帅部做出的严峻警告相反,鲁登道夫现在估计,如果德国人可以坚持作战到下一年,他们可以获得更好的和平条件。军事上的溃败"是有可能的,但不是很可能"。关键在于只要再撑过一个月:如果"我们挨到了冬天",他声称,"我们就脱离危险了"。[130] 这种新的乐观情绪源自何处实在令人费解。鲁登道夫在这次会议开始时便充满信心,在新任国防大臣海因里希·朔伊希将军表示还能给他提供60万兵员后,他也确实在会议期间得到了鼓励。但是,如果他真的认为有60万兵员可用,那他就是在欺骗自己。要征募到这么多人,只能从采矿业和铁路系统中夺走工人,而且会因此削弱推动战争的德国工业能力。[131]

前线的情况也没有改善。诚然,协约国发动的令德军最高统帅部在9月底心惊胆战的总攻没有造成后者所担心的溃败,并且正在放缓。[132] 然而兴登堡防线已被突破了,更糟糕的是,在鲁登道夫的坚持下发出的停战照会破坏了德军的斗志,而更为要命的是,还破坏了德军的军纪。到10月中旬,战地书信审查报告称,士兵要求"不惜一切代价实现和平"。[133] 有些人投降了,并且宣称停战协定已经签署。更加不妙的是,在停战照会发出之后,在后方区域掉队与逃跑的士兵数目激增,因为他们普遍认为停战照会意味着承认了战败。指挥官们非常理解这种不守军纪现象背后的原因。一名军队指挥官在当月中旬报告称,士兵们已经认定,"如果他们现在还让自己在战场上被打死,那简直愚不可及"。[134]

鲁登道夫对威尔逊答复的反对引发了最高统帅部与民事政府之间的权力斗争。双方的立场发生了奇怪的逆转。马克斯亲王现在决心将威尔逊的方案推行到底。10 月 3 日的第一份照会已经燃起了德国民众对和平的期望,如果让民众的期待落空,就势必引发危险的愤怒,而鲁登道夫又无法证明为什么继续作战可以实现更加有利的和平。马克斯十分怀疑这位将军,担心后者的傲慢和虚荣会让德国遭受毁灭性的入侵。[135] 他以辞职相威胁,驳回了军方的反对意见,并迫使德皇支持他,按照威尔逊的要求叫停潜艇战。然而,当美国总统的第三份照会于 10 月 23 日到达时,最高统帅部与民事政府之间的矛盾达到了顶峰。在这份照会中,威尔逊认为德国政府的改革不够深入,并警告称"美国只能与名副其实的德国人民的代表交涉……倘若必须要与军方统帅和德意志独裁君主交涉的话……美国便不会与之开展和平谈判,而必须要求投降"。[136]

面对威尔逊的照会,德军最高统帅部向士兵们发出命令,声明美国总统要求德军投降,而这对于武装部队而言是不可接受的要求。与首相的政策不同,这份命令警告称,军队如今已别无选择,只能准备好"血战到底"。次日,即 10 月 25 日,兴登堡和鲁登道夫不顾马克斯的明确主张,匆匆前往柏林。他们的意图是让德皇免除马克斯的职务,中断与威尔逊的谈判,让国家回到总体战的立足处。在这场战争早些时候,他们成功地以辞职相威胁迫使威廉二世听从他们的政策。但现在情况发生了变化。最高统帅部的声望大跌。兴登堡仍然享有作为名义领袖的重要地位,但鲁登道夫的声誉因军事上的失败而受到了极大损害。同样重要的是,德皇也正在担心自己的宝座。威尔逊在几份照会中明确地表达了他对德国统治者的蔑视,而最新的一份照会似乎为德国人提供了更宽松的条款——以换取革命。正如帝国高层深知的,威廉二世的名望已经低到了人民愿意为了更好的和平局面而牺牲他的地步。10 月 22 日的一份官方报告指出:"在德国的报纸上,废除霍亨索伦王朝和让现任德皇退位这样的要求已经被非常直白地提出来了。"这个主张的倡导者已经不再局限于独立社会民主党人,而已经扩展到中产阶级。[137]

面对这种绝望的处境,德皇准备支持他的首相。马斯克效仿了鲁登道夫的做法,威胁称,倘若德皇不解除鲁登道夫的职务,自己便会辞职。枢密内阁大臣克莱门斯·冯·德尔布吕克对德皇表示,威尔逊更想拿下鲁登道夫,而不是德皇,这种希望深深埋进了德皇心里,让他真正站到了马克斯亲王这一边。[138] 10月26日早晨,鲁登道夫和兴登堡应召到柏林西部的贝尔维尤宫觐见德皇。德皇表现得甚为愠怒。他指责这两位军人最近的行为,宣称他已丧失了对总参谋部的信任。他们让他"陷入了可怕的局面"。他批评称,仅仅三周前最高统帅部还在要求停战,但现在又希望继续作战并拒绝威尔逊的提议,他还谴责了最高统帅部未经其授权便命令军队继续作战。这场会面以鲁登道夫被解职而告终。政府担心兴登堡的离开会进一步削弱军队的士气,因而留任兴登堡。[139]

马克斯和平政策的第二个也是更重要的反对者则是海军。海军大臣赖因哈德·舍尔海军上将对终止战争的举动特别不满。他担心鲁登道夫会出卖海军,以实现在陆上的停战,而且转向和平局面会破坏他个人的虚荣项目,即一个计划生产450艘新潜艇的大规模海军武备方案,它被命名为"舍尔方案"。[140] 在威尔逊的第二份照会发出后,政府下令结束无限制潜艇战,这位海军上将的不满情绪进一步增加。舰队指挥部用一种奇怪的超然立场来看待德国面临的困境。10月16日发布的一份战略文件声称"海军不需要停战",好像在除了他们的整个国家都停止战斗后,海军还可以继续战斗一样。尽管如此,在陆军承认不可避免的战败以及政府决定不让和平谈判破裂的情况下,舰队指挥部也开始寻求一种适当的反应。潜艇战的终止使得公海舰队的战舰得以再次投入使用,海军指挥部决定将公海舰队派出去执行孤注一掷的最后行动,去对抗其头号劲敌英国大舰队。10月16日的一份海军战略文件认为:"即使可以预计这次出击不会让大局发生决定性转变,但是从士气的角度而言,海军在最后的战役中尽其最大努力,是一个关乎海军荣誉与存亡的问题。"[141]

海军指挥部并未向外透露其意图。除了简短而模糊地提及舰队现在有行动自由，海军并未就即将开展的行动向德皇与首相汇报。海军方面只通知了鲁登道夫，但也让他不要张扬。海军指挥部的目的并不是要破坏政府的议和行动。舰队行动也不会减轻德国陆军所承受的压力。更确切地说，海军指挥官们考虑的只是他们服役时的威望与利益，这也可以从一个更加能体现其目光短浅的例子——发动无限制潜艇战——得到证明。军官的荣誉促使他们在国家投降之前展示一下武力。他们也有更加实际的考虑。建造水面舰队在和平时期的理由是它可以阻止英国对德国发动敌对行动，但这一点在 1914 年被证明是错误的。更糟的是，这些昂贵的船只在战时几乎没有什么用处，德国舰艇的数量太少，既不足以大败更加强大的英国皇家舰队，也不足以遏制敌军的海上封锁。[142] 为了挽救他们的威望和在未来得到拨款的机会，海军指挥官们觉得他们有必要在战争结束前采取引人注目的行动。舍尔的参谋长——海军少将冯·特罗塔——自 10 月初着手拟定一项孤注一掷的计划。根据他的第 19 号作战计划，整个公海舰队将在英国与荷兰之间的海域霍夫登发动夜袭。较小的舰只将首先骚扰佛兰德海岸和泰晤士河口的海上交通。该计划期望，这样或许可以令英国大舰队出击。新铺设的雷区和沿线布置的潜艇将消磨大舰队的力量，由此，舰船数目只有大舰队一半的德国舰队就有了更多造成伤害的机会。倘若真的有那么几艘德国舰艇得以返回，也不会妨害到决意赴死以全名誉的军官们。然而，对普通水兵们而言，这是一次"自杀式出击"。[143]

　　水兵们是不会参与这样的行动的。公海舰队的士气正处于最低点。在 1917 年夏天的兵变之后，水兵们还在因为此前的镇压而感到痛苦，他们与军官的关系最多也只能用疏远来形容，其实往往是敌对的；最优秀的人员很久以前就被调到了 U 型潜艇上。[144] 那些留在水面舰艇上的水兵往往都很难对付，而且他们向往和平。1918 年 9 月底，有传言称，如果在 10 月中旬之前没有缔结任何条约，那么水兵们将离开他们的舰艇。10 月 29 日晚，有消息传来，称各个分舰队队长被召集到公海舰队指挥部，听取要在第二天执行的作战行动的简报，这立即激起了轩然大波。晚 10 点，第三分舰队 5 艘战列舰中的 3 艘上的水兵宣布他们将消极抵制任何行动。当其他舰艇也开始不执行命令时，这次出击任务被取消了。舰队指挥官犯了一个严重的错误,他决定将有叛意的小舰队分开,并将这些战列舰分散部署于易北河、基尔和威廉港之间。[145]

德意志帝国的最终崩溃始于基尔。第三分舰队于10月31日驶入基尔港。基尔城的海军长官威廉·苏容中将刚刚上任,对数千名有叛意的水兵的到来毫无准备。各战列舰的军官没有帮助他,因为为了让有叛意的水兵赶快从船上离开,这些军官慷慨地让水兵们上岸休假。起初,这些水兵的抗议只是为了释放被捕的战友。然而,在当局试图阻止他们集会并拒绝做出让步后,反抗便蔓延开来。港口的造船厂工人和驻军加入了水兵的行列,苏容突然发现自己几乎没有任何可靠的部队来控制住规模更大的人群。11月3日,6000人游行示威,要求释放被捕的水兵。有些人闯入军营,卫兵并未做出抵抗,于是这些人将自己武装了起来,并释放了水兵。当一支由军官与军士组成的巡逻队向人群开枪后,双方短暂地交了火,结果7人死亡,29人受伤。这起流血事件引发了革命。第二天晚上,所有军营中以及停靠在基尔的所有舰艇上都组建了士兵和水兵委员会。反抗现在明显成了政治性的。继续遵循俄国革命的剧本的水兵们称呼彼此为"布尔什维克同志"。要求政权更迭的呼声如今也高涨起来。革命者要求霍亨索伦皇帝退位,要求男女享有普选权,还要求在不割地、不赔款的情况下以民族自决为基础实现和平。[146]

在接下来的几天里,随着水兵们离开基尔前往德国各地,革命也随之蔓延开来。北部海岸的各个城市首先加入。500名红色水兵于11月5日兵不血刃地夺取了吕贝克,第二天,汉堡、不来梅与威廉港也落入了红色水兵之手。11月7日,革命军开始向内陆移动,占领了汉诺威、奥尔登堡和科隆。在慕尼黑,5万人参加了由社会民主党和独立社会民主党联合举办的一次示威活动,占领了慕尼黑的公共建筑与军营。11月8日凌晨,独立社会民主党的库尔特·艾斯纳宣布成立巴伐利亚社会主义共和国。[147] 然而,真正重要的、革命成功的关键乃是德国的首都柏林。11月5日,在被派到港口恢复秩序的社会民主党议员古斯塔夫·诺斯克做出报告后,马克斯亲王的政府得知了基尔暴动有多么严峻。同一天,威尔逊发出了他的最后一份照会,告知德国人,协约国已授权其西线总司令福煦元帅向德方代表传达停战条款。由于革命迅速蔓延的情况正在日益为人所知，新任第一军需总监威廉·格勒纳建议现在立即接受协约国提出的条款。和平似乎是阻止革命的唯一机会。[148]

与此同时，政府试图延缓革命者的扩散。军方尽其所能守卫柏林。当地军事指挥官亚历山大·冯·林辛根将军禁止独立社会民主党的示威活动，并在火车站布置士兵以抓捕革命水兵。[149] 然而，威尔逊的压力以及众多民众希望进行深远改革的意愿是极其巨大的。社会民主党主席弗里德里希·埃伯特对布尔什维克革命的担忧一点也不比马克斯亲王少，他准备让社会民主党继续保持在战时对群众的控制。然而，随着民众越发激进、越发愤怒，温和的社会民主党只有通过表达民众的要求才能保持自己的信誉与号召力。11月7日，埃伯特警告首相："如果德皇不退位，社会革命是不可避免的。"当天晚些时候，社会民主党向政府发出最后通牒，声明德皇和皇储必须在次日正午之前退位。最后通牒的发布有助于社会民主党在柏林赢得支持，阻止了工人为发泄他们的不满而投身于更具革命性的团体。然而，直到11月8日，身在斯帕德军最高统帅部的德皇依然拒绝退位。在晚上与马克斯的电话交谈中，他告诉沮丧的首相，他打算在军队最高层重建秩序。[150]

11月9日，德皇、马克斯、德意志帝国的时间用尽了。决定性的压力来自战争期间发展起来的两个对立的权力中心：军方和社会民主党。在西线，格勒纳召集了39名中级指挥官，跟他们讨论士兵们有多愿意为德皇而战，有多愿意对抗布尔什维主义。[151] 只有一人认为他的部下会跟随他们的君主，这个极为不妙的迹象表明帝国政权的合法性不仅在平民之中，在军队之中也消失殆尽了。这个消息让德皇深受震动，因此他暂时同意退位，不过仍然试图有所坚持，他于当晚提议，自己放弃德意志帝国皇位，而保留普鲁士王位。但到此时，他已经完全跟不上事态了。在柏林，独立社会民主党人在早上9点召集了大规模示威活动。社会民主党现在承担不起再作为旧政权的一部分的风险了，因而抛弃了政府。马克斯认为，拖延只会加剧危险，因而在中午以他的职权宣布德皇退位。然后，他便将首相的职位交给了埃伯特。革命车间干事鼓动了上万名工厂工人走上街头。在首都的各个部队发生了兵变。一个士兵委员会占领了国防部。[152] 为了防止独立社会民主党人的行动,下午2点,社会民主党领导人菲利普·沙伊德曼走到议会大厦阅览室的阳台上,宣布成立共和国。他向人群保证,威廉二世已退位,新政府将由社会民主党与独立社会民主党共同组建。为了控制民众的激进主义,他明确指出这应该是一场非常德国化的革命:"我们现在需要的,乃是平静、秩序和安全!"最让人感到辛酸的是,为了从4年的恐怖经历中找出一些成就,他把德国民众与那些战败且失去合法性的领导人之间的决裂说成了某种胜利。"德国人民已经在各地取得了胜利。腐朽的旧政权已经崩溃了。军国主义已经灭亡了!"[153]

由天主教中央党议员马蒂亚斯·埃茨贝格尔率领的停战代表团于1918年11月7日晚上越过西线。11月11日上午5时20分,代表团的4名成员,以及协约国总司令斐迪南·福煦和英国第一海务大臣、海军上将罗斯林·威姆斯爵士签署了停战协议,该协议在6小时后——上午11点——生效,这终于结束了战斗。考虑到德国军方已经开始启动和平进程,平心而论,投降的条件是苛刻的。德国军队必须放弃大量武器、物资和铁路装备,要立即从所有西部的被侵略地区撤军。德国舰队要被扣押。位于莱茵河左岸的德国领土将被占领,德国要交出阿尔萨斯-洛林。不太公平且对德国代表肯定造成沉重打击的是,条款规定英国的海上封锁仍将继续。尽管协约国承诺会在供应品方面提供些微帮助,但德国将处于饥馑而无助的境况之中。埃茨贝格尔在签字仪式时宣读了一份正式抗议,警告称这些条款将使德国人陷入无政府状态和饥荒之中。虽然很羞辱,但他还是挑衅性地总结说道:"一个有7000万人民的国家承受了痛苦,但它不会灭亡。"[154]

对德国人而言,事实上也对大多数中欧人而言,停战并非如同更西边的国家记忆中那样是诗歌停顿处。德国和中欧并没有像法国或英国那样回归"和平"。"常态"已经成为一种长久性战争伤亡。诚然,技术装备战带来的大规模屠杀结束了,但苦难、匮乏与短缺一直持续到1919年夏天海上封锁解除之后,甚至持续到更久之后。暴力也没有消弭。虽然暴力事件规模较小,但已转移到人们奋力保护的家园之中。由于战争而加深的政治断层线与族群断层线是后停战时期的新"前线"。激进的左翼革命和右翼暴动将在未来几年撼动风雨飘摇的德意志国家。在东部,波兰少数民族将为了领土分割而斗争。战后血雨腥风的受害者也包括埃茨贝格尔本人。1921年8月,他在散步时被右翼极端分子杀害——因为是他在停战协议上签了字。第一次世界大战结束了。但它遗留下来的苦难与暴力的阴云将久久不能散去。[155]

尾 声

在1918年秋天停战之后的几个月里，在战火的余烬中形成的美丽新世界固定成型。在战胜的协约国领导人于巴黎热切地讨论着欧洲大陆的未来之时，新诞生的中欧各个民族国家正在巩固对本国领土的控制，以武力夺取存在争议的地区——通常都会牺牲德意志、奥地利、匈牙利三个共和国。协约国与德国在1919年6月28日签订了在西部结束战争的条约。为了增加敌人的耻辱感，法国人将条约签字地点选在了凡尔赛宫的镜厅——近半个世纪前，一个统一的德意志国家正是在这里宣告成立的。就像是作为事后添加的事物一样，与新的奥地利的条约于1919年9月在圣日耳曼昂莱签订。由于布尔什维克革命和此后对革命的血腥镇压，直到1920年6月，战胜国才与匈牙利签订了《特里亚农条约》。[1]

到此时，旧秩序早已不复存在。大多数旧秩序的成员并未吃到多大苦头。德皇威廉二世于1918年11月10日进入荷兰。11月28日，他正式退位。最初18个月的流亡中，他确实过得提心吊胆。开支紧张，前途未卜。他蓄起了胡须，这样自己就不那么容易被认出来，到1918和1919年之交时，他甚至开始装疯，以期免于被引渡回国。然而，一切迎来了喜人的结局。荷兰人不情愿地保护了他。依据《凡尔赛条约》第227条含糊形容的"对国际道德与条约神圣性的极大侵犯"来审判他的国际决议最终渐渐偃旗息鼓。威廉在荷兰村庄多恩的附近购置了一处有壕沟环绕的美丽庄园，他的皇家作派使得邻居们畏而远之。他的妻子于1921年4月去世，不过一年之后，时年63岁的他又迎娶了35岁的寡妇——舍恩爱赫-卡罗拉特亲王妃赫米内。在1941年6月4日去世时，他虽然郁郁寡欢，却算不上心怀愤懑。[2] 卡尔皇帝的命运要更为奇特。在放弃了军权以避免在对意停战条约上签上自己的名字之后，他在1918年11月11日放弃了一切参与奥地利国家治理的权利。但是，他从未正式退位。在1921年他两次试图取回匈牙利的圣斯蒂芬王位之后，协约国认定他对欧洲稳定造成了威胁并将他和家人从流亡地瑞士迁到了偏远的马德拉岛。1922年4月1日，时年34岁的卡尔因流感在马德拉去世。与同盟国其他各个领导人的遭遇不同，后人对于这个孱弱而怯懦的人的记忆带有些许好感，可能部分原因在于，跟大多数人不同，他从未写过一部为自己费力脱罪的战争回忆录。虽然他没能在战争期间创造奇迹，没能将自己的臣民从苦难与流血中拯救出来，但有些人宣称，卡尔在战争之后创造了一个奇迹。这个小小的壮举是，在卡尔去世之后，一位患有静脉曲张的巴西修女在向他祈祷后便痊愈了。2004年10月，教皇若望·保禄二世为这位哈布斯堡末代皇帝行了宣福礼。[3]

尽管协约国宣称要惩罚那些在其看来应当为这场恐怖的战争负责的人，但同盟国的其他战时领导人并没有受苦。到1918年，在引领同盟国走向战争的诸位领导人中，有一些已经不在人世了。在1914年担任奥地利首相与匈牙利首相的施图尔克与蒂萨都在战争期间遇刺身亡。普鲁士总参谋长赫尔穆特·冯·毛奇在1916年沮丧地去世。前任德国首相贝特曼·霍尔维格活过了战争，在所有战时领导人中，他是特殊的一位，因为他愿意为自己的行为负责和辩护。1919年6月，一得知协约国有意审判德皇威廉，他便慨然向法国总理乔治·克里孟梭致信，要求代替自己的主人受审。"依据帝国的宪法，"他提出，"在我担任首相期间，我要为皇帝的政治行为负全部责任。"霍尔维格的提议并未得到回复。[4] 协约国简单化地将这场大战看作德国的罪行，这就使得存活下来的哈布斯堡领导人被置之不理了。1914年任奥匈帝国外交大臣的贝希托尔德伯爵比大多数人对这场战争的罪责都要大，但他获准不受烦扰地退隐到他在匈牙利柴普赖格的庄园，1942年，他在那里去世。财政大臣利昂·比林斯基的罪责要轻得多，但他参与过1914年7月召开的、策划对塞尔维亚发动战争的大臣联席会议，1919年，他为法国的新盟国——新独立的波兰——担任财政大臣。[5]

最为重要的是，甚至没有一位军方高层人士受到审判。倘若在今天，在1917年前担任哈布斯堡总参谋长的康拉德·冯·赫岑多夫在任何战争罪行审判中都会是一名主要被告，这既是因为他在挑起战争中起到的作用，也是因为他是1914年屠杀数以万计的乌克兰族平民的军队的指挥官。但协约国对于哈布斯堡政权并不怎么在乎，对于东欧死难的农民们更加不在乎。赫岑多夫被放过，得以去写作回忆录而发财；1925年8月，他在德国南部怡人的温泉城巴特梅根特海姆去世。[6] 协约国也曾短暂地将兴登堡与鲁登道夫列入战犯嫌疑人名单，但在重新考虑后又决定放弃这一做法。在战争的后两年里领导德国的这对军事搭档有着迥然不同的未来。在战败之后，鲁登道夫陷入了可悲的境地。1918年11月中旬，因为害怕留在柏林会被处以私刑或被审判，他逃离了这座城市。此后他隐居瑞典，写作了一系列自艾自怜的回忆录，直到革命的风潮止息。在他返回德国之后，他变得越发偏执，将犹太人当作了他倒台的替罪羊。他投身于极右政治之中，是纳粹1923年慕尼黑暴动的共谋者之一，但他在1925年参选总统时遭遇了难堪的惨败。[7] 与其相反，兴登堡在战争结束时名声未受损害。他在1918年11月重返德军领导位置，成功地将第三最高统帅部军事失败的责任推卸到了平民与据说在忠诚的士兵"背后捅了一刀"的政府身上。为了重新充当德国的象征性领袖，他还能够利用他的战时名气。1925年，魏玛共和国首任总统弗里德里希·艾伯特去世后，兴登堡参选总统并胜出。1933年，在他的第二任总统任期，面对严峻的经济和政治危机，他任命阿道夫·希特勒为他的总理。[8]

现在应当明确的是，并不是只有德意志帝国与奥匈帝国在一战期间实施过残酷与非法的行为。不过，即便是按照当时发展仍不完备的国际法而言，这两个国家也犯下了一些极度恶劣的罪行。德国入侵了中立的比利时，发动了无限制潜艇战，无情将平民征用为苦役（这尤以在东线管制区的所作所为与1916年对比利时人的驱逐为甚），且在1914年期间杀害了非战斗人员，所有这些都违反了国际法。但是，应对这些行为负责的人大多未受惩罚，应该对同盟国的盟国奥斯曼土耳其犯下的远甚于此的暴行——对亚美尼亚人的种族屠杀——负责的人也大多未受惩罚。公平地讲，在奥斯曼帝国于1918年10月30日签订停战协议后，由英国人任命建立的苏丹政府确实在协约国的敦促下开展了调查。特别军事法庭发现了表明当局有意彻底消灭亚美尼亚人的大量证据，判处奥斯曼帝国战时领导人死刑，但鉴于所有战时领导人都缺席审判，上述判决没有产生什么影响。[9] 在德国政府拒绝引渡战争罪行嫌疑人之后，德国政府被协约国强迫着在1921年于莱比锡高等法院举行了审判，这些审判便远不如土耳其审判那般彻底和鼓舞人心。总共有45起案件被提交，但只有17起真正得到了审理。被控诉的都是小人物：一些是陆军人员，其中大多数是下令枪决战俘或是对战俘营中的战俘不加照管的军官，还有攻击过平民的陆军人员；还有一些是被控诉击沉医务船的潜艇指挥官。只有4场审判最终定了罪。[10] 双方的海军封锁和对占领区敌方平民的残忍行为早已损害国际法，对重大违法行为——战败国一方做出的违法行为——的起诉和惩罚也流于失败，因此国际法的权威进一步跌堕。这造成了极为严重的后果。在1939年希特勒准备发动针对波兰的种族战争时，他便从中吸取了相应的经验教训。在要求他的将领们"在肉体上消灭敌人"时，希特勒回顾了一下历史，便扫除了部下的顾虑："说到底，今天还有谁提及对亚美尼亚人的灭绝？"[11]

事实很快表明，整个中欧东部都对战后秩序感到不满。早在战胜国领导人于1919年1月在巴黎考虑和平决议之前，这个地区沿着民族界线的重组便早就已经开始了。这种重组可能是实现稳定的唯一途径，但它成功的可能性不大。这个地区的族群混杂程度实在太高，以至于难以建立族群非常同一的民族国家。在波兰、捷克斯洛伐克以及新的罗马尼亚（因吸收了前匈牙利领土而扩大），1/3的人口是少数民族。塞尔维亚-克罗地亚-斯洛文尼亚王国正如其名字所说明的，是一个多民族混杂的国家，精英阶层以下的民众往往不那么愿意接纳新的南部斯拉夫理念，相比之下人们还是更常怀有对其他民族长久以来的历史积怨。[12] 对战后协议有利的是，欧洲的政治重组使得欧洲少数民族的数量从6000万人减少到了3000万人。强加给各个新国家的条约本应保证少数民族的权利。[13] 但这忽略了关键的一点：威尔逊宣传活动对"民族自决"的拥护和战争本身，都将民族雄心提高到了狂热的高度。少数民族身份在一个以民族国家为基础建构起来的大陆上远不如在旧帝国治下那般吸引人、可接受。按照一份估计，即便少数民族人数减少了,但在1918年之后,在原奥匈帝国的领土上,族群冲突事件几乎增加了一倍,从9起增加到了17起。除了波希米亚的捷克人与德意志人此类旧有的敌对关系,新的民族冲突又滋生出来。比如在泰申的捷克人与波兰人,在南斯拉夫的德意志人与克罗地亚人,在罗马尼亚的罗马尼亚人与德意志人,都彼此剑拔弩张。[14]

威尔逊总统将"民族自决"放在了他的战后设想的中心地位,此举是一个致命错误。这个口号对于战时宣传是有用的,也有助于增加他的人气与道德权威,但它也使得威尔逊的战后秩序迅速在众所瞩目之下丧失声誉。其原因十分简单:中欧东部的民族混杂程度非常高,以至于并不是每个民族都能够运用这一新权利。必然会有赢家,也必然会有输家。而实力政治则决定了输家会是在战败的阴云之下惶惶然的两大族群——德意志人与马扎尔人。这两个民族都有充分的理由认为威尔逊给自己造成了损害。在历次演讲中和对1918年同盟国和平照会的回复中,这位美国总统都表明,他的战争针对的是独裁者,而不是他们的民众。虽然协约国要求旧帝制政权"投降",但他在10月23日提醒,一个真正能代表民众的政府可以按照十四点原则与协约国开展"和平谈判"。德国人适时发动了起义,但半年之后,依然没有任何谈判,而只有一份"强制命令",德国人的代表被允许在战胜国做出最终裁断之前对此发表意见。匈牙利人的经历更加动荡、更加不受威尔逊喜欢,包括温和的革命、布尔什维克的政变,以及由一位前任哈布斯堡海军上将领导的右翼独裁,但协约国对待他们的态度是相似的。即便是协约国代表团的成员也承认,加之于德奥两国的条款是极端残酷的。在阅读了自己的国家将在协约国入侵威胁之下屈膝接受的各种要求、条件、损失组成的长长清单之后,德国外交大臣乌尔里希·冯·布罗克多夫-兰曹伯爵表示,威尔逊和他的伙伴本可以节省时间。只要一个简单的条款就足够了:"德国将不复存在。"[15]

《凡尔赛条约》与《特里亚农条约》通过让德意志人与匈牙利人付出代价而建立了战后秩序,这一事实可以解释为什么这两个国家的政府自始至终都没有接受过这一秩序。这一秩序的核心组织原则——民族自决——并未得到应用,这一点随后在战败者身上得到了确认:奥地利的德意志人在1918年10月以为他们会加入德国，但战胜国禁止他们这么做。在凡尔赛，德国被拒绝加入国际联盟（这一国际组织本应当联结起战后的新世界），且丧失了13%的领土和10%的人口。匈牙利则更为悲惨，令人难以置信地失去了67.3%的领土和73.5%的人口。[16]当然，大多数转走的臣民是罗马尼亚人、斯洛伐克人、阿尔萨斯-洛林人、丹麦人或波兰人。认为这些人期望加入罗马尼亚、捷克斯洛伐克、法国或波兰的看法哪怕并不总是正确的，也是有其道理的。在一些有争议的地区，诸如德国东部的马祖里亚或上西里西亚，当地组织了公民投票来确定其居民的意愿。但是，有极度不公的情况，其中最为恶名昭彰的便是将毫无疑义属于德国的但泽作为一个自由州转交于国际联盟（采取这一举措是为了给波兰提供出海口）的做法。领土的转手、禁止波希米亚的德意志人"自决"或加入奥地利以及禁止奥地利德意志人加入德国，上述做法令1300万德意志人被留在了德国的边界之外。在两次大战之间，被留在匈牙利边界之外、成为其他国家中的少数民族的马扎尔人总共有323万人。[17]在国家腹地的人们所感受到的对领土损失的气愤，与那些财产生计都在被割走的领土上的同胞的苦难相比，根本不值得一提，那些同胞变卖了家产或被迫背井离乡。波兰走廊是原本归属德国的一长条领土，它被分配给波兰，以便将东普鲁士与两次大战期间德国的其余部分隔离开来。在1919年时居住在这一地区的德意志人总共有110万人，6年后，其中的575 000人迁到了新的德意志共和国境内。[18]在西部，30万德意志人中的20万人离开或被驱逐出了阿尔萨斯-洛林。[19]到1924年，约有426 000名匈牙利人也逃离了被捷克斯洛伐克、南斯拉夫、罗马尼亚、奥地利夺走的地区。背井离乡的民众数目之巨，更突出说明了战败和威尔逊的新秩序引发的领土损失不仅损害了民族荣誉，还摧毁了许多平民百姓的生活。[20]

除了《凡尔赛条约》与《特里亚农条约》规定或批准的领土损失，条约还提出了赔款要求。《凡尔赛条约》的第231条阐述了要求赔款的法律基础，宣称"由于德国及其盟国的侵略行为，协约国与参战各国的政府与国民被迫卷入战争，并因此承受了各种损失与破坏。德国及其盟国应对此承担责任"。历史学家已经指出，协约国在1921年给德国定下的1320

亿金马克赔款在很大程度上是名义上的,意在满足复仇心切的国内舆论。它们真正的目标数额是在36年中赔付500亿金马克,这是完全可以达到的。[21] 但是,德国公众因为那个更加庞大的数字而震惊。由德国政府在经济方面的管理失当所引发、但被怪罪到赔款头上的恶性通货膨胀让德国民众的存款与战争债券变得一文不值,这增加了民众的愤怒。赔款之所以特别受到仇视,还有另外两个原因。首先,1919年巴黎和会上的德国代表团将第231条打造为"战争罪责条款",以败坏赔款主张的法律基础。尽管协约国事实上并未要求战败国承认罪责,但这个说法还是固定了下来,并将一种财务事务转变成了一个情绪化的道义问题。其次,在德国政府持续违约未付赔款之后,法国人、比利时人以及此前已经占领莱茵河左岸的英国人于1923年1月入侵了德国的鲁尔工业区。1917年由德意志帝国当局散布的恐慌式宣传活动如今看起来出奇地具有预见性。战败后,敌军入侵,德国工人被迫为他们所憎恨的压迫者做工,占领者甚至还为了羞辱德国而故意安排法军黑人士兵来监督将煤装车运往法国。暴力事件亦有发生。法国与比利时军队杀害了约132名德国平民,将4124人关进了监狱,还将172 000人驱逐出境。被《凡尔赛条约》削减到仅余十万人的德国陆军无力做出应对。[22]

所有这一切都在打击着这个像其他所有中欧东部国家一样已深受创痛的民族身上。中欧各国民众对战争投入了极多,因此战争对他们造成的心理影响也极其巨大。一些人将两次大战之间的社会与政治残酷化归咎于长年累月的大规模杀戮。[23] 不过在战后对这个地区造成严重破坏的准军事性暴力只是由一小部分人犯下的。德国军队在1918年底遣散的速度之快可以说明绝大部分士兵只希望返回家乡。[24] 相反,真正决定这场战争的情感遗产的关键,是人们承受的痛苦。在整个中欧东部,痛苦无处不在。最为明显可见的是战争对人类躯体的损毁——数百万残疾的老兵和痛失亲人者。在德国,阵亡士兵留下了533 000名遗孀和1 192 000名孤儿。[25] 捷克斯洛伐克人口是德国的1/5,且据称其士兵作战不力。这个国家要向121 215名寡妇和238 000名孤儿支付抚恤金。[26] 但是,战争之所以造成了过于惨重的痛苦,其原因是多种多样的。除了战斗与丧亲,后方前线挨饿受冻的情况也造成了巨大的痛苦。被入侵的东普鲁士人和被驱逐的加利西亚犹太人承受了痛苦。那些在战后由于领土变更而失去家园的人也承受了痛苦。

这种痛苦，以及它造成或激化了的嫉妒、偏见、暴力，都具有强烈而持久的破坏力。德国人在一战中承受的痛苦与25年后的反人道罪行之间可以说有某种特定、提示性的关联性。生活在民族杂居的边界地区（这些地区因战争的匮乏激起了族群间的敌意）的德国人参与纳粹犹太人大屠杀的人数多得不成比例。那些在战争结束时因边界变动而失去家园的人在纳粹大屠杀行凶者中的比例是平均比例的6倍。[27] 更为广泛地说，后方在战时承受的痛苦使得整个社会按照阶级和族群断层线分裂开来。在战后，这些社会还将被族群间的准军事斗争、左翼革命、极右翼的血腥报复进一步撕裂。被1929年的一位左翼知识分子不祥地形容的"由仇恨与复仇构成的狂乱而残酷氛围（今日仍在主宰东欧）"的根源之一，便是战时的痛苦。[28]

战时的痛苦遗留下来的另一个重要后果，是一种对意义的绝望追寻。在中欧战争文化价值体系的最高点，是牺牲的概念：为了某种更为崇高的事业而甘愿承受损失与痛苦。德奥两国在1914—1918年牺牲的人数是惊人的：2 036 897名德军士兵阵亡。[29] 奥匈帝国的伤亡从未得到正确计算，但总数应在110万至120万人之间。奥地利的德意志人与匈牙利人承受的伤亡最重，紧随其后的是斯洛文尼亚人和摩拉维亚捷克人。[30] 哈布斯堡的战败并没有（至少没有正式地）让捷克族、波兰族、南部斯拉夫族士兵的牺牲失去价值。新成立的国家直接将这些士兵的死亡重新阐释成了为独立事业而死。当时并没有容纳不同观点的公共空间。[31] 与之相比，对德国人来说，战败带来了严重的认知冲突。一得知签订停战协议的消息，鲁斯·霍夫纳立时脱口说出了这种困境。她问道："德国的母亲们是为了什么而牺牲自己的儿子啊？"[32] 汉堡妇女安娜·考恩施泰恩在4年的时间里一心一意地为在前线服役的儿子阿尔贝特寄去饱含爱意的信件与礼物，对于她来说，这个问题必定格外悲苦。阿尔贝特在1918年10月26日阵亡，彼时距离战斗结束只剩2周。[33] 1925年之前，心怀怨恨的法国政府一直不允许德国平民拜访位于法国领土的阵亡军人墓地，这让德国父母更加哀痛，让他们的生活变得更加空洞。[34]

在中欧东部各地以及之外的人们设法努力面对1914—1918年的大规模死亡。在战争失败之后，如何证明挚爱的儿子、兄弟、父亲的牺牲的正当性的难题让德国人在两次大战之间生出了一种对阵亡士兵独特又强烈的崇敬。士兵们在世时曾经支持过他们的市政机构、教会、当地网络再次发动起来，以纪念他们的牺牲。许多人将阵亡者想成如基督般的殉道者或是想成在深深安眠，以此来获得安慰。人在做逝者在看的想法以及逝者将像基督或入睡者一般再起的想法，都全面地影响了国民观念。逝者为什么而死和他们希望得到什么，这些问题引发了各个政治派系的德国人的分歧，但即便是共和派也在想象，逝者告诫生者要让祖国复兴。至于极力要将自己打造为老兵代言人和阵亡士兵记忆捍卫者的极右翼，更愿意以字面上、军事上的意义来理解这种愿望。在极右翼的拥护者看来，1918年的战败实际上是一场背叛，故而应当推翻战败结果并予以报复。[35]对于欧洲中部与东部而言，第一次世界大战是一场浩劫。取代威名跌堕的旧帝国的新共和国自身又受到充满仇恨的战争遗产的毒害。它们贫困、动荡，通常有大量充满怨愤的少数族群，事实证明，大部分新共和国是不稳定的。战争撕裂了上述国家多民族社会的组织构造，并且严重加剧了族群对立，遗留下了长久的敌意，尤其是跟历史较久的犹太人少数族群和新近的德意志人少数族群的敌意。不到10年，威尔逊的新民主秩序便已经所余无几，东部的大多数地区都陷入了独裁者的统治之下。德国也被摧毁了。1914年时的国民团结在经历了大战之后便崩解成了彼此攻讦的乱局；左翼与反犹的右翼之间的分歧也在战后进一步扩大并变得更加残酷。这场战争一直是一场人民的战争。痛苦与牺牲一直是极为巨大的。那些挺过这场严峻考验的人则要思考，这一切都是为了什么。

注 释

引 言

1. Marshal Joffre, the Ex-Crown Prince of Germany, Marshal Foch and Marshal [sic] Ludendorff, *The Two Battles of the Marne* (London, 1927), p. 213.
2. G. F. Kennan, *The Decline of Bismarck's European Order: Franco-Russian Relations, 1875–1890* (Princeton, NY, 1979), p. 3.
3. R. Overmans, 'Kriegsverluste', in G. Hirschfeld, G. Krumeich, I. Renz and M. Pöhlmann (eds.), *Enzyklopädie Erster Weltkrieg*, 2nd edn (Paderborn, 2004), pp. 664–5.
4. Bethmann Hollweg, quoted in K. H. Jarausch, *The Enigmatic Chancellor: Bethmann Hollweg and the Hubris of Imperial Germany* (New Haven, CT, and London, 1973), p. 280.
5. See A. Watson, *Enduring the Great War: Combat, Morale and Collapse in the German and British Armies, 1914–1918* (Cambridge, 2008), p. 156, and G. Gratz and R. Schüller, *Der wirtschaftliche Zusammenbruch Österreich-Ungarns. Die Tragödie der Erschöpfung* (Vienna and New Haven, CT, 1930), pp. 150–51.
6. S. Broadberry and M. Harrison, 'The Economics of World War I: An Overview', in S. Broadberry and M. Harrison (eds.), *The Economics of World War I* (Cambridge, New York, Melbourne, Madrid, Cape Town, Singapore and São Paulo, 2005), p. 8.
7. M. Dydyński (Cracow), diary/memoir, p. 125, 15 March 1915. AN Cracow: 645–70.
8. C. Führ, *Das k.u.k. Armeeoberkommando und die Innenpolitik in Österreich, 1914–1917* (Graz, Vienna and Cologne, 1968), and W. Deist (ed.), *Militär und Innenpolitik im Weltkrieg, 1914–1918* (2 vols., Dusseldorf, 1970).
9. T. Nipperdey, *Deutsche Geschichte, 1866–1918. Machtstaat vor der Demokratie* (2 vols., Munich, 1998), ii, pp. 47, 51, 182–3 and 188–91, and R. A. Kann, *A History of the Habsburg Empire, 1526–1918* (Berkeley and Los Angeles, CA, and London, 1974), pp. 326–42.
10. 有关介绍，可参见 H. Lasswell's pioneering *Propaganda Technique in the World War* (London and New York, 1927)。

第 1 章 开战决定

1. J. Redlich, *Schicksalsjahre Österreichs, 1908–1919. Das politische Tagebuch Josef Redlichs*, ed. F. Fellner (2 vols., Graz and Cologne, 1953), ii, p. 153 (entry for 3 November 1916).

2. J. Leslie, 'Österreich-Ungarn vor dem Kriegsausbruch. Der Ballhausplatz in Wien im Juli 1914 aus der Sicht eines österreichisch-ungarischen Diplomaten', in R. Melville, C. Scharf, M. Vogt and U. Wengenroth (eds.), *Deutschland und Europa in der Neuzeit. Festschrift für Karl Otmar Freiherr von Aretin zum 65. Geburtstag. 2. Halbband* (Stuttgart, 1988), pp. 675 and 678–80.

3. C. Clark, *The Sleepwalkers: How Europe Went to War in 1914* (New York, 2013), pp. 396–7.

4. V. Dedijer, *The Road to Sarajevo* (London, Fakenham and Reading, 1967), pp. 175–80, 290–301 and 366–81. Also Clark, *Sleepwalkers*, pp. 48–9.

5. F. Fellner, 'Die "Mission Hoyos" ', in W. Alff (ed.), *Deutschlands Sonderung von Europa, 1862–1945* (Frankfurt am Main, Bern and New York, 1984), pp. 294–5 and 309–11; Clark, *Sleepwalkers*, pp. 114–15 and 400–402.

6. Wilhelm II on a report from the German ambassador to Vienna, Baron Heinrich von Tschirschky und Bögendorff, to Bethmann Hollweg, 30 June 1914, in I. Geiss (ed.), *July 1914: The Outbreak of the First World War: Selected Documents* (London, 1967), p. 65.

7. Szögyényi to Berchtold, 5 July 1914, in Geiss (ed.), *July 1914*, pp. 76–7.

8. Szögyényi to Berchtold, 6 July 1914, in ibid., p. 79.

9. Fellner, 'Die "Mission Hoyos" ', p. 311.

10. Falkenhayn to Moltke, 5 July 1914, in Geiss (ed.), *July 1914*, pp. 77–8, and Plessen, diary, 5 July 1914, in H. Afflerbach (ed.), *Kaiser Wilhelm II. als Oberster Kriegsherr im Ersten Weltkrieg. Quellen aus der militärischen Umgebung des Kaisers, 1914–1918* (Munich, 2005), p. 641.

11. Fellner, 'Die "Mission Hoyos" ', pp. 312–13, and Jarausch, *The Enigmatic Chancellor*, pp. 155–6. 关于德国人在 7 月逼迫维也纳走向战争这种相反但站不住脚的观点，参见 F. Fischer, *Germany's Aims in the First World War* (London, 1967), esp. pp. 57–61。

12. Minutes of the Council of Ministers, 7 July 1914, in L. Bittner and H. Uebersberger (eds.), *Österreich-Ungarns Aussenpolitik von der bosnischen Krise 1908 bis zum Kriegsausbruch 1914* (Vienna and Leipzig, 1930), pp. 343–51. The translations follow the abridged version in Geiss (ed.), *July 1914*, pp. 80–87. Also S. R. Williamson, Jr, *Austria-Hungary and the Origins of the First World War* (Basingstoke and London, 1991), pp. 197–200.

13. Tschirschky to Jagow, 10 July 1914, in Geiss (ed.), *July 1914*, p. 107, and M. Rauchensteiner, *Der Tod des Doppeladlers. Österreich-Ungarn und der Erste*

Weltkrieg (Graz, Vienna and Cologne, 1993), p. 75.
14 Clark, *Sleepwalkers*, pp. 391–7.
15 Ibid., pp. 381–7 and 453–4.
16 D. G. Herrmann, *The Arming of Europe and the Making of the First World War* (Princeton, NJ, 1996), p. 234.
17 Berchtold to Franz Joseph, 14 July 1914, in Geiss (ed.), *July 1914*, p. 103.
18 F. Conrad von Hötzendorf, *Aus meiner Dienstzeit, 1906–1918. 24. Juni 1914 bis 30. September 1914. Die politischen und militärischen Vorgänge vom Fürstenmord in Sarajevo bis zum Abschluß der ersten und bis zum Beginn der zweiten Offensive gegen Serbien und Rußland* (4 vols., Vienna, 1923), iv, pp. 51 and 53–6.
19 S. Tisza, *Count Stephen Tisza, Prime Minister of Hungary: Letters (1914–1916)*, trans. C. de Bussy (New York, San Francisco, Bern, Frankfurt am Main, Paris and London, 1991), pp. 29–30 (letter of 26 August 1914).
20 Clark, *Sleepwalkers*, pp. 101–4 and 392.
21 Tschirschky to Bethmann, 14 July 1914, and Minutes of the Council of Ministers, 19 July 1914, in Geiss (ed.), *July 1914*, pp. 116 and 139.
22 Williamson, *Austria-Hungary*, pp. 200–202.
23 Berchtold to Giesl, 20 July 1914, in Geiss (ed.), *July 1914*, pp. 142–6. 关于最后通牒的起草，参见 Rauchensteiner, *Tod des Doppeladlers*, pp. 78–9。
24 Clark, *Sleepwalkers*, pp. 452–7.
25 Docs. 10396, 10399 and 10400 in Bittner and Uebersberger (eds.), *Österreich-Ungarns Aussenpolitik*, pp. 518–19 and 522–6.
26 Szápáry, telegram, 21 July 1914, in ibid., p. 568. See also the masterful account in Clark, *Sleepwalkers*, pp. 444–6.
27 Jagow to Lichnowsky, 18 July 1914, in Geiss (ed.), *July 1914*, p. 122.
28 Czernin to Berchtold, 22 June 1914, quoted in G. A. Tunstall, Jr, 'Austria-Hungary', in R. F. Hamilton and H. Herwig (eds.), *The Origins of World War I* (Cambridge, New York, Melbourne, Madrid and Cape Town, 2003), p. 128. 关于其他外国人对哈布斯堡帝国的负面看法，参见 B. Jelavich, 'Clouded Image: Critical Perceptions of the Habsburg Empire in 1914', *Austrian History Yearbook* 23 (1992), pp. 23–35。
29 R. A. Kann, *A History of the Habsburg Empire, 1526–1918* (Berkeley and Los Angeles, CA, and London, 1974), pp. 331–4.
30 R. Okey, *Taming Balkan Nationalism* (Oxford, 2007), pp. vii–viii, 26 and 217–23.
31 C. A. Macartney, *The Habsburg Empire, 1790–1918* (London, 1968), pp. 693, 758–66, Kann, *History of the Habsburg Empire*, pp. 456–61, and F.T. Zsuppán, 'The Hungarian Political Scene', in M. Cornwall (ed.), *The Last Years of Austria-Hungary: A Multi-National Experiment in Early Twentieth-Century Europe* (Exeter, 2002), pp. 100–103.
32 R. Okey, *The Habsburg Monarchy: From Enlightenment to Eclipse* (New York, 2001), pp. 305–8, and Macartney, *Habsburg Empire*, pp. 664–9.

33 Macartney, *Habsburg Empire*, p. 681.
34 M. Cattaruzza, 'Nationalitätenkonflikte in Triest im Rahmen der Nationalitätenfrage in der Habsburger Monarchie 1850–1914', in Melville, Scharf, Vogt and Wengenroth (eds.), *Deutschland und Europa in der Neuzeit*, pp. 722–3.
35 C. Albrecht, 'The Rhetoric of Economic Nationalism in the Boycott Campaigns of the Late Habsburg Monarchy', *Austrian History Yearbook* 32 (2001), pp. 56–61.
36 G. E. Rotheberg, *The Army of Francis Joseph* (West Lafayette, IN, 1976, 1998), p. 130, and G. Kronenbitter, '*Krieg im Frieden*'. *Die Führung der k.u.k. Armee und die Großmachtpolitik Österreichs-Ungarns, 1906–1914* (Munich, 2003), pp. 215–16.
37 K. Bachmann, '*Ein Herd der Feindschaft gegen Rußland*'. *Galizien als Krisenherd in den Beziehungen der Donaumonarchie mit Rußland (1907–1914)* (Vienna and Munich, 2001), pp. 29–33.
38 Bachmann, '*Ein Herd der Feindschaft*', pp. 132–8, 173–90 and 219–58, and I. L. Rudnytsky, 'The Ukrainians in Galicia under Austrian Rule', in A. S. Markovits and F. E. Sysyn (eds.), *Nationbuilding and the Politics of Nationalism: Essays on Austrian Galicia* (Cambridge, MA, 1982), pp. 60–67. Also Z. A. B. Zeman, *The Break-Up of the Habsburg Empire, 1914–1918: A Study in National and Social Revolution* (London, New York and Toronto, 1961), pp. 4–5, and J. Redlich, *Austrian War Government* (New Haven, CT, and London, 1929), pp. 32–3.
39 Clark, *Sleepwalkers*, pp. 88–9.
40 Kann, *History of the Habsburg Empire*, pp. 446–8, and Macartney, *Habsburg Empire*, pp. 767–70.
41 Minutes of Common Ministerial Council meeting, 7 July 1914, in Bittner and Uebersberger (eds.), *Österreich-Ungarns Aussenpolitik*, p. 347.
42 Okey, *Taming Balkan Nationalism*, pp. 195, 198 and 202–16, and Dedijer, *The Road to Sarajevo*, pp. 235–45. Also W. S. Vucinich, 'Mlada Bosna and the First World War', in R. A. Kann, B. K. Király and P. S. Fichtner (eds.), *The Habsburg Empire in World War I: Essays on the Intellectual, Military, Political and Economic Aspects of the Habsburg War Effort* (Boulder, CO, and New York, 1977), pp. 51–5.
43 Conrad, *Aus meiner Dienstzeit*, iv, p. 34.
44 J. Leslie, 'The Antecedents of Austria-Hungary's War Aims: Policies and Policy-Makers in Vienna and Budapest before and during 1914', *Wiener Beiträge zur Geschichte der Neuzeit* 20 (1993), p. 309.
45 Conrad, *Aus meiner Dienstzeit*, iv, pp. 37–8.
46 Ibid., p. 309. Also, Berchtold at the Common Ministerial Council, 7 July 1914, reproduced in Bittner and Uebersberger (eds.), *Österreich-Ungarns Aussenpolitik*, pp. 343–4.
47 S. Wank, *In the Twilight of Empire: Count Alois Lexa von Aehrenthal (1854–1912), Imperial Habsburg Patriot and Statesman. Volume 1: The Making of an Imperial*

Habsburg Patriot and Statesman (2 vols., Vienna, Cologne and Weimar, 2009).

48 M. Twain, 'Stirring Times in Austria', *Harper's New Monthly Magazine* 96 (December 1897–May 1898), p. 530.

49 有关弗朗茨·约瑟夫的形象与象征意义，参见 M. Healy, *Vienna and the Fall of the Habsburg Empire: Total War and Everyday Life in World War I* (Cambridge, 2004, 2007), pp. 216 and 281–2, and D. L. Unowsky, *The Pomp and Politics of Patriotism: Imperial Celebrations in Habsburg Austria, 1848–1916* (West Lafayette, IN, 2005)。

50 Unowsky, *The Pomp and Politics of Patriotism*, esp. pp. 26, 94–101.

51 Kronenbitter, '*Krieg im Frieden*', p. 223. Also L. Cole, 'Military Veterans and Popular Patriotism in Imperial Austria, 1870–1914', in L. Cole and D. L. Unowsky (eds.), *The Limits of Loyalty: Imperial Symbolism, Popular Allegiances, and State Patriotism in the Late Habsburg Monarchy* (New York and Oxford, 2007), pp. 36–61.

52 有关历史边界的持久重要性，参见 R. J. W. Evans, 'Essay and Reflection: Frontiers and National Identities in Central Europe', *The International History Review* 14(3) (August 1992), pp. 480–502。

53 H. LeCaine Agnew, 'The Flyspecks on Palivec's Portrait: Franz Joseph, the Symbols of Monarchy, and Czech Popular Loyalty', in L. Cole and D. L. Unowsky (eds.), *The Limits of Loyalty: Imperial Symbolism, Popular Allegiances, and State Patriotism in the Late Habsburg Monarchy* (New York and Oxford, 2007), pp. 86–112.

54 Redlich, *Austrian War Government*, pp. 15–24 and 46–51. See also J. King, 'The Municipal and the National in the Bohemian Lands, 1848–1914', *Austrian History Yearbook* 42 (2011), pp. 89–109.

55 Macartney, *Habsburg Empire*, pp. 562–3 and 574, and Okey, *Habsburg Monarchy*, pp. 198–200.

56 G. B. Cohen, 'Nationalist Politics and the Dynamics of State and Civil Society in the Habsburg Monarchy, 1867–1914', *Central European History* 40(2) (June 2007), esp. p. 276.

57 Clark, *Sleepwalkers*, pp. 3–31.

58 P. W. Schroeder, 'Stealing Horses to Great Applause: Austria-Hungary's Decision in 1914 in Systematic Perspective', in H. Afflerbach and D. Stevenson (eds.), *An Improbable War: The Outbreak of World War I and European Political Culture Before 1914* (New York and Oxford, 2007), pp. 17–42. 关于俄国舆论中有影响力、好战性的方面，参见 D. Lieven, *Russia and the Origins of the First World War* (London, 1983), pp. 128–33。

59 D. Stevenson, 'Militarization and Diplomacy in Europe before 1914', *International Security* 22(1) (summer 1997), pp. 133–5, Schroeder, 'Stealing Horses', pp. 35–8, and Clark, *Sleepwalkers*, pp. 83–7.

60 E. J. Erickson, *Defeat in Detail: The Ottoman Army in the Balkans, 1912–1913* (Westport, CT, and London, 2003).

61 D. Stevenson, *Armaments and the Coming of War: Europe, 1904–1914* (Oxford, 1996), pp. 232–9 and 253–65.

62 Clark, *Sleepwalkers*, pp. 281–92. 关于塞尔维亚的数据，参见 D. Stevenson, *1914–1918: The History of the First World War* (London, 2005), p. 12。

63 Leslie, 'Österreich-Ungarn', p. 675.

64 S. McMeekin, *The Russian Origins of the First World War* (Harvard, MA, and London, 2011), p. 22.

65 Minutes of the Council of Ministers, 7 July 1914, in Geiss (ed.), *July 1914*, p. 85.

66 S. Wank, 'Desperate Counsel in Vienna in July 1914: Berthold Molden's Unpublished Memorandum', *Central European History* 26(3) (September 1993), p. 308.

67 L. Bittner, 'Österreich-Ungarn und Serbien', *Historische Zeitschrift* 144(1) (1931), pp. 97–8.

68 安德里安、霍约什、莫顿以及较早时候的蒂萨（见下）都表达过类似观点。See Leslie, 'Österreich-Ungarn', p. 675, Fellner, ' "Mission Hoyos" ', p. 314, and Wank, 'Desperate Counsel', p. 300.

69 Tisza in March 1914, quoted in Herrmann, *Arming of Europe*, p. 211.

70 Conrad, *Aus meiner Dienstzeit*, iv, p. 55.

71 Fellner, ' "Mission Hoyos" ', p. 309.

72 Conrad, *Aus meiner Dienstzeit*, iv, pp. 36–7.

73 Kaiser Wilhelm II, 8 December 1912, quoted in J. C. G. Röhl, *The Kaiser and his Court: Wilhelm II and the Government of Germany* (Cambridge, 1994, 1999), p. 173.

74 H. Afflerbach, *Falkenhayn. Politisches Denken und Handeln im Kaiserreich* (Munich, 1994), esp. pp. 150–52 and 155.

75 Jarausch, *Enigmatic Chancellor*, pp. 148–51.

76 P. Bairoch, 'International Industrialization Levels from 1780 to 1980', *Journal of European Economic History* 11(2) (1982), p. 292.

77 Quotation from N. Ferguson, *The Pity of War* (London, 1998), p. 33. Figures from J. H. Clapham, *Economic Development of France and Germany, 1815–1914*, 4th edn (Cambridge, 1936, 1968), p. 5, and T. Nipperdey, *Deutsche Geschichte, 1866–1918. Arbeitswelt und Bürgergeist* (2 vols., Munich, 1998), i, pp. 9 and 234–7.

78 Clark, *Sleepwalkers*, pp. 92–3.

79 W. Mulligan, *The Origins of the First World War* (Cambridge, 2010), pp. 32–4.

80 Fischer, *Germany's Aims*, pp. 20–22, Mulligan, *Origins*, p. 54, and Clark, *Sleepwalkers*, pp. 150–52.

81 A point made by Paul W. Schroeder in 'World War I as Galloping Gertie: A Reply to Joachim Remak', *The Journal of Modern History* 44(3) (September 1972), pp. 322–3. 关于与其他欧陆国家相比，德国在面对国际危机时在军事上更为克制，参见 Stevenson, 'Militarization and Diplomacy', pp. 130–47。

82 Clark, *Sleepwalkers*, pp. 155–7, and Mulligan, *Origins*, pp. 54–8.

83 Schroeder, 'World War I as Galloping Gertie', pp. 324–5 and 328–9. Also Clark, *Sleepwalkers*, pp. 158–9.

84 H. H. Herwig, *'Luxury' Fleet: The Imperial German Navy, 1888–1918* (London, Boston and Sydney, 1980), pp. 33–92, and P. Kennedy, *The Rise of the Anglo-German Antagonism, 1860–1914* (London, 1980), pp. 444 and 451.

85 G. C. Peden, *Arms, Economics and British Strategy: From Dreadnoughts to Hydrogen Bombs* (Cambridge, 2009), p. 43. 皇家海军：20艘无畏舰和10艘战列巡洋舰，包括1艘澳大利亚的；其中26艘在国内水域，3艘战列巡洋舰在地中海，1艘战列巡洋舰在太平洋。德国海军：13艘无畏舰和5艘战列巡洋舰。所有这些舰船都在国内水域，只有1艘战列巡洋舰在地中海。

86 See H. Strachan, *The First World War. Volume I: To Arms* (3 vols., Oxford, 2001), i, p. 27。另外，有关法国大使援引英法海军合作协定的情况，参见 Clark, *Sleepwalkers*, pp. 540–41。

87 Mulligan, *Origins*, pp. 129–30, and Stevenson, *Armaments*, pp. 291–8. 关于1911年的征兵额，参见 M. Ingenlath, *Mentale Aufrüstung. Militarisierungstendenzen in Frankreich und Deutschland vor dem Ersten Weltkrieg* (Frankfurt and New York, 1998), p. 155, fn. 81。

88 Clark, *Sleepwalkers*, pp. 204–10, and Mulligan, *Origins*, pp. 71–4.

89 N. Stone, 'Army and Society in the Habsburg Monarchy, 1900–1914', *Past and Present* 33 (April 1966), p. 107, and Herrmann, *Arming of Europe*, pp. 234 and 237.

90 See Herrmann, *Arming of Europe*, pp. 183–91.

91 关于德国政治体制，参见 T. Nipperdey, *Deutsche Geschichte, 1866–1918. Machtstaat vor der Demokratie* (Munich, 1998), pp. 85–109。关于欧洲选举权，参见 Ferguson, *Pity of War*, p. 29。

92 N. Ferguson, 'Public Finance and National Security: The Domestic Origins of the First World War Revisited', *Past & Present* 142 (February 1994), pp. 153–68, and Herrmann, *Arming of Europe*, pp. 190–91.

93 Ferguson, 'Public Finance and National Security', p. 149.

94 Herrmann, *Arming of Europe*, p. 183.

95 D. Stevenson, 'War by Timetable? The Railway Race before 1914', *Past & Present* 162 (February 1999), pp. 178 and 186.

96 Kaiser Wilhelm II to Prince Henry of Prussia, 12 December 1912, reproduced in J. C. G. Röhl, 'Die Generalprobe. Zur Geschichte und Bedeutung des "Kriegsrates" vom 8. Dezember 1912', in W. Alff (ed.), *Deutschlands Sonderung von Europa, 1862–1945* (Frankfurt am Main, Bern and New York, 1984), p. 184.

97 See J. C. G. Röhl, 'Admiral von Müller and the Approach of War, 1911–1914', *The Historical Journal* 12(4) (December 1969), pp. 661–2.

98 Ibid., p. 664.

99 关于这次会议对德皇意见转变的意义，尤其要参见 I. V. Hull, *The Entourage of*

Kaiser Wilhelm II, 1888–1918 (Cambridge, 1982), pp. 261–5。关于它没有取得具体结果这一点，参见 Strachan, *First World War*, i, pp. 52–5。

100 Jarausch, *Enigmatic Chancellor*, pp. 132–9.
101 K. H. Jarausch, 'The Illusion of Limited War: Chancellor Bethmann Hollweg's Calculated Risk, July 1914', *Central European History* 2(1) (March 1969), p. 58.
102 关于俄国对德国军事行动的结果的担忧，参见 McMeekin, *Russian Origins*, pp. 31–3。关于报纸文章，参见 Jarausch, *Enigmatic Chancellor*, p. 140。
103 Strachan, *First World War*, i, pp. 62–3.
104 Bethmann Hollweg, quoted in Jarausch, 'Illusion of Limited War', 48. 关于军方要求发动先制人战争的压力，参见 A. Mombauer, *Helmuth von Moltke and the Origins of the First World War* (Cambridge, 2001), p. 172. 关于法金汉对先发制人战争的渴求，参见 Afflerbach, *Falkenhayn*, pp. 101–2。
105 关于英俄海军谈判对德国决策造成的影响，尤其见于 Mulligan, *Origins*, pp. 89–90。也见于 Jarausch, *Enigmatic Chancellor*, p. 157, and Clark, *Sleepwalkers*, p. 422。
106 See, for example, Strachan, *First World War*, i, p. 63.
107 See Clark, *Sleepwalkers*, pp. 418–19.
108 Jarausch, 'Illusion of Limited War', pp. 58–61.
109 Grey, quoted in Z. S. Steiner, *Britain and the Origins of the First World War* (London and Basingstoke, 1977), pp. 221–2.
110 Geiss (ed.), *July 1914*, pp. 174–5. See also D.A. Rich, 'Russia', in R. F. Hamilton and H. Herwig (eds.), *The Origins of World War I* (Cambridge, New York, Melbourne, Madrid and Cape Town, 2003), p. 218.
111 F. Fellner, 'Der Krieg in Tagebüchern und Briefen. Überlegungen zu einer wenig genützten Quellenart', in K. Amann and H. Lengauer (eds.), *Österreich und der Große Krieg, 1914–1918. Die andere Seite der Geschichte* (Vienna, 1989), p. 209.
112 Jarausch, *Enigmatic Chancellor*, p. 165.
113 Clark, *Sleepwalkers*, pp. 47–64 and 457–69.
114 Conversation between Berchtold and the Russian chargé d'affaires, 24 July 1914, in Geiss (ed.), *July 1914*, pp. 173–4.
115 Minutes of the Council of Ministers, 19 July 1914, in ibid., pp. 140–41. Also Williamson, *Austria-Hungary*, p. 212.
116 Fischer, *Germany's Aims*, pp. 62–71.
117 Wilhelm II to Jagow and Bethmann Hollweg to Tschirschky, both 28 July 1914, in Geiss (ed.), *July 1914*, pp. 256–7 and 259–60. Also Fischer, *Germany's Aims*, pp. 71–2, Clark, *Sleepwalkers*, p. 523, and H. Herwig, 'Germany', in Hamilton and Herwig (eds.), *Origins of World War I*, p. 178.
118 Strachan, *First World War*, i, pp. 78 and 80, and N. Stone, 'Die Mobilmachung der österreichisch-ungarischen Armee 1914', *Militärgeschichtliche Mitteilungen* 16(2) (1974), pp. 73–4 and 78. 奥匈帝国备战的迟缓给德国的局部化政策造成了影响，

这一点费舍尔阐述得尤为清晰。Fischer, *Germany's Aims*, p. 74.

119 Clark, *Sleepwalkers*, pp. 481–2.

120 S. R. Williamson and E. R. May, 'An Identity of Opinion: Historians and July 1914', *The Journal of Modern History* 79(2) (June 2007), p. 369.

121 Prince Troubetzkoi quoted in K. Wilson, 'Hamlet–With or Without the Prince: Terrorism at the Outbreak of the First World War', *The Journal of Conflict Studies* 27(2) (2007). Accessed at: http://journals.hil.unb.ca/index.php/jcs/article/view/10541/11751#no40 on 18 July 2013. 关于楚贝茨科伊对俄国更宏观的外交政策的敏锐理解，参见 Lieven, *Russia*, pp. 91–101。

122 Lieven, *Russia*, pp. 141–2.

123 Ibid., pp. 149–50.

124 McMeekin, *Russian Origins*, pp. 54–64. 关于备战阶段的细节以及对此做出的较富有同情之理解的阐释，也见于 Lieven, *Russia*, p. 144。

125 U. Trumpener, 'War Premeditated? German Intelligence Operations in July 1914', *Central European History* 9(1) (March 1976), p. 64.

126 Afflerbach, *Falkenhayn*, pp. 151–3, and Mombauer, *Helmuth von Moltke*, pp. 190–96.

127 Trumpener, 'War Premeditated?', pp. 65–71. 通过询问从俄国开来的列车上的乘客，哈布斯堡军方也得知了俄军开展的广泛准备工作。收集上来的信息包括：大量野战炮被运输途经华沙；实行了严格的审查；在俄属波兰征召了最年轻的三个年龄层的后备士兵这样的谣言。See AN Cracow: DPkr 96: fos. 1577–8.

128 See esp. Mombauer, *Helmuth von Moltke*, p. 202.

129 Moltke to Bethmann Hollweg, 29 July 1914 (composed on the previous day), in Geiss (ed.), *July 1914*, pp. 282–4.

130 Ibid., p. 284.

131 McMeekin, *Russian Origins*, p. 73.

132 Lieven, *Russia*, p. 146.

133 Trumpener, 'War Premeditated?', p. 80.

134 Afflerbach, *Falkenhayn*, pp. 155–7 and 159, fn 54. See also Mombauer, *Helmuth von Moltke*, pp. 202–4. 虽然巴伐利亚和萨克森驻柏林的军事代表认为毛奇在7月29日公开表现得很好战，但毛奇的私人备忘录及他给德皇与首相的建议更能说明问题，而且与 Mombauer 的主张相悖——Mombauer 声称当天毛奇"坚定地提出德国需要宣布全面动员"。

135 Clark, *Sleepwalkers*, pp. 528–9.

136 See Goschen to Grey, 29 July 1914, in Geiss (ed.), *July 1914*, pp. 300–301.

137 Fischer, *Germany's Aims*, pp. 76–9.

138 Cabinet Council for Common Affairs, 31 July 1914, in Geiss (ed.), *July 1914*, pp. 318–22, and Conrad, *Aus meiner Dienstzeit*, iv, pp. 148–51.

139 Trumpener, 'War Premeditated?', pp. 79–80.

140 Afflerbach, *Falkenhayn*, pp. 158–9, and Fischer, *Germany's Aims*, pp. 80–81.

141 Moltke to Bethmann Hollweg, 29 July 1914, in Geiss (ed.), *July 1914*, p. 283.

142 Conrad, *Aus meiner Dienstzeit*, iv, p. 152.

143 Moltke's adjutant Major Hans von Haeften, quoted in A. Mombauer, 'A Reluctant Military Leader? Helmuth von Moltke and the July Crisis of 1914', *War in History* 6(4) (October 1999), p. 437. 毛奇在他于1914年11月写下的、被公认具有自我开脱意味的《思考与回忆》一文中重复了上述观点。See E. von Moltke (ed.), *Generaloberst Helmuth von Moltke. Erinnerungen – Briefe – Dokumente, 1877–1916. Ein Bild vom Kriegsausbruch, erster Kriegsführung und Persönlichkeit des ersten militärischen Führers des Krieges* (Stuttgart, 1922), p. 16.

144 Trumpener, 'War Premeditated?', pp. 80–82.

145 Hamilton and Herwig (eds.), *Origins of World War I*, pp. 516–18.

146 H. H. Herwig, *The First World War: Germany and Austria-Hungary, 1914–1918* (London, New York, Sydney and Auckland, 1997), pp. 31–2.

147 G. A. von Müller, *The Kaiser and his Court: The Diaries, Note Books and Letters of Admiral Georg Alexander von Müller, Chief of the Naval Cabinet, 1914–1918*, ed. W. Görlitz and trans. M. Savill (London, 1961), p. 11.

148 Moltke (ed.), *Generaloberst Helmuth von Moltke*, p. 20.

149 Mombauer, *Helmuth von Moltke*, p. 222.

150 Kennedy, *Rise of the Anglo-German Antagonism*, pp. 461–2, and Clark, *Sleepwalkers*, pp. 529–47.

151 Redlich, *Schicksalsjahre Österreichs*, i, p. 237 (entry for 15 July 1914).

152 Afflerbach, *Falkenhayn*, p. 161.

153 Bethmann, quoted in Jarausch, 'Illusion of Limited War', 59.

第2章 动员民众

1 'Die Ermordung des Thronfolgers und seiner Gemahlin', *Reichspost. XXI. Jahrgang. Nr. 298* (29 June 1914), p. 1.

2 'Die Ermordung des Thronfolgerpaares', *Illustrirtes Wiener Extrablatt. 43. Jahrgang. Nr. 178* (29 June 1914), p. 1, and 'Der Thronfolger und seine Gemalin ermordet', *Christlichsoziale Arbeiter-Zeitung. XIX. Jahrgang. Nr. 27* (4 July 1914), p. 1.

3 'Feuilleton', *Neue Freie Presse. Nr. 17904* (30 June 1914), p. 1.

4 A. J. May, *The Passing of the Habsburg Monarchy, 1914–1918* (2 vols., Philadelphia, PA, 1966), i, pp. 23–9.

5 *Reichspost. XXI. Jahrgang. Nr. 308* (4 July 1914), pp. 2–3.

6 M. M. Reiter, *Balkan Assault: The Diary of an Officer, 1914–1918*, trans. S. Granovetter (London, 1994), pp. 3–4 (entry for 3 July 1914).

7 Ibid., p. 2 (entry for June 1914).

8 *Wiener Bilder. Illustriertes Familienblatt. XIX. Jahrgang. Nr. 27* (5 July 1914), pp. 1 and 4–5.

9 'Sarajevská tragedie', *Národní Listy* (30 June 1914).
10 *Wiener Bilder. Illustriertes Familienblatt. XIX. Jahrgang. Nr. 27* (12 July 1914), pp. 1 and 4–5. Also, for example, *Die Neue Zeitung. Illustrirtes unabhängiges Blatt. 7. Jahrgang. Nr. 180* (3 July 1914), p. 1, and *Sport & Salon. Illustrierte Zeitschrift für die vornehme Welt. 17. Jahrgang. Nr. 28* (11 July 1914), p. 1.
11 'Ein offizieller Bericht über das Attentat in Sarajevo' and 'Volkskundgebungen in Wien', *Reichspost. XXI. Jahrgang. Nr. 300* (30 June 1914), p. 2, and *Nr. 302* (1 July 1914), p. 3.
12 See *Neue Freie Presse. Nr. 17906* (2 July 1914), p. 6, *Nr. 17907* (3 July 1914), pp. 4–5, and *Nr. 17908* (4 July 1914), pp. 9–10. Also, *Reichspost. XXI. Jahrgang. Nr. 306* (3 July 1914), p. 8, *Nowa Reforma. Wydanie Popołudniowe. Rok XXXIII. Nr. 260* (3 July 1914), p. 1, and *Kurjer Lwowski. Rok XXXII. Nr. 279* (4 July 1914), p. 1, and *Nr. 281* (5 July 1914), p. 3.
13 *Die Neue Zeitung. Illustrirtes unabhängiges Blatt. 7. Jahrgang. Nr. 181* (4 July 1914), p. 5.
14 关于这些数字，参见 *Reichspost. XXI. Jahrgang. Nr. 308* (4 July 1914), p. 9, and *Neue Freie Presse. Nr. 17908* (4 July 1914), p. 9。
15 T. Raithel, *Das 'Wunder' der inneren Einheit. Studien zur deutschen und französischen Öffentlichkeit bei Beginn des Ersten Weltkrieges* (Bonn, 1996), pp. 157 and 161, fn 122.
16 L. L. Farrar, Jr, 'Reluctant Warriors: Public Opinion on War during the July Crisis 1914', *East European Quarterly* 16(4) (Winter 1982), pp. 419–20.
17 I. Daszyński, *Pamiętniki* (2 vols., Warsaw, 1957), ii, p. 145.
18 'Zgon następcy tronu Arcyks. Franciszka Ferdynanda i Jego Małżonki', *Czas. Rocznik LXVII. Nr. 251* (29 June 1914).
19 *Kurjer Lwowski. Rok XXXII. Nr. 271* (29 June 1914), pp. 2–3. 关于维也纳的普拉特公园，参见 Redlich, *Schicksalsjahre Österreichs*, i, p. 235 (entry for 29 June 1914)。
20 P. Bobič, *War and Faith: The Catholic Church in Slovenia, 1914–1918* (Leiden and Boston, MA, 2012), pp. 7 and 15–17.
21 J. Vit, *Wspomnienia z mojego pobytu w Przemyślu podczas rosyjskiego oblężenia 1914–1915*, trans. L. Hofbauer and J. Husar (Przemyśl, 1995), p. 31.
22 A. Czechówna, diary, 2 July 1914. AN Cracow: IT 428/38.
23 M. Schwestek, diary/memoir, 28 June 1914. KA Vienna: NL Schwestek, B/89.
24 *Neue Freie Presse. Nr. 17904* (30 June 1914), pp. 2–3, and *Nr. 17906* (2 July 1914), pp. 3 and 5.
25 Ibid., *Nr. 17909* (5 July 1914), p. 7, *Nr. 17910* (6 July 1914), pp. 3–4, and *Nr. 17913* (9 July 1914), p. 5. Also *Kurjer Lwowski. Rok XXXII. Nr. 275* (2 July 1914), p. 1.
26 *Neue Freie Presse. Nr. 17907* (3 July 1914), p. 3, and *Nr. 17912* (8 July 1914), p. 4.
27 M. Moll, ' "Verräter und Spione überall". Vorkriegs- und Kriegshysterie in Graz im

Sommer 1914', *Historisches Jahrbuch der Stadt Graz* 31 (2001), pp. 309–15.
28 K.u.k. Festungskommando in Trient to k.u.k. Korpskommando in Innsbruck, 8 August 1914. KA Vienna: Zentralstellen – KÜA 1914 (Aktenkartons): Karton 3: Nr. 1646.
29 O. C. Tăslăuanu, *With the Austrian Army in Galicia* (London, n.d.), p. 5.
30 M. Healy, *Vienna and the Fall of the Habsburg Empire: Total War and Everyday Life in World War I* (Cambridge, 2004, 2007), p. 238.
31 *Nowa* Reforma. *Wydanie Popołudniowe. Rok XXXIII. Nr. 296* (24 July 1914), p. 2. Also *Neue Freie Presse. Abendblatt. Nr. 17927* (23 July 1914), p. 4.
32 *Kurjer Lwowski. Rok XXXII. Nr. 272* (30 June 1914), p. 4, and *Nr. 282* (6 July 1914), p. 4, and *Nr. 297* (15 July 1914), p. 1; *Nowa Reforma. Wydanie Popołudniowe. Rok XXXIII. Nr. 276* (13 July 1914), p. 2.
33 Raithel, *Das 'Wunder'*, pp. 147–54 and 171–7.
34 A. Orzoff, 'The Empire Without Qualities: Austro-Hungarian Newspapers and the Outbreak of War in 1914', in T. R. E. Paddock (ed.), *A Call to Arms: Propaganda, Public Opinion and Newspapers in the Great War* (Westport, CT, 2004), p. 166.
35 'Die Sitzung des Abgeordnetenhauses', *Pester Lloyd. Abendblatt. 61. Jahrgang. Nr. 167* (24 July 1914), p. 1; 'Wiener Stimmungsbild vom heutigen Abend', *Neue Freie Presse. Abendblatt. Nr. 17928* (24 July 1914), p. 6.
36 *Neue Freie Presse. Nr. 17930* (26 July 1914), p. 4, and *Die Neue Zeitung. Illustrirtes unabhängiges Blatt. 7. Jahrgang. Nr. 203* (26 July 1914), p. 4. Also B. de Quidt, journal, p. 2. IWM: 96/32/1.
37 J. Verhey, *The Spirit of 1914: Militarism, Myth, and Mobilization in Germany* (Cambridge, 2000), pp. 26–31, and Raithel, *Das 'Wunder'*, pp. 228–33.
38 Verhey, *Spirit*, pp. 35 and 65; Raithel, *Das 'Wunder'*, pp. 242–77.
39 See *Neue Freie Presse. Nr. 17931* (27 July 1914), p. 2, and *Nr. 17934* (30 July 1914), pp. 7–8.
40 'Wenn sich der Doppeladler erhebt . . .', *Reichspost. Extraausgabe. XXI. Jahrgang. Nr. 347* (26 July 1914), p. 1.
41 *Neue Freie Presse. Nr. 17930* (26 July 1914), p. 4. 关于更大的数据，参见 *Oesterreichische Volks-Zeitung. 60. Jahrgang. Nr. 204* (26 July 1914), pp. 4 and 21。
42 Baernreither, diary, 28 July 1914, quoted in Fellner, 'Krieg in Tagebüchern', p. 209. 关于德国，参见 Verhey, *Spirit*, pp. 40–43。
43 A. Eisenmenger, *Blockade: The Diary of an Austrian Middle-Class Woman, 1914–1924* (London, 1932), p. 10.
44 T. Rohkrämer, 'August 1914 – Kriegsmentalität und ihre Voraussetzungen', in W. Michalka (ed.), *Der Erste Weltkrieg. Wirkung, Wahrnehmung, Analyse* (Munich and Zurich, 1992), pp. 767–73. Also Raithel, *Das 'Wunder'*, pp. 235–7.
45 S. Levsen, *Elite, Männlichkeit und Krieg. Tübinger und Cambridger Studenten, 1900–1929* (Göttingen, 2006), pp. 125, 137–9, 171–4 and 177.

46 S. Kawczak, *Milknące Echa. Wspomnienia z wojny 1914–1920* (Warsaw, 1991), p. 6.
47 C. E. Wirth, diary, 11 August 1914. DTA, Emmendingen: 1798,6.
48 Raithel, *Das 'Wunder'*, pp. 178 and 242.
49 See decrees by the k.k. Statthaltereipräsidium in Böhmen, 30 July 1914. KA Vienna: Zentralstellen – KÜA 1914 (Aktenkartons): Karton 2: Nr. 624. 关于德国，参见 Verhey, *Spirit*, pp. 47–8。
50 Conrad, *Aus meiner Dienstzeit*, iv, p. 34.
51 Statthalter Prag to Minister des Innern, 26 July 1914. KA Vienna: KÜA 1914 (Aktenkartons): Karton 1: Nr. 43.
52 Führ, *K.u.k. Armeeoberkommando*, pp. 17–19.
53 Quoted in S. Miller, *Burgfrieden und Klassenkampf. Die deutsche Sozialdemokratie im Ersten Weltkrieg* (Düsseldorf, 1974), p. 44.
54 Nipperdey, *Deutsche Geschichte*, ii, pp. 232 and 561. 关于奥地利的数据，参见 Macartney, *Habsburg Empire*, p. 673。
55 W. Kruse, *Krieg und nationale Integration. Eine Neuinterpretation des sozialdemokratischen Burgfriedensschlusses, 1914/15* (Essen, 1993), pp. 18–29 and 40.
56 *Hamburger Echo*, 25 July 1914, quoted in Raithel, *Das 'Wunder'*, p. 175.
57 Quoted in Miller, *Burgfrieden*, p. 39.
58 Kruse, *Krieg und nationale Integration*, pp. 30–42. Also, Raithel, *Das 'Wunder'*, p. 185, and Verhey, *Spirit*, pp. 52–7.
59 See Nipperdey, *Deutsche Geschichte*, i, p. 269, and Okey, *Habsburg Monarchy*, p. 239.
60 H. Heiss, 'Andere Fronten. Volksstimmung und Volkserfahrung in Tirol während des Ersten Weltkrieges', in K. Eisterer and R. Steininger (eds.), *Tirol und der Erste Weltkrieg* (Innsbruck, 1995), p. 142.
61 M. Sperber, *God's Water Carriers*, trans. J. Neugroschel (New York and London, 1987), pp. 69–70.
62 D. Ściskała, *Z dziennika kapelana wojskowego, 1914–1918* (Cieszyn, 1926), p. 7.
63 R. Höfner, diary, 27 December 1914 (referring to war's outbreak). DTA, Emmendingen: 1280, 1.
64 K. Małłek, *Z Mazur do Verdun. Wspomnienia, 1890–1919* (n.p., 1967), p. 176.
65 B. Ziemann, *Front und Heimat. Ländliche Kriegserfahrung im südlichen Bayern, 1914–1923* (Essen, 1997), pp. 40–43.
66 'An meine Völker', printed in *Reichspost. Morgenblatt. XXI. Jahrgang. Nr. 352* (Vienna, 29 July 1914), p. 1.
67 See *Neue Freie Presse. Nr. 17932* (28 July 1914), pp. 2–4, and *Pester Lloyd. Morgenblatt. 61. Jahrgang. Nr. 177* (28 July 1914), pp. 3–4. Cf. Raithel, *Das 'Wunder'*, pp. 179–80.

68 'Ministerpräsident Graf Stephen Tisza über den Zwischenfall bei Temeskubin', *Pester Lloyd. Morgenblatt. 61. Jahrgang. Nr. 177* (28 July 1914), p. 5.
69 N. Stone, 'Die Mobilmachung der österreichisch-ungarischen Armee 1914', *Militärgeschichtliche Mitteilungen* 16(2) (1974), pp. 70–71.
70 'Weltkrieg oder Lokalerkrieg', *Neue Freie Presse. Abendblatt. Nr. 17933* (29 July 1914), p. 1.
71 G. Gruber to Cousine E. Hoch, 9 January 1915. DTA, Emmendingen: 138a.
72 W. Wagner, diary, 30 July 1914 (accessed at www.europeana1914–1918.eu on 19 September 2012).
73 *Frankfurter Zeitung und Handelsblatt. Abendblatt. 58. Jahrgang. Nr. 209* (30 July 1914). Also Raithel, *Das 'Wunder'*, pp. 188–90 and 253–5.
74 Kaiser Wilhelm II's speech of 31 July 1914, reproduced in R. H. Lutz (ed.), *Fall of the German Empire, 1914–18* (2 vols., Stanford, CA, London and Oxford, 1932), i, p. 4.
75 *Kölnische Zeitung*, quoted in Raithel, *Das 'Wunder'*, pp. 188–9 and 256–60.
76 G. Gruber to Cousine E. Hoch, 9 January 1915. DTA, Emmendingen: 138a. Cf. W. Wagner, diary, 31 July 1914 [sic?] (accessed at www.europeana1914–1918.eu on 19 September 2012), and Raithel, *Das 'Wunder'*, p. 265.
77 E. Stempfle, diary, 1 August 1914. DTA, Emmendingen: 1654.
78 Kaiser Wilhelm, 1 August 1914, quoted in Verhey, *Spirit*, pp. 65–6. 我对于德国的动员所收到的反响的描述在很大程度上应当归功于 Raithel, *Das 'Wunder'*, pp. 263–8 and 276–7。
79 *Volksblatt*, quoted in L. James, 'War and Industry: A Study of the Industrial Relations in the Mining Regions of South Wales and the Ruhr During the Great War, 1914–1918', *Labour History Review* 68(2) (August 2003), p. 202.
80 See Heeres-Sanitätsinspektion des Reichskriegsministeriums (ed.), *Sanitätsbericht über das Deutsche Heer (Deutsches Feld- und Besatzungsheer) im Weltkriege 1914/1918 (Deutscher Kriegssanitätsbericht 1914/18). Die Krankenbewegung bei dem deutschen Feld- und Besatzungsheer im Weltkriege 1914/1918* (3 vols., Berlin, 1934), iii, p. 12; G. Gratz and R. Schüller, *Der wirtschaftliche Zusammenbruch Österreich-Ungarns. Die Tragödie der Erschopfung* (Vienna and New Haven, CT, 1930), p. 151; and Reichsarchiv, *Der Weltkrieg 1914 bis 1918. Die Grenzschlachten im Westen* (14 vols., Berlin, 1925), i, p. 38.
81 A. Hausner, diary, 27 July 1914. KA Vienna: NL Hausner, B/217.
82 Ściskała, *Z dziennika kapelana*, p. 8. Cf. Bobič, *War and Faith*, pp. 28–34, and Ziemann, *Front*, pp. 50–52.
83 Wilhelm Eildermann, quoted in Kruse, *Krieg und nationale Integration*, p. 59.
84 Tăslăuanu, *With the Austrian Army*, p. 9, and Kawczak, *Milknące Echa*, p. 9.
85 H. Götting, diary, 11 August 1914. DTA, Emmendingen: 700/I.
86 Verhey, *Spirit*, p. 93, and Rauchensteiner, *Tod des Doppeladlers*, p. 140.

87 See J. Kocka, *Facing Total War: German Society, 1914–1918* (Leamington Spa, 1984), p. 23.
88 J. Lawrence, 'The Transition to War in 1914', in J. Winter and J.-L. Robert (eds.), *Capital Cities at War: Paris, London, Berlin, 1914–1919* (Cambridge, New York and Melbourne, 1997), p. 143. Also G. Mai, *Kriegswirtschaft und Arbeiterbewegung in Württemberg, 1914–1918* (Stuttgart, 1983), pp. 65–7.
89 U. Daniel, *The War from Within: German Working-Class Women in the First World War* (Oxford and New York, 1997), p. 26.
90 Reports of Polizeipräsident in Berlin, 25 and 26 August 1914. BA Berlin Lichterfelde: R43/ 2398: fo. 109 and reverse of fos. 113–14.
91 'Skutki okonomiczne wojny', 3 September 1914. AN Cracow: DPKr 97: fo. 1063.
92 K.u.k. Kriegsüberwachungsamt, order, 8 August 1914. KA Vienna: Zentralstellen – KÜA 1914 (Aktenkartons): Karton 2: Nr. 743.
93 Raithel, *Das 'Wunder'*, p. 449, also, more generally, pp. 447–54.
94 H. P. Hanssen, *Diary of a Dying Empire*, trans. O. Osburn, ed. R. H. Lutz, M. Schofield and O. O. Winther (Port Washington, NY, and London, 1955, 1973), pp. 22–3.
95 Kommandantur Posen, poster, 1 August 1914. AP Poznań: Polizei-Präsidium Posen: 8975.
96 2. Polizei Revier, Telephonische Mitteilung, 3 August 1914. AP Poznań: Polizei-Präsidium Posen: 8976.
97 Letter from anonymous Unteroffizier der Reserve, 8 August 1914. AP Poznań: Polizei-Präsidium Posen: 8976.
98 Landrat at Montabaur to Regierungspräsident in Wiesbaden, 6 August 1914. HHStA Wiesbaden: Preußisches Regierungspräsidium Wiesbaden (405): Nr. 2739: fo. 53.
99 S. O. Müller, *Die Nation als Waffe und Vorstellung. Nationalismus in Deutschland und Großbritannien im Ersten Weltkrieg* (Göttingen, 2002), pp. 67–9. Also Verhey, *Spirit*, pp. 84–6.
100 关于德国，参见 Verhey, *Spirit*, pp. 85–6。关于奥地利，参见 the documentation of the Kriegsüberwachungsamt from August 1914 in KA Vienna: KÜA 1914 (Aktenkartons): Karton 1: Nr. 538; Karton 3, Nr. 1507; and Karton 4: Nrs. 2278 and 2581。Also telegrams in AN Cracow: DPKr 96: fos. 1087, 1099, 1105, 1113 and 1115。
101 Miller, *Burgfrieden*, p. 51.
102 SPD statement, 4 August 1914, reproduced in Lutz (ed.), *Fall*, i, p. 16.
103 Miller, *Burgfrieden*, pp. 41–3 and 50–51.
104 See doc. 77, preußischer Kriegsminister to preußische Generalkommandos, 25 July 1914, in W. Deist (ed.), *Militär und Innenpolitik im Weltkrieg 1914–1918* (2 vols., Düsseldorf, 1970), i, pp. 188–92. Also pp. XLI–XLIV.

105 See the documentation in AP Gdańsk: Regierung Marienwerder (Regencja w Kwidzynie) (10): 10230: fos. 27–43, and Oberpräsident der Provinz Westpreußen to the Minister des Innern, GStA PK, Berlin: I. HA Rep 77, Tit. 863a, 17: fo. 2.

106 A. Majkowski, *Pamiętnik z wojny europejskiej roku 1914*, ed. T. Linkner (Pelplin and Wejherowo, 2000), p. 75 (entry for 7 August 1914). 关于德国东部边境地区的公众情绪与军方措施，参见 the Landräte reports in AP Gdańsk: Rejencja w Kwidzenie (10): 10229: fos. 94–179, and AP Opole: Rejencja Opolska–Biuro Prezydialne: 141: 193–237, and Oberpräsident der Provinz Posen, report, 6 January 1915. GStA PK, Berlin: I. HA Rep 90A, 3748: fo. 100, reverse of fo. 103。

107 A. Kramer, 'Wackes at War: Alsace-Lorraine and the Failure of German National Mobilization, 1914–1918', in J. Horne (ed.), *State, Society and Mobilization in Europe during the First World War* (Cambridge, 1997), p. 108. Also Statthalter in Elsaß-Lothringen to Armee-Oberkommando der 7. Armee, 20 August 1914. GLA Karlsruhe: 465 F7 Nr. 165 and Chancellor to Prussian War Minister, 19 September 1914, and Bishop of Metz to Kaiser, 10 September 1914. BA Berlin Lichterfelde: R43/2465c: fos. 17 and 25–6.

108 C. Bundgård Christensen, *Danskere på Vestfronten, 1914–1918* (Copenhagen, 2009), p. 25.

109 Kruse, *Krieg und nationale Integration*, pp. 52–89. Also, Miller, *Burgfrieden*, pp. 46–6 and 51–74.

110 Bethmann's speech of 4 August 1914, reproduced in Lutz (ed.), Fall, i, pp. 9–13.

111 Kaempf's speech of 4 August 1914, reproduced in ibid., pp. 14–15.

112 SPD statement, 4 August 1914, reproduced in ibid., pp. 15–16.

113 Miller, *Burgfrieden*, pp. 39 and 65–8. Also, *Verhandlungen des Reichstags. XIII Legislaturperiode. II. Session. Band 306. Stenographische Berichte. Von der Eröffnungssitzung am 4. August 1914 bis zur 34. Sitzung am 16. März 1916* (Berlin, 1916), pp. 1–12, and Raithel, *Das 'Wunder'*, pp. 283–5.

114 Hanssen, *Diary of a Dying Empire*, p. 12 (entry of 2 August 1914).

115 Anonymous doctor, diary, 4 August 1914. DTA, Emmendingen: 1792.

116 H. Götting, diary, 7 August 1914. DTA, Emmendingen: 700/I. Cf. K. Wehrhan, *Gloria, Viktoria! Volkspoesie an Militärzügen* (Leipzig, 1915).

117 W. Schuhmacher, *Leben und Seele unseres Soldatenlieds im Weltkrieg* (Frankfurt am Main, 1928), pp. 150–51. See also A. Gregory, 'Railway Stations: Gateways and Termini', in Winter and Robert, *Capital Cities at War*, ii, p. 29.

118 W. Wagner, diary, 2–3 August 1914 (accessed at www.europeana1914–1918.eu on 19 September 2012).

119 E. Mortler, diary, 7 August 1914. DTA, Emmendingen: 260.

120 See K. Flasch, *Die geistige Mobilmachung. Die deutschen Intellektuellen und der Erste Weltkrieg* (Berlin, 2000), esp. pp. 43–4 and 79–80.

121 Polizeipräsident in Berlin to Unterstaatssekretär in der Reichskanzlei, 'Fünfter Stimmungsbericht', 5 September 1914. BA Berlin Lichterfelde: R43/2398: fo. 142.

122 This quotation is from F. Rubenbauer, 'Der Sturm auf Ypern, Freiwillige vor!', in F. Solledor (ed.), *Vier Jahre Westfront. Geschichte des Regiments List R.I.R. 16* (Munich, 1932), p. 4，但关于传达了相同信息的报纸报道，可参见 8 月上旬的《柏林日报》。

123 例如，参见一名匿名战争志愿者的日记。BA-MA Freiburg: Msg 2/65. 在比较语境中的志愿者，参见 A. Watson, 'Voluntary Enlistment in the Great War: A European Phenomenon?', in C. Krüger and S. Levsen (eds.), *War Volunteering in Modern Times: From the French Revolution to the Second World War* (Basingstoke and New York, 2011), pp. 163–88。

124 Kruse, *Krieg und nationale Integration*, pp. 76–7.

125 A. Watson, ' "For Kaiser and Reich": The Identity and Fate of the German Volunteers, 1914–1918', *War in History* 12(1) (January 2005), pp. 50–56.

126 See G. L. Mosse, *Fallen Soldiers: Reshaping the Memory of the World Wars* (New York and Oxford, 1990), pp. 17–28.

127 J. Segall, *Die deutschen Juden als Soldaten im Kriege 1914–1918* (Berlin, 1922), pp. 18–22. 关于动机，参见 T. Grady, *The German-Jewish Soldiers of the First World War in History and Memory* (Liverpool, 2011), pp. 24–31。

128 A. Watson, 'Fighting for Another Fatherland: The Polish Minority in the German Army, 1914–1918', *The English Historical Review* 126(522) (October 2011), pp. 1142–3.

129 P. Plaut, 'Psychographie des Kriegers', in W. Stern and O. Lipmann (eds.), *Beihefte zur Zeitschrift für angewandte Psychologie. 21. Beiträge zur Psychologie des Krieges* (Leipzig, 1920), p. 13. Cf. also Watson, 'Identity and Fate', pp. 57–62.

130 C. Geinitz and U. Hinz, 'Das Augusterlebnis in Südbaden: Ambivalente Reaktionen der deutschen Öffentlichkeit auf den Kriegsbeginn 1914', in G. Hirschfeld, G. Krumeich, D. Langewiesche and H.-P. Ullmann (eds.), *Kriegserfahrungen. Studien zur Sozial- und Mentalitätsgeschichte des Ersten Weltkriegs* (Essen, 1997), pp. 29–30.

131 M. Bäckmann to the Kaiser, 6 August 1914. HHStA Wiesbaden (405): Nr. 2770: fo. 100. 这样的申请（她被拒了）并不是只有这一例。See E. Buchner (ed.), *Kriegsdokumente. Der Weltkrieg 1914/15 in der Darstellung der zeitgenössischen Presse* (9 vols., Munich, 1914), ii, pp. 134–5, docs 193, 193b and 193c.

132 Kaiserin's appeal of 6 August 1914, reproduced in Lutz (ed.), *Fall*, i, pp. 21–2.

133 A. Süchtig-Hänger, *Das 'Gewissen der Nation'. Nationales Engagement und politisches Handeln konservativer Frauenorganisationen 1900 bis 1937* (Düsseldorf, 2002), p. 103.

134 E. Stempfle, diary, 26, 28 and 30 August and 4–8 September 1914. DTA, Emmendingen: 1654.

135 Süchtig-Hänger, *Das 'Gewissen der Nation'*, pp. 90–107 (quotation at p. 95),

Daniel, *War from Within*, p. 73, Nipperdey, *Deutsche Geschichte*, i, pp. 73–94, and U. Planert, 'Zwischen Partizipation und Restriktion: Frauenemanzipation und nationales Paradigma von der Aufklärung bis zum Ersten Weltkrieg', in D. Langewiesche and G. Schmidt (eds.), *Föderative Nation. Deutschlandkonzepte von der Reformation bis zum Ersten Weltkrieg* (Munich, 2000), p. 423.

136 Moltke, quoted in Mombauer, *Helmuth von Moltke*, p. 299.

137 See R. Chickering, *The Great War and Urban Life in Germany: Freiburg, 1914–1918* (Cambridge, 2007), pp. 70 and 371.

138 See E. Bruckmüller, 'Patriotic and National Myths: National Consciousness and Elementary School Education in Imperial Austria', in L. Cole and D. L. Unowsky (eds.), *The Limits of Loyalty: Imperial Symbolism, Popular Allegiances, and State Patriotism in the Late Habsburg Monarchy* (New York and Oxford, 2007), pp. 11–35.

139 T. Zahra, 'Imagined Noncommunities: National Indifference as a Category of Analysis', *Slavic Review* 69(1) (Spring 2010), pp. 93–119.

140 关于一个全帝国范围的"哈布斯堡社会"的缺失，参见 E. Bruckmüller, 'Was There a "Habsburg Society" in Austria-Hungary?', *Austrian History Yearbook* 37 (2006), pp. 1–16。

141 Suffragan Bishop of Salzburg, quoted in G. Barth-Scalmani, ' "Kriegsbriefe". Kommunikation zwischen Klerus und Kirchenvolk im ersten Kriegsherbst 1914 im Spannungsfeld von Patriotismus und Seelsorge', in K. Brandstätter and J. Hörmann (eds.), *Tirol–Österreich–Italien. Festschrift für Josef Riedmann zum 65. Geburtstag* (Innsbruck, 2005), p. 67.

142 J. Galántai, *Hungary in the First World War* (Budapest, 1989), pp. 72–9.

143 Führ, *K.u.k. Armeeoberkommando*, pp. 17–23, and J. Redlich, *Austrian War Government* (New Haven, CT, and London, 1929), pp. 77–86 and 149–50.

144 Redlich, *Schicksalsjahre Österreichs*, i, p. 252 (entry for 26 August 1914).

145 'Allgemeine Mobilisierung, Stimmung der Bevölkerung', 2 August 1914: KA Vienna: KÜA 1914 (Aktenkartons): Karton 1: Nr. 443.

146 A. Hausner, diary, 1 August 1914. KA Vienna: NL Hausner, B/217. Also, Galántai, *Hungary*, p. 68.

147 K.k. Landespräsidium in Krain to Minister des Innern, 31 July 1914. KA Vienna: KÜA 1914 (Aktenkartons): Karton 1: Nr. 285/I.

148 K.u.k. Militärkommando in Prag to k.u.k. Kriegsüberwachungsamt, 'Stimmungsberichte', 19 October 1914. KA Vienna: KÜA 1914 (Aktenkartons): Karton 13: Nr. 7626.

149 'Auszug aus mehreren Rapporten der Nordwestbahndirektion an das Eisenbahnministerium aus Anlaß der Mobilisierung'. KA Vienna: KÜA 1914 (Aktenkartons): Karton 1: Nr. 229.

150 Heiss, 'Andere Fronten', p. 142.

151 Order of k.k. Ldw. Inf. Trpen. Div. Kdo. in Zaleszczyki, 9 August 1914. Kriegsarchiv

Vienna: NFA. 43. Sch. Division: Karton 2179 (Op. Akten v, August 1914): doc. 8.
152 Minister des Innern to k.k. Statthalter in Lemberg, 8 August 1914. AN Cracow: DPKr 96: 2959/14: fo. 495. Cf. W. Witos, *Moje Wspomnienia* (3 vols., Paris, 1964), ii, p. 12, and, generally for Austria-Hungary, Bundesministerium für Heereswesen und Kriegsarchiv, *Österreich-Ungarns letzter Krieg. Das Kriegsjahr 1914. Vom Kriegsausbruch bis zum Ausgang der Schlacht bei Limanowa-Lapanów* (7 vols., Vienna, 1930), i, p. 26.
153 'Die Kriegsbegeisterung in Oesterreich', *Reichspost. Morgenblatt. XXI. Jahrgang. Nr. 359* (1 August 1914), p. 7. Also, 'Meldungen zum freiwilligen Kriegsdienst', *Reichspost. Morgenblatt. XXI. Jahrgang. Nr. 368* (6 August 1914), p. 7.
154 See minutes of Austrian Ministerrat meeting, 24 August 1914. AVA Vienna: MR-Prot. 1914–18. Karton 28: Nr. 43.
155 R. Hecht, 'Fragen zur Heeresergänzung der gesamten bewaffneten Macht Österreich-Ungarns während des Ersten Weltkrieges', unpublished PhD thesis, University of Vienna (1969), p. 159.
156 S. Sperber to Kriegsministerium, *c.* early August 1914. KA Vienna: KÜA 1914 (Aktenkartons): Karton 2: Nr. 864.
157 Galántai, *Hungary*, pp. 58 and 70.
158 机敏的政治评论家约瑟夫·雷德利希笃定地认为如此。See Redlich, *Austrian War Government*, pp. 98–9.
159 Stürgkh to Landeschefs, quoted in Führ, *K.u.k. Armeeoberkommando*, p. 27.
160 See, for example, *Neue Freie Presse. Nr. 17935* (31 July 1914), p. 9, and *Nr. 17936* (1 August 1914), p. 9.
161 E. Kwaśny, '*Krakowskie dzieci' (Trzynasty Pułk) na polu chwały, 1914–1915* (Cracow, 1917), p. 30.
162 Bobič, *War and Faith*, pp. 29–30.
163 See, e.g., *Nowa Reforma. Wydanie Popołudniowe. Rok XXXIII. Nr. 309* (30 July 1914), p. 2.
164 Kgl. Grenzpolizeihauptmannschaft in Sušak, 16 October 1916, and k.u.k. Militärkommando in Prague to k.u.k. Kriegsüberwachungsamt in Vienna, 19 October 1914. KA Vienna: KÜA 1914 (Aktenkartons): Karton 13: Nrs. 7594 and 7626; Bobič, *War and Faith*, pp. 28–9; J. Hupka, *Z czasów wielkiej wojny. Pamiętnik nie kombatanta* (Lwów, 1937), p. 12. 关于这些挂坠，参见 report to k.k. mährische Statthalterei-Praesidium, 13 October 1914. KA Vienna: KÜA 1914 (Aktenkartons): Karton 13: Nr. 7384。
165 M. L. Rozenblit, *Reconstructing National Identity: The Jews of Habsburg Austria during World War I* (Oxford and New York, 2001), pp. 28–31 and 43–54.
166 Poster, 10 August 1914, reproduced in J. J. Sosnowski, *Prawda dziejowa, 1914–1917* (Warsaw, 1925), p. 19.

167 K.u.k. Militärkommando in Zagreb to k.u.k. Stationskommandanten in Fiume, 17 September 1914; Kgl. Grenzpolizeihauptmannschaft in Sušak, 16 October 1916, and Kgl. kroat. slav. Gendarmeriekmdo, Lt. Dragatin Čanić, 15 October 1914. KA Vienna: KÜA 1914 (Aktenkartons): Karton 13: Nr. 7594.

168 W. Conze, *Polnische Nation und deutsche Politik im Ersten Weltkrieg* (Cologne and Graz, 1958), pp. 54 and 91.

169 Hecht, 'Fragen zur Heeresergänzung', pp. 99–111.

170 K. Bachmann, '*Ein Herd der Feindschaft gegen Rußland*'. *Galizien als Krisenherd in den Beziehungen der Donaumonarchie mit Rußland (1907–1914)* (Vienna and Munich, 2001), pp. 65–95 and 119–27. Also J. T. Nowak, 'Działania I Brygady Legionów Polskich, 1914–1915', in W. Milewska, J. T. Nowak and M. Zientara (eds.), *Legiony Polskie, 1914–1918. Zarys historii militarnej i politycznej* (Cracow, 1998), pp. 13–22.

171 J. M. Majchrowski, *Pierwsza Kompania Kadrowa. Portret Oddziału* (Cracow, 2004), pp. 18–22.

172 Quoted in Bachmann, '*Herd der Feindschaft*', p. 127.

173 W. Sukiennicki, *East Central Europe during World War I: From Foreign Domination to National Independence* (2 vols., Boulder, CO, 1984), i, pp. 88–90; J. Mleczak, *Akcja werbunkowa Naczelnego Komitetu Narodowego w Galicji i Królestwie Polskim w latach 1914–1916* (Przemyśl, 1988), pp. 113–17, 125–8, 149–52 and 158–9. Also L. Dudek, 'Polish Military Formations in World War I', in B. K. Király and N. F. Dreisziger (eds.), *East Central European Society in World War I* (Boulder, CO, and Highland Lakes, 1985), pp. 454–60, and Nowak, 'Działania I Brygady Legionów Polskich', pp. 19–31.

174 Galántai, *Hungary*, pp. 95–8.

175 Stürgkh to Landeschefs, quoted in Führ, *K.u.k. Armeeoberkommando*, p. 27.

176 F. Exner, *Krieg und Kriminalität in Österreich. Mit einem Beitrag über die Kriminalität der Militärpersonen von Prof Dr G. Lelewer* (Vienna and New Haven, CT, 1927), p. 26.

177 M. Moll, 'Erster Weltkrieg und Ausnahmezustand, Zivilverwaltung und Armee: Eine Fallstudie zum innerstaatlichen Machtkampf 1914–1918 im steirischen Kontext', in S. Beer, E. Marko-Stöckl, M. Raffler and F. Schneider (eds.), *Focus Austria: vom Vielvölkerreich zum EU-Staat. Festschrift für Alfred Ableitinger zum 65. Geburtstag* (Graz, 2003), pp. 390 and 395.

178 'Verzeichnis über Strafsachen betreffend serbo- und russophile Kundgebungen und Aeusserungen', appendix to k.k. mähr. schles. Oberstaatsanwalt in Brünn to k.k. Justizministerium, 12 August 1914. KA Vienna: KÜA 1914 (Aktenkartons): Karton 4: Nr. 2232.

179 M. Moll, 'Österreichische Militärgerichtsbarkeit im Ersten Weltkrieg–'Schwert des Regimes'? Überlegungen am Beispiel des Landwehrdivisionsgerichtes Graz im Jahre

1914', *Mitteilungen des Steiermärkischen Landesarchivs* 50 (2001), pp. 314–43 and 352–3.
180 Bobič, *War and Faith*, pp. 137–9; Moll, 'Erster Weltkrieg und Ausnahmezustand', pp. 387–8, 390 and 395.
181 Galántai, *Hungary*, pp. 95–6
182 M. Glettler, 'Die slowakische Gesellschaft unter der Einwirkung von Krieg und Militarisierung 1914–1918', in H. Mommsen, D. Kováč, J. Malíř and M. Marek (eds.), *Der Erste Weltkrieg und die Beziehungen zwischen Tschechen, Slowaken und Deutschen* (Essen, 2001), p. 100.
183 Conrad, quoted in I. Marin, 'World War I and Internal Repression: The Case of Major General Nikolaus Cena', *Austrian History Yearbook* 44 (2013), p. 195.
184 'Verhaftung von politisch verdächtigen Personen in allen Teilen der Monarchie', KA Vienna: MKSM (1914): 69–11/2.
185 Tisza to Franz Joseph, 27 July 1914; 'Bericht über die in Sudungarn, Kroatien und Slavonien gepflogenen Erhebungen', in, respectively, KA Vienna: MKSM (1914): 69–6/12 and 69–11/2–3.
186 Bolfras to Conrad, 24 August 1914; Conrad, *Aus meiner Dienstzeit*, iv, p. 549.
187 Kriegsminister to Franz Joseph, 16 September 1914; KA Vienna: MKSM (1914): 69–11/2.
188 Tisza to Franz Joseph, 27 July 1914; KA Vienna: MKSM (1914): 69–6/12; also Tisza, *Letters*, p. 49 (telegram to Archduke Friedrich, 19 September 1914).
189 A. Hausner, diary, 22 August 1914. KA Vienna: NL Hausner, B/217.

第3章 源于错觉的战争

1 Reichsarchiv, *Weltkrieg*, i, pp. 38–9. 这些数字仅指野战军而言。一些被动员的部队（具体参见第2章）用于后方与训练。
2 S. Broadberry and M. Harrison, 'The Economics of World War I: An Overview', in S. Broadberry and M. Harrison (eds.), *The Economics of World War I* (Cambridge, New York, Melbourne, Madrid, Cape Town, Singapore and São Paulo, 2005), pp. 7 and 10.
3 S. Förster, 'Der deutsche Generalstab und die Illusion des kurzen Krieges, 1871–1914. Metakritik eines Mythos', *Militärgeschichtliche Mitteilungen* 54(1) (1995), p. 79.
4 H. Herwig, 'Disjointed Allies: Coalition Warfare in Berlin and Vienna, 1914', *The Journal of Military History* 54(3) (July 1990), pp. 272–7.
5 G. Kronenbitter, 'Die militärische Planung der k.u.k. Armee und der Schlieffenplan', in H. Ehlert, M. Epkenhans and G. P. Groß, *Der Schlieffenplan. Analysen und Dokumente* (Paderborn, Munich, Vienna and Zurich, 2006), pp. 216–20; M. Schmitz, 'Verrat am Waffenbruder? Die Siedlice-Kontroverse im Spannungsfeld von Kriegsgeschichte und Geschichtspolitik', *Militärgeschichtliche Zeitschrift* 67(2) (2008), pp. 397–407.

6   Herwig, *First World War*, p. 45.
7   最近，历史学家对施里芬计划的看法得到了彻底修正。关于这一修正的起点，参见 T. Zuber 富有创新性的研究 'The Schlieffen Plan Reconsidered', *War in History* 6(3) (July 1999), pp. 262–9。笔者在此对施里芬计划的阐释依循 T. M. Holmes 对 Zuber 的观点做出的具有说服力的评论以及 T. M. Holmes 出色的资料来源分析，参见 T. M. Holmes, 'The Reluctant March on Paris: A Reply to Terence Zuber's "The Schlieffen Plan Reconsidered" ', *War in History* 8(2) (April 2001), pp. 208–32, idem, 'The Real Thing: A Reply to Terence Zuber's "Terence Holmes Reinvents the Schlieffen Plan" ', *War in History* 9(1) (January 2002), pp. 111–20, and idem, 'Asking Schlieffen: A Further Reply to Terence Zuber', *War in History* 10(4) (November 2003), pp. 464–79。
8   我们如今已经看不到毛奇为 1914 年的战役制订的计划；它在 1939 年仍然是绝密，被封存于普鲁士军事档案馆中，但二战末期英军炸弹击中档案馆，这份计划被烧毁了。为了重现毛奇的意图，历史学家们已经开展了一些令人印象深刻的探寻工作。除去注释 7 提出的文献，亦可参见 G. P. Groß, 'There was a Schlieffen Plan: Neue Quellen', in H. Ehlert, M. Epkenhans and G. P. Groß (eds.), *Der Schlieffenplan. Analysen und Dokumente* (Paderborn, Munich, Vienna and Zurich, 2006), pp. 117–60。
9   Förster, 'Der deutsche Generalstab', p. 84.
10 Holmes, 'Asking Schlieffen', pp. 476–9.
11 Reichsarchiv, *Weltkrieg*, i, pp. 22–3, 69 and 696, Strachan, *First World War*, i, pp. 228–9, R. A. Doughty, *Pyrrhic Victory: French Strategy and Operations in the Great War* (Cambridge, MA, and London, 2005), p. 29, Herwig, *First World War*, p. 59, and H. Jäger, *German Artillery of World War One* (Ramsbury, 2001), pp. 23–8.
12 Herrmann, *Arming of Europe*, pp. 200–4.
13 Moltke, 1911, quoted in Mombauer, *Helmuth von Moltke*, p. 229.
14 Ibid., pp. 34–41, and T. N. Dupuy, *Genius for War: The German Army and General Staff, 1807–1945* (London, 1977), esp. pp. 302–5. 另外，关于总参谋部的视野狭窄（特别是在 1890 年以后），参见 D. E. Showalter, 'From Deterrence to Doomsday Machine: The German Way of War, 1890–1914', *Journal of Military History* 64(3) (July 2000), pp. 679–710。
15 R. T. Foley, 'Preparing the German Army for the First World War: The Operational Ideas of Alfred von Schlieffen and Helmuth von Moltke the Younger', *War & Society* 22(2) (October 2004), pp. 1–25. Also, more generally, M. Samuels, *Command or Control? Command, Training and Tactics in the British and German Armies, 1888–1918* (London, 1995), esp. pp. 10–18, 31–3 and 283–4.
16 A. Watson, 'Junior Officership in the German Army during the Great War, 1914–1918', *War in History* 14(4) (November 2007), pp. 431–2, and H. Ostertag, *Bildung, Ausbildung und Erziehung des Offizierkorps im deutschen Kaiserreich, 1871–*

1918. Eliteideal, Anspruch und Wirklichkeit (Frankfurt am Main, 1990), pp. 56–7. 关于和平时期军官团的贵族精神气质及其在战时经历的转变，另请参见 W. Deist, 'Zur Geschichte des preussischen Offizierkorps, 1888–1918', in H. H. Hofmann (ed.), *Das deutsche Offizierkorps, 1860–1960* (Boppard am Rhein, 1980), pp. 39–57。

17 M. Hewitson, 'Images of the Enemy: German Depictions of the French Military, 1890–1914', *War in History* 11(1) (January 2004), pp. 13–16 and 21–3, and R. T. Foley, 'Easy Target or Invincible Enemy? German Intelligence Assessments of France before the Great War', *The Journal of Intelligence History* 5 (Winter 2005), pp. 11–12. 这些评判事实上确有理由。See D. Porch, *The March to the Marne: The French Army, 1871–1914* (Cambridge, New York and Melbourne, 1981) pp. 78–9 and 196.

18 [Preußisches] Kriegsministerium, *Felddienst-Ordnung (F.O.)* (Berlin, 1908), p. 10.

19 Watson, 'Junior Officership', pp. 440 and 448. 关于社会民主党在和平时期的怨言，参见 M. Kitchen, *The German Officer Corps, 1890–1914* (Oxford, 1968), pp. 182–5。

20 'Zum Exerzier-Reglement. Kampfschule. Allgemeines', November 1916. BA-MA Freiburg: PH 3/28 and [Preußisches] Kriegsministerium, *Felddienst-Ordnung*, p. 12, Point 4. More generally, Watson, *Enduring the Great War*, pp. 115–20.

21 E. O. Volkmann, *Soziale Heeresmißstände als Mitursache des deutschen Zusammenbruches von 1918. Die Ursachen des deutschen Zusammenbruches im Jahre 1918. Zweite Abteilung. Der innere Zusammenbruch* (12 vols., Berlin, 1929), xi(2), p. 35.

22 *Sanitätsbericht*, iii, p. 12.

23 Samuels, *Command or Control?*, pp. 79–80 and 224, W. Schmidt-Richberg, 'Die Regierungszeit Wilhelms II', in Militärgeschichtliches Forschungsamt (ed.), *Handbuch zur deutschen Militärgeschichte, 1648–1939. Von der Entlassung Bismarcks bis zum Ende des Ersten Weltkrieges (1890–1918)* (10 vols., Frankfurt am Main, 1968), v, pp. 91–5; Herrmann, *Arming of Europe*, p. 203, and D. R. Jones, 'Imperial Russia's Forces at War', in A. R. Millett and W. Murray (eds.), *Military Effectiveness. Volume I: The First World War* (3 vols., Boston, MA, London, Sydney and Wellington, 1988), p. 281.

24 Hewitson, 'Images of the Enemy', pp. 8–10 and 24. 关于和平时期的征兵情况，参见 Ingenlath, *Mentale Aufrüstung*, pp. 144–57。

25 See L. V. Smith, *Between Mutiny and Obedience: The Case of the French Fifth Infantry Division during World War I* (Princeton, NJ, 1994).

26 Hewitson, 'Images of the Enemy', pp. 16–18 and 23, and Foley, 'Easy Target', p. 9.

27 U. Frevert, *A Nation in Barracks: Modern Germany, Military Conscription and Civil Society* (Oxford and New York, 2004). Also G. A. Ritter and K. Tenfelde, *Arbeiter im deutschen Kaiserreich, 1871 bis 1914* (Bonn, 1992), pp. 730–46, and Ziemann, *Front*, pp. 47–8 and 70–71.

28 H. Strachan, 'Ausbildung, Kampfgeist und die zwei Weltkriege', in B. Thoß and H.-

E. Volkmann (eds.), *Erster Weltkrieg, Zweiter Weltkrieg. Ein Vergleich* (Paderborn, 2002), p. 274.

29 T. Zuber, *The Battle of the Frontiers: Ardennes 1914* (Stroud, 2007, 2009), pp. 83–6，更具批判性的观点则来自 S. D. Jackman, 'Shoulder to Shoulder: Close Control and "Old Prussian Drill" in German Offensive Infantry Tactics, 1871–1914', *Journal of Military History* 68(1) (January 2004), pp. 73–104, and Strachan, *First World War*, i, pp. 206 and 237–9。关于法军在 1913 年的训练准则，参见 Doughty, *Pyrrhic Victory*, pp. 26–8。

30 G. Kronenbitter, '*Krieg im Frieden*'. *Die Führung der k.u.k. Armee und die Großmachtpolitik Österreichs-Ungarns, 1906–1914* (Munich, 2003), pp. 115–16.

31 N. Stone, 'Die Mobilmachung der österreichisch-ungarischen Armee 1914', *Militärgeschichtliche Mitteilungen* 16(2) (1974), pp. 68–77 and 83, *ÖULK*, i, p. 87, and Stevenson, 'War by Timetable?', pp. 167–8。奥匈帝国最大型的运输列车由 49 节车皮组成，有 100 根车轴，重 500 吨。德国的军列则有 110 根车轴，重 600 吨。法国的列车重量在 480—550 吨。

32 N. Golovin, 'The Russian War Plan: II. The Execution of the Plan', *The Slavonic and East European Review* 15(43) (July 1936), pp. 72 and 75.

33 Stone, 'Army and Society', 97–8, and G. E. Rothenberg, *The Army of Francis Joseph* (West Lafayette, IN, 1976, 1998), pp. 74–8.

34 *ÖULK*, i, p. 27.

35 Rothenberg, *Army of Francis Joseph*, pp. 81 and 110–11.

36 I. Deák, *Beyond Nationalism: A Social and Political History of the Habsburg Officer Corps, 1848–1918* (New York and Oxford, 1990), pp. 99–102, and *ÖULK*, i, pp. 38–40 and 52.

37 Deák, *Beyond Nationalism*, pp. 127–38, 161–3 and 169.

38 See ibid., pp. 178–85。问题部分在于，我们不清楚在编制这些数据时奥匈帝国军方问了军官们什么问题。军官们可能回答的是他们最常使用的语言，而不是他们的母语。在军校中收集到的统计数据表明，德语所占的比例要低得多。

39 Ibid., pp. 174–5。在一战之前的德国，只有巴伐利亚部队愿意征募犹太人为后备军官。关于德国在军事方面对犹太人的政策，参见 W. T. Angress, 'Das deutsche Militär und die Juden im Ersten Weltkrieg', *Militärgeschichtliche Mitteilungen* 19 (1976), pp. 77–146。

40 Rothenberg, *Army of Francis Joseph*, p. 83, and Deák, *Beyond Nationalism*, pp. 98 and 102–3。关于哈布斯堡军中职业军士的短缺，参见 *ÖULK*, i, p. 49, and Jones, 'Imperial Russia's Forces', p. 281。关于俄军糟糕的上下级关系，参见 J. Buschnell, 'The Tsarist Officer Corps, 1881–1914: Customs, Duties, Inefficiency', *The American Historical Review* 86(4) (October 1981), pp. 753–80。

41 *ÖULK*, i, p. 56.

42 对比野战军和受训人员的比例，参见 Reichsarchiv, *Weltkrieg*, i, pp. 38–9。

43 C. Jahr, *Gewöhnliche Soldaten. Desertion und Deserteure im deutschen und britischen Heer, 1914–1918* (Göttingen, 1998).

44 C. Hämmerle, 'Die k. (u.) k. Armee als "Schule des Volkes"? Zur Geschichte der Allgemeinen Wehrpflicht in der multinationalen Habsburgermonarchie (1866–1914/18)', in C. Jansen (ed.), *Der Bürger als Soldat. Die Militärisierung europäischer Gesellschaften im langen 19. Jahrhundert: ein internationaler Vergleich* (Essen, 2004), pp. 202–3 and 213. 关于帝国不同地方的文盲率，参见 D. F. Good, *The Economic Rise of the Habsburg Empire, 1750–1914* (Berkeley and Los Angeles, CA, 1984), p. 156。

45 Kageneck to Moltke, 24 July 1914, quoted in G. Kronenbitter, 'Die Macht der Illusionen. Julikrise und Kriegsausbruch 1914 aus der Sicht des deutschen Militärattachés in Wien', *Militärgeschichtliche Mitteilung* 57(2) (1998), p. 537.

46 Rothenberg, *Army of Francis Joseph*, p. 174; J. M. B. Lyon, ' "A Peasant Mob": The Serbian Army on the Eve of the Great War', *The Journal of Military History* 61(3) (July 1997), p. 491, and A. K. Wildman, *The End of the Russian Imperial Army: The Old Army and the Soldiers' Revolt (March–April 1917). Volume I* (2 vols., Princeton, NJ, and Guildford, 1980), i, p. 73. 俄国的每个师拥有48门野战炮与12门轻型榴弹炮（每个军总共24门）。哈布斯堡的每个军有8门159毫米重型榴弹炮。俄国与塞尔维亚的重炮集中于集团军层级。

47 Kronenbitter, 'Krieg im Frieden', pp. 189–94, Rothenberg, *Army of Francis Joseph*, pp. 126–7 and 174–5, and A. Krauß, *Die Ursachen unserer Niederlage. Erinnerungen und Urteile aus dem Weltkrieg*, 3rd edn (Munich, 1923), pp. 94–5; also Strachan, *First World War*, i, pp. 285 and 995–8.

48 Samuels, *Command or Control?*, p. 79, and Strachan, *First World War*, i, p. 206.

49 See the introduction by T. Cave in United States War Office, *Histories of Two Hundred and Fifty-One Divisions of the German Army which participated in the War* (London, 1920, 1989), p. iii. Also A. Gat, *The Development of Military Thought: The Nineteenth Century* (Oxford, 1992), pp. 151–4.

50 *ÖULK*, i, pp. 28 and 32, and Krauß, *Ursachen unserer Niederlage*, pp. 90–94. 关于行军营投入作战的具体情况，参见 G. A. Tunstall, *Blood on the Snow: The Carpathian Winter War of 1915* (Lawrence, KS, 2010), pp. 13, 88 and 90。

51 Kronenbitter, 'Krieg im Frieden', pp. 82–99. 关于法国人，参见 Doughty, *Pyrrhic Victory*, pp. 25–9。

52 Conrad, *Aus meiner Dienstzeit*, iv, pp. 290–94.

53 Wagner, 'K.(u.)k. Armee', p. 627.

54 T. Hadley, 'Military Diplomacy in the Dual Alliance: German Military Attaché Reporting from Vienna, 1906–1914', *War in History* 17(3) (July 2010), pp. 307–8.

55 Förster, 'Deutsche Generalstab', pp. 83–95.

56 W. Meyer, *Das Infanterie-Regiment von Grolman (1. Posensches) Nr. 18 im*

Weltkriege (Oldenburg i. O. and Berlin, 1929), pp. 2–3.

57　Reichsarchiv, *Weltkrieg*, i, p. 142, and Strachan, *First World War*, i, p. 207. 对德国动员的七个阶段的描述，参见 Herwig, *First World War*, pp. 56–7 and 75。

58　This account follows Strachan, *First World War*, i, pp. 211–12, and Herwig, *First World War*, pp. 96–7.

59　K. von Einem, *Ein Armeeführer erlebt den Weltkrieg. Persönliche Aufzeichnungen des Generalobersten v. Einem*, ed. J. Alter (Leipzig, 1938), p. 37 (diary entry for 11 August 1914).

60　Soldier's account published in *Kölnische Volkszeitung*, 13 August 1914, and reproduced in Buchner (ed.), *Kriegsdokumente*, i, p. 203 (doc. 312d).

61　Ibid., p. 35 (letter and diary entry for 8 August 1914).

62　J. Horne and A. Kramer, *German Atrocities, 1914: A History of Denial* (New Haven, CT, and London, 2001), pp. 10–23; here esp. pp. 14 and 23. 关于比利时地方志愿军，参见 ibid., pp. 125–9。

63　Doughty, *Pyrrhic Victory*, pp. 56–63, and Strachan, *First World War*, i, pp. 212–16.

64　*Sanitätsbericht*, iii, pp. 6*, 82*, 84* and 88* (shot, stab and other wounds).

65　See the Josephine and Clara B., 'Kriegschronik', 16 August–3 September 1914. DTA, Emmendingen: 898.

66　A. Spemann, diary, 17 August 1914. HStA Stuttgart: M660/041, nr. 1; Armee-Oberkommando Strasburg, telegram to Generalkommando, XIV Reservekorps, 14 August 1914, and Generalkommando, XIV Reservekorps to Armee-Oberkommando, 6. Armee, 19 September 1914. GLA Karlsruhe: 456 F 7 nr. 165. Also more generally, C. J. Fischer, *Alsace to the Alsatians? Visions and Divisions of Alsatian Regionalism, 1870–1939* (New York and Oxford, 2010), pp. 102–3, and Horne and Kramer, *German Atrocities*, p. 22.

67　J.-J. Becker and G. Krumeich, *Der Grosse Krieg. Deutschland und Frankreich im Ersten Weltkrieg, 1914–1918* (Essen, 2010), pp. 178–9.

68　J.-C. Farcy, *Les Camps de concentration français de la première guerre mondiale (1914–1920)* (Paris, 1995), pp. 51–60. Also Armeeoberkommando VII to Generalkommando XIV Reservekorps, 31 August 1914. GLA Karlsruhe: 465 F7 nr. 165.

69　J. Bell (ed.), *Völkerrecht im Weltkrieg. Dritte Reihe im Werk des Untersuchungsausschusses* (5 vols., Berlin, 1927), i, pp. 161 and 167–9. See also T. Zahra, 'The "Minority Problem" and National Classification in the French and Czechoslovak Borderlands', *Contemporary European History* 17(2) (May 2008), esp. pp. 138–9 and 149–58.

70　Ruffey, quoted in Doughty, *Pyrrhic Victory*, p. 75.

71　Zuber, *Battle of the Frontiers*, esp. pp. 266 and 275–80; Strachan, *First World War*, i, pp. 218–19 and 230.

72 M. van Creveld, *Supplying War: Logistics from Wallenstein to Patton* (Cambridge, London, New York and Melbourne, 1977), p. 135.
73 Zuber, *Battle of the Frontiers*, p. 29.
74 *Sanitätsbericht*, iii, p. 136. 对精疲力竭的士兵的描述，参见 P. Münch, *Bürger in Uniform. Kriegserfahrungen von Hamburger Turnern 1914 bis 1918* (Freiburg i. Br., Berlin and Vienna, 2009), p. 88。
75 E. Baier, letter to parents, 22 August 1914. BA-MA Freiburg: PH10II/52.
76 Calculated from figures in *Sanitätsbericht*, iii, p. 36, Table 28.
77 Horne and Kramer, *German Atrocities*, pp. 74 and 76.
78 Becker and Krumeich, *Grosse Krieg*, p. 176.
79 Horne and Kramer, *German Atrocities*, pp. 38–42 and 217–18.
80 Ibid., pp. 24–32 and 42–52.
81 Ibid., esp. pp. 175–225 and 249–61. See also R. Harris, 'The "Child of the Barbarian": Rape, Race and Nationalism in France during the First World War', *Past & Present* 141 (November 1993), pp. 170–206.
82 J. Lipkes, *Rehearsals: The German Army in Belgium, August 1914* (Leuven, 2007), esp. pp. 563–74.
83 关于反天主教与种族主义的问题（他们不认为这两个因素是德军暴行背后的唯一原因，而认为这两个因素对暴行起到了推波助澜的作用），参见 Horne and Kramer, *German Atrocities*, pp. 104–7 and 156–8。关于信奉天主教的德军士兵，参见 T. Weber, *Hitler's First War: Adolf Hitler, the Men of the List Regiment, and the First World War* (Oxford, 2010), p. 37。关于卡利什，参见 L. Engelstein, ' "A Belgium of Our Own": The Sack of Russian Kalisz, August 1914', *Kritika: Explorations in Russian and Eurasian History* 10(3) (Summer 2009), pp. 441–73。
84 R. Browning, *Ordinary Men: Reserve Police Battalion 101 and the Final Solution in Poland* (New York, 1992). 关于暴行背后的认知过程，参见 K. E. Taylor, 'Intergroup Atrocities in War: A Neuroscientific Perspective', *Medicine, Conflict and Survival* 22(3) (July–September 2006), pp. 230–44。
85 M. R. Stoneman, 'The Bavarian Army and French Civilians in the War of 1870–71: A Cultural Interpretation', *War in History* 8(3) (July 2001), p. 272, and Horne and Kramer, *German Atrocities*, pp. 141–2.
86 E. Baier, letter to parents, 10 August 1914. BA-MA Freiburg: PH10–II/52. 他使用的词是 "Freischärler"。关于类似的评论，参见 W. Jacobson, *Z armią Klucka na Paryż* (Toruń, 1934), p. 14。
87 Newspaper extracts from 9–18 August 1914 in Buchner (ed.), *Kriegsdokumente*, i, p. 203 (docs. 312a, b, c, d and h).
88 E. Baier, letter to parents, 13 August 1914. BA-MA Freiburg: PH10–II/52.
89 W. Schweiger, diary, 17 August 1914. DTA, Emmendingen: 1386.
90 Ibid., 20 August 1914.

91 I. V. Hull, *Absolute Destruction: Military Culture and the Practices of War in Imperial Germany* (Ithaca, NY, and London, 2005), pp. 119–26.

92 Article 2 of the Annex entitled 'Regulations Respecting the Laws and Customs of War on Land' to 'Convention Concerning the Laws and Customs of War on Land. 2d Peace Conference, The Hague, 18 Oct. 1907. IV', in *Conventions and Declarations between the Powers Concerning War, Arbitration and Neutrality (Declaration of Paris, 1856–of St Petersburg, 1868–of The Hague, 1899–Convention of Geneva, 1906–2d Peace Conference, The Hague, 1907–Declaration of London, 1909). English–French–German* (The Hague, 1915). Also G. Best, *Humanity in Warfare: The Modern History of the International Law of Armed Conflicts* (London, 1980), pp. 145–6, 180–81, 185 and 190–200, and Horne and Kramer, *German Atrocities*, pp. 144–5. 此处对1907年海牙公约的阐释依循了 A. Alexander, 'The Genesis of the Civilian', *Leiden Journal of International Law* 20(2) (June 2007), esp. pp. 360–65。

93 See Showalter, 'Deterrence to Doomsday Machine', esp. p. 690.

94 J. Horne and A. Kramer, 'German "Atrocities" and Franco-German Opinion, 1914: The Evidence of German Soldiers' Diaries', *The Journal of Modern History* 66(1) (March 1994), esp. p. 16, and Horne and Kramer, *German Atrocities*, p. 132.

95 Alexander, 'Genesis', p. 365.

96 See Article 50 of the Annex to 'Convention Concerning the Laws and Customs of War'.

97 Generalleutnant Kosch, postcard to wife, 20 August 1914. BA-MA Freiburg: N 754/1.

98 Horne and Kramer, *German Atrocities*, pp. 18 and 162–7.

99 S. de Schaepdrijver, 'Belgium', in J. Horne (ed.), *A Companion to World War I* (Malden, MA, Oxford and Chichester, 2010), p. 388.

100 对1914年8月及9月上旬被入侵地区的人口的估计来自 Ministère de l'Intérieur, *Annuaire statistique de la Belgique et du Congo belge. Quarante-deuxième année–1911. Tome XLII* (Brussels, 1912), p. 4, and M. Huber, *La Population de la France pendant la Guerre* (Paris and New Haven, CT, 1931), pp. 381, 390 and 394, and maps in Horne and Kramer, *German Atrocities*, pp. 10 and 182。有关引文及一种不同的阐释，也可参见 ibid., pp. 165 and 419–31。

101 关于拿破仑的屠杀，参见 P. G. Dwyer, ' "It Still Makes Me Shudder": Memories of Massacres and Atrocities during the Revolutionary and Napoleonic Wars', *War in History* 16(4) (November 2009), pp. 381–405。Lipkes 的 *Rehearsals* 最为明确地试图将1914年的暴行与30年后德国人的种族屠杀联系在一起，但在 Horne 和 Kramer 的 *Absolute Destruction* 和 Hull 的 *Absolute Destruction* 中也有类似暗示。有关纳粹大屠杀与二战期间东线战场上的暴行的文献众多，此处难以尽列，但与上述主张最为相关的文献是 O. Bartov, *Hitler's Army: Soldiers, Nazis and War in the Third Reich* (Oxford, 1992)。关于同时期德军与其他军队的暴力行为的对比，参见本章后续及下一章。

102 See the chart and commentary in Horne and Kramer, *German Atrocities*, pp. 77–8.
103 不仅可参见上文艾纳姆的评论，亦可见于 Generalleutnant Kosch, letter to his wife, 25 August 1914. BA-MA Freiburg: N 754/1。
104 Generalleutnant Kosch, letter to his wife, 26 August 1914. BA-MA Freiburg: N 754/1. 关于第十师的暴行，参见 Horne and Kramer, *German Atrocities*, pp. 58–60。
105 Strachan, First World War, i, pp. 224–31 and 242–50; Doughty, *Pyrrhic Victory*, pp. 76–82.
106 Van Creveld, *Supplying War*, pp. 113, 116–17, 126, 129–32 and 137.
107 E. Baier, letters to parents, 29 and 30 August 1914. BA-MA Freiburg: PH10–II/52. 关于第一集团军覆盖的距离，参见 Münch, *Bürger in Uniform*, p. 88。
108 Strachan, *First World War*, pp. 248–61; Herwig, *First World War*, pp. 99–105, and Holmes, 'Asking Schlieffen', pp. 476–7.
109 E. Baier, letter to his parents, 8 September 1914. BA-MA Freiburg: PH10–II/52.
110 J. Krüger-Franke, 'Über truppenärztliche Erfahrungen in der Schlacht', *Berliner klinische Wochenschrift* 1 (4 January 1915), p. 7.
111 E. Baier, letter to his parents, 8 September 1914. BA-MA Freiburg: PH10–II/52.
112 G. A. Tunstall, Jr, 'The Habsburg Command Conspiracy: The Austrian Falsification of Historiography on the Outbreak of World War I', *Austrian History Yearbook* 27 (1996), pp. 181–98.
113 Conrad, *Aus meiner Dienstzeit*, iv, pp. 266 and 275.
114 See Clark, *Sleepwalkers*, pp. 102–5, and L. Sondhaus, *Franz Conrad von Hötzendorf: Architect of the Apocalypse* (Boston, MA, 2000), pp. 145–8.
115 Stone, 'Mobilmachung', pp. 79–80 and 86.
116 N. Stone, *The Eastern Front, 1914–1917* (London and New York, 1975, 1998), p. 76.
117 Tunstall, 'Habsburg Command Conspiracy', pp. 193–5.
118 Stone, 'Mobilmachung', pp. 79–80 and 86.
119 Stone, *Eastern Front*, p. 84.
120 R. Jeřábek, *Potiorek. General im Schatten von Sarajevo* (Graz, Vienna and Cologne, 1991), pp. 107, 111–12, 119–20 and 130. Also Stone, *Eastern Front*, p. 79.
121 Stone, 'Mobilmachung', pp. 90–92.
122 T. Snyder, *Bloodlands: Europe between Hitler and Stalin* (New York, 2010).
123 Jeřábek, *Potiorek*, pp. 9–15 and 27–32.
124 Ibid., pp. 115–16.
125 Ibid., pp. 113–14.
126 Ibid., pp. 104–5 and 108. Figures for Serbian strength from Lyon, ' "A Peasant Mob"', p. 501.
127 A. Fiedler, diary, 13 August 1914. KA Vienna: NL Fiedler, B/240, nr. 1.
128 Jeřábek, *Potiorek*, pp. 118–22.
129 A. Fiedler, diary, 14 August 1914. KA Vienna: NL Fiedler, B/240, nr. 1.

130 关于赖斯和他的调查的情况，参见 B. M. Scianna, 'Reporting Atrocities: Archibald Reiss in Serbia, 1914–1918', *Journal of Slavic Military Studies* 25(4) (2012), pp. 597–607。

131 See Horne and Kramer, *German Atrocities*, pp. 200–204. 关于德国一方的类似例子，参见 the testimony of Wehrmann August Schult, 24 January 1915, in AP Olsztyn: RP Allenstein: 179: fo. 465 and Auswärtiges Amt, Greueltaten russischer Truppen, esp. Anlagen 35, 39, 40, 41 and 74。

132 R. A. Reiss, *Report upon the Atrocities Committed by the Austro-Hungarian Army during the First Invasion of Serbia Submitted to the Serbian Government* (London, 1916), pp. 33, 42, 60, 103, 142 and 167.

133 See J. Gumz, *The Resurrection and Collapse of Empire in Habsburg Serbia, 1914–1918* (Cambridge and New York, 2009), esp. pp. 54–8, and A. Holzer, *Das Lächeln der Henker. Der unbekannte Krieg gegen die Zivilbevölkerung, 1914–1918* (Darmstadt, 2008), pp. 113–44.

134 A. Hausner, diary, 17 August 1914. KA Vienna: NL Hausner, B/217.

135 Reiss, *Report upon the Atrocities*, pp. 39–40, 45–51, 131–2 and 142. Gumz, *Resurrection and Collapse*, pp. 55–8, and Holzer, *Lächeln*, pp. 118–23.

136 This paragraph follows Gumz, *Resurrection and Collapse*, esp. pp. 29–30. 赫兰尼洛维奇和情报部门的报告，参见 Holzer, *Lächeln*, p. 115。

137 J. R. Schneider, 'Defeating Balkan Insurgency: The Austro-Hungarian Army in Bosnia-Herzegovina, 1878–82', *The Journal of Strategic Studies* 27(3) (September 2004), esp. pp. 541–5 and 547–8.

138 关于这些特质，参见 Kronenbitter, '*Krieg im Frieden*', pp. 522–3。

139 O. Jászi, *The Dissolution of the Habsburg Monarchy* (Chicago, IL, and London, 1929, 1966), p. 14.

140 Quoted in Gumz, *Resurrection and Collapse*, p. 39. 是否哈布斯堡治下的塞族人真的攻击过哈布斯堡军队，我们尚不可知。当塞尔维亚与黑山军队在 8 月底与 9 月入侵波斯尼亚时，地方民事当局报告称，当地塞族百姓确实与他们的同胞相勾结。入侵者杀害、强奸过占领地区的穆斯林百姓。当哈布斯堡军队收复这一地区时，它处决了超过 120 名当地的塞族居民。See report of the Landesregierung in Sarajevo, 18 October 1914, pp. 13–16. KA Vienna: KÜA (1914), Karton 15: Nr. 8389, and Z. A. B. Zeman, *The Break-Up of the Habsburg Empire, 1914–1918: A Study in National and Social Revolution* (London, New York and Toronto, 1961), p. 59.

141 Gumz, *Resurrection and Collapse*, pp. 41–2, and Holzer, *Lächeln*, p. 117.

142 'Belagsziffern der Internierungs- und Unterbringungsorte am 18. September 1914', KA Vienna: MSKM (1914) 69–11/1.

143 Quoted in Gumz, *Resurrection and Collapse*, p. 33. 这些规章始自 1912 年。

144 Holzer, *Lächeln*, pp. 78–9.

145 Reiss, *Report upon the Atrocities*, pp. 181–3.
146 A. Fiedler, diary, 7 August 1914. KA Vienna: NL Fiedler, B/240, nr. 1.
147 Lyon, ' "A Peasant Mob" ', pp. 487–8 and 497–9.
148 Quoted in Jeřábek, *Potiorek*, p. 127.
149 A. Hausner, diary, 17 August 1914. KA Vienna: NL Hausner, B/217.
150 Krauß, *Ursachen unserer Niederlage*, pp. 148–9, fn. 1.
151 K.u.k. Ministerium des Äussern, *Sammlung von Nachweisen für die Verletzungen des Völkerrechts durch die mit Österreich-Ungarn Krieg führenden Staaten. Abgeschlossen mit 31. Jänner 1915* (Vienna, 1915), pp. 168–9, 176 (docs. 123–5, 134–6). 关于前线流传的类似故事，参见 Reiss, *Report upon the Atrocities*, pp. 174–5, and A. Hausner, diary, 17 August 1914. KA Vienna: NL Hausner, B/217。
152 Jeřábek, *Potiorek*, p. 132.
153 J. R. Schindler, 'Disaster on the Drina: The Austro-Hungarian Army in Serbia, 1914', *War in History* 9(2) (April 2002), pp. 171–4, and Jeřábek, *Potiorek*, pp. 118–32.
154 关于这些战役的总结（这份研究现在可能是有些过时），参见 G. E. Rothenberg, 'The Austro-Hungarian Campaign against Serbia in 1914', *The Journal of Military History* 53(2) (April 1989), pp. 127–46。
155 A. Fiedler, diary, 26 August 1914. KA Vienna: NL Fiedler, B/240, nr. 1; A. Hausner, diary, 20 August 1914. KA Vienna: NL Hausner, B/217, and Schindler, 'Disaster on the Drina', pp. 175–7.
156 Rauchensteiner, *Tod des Doppeladlers*, p. 126.
157 'Telephonischer chiffrierter Bericht der Statthalterei in Lemberg vom 1. August, 12 Uhr 45 früh'. KA Vienna: Zentralstellen–Kriegsüberwachungsamt (Aktenkartons) 1914: Karton 1: Nr. 252.
158 Bachmann, '*Ein Herd der Feindschaft*', pp. 227–33. See also chs. 1 and 2.
159 Prezydyum c.k. Namiestnictwa, Lwów to wszystkich c.k. Starostów i … c.k. Dyrektorów Policyi we Lwowie i Krakowie, 8 August 1914. KA Vienna: Zentralstellen–Kriegsüberwachungsamt (Aktenkartons) 1914: Karton 1: Nr. 252.
160 Statthalterei-Präsidiums in Lemberg to Ministerium des Innern, minutes from a telephone call, 18 August 1914. KA Vienna: Zentralstellen–Kriegsüberwachungsamt (Aktenkartons) 1914: Karton 3: Nr. 1842.
161 See esp. Schmitz, 'Verrat am Waffenbruder?', pp. 385–407. More generally, Strachan, *First World War*, i, pp. 289–90; Herwig, *First World War*, p. 89.
162 Stone, *Eastern Front*, p. 80, and Rauchensteiner, *Tod des Doppeladlers*, pp. 126–7.
163 Stone, *Eastern Front*, pp. 85–9, and Strachan, *First World War*, i, pp. 350–54.
164 J. E. Romer, *Pamiętniki* (Warsaw, n.d.), p. 41. Cf. T. Ritter von Zeynek, *Ein Offizier im Generalstabskorps erinnert sich*, ed. P. Broucek (Vienna, Cologne and Weimar, 2009), p. 194.
165 K.u.k. Armeeoberkommando, 'Erfahrungen as den bisherigen Kämpfen', 28

September 1914. KA Vienna: NFA 43. Sch. D. 1914 (Op. Akt. Sept.–Okt.) (Karton 2180): Op. Nr. 2610 (in folder for 1 October 1914).

166 J. Gamst, diary, 29 August 1914. DTA, Emmendingen: 1719,2.

167 See Führ, *K.u.k. Armeeoberkommando*, p. 64. 当罗列加利西亚境内的亲俄派间谍的小册子《今日加利西亚》被缴获时，康拉德无动于衷。A translated copy of the pamphlet entitled 'Das Galizien der Gegenwart' is in KA Vienna: MKSM 1914: 69–8/9.

168 Drjur. Longin Cehelskzj, 'Die Wahrheit über den Verrat in Ostgalizien', p. 8, KA Vienna: MKSM (1915) 28–3/2.

169 See, for example, k.k. Statthalter von Galizien to Minister des Innern, 11 November 1915, p. 8. AVA Vienna: MdI Präsidiale (1916–17) 22/Galiz. Karton 2117: Nr. 4403.

170 K.u.k. Armeegruppenkmdo, GdI von Kövess to alle Kps, JTDionen, KTDionen, Lst. Brigaden u. Kps Trains der Armeegruppe, weiters an die exponierten Gend. Stabsoffz. von Lemberg, Stanislau u. Czernowitz, 19 August 1914. KA Vienna: NFA, 43. Sch. D. Karton 2179 (Op. Akten v. August 1914): doc. 80. 1914年8月13日，第四集团军也对属下士兵发布了一则命令，要求严厉对待平民。See Stone, *Eastern Front*, pp. 82 and 312, endnote 12. 一则于8月19日发给第三集团军指挥部及其他部队的类似命令，参见 Holzer, *Lächeln*, p. 62。

171 K.u.k. Militärkommando in Krakau to k.k. Polizeidirektion Krakau, 11 September 1914. AN Cracow: DPKr 97: (1914) 3518/14: fo. 1867.

172 J. Słomka, *From Serfdom to Self-Government: Memoirs of a Polish Village Mayor, 1842–1927*, trans. W. J. Rose (London, 1941), pp. 221–6.

173 关于构成，参见 M. Zgórniak, 'Polacy w Armii Austro-Węgierskiej w czasie I Wojny Światowej', *Studia i Materiały do Historii Wojskowości* 30 (1988), p. 237。

174 K.u.k. 1 Kpskmdo, Op. Nr. 408–18, 31 August 1914. KA Vienna: NFL 12 ID (1914 Op. Nr. v. 2.8–30.9) Karton 719. 关于军中对这些故事的相信程度，参见 GdI von Dankl, diary, vol. 1, p. 105 (31 August 1914). KA Vienna: NL Dankl, B/3: 5/1。

175 K.u.k. 12 ITD Kmdo, Op. Nr. 70 to 23 Brig. Kmdo., 30 August 1914. KA Vienna: NFL 12 ID (1914 Op. Nr. v. 2.8–30.9) Karton 719.

176 K.u.k. 12 ITD Kmdo, Op. Nr. 70 to and from Jägerbaon 5, 3 September 1914. KA Vienna: NFL 12 ID (1914 Op. Nr. v. 2.8–30.9) Karton 719.

177 K.u.k. Traindivision No. 1 to k.u.k. 12 ITD on 'Informationsperson', 4 September 1914. KA Vienna: NFL 12 ID (1914 Op. Nr. v. 2.8–30.9) Karton 719.

178 P. Szlanta, ' "Najgorsze bestie to są Honwedy". Ewolucja stosunku polskich mieszkańców Galicji do monarchii habsburkiej podczas I wojny światowej', in U. Jakubowska (ed.), *Galicyjskie spotkania* 2011 (n.p., 2011), p. 166. 关于匈牙利人格外残忍的普遍观念，参见 W. Mentzel, 'Kriegsflüchtlinge in Cisleithanien im Ersten Weltkrieg', unpublished PhD thesis, Vienna University (1997), p. 105。关于他们在塞尔维亚的类似名声，参见 Reiss, *Report upon the Atrocities*, pp. 36–7, 40–41, 60

and 76。

179 P. A. Hanebrink, *In Defense of Christian Hungary: Religion, Nationalism, and Antisemitism, 1890–1944* (Ithaca, NY, and London, 2006), pp. 28–46, and Okey, *Habsburg Monarchy*, pp. 325–30.

180 A. Hausner, diary, 22 October 1914. Cf. also entry for 20 October 1914. KA Vienna: NL Hausner, B/217.

181 See Taylor, 'Intergroup Atrocities', pp. 230–44.

182 关于德语在加利西亚的特别使用，参见 K. Baedeker, *Austria-Hungary with Excursions to Cetinje, Belgrade, and Bucharest: Handbook for Travellers by Karl Baedeker*, 11th edn (Leipzig, London and New York, 1911), p. 24。

183 Redlich, *Schicksalsjahre Österreichs*, i, p. 265 (entry for 2 Sept. 1914).

184 Dr. jur. Longin Cehelskzj, 'Die Wahrheit über den Verrat in Ostgalizien', p. 3. KA Vienna: MKSM (1915) 28–3/2.

185 Memorandum on alleged Russophiles in internment, 7 November 1914. KA Vienna: MKSM (1914) (Karton 1141) 69–11/5. Also, Mentzel, 'Kriegsflüchtlinge', pp. 86–91. 有关整个整个的罗塞尼亚社区被强行驱离的案例，参见 the army's request to remove the 1,200 Ruthenes from Solotwina and Manasterczany in March 1915。K.u.k. Armeeoberkommando. Etappenoberkommando, 'Evakuierung der Bevölkerung von Solotwina und Manasterczany wegen russophiler Gesinnung', 12 March 1915. KA Vienna: AOK-QU.-Abteilung (Karton 1493), Nr. 31187.

186 Ritter von Semaka, 14. Sitzung der XXII. Session am 4. Juli 1917 and Ritter von Singalewycz, 21. Sitzung der XXII. Session am 15. Juli 1917 in *Stenographische Protokolle über die Sitzungen des Hauses der Abgeordneten des österreichischen Reichsrates im Jahre 1917. XXII. Session. 1. (Eröffnungs-) bis 21. Sitzung. (S. 1 bis 1155)* (4 vols., Vienna, 1917), i, pp. 652 and 1103. Also, C. Mick, *Kriegserfahrungen in einer multiethnischen Stadt: Lemberg, 1914–1947* (Wiesbaden, 2010), p. 72.

187 参见第 1 章。有关议会中的罗塞尼亚党派的情况，参见 L. Höbelt, ' "Well-Tempered Discontent": Austrian Domestic Politics', in M. Cornwall (ed.), *The Last Years of Austria-Hungary* (Exeter, 1990), p. 58。

188 Tăslăuanu, *With the Austrian Army*, p. 37. Also, Mentzel, 'Kriegsflüchtlinge', pp. 96–7.

189 'Bericht des Legationsrates Baron Andrian über seine Informationsreise nach Ostgalizien', 26 July 1915, p. 19. AVA Vienna: MdI Präsidiale (1914–15) 22/Galiz. Karton 2116: Nr. 19644. 关于其他的报告以及民事当局在拟定拘留名单时所起的作用，参见 Mentzel, 'Kriegsflüchtlinge', pp. 97 and 104。

190 Dr. jur. Longin Cehelskzj, 'Die Wahrheit über den Verrat in Ostgalizien', pp. 1–2 and 8–10. KA Vienna: MKSM (1915) 28–3/2. Cf. Speech by Abgeordneter Ritter von Singalewycz in *Stenographische Protokolle*, i (XXII. Session. 21. Sitzung), esp. pp. 1103–4.

191 Strachan, *First World War*, i, pp. 353–6.
192 K. Lauer, diary, 26 and 29 August 1914. KA Vienna: NL Lauer, B/366: Nr. 1.
193 A. Hausner, diary, 2 September 1914. KA Vienna: NL Hausner, B/217.
194 Mentzel, 'Kriegsflüchtlinge', pp. 92–102 and esp. 104.
195 K.u.k. Kriegsministerium, order on 'Superarbitrierung von Offizieren des Armeestandes, des Ruhestandes und im Verhältnisse außer Dienst, behufs Einteilung bei den Feldformationen', KA Vienna: KÜA 1914 (Aktenkartons): Karton 13: Nr. 7377.
196 Herwig, *First World War*, p. 94.
197 See K. Lauer, diary, 24 September 1914. KA Vienna: NL Lauer, B/366: Nr. 1. Also E. Dietrich, 'Der andere Tod. Seuchen, Volkskrankheiten und Gesundheitswesen im Ersten Weltkrieg', in K. Eisterer and R. Steininger (eds.), *Tirol und der Erste Weltkrieg* (Innsbruck, 1995), pp. 258–9. 在战争期间，军中共有 78 279 名霍乱患者接受了治疗，其中有 16 266 人身亡。几乎所有病例都是在 1915 年夏季之前感染的。
198 K.u.k. 4. Korpskommando to kgl. ung. 42. LITD, 9 September 1914. KA Vienna: NFA 43. Sch. D. 1914 (Op. Akt. v. Sept.–Okt.) (Karton 2180): Op. Nr. 36.
199 See K. Lauer, diary, 11 September 1914. KA Vienna: NL Lauer B/366: Nr. 1 and A. Hausner, diary, 20 October 1914. KA Vienna: NL Hausner, B/217. Also A. Krasicki, *Dziennik z kampanii rosyjskiej 1914–1916* (Warsaw, 1988), p. 42 (diary entry for 29 August 1914).
200 *ÖULK*, i, pp. 337–8.
201 K.u.k. 2 Armeekommando, order, 6 September 1914. KA Vienna: NFA 43. Sch. D. 1914 (Op. Akt. v. Sept.–Okt.) (Karton 2180): Op. Nr. 447.
202 See K. Lauer, diary, 12 September 1914. KA Vienna: NL Lauer, B/366: Nr. 1.
203 Falkenhayn, quoted in H. Afflerbach, 'Planning Total War? Falkenhayn and the Battle of Verdun, 1916', in R. Chickering and S. Förster (eds.), *Great War, Total War: Combat and Mobilization on the Western Front, 1914–1918* (Washington, DC, and Cambridge, 2000), p. 118. Also, more generally, Afflerbach, *Falkenhayn*, pp. 187–210. 关于炮弹短缺的情况，参见 Strachan, *First World War*, i, pp. 993–4。
204 Führ, *K.u.k. Armeeoberkommando*, pp. 64–71. 关于波兰人的反应，参见 Szlanta, ' "Najgorsze bestie to są Honwedy" ', pp. 168–9，关于反犹主义的兴起，参见 Mick, *Kriegserfahrungen*, pp. 146–53。
205 Herwig, *First World War*, pp. 94 and 120.
206 R. A. Prete, 'French Military War Aims, 1914–1916', *The Historical Journal* 28(4) (December 1985), pp. 889–90, and D. Stevenson, 'French War Aims and the American Challenge, 1914–1918', *The Historical Journal* 22(4) (December 1979), p. 878.
207 A. Fontaine, *French Industry during the War* (New Haven, CT, and London, 1926), pp. 270–71 and 405.

208 M. Augé-Laribé and P. Pinot, *Agriculture and Food Supply in France during the War* (New Haven, CT, and London, 1927), p. 55.
209 *Sanitätsbericht*, iii, p. 140*.

第 4 章　防御战

1 *Berliner Tageblatt und Handels-Zeitung. Morgen-Ausgabe* 43, 387 (2 August 1914).
2 See W. J. Mommsen, 'The Topos of Inevitable War in Germany in the Decade before 1914', in V. R. Berghahn and M. Kitchen (eds.), *Germany in the Age of Total War* (London and Totowa, NJ, 1981), pp. 23–45. Also T. R. E. Paddock, *Creating the Russian Peril: Education, the Public Sphere, and National Identity in Imperial Germany, 1890–1914* (Rochester, NY, 2010). 关于第一次世界大战前俄国在加利西亚的好战举动，参见 Bachmann, '*Herd der Feindschaft*', ch. 3。
3 Tsar to French ambassador, quoted in N. Golovin, 'The Russian War Plan: II. The Execution of the Plan', *The Slavonic and East European Review* 15(43) (July 1936), p. 74. 关于俄军的计划，参见 J. Snyder, *The Ideology of the Offensive: Military Decision Making and the Disasters of 1914* (Ithaca, NY, and London, 1984), pp. 157–98, and Strachan, *First World War*, i, pp. 297–316。
4 See 'Bericht des Oberpräsidenten der Provinz Ostpreußen an den Minister des Innern', 20 March 1915, reproduced in Auswärtiges Amt, *Greueltaten russischer Truppen gegen deutsche Zivilpersonen und deutsche Kriegsgefangene* (Berlin, 1915), Anlage 1. A copy is held in BA-MA Freiburg: RM5/2514. 关于对 11 月攻势的担忧，参见 Stellv. Generalkommando des V. Armeekorps to Erzbischof D. Likowski, 9 November 1914. AP Poznań: OA X 39。关于加利西亚战役，参见 Stone, *Eastern Front*, ch. 4, and Strachan, *First World War*, i, pp. 347–67 and 371–3。
5 See M. von Hagen, *War in a European Borderland: Occupations and Occupation Plans in Galicia and Ukraine, 1914–1918* (Seattle, WA, 2007), pp. 19–42.
6 See A. Funk, *Geschichte der Stadt Allenstein von 1348 bis 1943* (Gelsenkirchen, 1955), pp. 216–34, and A. Kossert, *Ostpreußen. Geschichte und Mythos* (Munich, 2005), pp. 118–19.
7 P. Hirschberg, *Die Russen in Allenstein. Die Besetzung und Befreiung der Stadt am 27., 28. und 29. August 1914*, 2nd extended edn (Allenstein, 1918), pp. 3–4.
8 Much of the following account is based on a report by Polizeiinspektor Schroeder[?], 15 April 1915. AP Olsztyn: Akta Miasta Olsztyn 259/168: fos. 16–17.
9 在战争早期阶段，由难民传播的暴行故事的例子可见于 P. Kuhr, *There We'll Meet Again: The First World War Diary of a Young German Girl*, trans. W. Wright (n.p., 1998), esp. pp. 18–19 (entry for 9 August 1914) and p. 42 (entry for 10 September 1914)。
10 Poster, 22 August 1914. AP Olsztyn: Akta Miasta Olsztyn 259/168: fo. 1.
11 Rittel, diary, 25 August 1914. AP Olsztyn: Akta Miasta Olsztyn 259/169.

12 *Allensteiner Zeitung, Extra-Ausgabe Nr. 59*, 25 August 1914.

13 'Die Allensteiner Russentage', *Allensteiner Zeitung, 72. Jahrgang, Nr. 208*, 10 September 1914.

14 Polizeiinspektor Schroeder[?], report, 15 April 1915. AP Olsztyn: Akta Miasta Olsztyn 259/168: fo. 40. 当地报纸估计，城中仅余 2000 人。See 'Die Allensteiner Russentage', *Allensteiner Zeitung, 72. Jahrgang, Nr. 208*, 10 September 1914.

15 对于这场洗劫究竟发生于何时，各种资料来源众说纷纭。本文在此依循了身为当地教师的里特尔的记述，他当时负责评估洗劫者给旅馆带来的损失。See Rittel, diary, 26 August 1914. AP Olsztyn: Akta Miasta Olsztyn 259/169.

16 Hirschberg, *Russen in Allenstein*, p. 9.

17 'Die Allensteiner Russentage', *Allensteiner Zeitung, 72. Jahrgang, Nr. 208*, 10 September 1914.

18 Hirschberg, *Russen in Allenstein*, pp. 9–10.

19 Rittel, diary, 30 September 1916. AP Olsztyn: Akta Miasta Olsztyn 259/169.

20 Polizeiinspektor Schroeder[?], report, 15 April 1915. AP Olsztyn: Akta Miasta Olsztyn 259/168: fo. 40; 'Als die Russen in Allenstein waren', *Allensteiner Zeitung, 72. Jahrgang, Nr. 204*, 5 September 1914. 关于俄军与德军骑兵的交战细节，参见 'Die Allensteiner Russentage', *Allensteiner Zeitung, 72. Jahrgang, Nr. 208*, 10 September 1914。

21 Polizeiinspektor Schroeder[?], report, 15 April 1915. AP Olsztyn: Akta Miasta Olsztyn 259/168: fo. 40; Rittel, diary, 30 September 1916. AP Olsztyn: Akta Miasta Olsztyn 259/169.

22 有关俄军进入阿伦施泰因的各种记载在主要事件上是大体一致的，只在时间上存在些许差异。The evidence for this passage comes from the *Allensteiner Zeitung, 72. Jahrgang, Nr. 211* and *213*, 13 and 16 September 1914; Rittel, diary, 27 August 1914. AP Olsztyn: Akta Miasta Olsztyn 259/169; Polizeiinspektor Schroeder[?], report, 15 April 1915. AP Olsztyn: Akta Miasta Olsztyn 259/168: fo. 40; Telegram from Oberbürgermeister Allenstein to Regierungspräsident Allenstein, 29 August 1914. GStA PK, Berlin: XX. HA Rep 2II, 3576: fo. 128.

23 'Die Allensteiner Russentage', *Allensteiner Zeitung, 72. Jahrgang, Nr. 211*, 13 September 1914.

24 Hirschberg, *Russen in Allenstein*, pp. 11–12.

25 Ibid., pp. 15–16. Cf. 'Die Allensteiner Russentage', *Allensteiner Zeitung, 72. Jahrgang, Nr. 211*, 13 September 1914.

26 Telegram from Oberbürgermeister Allenstein to Regierungspräsident Allenstein, 29 August 1914. GStA PK, Berlin: XX. HA Rep 2II, 3576: fo. 128.

27 Rittel, diary, 30 September 1916, section entitled 'Unter russischer Herrschaft'. AP Olsztyn: Akta Miasta Olsztyn 259/169.

28 Hirschberg, *Russen in Allenstein*, pp. 19–21.

29 Rittel, diary, 27 August 1914, and also the section of his memoir entitled 'Das Brotbacken in der Russennacht'. AP Olsztyn: Akta Miasta Olsztyn 259/169.
30 'Die Allensteiner Russentage', *Allensteiner Zeitung, 72. Jahrgang, Nr. 211*, 13 September 1914.
31 Ibid., *Allensteiner Zeitung, 72. Jahrgang, Nr. 222*, 26 September 1914, and Polizeiinspektor Schroeder[?], report, 15 April 1915. AP Olsztyn: Akta Miasta Olsztyn 259/168: fo. 40. Schroeder was present during these conversations.
32 'Die Allensteiner Russentage', *Allensteiner Zeitung, 72. Jahrgang, Nr. 223*, 27 September 1914.
33 解放阿伦施泰因的部队属于第三十六后备师，该部队是在毗邻东普鲁士的西普鲁士组建起来的。See D. E. Showalter, *Tannenberg: Clash of Empires* (Hamden, CT, 1991, p. 288.
34 'Die Allensteiner Russentage', *Allensteiner Zeitung, 72. Jahrgang, Nr. 223*, 27 September 1914; Rittel, diary, 30 September 1916, section entitled 'Unsere Befreiung'. AP Olsztyn: Akta Miasta Olsztyn 259/169; Polizeiinspektor Schroeder[?], report, 15 April 1915. AP Olsztyn: Akta Miasta Olsztyn 259/168: fos. 39–40; Hirschberg, *Russen in Allenstein*, p. 24, and telegram from Oberbürgermeister Allenstein to Regierungspräsident Allenstein, 29 August 1914. GStA PK, Berlin: XX. HA Rep 2II, 3576: fo. 128.
35 Hirschberg, *Die Russen in Allenstein*, p. 29, 'Die Allensteiner Russentage', *Allensteiner Zeitung, 72. Jahrgang, Nr. 223*, 27 September 1914, and AP Olsztyn: Akta Miasta Olsztyn 259/169: Rittel, diary, 28 August 1914.
36 F. Gause, *Die Russen in Ostpreußen, 1914/15. Im Auftrage des Landeshauptmanns der Provinz Ostpreußen* (Königsberg Pr., 1931), pp. 191–2 and 218.
37 关于聚尔希获奖励，参见 Rittel, diary, 30 September 1916, section entitled 'Kleine Erlebnisse'. AP Olsztyn: Akta Miasta Olsztyn 259/169。
38 'Die Allensteiner Russentage', *Allensteiner Zeitung, 72. Jahrgang, Nr. 213*, 16 September 1914.
39 Rittel, diary, 30 September 1916, section entitled 'Unsere Befreiung'. AP Olsztyn: Akta Miasta Olsztyn 259/169; Polizeiinspektor Schroeder[?], report, 15 April 1915. AP Olsztyn: Akta Miasta Olsztyn 259/168: fo. 41.
40 Hirschberg, *Russen in Allenstein*, p. 5.
41 See the daily 'War Reports' filed by the Regierungs-Präsident of Gumbinnen County, esp. 13, 15 and 17 August 1914 in GStA PK, Berlin: XX HA Rep 2II, 3559.
42 M. Hoffmann, *War Diaries and Other Papers* (2 vols., London, 1929), i, p. 40 (entry for 23 August 1914).
43 关于伤亡与破坏的情况，参见 Gause, *Russen in Ostpreußen*, esp. p. 229。Gause 的数据可能是有争议的，因此笔者有必要在此处说明，他的著作是建立在诚实且极为细致的研究的基础之上的。存留下来的档案资料表明，东普鲁士政府的战时调查认定，在两次入侵期间，共有 1615 名平民被俄军有意杀害（see the tables for Königsberg and Allenstein Counties in 'Besichtigung der durch die Russeneinfällen beschädigten Teile der Provinz Ostpreußen durch die Minister [Staatsministerium]', *c.* April 1915 and the Gumbinnen table of 4 June 1915 in, respectively, GStA PK, Berlin: I. HA Rep 90A, 1064 and AP Olsztyn: OP Ostpreußen: 3/529: fos. 72–4）。Gause 对入侵后不久编写的地方志进行了细致的考察，去除了其中的重复计算和意外死亡，由此得出结论，认为共有 1491 名东普鲁士人被俄军故意杀害。关于调查与被害人数的完整讨论，参见 ' "Unheard of Brutality": Russian Atrocities against Civilians in East Prussia, 1914–15', forthcoming in *The Journal of Modern History* 86(4) (December 2014)。

44 See ibid., p. 57. 关于东普鲁士的人口规模及族群构成，参见 A. Hesse and H. Goeldel, *Grundlagen des Wirtschaftslebens von Ostpreußen. Denkschrift zum Wiederaufbau der Provinz. Die Bevölkerung von Ostpreußen* (6 vols., Jena, 1916), iii, p. 2, and L. Belzyt,*Sprachliche Minderheiten im preußischen Staat 1815–1914. Die preußische Sprachenstatistik in Bearbeitung und Kommentar* (Marburg, 1998), pp. 17 and 25。

45 'Bekanntmachung allen Einwohneren Ost. Preussens [*sic*]', signed by Rennenkampf, 18 August 1914, in HHStA Wiesbaden: Plakate und Kriegsdocumente: Nr. 3012/3472.

46 Y. Danilov, *La Russie dans la Guerre Mondiale (1914–1917)*, trans. A. Kaznakov (Paris, 1927), p. 204. For the examples, see Watson, ' "Unheard of Brutality" '.

47 Gause, *Russen in Ostpreußen*, pp. 200–11 and 229.

48 关于艾特库嫩的情况，参见 'Die Besetzung des Postamts Eydtkuhnen durch die Russen', *Liegnitzer Tageblatt. 79. Jahrgang, Nr. 196, 1 Beilage* (22 August 1914)。其他人后来因为其英勇表现得到了现金奖励。See the list compiled by the Geheimer Regierungsrat at the Landrat in Memel on 19 October 1914. GStA PK, Berlin: XX. HA Rep 2II, 3670: fos. 28 and 32, and Landrat in Heydekrug to the Regierungspräsident of Gumbinnen, 20 November 1914. AP Olsztyn: RP Gumbinnen: 1576/14: fos. 83–4.

49 Gause, *Russen in Ostpreußen*, p. 175. 这是一次在一战结束后开展的半官方调查。关于其可靠性，参见 Watson, ' "Unheard of Brutality" '。

50 Gause, *Russen in Ostpreußen*, pp. 212–19.

51 Report of Königliches Konsistorium der Provinz Ostpreußen to Evangelischer Ober-Kirchenrat in Berlin-Charlottenburg, 23 October 1914. GStA PK, Berlin: I. HA Rep 90A, 1059: page 3 of report. Also, Gouvernement von Königsberg to Kriegsministerium, 25 Sept. 1914. GStA PK, Berlin: XX. HA Rep 2II, 3587: fo. 42. 关于对哥萨克的恐惧，参见 R. Traba, '*Wschodniopruskość'. Tożsamość regionalna i narodowa w kulturze politycznej Niemiec* (Poznań and Warsaw, 2005), pp. 252–5。

52 Gause, *Russen in Ostpreußen*, pp. 164–9.

53 Report by Fußgend. Wachtmeister Sahm I, 14 September, 1914. AP Olsztyn: Königlicher Regierungs-Präsident zu Allenstein (Rejencja Olsztyńskie) [hereafter RP

Allenstein]: 179: fo. 105, and Gause, *Russen in Ostpreußen*, pp. 161–2.

54　A. V. Prusin, *Nationalizing a Borderland: War, Ethnicity, and Anti-Jewish Violence in East Galicia, 1914–1920* (Tuscaloosa, AL, 2005), p. 29.

55　Gause, *Russen in Ostpreußen*, pp. 152–4, and Oberwachtmeister Meyer, gendarmerie report, 17 September 1914. AP Olsztyn: RP Allenstein: 179: fos. 93–5. 有关桑托潘究竟发生了什么，各种记载众说纷纭，但在伤亡人数上，各种记载是一致的。Gause 认为只有一位女性被杀，但他提到，在被处决的囚犯之中还有一名女性，Meyer 则给出了后面这一位女子的姓名，因此笔者更倾向于采纳 Meyer 的记述。

56　Report by Fußgend. Wachtmeister Sahm I, 11 and 14 September, 1914. AP Olsztyn: RP Allenstein: 179: fos. 19 and 105–7, and Gause, *Russen in Ostpreußen*, pp. 177–8.

57　Gause, *Russen in Ostpreußen*, pp. 183–4.

58　Anna S., testimony (and supporting statements by others), 11 September 1914. AP Olsztyn: RP Allenstein: 178: fos. 3–4.

59　例如，萨多夫斯基军士于 1915 年 3 月 4 日在达尔凯门的报告，该报告介绍了俄军对一名俄军士兵未遂的强奸、谋杀罪行的彻底调查。AP Olsztyn: OP Ostpreussen: 3/528: fos. 308–10.

60　See 'Besichtigung der durch die Russeneinfällen beschädigten Teile der Provinz Ostpreußen durch die Minister [Staatsministerium]', GStA PK, Berlin: I. HA Rep 90A, 1064.

61　有关因强奸导致怀孕的情况，可参见 'Fürsorge für die Russenkinder', accompanied by a letter from Oberpräsident to Minister des Innern, 24 November 1916, and also a letter from Oberpräsident to Regierungshauptkasse in Königsberg, 5 May 1917. AP Olsztyn: OP Ostpreußen: 3/530: fos. 290–93 and 391–4 and 399。关于现代研究，参见 M. M. Holmes, H. S. Resnick, D. G. Kilpatrick and C. L. Best, 'Rape-Related Pregnancy: Estimates and Descriptive Characteristics from a National Sample of Women', *American Journal of Obstetrics & Gynecology* 175(2) (August 1996), pp. 320–25。

62　Anna N., sworn court testimony, 26 January 1915. Cf. also her mother's testimony, following. AP Olsztyn: RP Allenstein: 184: fos. 81–3. Cf. with testimonies of French rape victims in R. Harris, 'The "Child of the Barbarian": Rape, Race and Nationalism in France during the First World War', *Past & Present* 141 (November 1993), pp. 176–9.

63　在萨姆索诺夫的集团军作战的东普鲁士南部，据估计仅有 400 人幸存，这一数字后来被修正为 1000 人。在该省北部和东部行动的伦宁坎普的集团军从北边的柯尼斯堡掳走了 704 个男人与 10 个女人，当该部队从东边的贡宾嫩撤退时很可能还掳走了更多的役龄男子。See the Allenstein and Gumbinnen County reports of 29 October and 25 September 1914 in AP Olsztyn: OP Ostpreußen: 3/528: fos. 38–62 and 64–79, and the table for Königsberg, *c*. April 1915, in GStA PK, Berlin: I. HA Rep 90A, 1064.

64 Letter of Bernard F. to Regierungspräsident in Allenstein, 29 September 1914. AP Olsztyn: RP Allenstein: 179: fos. 85–7.

65 E. Lohr, *Nationalizing the Russian Empire: The Campaign against Enemy Aliens during World War I* (Cambridge, MA, and London, 2003), pp. 17–18 and 124.

66 Gause, *Russen in Ostpreußen*, pp. 142–4. See also the lists of deported for the Königsberg, Allenstein and Gumbinnen Counties from *c.* 1916–17 in GStA PK, Berlin: XX. HA Rep 2II, 3578, 3579 and 3580.

67 Calculated from reports by Regierungspräsidenten in Allenstein and Gumbinnen, 16 February and 21 April 1915. GStA PK, Berlin: XX. HA Rep 2II, 3560: fo. 158 and I. HA Rep 90A, 1064: report pages 7–8; and Landräte reports for Johannisburg (15 February 1915), Lötzen (18 February 1915), Sensburg (19 February 1915) and Lyck (26 February 1915) districts. AP Olsztyn: RP Allenstein: 177: fos. 21–3, 27–8, 31–5 and 45–7. 关于这次疏散，参见 Gause, *Russen in Ostpreußen*, pp. 69–70。

68 See Lohr, *Nationalizing the Russian Empire*, p. 124, Auswärtiges Amt, *Greueltaten russischer Truppen*, annex 81, and Gause, *Russen in Ostpreußen*, pp. 242–3.

69 Report by Regierungspräsident in Gumbinnen to Unterstaatssekretär Heinrichs, 21 April 1915. GStA PK, Berlin: I. HA Rep 90A, 1064, pp. 7–8 of report. See also Gause, *Russen in Ostpreußen*, pp. 242–3.

70 Gause, *Russen in Ostpreußen*, p. 117.

71 关于俄国对敌国侨民与德意志族居民的驱逐，参见 Lohr, *Nationalizing the Russian Empire*, pp. 122–37。

72 Gause, *Russen in Ostpreußen*, esp. pp. 253 and 282. 关于拘留期间的情况，参见 the US ambassadorial reports reproduced in S. Tiepolato, 'Reports of the Delegates of the Embassy of the United States of America in St Petersburg on the Situation of the German Prisoners of War and Civil Persons in Russia', *DEP–Deportate, esuli, profughe. Rivista telematica di studi sulla memoria femminile* 4 (2006), pp. 185–92。

73 T. Wolff, *Tagebücher, 1914–1919. Der Erste Weltkrieg und die Entstehung der Weimarer Republik in Tagebüchern, Leitartikeln und Briefen des Chefredakteurs am 'Berliner Tageblatt' und Mitbegründers der 'Deutschen Demokratischen Partei'*, ed. B. Sösemann (2 vols., Boppard am Rhein, 1984), i, p. 96 (diary entry for 30 August 1914). 关于此前的时期，参见 the fourth 'Stimmungsbericht' of Polizeipräsident in Berlin, 2 September 1914. BA Berlin Lichterfelde: R43/2398: fo. 138。

74 See A. von der Goltz, *Hindenburg: Power, Myth, and the Rise of the Nazis* (Oxford, 2009), pp. 14–27. 关于德皇试图利用胜利来增强其个人威望，参见 G. A. von Müller, *The Kaiser and his Court: The Diaries, Notebooks and Letters of Admiral Georg Alexander von Müller, Chief of the Naval Cabinet, 1914–1918*, ed. W. Görlitz and trans. M. Savill (London, 1961), p. 65 (entry for 15 February 1915)。

75 See A. Hausner, diary (vol. 2), 16 November 1914 (p. 18). KA Vienna: Nachläße: B/217 Hausner.

76 Deputy Stücklein in the Reichstag on 26 August 1915, quoted in J. M. Read, *Atrocity Propaganda, 1914–1919* (New York, 1941, 1972), pp. 113–14.

77 Oberbürgermeister of Munich, 4 March 1915, quoted in Münchner Ostpreußenhilfe, *Ostpreußennot und Bruderhilfe. Kriegsgedenkblätter* (Munich, 1915), p. 1.

78 Ostpreußisches Landesmuseum Lüneburg (ed.), *Die Ostpreußenhilfe im Ersten Weltkrieg. Zur Ausstellung 'Zum Besten der Ostpreußenhilfe' (23.9.2006–28.1.2007)* (Husum, 2006), p. 16. 关于进一步的细节，参见 Watson, ' "Unheard of Brutality" '。

79 Von Hagen, *War in a European Borderland*, p. 20.

80 See P. Holquist, 'The Role of Personality in the First 1914–1915 Russian Occupation of Galicia and Bukovina', in J. Dekel-Chen, D. Gaunt, N. M. Meir and I. Barton (eds.), *Anti-Jewish Violence: Rethinking the Pogrom in European History* (Bloomington and Indianapolis, IN, 2010) p. 57.

81 N. Davies, *God's Playground: A History of Poland. 1795 to the Present*, revised edn (2 vols., Oxford and New York, 2005), ii, pp. 282–3.

82 Słomka, *From Serfdom to Self-Government*, pp. 215–20.

83 S. Ansky, *The Enemy at his Pleasure: A Journey through the Jewish Pale of Settlement during World War I*, ed. and trans. J. Neugroschel (New York, 2002), p. 116.

84 Holquist, 'Role of Personality', p. 57.

85 Report of exponierter Stabsoffizier des Landesgendarmeriekommandos 5 in Lemberg, 13 December 1915, in k.u.k. Ministerium des Äussern, *Sammlung von Nachweisen für die Verletzungen des Völkerrechts durch die mit Österreich-Ungarn Krieg führenden Staaten. III. Nachtrag. Abgeschlossen mit 30. Juni 1916* (Vienna, 1916), pp. 53–4.

86 关于俄军对东普鲁士人与哈布斯堡犹太人实施的暴力的区别，参见 Watson, ' "Unheard of Brutality" '。

87 See the report on Brody by the Jewish aid worker Dr Bernard Hausner in CAHJP, Jerusalem: HM2–9177 (originals held in Tsentral'nyi derzhavnyi istorychnyi arkhiv Ukrainy, L'viv: fond 146 opis 4), fos. 23–6, and Ansky, *Enemy at his Pleasure*, pp. 68–70.

88 See the reports on Jaryczów Nowy, Zabłotów and Nadwórna by Hausner in CAHJP, Jerusalem: HM2–9177, fos. 110, 46–7 and 14, 59, and Holquist, 'Role of Personality', p. 54.

89 'Kriegsschaden in Westgalizien – Gendarmerieberichte', 1 December 1914. AVA Vienna: MdI (1914) 19 in generl. Akte 45930.

90 Mick, *Kriegserfahrungen*, pp. 105–6. Also Ansky, *Enemy at his Pleasure*, p. 78.

91 有关控诉，参见 the anonymous 'Denkschrift' sent to Minister President Stürgkh in the autumn of 1915 in AVA Vienna: MdI, allgemein 28 in gen. (1914–16) (Karton 2231): doc. 57652。它关于罗塞尼亚人对犹太人的敌意的控诉也得到了下列文件

的证实 k.k. Statthaltereipräsidium to Ministerium des Innern, 24 November 1915, p. 10. AVA Vienna: MdI, Präsidiale (1914–15): 22/Galiz. Karton 2116: doc. 25414, and also Hauser's reports, esp. those from Horodenka, Delatyn and Grodek。See CAHJP, Jerusalem: HM2–9177, fos. 4, 13 and 103. 关于俄军指挥官对屠杀行径的反应，参见 Prusin, *Nationalizing a Borderland*, pp. 26–9。

92 J. Schoenfeld, *Shtetl Memories: Jewish Life in Galicia under the Austro-Hungarian Empire and in the Reborn Poland, 1898–1939* (Hoboken, NJ, 1985), p. 135. 豪斯纳有关斯尼亚金情况的报告指出，平民并未参与俄军对城镇的洗劫。See CAHJP, Jerusalem: HM2–9177.1: fos. 49–50.

93 Reports by Dr Hausner and the local k.k. Gendarmeriepostenkommando, 3 May 1916. See CAHJP, Jerusalem: HM2–9177.1: fos. 31 and 34.

94 See Prusin, *Nationalizing a Borderland*, pp. 21–3, Mentzel, 'Kriegsflüchtlinge', pp. 31–2, and B. Hoffmann-Holter, '*Abreisendmachung*'. *Jüdische Kriegsflüchtlinge in Wien 1914 bis 1923* (Cologne and Weimar, 1995), p. 29.

95 G. Faust, *Kriegsnöte der deutschen Gemeinden in Galizien und der Bukowina* (Leipzig, 1915), pp. 7–10.

96 Sitzung des königlichen Staatsministeriums, 16 October 1914. BA Berlin Lichterfelde: R43/2466c: fos. 112 – reverse of 118. 关于一例丑闻，参见 the documentation from the local Amtsgericht and Landrat, 1 September 1914, dealing with the flight of the (West Prussian) Landrat of Strasburg in GStA PK, Berlin: XIV. HA Rep 181, 30307。

97 KA Vienna: KÜA 1914 (Aktenkartons): Karton 4: Nr. 2146.

98 Landesgerichtsrat A. Regius, diary, 4 September 1914. KA Vienna: NL Regius B/395.

99 F. Forstner, *Przemyśl. Österreich-Ungarns bedeutendste Festung*, 2nd edn (Vienna, 1997), pp. 149 and 160. 关于安全方面，参见 Mentzel, 'Kriegsflüchtlinge', pp. 75–7，关于人口，参见 A. von Guttry, *Galizien. Land und Leute* (Munich and Leipzig, 1916), p. 56。

100 J. Bieniarzówna and J. M. Małecki, *Dzieje Krakowa. Kraków w latach, 1796–1918* (6 vols., Cracow, 1979), iii, pp. 360 and 379.

101 C.i.k. Komenda Twierdzy, 'Obwieszczenie', 13 Sept. 1914. AN Cracow: DPKr 104: fos. 847–8.

102 J. Dąbrowski, *Dziennik, 1914–1918*, ed. J. Zdrada (Cracow, 1977), pp. 38–9 (diary entries for 5, 16 and 21 September 1914).

103 C.k. Prezydium Dyrekcji policy w Krakowie, 'Informacya poufna', 18 September 1914. AVA Vienna: MdI (1914) 19 in generl. Karton 1921: Nr. 36570.

104 关于军事行动，参见 *OÜLK*, i, pp. 370–72, 383–93, 487–8 and 501–17。

105 Dąbrowski, *Dziennik*, p. 46 (diary entry for 15 November 1914).

106 Mentzel, 'Kriegsflüchtlinge', p. 80.

107 Message to Kriegsüberwachungsamt, 5 November 1914. AVA Vienna: MdI (1914) 19 in generl.: Akte 45676.

108 K.u.k. Festungskommando in Krakau to k.k. Polizeidirektion in Krakau, 6 November 1914. AN Cracow: DPKr 99: 4624/14: fo. 1787.
109 J. Mikułowski Pomorski (ed.), *Kraków w naszej pamięci* (Nowy Wiśnicz, 1991), pp. 65–6.
110 Statthaltereipräsidium, telephone call to Ministerium des Innern, 4 November 1914. AVA Vienna: MdI (1914) 19 in generl.: Akte 45676.
111 K.u.k. Festungskommando in Krakau to k.k. Polizeidirektion in Krakau, 10 November 1914. AN Cracow: DPKr 100: 4669/14: fo. 21.
112 Minutes of discussion between Festungskommandant Krakau and Kriegsminister, 2 December 1914. AVA Vienna: MdI (1914) 19 in generl.: Akte 45676.
113 See Strachan, *First World War*, i, pp. 372–3，关于军事行动的详细记述，参见 ÖULK, i, pp. 522–63。
114 Quoted in P. Szlanta, 'Der Erste Weltkrieg von 1914 bis 1915 als identitätsstiftender Faktor für die moderne polnische Nation', in G. P. Groß (ed.), *Die vergessene Front. Der Osten 1914/15. Ereignis, Wirkung, Nackwirkung* (Paderborn, Munich, Vienna and Zurich, 2006), p. 160.
115 Bobrinskii, quoted in von Hagen, *War in a European Borderland*, p. 32. 关于鲍勃林斯基的占领政权，参见 Mick, *Kriegserfahrungen*, pp. 85–96。
116 Prusin, *Nationalizing a Borderland*, pp. 34–5; von Hagen, *War in a European Borderland*, pp. 27–8; and Holquist, 'Role of Personality', pp. 52–73.
117 Mick, *Kriegserfahrungen*, pp. 87–92, and von Hagen, *War in a European Borderland*, p. 25.
118 Von Hagen, *War in a European Borderland*, p. 25.
119 'Bericht des Legationsrates Baron Andrian über seine Informationsreise nach Ostgalizien', 26 July 1915, pp. 4–13. AVA Vienna: MdI, Präsidiale (1914–15) 22/Galiz. Karton 2116: doc. 19644. Also, undated report headed 'Sekretarz Naczelnego Komitetu Narodowego', in AN Cracow: NKN 280: fos. 26–32.
120 有关抓捕人质的情况，参见 Mick, *Kriegserfahrungen*, p. 129。有关舍波提斯基的活动和被捕，则见于 von Hagen, *War in a European Borderland*, pp. 37–40。
121 关于亲俄派，参见 Bachmann, '*Herd der Feindschaft*', pp. 24–8 and ch. 3。
122 Mick, *Kriegserfahrungen*, pp. 98 and 111–12, and von Hagen, *War in a European Borderland*, p. 33.
123 'Bericht des Legationsrates Baron Andrian', pp. 24–5.
124 Ibid., p. 17. Also report by k.k. Statthalter von Galizien, Hermann von Colard, 11 November 1915, pp. 9–10. AVA Vienna: MdI, Präsidiale (1916–17) 22/Galiz. Karton 2117: doc. 4403.
125 Evlogii, quoted in Mick, *Kriegserfahrungen*, p. 121.
126 Ansky, *Enemy at his Pleasure*, pp. 73–4.
127 These passages follow Mick, *Kriegserfahrungen*, pp. 111–27. Cf. also von

Hagen, *War in a European Borderland*, pp. 37–42. 关于被杀的神职人员，参见 'Bericht des Legationsrates Baron Andrian', p. 22。关于加利西亚诸教区，参见 J. Springer, *Statistik des österreichischen Kaiserstaates*(2 vols., Vienna, 1840), i, p. 341。

128 'Bericht des Legationsrates Baron Andrian', p. 14.

129 关于人质的情况，参见 Mick, *Kriegserfahrungen*, p. 109, and Prusin, *Nationalizing a Borderland*, p. 49。关于加利西亚的人口，参见 P. Wróbel, 'The Jews of Galicia under Austro-Polish Rule, 1869–1918', *Austrian History Yearbook* 25 (1994), pp. 110–11。

130 Prusin, *Nationalizing a Borderland*, p. 42.

131 Ansky, *Enemy at his Pleasure*, pp. 122–3. See also Prusin, *Nationalizing a Borderland*, pp. 41–2, and von Hagen, *War in a European Borderland*, pp. 27–8.

132 Jüdischer Nationalverein in Oesterreich to k.k. Ministerium des Innern, 3 September 1915. AVA Vienna: MdI, Präsidiale (1914–15) 22/Galiz. Karton 2116: doc. 19412. Cf. 'Bericht des Legationsrates Baron Andrian', p. 13.

133 See anonymous letter entitled 'Polnische Politik!', stamped 9 July 1915, and k.k. Bezirkshauptmannschaft in Przemyśl, Polizeiabteilung, report to Statthaltereipräsidium on 'Verhalten der Polen in Galizien gegenüber der jüdischen Bevölkerung', 27 September 1915. AVA Vienna: MdI, Präsidiale (1914–15) 22/Galiz. Karton 2116: doc. 15635, and Präsidiale (1916–17) 22/Galiz. Karton 2117: doc. 26250.

134 See *Sprawozdanie c.k. Namiestnictwa, Centrali krajowej dla gospodarczej odbudowy Galicyi za czas od czerwca 1916 do lutego 1917* (Cracow, 1917), p. 4.

135 Reports gathered on Jewish communities in eastern Galicia by Hausner in early 1916. See CAHJP, Jerusalem: HM2–9177.1: fos. 37, 14, 3–4, 107 and 110–12.

136 Sperber, *God's Water Carriers*, p. 83.

137 Holquist, 'Role of Personality', p. 59.

138 Prusin, *Nationalizing a Borderland*, pp. 37–44.

139 关于此后在极权政权下更加血腥的互动，参见 T. Snyder, *Bloodlands: Europe between Hitler and Stalin* (New York, 2010)。关于俄罗斯帝国战时驱逐政策的变化，参见上文及 Lohr, *Nationalizing the Russian Empire*, pp. 121–65。

140 Holquist, 'Role of Personality', pp. 62–5.

141 Prusin, *Nationalizing a Borderland*, p. 27.

142 Gendarmerie reports from Mościska, 10 May 1916, and Tyśmienica, 14 May 1916, reports collected by Hausner on both places in early 1916 and the statement of a victim from Tyśmienica, 2 June 1916. See CAHJP, Jerusalem: HM2–9177.1: fos. 9, 51–2, 54 and 56–7.

143 Prusin, *Nationalizing a Borderland*, pp. 48–54, and Holquist, 'Role of Personality', pp. 66–7.

144 Ansky, *Enemy at his Pleasure*, pp. 134–63.

145 Słomka, *From Serfdom to Self-Government*, p. 234, Faust, *Kriegsnöte*, pp. 23–4, and

'Bericht des Legationsrates Baron Andrian', p. 13.
146 See Mick, *Kriegserfahrungen*, p. 130, Prusin, *Nationalizing a Borderland*, pp. 56 and 62, and Holquist, 'Role of Personality', p. 67.
147 Führ, *K.u.k. Armeeoberkommando*, pp. 63–70. 关于波兰族精英的不赞成，参见 undated report marked 'Sekretarz Naczelnego Komitetu Narodowego' in AN Cracow: NKN 280: fo. 29。
148 Ansky, *Enemy at his Pleasure*, pp. 114–15. Cf. also p. 161. 有关跟随俄军离去的罗塞尼亚人人数的估计众说纷纭，从数千人至数万人皆有。See von Hagen, *War in a European Borderland*, p. 41, and 'Bericht des Legationsrates Baron Andrian', pp. 15–16.
149 See the extracts from two notes passed by the Ministerium des Äußern to the k.k. Ministerium des Innern, January 1916. AVA Vienna: Min. des Innern, Präsidiale 22. Galiz. (1916–17). Karton 2117: doc. 400.
150 Szlanta, ' "Najgorsze bestie to są Honwedy" ', p. 166, and Mick, *Kriegserfahrungen*, pp. 143–6.
151 'Die Zustände in Lemberg', 23 December 1915, pp. 1–4. AVA Vienna: MdI, Präsidiale 22. Galiz. (1916–17). Karton 2117: doc. 400. Cf. also 'Bemerkungen ueber Lemberg nach der Befreiung von der russischen Invasion'. AN Cracow: NKN 280: fos. 33–40. 这后一份档案或许是前一份档案的一个资料来源。
152 关于土地的情况，参见 M.-S. Schulze, 'Austria-Hungary's Economy in World War I', in Broadberry and Harrison (eds.), *The Economics of World War I*, p. 92，关于牲畜的情况，参见 T. Kargol, 'Ziemiaństwo wobec sytuacji gospodarczej Galicji w czasie I wojny Światowej', in D. Grinberg, J. Snopko and G. Zackiewicz (eds.), *Lata wielkiej wojny. Dojrzewanie do niepodległości, 1914–1918* (Białystok, 2007), p. 222。
153 A. F. Frank, *Oil Empire: Visions of Prosperity in Austrian Galicia* (Cambridge, MA, and London, 2005), pp. 173 and 188–9.
154 这个数据包含了在1914年12月时已经登记的60万生计无着的难民，30万至40万可以养活自己的人口，还有一些非法居留于腹地地区的人口。See Mentzel, 'Kriegsflüchtlinge', p. 5.
155 Hoffmann-Holter, '*Abreisendmachung*', p. 49.
156 K.k. Minister des Innern in Wien to k.k. Statthalter in Galizien, 5 October 1914, and k.u.k. Generalstabsabteilung der Festung Krakau to das Präsidium der k.k. Polizeidirektion in Krakau, 18 October 1914. AN Cracow: DPKr 104, fo. 339, and DPKr 99: 4333/14, fo. 971.
157 Ministerium des Innern in Wien to the k.k. Statthalterei in Galizien, 8 Oct. 1914. AN Cracow: DPKr 99: 4258/14, fo. 81.
158 Mentzel, 'Kriegsflüchtlinge', pp. 8–13.
159 'Instruktion betreffend die Beförderung und Unterbringung von Flüchtlingen aus Galizien und der Bukowina'. AN Cracow: DPKr 122: doc. 3894/14. Also Mentzel,

'Kriegsflüchtlinge', pp. 236–7 and 242–7.

160 Anonymous complaint letter, November 1914. AVA Vienna: Ministerium des Innern (1914) 19 in generl.: 45827. 关于在匈牙利的难民的详情，参见 Mentzel, 'Kriegsflüchtlinge', pp. 191–207。

161 Translated report from the Wiedeński Kuryer Polski, 11 January 1915. AVA Vienna: MdI (1914) 19 in generl.: doc. 46124. See also Mentzel, 'Kriegsflüchtlinge', p. 293, and Hoffmann-Holter, *Abreisendmachung*', p. 38, fn. 30.

162 D. Rechter, 'Galicia in Vienna: Jewish Refugees in the First World War', *Austrian History Yearbook* 28 (1997), p. 118.

163 H. J. W. Kuprian, 'Flüchtlinge, Evakuierte und die staatliche Fürsorge', in K. Eisterer and R. Steininger (eds.), *Tirol und der Erste Weltkrieg* (Innsbruck, 1995), p. 285.

164 Mentzel, 'Kriegsflüchtlinge', p. 272.

165 关于此类观点的说明，参见 Kuprian, 'Flüchtlinge, Evakuierte und die staatliche Fürsorge', p. 29。关于时人想象中的东普鲁士与加利西亚，参见 Kossert, *Ostpreußen*, and L. Wolff, *The Idea of Galicia: History and Fantasy in Habsburg Political Culture*(Stanford, CA, 2010)。

166 M. Schwestek, diary/memoir, 29 September 1914. KA Vienna: B89.

167 Statthalter of Vorarlberg, quoted in Kuprian, 'Flüchtlinge, Evakuierte und die staatliche Fürsorge', p. 293. Also Mentzel, 'Kriegsflüchtlinge', pp. 171–5.

168 Hoffmann-Holter, 'Abreisendmachung', pp. 35–6 and 40.

169 A. S. Lindemann, *Esau's Tears: Modern Anti-Semitism and the Rise of the Jews* (Cambridge, 1997), pp. 194–7.

170 Hoffmann-Holter, '*Abreisendmachung*', pp. 47–51 and 79–81.

171 Rechter, 'Galicia in Vienna', pp. 116 and 120–24.

172 Rudolf Schwarz-Hiller, quoted in Hoffmann-Holter, '*Abreisendmachung*', p. 74. 关于私人的救助活动，亦可参见 Mentzel, 'Kriegsflüchtlinge', pp. 347–55。

第 5 章　四面合围

1 A. Hausner, diary, 12 December 1914. KA Vienna: NL Hausner, B/217.

2 Broadberry and Harrison, 'The Economics of World War I', p. 9.

3 E. von Moltke (ed.), *Generaloberst Helmuth von Moltke. Erinnerungen – Briefe – Dokumente, 1877–1916. Ein Bild vom Kriegsausbruch, erster Kriegsführung und Persönlichkeit des ersten militärischen Führers des Krieges* (Stuttgart, 1922), p. 308 (letter to his wife, 29 January 1905).

4 Strachan, *First World War*, i, pp. 1014–25 and 1042–3. Also H. Pogge von Strandmann (ed.), *Walther Rathenau, Industrialist, Banker, Intellectual, and Politician: Notes and Diaries, 1907–1922*, trans. C. Pinder-Cracraft (Oxford, 1985), pp. 186–91.

5 Lawrence, 'Transition to War', pp. 156–7.

6 G. D. Feldman, *Army, Industry and Labor in Germany, 1914–1918* (Providence, RI,

and Oxford, 1966, 1992), pp. 64–73; J. R. Wegs, 'Austrian Economic Mobilization during World War I: With Particular Emphasis on Heavy Industry', unpublished PhD thesis, University of Illinois (1970), pp. 181–2.

7   B. J. Davis, *Home Fires Burning: Food, Politics, and Everyday Life in World War I Berlin* (Chapel Hill, NC, and London, 2000), pp. 24–7.

8   'Amtliche Preislisten für den Landkreis Thorn: Höchster Verkaufspreis', in *Kreis-Blatt für den Land- und Stadtkreis Thorn*, 29 August and 5 December 1914. AP Toruń: Star. Pow. w Toruniu, 1818–1920: Nr. 1020. Cf. the prices in Karlsruhe published in R. Chickering, *Imperial Germany and the Great War, 1914–1918*, 2nd edn (Cambridge: Cambridge University Press, 2004), p. 43.

9   Davis, *Home Fires*, pp. 24–5 and 51; Healy, *Vienna*, p. 40, and H. Loewenfeld-Russ, *Die Regelung der Volksernährung im Kriege* (Vienna and New Haven, CT, 1926), pp. 47–51.

10 Herwig, *First World War*, pp. 119–20, and R. Bessel, *Germany After the First World War* (Oxford, 1993), p. 9.

11 有关憎恨情绪，参见 S. Audoin-Rouzeau and A. Becker, *1914–1918: Understanding the Great War*, trans. C. Temerson (London, 2002), pp. 102–3。

12 有关这个话题，也可参见 the pioneering work of C. Hämmerle, ' "Zur Liebesarbeit sind wir hier, Soldatenstrümpfe stricken wir . . ." Zu Formen weiblicher *Kriegsfürsorge* im Ersten Weltkrieg', unpublished PhD thesis, University of Vienna (1996)。

13 Emmy W., diary, 25 October 1914. DTA Emmendingen: 586/ I.

14 A. Watson and P. Porter, 'Bereaved and Aggrieved: Combat Motivation and the Ideology of Sacrifice in the First World War', *Historical Research* 83(219) (February 2010), pp. 146–54 and 160.

15 Kaiserin's appeal of 6 August 1914, reproduced in Lutz (ed.), *Fall*, i, pp. 21–2.

16 *Neckar-Zeitung*, Heilbronn, 5 August 1914, p. 4, quoted in E. Koch, ' "Jeder tut, was er kann fürs Vaterland": Frauen und Männer an der Heilbronner "Heimatfront"', in G. Hirschfeld, G. Krumeich, D. Langewiesche and H.-P. Ullmann (eds.), *Kriegserfahrungen. Studien zur Sozial- und Mentalitätsgeschichte des Ersten Weltkriegs* (Tübingen, 1997), p. 41.

17 Hämmerle, ' "Zur Liebesarbeit sind wir hier, Soldatenstrümpfe stricken wir . . ." ', esp. pp. 104–29 and 159–83, and idem., (ed.), *Kindheit*, pp. 283–7.

18 Letters to A. Hartmuth; see esp. those from his mother, 27 January, 3 May (erroneously dated April) and 27 November 1915, and from his sister Trudi, 17 November 1916. Author's Collection.

19 Letter to A. Hartmuth from Direktion der Comerz- und Disconto-Bank, Hamburg, 27 November 1914. Author's Collection.

20 K. Meier, 'Evangelische Kirche und Erster Weltkrieg', in W. Michalka (ed.), *Der Erste Weltkrieg. Wirkung, Wahrnehmung, Analyse* (Munich and Zurich, 1994), pp. 708–9,

and Bobič, *War and Faith*, pp. 142–5.
21　Letter to A. Hartmuth from his mother, 26 October 1914. Author's Collection. Cf. Chickering, *Great War and Urban Life*, pp. 111 and 368–9.
22　See the circular from the Kriegs-Ausschuß für warme Unterkleidung, 25 September 1914. AP Poznań: Polizei-Präsidium Posen 8979: fo. 5.
23　T. Zahra, *Kidnapped Souls: National Indifference and the Battle for Children in the Bohemian Lands, 1900–1948* (Ithaca, NY, and London, 2008), pp. 98–101.
24　Polizeipräsident in Berlin to Unterstaatssekretär in der Reichskanzlei, 'Zehnter Stimmungsbericht', 5 October 1914. BA Berlin Lichterfelde: R43/2398: fo. 202 and reverse.
25　Landes-Kriegshilfsbureau, Salzburg, to Kriegshilfsbureau des k.k. Ministerium des Innern, Vienna, 3 December 1914. AVA Vienna: MdI, Präsidiale (1914–15): 19/1. Box 1740: doc. 18224.
26　Hämmerle, ' "Zur Liebesarbeit sind wir hier, Soldatenstrümpfe stricken wir . . ." ', pp. 90–92.
27　Chickering, *Great War and Urban Life*, pp. 372–90.
28　E. Stempfle, diary, 18 October 1914. DTA, Emmendingen: 1654. Also G. Mai, ' "Aufklärung der Bevölkerung" und "Vaterländischer Unterricht" in Württemberg, 1914–1918. Struktur, Durchführung und Inhalte der deutschen Inlandspropaganda im Ersten Weltkrieg', *Zeitschrift für Württembergische Landesgeschichte* 36 (1977), p. 202.
29　C. Nübel, *Die Mobilisierung der Kriegsgesellschaft. Propaganda und Alltag im Ersten Weltkrieg in Münster* (Münster, New York, Munich and Berlin, 2008), pp. 56–7.
30　M. Stibbe, *German Anglophobia and the Great War, 1914–1918* (Cambridge, 2001), p. 60.
31　J. Rüger, 'Laughter and War in Berlin', *History Workshop Journal* 67 (Spring 2009), pp. 33–5.
32　Kommandantur von Coblenz und Ehrenbreitstein, 'Bekanntmachung', 25 February 1916. HHStA Hessen: Preußisches Regierungspräsidium Wiesbaden (405): Nr. 2775: fo. 164.
33　K.k. Minister des Innern to k.k. Statthalter in Galizien, 14 July 1916. AN Cracow: DPKr 110: 267–8.
34　比如，对邓禄普轮胎公司的公开控诉。See *Frankfurter Zeitung und Handelsblatt, Zweites Morgenblatt. 59. Jahrgang, Nummer 246* (5 September 1914), p. 6.
35　H. Rudolph, 'Kultureller Wandel und Krieg: Die Reaktion der Werbesprache auf die Erfahrung des Ersten Weltkriegs am Beispiel von Zeitungsanzeigen', in G. Hirschfeld, G. Krumeich, D. Langewiesche and H.-P. Ullmann (eds.), *Kriegserfahrungen. Studien zur Sozial- und Mentalitätsgeschichte des Ersten Weltkriegs* (Essen, 1997), pp. 294–300.

36 Advertisement in *Die Neue Zeitung. Illustriertes unabhängiges Tagblatt. 8. Jahrgang, Nr. 13* (13 January 1915), p. 8, and H. Berghoff, 'Patriotismus und Geschäftssinn im Krieg: Eine Fallstudie aus der Musikinstrumentenindustrie', in G. Hirschfeld, G. Krumeich, D. Langewiesche and H.-P. Ullmann (eds.), *Kriegserfahrungen. Studien zur Sozial- und Mentalitätsgeschichte des Ersten Weltkriegs* (Essen, 1997), p. 266.

37 Goltz, *Hindenburg*, p. 26.

38 参看在波卓泽的水晶巧克力公司的包装纸, in AN Cracow: Zb. KL 12。

39 H. Hoffmann, ' "Schwarzer Peter im Weltkrieg": Die deutsche Spielwarenindustrie, 1914–1918', in G. Hirschfeld, G. Krumeich, D. Langewiesche and H.-P. Ullmann (eds.), *Kriegserfahrungen. Studien zur Sozial- und Mentalitätsgeschichte des Ersten Weltkriegs* (Essen, 1997), pp. 231–2.

40 Ferguson, *Pity of War*, p. 275.

41 Flyer (Merkblatt). See also the accompanying letter from Minister des Innern in Berlin to Regierungspräsidenten and den Polizeipräsidenten in Berlin, 17 November 1914. AP Toruń: Starostwo Powiatowe w Toruniu (Landratsamt Thorn), 1818–1920: Nr. 1021. Cf. Healy, *Vienna*, pp. 37–8.

42 Letter to A. Hartmuth from his mother, 27 January 1915. Author's Collection.

43 Feldman, *Army, Industry and Labor*, pp. 105 and 127. Also T. Loch, ' "Aufklärung der Bevölkerung" in Hamburg. Zur deutschen Inlandspropaganda während des Ersten Weltkrieges', *Militärgeschichtliche Zeitschrift* 62(1) (2003), pp. 52–4.

44 See, for example, Memorandum from City of Thorn to Regierungs-Präsident in Marienwerder, 17 May 1915. AP Toruń: Akta Miasta Torunia: Nr. C9257, fos. 92–8. 关于奥地利, 参见 T. Dammelhart, 'Kleine Stadt im Großen Krieg. Kriegswirtschaft im 1. Weltkrieg, dargestellt am Beispiel der Stadt Retz', unpublished PhD thesis, University of Vienna (2001), pp. 283–4。

45 S. Brandt, 'Kriegskochbuch', in G. Hirschfeld, G. Krumeich, I. Renz and M. Pöhlmann (eds.), *Enzyklopädie Erster Weltkrieg* (Paderborn, Munich, Vienna and Zurich, 2003, 2004), p. 651.

46 *Fertige Kriegsküchenzettel für den einfachen Haushalt herausgegeben von der königliche Eisenbahndirektion Münster (Westf.). Praktische und verständliche Anleitung von Helene Range* (Münster i. W., n.d.), pp. 6–8.

47 Ibid., pp. 5, 37–9 and backcover.

48 Healy, *Vienna*, p. 117.

49 Cuttings from *Frankfurter Nachrichten und Intelligenz-Blatt. Nr. 273* (2 October 1914) and *Nr. 348*, 16 December 1914. HHStA Wiesbaden: Preußisches Polizeipräsidium Frankfurt a. M. (407): Nr. 248.

50 A. A. Donson, *Youth in the Fatherless Land: War Pedagogy, Nationalism, and Authority in Germany, 1914–1918* (Cambridge, MA, and London, 2010), pp. 108–9, and Hämmerle (ed.), *Kindheit*, p. 274.

51 K. Saul, 'Jugend im Schatten des Krieges. Vormilitärische Ausbildung–Kriegswirtschaftlicher Ersatz – Schulalltag in Deutschland, 1914–1918', *Militärgeschichtliche Mitteilungen* 34 (1983), p. 117.

52 Syndikus der Handelskammer zu Elbing to Handelskammer zu Thorn, 26 April 1918. AP Toruń: Akta Miasta Torunia: Nr. C8883, fo. 106.

53 M. Kronenberg, *Die Bedeutung der Schule für die 'Heimatfront' im Ersten Weltkrieg. Sammlungen, Hilfsdienste, Feiern und Nagelungen im deutschen Reich* (Norderstedt, 2010), pp. 35–6 and 43–4; Donson, *Youth in the Fatherless Land*, pp. 112–13. Also letter to A. Hartmuth from 'Lulu', 5 March 1915. Author's Collection.

54 Hämmerle (ed.), *Kindheit*, pp. 125 and 280.

55 Donson, *Youth in the Fatherless Land*, pp. 79–81 and 86–8, and Hämmerle (ed.), *Kindheit*, pp. 287–94.

56 Musketier A. Hartmuth. Letter from his sister, Lulu, 3 December 1915. Author's Collection.

57 Kuhr, *There We'll Meet Again*, pp. 112 and 155 (diary entries for 11 February and 10 August 1915).

58 M. Diers, *Schlagbilder. Zur politischen Ikonographie der Gegenwart* (Frankfurt am Main, 1997), pp. 78–84.

59 Goltz, *Hindenburg*, pp. 27–33, and S. Brandt, '*Nagelfiguren*: Nailing Patriotism in Germany, 1914–1918', in N. J. Saunders (ed.), *Matters of Conflict: Material Culture, Memory and the First World War* (London and New York, 2004), pp. 64 and 69.

60 Brandt, '*Nagelfiguren*', p. 66, Diers, *Schlagbilder*, pp. 84–8, and S. Goebel, 'Forging the Industrial Home Front: Iron-Nail Memorials in the Ruhr', in J. Macleod and P. Purseigle (eds.), *Uncovered Fields: Perspectives in First World War Studies* (Leiden and Boston, 2004), p. 160.

61 G. Schneider, 'Zur Mobilisierung der "Heimatfront": Das Nageln sogenannter Kriegswahrzeichen im Ersten Weltkrieg', *Zeitschrift für Volkskunde* 95 (1999), esp. pp. 38–42 and 55–62.

62 'Die Enthüllungsfeier des "Eisernen Siegfried" ', press cutting. HHStA Wiesbaden: 408: Nr. 121: fo. 159. 关于定价, 参见 the 'Invitation' to this event in ibid., fo. 157, and also Diers, *Schlagbilder*, p. 87。

63 Chickering, *Great War and Urban Life*, pp. 393–4.

64 Cutting from *Wiesbadener Neueste Nachrichten*, 25 October 1915. HHStA Wiesbaden: 405: Nr. 2778: fo. 167.

65 Schneider, 'Zur Mobilisierung', pp. 43–53.

66 J. Cisek, ' "Kolumna Legionów" w Krakowie', *Krakowski Rocznik Archiwalny* 9 (2003), pp. 162–72. Also 'Uroczystość 16 sierpnia', *Nowa Reforma. Wydanie Popołudniowe. Rok XXXIV. Nr. 412* (16 August 1914), p. 1.

67 M. Zgórniak, 'Polacy w armii austro-węgierskiej w czasie I Wojny Światowej', *Studia*

i materiały do historii wojskowości 30 (1988), pp. 236–8.
68 J. T. Nowak, *Tarcze Legionów Polskich, 1915–1917 w zbiorach Muzeum Historycznego Miasta Krakowa* (Cracow, 2006), pp. 36, 49, 54, 64, 67 and 76.
69 H. D. Lasswell, *Propaganda Technique in the World War* (London, 1927), p. 47.
70 'Unser brutalster Gegner', *Frankfurter Zeitung und Handelsblatt 59. Jahrgang, Nr. 249, Zweites Morgenblatt* (8 September 1914), p. 1. See also Raithel, *Das 'Wunder'*, pp. 332–3.
71 Moltke, quoted in W. Nicolai, *Nachrichtendienst, Presse und Volksstimmung im Weltkrieg* (Berlin, 1920), p. 113.
72 K. Koszyk, *Deutsche Pressepolitik im Ersten Weltkrieg* (Düsseldorf, 1968), pp. 20–29, 46 and 186–8, and D. Welch, *Germany, Propaganda and Total War, 1914–1918: The Sins of Omission* (London, 2000), pp. 24–40.
73 See D. Geppert and R. Gerwarth (eds.), *Wilhelmine Germany and Edwardian Britain: Essays on Cultural Affinity* (Oxford and New York, 2008). Also K. Pryor, 'The Mobilization of Memory: The Battle of Waterloo in German and British Memory, 1815–1915', unpublished MA thesis, Southern Illinois University Carbondale (2010).
74 Haeckel and Eucken, 18 August 1914. Quoted in P. Hoeres, *Krieg der Philosophen: Die deutsche und britische Philosophie im Ersten Weltkrieg* (Paderborn, 2004), p. 122.
75 K. Schwalbe, *Wissenschaft und Kriegsmoral. Die deutschen Hochschullehrer und die politischen Grundfragen des Ersten Weltkrieges* (Göttingen, Zurich and Frankfurt am Main, 1969), pp. 22–3.
76 J. von Ungern-Sternberg and W. von Ungern-Sternberg, *Der Aufruf An die Kulturwelt!' Das Manifest der 93 und die Anfänge der Kriegspropaganda im Ersten Weltkrieg. Mit einer Dokumentation* (Stuttgart, 1996), pp. 163–4.
77 Schwalbe, *Wissenschaft und Kriegsmoral*, pp. 26–8.
78 Stibbe, *German Anglophobia*, pp. 49–79.
79 W. Sombart, *Händler und Helden. Patriotische Besinnungen* (Munich, 1915).
80 Buchner (ed.), *Kriegsdokumente*, iv, p. 188 (doc. 300).
81 Ibid., pp. 392–3 (doc. 486).
82 关于"埃姆登号"的情况，参见 P. G. Halpern, *A Naval History of World War I* (Annapolis, MD, 1994), pp. 72–7。Also E. Schwarz, diary, 28 October, 6 and 11 November 1914. DTA Emmendingen: 1654; A. Hartmuth, letter from 'Onkel Max', 2 November 1914. Author's Collection.
83 A. Offer, *The First World War: An Agrarian Interpretation* (Oxford, 1989), p. 25.
84 E. W. Osborne, *Britain's Economic Blockade of Germany, 1914–1919* (London and New York, 2004), pp. 63, 74 and 87–8.
85 Best, *Humanity in Warfare*, pp. 211–15 and 244–62.
86 Osborne, *Britain's Economic Blockade*, pp. 125–6 and 133.
87 P. Eltzbacher (ed.), *Die deutsche Volksernährung und der englische Aushungerungsplan*

(Braunschweig, 1915), pp. 1–2.
88 U. Kröll, *Die internationale Buren-Agitation, 1899–1902* (Münster, 1973), esp. pp. 51–65 and 112–25. 关于死亡数据，参见 Hull, *Absolute Destruction*, p. 152。
89 Osborne, *Britain's Economic Blockade*, p. 95.
90 J. Lee, 'Administrators and Agriculture: Aspects of German Agricultural Policy in the First World War', in J. M. Winter (ed.), *War and Economic Development* (Cambridge, London, New York and Melbourne, 1975), pp. 229–36.
91 Offer, *The First World War*, pp. 25–8.
92 G. Hardach, *The First World War, 1914–1918* (London, 1977), pp. 115–18; Feldman, *Army, Industry and Labor*, pp. 100–102.
93 Davis, *Home Fires Burning*, pp. 28–32.
94 H. Götting, diary, 22 February 1915. DTA, Emmendingen: 700/ I.
95 Calculated using the available figures for February–December 1915 in *Sanitätsbericht*, iii, p. 132, and War Office (ed.), *Statistics of the Military Effort of the British Empire during the Great War, 1914–1920* (London, 1922), pp. 359–62.
96 See 'Die Dum-Dum Geschosse', *Frankfurter Zeitung und Handelsblatt 59. Jahrgang, Nr. 250, Zweites Morgenblatt* (9 September 1914), p. 1. 关于士兵们相信英军使用达姆弹的情况，参见 Watson, *Enduring the Great War*, p. 69。
97 Stibbe, *German Anglophobia*, pp. 38–44.
98 See Auswärtiges Amt, *Der Baralong-Fall* (Berlin, 1916), 其中包含了外交斡旋情况和美国水手证词的复印件。BA-MA Freiburg: RM5/ 2971: fos. 76–110.
99 Copy of *Bremer Nachrichten* article, 16 October 1915. BA-MA Freiburg: RM3/5362: fos. 8–9. Cf. 'Die Ereignisse zur See', *Deutsche Kriegszeitung. Nr. 43* (24 October 1915), p. 7.
100 Staatsekretär des Reichs-Marine-Amts to Reichskanzler, 26 August 1914. BA Berlin Lichterfelde: R43/ 2398.
101 H. Götting, diary, 22 February 1915. DTA Emmendingen: 700/I.
102 Donson, *Youth in the Fatherless Land*, pp. 78–83 and 243–4.
103 Stibbe, *German Anglophobia*, p. 18, and Unteroffizier Groth, diary, 18 May 1915. DTA Emmendingen: 1613.
104 Stibbe, *German Anglophobia*, p. 22.
105 H. Jones, 'Encountering the "Enemy": Prisoner of War Transport and the Development of War Cultures in 1914', in P. Purseigle (ed.), *Warfare and Belligerence: Perspectives in First World War Studies* (Leiden and Boston, 2005), pp. 147–52.
106 Polizeipräsident in Berlin to Unterstaatssekretär in der Reichskanzlei, 'Zehnter Stimmungsbericht', 5 October 1914. BA Berlin Lichterfelde: R43/2398: fo. 202.
107 E. Stempfle, diary, 7 November 1914. DTA Emmendingen: 1654. 关于这几次袭击的详情，参见 Strachan, *First World War*, i, pp. 428–30。
108 Wolff, *Tagebücher*, i, p. 150 (entry for 21 January 1915).

109 Polizeipräsident in Berlin to Unterstaatssekretär in der Reichskanzlei, 'Neunter Stimmungsbericht', 28 September 1914. BA Berlin Lichterfelde: R43/2398: fo. 196.
110 Tirpitz, quoted in Jarausch, *Enigmatic Chancellor*, pp. 272–3.
111 J. Schröder, *Die U-Boote des Kaisers. Die Geschichte des deutschen U-Boot-Krieges gegen Großbritannien im Ersten Weltkrieg* (Lauf a. d. Pegnitz, 2000), pp. 90–91, and Halpern, *Naval History*, pp. 291–5.
112 Jarausch, *Enigmatic Chancellor*, pp. 271–80, and Halpern, *Naval History*, pp. 295–303.
113 Bethmann, quoted in Jarausch, *Enigmatic Chancellor*, p. 284.
114 See, for example, the newspaper cutting 'Amerikanische Kriegsmaterial-Lieferungen', in E. Stempfle, diary, 10 April 1915. DTA Emmendingen: 1654.
115 Jagow, quoted in Stibbe, *German Anglophobia*, p. 114.
116 ÖULK, i, p. 43.
117 Redlich, *Schicksalsjahre Österreichs*, i, p. 271 (9 September 1914).
118 Quoted in S. Beller, 'The Tragic Carnival: Austrian Culture in the First World War', in A. Roshwald and R. Stites (eds.), *European Culture in the Great War: The Arts, Entertainment and Propaganda, 1914–1918* (Cambridge, 1999), p. 133.
119 J. D. Halliday, 'Censorship in Berlin and Vienna during the First World War: A Comparative View', *The Modern Language Review* 83(3) (July 1988), pp. 616–26, and M. Cornwall, 'News, Rumour and the Control of Information in Austria-Hungary, 1914–1918', *History* 77(249) (February 1992), pp. 52–3. Also Orzoff, 'Empire Without Qualities', pp. 166–9 and 194.
120 Kann, *History of the Habsburg Empire*, p. 606.
121 W. Achleitner, *Gott im Krieg. Die Theologie der österreichischen Bischöfe in den Hirtenbriefen zum Ersten Weltkrieg* (Vienna, Cologne and Weimar, 1997), p. 266.
122 Biskup Józef Sebastyan Pelczar, letter to the clergy of Przemyśl diocese, 17 February 1915, in *Kronika Dyecezyi Przemyskiej. Rok 15, Zeszyt 1* (January–February 1915), p. 1. Cf. Bobič, War and Faith, p. 34.
123 Orzoff, 'Empire Without Qualities', pp. 162 and 175–8.
124 Loewenfeld-Russ, *Regelung der Volksernährung*, pp. 47–52.
125 Healy, *Vienna*, pp. 36–7 and 43–4.
126 E. S. Balogh, 'The Turning of the World: Hungarian Progressive Writers on the War', in R. A. Kann, B. K. Király and P. S. Fichtner (eds.), *The Habsburg Empire in World War I: Essays on the Intellectual, Military, Political and Economic Aspects of the Habsburg War Effort* (Boulder, CO, and New York, 1977), p. 193.
127 Hupka, *Z czasów wielkiej wojny*, p. 13 (entry for 17 August 1914).
128 P. M. Dabrowski, *Commemorations and the Shaping of Modern Poland* (Bloomington and Indianapolis, IN, 2004), pp. 191–8.
129 J. E. Romer, *Pamiętniki* (Warsaw, n.d.), p. 35.

130 A. Czechówna, diary, 5 August 1915. AN Cracow: IT 428/42. Also Hupka, *Z czasów wielkiej wojny*, pp. 105–6 (entry for 6 August 1915).
131 See S. Lambroza, 'The Pogroms of 1903–1906', in J. D. Klier and S. Lambroza (eds.), *Pogroms: Anti-Jewish Violence in Modern Russian History* (Cambridge, 1992), p. 200.
132 Deák, *Beyond Nationalism*, p. 174.
133 Generalmajor Demus-Moran, 'Heranziehung der Juden zur Milit. Dienstleistung', 29 March 1915. KA Vienna. NL Demus-Moran B/225–9. Also order from k.k. Statthaltereirat Galszewski, 22 June 1915. AVA Vienna: MdI, Präsidiale (1914–15): 22/Galiz.: Akte 19412.
134 M. L. Rozenblit, *Reconstructing a National Identity: The Jews of Habsburg Austria during World War I* (Oxford and New York, 2001), pp. 28–31 and 43–54.
135 A. J. May, *Passing of the Hapsburg Monarchy*, i, pp. 170–96.
136 *Neue Freie Presse. Morgenblatt. Nr. 18230* (25 May 1915), p. 2.
137 'Wobec nowej fazy wojny', *Nowa Reforma. Wydanie poranne. Rok XXXIV, Nr. 259* (25 May 1915), p. 1.
138 See C. von Hartungen, 'Die Tiroler und Vorarlberger Standschützen – Mythos und Realität', in K. Eisterer and R. Steininger (eds.), *Tirol und der Erste Weltkrieg* (Innsbruck, 1995), pp. 64–5, and Bobič, War and Faith, pp. 45 and 56.
139 Quoted in Bobič, *War and Faith*, pp. 56 and 61.
140 Von Hartungen, 'Tiroler und Vorarlberger Standschützen', pp. 61–88, and W. Joly, *Standschützen. Die Tiroler und Vorarlberger k.k. Standschützen-Formationen im Ersten Weltkrieg. Organisation und Einsatz* (Innsbruck, 1998), pp. 15–49.
141 Von Hartungen, 'Tiroler und Vorarlberger Standschützen', pp. 85–8, Führ, *K.u.k. Armeeoberkommando*, p. 166, and k.u.k. 4. Armeekommando, order, 30 May 1916. KA Vienna: NFA 2 ID. Box 121: doc. 16000/40.
142 R. B. Spence, 'The Yugoslav Role in the Austro-Hungarian Army, 1914–18', in B. K. Király and N. F. Dreisziger (eds.), *East Central European Society in World War I* (Boulder, CO, and Highland Lakes, NJ, 1985), pp. 356–61.
143 Galántai, *Hungary*, p. 113.
144 Kriegsüberwachungsamt to AOK, 'Stimmungsbericht über Böhmen und Mähren', 20 February 1915. KA Vienna: AOK Op. Abteilung 18. Op. Akten 1915: Op. Nr. 7389.
145 Zeman, *Break-Up*, pp. 51–2.
146 K.k. Stationskommandant in Pisek to k.u.k. Militärkommando in Prague, 20 October 1914. KA Vienna: KÜA 1914 (Aktenkartons): Karton 13: Nr. 7659.
147 K.k. Bezirkshauptmannschaft in Ungarisch Brod, 23 October 1914. KA Vienna: KÜA 1914 (Aktenkartons): Karton 15: Nr. 8345.
148 R. Lein, *Pflichterfüllung oder Hochverrat? Die tschechischen Soldaten Österreich-Ungarns im Ersten Weltkrieg* (Vienna and Berlin, 2011), pp. 53–201.

149 K.u.k. Armeeoberkommando to Militärkommando Krakau and Minister des Innern in Vienna, 16 March 1915. KA Vienna: AOK Etappenoberkommando: Box 1943: Op. Nr. 31573.

150 A. Orzoff, *Battle for the Castle: The Myth of Czechoslovakia in Europe, 1914–1948* (Oxford and New York, 2009), pp. 25–33, and K. Pichlík, 'Europa nach dem Krieg in den Vorstellungen T. G. Masaryks im Exil', in H. Mommsen, D. Kováč, J. Malíř and M. Marek (eds.), *Der Erste Weltkrieg und die Beziehungen zwischen Tschechen, Slowaken und Deutschen* (Essen, 2001), pp. 67–8.

151 Zeman, *Break-Up*, pp. 73–6, and Orzoff, *Battle*, pp. 39–40.

152 Lein, *Pflichterfüllung oder Hochverrat?*, pp. 53–201.

153 Redlich, *Schicksalsjahre Österreichs*, ii, p. 34 (entry for 27 April 1915).

154 Führ, *K.u.k. Armeeoberkommando*, p. 30, and J. Křen, *Die Konfliktgemeinschaft. Tschechen und Deutsche 1780–1918*, trans. P. Heumos (Munich, 2000), p. 311.

155 Zahra, *Kidnapped Souls*, p. 88. Also H. Hautmann, 'Prozesse gegen Defätisten, Kriegsgegner, Linksradikale und streikende Arbeiter im Ersten Weltkrieg', in K. R. Stadler (ed.), *Sozialistenprozesse. Politische Justiz in Österreich, 1870–1936* (Vienna, Munich and Zurich, 1986), pp. 153–79.

156 'Radnitz'. AVA Vienna: MdI Präsidium, Varia. Erster Weltkrieg. Box 33.

157 Redlich, *Austrian War Government*, p. 98.

158 K.k. Polizeidirektion in Prague to k.u.k. Kriegsüberwachungsamt in Vienna, 20 October 1914. Cf. k.u.k. Militärkommando in Prague to k.u.k. Kriegsüberwachungsamt in Vienna, 19 October 1914. KA Vienna: KÜA 1914 (Aktenkartons): Karton 13: Nrs. 7640 and 7626.

159 K.k. Stationskommando in Jičin to k.u.k. Militärkommando in Leitmeritz, 14 October 1914. KA Vienna: KÜA 1914 (Aktenkartons): Karton 13: Nr. 7345.

160 K.u.k. Militärkommando in Prague to Kriegsüberwachungsamt in Vienna, 21 October 1914. KA Vienna: KÜA 1914 (Aktenkartons): Karton 13: Nr. 7659.

161 J. Havránek, 'Politische Repression und Versorgungsengpässe in den böhmischen Ländern 1914 bis 1918', in Mommsen, Kováč, Malíř and Marek (eds.), *Der Erste Weltkrieg*, pp. 50–62.

162 Führ, *K.u.k. Armeeoberkommando*, pp. 31–47.

163 Excerpt from Kriegsministerium document, 26 November 1914. KA Vienna: MKSM 1914: 38–2/1.

164 Führ, *K.u.k. Armeeoberkommando*, ch. 6 and pp. 165–7.

165 Ibid., p. 171.

第6章 永久的安全

1 Quotations from Franz Joseph's Manifesto 'To My People' (see ch. 2) and from Chancellor Bethmann Hollweg's speech in the Reichstag of 4 August in *New York*

Times Current History: The European War from the Beginning to March 1915. Who Began the War, and Why?, Volume 1, No.2 (New York, 1915), p. 222.

2　Wilhelm II in the Berlin Palace's White Room on 4 August 1914, reproduced in ibid., p. 210. Also Berchtold in ibid., p. 227.

3　Bethmann's Memorandum: 'Provisional Notes on the Direction of Our Policy on the Conclusion of Peace', 9 September 1914, in G. D. Feldman (ed.), *German Imperialism, 1914–1918: The Development of a Historical Debate* (London, Sydney and Toronto, 1972), pp. 125–6 (doc. 26).

4　P. Theiner, ' "Mitteleuropa": Pläne in Wilhelminischen Deutschland', *Geschichte und Gesellschaft. Sonderheft* 10 (1984), pp. 128–36.

5　关于战前出现的各种建立欧洲关税同盟的理念以及9月备忘录，参见 D. Stevenson, 'The First World War and European Integration', *The International History Review* 34(4) (December 2012), pp. 842–6，关于用它来对付英国的情况，参见 Jarausch, *Enigmatic Chancellor*, p. 196。费舍尔夸大了德国的大政方针在战前与战时的连续性，包括建立中欧关税合作体系的各种观念。See his *Germany's Aims*, pp. 98–106 and 247–56. 关于隆维-布里埃，参见 ibid., pp. 257–9。

6　Stevenson, 'First World War and European Integration', p. 844.

7　Jarausch, *Enigmatic Chancellor*, p. 192.

8　'Petition of the Six Economic Associations', 20 May 1915, in Feldman (ed.), *German Imperialism*, pp. 16–22 (doc. 4). 关于兼并主义游说施压团体，尤其参见 H. Hagenlücke, *Deutsche Vaterlandspartei. Die nationale Rechte am Ende des Kaiserreiches* (Düsseldorf, 1997), pp. 49–72。

9　S. Bruendel, *Volksgemeinschaft oder Volksstaat. Die 'Ideen von 1914' und die Neuordnung Deutschlands im Ersten Weltkrieg* (Berlin, 2003), pp. 77–8.

10　See Fischer, *Germany's Aims*, pp. 173–9.

11　Miller, *Burgfrieden*, pp. 75–132 and 190–239.

12　Afflerbach, *Falkenhayn*, pp. 198–210. 关于1915年的和平试探，参见 Fischer, *Germany's Aims*, pp. 184–214。

13　Jarausch, *Enigmatic Chancellor*, pp. 209 and 216.

14　关于霍尔维格的最低战争目标在于建立关税同盟，参见 W. C. Thompson, 'The September Program: Reflections on the Evidence', *Central European History* 11(4) (December 1978), p. 353。

15　关于此处及下文，参见 Jarausch, *Enigmatic Chancellor*, pp. 204–21, and Fischer, *Germany's Aims*, pp. 247–56。

16　Stevenson, 'First World War and European Integration', pp. 847–8.

17　R. W. Kapp, 'Divided Loyalties: The German Reich and Austria-Hungary in Austro-German Discussions of War Aims, 1914–1916', *Central European History* 17(2/3) (June–September 1984), esp. pp. 124–6 and 133–5. Also Rauchensteiner, *Tod des Doppeladlers*, pp. 312–15.

18 R. W. Kapp, 'Bethmann-Hollweg, Austria-Hungary and Mitteleuropa, 1914–1915', *Austrian History Yearbook* 19 (1983), pp. 215–16 and 229–36.
19 Ibid., pp. 217–18 and 223.
20 A. Müller, *Zwischen Annäherung und Abgrenzung. Österreich-Ungarn und die Diskussion um Mitteleuropa im Ersten Weltkrieg* (Marburg, 2001), esp. pp. 195–6. Also Stevenson, 'First World War and European Integration', pp. 848–51. 关于有关中欧计划的外交照会，参见 S. Verosta, 'The German Concept of *Mitteleuropa*, 1916–1918, and its Contemporary Critics', in R. A. Kann, B. K. Király and P. S. Fichtner (eds.), *The Habsburg Empire in World War I: Essays on the Intellectual, Military, Political and Economic Aspects of the Habsburg War Effort* (Boulder, CO, and New York, 1977), pp. 209–14。
21 W. W. Hagen, *Germans, Poles, and Jews: The Nationality Conflict in the Prussian East, 1772–1914* (Chicago and London, 1980), pp. 180–94. 有关一战前德国对东方的看法更通泛的研究，参见 V. G. Liulevičius, *The German Myth of the East: 1800 to the Present*(Oxford, 2009), pp. 1–129。
22 Fischer, *Germany's Aims*, pp. 132–4 and 138–41.
23 See W. Conze, *Polnische Nation und deutsche Politik im Ersten Weltkrieg* (Cologne and Graz, 1958), pp. 60–67.
24 See, most recently, V. G. Liulevičius, *War Land on the Eastern Front: Culture, National Identity, and German Occupation in World War I* (Cambridge, New York and Melbourne, 2000), and A. H. Sammartino, *The Impossible Border: Germany and the East, 1914–1922* (Ithaca, NY, and London, 2010), ch. 1. 费舍尔的论断发展得最为极端的版本就在他本人的 *War of Illusions: German Policies from 1911 to 1914* (London, 1975) 中。
25 I. Geiss, *Der polnische Grenzstreifen, 1914–1918. Ein Beitrag zur deutschen Kriegszielpolitik im Ersten Weltkrieg* (Lübeck and Hamburg, 1960), pp. 43 and 70–74. Geiss 是第一个研究这些计划的人，因而值得称赞，但他对这些计划提出的背景做出了非常有误导性的解读，错误地认为德国政府考虑在俄国人"再一次基本上被赶出了东普鲁士"之后建立一道边界缓冲地带。事实上，是担忧，而不是侵略野心，令德国人有意吞并这一地区。
26 K. Wicker, 'Der Weltkrieg in Zahlen. Verluste an Blut und Boden', in W. Jost (ed.), *Was wir vom Weltkrieg nicht wissen* (Leipzig, 1936), p. 521. 在战争结束时，德国在东部总共出让了 50 730 平方千米领土，其中 46 150 平方千米交给了波兰，2660 平方千米给了立陶宛，还有 1920 平方千米的但泽地区交给了国际联盟。
27 Lohr, *Nationalizing the Russian Empire*, pp. 129–37.
28 Geiss, *Polnische Grenzstreifen*, pp. 74–8.
29 I. Ihnatowicz, 'Gospodarka na ziemiach polskich w okresie I Wojny Światowej', in B. Zientara, A. Mączak, I. Ihnatowicz and Z. Landau, *Dzieje Gospodarcze Polski do 1939 r.* (Warsaw, 1965), p. 457.

30 P. Gatrell, *A Whole Empire Walking: Refugees in Russia during World War I* (Bloomington and Indianapolis, IN, 1999), pp. 3 and 211–15. Also Liulevičius, *War Land*, p. 17. 对俄军造成的破坏做出的一手描述, 参见 the letters of the German soldier Reinhold Sieglerschmidt, esp. those of 10, 14 and 15 August 1915 (accessed at www.europeana1914-1918.eu on 23 October 2013)。

31 Kapp, 'Bethmann-Hollweg', p. 230.

32 L. Höbelt, ' "Well-Tempered Discontent": Austrian Domestic Politics', in M. Cornwall (ed.), *The Last Years of Austria-Hungary: A Multi-National Experiment in Early Twentieth-Century Europe*, revised and expanded edn (Exeter, 2002), p. 48.

33 Leslie, 'Antecedents', pp. 311, 322, 358 and 371–3.

34 May, *Passing of the Hapsburg Monarchy*, i, pp. 175–6, 185–94 and 210.

35 M. Cornwall, 'The Habsburg Elite and the Southern Slav Question, 1914–1918', in L. Höbelt and T. G. Otte (eds.), *A Living Anachronism? European Diplomacy and the Habsburg Monarchy. Festschrift für Francis Roy Bridge zum 70. Geburtstag* (Vienna, Cologne and Weimar, 2010), pp. 249–53.

36 Liulevičius, *War Land*, p. 21.

37 Sammartino, *Impossible Border*, pp. 32–7. The quotation is from Bethmann Hollweg's speech in the Reichstag of 5 April 1916.

38 Fischer, *Germany's Aims*, pp. 273–9. 关于泽林及他提出的计划, 参见 R. L. Nelson, 'From Manitoba to the Memel: Max Sering, Inner Colonization and the German East', *Social History* 35(4) (2010), esp. pp. 442–53。

39 Liulevičius, *War Land*, p. 21.

40 E. Zechlin, 'Ludendorff im Jahre 1915. Unveröffentlichte Briefe', *Historische Zeitschrift* 211(2) (October 1970), pp. 335 and 338 (letter of 5 April 1915), 350 (letter of 10 October 1915) and 353 (letter of 29 December 1915). 关于东线管制区的首要目的在于剥削资源, 参见 Liulevičius, *War Land*, pp. 64–5。

41 Geiss, *Polnische Grenzstreifen*, pp. 78–107, and Liulevičius, *War Land*, pp. 95–6.

42 A. Tooze, *The Wages of Destruction: The Making and Breaking of the Nazi Economy* (London, 2006), pp. 466–76.

43 Geiss, *Polnische Grenzstreifen*, pp. 148–9. Also see 'Memorandum of the Supreme Command on the Polish Border Strip, July 5, 1918', in Feldman (ed.), *German Imperialism*, pp. 133–7.

44 关于法国在战时的拘禁情况, 参见第3章。关于人们在战后被从阿尔萨斯-洛林驱逐的情况, 参见 Zahra, 'The "Minority Problem" ', *Contemporary European History* 17(2) (May 2008), esp. pp. 138–9 and 149–58。

45 参见第4章。

46 N. M. Naimark, *Fires of Hatred: Ethnic Cleansing in Twentieth-Century Europe* (Cambridge, MA, and London, 2001), pp. 22–41; D. Bloxham, 'The First World War and the Development of the Armenian Genocide', in R. G. Suny, F. M. Göçek and

N. M. Naimark (eds.), *A Question of Genocide: Armenians and Turks at the End of the Ottoman Empire* (Oxford, 2011), pp. 260–75; U. Ü. Üngör, 'Orphans, Converts, and Prostitutes: Social Consequences of War and Persecution in the Ottoman Empire, 1914–1923', *War in History* 19(2) (April 2012), pp. 173–92.

47　Fischer, *War Aims*, pp. 189–97. 关于土耳其海峡在俄国目标中的核心地位，参见 McMeekin, *Russian Origins*, pp. 30–37。

48　Stevenson, 'French War Aims and the American Challenge', p. 881.

49　D. Larsen, 'War Pessimism and an American Peace in Early 1916', *The International History Review* 34(4) (December 2012), pp. 796 and 801–4.

50　Miller, *Burgfrieden*, pp. 123 and 183–4.

51　V. Klemperer, *Curriculum Vitae. Erinnerungen, 1881–1918*, ed. W. Nowojski (2 vols., Berlin, 1996), ii, pp. 410, 426 and 448. 关于捷克人，参见第 5 章。

第 7 章　前线的危机

1　A. A. Nofi, 'Comparative Divisional Strengths during World War I: East Central European Belligerents and Theaters', in B. K. Király and N. F. Dreisziger (eds.), *East European Society in World War I* (Boulder, CO, and Highland Lakes, NJ, 1985), pp. 268–9.

2　对尚蒂伊会议最新近的描述，参见 W. Philpott, *Bloody Victory: The Sacrifice on the Somme and the Making of the Twentieth Century* (London, 2009), pp. 56–61。

3　R. T. Foley, *German Strategy and the Path to Verdun: Erich von Falkenhayn and the Development of Attrition, 1870–1916* (Cambridge, 2005), pp. 181–2.

4　Doughty, *Pyrrhic Victory*, p. 172. 关于法军在 1915 年的战役，参见 ibid., pp. 153–202。

5　D. French, 'The Meaning of Attrition, 1914–1916', *English Historical Review* 103(407) (April 1988), pp. 397–404. See also J. M. Beach, 'British Intelligence and the German Army, 1914–1918', unpublished PhD thesis, University College London (2005), pp. 141–4.

6　Foley, *German Strategy*, pp. 154–5 and 187–90. Also Afflerbach, 'Planning Total War?', pp. 118–22.

7　*Sanitätsbericht*, iii, pp. 12 and 6–8* (figure for January 1916), and Gratz and Schüller, *Wirtschaftliche Zusammenbruch*, p. 151.

8　Philpott, *Bloody Victory*, pp. 52, 193 and 624–5.

9　ÖULK, i, p. 56, and E. O. Volkmann, *Soziale Heeresmißstände als Mitursache des deutschen Zusammenbruches von 1918. Die Ursachen des deutschen Zusammenbruches im Jahre 1918. Zweite Abteilung. Der innere Zusammenbruch* (12 vols., Berlin, 1929), xi(2), p. 34.

10　关于死亡 / 受伤的比例，参见 C. von Altrock (ed.), *Vom Sterben des deutschen Offizierkorps* (Berlin, 1922), tables on pp. 68 and 74。有关奥匈战俘的情况，参

见 R. Jeřábek, 'The Eastern Front', in M. Cornwall (ed.), *The Last Years of Austria-Hungary: A Multi-National Experiment in Early Twentieth-Century Europe*, revised and expanded edn (Exeter, 2002), p. 158。在这次战斗期间，61 100 名奥匈军官被俘，相比之下，有 11 300 名德国军官被俘。See A. Rachamimov, *POWs and the Great War: Captivity on the Eastern Front* (Oxford and New York, 2002), p. 39.

11 H. Cron, *The Imperial German Army, 1914–18: Organization, Structure, Orders of Battle*, trans. C. F. Colton (Solihull, 2002), pp. 101–2.

12 See L. Rüdt von Collenberg, *Die deutsche Armee von 1871 bis 1914* (Berlin, 1922), p. 118.

13 Watson, *Enduring the Great War*, pp. 120–22, Deák, *Beyond Nationalism*, pp. 193–5, and Rothenberg, *Army of Francis Joseph*, p. 193.

14 See W. Meteling, *Ehre, Einheit, Ordnung. Preußische und französische Städte und ihre Regimenter im Krieg, 1870/71 und 1914–19* (Baden-Baden, 2010), pp. 228–9. Also F. Altrichter, *Die seelischen Kräfte des deutschen Heeres im Frieden und im Weltkriege* (Berlin, 1933), pp. 236–7. 只接受过有限教育的军士最多能晋升至低级军官三等尉官。从理论上说，如果某人表现特别英勇，这个规则可以打破，但这种破格提拔情况极为罕见。

15 I. Deák, 'The Habsburg Army in the First and Last Days of World War I: A Comparative Analysis', in B. K. Király and N. F. Dreisziger (eds.), *East European Society in World War I* (Boulder, CO, and Highland Lakes, NJ, 1985), p. 305. 关于军士，参见 R. Jeřábek, 'Die Brussilowoffensive 1916. Ein Wendepunkt der Koalitionskriegführung der Mittelmächte', 2 vols., unpublished PhD thesis, University of Vienna (1982), ii, p. 576。

16 See *Sanitätsbericht*, iii, pp. 12 and 15, and ÖULK, i, pp. 28–31.

17 See *Sanitätsbericht*, iii, pp. 15–16, and Gratz and Schüller, *Wirtschaftliche Zusammenbruch*, p. 158.

18 K. Weiler, *Arbeit und Gesundheit. Sozialmedizinische Schriftenreihe aus dem Gebiete des Reichsministeriums. Heft 22. Nervöse und seelische Störungen bei Teilnehmern am Weltkriege, ihre ärztliche und rechtliche Beurteilung. Erster Teil: Nervöse und seelische Störungen psychogener und funktioneller Art* (Leipzig, 1933), pp. 124–5, 129 and 131. Also the essays by K. Bonhoeffer, R. Gaupp and G. Aschaffenburg, in K. Bonhoeffer (ed.), *Geistes- und Nervenkrankheiten* (2 vols., Leipzig, 1922), i, esp. pp. 26–7, 89 and 133.

19 Watson, *Enduring the Great War*, pp. 156–8 and 161–2.

20 See Schindler, 'Disaster on the Drina', 192, and Jeřábek, 'Brussilow offensive, pp. 528–9.

21 H. Kantorowicz, *Der Offiziershaß im deutschen Heer* (Freiburg, 1919), p. 11.

22 M. Hobohm, *Soziale Heeresmißstände als Teilursache des deutschen Zusammenbruches von 1918. Die Ursachen des deutschen Zusammenbruches im*

Jahre 1918. Zweite Abteilung. Der innere Zusammenbruch* (12 vols., Berlin, 1929), xi(1), p. 373. 这一有缺陷的论断在现代著作中又再度出现。See, for example, Ziemann, *Front*, pp. 140–63.

23 Kantorowicz, *Offiziershaß*, p. 13, and G. Gothein, *Warum verloren wir den Krieg?* (Stuttgart and Berlin, 1919), pp. 83–6.

24 参见资料翔实但阐释高度政治化的研究著作 Hobohm, *Soziale Heeresmißstände*, xi(1)。关于英法军队中官兵之间的敌视，参见 Meteling, *Ehre, Einheit, Ordnung*, pp. 271–2, and Watson, *Enduring the Great War*, p. 134。

25 Watson, *Enduring the Great War*, pp. 124–33.

26 Postüberwachung der 5. Armee, 12 July 1917, p. 20. BA-MA Freiburg: W-10/ 50794.

27 See the documents collected in Hobohm, *Soziale Heeresmißstände*, xi(1), pp. 13–79. The letter from the Deutscher Werkmeister-Verband of 12 August 1918 (doc. 27b) 说明了这种怨恨之情最终达到了怎样普遍的地步，不过这份文档与其他资料一样，都强调了抱怨者的年龄之"长"。承受作战重担的年轻一些的士兵们则更易于对他们的指挥官感到满意。

28 See Anlage 19, 'Hilfsgutachten des Oberarchivrates Cron', in Volkmann, *Soziale Heeresmißstände*, xi(2), pp. 135–7.

29 ÖULK, i, p. 54.

30 Krauß, *Ursachen unserer Niederlage*, p. 71.

31 H. Kollenz, diary, 5 April 1916. DTA, Emmendingen: 1844,1. More generally, *OÜLK*, i, p. 55.

32 Schuhmacher, *Leben und Seele unseres Soldatenlieds*, p. 169.

33 W. Ludwig, 'Beiträge zur Psychologie der Furcht im Kriege', in W. Stern and O. Lipmann (eds.), *Beihefte zur Zeitschrift für angewandte Psychologie. 21. Beiträge zur Psychologie des Krieges* (Leipzig, 1920), pp. 125–72.

34 Watson, *Enduring the Great War*, pp. 93–6.

35 P. J. Houlihan, 'Clergy in the Trenches: Catholic Military Chaplains of Germany and Austria-Hungary during the First World War', unpublished PhD thesis, University of Chicago (2011), pp. 75, 81 and 83, ÖULK, i, p. 39, and Bobič, *War and Faith*, pp. 100–102, 107 and 110–11.

36 Reservepionnier Ludwig Elšík of Sappeur-Bataillon Nr. 2, quoted in Kriegsüberwachungsamt to Armee-Oberkommando, 20 February 1915. Vienna: AOK–Op.-Abteilung 18 – Akten 1915: Op. Nr. 7389.

37 P. Göhre, *Tat-Flugschriften 22. Front und Heimat. Religiöses, Politisches, Sexuelles aus dem Schützengraben* (Jena, 1917), pp. 2–13, and Ziemann, *Front*, pp. 246–65.

38 P. Plaut, 'Psychographie des Kriegers', in W. Stern and O. Lipmann (eds.), *Beihefte zur Zeitschrift für angewandte Psychologie. 21. Beiträge zur Psychologie des Krieges* (Leipzig, 1920), p. 95.

39 Schuhmacher, *Leben und Seele unseres Soldatenlieds*, pp. 36–7. 这前四节只在这里

摘录过。

40　E. W. Küpper, letter to his wife, 25 March 1915. BA-MA Freiburg: MSg2/5254.

41　G. Kirchner, letter to his sister, 21 October 1914. DTA, Emmendingen, 31 October 1914.

42　K. Reiter, diary, 20 June 1916. BA-MA Freiburg: MSg1/161. 关于德国的战地邮政系统，参见 B. Ulrich, *Die Augenzeugen. Deutsche Feldpostbriefe in Kriegs- und Nachkriegszeit, 1914–1933* (Essen, 1997), p. 40。关于其他例子，可参见 Watson, *Enduring the Great War*, p. 83，关于守卫家园对哈布斯堡士兵的重要性，参见第 5 章。

43　'Allgemeiner Wegweiser für jede Familie' (Wochenschrift) Jg. 1917. Berlin, 1917, reproduced in E. Johann (ed.), *Innenansicht eines Krieges. Bilder, Briefe, Dokumente, 1914–1918* (Frankfurt am Main, 1968), pp. 287–8.

44　Letter to a soldier, copied out in H. Kollenz, diary, 1 September [erroneously dated August] 1916. DTA, Emmendingen: 1844,1.

45　O. Steinhilber, letter to his wife, 4 December 1915. Private Collection (Author) and H. McPhail, *The Long Silence: Civilian Life under the German Occupation of Northern France, 1914–1918* (London and New York, 1999, 2001), p. 203.

46　H. O. Henel, *Eros im Stacheldraht*, quoted in M. Hirschfeld and A. Gaspar (eds.), *Sittengeschichte des Ersten Weltkrieges* (Hanau am Main, n.d.), p. 248. 关于在作战区域的卖淫和性行为，参见 ibid., pp. 231–332。

47　*Sanitätsbericht*, iii, pp. 163–8, and S. Kirchenberger, 'Beiträge zur Sanitätsstatistik der österreichisch-ungarischen Armee im Kriege, 1914–1918', in C. Pirquet (ed.), *Volksgesundheit im Kriege* (2 vols., Vienna and New Haven, CT, 1926), i, pp. 47, 60 and 69.

48　Cron, *Imperial German Army*, pp. 122 and 145, Wegs, 'Austrian Economic Mobilization', p. 160, and Gratz and Schüller, *Wirtschaftliche Zusammenbruch*, p. 114.

49　B. I. Gudmundsson, *Stormtroop Tactics: Innovation in the German Army, 1914–1918* (Westpoint, CT, 1989), pp. 43–53 and 77–88. Also C. Stachelbeck, *Militärische Effektivität im Ersten Weltkrieg. Die 11. Bayerische Infanteriedivision 1915 bis 1918* (Paderborn, Munich, Vienna and Zurich, 2010), p. 99. 关于 1916 年的哈布斯堡战术，参见 k.u.k. Korpskommando Szurmay, 'Erfahrungen aus der Neujahrschlacht 1916 bei Toporucz-Rarancze'. KA Vienna: NFA 2 ID. Karton 121: Nr. 143/6。

50　A. Horne, *The Price of Glory: Verdun 1916* (London, 1962), pp. 46–50.

51　Afflerbach, *Falkenhayn*, pp. 363–4, and Foley, *German Strategy*, p. 190.

52　Reichsarchiv, *Der Weltkrieg. Die Operationen des Jahres 1916 bis zum Wechsel der Obersten Heeresleitung* (Berlin, 1936), x, pp. 61–4, and Gudmundsson, *Stormtroop Tactics*, pp. 58–60.

53　Foley, *German Strategy*, pp. 194–7.

54 Ibid., pp. 204–5 and 215–17, Afflerbach, *Falkenhayn*, pp. 362 and 369, and Stachelbeck, *Militärische Effektivität*, p. 105.
55 H. von Obergassel, diary/memoir, p. 2 (21 February 1916).
56 Foley, *German Strategy*, pp. 194–7 and 204–5, and Afflerbach, *Falkenhayn*, p. 369.
57 有关杜奥蒙要塞被占最好的描述是 Horne, *Price of Glory*, pp. 105–24。
58 Foley, *German Strategy*, pp. 218–21 and 227, and Afflerbach, *Falkenhayn*, pp. 369–70.
59 Quoted in H. Afflerbach, ' "Bis zum letzten Mann und letzten Groschen?" Die Wehrpflicht im deutschen Reich und ihre Auswirkungen auf das militärische Führungsdenken im Ersten Weltkrieg', in R. G. Foerster (ed.), *Die Wehrpflicht. Entstehung, Erscheinungsformen und politisch-militärische Wirkung* (Munich, 1994), p. 80.
60 *Sanitätsbericht*, ii, p. 655.
61 M. Wittmann, diary, 24–25 May 1916. DTA, Emmendingen: 926.
62 E. von Falkenhayn, *The German General Staff and its Decisions, 1914–1916* (New York, 1920), p. 270.
63 Foley, *German Strategy*, p. 259.
64 Reichsarchiv, *Der Weltkrieg 1914 bis 1918. Die Operationen des Jahres 1916 bis zum Wechsel in der Obersten Heeresleitung* (14 vols., Berlin, 1936), x, p. 406.
65 Foley, *German Strategy*, pp. 228–30 and 254–6.
66 See *Sanitätsbericht*, iii, p. 49，关于法军的数据，参见 Doughty, *Pyrrhic Victory*, p. 309。
67 Jeřábek, 'Brussilowoffensive', i, pp. 145–8, and Stone, *Eastern Front*, p. 227.
68 有关战前准备和进攻过程的优秀描述，可参见 Rauchensteiner, *Tod des Doppeladlers*, pp. 330–43。
69 M. Thompson, *The White War: Life and Death on the Italian Front, 1915–1919* (London, 2008), pp. 163–5, T. C. Dowling, *The Brusilov Offensive* (Bloomington and Indianapolis, IN, 2008), pp. 49–50, and Herwig, *First World War*, pp. 205–7.
70 Stone, *Eastern Front*, pp. 227–31.
71 Ibid., p. 239.
72 Jeřábek, 'Brussilowoffensive', i, pp. 209–28.
73 关于哈布斯堡在堑壕搭建方面"最好的表现"，参见 k.u.k. Korpskommando Szurmay, 'Erfahrungen aus der Neujahrschlacht 1916 bei Toporucz-Rarancze', esp. p. 4. KA Vienna: NFA (2. I.D). Karton 121: Nr. 143/6, and k.u.k. 4. Armeekommando, Nr. 1080, entitled 'Verschiedenes über Stellungskampf', May 1916. KA Vienna: NFA (2. I.D). Karton 121。关于第四集团军负责区域的防护工作，参见 Jeřábek, 'Brussilowoffensive', pp. 175–8 and 199–200. Also Dowling, Brusilov Offensive, pp. 50–54。
74 K.u.k. 2.ITD, Op. Nr. 142/5, Reservat Abfertigung, 21 May 1916. KA Vienna: NFA (2.

I.D). Karton 121.
75 Telegrams from 'Delta 70' at 4.10 nm, 'Kalif 10' at 6.48 nm and 'Delta 2' at 7.30 nm, 4 June 1916. KA Vienna: NFA (2. I.D.) Karton 121.
76 Oberstleutnant Max Schönowsky-Schönwies and Leutnant A. D. August Angenetter, quoted in Jeřábek, 'Brussilowoffensive', i, p. 259.
77 Ibid., pp. 259–63.
78 Ibid., pp. 264–85. 关于推进的距离，参见 L. Sondhaus, *World War One: The Global Revolution* (Cambridge, 2011), p. 220。
79 T. Ritter von Zeynek, *Ein Offizier im Generalstabskorps erinnert sich*, ed. P. Broucek (Vienna, Cologne and Weimar, 2009), p. 246.
80 Stone, *Eastern Front*, pp. 252–4m and Jeřábek, 'Brussilowoffensive', i, p. 292 and ibid., ii, p. 522.
81 Dowling, *Brusilov Offensive*, p. 175.
82 Jeřábek, 'Brussilowoffensive', i, pp. 195–200, and Stone, *Eastern Front*, pp. 237–8.
83 Jeřábek, 'Brussilowoffensive', i, pp. 159–60 and 293, and Stone, *Eastern Front*, pp. 239, 242 and 251–2.
84 Zeynek, *Offizier im Generalstabskorps*, p. 242. 这里暗指的德军军官是泽克特将军。关于他的观点，关于哈布斯堡总参谋部军官与其部队之间的距离，参见 Jeřábek, 'Brussilowoffensive', ii, pp. 560–61。
85 Jeřábek, 'Brussilowoffensive', i, pp. 211–18 and ibid., ii, p. 560. 极低的战损率也证实了哈布斯堡多数部队在攻势前的几个月中消极怠战。See Stone, *Eastern Front*, p. 240.
86 Redlich, *Schicksalsjahre Österreichs*, ii, p. 121 (14 June 1916).
87 Rauchensteiner, *Tod des Doppeladlers*, p. 348.
88 Evidenzbüro des k.u.k. Generalstabes to Generalstabsabteilung des Festungskommandos in Krakau, 23 July 1916. AN Cracow: DPKr 111: fos. 1735–6.
89 J. R. Schindler, 'Steamrollered in Galicia: The Austro-Hungarian Army and the Brusilov Offensive, 1916', *War in History* 10(1) (January 2003), pp. 46–7.
90 Rothenberg, *Army of Francis Joseph*, p. 195.
91 Jeřábek, 'Brussilowoffensive', i, pp. 230–38.
92 A. Klauser, diary, 6 July 1916. KA Vienna: B330.
93 Jeřábek, 'Brussilowoffensive', ii, pp. 523–5. Also Herwig, *First World War*, pp. 209–11.
94 Landesgerichtsrat A. Regius, diary, 6–18 June 1916 and 3 August 1917. KA Vienna: NL Regius B/395. 关于俄军在占领期间的行为，参见 the report of the k.k. Polizeidirektor in Czernowitz to k.k. Minister des Innern, 20 November 1917. AVA Vienna: MdI, Präsidiale 22/Bukowina (1900–18): Karton 2096: Nr. 23741。
95 Philpott, *Bloody Victory*, pp. 71–2, 77–83 and 121.
96 R. Prior and T. Wilson, *Command on the Western Front: The Military Career of Sir*

Henry Rawlinson, 1914–1918 (Barnsley, 1992, 2004), pp. 33, 77, 85 and 111.

97 R. Prior and T. Wilson, *The Somme* (New Haven, CT, and London, 2005), pp. 41–3.

98 Ibid., pp. 43, 47 and 50–51.

99 关于弹药的估计，参见 J. Keegan, *The Face of Battle: A Study of Agincourt, Waterloo and the Somme* (London, 1976, 1983), pp. 238–40。

100 'Notes on German Dug-Outs Located North-West of Serre' (Annexe to G.H.Q. Summary, 26 November 1916). TNA: WO 157/15.

101 G. Hirschfeld, 'Die Somme-Schlacht von 1916', in G. Hirschfeld, G. Krumeich and I. Renz (eds.), *Die Deutschen an der Somme, 1914–1918* (Essen, 2006), p. 79.

102 Prior and Wilson, *Command on the Western Front*, p. 139.

103 Philpott, *Bloody Victory*, pp. 106–19.

104 关于数据，参见 G. Sheffield, *Forgotten Victory: The First World War. Myths and Realities* (London, 2001), p. 95, P. Simkins, *Kitchener's Army: The Raising of the New Armies, 1914–1916* (Manchester, 1988), p. 17, and [British] War Office (ed.), *Statistics of the Military Effort of the British Empire during the Great War, 1914–1920* (London, 1922), table facing p. 64。

105 This follows Prior and Wilson, *Somme*, esp. pp. 114–16.

106 Keegan, *Face of Battle*, p. 226. Cf. also M. Middlebrook, *The First Day on the Somme, 1 July 1916* (London, 1971, 1984).

107 C. E. Carrington, 'Kitchener's Army: The Somme and After', *Journal of the Royal United Services Institution for Defence Studies* 123(1) (March 1978), p. 17.

108 'Bericht des Reserve-Infanterie-Regiments 111 über die Kämpfe um Fricourt', GLA Karlsruhe: 456 F16 Nr. 123. 关于英军新集团军的训练情况，参见 Samuels, *Command or Control?*, p. 120，关于英军各师抵达法国的情况，参见 I. F. W. Beckett and K. Simpson (eds.), *A Nation in Arms: A Social Study of the British Army in the First World War* (Manchester, 1985), Appendix I。

109 关于德军的作战序列，参见 Reichsarchiv, *Weltkrieg*, x, pp. 348–9。关于这些团的军风，参见其战史，例如 G. vom Holtz, *Das Württembergische Reserve-Inf.-Regiment Nr. 121 im Weltkrieg 1914–1918* (Stuttgart, 1922)。

110 A. Spemann, diary, 24 June 1916. HStA Stuttgart: M660/041, Nr. 10.

111 Philpott, *Bloody Victory*, p. 167, Prior and Wilson, *Somme*, pp. 61–9, A. Tooze, 'The German National Economy in an Era of Crisis and War, 1917–1945', in H. Walser Smith (ed.), *The Oxford Handbook of Modern German History* (Oxford, 2011), p. 403, and 'Bericht des Reserve-Infanterie-Regiments No. 111 über die Kämpfe um Fricourt'. GLA Karlsruhe: 456 F16 Nr. 123.

112 'Gefechtsbericht der 26. Reserve-Division für die Zeit vom 24.6. bis 30.6.1916. (einschl.)'. HStA Stuttgart: M43, Bü 60.

113 关于第二集团军的伤亡情况，参见 *Sanitätsbericht*, iii, pp. 51–2。

114 Karl Eisler, report from August 1916, reproduced in G. Hirschfeld, G. Krumeich and I.

Renz (eds.), *Die Deutschen an der Somme, 1914–1918. Krieg, Besatzung, Verbrannte Erde* (Essen, 2006), p. 101.

115 A. Spemann, diary, 24, 25, 26 and 27 June 1916. HStA Stuttgart: M660/041, Nr. 10.

116 See Spemann's entry in the regimental muster roll. HStA Stuttgart: M433/2, Bü 441.

117 A. Spemann, diary, 28 and 29 June 1916. HStA Stuttgart: M660/041, Nr. 10.

118 Copy of an order passed on by the division from XIV Res. Korps, 28 June 1916. HStA Stuttgart: M43, Bü 60. 关于士兵在炮轰之下会吃得较多的情况，参见 28 Reserve-Division, 'Gefechtsbericht für die Zeit vom 24.6. bis zum 6.7. 12 ° mittags', 20 August 1916, p. 14. GLA Karlsruhe: 456 F16 Nr. 64。

119 A. Spemann, diary, 28 June 1916. HStA Stuttgart: M660/041, Nr. 10.

120 51. Res. Inf. Brig. (K. Württ), 'Gefechtsbericht. Die Schlacht an der Somme und der Ancre bei der 51. Res. Inf. Brig.', 21 July 1916, p. 3. HStA Stuttgart: M43, Bü 19.

121 Philpott, *Bloody Victory*, p. 175.

122 51. Res. Inf. Brig. (K. Württ), 'Gefechtsbericht', p. 3. HStA Stuttgart: M43, Bü 19.

123 'Gefechtsbericht des Resrve [sic] Infanterie Regiments Nr. 119 über die Zeit vom 24.6.–14.7.16', 24 July 1916, pp. 12–21. HStA Stuttgart: M43, Bü 19. 从英方角度对这场进攻的描述，参见 Prior and Wilson, *Somme*, pp. 70–81。

124 See 51. Res. Inf. Brig. (K. Württ), 'Gefechtsbericht', p. 3. HStA Stuttgart: M43, Bü 19.

125 'Bericht des Reserve-Infanterie-Regiments 111 über die Kämpfe um Fricourt', Battle Report of 28 Reserve Division, pp. 14 and 20–23, and 'Nachweisung der durchschnittlichen Mannschafts-Gefechtsstärken der Infanterie (ohne Radfahrer- und Maschinengewehr-Formationen) – Stand am 21. Juni 1916', GLA Karlsruhe: 456 F16, Nrs. 123 and 64, fos. 35, 61 and 65–6. 关于该区防御的其他情况，参见 Prior and Wilson, *Somme*, p. 103。

126 See Philpott, *Bloody Victory*, pp. 183–4 and 205.

127 Herwig, *First World War*, p. 199.

128 See Reichsarchiv, *Weltkrieg*, x, Anlage 2, 'Zum Angriff auf Verdun. Verzeichnis der vom 12. Februar bis zum 28. August auf dem Kampffelde von Avocourt bis zu den Côtes Lorraines (südöstlich von Verdun) eingesetzten Generalkommandos und Divisionen, ihrer Ablösungen, Verschiebungen und Verluste', pp. 6–7, and H. Cron, *Infanterie-Regiment Markgraf Karl (Nr. 60)* (Oldenburg i. O., 1926), pp. 130 and 132–47. 关于对法军的颂扬，参见 Philpott, *Bloody Victory*, pp. 183–4 and 205。

129 Reichsarchiv, *Weltkrieg*, x, pp. 350–52. 关于第一二一师的伤亡，参见 ibid., Anlage 3, 'Zur Schlacht an der Somme 1916. Verzeichnis der vom 1. Juli bis Ende August auf dem Kampffelde eingesetzten Generalkommandos und Divisionen, ihrer Ablösungen, Verschiebungen und Verluste', pp. 2–3。被调离索姆河战场之后，第一二一师被调到了战斗强度较低的东线，这一点可以说明一些问题。

130 Middlebrook, *First Day on the Somme*, pp. 263–4, and Philpott, *Bloody Victory*, p.

207. 德军的伤亡数据是依据 Middlebrook 增加于第一二一师在索姆河以南的伤亡数据（5148 名军官与士兵）之上的数目而计算出的。

131 Reichsarchiv, *Weltkrieg*, x, pp. 358–9.

132 A. Spemann, diary, 3 July 1916. HStA Stuttgart: M660/041, Nr. 11.

133 Reichsarchiv, *Weltkrieg*, x, pp. 363–4, and Sheffield, *Somme*, 79–86.

134 E. Klasen, letters to parents and siblings, 4 March, 30 and 31 July, and 9 and 27 August 1916. BA-MA Freiburg: PH 10 II/42. 从英方视角对该区域战斗的记述，参见 Prior and Wilson, *Somme*, pp. 141–51。

135 E. Klasen, letters to parents and siblings, 31 July and 9 and 27 August 1916. BA-MA Freiburg: PH 10II/42.

136 See Reichsarchiv, *Weltkrieg*, x, p. 384, and Reichsarchiv, *Der Weltkrieg 1914 bis 1918. Band 11. Die Kriegsführung im Herbst 1916 und im Winter 1916/17. Vom Wechsel in der Obersten Heeresleitung bis zum Entschluß zum Rückzug in die Siegfried Stellung* (14 vols., Berlin, 1938), xi, pp. 109–13.

137 M. von Gallwitz, *Erleben im Westen, 1916–1918* (Berlin, 1932), p. 115 (entry for 15–18 September 1916).

138 这一后来被证明是正确的论断来自 Prior and Wilson, *Somme*, pp. 186–90。

139 J. H. Boraston (ed.), *Sir Douglas Haig's Despatches (December 1915–April 1919)* (London, Toronto and New York, 1919), pp. 19–20.

140 Reichsarchiv, *Weltkrieg*, xi, p. 103, and Sheffield, *Somme*, p. 151.

141 *Sanitätsbericht*, iii, pp. 50–51, 53 and 42*. Philpott 宣称德军承受了"很可能超过 50 万无法替补的人员伤亡"，他的这一论断没有基于任何官方数字，我们应当认为它是极度夸大的。See Philpott, *Bloody Victory*, p. 602.

142 *Sanitätsbericht*, iii, p. 7*.

143 See the Zentralnachweisamt figures reported in J. H. McRandle and J. Quirk, 'The Blood Test Revisited: A New Look at German Casualty Counts in World War I', *The Journal of Military History* 70(3) (July 2006), p. 688, Table 10. 这些数据几乎可以肯定说是低估了总阵亡数及其他伤亡，但它们倒是准确地反映了伤亡的趋势。

144 All calculated from *Sanitätsbericht*, iii, pp. 52–3. 索姆河战役中因毒气造成的减员总共为 3053 人。因精神问题而造成的减员总数为 9354 人。See ibid., pp. 50 and 42*.

145 Quoted in R. Foley, 'Learning War's Lessons: The German Army and the Battle of the Somme, 1916', *The Journal of Military History* 75(2) (April 2011), p. 486.

146 Houlihan, 'Clergy in the Trenches', pp. 192–5, and Ziemann, *Front*, pp. 250–52, on the decline in religion in 1916. 关于西线战斗——特别是索姆河战役这样的"资源战"——造成的格外强烈的精神考验，参见 Watson, *Enduring the Great War*, pp. 22–34。

147 Gallwitz, *Erleben*, pp. 115–16.

148 A. von Thaer, *Generalstabsdienst an der Front und in der O.H.L. Aus Briefen und*

Tagebuchaufzeichnungen, 1915–1919, ed. S. A. Kaehler (Göttingen, 1958), p. 92 (entry for 13 October 1916).

149 Watson, *Enduring the Great War*, pp. 150–51. 关于索姆河的情况，参见 A. Spemann, diary, 22 October 1916. HStA Stuttgart: M660/041, Nr. 12。关于杜奥蒙的情况，参见 Horne, *Price of Glory*, p. 314, and H. Fuchs, diary, 29 October 1916. BA-MA Freiburg, MSg 1/2966。关于在两地的士气问题的迹象，参见 'Summary of Information. GHQ', 12 January 1917. TNA London: WO 157/17。

150 Gallwitz, *Erleben*, pp. 115–16. 关于确认，也可参见 the railway military police report to stellvertrenden Generalstab des Armee IIIb, 1 September 1916. GLA Karlsruhe: 456 F8/260。

151 Von Thaer, *Generalstabsdienst*, p. 92 (entry for 13 October 1916). More generally, Schuhmacher, *Leben und Seele unseres Soldatenlieds*, p. 170.

152 关于意大利与罗马尼亚的更多情况，参见 respectively Thompson, *White War*, pp. 169–225, and Stone, *Eastern Front*, pp. 264–81。

153 Wegs, 'Austrian Economic Mobilization', pp. 99–101.

154 See Herwig, *First World War*, pp. 213–17, Jeřábek, 'Brussilowoffensive', ii, pp. 471–511, and von Zeynek, *Offizier im Generalstabskorps*, p. 257.

155 E. Ludendorff, *My War Memories, 1914–1918* (2 vols., Uckfield, 1919, 2005), i, p. 274.

156 Reichsarchiv, *Weltkrieg*, xi, pp. 11–12 and 62–3.

157 See M. Geyer, 'Rückzug und Zerstörung 1917', in G. Hirschfeld, G. Krumeich and I. Renz (eds.), *Die Deutschen an der Somme, 1914–1918* (Essen, 2006), pp. 163–79.

158 'Erfahrungen der 1. Armee in der Sommeschlacht (24.6.–26.11.1916)'. GLA Karlsruhe: 456 F13, Nr. 10.

159 See M. Strohn, *The German Army and the Defence of the Reich: Military Doctrine and the Conduct of the Defensive Battle, 1918–1939* (Cambridge, 2011), pp. 49–54. See also esp. Foley, 'Learning War's Lessons', pp. 471–504. 关于逃兵现象的增加，参见 Jahr, *Gewöhnliche Soldaten*, p. 150。

第 8 章 匮 乏

1 *Sanitätsbericht*, iii, pp. 6*–7* and 9*, Gratz and Schüller, *Wirtschaftliche Zusammenbruch*, p. 151, Bessel, *Germany*, p.9, and M.-S. Schulze, 'Austria-Hungary's Economy in World War I', in S. Broadberry and M. Harrison (eds.), *The Economics of World War I* (Cambridge, New York, Melbourne, Madrid, Cape Town, Singapore and São Paulo, 2005), p. 81.

2 A. Hartmuth, letters from his mother, 13 March, 12 and 29 April, 15 November and 1 December 1916, and from his sister, Trudi, 17 November 1916. Author's Collection. Also, V. Ullrich, *Vom Augusterlebnis zur Novemberrevolution. Beiträge zur Sozialgeschichte Hamburgs und Norddeutschlands im Ersten Weltkrieg* (Bremen,

1999), pp. 58–60.
3   *Berliner Tageblatt*, 19 May 1916, cited abridged in A. Skalweit, *Die deutsche Kriegse rnährungswirtschaft* (Stuttgart, Berlin and Leipzig, 1927), pp. 200–22.
4   Healy, *Vienna*, pp. 75–6 and 82.
5   Bessel, *Germany*, p. 32, and Schulze, 'Austria-Hungary's Economy', p. 100.
6   G. Bry, *Wages in Germany, 1871–1945* (Princeton, NJ: Princeton University Press, 1960), pp. 197–202 and 212.
7   M. Grandner, *Kooperative Gewerkschaftspolitik in der Kriegswirtschaft: Die freien Gewerkschaften Österreichs im ersten Weltkrieg* (Vienna, Cologne and Weimar, 1992), pp. 97–9 and 197; P. Heumos, ' "Kartoffeln her oder es gibt eine Revolution". Hungerkrawalle, Streiks und Massenproteste in den böhmischen Ländern, 1914–1918', in H. Mommsen, D. Kováč, J. Malíř and M. Marek (eds.), *Der Erste Weltkrieg und die Beziehungen zwischen Tschechen, Slowaken und Deutschen* (Essen, 2001), p. 272.
8   Kocka, *Facing Total War*, pp. 84–90, and Mai, *Kriegswirtschaft*, pp. 396–7.
9   J.W. Boyer, 'Silent War and Bitter Peace: The Revolution of 1918 in Austria', *Austrian History Yearbook* 34 (2003), pp. 10–11.
10 A. Czechówna, diary, 14 September 1916. AN Cracow: IT 428/41. 关于民事公务人员的贫困，参见 Stellvertreter des k.u.k. Chefs des Generalstabes to Chef des Generalstabes, 12 November 1916 (p. 6). KA Vienna: NL Bolfras, B/75C。
11 Mikułowski Pomorski (ed.), *Kraków w naszej pamięci*, pp. 62–3. Cf. Chickering, *Great War and Urban Life*, pp. 266–7.
12 H. Hristov, *Revolutsionnata Kriza v Bulgaria prez 1918–1919* (Sofia, 1957), pp. 188–9. Also Davis, *Home Fires Burning*, p. 29; B. O'Driscoll, *Zmów Zdrowaśkę. Historia Marii i Jędrzeja Giertychów* (Radom, 2007), p. 28.
13 M. Franc, 'Bread from Wood: Natural Food Substitutes in the Czech Lands during the First World War', in I. Zweiniger-Bargielowska, R. Duffett and A. Drouard (eds.), *Food and War in Twentieth-Century Europe* (Farnham and Burlington, VT, 2011), pp. 76 and 80.
14 J. Tampke, *The Ruhr and Revolution: The Revolutionary Movement in the Rhenish-Westphalian Industrial Region, 1912–1919* (London: Croom Helm, 1979), p. 41.
15 Skalweit, *Deutsche Kriegsernährungswirtschaft*, pp. 53–61. Also Chickering, *Great War and Urban Life*, pp. 266–8, and Juni-Bericht des Gemeinsamen Zentralnachweisebureaus, Auskunftsstelle für Kriegsgefangene, Zensurabteilung über die Stimmung der österreichischen Bevölkerung im Hinterlande', p. 10. AVA Vienna: MdI, Präsidium (1917). 22/gen.: doc. 14234.
16 Daniel, *War from Within*, pp. 38–49 and 54–7, Grandner, *Kooperative Gewerkschaftspolitik*, pp. 147–8, and P. Pastor, 'The Home Front in Hungary, 1914–18', in B. K. Király and N. F. Dreisziger (eds.), *East European Society in World War I*

(Boulder, CO, and Highland Lakes, NJ, 1985), p. 126.
17. A. Hartmuth, letters from his mother, 29 April, 16 and 26 May, and 24 October 1916. Author's Collection.
18. Donson, *Youth in the Fatherless Land*, pp. 146–52.
19. E. H. Tobin, 'War and the Working Class: The Case of Düsseldorf, 1914–1918', *Central European History* 18(3–4) (September 1985), pp. 275–98; Mai, *Kriegswirtschaft*, pp. 336 and 348; Grandner, *Kooperative Gewerkschaftspolitik*, p. 157.
20. K.-L. Ay, *Die Entstehung einer Revolution. Die Volksstimmung in Bayern während des Ersten Weltkrieges* (Berlin, 1968), pp. 162–8, and Chickering, *Great War and Urban Life*, pp. 246–9. 关于奥地利的情况，参见 Healy, *Vienna*, pp. 53–4。
21. Daniel, *War from Within*, p. 203.
22. J. M. Małecki, 'Życie gospodarcze Krakowa w czasie wielkiej wojny 1914–1918', in Towarzystwo Miłośników Historii i Zabytków Krakowa (ed.), *Kraków w czasie I wojny światowej. Materiały sesji naukowej z okazji dni Krakowa w roku 1988* (Cracow, 1990), p. 63. Also Ay, *Entstehung einer Revolution*, p. 166.
23. Davis, *Home Fires Burning*, pp. 216–17. 关于奥地利的情况，参见 Stellvertreter des k.u.k. Chefs des Generalstabes to Chef des Generalstabes, 12 November 1916, p. 14. KA Vienna: NL Bolfras, B/75C, and F. C. Weber, ' "Wir wollen nicht hilflos zu Grunde gehen!" Zur Ernährungskrise der Steiermark im Ersten Weltkrieg und ihren politisch-sozialen Auswirkungen', *Blätter für Heimatkunde* 74(3) (2000), pp. 114–16。
24. Tampke, *Ruhr and Revolution*, p. 43.
25. Offer, *First World War*, p. 56.
26. R. Siedler, 'Behind the Lines: Working-Class Family Life in Wartime Vienna', in R. Wall and J. Winter (eds.), *The Upheaval of War: Family, Work and Welfare in Europe, 1914–1918* (Cambridge, 1988, 2005), pp. 126–7.
27. Chickering, *Great War and Urban Life*, pp. 185–6, and L. Grebler and W. Winkler, *The Cost of the World War to Germany and to Austria-Hungary* (New Haven, CT: Yale University Press, 1940), p. 83. 德国山羊的数量从 1913 年的 3 548 000 头涨到了 1918 年的 4 321 000 头。
28. Małecki, 'Życie gospodarcze Krakowa', p. 65, and J. Havránek, 'Politische Repression und Versorgungsengpässe in den böhmischen Ländern 1914 bis 1918', in H. Mommsen, D. Kováč, J. Malíř and M. Marek (eds.), *Der Erste Weltkrieg und die Beziehungen zwischen Tschechen, Slowaken und Deutschen* (Essen, 2001), p. 64.
29. A. Hartmuth, letter from his mother, 14 May 1917. Author's Collection.
30. Investigation of men in Ersatzbataillon, IR 46 in Jarotschin, end of 1916. BA-MA Freiburg: PH10II/73.
31. Donson, *Youth in the Fatherless Land*, p. 127. 有关平民健康状况的更广泛介绍，参见 Offer, *First World War*, pp. 31–3。

32 C. Pirquet, 'Ernährungszustand der Kinder in Österreich während des Krieges und der Nachkriegszeit', in C. Pirquet (ed.), *Volksgesundheit im Kriege* (2 vols., Vienna and New Haven, CT, 1926), i, pp. 152–3.

33 Offer, *First World War*, pp. 34, 38 and 45–53, J. Roesle, 'Die Geburts- und Sterblichkeitsverhältnisse', in F. Bumm (ed.), *Deutschlands Gesundheitsverhältnisse unter dem Einfluss des Weltkrieges* (Stuttgart, Berlin and Leipzig, and New Haven, CT, 1928), pp. 54–9, and extract from a memorandum of the Reich Health Office, 16 December 1916, reproduced in H. Michaelis, E. Schraepler and G. Scheel (eds.), *Ursachen und Folgen. Vom deutschen Zusammenbruch 1918 und 1945 bis zur staatlichen Neuordnung Deutschlands in der Gegenwart. Eine Urkunden- und Dokumentensammlung zur Zeitgeschichte. Der Wende des ersten Weltkrieges und der Beginn der innerpolitischen Wandlung 1916/1917* (29 vols., Berlin, n.d.), i, pp. 283–8 (doc. 149).

34 Grebler and Winkler, *Cost of the World War*, p. 147.

35 参见第4章。另外，有关战争稍后时期出现的流行病，参见 Hoffmann-Holter, '*Abreisendmachung*', p. 70。

36 Loewenfeld-Russ, *Regelung der Volksernährung*, pp. 7–10 and 147; Bobič, *War and Faith*, p. 243，关于克罗地亚，参见 the 'Oesterreich' morale reports in AVA Vienna: MdI, Präsidium. Erster Weltkrieg: Karton 33。

37 Gratz and Schüller, *Wirtschaftliche Zusammenbruch*, p. 81.

38 See K. Helly, 'Statistik der Gesundheitsverhältnisse der Bevölkerung der Republic Österreich in und nach dem Kriege', in Pirquet (ed.), *Volksgesundheit im Kriege*, i, p. 20, and Pirquet, 'Ernährungszustand der Kinder in Österreich', p. 153.

39 Healy, *Vienna*, p. 41.

40 Skalweit, *Deutsche Kriegsernährungswirtschaft*, pp. 10–12.

41 A. Ritschl, 'The Pity of Peace: Germany's Economy at War, 1914–1918 and Beyond', in S. Broadberry and M. Harrison (eds.), *The Economics of World War I* (Cambridge, New York, Melbourne, Madrid, Cape Town, Singapore and São Paulo, 2005), p. 46.

42 Grebler and Winkler, *Cost of the War*, pp. 83–4, and Ziemann, *Front*, pp. 292 and 308.

43 Quoted in R. G. Moeller, 'Dimensions of Social Conflict in the Great War: The View from the German Countryside', *Central European History* 14(2) (June 1981), p. 152.

44 Loewenfeld-Russ, *Regelung der Volksernährung*, pp. 7–9, 28–31 and 134–5.

45 Gratz and Schüller, *Wirtschaftliche Zusammenbruch*, p. 145, and Weber, ' "Wir wollen nicht hilflos zu Grunde gehen!" ', p. 100.

46 Loewenfeld-Russ, *Regelung der Volksernährung*, pp. 31–4.

47 C. F. Wargelin, 'The Economic Collapse of Austro-Hungarian Dualism, 1914–1918', *East European Quarterly* 34(3) (September 2000), pp. 268–72, and Loewenfeld-Russ, *Regelung der Volksernährung*, pp. 64–5.

48 Galántai, *Hungary*, pp. 119–21.

49 Gratz and Schüller, *Wirtschaftliche Zusammenbruch*, pp. 81, 247 (Stürgkh to Tisza, 17 December 1915) and 266 (Stürgkh to Tisza, 29 February 1916). Loewenfeld-Russ, *Regelung der Volksernährung*, pp. 48, 62, 64 and 110–12.

50 Osborne, *Britain's Economic Blockade*, pp. 120–32, and Skalweit, *Deutsche Kriegsernährungswirtschaft*, p. 23.

51 Skalweit, *Deutsche Kriegsernährungswirtschaft*, pp. 18–22, and Loewenfeld-Russ, *Regelung der Volksernährung*, pp. 363–7.

52 Davis, *Home Fires Burning*, pp. 115–17, and Feldman, *Army, Industry and Labor*, pp. 110–16.

53 Loewenfeld-Russ, *Regelung der Volksernährung*, pp. 289–307. Also Stellvertreter des k.u.k. Chefs des Generalstabes to Chef des Generalstabes, 12 November 1916 (p. 4). KA Vienna: NL Bolfras, B/75C.

54 Skalweit, *Deutsche Kriegsernährungswirtschaft*, p. 211, Davis, *Home Fires Burning*, pp. 47 and 163, Healy, *Vienna*, p. 43, Loewenfeld-Russ, *Regelung der Volksernährung*, p. 344, and Pastor, 'The Home Front in Hungary', p. 126.

55 Skalweit, *Deutsche Kriegsernährungswirtschaft*, p. 199.

56 Postcard entitled 'Bürgerliches Kochrezept', sent 13 October 1917. Author's Collection.

57 J. von Bókay and A. Juba, 'Ernährungszustand der Kinder in Ungarn', in C. Pirquet (ed.), *Volksgesundheit im Kriege* (2 vols., Vienna and New Haven, CT, 1926), i, p. 184.

58 Offer, *First World War*, p. 29, and Loewenfeld-Russ, *Regelung der Volksernährung*, p. 335.

59 Quoted in Daniel, *War from Within*, p. 205. See also Offer, *First World War*, p. 33.

60 Davis, *Home Fires Burning*, pp. 162–5.

61 Hämmerle (ed.), *Kindheit*, p. 52. Also Loewenfeld-Russ, *Regelung der Volksernährung*, p. 222, and Davis, *Home Fires Burning*, p. 41.

62 Skalweit, *Deutsche Kriegsernährungswirtschaft*, pp. 208–9, and Loewenfeld-Russ, *Regelung der Volksernährung*, p. 330.

63 Healy, *Vienna*, p. 44.

64 Loewenfeld-Russ, *Regelung der Volksernährung*, pp. 337 and 352, Davis, *Home Fires Burning*, pp. 170, 174, 187–8 and 195, and Tobin, 'War and the Working Class', p. 285.

65 Skalweit, *Deutsche Kriegsernährungswirtschaft*, pp. 40–43.

66 'Eine Kriegsküche in Salzburg', *Neuigkeits-Welt-Blatt. Nr. 234* (12 October 1916), p. 23. Also Havránek, 'Politische Repression und Versorgungsengpässe', p. 63.

67 Davis, *Home Fires Burning*, pp. 138–46.

68 Loewenfeld-Russ, *Regelung der Volksernährung*, p. 354.

69 Mick, *Kriegserfahrungen*, p. 186. Also Davis, *Home Fires Burning*, pp. 138–57, and

Chickering, *Great War and Urban Life*, p. 458. 大都市中参与统计的计算依据是 figures in Skalweit, *Deutsche Kriegsernährungswirtschaft*, p. 51。此处定义的大都市是拥有 50 万以上居民的城市。

70 K. O. Nass (ed.), *Ein preußischer Landrat in Monarchie, Demokratie und Diktatur. Lebenserinnerungen des Walter zur Nieden* (Berlin, 2006), pp. 77–9.

71 Stellvertreter des k.u.k. Chefs des Generalstabes to Chef des Generalstabes, 12 November 1916, pp. 14–15. KA Vienna: NL Bolfras, B/75C. 此类地方性阻挠行为的一个例子可见于 G. Prassnigger, 'Hunger in Tirol', in K. Eisterer and R. Steininger (eds.), *Tirol und der Erste Weltkrieg* (Innsbruck, 1995), p. 186, 而德国各地市政当局的类似行为, 可见于 K. Allen, 'Sharing Scarcity: Bread Rationing and the First World War in Berlin, 1914–1923', *Journal of Social History* 32(2) (Winter 1998), p. 377。

72 Mai, *Kriegswirtschaft*, pp. 414–15, Skalweit, *Deutsche Kriegsernährungswirtschaft*, pp. 221–2, Davis, *Home Fires Burning*, pp. 70 and 184, and Siedler, 'Behind the Lines', pp. 126–7.

73 Chickering, *Great War and Urban Life*, pp. 176–7, and Mick, *Kriegserfahrungen*, p. 183. Cf. Małecki, 'Życie gospodarcze Krakowa', p. 64, and W. von Schierbrand, 'The Food Situation in Austria-Hungary', *The North American Review* 205(734) (January 1917), p. 49.

74 See Thorner Magistrat to Königliches Gouvernement, 14 May 1915, and the memo of 26 May 1915 furloughing Landsturmmann Frisch. 直到 1916 年 4 月, 军方才不再准许他继续休假。AP Toruń: Akta Miasta Torunia: Nr. C9257, fos. 99, 101 and 155.

75 Hämmerle (ed.), *Kindheit*, pp. 328–33.

76 Saul, 'Jugend im Schatten des Krieges', pp. 114–15, Donson, *Youth in the Fatherless Land*, pp. 144–5, and Nass (ed.), *Ein preußischer Landrat in Monarchie*, p. 82.

77 Report of XIV Armeekorps, quoted in Kriegsministerium, 'Zusammenstellung der Monats-Berichte der stellv. Generalkommandos' for November 1916, 3 December 1916, p. 6. GStA PK, Berlin: I. HA Rep 90A, Nr. 2685. Cf. also Kriegsministerium, 'Zusammenstellung der Monats-Berichte der stellv. Generalkommandos vom 15.9.16', 26 September 1916, ibid. (p. 3 of report).

78 Moeller, 'Dimensions of Social Conflict', pp. 147–51, Offer, *First World War*, pp. 64–8, and Ziemann, *Front*, pp. 311–12.

79 Stellv. Generalkdo, XI Armeekorps, Cassel, 13 October 1916. HStA Hessen: 405: Nr. 2776: fo. 232.

80 Ministerium für Landwirtschaft, Domänen und Forsten to sämtliche Regierungspräsidenten, 22 February 1917. HStA Hessen: 405: Nr. 2777: fo. 174.

81 Nicolai, *Nachrichtendienst*, p. 128.

82 Skalweit, *Deutsche Kriegsernährungswirtschaft*, pp. 204–6.

83 Hämmerle (ed.), *Kindheit*, p. 46, Ziemann, *Front*, pp. 291–5, 314–18 and 341–4. Also

Bobič, *War and Faith*, p. 159, and Healy, *Vienna*, pp. 54–5.
84 Kriegsministerium, 'Zusammenstellung der Monats-Berichte der stellv. Generalkommandos vom 3.12.16', GStA PK, Berlin: I. HA Rep 90A, Nr. 2685 (pp. 5–6 of report), and Healy, *Vienna*, p. 53.
85 Resolution of Vorstands- und Vertrauensmännersitzung der Mittelstandsvereinigung für Mitteldeutschland, Sitz Wiesbaden, 18 August 1916. HStA Hessen: 408: Nr. 121: fos. 143–5.
86 Davis, *Home Fires Burning*, pp. 185–9 and 195–6.
87 J. Baten and R. Schulz, 'Making Profits in Wartime: Corporate Profits, Inequality, and GDP in Germany during the First World War', *The Economic History Review*, New Series 58(1) (February 2005), esp. pp. 43–9 and 52–3. Also Ritschl, 'Pity of Peace', pp. 53–7. 这项新的研究否定且取代了Jürgen Kocka在*Facing Total War*一书中提出的经典理论，该理论认为，在战争末期利于富有者的财富分配引发了革命。
88 'Der Kettenhandel', *Die Neue Zeitung. 9. Jahrgang, Nr. 274* (3 October 1916), p. 6.
89 Davis, *Home Fires Burning*, pp. 80–81, 85 and 89, and Healy, *Vienna*, pp. 65 and 68.
90 M. Liepmann, *Krieg und Kriminalität in Deutschland* (Stuttgart, Berlin, Leipzig and New Haven, CT, 1930), pp. 15, 56, 134, 136 and 139–43. 关于配给欺诈，参见Skalweit, *Deutsche Kriegsernährungswirtschaft*, pp. 199–200。声称女性的性冲动与犯罪倾向之间存在关联的研究，参见F. Exner, *Krieg und Kriminalität in Österreich. Mit einem Beitrag über die Kriminalität der Militärpersonen von Prof Dr G. Lelewer* (Vienna and New Haven, CT, 1927), p. 147。
91 Liepmann, *Krieg und Kriminalität in Deutschland*, p. 98, and Exner, *Krieg und Kriminalität*, p. 171.
92 Donson, *Youth in the Fatherless Land*, pp. 126, 129, 137–41 and 166. 关于奥地利的情况，参见Exner, *Krieg und Kriminalität*, pp. 172–87。
93 Donson, *Youth in the Fatherless Land*, pp. 149–52 and 166–70; Daniel, *War from Within*, pp. 160–70; Healy, *Vienna*, pp. 251–4. 在相对落后的加利西亚，似乎直到1917年夏天才开始出现对青少年堕落的担忧。See Prezydym c.k. Namiestnictwa, 6 August 1917, in AN Cracow: DPKr 117: 459.
94 Aleksandra Czechówna, diary (p. 69), 8 March 1917. AN Cracow: IT 428/41. Also Healy, *Vienna*, pp. 69–71.
95 'Wie man an fleischlosen Tagen in Krakau lebt', *Neuigkeits-Welt-Blatt. Nr. 234* (12 October 1916), p. 25.
96 Loch, ' "Aufklärung der Bevölkerung" ', p. 57, fn. 106; account of Vorstands- und Vertrauensmännersitzung der Mittelstandsvereinigung für Mitteldeutschland, Sitz Wiesbaden, 18 August 1916. HStA Hessen: 408: Nr. 121: fo. 143.
97 Skalweit, *Deutsche Kriegsernährungswirtschaft*, pp. 209 and 214, and Ay, *Entstehung einer Revolution*, pp. 137–48.
98 J. W. Boyer, *Culture and Political Crisis in Vienna: Christian Socialism in Power,*

1897–1918 (Chicago, IL, and London, 1995), pp. 420–21.

99 Report on Rosental, politischer Bezirk Reichenberg, 1916. AVA Vienna: MdI, Präsidiale, Varia Erster Weltkrieg: Karton 33. Also Stürgkh to Tisza, 15 October 1916, reproduced in Gratz and Schüller, *Wirtschaftliche Zusammenbruch*, pp. 305–6.

100 Reports on Prague, 1916. AVA Vienna: MdI, Präsidiale, Varia Erster Weltkrieg: Karton 33.

101 Zahra, *Kidnapped Souls*, pp. 93–4. Also Loewenfeld-Russ, *Regelung der Volksernährung*, p. 333, and Prassnigger, 'Hunger in Tirol', p. 186.

102 E. Zechlin, *Die deutsche Politik und die Juden im Ersten Weltkrieg* (Göttingen, 1969), pp. 518–19, 524–7.

103 国防部战争总务处处长恩斯特·冯·弗里斯贝格少将在战后声称，这项审查是为回应公众对于犹太人逃避兵役的怨言而开展的。他还公开了审查的结果。See E. von Wrisberg, *Heer und Heimat 1914–1918* (Leipzig, 1921), pp. 93–5. More generally on the notorious 'Jew Count', see Angress, 'Das deutsche Militär und die Juden im Ersten Weltkrieg', pp. 77–146, and Zechlin, *Deutsche Politik*, pp. 527–39.

104 关于鲍尔，参见 M. Kitchen, 'Militarism and the Development of Fascist Ideology: The Political Ideas of Colonel Max Bauer, 1916–1918', *Central European History* 8(3) (September 1975), pp. 199–220。

105 Segall, *Die deutschen Juden*, esp. pp. 9–17 and 35. 这 2022 名犹太军官占了战时被委任的约 22 万名军官的 0.9%。有些犹太人是德国南部各邦在战前委任的，但绝大多数是在战争期间接受委任的。然而，应指出的一点是，考虑到德国犹太人较德国其他人口更高的教育平均水平，中产阶级犹太男性在军官团中所占的比例仍是低于其人口所占比例的，即便在战争结束时仍是如此。关于军官总数，参见 Watson, *Enduring the Great War*, p. 121。

106 Kriegsministerium, 'Zusammenstellung der Monats-Berichte der stellv. Generalkommandos vom 3.12.16', GStA PK, Berlin: I. HA Rep 90A, Nr. 2685 (p. 10 of report).

107 关于与德国相比奥地利活跃得多、成功得多的政治反犹主义，参见 Lindemann, *Esau's Tears*, pp. 334–54。

108 Rozenblit, *Reconstructing a National Identity*, p. 15.

109 Rechter, 'Galicia in Vienna', pp. 114–15 and 119.

110 Hoffmann-Holter, '*Abreisendmachung*', pp. 91–2.

111 Mentzel, 'Kriegsflüchtlinge', pp. 172–3, and Hoffmann-Holter, '*Abreisendmachung*', pp. 79 and 83–94. 关于波希米亚的情况，参见 Zahra, *Kidnapped Souls*, p. 93. Also k.u.k. Militärkommando in Prag, 'Demonstration in Prag', 2 June 1917, p. 1, and k.u.k. Stationskommandant in Pilsen, 'Unruhen in Pilsen', 13 August 1917, p. 2. KA Vienna: MKSM 1917 (Karton 1305) 28–2/10–17。

112 Hämmerle (ed.), *Kindheit*, p. 304.

113 A. Hartmuth, letter from his sister, 19 January 1917. Author's Collection.

114 Morale reports, Bukovsko, pol. Bezirk Wittingau. AVA Vienna: MdI, Präsidium. Varia Erster Weltkrieg: Karton 33. More generally, see Healy, *Vienna*, pp. 64–8, and Davis, *Home Fires Burning*, esp. pp. 129–35.
115 Ferguson, *Pity of War*, p. 275.
116 Ullrich, *Vom Augusterlebnis zur Novemberrevolution*, pp. 58–60.
117 Heumos, ' "Kartoffeln her oder es gibt eine Revolution" ', pp. 256–7.
118 D. D. Alder, 'Friedrich Adler: Evolution of a Revolutionary', *German Studies Review* 1(3) (October 1978), p. 279.
119 关于阿德勒及其刺杀行动，参见 Alder, 'Friedrich Adler', pp. 270–84。关于公众的反应，参见 Healy, *Vienna*, p. 32，关于学生游行，参见 morale reports, Vienna. AVA Vienna: MdI, Präsidium. Varia Erster Weltkrieg: Karton 33。
120 Kriegsministerium, 'Zusammenstellung der Monats-Berichte der stellv. Generalkommandos vom 15.12.16'. GStA PK Berlin: I. HA Rep Nr. 90A, 2685 (p. 4 of report).

第9章　再次动员

1 .Ludendorff, *My War Memories*, ii, pp. 409–10.
2 W. Pyta, *Hindenburg. Herrschaft zwischen Hohenzollern und Hitler* (Munich, 2007, 2009), p. 246. 关于兴登堡的公众形象，亦可参见 ibid., pp. 115–53，关于他的政治抱负，参见 pp. 246–83。Also Goltz, *Hindenburg*, pp. 14–25 and 33–42。
3 M. Nebelin, *Ludendorff. Diktator im Ersten Weltkrieg* (Munich, 2010), pp. 35–6 and 81–97.
4 Ludendorff, *My War Memories*, esp. i, pp. 2–12.
5 Gudmundsson, *Stormtroop Tactics*, pp. 83–4. Foley, 'Learning War's Lessons', pp. 472–5 and 487–503.
6 E. von Wrisberg, *Wehr und Waffen, 1914–1918* (Leipzig, 1922), p. 96. More generally, see M. Geyer, *Deutsche Rüstungspolitik, 1860–1980* (Frankfurt am Main, 1984), pp. 98–103.
7 Quoted in Nebelin, *Ludendorff*, p. 246.
8 Feldman, *Army, Industry and Labor*, p. 169, and Kitchen, 'Militarism and the Development of Fascist Ideology', pp. 202–3.
9 Feldman, *Army, Industry and Labor*, pp. 180–96.
10 Ibid., pp. 194 and 291–300. See also Ludendorff, *My War Memories*, i, p. 342.
11 W. Groener, *Lebenserinnerungen. Jugend, Generalstab, Weltkrieg*, ed. F. Hiller von Gaertringen (Göttingen, 1957), p. 350; Ludendorff, *My War Memories*, i, pp. 339–40; Nicolai, *Nachrichtendienst*, p. 115.
12 See S. Gross, 'Confidence and Gold: German War Finance, 1914–1918', *Central European History* 42(2) (June 2009), pp. 242–3.
13 Feldman, *Army, Industry and Labor*, pp. 152–9, 255–6 and 262–73. Also von

Wrisberg, *Wehr und Waffen*, pp. 94 and 285–8.

14 J. Thiel, '*Menschenbassin Belgien*'. *Anwerbung, Deportation und Zwangsarbeit im Ersten Weltkrieg* (Essen, 2007), p. 80, and Feldman, *Army, Industry and Labor*, pp. 198–9.

15 Tampke, *Ruhr and Revolution*, p. 35.

16 E. Ludendorff (ed.), *The General Staff and its Problems: The History of the Relations Between the High Command and the German Imperial Government as Revealed by Official Documents*, trans. F. A. Holt (2 vols., London, n.d.), i, pp. 76–9. 一份很好的讨论，参见 Feldman, *Army, Industry and Labor*, pp. 172–3 and 301。

17 Rauchensteiner, *Tod des Doppeladlers*, pp. 404–5. 关于 1912 年战争法，参见 Wegs, 'Austrian Economic Mobilization', p. 11。关于下降的程度，参见 the figures in Gratz and Schüller, *Wirtschaftliche Zusammenbruch*, pp. 109–23。只有机枪的产量没有下降，但从 1918 初期亦开始下降了。

18 Feldman, *Army, Industry and Labor*, pp. 174–8, 186–8 and 200. 第三最高统帅部坚持要求议会通过一项合法化各项强制措施的法案，其谋划在下面的资料中讲得很清楚 Hindenburg's letter to the Chancellor of 1 November 1916, reproduced in Ludendorff (ed.), *The General Staff and its Problems*, i, pp. 98–9。

19 Feldman, *Army, Industry and Labor*, p. 209.

20 Ibid., pp. 190, 197–217. 11 月 10 日的法律草案与呈交给议会指导委员会的文本基本相同，只有一个细节除外，即部长们将爱国辅助役的义务年龄从 16 岁提到了 17 岁，草案参见 W. Deist (ed.), *Militär und Innenpolitik im Weltkrieg, 1914–1918* (2 vols., Düsseldorf, 1970), i, pp. 515–19。

21 Ludendorff (ed.), *The General Staff and its Problems*, i, p. 103, footnote, and the extract from the minutes of the Prussian State Ministry meeting of 1 December 1916 reproduced in Deist (ed.), *Militär und Innenpolitik*, i, p. 527.

22 Feldman, *Army, Industry and Labor*, pp. 217–49.

23 Ludendorff, *My War Memories*, i, p. 333.

24 This follows Mai, *Kriegswirtschaft*, pp. 311–15. Feldman 对《爱国辅助役法》对战争努力的影响的看法更加负面，但并不没有那么可信。See his *Army, Industry and Labor*, pp. 308–16.

25 J. Oltmer, 'Zwangsmigration und Zwangsarbeit – Ausländische Arbeitskräfte und bäuerliche Ökonomie im Ersten Weltkrieg', *Tel Aviver Jahrbuch für deutsche Geschichte* 27(1998), p. 142.

26 U. Herbert, *A History of Foreign Labor in Germany, 1880–1980: Seasonal Workers/ Forced Laborers/Guest Workers* (Ann Arbor, MI, 1990), pp. 87, 90 and 94–5. Also E. M. Kulischer, *Europe on the Move: War and Population Changes, 1917–1947* (New York, 1948), p. 167, 控制措施中的一例可见于 stellv. Gen Kdo. des XVIII. Armeekorps, order, 1 November 1915. AP Katowice: Oddział w Raciborzu: 18/237/4: 80: fo. 143。

27 M. Stibbe, *British Civilian Internees in Germany: The Ruhleben Camp, 1914–*

18 (Manchester and New York, 2008), esp. pp. 24–5.

28　Thiel, '*Menschenbassin Belgien*', pp. 39 and 79–85. 关于比辛的家长制作风，也可参见 Nebelin, *Ludendorff*, p. 253。

29　L. von Köhler, *Die Staatsverwaltung der besetzten Gebiete. Belgien* (Stuttgart, Berlin, Leipzig and New Haven, CT, 1927), pp. 151–2, and Thiel, '*Menschenbassin Belgien*', pp. 105–8, 123–4 and 136–7.

30　Thiel, '*Menschenbassin Belgien*', pp. 140–62, and M. Spoerer, 'The Mortality of Allied Prisoners of War and Belgian Civilian Deportees in German Custody during the First World War: A Reappraisal of the Effects of Forced Labour', *Population Studies* 60(2) (July 2006), p. 129.

31　Thiel, '*Menschenbassin Belgien*', pp. 202–6 and 220–37.

32　Ludendorff, *My War Memories*, i, p. 336.

33　R. Nachtigal, 'Zur Anzahl der Kriegsgefangenen im Ersten Weltkrieg', *Militärgeschichtliche Zeitschrift* 67(2) (2008), pp. 349–63, and H. Jones, *Violence against Prisoners of War in the First World War: Britain, France and Germany, 1914–1920* (Cambridge, 2011), p. 40.

34　See Jones, *Violence against Prisoners of War*, pp. 93–110.

35　Article 6 of the Annex entitled 'Regulations Respecting the Laws and Customs of War on Land' to 'Convention Concerning the Laws and Customs of War on Land. 2d Peace Conference, The Hague, 18 Oct. 1907. IV', in *Conventions and Declarations*.

36　K. Rawe, '... *wir werden sie schon zur Arbeit bringen!*' *Ausländerbeschäftigung und Zwangsarbeit im Ruhrkohlenbergbau während des Ersten Weltkrieges* (Essen, 2005), p. 75. Also Herbert, *History of Foreign Labor*, p. 90, Nachtigal, 'Zur Anzahl der Kriegsgefangenen', p. 352, and V. Moritz and H. Leidinger, *Zwischen Nutzen und Bedrohung. Die russischen Kriegsgefangenen in Österreich (1914–1921)* (Bonn, 2005), pp. 110–20.

37　Nachtigal, 'Zur Anzahl der Kriegsgefangenen', p. 352, and Moritz and Leidinger, *Zwischen Nutzen und Bedrohung*, p. 116.

38　Oltmer, 'Zwangsmigration und Zwangsarbeit', pp. 158–6.

39　关于死亡人数，参见 Nachtigal, 'Zur Anzahl der Kriegsgefangenen', pp. 356 and 360–61。关于在鲁尔矿区的战俘的境况，参见 Rawe, '... *wir werden sie schon zur Arbeit bringen!*'。Jones, *Violence against Prisoners of War*, pp. 127–222，极为充分地描述了前线战俘劳动队的条件。德军战俘在战俘劳动队中的比例指的是1916 年 8 月的数据。

40　Oltmer, 'Zwangsmigration und Zwangsarbeit', pp. 166–7.

41　Helene Grus to stellv. Gen Kdo., V, A. K., 5 April 1918. AP Poznań: Polizei-Präsidium Posen 8991: doc. 30.

42　L. M. Todd, ' "The Soldier's Wife Who Ran Away with the Russian": Sexual Infidelities in World War I Germany', *Central European History* 44(2) (June 2011), pp. 257–78, and Daniel, *War from Within*, pp. 144–7.

43 Kriegsministerium, order to stellvertretende Generalkommandos entitled 'Anstiftung der Kriegsgefangenen zur Meuterei', 20 May 1917. GLA Karlsruhe: 456 F109: Nr. 1.

44 Stellv. Gen Kdo. des XVII. Armeekorps in Danzig to Landrat Thorn, 29 June 1917. AP Toruń: Starostwo Powiatowe w Toruniu (Landratsamt Thorn): Nr. 1025: fo. 129.

45 See C. von Roeder, 'Vom verhängnisvollen Einfluß der Sabotageakte auf die Kriegführung', in W. Jost (ed.), *Was wir vom Weltkrieg nicht wissen* (Leipzig, 1936), pp. 149–53. Roeder 是德军总参谋部 IIIB 部门反间谍业务的主管。尽管他的叙述有些夸张，但他提供了颇为有趣的证据，且他所说的许多情况都有当时的档案来支持。For an example, see Order from Chef des Stellvertretenden Generalstab der Armee, Abteilung IIIb in Berlin, 8 April 1917. HHStA Wiesbaden: Preuβisches Regierungspräsidium Wiesbaden (405): Nr. 2739: fo. 200.

46 此处的引用摘自一张用令人警醒的橙色绘制的大幅海报，其发布者是 General Wagner of the stellv. Gen Kdo. des XVII. Armeekorps in Danzig, 4 May 1917. AP Toruń: Starostwo Powiatowe w Toruniu (Landratsamt Thorn): Nr. 1024: fo. 281. Cf. also Gouvernement der Festung Mainz to Territ. Komm. Mainz; Reg. Präsident Wiesbaden; Militär. Polizeistelle Mainz und Wiesbaden; Geh. Feldpolizei Bingen; Ic und F. G. A, 12 May 1917. HHStA Wiesbaden: Preuβisches Regierungspräsidium Wiesbaden (405): Nr. 2739: fo. 207, and stellv. Gen Kdo. des V. Armeekorps to Erzbischof von Gnesen und Posen Dr. Dalbor, 18 June 1917. AA Poznań: OA X 76.

47 Regierungs-Präsident Wiesbaden, memo recounting a presentation by the stellvertretenden Generalstab der Armee, 27 January 1918. HHStA Wiesbaden: Preuβisches Regierungspräsidium Wiesbaden (405): Nr. 2739: fo. 244.

48 Herbert, *History of Foreign Labor*, p. 99.

49 Figure from German propaganda poster 'Wer ist Sieger?', AP Poznań: Polizei-Präsidium Posen 5024: doc. 196.

50 Numbers from: B. Benvindo and B. Majerus, 'Belgien zwischen 1914 und 1918: ein Labor für den totalen Krieg?', A. Bauerkämper and E. Julien (eds.), *Durchhalten! Krieg und Gesellschaft im Vergleich, 1914–1918* (Göttingen, 2010), p. 136, T. Scheer, *Zwischen Front und Heimat. Österreich-Ungarns Militärverwaltungen im Ersten Weltkrieg* (Frankfurt am Main, 2009), p. 22, Gumz, *Resurrection and Collapse*, p. 6, and L. Mayerhofer, *Zwischen Freund und Feind – Deutsche Besatzung in Rumänien, 1916–1918* (Munich, 2010), pp. 40–41.

51 关于数据，参见 M. Huber, *La Population de la France pendant la Guerre* (Paris and New Haven, CT, 1931), pp. 391–2。

52 Köhler, *Staatsverwaltung der besetzen Gebiete*, pp. 6–8, Mayerhofer, *Zwischen Freund und Feind*, pp. 46–52, and Scheer, *Zwischen Front und Heimat*, pp. 59–60.

53 Quoted in D. Hamlin, ' "*Dummes Geld*": Money, Grain, and the Occupation of Romania in WWI', *Central European History* 42(3) (September 2009), p. 457.

54 Grebler and Winkler, *Cost of the World War*, pp. 76 and 97.
55 Ludendorff, *My War Memories*, i, pp. 354 and 287–8.
56 *Verhandlungen des Reichstags. XIII Legislaturperiode. II. Session. Band 306. Stenographische Berichte. Von der Eröffnungssitzung am 4. August 1914 bis zur 34. Sitzung am 16. März 1916* (Berlin, 1916), p. 660.
57 Stellvertreter des k.u.k. Chefs des Generalstabes to Chef des Generalstabes, 12 November 1916, pp. 18–19. KA Vienna: NL Bolfras, B/75C.
58 Von Zeynek, *Offizier im Generalstabskorps*, p. 276.
59 Skalweit, *Deutsche Kriegsernährungswirtschaft*, pp. 10–11; Grebler and Winkler, *Cost of the World War*, p. 83.
60 Ludendorff, *My War Memories*, i, p. 354.
61 Skalweit, *Deutsche Kriegsernährungswirtschaft*, p. 22.
62 Mayerhofer, *Zwischen Freund und Feind*, p. 214.
63 A. Arz von Strauβenburg, *Zur Geschichte des Grossen Krieges, 1914–1918* (Vienna, Leipzig and Munich, 1924), pp. 189, 193 and 195–6. 关于哈布斯堡军官团的心态及其与平民争夺食物的情况，参见 Gumz, *Resurrection and Collapse*, pp. 176–92。
64 Mayerhofer, *Zwischen Freund und Feind*, p. 212, and von Zeynek, *Offizier im Generalstabskorps*, p. 314.
65 A. Hartmuth, letter from his mother, 24 October 1916. Author's Collection.
66 See BN Warsaw: Microfilm 89065: Jaszczurowscy v. Jaszczórowscy herbu Rawicz: 'Wielka wojna światowa – Pamiętnik Tadeusza Alojzego Jaszczurowskiego', p. 105, Romer, *Pamiętniki*, p. 97, and Hamlin, ' "Dummes Geld" ', p. 464.
67 对同盟国在东部有限考虑事项的出色介绍，参见 S. Lehnstaedt, 'Imperiale Ordnungen statt Germanisierung. Die Mittelmächte in Kongresspolen, 1915–1918', *Osteuropa* 64 (2–4) (2014), pp. 221–32。
68 Ludendorff, *My War Memories*, i, pp. 206 and 189.
69 Liulevičius, *War Land*, pp. 71–2, 96–9, 123–5 and 198, and C. Westerhoff, *Zwangsarbeit im Ersten Weltkrieg. Deutsche Arbeitskräftepolitik im besetzten Polen und Litauen, 1914–1918* (Paderborn, 2012), p. 171.
70 Quoted in Liulevičius, *War Land*, p. 66.
71 Ibid., pp. 65, 92–3, 100–103. Also Ludendorff, *My War Memories*, i, pp. 198 and 202.
72 Ludendorff, *My War Memories*, i, pp. 198–9. 近来的历史研究强调了德意志帝国军方的做法与纳粹当局的做法之间的相似性，这种强调的一例是 *Absolute Destruction*, esp. pp. 243–8。
73 Liulevičius, *War Land*, p. 72, and Ludendorff, *My War Memories*, i, pp. 197–8. 关于士兵人数，参见 *Sanitätsbericht*, III, p. 7*。
74 Westerhoff, *Zwangsarbeit*, pp. 143–77.
75 Ibid., pp. 191–6, 211–21 and 298–303, and Liulevičius, *War Land*, pp. 73–4.
76 A. Strazhas, *Deutsche Ostpolitik im Ersten Weltkrieg. Der Fall Ober Ost, 1915–*

1917 (Wiesbaden, 1993), p. 47.
77 Ibid., pp. 48–9. Also Liulevičius, *War Land*, pp. 75–6.
78 Liulevičius, *War Land*, pp. 200–15.
79 H. McPhail, *The Long Silence: Civilian Life under the German Occupation of Northern France, 1914–1918* (London and New York, 1999, 2001), pp. 45–8 and 51. Also Armee-Oberkommando 1, 'Armeebefehl betreffend Ueberwachung der Civilbevölkerung', 16 May 1917, reissued 10 January 1918. GLA Karlsruhe: 456 f6/250.
80 Schaepdrijver, 'Belgium', p. 391, and McPhail, *Long Silence*, pp. 137–9.
81 Thiel, '*Menschenbassin Belgien*', pp. 127–9, and Hull, *Absolute Destruction*, pp. 252–3.
82 C. Gide and W. Ovalid, *Le Bilan de la Guerre pour la France* (Paris and New Haven, CT, 1931), pp. 175–7, and Fontaine, *French Industry*, pp. 16, 109–10 and 405.
83 Hull, *Absolute Destruction*, p. 252, and McPhail, *Long Silence*, pp. 48, 93 and 226.
84 关于比辛的情况见上。关于使其政权的举动有所缓和的因素，参见 Hull, *Absolute Destruction*, p. 230，关于比辛的经济政策，参见 Thiel, '*Menschenbassin Belgien*', pp. 40–46。
85 H. Pirenne, *La Belgique et la Guerre Mondiale* (Paris and New Haven, CT, 1928), p. 127, and C. de Kerchove de Denterghem, *L'industrie belge pendant l'occupation Allemande, 1914–1918* (Paris and New Haven, CT, 1927), p. 28.
86 Thiel, '*Menschenbassin Belgien*', pp. 88 and 247, and Herbert, *History of Foreign Labor*, p. 106.
87 B. Little, 'Humanitarian Relief in Europe and the Analogue of War, 1914–1918', in J. D. Keene and M. S. Neiberg (eds.), *Finding Common Ground: New Directions in First World War Studies* (Leiden and Boston, 2011), pp. 141–3 and 146–9, and McPhail, *Long Silence*, pp. 61–88.
88 A. Henry, Études sur l'occupation allemande en Belgique (Brussels, 1920), pp. 195–6 and 225.
89 A. Solanský, 'German Administration in Belgium', unpublished PhD thesis, Columbia University (1928), p. 115, and P. Liberman, *Does Conquest Pay? The Exploitation of Occupied Industrial Societies* (Princeton, NJ, 1996), p. 77.
90 Liberman, *Does Conquest Pay?*, pp. 73, 75 and 84. Also Thiel, '*Menschenbassin Belgien*', p. 42.
91 Conze, *Polnische Nation*, pp. 87–8 and 114–15.
92 Ibid., pp. 70–72 and 102–5.
93 See Westerhoff, *Zwangsarbeit*, pp. 203 and 233–4. Also, for documentation on the 'Komittee den Notleidenden in den von deutschen Truppen besetzten Teilen Russisch-Polen', see AA Poznań: OA X 40, and the report of the Regierungspräsident in Marienwerder to Oberpräsident of West Prussia, 15 May 1915, in AP Gdańsk:

Rejencja w Kwidzynie (10): 10229: fo. 309.

94 对这一国家构建的最新研究，参见 J. C. Kauffman, 'Sovereignty and the Search for Order in German-Occupied Poland, 1915–1918', unpublished PhD thesis, Stanford University (2008)。

95 Kries, quoted in Conze, *Polnische Nation*, p. 71.

96 Ihnatowicz, 'Gospodarka na ziemiach polskich', p. 457, and Conze, *Polnische Nation*, p. 132.

97 See the official response to an anonymous memorandum criticizing the occupation and sent to the Archbishop of Posen and Gnesen, p. 7, in AA Poznań: OA IX 204. Also M. Bemann, ' ". . . kann von einer schonenden Behandlung keine Rede sein". Zur forst- und landwirtschaftlichen Ausnutzung des Generalgouvernements Warschau durch die deutsche Besatzungsmacht, 1915–1918', *Jahrbücher für Osteuropas, Neue Folge* 55(1) (2007), p. 9.

98 Conze, *Polnische Nation*, p. 129, and S. Czerep, 'Straty polskie podczas I wojny światowej', in D. Grinberg, J. Snopko and G. Zackiewicz (eds.), *Lata wielkiej wojny. Dojrzewanie do niepodległości, 1914–1918* (Białystok, 2007), p. 194. Also, the anonymous but informed and critical memorandum of 1917, pp. 13–18, in AA Poznań: OA IX 204.

99 K. Dunin-Wąsowicz, *Warszawa w czasie pierwszej wojny światowej* (Warsaw, 1974), pp. 97, 170–75 and 180, and R. Blobaum, Jr, 'Going Barefoot in Warsaw during the First World War', *East European Politics and Societies and Cultures* 27(2) (May 2013), pp. 188–91. 有关德国配给量，可参见 Offer, *First World War*, p. 30, fig. 1.1。

100 Anonymous critical memorandum on the occupation of Poland, 1917, pp. 7 and 20. AA Poznań: OA IX 204. 这份备忘录指出，华沙总督府在 1915 年 9 月至 1917 年 2 月释放了 3381 人，但仍有数千人被关押。

101 Westerhoff, *Zwangsarbeit*, pp. 198–210.

102 Herbert, *History of Foreign Labor*, pp. 87 and 93–4. Also Westerhoff, *Zwangsarbeit*, p. 93.

103 Westerhoff, *Zwangsarbeit*, pp. 88–9, 114 and 252.

104 Ibid., pp. 201 and 206.

105 Ihnatowicz, 'Gospodarka na ziemiach polskich', p. 459.

106 Westerhoff, *Zwangsarbeit*, pp. 65–6, 115, 202, 260 and 332; anonymous critical memorandum on the occupation of Poland, 1917, pp. 21 and 31. AA Poznań: OA IX 204.

107 关于贝泽勒的国家构建活动，参见 Kauffman, 'Sovereignty and the Search for Order', chs. 2–4。关于华沙大学的情况，亦可参见 J. Kauffman, 'Warsaw University under German Occupation: State Building and Nation *Bildung* in Poland during the Great War', *First World War Studies* 4(1) (March 2013), pp. 65–79。

108 Fischer, *Germany's Aims*, pp. 239–44.

109 Conze, *Polnische Nation*, pp. 177–91 and 211 for the quotation.
110 Conze, *Polnische Nation*, pp. 226–33, and W. Sukiennicki, *East Central Europe during World War I: From Foreign Domination to National Independence* (2 vols., Boulder, CO, 1984), i, pp. 266–71 and 289.
111 Reproduced in Ludendorff (ed.), *The General Staff and its Problems*, ii, pp. 379–80.
112 在华沙总督府实行的经济措施与压迫措施对波兰人造成的离心作用，以及同盟国的计划中赤裸可见的支配欲望，参见 the letter of Graf von Hutten-Czapski to General von Chelius, 12 December 1916, reproduced in Michaelis, Schraepler and Scheel (eds.), *Ursachen und Folgen*, i, pp. 45–7 (doc. 27)。
113 P. S. Wandycz, *The Lands of Partitioned Poland, 1795–1918* (Seattle, WA, and London, 1974), pp. 352–8, and Conze, *Polnische Nation*, pp. 242–306.
114 M. Przeniosło, 'Postawy chłopów Królestwa Polskiego wobec okupanta niemieckiego i austriackiego (1914–1918)', in D. Grinberg, J. Snopko and G. Zackiewicz (eds.), *Lata wielkiej wojny. Dojrzewanie do niepodległości 1914–1918* (Białystok, 2007), pp. 204 and 206, and S. Lehnstaedt, 'Fluctuating between "Utilization" and Exploitation: Occupied East Central Europe during the First World War', in J. Böhler, W. Borodziej and J. von Puttkamer (eds.), *Legacies of Violence: Eastern Europe's First World War* (Munich, 2014), p. 97.
115 Wegs, 'Austrian Economic Mobilization', p. 122.

第 10 章　U 型潜艇

1 'Entente Reply to the Peace Note of Germany and Her Allies, December 30, 1916', reproduced in Carnegie Endowment for International Peace (ed.), *Official Communications and Speeches Relating to Peace Proposals, 1916–1917* (Washington, DC, 1917), p. 40.
2 'Aufzeichnung über die Besprechung zwischen Reichskanzler von Bethmann Hollweg, Generalfeldmarschall von Hindenburg und General Ludendorff in Pleß am 9. Januar 1917, 11. 15 Uhr vorm', in Michaelis, Schraepler and Scheel (eds.), *Ursachen und Folgen*, i, p. 147 (doc. 84).
3 J. M. Cooper, Jr, 'The Command of Gold Reversed: American Loans to Britain, 1915–1917', *The Pacific Historical Review* 45(2) (May 1976), pp. 219–20.
4 Chef des Admiralstabes, Memorandum, 22 December 1916, p. 2. BA-MA Freiburg: RM 5/2971: fo. 281.
5 A. Offer, 'Economic Interpretations of War: The German Submarine Campaign, 1915–18', *Australian Economic History Review* 23(1) (March 1989), pp. 25–7, and H. H. Herwig, 'Total Rhetoric, Limited War: Germany's U-Boat Campaign, 1917–1918', in R. Chickering and S. Förster (eds.), *Great War, Total War: Combat and Mobilization on the Western Front, 1914–1918* (Washington, DC, and Cambridge, 2000), p. 194.
6 Holtzendorff, memorandum, 22 December 1916. BA-MA Freiburg: RM 5/2971: fos.

280–82.
7　Best, *Humanity in Warfare*, pp. 252–5.
8　Halpern, *Naval History*, p. 335.
9　Holtzendorff, memorandum, 22 December 1916. BA-MA Freiburg: RM 5/2971: fos. 280–82 and 295–9.
10　Offer, 'Economic Interpretations', pp. 28–31.
11　Holtzendorff, memorandum, 22 December 1916, p. 24. BA-MA Freiburg: RM 5/2971: fo. 294.
12　See Admiralstab der Marine, 'Die englische Wirtschaft und der U-Boot-Krieg', 12 February 1916, p. 21. BA-MA Freiburg: RM 5/2971: fo. 152.
13　Bethmann, quoted in Jarausch, *Enigmatic Chancellor*, p. 284.
14　'Protokoll der Beratung über die Aufnahme des rücksichtslosen U-Boot-Krieges vom 31. August 1916', in Michaelis, Schraepler and Scheel (eds.), *Ursachen und Folgen*, i, pp. 123–7 (doc. 70).
15　Görlitz (ed.), *Kaiser and his Court*, p. 229 (entry for 8 January 1917).
16　G. Granier, 'Kriegführung und Politik am Beispiel des Handelskriegs mit U-Booten, 1915–1918', in K. Oldenhage, H. Schreyer and W. Werner (eds.), *Archiv und Geschichte. Festschrift für Friedrich P. Kahlenberg* (Düsseldorf, 2000), p. 621.
17　Nebelin, *Ludendorff*, pp. 289–9. Also Jarausch, *Enigmatic Chancellor*, pp. 296–7.
18　'Aufzeichnung über die Besprechung zwischen Reichskanzler von Bethmann Hollweg', in Michaelis, Schraepler and Scheel (eds.), *Ursachen und Folgen*, i, p. 147 (doc. 84).
19　See 'President Wilson's Address of January 22, 1917', *The American Journal of International Law* 11(4) (October 1917), p. 318.
20　Ludendorff, *My War Memories*, ii, p. 415.
21　'Aus den Aufzeichnungen des Chefs des Geheimen Zivilkabinetts v. Valentini über die Kronratssitzung vom 9. Januar 1917', in Michaelis, Schraepler and Scheel (eds.), *Ursachen und Folgen*, i, p. 148 (doc. 85).
22　J. M. Clark, *The Costs of the World War to the American People* (New Haven, CT, and London, 1931), p. 24.
23　The Kaiser to Houston Stewart Chamberlain, January 1917, quoted in Stibbe, *German Anglophobia*, p. 175.
24　关于战前的德国海军与日德兰海战，参见 Herwig, *'Luxury' Fleet*, esp. pp. 95–110 and 178–99. Also J. Rüger, *The Great Naval Game: Britain and Germany in the Age of Empire* (Cambridge, 2007)。
25　Schröder, *U-Boote des Kaisers*, p. 319.
26　Kommando des Hochseestreitkräfte, order, 31 January 1917.
27　M. Schwarte, *Die Technik im Weltkriege* (Berlin, 1920), pp. 408–9, and E. Rössler, *The U-Boat: The Evolution and Technical History of German Submarines* (London, 1981,

2001), p. 67.
28 Leader of Submarines, 'Written record of the conference with captains of submarines on 17.1.1917', 27 January 1917. TNA London: ADM 137/3866.
29 Marine Generalkommando, memorandum, 10 March 1917. BA-MA Freiburg: RM 120/577.
30 Chef des Admiralstabes, intelligence report, 19 March 1917. BA-MA Freiburg: RM 86/226.
31 This follows Schröder, *U-Boote des Kaisers*, pp. 326–7.
32 Halpern, *Naval History*, p. 408.
33 'Interrogation of Survivors' from *UC65* (November 1917), p. 17. TNA London: ADM 137/3060.
34 This description is based on details of *U97*, *U103*, *U104* and *U110* in 'Interrogation of Survivors'. TNA London: ADM 137/3872. 关于鱼雷的最大装载数，参见 the list of 26 October 1917 in BA-MA Freiburg: RM 120/576。
35 G. G. von Forstner, *The Journal of Submarine Commander von Forstner*, trans. R. Codman (Boston and New York, 1917), p. 56.
36 M. Niemöller, *From U-Boat to Concentration Camp* (London, Edinburgh and Glasgow, 1939), pp. 19, 24–6 and 45. Also von Forstner, *Journal*, pp. 7–11.
37 'Interrogation of Survivors' from *UC65* (November 1917), p. 17, *UC35* (May 1918), p. 10, and *UB85* (May 1918), p. 6. TNA London: ADM 137/3060. Also interrogation of survivors from *U64* (June 1918), p. 10. TNA London: ADM 137/3903.
38 E. von Spiegel, *Kriegstagebuch 'U202'* (Berlin, 1916), p. 27.
39 Schröder, *U-Boote des Kaisers*, pp. 398, 428–9 and 437.
40 'Interrogation of Survivors' from *UB72* (June 1918), *U104* (May 1918), and *UC65* (November 1917). TNA London: ADM 137/3874, 3872 and 3060.
41 'Interrogation of Survivors' from *UB81* (December 1917). TNA London: ADM 137/3060.
42 'Information Obtained from Survivors of *U93*' (May 1917). TNA London: ADM 137/3872. 该艇艇长是施皮格尔，他的书在上文有引用。See also the 'Interrogation of Survivors' from *U103* (May 1918), p. 6, in the same file and *UC65* (November 1917), p. 13, and *U58*, p. 6, in ADM 137/3060.
43 See 'Interrogation of Survivors' from *UB109* (September 1918), p. 9, and *UC65* (November 1917), p. 10, in TNA London: ADM 137/3874 and 3060.
44 'Copy and Portion of a Further Statement by Captain Anthony Starkey of the SS "Torrington" ' [*c*. 11 January 1919] and 'Interrogation of Machinist Alfred Berner' from *U48*, 26 November 1917. TNA London: ADM 137/4138 and 3902.
45 *UB124* (August 1918). TNA London: ADM 137/3901 and ADM 137/3874.
46 Von Forstner, *Journal*, pp. 69–70. Cf. 'A Conversation with the Crew of "*UB30*" ', translated article from *De Telegraaf*, 2 March 1917. TNA London: ADM 137/3874.

47 Führer der Unterseeboote, order and appendix, 10 May 1917. BA-MA Freiburg: RM 86/226.
48 Kriegstagebuch *U93*, 1917. BA-MA Freiburg: RM 97/11034: fos. 7–23 and 92.
49 'Report of Interrogation of Survivor' from *UC63* (November 1917), p. 3. TNA London: ADM 137/3060.
50 'German Prize Crew from SS Older' [men from *U49* and *U50*], c. December 1916, pp. 24–5; 'Interrogation of Survivors' from *U48* (December 1917), p. 16; 'Interrogation of Survivors' from *UB72* (June 1918), pp. 10–15. TNA London: ADM 137/3902, 3872 and 3874.
51 'Interrogation of Survivors' from *U103* (June 1918), p. 17. TNA London: ADM 137/3872.
52 'Interrogation of Survivors' from *U48* (December 1917), p. 17, *UC63* (November 1917), p. 9, *UC65* (November 1917), p. 17, and *UC35* (May 1918), p. 9. TNA London: ADM 137/3872 and 3060.
53 'Interrogation of Survivors' from *U58* (December 1917), p. 15. TNA London: ADM 137/3060. Cf. 'A Conversation with the Crew of "*UB30*" ', 1 March 1917, pp. 1–2. TNA London: ADM 137/3874.
54 'Aufstellung über den Stand der U-Boot-Spende', 28 July 1919. GStA PK, Berlin: I. HA Rep 191, 3643.
55 An extract from this film, *Der magische Gürtel*, is uploaded at: http://www.iwm.org.uk/collections/item/object/1060008290. Accessed on 25 April 2014.
56 'Interrogation of Survivors' from *U104* (May 1918), p. 7, and *UB72* (June 1918), p. 7. TNA London: ADM 137/3872 and 3874.
57 'Interrogation of Survivors' from *U103* (June 1918), p. 6, *U48* (December 1917), p. 8, *UB85* (May 1918), p. 5, and *UB109* (September 1918), p. 11. TNA London: ADM 137/3872, 3060 and 3874.
58 Draft memorandum, Marinekorps, Generalkommando to Chef des Admiralstabes der Marine, 28 April 1917.
59 Führer der Unterseeboote to I., II., III., IV. Uflottille, 10 May 1917. BA-MA Freiburg: RM 86/226.
60 Hardach, *First World War*, pp. 50–51 and 125–30, and P. E. Dewey, 'Food Production and Policy in the United Kingdom, 1914–1918', *Transactions of the Royal Historical Society* 30 (December 1918), pp. 82–9.
61 'Translation of Extract from Letter Written by Freiherr von Spiegel to his Wife', 7 May 1917. TNA London: ADM 137/3903.
62 Osborne, *Britain's Economic Blockade*, p. 155, and Halpern, *Naval History*, pp. 341–2.
63 D. Stevenson, *With Our Backs to the Wall: Victory and Defeat in 1918* (London, 2011), pp. 335–49. 关于英国的吨位，参见 Hardach, *First World War*, pp. 44–6。
64 Schröder, *U-Boote des Kaisers*, p. 370.

65　Halpern, *Naval History*, pp. 351–60.
66　Ibid., pp. 362–5 and 394–5.
67　H. Herwig and D. F. Trask, 'The Failure of Imperial Germany's Undersea Offensive Against World Shipping, February 1917–October 1918', *The Historian* 33(4) (August 1971), pp. 628–32. Also Stevenson, *With Our Backs to the Wall*, pp. 315–16.
68　Stevenson, *With Our Backs to the Wall*, p. 364, and Schröder, *U-Boote des Kaisers*, p. 379.
69　Schröder, *U-Boote des Kaisers*, pp. 372–8 and 383–4, and Stevenson, *With Our Backs to the Wall*, pp. 313–15, 325 and 345–6.
70　Halpern, *Naval History*, pp. 343–4 and 366–8.
71　'Interrogation of Survivors' from *UB52* (July 1918), p. 7. TNA London: ADM 137/3060.
72　'Interrogation of Survivors' from *U48* (December 1917), pp. 8–12. TNA London: ADM 137/3872. Cf. also 'Interrogation of Survivors' from *U64* (June 1918), p. 9. TNA London: ADM 137/3903.
73　See Chef des Admiralstabes, order, 'O-Sache' to Hochseekommando, 3 June 1917. BA-MA Freiburg: RM 120/576. Also Halpern, *Naval History*, pp. 425–7.
74　Herwig, *'Luxury' Fleet*, p. 220, and Schröder, *U-Boote des Kaisers*, p. 436.
75　'Interrogation of Survivors' from *UC65* (November 1917), p. 17. TNA London: ADM 137/3060. See also 'Interrogation of Survivors' from *U110* (April 1918), p. 16. TNA London: ADM 137/3872.
76　Halpern, *Naval History*, pp. 159–60, 349–50, 406–7 and 440–41.
77　Chef des Admiralstabes, memorandum to Kommando der Hochstreitseekräfte, 7 December 1917. BA-MA Freiburg: RM 120/576.
78　'Interrogation of Survivors' from *U48* (December 1917), p. 17. TNA London: ADM 137/3872.
79　Herwig, 'Total Rhetoric', p. 205, and Schröder, *U-Boote des Kaisers*, p. 429.
80　'Interrogation of Survivors' from *U110* (April 1918), p. 7. TNA London: ADM 137/3872.
81　Ibid., p. 17. Cf. also the 'Interrogation of Survivors' from *U103* (June 1918), p. 15 in TNA London: ADM 137/3872.
82　'Interrogation of Survivors' from *UB81* (December 1917), p. 14, and *UB109* (September 1918), pp. 8–9. TNA London: ADM 137/3060 and 3874.
83　'Interrogation of Survivors' from *U110* (April 1918), p. 7. TNA London: ADM 137/3872.
84　'Interrogation of Survivors' from *UB85* (May 1918), pp. 3–5. TNA London: ADM 137/3060.
85　'Interrogation of Survivors' from *U64* (June 1918), p. 8. TNA London: ADM 137/3903.

86 See A. Bucholz, *Hans Delbrück and the German Establishment: War Images in Conflict* (Iowa City, IA, 1985), pp. 98–101, and Redlich, *Schicksalsjahre Österreichs*, ii, pp. 188–9 (diary entry for 5 February 1917).

87 Wolff, *Tagebücher*, pp. 478–81 (entries for 5, 11 and 14 February 1917).

88 'Zusammenstellung der Monatsberichte der stellv. Generalkommandos an das preußische Kriegsministerium betr. die allgemeine Stimmung im Volke' for February 1917 (3 March 1917), p. 3. GStA PK, Berlin: I. HA Rep 90A, Nr. 2685. See also P. Scheidemann, *Der Zusammenbruch*(Berlin, 1921), p. 54（虽然他在该书第 50 页的说法与此相悖）。

89 C. J. Child, 'German-American Attempts to Prevent the Exportation of Munitions of War, 1914–1915', *The Mississippi Valley Historical Review* 25(3) (December 1938), pp. 351–68. 关于围绕着美国武器贸易的宣传活动，可参见 K. L. Henning, *Die Wahrheit über Amerika*(Leipzig, 1915), pp. 20–25，也可参见 Buchner (ed.), *Kriegsdokumente*。Buchner 的书从第四卷起，摘录了大量有关美国向协约国供应战争装备与弹药的新闻报道。

90 F. Gygi, 'Shattered Experiences – Recycled Relics: Strategies of Representation and the Legacy of the Great War', in N. J. Saunders (ed.), *Matters of Conflict: Material Culture, Memory and the First World War* (London and New York, 2004), pp. 83 and 85. 德国公众之愤慨的一例，参见 E. Stempfle, diary, 10 April 1915. DTA, Emmendingen: 1654。在一份列出了俄、法、英三国从美国订购的数十万支步枪、上百万发子弹以及其他各种武器的报纸剪报旁边，她讽刺地评论道："美国就是这样严守中立的！"

91 'Zusammenstellung der Monatsberichte der stellv. Generalkommandos an das preußische Kriegsministerium betr. die allgemeine Stimmung im Volke' for February 1917 (3 March 1917), p. 3. GStA PK, Berlin: I. HA Rep 90A, Nr. 2685.

92 Reich Navy Office quoted in C. Brocks, '"Unser Schild muss rein bleiben". Deutsche Bildzensur und propaganda im Ersten Weltkrieg', *Militärgeschichtliche Zeitschrift* 67(1) (2008), p. 42.

93 See, e.g., 'Die Ereignisse zur See', *Deutsche Kriegszeitung 1917. Illustrierte Wochen-Ausgabe herausgegeben vom Berliner Lokal-Anzeiger. Nr. 12*, 25 March 1917, p. 6, and *Nr. 16*, 22 April 1917, p. 6. 关于德国给其盟国的统计数据，参见 'Vertreter des Admiralstabes der Marine im Großen Hauptquartier to königlich bulgarischer Militärbevollmächtigten im Großen Hauptquartier', 1 July 1917. BA-MA Freiburg: RM 120/576。

94 Koszyk, *Deutsche Pressepolitik*, pp. 203–4.

95 M. L. Hadley, *Count Not the Dead: The Popular Image of the German Submarine* (Quebec City, 1995), pp. 18 and 36.

96 K. Roesler, *Die Finanzpolitik des deutschen Reiches im Ersten Weltkrieg* (Berlin, 1967), p. 207.

97　S. Bruendel, 'Vor-Bilder des Durchhaltens. Die deutsche Kriegsanleihe-Werbung, 1917/18', in A. Bauerkämper and E. Julien (eds.), *Durchhalten! Krieg und Gesellschaft im Vergleich, 1914–1918* (Göttingen, 2010), p. 87.

98　Poster, 6. Kriegsanleihe, 1917. Bibliothek für Zeitgeschichte: 2.5/72 a. Also Welch, *Germany, Propaganda and Total War*, pp. 130–31.

99　Wolff, *Tagebücher*, pp. 478–81 (entry for 2 and 5 March 1917).

100　H. Muhsal, diary, 9 March 1917. BA-MA Freiburg: MSg 1/3109.

101　R. Höfner, diary, 16 April 1917. DTA Emmendingen: 1280,1.

102　'Entwicklung der Stimmung im Heere 1916/17'. Forschungsarbeit von Obkircher (1936), p. 37. BA-MA Freiburg: W-10/51507.

103　Feldman, *Army, Industry and Labor*, p. 337.

104　Kriegsministerium, 'Zusammenstellung der Monats-Berichte der Generalkommandos vom 3.4.17' (p. 3) and ibid., '3.5.17.' (pp. 5–6) GStA PK, Berlin: I. HA Rep 90A, 2685. Also, E. Stempfle, diary, 8 April 1917. DTA, Emmendingen: 1654.

105　A. Hartmuth, letter from his mother, 27 June 1917. Author's Collection. More generally, see also R. Fiebig von Hase, 'Der Anfang vom Ende des Krieges: Deutschland, die USA und die Hintergründe des amerikanischan Kriegseintritts am 6. April 1917', in W. Michalka (ed.), *Der ErsteWeltkrieg. Wirkung, Wahrnehmung, Analyse* (Munich and Zurich, 1994), p. 132.

106　'Denkschrift der Vorstände der Sozialdemokratischen Partei Deutschlands und der Sozialdemokratischen Reichstagsfraktion', 28 June 1917, in Michaelis, Schraepler and Scheel (eds.), *Ursachen und Folgen*, i, pp. 211–16 (doc. 129).

107　'Rede des Abgeordneten Erzberger im Hauptausschuβ des Reichstags. 6. Juli 1917', in H. Michaelis, E. Schraepler and G. Scheel (eds.), *Ursachen und Folgen. Vom deutschen Zusammenbruch 1918 und 1945 bis zur staatlichen Neuordnung Deutschlands in der Gegenwart. Eine Urkunden- und Dokumentensammlung zur Zeitgeschichte. Der militärische Zusammenbruch und das Ende des Kaiserreichs* (29 vols., Berlin, n.d.), ii, pp. 3–7 (doc. 233). Cf. Erzberger's own account: M. Erzberger, *Erlebnisse im Weltkrieg* (Stuttgart and Berlin, 1920), pp. 251–69.

108　'Die Friedensresolution des deutschen Reichstags vom 19. Juli 1917', in Michaelis, Schraepler and Scheel (eds.), *Ursachen und Folgen*, ii, pp. 37–8 (doc. 241).

109　Memorandum for Staatssekretär [des Reichsmarineamts], 8 October 1917. BA-MA Freiburg: RM 5/3818: fos. 2–3.

110　Koszyk, *Deutsche Pressepolitik*, p. 205.

111　Halpern, *Naval History*, pp. 356–7, and Herwig and Trask, 'Failure of Imperial Germany's Undersea Offensive', pp. 613, 618, 627 and 629.

112　Documentation from the Presseabteilung in the Admiralstab, late 1917. BA-MA Freiburg: RM 5/3818: fos. 101 and 103–4. 关于运兵船受损情况，参见Schröder, *U-Boote des Kaisers*, p. 383。另有4艘运兵船在空载返航横跨大西洋时

被击沉。

113 'German Submarine Propaganda', p. 4, 23 April 1918. TNA London: ADM 137/3872.
114 Herwig, 'Luxury' Fleet, p. 223, and Hardach, First World War, p. 48.
115 See Stevenson, With Our Backs to the Wall, pp. 247, 338–9, 345 and 351.

第 11 章 危险的观念

1 E. Manela, *The Wilsonian Moment: Self-Determination and the International Origins of Anticolonial Nationalism* (Oxford and New York, 2007), p. 36.
2 Quoted in R. A. Wade, *The Russian Search for Peace, February–October 1917* (Stanford, CA, 1969), pp. 16 and 29.
3 'President Wilson's Address of January 22, 1917', *The American Journal of International Law* 11(4) (October 1917), p. 323.
4 O. Figes, *A People's Tragedy: The Russian Revolution, 1891–1924* (London, 1996, 1997), p. 381.
5 *Vorwärts*, 6 November 1917, quoted in BA-MA Freiburg: RM3/11682b: fo. 49.
6 Quoted in M. Cornwall, 'Disintegration and Defeat: The Austro-Hungarian Revolution', in M. Cornwall (ed.), *The Last Years of Austria-Hungary: A Multi-National Experiment in Early Twentieth-Century Europe*, revised and expanded edn (Exeter, 2002), p. 169.
7 C. Brennan, 'Reforming Austria-Hungary: Beyond his Control or Beyond his Capacity? The Domestic Policies of Emperor Karl I, November 1916–May 1917', unpublished PhD thesis, London School of Economics (2012), pp. 16–19, 97–8 and 106–7.
8 Personnel changes are detailed in E. von Glaise-Horstenau, *The Collapse of the Austro-Hungarian Empire* (London and Toronto, 1930), pp. 14–17. Also Brennan, 'Reforming Austria-Hungary', pp. 143–4.
9 Brennan, 'Reforming Austria-Hungary', pp. 107–9.
10 Křen, *Konfliktgemeinschaft*, pp. 335–6, and H. L. Rees, *The Czechs during World War I: The Path to Independence* (Boulder, CO, 1992), pp. 27–9.
11 Kaiser Karl I to Kaiser Wilhelm II, 14 April 1917, in Michaelis, Schraepler and Scheel (eds.), *Ursachen und Folgen*, i, pp. 378–9 (doc. 201).
12 Galántai, *Hungary*, pp. 224–6 and 240–45, and G. Vermes, 'Leap into the Dark: The Issue of Suffrage in Hungary during World War I', in Robert A. Kann, Béla K. Király and Paula S. Fichtner (eds.), *The Habsburg Empire in World War I: Essays on the Intellectual, Military, Political and Economic Aspects of the Habsburg War Effort* (Boulder, CO, and New York, 1977), pp. 35–7.
13 Brennan, 'Reforming Austria-Hungary', pp. 153–229.
14 Jarausch, *Enigmatic Chancellor*, p. 310.
15 Wolff, *Tagebücher*, p. 495 (diary entry, 22 March 1917).

16　Müller, *Kaiser and his Court*, p. 249 (diary entry for 22 March 1917).
17　Scheidemann, *Zusammenbruch*, pp. 40–22. 关于这次会议，参见 Fischer, *Germany's Aims*, p. 328。
18　Miller, *Burgfrieden*, pp. 285–6. 关于社会民主党分裂的背景，参见 ibid., pp. 113–65。
19　Wilhelm II's 'Easter Message', trans. J. Verhey and R. Chickering at: http://germanhistorydocs.ghi-dc.org/pdf/eng/922_Wilhelm_Easter_Message_186.pdf. Accessed on 31 May 2013. 对引向"复活节公告"的历次争论的描述，参见 Jarausch, *Enigmatic Chancellor*, pp. 327–35。
20　Miller, *Burgfrieden*, p. 286, and Fischer, *Germany's Aims*, pp. 397–9.
21　Pyta, *Hindenburg*, pp. 161–2 and 256–8.
22　Roesler, *Finanzpolitik*, p. 208.
23　A. J. Ryder, *The German Revolution of 1918: A Study of German Socialism in War and Revolt* (Cambridge, 1967), pp. 49–58 and 72–3.
24　Jarausch, *Enigmatic Chancellor*, p. 327.
25　Erzberger in the Reichstag Steering Committee, 6 July 1917, in Michaelis, Schraepler and Scheel (eds.), *Ursachen und Folgen*, ii, p. 6 (doc. 233).
26　Miller, *Burgfrieden*, p. 304.
27　Scheidemann, *Zusammenbruch*, pp. 80–81.
28　Haase on Chancellor Hertling, 29 November 1917, quoted in Miller, *Burgfrieden*, p. 331. 关于这次危机，参见 W. J. Mommsen, 'Die deutsche öffentliche Meinung und der Zusammenbruch des Regierungssystems Bethmann Hollweg im Juli 1917', *Geschichte in Wissenschaft und Unterricht* 19(11) (November 1968), esp. pp. 665–71。
29　Reichstag Peace Resolution, 19 July 1917, trans. J. Verhey and R. Chickering at: http://germanhistorydocs.ghi-dc.org/pdf/eng/1007_Reichstag%27s%20Peace%20Resolution_194.pdf. Accessed on 5 June 2013.
30　Fischer, *Germany's Aims*, pp. 401–4, Erzberger, *Erlebnisse*, pp. 266–8, and D. Stevenson, 'The Failure of Peace by Negotiations in 1917', *The Historical Journal* 34(1) (March 1991), p. 72. 关于哈泽的批评和社会民主党的情况，参见 Miller, *Burgfrieden*, pp. 288 and 311。
31　Ludendorff at the Crown Council of 14 September 1917, reproduced in Ludendorff (ed.), *General Staff and its Problems*, ii, p. 494.
32　Fischer, *Germany's Aims*, pp. 316–17 and 347.
33　Ibid., pp. 342–6.
34　Ibid., p. 347.
35　See the report of Legationssekretärs Freiherr von Lersner to the Foreign Secretary of 5 May 1917, reproduced in Deist (ed.), *Militär und Innenpolitik*, ii, pp. 744–6 (doc. 293).

36. Record of the Kreuznach Discussions, 23 April 1917, in Feldman (ed.), *German Imperialism*, pp. 32–3 (doc. 9). Also Fischer, *Germany's Aims*, pp. 346–51.
37. Fischer, *Germany's Aims*, pp. 365–9.
38. M. Cornwall, *The Undermining of Austria-Hungary: The Battle for Hearts and Minds* (Basingstoke and New York, 2000), pp. 40–59.
39. Kriegstagebuch, 12. Inf. Div., 'Übersicht über die Zeit vom 1. bis 11.4.17' and entries for 12–15 and 23–30 April 1917. BA-MA Freiburg: PH8I/11.
40. Cornwall, *Undermining*, pp. 58–62.
41. D. Stevenson, *1914–1918: The History of the First World War* (London, 2004), p. 297.
42. Ludendorff (ed.), *General Staff and its Problems*, ii, pp. 712–21.
43. See D. A. Harvey, 'Lost Children or Enemy Aliens? Classifying the Population of Alsace after the First World War', *Journal of Contemporary History* 34(4) (October 1999), pp. 537–54, and L. Boswell, 'From Liberation to Purge Trials in the "Mythic Provinces": Recasting French Identities in Alsace and Lorraine, 1918–1920', *French Historical Studies* 23(1) (Winter 2000), pp. 129–62.
44. Stevenson, 'French War Aims', pp. 879–80 and 883, and D. Stevenson, 'French War Aims and Peace Planning', in M. F. Boemeke, G. D. Feldman and E. Glaser, *The Treaty of Versailles: A Reassessment after 75 Years* (Washington, DC, and Cambridge, 1998), pp. 93–101.
45. See 'Entente Reply to President Wilson's Peace Note, January 10, 1917', in Carnegie Endowment for International Peace (ed.), *Official Communications and Speeches Relating to Peace Proposals, 1916–1917* (Washington, DC, 1917), pp. 49–50.
46. 一种对于在1917年和谈所面临的种种困难的分析强调了根深蒂固的领土争端与协约国的团结一致，参见 Stevenson, 'Failure of Peace by Negotiations', pp. 65–86。
47. 关于在1919年巴黎和会上的法国，参见 M. MacMillan, *Peacemakers: Six Months that Changed the World* (London, 2001), esp. pp. 176–86。
48. Ludendorff, *War Memories*, ii, p. 517.
49. Ludendorff (ed.), *General Staff and its Problems*, ii, pp. 494–7, Feldman (ed), *German Imperialism*, pp. 32–3 (doc. 9), and Ludendorff, *War Memories*, ii, pp. 517–20.
50. H. H. Herwig, 'Admirals *versus* Generals: The War Aims of the Imperial German Navy, 1914–1918', *Central European History* 5(3) (September 1972), pp. 214–20.
51. Ludendorff (ed.), *General Staff and its Problems*, ii, p. 494.
52. Adolf Hitler, 17 September 1941, quoted in J. Zimmerer, 'Holocaust und Kolonialismus. Beitrag zu einer Archäologie des genozidalen Gedankens', *Zeitschrift für Geschichtswissenschaft* 51(12) (2003), p. 1098.
53. Ludendorff, *War Memories*, ii, p. 520.
54. 关于这段引文，参见 Ludendorff, letter to Professor Hans Delbrück, 29 December 1915, reproduced in Zechlin, 'Ludendorff im Jahre 1915', p. 352。关于其他细节，参见 Liulevičius, *War Land*, pp. 94–6, and Sammartino, *Impossible Border*, pp. 31–7。

55 Stevenson, 'Failure of Peace by Negotiations', pp. 67–9, Galántai, *Hungary*, pp. 234–5, and Rauchensteiner, *Tod des Doppeladlers*, pp. 419 and 553–4.
56 Galántai, *Hungary*, p. 234.
57 Rauchensteiner, *Tod des Doppeladlers*, p. 487, and Fischer, *Germany's Aims*, p. 344.
58 Stevenson, 'Failure of Peace by Negotiations', pp. 67–9, and May, *Passing of the Habsburg Monarchy*, i, pp. 486–91.
59 Bethmann Hollweg, 4 August 1914, reproduced in Lutz (ed.), *Fall*, i, p. 13.
60 Fischer, *Germany's Aims*, pp. 360, 374, and Chancellor Michaelis, 21 August 1917. Lutz (ed.), *Fall*, i, p. 367.
61 Czernin, quoted in Fischer, *Germany's Aims*, p. 351.
62 Aleksandra Czechówna, diary (p. 69), 8 March 1917. AN Cracow: IT 428/41.
63 Rees, *Czechs during World War I*, p. 37, and Davis, *Home Fires Burning*, p. 196. 关于罢工，参见 Schlegelmilch, 'Massenprotest', p. 293。
64 'Juni-Bericht des Gemeinsamen Zentralnachweisebureaus, Auskunftsstelle für Kriegsgefangene, Zensurabteilung über die Stimmung der österreichischen Bevölkerung im Hinterlande', p. 1. AVA Vienna: MdI, Präsidium (1917). 22/gen. Nr. 14234.
65 关于德国，参见 'Zusammenstellung der Monatsberichte der stellv. Generalkommandos an das preuβische Kriegsministerium betr. die allgemeine Stimmung im Volke', in GStA PK, Berlin: I. HA Rep 90A, Nr. 2685. 关于奥地利，参见 'Juni-Bericht des Gemeinsamen Zentralnachweisebureaus, Auskunftsstelle für Kriegsgefangene, Zensurabteilung über die Stimmung der österreichischen Bevölkerung im Hinterlande'. AVA Vienna: MdI, Präsidium (1917). 22/gen. Nr. 14234。
66 Quoted in Redlich, *Austrian War Government*, pp. 150–51, fn. 2.
67 Glaise-Horstenau, *Collapse*, p. 31.
68 Brennan, 'Reforming Austria-Hungary', esp. pp. 273–4 and 279.
69 V. S. Mamatey, 'The Union of Czech Political Parties in the *Reichsrat*, 1916–1918', in R. A. Kann, B. K. Király and P. S. Fichtner (eds.), *The Habsburg Empire in World War I: Essays on the Intellectual, Military, Political and Economic Aspects of the Habsburg War Effort* (Boulder, CO, and New York, 1977), p. 16.
70 Brennan 对围绕捷克联盟声明的起草所开展的历次辩论做出了非常细致的讨论。See his 'Reforming Austria-Hungary', pp. 264–8, 276–9 and 289–93.
71 Zeman, *Break-Up*, pp. 127–9.
72 Glaise-Horstenau, *Collapse*, p. 37.
73 Zahra, *Kidnapped Souls*, pp. 81–2 and 94–5.
74 Redlich, *Austrian War Government*, pp. 150 and 156–7, and Cornwall, *Undermining*, p. 284.
75 Rauchensteiner, *Tod des Doppeladlers*, pp. 477–8, and Rees, *Czechs during World War I*, pp. 49–50. Also 'Stimmung in Prager Polizeirayon', 25 July 1917, in Prague

(No. 163). AVA Vienna: MdI, Präsidium. Varia Erster Weltkrieg: Karton 33.

76 Brennan, 'Reforming Austria-Hungary', pp. 268–9, and Zeman, *Break-Up*, pp. 122–3.

77 P. Hanák, 'Die Volksmeinung während des letzten Kriegsjahres in Österreich-Ungarn', in R. G. Plaschka and K. Mack (eds.), *Die Auflösung des Habsburgerreiches. Zusammenbruch und Neuorientierung im Donauraum* (Vienna, 1970), pp. 60–61. Hanák 的证据可以用多种方式来阐释，但更受认可的一种阐释方式是将两个数字结合起来：即超过 75% 的通信者希望"自治"，而（从另一批样本得出）13.5% 的通信者希望"独立"。

78 Rees, *Czechs during World War I*, pp. 33–8.

79 K.u.k. Militärkommando in Prag, 'Stimmungsbericht', 15 February 1917, p. 3. KA Vienna: MKSM 1917 (Karton 1305), 28–2/10.

80 Poster in Aurinowes (Uhříněves), pol. Bezirk Zizkow, March 1917. AVA Vienna: MdI, Präsidium. Varia Erster Weltkrieg: Karton 33.

81 Mamatey, 'The Union of Czech Political Parties', p. 18, and k.u.k. Militärkommando in Prag, 'Demonstration in Prag', 31 May 1917, pp. 1–2. KA Vienna: MKSM 1917 (Karton 1305), 28–2/10–17. 关于捷克人选票（1911 年），参见 Höbelt, ' "Well-Tempered Discontent" ', p. 58。

82 Hupka, *Z czasów wielkiej wojny*, p. 335 (entry for 18 December 1917).

83 K.u.k. Militärkommando in Prag, 'Stimmungsbericht', 15 May 1917, pp. 1–3. KA Vienna: MKSM 1917 (Karton 1305), 28–2/10–3.

84 'Juni-Bericht des Gemeinsamen Zentralnachweisebureaus, Auskunftsstelle für Kriegsgefangene, Zensurabteilung über die Stimmung der österreichischen Bevölkerung im Hinterlande', pp. 2 and 5; 'Stimmung und wirtschaftliche Lage des österreichischen Bevölkerung im Hinterland (Septemberbericht), p. 2. AVA Vienna: MdI, Präsidium (1917). 22/gen. Nr. 14234 and 21657. 有关德皇威廉的谣言，参见 k.u.k. Militärkommando in Prag, 'Stimmungsbericht', 15 May 1917, pp. 1–3. KA Vienna: MKSM 1917 (Karton 1305), 28–2/10–3。

85 J. R. Wegs, 'Transportation: The Achilles Heel of the Habsburg War Effort', in R. A. Kann, B. K. Király and P. S. Fichtner (eds.), *The Habsburg Empire in World War I: Essays on the Intellectual, Military, Political and Economic Aspects of the Habsburg War Effort* (Boulder, CO, and New York, 1977), p. 128.

86 Quoted in Křen, *Konfliktgemeinschaft*, p. 354.

87 K.u.k. Militärkommando in Prag, 'Stimmungsbericht', 15 December 1917, p. 2. KA Vienna: MKSM 1917 (Karton 1305), 28–2/10–17.

88 Hanák, 'Volksmeinung', pp. 63–5.

89 关于背景，参见 Mamatey, 'The Union of Czech Political Parties', pp. 16–23。The text is cited in Rees, *Czechs during World War I*, pp. 80–81.

90 'Denkschrift der Obersten Heeresleitung über die deutsche Volks- und Wehrkraft', pp. 17–18. BA-MA Freiburg: PH 3/446.

91 关于食品，参见 Offer, *First World War*, p. 29。关于征用活动，参见 the posters in AP Toruń: Starostwo Powiatowe w Toruniu (Landratsamt Thorn) 1818–1920: Nr. 1023: Bl. 91, 180, 293, 295, 432, 450, 478, 479，对拆走教堂铜钟的抗议，参见 the circular from Edmund, Archbishop of Gnesen und Posen, 6 August 1917. AA Poznań: OA X 76。

92 'Zusammenstellung der Monatsberichte der stellv. Generalkommandos an das preußische Kriegsministerium betr. die allgemeine Stimmung im Volke' for June 1917 (3 July 1917), p. 1. GStA PK, Berlin: I. HA Rep 90A, Nr. 2685.

93 'Zusammenstellung der Monatsberichte der stellv. Generalkommandos an das preußische Kriegsministerium betr. die allgemeine Stimmung im Volke' for May 1917 (3 June 1917), p. 22. GStA PK, Berlin: I. HA Rep 90A, Nr. 2685.

94 Miller, *Burgfrieden*, pp. 143–77, Ryder, *German Revolution*, pp. 76–83, and Tampke, *Ruhr and Revolution*, pp. 53–6.

95 Ryder, *German Revolution*, p. 99. 关于米勒和革命车间干事，参见 R. Hoffrogge, 'Räteaktivisten in der USPD: Richard Müller und die Revolutionären Obleute in Berliner Betrieben', in U. Plener (ed.), *Die Novemberrevolution 1918/1919 in Deutschland. Für bürgerliche und sozialistische Demokratie. Allgemeine, regionale und biographische Aspekte. Beiträge zum 90. Jahrestag der Revolution* (Berlin, 2009), pp. 189–94。

96 Copy of revolutionary leaflet from the April strikes passed to Kommandantur Coblenz-Ehrenbreitstein by Kriegsministerium, 3 May 1917. HHStA Wiesbaden: Preußisches Regierungspräsidium Wiesbaden (405): Nr. 2777: fo. 152.

97 Feldman, *Army, Industry and Labor*, pp. 337–9, and Ryder, *German Revolution*, pp. 100–101.

98 有关4月罢工的来龙去脉，特别要参见 Magistrat in Frankfurt a.M., report to Reg. Präs. in Wiesbaden, 17 April 1917. HHStA Wiesbaden: Preußisches Regierungspräsidium Wiesbaden (405): Nr. 2777: fo. 349。

99 Feldman, *Army, Industry and Labor*, pp. 340–48. 兴登堡的呼吁，可见于 Michaelis, Schraepler and Scheel (eds.), *Ursachen und Folgen*, i, p. 202 (doc. 126)。

100 Feldman, *Army, Industry and Labor*, pp. 362–404.

101 Minister des Innern, circular to all Regierungspräsidenten and the Polizeipräsident in Berlin, 12 July 1917. GStA PK, Berlin: XIV. HA Rep 181,31389.

102 Chef des Generalstabes des Feldheeres, memorandum, 15 November 1917. HHStA Wiesbaden: Preußisches Regierungspräsidium Wiesbaden (405): Nr. 2739: fos. 230–32.

103 Poster signed by Gouverneur der Festung Mainz, 2 May 1917. 关于摩门教徒和基督复临安息日会信徒，参见 Minister des Innern in Berlin to Regierungspräsidenten – mit Ausnahme von Koeslin – und Herrn Polizeipräsidenten [in Berlin], 4 October 1917, and Kriegsministerium, order, 19 March 1918. HHStA Wiesbaden: Preußisches

Regierungspräsidium Wiesbaden (405): Nr. 2777: fo. 338, and AP Toruń: Star. Pow. Toruniu: Nr. 1009: fo. 921。

104 See Generalquartiermeister at Gr. HQ, order, 25 July 1917, and Chef des Stabes des Feldheeres, 'Einführung von Hetzschriften in das Heer', 24 May 1917. 关于针对敌方飞行员的命令，参见 Chef des Feldheeres, telegram, 24 April 1917. GLA Karlsruhe: 456 F 109, Nr. 1, and 456 F 7, Nr. 91。

105 Jahr, *Gewöhnliche Soldaten*, p. 155, and Watson, *Enduring the Great War*, pp. 168–72.

106 German Fifth Army censorship report, 12 July 1917, p. 15. BA-MA Freiburg: W-10/50794.

107 Schuhmacher, *Leben und Seele unseres Soldatenlieds*, pp. 172–3.

108 Von Thaer, *Generalstabsdienst*, p. 122 (diary entry for 15 May 1917).

109 See Watson, *Enduring the Great War*, pp. 202–4. Also U. Kluge, *Soldatenräte und Revolution. Studien zur Militärpolitik in Deutschland 1918/19* (Göttingen, 1975), pp. 94–105.

110 D. Horn (ed.), *The Private War of Seaman Stumpf: The Unique Diaries of a Young German in the Great War* (London, 1969), p. 342.

111 D. Horn, *Mutiny on the High Seas: The Imperial German Naval Mutinies of World War One* (London, 1969), esp. chs. 3 and 4.

112 Hagenlücke, *Deutsche Vaterlandspartei*, ch. 3.

113 See B. Ulrich and B. Ziemann (eds.), *Frontalltag im Ersten Weltkrieg. Ein Historisches Lesebuch* (Essen, 2008), pp. 133–5, docs. 51a and 51d.

114 'Schreiben des Chefs des Generalstabes des Feldheeres an die Chefs des Stabes der Heeresgruppen und Armeen über die Notwendigkeit der Aufklärungstätigkeit unter den Truppen', 31 July 1917, reproduced in Deist (ed.), *Militär und Innenpolitik*, ii, p. 847 (doc. 332).

115 A. Lipp, *Meinungslenkung im Krieg. Kriegserfahrungen deutscher Soldaten und ihre Deutung, 1914–1918* (Göttingen, 2003), pp. 70–88. Also A. K. Rice, 'Morale and Defeatism in the Bavarian "Heer und Heimat" in the First World War (1916–18)', unpublished MPhil thesis, University of Oxford (2004), pp. 53–64.

116 Mai, '"Aufklärung der Bevölkerung" ', p. 215. Also, stellv. Generalkommando XI A.K., 'Aufklärung bei den Truppen'. HHStA Wiesbaden: 405: Nr. 2777: fo. 304.

117 'Was der Feind will!', poster issued in early 1917. See HStA Stuttgart: M33/2: Bü 516.

118 BA-MA Freiburg, PH 5 IV/2: Leitsätze für den Vaterländischen Unterricht der Armee-Abteilung A, 15 November 1917, pp. 5–6. Wilhelm Deist和Benjamin Ziemann 较早的研究低估了爱国教导计划的效果。更公允、资料更翔实的观点，可见于 Lipp, *Meinungslenkung*, pp. 62–90, and Rice, 'Morale and Defeatism'。

119 See letter of Chief of the General Staff to Chancellor, 17 December 1916, reproduced in Ludendorff (ed.), *General Staff and its Problems*, ii, pp. 401–3.

120 R. Wiehler, *Deutsche Wirtschaftspropaganda im Weltkrieg* (Berlin, 1922), pp. 17–18 and 21.

121 See Mai, '"Aufklärung der Bevölkerung" ', pp. 206–13 and 216–29, and Loch, '"Aufklärung der Bevölkerung" ', pp. 59–69.

122 Bruendel, 'Vor-Bilder des Durchhaltens', p. 87. 对战争公债宣传活动的背景更广泛的讨论，参见 Wiehler, *Deutsche Wirtschaftspropaganda*, pp. 35–43。

123 Roesler, *Finanzpolitik*, p. 207.

124 一种对德国战时士气的估计，参见 the US Military Intelligence graph reproduced in G. G. Bruntz, *Allied Propaganda and the Collapse of the German Empire in 1918* (Stanford, CA, London and Oxford, 1938), insert between pp. 192–3。

125 'Die 7. Kriegsanleihe'. HStA Stuttgart: J150, Nr. 232/8. 关于兴登堡的情况，参见 Welch, *Germany, Propaganda and Total War*, 210。

126 'Wie brennt der Wunde – brennt die Schmach!' HStA Stuttgart: J150, Nr. 232/8. More generally, cf. Koszyk, *Deutsche Pressepolitik*, p. 199.

127 'Zukunft des deutschen Landwirtes im Falle eines englischen Sieges!' HStA Stuttgart: M77/1 Bü 497.

128 Ibid. and 'An das deutsche Volk!' HStA Stuttgart: M77/1 Bü 497 and J150, Nr. 232/8.

129 See the leaflets 'Zukunft des deutschen Landwirts im Falle eines englischen Sieges!' and 'Der Feind im Land!', and cf. 'Wie brennt die Wunde – brennt die Schmach!', all in Bibliothek für Zeitgeschichte: Flugblattsammlung 7. Kriegsanleihe (1917). Also the front page of the pamphlet 'Die 7. Kriegsanleihe' in HStA Stuttgart: J150, Nr. 232/8.

130 Staging directions for *Der Heimat-Schützengraben* (1916), reproduced in U. Oppelt, *Film und Propaganda im Ersten Weltkrieg. Propaganda als Medienrealität im Aktualitäten- und Dokumentarfilm* (Stuttgart, 2002), pp. 337–8. 这部电影是为推销第六次战争公债而摄制的，但在第七次战争公债推销活动时又被拿出来用了。See J. Kilian, 'Propaganda für die deutschen Kriegsanleihen im Ersten Weltkrieg', in J. Wilke (ed.), *Massenmedien und Spenden-kampagnen. Vom 17. Jahrhundert bis in die Gegenwart* (Cologne, Weimar and Vienna, 2008), pp. 136–7.

第 12 章　面包和平

1 Bethmann's 'Provisional Notes on the Direction of Our Policy on the Conclusion of Peace', September 1914, reproduced in Feldman (ed.), *German Imperialism*, p. 125.

2 Kühlmann, quoted in Fischer, *Germany's Aims*, p. 479. See also pp. 456–69.

3 M. Kitchen, *The Silent Dictatorship: The Politics of the German High Command under Hindenburg and Ludendorff* (London, 1976), pp. 160–69.

4 关于柏林的罢工，参见 Feldman, *Army, Industry and Labor*, pp. 448–54。关于北部的罢工，参见 Ullrich, *Vom Augustererlebnis*, pp. 109–57。

5 Fischer, *Germany's Aims*, pp. 505–6.

6 See Kitchen, *Silent Dictatorship*, p. 183.

7   即便是德意志帝国最严厉的批评者之一费舍尔，也承认这一点。See *Germany's Aims*, p. 508.
8   沙皇俄国对其少数民族的对待方式，可见于 A. Kappeler, *The Russian Empire: A Multi-Ethnic History* (Harlow, 2001), ch. 7。
9   一部对乌克兰在两次大战之间的恐怖经历的近期研究，参见 Snyder, *Bloodlands*, pp. 21–53。
10 Emperor Karl on 17 January 1918, quoted in May, *Passing of the Hapsburg Monarchy*, p. 617.
11 C. F. Wargelin, 'A High Price for Bread: The First Treaty of Brest-Litovsk and the Break-Up of Austria-Hungary, 1917–1918', *The International History Review* 19(4) (November 1997), quotation at p. 765. See also pp. 772–3. 关于 1 月罢工和卡塔罗兵变，参见 R. G. Plaschka, H. Haselsteiner and A. Suppan, *Innere Front. Militärassistenz, Widerstand und Umsturz in der Donaumonarchie, 1918. Zwischen Streik und Meuterei* (2 vols., Munich, 1974), i, pp. 59–90 and 107–48。
12 Wargelin, 'High Price for Bread', pp. 765–7 and 773–4.
13 Memorandum, p. 1, probably from the German 224 Division, 10 June 1918, in BA-MA Freiburg: PH8I/58.
14 关于乌克兰人民委员会，参见 A. Wilson, *The Ukrainians: Unexpected Nation*, 2nd edn (New Haven, CT, 2002), pp. 121–4, and A. Roshwald, *Ethnic Nationalism and the Fall of Empires: Central Europe, Russia and the Middle East, 1914–1923* (London and New York, 2001), pp. 95–8。
15 Wargelin, 'High Price for Bread', pp. 765–7, 773–4.
16 Loewenfeld-Russ, *Regelung der Volksernährung*, p. 402.
17 See the memorandum, probably from 224 Division, 10 June 1918, in BA-MA Freiburg: PH8I/58.
18 W. Dornik and P. Lieb, 'Misconceived *Realpolitik* in a Failing State: The Political and Economical Fiasco of the Central Powers in the Ukraine, 1918', *First World War Studies* 4(1) (March 2013), pp. 115–16. Also Loewenfeld-Russ, *Regelung der Volksernährung*, pp. 400–401.
19 C. F. Wargelin, 'The Austro-Polish Solution: Diplomacy, Politics and State Building in Wartime Austria-Hungary, 1914–1918', *East European Quarterly* 42(3) (September 2008), p. 268. Also Mick, *Kriegserfahrungen*, pp. 170–71.
20 See the Galician newspaper summaries ('Übersicht Nr. 14'), November 1916, pp. 19–23, in AP Poznań: Polizei Präsidium Posen 5062 and Präsidium der Polizeidirektion in Lwów to Statthaltereipräsidium in Biała, 3 March 1917, in AVA Vienna: MdI, Präsidium (1916–17) 22/Galiz: Karton 2117: Nr. 9438.
21 Conze, *Polnische Nation*, pp. 256, fn. 81, and 296–7.
22 W. L. Jaworski, *Diarusz, 1914–1918* (Warsaw, 1997), p. 208 (diary entry for 29 July 1917).

注　释　659

23 'Stimmung und wirtschaftliche Lage des österreichischen Bevölkerung im Hinterland (Septemberbericht)', p. 2. AVA Vienna: MdI, Präsidium (1917). 22/gen. Nr. 21657. 关于粮食转运情况，参见 Wargelin, 'High Price for Bread', p. 780。

24 H. Binder, *Galizien in Wien. Parteien, Wahlen, Fraktionen und Abgeordnete im Übergang zur Massenpolitik* (Vienna, 2005), pp. 499–501. Also Wargelin, 'High Price for Bread', pp. 784–5.

25 The Fourteen Points can be found at http://avalon.law.yale.edu/20th_century/wilson14.asp, accessed on 30 January 2014. See also M. B. Biskupski, 'Re-Creating Central Europe: The United States "Inquiry" into the Future of Poland in 1918', *The International History Review* 12(2) (May 1990), pp. 249–79.

26 A flyer published by the Komitet wspólny wszystkich stronnictw i grup w Nowym Sączu advertising the strike of 18 February 1918 (pasted into diary/memoir). KA Vienna: NL Schwestek, B/89. Cf. the similar flyers in AN Cracow: DPKr 552.

27 W. Witos, *Moje wspomnienia* (Warsaw, 1978), p. 520. Cf. also documents in AN Cracow: DPKr 551.

28 Mick, *Kriegserfahrungen*, pp. 173–4.

29 Statthalter in Galizia to Ministerium des Innern, 'Ausschreitungen in Galizien im Februar 1918'. AVA Vienna: MdI, Präsidium (1918) 22/Galiz: Karton 2118: Nr. 11226.

30 See the documentation dealing with this demonstration in AN Cracow: DPKr 117: fos. 1149–64.

31 C.k. Dyrekcya poczt i telegrafów we Wiedniu to k.k. Post- und Telegraphendirektion in Wien, 15 February 1918. AN Cracow: DPKr 187: fos. 1271–2; also 'Relacya', 23 February 1918 in ibid., fo. 1273.

32 See J. Buszko, 'Die polnischen Politiker über die Ereignisse des Jahres 1918 in Österreich-Ungarn', in R. G. Plaschka and K. Mack (eds.), *Die Auflösung des Habsburgerreiches. Zusammenbruch und Neuorientierung im Donauraum* (Vienna, 1970), pp. 181–2, and Plaschka, Haselsteiner and Suppan, *Innere Front*, i, pp. 97–101.

33 See Hupka, *Z czasów wielkiej wojny*, p. 343, and report, 16 May 1918; 'Anfrage der Abgeordneten Wolf, Pacher und Genossen', in Haus der Abgeordneten, 5 March 1918. AN Cracow: DPKr 119: fo. 165.

34 'Wyciąg z reskr. Min. spraw. wewn', 16 May 1918; 'Anfrage der Abgeordneten Wolf, Pacher und Genossen', in Haus der Abgeordneten, 5 March 1918. AN Cracow: DPKr 119: fos. 147–8 and 165.

35 J. Bieniarzówna and J. M. Małecki, *Dzieje Krakowa. Kraków w latach, 1796–1918* (6 vols., Cracow, 1979), iii, pp. 318–19; C. Bąk-Koczarska, 'Władze miejskie Krakowa w latach wojny', in Towarzystwo Miłośników Historii i Zabytków Krakowa (ed.), *Kraków w czasie I wojny światowej. Materiały sesji naukowej z okazji dni Krakowa w roku 1988* (Cracow, 1990), p. 70, and M. Gałas and A. Polonsky, 'Introduction', in M. Gałas and A. Polonsky (eds.), *Polin: Studies in Polish Jewry*,

Volume 23. Jews in Kraków (Oxford and Portland, OR, 2011), pp. 4, 12–15 and 41. 关于加利西亚西部的骚乱，参见 D. L. Unowsky, 'Peasant Political Mobilization and the 1898 Anti-Jewish Riots in Western Galicia', *European History Quarterly* 40(3) (July 2010), pp. 412–35。

36 参见第 2 章和第 5 章，关于波兰军团的征募情况，参见 Mleczak, *Akcja werbunkowa*, pp. 162–3。

37 Wróbel, 'The Jews of Galicia', pp. 119 and 121.

38 K.k. Oberleutnant a.D. Dr Stanislaus v. Turowski, 'Bemerkungen über die letzten Unruhen in der Stadt', to k.u.k. Abteilungskommando in Kraków, 14 May 1917. AN Cracow: DPKr 112: fos. 2850–51.

39 K.k. Polizei-Direktor in Krakau, 'Tages-Rapport', 6 December 1917. AVA Vienna: MdI, Präsidiale (1916–17) 22/Galiz: Karton 2117: Nr. 24226.

40 Summary of damage caused by mid-January 1918 demonstrations. AN Cracow: DPKr 119: fo. 1639.

41 Denunciation, 19 March 1918. AN Cracow: DPKr 188: fo. 347.

42 'Große Exzesse gegen die Juden in Krakau', Fremdenblatt. 72 Jahrgang, Nr. 102. Morgenausgabe (23 April 1918), p. 6.

43 关于在 1918 年 4 月 16 日和 17 日对犹太人的袭击，参见 k.k. Polizei-Direktor in Krakau, 'Tages-Rapport', 16 and 17 April 1918. AVA Vienna: MdI, Präsidiale (1918) 22/Galiz: Karton 2118: Nr. 9180 and 9035, and the documentation in AN Cracow: DPKr 118: fos. 1659–93, 1727 and 1729–31。关于 4 月 20 日的情况，参见 'Protokoll', 25 May 1918, and the accompanying reports. AN Cracow: DPKr 189: fos. 131–3, 135–6, 139–41。

44 关于 5 月发生于维利奇卡与克拉斯诺的反犹骚乱，参见 AVA Vienna: MdI, Präsidiale (1918) 22/Galiz: Karton 2118: Nr. 1206。关于此后对犹太人的暴力行为，参见 F. Golczewski, *Polnische-Jüdische Beziehungen, 1881–1922. Eine Studie zur Gechichte des Antisemitismus in Osteuropa* (Wiesbaden, 1981), pp. 169–75 and 181–213。

45 K.k. Polizei-Direktor in Krakau, 'Tages-Rapport', 19 April 1918. AVA Vienna: MdI, Präsidiale (1918) 22/Galiz: Karton 2118: Nr. 9226. Also 'Bericht über die Exzesse am 19./4.1918 am Tandelmarkte in der ul. Szeroka', 19 April 1918. AN Cracow: DPKr 118: fos. 1751–2.

46 Oblt. i.d. Res. Robert Steiner. 'Meldung über Misshandlung', 16 April 1918. AN Cracow: DPKr 118: fo. 1719.

47 K.k. Polizei-Direktor in Krakau, 'Tages-Rapport', 17 April 1918. AVA Vienna: MdI, Präsidiale (1918) 22/Galiz: Karton 2118: Nr. 9035.

48 See 'Bericht über die Exzesse am 19./4.1918 am Tandelmarkte in der ul. Szeroka', 19 April 1918. AN Cracow: DPKr 118: fos. 1751–2.

49 Nachrichtenstelle des k.u.k. Mil. Mdos, Krakau, 17 May 1918. AVA Vienna: MdI,

Präsidiale (1918) 22/Galiz: Karton 2118: Nr. 14672.
50 K.k. Ministerium für Landesverteidigung to k.k. Ministerium des Innern, 'Galizien – Stimmung', 18 June 1918, and k.u.k. Militärkommando Przemyśl, 'Lagebericht', 21 June 1918. AVA Vienna: MdI, Präsidiale (1918) 22/Galiz: Karton 2118: Nr. 14297, and Karton 2119: Nr. 16443.
51 K.u.k. Militärkommando Przemyśl, 'Lagebericht', 21 June 1918. AVA Vienna: MdI, Präsidiale (1918) 22/Galiz: Karton 2118: Nr. 14297, and Karton 2119: Nr. 16443. Also K. Pichlík, 'Der militärische Zusammenbruch der Mittelmächte im Jahre 1918', in Plaschka and Mack (eds.), *Die Auflösung des Habsburgerreiches*, p. 258.
52 See F. Barac, *Croats and Slovenes, Friends of the Entente in the World War: A Few Official Documents Derived from the Archives of the Imperial and Royal Military Commands* (Paris, 1919), pp. 60–62 (doc. 26) and 88–90 (doc. 44). 关于背景，亦可参见 J. P. Newman, 'Post-Imperial and Post-War Violence in the South Slav Lands, 1917–1923', *Contemporary European History* 19(3) (August 2010), esp. pp. 249–50 and 253–6, and, most importantly, Plaschka, Haselsteiner and Suppan, *Innere Front*, ii, pp. 70–89 and 94–101。
53 See the summary reports for Prague, 6. Bogen and 11. Bogen, entries 141 and 275 for end of April 1917 and 5 May 1918. Also the reports for Tabor (1917) and Plaschin. polit. Bezirk Plan (7 February 1918). AVA Vienna: MdI, Präsidiale. Varia Erster Weltkrieg: Karton 33.
54 Rechter, 'Galicia in Vienna', pp. 126–8.
55 'Bericht des Gemeinsamen Zentralnachweisebureaus, Auskunftsstelle für Kriegsgefangene, Zensurabteilung in Wien für den Monat Dezember 1917 über die Stimmung der österreichischen Bevölkerung im Hinterlande', pp. 2 and 5. AVA Vienna: MdI, Präsidium (1918). 22/gen. Nr. 2358.
56 Herwig, *First World War*, p. 365, Rothenberg, *The Army of Francis Joseph*, p. 213, and Pichlík, 'Militärische Zusammenbruch', p. 253.
57 Plaschka, Haselsteiner and Suppan, *Innere Front*, i, pp. 33–4.
58 Cornwall, *Undermining*, pp. 272–7.
59 Romer, *Pamiętniki*, pp. 155–7.
60 Wegs, 'Austrian Economic Mobilization', pp. 165–6, 207 and 216.
61 Plaschka, Haselsteiner and Suppan, *Innere Front*, i, pp. 46–51.
62 G. Lelewer, 'Die Militärpersonen', in Exner, *Krieg und Kriminalität in Österreich*. 关于一战期间各国军队处决率的对比，参见 A. Watson, 'Morale', in J. Winter (ed.), *The Cambridge History of the First World War: The State* (3 vols., Cambridge, 2014), ii, pp. 178–9。
63 AOK, 'Stellungsname zu Op.N 45286 betreffend die Ursachen von Desertion', 25 September 1917. KA Vienna: AOK-Op.-Abteilung: Karton 133: Nr. 45286.
64 K.u.k. Heeresgruppenkommando F. M. Freiherr von Conrad, 'Erhebungen über

662　铁壁之围

Desertion', 15 September 1917. KA Vienna: AOK-Op.-Abteilung: Karton 133: Nr. 45286.
65　Pichlík, 'Militärische Zusammenbruch', p. 263, endnote 11.
66　R. Nachtigal, 'Privilegiensystem und Zwangsrekrutierung. Russische Nationalitätenpolitik gegenüber Kriegsgefangenen aus Österreich-Ungarn', in J. Oltmer (ed.), *Kriegsgefangene im Europa des Ersten Weltkriegs* (Paderborn, Munich, Vienna and Zurich, 2006), pp. 174–5 and 182–90.
67　Lenin, quoted in I. Volgyes, 'Hungarian Prisoners of War in Russia, 1916–1919', *Cahiers du monde russe et soviétique* 14(1/2) (January–June 1973), p. 78.
68　Ibid., pp. 56–7, 63, 69, and, for the Kun quotation, 75.
69　Plaschka, Haselsteiner and Suppan, *Innere Front*, i, pp. 280–84.
70　A. Rachamimov, 'Imperial Loyalties and Private Concerns: Nation, Class and State in the Correspondence of Austro-Hungarian POWs in Russia, 1916–1918', *Austrian History Yearbook* 31 (2000), pp. 87–105.
71　开拓性的研究是 A. L. Vischer, *Barbed Wire Disease: A Psychological Study of the Prisoner of War* (London, 1919)。
72　关于细节，参见 R. Nachtigal, *Die Murmanbahn, 1915–1919 – Kriegsnotwendigkeit und Wirtschaftsinteressen* (Remshalden, 2007), and G. Wurzer, 'Die Erfahrung der Extreme. Kriegsgefangene in Rußland, 1914–1918', in J. Oltmer (ed.), *Kriegsgefangene im Europa des Ersten Weltkriegs*(Paderborn, Munich, Vienna and Zurich, 2006), pp. 108–9, 112–13 and 118。顺便提一句，在这条铁路修筑过程中的死亡率远高于二战期间远为著名的缅甸铁路。在缅甸铁路修筑过程中，在日本人的监督下，62 000 名那里劳动的西方战俘中的 12 000 人死亡，死亡率为 19%。至少还有 73 000 名被迫参加劳动的亚洲平民死亡，死亡率为 27%。See P. H. Kratoska (ed.), *The Thailand-Burma Railway, 1942–1946: Documents and Selected Writings* (6 vols., Abingdon and New York, 2006), i, p. 11.
73　Plaschka, Haselsteiner and Suppan, *Innere Front*, i, p. 281, fn. 12.
74　O. Wassermeier, 'Die Meutereien der Heimkehrer aus russischer Kriegsgefangenschaft bei den Ersatzkörpern der k.u.k. Armee im Jahre 1918', unpublished PhD thesis, University of Vienna (1968), p. 279.
75　Plaschka, Haselsteiner and Suppan, *Innere Front*, i, pp. 323–41.
76　O. Czernin, *In the World War* (New York and London, 1920), p. 31.
77　Fischer, *Germany's Aims*, pp. 527–9, and May, *Passing of the Hapsburg Monarchy*, ii, pp. 630–36 and 722–6.
78　Plaschka, Haselsteiner and Suppan, *Innere Front*, i, pp. 37–42.

第 13 章　崩　溃

1　Thaer, *Generalstabsdienst an der Front*, pp. 150–51 (diary entry for 31 December 1917).
2　Ludendorff, *My War Memories*, ii, p. 543.

3 See e.g. the Frankfurt Magistrat report on 'Stimmung der Zivilbevölkerung', 17 December 1917. HHStA Wiesbaden: 405: Nr. 6359: fo. 37. More generally, 'Zusammenstellung der Monatsberichte der stellv. Generalkommandos an das preußische Kriegsministerium betr. die allgemeine Stimmung im Volke', for November 1917 (3 December 1917), pp. 1, 39–40. GStA PK, Berlin: I. HA Rep 90A, Nr. 2685.

4 Scheidemann in the Reichstag Steering Committee, 24 January 1918, reproduced in Michaelis, Schraepler and Scheel (eds.), *Ursachen und Folgen*, ii, p. 245 (doc. 327).

5 Wetzell, quoted in Herwig, *First World War*, p. 394.

6 关于德国人对法军兵变的了解，参见 Generalquartiermeister, memorandum, 27 July 1917. GLA Karlsruhe: 456 F 109, Nr. 1。关于后方前线的境况，参见 Becker and Krumeich, *Grosse Krieg*, pp. 121 and 127–8。

7 Abteilung Fremde Heere, 'Mitteilung über die britische Armee Nr. 4', 1 January 1918. HStA Stuttgart: M33/2, Bü 536. 关于春季攻势的策划情况，参见 D. T. Zabecki, *The German 1918 Offensives: A Case Study in the Operational Level of War* (Abingdon and New York, 2006), pp. 93–112。

8 关于指挥问题，参见 Samuels, *Command or Control?*, ch. 8, and T. Travers, *How the War was Won: Command and Technology in the British Army on the Western Front, 1917–1918* (London, 1992), ch. 3。关于士兵的情况，参见 Watson, *Enduring the Great War*, pp. 175–83。

9 Rawlinson to Wilson, 18 April 1918, quoted in I. M. Brown, *British Logistics on the Western Front, 1914–1919* (London, 1998), p. 191. 一份全面的讨论，可见于 D. T. Zabecki, 'Railroads and the Operational Level of War in the German 1918 Offensives', in J. D. Keene and M. S. Neiberg (eds.), *Finding Common Ground: New Directions in First World War Studies* (Leiden and Boston, MA, 2011), pp. 161–86。

10 Zabecki, *The German 1918 Offensives*, p. 109.

11 M. Middlebrook, *The Kaiser's Battle, 21 March 1918: The First Day of the German Spring Offensive* (London, 1978), pp. 70–74.

12 G. Fong, 'The Movement of German Divisions to the Western Front, Winter 1917–1918', *War in History* 7(2) (April 2000), pp. 229–30.

13 Zabecki, *The German 1918 Offensives*, pp. 126–33.

14 Ibid., pp. 125–6.

15 'What are you fighting for?', propaganda leaflet, issued on 26 February 1918. HStA Stuttgart: M33/2 Bü 516.

16 Postüberwachung der 5. Armee, reports of 10 January and 24 February 1918. BA-MA Freiburg: W-10/50794: fos. 35 and 45.

17 L. Wernicke, diary, 21 March 1918. DTA, Emmendingen: 1040, II.

18 Von Heydekampf, diary extract, reproduced in Michaelis, Schraepler and Scheel (eds.), *Ursachen und Folgen*, ii, p. 251.

19 Middlebrook, *Kaiser's Battle*, pp. 322–3. Also Samuels, *Command or Control?*, pp. 214–21.
20 Müller, *Kaiser and his Court*, p. 344 (diary entry for 23 March 1918).
21 Leutnant B. to Oberarzt Travers, 30 March 1918. HHStA Wiesbaden: Feldpostbriefe – Paul Travers: 1073, Nr. 8.
22 Kitchen, *German Offensives*, p. 94.
23 Watson, *Enduring the Great War*, p. 181.
24 对这次攻势的逐日分析，可见于 Zabecki, *German 1918 Offensives*, pp. 139–73。关于结果，参见 Stevenson, *With Our Backs to the Wall*, p. 67。
25 W. Deist, 'Verdeckter Militärstreik im Kriegsjahr 1918?', in W. Wette (ed.), *Der Krieg des kleinen Mannes: Eine Militärgeschichte von unten* (Munich and Zurich, 1992, 1995), pp. 149–50. 步兵伤亡惨重的一例，可见于 the account of the losses of 1st Guards Reserve Division in H. Fuchs, diary, 30 March 1918. BA-MA Freiburg: MSg 1/2968。
26 Zabecki, *German 1918 Offensives*, pp. 184–205.
27 R. Foley, 'From Victory to Defeat: The German Army in 1918', in A. Ekins (ed.), *1918: Year of Victory* (Auckland and Wollombi, 2010), p. 77.
28 Zabecki, *German 1918 Offensives*, p. 199.
29 R. Lechmann, letter to his sister, 28 April 1918. Private Collection (Author).
30 Kuhl's diary, quoted in Stevenson, *With Our Backs to the Wall*, p. 75.
31 Thaer, *Generalstabsdienst an der Front*, p. 182 (diary entry for *c*. 18 April 1918).
32 Zabecki, *German 1918 Offensives*, esp. p. 219.
33 Lutz (ed.), *Causes of the German Collapse*, p. 69. Cf. also Gallwitz, *Erleben im Westen*, p. 340, and Görlitz (ed.), *Kaiser and his Court*, p. 374 (entry for 23 July 1918).
34 Stevenson, *With Our Backs to the Wall*, pp. 112–69, and Griffith, *Battle Tactics*, p. 22.
35 Major Ludwig Beck, quoted in Deist, 'Verdeckter Militärstreik', p. 151.
36 关于最后几周中前线部队的状况，参见 the reports in A. Philipp (ed.), *Die Ursachen des Deutschen Zusammenbruches im Jahre 1918. Zweite Abteilung. Der innere Zusammenbruch* (Berlin, 1928), vi, pp. 321–86。关于机枪手的情况，参见 Summaries of Information. Fourth Army, Report No. 287, 1 October 1918, p. 7. TNA London: WO 157/199。
37 关于数据，参见 Deist, 'Military Collapse', p. 197, and *Sanitätsbericht*, iii, p. 143*。
38 L. P. Ayres, *The War with Germany: A Statistical Summary* (Washington, 1919), p. 104. 关于美军的运输情况，参见 Stevenson, *With Our Backs to the Wall*, p. 345。
39 Deist, 'Military Collapse', p. 190, and Kitchen, *German Offensives*, p. 14.
40 关于战术，参见 J. Boff, *Winning and Losing on the Western Front: The British Third Army and the Defeat of Germany in 1918* (Cambridge, 2012), chs. 5 and 6; Stachelbeck, *Militärische Effektivität*, pp. 236–45。关于师一级的力量，参见 A.F.B.D., 'Some

Military Causes of the German Collapse', *The United Service Magazine* 60 (October 1919–March 1920), p. 292, and Deist, 'Verdeckter Militärstreik', p. 159。

41 Ludendorff's speech of 23 October 1918, as reported by the Saxon *Militärbevollmächtigter* to the War Minister, 24 October 1918. HStA Dresden: Militärbevollmächtigter Nr. 4216: fos. 114–15.

42 Altrichter, *Die seelischen Kräfte*, pp. 134–6.

43 Watson, *Enduring the Great War*, pp. 196–7 and 205–6.

44 Ibid., p. 212.

45 Lutz (ed.), *Causes of the German Collapse*, pp. 142–5. See also the Prussian War Ministry's order entitled 'Disziplinlosigkeiten bei Ersatztransporten', 22 July 1918. HStA Stuttgart: M38/17 Bü 5: fo. 53.

46 W. Giffenig, quoted in Watson, *Enduring the Great War*, p. 212. 其他不守军纪的例子，参见 ibid., p. 213。

47 Ludendorff, *My War Memories*, ii, pp. 586, 613 and 642, von Kuhl's report in Lutz (ed.), *Causes of the German Collapse*, pp. 84–5.

48 Thaer, *Generalstabsdienst*, p. 188 (diary entry for 26 and 27 April 1918).

49 Kitchen, *German Offensives*, p. 209, and Nachtigal, 'Repatriierung der Mittelmächte-Kriegsgefangenen', p. 246.

50 Report from the draft battalion of Reserve Infantry Regiment Nr. 111 in Donaueschingen, 1 September 1918. GLA Karlsruhe 456 F55, Nr. 76. 其他例子，参见 Watson, *Enduring the Great War*, pp. 213–14。

51 Ludendorff, *My War Memories*, ii, p. 679.

52 Summaries of Information. Fourth Army, 'Weekly Appreciation: For Period from 10th to 16th August (inclusive)', 17 August 1918, pp. 3–4. TNA London: WO 157/197.

53 41 Division, order of 14 August 1914, reproduced in Scheidemann, *Zusammenbruch*, pp. 185–6. 关于俘虏的人数，参见 United States War Office, *Histories of Two Hundred and Fifty-One Divisions of the German Army which Participated in the War* (London, 1920, 1989), p. 449。

54 Res. Feldartillerie Regt. 3, 'Erfahrungen aus den Kämpfen vom 18. bis 21.7.1918', 25 July 1918. BA-MA Freiburg: PH 8-II/4. 关于军方的反应，亦可见于 'Bestimmungen über die Organisation zur Sammlung und Weiterleitung von Versprengten an der Westfront, 13 September 1918. GLA Karlsruhe: 456 Fr, Nr. 110.

55 Chef des Generalstabes, order, 1 August 1918. GLA Karlsruhe: 456 F6, Nr. 110. 其他例子，参见 Deist, 'Military Collapse', p. 202。

56 Dr G., diary/memoir, 26 September 1918. BA-MA Freiburg: MSg 2/628. 有关逃避战斗和流感更广泛的介绍，参见 H. Strachan, 'The Morale of the German Army, 1917–18', in H. Cecil and P. H. Liddle (eds.), *Facing Armageddon: The First World War Experienced* (London, 1996), pp. 394–5。

57 See Ulrich and Ziemann (eds.), *Frontalltag*, p. 140 (doc. 56c), and anon., *Why*

Germany Capitulated, p. 60.

58 Volkmann, *Soziale Heeresmißstände*, xi(2), p. 66. 现代历史学家仍然有人持有这样的观点，最新近的研究为 B. Ziemann, *Gewalt im Ersten Weltkrieg. Töten – Überleben – Verweigerung* (Essen, 2013), chs. 6 and 7。Ziemann 主张存在的"隐蔽的罢战"，建立在夸张法和对军方命令不加批判的阅读之上。他的研究显然没法充分解释这样一个问题：无论是当时的逃兵数据，还是落伍士兵哨站的记录，都不能支持他所声称的士兵在 1918 年 10 月前大规模出逃的情况。他的研究过于轻信地看待战后高度政治化的逃避战斗估计，而且拒绝回应驳斥这些数据的研究。

59 Stachelbeck, *Militärische Effektivität*, pp. 151, 297, fn 215 and 346–7, and Jahr, *Gewöhnliche Soldaten*, pp. 157 and 159, graphs 1 and 3. 1918 年下半年较小的逃兵率可在另一份研究中得到进一步确认，参见 the figures supplied for the Württemberg contingent in R. E. Zroka, 'If Only this War would End: German Soldiers in the Last Year of the First World War', unpublished PhD thesis, University of California, San Diego (2013), pp. 73–4。

60 See Jahr, *Gewöhnliche Soldaten*, pp. 166–7, and Watson, *Enduring the Great War*, p. 210.

61 关于德国的军事法，参见 Jahr, *Gewöhnliche Soldaten*, pp. 162, 195–7 and 232–5。关于德军崩溃的更多细节和对较早的有关逃兵的论断的修正，参见 Watson, *Enduring the Great War*, ch. 6。

62 J. P. Harris and N. Barr, *Amiens to the Armistice. The BEF in the Hundred Days' Campaign, 8 August–November 1918* (London, 1998), p. 291. 德国犯人总数，参见 M. Huber (ed.), *La Population de la France pendant la Guerre* (Paris and New Haven, CT, 1931), p. 132。

63 Von Einem, *Armeeführer*, pp. 434–5 (letter of 14 September 1918).

64 Summaries of Information. Fourth Army: 'Weekly Appreciation: For Period from August 31st to 6th Sept., 1918 (Incl.)', 7 September 1918, pp. 3–4, and Report No. 266, 10 September 1918, p. 5. TNA London: WO 157/198.

65 Jahr, *Gewöhnliche Soldaten*, p. 165, and Lasswell, *Propaganda Technique*, p. 184.

66 G. G. Bruntz, *Allied Propaganda and the Collapse of the German Empire in 1918* (Stanford, CA, 1938), pp. 98, 111–12 and 124–5.

67 Denunciation by R. Peyke to the Saxon War Minister of an overheard conversation, 23 August 1918. HStA Dresden: 11352 Stellv. Gen-Kdo XIX AK KA(P) 24170, fo. 145.

68 See *Sanitätsbericht*, iii, p. 132*.

69 Letter of H. Schützinger to M. Hobohm, 30 March 1927, reproduced in Hobohm, *Soziale Heeresmißstände*, xi.i, p. 424.

70 Rupprecht von Bayern, *Kriegstagebuch*, ii, p. 443.

71 Censorship report of 6. Armee, 4 September 1918, in Michaelis, Schraepler and Scheel (eds.), *Ursachen und Folgen*, ii, p. 303 (doc. 356).

72 Mechow's account in file, p. 1517. BA-MA Freiburg: W-10/50677.
73 Rupprecht, *Kriegstagebuch*, iii, p. 28 (letter to his father, 14 October 1918).
74 The New York Times, *The New York Times Current History: The European War. July–August–September 1918* (20 vols., New York: The New York Times), xvi, p. 400.
75 This account follows Watson, *Enduring the Great War*, pp. 215–29. 对投敌行为的惩罚，参见 the order issued by Chef des Gen Stabes des Feldheeres, 25 June 1918, reproduced in Ulrich and Ziemann (eds.), *Frontalltag*, pp. 123–4 (doc. 47c)。
76 R. Gaupp, 'Schreckneurosen und Neurasthenie', in K. Bonhoeffer (ed.), *Geistes- und Nervenkrankheiten* (2 vols., Leipzig, 1922), i, p. 91.
77 Nebelin, *Ludendorff*, pp. 423–4.
78 Thaer, *Generalstabsdienst*, p. 222 (diary entry for 15 August 1918).
79 Nebelin, *Ludendorff*, pp. 446–50 and 454–5. Also Kitchen, *Silent Dictatorship*, p. 252.
80 See the notes of Colonel Mertz von Quirnheim, reproduced in Michaelis, Schraepler and Scheel (eds.), *Ursachen und Folgen*, ii, p. 293 (doc. 353).
81 W. Foerster, *Der Feldherr Ludendorff im Unglück. Eine Studie über seine seelische Haltung in der Endphase des ersten Weltkrieges* (Wiesbaden, 1952), pp. 73–4.
82 Ibid., pp. 76–9.
83 Nebelin, *Ludendorff*, pp. 423–4.
84 Reichskanzlei, *Vorgeschichte des Waffenstillstandes. Amtliche Urkunden* (Berlin, 1919), p. 6.
85 Thaer, *Generalstabsdienst*, p. 234 (diary entry for 1 October 1918).
86 Ibid.
87 See von Hintze's notes on the meeting, reproduced in Michaelis, Schraepler and Scheel (eds.), *Ursachen und Folgen*, ii, pp. 319–20 (doc. 365).
88 R. Höfner, diary, 3 April 1918. DTA, Emmendingen: 1280, 1.
89 关于食品，参见 Offer, *First World War*, pp. 48–5。关于流感，参见 G. Kolata, *Flu: The Story of the Great Influenza Pandemic of 1918 and the Search for the Virus that Caused it* (New York, 2001), p. 7。
90 Kühlmann's speech in the Reichstag, 24 June 1918, reproduced in Michaelis, Schraepler and Scheel (eds.), *Ursachen und Folgen*, ii, p. 274 (doc. 340a).
91 Koszyk, *Deutsche Pressepolitik*, p. 192.
92 Landrat of St Goarshausen to Regierungspräsident, Wiesbaden, 16 September 1918. HHStA Wiesbaden: 405: Nr. 6360: fo. 117, and letter from a member of the public to Stellvertretendes Generalkommando Stuttgart, 20 September 1918. HStA Stuttgart: M77/1, Bü 786. 能够证实德国公众的危机感在很大程度上是因为前线发生的情况的一个例子，参见 N.O. des stellv. Generalkommandos XIII A.K. in Stuttgart, 'Die Gegenwärtigen Maßnahmen zur Hebung der Stimmung in Württemberg', 16 September 1918. HStA Stuttgart: M77/1 Bü 787: fo. 172。
93 F. Schlamp, letters, 4, 10 and 14 September and 16 October 1918. Author's Collection.

94 May, *Passing of the Hapsburg Monarchy*, ii, pp. 722–7 and 748–55.
95 Rothenberg, *Army of Francis Joseph*, pp. 212–13.
96 关于统计数据，参见 Herwig, *First World War*, p. 370, Thompson, *White War*, p. 342, and Gratz and Schüller, *Wirtschaftliche Zusammenbruch*, p. 151。Also Zeman, *Break-Up*, pp. 218–19.
97 Thompson, *White War*, pp. 344–6, and Herwig, *First World War*, pp. 370–71. 关于士兵糟糕的状态，参见 Cornwall, *Undermining*, pp. 287–99，对这次战役的记述，可见于 Romer, *Pamiętniki*, pp. 161–4。
98 Glaise-Horstenau, *Collapse*, p. 175.
99 May, *Passing of the Hapsburg Monarchy*, ii, p. 723.
100 Healy, *Vienna*, pp. 187–8.
101 Rauchensteiner, *Tod des Doppeladlers*, p. 567.
102 Loewenfeld-Russ, *Regelung der Volksernährung*, p. 70.
103 See Glaise-Horstenau, *Collapse*, p. 155, and Loewenfeld-Russ, *Regelung der Volksernährung*, p. 71.
104 对帝国各个城市面临的困境提供了充分概览的总结报告，参见 AVA Vienna: MdI, Präsidium. Varia Erster Weltkrieg: Karton 33。
105 Plaschka, Haselsteiner and Suppan, *Innere Front*, i, pp. 39–42.
106 May, *Passing of the Hapsburg Monarchy*, ii, pp. 760–63.
107 Minutes of Common Ministerial Council, Vienna, 27 September 1918, reproduced in Cornwall (ed.), *Last Years of Austria-Hungary*, p. 198.
108 关于这份宣言的背景，参见 Rauchensteiner, *Tod des Doppeladlers*, pp. 603–8, and Glaise-Horstenau, *Collapse*, pp. 207–9。A copy is posted online at: http://www.bl.uk/collection-items/to-faithful-austrianpeople-emperor-karl# (accessed 11 April 2014).
109 See Křen, *Konfliktgemeinschaft*, pp. 371–2.
110 Macartney, *Habsburg Empire*, p. 831.
111 See the account in Redlich, *Schicksalsjahre Österreichs*, ii, p. 305 (diary entry for 21 October 1918).
112 Galántai, *Hungary*, pp. 315–22.
113 Plaschka, Haselsteiner and Suppan, *Innere Front*, ii, pp. 247–59.
114 Ibid., pp. 260–77. 关于蒂萨之死，参见 May, *Passing of the Habsburg Monarchy*, ii, p. 789。
115 Rauchensteiner, *Tod des Doppeladlers*, pp. 614–15.
116 Plaschka, Haselsteiner and Suppan, *Innere Front*, ii, pp. 143–58, 184–5 and 217.
117 See Glaise-Horstenau, *Collapse*, pp. 260–61 and 264–7.
118 Redlich, *Schicksalsjahre Österreichs*, ii, p. 310 (diary entry for 30 October 1918).
119 A. Czechówna, diary, 1 November 1918. AN Cracow: IT 428/42.
120 Plaschka, Haselsteiner and Suppan, Innere Front, ii, pp. 289–301, and Bieniarzówna and Małecki, *Dzieje Krakowa*, iii, p. 394.

121 Plaschka, Haselsteiner and Suppan, *Innere Front*, ii, pp. 213 and 316, and Golczewski, *Polnische-Judische Beziehungen*, pp. 205–13.
122 Quoted in M. Mazower, 'Minorities and the League of Nations in Interwar Europe', *Daedulus* 126(2) (Spring 1997), p. 50. 关于这座城市中波兰人与乌克兰人的冲突及屠杀，参见 Mick, *Kriegserfahrungen*, pp. 203–56。
123 H. R. Rudin, *Armistice 1918* (New Haven, CT, 1944), pp. 53–4.
124 M. von Baden, *Erinnerungen und Dokumente* (Hamburg, 1927, 2011), pp. 331 and 335. 关于这届政府的构成，参见 Rudin, *Armistice*, p. 81。
125 Rudin, *Armistice 1918*, pp. 53 and 56–80.
126 M. Geyer, 'Insurrectionary Warfare: The German Debate about a Levée en Masse in October 1918', *The Journal of Contemporary History* 73(3) (September 2001), pp. 477–82.
127 Rudin, *Armistice 1918*, p. 80.
128 Ibid., pp. 104, 121–32.
129 Geyer, 'Insurrectionary Warfare', p. 494.
130 See the meeting's minutes in Ludendorff (ed.), *The General Staff and its Problems*, ii, esp. pp. 666, 674 and 686. Also Nebelin, *Ludendorff*, pp. 477–82.
131 Ibid., p. 668. 关于征召这 60 万人的不可行性，参见 E. von Wrisberg, *Heer und Heimat 1914–1918* (Leipzig, 1921), p. 100。格勒纳认为可以被征召入伍的人已经在军中服役了：Groener, *Lebenserinnerungen*, p. 448。
132 See esp. Boff, *Winning and Losing*, p. 38.
133 Gallwitz, *Erleben im Westen*, p. 429 (diary entry for 21 October 1918).
134 Rupprecht von Bayern, *Kriegstagebuch*, ii, p. 459 (diary entry for 12 October 1918). Cf. Einem, *Armeeführer*, pp. 450–51 (letter of 15 October 1918), and Kriegsministerium to Reichskanzler, 31 October 1918. BA Berlin Lichterfelde: R43/2440: fo. 270.
135 See Max's statement at the 17 October meeting in Ludendorff (ed.), *The General Staff and its Problems*, ii, p. 686.
136 Quoted in Rudin, *Armistice 1918*, p. 173.
137 Vizepräsident des Staatsministeriums to Reichskanzler, 22 October 1918. BA Berlin Lichterfelde: R43/2440.
138 Nebelin, *Ludendorff*, p. 493.
139 Kaiser, quoted in Nebelin, *Ludendorff*, pp. 497–8.
140 Herwig, '*Luxury Fleet*', p. 245.
141 W. Deist, 'Die Politik der Seekriegsleitung und die Rebellion der Flotte Ende Oktober 1918', *Vierteljahrshefte für Zeitgeschichte* 14(4) (October 1966), pp. 349 and 355. Also Herwig, '*Luxury Fleet*', p. 245.
142 See esp. G. P. Groß, 'Eine Frage der Ehre? Die Marineführung und der letzte Flottenvorstoß 1918', in J. Duppler and G. P. Groß (eds.), *Kriegsende 1918. Ereignis,*

  Wirkung, Nachwirkung. Beiträge zur Militärgeschichte. Herausgegeben vom Militärgeschichtlichen Forschungsamt. Band 53(Munich, 1999), pp. 354–65.
143 Ibid., pp. 350–51, and Herwig, '*Luxury Fleet*', pp. 247 and 250.
144 Deist, 'Politik der Seekriegsleitung', pp. 347–8.
145 This account is taken from ibid., pp. 361–4, Herwig, '*Luxury Fleet*', p. 250.
146 H. Leidinger, 'Der Kieler Aufstand und die deutsche Revolution', in V. Moritz and H. Leidinger (eds.), *Die Nacht des Kirpitschnikow. Eine andere Geschichte des Ersten Weltkriegs* (Vienna, 2006), pp. 220–35, and Horn, *Mutiny on the High Seas*, pp. 234–46.
147 Kluge, *Soldatenräte*, pp. 48–56.
148 关于威尔逊的照会，参见 Rudin, *Armistice 1918*, pp. 321–2。
149 Kluge, *Soldatenräte*, p. 65.
150 Rudin, *Armistice 1918*, pp. 327–9 and 349–51.
151 关于这一插曲，参见 S. Stephenson, *The Final Battle: Soldiers of the Western Front and the German Revolution of 1918* (Cambridge, 2009), pp. 83–90。
152 Rudin, *Armistice 1918*, pp. 345–59, and Kluge, Soldatenräte, pp. 82–7.
153 M. Jessen-Klingenberg, 'Die Ausrufung der Republik durch Philipp Scheidemann am 9. November 1918', Geschichte in Wissenschaft und Unterricht 19(11) (November 1968), p. 653.
154 Rudin, *Armistice 1918*, pp. 333, 381–3 and 427–32.
155 关于德国的革命，参见 U. Kluge, *Die deutsche Revolution 1918/1919. Staat, Politik und Gesellschaft zwischen Weltkrieg und Kapp-Putsch* (Frankfurt am Main, 1985)。关于 1918 年 12 月以来东部边界地区的骚乱，参见 A. Czubiński, *Powstanie Wielkopolskie 1918–1919. Geneza-charakter-znaczenie* (Poznań, 1988)。

尾　声

1 对巴黎和谈的一份生动叙述是 Margaret MacMillan 的 *Peacemakers*。然而，对中欧东部各个新国家所采取的独立军事行动的概述，也可参见 J. Rothschild, *East Central Europe Between the Two World Wars* (Washington, DC, 1978)。
2 S. Marks, ' "My Name is Ozymandias": The Kaiser in Exile', *Central European History* 16(2) (June 1983), pp. 122–70.
3 May, *Passing of the Hapsburg Monarchy*, ii, pp. 806–8. 关于宣福礼，参见 http://news.bbc.co.uk/1/hi/world/europe/3710810.stm, accessed on 26 April 2014。
4 Jarausch, *Enigmatic Chancellor*, pp. 1–3.
5 See the entry on Berchtold in S. C. Tucker (ed.), *The Encyclopedia of World War I: A Political, Social and Military History* (Santa Barbara, CA, 2005), pp. 200–201. Leon Biliński, *Wspomnienia i dokumenty* (2 vols., Warsaw, 1924 and 1925), see esp. i, pp. 274–94, and ii, pp. 200–312，分别有他在 1914 年 7 月的经历以及他担任波兰财政部长的经历。
6 Sondhaus, *Franz Conrad von Hötzendorf*, pp. 225–7.

7　Nebelin, *Ludendorff*, p. 507, and R. Chickering, 'Sore Loser: Ludendorff's Total War', in R. Chickering and S. Förster (eds.), *The Shadows of Total War: Europe, East Asia, and the United States, 1919–1939* (Washington, DC, and Cambridge, 2003), pp. 151–78.

8　Pyta, *Hindenburg*, pp. 461ff.

9　See V. N. Dadrian and T. Akçam, *Judgement at Istanbul: The Armenian Genocide Trials* (New York and Oxford, 2011).

10　G. Hankel, *Die Leipziger Prozesse. Deutsche Kriegsverbrechen und ihre strafrechtliche Verfolgung nach dem Ersten Weltkrieg* (Hamburg, 2003), esp. pp. 97–104.

11　Naimark, *Fires of Hatred*, p. 57.

12　See R. J. W. Evans, 'The Successor States', in R. Gerwarth (ed.), *Twisted Paths: Europe 1914–1945* (Oxford, 2007), p. 212.

13　A. Sharp, 'The Genie that would not Go Back in the Bottle: National Self-Determination and the Legacy of the First World War and the Peace Settlement', in S. Dunn and T. G. Fraser, *Europe and Ethnicity: World War I and Contemporary Ethnic Conflict* (London and New York, 1996), p. 25.

14　H. Batowski, 'Nationale Konflikte bei der Enstehung der Nachfolgestaaten', in R. G. Plaschka and K. Mack (eds.), *Die Auflösung des Habsburgerreiches. Zusammenbruch und Neuorientierung im Donauraum* (Vienna, 1970), p. 342.

15　MacMillan, *Peacemakers*, p. 475 (for quotation), and, more generally, pp. 475–81. 威尔逊1918年10月23日的照会，参见 Rudin, *Armistice 1918*, p. 173。

16　Wicker, 'Weltkrieg in Zahlen', pp. 521–2, and R. Pearson, 'Hungary: A State Truncated, a Nation Dismembered', in S. Dunn and T. G. Fraser, *Europe and Ethnicity: World War I and Contemporary Ethnic Conflict* (London and New York, 1996), pp. 95–6.

17　D. Kirk, *Europe's Population in the Interwar Years* (New York, 1946), and Pearson, 'Hungary', pp. 98–9. 德国的数据不包括330万瑞士人与120万苏联籍德意志人。

18　G. Rhode, 'Das Deutschtum in Posen und Pommerellen in der Zeit der Weimarer Republik', in Senatskommission für das Studium des Deutschtums im Osten an der Rheinischen Friedrich-Wilhelms-Universität Bonn (Cologne and Graz, 1966), p. 99. 其他的估计更高，参见 R. Blanke, *Orphans of Versailles: The Germans in Western Poland, 1918–1939* (Lexington, KY, 1993), pp. 32–4。

19　L. Boswell, 'From Liberation to Purge Trials in the "Mythic Provinces": Recasting French Identities in Alsace and Lorraine, 1918–1920', *French Historical Studies* 23(1) (Winter 2000), p. 141.

20　I. I. Mocsy, *The Effects of World War I. The Uprooted: Hungarian Refugees and their Impact on Hungary's Domestic Politics, 1918–1921* (New York, 1983), p. 10.

21　S. Marks, 'The Myths of Reparations', *Central European History* 11(3) (September 1978), pp. 231–9. Also Ferguson, *Pity of War*, pp. 399–432.

22 See Liberman, *Does Conquest Pay?*, ch. 5. 关于法军中的非洲士兵，参见 K. L. Nelson, 'The "Black Horror on the Rhine": Race as a Factor in Post-World War I Diplomacy', *The Journal of Modern History* 42(4) (December 1970), pp. 606–27。

23 See esp. Mosse, *Fallen Soldiers*, pp. 11,160–81,219.

24 Bessel, *Germany*, pp. 77–81 and 88–90, and Stephenson, *Final Battle*, pp. 205–10. 关于准军事暴力，参见 R. Gerwarth, 'The Central European Counter-Revolution: Paramilitary Violence in Germany, Austria and Hungary after the Great War', *Past and Present* 200 (August 2008), pp. 175–209。

25 R. W. Whalen, *Bitter Wounds: German Victims of the Great War, 1914–1939* (Ithaca, NY, and London, 1984), p. 95.

26 Grebler and Winkler, *Cost of the World War*, p. 136 (1923 figures).

27 M. Mann, *The Dark Side of Democracy: Explaining Ethnic Cleansing* (Cambridge, 2004, 2005), pp. 223–8. 德国多民族社区的崩溃与本书中描述的克拉科夫的情形具有某些相似性，亦可参见 the documentation dealing with the riot at Culmsee in West Prussia in AP Toruń: Star. Pow. Toruniu 1818–1920, Nr. 1009: fos. 701–35。

28 Jászi, *Dissolution*, p. 455.

29 *Sanitätsbericht*, iii, p. 12.

30 Grebler and Winkler, *Cost of the War*, p. 144, and W. Winkler, *Die Totenverluste der öst.-ung. Monarchie nach Nationalitäten. Die Altersgliederung der Toten. Ausblicke in die Zukunft* (Vienna, 1919), pp. 6–8.

31 有一项研究出色地说明了老兵是如何为了政治和物质利益而将他们的牺牲阐释得与官方叙事一致的，参见 J. Eichenberg, *Kämpfen für Frieden und Fürsorge. Polnische Veteranen des Ersten Weltkriegs und ihre internationalen Kontakte, 1918–1939* (Munich, 2011)。

32 R. Höfner, diary entry, 10 November 1918. DTA, Emmendingen: 1280,1.

33 Letter from Elisabeth Harmuth to Gertrud Kohnstern, 2 November 1918. Author's Collection.

34 Becker and Krumeich, *Grosse Krieg*, p. 310.

35 See S. Goebel, 'Re-Membered and Re-Mobilized: The "Sleeping Dead" in Interwar Germany and Britain', *Journal of Contemporary History* 39(4) (October 2004), pp. 487–501. C. Siebrecht, *The Aesthetics of Loss: German Women's Art of the First World War* (Oxford, 2013), esp. ch. 5, and the classic works on the dead and mourning after the First World War, Mosse, *Fallen Soldiers*, ch. 5, and J. Winter, *Sites of Memory, Sites of Mourning: The Great War in European Cultural History* (Cambridge, 1995).

缩略语

GGB	Generalgouvernement Belgien (General Government Belgium)
GGW	Generalgouvernement Warschau (General Government Warsaw)
HITD	Honvéd-Infanterietruppendivision (Habsburg *Honvéd* Division)
ITD	Infanterietruppendivision (Habsburg Infantry Division)
k.k.	Kaiserlich-königlich (Imperial-royal)
KÜA	Kriegsüberwachungsamt (War Supervision Office)
k.u.k.	Kaiserlich und königlich (Imperial and royal)
LITD	Landwehr-Infanterietruppendivision (Habsburg *Landwehr* Division)
OHL	Oberste Heeresleitung (German Army High Command)
ÖULK	Bundesministerium für Heereswesen und Kriegsarchiv, *Österreich-Ungarns letzter Krieg* (7 vols., Vienna: Verlag der Militärwissenschaftlichen Mitteilungen, 1930–38) (The official Austrian military history of the First World War)
Sanitätsbericht	Heeres-Sanitätsinspektion des Reichskriegsministeriums (ed.), *Sanitätsbericht über das deutsche Heer (Deutsches Feld- und Besatzungsheer) im Weltkriege 1914/1918 (Deutscher Kriegssanitätsbericht 1914/18)* (3 vols., Berlin: E. S. Mittler & Sohn, 1934–8) (The official German military medical history of the First World War)
SPD	Sozialdemokratische Partei Deutschlands (Social Democratic Party of Germany)
USPD	Unabhängige Sozialdemokratische Partei Deutschlands (Independent Social Democratic Party of Germany)
ZAB	Zivilarbeiterbataillon (Civil Worker Battalion)
AA	Archiwum Archidiecezjalne (Archiepiscopal Archive)
AN	Archiwum Narodowe (National Archive)
AP	Archiwum Państwowe (State Archive)
AVA	Allgemeines Verwaltungsarchiv (General Administration Archive)
BA	Bundesarchiv (Federal Archive)
BA-MA	Bundesarchiv Militärarchiv (Federal Military Archive)
BfZ	Bibliothek für Zeitgeschichte (Library of Contemporary History)

BN	Biblioteka Narodowa (National Library)
CAHJP	The Central Archives for the History of the Jewish People
DTA	Deutsches Tagebucharchiv (German Diary Archive)
GLA	Generallandesarchiv (General Regional Archive)
GStA PK	Geheimes Staatsarchiv Preußischer Kulturbesitz (Secret State Archives Prussian Cultural Heritage Foundation)
HHStA	Hessisches Hauptstaatsarchiv (Main State Archive of Hessen)
HStA	Hauptstaatsarchiv (Main State Archive)
IWM	Imperial War Museum
KA	Kriegsarchiv (War Archive)
TNA	The National Archives

Bundesarchiv-Militärarchiv, Deutsches Tagebucharchiv and Bibliothek für Zeitgeschichte 保存的个人文件在文中或注释处有引用，为保护作者身份，书中使用了假名。

参考文献

档　案

奥地利

Österreichisches Staatsarchiv
　　Allgemeines Verwaltungsarchiv
　　Kriegsarchiv

德　国

Bibliothek für Zeitgeschichte, Stuttgart
Bundesarchiv Berlin-Lichterfelde
Bundesarchiv-Militärarchiv Freiburg
Deutsches Tagebucharchiv, Emmendingen
Geheimes Staatsarchiv Preußischer Kulturbesitz, Berlin
Generallandesarchiv Karlsruhe
Hauptstaatsarchiv Dresden
Hauptstaatsarchiv Stuttgart
Hessisches Hauptstaatsarchiv, Wiesbaden

以色列

The Central Archives for the History of the Jewish People, Jerusalem

波　兰

Archiwum Archidiecezjalne w Poznaniu
Archiwum Narodowe w Krakowie
Archiwum Państwowe w Katowicach: Oddział w Raciborzu
Archiwum Państwowe w Olsztynie
Archiwum Państwowe w Poznaniu
Archiwum Państwowe w Toruniu
Biblioteka Narodowa, Warsaw (Microfilm Collection)

676　铁壁之围

英　国

Imperial War Museum, London
The National Archives, London

已出版的一手资料

报　纸

Berliner Tageblatt

Czas

Deutsche Kriegszeitung

Frankfurter Zeitung und Handelsblatt

Illustrierte Geschichte des Weltkrieges 1914/15. Allgemeine Kriegszeitung

Illustrierte Ostdeutsche Kriegs-Zeitung

Kurjer Lwowski

Liegnitzer Tageblatt

Nowa Reforma

Pester Lloyd

Reichspost

Wiener Bilder. Illustriertes Familienblatt

Zusammenbruch. Dezemberheft 1918 der Süddeutschen Monatshefte

书　籍

Afflerbach, H. (ed.), *Kaiser Wilhelm II. als Oberster Kriegsherr im Ersten Weltkrieg. Quellen aus der militärischen Umgebung des Kaisers 1914–1918* (Munich: R. Oldenbourg, 2005).

Altrichter, F., *Die seelischen Kräfte des deutschen Heeres im Frieden und im Weltkriege* (Berlin: E. S. Mittler & Sohn, 1933).

Altrock, C. von (ed.), *Vom Sterben des deutschen Offizierkorps* (Berlin: E. S. Mittler & Sohn, 1922).

Ansky, S., *The Enemy at his Pleasure: A Journey through the Jewish Pale of Settlement during World War I*, ed. and trans. J. Neugroschel (New York: Metropolitan Books, 2002).

Antipa, G., *L'Occupation Ennemie de la Roumanie et ses Conséquences Économiques et Sociales* (Paris and New Haven, CT: Les Presses Universitaires de France and Yale University Press, 1929).

Arz von Straußenburg, A., *Zur Geschichte des Grossen Krieges 1914–1918* (Vienna, Leipzig and Munich: Rikola, 1924).

Augé-Laribé, M. and Pinot, P., *Agriculture and Food Supply in France during the War* (New Haven, CT, and London: Yale University Press and Humphrey Milford, Oxford University Press, 1927).

Ayres, L. P., *The War with Germany: A Statistical Summary* (Washington: G.P.O., 1919)

Bachelin, E. and Geiger, W., *Das Reserve-Infanterie-Regiment Nr. 111 im Weltkrieg 1914 bis 1918* (Karlsruhe: Südwestdeutsche Druck- und Verlagsgesellschaft, 1937).

Bächtold, H., *Deutscher Soldatenbrauch und Soldatenglaube* (Strassburg: Karl J. Trübner, 1917).

Baden, M. von, *Erinnerungen und Dokumente* (Hamburg: Severus, 1927, 2011).

Baedeker, K., *Austria-Hungary with Excursions to Cetinje, Belgrade, and Bucharest: Handbook for Travellers by Karl Baedeker*, 11 th edn (Leipzig, London and New York: Karl Baedeker, T. Fischer Unwin and Charles Scribner's Sons, 1911).

Barac, F., *Croats and Slovenes, Friends of the Entente in the World War: A Few Official Documents*

Derived from the Archives of the Imperial and Royal Military Commands (Paris: Lang, Blanchong & Co. Printing, 1919).
Baumgart, W. (ed.), *Von Brest-Litovsk zur deutschen Novemberrevolution. Aus den Tagebüchern, Briefen und Aufzeichnungen von Alfons Paquet, Wilhelm Groener und Albert Hopman März bis November 1918* (Göttingen: Vandenhoeck & Ruprecht, 1971).
Bayern, Kronprinz R. von, *In Treue fest. Mein Kriegstagebuch* (3 vols., Munich: Deutscher National Verlag A.-G., 1929).
Bell, J. (ed.), *Völkerrecht im Weltkrieg. Dritte Reihe im Werk des Untersuchungsausschusses* (5 vols., Berlin: Deutsche Verlagsgesellschaft für Politik und Geschichte, 1927).
Bethmann Hollweg, T. von, *Reflections on the World War*, trans. G. Young (London: Thornton Butterworth, 1920).
Biliński, L., *Wspomnienia i dokumenty* (2 vols., Warsaw: F. Hoesicka, 1924 and 1925).
Bittner, L., 'Österreich-Ungarn und Serbien', *Historische Zeitschrift* 144 (1) (1931), pp. 78–104.
Blücher, Princess E., *An English Wife in Berlin: A Private Memoir of Events, Politics and Daily Life in Germany throughout the War and the Social Revolution of 1918* (New York: E. P. Dutton, 1920).
Bókay, J. von and Juba, A., 'Ernährungszustand der Kinder in Ungarn', in C. Pirquet (ed.), *Volksgesundheit im Kriege* (2 vols., Vienna and New Haven, CT: Hölder-Pichler-Tempsky and Yale University Press, 1926), i, pp. 180–224.
Bruntz, G. G., *Allied Propaganda and the Collapse of the German Empire in 1918* (Stanford, CA: Stanford University Press, 1938).
Brussilov, A. A., *A Soldier's Note-book, 1914–1918* (London: Macmillan, 1930).
Buchner, E. (ed.), *Kriegsdokumente. Der Weltkrieg 1914/15 in der Darstellung der zeitgenössischen Presse* (9 vols., Munich: Albert Langen, 1914–15).
Bundesministerium für Heereswesen und Kriegsarchiv, Österreich-Ungarns letzter Krieg (7 vols., Vienna: Verlag der Militärwissenschaftlichen Mitteilungen, 1930–38).
Carnegie Endowment for International Peace (ed.), *Official Communications and Speeches Relating to Peace Proposals, 1916–1917* (Washington, DC: Carnegie Endowment for International Peace, 1917).
Child, C. J., 'German-American Attempts to Prevent the Exportation of Munitions of War, 1914–1915', *The Mississippi Valley Historical Review* 25(3) (December 1938), pp. 351–68.
Clark, J. M., *The Costs of the World War to the American People* (New Haven, CT, and London: Yale University Press, Humphrey Milford and Oxford University Press, 1931).
Conrad von Hötzendorf, F., *Aus meiner Dienstzeit 1906–1918. Vierter Band: 24. Juni 1914 bis 30. September 1914. Die politischen und militärischen Vorgänge vom Fürstenmord in Sarajevo bis zum Abschluß der ersten und bis zum Beginn der zweiten Offensive gegen Serbien und Rußland* (4 vols., Vienna: Rikola, 1923).
Conventions and Declarations between the Powers Concerning War, Arbitration and Neutrality (Declaration of Paris, 1856 – of St Petersburg, 1868 – of The Hague, 1899 – Convention of Geneva, 1906 – 2d Peace Conference, The Hague, 1907 – Declaration of London, 1909). English – French – German (The Hague: Martinus Nijhoff, 1915).
Cron, H., *Die Organisation des deutschen Heeres im Weltkriege* (Berlin: E. S. Mittler & Sohn, 1923).
Czernin, O., *In the World War* (New York and London: Harper & Brothers, 1920).
Dąbrowski, J., *Dziennik 1914–1918*, ed. J. Zdrara (Kraków: Wydawnictwo Literackie, 1977).
Daszyński, I., *Pamiętniki* (2 vols., Warsaw: Książka i Wiedza, 1957).
Deist, W. (ed.), *Militär und Innenpolitik im Weltkrieg 1914–1918* (2 vols., Düsseldorf: Droste, 1970).
Deuerlein, E. (ed.), *Briefwechsel Hertling-Lerchenfeld 1912–1917. Dienstliche Privatkorrespondenz zwischen dem bayerischen Ministerpräsidenten Georg Graf von Hertling und dem bayerischen Gesandten in Berlin Hugo Graf von und zu Lerchenfeld* (2 vols., Boppard am Rhein: Harald Boldt, 1973).
Die Russenherrschaft in Ostpreußen und ihr Ende. Dargestellt in 275 Abbildungen, Bildnissen, Karten u. Urkunden (Munich: F. Bruckmann, 1915).
Einem, K. von, *Ein Armeeführer erlebt den Weltkrieg. Persönliche Aufzeichnungen des Generalobersten*

v. *Einem*, ed. J. Alter (Leipzig: v. Hase/Koehler, 1938).

Eisenmenger, A., *Blockade: The Diary of an Austrian Middle-Class Woman, 1914–1924* (London: Constable & Co., 1932).

Eltzbacher, P. (ed.), *Die deutsche Volksernährung und der englische Aushungerungsplan* (Braunschweig: Friedr. Vieweg & Sohn, 1915).

Emin, A., *Turkey in the World War* (New Haven, CT, and London: Yale University Press and Oxford University Press, 1930).

Erzberger, M., *Erlebnisse im Weltkrieg* (Stuttgart and Berlin: Deutsche Verlags-Anstalt, 1920).

Everth, E., *Tat-Flugschriften 10. Von der Seele des Soldaten im Felde. Bemerkungen eines Kriegsteilnehmers* (Jena: Eugen Diederich, 1915).

Exner, F., *Krieg und Kriminalität in Österreich. Mit einem Beitrag über die Kriminalität der Militärpersonen von Prof Dr G. Lelewer* (Vienna and New Haven, CT: Hölder-Pichler-Tempsky and Yale University Press, 1927).

Falkenhayn, E. von, *The German General Staff and Its Decisions, 1914–1916* (New York: Dodd, Mead & Company, 1920).

Faust, G., *Kriegsnöte der deutschen Gemeinden in Galizien und der Bukowina* (Leipzig: Paul Eger, 1915).

Felger, F., 'Frontpropaganda bei Feind und Freund', in W. Jost (ed.), *Was wir vom Weltkrieg nicht wissen* (Leipzig: H. Fikentscher, 1936), pp. 440–59.

Foerster, W., *Der Feldherr Ludendorff im Unglück. Eine Studie über seine seelische Haltung in der Endphase des ersten Weltkrieges* (Wiesbaden: Limes, 1952).

Fontaine, A., *French Industry during the War* (New Haven, CT, and London: Yale University Press and Humphrey Milford, Oxford University Press, 1926).

Forstner, G. G. von, *The Journal of Submarine Commander von Forstner*, trans. R. Codman (Boston and New York: The Houghton River Side Press, 1917).

Gallwitz, M. von, *Meine Führertätigkeit im Weltkriege 1914/1916. Belgien – Osten – Balkan* (Berlin: E. S. Mittler & Sohn, 1929).

——, *Erleben im Westen 1916–1918* (Berlin: E. S. Mittler & Sohn, 1932).

Gause, F., 'Die Quellen zur Geschichte des Russeneinfalls in Ostpreußen im Jahre 1914', *Altpreußische Forschungen* 7(1) (1930), pp. 82–106.

——, *Die Russen in Ostpreußen 1914/15. Im Auftrage des Landeshauptmanns der Provinz Ostpreußen* (Königsberg Pr.: Gräfe und Unzer Verlag, 1931).

Geiss, I. (ed.), *July 1914: The Outbreak of the First World War: Selected Documents* (London: B. T. Batsford, 1967).

Gide, C. and Ovalid, W., *Le Bilan de la Guerre pour la France* (Paris and New Haven, CT: Les Presses Universitaires de France and Yale University Press, 1931).

Glaise-Horstenau, E. von, *The Collapse of the Austro-Hungarian Empire*, trans. I. F. D. Morrow (London and Toronto: J. M. Dent and Sons, 1930).

Goeldel, H., *Grundlagen des Wirtschaftslebens von Ostpreußen. Denkschrift zum Wiederaufbau der Provinz. Fünfter Teil. Wohlstandsverhältnisse in Ostpreußen* (6 vols., Jena: Gustav Fischer, 1917).

Göhre, P., *Tat-Flugschriften 22. Front und Heimat. Religiöses, Politisches, Sexuelles aus dem Schützengraben* (Jena: Eugen Diederich, 1917).

Golovin, N., 'The Great Battle of Galicia (1914): A Study of Strategy', *The Slavonic Review* 5(13) (June 1926), pp. 25–47.

——, 'The Russian War Plan of 1914', *The Slavonic and East European Review* 14(42) (April 1936), pp. 564–84.

——, 'The Russian War Plan: II. The Execution of the Plan', *The Slavonic and East European Review* 15(43) (July 1936), pp. 70–90.

Gothein, G., *Warum verloren wir den Krieg?* (Stuttgart and Berlin: Deutsche Verlags-Anstalt, 1919).

Gourko, B., *War and Revolution in Russia, 1914–1917* (New York: Macmillan, 1919).

Gratz, G. and Schüller, R., *Der wirtschaftliche Zusammenbruch Österreich-Ungarns. Die Tragödie der Erschöpfung* (Vienna and New Haven, CT: Hölder-Pichler-Tempsky A.-G. and Yale University

Press, 1930).
Grebler, L. and Winkler, W., *The Cost of the World War to Germany and to Austria-Hungary* (New Haven, CT: Yale University Press, 1940).
Groener, W., *Lebenserinnerungen. Jugend, Generalstab, Weltkrieg*, ed. F. F. Hiller von Gaertringen (Göttingen: Vandenhoeck & Ruprecht, 1957).
Guttry, A. von, *Galizien. Land und Leute* (Munich and Leipzig: Georg Müller, 1916).
Hämmerle, C. (ed.), *Kindheit im Ersten Weltkrieg* (Vienna, Cologne and Weimar: Böhlau, 1993).
Hansch, J. and Weidling, F., *Das Colbergsche Grenadier-Regiment Graf Gneisenau (2. Pommersches) Nr. 9 im Weltkriege 1914–1918* (Oldenburg i. O. and Berlin: Gerhard Stalling, 1929).
Hansen, J., *Grundlagen des Wirtschaftslebens von Ostpreußen. Denkschrift zum Wiederaufbau der Provinz. Zweiter Teil. Die Landwirtschaft in Ostpreußen* (6 vols., Jena: Gustav Fischer, 1916).
Hanssen, H. P., *Diary of a Dying Empire*, trans. O. Osburn, ed. R. H. Lutz, M. Schofield and O. O. Winther (Port Washington, NY, and London: Kennikat Press, 1955, 1973).
Heeres-Sanitätsinspektion des Reichskriegsministeriums (ed.), *Sanitätsbericht über das Deutsche Heer (Deutsches Feld- und Besatzungsheer) im Weltkriege 1914/1918 (Deutscher Kriegssanitätsbericht 1914/18). III. Band. Die Krankenbewegung bei dem deutschen Feld- und Besatzungsheer im Weltkriege 1914/1918* (3 vols., Berlin: E. S. Mittler & Sohn, 1934).
—— (ed.), *Sanitätsbericht über das Deutsche Heer (Deutsches Feld- und Besatzungsheer) im Weltkriege 1914/1918 (Deutscher Kriegssanitätsbericht 1914/18). II. Band. Der Sanitätsdienst im Gefechts- und Schlachtenverlauf im Weltkriege 1914/1918* (3 vols., Berlin: E. S. Mittler & Sohn, 1938).
Henning, K. L., *Die Wahrheit über Amerika* (Leipzig: Julius Klinkhardt, 1915).
Henry, A., Études sur l'occupation allemande en Belgique (Brussels: Office de Publicité, Anciens établissements J. Lebègue & Cie, Éditeurs Société Coopérative, 1920).
Herzog, R., *Ritter, Tod und Teufel. Kriegsgedichte von Rudolf Herzog* (Leipzig: Quelle u. Meyer, 1915).
Hesse, A. and Goeldel, H., *Grundlagen des Wirtschaftslebens von Ostpreußen. Denkschrift zum Wiederaufbau der Provinz. Dritter Teil. Die Bevölkerung von Ostpreußen* (6 vols., Jena: Gustav Fischer, 1916).
Hirschberg, P., *Die Russen in Allenstein. Die Besetzung und Befreiung der Stadt am 27., 28. und 29. August 1914*, 2nd extended edn (Allenstein: Druck und Verlag der Volksblatt-Druckerei, 1918).
Hirschfeld, M. and Gaspar, A. (eds.), *Sittengeschichte des Ersten Weltkrieges* (Hanau am Main: Karl Schustek, n.d.).
Hobohm, M., *Soziale Heeresmißstände als Teilursache des deutschen Zusammenbruches von 1918. Die Ursachen des deutschen Zusammenbruches im Jahre 1918. Zweite Abteilung. Der innere Zusammenbruch. Elfter Band. Erster Halbband* (12 vols., Berlin: Deutsche Verlagsgesellschaft für Politik und Geschichte, 1929).
Hofmann, H., 'Die deutsche Nervenkraft im Stellungskrieg', in F. Seeßelberg, *Der Stellungskrieg 1914–18* (Berlin: E. S. Mittler & Sohn, 1926).
Hoffmann, M., *War Diaries and Other Papers* (2 vols., London: Martin Secker, 1929).
Holsten, H. (ed.), *Landwehr-Infanterie-Regiment 76 im Weltkriege* (Stade: n.p., 1938).
Horn, D. (ed.), *The Private War of Seaman Stumpf: The Unique Diaries of a Young German in the Great War* (London: Leslie Frewin, 1969).
Huber, M., *La Population de la France pendant la Guerre* (Paris and New Haven, CT: Les Presses Universitaires de France and Yale University Press, 1931).
Hupka, J., *Z czasów wielkiej wojny. Pamiętnik nie kombatanta* (Lwów: Księgarnia A. Krawczyński, 1937).
Jacobson, W., *Z armią Klucka na Paryż* (Toruń: Nakładem autora, 1934).
Jaworski, W. L., *Diarusz 1914–1918* (Warsaw: Oficyna Naukowa, 1997).
Joffre, M., the Ex-Crown Prince of Germany, Marshal Foch and Marshal [sic] Ludendorff, *The Two Battles of the Marne* (London: Thornton Butterworth, 1927).
Johann, E. (ed.), *Innenansicht eines Krieges. Bilder, Briefe, Dokumente 1914–1918* (Frankfurt am Main: Heinrich Scheffer, 1968).

Jürgensen, W., *Das Füsilier-Regiment 'Königin' Nr. 86 im Weltkriege* (Oldenburg i. O. and Berlin: Gerhard Stalling, 1925).
Kantorowicz, H., *Der Offiziershaß im deutschen Heer* (Freiburg im Breisgau: J. Bielefelds Verlag, 1919).
Kawczak, S., *Milnące echa. Wspomnienia z wojny 1914–1920* (Warsaw: Libra, 1991).
Keiser, J. von, *Geschichte des Inf.-Regts. v. d. Marwitz (8. Pomm.) Nr. 61 im Weltkriege 1914–1918* (Berlin: Offizierverein des früheren Inf.-Regts. v. d. Marwitz (8. Pomm.) Nr. 61 E.V., n.d.).
Kellen, T., 'Von der Unbekannten Materialnot. Was im Kriege alles gesammelt wurde', in W. Jost (ed.), *Was wir vom Weltkrieg nicht wissen* (Leipzig: H. Fikentscher, 1936), pp. 366–83.
Kerchnawe, H., *Der Zusammenbruch der Österr.-Ungar. Wehrmacht im Herbst 1918. Dargestellt nach Akten des Armee-Ober-Kommandos und andere amtlichen Quellen* (Munich: J. F. Lehmanns Verlag, 1921).
de Kerchove de Denterghem, C., *L'Industrie Belge pendant l'Occupation Allemande 1914–1918* (Paris and New Haven, CT: Les Presses Universitaires de France and Yale University Press, 1927).
Kirchenberger, S., 'Beiträge zur Sanitätsstatistik der österreichisch-ungarischen Armee im Kriege 1914–1918', in C. Pirquet (ed.), *Volksgesundheit im Kriege* (2 vols., Vienna and New Haven, CT: Hölder-Pichler-Tempsky and Yale University Press, 1926), i, pp. 47–77.
Klemperer, V., *Curriculum Vitae. Erinnerungen 1881–1918. Vol. II*, ed. W. Nowojski (2 vols., Berlin: Aufbau Taschenbuch Verlag, 1996).
Knox, A., *With the Russian Army, 1914–1917: Being Chiefly Extracts from the Diary of a Military Attaché* (London: Hutchinson, 1921).
Köhler, L. von, *Die Staatsverwaltung der besetzten Gebiete. Belgien* (Stuttgart, Berlin, Leipzig and New Haven, CT: Deutsche Verlags-Anstalt and Yale University Press, 1927).
Krauß, A., *Die Ursachen unserer Niederlage. Erinnerungen und Urteile aus dem Weltkrieg*, 3rd edn (Munich: J. F. Lehmanns Verlag, 1923).
Kreisler, F., *Four Weeks in the Trenches: The War Story of a Violinist* (Boston, MA, and New York: Houghton Mifflin Company, 1915).
Krüger-Franke, J., 'Über truppenärztliche Erfahrungen in der Schlacht', *Berliner klinische Wochenschrift* 1 (4 January 1915), pp. 7–9.
Kuhl, H. von, *Der Weltkrieg 1914–1918 dem deutschen Volke dargestellt* (2 vols., Berlin: Verlag Tradition Wilhelm Kolk, 1929).
Kuhn, A., *Die Schreckenstage von Neidenburg in Ostpreußen. Kriegserinnerungen aus dem Jahre 1914* (Minden: Wilhelm Köhler, n.d.).
Kuhr, P., *There We'll Meet Again: The First World War Diary of a Young German Girl*, trans. W. Wright (n.p.: Walter Wright, 1998).
K.u.k. Ministerium des Äussern, *Sammlung von Nachweisen für die Verletzungen des Völkerrechts durch die mit Österreich-Ungarn Krieg führenden Staaten. Abgeschlossen mit 31. Jänner 1915* (Vienna: K.k. Hof- und Staatsdruckerei, 1915).
K.u.k. Ministerium des Äussern, *Sammlung von Nachweisen für die Verletzungen des Völkerrechts durch die mit Österreich-Ungarn Krieg führenden Staaten. III. Nachtrag. Abgeschlossen mit 30. Juni 1916* (Vienna: K.k. Hof- und Staatsdruckerei, 1916).
Kwaśny, E., *'Krakowskie dzieci' (Trzynasty Pułk) na polu chwały 1914–1915* (Cracow: Nakład autora, 1917).
Laeger, A., *Das I. Westpreußische Fußartillerie-Regiment Nr. 11 im Weltkriege 1914/18* (Zeulenroda-Thüringen: Bernhard Sporn, 1934).
Langsdorff, W. von (ed.), *U-Boote am Feind. 45 deutsche U-Boot-Fahrer erzählen* (Gütersloh: C. Bertelsmann, 1937).
Lasswell, H. D., *Propaganda Technique in the World War* (London and New York: Kegan, Paul, Trench, Trubner & Co. and Alfred A. Knopf, 1927).
Lewin, K., 'Kriegslandschaft', *Zeitschrift für angewandte Psychologie* 12 (5 and 6) (1917), pp. 440–47.
Liepmann, M., *Krieg und Kriminalität in Deutschland* (Stuttgart, Berlin, Leipzig and New Haven, CT: Deutsche Verlags-Anstalt and Yale University Press, 1930).

Loewenfeld-Russ, H., *Die Regelung der Volksernährung im Kriege* (Vienna and New Haven, CT: Hölder-Pichler-Tempsky A.-G. and Yale University Press, 1926).
Ludendorff, E., *My War Memories, 1914–1918* (2 vols., Uckfield: The Naval and Military Press, 1919, 2005).
—— (ed.), *The General Staff and its Problems: The History of the Relations Between the High Command and the German Imperial Government as Revealed by Official Documents*, trans. F. A. Holt (2 vols., London: Hutchinson, n.d.).
Ludwig, W., 'Beiträge zur Psychologie der Furcht im Kriege', in W. Stern and O. Lipmann (eds.), *Beihefte zur Zeitschrift für angewandte Psychologie. 21. Beiträge zur Psychologie des Krieges* (Leipzig: Johann Ambrosius Barth, 1920), pp. 125–72.
Lutz, R. H. (ed.), *The Fall of the German Empire, 1914–1918* (2 vols., Stanford, CA, and London: Stanford University Press and Humphrey Milford, Oxford University Press, 1932).
—— (ed.), *The Causes of the German Collapse in 1918: Sections of the Officially Authorized Report of the Commission of the German Constituent Assembly and of the German Reichstag, 1919–1928, the Selection and the Translation Officially Approved by the Commission*, trans. W. L. Campbell (n.p.: Archon Books, 1969).
Majkowski, A., *Pamiętnik z wojny europejskiej roku 1914*, ed. T. Linkner (Pelplin and Wejherowo: Bernardinum, 2000).
Meyer, W., *Das Infanterie-Regiment von Grolman (1. Posensches) Nr. 18 im Weltkriege* (Oldenburg i. O. and Berlin: Gerhard Stalling, 1929).
Michaelis, H., Schraepler, E. and Scheel, G. (eds.), *Ursachen und Folgen. Vom deutschen Zusammenbruch 1918 und 1945 bis zur staatlichen Neuordnung Deutschlands in der Gegenwart. Eine Urkunden- und Dokumentensammlung zur Zeitgeschichte. Erster Band. Der Wende des ersten Weltkrieges und der Beginn der innerpolitischen Wandlung 1916/1917* (29 vols., Berlin: Dokumenten-Verlag Dr Herbert Wendler & Co., n.d.).
——, *Ursachen und Folgen. Vom deutschen Zusammenbruch 1918 und 1945 bis zur staatlichen Neuordnung Deutschlands in der Gegenwart. Eine Urkunden- und Dokumentensammlung zur Zeitgeschichte. Zweiter Band. Der militärische Zusammenbruch und das Ende des Kaiserreichs* (29 vols., Berlin: Dokumenten-Verlag Dr Herbert Wendler & Co., n.d.).
Mikułowski Pomorski, J. (ed.), *Kraków w naszej pamięci* (Nowy Wiśnicz: Wydawnictwo i Drukarnia 'Secesja', 1991).
Ministère de l'Intérieur, *Annuaire statistique de la Belgique et du Congo belge. Quarante-deuxième année – 1911. Tome XLII* (Brussels: Imprimerie A. Lesigne, 1912).
Molnár, F., *Galicja 1914–1915. Zapiski korespondenta wojennego*, trans. Á. Engelmayer (Warsaw: Most, 2012).
Moltke, E. von (ed.), *Generaloberst Helmuth von Moltke. Erinnerungen – Briefe – Dokumente 1877–1916. Ein Bild vom Kriegsausbruch, erster Kriegsführung und Persönlichkeit des ersten militärischen Führers des Krieges* (Stuttgart: Der Kommende Tag A.-G., 1922).
Müller, G. A. von, *The Kaiser and his Court: The Diaries, Note Books and Letters of Admiral Georg Alexander von Müller, Chief of the Naval Cabinet, 1914–1918*, ed. W. Görlitz and trans. M. Savill (London: Macdonald, 1961).
Münchner Ostpreußenhilfe, *Ostpreußennot und Bruderhilfe. Kriegsgedenkblätter* (Munich: Knorr & Hirth, 1915).
Nass, K. O. (ed.), *Ein preußischer Landrat in Monarchie, Demokratie und Diktatur. Lebenserinnerungen des Walter zur Nieden* (Berlin: Berliner Wissenschafts-Verlag, 2006).
Neymann, C. A., 'Some Experiences in the German Red Cross', *Mental Hygiene* 1(3) (July 1917), pp. 392–6.
Nicolai, W., *Nachrichtendienst, Presse und Volksstimmung im Weltkrieg* (Berlin: Ernst Siegfried Mittler und Sohn, 1920).
Niemöller, M., *From U-Boat to Concentration Camp* (London, Edinburgh and Glasgow: William Hodge, 1939).
Nowak, K. F., *Der Sturz der Mittelmächte* (Munich: Georg D. W. Callwey, Verlag für Kulturpolitik,

1921).
Ostdeutsche Volkszeitung (ed.), *Beiträge zum Einfall der Russen in Ostpreußen 1914 aus der Russenzeit in Insterburg* (Insterburg: Ostdeutsche Zeitung, 1914).
Palmer, S. and Wallis, S. (eds.), *A War in Words: The First World War in Diaries and Letters* (London, Sydney, New York and Toronto: Pocket Books, 2003).
Pawlowski, E. (ed.), *Tilsit unter russischer Herrschaft. 26. August bis 12. September 1914* (Tilsit, Ostpr.: Eduard Pawlowski, 1915).
Pfeilschifter, G., 'Seelsorge und religiöses Leben im deutschen Heere', in G. Pfeilschifter (ed.), *Kultur Katholizismus und Weltkrieg. Eine Abwehr des Buches La Guerre Allemande et la Catholicisme* (Freiburg im Breisgau: Herdersche Verlagshandlung, 1916), pp. 235–68.
Pirenne, H., *La Belgique et la Guerre Mondiale* (Paris and New Haven, CT: Les Presses Universitaires de France and Yale University Press, 1928).
Pirenne, J. and Vauthier, M., *La Legislation et l'Administration Allemandes en Belgique* (Paris and New Haven, CT: Les Presses Universitaires de France and Yale University Press, 1925).
Pirquet, C., 'Ernährungszustand der Kinder in Österreich während des Krieges und der Nachkriegszeit', in C. Pirquet (ed.), *Volksgesundheit im Kriege* (2 vols., Vienna and New Haven, CT: Hölder-Pichler-Tempsky and Yale University Press, 1926), i, pp. 151–79.
Pirscher, F. von, *Das (rheinisch-westfälische) Infanterie-Regiment Nr. 459* (Oldenburg i. O.: Gerhard Stalling, 1926).
Plaut, P., 'Psychographie des Kriegers', in W. Stern and O. Lipmann (eds.), *Beihefte zur Zeitschrift für angewandte Psychologie. 21. Beiträge zur Psychologie des Krieges* (Leipzig: Johann Ambrosius Barth, 1920), pp. 1–123.
Pogge von Strandmann, H. (ed.), *Walther Rathenau, Industrialist, Banker, Intellectual, and Politician: Notes and Diaries, 1907–1922*, trans. C. Pinder-Cracraft (Oxford: Clarendon Press, 1985).
Redlich, J., *Austrian War Government* (New Haven, CT, and London: Yale University Press and Humphrey Milford, Oxford University Press, 1929).
——, *Schicksalsjahre Österreichs 1908–1919. Das politische Tagebuch Josef Redlichs*, ed. F. Fellner (2 vols., Graz and Cologne: Hermann Böhlau, 1953).
Reichsarchiv, *Der Weltkrieg 1914 bis 1918. Band 1. Die Grenzschlachten im Westen* (14 vols., Berlin: E. S. Mittler & Sohn, 1925).
——, *Der Weltkrieg 1914 bis 1918. Band 2. Die Befreiung Ostpreußens* (14 vols., Berlin: E. S. Mittler & Sohn, 1925).
——, *Der Weltkrieg 1914 bis 1918. Band 5. Der Herbst-Feldzug 1914. Im Westen bis zum Stellungskrieg. Im Osten bis zum Rückzug* (14 vols., Berlin: E. S. Mittler & Sohn, 1929).
——, *Der Weltkrieg 1914 bis 1918. Band 6. Der Herbst-Feldzug 1914. Der Abschluß der Operationen im Westen und Osten* (14 vols., Berlin: E. S. Mittler & Sohn, 1929).
——, *Der Weltkrieg 1914 bis 1918. Band 7. Die Operationen des Jahres 1915. Die Ereignisse im Winter und Frühjahr* (14 vols., Berlin: E. S. Mittler & Sohn, 1931).
——, *Der Weltkrieg 1914 bis 1918. Band 10. Die Operationen des Jahres 1916 bis zum Wechsel in der Obersten Heeresleitung* (14 vols., Berlin: E. S. Mittler & Sohn, 1936).
——, *Der Weltkrieg 1914 bis 1918. Band 11. Die Kriegführung im Herbst 1916 und im Winter 1916/17. Vom Wechsel in der Obersten Heeresleitung bis zum Entschluß zum Rückzug in die Siegfried Stellung* (14 vols., Berlin: E. S. Mittler & Sohn, 1938).
——, *Der Weltkrieg 1914 bis 1918. Band 14. Die Kriegführung an der Westfront im Jahre 1918* (14 vols., Berlin: E. S. Mittler & Sohn, 1944).
Reichskanzlei, *Vorgeschichte des Waffenstillstandes. Amtliche Urkunden* (Berlin: Reimar Hobbing, 1919).
Reiss, R. A., *Report upon the Atrocities Committed by the Austro-Hungarian Army during the First Invasion of Serbia Submitted to the Serbian Government* (London: Simpkin, Marshall, Hamilton, Kent & Co., 1916).
Reiter, M. M., *Balkan Assault: The Diary of an Officer, 1914–1918*, trans. S. Granovetter (London: The Historical Press, 1994).

Roeder, C. von, 'Vom verhängnisvollen Einfluß der Sabotageakte auf die Kriegführung', in W. Jost (ed.), *Was wir vom Weltkrieg nicht wissen* (Leipzig: H. Fikentscher, 1936), pp. 139–54.
Roesle, J., 'Die Geburts- und Sterblichkeitsverhältnisse', in F. Bumm (ed.), *Deutschlands Gesundheitsverhältnisse unter dem Einfluss des Weltkrieges* (Stuttgart, Berlin and Leipzig, and New Haven, CT: Deutsche Verlags-Anstalt and Yale University Press, 1928), pp. 3–61.
Romer, J. E., *Pamiętniki* (Warsaw: Muzeum Historii Polski and Bellona, n.d.).
Schauwecker, F., *Im Todesrachen. Die deutsche Seele im Weltkriege* (Halle: Heinrich Diekmann, 1921).
Scheidemann, P., *Der Zusammenbruch* (Berlin: Verlag für Sozialwissenschaft, 1921).
Schierbrand, W. von, 'The Food Situation in Austria-Hungary', *The North American Review* 205(734) (January 1917), pp. 46–52.
——, *Austria-Hungary: The Polyglot Empire* (New York: Frederick A. Stokes, 1917).
Schlenther, P., *Zwischen Lindau und Memel während des Krieges* (Berlin: G. Fischer, 1915).
Schoenfeld, J., *Shtetl Memories: Jewish Life in Galicia under the Austro- Hungarian Empire and in the Reborn Poland, 1898–1939* (Hobeken, NJ: Ktav Publishing House, 1985).
Scholz, L., *Seelenleben des Soldaten an der Front. Hinterlassene Aufzeichnungen des im Kriege gefallenen Nervenarztes* (Tübingen: J. C. B. Mohr, 1920).
Schuhmacher, W., *Leben und Seele unseres Soldatenlieds im Weltkrieg* (Frankfurt am Main: Moritz Diesterweg, 1928).
Schulz, D., *Infanterie-Regiment Graf Bülow von Dennewitz (6. Westfälisches) Nr. 55 im Weltkriege* (Detmold: Verlag der Meyerischen Hofbuchhandlung [Max Staecke], 1928).
Schwarte, M., *Die Technik im Weltkriege* (Berlin: Ernst Siegfried Mittler und Sohn, 1920).
Ściskała, D., *Z dziennika kapelana wojskowego 1914–1918* (Cieszyn: Nakład autora, 1926).
Segall, J., *Die deutschen Juden als Soldaten im Kriege 1914–1918* (Berlin: Philo-Verlag, 1922).
Skalweit, A., *Die deutsche Kriegsernährungswirtschaft* (Stuttgart, Berlin and Leipzig: Deutsche Verlags-Anstalt, 1927).
Słomka, J., *From Serfdom to Self-Government: Memoirs of a Polish Village Mayor, 1842–1927*, trans. W. J. Rose (London: Minerva, 1941).
Sperber, M., *God's Water Carriers*, trans. J. Neugroschel (New York and London: Holmes & Meier, 1987).
Spiegel, E. von, *Kriegstagebuch 'U202'* (Berlin: August Scherl, 1916).
Sprawozdanie c.k. Namiestnictwa, Centrali krajowej dla gospodarczej odbudowy Galicyi za czas od czerwca 1916 do lutego 1917 (Cracow: Drukarnia Eug. i Dr Kaz. Koziańskich, 1917).
Stein, General von, *A War Minister and his Work: Reminiscences of 1914–1918* (London: Skeffington & Son, n.d.).
Stenographische Protokolle über die Sitzungen des Hauses der Abgeordneten des österreichischen Reichsrates im Jahre 1917. XXII. Session. 1. (Eröffnungs-) bis 21. Sitzung. (S. 1 bis 1155). I. Band (4 vols., Vienna: K.k. Hof- und Staatsdruckerei, 1917).
Strug, A., *Odznaka za wierną służbę* (n.p.: Czytelnik, 1957).
Tăslăuanu, O. C., *With the Austrian Army in Galicia* (London: Skeffington & Son, n.d.).
Thaer, A. von, *Generalstabsdienst an der Front und in der O.H.L. Aus Briefen und Tagebuchaufzeichnungen 1915–1919*, ed. S. A. Kaehler (Göttingen: Vandenhoeck & Rupprecht, 1958).
Tisza, S., *Count Stephen Tisza, Prime Minister of Hungary: Letters (1914–1916)*, trans. C. de Bussy (New York, San Francisco, Bern, Frankfurt am Main, Paris and London: Peter Lang, 1991).
Twain, M., 'Stirring Times in Austria', *Harper's New Monthly Magazine* 96 (December 1897–May 1898), pp. 530–40.
Ulrich, B. and Ziemann, B. (eds.), *Frontalltag im Ersten Weltkrieg. Wahn und Wirklichkeit* (Frankfurt am Main: Fischer Taschenbuch, 1994).
United States War Office, *Histories of Two Hundred and Fifty-One Divisions of the German Army which Participated in the War* (London: London Stamp Exchange, 1920, 1989).
Verhandlungen des Reichstags. XIII Legislaturperiode. II. Session. Band 306. Stenographische Berichte. Von der Eröffnungssitzung am 4. August 1914 bis zur 34. Sitzung am 16. März 1916 (Berlin: Druck

und Verlag der Norddeutschen Buchdruckerei und Verlags-Anstalt, 1916).
Vischer, A. L., *Barbed Wire Disease: A Psychological Study of the Prisoner of War* (London: John Bale & Sons and Danielsson, 1919).
Vit, J., *Wspomnienia z mojego pobytu w Przemyślu podczas rosyjskiego oblężenia 1914–1915*, trans. L. Hofbauer and J. Husar (Przemyśl: Południowo Wschodni Instytut Naukowy, 1995).
Volkmann, E. O., *Soziale Heeresmißstände als Mitursache des deutschen Zusammenbruches von 1918. Die Ursachen des deutschen Zusammenbruches im Jahre 1918. Zweite Abteilung. Der innere Zusammenbruch. Elfter Band. Zweiter Halbband* (12 vols., Berlin: Deutsche Verlagsgesellschaft für Politik und Geschichte, 1929).
[British] War Office (ed.), *Statistics of the Military Effort of the British Empire during the Great War, 1914–1920* (London: HMSO, 1922).
Wehrhan, K., *Gloria, Viktoria! Volkspoesie an Militärzügen* (Leipzig: Wilhelm Heims, 1915).
Why Germany Capitulated on November 11, 1918: A Brief Study Based on Documents in the Possession of the French General Staff (London, New York and Toronto: Hodder and Stoughton, 1919).
Wicker, K., 'Der Weltkrieg in Zahlen. Verluste an Blut und Boden', in W. Jost (ed.), *Was wir vom Weltkrieg nicht wissen* (Leipzig: H. Fikentscher, 1936), pp. 515–24.
Wiehler, R., *Deutsche Wirtschaftspropaganda im Weltkrieg* (Berlin: E. S. Mittler und Sohn, 1922).
Wild von Hohenborn, A., *Briefe und Tagebuchaufzeichnungen des preußischen Generals als Kriegsminister und Truppenführer im Ersten Weltkrieg*, ed. H. Reichold (Boppard am Rhein: Harald Boldt, 1986).
Winkler, W., *Die Totenverluste der öst.-ung. Monarchie nach Nationalitäten. Die Altersgliederung der Toten. Ausblicke in die Zukunft* (Vienna: L. W. Seidl & Sohn, 1919).
Witkop, P. (ed.), *Kriegsbriefe gefallener Studenten* (Munich: Albert Langen/Georg Müller, 1928).
Witos, W., *Moje wspomnienia* (Warsaw: Ludowa Spółdzielnia Wydawnicza, 1978).
Wolff, T., *Tagebücher 1914–1919. Der Erste Weltkrieg und die Entstehung der Weimarer Republik in Tagebüchern, Leitartikeln und Briefen des Chefredakteurs am 'Berliner Tageblatt' und Mitbegründers der 'Deutschen Demokratischen Partei'*, ed. B. Sösemann (2 vols., Boppard am Rhein: Harald Boldt, 1984).
Wrisberg, E. von, *Heer und Heimat 1914–1918* (Leipzig: K. F. Koehler, 1921).
——, *Wehr und Waffen 1914–1918* (Leipzig: K. F. Koehler, 1922).
Zache, H., 'Weshalb der schonungslose U-Boot-Krieg geführt wurde und weshalb er nicht zum Ziele führte', in W. Jost (ed.), *Was wir vom Weltkrieg nicht wissen* (Leipzig: H. Fikentscher, 1936), pp. 253–6.
Zeynek, T. Ritter. von, *Ein Offizier im Generalstabskorps erinnert sich*, ed. P. Broucek (Vienna, Cologne and Weimar: Böhlau, 2009).

二手资料

Achleitner, W., *Gott im Krieg. Die Theologie der österreichischen Bischöfe in den Hirtenbriefen zum Ersten Weltkrieg* (Vienna, Cologne and Weimar: Böhlau, 1997).
Afflerbach, H., ' "Bis zum letzten Mann und letzten Groschen?" Die Wehrpflicht im deutschen Reich und ihre Auswirkungen auf das militärische Führungsdenken im Ersten Weltkrieg', in R. G. Foerster (ed.), *Die Wehrpflicht. Entstehung, Erscheinungsformen und politisch-militärische Wirkung* (Munich: R. Oldenbourg, 1994), pp. 71–90.
——, *Falkenhayn. Politisches Denken und Handeln im Kaiserreich* (Munich: R. Oldenbourg, 1994).
——, 'Wilhelm II as Supreme Warlord in the First World War', *War in History* 5(4) (October 1998), pp. 427–49.
——, 'Planning Total War? Falkenhayn and the Battle of Verdun, 1916', in R. Chickering and S. Förster (eds.), *Great War, Total War: Combat and Mobilization on the Western Front, 1914–1918* (Washington, DC, and Cambridge: German Historical Institute and Cambridge University Press, 2000), pp. 113–31.

——, 'The Topos of Improbable War in Europe before 1914', in H. Afflerbach and D. Stevenson (eds.), *An Improbable War: The Outbreak of World War I and European Political Culture Before 1914* (New York and Oxford: Berghahn, 2007), pp. 161–82.

——, 'Das Wilhelminische Kaiserreich zwischen Nationalstaat und Imperium', in L. Höbelt and T. G. Otte (eds.), *A Living Anachronism? European Diplomacy and the Habsburg Monarchy: Festschrift für Francis Roy Bridge zum 70. Geburtstag* (Vienna, Cologne and Weimar: Böhlau, 2010), pp. 223–38.

Alder, D. D., 'Friedrich Adler: Evolution of a Revolutionary', *German Studies Review* 1(3) (October 1978), pp. 260–84.

Alexander, A., 'The Genesis of the Civilian', *Leiden Journal of International Law* 20(2) (June 2007), pp. 359–76.

Allen, K., 'Sharing Scarcity: Bread Rationing and the First World War in Berlin, 1914–1923', *Journal of Social History* 32(2) (Winter 1998), pp. 371–93.

Anderson, M. L., 'A German Way of War?', *German History* 22(2) (April 2004), pp. 254–8.

Angress, W. T., 'Das deutsche Militär und die Juden im Ersten Weltkrieg', *Militärgeschichtliche Mitteilungen* 19 (1976), pp. 77–146.

Ashworth, T., *Trench Warfare, 1914–1918: The Live and Let Live System* (London: Pan, 1980, 2000).

Audoin-Rouzeau, S. and Becker, A., *1914–1918: Understanding the Great War*, trans. C. Temerson (London: Profile Books, 2002).

Ay, K.-L., *Die Entstehung einer Revolution. Die Volksstimmung in Bayern während des Ersten Weltkrieges* (Berlin: Duncker & Humblot, 1968).

Bachmann, K., *'Ein Herd der Feindschaft gegen Rußland'. Galizien als Krisenherd in den Beziehungen der Donaumonarchie mit Rußland (1907–1914)* (Vienna and Munich: Verlag für Geschichte und Politik and R. Oldenbourg, 2001).

Bąk-Koczarska, C., 'Władze miejskie Krakowa w latach wojny', in Towarzystwo Miłośników Historii i Zabytków Krakowa (ed.), *Kraków w czasie I wojny światowej. Materiały sesji naukowej z okazji dni Krakowa w roku 1988 (Cracow: Towarzystwo Miłośników Historii i Zabytków Krakowa, 1990), pp. 69–96.

Balderston, T., 'War Finance and Inflation in Britain and Germany, 1914–1918', *Economic History Review* 42(2) (May 1989), pp. 222–44.

Balogh, E. S., 'The Turning of the World: Hungarian Progressive Writers on the War', in R. A. Kann, B. K. Király and P. S. Fichtner (eds.), *The Habsburg Empire in World War I: Essays on the Intellectual, Military, Political and Economic Aspects of the Habsburg War Effort* (Boulder, CO, and New York: East European Quarterly and Columbia University Press, 1977), pp. 185–201.

Barth-Scalmani, G., '"Kriegsbriefe". Kommunikation zwischen Klerus und Kirchenvolk im ersten Kriegsherbst 1914 im Spannungsfeld von Patriotismus und Seelsorge', in K. Brandstätter and J. Hörmann (eds.), *Tirol – Österreich – Italien. Festschrift für Josef Riedmann zum 65. Geburtstag* (Innsbruck: Universitätsverlag Wagner, 2005), pp. 67–76.

Bartov, O., *Hitler's Army: Soldiers, Nazis and War in the Third Reich* (Oxford: Oxford University Press, 1992).

Baten, J. and Schulz, R., 'Making Profits in Wartime: Corporate Profits, Inequality, and GDP in Germany during the First World War', *The Economic History Review*, New Series 58(1) (February 2005), pp. 34–56.

Batowski, H., 'Nationale Konflikte bei der Entstehung der Nachfolgestaaten', in R. G. Plaschka and K. Mack (eds.), *Die Auflösung des Habsburgerreiches. Zusammenbruch und Neuorientierung im Donauraum* (Vienna: Verlag für Geschichte und Politik, 1970), pp. 338–49.

Becker, J.-J. and Krumeich, G., *Der Grosse Krieg. Deutschland und Frankreich im Ersten Weltkrieg 1914–1918* (Essen: Klartext, 2010).

Beller, S., 'The Tragic Carnival: Austrian Culture in the First World War', in A. Roshwald and R. Stites (eds.), *European Culture in the Great War: The Arts, Entertainment and Propaganda, 1914–1918* (Cambridge: Cambridge University Press, 1999), p. 133.

Bemann, M., ' ". . . kann von einer schonenden Behandlung keine Rede sein". Zur forst- und

landwirtschaftlichen Ausnutzung des Generalgouvernements Warschau durch die deutsche Besatzungsmacht, 1915–1918', *Jahrbücher für Osteuropas, Neue Folge* 55(1) (2007), pp. 1–33.
Benvindo, B. and Majerus, B., 'Belgien zwischen 1914 und 1918: ein Labor für den totalen Krieg?', in A. Bauerkämper and E. Julien (eds.), *Durchhalten! Krieg und Gesellschaft im Vergleich 1914– 1918* (Göttingen: Vandenhoeck & Ruprecht, 2010), pp. 127–48.
Berger, S., 'Germany: Ethnic Nationalism par Excellence?', in T. Baycroft and M. Hewitson (eds.), *What is a Nation? Europe 1789–1914* (Oxford and New York: Oxford University Press, 2006), pp. 42–60.
——, 'Germany', in R. Gerwarth (ed.), *Twisted Paths: Europe 1914–1945* (Oxford: Oxford University Press, 2007), pp. 184–209.
Berghoff, H., 'Patriotismus und Geschäftssinn im Krieg: Eine Fallstudie aus der Musikinstrumentenindustrie', in G. Hirschfeld, G. Krumeich, D. Langewiesche and H.-P. Ullmann (eds.), *Kriegserfahrungen. Studien zur Sozial- und Mentalitätsgeschichte des Ersten Weltkriegs* (Essen: Klartext, 1997), pp. 262–82.
Bergien, R., 'Paramilitary Volunteers for Weimar Germany's "*Wehrhaftmachung*": How Civilians were Attracted to Serve with Irregular Military Units', in C. G. Krüger and S. Levsen (eds.), *War Volunteering in Modern Times: From the French Revolution to the Second World War* (Basingstoke and New York: Palgrave Macmillan, 2011), pp. 189–210.
Bessel, R., *Germany After the First World War* (Oxford: Clarendon Press, 1993).
——, 'Die Heimkehr der Soldaten: Das Bild der Frontsoldaten in der Offentlichkeit der Weimarer Republik', in G. Hirschfeld, G. Krumeich and I. Renz (eds.), *'Keiner fühlt sich hier mehr als Mensch...' Erlebnis und Wirkung des Ersten Weltkriegs* (Essen: Klartext, 1993), pp. 221–39.
——, 'Mobilizing German Society for War', in R. Chickering and S. Förster (eds.), *Great War, Total War: Combat and Mobilization on the Western Front, 1914–1918* (Washington, DC, and Cambridge: German Historical Institute and Cambridge University Press, 2000), pp. 437–52.
Best, G., *Humanity in Warfare: The Modern History of the International Law of Armed Conflicts* (London: Weidenfeld and Nicolson, 1980).
Bieniarzówna, J. and Małecki, J. M., *Dzieje Krakowa. Tom 3. Kraków w latach 1796–1918* (4 vols., Cracow, Wydawnictwo Literackie, 1979).
Binder, H., 'Making and Defending a Polish Town: "Lwów" (Lemberg), 1848–1914', *Austrian History Yearbook* 34 (2003), pp. 57–81.
——, *Galizien in Wien. Parteien, Wahlen, Fraktionen und Abgeordnete im Übergang zur Massenpolitik* (Vienna: Verlag der Österreichischen Akademie der Wissenschaften, 2005).
Biskupski, M. B., 'Re-Creating Central Europe: The United States "Inquiry" into the Future of Poland in 1918', *The International History Review* 12(2) (May 1990), pp. 249–79.
Blanke, R., *Orphans of Versailles: The Germans in Western Poland, 1918–1939* (Lexington, KY: University Press of Kentucky, 1993).
Blobaum, Jr, R., 'Going Barefoot in Warsaw during the First World War', *East European Politics and Societies and Cultures* 27(2) (May 2013), pp. 187–204.
Bobič, P., *War and Faith: The Catholic Church in Slovenia, 1914–1918* (Leiden and Boston, MA: Brill, 2012).
Boff, J., *Winning and Losing on the Western Front: The British Third Army and the Defeat of Germany in 1918* (Cambridge: Cambridge University Press, 2012).
Böhler, I., 'Ernährungskrise und Mangelwirtschaft im Ersten Weltkrieg am Beispiel der Textilstadt Dornbirn (Vorarlberg)', in H. J. W. Kuprian and O. Überegger (eds.), *Der Erste Weltkrieg im Alpenraum. Erfahrung, Deutung, Erinnerung. La Grande Guerra nell'arco alpino. Esperienze e memoria* (Innsbruck: Universitätsverlag Wagner, 2006), pp. 213–27.
Boswell, L., 'From Liberation to Purge Trials in the "Mythic Provinces": Recasting French Identities in Alsace and Lorraine, 1918–1920', *French Historical Studies* 23(1) (Winter 2000), pp. 129–62.
Boyer, J. W., *Culture and Political Crisis in Vienna: Christian Socialism in Power, 1897– 1918* (Chicago, IL, and London: University of Chicago Press, 1995).
——, 'Silent War and Bitter Peace: The Revolution of 1918 in Austria', *Austrian History Yearbook* 34 (2003), pp. 1–56.

Brandt, S., 'Nagelfiguren: Nailing Patriotism in Germany, 1914–1918', in N. J. Saunders (ed.), *Matters of Conflict: Material Culture, Memory and the First World War* (London and New York: Routledge, 2004), pp. 62–71.

Broadberry, S. and Harrison, M., 'The Economics of World War I: An Overview', in S. Broadberry and M. Harrison (eds.), *The Economics of World War I* (Cambridge, New York, Melbourne, Madrid, Cape Town, Singapore and São Paulo: Cambridge University Press, 2005), pp. 3–40.

Brocks, C., ' "Unser Schild muss rein bleiben". Deutsche Bildzensur und Propaganda im Ersten Weltkrieg', *Militärgeschichtliche Zeitschrift* 67(1) (2008), pp. 25–51.

Brown, I. M., *British Logistics on the Western Front, 1914–1919* (London: Praeger, 1998).

Bruckmüller, E., 'Was There a "Habsburg Society" in Austria-Hungary?', *Austrian History Yearbook* 37 (2006), pp. 1–16.

———, 'Patriotic and National Myths: National Consciousness and Elementary School Education in Imperial Austria', in L. Cole and D. L. Unowsky (eds.), *The Limits of Loyalty: Imperial Symbolism, Popular Allegiances, and State Patriotism in the Late Habsburg Monarchy* (New York and Oxford: Berghahn Books, 2007), pp. 11–35.

Bruendel, S., *Volksgemeinschaft oder Volksstaat. Die 'Ideen von 1914' und die Neuordnung Deutschlands im Ersten Weltkrieg* (Berlin: Akademie, 2003).

———, 'Vor-Bilder des Durchhaltens. Die deutsche Kriegsanleihe-Werbung 1917/18', in A. Bauerkämper and E. Julien (eds.), *Durchhalten! Krieg und Gesellschaft im Vergleich 1914–1918* (Göttingen: Vandenhoeck & Ruprecht, 2010), pp. 81–108.

Bry, G., *Wages in Germany, 1871–1945* (Princeton, NJ: Princeton University Press, 1960).

Bucholz, A., *Hans Delbrück and the German Establishment: War Images in Conflict* (Iowa City, IA: University of Iowa Press, 1985).

Bundgård Christensen, C., *Danskere på Vestfronten 1914–1918* (Copenhagen: Gyldendal, 2009).

Burk, K., *Britain, America and the Sinews of War, 1914–1918* (Boston, MA, London and Sydney: George Allen & Unwin, 1985).

Burleigh, M., 'Albert Brackmann (1871–1952) *Ostforscher*: The Years of Retirement', *Journal of Contemporary History* 23(4) (October 1988), pp. 573–88.

Buschnell, J., 'The Tsarist Officer Corps, 1881–1914: Customs, Duties, Inefficiency', *The American Historical Review* 86(4) (October 1981), pp. 753–80.

Cattaruzza, M., 'Nationalitätenkonflikte in Triest im Rahmen der Nationalitätenfrage in der Habsburger Monarchie 1850–1914', in R. Melville, C. Scharf, M. Vogt and U. Wengenroth (eds.), *Deutschland und Europa in der Neuzeit. Festschrift für Karl Otmar Freiherr von Aretin zum 65. Geburtstag. 2. H albband* (Stuttgart: Franz Steiner Verlag Wiesbaden GMBH, 1988), pp. 709–26.

Chickering, R., 'Sore Loser: Ludendorff's Total War', in R. Chickering and S. Förster (eds.), *The Shadows of Total War: Europe, East Asia, and the United States, 1919–1939* (Washington, DC, and Cambridge: German Historical Institute and Cambridge University Press, 2003), pp. 151–78.

———, *Imperial Germany and the Great War, 1914–1918*, 2nd edn (Cambridge: Cambridge University Press, 2004).

——— and Förster, S., 'Are We There Yet? World War II and the Theory of Total War', in R. Chickering, S. Förster and B. Greiner (eds.), *A World at Total War: Global Conflict and the Politics of Destruction, 1937–1945* (Washington, DC, and Cambridge: German Historical Institute and Cambridge University Press, 2005), pp. 1–16.

———, *The Great War and Urban Life in Germany: Freiburg, 1914–1918* (Cambridge: Cambridge University Press, 2007).

Cisek, J., ' "Kolumna Legionów" w Krakowie', *Krakowski Rocznik Archiwalny* 9(2003), pp. 157–78.

Clark, C., *The Sleepwalkers: How Europe Went to War in 1914* (New York: Harper, 2013).

Cohen, G. B., 'Nationalist Politics and the Dynamics of State and Civil Society in the Habsburg Monarchy, 1867–1914', *Central European History* 40(2) (June 2007), pp. 241–78.

Cole, L., 'Military Veterans and Popular Patriotism in Imperial Austria, 1870–1914', in L. Cole and D. L. Unowsky (eds.), *The Limits of Loyalty: Imperial Symbolism, Popular Allegiances, and State Patriotism in the Late Habsburg Monarchy* (New York and Oxford: Berghahn Books, 2007), pp.

36–61.

Conze, V., 'Die Grenzen der Niederlage. Kriegsniederlagen und territoriale Verluste im Grenz-Diskurs in Deutschland (1918–1970)', in H. Carl, H.-H. Kortüm, D. Langewiesche and F. Lenger (eds.), *Kriegsniederlagen. Erfahrungen und Erinnerungen* (Berlin: Akademie, 2004), pp. 163–84.

Conze, W., *Polnische Nation und deutsche Politik im Ersten Weltkrieg* (Cologne and Graz: Böhau, 1958).

Cornwall, M., 'News, Rumour and the Control of Information in Austria-Hungary, 1914–1918', *History* 77(249) (February 1992), pp. 50–64.

———, 'Morale and Patriotism in the Austro-Hungarian Army, 1914–1918', in J. Horne (ed.), *State, Society and Mobilization in Europe during the First World War* (Cambridge, New York and Oakleigh: Cambridge University Press, 1997), pp. 173–91.

———, 'Austria-Hungary', in H. Cecil and P. H. Liddle (eds.), *At the Eleventh Hour: Reflections, Hopes and Anxieties at the Closing of the Great War, 1918* (Barnsley: Leo Cooper, 1998), pp. 285–300.

———, *The Undermining of Austria-Hungary: The Battle for Hearts and Minds* (Basingstoke and New York: Macmillan and St Martin's, 2000).

———, 'Disintegration and Defeat: The Austro-Hungarian Revolution', in M. Cornwall (ed.), *The Last Years of Austria-Hungary: A Multi-National Experiment in Early Twentieth-Century Europe*, revised and expanded edn (Exeter: University of Exeter Press, 2002), pp. 167–96.

———, 'The Habsburg Monarchy: "National Trinity" and the Elasticity of National Allegiance', in T. Baycroft and M. Hewitson (eds.), *What is a Nation? Europe 1789–1914* (Oxford and New York: Oxford University Press, 2006), pp. 171–91.

———, 'The Habsburg Elite and the Southern Slav Question, 1914–1918', in L. Höbelt and T. G. Otte (eds.), *A Living Anachronism? European Diplomacy and the Habsburg Monarchy: Festschrift für Francis Roy Bridge zum 70. Geburtstag* (Vienna, Cologne and Weimar: Böhlau, 2010), pp. 239–70.

Craig, G. A., 'The World War I Alliance of the Central Powers in Retrospect: The Military Cohesion of the Alliance', *The Journal of Modern History* 37(3) (September 1965), pp. 336–44.

Cramer, K., 'A World of Enemies: New Perspectives on German Military Culture and the Origins of the First World War', *Central European History* 39(2) (June 2006), pp. 270–98.

Crampton, R., *Bulgaria, 1878–1918: A History* (Boulder, CO, and New York: East European Monographs and Columbia University Press, 1983).

———, 'Deprivation, Desperation and Degradation: Bulgaria in Defeat', in H. Cecil and P. H. Liddle (eds.), *At the Eleventh Hour: Reflections, Hopes and Anxieties at the Closing of the Great War, 1918* (Barnsley: Leo Cooper, 1998), pp. 255–65.

———, 'The Balkans', in R. Gerwarth (ed.), *Twisted Paths: Europe 1914–1945* (Oxford: Oxford University Press, 2007), pp. 237–70.

Creutz, M., *Die Pressepolitik der kaiserlichen Regierung während des Ersten Weltkriegs. Die Exekutive, die Journalisten und der Teufelskries der Berichterstattung* (Frankfurt am Main: Peter Lang, 1994).

van Creveld, M., *Supplying War: Logistics from Wallenstein to Patton* (Cambridge, London, New York and Melbourne: Cambridge University Press, 1977).

Crim, B. E., ' "Our Most Serious Enemy": The Specter of Judeo-Bolshevism in the German Military Community, 1914–1923', *Central European History* 44(4) (December 2011), pp. 624–41.

Czerep, S., 'Straty polskie podczas I wojny światowej', in D. Grinberg, J. Snopko and G. Zackiewicz (eds.), *Lata wielkiej wojny. Dojrzewanie do niepodległości 1914–1918* (Białystok: Wydawnictwo Uniwersytetu w Białymstoku, 2007), pp. 180–97.

Dabrowski, P. M., *Commemorations and the Shaping of the Polish Nation* (Bloomington and Indianapolis, IN: Indiana University Press, 2004).

Dadrian, V. N. and Akçam, T., *Judgement at Istanbul: The Armenian Genocide Trials* (New York and Oxford, 2011).

Damianov, S., 'Bulgaria's Decision to Enter the War: Diplomatic Negotiations, 1914–15', in B. K. Király and N. F. Dreisziger (eds.), *East Central European Society in World War I* (Boulder, CO, and Highland Lakes, NJ: Social Science Monographs and Atlantic Research and Publications, 1985), pp. 157–69.

Daniel, U., *The War from Within: German Working-Class Women in the First World War* (Oxford and New York: Berg, 1997).
Davies, N., *God's Playground: A History of Poland*, revised edn (2 vols., Oxford and New York: Oxford University Press, 2005).
Davis, B. J., *Home Fires Burning: Food, Politics and Everyday Life in World War I Berlin* (Chapel Hill, NC, and London: University of North Carolina Press, 2000).
Deák, I., 'The Habsburg Army in the First and Last Days of World War I: A Comparative Analysis', in B. K. Király and N. F. Dreisziger (eds.), *East Central European Society in World War I* (Boulder, CO, and Highland Lakes, NJ: Social Science Monographs and Atlantic Research and Publications, 1985), pp. 301–12.
——, *Beyond Nationalism: A Social and Political History of the Habsburg Officer Corps, 1848–1918* (New York and Oxford: Oxford University Press, 1990).
Dedijer, V., *The Road to Sarajevo* (London, Fakenham and Reading: MacGibbon & Kee, 1967).
Deist, W., 'Die Politik der Seekriegsleitung und die Rebellion der Flotte Ende Oktober 1918', *Vierteljahrshefte für Zeitgeschichte* 14(4) (October 1966), pp. 341–68.
——, 'Zur Geschichte des preussischen Offizierkorps 1888–1918', in H. H. Hofmann (ed.), *Das deutsche Offizierkorps 1860–1960* (Boppard am Rhein: Harald Boldt, 1980), pp. 39–57.
——, 'Der militärische Zusammenbruch des Kaiserreichs. Zur Realität der "Dolchstoßlegende" ', in U. Büttner (ed.), *Das Unrechtsregime. Internationale Forschung über den Nationalsozialismus. Band I. Ideologie-Herrschaftssystem-Wirkung in Europa* (Hamburg: Christians, 1986), pp. 101–29.
——, 'Verdeckter Militärstreik im Kriegsjahr 1918?', in W. Wette (ed.), *Der Krieg des kleinen Mannes: Eine Militärgeschichte von unten* (Munich and Zurich: Piper, 1992, 1995), pp. 146–67.
——, 'The Military Collapse of the German Empire: The Reality Behind the Stab-in-the-Back Myth', *War in History* 3(2) (April 1996), pp. 186–207.
——, 'The German Army, the Authoritarian Nation-State and Total War', in J. Horne (ed.), *State, Society and Mobilization in Europe during the First World War* (Cambridge: Cambridge University Press, 1997), pp. 160–72.
Diers, M., *Schlagbilder. Zur politischen Ikonographie der Gegenwart* (Frankfurt am Main: Fischer Taschenbuch, 1997).
Dietrich, E., 'Der andere Tod. Seuchen, Volkskrankheiten und Gesundheitswesen im Ersten Weltkrieg', in K. Eisterer and R. Steininger (eds.), *Tirol und der Erste Weltkrieg* (Innsbruck: Österreichischer Studien Verlag, 1995), pp. 255–75.
DiNardo, R. L. and Hughes, D. J., 'Germany and Coalition Warfare in the World Wars: A Comparative Study', *War in History* 8(2) (April 2001), pp. 166–90.
Donson, A., *Youth in the Fatherless Land: War Pedagogy, Nationalism, and Authority in Germany, 1914–1918* (Cambridge, MA, and London: Harvard University Press, 2010).
Dornik, W. and Lieb, P., 'Misconceived *Realpolitik* in a Failing State: The Political and Economical Fiasco of the Central Powers in the Ukraine, 1918', *First World War Studies* 4(1) (March 2013), pp. 111–24.
Doughty, R. A., 'French Strategy in 1914: Joffre's Own', *The Journal of Military History* 67(2) (April 2003), pp. 427–54.
——, *Pyrrhic Victory: French Strategy and Operations in the Great War* (Cambridge, MA, and London: Harvard University Press, 2005).
Dudek, L., 'Polish Military Formations in World War I', in B. K. Király and N. F. Dreisziger (eds.), *East Central European Society in World War I* (Boulder, CO, and Highland Lakes, NJ: Social Science Monographs and Atlantic Research and Publications, 1985), pp. 454–70.
Dülffer, 'Kriegserwartung und Kriegsbild in Deutschland vor 1914', in W. Michalka (ed.), *Der Erste Weltkrieg. Wirkung, Wahrnehmung, Analyse* (Munich: Piper, 1992), pp. 778–98.
Dunin-Wąsowicz, K., *Warszawa w czasie pierwszej wojny światowej* (Warsaw: Państwowy Instytut Wydawniczy, 1974).
Dupuy, T. N., *Genius for War: The German Army and General Staff, 1807–1945* (London: MacDonald and Jane's, 1977).

Dwyer, P. G., ' "It Still Makes Me Shudder": Memories of Massacres and Atrocities during the Revolutionary and Napoleonic Wars', *War in History* 16(4) (November 2009), pp. 381–405.

Eichenberg, J., 'The Dark Side of Independence: Paramilitary Violence in Ireland and Poland after the First World War', *Contemporary European History* 19(3) (August 2010), pp. 231–48.

——, *Kämpfen für Frieden und Fürsorge. Polnische Veteranen des Ersten Weltkriegs und ihre inernationalen Kontakte, 1918–1939* (Munich: Oldenbourg, 2011).

—— and Newman, J. P., 'Introduction: Aftershocks: Violence in Dissolving Empires after the First World War', *Contemporary European History* 19(3) (August 2010), pp. 183–94.

Eisterer, K., ' "Der Heldentod muß würdig geschildert werden". Der Umgang der Vergangenheit am Beispiel Kaiserjäger und Kaiserjägertradition', in K. Eisterer and R. Steininger (eds.), *Tirol und der Erste Weltkrieg* (Innsbruck: Österreichischer Studien Verlag, 1995), pp. 105–37.

Engelstein, L., ' "A Belgium of Our Own": The Sack of Russian Kalisz, August 1914', *Kritika: Explorations in Russian and Eurasian History* 10(3) (Summer 2009), pp. 441–73.

Erickson, E. J., *Ordered to Die: A History of the Ottoman Army in the First World War* (Westport, CT, and London: Greenwood Press, 2001).

Etschmann, W., 'Österreich-Ungarn zwischen Engagement und Zurückhaltung. K.u.k. Truppen an der Westfront', in J. Duppler and G. P. Groß (eds.), *Kriegsende 1918. Ereignis, Wirkung, Nachwirkung. Beiträge zur Militärgeschichte. Herausgegeben vom Militärgeschichtlichen Forschungsamt. Band 53* (Munich: R. Oldenbourg, 1999), pp. 97–105.

Evans, R. J. W., 'Essay and Reflection: Frontiers and National Identities in Central Europe', *The International History Review* 14(3) (August 1992), pp. 480–502.

——, 'The Successor States', in R. Gerwarth (ed.), *Twisted Paths: Europe 1914–1945* (Oxford: Oxford University Press, 2007), pp. 210–36.

Farcy, J.-C., *Les Camps de concentration français de la première guerre mondiale (1914–1920)* (Paris: Anthropos, 1995).

Farrar, L. L., Jr, 'Separate Peace – General Peace – Total War: The Crisis in German Policy during the Spring of 1917', *Militärgeschichtliche Mitteilungen* 20 (1976), pp. 51–80.

——, 'Reluctant Warriors: Public Opinion on War during the July Crisis 1914', *East European Quarterly* 16(4) (Winter 1982), pp. 417–46.

Feldman, G. D., *Army, Industry and Labor in Germany, 1914–1918* (Providence, RI, and Oxford: Berg, 1966, 1992).

——, (ed.), *German Imperialism, 1914–1918: The Development of a Historical Debate* (New York, London, Sydney and Toronto: John Wiley & Sons, 1972).

Fellner, F., 'Die "Mission Hoyos" ', in W. Alff (ed.), *Deutschlands Sonderung von Europa 1862–1945* (Frankfurt am Main, Bern and New York: Peter Lang, 1984), pp. 283–316.

——, 'Der Krieg in Tagebüchern und Briefen. Überlegungen zu einer wenig genützten Quellenart', in K. Amann and H. Lengauer (eds.), *Österreich und der Große Krieg 1914–1918. Die andere Seite der Geschichte* (Vienna: Christian Brandstätter, 1989), pp. 205–13.

——, 'Austria-Hungary', in K. Wilson (ed.), *Decisions for War* (London: UCL Press, 1995, 1998), pp. 9–25.

Feltman, B. K., 'Tolerance as a Crime? The British Treatment of German Prisoners of War on the Western Front, 1914–1918', *War in History* 17(4) (November 2010), pp. 435–58.

Ferguson, N., 'Public Finance and National Security: The Domestic Origins of the First World War Revisited', *Past & Present* 142 (February 1994), pp. 141–68.

——, *Paper and Iron: Hamburg Business and German Politics in the Era of Inflation, 1897–1927* (Cambridge, New York and Oakleigh: Cambridge University Press, 1995).

——, *The Pity of War* (London: Allen Lane/The Penguin Press, 1998).

——, 'Prisoner Taking and Prisoner Killing in the Age of Total War: Towards a Political Economy of Military Defeat', *War in History* 11(2) (April 2004), pp. 148–92.

Fiebig von Hase, R., 'Der Anfang vom Ende des Krieges: Deutschland, die USA und die Hintergründe des amerikanischen Kriegseintritts am 6. April 1917', in W. Michalka (ed.), *Der Erste Weltkrieg. Wirkung, Wahrnehmung, Analyse* (Munich and Zurich: Piper, 1994), pp. 125–58.

Figes, O., *A People's Tragedy: The Russian Revolution, 1891–1924* (London: Pimlico, 1996, 1997).
Fischer, C. J., *Alsace to the Alsatians? Visions and Divisions of Alsatian Regionalism, 1870–1939* (New York and Oxford: Berghahn Books, 2010).
Fischer, F., *Germany's Aims in the First World War* (London: Chatto & Windus, 1967).
——, *War of Illusions: German Policies from 1911 to 1914* (London: Chatto & Windus, 1975).
——, 'German War Aims 1914–1918 and German Policy before the War', in Barry Hunt and Adrian Preston (eds.), *War Aims and Strategic Policy in the Great War* (London: Croom Helm, 1977), pp. 105–23.
Flasch, K., *Die geistige Mobilmachung. Die deutschen Intellektuellen und der Erste Weltkrieg* (Berlin: Alexander Fest, 2000).
Fletcher, R. (ed.), *Bernstein to Brandt: A Short History of German Social Democracy* (London, Victoria and Baltimore, MD: Edward Arnold, 1978).
Foley, R. T., 'The Origins of the Schlieffen Plan', *War in History* 10(2) (April 2003), pp. 222–32.
——, 'Preparing the German Army for the First World War: The Operational Ideas of Alfred von Schlieffen and Helmuth von Moltke the Younger', *War & Society* 22(2) (October 2004), pp. 1–25.
——, *German Strategy and the Path to Verdun: Erich von Falkenhayn and the Development of Attrition, 1870–1916* (Cambridge: Cambridge University Press, 2005).
——, 'Easy Target or Invincible Enemy? German Intelligence Assessments of France Before the Great War', *The Journal of Intelligence History* 5 (Winter 2005), pp. 1–24.
——, 'What's in a Name? The Development of Strategies of Attrition on the Western Front, 1914–1918', *The Historian* 68(4) (Winter 2006), pp. 722–46.
——, 'Learning War's Lessons: The German Army and the Battle of the Somme 1916', *The Journal of Military History* 75(2) (April 2011), pp. 471–504.
Fong, G., 'The Movement of German Divisions to the Western Front, Winter 1917–1918', *War in History* 7(2) (April 2000), pp. 225–35.
Förster, J., 'Ludendorff and Hitler in Perspective: The Battle for the German Soldier's Mind, 1917–1944', *War in History* 10(3) (July 2003), pp. 321–34.
Förster, S., 'Der deutsche Generalstab und die Illusion des kurzen Krieges, 1871–1914. Metakritik eines Mythos', *Militärgeschichtliche Mitteilungen* 54(1) (1995), pp. 61–95.
Forstner, F., *Przemyśl. Österreich-Ungarns bedeutendste Festung*, 2nd edn (Vienna: ÖBV Pädagogischer Verlag, 1997).
Franc, M., 'Bread from Wood: Natural Food Substitutes in the Czech Lands during the First World War', in I. Zweiniger-Bargielowska, R. Duffett and A. Drouard (eds.), *Food and War in Twentieth-Century Europe* (Farnham and Burlington, VT: Ashgate, 2011), pp. 73–84.
Frank, A. F., *Oil Empire: Visions of Prosperity in Austrian Galicia* (Cambridge, MA, and London: Harvard University Press, 2005).
Freifeld, A., 'Empress Elisabeth as Hungarian Queen: The Uses of Celebrity Monarchism', in L. Cole and D. L. Unowsky (eds.), *The Limits of Loyalty: Imperial Symbolism, Popular Allegiances, and State Patriotism in the Late Habsburg Monarchy* (New York and Oxford: Berghahn Books, 2007), pp. 138–61.
French, D., 'The Meaning of Attrition, 1914–1916', *English Historical Review* 103(407) (April 1988), pp. 385–405.
Frevert, U., *A Nation in Barracks: Modern Germany, Military Conscription and Civil Society* (Oxford and New York: Berg, 2004).
Frey, M., 'Deutsche Finanzinteressen an den Vereinigten Staaten und den Niederlanden im Ersten Weltkrieg', *Militärgeschichtliche Mitteilung* 53(2) (1994), pp. 327–53.
Führ, C., *Das k.u.k. Armeeoberkommando und die Innenpolitik in Österreich 1914–1917* (Graz, Vienna and Cologne: Hermann Böhlaus Nachf., 1968).
Fuller, Jr, W. C., *Civil-Military Conflict in Imperial Russia, 1881–1914* (Princeton, NJ: Princeton University Press, 1985).
Funk, A., *Geschichte der Stadt Allenstein von 1348 bis 1943* (Leer: Gerhard Rautenberg, 1955).
Galántai, J., *Hungary in the First World War* (Budapest: Akadémiai Kiadó, 1989).

Gałas, M. and Polonsky, A., 'Introduction', in M. Gałas and A. Polonsky (eds.), *Polin: Studies in Polish Jewry. Vol. 23: Jews in Kraków* (Oxford and Portland, OR: The Littman Library of Jewish Civilization, 2011).

Gatrell, P., *A Whole Empire Walking: Refugees in Russia during World War I* (Bloomington and Indianapolis, IN: Indiana University Press, 1999).

——, 'Displacing and Re-Placing Population in the Two World Wars: Armenia and Poland Compared', *Contemporary European History* 16(4) (November 2007), pp. 511–27.

Geinitz, C. and Hinz, U., 'Das Augusterlebnis in Südbaden: Ambivalente Reaktionen der deutschen Öffentlichkeit auf den Kriegsbeginn 1914', in G. Hirschfeld, G. Krumeich, D. Langewiesche and H.-P. Ullmann (eds.), *Kriegserfahrungen. Studien zur Sozial- und Mentalitätsgeschichte des Ersten Weltkriegs* (Essen: Klartext, 1997), pp. 20–35.

Geiss, I., *Der polnische Grenzstreifen 1914–1918. Ein Beitrag zur deutschen Kriegszielpolitik im Ersten Weltkrieg* (Lübeck and Hamburg: Matthiesen, 1960).

——, 'The Outbreak of the First World War and German War Aims', *Journal of Contemporary History* 1(3) (July 1966), pp. 75–91.

——, *Das deutsche Reich und der Erste Weltkrieg* (Munich and Vienna: Carl Hanser, 1978).

Geppert, D. and Gerwarth, R. (eds.), *Wilhelmine Germany and Edwardian Britain: Essays on Cultural Affinity* (Oxford and New York: German Historical Institute and Oxford University Press, 2008).

Gersdorff, U. von, *Frauen im Kriegsdienst 1914–1945* (Stuttgart: Deutsche Verlags-Anstalt, 1969).

Gerwarth, R., 'The Central European Counter-Revolution: Paramilitary Violence in Germany, Austria and Hungary after the Great War', *Past and Present* 200 (August 2008), pp. 175–209.

—— and Horne, J., 'The Great War and Paramilitarism in Europe, 1917–23', *Contemporary European History* 19(3) (August 2010), pp. 267–73.

—— and Malinowski, S., 'Hannah Arendt's Ghosts: Reflections on the Disputable Path from Windhoek to Auschwitz', *Central European History* 42(2) (June 2009), pp. 279–300.

Geyer, M., *Deutsche Rüstungspolitik 1860–1980* (Frankfurt am Main: Suhrkamp, 1984).

——, 'German Strategy in the Age of Machine Warfare, 1914–1945', in P. Paret (ed.), *Makers of Modern Strategy from Machiavelli to the Nuclear Age* (Oxford: Clarendon Press, 1986), pp. 527–97.

——, 'Insurrectionary Warfare: The German Debate about a Levée en Masse in October 1918', *The Journal of Contemporary History* 73(3) (September 2001), pp. 459–527.

Glettler, M., 'Die slowakische Gesellschaft unter der Einwirkung von Krieg und Militarisierung 1914–1918', in H. Mommsen, D. Kováč, J. Malíř and M. Marek (eds.), *Der Erste Weltkrieg und die Beziehungen zwischen Tschechen, Slowaken und Deutschen* (Essen: Klartext, 2001), pp. 93–108.

Godsey, Jr, W. D., *Aristocratic Redoubt: The Austro-Hungarian Foreign Office on the Eve of the First World War* (West Lafayette, IN: Purdue University Press, 1999).

Goebel, S., 'Forging the Industrial Home Front: Iron-Nail Memorials in the Ruhr', in J. Macleod and P. Purseigle (eds.), *Uncovered Fields: Perspectives in First World War Studies* (Leiden and Boston, MA: Brill, 2004), pp. 159–78.

——, 'Re-Membered and Re-Mobilized: The "Sleeping Dead" in Interwar Germany and Britain', *Journal of Contemporary History* 39(4) (October 2004), pp. 487–501.

——, 'Schools', in J. Winter and J.-L. Robert (eds.), *Capital Cities at War: Paris, London, Berlin 1914–1919. Vol. 2: A Cultural History* (2 vols., Cambridge and New York: Cambridge University Press, 2007), pp. 188–234.

Golczewski, F., *Polnische-Jüdische Beziehungen 1881–1922. Eine Studie zur Geschichte des Antisemitismus in Osteuropa* (Wiesbaden: Franz Steiner, 1981).

Goltz, A. von der [published as Menge, A.], 'The *Iron Hindenburg*: A Popular Icon of Weimar Germany', *German History* 26(3) (July 2008), pp. 357–82.

——, *Hindenburg: Power, Myth, and the Rise of the Nazis* (Oxford and New York: Oxford University Press, 2009).

Grady, T., *The German-Jewish Soldiers of the First World War in History and Memory* (Liverpool: Liverpool University Press, 2011).

Grandner, M., *Kooperative Gewerkschaftspolitik in der Kriegswirtschaft: Die freien Gewerkschaften Österreichs im ersten Weltkrieg* (Vienna, Cologne and Weimar: Böhlau, 1992).

Granier, G., 'Kriegführung und Politik am Beispiel des Handelskriegs mit U-Booten 1915–1918', in K. Oldenhage, H. Schreyer and W. Werner (eds.), *Archiv und Geschichte. Festschrift für Friedrich P. Kahlenberg* (Düsseldorf: Droste, 2000), pp. 595–640.

——, 'Pirat oder Kriegsmann? Die active Teilnahme von Handelsschiffen am Seekrieg von 1914 bis 1918 und die Fälle der Kapitäne Fryatt und Blaikie', *Militärgeschichtliche Zeitschrift* 62(2) (2003), pp. 459–69.

Greenhalgh, E., *Foch in Command: The Forging of a First World War General* (Cambridge and New York: Cambridge University Press, 2011).

Gregory, A., 'Railway Stations: Gateways and Termini', in J. Winter and J.-L. Robert (eds.), *Capital Cities at War: Paris, London, Berlin, 1914–1919. Vol. 2: A Cultural History* (2 vols., Cambridge and New York: Cambridge University Press, 2007), pp. 23–56.

Groß, G. P., 'Eine Frage der Ehre? Die Marineführung und der letzte Flottenvorstoß 1918', in J. Duppler and G. P. Groß (eds.), *Kriegsende 1918. Ereignis, Wirkung, Nachwirkung. Beiträge zur Militärgeschichte. Herausgegeben vom Militärgeschichtlichen Forschungsamt. Band 53* (Munich: R. Oldenbourg, 1999), pp. 349–65.

——, 'Im Schatten des Westens. Die deutsche Kriegführung an der Ostfront bis Ende 1915', in G. P. Groß (ed.), *Die vergessene Front. Der Osten 1914/15. Ereignis, Wirkung, Nachwirkung* (Paderborn, Munich, Vienna and Zurich: Ferdinand Schöningh, 2006), pp. 49–64.

——, 'There was a Schlieffen Plan: Neue Quellen', in H. Ehlert, M. Epkenhans and G. P. Groß (eds.), *Der Schlieffenplan. Analysen und Dokumente* (Paderborn, Munich, Vienna and Zurich: Ferdinand Schöningh, 2006), pp. 117–60.

Gross, S., 'Confidence and Gold: German War Finance, 1914–1918', *Central European History* 42(2) (June 2009), pp. 223–52.

Groth, O., *Die Zeitung. Ein System der Zeitungskunde (Journalistik), I* (4 vols., Mannheim, Berlin and Leipzig: J. Bensheimer, 1928).

Gudmundsson, B. I., *Stormtroop Tactics: Innovation in the German Army, 1914–1918* (Westport, CT, and London: Praeger, 1989, 1995).

Gumz, J. E., *The Resurrection and Collapse of Empire in Habsburg Serbia, 1914–1918* (Cambridge and New York: Cambridge University Press, 2009).

Gygi, F., 'Shattered Experiences – Recycled Relics: Strategies of Representation and the Legacy of the Great War', in N. J. Saunders (ed.), *Matters of Conflict: Material Culture, Memory and the First World War* (London and New York: Routledge, 2004), pp. 72–89.

Hadley, M. L., *Count Not the Dead: The Popular Image of the German Submarine* (Quebec City: McGill-Queen's University Press, 1995).

Hadley, T., 'Military Diplomacy in the Dual Alliance: German Military Attaché Reporting from Vienna, 1906–1914', *War in History* 17(3) (July 2010), pp. 294–312.

Hagen, M. von, *War in a European Borderland: Occupations and Occupation Plans in Galicia and Ukraine, 1914–1918* (Seattle, WA: REECAS, University of Washington, 2007).

Hagen, W. W., *Germans, Poles, and Jews: The Nationality Conflict in the Prussian East, 1772–1914* (Chicago, IL, and London: University of Chicago Press, 1980).

Hagenlücke, H., *Deutsche Vaterlandspartei. Die nationale Rechte am Ende des Kaiserreiches* (Düsseldorf: Droste, 1997).

Hall, R. C., 'Bulgaria in the First World War', *The Historian* 73(2) (Summer 2011), pp. 300–15.

Halliday, J. D., 'Censorship in Berlin and Vienna during the First World War: A Comparative View', *The Modern Language Review* 83(3) (July 1988), pp. 612–26.

Halpern, P. G., *A Naval History of World War I* (Annapolis, MD: Naval Institute Press, 1994).

Hamilton, R. F. and Herwig, H. (eds.), *The Origins of World War I* (Cambridge, New York, Melbourne, Madrid and Cape Town: Cambridge University Press, 2003).

Hamlin, D., ' "*Dummes Geld*": Money, Grain, and the Occupation of Romania in WWI', *Central European History* 42(3) (September 2009), pp. 451–71.

Hämmerle, C., 'Zur Liebesarbeit sind wir hier, Soldatenstrümpfe stricken wir . . . Anmerkungen zu einer besonderen Form weiblicher *Kriegsfürsorge* im Ersten Weltkrieg', *Austriaca. Cahiers Universitaires d'Information sur l'Autriche* 42 (June 1996), pp. 89–102.

——, 'Die k.(u.)k. Armee als "Schule des Volkes"? Zur Geschichte der Allgemeinen Wehrpflicht in der multinationalen Habsburgermonarchie (1866–1914/18)', in C. Jansen (ed.), *Der Bürger als Soldat. Die Militärisierung europäischer Gesellschaften im langen 19. Jahrhundert: ein internationaler Vergleich* (Essen: Klartext, 2004), pp. 175–213.

——, ' ". . . dort wurden wir dressiert und sekiert und geschlagen . . ." Vom Drill, dem Disziplinarstrafrecht und Soldatenmisshandlungen im Heer (1868 bis 1914)', in L. Cole, C. Hämmerle and M. Scheutz (eds.), *Glanz – Gewalt – Gehorsam. Militär und Gesellschaft in der Habsburgermonarchie (1800 bis 1918)* (Essen: Klartext, 2011), pp. 31–54.

Hanák, P., 'Die Volksmeinung während des letzten Kriegsjahres in Österreich-Ungarn', in R. G. Plaschka and K. Mack (eds.), *Die Auflösung des Habsburgerreiches. Zusammenbruch und Neuorientierung im Donauraum* (Vienna: Verlag für Geschichte und Politik, 1970), pp. 58–66.

Hanebrink, P. A., *In Defense of Christian Hungary: Religion, Nationalism, and Anti-Semitism, 1890–1944* (Ithaca, NY, and London: Cornell University Press, 2006).

Hankel, G., *Die Leipziger Prozesse. Deutsche Kriegsverbrechen und ihre strafrechtliche Verfolgung nach dem Ersten Weltkrieg* (Hamburg: Hamburger Edition, 2003).

Hardach, G., *The First World War, 1914–1918* (London: Allen Lane/The Penguin Press, 1977).

Harris, J. P., and Barr, N., *Amiens to the Armistice. The BEF in the Hundred Days' Campaign, 8 August–11 November 1918* (London: Brassey's, 1998).

Harris, R., 'The "Child of the Barbarian": Rape, Race and Nationalism in France during the First World War', *Past & Present* 141 (November 1993), pp. 170–206.

Hartungen, C. von, 'Die Tiroler und Vorarlberger Standschützen – Mythos und Realität', in K. Eisterer and R. Steininger (eds.), *Tirol und der Erste Weltkrieg* (Innsbruck: Österreichischer Studien Verlag, 1995), pp. 61–104.

Harvey, D. A., 'Lost Children or Enemy Aliens? Classifying the Population of Alsace after the First World War', *Journal of Contemporary History* 34(4) (October 1999), pp. 537–54.

Haselsteiner, H., 'The Habsburg Empire in World War I: Mobilization of Food Supplies', in B. K. Király and N. F. Dreisziger (eds.), *East Central European Society in World War I* (Boulder, CO, and Highland Lakes, NJ: Social Science Monographs and Atlantic Research and Publications, 1985), pp. 87–102.

Hautmann, H., 'Prozesse gegen Defätisten, Kriegsgegner, Linksradikale und streikende Arbeiter im Ersten Weltkrieg', in K. R. Stadler (ed.), *Sozialistenprozesse. Politische Justiz in Österreich 1870–1936* (Vienna, Munich and Zurich: Europaverlag, 1986), pp. 153–79.

Havránek, J., 'Politische Repression und Versorgungsengpässe in den böhmischen Ländern 1914 bis 1918', in H. Mommsen, D. Kováč, J. Malíř and M. Marek (eds.), *Der Erste Weltkrieg und die Beziehungen zwischen Tschechen, Slowaken und Deutschen* (Essen: Klartext, 2001), pp. 47–66.

Healy, M., *Vienna and the Fall of the Habsburg Empire: Total War and Everyday Life in World War I* (Cambridge: Cambridge University Press, 2004, 2007).

Heiss, H., 'Andere Fronten. Volksstimmung und Volkserfahrung in Tirol während des Ersten Weltkrieges', in K. Eisterer and R. Steininger (eds.), *Tirol und der Erste Weltkrieg* (Innsbruck: Österreichischer Studien Verlag, 1995), pp. 139–77.

Herbert, U., 'Zwangsarbeit als Lernprozeß. Zur Beschäftigung ausländischer Arbeiter in der westdeutschen Industrie im Ersten Weltkrieg', *Archiv für Sozialgeschichte* 24 (1984), pp. 285–304.

——, *A History of Foreign Labor in Germany, 1880–1980: Seasonal Workers/Forced Laborers/Guest Workers* (Ann Arbor, MI: The University of Michigan Press, 1990).

Herrmann, D. G., *The Arming of Europe and the Making of the First World War* (Princeton, NJ: Princeton University Press, 1996).

Herwig, H. H., 'Admirals *versus* Generals: The War Aims of the Imperial German Navy, 1914–1918', *Central European History* 5(3) (September 1972), pp. 208–33.

——, *'Luxury' Fleet: The Imperial German Navy, 1888–1918* (London, Boston and Sydney: George

Allen & Unwin, 1980).
——, 'Tunes of Glory at the Twilight Stage: The Bad Homburg Crown Council and the Evolution of German Statecraft, 1917/1918', *German Studies Review* 6(3) (October 1983), pp. 475–94.
——, 'The Dynamics of Military Necessity: German Military Policy during the First World War', in A. R. Millett and W. Murray (eds.), *Military Effectiveness. Vol. I: The First World War* (3 vols., Boston, MA, London, Sydney and Wellington, 1988), pp. 80–115.
——, 'Disjointed Allies: Coalition Warfare in Berlin and Vienna, 1914', *The Journal of Military History* 54(3) (July 1990), pp. 265–80.
——, *The First World War: Germany and Austria-Hungary, 1914–1918* (London, New York, Sydney and Auckland: Arnold, 1997).
——, 'Total Rhetoric, Limited War: Germany's U-Boat Campaign, 1917–1918', in R. Chickering and S. Förster (eds.), *Great War, Total War: Combat and Mobilization on the Western Front, 1914–1918* (Washington, DC, and Cambridge: German Historical Institute and Cambridge University Press, 2000), pp. 189–206.
——, 'Germany and the "Short-War" Illusion: Toward a New Interpretation?', *The Journal of Military History* 66(3) (July 2002), pp. 681–93.
——, 'Germany', in R. F. Hamilton and H. Herwig (eds.), *The Origins of World War I* (Cambridge, New York, Melbourne, Madrid and Cape Town: Cambridge University Press, 2003), pp. 151–87.
——, 'Why Did It Happen?', in R. F. Hamilton and H. Herwig (eds.), *The Origins of World War I* (Cambridge, New York, Melbourne, Madrid and Cape Town: Cambridge University Press, 2003), pp. 443–68.
—— and Trask, D. F., 'The Failure of Imperial Germany's Undersea Offensive Against World Shipping, February 1917–October 1918', *The Historian* 33(4) (August 1971), pp. 611–36.
Heumos, P., ' "Kartoffeln her oder es gibt eine Revolution". Hungerkrawalle, Streiks und Massenproteste in den böhmischen Ländern 1914–1918', in H. Mommsen, D. Kováč, J. Malíř and M. Marek (eds.), *Der Erste Weltkrieg und die Beziehungen zwischen Tschechen, Slowaken und Deutschen* (Essen: Klartext, 2001), pp. 255–86.
Hewitson, M., 'Images of the Enemy: German Depictions of the French Military, 1890–1914', *War in History* 11(1) (January 2004), pp. 4–33.
Hirschfeld, G., Krumeich, G., Renz, I. and Pöhlmann, M. (eds.), *Enzyklopädie Erster Weltkrieg* (Paderborn, Munich, Vienna and Zurich: Ferdinand Schöningh, 2003, 2004).
——, 'Die Somme-Schlacht von 1916', in G. Hirschfeld, G. Krumeich and I. Renz (eds.), *Die Deutschen an der Somme 1914–1918* (Essen: Klartext, 2006), pp. 79–89.
Höbelt, L., ' "Well-Tempered Discontent": Austrian Domestic Politics', in M. Cornwall (ed.), *The Last Years of Austria-Hungary: A Multi-National Experiment in Early Twentieth-Century Europe*, revised and expanded edn (Exeter: University of Exeter Press, 2002), pp. 47–74.
Hoeres, P., *Krieg der Philosophen: Die deutsche und britische Philosophie im Ersten Weltkrieg* (Paderborn: Ferdinand Schöningh, 2004).
——, 'Die Slawen. Perzeptionen des Kriegsgegners bei den Mittelmächten. Selbst- und Feindbild', in G. P. Groß (ed.), *Die vergessene Front. Der Osten 1914/15. Ereignis, Wirkung, Nachwirkung* (Paderborn, Munich, Vienna and Zurich: Ferdinand Schöningh, 2006), pp. 179–200.
Hoffmann, C., 'Between Integration and Rejection: The Jewish Community in Germany, 1914–1918', in J. Horne (ed.), *State, Society and Mobilization in Europe during the First World War* (Cambridge: Cambridge University Press, 1997), pp. 89–104.
Hoffmann, H., ' "Schwarzer Peter im Weltkrieg": Die deutsche Spielwarenindustrie 1914–1918', in G. Hirschfeld, G. Krumeich, D. Langewiesche and H.-P. Ullmann (eds.), *Kriegserfahrungen. Studien zur Sozial- und Mentalitätsgeschichte des Ersten Weltkriegs* (Essen: Klartext, 1997), pp. 323–35.
Hoffmann-Holter, B., *'Abreisendmachung'. Jüdische Kriegsflüchtlinge in Wien 1914 bis 1923* (Cologne and Weimar: Böhlau, 1995).
Hoffrogge, R., 'Räteaktivisten in der USPD: Richard Müller und die Revolutionären Obleute in Berliner Betrieben', in U. Plener (ed.), *Die Novemberrevolution 1918/1919 in Deutschland. Für bürgerliche und sozialistische Demokratie. Allgemeine, regionale und biographische Aspekte. Beiträge zum

90. Jahrestag der Revolution (Berlin: Karl Dietz, 2009), pp. 189–99.

Holmes, T. M., 'The Reluctant March on Paris: A Reply to Terence Zuber's "The Schlieffen Plan Reconsidered" ', *War in History* 8(2) (April 2001), pp. 208–32.

——, 'The Real Thing: A Reply to Terence Zuber's "Terence Holmes Reinvents the Schlieffen Plan" ', *War in History* 9(1) (January 2002), pp. 111–20.

——, 'Asking Schlieffen: A Further Reply to Terence Zuber', *War in History* 10(4) (November 2003), pp. 464–79.

Holquist, P., 'To Count, to Extract, and to Exterminate: Population Statistics and Population Politics in Late Imperial and Soviet Russia', in R. G. Suny and T. Martin (eds.), *A State of Nations: Empire and Nation-Making in the Age of Lenin and Stalin* (Oxford and New York: Oxford University Press, 2001), pp. 111–44.

——, 'Les Violences de l'Armée Russe à l'Encontre des Juifs en 1915: Causes et Limites', in J. Horne (ed.), *Vers la Guerre Totale: Le Tournant de 1914–15* (Paris: Tallandier, 2010), pp. 191–219.

——, 'The Role of Personality in the First (1914–1915) Russian Occupation of Galicia and Bukovina', in J. Dekel-Chen, D. Gaunt, N. M. Meir and I. Barton (eds.), *Anti-Jewish Violence: Rethinking the Pogrom in European History* (Bloomington and Indianapolis, IN: Indiana University Press, 2010), pp. 52–73.

Holzer, A., *Das Lächeln der Henker. Der unbekannte Krieg gegen die Zivilbevölkerung 1914–1918* (Darmstadt: Primus, 2008).

Horn, D., *Mutiny on the High Seas: The Imperial German Naval Mutinies of World War One* (London: Leslie Frewin, 1969).

Horne, A., *The Price of Glory: Verdun 1916* (London: Macmillan, 1962).

Horne, J. and Kramer, A., 'German "Atrocities" and Franco-German Opinion, 1914: The Evidence of German Soldiers' Diaries', *The Journal of Modern History* 66(1) (March 1994), pp. 1–33.

——, *German Atrocities, 1914: A History of Denial* (New Haven, CT, and London: Yale University Press, 2001).

Houlihan, P. J., 'Was There an Austrian Stab-in-the-Back Myth? Interwar Military Interpretations of Defeat', in G. Bischof, F. Plasser, and P. Berger (eds.), *From Empire to Republic: Post-World War I Austria* (New Orleans, LA: University of New Orleans Press, 2010), pp. 67–89.

Howard, M., 'Men against Fire: Expectations of War in 1914', *International Security* 9(1) (Summer 1984), pp. 41–57.

Hristo, H., *Revolutsionnata Kriza v Bulgaria prez 1918–1919* (Sofia: Bulgarian Communist Party, 1957).

Hull, I. V., *The Entourage of Kaiser Wilhelm II, 1888–1918* (Cambridge: Cambridge University Press, 1982).

——, *Absolute Destruction: Military Culture and the Practices of War in Imperial Germany* (Ithaca, NY, and London: Cornell University Press, 2005).

Hürten, H., 'Die katholische Kirche im Ersten Weltkrieg', in W. Michalka (ed.), *Der Erste Weltkrieg. Wirkung, Wahrnehmung, Analyse* (Munich and Zurich: Piper, 1994), pp. 725–35.

Ihnatowicz, I., 'Gospodarka na ziemiach polskich w okresie I Wojny Światowej', in B. Zientara, A. Mączak, I. Ihnatowicz and Z. Landau, *Dzieje Gospodarcze Polski do 1939 r.* (Warsaw: Wiedza Powszechna, 1965), pp. 455–65.

Ingenlath, M., *Mentale Aufrüstung. Militarisierungstendenzen in Frankreich und Deutschland vor dem Ersten Weltkrieg* (Frankfurt and New York: Campus, 1998).

Jackman, S. D., 'Shoulder to Shoulder: Close Control and "Old Prussian Drill" in German Offensive Infantry Tactics, 1871–1914', *Journal of Military History* 68(1) (January 2004), pp. 73–104.

Jahn, H., 'Die Germanen. Perzeptionen des Kriegsgegners in Russland zwischen Selbst- und Feindbild', in G. P. Groß (ed.), *Die vergessene Front. Der Osten 1914/15. Ereignis, Wirkung, Nachwirkung* (Paderborn, Munich, Vienna and Zurich: Ferdinand Schöningh, 2006), pp. 165–77.

Jahn, P., ' "Zarendreck, Barbarendreck" – Die russische Besetzung Ostpreußens 1914 in der deutschen Öffentlichkeit', in K. Eimermacher and A. Volpert (eds.), *Verführungen der Gewalt. Russen und Deutsche im Ersten und Zweiten Weltkrieg* (Munich: Wilhelm Fink, 2005), pp. 223–41.

Jahr, C., *Gewöhnliche Soldaten. Desertion und Deserteure im deutschen und britischen Heer 1914–1918* (Göttingen: Vandenhoeck & Ruprecht, 1998).
James, L., 'War and Industry: A Study of the Industrial Relations in the Mining Regions of South Wales and the Ruhr during the Great War, 1914–1918', *Labour History Review* 68(2) (August 2003), pp. 195–215.
Jarausch, K. H., 'The Illusion of Limited War: Chancellor Bethmann Hollweg's Calculated Risk, July 1914', *Central European History* 2(1) (March 1969), pp. 48–76.
———, *The Enigmatic Chancellor: Bethmann Hollweg and the Hubris of Imperial Germany* (New Haven, CT, and London: Yale University Press, 1973).
Jászi, O., *The Dissolution of the Habsburg Monarchy* (Chicago, IL, and London: University of Chicago Press, 1929, 1966).
Jelavich, B., 'Clouded Image: Critical Perceptions of the Habsburg Empire in 1914', *Austrian History Yearbook* 23 (1992), pp. 23–35.
Jeřábek, R., *Potiorek. General im Schatten von Sarajevo* (Graz, Vienna and Cologne: Styria, 1991).
———, 'The Eastern Front', in M. Cornwall (ed.), *The Last Years of Austria-Hungary: A Multi-National Experiment in Early Twentieth-Century Europe*, revised and expanded edn (Exeter: University of Exeter Press, 2002), pp. 149–65.
Jessen-Klingenberg, M., 'Die Ausrufung der Republik durch Philipp Scheidemann am 9. November 1918', *Geschichte in Wissenschaft und Unterricht* 19(11) (November 1968), pp. 649–56.
Johnson, D., 'French War Aims and the Crisis of the Third Republic', in B. Hunt and A. Preston (eds.), *War Aims and Strategic Policy in the Great War* (London: Croom Helm, 1977), pp. 41–54.
Johr, B., 'Die Ereignisse in Zahlen', in H. Sander and B. Johr, *Befreier und Befreite. Krieg, Vergewaltigung, Kinder* (Frankfurt am Main: Fischer Taschenbuch, 2005), pp. 46–73.
Joll, J., *The Origins of the First World War*, 2nd edn (London and New York: Longman, 1984, 1992).
Joly, W., *Standschützen. Die Tiroler und Vorarlberger k.k. Standschützen-Formationen im Ersten Weltkrieg. Organisation und Einsatz* (Innsbruck: Universitätsverlag Wagner, 1998).
Jones, D. R., 'Imperial Russia's Forces at War', in A. R. Millett and W. Murray (eds.), *Military Effectiveness. Vol. I: The First World War* (3 vols., Boston, MA, London, Sydney and Wellington, 1988), pp. 249–328.
Jones, H., 'Encountering the "Enemy": Prisoner of War Transport and the Development of War Cultures in 1914', in P. Purseigle (ed.), *Warfare and Belligerence: Perspectives in First World War Studies* (Leiden and Boston, MA: Brill, 2005), pp. 133–62.
———, 'The German Spring Reprisals of 1917: Prisoners of War and the Violence of the Western Front', *German History* 26(3) (July 2008), pp. 335–56.
———, 'Imperial Captivities: Colonial Prisoners of War in Germany and the Ottoman Empire, 1914–1918', in S. Das (ed.), *Race, Empire and First World War Writing* (Cambridge and New York: Cambridge University Press, 2011), pp. 175–93.
———, *Violence Against Prisoners of War in the First World War: Britain, France and Germany, 1914–1920* (Cambridge: Cambridge University Press, 2011).
Kann, R. A., *A History of the Habsburg Empire, 1526–1918* (Berkeley and Los Angeles, CA, and London: University of California Press, 1974).
———, 'Trends in Austro-German Literature during World War I: War Hysteria and Patriotism', in R. A. Kann, B. K. Király and P. S. Fichtner (eds.), *The Habsburg Empire in World War I: Essays on the Intellectual, Military, Political and Economic Aspects of the Habsburg War Effort* (Boulder, CO, and New York: East European Quarterly and Columbia University Press, 1977), pp. 159–83.
Kapp, R. W., 'Bethmann-Hollweg, Austria-Hungary and Mitteleuropa, 1914–1915', *Austrian History Yearbook* 19 (1983), pp. 215–36.
———, 'Divided Loyalties: The German Reich and Austria-Hungary in Austro-German Discussions of War Aims, 1914–1916', *Central European History* 17(2/3) (June–September 1984), pp. 120–39.
Kappeler, A., *The Russian Empire: A Multi-Ethnic History* (Harlow: Longman, 2001).
Kargol, T., 'Ziemiaństwo wobec sytuacji gospodarczej Galicji w czasie I wojny światowej', in D. Grinberg, J. Snopko and G. Zackiewicz (eds.), *Lata wielkiej wojny. Dojrzewanie do niepodległości*

1914–1918 (Białystok: Wydawnictwo Uniwersytetu w Białymstoku, 2007), pp. 215–28.

———, *Odbudowa Galicji ze zniszczeń wojennych w latach 1914–1918* (Cracow: Towarzystwo Wydawnicze 'Historia Iagellonica', 2012).

Kennedy, P., *The Rise of the Anglo-German Antagonism, 1860–1914* (London: Allen & Unwin, 1980).

King, J., 'The Municipal and the National in the Bohemian Lands, 1848–1914', *Austrian History Yearbook* 42 (2011), pp. 89–109.

Kirk, D., *Europe's Population in the Interwar Years* (New York: Gordon and Breach, Science Publishers, 1946).

Kitchen, M., *The German Officer Corps, 1890–1914* (Oxford: Clarendon Press, 1968).

———, 'Militarism and the Development of Fascist Ideology: The Political Ideas of Colonel Max Bauer, 1916–1918', *Central European History* 8(3) (September 1975), pp. 199–220.

———, *The Silent Dictatorship: The Politics of the German High Command under Hindenburg and Ludendorff* (London: Croom Helm, 1976).

———, *The German Offensives of 1918* (Stroud: Tempus, 2001).

Klein, H.-D., 'Zwischen Burgfrieden und Komintern. Die Unabhängige Sozialdemokratie in Halle-Merseburg 1917–1920', in H. Grebing, H. Mommsen and K. Rudolph (eds.), *Demokratie und Emanzipation zwischen Saale und Elbe. Beiträge zur Geschichte der sozialdemokratischen Arbeiterbewegung bis 1933* (Essen: Klartext, 1993), pp. 181–95.

Kluge, U., *Soldatenräte und Revolution. Studien zur Militärpolitik in Deutschland 1918/19* (Göttingen: Vandenhoeck & Ruprecht, 1975).

———, *Die deutsche Revolution 1918/1919. Staat, Politik und Gesellschaft Zwischen Weltkrieg und Kapp-Putsch* (Frankurt am Main: Suhrkamp, 1985).

Knoch, P., 'Kriegsalltag', in P. Knoch (ed.), *Kriegsalltag. Die Rekonstruktion des Kriegsalltags als Aufgabe der historischen Forschung und der Friedenserziehung* (Stuttgart: J. B. Metzlersche Versbuchhandlung, 1989), pp. 222–51.

———, 'Erleben und Nacherleben: Das Kriegserlebnis im Augenzeugenbericht und im Geschichtsunterricht', in G. Hirschfeld, G. Krumeich and I. Renz (eds.), *'Keiner fühlt sich hier mehr als Mensch . . .' Erlebnis und Wirkung des Ersten Weltkriegs* (Essen: Klartext, 1993), pp. 199–219.

Koch, E., ' "Jeder tut, was er kann fürs Vaterland": Frauen und Männer an der Heilbronner "Heimatfront" ', in G. Hirschfeld, G. Krumeich, D. Langewiesche and H.-P. Ullmann (eds.), *Kriegserfahrungen. Studien zur Sozial- und Mentalitätsgeschichte des Ersten Weltkriegs* (Essen: Klartext, 1997), pp. 36–52.

Kocka, J., *Facing Total War: German Society, 1914–1918* (Leamington Spa: Berg, 1984).

———, 'German History before Hitler: The Debate about the German *Sonderweg*', *Journal of Contemporary History* 23(1) (January 1988), pp. 3–16.

Kolata, G., *Flu: The Story of the Great Influenza Pandemic of 1918 and the Search for the Virus that Caused it* (New York: Touchstone, 2001).

Kossert, A., *Preußen, Deutsche oder Polen? Die Masuren im Spannungsfeld des ethnischen Nationalismus 1870–1956* (Wiesbaden: Harrassowitz, 2001).

———, *Ostpreußen. Geschichte und Mythos* (Munich: Siedler, 2005).

Koszyk, K., *Deutsche Pressepolitik im Ersten Weltkrieg* (Düsseldorf: Droste, 1968).

Kramer, A., '*Wackes* at War: Alsace-Lorraine and the Failure of German National Mobilization, 1914–1918', in J. Horne (ed.), *State, Society and Mobilization in Europe during the First World War* (Cambridge: Cambridge University Press, 1997), pp. 105–21.

———, 'Italienische Kriegsgefangene im Ersten Weltkrieg', in H. J. W. Kuprian and O. Überegger (eds.), *Der Erste Weltkrieg im Alpenraum. Erfahrung, Deutung, Erinnerung. La Grande Guerra nell'arco alpino. Esperienze e memoria* (Innsbruck: Universitätsverlag Wagner, 2006), pp. 247–58.

———, *Dynamic of Destruction: Culture and Mass Killing in the First World War* (Oxford and New York: Oxford University Press, 2007).

———, 'Combatants and Noncombatants: Atrocities, Massacres, and War Crimes', in J. Horne (ed.), *A Companion to World War I* (Malden, MA, Oxford and Chichester: Wiley-Blackwell, 2010), pp.

188–201.
Kratoska, P. H. (ed.), *The Thailand-Burma Railway, 1942–1946: Documents and Selected Writings. Vol. 1: Summary Accounts* (6 vols., Abingdon and New York: Routledge, 2006).
Křen, J., *Die Konfliktgemeinschaft. Tschechen und Deutsche 1780–1918*, trans. P. Heumos (Munich: R. Oldenbourg, 2000).
Kronenberg, M., *Die Bedeutung der Schule für die 'Heimatfront' im Ersten Weltkrieg. Sammlungen, Hilfsdienste, Feiern und Nagelungen im deutschen Reich* (Norderstedt: GRIN, 2010).
Kronenbitter, G., 'Die Macht der Illusionen. Julikrise und Kriegsausbruch 1914 aus der Sicht des deutschen Militärattachés in Wien', *Militärgeschichtliche Mitteilung* 57(2) (1998), pp. 519–50.
——, *'Krieg im Frieden'. Die Führung der k.u.k. Armee und die Großmachtpolitik Österreichs-Ungarns 1906–1914* (Munich: R. Oldenbourg, 2003).
——, 'Die militärische Planung der k.u.k. Armee und der Schlieffenplan', in H. Ehlert, M. Epkenhans and G. P. Groß, *Der Schlieffenplan. Analysen und Dokumente* (Paderborn, Munich, Vienna and Zurich: Ferdinand Schöningh, 2006), pp. 205–20.
Kruse, W., 'Die Kriegsbegeisterung im deutschen Reich zu Beginn des Ersten Weltkrieges', in M. van der Linden and G. Mergner (eds.), *Kriegsbegeisterung und mentale Kriegsvorbereitung. Interdisziplinäre Studien* (Berlin: Duncker und Humblot, 1991), pp. 73–87.
——, *Krieg und nationale Integration. Eine Neuinterpretation des sozialdemokratischen Burgfriedensschlusses 1914/15* (Essen: Klartext, 1993).
——, 'Krieg und Klassenheer. Zur Revolutionierung der deutschen Armee im Ersten Weltkrieg', *Geschichte und Gesellschaft. Zeitschrift für Historische Sozialwissenschaft* 22(4) (1996), pp. 530–61.
—— (ed.), *Eine Welt von Feinden. Der Große Krieg 1914–1918* (Frankfurt am Main: Fischer Taschenbuch, 1997).
Kulischer, E. M., *Europe on the Move: War and Population Changes, 1917–1947* (New York: Columbia University Press, 1948).
Kundrus, B., 'Gender Wars: The First World War and the Construction of Gender Relations in the Weimar Republic', in K. Hagemann and S. Schüler-Springorum (eds.), *Home/Front: The Military, War and Gender in Twentieth-Century Germany* (Oxford and New York: Berg, 2002), pp. 159–79.
Kuprian, H. J. W., 'Flüchtlinge, Evakuierte und die staatliche Fürsorge', in K. Eisterer and R. Steininger (eds.), *Tirol und der Erste Weltkrieg* (Innsbruck: Österreichischer Studien Verlag, 1995), pp. 277–305.
Kwan, J., 'Nationalism and All That: Reassessing the Habsburg Monarchy and its Legacy', *European History Quarterly* 41(1) (January 2011), pp. 88–108.
Larsen, D., 'War Pessimism and an American Peace in Early 1916', *The International History Review* 34(4) (December 2012), pp. 795–817.
Latzel, K., *Deutsche Soldaten – nationalsozialistischer Krieg? Kriegserlebnis – Kriegserfahrung 1939–45* (Paderborn, Munich, Vienna and Zurich: Ferdinand Schöningh, 1998).
Lawrence, J., 'The Transition to War in 1914', in J. Winter and J.-L. Robert (eds.), *Capital Cities at War: Paris, London, Berlin, 1914–1919* (Cambridge, New York and Melbourne: Cambridge University Press, 1997), pp. 135–63.
Lee, J., 'Administrators and Agriculture: Aspects of German Agricultural Policy in the First World War', in J. M. Winter (ed.), *War and Economic Development* (Cambridge, London, New York and Melbourne: Cambridge University Press, 1975), pp. 229–38.
Lehnstaedt, S., 'Fluctuating between "Utilisation" and Exploitation: Occupied East Central Europe during the First World War', in J. Böhler, W. Borodziej and J. von Puttkamer (eds.), *Legacies of Violence: Eastern Europe's First World War* (Munich: Oldenbourg, 2014), pp. 89–112.
——, 'Imperiale Ordnungen statt Germanisierung. Die Mittelmächte in Kongresspolen, 1915–1918', *Osteuropa* 64(2–4) (2014), pp. 221–32.
Leidinger, H., 'Der Kieler Aufstand und die deutsche Revolution', in V. Moritz and H. Leidinger (eds.), *Die Nacht des Kirpitschnikow. Eine andere Geschichte des Ersten Weltkriegs* (Vienna: Deuticke, 2006), pp. 206–41.

——, 'Suizid und Militär. Debatten – Ursachenforschung – Reichsratsinterpellationen 1907–1914', in L. Cole, C. Hämmerle and M. Scheutz (eds.), *Glanz – Gewalt – Gehorsam. Militär und Gesellschaft in der Habsburgermonarchie (1800 bis 1918)* (Essen: Klartext, 2011), pp. 337–58.

Lein, R., *Pflichterfüllung oder Hochverrat? Die tschechischen Soldaten Österreich-Ungarns im Ersten Weltkrieg* (Vienna and Berlin: Lit, 2011).

Lerner, P., *Hysterical Men: War, Psychiatry, and the Politics of Trauma in Germany, 1890–1930* (Ithaca, NY, and London: Cornell University Press, 2003).

Leslie, J., 'Österreich-Ungarn vor dem Kriegsausbruch. Der Ballhausplatz in Wien im Juli 1914 aus der Sicht eines österreichisch-ungarischen Diplomaten', in R. Melville, C. Scharf, M. Vogt and U. Wengenroth (eds.), *Deutschland und Europa in der Neuzeit. Festschrift für Karl Otmar Freiherr von Aretin zum 65. Geburtstag. 2. Halbband* (Stuttgart: Franz Steiner Verlag Wiesbaden GMBH, 1988), pp. 661–84.

——, 'The Antecedents of Austria-Hungary's War Aims: Policies and Policy-Makers in Vienna and Budapest before and during 1914', *Wiener Beiträge zur Geschichte der Neuzeit* 20 (1993), pp. 307–94.

Levsen, S., *Elite, Männlichkeit und Krieg. Tübinger und Cambridger Studenten 1900–1929* (Göttingen: Vandenhoeck & Ruprecht, 2006).

Liberman, P., *Does Conquest Pay? The Exploitation of Occupied Industrial Societies* (Princeton, NJ: Princeton University Press, 1996).

Lieven, D. C. B., *Russia and the Origins of the First World War* (London: Macmillan, 1983).

Lindemann, A. S., *Esau's Tears: Modern Anti-Semitism and the Rise of the Jews* (Cambridge: Cambridge University Press, 1997).

Linke, H. G., 'Rußlands Weg in den Ersten Weltkrieg und seine Kriegsziele 1914–1917', *Militärgeschichtliche Mitteilung* 32(2) (1982), pp. 9–34.

Lipkes, J., *Rehearsals: The German Army in Belgium, August 1914* (Leuven: Leuven University Press, 2007).

Lipták, L., 'Soldatenrevolten und die Spaltung der Nationalitäten in Ungarn 1918', H. Mommsen, D. Kováč, J. Malíř and M. Marek (eds.), *Der Erste Weltkrieg und die Beziehungen zwischen Tschechen, Slowaken und Deutschen* (Essen: Klartext, 2001), pp. 287–92.

Little, B., 'Humanitarian Relief in Europe and the Analogue of War, 1914–1918', in J. D. Keene and M. S. Neiberg (eds.), *Finding Common Ground: New Directions in First World War Studies* (Leiden and Boston, MA: Brill, 2011), pp. 139–58.

Liulevičius, V. G., *War Land on the Eastern Front: Culture, National Identity, and German Occupation in World War I* (Cambridge, New York and Melbourne: Cambridge University Press, 2000).

——, 'Precursors and Precedents: Forced Migration in Northeastern Europe during the First World War', *Nordost-Archiv. Zeitschrift für Regionalgeschichte. Neue Folge XIV* (2005), pp. 32–52.

Ljuben, B., 'The Bulgarian Economy during World War I', in B. K. Király and N. F. Dreisziger (eds.), *East Central European Society in World War I* (Boulder, CO, and Highland Lakes, NJ: Social Science Monographs and Atlantic Research and Publications, 1985), pp. 170–83.

Loch, T., ' "Aufklärung der Bevölkerung" in Hamburg. Zur deutschen Inlandspropaganda während des Ersten Weltkrieges', *Militärgeschichtliche Zeitschrift* 62(1) (2003), pp. 41–70.

Lohr, E., 'The Russian Army and the Jews: Mass Deportation, Hostages, and Violence during World War I', *Russian Review* 60(3) (July 2001), pp. 404–19.

——, *Nationalizing the Russian Empire: The Campaign against Enemy Aliens during World War I* (Cambridge, MA, and London: Harvard University Press, 2003).

——, '1915 and the War Pogrom Paradigm in the Russian Empire', in J. Dekel-Chen, D. Gaunt, N. M. Meir and I. Barton (eds.), *Anti-Jewish Violence: Rethinking the Pogrom in European History* (Bloomington and Indianapolis, IN: Indiana University Press, 2010), pp. 41–51.

Loidl, T., *Andenken aus Eiserner Zeit. Patriotische Abzeichen der österreichisch-ungarischen Monarchie von 1914 bis 1918* (Vienna: Verlag Militaria, 2004).

Lowry, B., *Armistice 1918* (Kent, OH, and London: Kent State University Press, 1996).

Lyon, J. M. B., ' "A Peasant Mob": The Serbian Army on the Eve of the Great War', *The Journal of*

Military History 61(3) (July 1997), pp. 481–502.
Macartney, C. A., *The Habsburg Empire, 1790–1918* (London: Weidenfeld and Nicolson, 1968).
MacMillan, M., *Peacemakers: Six Months that Changed the World* (London: John Murray, 2001).
Mai, G., 'Burgfrieden und Sozialpolitik in Deutschland in der Anfangsphase des Ersten Weltkrieges (19 14/15)', *Militärgeschichtliche Mitteilungen* 20 (1976), pp. 21–50.
———, ' "Aufklärung der Bevölkerung" und "Vaterländischer Unterricht" in Württemberg 1914–1918. Struktur, Durchführung und Inhalte der deutschen Inlandspropaganda im Ersten Weltkrieg', *Zeitschrift für Württembergische Landesgeschichte* 36 (1977), pp. 199–235.
———, *Kriegswirtschaft und Arbeiterbewegung in Württemberg 1914– 1918* (Stuttgart: Klett-Cotta, 1983).
Majchrowski, J. M., *Pierwsza Kompania Kadrowa. Portret Oddziału* (Cracow: Dundacja Centrum Dokumentacji Czynu Niepodległościowo, Księgarnia Akademicka, 2004).
Małecki, J. M., 'Życie gospodarcze Krakowa w czasie wielkiej wojny 1914–1918', in Towarzystwo Miłośników Historii i Zabytków Krakowa (ed.), *Kraków w czasie I wojny światowej. Materiały sesji naukowej z okazji dni Krakowa w roku 1988* (Cracow: Towarzystwo Miłośników Historii i Zabytków Krakowa, 1990), pp. 53–68.
———, 'Cracow Jews in the 19th Century: Leaving the Ghetto', *Acta Poloniae Historica* 76 (1997), pp. 85–96.
Mamatey, V. S., 'The Union of Czech Political Parties in the *Reichsrat* 1916–1918', in R. A. Kann, B. K. Király and P. S. Fichtner (eds.), *The Habsburg Empire in World War I: Essays on the Intellectual, Military, Political and Economic Aspects of the Habsburg War Effort* (Boulder, CO, and New York: East European Quarterly and Columbia University Press, 1977), pp. 3–28.
Manela, E., *The Wilsonian Moment: Self-Determination and the International Origins of Anticolonial Nationalism* (Oxford and New York: Oxford University Press, 2007).
Mann, M., *The Dark Side of Democracy: Explaining Ethnic Cleansing* (Cambridge: Cambridge University Press, 2004, 2005).
Marin, I., 'World War I and Internal Repression: The Case of Major General Nikolaus Cena', *Austrian History Yearbook* 44 (2013), pp. 195–208.
Marks, S., 'The Myths of Reparations', *Central European History* 11(3) (September 1978), pp. 231–55.
———, ' "My Name is Ozymandias": The Kaiser in Exile', *Central European History* 16(2) (June 1983), pp. 122–70.
Marquis, A. G., 'Words as Weapons: Propaganda in Britain and Germany during the First World War', *Journal of Contemporary History* 13(3) (July 1978), pp. 467–98.
Marshall, A., 'Russian Military Intelligence, 1905–1917: The Untold Story behind Tsarist Russia in the First World War', *War in History* 11(4) (October 2004), pp. 393–423.
May, A. J., *The Passing of the Hapsburg Monarchy, 1914–1918* (2 vols., Philadelphia, PA: University of Pennsylvania Press, 1966).
Mayerhofer, L., 'Making Friends and Foes: Occupiers and Occupied in First World War Romania, 1916–1918', in H. Jones, J. O'Brien and C. Schmidt-Supprian (eds.), *Untold War: New Perspectives in First World War Studies* (Leiden and Boston, MA: Brill, 2008), pp. 119–49.
———, *Zwischen Freund und Feind – Deutsche Besatzung in Rumänien 1916–1918* (Munich: Martin Meidenbauer, 2010).
Mazower, M., 'Minorities and the League of Nations in Interwar Europe', *Daedulus* 126(2) (Spring 1997), pp. 47–63.
McMeekin, S., *The Russian Origins of the First World War* (Cambridge, MA, and London: Belknap Press, 2011).
McNeal, R. H., *Tsar and Cossack, 1855–1914* (Basingstoke and London: Macmillan in association with St Antony's College, Oxford, 1987).
McPhail, H., *The Long Silence: Civilian Life under the German Occupation of Northern France, 1914–1918* (London and New York: I. B. Tauris, 1999, 2001).
McRandle, J. H. and Quirk, J., 'The Blood Test Revisited: A New Look at German Casualty Counts in World War I', *The Journal of Military History* 70(3) (July 2006), pp. 667–701.

Meier, K., 'Evangelische Kirche und Erster Weltkrieg', in W. Michalka (ed.), *Der Erste Weltkrieg. Wirkung, Wahrnehmung, Analyse* (Munich and Zurich: Piper, 1994), pp. 691–724.
Mende, R., 'Arbeiterschaft und Arbeiterbewegung in Halle im Ersten Weltkrieg', in H. Grebing, H. Mommsen and K. Rudolph (eds.), *Demokratie und Emanzipation zwischen Saale und Elbe. Beiträge zur Geschichte der sozialdemokratischen Arbeiterbewegung bis 1933* (Essen: Klartext, 1993), pp. 171–80.
Meteling, W., *Ehre, Einheit, Ordnung. Preußische und französische Städte und ihre Regimenter im Krieg, 1870/71 und 1914–19* (Baden-Baden: Nomos, 2010).
Mick, C., *Kriegserfahrungen in einer multiethnischen Stadt: Lemberg 1914–1947* (Wiesbaden: Harrowitz, 2010).
Middlebrook, M., *The First Day on the Somme, 1 July 1916* (London: Allen Lane/The Penguin Press, 1971, 1984).
———, *The Kaiser's Battle, 21 March 1918: The First Day of the German Spring Offensive* (London: Allen Lane/The Penguin Press, 1978).
Milewska, W., Nowak, J. T. and Zientara, M., *Legiony Polskie 1914–1918. Zarys historii militarnej i politycznej* (Cracow: Księgarnia Akademicka Wydawnictwo Naukowe, 1998).
Miller, S., *Burgfrieden und Klassenkampf. Die deutsche Sozialdemokratie im Ersten Weltkrieg* (Düsseldorf: Droste, 1974).
Mleczak, J., *Akcja werbunkowa Naczelnego Komitetu Narodowego w Galicji i Królestwie Polskim w latach 1914–1916* (Pryemyśl: Polskie Towarzystwo Historyczne, 1988).
Mócsy, I. I., *The Effects of World War I. The Uprooted: Hungarian Refugees and their Impact on Hungary's Domestic Politics, 1918–1921* (New York: Brooklyn College Press, 1983).
Moeller, R. G., 'Dimensions of Social Conflict in the Great War: The View from the German Countryside', *Central European History* 14(2) (June 1981), pp. 142–68.
Molenda, J., 'Social Changes in Poland during World War I', in B. K. Király and N. F. Dreisziger (eds.), *East Central European Society in World War I* (Boulder, CO, and Highland Lakes, NJ: Social Science Monographs and Atlantic Research and Publications, 1985), pp. 187–201.
Moll, M., 'Österreichische Militärgerichtsbarkeit im Ersten Weltkrieg – "Schwert des Regimes"? Überlegungen am Beispiel des Landwehrdivisionsgerichtes Graz im Jahre 1914', *Mitteilungen des Steiermärkischen Landesarchivs* 50 (2001), pp. 301–55.
———, ' "Verräter und Spione überall". Vorkriegs- und Kriegshysterie in Graz im Sommer 1914', *Historisches Jahrbuch der Stadt Graz* 31 (2001), pp. 309–30.
———, 'Erster Weltkrieg und Ausnahmezustand, Zivilverwaltung und Armee: Eine Fallstudie zum innerstaatlichen Machtkampf 1914–1918 im steirischen Kontext', in S. Beer, E. Marko-Stöckl, M. Raffler and F. Schneider (eds.), *Focus Austria: vom Vielvölkerreich zum EU-Staat. Festschrift für Alfred Ableitinger zum 65. Geburtstag* (Graz: Institut für Geschichte der Karl-Franzens-Universität Graz, 2003), pp. 383–407.
———, ' "Heimatfront Steiermark". Ein gemischtsprachiges Kronland im ersten totalen Krieg', in H. J. W. Kuprian and O. Überegger (eds.), *Der Erste Weltkrieg im Alpenraum. Erfahrung, Deutung, Erinnerung. La Grande Guerra nell'arco alpino. Esperienze e memoria* (Innsbruck: Universitätsverlag Wagner, 2006), pp. 181–96.
Mombauer, A., 'A Reluctant Military Leader? Helmuth von Moltke and the July Crisis of 1914', *War in History* 6(4) (October 1999), pp. 417–46.
———, *Helmuth von Moltke and the Origins of the First World War* (Cambridge: Cambridge University Press, 2001).
Mommsen, H., 'Militär und zivile Militarisierung in Deutschland 1914 bis 1938', in U. Frevert (ed.), *Militär und Gesellschaft im 19. und 20. Jahrhundert* (Stuttgart: Klett-Cotta, 1997), pp. 265–76.
Mommsen, W. J., 'Die deutsche öffentliche Meinung und der Zusammenbruch des Regierungssystems Bethmann Hollweg im Juli 1917', *Geschichte in Wissenschaft und Unterricht* 19(11) (November 1968), pp. 656–71.
———, 'The German Revolution, 1918–1920: Political Revolution and Social Protest Movement',

in R. Bessel and E. J. Feuchtwanger (eds.), *Social Change and Political Development in Weimar Germany* (London and Totowa, NJ: Croom Helm and Noble Books, 1981), pp. 21–54.

———, 'The Topos of Inevitable War in Germany in the Decade before 1914', in V. R. Berghahn and M. Kitchen (eds.), *Germany in the Age of Total War* (London and Totowa, NJ: Croom Helm and Barnes & Noble, 1981), pp. 23–45.

———, *Der autoritäre Nationalstaat. Verfassung, Gesellschaft und Kultur im deutschen Reich* (Frankfurt am Main: Fischer Taschenbuch, 1990).

———, 'German Artists, Writers and Intellectuals and the Meaning of War, 1914–1918', in J. Horne (ed.), *State, Society and Mobilization in Europe during the First World War* (Cambridge: Cambridge University Press, 1997), pp. 21–38.

Morgan, D. W., 'Ernst Däumig and the German Revolution of 1918', *Central European History* 15(4) (December 1982), pp. 303–31.

Moritz, V. and Leidinger, H., *Zwischen Nutzen und Bedrohung. Die russischen Kriegsgefangenen in Österreich (1914–1921)* (Bonn: Bernard & Graefe, 2005).

Mosse, G. L., *Fallen Soldiers: Reshaping the Memory of the World Wars* (New York and Oxford: Oxford University Press, 1990).

Müller, A., *Zwischen Annäherung und Abgrenzung. Österreich-Ungarn und die Diskussion um Mitteleuropa im Ersten Weltkrieg* (Marburg: Tectum, 2001).

Müller, S., 'Toys, Games and Juvenile Literature in Germany and Britain during the First World War: A Comparison', in H. Jones, J. O'Brien and C. Schmidt-Supprian (eds.), *Untold War: New Perspectives in First World War Studies* (Leiden and Boston, MA: Brill, 2008), pp. 233–57.

Müller, S. O., *Die Nation als Waffe und Vorstellung. Nationalismus in Deutschland und Großbritannien im Ersten Weltkrieg* (Göttingen: Vandenhoeck & Ruprecht, 2002).

Mulligan, W., *The Origins of the First World War* (Cambridge: Cambridge University Press, 2010).

Münch, P., *Bürger in Uniform. Kriegserfahrungen von Hamburger Turnern 1914 bis 1918* (Freiburg i. Br., Berlin and Vienna: Rombach, 2009).

Nachtigal, R., 'Die Repatriierung der Mittelmächte-Kriegsgefangenen aus dem revolutionären Rußland. Heimkehr zwischen Agitation, Bürgerkrieg und Intervention 1918–1922', in J. Oltmer (ed.), *Kriegsgefangene im Europa des Ersten Weltkriegs* (Paderborn, Munich, Vienna and Zurich: Ferdinand Schöningh, 2006), pp. 239–66.

———, 'Privilegiensystem und Zwangsrekrutierung. Russische Nationalitätenpolitik gegenüber Kriegsgefangenen aus Österreich-Ungarn, in J. Oltmer (ed.), *Kriegsgefangene im Europa des Ersten Weltkriegs* (Paderborn, Munich, Vienna and Zurich: Ferdinand Schöningh, 2006), pp. 167–93.

———, 'Zur Anzahl der Kriegsgefangenen im Ersten Weltkrieg', *Militärgeschichtliche Zeitschrift* 67(2) (2008), pp. 345–84.

Naimark, N. M., *The Russians in Germany: A History of the Soviet Zone of Occupation, 1945–1949* (Cambridge, MA, and London: The Belknap Press, 1995).

Narskij, I., 'Kriegswirklichkeit und Kriegserfahrung russischer Soldaten an der russischen Westfront 1914/15', in G. P. Groß (ed.), *Die vergessene Front. Der Osten 1914/15. Ereignis, Wirkung, Nachwirkung* (Paderborn, Munich, Vienna and Zurich: Ferdinand Schöningh, 2006), pp. 249–61.

Nebelin, M., *Ludendorff. Diktator im Erstern Weltkrieg* (Munich: Siedler, 2010).

Nelson, K. L., 'The "Black Horror on the Rhine": Race as a Factor in Post-World War I Diplomacy', *The Journal of Modern History* 42(4) (December 1970), pp. 606–27.

———, 'German Comrades – Slavic Whores: Gender Images in the German Soldier Newspapers of the First World War', in K. Hagemann and S. Schüler-Springorum (eds.), *Home/Front: The Military, War and Gender in Twentieth-Century Germany* (Oxford and New York: Berg, 2002), pp. 69–85.

———, 'From Manitoba to the Memel: Max Sering, Inner Colonization and the German East', *Social History* 35(4) (2010), pp. 439–57.

Newman, J. P., 'War in the Balkans, 1914–1918', *War in History* 18(3) (July 2011), pp. 386–94.

Nipperdey, T., *Deutsche Geschichte 1866–1918* (2 vols., Munich: C. H. Beck, 1998).

Nofi, A. A., 'Comparative Divisional Strengths during World War I: East Central European Belligerents and Theaters', in B. K. Király and N. F. Dreisziger (eds.), *East Central European Society in World*

War I (Boulder, CO, and Highland Lakes, NJ: Social Science Monographs and Atlantic Research and Publications, 1985), pp. 263–70.
Nowak, J. T., 'Działania I Brygady Legionów Polskich 1914–1915', in W. Milewska, J. T. Nowak and M. Zientara (eds.), *Legiony Polskie 1914–1918. Zarys historii militarnej i politycznej* (Cracow: Księgarnia Akademicka Wydawnictwo Naukowe, 1998), pp. 13–78.
——, *Tarcze Legionów Polskich 1915–1917 w zbiorach Muzeum Historycznego Miasta Krakowa* (Cracow: Muzeum Historyczne Miasta Krakowa, 2006).
Nübel, C., *Die Mobilisierung der Kriegsgesellschaft. Propaganda und Alltag im Ersten Weltkrieg in Münster* (Münster, New York, Munich and Berlin: Waxmann, 2008).
Offer, A., *The First World War: An Agrarian Interpretation* (Oxford: Clarendon Press, 1989).
——, 'Economic Interpretation of War: The German Submarine Campaign, 1915–18', *Australian Economic History Review* 29(1) (March 1989), pp. 21–41.
Okey, R., *The Habsburg Monarchy c. 1765–1918: From Enlightenment to Eclipse* (Basingstoke and London: Macmillan, 2001).
——, *Taming Balkan Nationalism* (Oxford: Oxford University Press, 2007).
Olt, R., *Krieg und Sprache. Untersuchungen zu deutschen Soldatenliedern des Ersten Weltkriegs* (2 vols., Giessen: Wilhelm Schmitz, 1980 and 1981).
Oltmer, J., 'Zwangsmigration und Zwangsarbeit – Ausländische Arbeitskräfte und bäuerliche Ökonomie im Ersten Weltkrieg', *Tel Aviver Jahrbuch für deutsche Geschichte* 27 (1998), pp. 135–68.
Oppelt, U., *Film und Propaganda im Ersten Weltkrieg. Propaganda als Medienrealität im Aktualitäten- und Dokumentarfilm* (Stuttgart: Franz Steiner, 2002).
Orton, L. D., 'The Formation of Modern Cracow (1866–1914)', *Austrian History Yearbook* 19–20 (1983–4), pp. 105–17.
Orzoff, A., 'The Empire Without Qualities: Austro-Hungarian Newspapers and the Outbreak of War in 1914', in T. R. E. Paddock (ed.), *A Call to Arms: Propaganda, Public Opinion and Newspapers in the Great War* (Westport, CT: Praeger, 2004), pp. 161–99.
——, *Battle for the Castle: The Myth of Czechoslovakia in Europe, 1914–1948* (Oxford and New York: Oxford University Press, 2009).
Osborne, E. W., *Britain's Economic Blockade of Germany, 1914–1919* (London and New York: Frank Cass, 2004).
Ostertag, H., *Bildung, Ausbildung und Erziehung des Offizierkorps im deutschen Kaiserreich 1871–1918. Eliteideal, Anspruch und Wirklichkeit* (Frankfurt am Main: Peter Lang, 1990).
Ostpreußisches Landesmuseum Lüneburg (ed.), *Die Ostpreußenhilfe im Ersten Weltkrieg. Zur Ausstellung 'Zum Besten der Ostpreußenhilfe' (23.9.2006–28.1.2007)* (Husum: Husum Druck- und Verlagsgesellschaft, 2006).
Paddock, T. R. E., 'Still Stuck at Sevastopol: The Depiction of Russia during the Russo-Japanese War and the Beginning of the First World War in the German Press', *German History* 16(3) (July 1998), pp. 358–376.
——, 'German Propaganda: The Limits of *Gerechtigkeit*', in T. R. E. Paddock (ed.), *A Call to Arms: Propaganda, Public Opinion and Newspapers in the Great War* (Westport, CT: Praeger, 2004), pp. 115–60.
——, *Creating the Russian Peril: Education, the Public Sphere, and National Identity in Imperial Germany, 1890–1914* (Rochester, NY: Camden House, 2010).
Pamuk, Ş., 'The Ottoman Economy in World War I', in S. Broadberry and M. Harrison (eds.), *The Economics of World War I* (Cambridge, New York, Melbourne, Madrid, Cape Town, Singapore and São Paulo: Cambridge University Press, 2005), pp. 112–36.
Papp, T., 'Die Königlich Ungarische Landwehr (Honvéd) 1868 bis 1914', in A. Wandruszka and P. Urbanitsch (eds), *Die Habsburgermonarchie 1848–1918. Band V. Die Bewaffnete Macht* (5 vols., Vienna: Verlag der Österreichische Akademie der Wissenschaften, 1987), pp. 634–86.
Pastor, P., 'The Home Front in Hungary, 1914–18', in B. K. Király and N. F. Dreisziger (eds.), *East Central European Society in World War I* (Boulder, CO, and Highland Lakes, NJ: Social Science Monographs and Atlantic Research and Publications, 1985), pp. 124–34.

Pearson, R., 'Hungary: A State Truncated, a Nation Dismembered', in S. Dunn and T. G. Fraser (eds.), *Europe and Ethnicity: World War I and Contemporary Ethnic Conflict* (London and New York: Routledge, 1996).
Peball, K., 'Um das Erbe. Zur Nationalitätenpolitik des k.u.k. Armeeoberkommandos während der Jahre 1914 bis 1917', Österreichische Militärische Zeitschrift Sonderheft 2 (1967), pp. 28–39.
Penslar, D., 'The German-Jewish Soldier: From Participant to Victim', *German History* 29(3) (September 2011), pp. 423–44.
Pfalzer, S., 'Der "Butterkrawall" im Oktober 1915. Die erste größere Antikriegsbewegung in Chemnitz', in H. Grebing, H. Mommsen and K. Rudolph (eds.), *Demokratie und Emanzipation zwischen Saale und Elbe. Beiträge zur Geschichte der sozialdemokratischen Arbeiterbewegung bis 1933* (Essen: Klartext, 1993), pp. 196–201.
Philpott, W., *Bloody Victory: The Sacrifice on the Somme and the Making of the Twentieth Century* (London: Little, Brown, 2009).
Pichlík, K., 'Der militärische Zusammenbruch der Mittelmächte im Jahre 1918', in R. G. Plaschka and K. Mack (eds.), *Die Auflösung des Habsburgerreiches. Zusammenbruch und Neuorientierung im Donauraum* (Vienna: Verlag für Geschichte und Politik, 1970), pp. 249–65.
———, 'Europa nach dem Krieg in den Vorstellungen T. G. Masaryks im Exil', in H. Mommsen, D. Kováč, J. Malíř and M. Marek (eds.), *Der Erste Weltkrieg und die Beziehungen zwischen Tschechen, Slowaken und Deutschen* (Essen: Klartext, 2001), pp. 67–80.
Planert, U., 'Zwischen Partizipation und Restriktion: Frauenemanzipation und nationales Paradigma von der Aufklärung bis zum Ersten Weltkrieg', in D. Langewiesche and G. Schmidt (eds.), *Föderative Nation. Deutschlandkonzepte von der Reformation bis zum Ersten Weltkrieg* (Munich: Oldenbourg, 2000), pp. 387–428.
Plaschka, R. G., 'Contradicting Ideologies: The Pressure of Ideological Conflicts in the Austro-Hungarian Army of World War I', in R. A. Kann, B. K. Király and P. S. Fichtner (eds.), *The Habsburg Empire in World War I: Essays on the Intellectual, Military, Political and Economic Aspects of the Habsburg War Effort* (Boulder, CO, and New York: East European Quarterly and Columbia University Press, 1977), pp. 105–19.
———, 'The Army and Internal Conflict in the Austro-Hungarian Empire, 1918', in B. K. Király and N. F. Dreisziger (eds.), *East Central European Society in World War I* (Boulder, CO, and Highland Lakes, NJ: Social Science Monographs and Atlantic Research and Publications, 1985), pp. 338–53.
———, Haselsteiner, Horst and Suppan, Arnold, *Innere Front. Militärassistenz, Widerstand und Umsturz in der Donaumonarchie 1918. Erster Band. Zwischen Streik und Meuterei* (2 vols., Munich: R. Oldenbourg, 1974).
———, Haselsteiner, Horst and Suppan, Arnold, *Innere Front. Militärassistenz, Widerstand und Umsturz in der Donaumonarchie 1918. Zweiter Band. Umsturz* (2 vols., Munich: R. Oldenbourg, 1974).
Porch, D., *The March to the Marne: The French Army, 1871–1914* (Cambridge, New York and Melbourne: Cambridge University Press, 1981).
———, 'The French Army in the First World War', in A. R. Millett and W. Murray (eds.), *Military Effectiveness. Vol. I: The First World War* (3 vols., Boston, MA, London, Sydney and Wellington, 1988), pp. 190–228.
Prassnigger, G., 'Hunger in Tirol', in K. Eisterer and R. Steininger (eds.), *Tirol und der Erste Weltkrieg* (Innsbruck: Österreichischer Studien Verlag, 1995), pp. 179–210.
Prete, R. A., 'French Military War Aims, 1914–1916', *The Historical Journal* 28(4) (December 1985), pp. 887–99.
Prior, R. and Wilson, T., *Command on the Western Front: The Military Career of Sir Henry Rawlinson, 1914–1918* (Barnsley: Pen & Sword, 1992, 2004).
———, *The Somme* (New Haven, CT, and London: Yale University Press, 2005).
Prusin, A. V., 'The Russian Military and the Jews in Galicia, 1914–15', in E. Lohr and M. Poe (eds.), *The Military and Society in Russia, 1450–1917* (Leiden, Boston, MA, and Cologne: Brill, 2002), pp. 525–44.

——, *Nationalizing a Borderland: War, Ethnicity, and Anti-Jewish Violence in East Galicia, 1914–1920* (Tuscaloosa, AL: University of Alabama Press, 2005).

Przeniosło, M., 'Postawy chłopów Królestwa Polskiego wobec okupanta niemieckiego i austriackiego (1914–1918)', in D Grinberg, J Snopko and G. Zackiewicz (eds.), *Lata wielkiej wojny. Dojrzewanie do niepodległości 1914–1918* (Białystok: Wydawnictwo Uniwersytetu w Białymstoku, 2007), pp. 198–214.

Pyta, W., *Hindenburg. Herrschaft zwischen Hohenzollern und Hitler* (Munich: Pantheon, 2007, 2009).

Rachamimov, A., 'Imperial Loyalties and Private Concerns: Nation, Class and State in the Correspondence of Austro-Hungarian POWs in Russia, 1916–1918', *Austrian History Yearbook* 31 (2000), pp. 87–105.

——, *POWs and the Great War: Captivity on the Eastern Front* (Oxford and New York: Berg, 2002).

Raithel, T., *Das 'Wunder' der inneren Einheit. Studien zur deutschen und französischen Öffentlichkeit bei Beginn des Ersten Weltkrieges* (Bonn: Bouvier, 1996).

Rauchensteiner, M., *Der Tod des Doppeladlers. Österreich-Ungarn und der Erste Weltkrieg* (Graz, Vienna and Cologne: Styria, 1993).

Rawe, K., '*. . . wir werden sie schon zur Arbeit bringen!' Ausländerbeschäftigung und Zwangsarbeit im Ruhrkohlenbergbau während des Ersten Weltkrieges* (Essen: Klartext, 2005).

Read, J. M., *Atrocity Propaganda, 1914–1919* (New York: Arno Press, 1941, 1972).

Rechter, D., 'Galicia in Vienna: Jewish Refugees in the First World War', *Austrian History Yearbook* 28 (1997), pp. 113–30.

Reed Winkler, J., 'Information Warfare in World War I', *The Journal of Military History* 73(3) (July 2009), pp. 845–67.

Rees, H. L., *The Czechs during World War I: The Path to Independence* (Boulder, CO: East European Monographs, 1992).

Reimann, A., *Der große Krieg der Sprachen. Untersuchungen zur historischen Semantik in Deutschland und England zur Zeit des Ersten Weltkriegs* (Essen: Klartext, 2000).

Remak, J., 'The Healthy Invalid: How Doomed the Habsburg Empire?', *The Journal of Modern History* 41(2) (June 1969), pp. 127–43.

——, '1914 – The Third Balkan War: Origins Reconsidered', *The Journal of Modern History* 43(3) (September 1971), pp. 353–66.

Renzi, W. A., 'Who Composed "Sazonov's Thirteen Points"? A Re-Examination of Russia's War Aims of 1914', *The American Historical Review* 88(2) (April 1983), pp. 347–57.

Reynolds, M. A., *Shattered Empires: The Clash and Collapse of the Ottoman and Russian Empires, 1908–1918* (Cambridge and New York: Cambridge University Press, 2011).

Rich, D. A., 'Russia', in R. F. Hamilton and H. Herwig (eds.), *The Origins of World War I* (Cambridge, New York, Melbourne, Madrid and Cape Town: Cambridge University Press, 2003), pp. 188–226.

Ritschl, A., 'The Pity of Peace: Germany's Economy at War, 1914–1918 and Beyond', in S. Broadberry and M. Harrison (eds.), *The Economics of World War I* (Cambridge, New York, Melbourne, Madrid, Cape Town, Singapore and São Paulo: Cambridge University Press, 2005), pp. 41–76.

Ritter, G. A. and Tenfelde, K., *Arbeiter im deutschen Kaiserreich 1871 bis 1914* (Bonn: J. H. W. Dietz Nachf., 1992).

Roesler, K., *Die Finanzpolitik des deutschen Reiches im Ersten Weltkrieg* (Berlin: Dunker & Humblot, 1967).

Rohde, G., 'Das Deutschtum in Posen und Pomerellen in der Zeit der Weimarer Republik', in die Senatskommission für das Studium des Deutschtums im Osten an der Rheinischen Friedrich-Wilhelms-Universität Bonn (ed.), *Die deutschen Ostgebiete zur Zeit der Weimarer Republik. Studien zum Deutschen im Osten* (Cologne and Graz: Böhlau, 1966), pp. 88–132.

Rohkrämer, T., 'August 1914 – Kriegsmentalität und ihre Voraussetzungen', in W. Michalka (ed.), *Der Erste Weltkrieg. Wirkung, Wahrnehmung, Analyse* (Munich and Zurich: Piper, 1992), pp. 759–77.

——, 'Der Gesinnungsmilitarismus der "kleinen Leute" im deutschen Kaiserreich', in W. Wette (ed.), *Der Krieg des kleinen Mannes. Eine Militärgeschichte von unten* (Munich and Zurich: Piper, 1992), pp. 95–109.

Röhl, J. C. G., 'Admiral von Müller and the Approach of War, 1911–1914', *The Historical Journal* 12(4) (December 1969), pp. 651–73.
———, 'Die Generalprobe. Zur Geschichte und Bedeutung des "Kriegsrates" vom 8. Dezember 1912', in W. Alff (ed.), *Deutschlands Sonderung von Europa 1862–1945* (Frankfurt am Main, Bern and New York: Peter Lang, 1984), pp. 149–224.
———, *The Kaiser and his Court: Wilhelm II and the Government of Germany* (Cambridge: Cambridge University Press, 1994, 1999).
———, 'Germany', in K. Wilson (ed.), *Decisions for War* (London: UCL Press, 1995, 1998), pp. 27–54.
Rojahn, J., 'Arbeiterbewegung und Kriegsbegeisterung: Die deutsche Sozialdemokratie 1870–1914', in M. van der Linden and G. Mergner (eds.), *Kriegsbegeisterung und mentale Kriegsvorbereitung. Interdisziplinäre Studien* (Berlin: Duncker und Humblot, 1991), pp. 57–71.
Rollet, C., 'The Home and Family Life', in J. Winter and J.-L. Robert (eds.), *Capital Cities at War: Paris, London, Berlin, 1914–1919. Vol. 2: A Cultural History* (2 vols., Cambridge and New York: Cambridge University Press, 2007), pp. 315–53.
Roshwald, A., *Ethnic Nationalism and the Fall of Empires: Central Europe, Russia and the Middle East, 1914–1923* (London and New York: Routledge, 2001).
Rothenberg, G. E., 'The Habsburg Army and the Nationality Problem in the Nineteenth Century, 1815–1914', *Austrian History Yearbook* 3 (1967), pp. 70–87.
———, *The Army of Francis Joseph* (West Lafayette, IN: Purdue University Press, 1976, 1998).
———, 'The Austro-Hungarian Campaign against Serbia in 1914', *The Journal of Military History* 53(2) (April 1989), pp. 127–46.
Rothschild, J., *East Central Europe Between the Two World Wars* (Washington, DC: University of Washington Press, 1978).
Rozenblit, M. L., *Reconstructing a National Identity: The Jews of Habsburg Austria during World War I* (Oxford and New York: Oxford University Press, 2001).
———, 'Sustaining Austrian "National" Identity in Crisis: The Dilemma of the Jews in Habsburg Austria, 1914–1919', in P. M. Judson and M. L. Rozenblit (eds.), *Constructing Nationalities in East Central Europe* (New York and Oxford: Berghahn Books, 2005), pp. 178–91.
Rudin, H. R., *Armistice 1918* (New Haven, CT: Yale University Press, 1944).
Rudnytsky, I. L., 'The Ukrainians in Galicia under Austrian Rule', in A. S. Markovits and F. E. Sysyn (eds.), *Nationbuilding and the Politics of Nationalism: Essays on Austrian Galicia* (Cambridge, MA: Harvard, 1982), pp. 23–67.
Rudolph, H., 'Kultureller Wandel und Krieg: Die Reaktion der Werbesprache auf die Erfahrung des Ersten Weltkriegs am Beispiel von Zeitungsanzeigen', in G. Hirschfeld, G. Krumeich, D. Langewiesche and H.-P. Ullmann (eds.), *Kriegserfahrungen. Studien zur Sozial- und Mentalitätsgeschichte des Ersten Weltkriegs* (Essen: Klartext, 1997), pp. 283–301.
Rüger, J., 'Laughter and War in Berlin', *History Workshop Journal* 67 (Spring 2009), pp. 23–43.
Ryder, A. J., *The German Revolution of 1918: A Study of German Socialism in War and Revolt* (Cambridge: Cambridge University Press, 1967).
Sammartino, A. H., *The Impossible Border: Germany and the East, 1914–1922* (Ithaca, NY, and London: Cornell University Press, 2010).
Samuels, M., *Command or Control? Command, Training and Tactics in the British and German Armies, 1888–1918* (London: Frank Cass, 1995).
Saul, K., 'Jugend im Schatten des Krieges. Vormilitärische Ausbildung – Kriegswirtschaftlicher Ersatz – Schulalltag in Deutschland 1914–1918', *Militärgeschichtliche Mitteilungen* 34 (1983), pp. 91–184.
de Schaepdrijver, S., 'Belgium', in J. Horne (ed.), *A Companion to World War I* (Malden, MA, Oxford and Chichester: Wiley-Blackwell, 2010), pp. 386–402.
Scheck, R., 'Der Kampf des Tirpitz-Kreises für den uneingeschränkten U-Boot-Krieg und einen politischen Kurswechsel im deutschen Kaiserreich 1916–1917', *Militärgeschichtliche Mitteilung* 55(1) (1996), pp. 69–91.

Scheer, T., 'Typisch Polen: Facetten österreichisch-ungarischer Besatzungspolitik in Polen (1915–1918)', in Heeresgeschichtliches Museum (ed.), *Polnischösterreichische Kontakte sowie Militärbündnisse 1618–1918. Symposium und Abendvortrag 11. und 12. September 2008* (Vienna: Bundesministerium für Landesverteidigung und Sport/Heeresdruckerei, 2009), pp. 233–55.

———, *Zwischen Front und Heimat. Österreich-Ungarns Militärverwaltungen im Ersten Weltkrieg* (Frankfurt am Main: Peter Lang, 2009).

Schindler, J. R., 'Disaster on the Drina: The Austro-Hungarian Army in Serbia, 1914', *War in History* 9(2) (April 2002), pp. 159–95.

———, 'Steamrollered in Galicia: The Austro-Hungarian Army and the Brusilov Offensive, 1916', *War in History* 10(1) (January 2003), pp. 27–59.

———, 'Defeating Balkan Insurgency: The Austro-Hungarian Army in Bosnia-Herzegovina, 1878–82', *The Journal of Strategic Studies* 27(3) (September 2004), pp. 528–52.

Schlegelmilch, A., 'Massenprotest in der Burgfriedengesellschaft. Deutschland 1914–1918', in H. Mommsen, D. Kováč, J. Malíř and M. Marek (eds.), *Der Erste Weltkrieg und die Beziehungen zwischen Tschechen, Slowaken und Deutschen* (Essen: Klartext, 2001), pp. 293–305.

Schmidt-Richberg, W., 'Die Regierungszeit Wilhelms II', in Militärgeschichtliches Forschungsamt (ed.), *Handbuch zur deutschen Militärgeschichte 1648–1939. Band V. Von der Entlassung Bismarcks bis zum Ende des Ersten Weltkrieges (1890–1918)* (10 vols., Frankfurt am Main: Bernard & Graefe, 1968), pp. 9–156.

Schmitz, M., 'Verrat am Waffenbruder? Die Siedlice-Kontroverse im Spannungsfeld von Kriegsgeschichte und Geschichtspolitik', *Militärgeschichtliche Zeitschrift* 67(2) (2008), pp. 385–407.

Schneider, G., 'Zur Mobilisierung der "Heimatfront": Das Nageln sogenannter Kriegswahrzeichen im Ersten Weltkrieg', *Zeitschrift für Volkskunde* 95 (1999), pp. 32–62.

Schönberger, B., 'Motherly Heroines and Adventurous Girls: Red Cross Nurses and Women Army Auxiliaries in the First World War', in K. Hagemann and S. Schüler-Springorum (eds.), *Home/Front: The Military, War and Gender in Twentieth-Century Germany* (Oxford and New York: Berg, 2002), pp. 87–113.

Schröder, J., *Die U-Boote des Kaisers. Die Geschichte des deutschen U-Boot-Krieges gegen Großbritannien im Ersten Weltkrieg* (Lauf a. d. Pegnitz: Europaforum-Verlag, 2000).

Schroeder, P. W., 'World War I as Galloping Gertie: A Reply to Joachim Remak', *The Journal of Modern History* 44(3) (September 1972), pp. 319–45.

———, 'Stealing Horses to Great Applause: Austria-Hungary's Decision in 1914 in Systematic Perspective', in H. Afflerbach and D. Stevenson (eds.), *An Improbable War: The Outbreak of World War I and European Political Culture Before 1914* (New York and Oxford: Berghahn, 2007), pp. 17–42.

Schulze, M.-S., 'Austria-Hungary's Economy in World War I', in S. Broadberry and M. Harrison (eds.), *The Economics of World War I* (Cambridge, New York, Melbourne, Madrid, Cape Town, Singapore and São Paulo: Cambridge University Press, 2005), pp. 77–111.

Schuster, F. M., *Zwischen allen Fronten. Osteuropäische Juden während des Ersten Weltkrieges (1914–1919)* (Cologne: Böhlau, 2004).

Schwalbe, K., *Wissenschaft und Kriegsmoral. Die deutschen Hochschullehrer und die politischen Grundfragen des Ersten Weltkrieges* (Göttingen, Zürich and Frankfurt: Musterschmidt, 1969).

Schwendinger, C., *Kriegspropaganda in der Habsburgermonarchie zur Zeit des Ersten Weltkriegs. Eine Analyse anhand fünf ausgewählter Zeitungen* (Hamburg: Diplomica, 2011).

Scianna, B. M., 'Reporting Atrocities: Archibald Reiss in Serbia, 1914–1918', *Journal of Slavic Military Studies* 25(4) (2012), pp. 596–617.

Seipp, A. R., *The Ordeal of Peace: Demobilization and the Urban Experience in Britain and Germany, 1917–21* (Farnham and Burlington, VT: Ashgate, 2009).

Sevela, M., 'Chaos versus Cruelty: Sakhalin as a Secondary Theater of Operations', in R. Kowner (ed.), *Rethinking the Russo-Japanese War, 1904–5. Vol. I: Centennial Perspectives* (2 vols., Folkestone: Global Oriental, 2007), pp. 93–108.

Sharp, A., 'The Genie that would not Go Back in the Bottle: National Self- Determination and the Legacy of the First World War and the Peace Settlement', in S. Dunn and T. G. Fraser (eds.), *Europe and Ethnicity: World War I and Contemporary Ethnic Conflict* (London and New York, 1996), pp. 10–29.

Sheldon, J., *The German Army on the Somme* (Barnsley: Pen & Sword, 2005).

Showalter, D. E., *Tannenberg: Clash of Empires* (Hamden, CT: Archon Books, 1991).

———, 'From Deterrence to Doomsday Machine: The German Way of War, 1890–1914', *Journal of Military History* 64(3) (July 2000), pp. 679–710.

Siebrecht, C., *The Aesthetics of Loss: German Women's Art of the First World War* (Oxford: Oxford University Press, 2013).

Siedler, R., 'Behind the Lines: Working-Class Family Life in Wartime Vienna', in R. Wall and J. Winter (eds.), *The Upheaval of War: Family, Work and Welfare in Europe, 1914–1918* (Cambridge: Cambridge University Press, 1988, 2005), pp. 109–38.

Silberstein, G. E., 'The High Command and Diplomacy in Austria-Hungary, 1914–1916', *The Journal of Modern History* 42(4) (December 1970), pp. 586–605.

Sked, A., *The Decline and Fall of the Habsburg Empire 1815–1918*, 2nd edn (Harlow and London: Pearson Education, 2001).

———, 'Austria and the "Galician Massacres" of 1846: Schwarzenberg and the Propaganda War. An Unknown but Key Episode in the Career of the Austrian Statesman', in L. Höbelt and T. G. Otte (eds.), *A Living Anachronism? European Diplomacy and the Habsburg Monarchy: Festschrift für Francis Roy Bridge zum 70. Geburtstag* (Vienna, Cologne and Weimar: Böhlau, 2010), pp. 49–118.

Snyder, J., *The Ideology of the Offensive: Military Decision-Making and the Disasters of 1914* (Ithaca, NY, and London: Cornell University Press, 1984).

Snyder, T., *Bloodlands: Europe between Hitler and Stalin* (New York: Basic Books, 2010).

Sondhaus, L., *Franz Conrad von Hötzendorf: Architect of the Apocalypse* (Boston, MA: Humanities Press, 2000).

———, *World War One. The Global Revolution* (Cambridge: Cambridge University Press, 2011).

Speckmann, T., 'Der Krieg im Alpenraum aus der Perspektive des "kleinen Mannes". Biographische Studien am Beispiel der Aufzeichnungen von Hugo Dornhofer', in H. J. W. Kuprian and Oswald Überegger (eds.), *Der Erste Weltkrieg im Alpenraum. Erfahrung, Deutung, Erinnerung. La Grande Guerra nell'arco alpino. Esperienze e memoria* (Innsbruck: Universitätsverlag Wagner, 2006), pp. 101–16.

Spence, R. B., 'The Yugoslav Role in the Austro-Hungarian Army, 1914–18', in B. K. Király and N. F. Dreisziger (eds.), *East Central European Society in World War I* (Boulder, CO, and Highland Lakes, NJ: Social Science Monographs and Atlantic Research and Publications, 1985), pp. 354–65.

Spoerer, M., 'The Mortality of Allied Prisoners of War and Belgian Civilian Deportees in German Custody during the First World War: A Reappraisal of the Effects of Forced Labour', *Population Studies* 60(2) (July 2006), pp. 121–36.

Stachelbeck, C., *Militärische Effektivität im Ersten Weltkrieg. Die 11. Bayerische Infanteriedivision 1915 bis 1918* (Paderborn, Munich, Vienna and Zurich: Ferdinand Schöningh, 2010).

Stambrook, F., 'National and Other Identities in Bukovina in Late Austrian Times', *Austrian History Yearbook* 35 (2004), pp. 185–203.

Steffen, D., 'The Holtzendorff Memorandum of 22 December 1916 and Germany's Declaration of Unrestricted U-boat Warfare', *The Journal of Military History* 68(1) (January 2004), pp. 215–24.

Steiner, Z. S., *Britain and the Origins of the First World War* (London and Basingstoke: Macmillan, 1977).

Stephenson, S., *The Final Battle: Soldiers of the Western Front and the German Revolution of 1918* (Cambridge: Cambridge University Press, 2009).

Stevenson, D., 'French War Aims and the American Challenge, 1914–1918', *The Historical Journal* 22(4) (December 1979), pp. 877–94.

———, *The First World War and International Politics* (Oxford: Oxford University Press, 1988).

———, 'The Failure of Peace by Negotiation in 1917', *The Historical Journal* 34(1) (March 1991), pp.

65–86.

———, *Armaments and the Coming of War: Europe 1904–1914* (Oxford: Clarendon Press, 1996).

———, 'French War Aims and Peace Planning', in M. F. Boemeke, G. D. Feldman and E. Glaser, *The Treaty of Versailles: A Reassessment after 75 Years* (Washington, DC, and Cambridge: German Historical Institute and Cambridge University Press, 1998), pp. 87–110.

———, 'War by Timetable? The Railway Race before 1914', *Past & Present* 162 (February 1999), pp. 163–94.

———, *1914–1918: The History of the First World War* (London: Allen Lane, 2004).

———, *With Our Backs to the Wall: Victory and Defeat in 1918* (London: Allen Lane, 2011).

———, 'The First World War and European Integration', *The International History Review* 34(4) (December 2012), pp. 841–63.

Stiasny, P., *Das Kino und der Krieg. Deutschland 1914–1929* (Munich: edition text + kritik, 2009).

Stibbe, M., *German Anglophobia and the Great War, 1914–1918* (Cambridge: Cambridge University Press, 2001).

———, *British Civilian Internees in Germany: The Ruhleben Camp, 1914–18* (Manchester and New York: Manchester University Press, 2008).

Stone, N., 'Army and Society in the Habsburg Monarchy, 1900–1914', *Past and Present* 33 (April 1966), pp. 95–111.

———, 'Die Mobilmachung der österreichisch-ungarischen Armee 1914', *Militärgeschichtliche Mitteilungen* 16(2) (1974), pp. 67–95.

———, *The Eastern Front, 1914–1917* (London and New York: Penguin, 1975, 1998).

Stoneman, M. R., 'The Bavarian Army and French Civilians in the War of 1870–71: A Cultural Interpretation', *War in History* 8(3) (July 2001), pp. 271–93.

Strachan, H., 'The Morale of the German Army, 1917–18', in H. Cecil and P. H. Liddle (eds.), *Facing Armageddon: The First World War Experienced* (London: Leo Cooper, 1996), pp. 383–98.

———, 'The Battle of the Somme and British Strategy', *The Journal of Strategic Studies* 21(1) (March 1998), pp. 79–95.

———, *The First World War. Vol. I: To Arms* (3 vols., Oxford: Oxford University Press, 2001).

———, 'Ausbildung, Kampfgeist und die zwei Weltkriege', in B. Thoß and H.-E. Volkmann (eds.), *Erster Weltkrieg, Zweiter Weltkrieg. Ein Vergleich* (Paderborn: Ferdinand Schöningh, 2002), pp. 265–86.

———, 'Training, Morale and Modern War', *Journal of Contemporary History* 41(2) (April 2006), pp. 211–27.

Strazhas, A., *Deutsche Ostpolitik im Ersten Weltkrieg. Der Fall Ober Ost, 1915–1917* (Wiesbaden: Harrassowitz, 1993).

Strohn, M., *The German Army and the Defence of the Reich: Military Doctrine and the Conduct of the Defensive Battle, 1918–1939* (Cambridge: Cambridge University Press, 2011).

Stubbs, K., *Race to the Front: The Material Foundations of Coalition Strategy in the Great War* (Westpoint, CT, and London: Praeger, 2002).

Süchtig-Hänger, A., *Das 'Gewissen der Nation'. Nationales Engagement und politisches Handeln konservativer Frauenorganisationen 1900 bis 1937* (Düsseldorf: Droste, 2002).

Sukiennicki, W., *East Central Europe during World War I: From Foreign Domination to National Independence* (2 vols., Boulder, CO: East European Monographs, 1984).

Szabó, D. I., 'The Social Basis of Opposition to the War in Hungary', in B. K. Király and N. F. Dreisziger (eds.), *East Central European Society in World War I* (Boulder, CO, and Highland Lakes, NJ: Social Science Monographs and Atlantic Research and Publications, 1985), pp. 135–44.

Szarkowa, J., 'Obchody rocznic narodowych w działalności propagandowej Naczelnego Komitetu Narodowego (1914–1917)', *Rocznik Biblioteki Polskiej Akademii Nauk w Krakowie* 39 (1994), pp. 181–95.

Szlanta, P., ' "Najgorsze bestie to są Honwedy". Ewolucja stosunku polskich mieszkańców Galicji do monarchii habsburkiej podczas I wojny światowej', in U. Jakubowska (ed.), *Galicyjskie spotkania 2011* (n.p.: Instytut Badań Literackich PAN, 2011), pp. 161–79.

———, 'Der Erste Weltkrieg von 1914 bis 1915 als identitätsstiftender Faktor für die moderne polnische Nation', in G. P. Groß (ed.), *Die vergessene Front. Der Osten 1914/15. Ereignis, Wirkung, Nackwirkung* (Paderborn, Munich, Vienna and Zurich: Ferdinand Schöningh, 2006), pp. 153–64.

Szymczak, D., 'Die Rolle des "militärischen Faktors" im österreichisch-deutschen Konflikt in der polnischen Frage während des Ersten Weltkrieges', in Heeresgeschichtliches Museum Wien (ed.), Österreichische-polnische militärische Beziehungen im 20. *Jahrhundert. Symposium 6. November 2009* (Vienna: Bundesministerium für Landesverteidigung und Sport/Heeresdruckerei, 2010), pp. 51–66.

Tampke, J., *The Ruhr and Revolution: The Revolutionary Movement in the Rhenish-Westphalian Industrial Region, 1912–1919* (London: Croom Helm, 1979).

Taylor, K. E., 'Intergroup Atrocities in War: A Neuroscientific Perspective', *Medicine, Conflict and Survival* 22(3) (July–September 2006), pp. 230–44.

Theiner, P., ' "Mitteleuropa": Pläne in Wilhelminischen Deutschland', *Geschichte und Gesellschaft. Sonderheft* 10 (1984), pp. 128–48.

Thiel, J., *'Menschenbassin Belgien'. Anwerbung, Deportation und Zwangsarbeit im Ersten Weltkrieg* (Essen: Klartext, 2007).

Thompson, M., *The White War: Life and Death on the Italian Front, 1915–1919* (London: Faber and Faber, 2008).

Thompson, W. C., 'The September Program: Reflections on the Evidence', *Central European History* 11(4) (December 1978), pp. 346–54.

Tobin, E. H., 'War and the Working Class: The Case of Düsseldorf, 1914–1918', *Central European History* 18(3–4) (September 1985), pp. 257–98.

Todd, L. M., ' "The Soldier's Wife Who Ran Away with the Russian": Sexual Infidelities in World War I Germany', *Central European History* 44(2) (June 2011), pp. 257–78.

Tooze, A., 'The German National Economy in an Era of Crisis and War, 1917–1945', in H. Walser Smith (ed.), *The Oxford Handbook of Modern German History* (Oxford: Oxford University Press, 2011), pp. 400–22.

Traba, R., *'Wschodniopruskość'. Tożsamość regionalna i narodowa w kulturze politycznej Niemiec* (Poznań and Warsaw: Wydawnictwo Poznańskiego Towarzystwa Przyjaciół Nauk, 2005).

Travers, T., *How the War was Won: Command and Technology in the British Army on the Western Front, 1917–1918* (London: Routledge, 1992).

Trumpener, U., 'War Premeditated? German Intelligence Operations in July 1914', *Central European History* 9(1) (March 1976), pp. 58–85.

Tucker, S. C. (ed.), *The Encyclopedia of World War I: A Political, Social and Military History* (Santa Barbara, CA: ABC-CLIO, 2005).

Tunstall, Jr, G. A., 'The Habsburg Command Conspiracy: The Austrian Falsification of Historiography on the Outbreak of World War I', *Austrian History Yearbook* 27 (1996), pp. 181–98.

———, 'Austria-Hungary', in R. F. Hamilton and H. Herwig (eds.), *The Origins of World War I* (Cambridge, New York, Melbourne, Madrid and Cape Town: Cambridge University Press, 2003), pp. 112–49.

———, 'Austria-Hungary and the Brusilov Offensive of 1916', *The Historian* 70(1) (Spring 2008), pp. 30–53.

———, *Blood on the Snow: The Carpathian Winter War of 1915* (Lawrence, KS: University Press of Kansas, 2010).

Turner, L. C. F., 'The Russian Mobilization in 1914', *Journal of Contemporary History* 3(1) (January 1968), pp. 65–88.

Überegger, O., 'Auf der Flucht vor dem Krieg. Trentiner und Tiroler Deserteure im Ersten Weltkrieg', *Militärgeschichtliche Zeitschrift* 62(2) (2003), pp. 355–93.

Ullrich, V., 'Entscheidung im Osten oder Sicherung der Dardanellen: das Ringen um den Serbienfeldzug 1915', *Militärgeschichtliche Mitteilung* 32(2) (1982), pp. 45–63.

———, 'Kriegsalltag. Zur inneren Revolutionierung der Wilhelmischen Gesellschaft', in W. Michalka (ed.), *Der Erste Weltkrieg. Wirkung, Wahrnehmung, Analyse* (Munich and Zurich: Piper, 1994), pp.

603–21.

———, *Vom Augusterlebnis zur Novemberrevolution. Beiträge zur Sozialgeschichte Hamburgs und Norddeutschlands im Ersten Weltkrieg* (Bremen: Donat, 1999).

Ulrich, B., 'Kriegsfreiwillige. Motivationen – Erfahrungen – Wirkungen', in Berliner Geschichtswerkstatt (ed.), *August 1914. Ein Volk zieht in den Krieg* (Berlin: Dirk Nishen, 1989), pp. 232–41.

———, 'Feldpostbriefe im Ersten Weltkrieg – Bedeutung und Zensur', in P. Knoch (ed.), *Kriegsalltag. Die Rekonstruktion des Kriegsalltags als Aufgabe der historischen Forschung und der Friedenserziehung* (Stuttgart: J. B. Metzlersche Verlagsbuchhandlung, 1989), pp. 40–83.

———, 'Die Desillusionierung der Kriegsfreiwilligen von 1914', in W. Wette (ed.), *Der Krieg des kleinen Mannes. Eine Militärgeschichte von unten* (Munich and Zurich: Piper, 1992), pp. 110–26.

———, *Die Augenzeugen. Deutsche Feldpostbriefe in Kriegs- und Nachkriegszeit 1914–1933* (Essen: Klartext, 1997).

———, 'Die umkämpfte Erinnerung. Überlegungen zur Wahrnehmung des Ersten Weltkrieges in der Weimarer Republik', in J. Duppler and G. P. Groß (eds.), *Kriegsende 1918. Ereignis, Wirkung, Nachwirkung. Beiträge zur Militärgeschichte. Herausgegeben vom Militärgeschichtlichen Forschungsamt. Band 53* (Munich: R. Oldenbourg, 1999), pp. 367–75.

Ungern-Sternberg, J. von, and Ungern-Sternberg, W. von, *Der Aufruf 'An die Kulturwelt!' Das Manifest der 93 und die Anfänge der Kriegspropaganda im Ersten Weltkrieg. Mit einer Dokumentation* (Stuttgart: Franz Steiner Verlag, 1996).

Üngör, U. Ü., 'Orphans, Converts, and Prostitutes: Social Consequences of War and Persecution in the Ottoman Empire, 1914–1923', *War in History* 19(2) (April 2012), pp. 173–92.

Unowsky, D. L., *The Pomp and Politics of Patriotism: Imperial Celebrations in Habsburg Austria, 1848–1916* (West Lafayette, IN: Purdue University Press, 2005).

———, 'Peasant Political Mobilization and the 1898 Anti-Jewish Riots in Western Galicia', *European History Quarterly* 40(3) (July 2010), pp. 412–35.

Unruh, K., *Langemarck. Legende und Wirklichkeit* (Koblenz: Bernard & Graefe, 1986).

Verhey, J., *The Spirit of 1914: Militarism, Myth, and Mobilization in Germany* (Cambridge: Cambridge University Press, 2000).

Vermes, G., 'Leap into the Dark: The Issue of Suffrage in Hungary during World War I', in R. A. Kann, B. K. Király and P. S. Fichtner (eds.), *The Habsburg Empire in World War I: Essays on the Intellectual, Military, Political and Economic Aspects of the Habsburg War Effort* (Boulder, CO, and New York: East European Quarterly and Columbia University Press, 1977), pp. 29–44.

Verosta, S., 'The German Concept of *Mitteleuropa*, 1916–1918, and its Contemporary Critics', in R. A. Kann, B. K. Király and P. S. Fichtner (eds.), *The Habsburg Empire in World War I: Essays on the Intellectual, Military, Political and Economic Aspects of the Habsburg War Effort* (Boulder, CO, and New York: East European Quarterly and Columbia University Press, 1977), pp. 203–20.

Volgyes, I., 'Hungarian Prisoners of War in Russia, 1916–1919', *Cahiers du Monde Russe et Soviétique* 14(1/2) (January–June 1973), pp. 54–85.

Volkmann, H.-E., 'Der Ostkrieg 1914/15 als Erlebnis- und Erfahrungswelt des deutschen Militärs', in G. P. Groß (ed.), *Die vergessene Front. Der Osten 1914/15. Ereignis, Wirkung, Nachwirkung* (Paderborn, Munich, Vienna and Zurich: Ferdinand Schöningh, 2006), pp. 263–93.

Vondung, K., 'Deutsche Apokalypse 1914', in K. Vondung (ed.), *Das wilhelminische Bildungsbürgertum. Zur Sozialgeschichte seiner Ideen* (Göttingen: Vandenhoeck und Ruprecht, 1976), pp. 153–71.

Vucinich, W. S., 'Mlada Bosna and the First World War', in R. A. Kann, B. K. Király and P. S. Fichtner (eds.), *The Habsburg Empire in World War I: Essays on the Intellectual, Military, Political and Economic Aspects of the Habsburg War Effort* (Boulder, CO, and New York: East European Quarterly and Columbia University Press, 1977), pp. 45–70.

Wade, R. A., *The Russian Search for Peace, February–October 1917* (Stanford, CA: Stanford University Press, 1969).

Wagner, W., 'Die k.(u.)k. Armee – Gliederung und Aufgabenstellung 1866 bis 1914', in A. Wandruszka and P. Urbanitsch (eds.), *Die Habsburgermonarchie 1848–1918. Band V. Die Bewaffnete Macht* (5 vols., Vienna: Verlag der Österreichische Akademie der Wissenschaften, 1987), pp. 142–633.

Wandruszka, A., and Urbanitsch, P. (eds.), *Die Habsburgermonarchie 1848–1918. Band III. 1. Teilband. Die Völker des Reiches* (Vienna: Verlag der Österreichischen Akademie der Wissenschaften, 1980).

Wandycz, P. S., *The Lands of Partitioned Poland, 1795–1918* (Seattle, WA, and London: University of Washington Press, 1974)

——, 'The Poles in the Habsburg Monarchy', in A. S. Markovits and F. E. Sysyn (eds.), *Nationbuilding and the Politics of Nationalism: Essays on Austrian Galicia* (Cambridge, MA: Harvard University Press, 1982), pp. 68–93.

Wank, S., 'Some Reflections on Conrad von Hötzendorf and His Memoirs Based on Old and New Sources', *Austrian History Yearbook* 1 (1965), pp. 74–88.

——, 'Foreign Policy and the Nationality Problem in Austria-Hungary, 1867–1914', *Austrian History Yearbook* 3 (1967), pp. 37–56.

——, 'Desperate Counsel in Vienna in July 1914: Berthold Molden's Unpublished Memorandum', *Central European History* 26(3) (September 1993), pp. 281–310.

——, 'Some Reflections on the Habsburg Empire and its Legacy in the Nationalities Question', *Austrian History Yearbook* 28 (1997), pp. 131–46.

——, *In the Twilight of Empire: Count Alois Lexa von Aehrenthal (1854–1912), Imperial Habsburg Patriot and Statesman. Vol. 1: The Making of an Imperial Habsburg Patriot and Statesman* (2 vols., Vienna, Cologne and Weimar: Böhlau, 2009).

Wargelin, C. F., 'A High Price for Bread: The First Treaty of Brest-Litovsk and the Break-Up of Austria-Hungary, 1917–1918', *The International History Review* 19(4) (November 1997), pp. 757–88.

——, 'The Economic Collapse of Austro-Hungarian Dualism, 1914–1918', *East European Quarterly* 34(3) (September 2000), pp. 261–88.

——, 'The Austro-Polish Solution: Diplomacy, Politics and State Building in Wartime Austria-Hungary, 1914–1918', *East European Quarterly* 42(3) (September 2008), pp. 253–73.

Watson, A., ' "For Kaiser and Reich": The Identity and Fate of the German Volunteers, 1914–1918', *War in History* 12(1) (January 2005), pp. 44–74.

——, 'Self-Deception and Survival: Mental Coping Strategies on the Western Front, 1914–18', *Journal of Contemporary History* 41(2) (April 2006), pp. 247–68.

——, 'Junior Officership in the German Army during the Great War, 1914–1918', *War in History* 14(4) (November 2007), pp. 429–53.

——, 'Culture and Combat in the Western World, 1900–1945', *The Historical Journal* 51(2) (June 2008), pp. 529–46.

——, *Enduring the Great War: Combat, Morale and Collapse in the German and British Armies, 1914–1918* (Cambridge: Cambridge University Press, 2008).

——, 'Fighting for Another Fatherland: The Polish Minority in the German Army, 1914–1918', *The English Historical Review* 126(522) (October 2011), pp. 1137–66.

——, 'Voluntary Enlistment in the Great War: A European Phenomenon?', in C. Krüger and S. Levsen (eds.), *War Volunteering in Modern Times: From the French Revolution to the Second World War* (Basingstoke and New York: Palgrave Macmillan, 2011), pp. 163–88.

——, 'Morale', in J. Winter (ed.), *The Cambridge History of the First World War. Vol. II: The State* (3 vols., Cambridge: Cambridge University Press, 2014), pp. 174–95.

——, ' "Unheard of Brutality": Russian Atrocities against Civilians in East Prussia, 1914–15', *The Journal of Modern History* 86(4) (December 2014), forthcoming.

—— and Porter, P., 'Bereaved and Aggrieved: Combat Motivation and the Ideology of Sacrifice in the First World War', *Historical Research* 83(219) (February 2010), pp. 146–64.

Wawro, G., 'Morale in the Austro-Hungarian Army: The Evidence of Habsburg Army Campaign Reports and Allied Intelligence Officers', in H. Cecil and P. H. Liddle (eds.), *Facing Armageddon: The First World War Experienced* (London: Leo Cooper, 1996), pp. 399–412.

Weber, F. C., ' "Wir wollen nicht hilflos zu Grunde gehen!" Zur Ernährungskrise der Steiermark im

Ersten Weltkrieg und ihren politisch-sozialen Auswirkungen', *Blätter für Heimatkunde* 74(3) (2000), pp. 96–131.
Weber, T., *Hitler's First War: Adolf Hitler, the Men of the List Regiment, and the First World War* (Oxford: Oxford University Press, 2010).
Wegs, J. R., 'Transportation: The Achilles Heel of the Habsburg War Effort', in R. A. Kann, B. K. Király and P. S. Fichtner (eds.), *The Habsburg Empire in World War I: Essays on the Intellectual, Military, Political and Economic Aspects of the Habsburg War Effort* (Boulder, CO, and New York: East European Quarterly and Columbia University Press, 1977), pp. 121–34.
Wehler, H.-U., *The German Empire, 1871–1918* (Leamington Spa and Dover, NH: Berg, 1985).
Welch, D., *Germany, Propaganda and Total War, 1914–1918: The Sins of Omission* (London: The Athlone Press, 2000).
Wendland, A. V., 'Post-Austrian Lemberg: War Commemoration, Interethnic Relations, and Urban Identity in L'viv, 1918–1939', *Austrian History Yearbook* 34 (2003), pp. 83–102.
Westerhoff, C., *Zwangsarbeit im Ersten Weltkrieg. Deutsche Arbeitskräftepolitik im besetzten Polen und Litauen 1914–1918* (Paderborn, Munich, Vienna and Zurich: Ferdinand Schöningh, 2012).
Wette, W., 'Die militärische Demobilmachung in Deutschland 1918/19 unter besonderer Berücksichtigung der revolutionären Ostseestadt Kiel', *Geschichte und Gesellschaft* 12(1) (1986), pp. 63–80.
Whalen, R. W., *German Victims of the Great War, 1914–1939* (Ithaca, NY, and London: Cornell University Press, 1984).
Wieland, L., 'Der deutsche Englandhass im Ersten Weltkrieg und seine Vorgeschichte', in W. Alff (ed.), *Deutschlands Sonderung von Europa 1862–1945* (Frankfurt am Main, Bern and New York: Peter Lang, 1984), pp. 317–53.
Wilcox, V., 'Discipline in the Italian Army, 1915–1918', in P. Purseigle (ed.), *Warfare and Belligerence: Perspectives in First World War Studies* (Leiden and Boston, MA: Brill, 2005), pp. 73–100.
———, 'Generalship and Mass Surrender during the Italian Defeat at Caporetto', in I. F. Beckett (ed.), *1917: Beyond the Western Front* (Leiden and Boston, MA: Brill, 2009), pp. 25–46.
Wildman, A. K., *The End of the Russian Imperial Army: The Old Army and the Soldiers' Revolt (March–April 1917). Vol. I* (2 vols., Princeton, NJ, and Guildford: Princeton University Press, 1980).
Williamson, Jr, S. R., 'Influence, Power, and the Policy Process: The Case of Franz Ferdinand, 1906–1914', *The Historical Journal* 17(2) (June 1974), pp. 417–34.
———, *Austria-Hungary and the Origins of the First World War* (Basingstoke and London: Macmillan, 1991).
———, 'Aggressive and Defensive Aims of Political Elites? Austro-Hungarian Policy in 1914', in H. Afflerbach and D. Stevenson (eds.), *An Improbable War: The Outbreak of World War I and European Political Culture Before 1914* (New York and Oxford: Berghahn, 2007), pp. 61–74.
——— and May, E. R., 'An Identity of Opinion: Historians and July 1914', *The Journal of Modern History* 79(2) (June 2007), pp. 335–87.
Wilson, A., *The Ukrainians: Unexpected Nation*, 2nd edn (New Haven, CT: Yale Nota Bene, 2002).
Wilson. K. M., 'Understanding the "Misunderstanding" of 1 August 1914', *The Historical Journal* 37(4) (December 1994), pp. 885–9.
Winkle, R., *Der Dank des Vaterlandes. Eine Symbolgeschichte des Eisernen Kreuzes 1914 bis 1936* (Essen: Klartext, 2007).
Winter, J., *Sites of Memory, Sites of Mourning: The Great War in European Cultural History* (Cambridge: Cambridge University Press, 1995).
Wittmann, K., 'Firmenerfolg durch Vermarktung von Nationalbewußtsein? Die Werbestrategie des Markenartiklers Bleyle vor und im Ersten Weltkrieg', in G. Hirschfeld, G. Krumeich, D. Langewiesche and H.-P. Ullmann (eds.), *Kriegserfahrungen. Studien zur Sozial- und Mentalitätsgeschichte des Ersten Weltkriegs* (Essen: Klartext, 1997), pp. 302–22.
Wolff, L., *The Idea of Galicia: History and Fantasy in Habsburg Political Culture* (Stanford, CA: Stanford University Press, 2010).
Wood, N. D., 'Becoming a "Great City": Metropolitan Imaginations and Apprehensions in Cracow's

Popular Press, 1900–1914', *Austrian History Yearbook* 33 (2002), pp. 105–29.

Wróbel, P., 'Przed Odzyskaniem Niepodległości', in J. Tomaszewski et al. (ed.), *Najnowsze Dzieje żydów w Polsce w zarysie (do 1950 roku)* (Warsaw: Wydawnictwo Naukowe PWN, 1993), pp. 13–39.

——, 'The Jews of Galicia under Austro-Polish Rule, 1869–1918', *Austrian History Yearbook* 25 (1994), pp. 97–138.

Wurzer, G., 'Die Erfahrung der Extreme. Kriegsgefangene in Rußland 1914–1918', in J. Oltmer (ed.), *Kriegsgefangene im Europa des Ersten Weltkriegs* (Paderborn, Munich, Vienna and Zurich: Ferdinand Schöningh, 2006), pp. 97–125.

Xu, G., *Strangers on the Western Front: Chinese Workers in the Great War* (Cambridge, MA: Harvard University Press, 2011).

Yanikdağ, Y., 'Ottoman Prisoners of War in Russia, 1914–22', *Journal of Contemporary History* 34(1) (January 1999), pp. 69–85.

Zabecki, D. T., *The German 1918 Offensives: A Case Study in the Operational Level of War* (Abingdon and New York: Routledge, 2006).

——, 'Railroads and the Operational Level of War in the German 1918 Offensives', in J. D. Keene and M. S. Neiberg (eds.), *Finding Common Ground: New Directions in First World War Studies* (Leiden and Boston, MA: Brill, 2011), pp. 161–86.

Zahra, T., *Kidnapped Souls: National Indifference and the Battle for Children in the Bohemian Lands, 1900–1948* (Ithaca, NY, and London: Cornell University Press, 2008).

——, 'The "Minority Problem" and National Classification in the French and Czechoslovak Borderlands', *Contemporary European History* 17(2) (May 2008), pp. 137–65.

——, 'Imagined Noncommunities: National Indifference as a Category of Analysis', *Slavic Review* 69(1) (Spring 2010), pp. 93–119.

Zechlin, E., *Die deutsche Politik und die Juden im Ersten Weltkrieg* (Göttingen: Vandenhoeck & Ruprecht, 1969).

——, 'Ludendorff im Jahre 1915. Unveröffentlichte Briefe', *Historische Zeitschrift* 211(2) (October 1970), pp. 316–53.

Zeman, Z. A. B., *The Break-Up of the Habsburg Empire, 1914–1918: A Study in National and Social Revolution* (London, New York and Toronto: Oxford University Press, 1961).

Zgórniak, M., 'Polacy w armii austro-węgierskiej w czasie I Wojny Światowej', *Studia i materiały do historii wojskowości* 30 (1988), pp. 227–46.

Ziemann, B., 'Fahnenflucht im deutschen Heer 1914–1918', *Militärgeschichtliche Mitteilungen* 55 (1996), pp. 93–130.

——, 'Verweigerungsformen von Frontsoldaten in der deutschen Armee 1914–1918', in A. Gestrich (ed.), *Gewalt im Krieg. Ausübung, Erfahrung und Verweigerung von Gewalt in Kriegen des 20. Jahrhunderts* (Münster: Lit, 1996), pp. 99–122.

——, *Front und Heimat. Ländliche Kriegserfahrung im südlichen Bayern 1914–1923* (Essen: Klartext, 1997).

——, 'Enttäuschte Erwartung und kollektive Erschöpfung. Die deutschen Soldaten an der Westfront 1918 auf dem Weg zur Revolution', in J. Duppler and G. P. Groß (eds.), *Kriegsende 1918. Ereignis, Wirkung, Nachwirkung. Beiträge zur Militärgeschichte. Herausgegeben vom Militärgeschichtlichen Forschungsamt. Band 53* (Munich: R. Oldenbourg, 1999), pp. 165–82.

——, 'Germany 1914–1918: Total War as a Catalyst of Change', in H. Walser Smith (ed.), *The Oxford Handbook of Modern German History* (Oxford: Oxford University Press, 2011), pp. 378–99.

——, *Gewalt im Ersten Weltkrieg. Töten – Überleben – Verweigerung* (Essen: Klartext, 2013).

Zimmerer, J., 'Holocaust und Kolonialismus. Beitrag zu einer Archäologie des genozidalen Gedankens', *Zeitschrift für Geschichtswissenschaft* 51(12) (2003), pp. 1098–1119.

——, 'War, Concentration Camps and Genocide in South-West Africa: The First German Genocide', in J. Zimmerer and J. Zeller (eds.), *Genocide in German South-West Africa: The Colonial War (1904–1908) in Namibia and its aftermath* (Monmouth: The Merlin Press, 2003), pp. 41–63.

Zuber, T., 'The Schlieffen Plan Reconsidered', *War in History* 6(3) (July 1999), pp. 262–305.

———, 'Der Mythos vom Schlieffenplan', in H. Ehlert, M. Epkenhans and G. P. Groß (eds.), *Der Schlieffenplan. Analysen und Dokumente* (Paderborn, Munich, Vienna and Zurich: Ferdinand Schöningh, 2006), pp. 45–78.

———, *The Battle of the Frontiers: Ardennes 1914* (Stroud: The History Press, 2007, 2009).

Zunkel, F., 'Die ausländischen Arbeiter in der deutschen Kriegswirtschaftspolitik des 1. Weltkrieges', in *Entstehung und Wandel der modernen Gesellschaft. Festschrift für Hans Rosenberg zum 65. Geburtstag*, ed. G. A. Ritter (Berlin: Walter de Gruyter & Co., 1970), pp. 280–311.

未发表的论文

Brennan, C., 'Reforming Austria-Hungary: Beyond his Control or Beyond his Capacity? The Domestic Policies of Emperor Karl I, November 1916–May 1917', unpublished PhD thesis, London School of Economics (2012).

Dammelhart, T., 'Kleine Stadt im Großen Krieg. Kriegswirtschaft im 1. Weltkrieg, dargestellt am Beispiel der Stadt Retz', unpublished PhD thesis, University of Vienna (2001).

Hämmerle, C., ' "Zur Liebesarbeit sind wir hier, Soldatenstrümpfe stricken wir . . ." Zu Formen weiblicher *Kriegsfürsorge* im Ersten Weltkrieg', unpublished PhD thesis, University of Vienna (1996).

Hecht, R., 'Fragen zur Heeresergänzung der gesamten bewaffneten Macht Österreich-Ungarns während des Ersten Weltkrieges', unpublished PhD thesis, University of Vienna (1969).

Houlihan, P. J., 'Clergy in the Trenches: Catholic Military Chaplains of Germany and Austria-Hungary during the First World War', unpublished PhD thesis, University of Chicago (2011).

Jeřábek, R., 'Die Brussilowoffensive 1916. Ein Wendepunkt der Koalitionskriegführung der Mittelmächte', 2 vols., unpublished PhD thesis, University of Vienna (1982).

Kauffman, J. C., 'Sovereignty and the Search for Order in German-Occupied Poland, 1915–1918', unpublished PhD thesis, Stanford University (2008).

Mentzel, W., 'Kriegsflüchtlinge in Cisleithanien im Ersten Weltkrieg', unpublished PhD thesis, University of Vienna (1997).

Rice, A. K., 'Morale and Defeatism in the Bavarian "Heer und Heimat" in the First World War (1916–18)', unpublished MPhil thesis, University of Oxford (2004).

Solanský, A., 'German Administration in Belgium', unpublished PhD thesis, Columbia University (1928).

Teicht, A., 'Die Offiziersausbildung in Bayern während des I. Weltkriegs', unpublished Pädagogik Diplomarbeit, Hochschule der Bundeswehr Munich (1978).

Wassermeier, O., 'Die Meutereien der Heimkehrer aus russischer Kriegsgefangenschaft bei den Ersatzkörpern der k.u.k. Armee im Jahre 1918', unpublished PhD thesis, University of Vienna (1968).

Wegs, J. R., 'Austrian Economic Mobilization during World War I: With Particular Emphasis on Heavy Industry', unpublished PhD thesis, University of Illinois (1970).

Zroka, R. E., 'If Only this War would End: German Soldiers in the Last Year of the First World War', unpublished PhD thesis, University of California, San Diego (2013).

出版后记

1914年夏，德国与奥匈帝国希望开启的是一场历时较短的局部战争，然而，这场战争最终演变成了后人口中的"第一次世界大战"，战火绵延4年。对德国与奥匈帝国来说，没有赢得快速胜利，意味着它们接下来要面对的是环伺四周的敌人。渐渐地，如同有一道铁壁，把它们包围住了。这是一场大型的"围城战"，被困其中的不仅有德奥军队，还有两国民众。

第一次世界大战与以往的战争不同，这是一场所谓的"人民的战争"。德国和奥匈帝国的皇帝、首相、总参谋长，是这场战争的主角，两国民众也是这场战争的主角，他们在统治阶级宣扬的"民族大义"和民族仇恨的裹挟下，加入战争。1914至1915年，德奥民众用高昂的热情支持着这场"防御战"。他们积极报名参军，他们寄出"爱的馈赠"，他们打造钉像……但是，惨烈的战场牺牲、"大头菜之冬"的饥馑噩梦、不断升级的官方战争目标，在消耗着民众对这场战争的支持与赞同。在战败结果公之于众之后，曾为这场战争做出各种牺牲的民众难以接受这样的结果。战争期间的苦难和战后的新秩序，进一步从族群和阶级上撕裂着中欧社会，酝酿着新的苦果。

本书不是一部传统意义上的军事史，它用了很多笔墨描绘普通民众在这场战争中的参与和体验。作者亚历山大·沃森借助奥地利、德国、波兰、以色列、英国各地档案馆的一手资料，为我们生动刻画了一幅幅个人战争体验图景，用这一个个有关个人的片段为我们立体展示出了中欧社会在战时和战后的变迁。

图书在版编目（CIP）数据

铁壁之围：一战中的德国和奥匈帝国 /（英）亚历山大·沃森著；宋昊译. -- 北京：九州出版社，2020.10（2021.10重印）

ISBN 978-7-5108-9584-5

Ⅰ.①铁… Ⅱ.①亚… ②宋… Ⅲ.①第一次世界大战—史料—研究—德国②第一次世界大战—史料—研究—奥匈帝国 Ⅳ.①K143

中国版本图书馆CIP数据核字(2020)第182302号

Ring of Steel: Germany and Austria–Hungary at War, 1914–1918
by Alexander Watson
Copyright © 2014 by Alexander Watson
First published 2014
First published in Great Britain in the English language by Penguin Books Ltd.
Published under licence from Penguin Books Ltd.
All rights reserved.
Copies of this translated edition sold without a Penguin sticker on the cover are unauthorized and illegal.
封底凡无企鹅防伪标识者均属未经授权之非法版本。
著作权合同登记号：01-2020-6206
审图号：GS（2020）545号

铁壁之围：一战中的德国和奥匈帝国

作　　者	［英］亚历山大·沃森著　宋昊译
责任编辑	周　春
出版发行	九州出版社
地　　址	北京市西城区阜外大街甲35号（100037）
发行电话	（010）68992190/3/5/6
网　　址	www.jiuzhoupress.com
印　　刷	天津创先河普业印刷有限公司
开　　本	655毫米×1000毫米　16开
印　　张	46
字　　数	683千字
版　　次	2020年11月第1版
印　　次	2021年10月第2次印刷
书　　号	ISBN 978-7-5108-9584-5
定　　价	138.00元

★ 版权所有　侵权必究 ★